50 Jahre
Juristische Fakultät
Augsburg

50 Jahre Juristische Fakultät Augsburg

herausgegeben von

Arnd Koch, Michael Kubiciel,
Ferdinand Wollenschläger und
Wolfgang Wurmnest

Mohr Siebeck

Arnd Koch, geboren 1967, Inhaber des Lehrstuhls für Strafrecht, Strafprozessrecht, Risiko- und Präventionsstrafrecht sowie Juristische Zeitgeschichte an der Juristischen Fakultät der Universität Augsburg, 2019–2021 Dekan der Juristischen Fakultät

Michael Kubiciel, geboren 1973, Inhaber des Lehrstuhls für Deutsches, Europäisches und Internationales Straf- und Strafprozessrecht, Medizin- und Wirtschaftsstrafrecht an der Juristischen Fakultät der Universität Augsburg, seit 2019 Direktor des Instituts für die gesamte Strafrechtswissenschaft

Ferdinand Wollenschläger, geboren 1976, Inhaber des Lehrstuhls für Öffentliches Recht, Europarecht und Öffentliches Wirtschaftsrecht an der Juristischen Fakultät der Universität Augsburg, seit 2017 Direktor des Instituts für Öffentliches Recht

Wolfgang Wurmnest, geboren 1969, Inhaber des Lehrstuhls für Bürgerliches Recht, Wirtschaftsrecht, Internationales Privat- und Zivilverfahrensrecht sowie Rechtsvergleichung an der Juristischen Fakultät der Universität Augsburg, seit 2015 Direktor des Instituts für Zivilrecht

ISBN 978-3-16-160998-5 / eISBN 978-3-16-160999-2
DOI 10.1628/978-3-16-160999-2

Die Deutsche Nationalbibliothek verzeichnet diese Publikation in der Deutschen Nationalbibliographie; detaillierte bibliographische Daten sind über *http://dnb.dnb.de* abrufbar.

Das Buch wurde von Laupp & Göbel in Gomaringen gesetzt, auf alterungsbeständiges Werkdruckpapier gedruckt und von der Buchbinderei Spinner in Ottersweier gebunden.

Printed in Germany.

Vorwort

Die Universität Augsburg wurde im Jahr 1970 gegründet, die Juristische Fakultät nahm als dritte Fakultät im Oktober 1971 den Studienbetrieb auf. Die Verhältnisse waren anfangs überschaubar. Drei Kollegen unterrichteten die rund 80 Studentinnen und Studenten des ersten Jahrgangs (der Frauenanteil lag seinerzeit bei bescheidenen 15 %). Die folgenden Jahrzehnte standen im Zeichen eines kontinuierlichen Wachstums, was die Genealogie der Lehrstühle und Professuren am Ende dieses Bandes veranschaulicht. Heute ist die Juristische Fakultät Augsburg mit über 3000 Studentinnen und Studenten, 43 wissenschaftlichen Mitarbeiterinnen und Mitarbeitern, 23 Lehrstühlen und Professuren, vier außerplanmäßigen Professoren sowie 19 Honorarprofessuren eine der größeren Fakultäten in Deutschland. Zu den Forschungsschwerpunkten der Fakultät zählen traditionell die Grundlagen des Rechts, das Wirtschaftsrecht, das internationale und europäische Recht, das Umweltrecht sowie das Medizin- und Gesundheitsrecht. Zahlreiche Institute und Forschungsstellen widmen sich Sondermaterien rechtlicher Forschung und fördern den Austausch mit der Rechtspraxis. Die Beiträge der Festschrift, deren Manuskripte im Frühjahr 2021 abgeschlossen wurden, vermitteln einen Eindruck von der Vielfalt rechtswissenschaftlicher Forschung in Augsburg fünf Jahrzehnte nach der Gründung der Fakultät. Dass es sich dabei um eine Momentaufnahme handelt und die Zeichen weiter auf einen Ausbau des Forschungsstandortes deuten, zeigen zwei neu errichtete und in Kürze besetzte Lehrstühle, die sich den Zukunftsthemen der Digitalisierung und der Krisenresilienz widmen.

An der Entstehung der Festschrift haben viele Personen mitgewirkt, denen die Herausgeber zu Dank verpflichtet sind. Dipl.-Kfm. (Univ.) *Mathias Ihn-Danner*, *Cornelia Funk* und Dr. *Matthias Kober* übernahmen die Recherchen für die Lehrstuhlgenealogie, die Kollegen *Volker Behr*, *Herbert Buchner* und *Reiner Schmidt* gaben hierzu wertvolle Hinweise. Die wissenschaftlichen Mitarbeiter *Samed R. Sahin*, Dr. *Markus Schreiber* und *Benedikt Wössner* sowie die studentischen Hilfskräfte *Aneesa Chaudhry*, *Annalisa Drexler*, *Stefanie Gschrei*, *Xaver Hutschenreiter*, *Stephanie Pausch*, *Antonia Schmidhuber* und *Jonathan Wehrstein* machten sich um die Endredaktion verdient. Ein besonderer Dank gebührt schließlich Frau *Daniela Taudt*, LL.M., die das Festschriftenprojekt seitens des Verlags von Anfang an mit großem Engagement begleitet hat.

Augsburg, im September 2021 — Die Herausgeber

Vorwort

Inhaltsverzeichnis

Entwicklungslinien, aktuelle Fragen und zukünftige Herausforderungen

Fakultätsgeschichte und Juristenausbildung

Erinnerungen an die Gründungsphase der Fakultät

Herbert Buchner

„Jedem Anfang wohnt ein Zauber inne“
(Hermann Hesse)

I. Die Entstehung der Fakultät

Am 18. Oktober 1971 habe ich in der Eichleitnerstraße 30 vor neunzig Studienanfängern mit dem Grundkurs im Bürgerlichen Recht den Vorlesungsbetrieb unserer Juristischen Fakultät eröffnet. Die Situation war singulär, was mir damals allerdings gar nicht bewusst war. Ich glaube aber nicht, dass eine Fakultät jemals sonst unter dermaßen kurzer Anlaufzeit und außergewöhnlichen Bedingungen ihre Arbeit aufnehmen musste. Erst zehn Tage vor meiner ersten Vorlesung, am 8. Oktober 1971, hatte der Bayerische Landtag den Beschluss über die Errichtung einer juristischen Fakultät an der Universität Augsburg gefasst. Allerdings waren im Vorgriff dazu im Bayerischen Staatsministerium für Unterricht und Kultus schon vorher vorbereitende Maßnahmen zu der geplanten Errichtung eines Fachbereichs Rechtswissenschaft an der Universität Augsburg eingeleitet worden, deren Gründung mit Gesetz vom 18. Dezember 1969 erfolgt und die am 16. Oktober 1970 feierlich eröffnet worden war:

Am 6. Mai 1970 hatte ein vom Ministerium eingesetzter *„Fachausschuss für den Juristischen Fachbereich in der Universität Augsburg“* seine Arbeit aufgenommen. Er sollte Empfehlungen für einen damals vom Ministerium offensichtlich schon vorgesehenen juristischen Fachbereich in Augsburg erarbeiten, wobei es insbesondere darum ging, Reformvorschläge zur Modernisierung des Studiums praktisch zu erproben. Hintergrund dessen war die Ende der 1960er Jahre aufgebrochene Diskussion über die Neugestaltung der Juristenausbildung – darauf ist im Folgenden noch zurückzukommen. Dem Fachausschuss gehörten eine Reihe von Professoren der bayerischen Fakultäten, Vertreter des Justizministeriums wie des Ministeriums für Unterricht und Kultus, ferner der Gründungspräsident der Universität Augsburg an. Er legte seine Empfehlungen am 2. Oktober 1970 vor.

1971 setzte das Kultusministerium dann einen *Berufungsausschuss* ein, der Berufungsvorschläge für zehn dem juristischen Fachbereich zugedachte

Lehrstühle erarbeiten sollte. Die entsprechenden Listen wurden dem Ministerium offensichtlich im Sommer 1971 zur Verfügung gestellt. Am 22. Juli 1971 erhielt ich die Mitteilung, dass beabsichtigt sei, mich auf den Lehrstuhl für Bürgerliches Recht, Handels- und Wirtschaftsrecht zu berufen. Zeitgleich ergingen wohl auch entsprechende Angebote an andere Kollegen. Nach Abwicklung verschiedener Formalitäten und den vom Ministerium nahegelegten Gesprächen an der Universität erhielt ich dann am 22. September 1971 die Urkunde über meine Berufung an die Universität Augsburg überreicht, also keine vier Wochen vor der vorgesehenen Aufnahme des Lehrbetriebs. Zwei Tage später, am 24. September 1971 folgten noch der zivilrechtliche Kollege Hans Schlosser und der Strafrechtler Günter Bemmann. Die übrigen mit Angeboten bedachten Listenbewerber hielten sich noch zurück. Meine Berufung konnte nur so schnell abgewickelt werden, weil ich damals des bei Berufungen üblichen Verhandlungspokers noch unkundig war. Rupert Scholz, der einen Ruf auf einen der öffentlich-rechtlichen Lehrstühle erhalten hatte, übernahm immerhin eine Lehrstuhlvertretung. Dies war der Stand der Besetzung der Lehrstühle am 18. Oktober 1971, dem Start des Vorlesungsbetriebs. Dabei blieb es auch für den Rest des Herbsttrimesters. Erst im Laufe des Jahres 1972 kamen dann die weiteren Kollegen an Bord. Dies war aber nicht einmal das eigentliche Problem, denn mit vier Professoren lässt sich ein Studienjahrgang zweifellos bedienen, wenn die sonstigen Rahmenbedingungen stimmen. Dann wäre vielleicht auch der uns nur zur Verfügung stehende minimale zeitliche Vorlauf gar nicht so ins Gewicht gefallen. Hier traten aber noch andere besonders erschwerende Umstände hinzu.

Dabei spielte unsere *räumliche Unterbringung* noch die geringste Rolle. Der Freistaat Bayern hatte für uns ein vorher gewerblichen Zwecken dienendes Gebäude in der Eichleitnerstraße in Nachbarschaft zur Universitätsverwaltung und zum Gebäude der Wirtschafts- und Sozialwissenschaftlichen Fakultät, die ihren Betrieb bereits ein Jahr vorher aufgenommen hatte, erworben und war bei unserem Einzug noch dabei, die vorhandenen Räumlichkeiten zu renovieren und unseren Zwecken dienlich zu machen. Unsere Unterbringung war insgesamt nicht schlecht, die der Lehrstühle sogar großzügig. Die beiden Hörsäle waren allerdings wenig zweckgerecht, vor allem was Belüftung, Optik und Lärmschutz betraf. Heutigen Anforderungen würden sie bei weitem nicht entsprechen. Dies wurde uns erst so richtig bewusst, als wir später für Vorlesungen auf die schönen Räumlichkeiten auf dem Campus ausweichen mussten. 1971 waren wir, auch die Studierenden, bescheiden. Der Lösung harrten die *Personalprobleme*. Wir hatten Stellen, aber sie waren unbesetzt. Dies betraf die Sekretariate wie die wissenschaftlichen Mitarbeiter. Den Dienst aufgenommen hatte nur ein von der Universitätsverwaltung eingestellter Fakultätsbeamter. Ein weiteres Problem stellte sich mit dem *Bibliothekskomplex*. Wir waren in den traditionellen Universitäten das System der Institutsbibliotheken gewohnt, damit den maßgeblichen Einfluss der Lehrstühle auf die Beschaffungspolitik. An der Universität Augsburg fanden wir das System der Zentralbibliothek mit Teilbibliotheken in den einzelnen Fachbereichen vor; über die Anschaffungen bestimmte ein von der Zentralbibliothek bestellter Leiter der Teilbibliothek. Dies hatte für uns zunächst den Vorteil, dass in der Teilbibliothek Recht, die schon vorher ihre Tätigkeit aufgenommen hatte, bereits der notwendigste Bestand an Literatur und Judikatur vorhanden war. Auf der anderen Seite kam es aber schon bald zu Konflikten über die Anschaffungspolitik, oft allerdings auch nur über einzelne Beschaffungswünsche. Insgesamt erforderte der weitere Aufbau einer Bibliothek, die nicht nur den Erfordernissen der Studierenden, sondern auch denen der Forschung gerecht werden sollte, erheblichen Aufwand.

Keine Probleme hatten wir in unserer Alltagsarbeit zunächst damit, dass uns *normative Grundlagen* weitgehend fehlten. Die Universität hatte mit ihrer Gründung vom Ministerium im Verordnungswege einige strukturelle Vorgaben mit auf den Weg bekommen. Die Bildung eines Fachbereichsrates wurde für unsere Fakultät aber nie thematisiert. Wir hatten wohl nicht die erforderliche Zahl von Hochschullehrern. Als wir hier die Arbeit aufnahmen, hatten wir uns darauf verständigt, dass Hans Schlosser die Dekanatsgeschäfte führen sollte; mir wurde die Vertretung des Fachbereichs im Zentralbereich zugedacht. Die im Fachbereich anstehenden Entscheidungen trafen wir in unserem Viererzirkel. Die Einbeziehung der Mitarbeiter erfolgte über die alltägliche Zusammenarbeit. Mit den Studierenden standen wir in permanentem Austausch; wir waren für die erfolgreiche Umsetzung des neuen Ausbildungsmodells auf deren laufende Rückmeldungen angewiesen. Die Angehörigen unseres ersten Studienganges fühlten sich als Pioniere, und sie waren es für uns auch. Wir hatten eine hervorragende Kooperation, ohne dass jemals nach irgendwelchen rechtlichen Vorgaben gefragt worden wäre. Dies traf im Übrigen auch für die Ausgestaltung des Studiums zu. Wir hatten keine Studienordnung als rechtliche Grundlage unseres Studienangebotes, arbeiteten ausschließlich nach den Vorgaben der Empfehlungen des schon genannten Fachausschusses, und zwar sowohl in der Lehre als auch bei der Bewertung der Leistungen, die für ein weiteres Vorrücken im Studiengang erforderlich waren. In die Justizausbildungs- und Prüfungsordnung fand das neue Studienmodell erst später Eingang. Naheliegender Weise gab es auch noch keine Promotions- und keine Habilitationsordnung. Dafür bestand zunächst auch kein Bedarf. Die Erstellung stand aber als Zukunftsauftrag an. Zunächst hatten wir andere Sorgen.

II. Der Zentralbereich der Universität

Der neue Juristische Fachbereich hatte es auch deshalb schwer, weil er nicht in eine in sich gefestigte Gesamtuniversität geboren wurde, sondern in eine Universität, die selbst noch in den Kinderschuhen steckte und noch auf dem Weg der Selbstfindung war.

1. Gründungspräsident

An der Spitze der Universität stand der noch von Staatsminister Dr. Ludwig Huber berufene Gründungspräsident, der Wirtschaftswissenschaftler Prof. Dr. Perridon, der eine Fülle von Reformvorstellungen entwickelt hatte und mit diesen den Minister wohl auch überzeugt hatte. Bei meinem Vorstellungsgespräch im August 1971 wurde ich sogleich mit diesen Vorstellungen in Beschlag genommen.

An die Stelle der traditionellen Fakultäten sollten *Fachbereiche* treten, wobei es Perridon nicht nur wie andernorts um eine Auswechslung der Bezeichnung ging, sondern um einen weitgehenden Entzug ihrer überkommenen Funktionen. Der Schwerpunkt der Aufgaben in Forschung und Lehre sollte in *Fachgruppen* verlagert werden, kleinere fachbezogene Einheiten mit möglichst interdisziplinärer Zusammensetzung. Dieses Ziel konnte Perridon aber schon in den bereits angelaufenen Beratungen zu einer Grundordnung nicht durchsetzen. Es blieb bei der Etikettierung der Fakultäten als Fachbereiche, wovon die Universität in späteren Jahren dann auch wieder Abstand nahm.

Ein weiteres Anliegen Perridons war das *Kleingruppenkonzept*. An die Stelle der Vorlesungen sollte Wissensvermittlung oder besser Wissenserarbeitung in kleinen Gruppen treten. Im Wirtschafts- und Sozialwissenschaftlichen Fachbereich wurde wohl zunächst danach verfahren. Bei uns stieß die Vorgabe nicht auf so große Sympathie. Sie scheiterte zunächst schon praktisch an der fehlenden personellen Ausstattung; es hätte zur Ausarbeitung des erforderlichen Konzepts auch eines größeren zeitlichen Vorlaufs bedurft als er uns im Oktober 1971 zur Verfügung stand.

Zur Reform gehörte auch die Einteilung des Studienjahres in *Trimester* statt der traditionellen Semester. Dies wurde auch mehrere Jahre praktiziert, im Laufe der weiteren Entwicklung aber doch wieder rückgängig gemacht. Im Grunde konnte man dem Trimestersystem durchaus Vorteile abgewinnen. Da die anderen Universitäten es aber nicht übernahmen, erwies es sich letztlich, schon im Hinblick auf gewünschte Studienplatzwechsel, nicht als zweckmäßig.

Nachhaltigen Erfolg hatte das vom Gründungspräsidenten von Anfang an energisch verfolgte Ziel einer universitären *berufsbegleitenden Weiter-*

bildung, damals zweifellos Neuland. Die Idee war, den in die Praxis überwechselnden Absolventen seitens der Universität weiterhin Fortbildungsangebote auf akademischem Niveau zur Verfügung zu stellen. Entsprechende Angebote gab es bereits im Studienjahr 1971/72, und seitens der Universität wurde dies seither konsequent ausgebaut. Beim Start lief das Programm unter der wenig glücklichen Bezeichnung „Kontaktstudium", es wurde später einem auf Universitätsebene eingerichteten „Zentrum für Weiterbildung und Wissenstransfer" überantwortet und stößt bis heute bundesweit auf gute Resonanz.

2. *Übergangsausschuss*

Gemäß den vom Ministerium bei Gründung der Universität mit auf den Weg gegebenen Vorgaben war in der Universität ein sog. Übergangsausschuss eingesetzt worden, dem in etwa die Funktion eines Senates zukam. Er war mit dem Präsidenten sowie einzelnen Hochschullehrern aus dem Wirtschafts- und Sozialwissenschaftlichen sowie dem Katholisch-Theologischen Fachbereich besetzt; letzterer war am 15. Oktober 1970 im Wesentlichen unter Übernahme der damaligen Philosophisch-Theologischen Hochschule Dillingen errichtet worden. Des Weiteren gehörten dem Übergangsausschuss Vertreter der wissenschaftlichen Mitarbeiter, der Studierenden und des nichtwissenschaftlichen Personals an. Nach Aufnahme unserer Tätigkeit sollte auch unser Fachbereich einen Vertreter entsenden, und so nahm ich gemäß der Absprache mit meinen Kollegen an der nächstfolgenden Sitzung teil.

Vordringlichste Aufgabe des Ausschusses war die *Erarbeitung einer „Vorläufigen Verfassung"* für die Universität. Hier zeigte sich, dass die Vorstellungen über deren Ausgestaltung schon weitgehend entwickelt waren, maßgeblich geprägt durch den Präsidenten. Dies betraf insbesondere die damals heftig umstrittene sog. *Paritätenfrage*, d. h. den Schlüssel für die Repräsentanz der verschiedenen Gruppen in den universitären Gremien. Darüber wurden im politischen Raum bundesweit heftige Kontroversen ausgetragen, insbesondere anlässlich der Forderung nach sog. Drittelparität (nur ein Drittel der Sitze in den Gremien für die Hochschullehrer). Im Übergangsausschuss wurde diese Forderung auch erhoben, man tendierte jedoch zu dem vom Präsidenten favorisierten Verteilungsschlüssel 5:3:2:1 (Hochschullehrer/Wissenschaftliche Mitarbeiter/Studenten/nichtwissenschaftliches Personal). Ich habe gleich verdeutlicht, dass ich dies für unsere Fakultät nicht mittragen könnte, was auf großen Unwillen stieß. Mehrheitlich wurde dann auch zugunsten des vom Präsidenten angestrebten Modells entschieden. Wir, die dem Ausschuss angehörenden Kollegen, haben noch in der maßgeblichen Sitzung die Einreichung eines Sondervotums an das Staatsministerium für Unterricht und Kultus mit dem Ziel angekündigt, den Paritätenschlüssel in

Anlehnung an das Hochschulgesetz des Saarlandes mit 6:2:2:1 festzulegen, also mit einem leichten Stimmrechtsübergewicht zugunsten der Hochschullehrer. Dies hat zu einigen Turbulenzen geführt. Das Ministerium, dessen Genehmigung für das Inkrafttreten der Vorläufigen Verfassung erforderlich war, hat unserem Begehren gleichwohl Rechnung getragen und unseren Vorschlag übernommen, also die von der Universität zur Genehmigung eingereichte Fassung nur mit dieser Maßgabe in einer „Verordnung zur vorläufigen Regelung der Verfassung für die Universität Augsburg" vom 2. Februar 1972 in Kraft gesetzt.

Im politischen Raum wurde damals schon gemutmaßt, dass damit ein Modell für das bereits in Bearbeitung befindliche neue Bayerische Hochschulgesetz vorgegeben werden sollte. Tatsächlich wurde es in das nach langwierigen parlamentarischen Auseinandersetzungen in Kraft gesetzte Bayerische Hochschulgesetz vom 28. November 1973 übernommen und bestimmt seither, also nunmehr annähernd fünfzig Jahre, ohne größere Anfechtung die Stimmrechtsverhältnisse in den universitären Gremien. Der damals dafür verantwortliche Staatsminister Hans Maier hat in seinem späteren Rückblick („Böse Jahre, gute Jahre. Ein Leben 1931 ff.", S. 208/209) festgehalten, dass ihn die damaligen Vorgänge in Augsburg dazu veranlasst hätten, der Selbstverwaltung und Mitwirkung besondere Aufmerksamkeit zu widmen und die Verantwortlichkeit der Professoren für die Organisation von Forschung und Lehre klarzustellen. Das „Augsburger Signal" sei zur Initialzündung für eine bundesweite Stärkung der Professorenrechte geworden. Überregional gingen die Auseinandersetzungen noch weiter, bei uns beruhigte sich die Lage. Es gab auch noch anderes zu tun.

3. Strukturbeirat

Die weitere Entwicklung der Universität bedurfte schließlich noch der *Planung.* Dies galt zum einen bezüglich des weiteren Ausbaus der drei schon bestehenden, vor allem aber für die Errichtung der angestrebten weiteren Fachbereiche. Zum 1. Juni 1972 stand die Eingliederung der Pädagogischen Hochschule Augsburg in die Universität an. Vorgesehen war, ihre Aufgaben den neu zu errichtenden Philosophischen Fachbereichen zu überantworten und den vorhandenen Personalbestand in diese zu integrieren. Die planerischen Überlegungen hierzu sollte ein vom Ministerium eingesetzter Strukturbeirat entwickeln, der sich am 8. November 1971 unter dem Vorsitz des Münchener Ordinarius Peter Lerche konstituierte, der vorher auch schon den Vorsitz in dem bereits genannten Fachausschuss für unseren Fachbereich sowie in der Berufungskommission für unsere zehn Lehrstühle innehatte. Mit Schreiben des Staatsministers für Unterricht und Kultus vom 13. Dezember 1971 wurde ich zur Wahrnehmung der Belange der Rechtswissenschaft als Vollmitglied in diesen Strukturbeirat berufen, der sich als erstes auch mit der Frage der vorläufigen Verfassung für die Universität zu befassen hatte. Sehr bald standen aber die Fragen der weiteren Entwicklung der Fachbereiche im Raum. Den Schwerpunkt der Arbeit bildete die Strukturierung der Philosophischen Fachbereiche.

Sodann ging es um die Planungen für einen *Neubau für die Universität* auf dem sog. Campus am Alten Postweg. Vorübergehend gab es hier einige Irritationen, weil nach einem Gegenvorschlag die Universität stadtnäher untergebracht werden sollte, wobei das Prinz-Carl-Palais mit dem dahinterliegenden Gelände favorisiert wurde. Dies wurde dann jedoch ziemlich schnell verworfen, da die Chancen für die räumliche Entwicklung nur auf dem Campus sichergestellt waren – aus heutiger Sicht die einzig richtige Entscheidung. Ein wenig erfreulicher Aspekt für den Juristischen Fachbereich war, dass nach dem für die Neubauten vorgesehenen Zeitplan wir als letzte zum Zuge kommen sollten, ganz einfach aus dem Grunde, dass wir bereits in einem staatseigenen Gebäude untergebracht waren, die Theologischen wie die Philosophischen Fachbereiche noch keine räumliche Unterbringung hatten und dem Wirtschafts- und Sozialwissenschaftlichen Fachbereich wegen seiner deutlich höheren Zahl an Studierenden Vorrang vor uns eingeräumt wurde. Nach der damaligen Zeitplanung wäre dies nicht so gravierend gewesen, da eine rasche Aufeinanderfolge der Bauten vorgesehen war. Dass wir aus verschiedensten Gründen, nicht zuletzt auch wegen der späteren Errichtung einer Naturwissenschaftlichen Fakultät und der Baumaßnahmen zugunsten der Physikinstitute, unseren Neubau dann trotz erheblich gestiegener Studierendenzahl und zwischenzeitlicher Erweiterung des Lehrkörpers erst im Sommer 1999 zur Verfügung gestellt bekamen mit all den dadurch ausgelösten Schwierigkeiten, war im Jahre 1974, als der Strukturbeirat seine Arbeit abschloss, nicht absehbar.

III. Unser Auftrag: die einstufige Juristenausbildung

Die herkömmliche Juristenausbildung war Ende der 1960er-Jahre zunehmend in die Kritik geraten und zum Teil heftigen, sachlich nicht berechtigten Schmähungen ausgesetzt worden. Mein Fakultätskollege Reiner Schmidt geht in seinem Beitrag in dieser Festschrift des Näheren darauf ein. Bemängelt wurde, kurz gesagt, mangelnde Praxistauglichkeit der Ausbildung wie der Absolventen, ja Praxisferne des Juristenstandes insgesamt, zugleich fehlendes sozialwissenschaftliches Verständnis. Für jedermann greifbar war, dass die Studiendauer aus dem Ruder gelaufen war, dass die Fakultäten ihren Studierenden zu wenig an Vorgaben und Hilfestellung für die Gestaltung ihres Studiums zur Verfügung stellten und dass die Referendarausbildung – zu meiner

Referendarzeit noch dreieinhalb Jahre (!) – wenig zielführend und zweifellos zu ineffektiv war.

1. *Defizite der universitären Studiengänge*

Die Kritik an der überkommenen Ausbildung traf aber nicht nur die juristische Disziplin. In weiten Bereichen der universitären Ausbildung, speziell im geisteswissenschaftlichen Bereich, wurden Mängel geltend gemacht, zum einen inhaltlich, vor allem aber hinsichtlich der fehlenden Strukturierung der Studiengänge und der zu langen Studiendauer. Völlig im Umbruch war die Lehrerbildung, für die im Zusammenhang mit der Überführung der Lehrerausbildung an die Universitäten neue Konzepte zu entwickeln waren. Schwachstelle der Ausbildungsgänge war sodann der Prüfungssektor, der zum Teil doch sehr defizitäre Regelungen aufwies, was den von Staatsprüfungsordnungen verwöhnten Juristen sofort auffiel. Das Staatsministerium für Unterricht und Kultus hatte deshalb für Bayern eine in München tagende *„Allgemeine Studienreformkommission"* mit dem Auftrag eingesetzt, Empfehlungen für die Gestaltung der Studienordnungen für Diplomstudiengänge zu erarbeiten. Die Universitätsleitung hier war offensichtlich der Meinung, dass sie zur Vertretung unserer Universität am besten einen Juristen entsenden würde und wies mir diese Aufgabe zu. Der Kommission gehörten Vertreter verschiedenster Fächer und Universitäten an. Die Beratungen verliefen äußerst zäh. Es war schwer, die Anforderungen an Studien- und Prüfungsordnungen allen plausibel zu machen. Besondere Schwierigkeiten ergaben sich bei der staatlicherseits gewünschten Festlegung von Regelstudienzeiten zur Begrenzung der Studiendauer. Schließlich konnten wir aber im Oktober 1975 „Empfehlungen für die Gestaltung von Studienordnungen für Diplomstudiengänge" vorlegen, die den Hochschulen zugeleitet wurden. Der Studiengang der juristischen Fakultäten war als Staatsprüfungsstudiengang nicht in die Arbeit der Kommission einbezogen und von deren Empfehlungen nicht betroffen.

2. *Die Neugestaltung der Juristenausbildung nach dem Augsburger Modell*

Vor Ort galt unser Hauptaugenmerk der Umsetzung des uns aufgetragenen Modells einer reformierten Juristenausbildung auf der Basis der Empfehlungen des Fachausschusses, zunächst als „Münchner Modell" ausgeflaggt, mit der Mandatserteilung an uns dann als „Augsburger Modell" bekannt geworden.

a) In den Bundesländern waren *verschiedenste Modelle* einer reformierten Juristenausbildung entworfen, diskutiert, in der Umsetzung geplant und vorbereitet worden – alle unter dem Postulat der besseren Verzahnung von

Theorie und Praxis. Die bis dahin vorgesehene Zweiteilung der Ausbildung in einen universitären und einen in der Praxis zu absolvierenden Abschnitt sollte mittels einer integrierten „praxisorientierten Ausbildung“ vermieden werden. Ein ins Spiel gebrachtes Modell war etwa „Vormittags Uni, nachmittags Amtsgericht“.

Bayern hat sehr schnell betont, dass dies in einem Flächenstaat nicht realisierbar sei. Entwickelt wurde hier ein sog. *Intervallsystem* mit einem mehrfachen Wechsel von universitären und praktischen Ausbildungsabschnitten. Konkret bedeutete dies bei uns vier Semester Universität (Zivil- und Strafrecht), dann neun Monate Amtsgericht, anschließend in entsprechendem Rhythmus der öffentlich-rechtliche Komplex sowie die als Spezialstudium ausgewiesenen Schwerpunktfächer. Es ging den Verfassern des Münchner Modells aber nicht nur um einen praktizierbaren Weg zur besseren Verzahnung von Theorie und Praxis, sondern auch darum, eine fundierte juristische Ausbildung, durchaus unter stärkerer Berücksichtigung nachbarwissenschaftlicher Bezüge, sicherzustellen. Zum Teil waren die andernorts entwickelten Modelle von der Ambition getragen, den Juristen eine andere Funktion (Stichwort: „Sozialingenieur“) zuzuweisen. In diese Richtung wollte man hier die Entwicklung nicht laufen lassen. Deshalb sollte in dem einsetzenden Wettlauf zwischen den Bundesländern das eigene Modell möglichst schnell zur Geltung gebracht werden.

Dies war auch der Hintergrund für die kurzfristige Errichtung und Beauftragung unserer Fakultät im Herbst 1971. Die Chancen, eine der bestehenden bayerischen Fakultäten für die Durchführung des Modells zu gewinnen, waren gegen Null einzuschätzen. Es ist damit aber auch klar, dass unsere Fakultät ohne diese spezielle im politischen Raum zu Beginn der 1970er-Jahre bestehende Konfliktsituation jedenfalls im Oktober 1971 nicht errichtet und gleich in Funktion gesetzt worden wäre. So konnte die „Frankfurter Allgemeine“ aber in einem Bericht vom 15. Dezember 1971 eingangs hervorheben, dass die neunzig Studenten des Fachbereichs in Augsburg die ersten in der Bundesrepublik seien, die eine einstufige Juristenausbildung erhielten.

Die Bezeichnung mit „*einstufig*“ empfand ich nicht als recht glücklich. Es sollte zum Ausdruck gebracht werden, dass an die Stelle der überkommenen Zweiteilung der Ausbildung ein als Einheit konzipierter Ausbildungsgang treten würde. Außerhalb der engeren Fachwelt bin ich aber oft dem Vorurteil begegnet, es würde sich um einen einfacheren Studiengang handeln.

b) Mit der *Umsetzung* des Modells kamen wir von Anfang an gut zurecht, haben auch die notwendige Sorgfalt walten lassen. Man konnte schon mit einfachen Maßnahmen, wie etwa einer studentenfreundlichen Gestaltung des Vorlesungsplanes, den Studienbetrieb optimieren. Modellbedingt haben wir sehr bald den Kontakt zunächst zur Augsburger Justiz gesucht, in die die Studierenden nach dem zweiten Studienjahr, sofern sie die vorgesehenen

Leistungsnachweise vorlegen konnten, überwechseln sollten. Der Praxisorientierung sollte nach dem Modell auch die Einbeziehung von Praktikern in die universitäre Lehre dienen. Vom ersten Trimester an konnten wir engagierte Dozenten aus der Justiz für eine Mitwirkung gewinnen. Eine solche Kooperation zwischen Fakultät und Gerichten war schon vom Ansatz her etwas Neues; sie hat sich auch im weiteren Verlauf gut entwickelt.

In unserem Modell war vorgesehen, dass die Studierenden nach Absolvierung der Justiz- und Verwaltungsausbildung und einer an diese anschließenden Staatsprüfung in ein sog. *Spezialstudium* überwechseln sollten. Dafür waren im ursprünglichen Modell die vier Zweige Justiz, Verwaltung, Steuern/Wirtschaft und Arbeits-/Sozialrecht vorgesehen. Kurz nach Besetzung der internationalrechtlich ausgerichteten Lehrstühle begehrten deren Inhaber die Einführung eines weiteren Zweiges *Internationales Recht/Rechtsvergleichung*. Dies fiel in unserem kleinen Fachbereich zunächst nicht auf große Begeisterung, wobei wir damals die zukunftsträchtige Entwicklung dieser Disziplin nicht richtig eingeschätzt haben. Unsere internationalrechtlich ausgerichteten Kollegen konnten dank ihrer sonst in der Verteilung der Bibliotheksmittel erprobten Durchsetzungsfähigkeit den Fachbereich schließlich doch für ihr Vorhaben gewinnen. Aus heutiger Sicht war dies eine sicher glückliche Entscheidung, da mit ihr die später immer weiterentwickelte internationalrechtliche Ausrichtung des Programmangebotes unserer Fakultät eröffnet wurde. Dazu darf auf den Beitrag der Kollegen Behr und Wurmnest in dieser Festschrift verwiesen werden.

c) Unser Reformmodell war damit erfolgreich auf das Gleis gestellt. Es stieß regional wie überregional auf großes Interesse, und wir hatten es anfangs auf vielen auch auswärtigen Veranstaltungen vorzustellen. Schon Anfang 1972 habe ich das Modell auf deren Einladung den Augsburger Rechtsanwälten erläutert. Dies blieb mir deshalb gut in Erinnerung, weil mir dort zu meiner Überraschung unverblümt bedeutet wurde, dass die Augsburger Anwaltschaft an der Errichtung unserer Fakultät in Augsburg alles andere als interessiert sei. Man befürchte, dass sich viele Absolventen später in Augsburg niederlassen würden. Diese Vermutung war zwar durchaus zutreffend, dürfte aber, wie ein Blick auf die heutige Augsburger Anwaltslandschaft zeigt, nicht zu ihrem Schaden gewesen sein.

Erfreulich für uns war der Besuch der Justizminister Bayerns, Baden-Württembergs, des Saarlandes und aus Rheinland-Pfalz, die sich im März 1973 eingehend über unsere bisherige Arbeit und unsere Erfahrungen berichten ließen. Die weitere Entwicklung und die späteren Ergebnisse bestätigten dann auch, dass wir mit unserer Arbeit richtiglagen. Der erste Studienjahrgang hatte nach sechseinhalb Jahren die Schlussprüfung weitgehend erfolgreich abgelegt. Er hatte dem Modell entsprechend den Großteil der Klausuren gemeinsam mit den Teilnehmern der Referendarausbildung geschrieben und hierbei sogar im Durchschnitt die besseren Ergebnisse erzielt, und dies durchweg nach der Mindeststudienzeit! Allerdings muss man bei der Bewertung berücksichtigen, dass die leistungsschwächeren Teilnehmer des Jahrgangs schon im Lauf der Jahre infolge der mehrfach eingeforderten Leistungsnachweise ausgeschieden waren.

d) Was wir in der Anfangsphase nicht ahnen konnten, war das für die Fakultät unerfreuliche *Ende des Augsburger Modells*. Es war zwar klar, dass uns das Modell nur zur *Erprobung* in Auftrag gegeben war. Die Juristenausbildung im traditionellen Modell war im Richtergesetz bundeseinheitlich vorgegeben gewesen. Um dem Reformdruck Rechnung zu tragen, hatte der Bundesgesetzgeber den Bundesländern in der sog. *Experimentierklausel des § 5b des Richtergesetzes* für zehn Jahre die Befugnis eingeräumt, neue Modelle zu erproben. Davon haben in den Folgejahren eine Reihe von Bundesländern Gebrauch gemacht und unterschiedliche Modelle gestartet. Vor Ablauf der Zehnjahresfrist wurde diese noch um drei Jahre verlängert. Auch diese Zeit wurde auf Bundesebene nicht dazu genutzt, die verschiedenen Modelle, wie wir es eigentlich erwarten durften, zu würdigen und sich auf eines der Modelle zu verständigen – zu unterschiedlich waren die politischen Zielsetzungen.

Es traf uns das Schicksal, das jeder kennt, der in einem befristeten Rechtsverhältnis steht. Mit Ablauf der Frist endet der Status, ohne dass es einer Erklärung oder Begründung bedarf. Wir bekamen dementsprechend nur die Mitteilung, dass wir im Hinblick auf das *Ende der Experimentierphase* ab dem Studienjahr 1984/85 das Studium wieder auf der Grundlage des vordem so heftig kritisierten zweistufigen Modells anzubieten hätten. Für unsere Erfahrungen hat sich niemand mehr interessiert. Umsonst war, dass wir während des gesamten Modellversuchs, wie es vom Bund gefordert war, unsere durchaus positiven Erfahrungen in jährlichen Berichten festgehalten hatten. Keine Berücksichtigung fand auch, dass unsere Absolventen dem Modell ein gutes Zeugnis ausgestellt hatten, und dass sie in der Praxis sowohl vom Staat wie auch im außerstaatlichen Bereich gerne bevorzugt genommen und in ihrer Einsatzfähigkeit positiv bewertet wurden.

Ich bin oft gefragt worden, *aus welchen Gründen* das Modell nicht weitergeführt worden ist. Eine offizielle Erklärung dazu gab es nicht, ist mir zumindest nicht bekannt. Es wirkten aber wohl verschiedene Umstände zusammen: Zum einen hielt man an dem Dogma, die Juristenausbildung müsse *bundesweit einheitlich* sein, fest. Dies bedeutete, dass man sich bei einer Entscheidung zugunsten der einstufigen Juristenausbildung auf eines der in den Bundesländern entwickelten Modelle hätte einigen müssen. Sie lagen aber konzeptionell zu weit auseinander. Es fehlte ihnen schon damit in der politischen Auseinandersetzung an Schlagkraft. Die traditionellen, nach der Zweistufigkeit arbeitenden Fakultäten verweigerten sich sowieso und hatten naturgemäß größeres Gewicht. Angeblich gab es auch einen Beschluss der Konferenz der OLG-Präsidenten mit einem für uns negativen Votum. In Bayern spielte unverkennbar auch der Wechsel an der Spitze des Justizministeriums eine Rolle. Justizminister Philipp Held hatte unser Modell 1971 nicht nur aus der Taufe gehoben, sondern es auch jahrelang wohlwollend begleitet. Sein Amtsnachfolger Karl Hillermeier hatte für das Modell nach meinem damaligen Eindruck von Anfang an keine große Sympathie.

Auf der politischen Ebene spielte wohl auch herein, dass das staatliche Anliegen, die Studienzeitdauer in den Griff zu bekommen – wie es uns auch in der vorgenannten Allgemeinen Studienreformkommission vorgegeben war und erhebliche Mühe bereitete – offensichtlich an Gewicht verloren hatte. Die Verkürzung der Ausbildungsdauer war aber einer unserer stärksten Trümpfe. Immerhin hatten unsere Absolventen das Assessorexamen nach einer Gesamtausbildungszeit von 6½ Jahren bewältigt, während im herkömmlichen Ausbildungssystem die Studierenden damals allein an der Universität 5½ Jahre verbrachten. Diese Leistung wurde nicht honoriert, fand offensichtlich auch in die Kostenüberlegungen keinen Eingang.

In der Sache kursierte die Bewertung, unser einstufiges Modell sei zu teuer und zu verwaltungsintensiv. Was den erstgenannten Aspekt, die *Kosten*, betrifft, wurde darauf verwiesen, dass das Verhältnis der Zahl der Studierenden zu der der Lehrpersonen bei uns günstiger war als in den großen Fakultäten. Dies war zwar zutreffend, aber es gab auch kleinere Fakultäten, in denen sich der Schlüssel nicht grundsätzlich anders darstellte. Wir hatten uns die kleinere Zahl an Studierenden auch nicht selbst gewählt. Eine Höchstzahl war für den vom Bund geförderten Modellversuch zunächst vorgegeben gewesen. Ich habe sie unter dem Wettbewerbsaspekt strategisch immer als nachteilig gesehen. Mit der Ein- oder Zweistufigkeit des Ausbildungsmodells hatte dies nichts zu tun. Zutreffend war demgegenüber, dass unser Modell wesentlich *verwaltungsintensiver* war als das überkommene System. Dies war durch den häufigen Wechsel der Studierenden zwischen Universität und Praxis bedingt. Auch war nicht zu übersehen, dass auf Grund des unserem System zugrundeliegenden Jahresrhythmus bei nur neun- oder sechsmonatigen Praktika die praktischen Stationen nicht gleichmäßig genutzt werden konnten. Schließlich spielte eine Rolle, dass unsere Praktikanten in den verschiedenen Stationen auf Grund einer ihnen entgegenkommenden Organisation sorgfältiger betreut wurden als der Durchschnitt der Referendare. Dies hätte man aber bereits im Jahre 1971 beim Studium des Modells und der vorbereitenden Überlegungen in den Praxisstationen feststellen können, dazu hätte es keiner dreizehnjährigen Erprobung bedurft.

Für mich war das Kapitel „einstufige Juristenausbildung" abgeschlossen. Der Staat hatte sie uns bei der Errichtung der Fakultät als Auftrag mit auf den Weg gegeben, und wir hatten ihn ordentlich erfüllt. Der Auftrag war nun wieder entzogen. Immerhin verdankten wir ihm unsere Fakultätsgründung im Jahre 1971.

IV. Schluss

Ob wirklich jedem Anfang ein Zauber innewohnt, bin ich mir nicht so sicher, für den Anfang unserer Fakultät aber, was mich betrifft, durchaus. Diese Phase war für mich die faszinierendste in meinem interessanten Berufsleben. Für die mir damals gebotene Chance bin ich dem Freistaat Bayern, der Universität und der Fakultät zutiefst dankbar.

50 Jahre Internationales Privatrecht und Rechtsvergleichung an der Juristischen Fakultät der Universität Augsburg

Volker Behr / Wolfgang Wurmnest[1]

I. Einleitung

Die Juristische Fakultät, die am 8. Oktober 1971 als zweite Fakultät[2] der Universität Augsburg gegründet wurde,[3] hat sich in den letzten 50 Jahren in vielfältiger Weise mit grenzüberschreitenden Fragestellungen in Forschung und Lehre befasst. Dieser Beitrag will schlaglichtartig und ohne Anspruch auf Vollständigkeit die Arbeit auf den Forschungsfeldern des Internationalen Privatrechts und der zivilrechtlichen Rechtsvergleichung im weiten Sinne nachzeichnen und sich dabei auf die Lehrstühle und Professuren konzentrieren, die diese Fächer in der Denomination führ(t)en oder sich schwerpunktmäßig auf diese Rechtsgebiete in Forschung und Lehre fokussier(t)en.

Das Begriffspaar Internationales Privatrecht und Rechtsvergleichung zeigt allerdings nur unvollkommen die Gegenstände an, die unter dieser Flagge in der Juristischen Fakultät der Universität Augsburg von Anfang an behandelt wurden und noch immer behandelt werden. Der Titel ist inhaltlich verkürzt und spiegelt insoweit nur die klassischen zivilrechtlichen Lehrstuhlbezeichnungen wider, in denen grenzüberschreitende Verfahrensfragen als (damalige) Randnotiz des Internationalen Privatrechts nicht gesondert ausgeflaggt wurden und Rechtsvergleichung gleichsam selbstverständlich Auslandsrecht und vergleichende Rechtswissenschaft umfasste. Im Laufe der Jahre hat das Internationale Zivilverfahrensrecht allerdings einen „unaufhaltbaren Aufschwung"

---

[1] Viele Personen haben in Gesprächen über die Thematik Informationen zu diesem Beitrag beigesteuert. Allen gebührt unser Dank. Besonders hervorheben möchten wir die Unterstützung durch den Augsburger Universitätsarchivar Werner Lengger. Aus Gründen der Lesbarkeit wird im Folgenden bei allgemeinen Formulierungen (Kollegen, Lehrstuhlinhaber, Referendare, Gastdozenten etc.) die männliche Form verwendet. Die Ausführungen beziehen sich dabei jeweils auf Personen aller Geschlechter (m/w/d).

[2] Zunächst hießen die Fakultäten allerdings „Fachbereiche" der Universität Augsburg.

[3] Zur Geschichte der Universität Augsburg siehe *Lengger*, in: Zapf (Hrsg.), Wissenschaft – Kreativität – Verantwortung. 50 Jahre Universität Augsburg, 2020, 22–46.

(*irrésistible ascension*) erlebt[4] und die Bedeutung des Kollisionsrechts für die praktische Bewältigung grenzüberschreitender Privatrechtskonflikte in vielen Bereichen zurückgedrängt[5]. Zudem hat sich das Europäische Privatrecht herausgebildet, das zum Teil auch die Rechtsvergleichung anreichert. Ferner können Rechtsvergleichung und Rechtsgeschichte als „Holz vom gleichen Stamm"[6] bekanntermaßen kombiniert betrieben werden. Soweit die an der Fakultät geleisteten rechtshistorischen Forschungsarbeiten einen rechtsvergleichenden Bezug zum geltenden (Europäischen) Privatrecht aufweisen, sollen sie hier einbezogen werden.[7]

Der Schwerpunkt des Beitrags soll auf einer Rückschau liegen und nicht auf einer Beschreibung der Arbeit der Kollegen, die derzeit an der Fakultät wirken. Zudem nimmt der Beitrag nicht für sich in Anspruch, die Arbeit einzelner Personen umfassend zu würdigen. Nach einem Blick auf die Ausgangslage (II.), soll die Aufbauzeit (1972–1986) beschrieben werden (III.). Die anschließende Entwicklung kann in drei Phasen unterteilt werden, die sich freilich etwas überlappen: Die Stärkung des Europäischen Privat- und Wirtschaftsrechts und der Ausbau internationaler Kooperationen (1987–1995) (IV.), die kontinuierliche Verbreiterung der grenzüberschreitenden Lehre und Forschung (1996–2010) (V.) sowie jüngere Entwicklungen (VI.).

II. Die Ausgangslage

Die Verankerung und der Ausbau von Internationalem Privatrecht (IPR) und Rechtsvergleichung – um bei dieser Sammelbezeichnung zu bleiben – waren in der ersten Konzeptionsphase der Augsburger Fakultät schwerlich ein zentrales Anliegen. Im Mittelpunkt stand vielmehr die inhaltliche und organisatorische Entwicklung der als Modellversuch in Augsburg gestarteten einphasigen praxisorientierten Juristenausbildung, die primär die examensrelevanten Bereiche des Bürgerlichen Rechts sowie des Strafrechts und öffentlichen Rechts im Auge haben musste. Die Vorbereitung auf den juristischen Beruf wurde damals noch sehr aus nationaler Perspektive gedacht. Für das Internationale Privatrecht und die zivilrechtliche Rechtsvergleichung schien die Ausgangslage daher keineswegs besonders günstig, zumal die per-

---

[4] *Gaudemet-Tallon*, L'irrésistible ascension des conflits de jurisdiction, in: M.-E. Ancel u. a. (Hrsg.), Le droit à l'épreuve des siècles et des frontières: Mélanges en l'honneur du Professeur Bertrand Ancel, 2018, 735–752.

[5] *Basedow*, in: Rupp u. a. (Hrsg.), IPR zwischen Tradition und Innovation, 2019, 1 (6) (auch zur Bedeutungssteigerung des Internationalen Zivilverfahrensrechts).

[6] *Kötz*, JZ 1992, 20.

[7] Zur Entwicklung der genuin rechtshistorischen Forschung in der Fakultät siehe den Beitrag von *Hellwege* in dieser Festschrift.

sonale Ausstattung im Zivilrecht in der Gründungsphase mit fünf (von insgesamt zehn) Lehrstühlen durchaus bescheiden war. Immerhin war man sich von Anfang an darüber klar, dass Praxisorientierung keineswegs einen Verzicht auf die historische und die internationale Dimension des Rechts bedeuten durfte. Dementsprechend war von Anfang an einer der zivilrechtlichen Lehrstühle zugleich auf die Rechtsgeschichte ausgerichtet[8] und ein weiterer auf das Internationale Privat- und Europarecht[9]. Die drei anderen Lehrstühle deckten das Handels- und Gesellschaftsrecht,[10] das Zivilverfahrensrecht[11] sowie das Arbeitsrecht[12] ab, wobei sich die genauen Bezeichnungen der Lehrstühle im Laufe der Zeit änderten.

Dass sich aus diesen eher bescheidenen Anfängen Internationales Privatrecht und Rechtsvergleichung in Augsburg von Anfang an rasch und umfassend etablierten, ist einerseits dem Zusammentreffen einiger glücklicher Umstände zu verdanken, andererseits aber auch mit vorausschauenden Entscheidungen der jungen Fakultät verbunden, die offen für neue Ansätze war und grenzüberschreitenden Fragestellungen fächerübergreifend eine hohe Bedeutung zumaß. Dabei spielte sicherlich auch eine Rolle, dass die Bedeutung der grenzüberschreitenden Dimension des Rechts zu Beginn der 1970er Jahre für den an internationalen Fragestellungen interessierten Wissenschaftler gleichsam in der Luft lag. Das Zusammenwachsen der Staaten Europas, die sich abzeichnende Ausdehnung der Europäischen Gemeinschaften und die parallele Europäisierung weiter Teile des Privat- und Verfahrensrechts legten die Befassung mit den sich daraus ergebenden internationalprivatrechtlichen, internationalverfahrensrechtlichen, auslandsrechtlichen und rechtsvergleichenden Fragestellungen nicht nur nahe, sondern zwangen geradezu dazu, die sich abzeichnende Herausbildung eines Europäischen Justizraums wissenschaftlich zu begleiten. Zuerst im Internationalen Verfahrensrecht, bald aber auch im Internationalen Privatrecht, kam es zu einer stärkeren Europäisierung des Rechts, zwar anfangs noch auf der Basis von Übereinkommen zwischen den damaligen Mitgliedstaaten der Europäischen Gemeinschaften, im weiteren Verlauf dann aber durch originäres Gemeinschaftsrecht. Das Europäische Gerichtsstands- und Vollstreckungsübereinkommen (EuGVÜ) von 1968,

---

8 Lehrstuhl für Bürgerliches Recht in Verbindung mit Rechtsgeschichte, ab 1972 besetzt mit Hans Schlosser.

9 Lehrstuhl für Bürgerliches Recht in Verbindung mit Internationalem Privatrecht und Europarecht, ab 1972 besetzt mit Hans Jürgen Sonnenberger.

10 Lehrstuhl für Bürgerliches Recht in Verbindung mit Handels- und Gesellschaftsrecht, ab 1971 besetzt mit Herbert Buchner.

11 Lehrstuhl für Bürgerliches Recht in Verbindung mit Verfahrensrecht, ab 1972 besetzt mit Peter Schlosser.

12 Lehrstuhl für Bürgerliches Recht in Verbindung mit Arbeitsrecht, ab 1973 besetzt mit Wilhelm Dütz.

das 1973 in Kraft trat,[13] ist insoweit kennzeichnend für die damalige Aufbruchsstimmung, die sich mit dem Europäischen Schuldvertragsrechtsübereinkommen von 1980[14] fortsetzte. Es dauerte aber, bis die Einsicht, dass das Zusammenwachsen Europas auch zivil(verfahrens)rechtliche Implikationen haben kann, sich auf breiter Front in den deutschen Fakultäten durchsetzte. Zum Ausklang der 1960er Jahre waren grenzüberschreitende Fächer im Privatrechtsbereich noch sehr spezielle Materien, die nur von wenigen Lehrstuhlinhabern bzw. Nachwuchswissenschaftlern bearbeitet wurden.

Dass diese Strömung in Augsburg – im Vergleich zu vielen anderen Fakultäten – relativ früh und in nachhaltiger Art und Weise aufgegriffen wurde, hängt mit der klugen Berufungspolitik zusammen. Die neu entstandene und mit keinem Ballast traditionell gewachsener Strukturen und Gewohnheiten beschwerte Fakultät hatte die zu dieser Thematik genau passenden jungen Kollegen in ihre Reihen geholt. Obgleich von der Konzeption der Fakultät her allein ein „geborener" IPR-Stuhl existierte, auf den Hans Jürgen Sonnenberger berufen wurde, war die grenzüberschreitende Forschung und Lehre von Anfang an sehr stark repräsentiert, da auch Peter Schlosser als Inhaber des zivilverfahrensrechtlichen Stuhls sehr international arbeitete. Später wurde auch durch die Berufung von Rolf Birk der Lehrstuhl für Bürgerliches Recht, Rechtssoziologie und Rechtstheorie faktisch zu einem IPR-Stuhl ausgebaut. So kam es, dass in Augsburg schon zu Beginn der 1970er Jahre sehr viele Veranstaltungen zum Internationalen Privat- und Zivilverfahrensrecht sowie der Rechtsvergleichung angeboten wurden, während andere Fakultäten diese Fächer in deutlich geringerem Umfang und oftmals als Randnotiz zur allgemeinen Vorlesung über Internationales Privatrecht lasen.

Die Bedeutung der Fächer wurde dadurch verstärkt, dass sich die neue und personell junge Fakultät von Anfang an sehr offen gegenüber der internationalen Dimension des Rechts zeigte. Neben den ursprünglich vorgesehenen vier Schwerpunktbereichen der Fakultät wurde alsbald ein fünfter Schwerpunkt „Internationales und Ausländisches Recht" (heute: „Internationales Privatrecht, Völker- und Europarecht") in das Programm aufgenommen, der auch heute noch als Verbund der zivilrechtlichen Lehrstühle mit dem völker- und europarechtlichen Lehrstuhl betrieben wird. Die Fächer Internationales Privatrecht und Rechtsvergleichung hatten damit sogleich einen bedeutenden institutionellen Standort innerhalb der Fakultät. Dies war nur möglich, weil die Fakultät von Anfang an über die Säulen hinweg sehr international aufgestellt war.

---

[13] Übereinkommen über die gerichtliche Zuständigkeit und die Vollstreckung gerichtlicher Entscheidungen in Zivil- und Handelssachen v. 27.9.1968, ABl. EG 1972 L 299/32 (konsolidierte Fassung); BGBl. 1972 II 773, 1973 II 60.

[14] Übereinkommen über das auf vertragliche Schuldverhältnisse anzuwendende Recht v. 19.6.1980, ABl. EG 1980 L 266/1.

Internationale bzw. rechtsvergleichende Fragestellungen wurden etwa vom Strafrechtler Joachim Hermann bearbeitet, der den Lehrstuhl für Strafrecht und Strafprozessrecht von 1972 bis 2001 innehatte. Er las nicht nur allgemeine rechtsvergleichende Vorlesungen in Augsburg, sondern auch an Universitäten in den USA. Ferner trieb er die internationale Vernetzung der Fakultät voran, eine Linie, die sich später im Strafrecht über Henning Rosenau, Arnd Koch, Johannes Kaspar und Michael Kubiciel fortsetzte. Im öffentlichen Recht ist Dieter Blumenwitz zu nennen, der von 1972 bis 1976 den Lehrstuhl für Öffentliches Recht, insbesondere Völkerrecht und Europarecht, bekleidete. Seine „Einführung in das anglo-amerikanische Recht" erschien erstmalig 1971 in der JuS-Schriftenreihe,[15] und er interessierte sich auch für Fragen des Internationalen Privatrechts, da er vor seiner Augsburger Zeit als Assistent am Münchener Institut für Rechtsvergleichung tätig war. Sein Nachfolger, Karl Matthias Meessen, in Augsburg von 1976 bis 1996,[16] befasste sich nicht nur mit Völkerrecht und Europarecht, sondern schwerpunktmäßig auch mit dem Internationalen Wirtschaftsrecht und insbesondere mit Fragen des internationalen Kartell(verfahrens)rechts.[17] Er wurde in den Internationalen Beirat des American Law Institute berufen, um als „Special Consultant on International Economic Law" die Ausarbeitung des „Restatement of the Law Third: The Foreign Relations Law of the United States" zu unterstützen, das am 14. Mai 1986 verabschiedet wurde.[18] Ferner wirkte er als „Rapporteur" des „Committee on Extraterritorial Jurisdiction" der International Law Association. Auch der Staatsrechtslehrer Peter Häberle (1976–1981) füllte den Lehrstuhl für Öffentliches Recht und Rechtsphilosophie sehr international aus, was für seine Zeit besonders war, während sich später sehr viele Augsburger Lehrstuhlinhaber des öffentlichen Rechts mit europarechtlichen Fragen befassten. Schon Meessens Nachfolger Christoph Vedder, der von 2007 bis zum Eintritt in den Ruhestand im Jahre 2015 den Lehrstuhl bekleidete, machte das Europarecht neben dem Völkerrecht zu einem seiner Tätigkeitsschwerpunkte und heute führen neben Thilo Rensmann (Vedders Nachfolger) drei weitere Kollegen (Martin Kment, Matthias Rossi und Ferdinand Wollenschläger) die Denomination „Europarecht" in der Lehrstuhlbezeichnung.

---

[15] *Blumenwitz*, Einführung in das anglo-amerikanische Recht. Rechtsquellenlehre, Methode der Rechtsfindung, Arbeiten mit praktischen Fällen, 1971. Mittlerweile ist die 8. Auflage des Werks, das von *Jörg Fedtke* fortgeführt wird, für 2021 angekündigt.

[16] Er bekleidete den Lehrstuhl für Öffentliches Recht, Völkerrecht, Europarecht und Internationales Wirtschaftsrecht.

[17] Vgl. insb. *Meessen*, Völkerrechtliche Grundsätze des internationalen Kartellrechts, 1975; *ders.*, Kollisionsrecht der Zusammenschlußkontrolle, 1984; *ders.*, American Journal of International Law 78 (1984), 783–810; *ders.*, AöR 110 (1985), 398–418.

[18] American Law Institute, Restatement of the Law (Third): The Foreign Relations Law of the United States, Bd. 1 and 2, 1987.

Zudem bekam die Fakultät von Beginn an Rückendeckung vom Präsidium der Universität. Schon dem Gründungspräsidenten Louis Perridon, der Jura und Wirtschaftswissenschaften in Frankreich studiert hatte, war die Internationalisierung ein wichtiges Anliegen, so dass Mittel für die Anschaffung ausländischer Literatur vorhanden waren. Sein Nachfolger, der „rührige Praktiker“[19] Franz Knöpfle, der schon 1954/55 ein Auslandsjahr an der Columbia University in New York absolviert hatte, und von 1972 bis 1996 den Lehrstuhl für Öffentliches Recht, insbesondere Verwaltungsrecht und Verwaltungslehre, innehatte, setzte sich in seiner Amtszeit von 1973 bis 1979 ebenfalls sehr für die internationale Vernetzung der Fakultät ein. Auf diese Weise wurde schon früh ein solides Fundament geschaffen, welches die Grundlage für die kontinuierliche Ausweitung der grenzüberschreitenden Forschung in den Folgejahren legte.

III. Die Aufbauzeit in der Eichleitnerstraße (1972–1986)

Die neu gegründete Juristische Fakultät wurde in einem funktionalen Gebäude in der Eichleitnerstraße 30 untergebracht, das von einem Industrieunternehmen übernommen und umgebaut worden war. Telefonleitungen sollen zu Beginn Mangelware gewesen sein, aber es gab einige Mittel für den Aufbau eines Sprachenzentrums und einer Bibliothek, in der auch ausländische Werke nicht fehlen sollten.

Die Aufbauarbeit der international-privatrechtlichen Forschung und Lehre wurde maßgeblich von drei Lehrstühlen übernommen, deren Erstinhaber allesamt von bayerischen Universitäten berufen wurden. Einen sehr großen Anteil an der Etablierung neuer Strukturen hatte Hans Jürgen Sonnenberger, der den neu geschaffenen Lehrstuhl für Bürgerliches Recht in Verbindung mit Internationalem Privatrecht und Europarecht von 1972 bis 1986 bekleidete, und seine im Münchener Institut für Rechtsvergleichung erworbenen Kontakte zum Aufbau der klassischen Forschungsfelder Internationales Privatrecht und Rechtsvergleichung nutzte. Unterstützt wurde er von Peter Schlosser, der den Lehrstuhl für Bürgerliches Recht in Verbindung mit Verfahrensrecht von 1972 bis 1978 innehatte und insbesondere zum europäischen Zivilverfahrensrecht und zur Schiedsgerichtsbarkeit forschte. Sein Nachfolger Rainer Frank, der den Lehrstuhl von 1980 bis 1985 bekleidete, führte diese internationale Ausrichtung fort. Zudem wurde Rolf Birk 1976 auf einen Lehrstuhl für Bürgerliches Recht, Rechtssoziologie und Rechtstheorie in Augsburg berufen, erweiterte aber bis zu seinem Weggang

[19] So die Charakterisierung von *Stolleis*, Geschichte des öffentlichen Rechts, Bd. IV: Staats- und Verwaltungsrechtswissenschaft in West und Ost 1945–1990, 2012, 412.

im Jahre 1983 dessen Denomination faktisch und wirkte als Stütze der Fakultät im Bereich des Internationalen Privatrechts und der arbeitsrechtlichen Rechtsvergleichung.

Die überschaubare Größe der Fakultät in der Aufbauzeit, der großzügige Einsatz von Praktikern im Vorlesungsbetrieb und die anfangs noch geringen Studierendenzahlen ermöglichten in dieser Zeit einen „relativ engen Kontakt zwischen Lehrenden, Praktikern und Studenten, und während anderswo noch Studentenunruhen tobten, herrschte [in Augsburg] ein friedliches, arbeitsintensives, fast familiäres Klima."[20]

1. Hans Jürgen Sonnenberger (1972–1986)

Für die Etablierung der Fächer Internationales Privatrecht und Rechtsvergleichung in Augsburg und dem damit verbundenen Aufbau einer Bibliothek mit Werken zum Auslandsrecht erwies sich Hans Jürgen Sonnenberger, der am 3. Februar 1972 in Augsburg anfing, als sehr gute Wahl. Er hatte seine akademische Laufbahn bei Murad Ferid am Münchener Institut für Rechtsvergleichung begonnen, welches 1916 von Ernst Rabel begründet worden war.[21] Im Sommersemester 1969 wurde er von der Ludwig-Maximilians-Universität München mit einer rechtsvergleichenden Untersuchung zum Schuldrecht habilitiert[22] und in der Folge an die neu gegründete Augsburger Fakultät berufen. Er blieb Augsburg trotz eines Rufes an die Universität Gießen treu, bis er am 1. Oktober 1986 die Nachfolge seines akademischen Lehrers in München antrat und Direktor des Instituts für Internationales Recht wurde, in das das alte Institut für Rechtsvergleichung aufgegangen war. Als langjähriger Bibliotheksbeauftragter organisierte Sonnenberger mit wohlwollender Unterstützung Rudolf Frankenbergers, des ersten Direktors der Augsburger Universitätsbibliothek, den Ankauf größerer Bestände aus Bibliotheken, die in Ostdeutschland aufgelöst wurden (Schriften zum „bourgeoisen" BGB waren dort nicht mehr gefragt), sowie den Ankauf ausländischer Literatur, unter anderem in Mailand, Paris und London, so dass schnell ein Grundbestand mit ausländischer Literatur zu Rechtsordnungen in Europa aufgebaut werden konnte.

---

20 *Coester-Waltjen*, ZEuP 2021, 88 (93).

21 Zur Geschichte des Instituts *Coester-Waltjen*, in: S. Lorenz/Kindler/Dutta (Hrsg.), Einhundert Jahre Institut für Rechtsvergleichung an der Universität München. Kaufrecht und Kollisionsrecht von Ernst Rabel bis heute, 2018, 1–44, insb. zu Murad Ferid 24 ff. Zu Murad Ferid siehe auch *Jayme*, NJW 1978, 746–748; *Sonnenberger*, in: FS zum 225-jährigen Bestehen des Beck-Verlages, 1988, 311–320.

22 *Sonnenberger*, Verkehrssitten im Schuldvertrag. Rechtsvergleichender Beitrag zur Vertragsauslegung und zur Rechtsquellenlehre, 1970.

Dieser recht zügige Aufbau von Strukturen war auch deshalb möglich, da Sonnenberger ein exzellenter Kenner ausländischer Rechtsordnungen, insbesondere des französischen Privatrechts in seiner ganzen Breite war, mit dem er sich seit Langem aus vergleichender Perspektive beschäftigt hatte. In seiner Augsburger Zeit schrieb er nicht nur die erste Auflage des Werks „Französisches Handels- und Wirtschaftsrecht",[23] sondern überarbeitete auch die 1971 erschienene „Einführung in das französische Recht" (zusammen mit seinem Mitarbeiter Eugen Schweinberger)[24]. Zudem legte er den wichtigen Teilband (Band 2) zum Schuld- und Sachenrecht des ursprünglich allein von Ferid verfassten Großlehrbuchs zum französischen Zivilrecht neu auf.[25] Im Vorwort zu diesem weitgehend neu konzipierten zweiten Band notierte Ferid: „Es war für das Werk eine Sternstunde, daß es gelungen ist, den zweifelsfrei besten Kenner des französischen Rechts in Deutschland, Herrn Prof. Dr. H. J. Sonnenberger, Augsburg, für die Fortführung des Werks zu gewinnen."[26] Sonnenberger, der auch ein starkes Standbein in Frankreich hatte, wo er regelmäßig forschte und teilweise auch lebte, versuchte auch den dortigen Nachwuchs für die deutsche Rechtswissenschaft zu begeistern, um die deutsch-französische Forschung zu stärken. So kam es, dass Frédérique Ferrand nach ihrem Studium in Frankreich über die Vermittlung des in Lyon wirkenden Rechtsvergleichers Hans-Albrecht Schwarz-Liebermann von Wahlendorf[27] von Oktober 1981 bis Oktober 1983 als wissenschaftliche Mitarbeiterin an seinem Lehrstuhl tätig war. Ferrand, die auch nach ihrer Zeit am Lehrstuhl regelmäßig zum Forschen oder als Gastdozentin nach Augsburg kam, ist heute Ordinaria an der Université Jean Moulin (Lyon III) und Direktorin des Institut de Droit Comparé Édouard Lambert (IDCEL). Sie ist nach wie vor durch zahlreiche Forschungsprojekte (und eine Honorarprofessur) der Augsburger Fakultät und der deutschen Rechtswissenschaft im Allgemeinen verbunden.

Auch wenn Frankreich und das französische Recht seine Arbeit dominierte, pflegte Sonneberger auch Kontakte in anderen Ländern, insbesondere nach Italien. So unterrichtete er seit Mitte der 1970er Jahre auf Einladung Giorgio Cians regelmäßig an der Universität Ferrara Kurse zum deutschen Recht in italienischer Sprache.

Im Internationalen Privatrecht waren Sonnenbergers Interessen weit gefächert. Neben Fragen des Einflusses der Grundrechte auf das Kollisionsrecht,

---

[23] *Sonnenberger*, Französisches Handels- und Wirtschaftsrecht, 1975.

[24] *Sonnenberger/Schweinberger*, Einführung in das französische Recht, 2. Aufl. 1986.

[25] *Ferid/Sonnenberger*, Das Französische Zivilrecht, Bd. 2: Schuldrecht: Die einzelnen Schuldverhältnisse, Sachenrecht, 2. Aufl. 1986.

[26] Ebd., 5 (Hervorhebung entfernt).

[27] Über das Wirken dieses Rechtsgelehrten deutscher Provenienz siehe *Moréteau*, Journal of Civil Law Studies 4 (2011), 227–231.

mit denen er sich schon in seiner Doktorarbeit[28] befasst hatte, bearbeitete er etwa Fragen des internationalen Schuldvertrags-, Gesellschafts- sowie des Familienrechts.[29] Besondere Hervorhebung verdient seine „Einleitung" zum Internationalen Privatrecht im Münchener Kommentar zum BGB, die erstmalig 1983 erschien und damals schon knapp 200 Druckseiten umfasste.[30] Zahlreiche Publikationen zum deutschen Recht in französischer und italienischer Sprache sowie eine Gastprofessur an der Universität Aix-en-Provence belegen seinen intensiven Austausch mit europäischen Fachkollegen. Zudem wurde er in seiner Augsburger Zeit Mitglied des Deutschen Rats für Internationales Privatrecht.

2. *Peter Schlosser (1972–1978)*

In dem bereits kurz zuvor berufenen Peter Schlosser fand Sonnenberger einen gleichermaßen interessierten, international ausgerichteten und aktiven Kollegen.[31] Schlosser hatte nach seiner Habilitation bei Walter J. Habscheid[32] über Gestaltungsklagen und Gestaltungsurteile[33] in Würzburg im Jahre 1965 und einigen Vertretungssemestern seit 1967 einen Lehrstuhl für Zivilprozessrecht, Bürgerliches Recht und Rechtsphilosophie an der Philips-Universität Marburg inne. Anfang 1972 übernahm er den Lehrstuhl für Bürgerliches Recht in Verbindung mit Verfahrensrecht in Augsburg, den er von Beginn an sehr international ausfüllte. Dies verwundert nicht, war sein großes Interesse an der Verfahrensrechtsvergleichung und dem grenzüberschreitenden Verfahrensrecht bereits bei seiner Berufung nicht nur durch diverse Auslandsstationen in seiner Referendars- und Assistentenzeit gut dokumentiert. Auch seine Dissertation bei Walter Sax[34] in Würzburg über ein Thema auf der Schnittstelle zwischen Straf- und Verwaltungsrecht enthielt rechtsvergleichende Elemente.[35]

Schlosser war einer der ersten deutschen Prozessualisten, die die einsetzende Europäisierung des Verfahrensrechts erkannten und zu ihrem Arbeitsschwerpunkt machten.[36] Damit zeigte er sein Gespür für neue große Themen am Wissenschaftshorizont. Zudem offenbarte sich sein Interesse, die Hinter-

---

[28] *Sonnenberger*, Die Bedeutung des Grundgesetzes für das deutsche Internationale Privatrecht, 1962.

[29] Sein Schriftenverzeichnis ist abgedruckt in FS für Hans Jürgen Sonnenberger, 2004, 899–913.

[30] *Sonnenberger*, in: MünchKommBGB, 1983, Einleitung IPR.

[31] *P. Schlosser* wurde zum 1. Februar 1972 ernannt. Sein Schriftenverzeichnis ist abgedruckt in FS für Peter Schlosser, 2005, 1157–1172.

[32] Zu Walter J. Habscheid siehe *P. Schlosser*, NJW 1994, 917; *Lindacher*, NJW 2004, 1093.

[33] *P. Schlosser*, Gestaltungsklagen und Gestaltungsurteile, 1966.

[34] Zu Walter Sax siehe *Weber*, JZ 1987, 340–341; *Paulus*, JZ 1994, 354–355.

[35] *P. Schlosser*, Der Grundsatz „keine Strafe ohne Schuld" als Verfassungsnorm, 1961.

[36] *P. Schlosser*, FamRZ 1973, 424–430; *ders.*, RIW 1975, 534–543.

gründe verschiedener Rechtssysteme zu ergründen und praktikable Lösungen für grenzüberschreitende Fälle zu finden. Mit gutem Grund wurde er daher in die Arbeitsgruppe zum Entwurf eines Übereinkommens über den Beitritt des Königreichs Dänemark, Irlands und des Vereinigten Königreichs Großbritannien und Nordirlands zum EuGVÜ berufen und zum Berichterstatter bestellt. Für den Beitritt dieser Staaten und die weitere Interpretation des geänderten Abkommens war dieser „Schlosser-Bericht“ von entscheidender Bedeutung.[37]

Ferner machte er die bereits in Marburg begonnene Befassung mit dem internationalen Schiedsrecht zu einem Schwerpunkt seiner Augsburger Jahre. Eine Frucht dieser Bemühungen ist sein zweibändiges Werk zum „Recht der internationalen privaten Schiedsgerichtsbarkeit“, das 1975 veröffentlicht wurde, unter Mitarbeit von Jörg Pirrung, einem ehemaligen Marburger Mitarbeiter, der später zum Richter am EuG ernannt wurde.[38] Bei seinen Tätigkeiten im vergleichenden und internationalen Zivilverfahrensrecht stand er im intensiven Austausch mit ausländischen Kollegen, die er erfolgreich zu Vorträgen nach Augsburg einlud.

Aber auch im deutschen materiellen Privatrecht, das hier (genau wie das deutsche Verfahrensrecht) nicht näher behandelt werden soll, darf nicht unerwähnt bleiben, dass Schlosser in Augsburg Pionierarbeit leistete. So befasste er sich intensiv mit dem Problem der Kontrolle Allgemeiner Geschäftsbedingungen und führte – unter Einbeziehung von Praktikern sowie Augsburger Studierender – einen Modellversuch durch, um mögliche Verfahren der Klauselkontrolle zu bewerten.[39] Nach Erlass des AGB-Gesetzes von 1976 verfasste er zudem mit seiner damaligen wissenschaftlichen Assistentin Dagmar Coester-Waltjen und dem Augsburger Richter Hans-Ulrich Graba eine der ersten Kommentierungen zum neuen Klauselkontrollrecht.[40] Dieses Werk war der Vorläufer der späteren Staudinger-Kommentierung Schlossers zur AGB-Kontrolle, die in seiner Münchener Zeit entstand, nachdem er im Sommer 1978 nach Ablehnung eines Rufes an die Universität Tübingen einen Ruf auf den Lehrstuhl für deutsches, internationales und ausländisches Zivil-

---

[37] Diesen Bericht zu dem Übereinkommen vom 9. Oktober 1978 über den Beitritt des Königreichs Dänemark, Irlands und des Vereinigten Königreichs Großbritannien und Nordirland zum Übereinkommen über die gerichtliche Zuständigkeit und die Vollstreckung gerichtlicher Entscheidungen in Zivil- und Handelssachen sowie zum Protokoll betreffend die Auslegung dieses Übereinkommens durch den Gerichtshof, ABl. EG 1979 C 59/71, unterzeichnete er allerdings schon als Münchener Ordinarius.

[38] *P. Schlosser*, Das Recht der internationalen privaten Schiedsgerichtsbarkeit, Bd. I: Systematische Darstellung, Bd. II: Materialien und Register, 1975.

[39] *P. Schlosser/Coester-Waltjen/Graba*, Verbraucherschutz im Modellversuch. Abstrakte Verfahren zur Kontrolle Allgemeiner Geschäftsbedingungen, Teil 1, 1975. Der 2. Teil wurde 1980 veröffentlicht.

[40] *P. Schlosser/Coester-Waltjen/Graba*, Kommentar zum Gesetz zur Regelung des Rechts der Allgemeinen Geschäftsbedingungen, 1977.

prozessrecht sowie Bürgerliches Recht der Ludwig-Maximilians-Universität München angenommen hatte. Zu Recht wird Schlosser daher als „Promotor des modernen deutschen AGB-Rechts" eingestuft.[41]

3. Rainer Frank (1980–1985)

Nachdem der Schlosser-Lehrstuhl länger vakant war, wurde die Aufbauarbeit von Rainer Frank fortgeführt, der den Lehrstuhl übernahm und ihm eine stärkere familien- und erbrechtliche Ausrichtung gab. Er wechselte von einer Professur an der Westfälischen Wilhelms-Universität Münster nach Augsburg und vertrat kurzzeitig den Schlosser-Lehrstuhl bis er zum 1. Dezember 1980 ernannt wurde. Frank, der nach seinem Studium längere Forschungsaufenthalte in Frankreich, Italien und den USA absolviert hatte, war 1976 mit einer rechtsvergleichenden Untersuchung zum Adoptionsrecht[42] unter der Betreuung von Wolfram Müller-Freienfels[43] an der Albert-Ludwigs-Universität Freiburg habilitiert worden, und war daher ähnlich wie Schlosser an grenzüberschreitenden Fragestellungen sehr interessiert. In seiner Augsburger Zeit veröffentlichte er einige französischsprachige Beiträge,[44] sowie einen rechtsvergleichenden Beitrag im American Journal of Comparative Law über nichteheliche Lebensgemeinschaften,[45] bevor er 1985 auf den Lehrstuhl für deutsches und ausländisches Bürgerliches Recht und Handelsrecht an der Universität Freiburg wechselte und einer der Direktoren des dortigen Instituts für ausländisches und internationales Privatrecht wurde.

4. Rolf Birk (1976–1983)

Der dritte Aufbaupionier, Rolf Birk, wurde zum 3. September 1976 auf den neugeschaffenen Lehrstuhl für Bürgerliches Recht, Rechtssoziologie und Rechtstheorie in Augsburg berufen. Die Lehrstuhlbezeichnung spiegelt das Forschungsumfeld der 1970er Jahre wider. Damals stand die Verbindung der Rechtswissenschaft mit benachbarten Wissenschaften gerade bei den neugegründeten Juristischen Fakultäten besonders hoch im Kurs. Ein Blick auf seine Veröffentlichungen im Berufungszeitpunkt macht allerdings deutlich, dass mit der Berufung Birks ganz klar das grenzüberschreitende Profil der Juristischen Fakultät gestärkt werden sollte.

---

41 *Bachmann u. a.*, in: FS für Peter Schlosser, 2005, V.

42 *Frank*, Grenzen der Adoption. Eine rechtsvergleichende Untersuchung zur Schutzbedürftigkeit faktischer Eltern-Kind-Verhältnisse, 1978.

43 Zu Wolfram Müller-Freienfels siehe *Dieckmann u. a.*, in: FS für Wolfram Müller-Freienfels, 1986, 7.

44 Sein Schriftenverzeichnis ist abgedruckt in FS für Rainer Frank, 2008, 541–554.

45 *Frank*, American Journal of Comparative Law 33 (1985), 185–207.

Birk hatte an der Friedrich-Alexander-Universität Erlangen-Nürnberg zu einem international-privatrechtlichen Thema promoviert[46] und wurde dort 1971 mit einer arbeitsrechtlichen Schrift zur Leitungsmacht[47] habilitiert. Betreut wurden beide Untersuchungen von Ludwig Schnorr von Carolsfeld.[48] Birk dachte schon vor seinem Ruf nach Augsburg das Recht aus rechtsvergleichender, europäischer und international-privatrechtlicher Perspektive. Diesem Ansatz blieb er auch nach seiner Berufung nach Augsburg treu, so dass ein weiterer international ausgerichteter Lehrstuhl entstand.

In seiner Augsburger Zeit, in der er auch Herausgeber der „Zeitschrift für Vergleichende Rechtswissenschaft" wurde,[49] untersuchte er etwa die damals rechtspolitisch sehr aktuelle Problematik der Aussperrung von Arbeitnehmern in Zusammenhang mit einem Streik aus rechtsvergleichender Sicht.[50] Ferner publizierte er zu Fragen der internationalen Zuständigkeit der Gerichte für arbeitsrechtliche Streitigkeiten sowie des Arbeitskollisionsrechts.[51] In diesem Zusammenhang verdient ein längerer Beitrag in der RabelsZ zum internationalen Arbeitsrecht der Bundesrepublik Deutschland Hervorhebung,[52] der als deutscher Landesbericht für den XI. Internationalen Kongress für Rechtsvergleichung der Académie internationale de droit comparé in Caracas im Jahre 1982 verfasst und später in die japanische Sprache übersetzt wurde.[53] Darüber hinaus schrieb Birk zum internationalen Handelsvertreterrecht im deutsch-italienischen Rechtsverkehr.[54] Überhaupt lag ihm in seiner Zeit in Augsburg der Austausch mit Italien sehr am Herzen, wovon diverse Publikationen, zumeist zum deutschen materiellen Recht in italienischer Sprache, zeugen.[55] Er wirkte aber auch in anderen Staaten auf der internationalen Bühne und veröffentlichte daher auch auf Englisch und Französisch. Bei dieser Entwicklung verwundert es nicht, dass er – nachdem er einen Ruf

---

[46] *Birk*, Schadensersatz und sonstige Restitutionsformen im internationalen Privatrecht. Kollisionsrechtliche Fragen zum Inhalt und Bestand subjektiver Rechte, dargestellt an den Fällen der unerlaubten Handlung, 1969.

[47] *Birk*, Die arbeitsrechtliche Leitungsmacht, 1973.

[48] Zu Ludwig Schnorr von Carolsfeld *Schiemann*, ZRG RA 108 (1991), 677–679.

[49] Ab 1. April 1977 übernahm er den Rezensionsteil der Zeitschrift, während Johannes Hermann, der seit 1. April 1976 Herausgeber war, den Abhandlungsteil der Zeitschrift verantwortete, vgl. die Mitteilung im Register der ZVglRWiss 76 (1977). Ab dem 78. Band wurde die Zeitschrift dann von Rolf Birk, Otto Sandrock und Reinhold Trinkner herausgegeben.

[50] *Birk*, in: Bundesvereinigung der Deutschen Arbeitgeberverbände (Hrsg.), Rechtsfragen der Aussperrung. Kolloquium am 10. November 1978, 1978, 35–52; *ders.*, ZfA 1979, 231–274.

[51] Sein Schriftenverzeichnis ist abgedruckt in FS für Rolf Birk, 2008, 1033–1057.

[52] *Birk*, RabelsZ 46 (1982), 575–588.

[53] Vgl. den Nachweis im Schriftenverzeichnis der FS für Rolf Birk, 2008, 1033 (1038, Nr. 51).

[54] *Birk*, ZVglRWiss 79 (1980), 268–289.

[55] Vgl. die Nachweise im Schriftenverzeichnis der FS für Rolf Birk, 2008, 1033 (1037 f., Nr. 41, 52, 53).

an die Universität Konstanz abgelehnt hatte – 1983 nach Trier wechselte, wo er einen Lehrstuhl für Bürgerliches Recht, Arbeitsrecht und Internationales Privatrecht übernahm und Direktor des (heutigen) Instituts für Arbeitsrecht und Arbeitsbeziehungen in der Europäischen Union wurde.

5. Der wissenschaftliche Nachwuchs

Hervorhebung verdient, dass die junge Fakultät bereits in der Anfangsphase exzellenten Nachwuchs anzog und – allerdings mehr durch Zufall – Pionier auf dem „dual career"-Feld wurde. Michael Coester, in Freiburg promovierend, und Dagmar Coester-Waltjen (nach ihrer Promotion in Kiel 1971) waren nämlich auf der Suche nach zwei Stellen im wissenschaftlichen Bereich, möglichst an derselben Universität. Sie wurden 1972 wissenschaftliche Assistenten bei Sonnenberger und Schlosser. Mit Beurlaubung gingen sie 1974 für ein akademisches Jahr zum LL.M.-Studium an die University of Michigan, um danach wieder nach Augsburg zurückzukehren.

Dagmar Coester-Waltjen – die später die „Anzeige in der NJW, in der zwei wissenschaftliche Assistenten [für die Juristische Fakultät der Universität Augsburg] gesucht wurden", als „Initialzündung" für ihre akademische Karriere bezeichnete[56] – wechselte später mit Schlosser nach München, wo sie 1982 mit einer Schrift zum Internationalen Beweisrecht[57] habilitiert wurde. Nach Stationen in Konstanz und Hamburg wurde sie Ordinaria an der Ludwig-Maximilians-Universität München und Direktorin des dortigen Instituts für Internationales Recht, in das das alte Institut für Rechtsvergleichung aufgegangen war. 2008 wechselte sie – von dem Wunsch getrieben, „noch einmal etwas ganz anderes zu machen"[58] – auf einen Lehrstuhl der Georg-August-Universität Göttingen, wo sie voller Tatendrang das internationale und interdisziplinäre Lichtenberg-Kolleg aufbaute.

Ihr Ehemann Michael Coester habilitierte sich unter der Betreuung von Sonneberger 1981 mit einer rechtsvergleichenden Schrift zum Kindeswohl in Augsburg.[59] Nach einer Vertretung in Augsburg bekam er einen Ruf auf eine Professur in Göttingen, die er bis 1994 bekleidete. Anschließend wechselte er auf eine Professur und wenig später auf den Lehrstuhl für Bürgerliches Recht, Arbeitsrecht, Internationales Privatrecht und Rechtsvergleichung der Ludwig-Maximilians-Universität München.

---

[56] *Coester-Waltjen*, ZEuP 2021, 88 (93).

[57] *Coester-Waltjen*, Internationales Beweisrecht. Das auf den Beweis anwendbare Recht in Rechtsstreitigkeiten mit Auslandsbezug, 1983.

[58] *Coester-Waltjen* (Fn. 21), 1 (36).

[59] *Coester*, Das Kindeswohl als Rechtsbegriff. Die richterliche Entscheidung über die elterliche Sorge beim Zerfall der Familiengemeinschaft, 1983.

IV. Das Europäische Privat- und Wirtschaftsrecht und der Ausbau von Kooperationen (1987–1995)

Die Abgänge von Birk, Sonnenberger und Frank (als Nachfolger Schlossers) führten zu einer gewissen Neuausrichtung der Forschung. Zum einen wurden lediglich zwei Lehrstühle international nachbesetzt, zum anderen setzten die Nachfolger, Jürgen Basedow und Volker Behr, andere Schwerpunkte. Sie rückten das europäische Wirtschaftsrecht und das US-amerikanische Recht stärker in den Vordergrund. Ferner trieben sie die Kooperationen mit ausländischen Fakultäten und Wissenschaftlern voran, wobei neben europäischen Partnerschaften verstärkt Kooperation mit dem außereuropäischen Ausland aufgebaut wurden.

1. Jürgen Basedow (1987–1995)

Jürgen Basedow wirkte ab Frühjahr 1987 in Sonnenbergers ehemaligen Räumlichkeiten in der Eichleitnerstraße, war aber nominell der Nachfolger von Frank. Als sich Basedow als Privatdozent im Verfahren der Fakultät vorstellte, hatte Sonnenberger den Ruf nach München nämlich noch nicht erhalten bzw. angenommen und wirkte noch in den Gremien mit. Bei Ernennung Basedows zum Ordinarius für Bürgerliches Recht, Rechtsvergleichung, Internationales Privat-, Prozess- und Wirtschaftsrecht war Sonnenberger dann allerdings nach München gewechselt, so dass Basedow seine Räume beziehen konnte. Auf den vakanten Lehrstuhl Birk folgte vom 1. Oktober 1985 bis zum 30. September 1996 Helmut Köhler, der die alte Denomination um das Handels- und Wirtschaftsrecht erweiterte.

In der Forschung knüpfte Basedow einerseits an Sonnenberger an (Internationales Privatrecht und Rechtsvergleichung, wenngleich weniger fokussiert auf das französische Recht), andererseits war er auch (insofern der Tradition Schlossers folgend) im internationalen Zivilverfahrensrecht präsent, einem Rechtsgebiet, dessen Bedeutung immer weiter zunahm. Für diesen umfassenden Forschungsansatz war er prädestiniert. Nach seinem Studium in Hamburg, Genf und Pavia wurde er Assistent am Max-Planck-Institut für ausländisches und internationales Privatrecht in Hamburg. Er promovierte unter der Betreuung von Herbert Bernstein[60] zur Anerkennung von Auslandsscheidungen[61] und habilitierte sich – nach weiteren Forschungs- und Studienauf-

[60] Zu Herbert Bernstein siehe *Haagen*, Duke Journal of Comparative & International Law 13 (2003), 7–59. Heute erinnert noch die Bernstein Memorial Lecture an der Duke Law School an sein Wirken.

[61] *Basedow*, Die Anerkennung von Auslandsscheidungen. Rechtsgeschichte – Rechtsvergleichung – Rechtspolitik, 1980.

enthalten in Den Haag, Paris und an der Harvard Law School – 1986 unter der Betreuung von Ulrich Drobnig[62] mit einer transportrechtlichen Schrift.[63]

In seiner Zeit in Augsburg fokussierte sich Basedow – neben bürgerlich-rechtlichen Fragen der AGB-Kontrolle – sehr stark auf das Handels- und Wirtschaftsrecht i. w. S. mit seinen europäischen und rechtsvergleichenden Bezügen.[64] Als Mitglied der Deregulierungskommission der Bundesregierung (1988–1991) arbeitete er zudem – unter Berücksichtigung von Erfahrungen aus dem Ausland – praktische Vorschläge zur Marktöffnung aus,[65] getreu seinem Ansatz „in langen Zeiträumen zu denken und [...] Themen nicht deshalb aufzugeben, weil sie der herrschenden Meinung der Gegenwart widersprechen."[66] Zudem wurde er in die Transportrechtskommission des Bundesministeriums der Justiz (1992–1996) sowie in die Infopost-Kommission des Bundesministeriums für Post- und Telekommunikation (1992) berufen. Um dem europäischen Wirtschaftsrecht ein sichtbareres Forum zu geben, überzeugte er 1992 den Beck-Verlag die Schriftenreihe „Europäisches Wirtschaftsrecht" aufzusetzen, in der bis heute knapp 70 Bände erschienen sind. Zudem war er an der Gründung der Europäischen Zeitschrift für Wirtschaftsrecht beteiligt, die erstmals 1990 erschien.

Als zweitem Schwerpunkt widmete er sich dem Europäischen Privatrecht. Schon in den 1980er Jahren zeichnete sich ab, dass das Europäische Recht, das lange Zeit vornehmlich auf das Verwaltungsrecht ausstrahlte, immer stärker Kernbereiche der Privatrechtsordnung erfassen würde. Darüber hinaus rückte in der Rechtsvergleichung und auch zum Teil in der Rechtsgeschichte die Herausarbeitung gemeinsamer europäischer Strukturen des Privatrechts in den Vordergrund, was sich etwa in der Gründung der sogenannten Lando-Kommission zur Herausarbeitung europäischer Grundregeln eines europäischen Vertragsrechts im Jahre 1980 manifestierte.[67] Das Binnenmarkt-

---

62 Zu Ulrich Drobnig siehe *Basedow/Hopt/Kötz*, in: FS für Ulrich Drobnig, 1998, III–VI.

63 *Basedow*, Der Transportvertrag. Studien zur Privatrechtsangleichung auf regulierten Märkten, 1987.

64 Vgl. etwa *Basedow*, Wettbewerb auf den Verkehrsmärkten. Eine rechtsvergleichende Untersuchung zur Verkehrspolitik, 1989; *ders.*, Von der deutschen zur europäischen Wirtschaftsverfassung, 1992; *ders.*, in: FS für Herbert Helmrich, 1994, 769–781.

65 *Deregulierungskommission – Unabhängige Expertenkommission zum Abbau marktwidriger Regulierung*, Marktöffnung und Wettbewerb, 1991.

66 *Basedow*, in: FIW Köln (Hrsg.), Beschränkung des staatlichen Einflusses in der Wirtschaft: Referate des XXVI. FIW-Symposions, 1993, 23.

67 Zur Arbeit der European Commission on European Contract Law, nach ihrem Begründer auch Lando-Kommission genannt, siehe *Lando*, RabelsZ 56 (1992), 261–273; *Wurmnest*, ZEuP 2003, 714 (722 ff.) Der erste Teil der Grundregeln wurde 1995 vorgelegt und 1999 der zweite Teil zusammen mit den konsolidierten Regeln des ersten Teils, siehe Lando/Beale (Hrsg.), Principles of European Contract Law, Parts I and II, Den Haag, 2000. Der dritte Teil folgte 2003 Lando u. a. (Hrsg.), Principles of European Contract Law, Part III, Den Haag, 2003.

programm der Europäischen Gemeinschaft verstärkte diese Entwicklung in den 1990er Jahren. Basedow erkannte früh, dass die sukzessive Herausbildung eines Europäischen Privatrechts einen großen Einfluss auf die bis dato sehr national geprägte Dogmatik und Juristenausbildung haben würde. 1990 gründete er daher in Augsburg ein Zentrum zur wissenschaftlichen Begleitung der Europäisierung des Privat- und Wirtschaftsrechts, das Institut für Europäische Rechtsordnungen. Dem neuen Institut schlossen sich neben Volker Behr eine Reihe weiterer Kollegen an, deren wissenschaftlicher Schwerpunkt eigentlich auf anderen Gebieten lag, die aber mit ihrem Beitritt signalisierten, dass das Institut fächerübergreifend von allen Kollegen getragen wurde. Zu nennen sind Herbert Buchner, Wilhelm Dütz, Joachim Herrmann, Wolfgang Jakob und Helmut Köhler. Der etwas gewundene Name des Instituts dürfte damit zusammenhängen, dass bei einigen Europarechtlern die Meinung vorherrschte, dass die Verwendung des Attributs „europäisch“ in der Kombination mit dem Begriff „Recht“ exklusiv ihrem Lehrstuhl vorbehalten sei. Diese Meinung setzte sich zum Glück nicht durch und so etablierten sich in vielen Staaten Europas entsprechende privatrechtliche Zeitschriften. An der Gründung der Zeitschrift für Europäisches Privatrecht im Jahre 1993, deren Konzeption auf eine – angeblich auf einer Alpenwiese entstandenen – Idee von Reiner Schulze (damals Universität Trier) und Reinhard Zimmermann (damals Universität Regensburg) zurückgeht, war auch Basedow beteiligt. Die ZEuP zielt darauf ab, „das Bewußtsein für die europäischen Gemeinsamkeiten im Privatrecht über die staatlichen und sprachlichen Grenzen hinweg zu stärken und das allgemeine Privatrecht als einen Dreh- und Angelpunkt der wiederentstehenden europäischen Rechtsordnung zu etablieren.“[68]

Der dritte Schwerpunkt war dem Kollisions- und Internationalen Zivilverfahrensrecht gewidmet. Behandelt wurden grundlegende Probleme, oftmals gepaart mit einem Blick auf unionsrechtliche Einflüsse. Die Spannbreite der traktierten Themen deckte klassische Fragen des grenzüberschreitenden Zivilprozesses[69] genauso ab wie das Kartell- und Wirtschaftskollisionsrecht[70] und das Seearbeitsrecht[71] mit seinen verfahrensrechtlichen Bezügen.

---

[68] So das von den Herausgebern verfasste Editorial der ersten Ausgabe der Zeitschrift, ZEuP 1993, 1 (2).

[69] Vgl. etwa *Basedow*, in: P. Schlosser (Hrsg.), Materielles Recht und Prozeßrecht und die Auswirkungen der Unterscheidung im Recht der Internationalen Zwangsvollstreckung, 1992, 131–156.

[70] Vgl. *Basedow*, RabelsZ 52 (1988), 8–40; *ders.*, NJW 1989, 627–638; *ders.*, ZHR 156 (1992), 413–442; *ders.*, American Journal of Comparative Law 42 (1994), 423–447; *Schwartz/Basedow*, in: Lipstein (Hrsg.), International Encyclopedia of Comparative Law, Bd. III, Kapitel 35, 1995 (geb. Ausg. 2011).

[71] *Basedow*, in: Drobnig/Basedow/Wolfrum (Hrsg.), Recht der Flagge und „billige Flaggen“ – Neuere Entwicklungen im internationalen Privatrecht und Völkerrecht, 1990, 75–118.

Basedow war sehr an einem Austausch mit Kollegen aus anderen Säulen sowie Wissenschaftlern und Praktikern aus dem Ausland interessiert. Er rief daher die säulenübergreifende Reihe „Augsburger Rechtsstudien" ins Leben, die er zusammen mit Wilfried Bottke und Gunnar Folke Schuppert (später mit Reiner Schmidt) von 1989 bis 1996 herausgab. Ferner lud er jedes Semester ausländische Wissenschaftler zu Vorträgen nach Augsburg ein und auch zu seinen Seminaren auf Burg Rothenfels in Unterfranken. So fanden etwa Christian Kohler, Paul Lagarde oder Ivo Schwartz den Weg an die Universität Augsburg. Auch publizierte er regelmäßig in englischer, französischer und italienischer Sprache und nahm während seiner Zeit in Augsburg Gastprofessuren an den Universitäten Genua, Lyon III (Jean Moulin) und Pittsburgh an.

Basedow bekam Rufe nach Erlangen-Nürnberg, Saarbrücken, Kiel, Freiburg, Hamburg sowie Frankfurt a. M., die er alle ablehnte. Erst als ihm die Nase nach etwas mehr „Großstadtluft" stand und er die Wengler-Bibliothek erkunden wollte, nahm er 1995 einen Ruf an die Freie Universität Berlin auf einen Lehrstuhl für Bürgerliches Recht sowie Internationales Prozess- und Wirtschaftsrecht an, den er aber nur kurz innehatte, da er 1997 Nachfolger Drobnigs Direktor am Max-Planck-Institut für ausländisches und internationales Privatrecht in Hamburg wurde.

2. *Volker Behr (1988–2006)*

Mit der Berufung Volker Behrs zum 1. April 1988 als Nachfolger Hans Joachim Sonnenbergers wurden die Kontakte der Fakultät zu den USA erheblich ausgebaut. Im Vergleich zu seinem Vorgänger erweiterte er die Lehrstuhldenomination etwas, da er sich nicht nur mit dem internationalen Zivilverfahrensrecht befasste, sondern auch einen sehr starken Ausweis in der Rechtsvergleichung hatte und dies in der Denomination zum Ausdruck bringen wollte.

Behr hatte unter der Betreuung Jochen Schröders 1976 in Bonn mit einer rechtsvergleichenden Untersuchung zum Franchisevertrag[72] promoviert und wurde 1982 mit einer rechtsvergleichenden Schrift zur Abgrenzung kollidierender Gläubigerinteressen[73] habilitiert. Nach einigen Lehrstuhlvertretungen von 1986 bis 1988 hatte er eine Professur an der Universität Erlangen inne und wechselte von dort nach Augsburg.

Einer seiner Forschungsschwerpunkte war das US-amerikanische Recht, mit dem er erstmalig 1969 bei einem Studienaufenthalt in Berkeley bei Al-

---

[72] *Behr*, Der Franchisevertrag. Eine Untersuchung zum Recht der USA mit vergleichenden Hinweisen zum deutschen Recht, 1976.

[73] *Behr*, Wertverfolgung. Rechtsvergleichende Überlegungen zur Abgrenzung kollidierender Gläubigerinteressen, 1986.

bert A. Ehrenzweig[74] und Stefan A. Riesenfeld[75] vertieft in Kontakt gekommen war. Diese beiden bedeutenden Rechtsgelehrten, die Österreich bzw. Deutschland aufgrund der Nationalsozialisten verlassen mussten und nach dem II. Weltkrieg in Berkeley wirkten, weckten sein Interesse an der deutsch-amerikanischen Rechtsvergleichung, die er später in seinen Qualifikationsschriften als Erkenntnismethode verwendete. Leitstern seiner Forschung war die Befassung mit neuen Problemstellungen des Rechts sowie die Hinterfragung scheinbar unumstößlicher Wahrheiten. Franchising wurde in den USA bereits in großem Umfang praktiziert und wissenschaftlich diskutiert, begann aber gerade erst, seinen Siegeszug auch in Europa anzutreten. Wie sich diese neue Vertriebsform in die verschiedenen Bereiche des deutschen Rechts einordnen ließ, war noch weitgehend offen und wurde von Behr in seiner Promotion erörtert. Und in der Habilitation hinterfragte er den tradierten Grundsatz des deutschen Rechts, dass alles das, was dem Schuldner sachenrechtlich gehört, dem Zugriff aller Gläubiger offensteht. Ein Vergleich mit dem Recht der USA und vieler europäischer Länder zeigte ein anderes Bild und erlaubte auch für Deutschland eine Neubewertung. In seiner Augsburger Zeit befasste er sich insbesondere mit Fragen des Strafschadensersatzes aus vergleichender Perspektive und hinterfragte dabei das Credo, dass Strafschadensersatz seit Schaffung des BGB dem deutschen Recht fremd und mit ihm nicht vereinbar sei.[76] Zudem publizierte er im vergleichenden Wirtschaftsrecht.[77]

Standen zu Beginn seiner akademischen Karriere die Befassung mit dem materiellen Recht und der Rechtsvergleichung im Vordergrund, richtete sich sein Augenmerk schon in seiner Zeit in Erlangen verstärkt auf das Internationale Privatrecht. In Augsburg weitete er diese Forschung erheblich aus, wobei für ihn Internationales Privat- und Prozessrecht gleichrangig nebeneinanderstanden. Er befasste sich vornehmlich mit grenzüberschreitenden Arbeitsverhältnissen,[78] und wirtschaftsrechtlichen Fragestellungen im weiteren

---

[74] Zu Albert A. Ehrenzweig siehe die Nachrufe von *Jennings*, *Newmann*, *Louisell* und *Riesenfeld*, California Law Review 62 (1974), 1070–1077; *Kessler*, in: Jayme/Kegel (Hrsg.), Gedächtnisschrift für Albert A. Ehrenzweig, 1976, XIII–IX; vgl. auch *Jayme*, ZEuP 2015, 817 (825 f.).

[75] Zu Stefan A. Riesenfeld siehe *R. Buxbaum*, California Law Review 87 (1999), 779–826; *ders./Caron*, Berkeley Journal of International Law 16 (1998), 1–4.

[76] *Behr*, Punitive Damages in American and German Law – Tendencies Towards Approximation of Apparently Irreconcilable Concepts, Chicago-Kent Law Review 78 (2003), 105–161; *ders.*, Myth and Reality of Punitive Damages in Germany, Journal of Law and Commerce 24 (2005), 197–224; *ders.*, in: FS für Volkmar Mehle, 2009, 33–47.

[77] *Behr*, in: FS für Klaus Offerhaus, 1999, 345–374.

[78] *Behr*, IPRax 1989, 319–324; *ders.*, in: Krause/Veelken/Vieweg (Hrsg.), Recht der Wirtschaft und der Arbeit in Europa. Gedächtnisschrift für Wolfgang Blomeyer, 2004, 15–42; *ders.*, in: FS für Herbert Buchner, 2009, 81–95.

Sinne[79] sowie der Anerkennung und Vollstreckung ausländischer Urteile[80]. Ferner publizierte er zum UN-Kaufrecht[81] sowie zur Modernisierung des chinesischen Rechts[82]. Durch eine Vielzahl von Veröffentlichungen in englischer Sprache wirkte er weit über Augsburg hinaus.

Behr engagierte sich sehr in der Erweiterung und Vertiefung der Auslandsbeziehungen der noch relativ jungen Fakultät. In den Anfangsjahren hatten sich die Auslandsaktivitäten der Fakultät aus individuellen Beziehungen einzelner Fakultätsmitglieder ergeben. Einige dieser Kontakte wurden später institutionalisiert. Behr war an der Institutionalisierung einer ganzen Reihe von Kooperationen beteiligt. Gleich zu Beginn seiner Tätigkeit in Augsburg baute er in Zusammenarbeit mit Herrmann, der mit der jungen Fakultät der Universität Dokuz Eylül in Izmir auf dem Gebiet des Strafrechts zusammenarbeitete, die Beziehungen zu dieser Fakultät zu einer fachübergreifenden Partnerschaft aus. Dies führte 1991 zu einem Kooperationsvertrag und im weiteren Verlauf schließlich 2003 zur Gründung einer Forschungsstelle für türkisches Recht, deren erster Direktor Behr wurde. Als Geschäftsführer fungiert Erhan Temel, der seither unter diesem Dach einen ständigen Austausch türkischer und deutscher Kollegen organisiert, der sich nicht mehr nur auf die Partnerfakultät Dokuz Eylül beschränkt, sondern eine ganze Reihe weiterer türkischer Universitäten einschließt. Als Direktoren der Forschungsstelle fungieren heute Michael Kort und Raphael Koch.

Ebenfalls zu Beginn der 1990er Jahre intensivierte die Fakultät unter Führung Behrs die Beziehungen zur Juristischen Fakultät der Universität Pittsburgh, mit der bereits seit 1980 ein gesamtuniversitärer Partnerschaftsvertrag bestand. Forschungsaufenthalte und Gastvorlesungen von Kollegen aus Augsburg in Pittsburgh und von Kollegen aus Pittsburgh in Augsburg wurden zur Regel, und auch ein reger Austausch von Studierenden wurde eingeleitet und finanziert. Ferner wurde die Zusammenarbeit mit dem Chinesisch-Deutschen Institut für Rechtswissenschaft der Chinesischen Universität für Politik- und Rechtswissenschaft Beijing verstärkt.

Darüber hinaus wurde auf Behrs Initiative in enger Abstimmung mit Ferrand 1991 eine Partnervereinbarung mit der Université Jean Moulin

---

[79] *Behr*, GRUR Int 1992, 604–608; *Behr*, in: FS für Wolfgang Jakob, 2001, 25–44.

[80] *Behr*, Enforcement of Foreign Money Judgments in Germany, Journal of Law and Commerce 13 (1994), 211–232.

[81] Vgl. etwa *Behr*, The Sales Convention in Europe: From Problems in Drafting to Problems in Practice, Journal of Law and Commerce 17 (1998), 263–299; *ders.*, Dealing with Non-Conformity – A Transactional Test Analysis of CISG Regulations on Examination and Notice under Articles 38 Through 44, in: Flechtner/Brand/Walter (Hrsg.), Drafting Contracts Under the CISG, 2008, 429–458.

[82] *Behr*, Louisiana Law Review 67 (2007), 1161–1180; *ders.*, Journal of Macau University of Science and Technology 1 (2007), 108–113; *ders.*, in: Moréteau/Romañach/Zuppi (Hrsg.), Essays in Honor of Saúl Litvinoff, 2008, 401–430.

(Lyon III) etabliert. Seither kommt es zu einem regelmäßigen Dozentenaustausch, der mittlerweile auch über das Erasmus+Programm gefördert wird.

Zum Ausbau der Kooperationen und Auslandskontakte nahm Behr diverse Gastprofessuren an. So unterrichtete er rund fünfzehn Jahre in Lyon und hatte auch diverse Gastaufenthalte in Izmir sowie an US-amerikanischen Universitäten. Ferner wirkte er in Beijing und Kaliningrad.

3. *Der wissenschaftliche Nachwuchs*

Auch der zweiten Generation gelang es zweitweise, sehr hochkarätigen Nachwuchs anzuziehen. So lockten Basedows zahlreiche Aufenthalte außerhalb der Stadtgrenzen auch junge Nachwuchswissenschaftler in die Stadt der Fugger und Welser. So lernte er Franco Ferrari über den italienischen Privatrechtler Francesco Galgano kennen und überzeugte ihn, einen Magister Legum in Augsburg zu absolvieren. Später war Ferrari, der heute Direktor des Center for Transnational Litigation, Arbitration, and Commercial Law an der New York University School of Law ist, eine kurze Zeit bei Basedow tätig, bevor er sich wieder nach Italien orientierte. Zu dieser Zeit war auch Eva-Maria Kieninger, heute Ordinaria an der Julius-Maximilians-Universität Würzburg, die bei Basedow promovierte, als wissenschaftliche Assistentin tätig sowie Roland Donath, der im Wintersemester 1994/95 in Augsburg mit einer Untersuchung auf der Schnittstelle von Erb- und Steuerrecht habilitiert wurde.[83] Im Semester darauf übernahm Donath einen Lehrstuhl an der Martin-Luther-Universität Halle-Wittenberg, starb allerdings kurze Zeit später im Alter von 37 Jahren an einem Krebsleiden.[84]

V. Die kontinuierliche Verbreiterung der grenzüberschreitenden Lehre und Forschung (1996–2010)

Seit Mitte der 1990er Jahre kam es aufgrund diverser Wechsel zu einer erheblichen Verbreiterung der grenzüberschreitenden Forschung in Augsburg. Diese Entwicklung spiegelt sich zum einen in personeller Hinsicht wider,

[83] *Donath*, Erbrecht und Erbschaftssteuer als kohärentes System. Eine rechtsvergleichende Studie zur Konformität erbrechtlicher und erbschaftssteuerlicher Wertungen (unveröffentlichte Habilitationsschrift, Augsburg 1994). Als Zweitgutachter fungierte Wolfgang Jakob, der den Lehrstuhl für Öffentliches Recht, Finanzrecht und Steuerrecht an der Universität Augsburg bekleidete. Zum Inhalt der Habilitationsschrift siehe *Dutta*, in: Dutta/Heinze (Hrsg.), „Mehr Freiheit wagen" – Beiträge zur Emeritierung von Jürgen Basedow, 2018, 111 (112–128).

[84] Zu Roland Donath siehe *Basedow*, in: ders. u. a. (Hrsg.), Anleger- und objektgerechte Beratung, Private Krankenversicherung, ein Ombudsmann für Versicherungen. Beiträge der siebenten Wissenschaftstagung des Bundes der Versicherten, 1999, 7–8; *Fischer*, NJW 1998, 1847–1848.

da immer mehr Lehrstühle und Professuren mit Kollegen besetzt wurden, die sich mit den europäischen und internationalen Bezügen des Rechts beschäftigten. Aber auch die Bandbreite der abgedeckten Themen wurde kontinuierlich erweitert, da die Europäisierung des Privat- und Wirtschaftsrechts immer mehr Rechtsgebiete erfasste, und die damit verbundenen Herausforderungen von der jüngeren Wissenschaftsgeneration mit großer Offenheit angenommen wurden. Mit der Schuldrechtsreform aus dem Jahre 2001 bekam die Europäisierung des Privatrechts noch einmal einen erheblichen Schub, da seither große Teile des Schuldrechts auf europäischen Richtlinien basieren. Als Konsequenz wurde das BGB freilich zu einer „permanenten Baustelle“,[85] da laufend neugefasste Richtlinien umzusetzen und diverse Spannungen mit dem gewachsenen nationalen Recht auszutarieren sind – eine dankbare Aufgabe für die Wissenschaft.

Als neue Kollegen, die neben Behr die Fahne der internationalen Forschung trugen, konnte zunächst 1996 Thomas M. J. Möllers gewonnen werden. Mit der Berufung von Stephan Lorenz, der von 1997 bis 2002 in Augsburg wirkte, gab es dann wieder drei Lehrstühle, mit den Fächern Internationales Privatrecht und/oder Rechtsvergleichung in der Lehrstuhldenomination. Seine Nachfolgerin, Beate Gsell, die von 2003 bis 2011 in Augsburg tätig war, behielt den Internationalen Fokus bei, wenngleich stärker auf die Europäisierung des Privat- und Verfahrensrechts bezogen. Ab April 2007 wirkte Peter Kindler als Nachfolger Behrs, bis er praktisch zeitgleich mit Gsell im Oktober 2011 an die Ludwig-Maximilians-Universität München wechselte. Darüber hinaus verstärkten weitere Lehrstühle und Professuren punktuell die grenzüberschreitende Forschung, namentlich Christoph Becker (seit 1999), Michael Kort (seit 2002) und Martina Benecke (seit 2003). Zu nennen sind auch Christian Huber und Nils Jansen, die kurz an der Fakultät tätig waren.

Der breitere Lehrkörper führte zu einer deutlichen Stärkung der internationalen Kontakte der Fakultät. Dabei half es sicherlich, dass die Fakultät 1999 in die lichtdurchfluteten neuen Räume auf dem Hauptcampus umzog, und damit ausländische Gäste im Vergleich zum Standort an der Eichleitnerstraße in deutlich stilvollerem Ambiente empfangen konnte. Die neuen Gebäude wurden im Laufe der Zeit mehrfach erweitert, um die stetig wachsende Fakultät beherbergen zu können.

---

[85] *W.-H. Roth*, JZ 2001, 475 (488): „Wir werden uns an die Vorstellung gewöhnen müssen, dass das deutsche Privatrecht aufgrund des gemeinschaftsrechtlichen Harmonisierungsprozesses eine permanente Baustelle sein wird, bei der zwei Architekten – einer in Berlin und einer in Brüssel/Straßburg – am Werke sind“.

1. Thomas M. J. Möllers (seit 1996)

Als Nachfolger Basedows stieß Thomas M. J. Möllers am 1. Juli 1996 zur Fakultät und übernahm den Lehrstuhl für Bürgerliches Recht, Wirtschaftsrecht, Europarecht, Internationales Privatrecht und Rechtsvergleichung. Möllers wurde nach einem Studium mit Auslandsaufenthalten 1989 in Mainz mit einer von Walther Hadding[86] betreuten Dissertation zur Haftung der Bank bei der Kreditkündigung im deutschen und US-amerikanischen Recht promoviert, die zum Teil bei einem Studienaufenthalt in Berkeley verfasst wurde.[87] 1995 wurde er in München mit einer von Wolfgang Fikentscher[88] betreuten Habilitationsschrift zum Rechtsgüterschutz im Umwelt- und Haftungsrecht[89] habilitiert und kam nach einem Vertretungssemester in Würzburg nach Augsburg, wo er als geschäftsführender Direktor in das Institut für Europäische Rechtsordnungen einrückte. Dieses Institut, das Möllers heute zusammen mit Becker, Benecke und Kort betreibt und das mittlerweile in Centre for European Legal Studies (CELOS) umbenannt wurde, fördert nach wie vor die Vernetzung der Lehre und des wissenschaftlichen Austauschs auf den Gebieten des europäischen, ausländischen und internationalen Rechts. Deutlich umgestaltet wurde dagegen die noch zu Basedows Zeiten etablierte „Augsburger Stage", in der Referendare als Teil ihrer Wahlstation Kurse zu international-rechtlichen Themen belegen konnten. Sie wurde zu einer sechswöchigen Summer School ausgebaut, in der deutsche und ausländische Studierende Vorlesungen von Fakultätskollegen und ausländischen Gastdozenten auf englischer Sprache zum Privat- und Wirtschaftsrecht belegen. Regelmäßig führt Möllers auch Seminare mit den Gastdozenten durch, oftmals am Chiemsee.

In der Forschung setzt er einen Schwerpunkt auf methodische Grundlagenfragen, häufig mit einem europäischen Bezug. Schon seine Antrittsvorlesung befasste sich mit der Rechtsfindung *contra legem* durch den EuGH und den Folgen für das BGB.[90] Eine weitere frühe Frucht dieser Arbeit ist seine Schrift zur Rolle des Rechts im Rahmen der europäischen Integration, die

---

[86] Zu Walter Hadding siehe *Häuser*, NJW 2004, 1581; *Mülbert*, NJW 2009, 1401; *Leuschner*, NZG 2014, 620.

[87] *T. Möllers*, Die Haftung der Bank bei der Kreditkündigung. Ein Beitrag zu den Verhaltenspflichten der Banken bei der Kündigung von Krediten im deutschen und amerikanischen Recht, 1991.

[88] Zu Wolfgang Fikentscher siehe *T. Möllers*, NJW 1998, 1542; *Drexl*, NJW 2003, 1502; *Heinemann*, NJW 2008, 1501.

[89] *T. Möllers*, Rechtsgüterschutz im Umwelt- und Haftungsrecht. Präventive Verkehrspflichten und Beweiserleichterungen in Risikolagen, 1996.

[90] *T. Möllers*, in: H. Schlosser (Hrsg.), Bürgerliches Gesetzbuch 1896–1996: Ringvorlesung aus Anlass des hundertjährigen Jubiläums der Verkündung des Gesetzes sowie des fünfundzwanzigjährigen Bestehens der Juristischen Fakultät der Universität Augsburg, 1997, 153–181.

auch in englischer Sprache erschien,[91] und deren Gedanken in späteren Veröffentlichungen weiterentwickelt wurden.[92] In verschiedenen Einzelpublikationen widmete sich Möllers fortan verschiedenen Facetten der Rechtsfindung und Rechtsfortbildung durch den EuGH,[93] und legte 2017 seine „Juristische Methodenlehre" vor, die mittlerweile in dritter Auflage erschienen ist und in die englische Sprache übersetzt wurde.[94]

Neben Fragen des deutschen und vergleichenden Kapitalmarktrechts[95] befasst er sich sehr intensiv mit dem europäischen und vergleichenden Wirtschaftsrecht im weiteren Sinne. Einige Publikationen zum materiellen Recht, die früher in deutscher und englischer Sprache erschienen, werden in jüngerer Zeit auch ins Chinesische übersetzt. Möllers hat auch früh erkannt, dass die Durchsetzung vor allem des europäischen Rechts bisweilen optimierungsfähig ist. So leitete er ab 2000 zusammen mit Andreas Heinemann eine Forschungsgruppe zum Thema „Enforcement of Competition Law", die sich im Rahmen des „Trento-Projekts" (The Common Core of European Private Law) gebildet hatte.[96] Wichtig ist für ihn auch die Herausbildung rechtsgebietsübergreifender Ansätze, wobei er versucht, Instrumente aus einem Rechtsgebiet für andere Rechtsgebiete fruchtbar zu machen.[97] Ein größeres Projekt wurde im Rahmen des Jean-Monnet Centre of Excellence „European Integration – Rule of Law and Enforcement" („INspiRE") in Zusammenarbeit mit Enrico Camilleri, Frédérique Ferrand, Beate Gsell, Ferdinand Wollenschläger, Wolfgang Wurmnest und Thong Zang von 2016–2019 bearbeitet. Auf rechtsvergleichender Basis wurde die Durchsetzung des europäischen Kartell- und Beihilfenrechts[98] sowie des Verbraucher- und Kapitalmarktrechts[99] untersucht und Verbesserungsvorschläge unterbreitet. Grundlage dieser Studien bildeten internationale Tagungen, die 2018 und 2019 in Augsburg stattfanden.

---

[91] *T. Möllers*, Die Rolle des Rechts im Rahmen der europäischen Integration. Zur Notwendigkeit einer europäischen Gesetzgebungs- und Methodenlehre, 1999; englische Übersetzung The Role of Law in European Integration. In Search of a European Identity, 2003. Eine Kurzfassung wurde ferner im American Journal of Comparative Law 48 (2000), 679–711 veröffentlicht.

[92] Vgl. nur *T. Möllers*, ZEuP 2008, 480–505; *ders./Möhring*, JZ 2008, 919–924.

[93] Vgl. nur *T. Möllers*, in: Dammann/Grunsky/Pfeiffer (Hrsg.), Gedächtnisschrift für Manfred Wolf, 2011, 669–685.

[94] *T. Möllers*, Juristische Methodenlehre, 3. Aufl. 2020; englische Übersetzung: Legal Methods. How to work with legal arguments, 2020.

[95] Vgl. nur Hirte/T. Möllers (Hrsg.), Kölner Kommentar zum WpHG, 2. Aufl. 2014; *T. Möllers*, European Company and Financial Law Review 4 (2007), 173–194.

[96] T. Möllers/Heinemann (Hrsg.), The Enforcement of Competition Law in Europe, 2007.

[97] *T. Möllers/Pregler*, ZHR 176 (2012), 144–183.

[98] Wollenschläger/Wurmnest/T. Möllers (Hrsg.), Private Enforcement of European Competition and State Aid Law: Current Challenges and the Way Forward, 2020.

[99] Gsell/T. Möllers (Hrsg.), Enforcing Consumer and Capital Markets Law: The Diesel Emissions Scandal, 2020.

Seit seiner Berufung kümmert sich Möllers sehr intensiv um die internationale Vernetzung der Fakultät, vor allem – aber nicht ausschließlich – in Bezug auf die USA und die Volksrepublik China. Er war und ist maßgeblich beteiligt an der Entwicklung des Austauschprogramms mit den Juristischen Fakultäten der George Washington University (Washington D. C.), der University of North Carolina (Chapel Hill), der Pepperdine University (Malibu), der Santa Clara University (Santa Clara), des Chicago-Kent College of Law (Chicago) und der University of Pittsburgh, die Studierende der Juristischen Fakultät Augsburg für jeweils ein Semester ohne Studiengebühren aufnehmen und im Gegenzug ihre Studierenden zur Augsburger Summer School entsenden können. Engagiert betrieb er auch die Vertiefung der Beziehungen mit Juristischen Fakultäten in der Volksrepublik China. Er wirkte maßgeblich daran mit, dass zu dem seit 2007 bestehenden Kooperationsvertrag mit der China University of Political Science and Law (CUPL) weitere Kooperationsvereinbarungen mit der South Western University of Political Science and Law (SWUPL) und der Bejing Universität geschlossen werden konnten. Auch war er an der Anbahnung der Kooperation mit der (heutigen) Universität Johannisburg beteiligt (die damaligen Kontakte wurden noch zur Randse Afrikaanse Universiteit geknüpft) und nahm bereits 2001 an einer vom Augsburger Literaturwissenschaftler Helmut Koopmann organisierten Delegationsreise nach Südafrika teil. Ferner war er Mitbegründer des Munich Intellectual Property Law Centers (MIPLC), ein Verbund aus der George Washington University, dem Max-Planck-Institut für Innovation und Wettbewerb, der TU München sowie der Universität Augsburg. Seine jüngsten Projekte sind die Forschungsstellen: „Research Center of Innovation and Legal Studies between Europe and China" (Rice) und das „Augsburg Research Centre of European and American Law" (AREA), die 2016 gegründet wurden. Er lehrt regelmäßig im Ausland und war Gastprofessor an Fakultäten in den USA, China, Frankreich und Australien.

2. *Stephan Lorenz (1997–2002)*

Während die Berufung Möllers auf die alte Schlosser/Frank-Stelle die tradierte Linie fortführte, kam es mit der Berufung von Stephan Lorenz zum Wintersemester 1997/98 zu einer Erweiterung der international-privatrechtlichen Forschung. Mit seiner Berufung waren – wie schon kurzfristig in der Aufbauphase (Sonnenberger, Schlosser/Frank, Birk) – wieder drei Lehrstühle (Behr, Möllers, Lorenz) in der Forschung zum Internationalen Privatrecht und der Rechtsvergleichung tätig. Diese Rückkehr zu den Wurzeln war anfangs aber nicht absehbar. Gesucht wurde eigentlich ein Nachfolger für Helmut Köhler, der 1996 einen Lehrstuhl für Europäisches und Internationales Wirtschaftsrecht an der Ludwig-Maximilians-Universität München angenommen hatte. Die Ausschreibung für seine Nachfolge war jedoch weit gehalten („Bürgerliches Recht, Zivilverfahrensrecht und/oder ein sonstiges Fach") und mit Lorenz kam ein Wissenschaftler, der lange mit Andreas Heldrich[100] am Münchener Institut für Internationales Recht (Rechtsvergleichung) zusammengearbeitet hatte. Bei ihm hatte Lorenz zum intertemporalen, internationalen Ehegüterrecht promoviert[101] und Heldrich betreute auch die Schrift zum Schutz vor unerwünschten Verträgen, mit der Lorenz in München habilitiert wurde.[102]

Bei diesem starken, international-privatrechtlichen Ausweis lag es nahe, den Lehrstuhl um eine internationale Komponente zu erweitern. In der Lehre übernahm Lorenz allerdings „brav" die ZPO-Vorlesung. Mit großem Erfolg las er auch den Grundkurs zum Bürgerlichen Recht, so dass keine Zeit für international-privatrechtliche Veranstaltungen blieb. Die Studenten liebten seine Vorlesungen. In den acht Semestern, die er in Augsburg Vorlesungen abhielt, wurde ihm fünf Mal der studentische Preis für die beste Vorlesung eines Semesters verliehen.

Lorenz erkannte als einer der ersten deutschen Zivilisten die Bedeutung der Wissensvermittlung über das Internet. In seiner Augsburger Zeit baute er die Webseite „www.stephan-lorenz.de", die gegen Ende seiner Münchener Zeit erstmalig online ging, mit großem Elan stetig aus und um. Auf dieser Seite, die es heute noch gibt, waren damals wie heute insbesondere gut aufbereitete höchstrichterliche Urteile zu zentralen Examensfragen im Volltext, Gesetzgebungsmaterialien und weiterführende Hinweise zu seinen Vorlesungen abrufbar. Darüber hinaus soll es Bilder und Meldungen zum FC Bayern München gegeben haben. Die Internetseite wurde ab 2001 ein wichtiges Medium für Informationen über die Schuldrechtsmodernisierung. Das Gästebuch dieser Seite zeigt, wie gut sie schon am Anfang ankam. Der damalige Augsburger Fakultätsbeamte Helmut Spitko trug dem jungen Ordinarius deshalb sogleich das Amt des EDV-Beauftragten der Juristischen Fakultät an (Eintrag vom 10.2.1998). Die Seite wurde schon damals nicht nur von Augsburger Studierenden frequentiert, sondern von Studierenden und Referendaren aus ganz Deutschland sowie von ausländischen Forschern und Praktikern mit Interesse am deutschen Privatrecht.

In der Forschung befasste sich Lorenz in seiner Augsburger Zeit neben klassisch schuldrechtlichen Fragen stark mit der Europäisierung des deut-

---

[100] Zu Andreas Heldrich siehe *Coester-Waltjen*, NJW 2005, 119–120; *dies.* (Fn. 21), 1 (32–34); *S. Lorenz*, in: FS für Andreas Heldrich, 2005, VII–X; *ders.*, NJW 2007, 3549–3550; *Eidenmüller*, RabelsZ 72 (2008), 233–235.

[101] *S. Lorenz*, Das intertemporale internationale Ehegüterrecht nach Art. 220 III EGBGB und die Folgen eines Statutenwechsels, 1991.

[102] *S. Lorenz*, Der Schutz vor dem unerwünschten Vertrag. Eine Untersuchung von Möglichkeiten und Grenzen der Abschlußkontrolle im geltenden Recht, 1997.

schen Privatrechts sowie der Schuldrechtsreform. Auf dem Gebiet des Internationalen Privatrechts legte Lorenz einen Schwerpunkt auf Fragen des Allgemeinen Teils[103] sowie des Internationalen Erbrechts,[104] schrieb aber auch zu kollisions- und zivilprozessualen Problemen von Gewinnmitteilungen aus dem Ausland.[105] Einen Ruf an die Universität Lausanne lehnte er ab, wechselte aber zum Wintersemester 2002/2003 auf den Lehrstuhl für Bürgerliches Recht, Internationales Privatrecht und Rechtsvergleichung der Ludwig-Maximilians-Universität München, wo er im Institut für Internationales Recht (Rechtsvergleichung) die Nachfolge Sonnenbergers antrat.

3. Beate Gsell (2003–2011)

Bei der Nachbesetzung der Lorenz-Stelle wurde deren internationale Ausrichtung beibehalten und Beate Gsell im April 2003 auf den Lehrstuhl für Bürgerliches Recht, Zivilverfahrensrecht, Europäisches Privatrecht und Internationales Privatrecht berufen.

Gsell, die schon als Studentin einer *maîtrise* im internationalen Recht an der Université Aix-Marseille III großes Interesse an grenzüberschreitenden Fragestellungen bekundete, wurde 1997 in Tübingen mit einer dogmatischen Arbeit über die Haftung des Gattungsverkäufers beim Eintritt nachträglicher Erfüllungshindernisse promoviert[106] und 2001 in Bonn mit einer Schrift zur Produzentenhaftung[107] habilitiert. Beide Arbeiten wurden von Wolfgang Ernst betreut, der mittlerweile in Oxford und Zürich lehrt. Nach einer Vertretung der damals freien Schlosser-Stelle in München wurde sie im Juli 2002 zur Professorin für Bürgerliches Recht und Nebengebiete an der Ludwig-Maximilians-Universität München ernannt, konnte diese Stelle aber nur kurz ausfüllen, da sie bereits im April 2003 Ordinaria in Augsburg wurde.

Zu dieser Zeit beherrschte das neue Schuldrecht die akademische Debatte, an der die Lehrstuhlinhaberin meinungsstark teilnahm.[108] Die Integration des überwiegend europarechtlich fundierten Verbraucherrechts in das BGB führte auch zu einer Aufwertung der Materie, nicht nur in der juristischen Ausbildung. Vor diesem Hintergrund widmete sich Gsell in ihrer Augsbur-

---

[103] Vgl. etwa *S. Lorenz*, IPRax 1999, 429–432; *ders.*, in: Gerkens (Hrsg.), Mélanges Fritz Sturm, 1999, 1559–1572; *ders.*, Einl. vor Art. 3 EGBGB, Artt. 3–6 EGBGB in: Bamberger/Roth (Hrsg.), Kommentar zum BGB, Bd. III, 2003.

[104] *S. Lorenz*, Art. 25, 26 EGBGB, in: Bamberger/Roth (Fn. 103).

[105] *S. Lorenz*, NJW 2000, 3305–3310; *ders.*, IPRax 2002, 192–196.

[106] *Gsell*, Beschaffungsnotwendigkeit und Leistungspflicht – Die Haftung des Gattungsverkäufers beim Eintritt nachträglicher Erfüllungshindernisse, 1998.

[107] *Gsell*, Substanzverletzung und Herstellung. Deliktsrechtlicher Eigentumsschutz für Material und Produkt, 2003.

[108] Vgl. etwa *Gsell*, NJW 2002, 1297–1303; *dies.*, JZ 2002, 475–481; *dies.*, JZ 2002, 1089–1092; *dies.*, ZIP 2005, 922–928.

ger Zeit der Systematisierung und Durchdringung des Verbrauchervertragsrechts, etwa in ihrer Abhandlung im Staudinger-Band „Eckpfeiler des Zivilrechts", die in ihrer Augsburger Zeit immerhin drei Auflagen erlebt hat.[109] Darüber hinaus setzte sie sich mit dem Gemeinsamen Referenzrahmen auseinander[110] und widmete sich sehr intensiv methodischen Grundproblemen des europäischen Privatrechts, etwa der von der EU-Kommission 2002 eingeläuteten Abkehr von der Mindestharmonisierung im europäischen Verbraucherrecht hin zu einer Vollharmonisierung.[111] Zur Vollharmonisierung organisierte sie 2009 im Zusammenspiel mit Carsten Herresthal von der Ludwig-Maximilians-Universität München auch eine vielbeachtete Konferenz in Augsburg.[112] Eine weitere große Konferenz fand 2011 unter der Leitung von Beate Gsell und Wolfgang Hau (damals Universität Passau) in Augsburg statt. Diese Tagung, die ebenfalls von der Fritz-Thyssen-Stiftung finanziert wurde, thematisierte das Kooperationsverhältnis zwischen dem EuGH und den mitgliedstaatlichen Zivilgerichten bei Vorabersuchen zur Auslegung des Unionsrechts.[113] Darüber hinaus forschte Gsell zu Fragen auf der Schnittstelle von materiellem Recht und Verfahrensrecht[114] sowie zum internationalen Zivilverfahren[115] und dem UN-Kaufrecht[116]. Eines ihrer publizistischen „Markenzeichen" sind präzise verfasste Urteilsanmerkungen, mit denen sie gerne den Finger „in die Wunde" des juristischen Problems legt.

Ihr großes Interesse an grenzüberschreitenden Fragestellungen zeigte sich auch an ihren zahlreichen Aufenthalten im Ausland, etwa in Pittsburgh, Malibu, Kaliningrad und Lyon. Damit stärkte sie die Kooperationen der Fakultät genauso, wie mit ihren gemeinsam mit ausländischen Kolleginnen und Kollegen (z. B. Harry Flechtner, Peter Wendel und Frédérique Ferrand) verantworteten Seminaren und Forschungsprojekten. Viele der in Augsburg geknüpften Kontakte nutzt Gsell auch heute noch in München, wo sie seit 2011 als Nachfolgerin von Bruno Rimmelspacher den Lehrstuhl für Bürgerliches Recht, Zivilverfahrensrecht, Europäisches Privat- und Verfahrensrecht innehat.

---

[109] Verbraucherschutz, in: Staudinger – Eckpfeiler des Zivilrechts, 2005, 449–492; 2. Aufl. 2008, 482–538; 3. Aufl. 2011, 559–624.

[110] *Gsell*, in: Stelmach/R. Schmidt (Hrsg.), Wettbewerb der Staaten – Wettbewerb der Rechtsordnungen (Krakauer-Augsburger Rechtsstudien), 2010, 149–164.

[111] *Gsell/Schellhase*, JZ 2009, 20–29.

[112] Gsell/Herresthal (Hrsg.), Vollharmonisierung im Privatrecht. Die Konzeption der Richtlinie am Scheideweg?, 2009.

[113] Gsell/Hau (Hrsg.), Zivilgerichtsbarkeit und Europäisches Justizsystem. Institutionelle und prozedurale Rahmenbedingungen des Vorabentscheidungsverfahrens nach Art. 267 AEUV auf dem Prüfstand, 2011.

[114] Vgl. nur *Gsell*, AcP 203 (2003), 120–141; *dies.*, FS für Herbert Buchner, 2009, 267–280.

[115] *Gsell*, EuZW 2011, 87–91; *Gsell/Netzer*, IPRax 2010, 403–409.

[116] *Gsell*, Artt. 25–29 CISG, in: Honsell (Hrsg.), Kommentar zum UN-Kaufrecht, 2. Aufl. 2010.

4. Peter Kindler (2007–2011)

Nach Behrs Emeritierung wurde seine Stelle mit Peter Kindler besetzt. Kindler wurde 1987 in München unter der Betreuung von Werner Lorenz[117] mit einer rechtsvergleichenden und kollisionsrechtlichen Arbeit zum Handelsvertreterrecht an der Ludwig-Maximilians-Universität München promoviert.[118] Nach einer Zeit in der Anwaltschaft habilitierte er sich 1995 an der Universität Konstanz unter der Betreuung von Rainer Hausmann mit einer – wiederum stark rechtsvergleichend ausgerichteten – Schrift zu gesetzlichen Zinsansprüchen[119] und hatte dann kurz eine Professur an der Ruprecht-Karls-Universität Heidelberg inne, bevor er 1996 auf den Lehrstuhl für Bürgerliches Recht, Handels- und Wirtschaftsrecht, Internationales Privatrecht und Rechtsvergleichung der Ruhr-Universität Bochum wechselte. Von dort konnte die Augsburger Fakultät ihn 2007 abwerben. Im Jahre 2011 zog es ihn allerdings zurück zu seiner Alma Mater. Er übernahm den Lehrstuhl für Bürgerliches Recht, Handels- und Gesellschaftsrecht, Internationales Privatrecht und Rechtsvergleichung und wurde als Nachfolger von Dagmar Coester-Waltjen einer der Direktoren des Münchener Instituts für Internationales Recht (Rechtsvergleichung).

Kindler war sowohl im Internationalen Privatrecht wie auch in der Rechtsvergleichung zu Hause. Ähnlich wie Sonnenberger setzte er in seiner rechtsvergleichenden Forschung den Fokus vornehmlich auf eine Rechtsordnung, nämlich das italienische Recht. Er gründete in Augsburg eine Forschungsstelle für italienisches Recht und veröffentlichte in seiner Zeit „in der nördlichsten Stadt Italiens" etwa die zweite Auflage seiner Einführung in das italienische Recht.[120] Ferner verfasste er einige Beiträge in Italien, die zum Teil auch dort entstanden, und wurde im Laufe der Zeit auch in den wissenschaftlichen Beirat italienischer Zeitschriften aufgenommen. Den Schwerpunkt seiner Arbeit bildete freilich die Befassung mit wirtschaftsrechtlichen Fragen (Handels-, Vertriebs- und Gesellschaftsrecht), jeweils mit den europäischen und internationalen Bezügen. Stellvertretend für sein breites Oeuvre soll hier nur seine stark rezeptierte Kommentierung des IPR des Handels- und Gesellschaftsrechts im Münchener Kommentar, dessen 5. Auflage mit einem Um-

---

[117] Zu Werner Lorenz siehe *Steindorff*, in: FS für Werner Lorenz, 1991, IX–X; *Coester-Waltjen* (Fn. 21), 1 (29–32).

[118] *Kindler*, Der Ausgleichsanspruch des Handelsvertreters im deutsch-italienischen Warenverkehr. Eine rechtsvergleichende und kollisionsrechtliche Untersuchung, 1987.

[119] *Kindler*, Gesetzliche Zinsansprüche im Zivil- und Handelsrecht. Plädoyer für einen kreditmarktorientierten Fälligkeitszins, 1996.

[120] *Kindler*, Einführung in das italienische Recht, 2. Aufl. 2008. Die Erstauflage von 1993 war in seiner Konstanzer Zeit entstanden.

fang von 400 Seiten in Augsburg entstand,[121] genannt werden, sowie seine Einführung in das neue IPR des Wirtschaftsverkehrs,[122] die er kurz nach Verabschiedung der ersten beiden „Rom-Verordnungen" verfasste. Ferner intensivierte er in Augsburg seine insolvenzrechtliche Forschung wiederum mit vergleichenden und internationalen Bezügen.[123] Er fand aber auch Zeit zu allgemeinen Fragen des Internationalen Privat- und Verfahrensrechts zu publizieren, etwa zur autonomen Auslegung der Brüssel Ia-VO[124] oder zur Anknüpfung im internationalen Erbrecht[125].

Kindler engagierte sich in mannigfaltiger Hinsicht für die internationalen Kontakte der Fakultät. Als Generalsekretär der Vereinigung für den Gedankenaustausch zwischen deutschen und italienischen Juristen machte er sich insbesondere für den deutsch-italienischen Austausch stark. Er hielt auch zahlreiche Vorträge in Italien, aber auch in anderen Staaten. Eine Gastprofessur führte ihn an die University of Sydney.

5. *Weitere Lehrstühle und Professuren*

Neben den Lehrstühlen, deren Lehr- und Forschungsaktivitäten zu einem großen Teil auf grenzüberschreitende Fragen ausgerichtet sind, gab und gibt es eine Reihe von Kollegen, die vornehmlich zu anderen Fragen forsch(t)en und lehr(t)en, aber punktuell auch international-privatrechtliche oder rechtsvergleichende Fragestellungen im weiteren Sinne bearbei(te)ten. So forschte Christian Huber, der von 1995–1998 eine Professur in Augsburg innehatte,[126] rechtsvergleichend zum Haftungsrecht, und Nils Jansen, der diese Stelle von 2002–2003 innehatte, zum europäischen Privatrecht aus historisch-vergleichender Perspektive.

Jansens Nachfolgerin Martina Benecke stieß im Wintersemester 2003/2004 zur Fakultät und forscht dort seither auch zum internationalen und europäischen Arbeitsrecht. Von Franz Gamillscheg[127] für die Wissenschaft begeistert, promovierte sie 1996 in Göttingen unter der Betreuung von Hansjörg

---

[121] *Kindler*, in: MünchKommBGB, 5. Aufl. 2010, Internationales Handels- und Gesellschaftsrecht (Kaufleute, Juristische Personen und Gesellschaften).

[122] *Kindler*, Einführung in das neue IPR des Wirtschaftsverkehrs, 2009.

[123] Vgl. nur Kindler/Nachmann (Hrsg.), Handbuch des Insolvenzrechts in Europa, 2010; *Kindler*, IPRax 2010, 430–432.

[124] *Kindler*, ELF 2010, 252–256.

[125] *Kindler*, in: Boele-Woelki/Einhorn/Girsberger (Hrsg.), Convergence and Divergence in Private International Law. Liber Amicorum Kurt Siehr, 2010, 223–258.

[126] Zu Christian Huber siehe *Schuster*, in: FS für Christian Huber, 2020, VII–XIII.

[127] Zu Franz Gamillscheg siehe *Schlachter*, NJW 1999, 1310–1311; *Otto*, NJW 1994, 1204–1205; *Deinert/Krause*, Soziales Recht 2018, 213–217; *Spickhoff*, Soziales Recht 2018, 224–231.

Otto[128] mit einer arbeitsrechtlichen Schrift.[129] Die Habilitation folgte 2002 mit einer von Abbo Junker betreuten Arbeit zur Gesetzesumgehung im Zivilrecht, unter Einschluss des Internationalen Privatrechts.[130] Einen Ruf an die Universität Mannheim lehnte sie ab. Seit Anfang 2012 bekleidet sie als Nachfolgerin von Kerstin Tilmanns den Lehrstuhl für Bürgerliches Recht, Handels-, Arbeits- und Wirtschaftsrecht.

Mit der Berufung Christoph Beckers, der zum 1. Oktober 1999 als Nachfolger Werner Simshäusers den Lehrstuhl für Bürgerliches Recht und Zivilverfahrensrecht, Römisches Recht und Europäische Rechtsgeschichte übernahm, wurde die historische Rechtsvergleichung gestärkt. Becker wurde 1990 in Köln unter der Betreuung Heinz Hübners,[131] zur Wucherproblematik promoviert[132] und 1998 ebendort mit einer Schrift zur Kreditsicherung habilitiert, die unter der Betreuung von Klaus Luig[133] entstand.[134] Da Hübner damals schon emeritiert war, hatte Becker allerdings schon zu Promotionszeiten eine Stelle bei Luig. Seit seiner Berufung befasst Becker sich sehr intensiv mit der Kodifikationsidee und der Frage, wie sich Normativität durch Sprache ausdrücken kann. Dieser Ansatz spiegelt sich auch in seiner Lehrveranstaltung zu den historischen Grundlagen der europäischen Rechtsordnungen wider, die er im Schwerpunkt „Internationales Privatrecht, Völker- und Europarecht" liest. In die Stärkung der Auslandskontakte bringt er sich unter anderem dadurch ein, dass er seit 2015 deutsch-polnische Seminare in Posen und Warschau durchführt, die von Studierenden aus Augsburg und den polnischen Partneruniversitäten besucht werden.

Michael Kort, der zum 1. Oktober 2002 den Lehrstuhl für Bürgerliches Recht, Wirtschaftsrecht, Gewerblichen Rechtsschutz und Arbeitsrecht übernahm, fokussiert sich vornehmlich auf das Gesellschafts-, Arbeits- und Datenschutzrecht unter Berücksichtigung der europäischen und bisweilen auch der vergleichenden Bezüge. Kort wurde 1985 in München mit einer Schrift zum GmbH-Recht promoviert[135] und 1996 – nach einem Forschungsaufenthalt in Berkeley und einer Zeit als Anwalt in internationalen Wirtschafts-

---

[128] Zu Hansjörg Otto siehe *Krause/R. Schwarze*, RdA 2008, 183–184.

[129] *Benecke*, Beteiligungsrechte und Mitbestimmung im Personalvertretungsrecht. Eine vergleichende Untersuchung der Regelungen und Reformbemühungen in Bund und Ländern unter Einbeziehung des Betriebsverfassungsrechts, 1996.

[130] *Benecke*, Gesetzesumgehung im Zivilrecht. Lehre und praktischer Fall im allgemeinen und Internationalen Privatrecht, 2004.

[131] Zu Heinz Hüber siehe *Luig*, NJW 1999, 3395; *C. Becker*, in: ders. (Hrsg.), Persönlichkeitsrecht und Persönlichkeit des Rechts. Gedächtnisschrift für Heinz Hübner, 2016, 1–18.

[132] *C. Becker*, Die Lehre von der laesio enormis in der Sicht der heutigen Wucherproblematik. Ausgewogenheit als Vertragsinhalt und § 138 BGB, 1993.

[133] Zu Klaus Luig siehe *C. Becker*, JZ 2015, 887.

[134] *C. Becker*, Maßvolle Kreditsicherung, 1999.

[135] *Kort*, Der Abschluss von Beherrschungs- und Gewinnabführungsverträgen im GmbH-Recht, 1986.

kanzleien – mit einer Arbeit zum Kapitalgesellschaftsrecht habilitiert[136]. Beide Arbeiten wurden von Götz Hueck[137] betreut. 1997 übernahm er den Lehrstuhl für Bürgerliches Recht, Arbeits- und Sozialrecht, Handels- und Unternehmensrecht an der Juristischen Fakultät der TU Dresden, von wo Augsburg in abwerben konnte. Seit seiner Berufung nach Augsburg unterstützt er eine Reihe von Kooperationen und unterrichtet regelmäßig im Summer Programm und im MIPLC.

6. *Der wissenschaftliche Nachwuchs*

In der Zeit von 1996 bis 2010 wurden zwar zahlreiche Dissertationen zu europäischen, international-privatrechtlichen und rechtsvergleichenden Fragestellungen in Augsburg betreut. Es gelang aber nicht, aussichtsreiche Kandidaten für eine Wissenschaftskarriere auf dem Feld der grenzüberschreitenden Forschung zu begeistern.

VI. Neuere Entwicklungen (seit 2010)

Als jüngere Entwicklung lässt sich zum einen eine Stärkung der historisch-vergleichenden Forschung zum Wirtschaftsrecht ausmachen, zum anderen mussten die Abgänge von Gsell und Kindler kompensiert werden. Die Stärkung der historisch-vergleichenden Forschung als Teil der Grundlagenforschung war eine Frucht der Ausbauplanung. Im Zuge des doppelten Abiturjahrgangs, der in Bayern durch die Verkürzung der Schulzeit bis zum Regelabitur um ein Jahr (Stichwort: „G8") hervorgerufen wurde, konnten die bayerischen Fakultäten Konzepte entwickeln, um den sich abzuzeichnenden Anstieg der Studienanfänger zu bewältigen. Die Augsburger Fakultät beantragte die Schaffung dreier neuer Lehrstühle, die auch genehmigt wurden. Jeder Fachsäule wurde ein Lehrstuhl zugewiesen und für den zivilrechtlichen Lehrstuhl konnte Phillip Hellwege gewonnen werden. Als Nachfolger von Gsell und Kindler wurden Raphael Koch und Wolfgang Wurmnest berufen.

1. *Phillip Hellwege (seit 2010)*

Phillip Hellwege übernahm zum 1. April 2010 den neugeschaffenen Lehrstuhl für Bürgerliches Recht, Wirtschaftsrecht und Rechtsgeschichte. Auch

---

136 *Kort*, Bestandsschutz fehlerhafter Strukturänderungen im Kapitalgesellschaftsrecht, 1998.

137 Zu Goetz Hueck siehe *Windbichler*, NJW 1997, 2581–2582; *dies.*, NJW 2002, 2847; *Fastrich*, NJW 2012, 2864.

wenn dies in seiner Lehrstuhlbezeichnung nicht deutlich zum Ausdruck kommt, bildet die Rechtsvergleichung einen Arbeitsschwerpunkt des Lehrstuhlinhabers, vornehmlich in Verbindung mit der historischen Dimension. Sein Interesse an grenzüberschreitenden Fragestellungen, insbesondere mit Bezug zu Großbritannien, dokumentieren schon ein Austauschsemester in Schottland und ein Masterstudium in Oxford. 2004 wurde Hellwege in Regensburg mit einer Schrift zum Bereicherungsrecht promoviert[138] und 2009 dort mit einer Untersuchung zum AGB-Recht[139] habilitiert, jeweils unter Betreuung Reinhard Zimmermanns, der seit 2002 als Direktor am Max-Planck-Institut für ausländisches und internationales Privatrecht in Hamburg wirkt. Beide Qualifikationsschriften folgen der historisch-vergleichenden Methode.

Nach seiner Berufung nach Augsburg fokussierte sich Hellwege neben Grundlagenfragen sehr stark auf die Herausbildung des Europäischen Privatrechts. So setzte er sich intensiv mit den verschiedenen Entwürfen zur Vereinheitlichung des Vertrags-, Vermögens- bzw. Kaufrechts (Principles of European Contract Law, Draft Common Frame of Reference, Gemeinsames Europäisches Kaufrecht) auseinander.[140] Einen weiteren Arbeitsschwerpunkt bildet die Befassung mit den verschiedenen Rechtsordnungen von Großbritannien. Schwerpunktmäßig forscht Hellwege zum schottischen Recht,[141] hat aber auch zum englischen Recht[142] und sogar zu den Rechten der Kanalinseln[143] publiziert.

In den letzten Jahren hat er sich verstärkt dem Handels- und Wirtschaftsrecht aus historisch-vergleichender Perspektive zugewandt und damit die Sichtbarkeit der Fakultät im Ausland erheblich verstärkt. Nicht nur weil er regelmäßig in englischer Sprache veröffentlicht,[144] sondern auch, weil er von September 2015 bis Februar 2021 das durch einen ERC Consolidator Grant geförderte Projekt „A Comparative History of Insurance Law in Europe" leitete, in dem verschiedene Stränge der europäischen Versicherungsrechts-

[138] *Hellwege*, Die Rückabwicklung gegenseitiger Verträge als einheitliches Problem. Deutsches, englisches und schottisches Recht in historisch-vergleichender Perspektive, 2004.

[139] *Hellwege*, Allgemeine Geschäftsbedingungen, einseitig gestellte Vertragsbedingungen und die allgemeine Rechtsgeschäftslehre, 2010.

[140] Vgl. etwa *Hellwege*, AcP 211 (2011), 665–702; *ders.*, IHR 2012, 221–231; *ders.*, in: Jansen/Zimmermann (Hrsg.), Commentaries on European Contract Laws, 2018, 505–586.

[141] Vgl. etwa *Hellwege*, Edinburgh Law Review 18 (2014), 1–28; *ders.*, Edinburgh Law Review 18 (2014), 358–382.

[142] *Hellwege*, in: Burrows/Johnston/R. Zimmermann (Hrsg.), Judge and Jurist: Essays in Memory of Lord Rodger of Earlsferry, 2013, 455–472.

[143] *Hellwege*, ZEuP 2014, 762–792.

[144] Vgl. aus jüngerer Zeit nur *Hellwege*, American Journal of Legal History 56 (2016), 66–75; *ders.*, Southwestern Journal of International Law 22 (2016), 105–161; *ders.*, American Journal of Comparative Law 66 (2018), 127–174.

geschichte erforscht wurden.[145] Zur besseren Sichtbarkeit der in diesem Forschungsverbund entstandenen Schriften gründete Hellwege 2018 die Schriftenreihe „Comparative Studies in the History of Insurance Law / Studien zur vergleichenden Geschichte des Versicherungsrechts“, in der mittlerweile schon siebzehn Bände erschienen sind.

Darüber hinaus setzt er sich in vielfältiger Weise für Kooperationen der Fakultät mit ausländischen Partnern ein, unter anderem durch seine zahlreichen Verbindungen nach Großbritannien. Er hält regelmäßig Vorträge im Ausland und forschte längere Zeit in Kapstadt. Ferner ist er heute maßgeblich für die Kooperation mit der Jagiellonen-Universität in Krakau verantwortlich, die 2002 maßgeblich von Reiner Schmidt und auf polnischer Seite von Jerzy Stelmach ins Leben gerufen wurde. Seither gibt es abwechselnd in Krakau und Augsburg Tagungen im Turnus von zwei Jahren zu einem Generalthema. Einen Ruf an die Universität Marburg lehnte er ab.

2. *Raphael Koch (seit 2012)*

Als Nachfolger von Gsell wurde Raphael Koch berufen, der zum 1. Februar 2012 den Lehrstuhl für Bürgerliches Recht, Zivilverfahrensrecht, Unternehmensrecht, Europäisches Privat- und Internationales Verfahrensrecht übernahm. Koch ist ein Münsteraner Gewächs. 2005 wurde er an der Westfälischen Wilhelms-Universität Münster mit einer Arbeit zum Erwerb eigener Aktien promoviert[146] und 2012 mit einer Schrift auf der Schnittstelle von bürgerlichem Recht und Zivilprozessrecht habilitiert.[147] Beide Qualifikationsarbeiten wurden von Ingo Saenger betreut.

Koch hat seinen Forschungsschwerpunkt im deutschen Recht, betrachtet allerdings auch die europäischen Bezüge der von ihm bearbeiteten Materien und publiziert auch in englischer Sprache. Er forscht unter anderem zu Fragen des Verbraucherrechts, zum UN-Kaufrecht sowie zu Grundproblemen und neueren Instrumenten des Zivilprozessrechts. Er engagiert sich in vielfältiger Weise für die Auslandskontakte der Fakultät. Unter anderem pflegt er als einer der Direktoren der Forschungsstelle zum türkischen Recht die Kontakte der Fakultät in die Türkei,[148] unterrichtet im Summer Program und

---

[145] Zu diesem Forschungsprojekt siehe den Beitrag von *Hellwege* in dieser Festschrift.

[146] *R. Koch*, Die Auswirkungen des Wertpapiererwerbs- und Übernahmegesetzes (WpÜG) auf den Erwerb eigener Aktien, 2006.

[147] *R. Koch*, Mitwirkungsverantwortung im Zivilprozess. Ein Beitrag zum Verhältnis von Parteiherrschaft und Richtermacht, zur Wechselwirkung von materiellem Recht und Prozessrecht sowie zur Risikoverteilung und Effizienz im Zivilprozess, 2013.

[148] Vgl. nur *R. Koch*, in: Rosenau/Hakeri (Hrsg.), Kodifikation der Patientenrechte. Beiträge des X. Deutsch-Türkischen Symposiums zum Medizin- und Biorecht, 2015, 97–116; *ders.*, in: Temel/Kirca (Hrsg.), Aktuelle Entwicklungen im deutschen und türkischen Zivilrecht, 2020, 85–96.

hat mehrfach Beiträge zu Kooperations-Tagungen beigesteuert.[149] Ferner referiert er auf Tagungen im Ausland[150] und war Gastforscher an der George Washington University Law School.

3. Wolfgang Wurmnest (seit 2013)

Als Nachfolger Peter Kindlers stieß Wolfgang Wurmnest am 1. April 2013 zur Fakultät. Er wurde 2002 von der Universität Hamburg mit einer Schrift zum europäischen Haftungsrecht promoviert, die von Ulrich Magnus[151] betreut wurde und 2009 mit einer rechtsvergleichenden Arbeit zum Kartellrecht habilitiert, die unter der Betreuung Jürgen Basedows[152] am Max-Planck-Institut für ausländisches und internationales Privatrecht entstand. Er nahm 2009 einen Ruf auf einen Lehrstuhl der Leibniz Universität Hannover an und wechselte 2013 auf den Lehrstuhl für Bürgerliches Recht, Wirtschaftsrecht, Internationales Privat- und Verfahrensrecht sowie Rechtsvergleichung der Universität Augsburg. Einen Ruf an die Universität Düsseldorf lehnte er ab.

In Augsburg arbeitet er vornehmlich auf dem Gebiet des Internationalen Privat- und Zivilverfahrensrechts, insbesondere zu Grundsatzfragen[153] sowie zu grenzüberschreitenden Kartellrechtstreitigkeiten.[154] Ein Grundlagenprojekt unter Beteiligung diverser ausländischer Wissenschaftler und Wissenschaftlerinnen, für das 2017 ein internationaler Workshop in Augsburg durchgeführt wurde, befasst sich mit der Frage, inwieweit tradierte Staatsverträge der EU-Mitgliedstaten mit Drittstaaten das europäischen Kollisionsrecht aushöhlen.[155]

---

[149] *R. Koch*, in: Stelmach u. a. (Hrsg.), Normschaffung (Krakauer-Augsburger Rechtsstudien), 2017, 149–160; *R. Koch*, in: Hugo/T. Möllers (Hrsg.), Transnational Impacts on Law: Perspectives from South Africa and Germany, 2017, 61–68; *ders.*, in: Hellwege/Soniewicka (Hrsg.), Die Einheit der Rechtsordnung. Annäherungen – Bestandsaufnahmen – Reflexionen, 2020, 203–217.

[150] Vgl. etwa *R. Koch*, Deakin Law Review 20 (2015), 53–74; *ders.*, in: Vallejo u. a. (Hrsg.), Estudios sobre el Contrato de Compraventa, Análisis de la transposición de la Directiva 2011/83/UE en los ordenamientos español y alemán, 2016, 121–134 (übersetzt von Cullmann/Kuhn).

[151] Zu Ulrich Magnus siehe *Mankowski/Wurmnest*, in: FS für Ulrich Magnus, 2014, v–vi.

[152] Zu Jürgen Basedow siehe *R. Zimmermann*, in: Dutta/Heinze (Fn. 83), 2018, 3–7.

[153] Vgl. etwa *Wurmnest*, ZvglRWiss 115 (2016), 624–649; *ders.*, in: Leible (Hrsg.), General Principles of European Private International Law, 2016, 305–329; *ders.*, in: Bariatti/Crespi Reghizzi/Fumagalli (Hrsg.), Punitive Damages and European Private International Law, 2019, 253–286.

[154] Vgl. etwa *Wurmnest*, in: Kamann/Ohlhoff/Völcker (Hrsg.), Handbuch Kartellverfahren und Kartellprozess, 2017, 1071–1133; *ders.*, in: MünchKommBGB, 8. Aufl. 2021, Art. 6 Rom II-VO (Internationales Wettbewerbs- und Kartellrecht).

[155] Dutta/Wurmnest (Hrsg.), European Private International Law and Member State Treaties with Third States: The Case of the European Succession Regulation, 2019. Zu diesem Projekt auch *Wurmnest/Wössner*, ZVglRWiss 118 (2019), 449–483.

In der Rechtsvergleichung hat er etwa zum AGB-Recht publiziert.[156] Zudem befasst er sich mit der Europäisierung des Deliktsrechts.[157] Ein weiterer Schwerpunkt seiner Arbeit liegt auf dem europäischen Kartell- und Deregulierungsrecht mit seinen vergleichenden Bezügen.[158]

Wurmnest verantwortet seit 2015 die Kooperation mit der Foreign Trade University in Hanoi, wo er regelmäßig Veranstaltungen durchführt. Ferner war er unter anderem Gastdozent in Lyon und Foggia und nationaler Berichterstatter für den Weltkongress der Académie internationale de droit comparé.

4. Der wissenschaftliche Nachwuchs

In jüngerer Zeit konnte die Fakultät wieder an die erfolgreiche Nachwuchsförderung anknüpfen, die für die ersten zwei Jahrzehnte prägend war. 2016 wurde Paul T. Schrader, ein am europäischen und internationalen Wirtschaftsrecht interessierter Juniorprofessor, mit einer Schrift zur Wissenszurechnung im Zivilrecht habilitiert.[159] Er hat im August 2017 den Lehrstuhl für Bürgerliches Recht und Recht der Digitalisierung und Innovation an der Universität Bielefeld übernommen. Ferner wirkte Christian Gomille – unterbrochen von Vertretungen an anderen Fakultäten – von 2012 bis 2020 als Juniorprofessor für Bürgerliches Recht, deutsches und internationales Zivilverfahrensrecht an der Universität Augsburg, der sich an der Ludwig-Maximilians-Universität München mit einer Schrift zum vergleichenden Zivilprozessrecht habilitierte[160] und in seiner Augsburger Zeit seine Publikationen zu grenzüberschreitenden Fragestellungen deutlich ausbaute. Seit Oktober 2020 bekleidet er den Lehrstuhl für Bürgerliches Recht, Europäisches und Internationales Privatrecht sowie Zivilprozessrecht an der Universität des Saarlandes.

---

156 *Wurmnest*, RabelsZ 82 (2018), 346–381.

157 *Wurmnest/Gömann*, in: Karner/Steininger (Hrsg.), European Tort Law 2017 (European Tort Law Yearbook), 2018, 207–237, *dies.*, in: Karner/Steininger (Hrsg.), European Tort Law 2019 (European Tort Law Yearbook), 2020, 205–247.

158 Vgl. etwa *Wurmnest*, in: Basedow/Kono (Hrsg.), Special Economic Zones: Law and Policy Perspectives, 2016, 153–171; *ders.*, in: Dutta/Heinze (Fn. 83), 213–243; Wollenschläger/Wurmnest/T. Möllers (Fn. 98).

159 *Schrader*, Wissen im Recht. Definition des Gegenstandes der Kenntnis und Bestimmung des Kenntnisstandes als rechtlich relevantes Wissen, 2017.

160 *Gomille*, Informationsproblem und Wahrheitspflicht. Ein Aufklärungsmodell für den Zivilprozess, 2016.

VII. Fazit

Blickt man auf die letzten 50 Jahre IPR und Rechtsvergleichung in der Juristischen Fakultät der Universität Augsburg zurück, so kann man ein durchaus positives Bild erkennen.

Nach der Ausgangslage war das nicht unbedingt zu erwarten. Der Modellversuch einer einphasigen, Universität und Praxis verschränkenden Ausbildung mit festen strukturellen Vorgaben und einem engen Zeitplan schien für die seinerzeit verbreitet als Randbereich erscheinenden Fächer Internationales Privatrecht und Rechtsvergleichung wenig Raum zu geben. Als Neugründung hatte die Fakultät zudem praktisch keinerlei internationale Beziehungen, die einen wissenschaftlichen Austausch und einen Austausch der Studierenden erleichtern konnten. Die alten Universitäten Deutschlands hatten spätestens seit dem 19. Jahrhundert ständige und weltweite Auslandskontakte, die sie nutzen konnten und die umgekehrt vom Ausland aus genutzt wurden. Oftmals schickten ausländische Forscher, die an den Universitäten wie Göttingen, Heidelberg, München oder Freiburg mit dem deutschen Recht in Verbindung gekommen waren und ihre Zeit in diesen Universitäten in guter Erinnerung hatten, ihren Nachwuchs wieder dorthin. Augsburg war demgegenüber *terra incognita*. Gleichwohl gelang es im Laufe der Zeit eine Vielzahl internationaler Kontakte zu etablieren und zu pflegen und dies weit über Europa hinaus.

Von Vorteil war dabei sicherlich, dass keine gewachsenen Strukturen vorhanden waren, die verteidigt werden konnten und in die sich die allesamt jungen Kollegen hätten einfügen müssen. Vielmehr gelang es, junge engagierte Wissenschaftler zu gewinnen, die eine für die damalige Zeit sehr internationale Ausrichtung aufwiesen. Auch spätere Besetzungen folgten diesem Muster und so konnten die Fächer Internationales Privatrecht und Rechtsvergleichung fest in der Fakultät verankert werden. Die Kehrseite dieser sinnvollen Berufungspolitik ist freilich, dass viele Lehrstuhlinhaber später von größeren Einheiten abgeworben werden. So hat Augsburg in den letzten 50 Jahren fünf Lehrstuhlinhaber aus dem Bereich des Internationalen Privatrechts und der Rechtsvergleichung (Schlosser, Sonnenberger, S. Lorenz, Gsell, Kindler) nach München ziehen lassen müssen. Ein Lehrstuhlinhaber wurde später Direktor am Hamburger Max-Planck-Institut (Basedow) und zwei Kollegen wechselten an bedeutende Universitätsinstitute nach Trier bzw. Freiburg (Birk, Frank). Die vielen Wechsel (auf den Kernlehrstühlen gab es nur eine Neubesetzung nach einer Emeritierung) haben es freilich mit sich gebracht, dass im Laufe der Zeit sehr unterschiedliche Akzente in der Forschung gesetzt wurden. Einzelne Forschungsschwerpunkte wurden deshalb nicht kontinuierlich ausgebaut. Vielmehr hat die Fakultät die neuen Ansätze der berufenen Kolleginnen und Kollegen stets mitgetragen. Die Akzeptanz des Neuen kann sogar als ein Markenkern der Fakultät angesehen werden. Der Erfolg der Nachwuchsförderung hat über die Jahre etwas geschwankt, doch konnte in jüngerer Zeit die längere Dürrephase bei der Ausbildung des international ausgerichteten Nachwuchses beendet werden.

Die rechtliche Entwicklung spricht dafür, dass die Bedeutung der grenzüberschreitenden Forschung auch künftig eine gewichtige Rolle in Augsburg spielen wird. Die Europäisierung des Privat- und Wirtschaftsrechts wird weiter zunehmen und auch das Internationale Privatrecht wird jenseits der bisherigen europäischen Rechtsvereinheitlichung auf lange Zeit auch innerhalb der Europäischen Union von Bedeutung bleiben. Im Verhältnis zu dem – weit größeren – Rest der Welt wird seine Bedeutung angesichts der Globalisierung in der Wirtschaft und der wachsenden internationalen Migration eher zunehmen. Wissenschaftliche Befassung und Ausbildung des Nachwuchses sind hier gleichermaßen gefordert. Das gilt in gleicher Weise auch für das Internationale Verfahrensrecht, das sich in Zukunft über das reine Prozessrecht hinaus weiteren Bereichen verstärkt zuwenden müssen wird. Und dass Rechtsvergleichung in allen ihren Aspekten eine Daueraufgabe gleichermaßen als Hilfe für die Rechtsanwendung in der Praxis wie für die wissenschaftliche Begleitung der Weiterbildung des Rechts ist und bleiben wird, ist eine Selbstverständlichkeit.

Die Fakultäten streiten nicht mehr: Über die Vermarktung von Hörsälen

Jörg Neuner

Festschriften sind ein intrikates Genre:[1] Sie sind nicht selten Orte der Zweit- oder der ersatzweisen Erstverwertung, inhaltlich oft heterogen, von ihrem Duktus her aber gerne „lobhudelnd"[2]. Vor allem Letzteres soll hier vermieden werden durch einen kritischen Rückblick auf eine Episode der Fakultätsgeschichte, in der von 2010 bis 2017 die Namensrechte am größten Hörsaal der Fakultät an eine ortsansässige Kanzlei veräußert wurden. Eigentlich war eine Totalvermarktung sämtlicher Hörsäle geplant, doch blieb die Nachfrage aus, weil es wohl substantielle Vorbehalte gab und vermutlich auch die Strategie, das Filetstück als Erstes zu veräußern, nicht absatzfördernd war. Die Geschäftsidee war freilich originell[3] und man fragt sich sogleich, ob wir nicht auch die Klassenzimmer in den Schulen zugunsten einer besseren Grundausstattung kommerzialisieren sollten.[4] Die Namensrechte an Zugspitze und Watzmann könnten leere Gemeindekassen füllen und markante Bauwerke ließen sich gewinnbringend umbenennen, so wie wir es bereits von Fußballstadien her kennen.[5] Und warum sollten nicht auch Eltern ihre Kinder nach bestimmten Industrieprodukten benennen dürfen, um ihnen aus den Erlösen eine bestmögliche Bildung zu finanzieren?[6] Noch einen Schritt weiter im

---

[1] S. nur *Schulze-Fielitz*, Die Verwaltung 29 (1996), 565 ff.

[2] *v. Münch*, NJW 2000, 3253 m. w. N.

[3] Es gab allerdings schon Leitbilder, wie den „Aldi-Süd-Hörsaal" an der Fachhochschule Würzburg-Schweinfurt und den „easyCredit-Hörsaal" an der Universität Erlangen-Nürnberg.

[4] Art. 84 Abs. 1 S. 1 BayEUG besagt: „Der Vertrieb von Gegenständen aller Art, Ankündigungen und Werbung hierzu, das Sammeln von Bestellungen sowie der Abschluss sonstiger Geschäfte sind in der Schule untersagt."

[5] Zur Idee einer voll privatisierten Stadt oder Stadtvierteln, die das Warenzeichen eines Unternehmens tragen s. *Klein*, No Logo!, 2005, 54 ff.; zuletzt *Süddeutsche Zeitung* Nr. 8/2021: „Aus Geldmangel verhökert Rio de Janeiros U-Bahn Namensrechte. […] Ganz neu sind solche Kooperationen nicht […]: 2008 versteigerte Dubai die Namensrechte für rund zwei Dutzend Haltestellen seines Metro-Netzes. In New York heißt eine U-Bahn-Station wie eine Bank, in Philadelphia stand ein Energieversorger Pate, und in einer Haltestelle der Metro Madrid prangte jahrelang ein Telekommunikationsunternehmen mit auf den Namensschildern."

[6] So fragte auch schon die *Zeit* Nr. 34/2001: „Soll ein Kind wie eine Limonade heißen? Oder wie eine Dosensuppe? […] Jason Black und seine Frau Frances aus Mount Kisco

„Tempel des Warenkapitals“[7] geht eine aktuelle Dissertation, die das Verbot des menschlichen Organhandels gem. §§ 17f. TPG nicht nur kritisiert, sondern überdies für verfassungswidrig erachtet,[8] sodass beispielsweise Eltern durch den Verkauf ihrer Körperorgane (Niere, Herz) die Ausbildung ihrer Kinder finanziell absichern könnten. Der deutsche Rechts- und Sozialstaat sorgt allerdings für ein kostenfreies Studium, durchkreuzt diese Kommerzialisierungsspirale, die die Welt nur mehr als warenförmig erfasst, und weist der Universität einen Ort jenseits von Markt und Profit zu.

I. Von der Idee

Die Idee der Universität im aufgeklärten, autonomen Sinn geht zurück auf Kants Spätwerk „Der Streit der Fakultäten“, das nach der erkenntnistheoretischen Wende von 1781 und dem politischen Umbruch von 1789 verfasst wurde.[9] Die Schrift konnte zensurbedingt aber erst 1798 nach dem Tod Friedrich Wilhelms II. veröffentlicht werden. Kant versäumte es daher nicht, bereits in der Vorrede zu seinem Werk eine ihm durch ein königliches Reskript erteilte Abmahnung aus dem Jahr 1794 abschätzig wiederzugeben: „Wie Ihr eure Philosophie zu Entstellung und Herabwürdigung mancher Haupt- und Grundlehren der heiligen Schrift und des Christenthums mißbraucht“ und „bei fortgesetzter Renitenz, unfehlbar unangenehmer Verfügungen zu gewärtigen habt.“[10] Ebenso wie die Vorrede sind zentrale Passagen des Werkes selbst als Kritik an der preußischen Kulturpolitik und insgesamt als Schutzschrift der Universität gegen staatliche Übergriffe zu verstehen:[11] „Denn

---

bei New York freuen sich über die Geburt ihres dritten Kindes [...]. Es ist ein Junge [...] und er heißt, er heißt – ja, wie er heißt, das wollten die Blacks nicht selbst entscheiden. Sie boten den Vornamen über eBay und Yahoo zur Versteigerung im Internet an. Mindestgebot: 500 000 Dollar.“; hierzu aus rechtlicher Sicht *Peifer*, GRUR 2002, 495 ff.

[7] *Benjamin*, Gesammelte Schriften (Hrsg. Tiedemann), Bd. V 1: Das Passagen-Werk, 1991, 1021.

[8] *Reitter*, Rechtspaternalismus und Biomedizinrecht, 2020, 214 ff.; s. hiergegen nur *Kant*, Vorlesung zur Moralphilosophie, Ausgabe Stark 2004, 180: „Der Mensch ist nicht befugt, für Geld seine Gliedmaßen zu verkaufen [...]. Thut nun der Mensch solches, so macht er sich zu einer Sache, und dann kann ein jeder mit ihm nach Belieben handeln, weil er seine Person weggeworfen hat.“; *Schneider*, in: Taupitz (Hrsg.), Kommerzialisierung des menschlichen Körpers, 2007, 109 ff.; *Neuner*, JZ 2020, 269 (272).

[9] Zur Universität im Mittelalter und der frühen Neuzeit Rüegg (Hrsg.), Geschichte der Universität in Europa, Bd. I, 1993, Bd. II, 1996; zur *paideia Jäger*, Paideia – Die Formung des griechischen Menschen, 2. Aufl. 1935 (Nachdruck 1973).

[10] *Kant*, Der Streit der Fakultäten, 1798, AA VII, 6 (ausgefertigt von *Woellner*).

[11] Speziell zum „gesetzwidrigen Streit der oberen Fakultät mit der unteren“ *Brandt*, Universität zwischen Selbst- und Fremdbestimmung, 2003, 63.

über Gelehrte als solche können nur Gelehrte urtheilen"[12]. Kants Plädoyer für Selbstbestimmung berücksichtigt aber auch die Abhängigkeit der Universität vom Staat und führt zu einem komplexen Modell wechselseitiger Bedingungen zwischen den drei „oberen" und der „unteren" Fakultät.

Die drei oberen Fakultäten sind die theologische, die für das ewige Wohl sorgt, die juristische, die sich um das bürgerliche Wohl (den irdischen Besitz) kümmert, und die medizinische, die sich des leiblichen Wohls (langes Leben und Gesundheit) annimmt.[13] Alle drei Institutionen dienen nach Kant staatlichen Interessen. Sie bilden die „Geschäftsleute der Gelehrsamkeit" – Priester, Juristen und Ärzte – aus,[14] sie fördern Gehorsam, Gesetzmäßigkeit und das Leibeswohl der Bürger.[15] Zu den oberen Fakultäten werden somit „nur diejenigen gezählt, deren Lehren [...] die Regierung selbst interessirt"[16], wobei sich die Regierung „das Recht vor[behält], die Lehren der oberen selbst zu sanctioniren."[17] Der Jurist sucht demnach die Gesetze „nicht in seiner Vernunft, sondern im öffentlich gegebenen und höchsten Orts sanctionirten Gesetzbuch."[18] „Nun kann es zwar geschehen, daß man eine praktische Lehre aus Gehorsam befolgt; sie aber darum, weil es befohlen ist (*de par le roi*), für wahr anzunehmen, ist [...] schlechterdings unmöglich."[19] Ist also von der Wahrheit gewisser Lehren die Rede, „so kann sich der Lehrer desfalls nicht auf höchsten Befehl berufen, noch der Lehrling vorgeben, sie auf Befehl geglaubt zu haben, sondern nur wenn vom Thun geredet wird."[20]

Neben den drei oberen muss es zum „gelehrten gemeinen Wesen" an der Universität noch eine untere, die philosophische Fakultät[21] geben: „In An-

---

[12] *Kant* (Fn. 10), 17.

[13] *Kant* (Fn. 10), 21.

[14] Ausführlich *Bucher*, Der institutionalisierte Dauerstreit, 2017, 74.

[15] Ausführlich *Wood*, Recht und Universität bei Kant, in: Honnefelder (Hrsg.), Kants „Streit der Fakultäten", 2017, 66 (78 f.).

[16] *Kant* (Fn. 10), 18.

[17] *Kant* (Fn. 10), 19.

[18] *Kant* (Fn. 10), 24 f.; zum Credo der Aufklärung, wonach die Vernunft sukzessive auch die Regierung erfasst und insofern relativierend wirkt, *Brandt* (Fn. 11), 80; s. ferner (neben Einl. §§ 46 ff. ALR) Ziffer XVIII des Publikationspatents vom 5.2.1794: „Kein Kollegium, Gericht, oder Justizbedienter [soll] sich unterfangen, [...] von klaren und deutlichen Vorschriften der Gesetze, auf den Grund eines vermeintlichen philosophischen Raisonnements [...] die geringste eigenmächtige Abweichung, bei Vermeidung Unserer höchsten Ungnade und schwerer Ahndung, sich zu erlauben"; zit. nach *Koch*, Allgemeines Landrecht für die preußischen Staaten, Bd. 1, 1, 4. Aufl. 1862, 25 f. (online abrufbar).

[19] *Kant* (Fn. 10), 27.

[20] *Kant* (Fn. 10), 27.

[21] Diese enthält zwei Departements: eins „der historischen Erkenntnis (wozu Geschichte, Erdbeschreibung, gelehrte Sprachkenntniß, Humanistik mit allem gehört, was die Naturkunde von empirischem Erkenntniß darbietet), das andere der reinen Vernunfterkenntnisse (reinen Mathematik und der reinen Philosophie, Metaphysik der Natur und der Sitten)"; *Kant* (Fn. 10), 28.

sehung der drei obern dient sie dazu, sie zu controlliren und ihnen eben dadurch nützlich zu werden, weil auf Wahrheit (die wesentliche und erste Bedingung der Gelehrsamkeit überhaupt) alles ankommt; die Nützlichkeit aber, welche die oberen Facultäten zum Behuf der Regierung versprechen, nur ein Moment vom zweiten Range ist."[22] Die untere[23] Fakultät, die keine Befehle geben, aber doch alle beurteilen und eine vernunftkonforme Entwicklung besorgen soll, ist deshalb „in Ansehung ihrer Lehren vom Befehle der Regierung unabhängig"[24], ihre Lehren werden vielmehr „der eigenen Vernunft des gelehrten Volks"[25] überlassen.

In der weiteren Folge verhandelt Kant drei Streitfälle zwischen der philosophischen und den einzelnen oberen Fakultäten. Die hierfür aufgestellten Regeln sollen einen produktiven, institutionalisierten Dissens, einen „gesetzmäßigen" Antagonismus garantieren,[26] sodass das Werk auch im Sinne einer liberalen Diskurstheorie *avant la lettre* interpretiert werden kann.[27] Insgesamt geht es Kant darum, die Erfahrungen der Zensur aufzuarbeiten und das Interesse der Philosophie ebenso wie das der Regierung an einer freien universitären Wahrheitssuche aufzuzeigen.

Kennzeichnend für das Werk ist zudem seine antipaternalistische, freiheitssichernde Grundhaltung.[28] Die Universität hat hiernach allein den rechtmäßigen Zwecken des Staates zu dienen, sodass es nicht zu ihren Aufgaben gehört, den Bürger mit Bildung zu beglücken, sondern nur Nützlichkeit und

---

22 *Kant* (Fn. 10), 28.

23 „Daß aber eine solche Facultät unerachtet dieses großen Vorzugs (der Freiheit) dennoch die untere genannt wird, davon ist die Ursache in der Natur des Menschen anzutreffen: daß nämlich der, welcher befehlen kann, ob er gleich ein demüthiger Diener eines andern ist, sich doch vornehmer dünkt als ein anderer, der zwar frei ist, aber niemandem zu befehlen hat"; *Kant* (Fn. 10), 20.

24 *Kant* (Fn. 10), 19.

25 *Kant* (Fn. 10), 19.

26 *Müller*, Die Aufklärung in der Dialektik ihrer Institutionalisierung, in: Klein/Naumann-Beyer (Hrsg.), Nach der Aufklärung?, 1995, 141 (145): „Kants Streit der Fakultäten läßt sich als Versuch beschreiben, den Gegensatz zwischen Wissenschaft und Staat/bürgerlicher Gesellschaft als akademischen Streit in die Universität hineinzuholen, um ihn dort – in einem unauflösbaren Widerstreit – nach von der Vernunft gesetzten Regeln auszutragen."

27 S. näher *Habermas*, Strukturwandel der Öffentlichkeit, 1990/1962, § 13 (178 ff.); *Bucher* (Fn. 14), 93 ff.; zu einer dekonstruktiven Lesart *Derrida*, Mochlos oder der Streit der Fakultäten, in: ders., Mochlos oder Das Auge der Universität (in der Übersetzung von Sedlaczek), 2004, 11 ff.

28 S. zudem *Kant*, Über den Gemeinspruch: Das mag in der Theorie richtig sein, taugt aber nicht für die Praxis, 1793, AA VIII, 273 (290 f.): „Eine Regierung, die auf dem Princip des Wohlwollens gegen das Volk als eines Vaters gegen seine Kinder errichtet wäre, d. i. eine väterliche Regierung (*imperium paternale*), wo also die Unterthanen als unmündige Kinder, die nicht unterscheiden können, was ihnen wahrhaftig nützlich oder schädlich ist, sich bloß passiv zu verhalten genöthigt sind, um, wie sie glücklich sein sollen, bloß von dem Urtheile des Staatsoberhaupts und, daß dieser es auch wolle, bloß von seiner Gütigkeit zu erwarten: ist der größte denkbare Despotismus (…)."

Gesetzestreue zu fördern.[29] Erst mit den universitären Gründungsschriften namentlich von Fichte[30], Schleiermacher[31] und von Humboldt tritt die Idee der Bildung und humanistischen Erziehung in den Vordergrund:

„Der Begriff der höheren wissenschaftlichen Anstalten [...] beruht darauf, dass dieselben bestimmt sind, die Wissenschaft im tiefsten und weitesten Sinne des Wortes zu bearbeiten, und als einen nicht absichtlich, aber von selbst zweckmässig vorbereiteten Stoff der geistigen und sittlichen Bildung zu seiner Benutzung hinzugeben. Ihr Wesen besteht daher darin, innerlich die objective Wissenschaft mit der subjectiven Bildung [...] zu verknüpfen [...]. Da diese Anstalten ihren Zweck indess nur erreichen können, wenn jede, soviel als immer möglich, der reinen Idee der Wissenschaft gegenübersteht, so sind Einsamkeit und Freiheit die in ihrem Kreise vorwaltenden Principien."[32]

Mehr als einhundert Jahre später wird in Heideggers Freiburger Rektoratsrede „die vielbesungene ‚akademische Freiheit' (...) aus der deutschen Universität verstoßen; denn diese Freiheit war unecht, weil nur verneinend."[33] Sieht man von diesem Konzept einer „völkischen Universität" ab, hat sich die Gefährdungslage der universitären Autonomie in der heutigen Zeit nochmals grundlegend verändert. Waren es früher Kirche[34] und Staat, welche die Lehre und Forschung zu dominieren versuchten, sind es mittlerweile ökonomische Kräfte. Der Einfluss des Staates macht sich zwar immer noch bemerkbar über Zielvereinbarungen, Evaluationen oder den Hochschulrat, doch kann eine völlige staatliche Absenz auch abträglich sein, wie etwa der

---

[29] S. *Wood* (Fn. 15), 66 (70 ff.); *Bucher* (Fn. 14), 45 (223 f.)

[30] S. u. a. *Fichte*, Deducirter Plan einer zu Berlin zu errichtenden höhern Lehranstalt, 1817 (geschrieben 1807), abgedruckt in: HU Berlin, Gründungstexte, 2010 (auch online abrufbar), 9 ff.

[31] *Schleiermacher*, Gelegentliche Gedanken über Universitäten in deutschem Sinn, 1808, abgedruckt in: HU Berlin, Gründungstexte, 2010 (auch online abrufbar), 123 (143 f.): „Die Idee der Wissenschaft in den edleren, mit Kenntnissen mancher Art schon ausgerüsteten Jünglingen zu erwecken, ihr zur Herrschaft über sie zu verhelfen auf demjenigen Gebiet der Erkenntnis, dem jeder sich besonders widmen will, so daß es ihnen zur Natur werde, alles aus dem Gesichtspunkt der Wissenschaft zu betrachten, alles Einzelne nicht für sich, sondern in seinen nächsten wissenschaftlichen Verbindungen anzuschauen, und in einen großen Zusammenhang einzutragen in beständiger Beziehung auf die Einheit und Allheit der Erkenntnis, dass sie lernen, in jedem Denken sich der Grundgesetze der Wissenschaft bewußt zu werden, und eben dadurch das Vermögen selbst zu forschen, zu erfinden und darzustellen, allmählich in sich herausarbeiten, dies ist das Geschäft der Universität."

[32] *v. Humboldt*, Über die äußere und innere Organisation der höheren wissenschaftlichen Anstalten in Berlin, 1809/10, abgedruckt in: HU Berlin, Gründungstexte, 2010 (auch online abrufbar), 229; eingehend hierzu *Schelsky*, Einsamkeit und Freiheit, 2. Aufl. 1970, 63 ff.

[33] *M. Heidegger*, Die Selbstbehauptung der deutschen Universität, Rede vom 27. Mai 1933, in: Gesamtausgabe Bd. 16 (Hrsg. H. Heidegger), 2000, 107 (113); eingehend hierzu *Brandt* (Fn. 11), 167 ff.

[34] S. beispielhaft *Luther*, in: Sämtliche Schriften, 10. Teil (Hrsg. Wach), 1744 (online abrufbar), 379: „Hier wäre nun mein Rath, daß die Bücher Aristotelis Physicorum, Metaphysicae, de anima und Ethicorum, welches bisher die besten gehalten, ganz würden abgethan [...]."

Verzicht auf eine Evidenzkontrolle bei Berufungsverfahren. Ganz im Vordergrund steht heute indes die Gefahr der Vereinnahmung von Wissenschaft und Lehre durch ökonomische Trojaner, sei es mittels ergebnisorientierter Drittmittelprojekte (Auftragsforschung), der Schaffung scheinselbständiger Stiftungsprofessuren oder ganzer fremdfinanzierter „An-Institute".[35] Damit einhergehen destruktive Forderungen nach einer rein „marktfähigen", „praxisgerechten" Forschung und Lehre.[36] Wir wissen zwar „nur zu gut, [dass es eine] unbedingte Universität *de facto* nicht [gibt]. Dennoch sollte sie prinzipiell und ihrer eingestandenen Berufung, ihrem erklärten Wesen nach ein Ort letzten kritischen – und mehr als kritischen – Widerstands gegen alle dogmatischen und ungerechtfertigten Versuche sein, sich ihrer zu bemächtigen."[37] Eine solche Entschlossenheit zur Verteidigung universitärer Autonomie ist im Kontext der hier behandelten Hörsaal-Vermarktung indes überhaupt nicht gefragt. Niemand hat sich der Fakultät oder Universität aufgedrängt. Es war ihr ureigener Entschluss, sich dem Markt anzubieten, ihre Namensrechte zu verkaufen.

II. Von den Zwängen

„Wenn man in Noth ist und für seinen Unterhalt kümmerlich sorgen muß, so fragt man nichts nach den Wissenschafften"[38]. Diese Feststellung trifft Kant im Kontext „Historia philosophiae" seiner Logik-Vorlesung,[39] doch wird man sie verallgemeinern und sinngemäß auf alle Notsituationen übertragen können, so wie dies in profanerer Form von einem Augsburger zum

[35] Vgl. monographisch *Prado*, Das Prinzip Universität (in der Übersetzung von Karl, Kleinbeck, Luhn, Sohns), 2010; s. auch *Fischer-Lescano*, Kritische Justiz 2014, 414 (414 ff.); *Brandt* (Fn. 11), 163 ff.; speziell zur Stärkung der *„humanities"* *Nussbaum*, Not for Profit, Edition 2016.

[36] *Voßkuhle*, RW 2010, 326 (340): „Die universitäre Juristenausbildung darf […] keine reine Berufsqualifikation sein, sondern sie muss dem ‚Freiheitsgedanken des wissenschaftlichen Erkenntnisprozesses' verbunden bleiben. […] Nicht von ungefähr vermeiden gerade die besseren Law Schools in den USA eine Annäherung an die Praxis, während die schlechteren hier ihre Chancen wittern."

[37] *Derrida*, Die unbedingte Universität (in der Übersetzung von Lorenzer), 2001, 12; s. auch *Prado* (Fn. 35), 38: „Kostenlos, interesselos, nicht utilitaristisch, nicht funktionalisiert und nicht rentabel. Das ist das Wesen dessen, was man Universität nennt."

[38] *Kant*, Vorlesungen über Logik, Ausgabe de Gruyter 1966, AA XXIV, 323.

[39] S. auch schon *Aristoteles*, Metaphysik, Ausgabe Meiner 1989 (in der Übersetzung von Seidl), 981b 20: „Als daher schon alles Derartige (Lebensnotwendige) erworben war, da wurden die Wissenschaften gefunden, die sich weder auf das Angenehme, noch auf die notwendigen Bedürfnisse des Lebens beziehen, und zwar zuerst in den Gegenden, wo man Muße hatte. Deshalb bildeten sich in Ägypten zuerst die mathematischen Künste (Wissenschaften) aus, weil dort dem Stande der Priester Muße gelassen war"; zur Rezeption bei Kant ausführlich *Bien*, Historische Zeitschrift 219 Nr. 3 (1974), 551 (552 ff.).

Ausdruck gebracht wurde, dessen Namen sich die Universität nicht zu Eigen machen wollte: „Erst kommt das Fressen, dann kommt die Moral.“[40] Von Not oder Armut oder auch nur von Unterversorgung kann in der hiesigen juristischen Fakultät indes keine Rede sein. Es gehört zwar zu den eingefahrenen Ritualen, über mangelnde finanzielle Ausstattung pauschal zu klagen,[41] doch gibt es an der Augsburger Fakultät einen wachsenden Lehrkörper, eine großzügige Anzahl an Mitarbeiterstellen und ausreichende staatliche Finanztöpfe, die eine adäquate Lehrstuhl- und Fakultätsausstattung sicherstellen. Die Universität ist daher auch insofern autonom und keine „zur bedingungslosen Kapitulation verurteilte Festung“, die Gefahr läuft, „schlicht und einfach besetzt, erobert, gekauft, zur Zweigstelle von Unternehmen und Verbänden zu werden.“[42] Wer jetzt gleichwohl noch hedonistisch daran denken mag, dass man sich mit der Hörsaal-Vermarktung zumindest einen besonderen Luxus leisten konnte, irrt. Die Gegenleistung war nicht mehr als eine *quantité négligeable*, meilenweit davon entfernt, den Bau eines Hörsaals, eine Bibliothekserweiterung oder eine ähnliche Investition zu finanzieren.[43]

III. Von der Intensität

Um die Wirkkraft und Vermarktungsdimension des Namensrechts am Auditorium maximum richtig einschätzen zu können, muss man wissen, dass nicht nur gut sichtbare Schilder an den Eingangstüren als Werbeträger fungierten, sondern allenthalben in Broschüren, Pressemitteilungen und Online-Auftritten auf den Namensträger verwiesen wurde und verwiesen werden musste. In jedem Stundenplan, in jeder Klausurankündigung, in jeder Einladung zu einem Vortrag war permanent der Kanzleiname zu lesen – unweigerlich in jedem Kontext: vom Erstsemesterempfang bis hin zur Examensfeier. Keine Studentin und kein Student werden den Namen jenes Hörsaals vergessen, in dem über mehrere Semester die Grundkurse und zentralen Einführungsveranstaltungen stattfanden, dort, wo sie erstmals akademisch über Autonomie und Fremdbestimmung unterrichtet wurden. Hinzu kommt,

---

[40] *Brecht*, Die Dreigroschenoper (2. Finale).

[41] S. nur *Kahl*, Hochschule und Staat, 2004, 112f. („finanzielle Auszehrung“, „unterfinanzierte Überlastung“); *Mittelstraß*, Die unzeitgemäße Universität, 1994, 7, 13.

[42] So aber *Derrida* (Fn. 37), 17; hiergegen *Demirović*, Autonomie der Hochschulen in der Demokratie, in: Keller u. a. (Hrsg.), Baustelle Hochschule, 2012, 15 (34).

[43] Konkret handelte es sich um „einen Geldbetrag in Höhe von insgesamt € 50.000,00 (*in Worten: fünfzigtausend Euro*)“, also nicht pro Jahr, sondern für die gesamte Vertragsdauer von 7 Jahren. Die Vertragsparteien verpflichteten sich zudem: „den Inhalt dieses Vertrages, insbesondere die hiernach geschuldeten Leistungen, Dritten gegenüber absolut vertraulich zu behandeln. [...] Diese Verpflichtung gilt während eines Zeitraumes von drei Jahren nach Ende des Vertrages gem. Punkt 6.2 weiter.“ Gem. Punkt 6.2 endet der Vertrag „am 21.09.2017“.

dass die Namensrechte nicht an irgendein fachfernes Unternehmen veräußert wurden, vielmehr gezielt an eine Rechtsanwaltskanzlei, an ein „unabhängiges Organ der Rechtspflege“ (§ 1 BRAO). Diesem wurde die Möglichkeit eröffnet, hinter der philanthropischen Fassade[44] die juristische Fakultät für sich zu vereinnahmen und die Schule des Rechtsstaats zu kommodifizieren. Ein solches – irreführend als „Sponsoring“, als bloße „Förderung“ bezeichnetes[45] – Marketing macht sich nicht nur die Lehrenden und Studierenden zu Nutze, es blendet auch die Öffentlichkeit und versucht, die unabhängige Justiz zu beeinflussen.

IV. Von den Folgen

Für *Lehrende* bedeutet das Unterrichten-Müssen in einem „Kanzlei-Hörsaal“ eine Zwangsvermarktung, denn der Sinn und Zweck des Erwerbs der Namensrechte besteht nicht darin, den Geldgeber mit dem äußeren Mauerwerk zu assoziieren, sondern mit dem, was im Inneren des Fakultätsgebäudes stattfindet. Die werbende Kanzlei will sich die Reputation der Lehrenden zunutze machen, möchte mit deren Kompetenz und deren Autorität in Verbindung gebracht werden: „Professor X liest im Hörsaal der Kanzlei Y“. Diese Instrumentalisierung und Zwangsvermarktung mag weniger drastisch empfinden, wer nunmehr selbst die Chance sieht, auf der eigenen Lehrstuhl-Homepage oder während der Vorlesung wie eine Sportlerpersönlichkeit[46] für ein bestimmtes Produkt oder eine bestimmte Kanzlei werben zu dürfen.[47] Man darf sich solchen Kooperationen aber auch verweigern, und zumindest für diesen Personenkreis bedeutet der Unterricht in einem „Kanzlei-Hörsaal“ einen massiven Eingriff in die akademische Freiheit. Dies gilt erst recht, wenn die werbende Kanzlei, wie in der Praxis häufig, eine bestimmte Mandantengruppe vertritt und diese Ausrichtung zusätzlich den Lehrinhalt tangiert. Wer etwa Arbeitsrecht unabhängig und ideologiekritisch unterrichten möchte, findet in Hörsälen, die nach einer Gewerkschaft, einem Arbeitgeberverband oder nach deren anwaltlichen Interessenvertretern benannt sind, keine adäquaten Lehrbedingungen.

Mit der Instrumentalisierung des Lehrkörpers geht eine Blendung der *Öffentlichkeit* einher. Die werbende Kanzlei berühmt sich einer besonde-

[44] Vgl. *McAllister*, der treffend von „control behind a philanthropic facade“ spricht, in: The Commercialization of American Culture, 1996, 177.

[45] Typischerweise werden „Sponsoring-Verträge“ zumeist auch nicht offengelegt, vielmehr muss „absolute Vertraulichkeit“ herrschen (vgl. Fn. 43).

[46] Hierzu monographisch *Barath*, Kommerzialisierung der Sportlerpersönlichkeit, 2018.

[47] Oder dem Beispiel der privaten Bucerius Law School folgend den gesamten Lehrstuhl einem Geldgeber dedizieren: „Commerzbank Stiftungslehrstuhl“.

ren Fachkompetenz, indem in „ihrem" Hörsaal Rechtswissenschaft gelehrt wird. Dies ist keine übliche Werbung im öffentlichen Raum oder ein schlichtes Sponsoring, wie es bei Kultur- oder Sportveranstaltungen stattfindet und auch zulässig ist, um für den Sponsor ein „positives Image" zu generieren.[48] Es geht vielmehr um die Vereinnahmung der Jurisprudenz für die anwaltliche Außendarstellung. Ein „Organ der Rechtspflege" möchte nicht nur sachlich für sich werben, sondern im Lichte von Wissenschaft und Lehre fachkundiger erscheinen, als es ist. Während bei dem alternativen Erwerb der Namensrechte an einem Konzertsaal oder einer Sporthalle Sympathiewerte gesteigert werden sollen, sind es hier primär *Kompetenzwerte*, die die werbende Kanzlei durch Geld erkaufen möchte. Diese Form der Anwalts-Werbung führt die Öffentlichkeit in die Irre, benachteiligt Konkurrenten und steht einem „Organ der Rechtspflege" gem. § 43b BRAO nicht zu.[49]

Betroffen von der Hörsaalvermarktung sind darüber hinaus die *Studierenden*, die, ebenso wie die Lehrenden, fortlaufend und unausweichlich von der Werbung vereinnahmt werden. Die Vereinnahmung der Studierenden reicht soweit, dass sie den Namen der Kanzlei beinahe zwangsläufig in ihren täglichen Sprachgebrauch aufnehmen müssen. Wesentlich gravierender ist freilich, dass die Studierenden die Universität nicht mehr als das erfahren, was sie kennzeichnet, sondern als Ort des Kommerzes und Gewinnstrebens.

Nicht minder massiv sind schließlich die Auswirkungen auf die *Justiz*. Werden zukünftige Richterinnen und Richter seit Studienbeginn an von einer bestimmten Kanzlei permanent „begleitet", werden sie diese auch zukünftig, bewusst oder unbewusst, im fachlichen Diskurs und im Kontext mit ihrer Alma Mater assoziieren. Eine solche Suggestivwirkung ist auch der Sinn und Zweck der Werbung: Die Studierenden sollen auf ihrem späteren Berufsweg zum Vorteil der werbenden Kanzlei, einschließlich ihrer Mandantschaft, nachhaltig beeinflusst werden. Der Gesetzgeber hat dieses Problem der Unabhängigkeit der Justiz erkannt und in einer Richtlinie Sponsoring zugunsten von Gerichten oder Staatsanwaltschaften explizit ausgeschlossen.[50] Insbesondere ist es unzulässig, einen Gerichtssaal nach einer Rechtsanwaltskanzlei zu benennen, da niemand ein faires Verfahren erwarten kann, wenn der Ort

---

[48] S. hierzu *BVerfG*, NJW 2000, 3195 f.; *Wittneben*, GRUR 2006, 814 ff.; *Prütting*, in: Henssler/Prütting (Hrsg.), BRAO, 5. Aufl. 2019, § 43b Rn. 20.

[49] S. auch BT-Drs. 12/4993, 28: „Mit der Regelung in § 43 b soll daher klargestellt werden, daß der Rechtsanwalt Werbung nur betreiben darf, soweit es sich um eine Informationswerbung handelt, die über sein Dienstleistungsangebot sachlich informiert."

[50] Bekanntmachung der Bayerischen Staatsregierung über die Richtlinie zum Umgang mit Sponsoring, Werbung, Spenden und mäzenatischen Schenkungen in der staatlichen Verwaltung vom 14. September 2010, Az.: B II 2-G24/10, AllMBl. 2010, 239 f., Nr. 4.3.2; s. auch 4.3 der Richtlinie: „Sponsoring ist ausgeschlossen, wenn der Anschein entstehen könnte, Verwaltungshandeln würde durch die Sponsoringleistung beeinflusst werden."

der Verhandlung nach einem Prozessvertreter benannt ist.[51] Geradezu *a fortiori* darf deshalb auch kein „Sponsoring" juristischer Hörsäle stattfinden, in denen noch unerfahrene, leicht beeinflussbare Studierende auf ihre zukünftigen hoheitlichen Aufgaben unvoreingenommen vorbereitet werden sollen. Oder sollte man die Augenbinde der Justitia den Studierenden am Negativ-Paradigma der Namensgebung des Auditoriums erläutern?

V. Conclusio

In Rede steht kein altes oder neues Bildungsideal, kein Humboldt- oder Fichte-Mythos, allein der schlichte Befund, dass die moderne Universität nicht nur durch externe Wirtschaftsinteressen, sondern ebenso durch interne Kräfte substantiell geschwächt werden kann.[52] Ein augenscheinliches Beispiel ist die (häufig selbstinitiierte) Umwandlung von grundlagenorientierten in wirtschaftsrechtliche Lehrstühle. Bereits im „Streit der Fakultäten" werden die Folgen vortrefflich herausgearbeitet: Durch die Marginalisierung der „unteren" Fakultät mutiert die Universität zur Fachhochschule.[53] Überdies wird die zentrale Frage, was Grundlagenfächer auszeichnet und zu deren genuinen Aufgaben gehört, zumeist gar nicht mehr gestellt. Auch hierfür ist der „Streit der Fakultäten" wegweisend, indem von der „unteren" Fakultät eben mehr verlangt wird als Nützlichkeit, und das heißt *kritische* Rechtsphilosophie. Sie hat die Aufgabe, den Widerstreit zwischen der positiven Rechtsordnung und dem moralischen Vernunftrecht in die Fakultät hinein-

---

[51] Zur Problematik des „Sponsorings" von Richtern *Lamprecht*, NJW 2017, 1156: „Ein unverdächtiger Zeuge, der Präsident des BVerwG in Leipzig, *Klaus Rennert*, artikuliert Unbehagen: ‚Ich bekomme ein Problem damit, wenn man als Bundesrichter für einen Vortrag an einem Abend 20.000 Euro bekommt.' Nicht nur er. Andere assoziieren automatisch die Redewendung: Wes' Brot ich ess', des' Lied ich sing."

[52] Ernüchternd *Wood* (Fn. 15), 66 (78 f.): „Die deutschen Universitäten des 19. Jahrhunderts zeichnen sich […] durch ein bis dahin unerreichtes, einzigartig hohes Niveau aus. […] Es ist geradezu tragisch zu nennen, dass die universitäre Bildung der Gegenwart diesen hohen Standard weltweit kaum mehr zu erreichen vermag, ja dies oft nicht einmal mehr anstrebt."

[53] Dogmatisch weniger fundiert, im Duktus aber später ähnlich *Radbruch*, Die Universität und die Ausbildung des Juristen, in: Gesamtausgabe, Bd. 13, Politische Schriften aus der Weimarer Zeit II, 1993, 147 (149): „Wer nicht das öde Banausentum eines auf die äußerste praktische Notdurft beschränkten Lernbetriebs wünscht, wird einem weiteren Abbau der geschichtlichen Fächer nicht zustimmen können"; s. ferner *Wissenschaftsrat*, Perspektiven der Rechtswissenschaft in Deutschland – Situation, Analysen, Empfehlungen, Hamburg 2012, 30 ff. (online abrufbar); erst recht sollten Universitäten nicht versuchen, Aufgaben der Fachhochschulen an sich zu ziehen; geboten ist vielmehr mit den Worten von *Stolleis*, JZ 2013, 712 (714) „die weitere Förderung der praxisnahen Juristenausbildung an den Fachhochschulen für alle diejenigen, die Jura und Praxis verbinden wollen, ohne aber den Beruf von Anwälten, Notaren, Richtern und höheren Verwaltungsbeamten anzustreben […]; denn deren Markenzeichen ist die Praxisnähe und die raschere Ausbildung."

zutragen.[54] Nicht mehr bewältigen lässt sich mit dem „Streit der Fakultäten" hingegen die Veräußerung von Namensrechten. Zwar heißt es schon seit langem, es dürfe hinter *Kant* nicht zurückgegangen werden,[55] doch ist diese Form des Materialismus mit einem aufgeklärten Universitäts-Modell inkompatibel, und zwar sowohl im Verhältnis der Fakultäten zueinander als auch zum Staat. Werbung und Rechteverkauf steigern nicht die „Nützlichkeit" der juristischen Fakultät. Im Gegenteil: Sie beeinträchtigen die Ausbildung zukünftiger „Staatsdiener" und schaden der „Regierung". Man kann die Veräußerung von Namensrechten darüber hinaus auch inner-universitär nicht einmal als „gesetzwidrigen Streit" deklarieren. Es wird keine andere Fakultät ihrer rechtmäßigen Aufgabe beraubt, die Fakultät beraubt sich ihrer Autonomie selbst. Das Ganze war freilich nur eine Episode, der Hörsaal ist zum Jubiläum wieder in alter Fassung und es bestätigt sich der *kantische* Geschichtsoptimismus: „Daß die Welt im Ganzen immer zum Bessern fortschreite, dies anzunehmen berechtiget ihn keine Theorie, aber wohl die reine praktische Vernunft, welche nach einer solchen Hypothese zu handeln dogmatisch gebietet [...]."[56]

---

[54] *Brandt*, in: Honnefelder (Fn. 15), 45 (61).
[55] S. nur *Bien*, Historische Zeitschrift 219 Nr. 3 (1974), 551 (577).
[56] *Kant*, Preisschrift über die Fortschritte der Metaphysik, 1804, AA XX, 307.

Die Wissenschaftlichkeit der juristischen Ausbildung

Dogmatik, Praxisintegration und die Zukunft

Reiner Schmidt[1]

I. Einleitung

1. Die Entwicklung

Der Versuch einer Reformierung der Juristenausbildung ist so alt wie der berufsvorbereitende Rechtsunterricht an den historischen Akademien und Hochschulen. Neu belebt wird die Debatte jeweils, wenn gewandelte gesellschaftliche und politische Verhältnisse die Funktionen des Rechts und die Aufgaben seiner Wissenschaft fragwürdig werden lassen.

Die Reformdiskussion bewegt sich zwischen zwei Extremen. Auf der einen Seite steht die abstrakte, lautere Wissenschaftlichkeit des Universitätsstudiums, das eine berufspraktisch orientierte Ausbildung vernachlässige, auf der anderen Seite die Vermittlung bloß handwerklichen Wissens, für das die methodischen, historischen und systematischen Grundlagen der Rechtswissenschaft nur akademische Spielerei sei.[2] Im Zentrum aller Verbesserungsvorschläge stand und steht die Aufhebung oder zumindest die Abmilderung der Unverbundenheit von wissenschaftlicher und praktischer Ausbildung. Die Trennung beider Ausbildungsabschnitte entsprach dem Selbstverständnis der alten Universitäten und ihren Juristenfakultäten. Der Lehrbetrieb führte zum Erwerb akademischer Grade (Baccalaureat, Lizenziat, Doktorat) und zur Rekrutierung des eigenen Nachwuchses. Die Erforderlichkeit von Rechtskenntnissen zur praktischen Rechtstätigkeit wurde als angeboren

---

[1] Für die ideenreiche und sachkundige Zusammenarbeit danke ich Herrn wiss. Mitarbeiter *Samed R. Sahin* herzlich. Er hat insbesondere Abschnitt 5 (vergleichende Betrachtung) selbständig entworfen.

[2] Vgl. zum Ganzen *H. Schlosser*, Die Reform der Juristenausbildung in der Bundesrepublik Deutschland, in: R. Schmidt (Hrsg.), Die Augsburger Juristenausbildung, 1980, 9. Im Dritten Gesetz zur Änderung des DRiG, BT-Drs. 9/2376, 8 wurde die „Gefahr einer Entwissenschaftlichung der universitären Ausbildung" als eines der Argumente zur Beendigung der einphasigen Ausbildung genannt. Zum Studium der Rechtswissenschaften „im jahrzehntelangen Reformstress" siehe Näheres bei *Senn*, Rechtswissenschaft und Juristenausbildung, 2013, 77 ff.

angesehen. Genau an dieser Stelle setzte Ende der sechziger Jahre das Modell der sog. „einstufigen Juristenausbildung" an, das die bisherige Trennung zwischen einer universitären und einer praktischen Ausbildung aufhob und durch die Verzahnung der Ausbildungsabschnitte zu einer frühen Konfrontation mit der Praxis führte. Damit wurde eine seit dem Jahr 1830 getroffene Regelung beseitigt, die nach einem mindestens vierjährigen Studium eine theoretische Prüfung vorgesehen hatte, die durch Professoren unter Leitung eines höheren Staatsbeamten abgenommen worden war. Es folgte ein zweijähriger Vorbereitungsdienst, je ein Jahr bei einer Verwaltungsbehörde und einem Gericht. In der anschließenden Prüfung waren neun schriftliche Arbeiten und zwei praktische Fälle zu fertigen. In der mündlichen Prüfung wurde ein Vortrag über einen praktischen Fall aus der Justiz gefordert. Die dargestellte Zweiteilung von Studium und praktischer Vorbereitungszeit hat sich nach Abschaffung der Einphasigkeit im Prinzip bis heute weitgehend unverändert erhalten. Die ursprüngliche Vorbereitungszeit von drei Jahren wurde allerdings inzwischen auf zwei Jahre verkürzt.[3]

2. *Was ist Rechtswissenschaft?*

Unter den Kritikpunkten an der einphasigen juristischen Ausbildung war der am wirkmächtigsten, der meinte, es fehle ihr an „Wissenschaftlichkeit". Die Beschäftigung mit der Frage, ob die Jurisprudenz überhaupt als Wissenschaft bezeichnet werden kann, ist deshalb unausweichlich. Selbst unter Juristen ist dies bestritten.[4] Die Einordnung der Rechtswissenschaft als Wissenschaft hängt mit der jeweiligen Rechts- und primär vor allem mit der Hochschulkultur zusammen. Zwei Faktoren sind es, deren Zusammenspiel die Wissenschaftlichkeit ausmachen, nämlich einerseits schlicht die Meinung von dem, was Wissenschaft in der Rechtswissenschaft bedeutet und zum zweiten die pädagogische Umsetzung dieses Ideals in einer Ausbildung, die sich als wissenschaftlich versteht. Dazu gehört nach überwiegender Auffassung das Staatsexamen als Teil der deutschen Rechtskultur und die damit verbundenen rigorosen Standards. Als besonderer Vorzug des deutschen Systems wird auch die unmittelbare gesellschaftliche Relevanz der deutschen Universitätsjuristen verstanden.[5]

Nicht nur in der deutschen, sondern auch in der kontinentaleuropäischen Tradition ist die Rechtslehre seit Bologna den Universitäten verbunden, welche die Methoden der freien Künste auf die wiederentdeckten römischen

---

[3] Vgl. § 48 Abs. 1 der JAPO. Zur Entstehung des Augsburger Modells der Juristenausbildung vgl. *Niebler*, in: R. Schmidt (Hrsg.), Die Augsburger Juristenausbildung, 1980, 20ff.
[4] *J. Schröder*, Recht als Wissenschaft, 2001, 1.
[5] So *P. M. Huber*, ZRP 2001, 188, 190.

Quellentexte anwandten und das Studium des Rechts zur Keimzelle der säkularen europäischen Universität machten.[6]

Im engeren Sinn basiert die dogmatische Rechtswissenschaft auf dem doppelten Axiom, dass die Konstruktion eines dogmatisch kohärenten Systems theoretisch möglich und auch sinnvoll sei. Bei der Rechtsdogmatik als Jurisprudenz im engeren Sinn[7] dürfen wir aber nicht stehen bleiben. Allgemeiner gesehen befasst sich Rechtswissenschaft mit dem Recht unter normativen Aspekt, mit dem Sinn von Normen. Sie ist selbst nicht normschaffend, sondern sie ist ein System von Normen *über* geltendes Recht.[8] Juristenausbildung hat von diesem Wissenschaftsideal auszugehen und dieses umzusetzen, wenn sie sich als wissenschaftlich versteht. Dazu gehört auch die Einbeziehung von Prüfungen. Soziologisch gesehen führte die strenge Selektion nach Noten über Generationen hinweg in Deutschland zu einer Erwartungshaltung, was einen guten Juristen ausmacht. Auch ein Rückkoppelungseffekt für die wissenschaftliche Laufbahn ist nicht zu übersehen.[9]

Der wesentliche Unterschied des deutschen Verständnisses von Rechtswissenschaft zu anderen Hochschulkulturen, insbesondere zu der dominanten nordamerikanischen, besteht im Leitbild der Juristenausbildung. Anstelle einer dogmatischen Rechtswissenschaft ist dort die interdisziplinäre Befassung mit dem Recht getreten.[10] Nach dem Tod der „legal science" wird Recht aus der Perspektive anderer Fächer gesehen und analysiert, aus philosophischere, historischer, wirtschaftswissenschaftlicher oder auch aus mathematischer Sicht. Wegen der Trennung von Wissenschaft und Praxis sind juristische Doktortitel eher die Ausnahme. Für eine Laufbahn in der Praxis sind diese ohnehin überflüssig. Wegen der humanistischen, sozialwissenschaftlichen Ausrichtung des Studiums wird eine Auseinandersetzung mit der Praxis geradezu abgelehnt. Die Einstellung des Dialogs mit dieser wird sogar als Indiz dafür angesehen, dass die Beschäftigung mit dem Recht die Bezeichnung als wissenschaftlich verdient.[11]

---

[6] So *Dedek*, JZ 2009, 540 m. Hinw. auf Clark, Garcia y Garcia, Cobban und Piltz in Fn. 3.

[7] So *Bydlinski*, Juristische Methodenlehre und Rechtsbegriff, 2. Aufl. 1991, 8 ff.

[8] So *Larenz/Canaris*, Methodenlehre der Rechtswissenschaft, 3. Aufl. 1995, 17.

[9] Ähnlich *Dedek*, JZ 2009, 540 (543).

[10] Die Interdisziplinarität wurde dort bis zur Selbstaufgabe betrieben, so *Kischel*, VVDStRL 77 (2018), 286 (317).

[11] So mit Hinweis auf *Ulen* in University of Illinois Law Review, *Dedek*, JZ 2009, 548 in Fn. 76. Wegen der Vernachlässigung des „Praktischen" wird aus deutscher Sicht sogar „von der chaotischen Natur des positiven Rechts in den Vereinigten Staaten" gesprochen, so *M. Reimann*, in: Engel/Schön (Hrsg.), Das Proprium der Rechtswissenschaft, 2007, 98.

3. Die Bedeutung der Dogmatik

Als „Proprium der Rechtswissenschaft"[12], wenn nicht sogar mit dieser gleichgesetzt, wird die Dogmatik angesehen. Nach wie vor ist unklar, was unter Dogmatik zu verstehen ist, inzwischen zeichnen sich aber deutlichere Konturen ab.[13] Oder bewegt man sich im deutschsprachigen Raum tatsächlich nur noch „in einem Zyklus aus Selbstbezogenheit, Krise, anregend irritierender Öffnung und stabilisierender Schließung"?[14] Der Autor des Zitats hat selbst eine Antwort gegeben, wenn er von einer Disziplin spricht, welche das positive Recht durchdringen und ordnen will und zugleich das Ziel verfolgt zu einer Lösung der Fragen beizutragen, welche sich in der Praxis stellen.[15] Den meisten anderen Autoren geht es ebenfalls um die Ermittlung des genaueren Sinngehalts des Rechts in „bestimmten Fallkonstellationen"[16], um die Erfassung von Lehrsätzen, Grundregeln und Prinzipien, welche von der Rechtswissenschaft und der Praxis ermittelt wurden.[17] In der Literatur reichen die Ansätze von der praktischen Verhaltensanweisung an den Richter (*Wieacker*) über die „Transportierung von Wertungsfragen" (*Esser*), den Versuchen der Gewinnung von Rechtsregeln durch Aufhellung bestimmter juristischer Sinnzusammenhänge (*Dölle*) und die „Gesamtheit inhaltlicher Aussagen über das geltende Recht" (*Adomeit*).[18] Dogmatik wird als die auf Anwendungsbezug ausgerichtete methodisch konzentrierte Aufbereitung der geltenden „generell-abstrakten Normen für Einzelfallentscheidungen" verstanden.[19] Sie steht mit ihren Typisierungen als generelle Konkretisierung zwischen Gesetz und der Konkretisierung im Einzelfall.[20]

Die Bedeutung der Dogmatik darf nicht unterschätzt werden, auch wenn in vielen Fällen bereits die etablierten Interpretationsmethoden zum Ziel führen.[21] Sieht man allerdings letztere als Teil der Dogmatik an, dann stellt sich diese Thematik schon aus begrifflichen Gründen nicht.

Insgesamt betrachtet wird Rechtsdogmatik in Deutschland als „Kernstück" (*Ralf Dreier*), als „Herzstück" (*Schoch*), als „Lebensnerv" (*Kern*) angesehen.[22]

---

[12] So der Titel des von *Engel/Schön* herausgegebenen Sammelwerks, 2007.

[13] Siehe insbes. die Auflistung und Diskussion unterschiedlicher Konzeptionen bei *Waldhoff*, in: G. Kirchhof/Magen/K. Schneider (Hrsg.), Was weiß Dogmatik? 2012, 17 (22ff.).

[14] So *Bumke*, JZ 2014, 641.

[15] So *Bumke*, JZ 2014, 641.

[16] *Brohm*, in: FS Maurer 2001, 1079.

[17] *Rüthers*, Rechtstheorie, 1999, Rn. 312.

[18] Nachweise bei *Waldhoff* (Fn. 13), 17 (24). Näheres bei *R. Schmidt*, in: FS Canaris, 2017, 131 (132f.)

[19] So *Waldhoff* (Fn. 13), 26. Näheres bei *R. Schmidt* (Fn. 18), 133.

[20] So *Brohm*, Die Dogmatik des Verwaltungsrechts vor den Gegenwartsaufgaben der Verwaltung, VVDStRL 30 (1971), 245 (251).

[21] So *R. Schmidt* (Fn. 18), 131 (146.)

[22] Nachweise bei *Bumke*, JZ 2014, 649.

Eine der jüngsten Definitionen bringt die wohl herrschende Meinung am klarsten auf den Punkt. Wolfgang Kahl umschreibt Rechtsdogmatik „als die Summe der aus der Rechtsordnung als geordnetes Ganzes unter Orientierung insbesondere an deren Prinzipien entwickelten Argumentationsfiguren (Sätze) mittlerer Abstraktionshöhe (Begriffe, allgemeine Lehren, Institute, Theorien, etc.), die als Zwischenschicht zwischen den Rechtsnormen und deren Anwendung unabhängig von diesen Geltung … beanspruchen und primär die Rechtsanwendung anleiten".[23] Weltweit sei Dogmatik der „Markenkern"[24] der deutschen Rechtswissenschaft. Überdifferenzierungen sind zu vermeiden, will man nicht die internationale Anschlussfähigkeit verlieren.

Zu Recht wird aber vor einer „Marginalisierung durch Überdogmatisierung" gewarnt.[25] Auch Matthias Jestaedt befürchtet in diesem Zusammenhang einen disziplinären Isolationismus und attestiert der deutschen Rechtswissenschaft sehr kritisch „in der schönen neuen Wissenschaftswelt … weithin strukturelle Inexzellenz".[26]

Eine besondere Bedeutung für die juristische Ausbildung hat die Dogmatik im öffentlichen Recht.[27] Deren Nähe zur Politik bedingt eine klare Grenzziehung, die im Wortlaut der Verfassung und in den Gesetzen zu suchen ist. Dogmatik ist deshalb notwendigerweise systemstabilisierend. Lassen sich Konfliktlösungen nicht mehr der Rechtsordnung entnehmen, dann befinden wir uns im Bereich der Rechtspolitik.[28] Trotz der Nähe der Dogmatik zur Rechtsprechung darf sich Verwaltungsrechtswissenschaft nicht nur als Zulieferer der Rechtsanwendung verstehen.[29] In Deutschland, wo häufig einzelne gesetzliche Regeln fehlen, spielt die Dogmatik, vor allem zum Teil wissenschaftsbegleitend, richterlich eine wesentliche Rolle. Als Beispiele sind zu nennen die modifizierende Auflage, das Rücksichtnahmegebot und die planerische Abwägung, die vor allem wegen der gerichtlichen Kontrolltiefe wichtig ist.[30] Es kann dahingestellt bleiben, ob ein „systematischer Raum für Richterverwaltungsrecht" wünschenswert ist.[31]

---

[23] *Kahl*, Wissenschaft, Praxis und Dogmatik im Verwaltungsrecht, 2020, 67f.

[24] *Kahl* (Fn. 23), 65.

[25] So *Schmidt-Aßmann*, Das Allgemeine Verwaltungsrecht als Ordnungsidee, 2. Aufl. 2006, 296. Vgl. auch *R. Schmidt*, EuRUP 2018, 71ff. Ähnlich *Volkmann*, JZ 2020, 965ff., der vor dem zunehmenden Selbstand der Dogmatik warnt (970).

[26] *Jestaedt*, JZ 2014, 1 (3).

[27] Näheres zur Verfassungsrechtsdogmatik bei *Schulze-Fielitz*, Staatsrechtslehre als Mikrokosmos, 2013, 387ff.

[28] So auch *Brohm*, VVDStRL 30 (1971), 252; s. auch *Appel*, VVDStRL 67 (2008), 233 m. Fn. 16.

[29] *Harenburg*, Die Rechtsdogmatik zwischen Wissenschaft und Praxis, 1986, 154ff.; vgl. auch *Appel*, VVDStRL 67 (2008), 234.

[30] Vgl. *C. Möllers*, in: Hoffmann-Riem/Schmidt-Aßmann/Voßkuhle (Hrsg.) 2012, 148 Rn. 28ff.

[31] So aber *C. Möllers* (Fn. 30), 148.

Die Angewiesenheit der Dogmatik auf außerrechtliche Erkenntnisse z. B. bei Verwendung des Verhältnismäßigkeitsprinzips, dem Umgang mit Begriffen wie Wirtschaftlichkeit und den vielfältigen Prognosebegriffen ist unbezweifelbar. Ein System zur Bewältigung dieser unterschiedlichen Handlungsspielräume scheint aber nicht weiterführend, wobei ein steuerungswissenschaftliches Verständnis erkenntnisfördernd sein könnte.[32] Die überkommene Dogmatik mit ihren drei zentralen Annahmen (Verwaltung als Einheit, Vollziehung der Gesetze durch Subsumtionstechnik und vollständige gerichtliche Kontrolle) sollte bei diesen nicht stehen bleiben, sondern sie muss die überkommenen Grundlagen überprüfen.[33]

Insbesondere ist das Grundgesetz ohne die vor allem vom Bundesverfassungsgericht entwickelte Dogmatik nicht zu verstehen. Allen voran hat das Gericht aus der allgemeinen Handlungsfreiheit des Art. 2 Abs. 1 GG entwickelt, dass fast jeder Verfassungsverstoß als individuelle Grundrechtsverletzung geltend gemacht werden kann.[34] Es hat aus der Wertordnungsfunktion die Rechtsfigur der mittelbaren Drittwirkung entwickelt[35] und es hat den subjektiv-rechtlichen Gehalt der Wahlrechtsgrundsätze auf den grundlegenden demokratischen Gehalt dieses Rechts[36] erweitert. Inzwischen kann Art. 38 Abs. 1 S. 1 GG als subjektiv-rechtliche Ausprägung des Demokratieprinzips verstanden werden, welches dem Anspruch des Bürgers auf Demokratie zur Durchsetzung verhilft oder anders: Die Wahrung der demokratischen Legitimation im Prozess der europäischen Integration wurde als rügefähiges grundrechtsgleiches Recht ausgestaltet.[37]

4. Das Verhältnis von Wissenschaft und Praxis

In Deutschland besteht zwischen Wissenschaft und Praxis ein symbiotisches Verhältnis, eine produktive Wechselbeziehung.[38] In dieser Beziehung wird sogar ein „Alleinstellungsmerkmal“[39] gesehen. Nach dem Wissenschaftsrat kennzeichnen die deutsche Rechtswissenschaft enge Bezüge zur Rechtspra-

---

[32] So vor allem *Eifert*, VVDStRL 67 (2008), 315. Näheres zum steuerungswissenschaflichen Ansatz bei *Schmidt-Aßmann*, Verwaltungsrechtliche Dogmatik, 2013, 18 ff.

[33] So überzeugend *Schmidt-Aßmann*, Diskussionsbeitrag, VVDStRL 67 (2008), 340 f.

[34] BVerfGE 6, 32 (36 ff.).

[35] BVerfGE 7, 198 (205).

[36] BVerfGE 89, 155 (171 f.).

[37] Vgl. statt vieler neuerdings *Kingreen*, Der Staat 59 (2020), 195 (213 f.).

[38] Näheres bei *Kahl* (Fn. 23), 65. Kritisch *Jansen* (Recht und gesellschaftliche Differenzierung, 2019), der Dogmatik, das „gemeinsame Kommunikationsformat“ von Wissenschaft und Praxis, als Krisensymptom versteht, mit dem die deutsche Rechtswissenschaft jede eindeutige Differenzierung zwischen dem Recht und seiner Wissenschaft zu unterlaufen versuche (S. 312).

[39] So *Schoch*, Die Verwaltung, Beiheft 12 (2017), 11 (24).

xis. „Gerichte rekurrieren auf Texte der Rechtswissenschaft und Rechtswissenschaftlerinnen und Rechtswissenschaftler veröffentlichen Beiträge, die sich an die Praxis wenden. Umgekehrt stammen wissenschaftlich einflussreiche und wichtige dogmatische Konzepte von jeher aus der juristischen Praxis, der Anwaltschaft, den Verwaltungen und der Judikatur".[40] In Ländern mit kodifiziertem Recht bedürfen Gesetze nicht nur der Auslegung, auch eine „Lückenergänzung" wird unausweichlich.[41] Das Verhältnis zwischen Rechtsdogmatik einerseits und Rechtspraxis andererseits, ist wie gesagt, wechselseitig. Die Dogmatik liefert der Praxis Entscheidungskriterien. Die Rechtspraxis hinwiederum gibt der Dogmatik das Material, aus dem diese neue Kriterien entwickeln kann.[42]

Die juristische Ausbildung berücksichtigt diese Verbindung. Gerade in der Falllösung hat sich die Wissenschaftlichkeit der Jurisprudenz zu bewähren. Bereits die Römer, auf deren Rechtsdenken die westliche Welt beruht, haben vom Fall her gedacht und einen außerordentlichen Rang der Rechtskultur geschaffen. Juristisches Denken entwickelt sich häufig am Fall, wobei Originalität und Innovationskraft gefordert sind. „Wenn also die Jurisprudenz überhaupt das Prädikat der Wissenschaftlichkeit verdient ... dann umfasst dieses auch die Falllösung. Und dann stellt es in Wahrheit ein hohes – übrigens im internationalen Vergleich leider seltenes – Kulturgut dar, dass wir diese zum Zentrum unserer Ausbildung und unserer Prüfungen gemacht haben. Zum einen simulieren wir nämlich dadurch Praxis, und zum anderen setzen wir dabei zugleich die Standards wissenschaftlicher Argumentation durch".[43]

5. Vergleichende Betrachtung

a) Dogmatik und Rechtsvergleichung

Herausforderungen für die Rechtsdogmatik ergeben sich nicht zuletzt aus einem sich zunehmend wandelnden Bezugsrahmen, maßgeblich getrieben durch die Einflüsse internationalen und europäischen Rechts. Die heutige Vielfalt von Rechtsquellen stellt die Rechtsdogmatik vor Probleme, sie erfordert die Neufindung übergeordneter Konzepte, die Aktualisierung von Sinnzusammenhängen und bereitet Schwierigkeiten in der Ordnung des Systemfremden.[44] Kurz: Internationalisierung und Europäisierung fordern nicht weniger als Erneuerung.

---

[40] *Wissenschaftsrat*, Perspektiven der Rechtswissenschaft in Deutschland, Drs. 7118, 2012, 35.

[41] Grundsätzlich hierzu *Canaris*, Die Feststellung von Lücken im Gesetz, 2. Aufl. 1983.

[42] So *Larenz/Canaris* (Fn. 8), 56.

[43] So *Canaris/R. Schmidt*, Hohe Kultur, in: R. Müller (Hrsg.), Staat und Recht, 2011, 142 (142 f.); Abdruck aus FAZ v. 7.4.2011.

[44] Vgl. *Schmidt-Aßmann* (Fn. 25), 6.

Zu Gute kommt, dass Rechtsdogmatik schon immer zwischen „Bewahrung und Konsolidierung, Verdrängung und Neuorientierung“[45], demnach im Grundsatz „entwicklungs- und reformoffen“[46] wandelte. Diesbezüglich gilt, dass eine Rechtsdogmatik, die unverändert Anspruch darauf erhebt, „die Funktionsweise des Rechts [zu] erklären“[47], den Blick unweigerlich nach außen richten muss.[48] Das „Große Ganze“ einer Ordnung zuzuführen, setzt eine Auseinandersetzung mit seinen Bestandteilen, die längst nicht mehr nur national bestimmt werden, voraus. Die Rezeption herrschender Rechtsvorstellungen, -institute, -prinzipien und -figuren des internationalen und europäischen Rechts gewinnt also entscheidend an Bedeutung.

Kurioserweise ist Rechtsdogmatik bei der Bewältigung neuen, insbesondere inter- und supranationalen Rechtsstoffs nicht selten auf die Disziplin der Rechtsvergleichung angewiesen. Einst von *Zweigert* als „funktionelle und antidogmatische Methode“ gepriesen,[49] ist ihr Verhältnis zur Rechtsdogmatik allerdings nur scheinbar antithetischer Natur. Rechtsvergleichung liefert schließlich rechtstheoretische Erkenntnisse, die im durch Rechtsdogmatik geschaffenen „Interaktionsraum“ verarbeitet und für die Rechtsanwendung zugänglich gemacht werden.[50]

Zur Rechtsvergleichung schrieb Bernhöft in der Erstausgabe der Zeitschrift für vergleichende Rechtswissenschaft im Jahr 1878, dass sie „die grosse Aufgabe der Jurisprudenz fördern“ helfe, indem sie zur „Erkenntnis der Rechtsidee, die in allen Rechtssystemen, alten und neuen, rohen und entwickelten, verkörpert ist“, beitrage.[51] Mehr noch als eine aus dem Interesse der Vereinheitlichung geborene, zweckmäßige Adjutantin[52] war die Rechtsvergleichung – und ist sie noch heute – Quelle der Rechtsschöpfung und Mittel der Reflexion. Derart verstanden belegt sie eine Doppelrolle, nämlich als eine a priori dem reinen Erkenntnisgewinn verschriebene Wissenschaft (vergleichende Rechtswissenschaft) und zugleich als Komplementärin rechtswissenschaftlicher Methodik.[53]

---

[45] *Bumke*, JZ 2014, 641 (642 ff.).

[46] *Kahl* (Fn. 23), 109 ff.

[47] *U. Becker*, in: ders. (Hrsg.), Rechtsdogmatik und Rechtsvergleich im Sozialrecht I, 2010, 9 (14).

[48] *Wahl*, Der Staat 38 (1999), 495 (508).

[49] *Kötz*, RabelsZ 54 (1990), 203 (203) mit Verweis auf *Zweigert*, in: FS Bötticher, 1969, 443 (448).

[50] *Kahl* (Fn. 23), 65 ff., 94 ff.

[51] *Bernhöft*, ZVglRWiss 1 (1878), 1 (38).

[52] Erinnert sei an die innerdeutsche Rechtsvergleichung zum Zwecke der Überwindung der Kleinstaaterei des 19. Jahrhunderts. Dazu *Starck*, JZ 1997, 1021 (1021 f.).

[53] Vgl. die Unterscheidung zwischen dem „theoretischen“ und „praktischen Interesse an der Rechtsvergleichung *Starck*, in: Schorkopf/Starck (Hrsg.), Rechtsvergleichung – Sprache – Rechtsdogmatik, 2019, 11 (11).

In der rechtsvergleichenden Methode liegt dann auch die Bedeutsamkeit der Rechtsvergleichung für die Rechtsdogmatik. Sie bedeutet eine Ergänzung bzw. Anreicherung juristischer Auslegungsmethoden – dies unabhängig davon, ob man die Rechtsvergleichung nun als „fünfte Auslegungsmethode"[54] oder bloßes „Element der Teleologie"[55] begreifen möchte. Sie hilft, Harmonisierungsdruck abzubauen, indem sie über funktionale Vergleiche Wirkungszusammenhänge offenlegt. Konkretes Anschauungsmaterial bietet etwa die Angleichung von Präklusionsregelungen des nationalen Verwaltungsverfahrensrechts der Mitgliedstaaten der Europäischen Union bzw. Vertragsstaaten der Aarhus-Konvention[56] und ihr Zusammenhang zur missbräuchlichen Rechtsausübung.[57]

Erneuerungsfragen stellen sich abseits einer vergleichend kommunizierenden Rechtsdogmatik in Hinblick auf eine gemeinsame Rechtsdogmatik europäischer Dimension.[58] Hierzu gehört zwar auch die Inklusion der rechtsvergleichenden Methode, darüber hinaus reicht aber die Diskussion um eine „europäische Methode" bzw. „methodische Europäisierung".[59] Ihre Notwendigkeit könnte bereits aus der schier unüberschaubaren Anzahl weit verzweigter Unionsrechtsakte begründet sein.[60] Einen vielversprechenden Ansatz zur Rationalisierung, Strukturierung und Systematisierung des Rechtsstoffs lieferte auf dem Gebiet des Verwaltungsrechts die Idee einer Kodifikation des europäischen Verwaltungsverfahrensrechts[61] und „trotz getrübter Umsetzungsperspektive"[62] konkret der aus der Wissenschaft vorgebrachte ReNEUAL-Musterentwurf. Die Bestrebung um ein unionseigenes Verwaltungsverfahrensrecht steht hier exemplarisch, weil ihr Mehrwert in einer Europäischen Union der Nationalstaaten neben ihrem ordnenden auch in ihrem identitätsstiftenden Potential liegt.[63]

---

[54] *Häberle*, JZ 1989, 913.

[55] *Starck*, JZ 1997, 1021 (1024) m. w. N.

[56] Zur Åarhus-Konvention als sog. gemischtes Abkommen *Ch. Walter*, EuR 2005, 302 (304).

[57] Dazu *B. Peters*, in: Fraenkel-Haeberle/Galetta/Sommermann (Hrsg.), Europäisierung und Internationalisierung der nationalen Verwaltungen im Vergleich, S. 41, mit einem Vergleich zum englischen Recht.

[58] Dazu mit einem Ausblick *Kahl* (Fn. 23), 263 ff.

[59] *Berger*, ZEuP 2001, 4; *von Bogdandy*, JZ 2001, 1 (4).

[60] Nach *Kahl* „bereichsspezifisch, fragmentarisch, uneinheitlich und dynamisch" (Fn. 23), 264.

[61] Ein Überblick über die verschiedenen Entwürfe bietet *U. Stelkens*, in: P. Stelkens/Bonk/Sachs, VwVfG, 9. Aufl. 2018, Europäisches Verwaltungsrecht, Europäisierung des Verwaltungsrechts und Internationales Verwaltungsrecht, Rn. 170a ff.

[62] *Lenz*, NVwZ 2016, 38.

[63] *Kahl* (Fn. 23), 265 ff.

b) Internationalisierung von Wissenschaft, Ausbildung und Praxis

Im internationalisierten Rahmen findet sodann auch die rechtswissenschaftliche Forschung Wege zur Überwindung nationaler Grenzen. Auch hier macht sich die Rechtsvergleichung bemerkbar. Sie transportiert und fördert den grenzüberschreitenden Austausch unterschiedlicher Rechtsideen und -kulturen. Foren hierfür sind freilich wissenschaftliche Fachzeitschriften, internationale Konferenzen und Kooperationstagungen sowie eine beständig wachsende Zahl an fremdsprachigen Monographien und nicht zuletzt zunehmend international ausgerichtete rechtswissenschaftliche Fakultäten. Die Wirkungskraft des Austausches ist nicht zu unterschätzen. Die deutsche Jurisprudenz hat sich hier bereits früh als Objekt des Interesses internationaler Forschung hervorgetan[64], stand vielfach Pate für die Lösung internationaler Rechtsprobleme[65] und hat ihrerseits Denkanstöße fremder Rechtsordnungen aufgenommen.[66]

Daran knüpft gleichfalls die Internationalisierung der Lehre an, indem bereits in der Ausbildung die Erweiterung der Perspektive über die Geltungsgrenzen nationalen Rechts hinaus gefördert wird. Dies geschieht beispielsweise durch ein erweitertes Angebot an Auslandssemestern insbesondere im Europäischen Raum oder den Fokus auf die universitäre Fremdsprachenausbildung.[67] Das alles ist natürlich kein Selbstzweck. Angehende Juristen sehen sich nicht anders als gestandene Juristen einer international geschaffenen Rechtsrealität gegenüber,[68] welche auch die Rechtspraxis und Gesetzgebung vereinnahmt und daher einen Wandel der berufspraktischen Anforderungen begründet.[69]

In der Internationalisierung der Wissenschaft sieht der Wissenschaftsrat schließlich „ein zentrales Mittel zur Sicherstellung und Erhöhung der Qualität" von Forschung und Lehre.[70]

---

[64] So vermerkte *Lord Denning* im Vorwort des ersten Bandes der britischen International and Comparative Law Quarterly, dass ihre „Struktur" „vielen als Luftschloss erscheint", Int. Comp. Law Q. 1 (1952), 1 (2).

[65] Was gemeinhin unter dem Vorgang „Rechtsexport" zusammengefasst wird, ist nichts anderes als die konsentierte Form der Übernahme eines vorzugswürdigen Steuerungsansatzes oder einer Problemlösung. Als Beispiel sei die internationale Rezeption des umweltrechtlichen Vorsorgeprinzips angeführt, dazu *Arndt*, Das Vorsorgeprinzip im EU-Recht, 2009, 71 ff.

[66] Beispiele im Bereich des Privatrechts finden sich bei *Janssen*, in: FS R. Schulze, 2020, 299 (311 ff.).

[67] Vgl. § 5a Abs. 2 Satz 2 DRiG und dessen Umsetzung in der jeweiligen Ausbildungs- und Prüfungsordnung der Länder für Juristinnen und Juristen.

[68] Vgl. auch *Breidenbach*, NJW 2020, 2862 (2864 f.) und *Hobe/Dauner-Lieb*, Forschung & Lehre 4/18, 226 (228).

[69] *Janssen* (Fn. 66), 299 (306 ff., 309 ff.).

[70] *Wissenschaftsrat* (Fn. 40), 5.

II. Juristenausbildung: Rückblick und Vorschau

Die Überlegungen zur Wissenschaftlichkeit der Rechtswissenschaft mögen als Grundlage für die folgenden Ausführungen zur Juristenausbildung dienen. Rechtswissenschaftliche Fakultäten sind nicht dazu angehalten, ihre Studierenden *speziell* zu Fach- oder Syndikusanwälten, Staatsanwältinnen oder Verwaltungsjuristen, Richterinnen oder Mediatoren, Rechtsanwendern oder Rechtsgestalterinnen auszubilden. Die Ausbildung muss natürlich praxisgerecht erfolgen, in erster Linie aber wollen sie grundlegend ausgebildete und eigenständige Juristinnen und Juristen hervorbringen. Auftragsgemäß kann es ihnen daher nur darum gehen, ihre Fähigkeiten und ihr „Bemühen um immer neue Erkenntnisse, neue Lösungen und angemessene Antworten auf neue Herausforderungen" zu fördern, wofür „Bildung durch Wissenschaft" die Grundvoraussetzung darstellt.[71]

In Hinblick auf Mittel und Form der Durchführung dieses Auftrags stehen vielfältige Möglichkeiten offen. Einen von vielen Wegen wies das Modell der einphasigen Juristenausbildung in Augsburg, das hier exemplarisch rückblickend in Erinnerung gerufen werden soll (1.). Mit Blick auf die zukünftige Juristenausbildung seien dann neue Formen und Wege bedacht (2.).

1. Das Modell der einphasigen Juristenausbildung in Augsburg[72]

Im Jahr 1971 hatte der Bundesgesetzgeber mit der Einführung der „Experimentierklausel" (§ 5b) in das deutsche Richtergesetz[73], den Weg für die Erprobung einer neuen Juristenausbildung freigemacht. Damit wurde eine bis weit in das 19. Jahrhundert zurückgreifende Reformdiskussion aufgegriffen. Seit 1971 ist in durchaus unterschiedlichen Modellen von dieser Reformklausel Gebrauch gemacht worden. Zur Klärung soll vorausgestellt werden, welchen inhaltlichen formalen und didaktischen Problemen sich eine reformierte Juristenausbildung zu stellen hatte.

Außer Frage stand, dass weiterhin am traditionellen Bild des Einheitsjuristen, also des für alle wichtigen juristischen Berufe grundsätzlich gleichwertig ausgebildeten Juristen festgehalten werden sollte. Nach allgemeiner Meinung ist der Einheitsjurist als Generalist dem Spezialisten überlegen, weshalb keines der Einphasenmodelle, trotz mancher Schwerpunktbildungen, den Anspruch auf die Einheitsjuristen aufgegeben hatte. Nichts mit dieser Frage hat zu tun – dies wurde gelegentlich miteinander verwechselt – ob

---

[71] Vgl. *Hufen*, JuS 2017, 1 (3) m. w. N.

[72] Grundsätzlich zum Augsburger Einphasenmodell *Stolleis*, Geschichte des öffentlichen Rechts in Deutschland, Bd. 4, 2012, 412 ff.

[73] BGBl. 1971 I, 1557.

der Ausbildungserfolg unterschiedlicher Ausbildungsmodelle in einem gemeinsamen Examen gemessen werden soll. In Bayern war dies wegen der Vergleichbarkeit ein Hauptanliegen. Die Korrektoren wussten nicht, ob sie eine „einphasige" oder eine im traditionellen System geschriebene Arbeit vor sich hatten.

Außer Frage stand auch, dass die neue Ausbildung, den hohen wissenschaftliche Standard der deutschen Juristenausbildung wahren, ja wegen der dargestellten typischen Verbindung von Praxis und Theorie eher noch steigern sollte. Keineswegs sollte die Ausbildung auf eine simple praktische Anwendungslehre heruntergestuft werden. Universitäten sind keine Berufsbildungsanstalten, lautete die Maxime.

Die konkrete Zielsetzung der Reformversuche bestand neben der Theorie-Praxis-Integration in der Integration der Nachbarwissenschaften, einer Schwerpunktbildung, in der Reform des Leistungskontrollsystems und in der Verkürzung der Gesamtausbildungsdauer.[74]

Zu einigen dieser Ziele soll im Folgenden Stellung genommen werden.

a) Die Theorie-Praxis-Relation

Das Hauptproblem der neuen Ausbildung bestand darin, die theoretischen und praktischen Ausbildungsabschnitte richtig zu verbinden.

Ein Intervallsystem hat den großen Vorteil, den Studenten in einem frühen Stadium zu zeigen, worauf es ankommt. Dagegen führt die in Deutschland praktizierte duale Ausbildung (je ein getrennter theoretischer und praktischer Ausbildungsblock) zu einem ständigen Auseinandertriften der beiden theoretischen und praktischen Abschnitte. Nur eine sorgfältige und in Einzelheiten abgestimmte enge Verzahnung von Theorie und Praxis kann dem wirksam begegnen.[75] Zweifelsohne kommen dem Ziel der praxisorientierten repetitorfreien Ausbildung Intervallmodelle näher als das herrschende duale System. Am meisten scheint sich die Mischung aus zwei längeren Praxisphasen zu bewähren, während kürzere Ferienpraktika weitgehend wertlos sind. Die in Augsburg bestehenden vier Praxisabschnitte haben sich zwar bewährt, warfen aber viele organisatorische Probleme auf.[76]

Außerdem zeigte sich deutlich, dass organisatorisch geschaffene Praxiskontakte ohne Einbindung in ein curriculares Konzept für die Ausbildung sinnlos sind. Anschauung der Praxis allein führt nicht zur Verbesserung der Ausbildung. Praxisintegration kann auch heißen, dass bereits im Studium eine handwerkliche Einübung in Rollentechniken stattfindet.

---

[74] Vgl. zum Ganzen *Eith*, ZRP 1982, 47 ff.
[75] So zu Recht *H. Schlosser* (Fn. 2), 11.
[76] Vgl. *R. Schmidt/Braun/Mögele*, JZ 1984, 364 (367).

Der an der Universität Bremen vertretene weitergreifende Praxisbegriff ließ sich nicht verwirklichen. Die Praxisintegration sollte dort den gesellschaftlichen und politischen Verwendungs- und Verwertungszusammenhang sowohl des berufspraktischen Handelns wie auch den von Recht und Rechtstheorie bewusstmachen und aufzeigen, dass theoriegeleitete Praxis durch gesellschaftliche Relativierung veränderbar ist.[77] Es ließ sich nicht vermitteln, dass die Berufspraxis in engem Zusammenhang mit einem sozialwissenschaftlichen Studienangebot steht, um zu einer Analyse der Berufspraxis als „eines gesellschaftlichen Teilsystems und der für Handlungssteuerung in ihm tatsächlich maßgebenden Elemente zu gelangen, die solche Praxissteuerung erst ermöglicht".[78] Der Student erlebt in der Praxis ganz anderes. Er erlebt nämlich, dass er zur Bewältigung der Praxisaufgaben noch nicht ausreichend vorbereitet ist. Die Meinung, dass Studenten noch im Zustand relativer Inkompetenz auf die vorgefundene Berufspraxis kritisch oder gar verändernd einwirken können, ist naiv. Als realisierbares Ausbildungsziel verblieb nur der Versuch, frühzeitige Anwendungsmöglichkeiten der Theorie auf die Realität aufzuzeigen und dadurch Rechtsdogmatik und Rechtspraxis einander anzunähern.

Alle positiven Effekte der Praxisintegration sind nur erreichbar, wenn der Ausbildungsstand zur selbständigen Mitarbeit in der Praxis befähigt. Für das Zivil- und Strafrecht ist dies nach etwa zwei Studienjahren der Fall, für das Öffentliche Recht bedarf es eines dreijährigen Grundstudiums. Sehr bewährt hat sich im Rahmen der Verbindung von praktischer und theoretischer Ausbildung die Abhaltung von Lehrveranstaltungen durch Praktiker an der Universität und die Beteiligung von Universitätslehrern an den Arbeitsgemeinschaften in der Praxis.

b) Die Einbeziehung der Nachbarwissenschaften

Ein Anspruch der Ein-Phasen-Modelle war es, weitergehend als in der konventionellen Ausbildung geschichtliche, soziale und wirtschaftliche Bezüge in das Studienprogramm zu integrieren. Hier zeigten sich aber wegen der beschränkten Kapazität von Lehrenden und Lernenden schnell deutliche Grenzen. Andererseits führte die frühe Konfrontation mit der Praxis zur Erkenntnis, dass metajuristisches, Fragen der Psychologie, Wirtschaftswissenschaft usw. für juristisches Gestalten durchaus bedeutungsvoll sind. Im Ganzen gesehen waren die Erfahrungen mit der Einbeziehung der Sozialwissenschaften und der sonstigen Nachbarwissenschaften eher negativ. Es blieb

---

[77] Bericht der Kommission für die einstufige Juristenausbildung, Bremen, 1973, C 21, C 22.

[78] Bericht der Kommission für die einstufige Juristenausbildung (Fn. 77), C 25.

bei den berühmten „Bezügen" zu Nachbar- und Grundlagenwissenschaften, ohne dass daraus ein schwergewichtiges Ausbildungselement entwickelt werden konnte. Das liegt auch daran, dass eine Ausbildungsreform der Wissenschaftsentwicklung nicht vorangehen kann.[79] Nachbarwissenschaften sollten nicht isoliert im Studium, sondern nur in einer Vertiefungsphase angeboten werden.

c) Die Ausbildungsdauer

Die Ausbildungsdauer in den Einphasenmodellen konnte zum Teil um zwei Jahre verkürzt werden, ohne dass dies auf Kosten der Qualität ging.[80] Grund hierfür war das Gruppenkonzept, verstärkte Leistungskontrollen, höhere Motivation von Studierenden, Ausbildern und andere Faktoren. Selbstverständlich gerieten die verstärkten Leistungskontrollen in die gesellschaftliche Kritik (Vorwurf der Verschulung). Diese Kritik verkennt, dass man die unumgängliche Auswahl nicht erst dem Arbeitsmarkt überlassen darf, sondern dass die Selektion vorher einzusetzen hat. Dies ist sowohl im Interesse der Studierenden, die so frühzeitig erfahren, dass sie ein für sie ungeeignetes oder ungeliebtes Fach gewählt haben als auch im Interesse der Kostenersparnis für die gesamte Gesellschaft.

In der Verkürzung der Studiendauer liegt einer der durchschlagenden Erfolge der Einstufenausbildung. 75 bis 80 Prozent der Studenten legten in der kürzest möglichen Studienzeit die Zwischenprüfung ab. Von Trier abgesehen, gilt dies auch für 70 Prozent der Kandidaten für die Schlussprüfung.[81] Dies liegt nicht an geringeren Prüfungsanforderungen. In Bayern und teilweise in Nordrhein-Westfalen mussten sich die Studenten demselben Zweiten Juristischen Staatsexamen unterziehen wie ihre zweistufig ausgebildeten Kollegen. Einer der vielen Gründe für die Studienverkürzung war die deutlich bessere Betreuungsrelation. Hinzu kamen didaktisch sinnvoll aufgebaute Curricula.

d) Das Leistungskontrollsystem

Eine Messung der Effizienz des Studiums ist schlecht möglich. Sie wird äußerst unterschiedlich beurteilt und sie lässt sich nicht nur in Examensnoten darstellen. Eine Überprüfung der Berufseingangsphase erbrachte jedoch bei vielen Modellen, dass einstufig ausgebildete Juristen am Arbeitsmarkt

---

[79] So auch *Eith*, ZRP 1982, 49.

[80] Die durchschnittliche Studiendauer an den juristischen Fakultäten in Deutschland betrug damals fast 11 Semester, d. h. 5 ½ Jahre, während die Augsburger Absolventen in 6 ½ Jahren das Assessorexamen in der Tasche hatten, vgl. *Buchner*, in: Bottke/T. Möllers/R. Schmidt (Hrsg.), Recht in Europa, 2003, 11 ff. (13).

[81] Nachweise bei *R. Schmidt/Braun/Mögele*, JZ 1984, 364 (367).

besonders gut unterkamen.[82] Zur Lösung des Prüfungsproblems haben die Modellexperimente weniger beitragen als erhofft.[83] Die Abschichtung von Prüfungsleistungen, insbesondere der allgemeinen juristischen Pflichtfächer vor der Vertiefungsphase, war nicht nur positiv. Solange diese nur eine relativ kurzfristige Vorziehung von Prüfungsteilen über etwa ein halbes Jahr bewirkt, ist sie akzeptabel, da sie die Einheitlichkeit der Prüfung nicht sprengt und die Effizienz der Vertiefungsphase erhöht. Findet dies jedoch über einen längeren Zeitraum hinweg statt, ist die Prüfung nicht mehr repräsentativ für den Kenntnisstand des Kandidaten am Ende seines Studiums. Nachteilig ist es auch, wenn die Prüfungsleistungen nach Fächergruppen einzeln in einem längeren zeitlichen Duktus geleistet werden. Die Kandidaten werden nämlich dazu verleitet, nur auf den jeweiligen Prüfungsteil zu lernen und danach das Gelernte möglichst schnell wieder zu verdrängen, um sich auf den nächsten Prüfungsteil vorbereiten zu können.

Auch in der Schweiz beklagten sich renommierte Anwaltskanzleien darüber, dass im umgestellten Schweizer Jurastudium nicht mehr übergreifende Prüfungen, „sondern viele einzelne Leistungsnachweise den Takt vorgeben würden und das darunter die juristische Gesamtsicht leide“.[84]

e) Die Rückkehr zur alten Ausbildung

„Nach 12 Jahren kehrt die Juristenausbildung zu ihren Anfängen zurück“[85] formulierte die Frankfurter Allgemeine Zeitung. Über die Gründe soll hier nicht räsoniert werden. Die ins Feld geführten höheren Kosten waren es jedenfalls nicht, weil die erreichte Verkürzung des Studiums mit einer wesentlichen Kostenersparnis verbunden war.

Die nach Beseitigung der Einphasigkeit formulierten neuen Reformanliegen waren weder neu noch waren sie erfolgreich. Man wollte zwar eine verstärkte und frühzeitige Integration von Theorie und Praxis, eine vermehrte Einbeziehung der juristischen Grundlagen und der Nachbarfächer, eine angemessene und effektive Schwerpunktausbildung schaffen sowie die Gesamtausbildungsdauer spürbar verkürzen. Alle diese Absichten des Regierungsentwurfs blieben auf der Strecke. Die großen juristischen Standesorganisationen (Deutscher Richterbund und Deutscher Anwaltverein), aber auch die Bundestagsopposition hatten dies vorausgesehen. Gemessen

---

[82] Vgl. *Braun*, Augsburger Studien zur Hochschuldidaktik Nr. 9, Berufseingangsphase der ersten Absolventen des Augsburger Modells, Augsburg, 1981, 9 ff.

[83] *Braun/Franke/Schultz/Papier/Ratte/Seiter* und *Ziegenmann*, Einphasige Juristenausbildung in Deutschland, Loccum 1979, 227 ff. Zur Gestaltung der Prüfung siehe den Bericht von *Buchner* über die Beratungsergebnisse der Arbeitsgruppe „Rechtswissenschaft“, BayVBl 1979, 267 ff.

[84] Vgl. *Schöbel*, JA 2011, 161 ff. (163.)

[85] So Frankfurter Allgemeine Zeitung v. 11.11.1983, 11.

an den Ergebnissen der Modellexperimente erwiesen sich auch die Reformvorschläge von Richterbund, Anwaltsverein, Opposition und der Bundesregierung als unzulänglich.

Anders als zu Beginn des Einstufenexperiments in den Jahren nach 1971 wurde nun nicht mehr von Modellkommissionen ein gesamter Studienablauf bis ins Einzelne geplant und didaktisch sinnvoll aufeinander abgestimmt. Alle „Reformmodelle" schaffen nur mehr einen äußeren Studienrahmen und verwenden beim organisierten Ablauf Elemente aus der Einstufenausbildung, die jedoch ihre spezifischen Effekte nur im Rahmen einer Gesamtplanung entfalten könnten. Diese Gesamtplanung ist jedoch bei einer Novellierung des Deutschen Richtergesetzes infolge mangelnder Gesetzgebungskompetenz nicht zu leisten. Es müsste deshalb zu einer konzertierten Aktion von Bund und Ländern kommen.[86]

2. *Die Zukunft der Juristenausbildung*

Wie schon die Anliegen der Einphasigkeit müssen auch Fragen der *zukünftigen* Juristenausbildung darauf abzielen, einen transversalen Verlauf zwischen Wissenschaft und Rechtsanwendung zu vermeiden. Kern eines symbiotischen Verhältnisses zwischen Theorie und Praxis ist die bedarfsgemäße Verknüpfung von Wissenschaftlichkeit in der Ausbildung mit den berufspraktischen Herausforderungen der Zeit. Die Überlegungen zur zukünftigen Juristenausbildung seien hier daher dreigeteilt angegangen, mit Blick auf (i) Fixpunkte, (ii) Bedarf und (iii) Modi.

a) Fixpunkte

„Bewährtes bewahren" ist seit jeher einer der Standpunkte jeder Reformdebatte. Und in der Tat können in der Rückschau Elemente der juristischen Ausbildung ausgemacht werden, die auch in naher Zukunft keiner grundlegenden Änderung zugänglich sind, etwa weil sie sich tatsächlich bewährt haben, oder aber weil sie als derart fundamental erachtet werden, dass sich Änderungen mangels Konsens praktisch nicht umsetzen lassen.

Dazu gehört zunächst das Format des Staatsexamens, das auch so tiefgreifende Modelle wie das der Einphasigkeit überdauert hat. Mit dem Festhalten

[86] Die Ausführungen unter 1. sind teilweise wörtlich einem Beitrag von *Manfred Braun*, Richter am OLG München, *Rudolf Mögele*, Akad. Rat a. Z., und *Reiner Schmidt*, JZ 1984, 364 ff. entnommen. *Manfred Braun* war einer der erfahrensten Beobachter der einphasigen Juristenausbildung in der Bundesrepublik. *Rudolf Mögele* hat als Akad. Rat a. Z. in Augsburg die Praxis der einphasigen juristischen Ausbildung intensiv erlebt, und *Reiner Schmidt* war als Nachfolger von Prof. *Peter Schlosser* der Modellbeauftragte des Freistaats Bayern für die einphasige Juristenausbildung.

an den Staatsexamina geht eine Absage an eine der wesentlichsten Reformbestrebungen dieses Jahrtausends, namentlich der Bologna-Reform einher.[87] Diese Absage ist freilich keine absolute.[88] Die mit dem Bologna-Prozess verfolgten Ziele, darunter etwa die Ausbildung zu europäischen Juristinnen und Juristen,[89] die interdisziplinäre Ausbildung[90] oder die Schaffung eines europäischen Hochschulraums[91], können und werden zuweilen auch in ein System der Staatsprüfung integriert. Als Beispiel gerade für die angestrebte Vergleichbarkeit von Abschlüssen im europäischen Hochschulraum mag die Einführung eines integrierten Bachelor-Abschlusses dienen[92], auch wenn deren Mehrwert im Ergebnis bezweifelt werden darf. Die Überlegenheit der Staatsprüfung gegenüber bloßen Universitätsabschlüssen liegt zunächst in ihrer Eigenschaft als staatlicher Abschluss. Er gewährleistet eine „gleich bleibende, unbestechliche und aussagekräftige Leistungsbewertung"[93]. Überdies führt das hohe Anforderungsniveau zu einer gleichsam hohen Aussagekraft,[94] mithin einer Objektivität, die den Bachelor- und Master-Studiengängen abhandengekommen zu sein scheint, was nicht nur die Noteninflation anzeigt, welche die meisten dieser Studiengänge heimsucht.[95] Für die Juristenausbildung verbleibt es daher auch perspektivisch beim Abschlussziel Staatsexamen – nicht lediglich als „kulturelle Errungenschaft"[96] sondern als „Qualitätsgarant des [deutschen] rechtswissenschaftlichen Studiums"[97].

Ähnlich verhält es sich mit der (zweistufigen) Ausbildung zu sog. „Einheitsjuristen". Das grundlegende Konzept zielt zwar zumindest terminologisch auf die „Befähigung zum Richteramt" (§ 5 Abs. 1 DRiG), diese Sichtweise unterschlägt dabei jedoch die eigentlich angestrebte Ausbildung zu Generalisten, die sich nach der Ersten Juristischen Prüfung im Justizvorbereitungsdienst fortzieht. Alternativen hierzu werden jedenfalls als wenig praktikabel erachtet. Eine sich an die Erste Juristische Prüfung anschließende „allgemeine Anwaltsausbildung" erscheint daher ebenso fernliegend wie eine allgemeine Ausbildung zum Unternehmensjuristen, oder etwa zum Verwaltungsjuristen, zur Richterin oder Staatsanwältin.[98] Grundlage des Einheits-

---

[87] Vgl. dazu etwa *Merk*, ZRP 2004, 264.

[88] So auch *P. M. Huber*, ZRP 2007, 188 (190).

[89] Dazu *Weber-Grellet*, ZRP 2016, 170.

[90] *Schliemann*, ZRP 2008, 228.

[91] Vgl. *Oppermannn/Classen/Nettesheim*, Europarecht, 8. Aufl. 2018, § 34 Rn. 30.

[92] Vgl. etwa § 17a der Studien- und Prüfungsordnung des Fachbereichs Rechtswissenschaften der Freien Universität Berlin.

[93] *P. M. Huber*, ZRP 2007, 188 (190).

[94] *Papier/M. Schröder*, NJW 2012, 2860 (2862).

[95] Vgl. etwa *Schöbel*, JA 2011, 161 (164).

[96] *P. M. Huber*, ZRP 2007, 188 (189).

[97] *Schöbel*, JA 2011, 161 (162) m. w. N.

[98] Vgl. *Papier/M. Schröder*, NJW 2012, 2860 (2863).

juristen sei schließlich ein „gemeinsame[r] Kanon von Wissen und Systembeherrschung“, eine „gemeinsame Sozialisation“, die „es allen Juristen auf einer Augenhöhe zu verkehren“ ermögliche.[99] Dem ist wenig hinzuzufügen. Man mag gerade in Hinblick auf die Rechtspflege ergänzend und idealiter auf eine Verfestigung der (justiziellen) Integrität durch soziale Kontrolle und Selbstkontrolle hinweisen.

b) Bedarf

Offen ist jedoch, ob die auf diesem „Grundgerüst“ aufbauende juristische Ausbildung dem berufspraktischen Bedarf gerecht wird.

Keine Relevanz hat gegenwärtig jedenfalls die als sog. „Juristenschwemme“ aufgebaute Drohkulisse, welche angehende Juristen jahrzehntelang begleitet hat.[100] Infolge kontinuierlich sinkender Absolventenzahlen scheint die heutige Generation heranwachsender Juristinnen einer aus ihrer Sicht überaus erfreulichen Arbeitsmarktsituation entgegenzublicken. Aus Arbeitgeberperspektive führt dies jedoch zu Spannungslagen, namentlich einer Entwicklung, die dem Grundsatz der Bestenauslese zuwiderläuft. Dies trifft insbesondere die Justiz schmerzlich. Denn während Kanzleien besonders qualifizierte Nachwuchsjuristen mit teils exorbitant hohen Einstiegsgehältern locken[101] und im Übrigen ihren Bedarf bisweilen auch mit nichtexaminierten Wirtschaftsjuristen abdecken,[102] hat der Staat im Wettbewerb um den juristischen Nachwuchs aufgrund zum Teil verfassungswidriger Besoldung von Richtern und Staatsanwälten[103] und einer im Vergleich zu Kanzleien nicht minder hohen Arbeitsbelastung häufig das Nachsehen.[104] Allein bis zum Jahr 2030 wird überdies erwartet, dass ca. 40 Prozent der heute aktiven Richter und Staatsanwälte altersbedingt aus dem Dienst ausscheiden werden,[105] was der ohnehin angespannten Situation weiter abträglich ist, einen dissoziativen Zustand erkennen lässt und insgesamt die Sorgen um die Zukunft der Rechtspflege befördert.

---

[99] *P. M. Huber*, ZRP 2007, 188 (190).

[100] Vgl. *Kilian*, NJW 2017, 3043 (3044 f.).

[101] *Rebehn*, DRiZ 2018, 46.

[102] *Bergmans*, in: ders. (Hrsg.), Berufs- und Arbeitsmarktperspektiven von Bachelor- und Master-Juristen, 2013, 115.

[103] Vgl. etwa BVerfGE 155, 1 und BVerfGE 155, 77.

[104] Zum Ganzen *Rebehn*, DRiZ 2020, 44. Dazu jüngst auch: „Nachwuchsrichter verzweifelt gesucht“, FAZ Nr. 240 v. 15.10.2020, 18.

[105] Vgl. dazu das Positionspapier des Deutschen Richterbundes, „Die personelle Zukunftsfähigkeit der Justiz in der Bundesrepublik Deutschland“, April 2017, https://www.drb.de/fileadmin/DRB/pdf/Publikationen/DRB-Positionspapier_Nachwuchsgewinnung_kl.pdf (abgerufen am 10.11.2020).

Es sei vor diesem Hintergrund festgehalten, dass kurz- und mittelfristig voraussichtlich nicht einmal der Grundbedarf an juristischem Nachwuchs gesichert ist. Eine Maßnahme, die diesbezüglich ergriffen wurde, ist die Verlängerung der Regelstudienzeit, womit die Wahrscheinlichkeit des Studienerfolgs angesichts relativ hoher Abbruchsquoten erhöht werden soll.[106] Ein anderer Ansatz könnte darin bestehen, mehr Studierende für das Studium der Rechtswissenschaften zuzulassen, was allerdings chronisch unterfinanzierte Fakultäten[107] auch unter Berücksichtigung möglicherweise nachhaltiger Auswirkungen der COVID-19-Pandemie vor scheinbar unlösbare Aufgaben stellt und im Übrigen auch eine Steigerung der Attraktivität des Studiengangs voraussetzt.[108]

Jenseits des grundlegenden Nachwuchsmangels drängen weitere zukunftsweisende Fragen in Hinblick auf die Anforderungen der juristischen Ausbildung. Auch sie folgen veränderten Vorzeichen auf dem Berufs- und Arbeitsmarkt. Ebenso wie weite Teile des Gesellschaftslebens steht hier auch die Rechtspraxis unter den Einflüssen technologischer Entwicklungen, die gemeinhin unter dem Begriff der Digitalisierung zusammengefasst werden. In dieser Hinsicht sind vier Gesichtspunkte von Relevanz.[109] Den augenscheinlich gewichtigsten, weil inhaltlich bedeutsamen Punkt bildet dabei das Recht der Digitalisierung als Querschnittsmaterie, welches die rechtliche Behandlung digitaler Vorgänge und Systeme ins Auge fasst.[110] In methodischer Hinsicht erlangt die Entwicklung von Technologien, die für die juristische Dienstleistungserbringung genutzt werden (sog. „Legal Tech"), sowie die hierfür erforderlichen anwenderorientierten Konzepte („Legal Design") an Bedeutung.[111] Schließlich sei die sog. „Rechtsinformatik" erwähnt, deren Erschließung in Grundlagen für die breitere Studierendenschaft zur Diskussion steht.[112] Die zunehmende Bedeutung der Digitalisierung wird aktuell in zwei Anträgen im Ausschuss für Recht und Verbraucherschutz aufgegriffen.[113] Der Expertenanhörung lässt sich ein dem Grunde nach einhelliger Konsens

---

[106] Vgl. § 5d Abs. 2 Satz 1 DRiG. Zu den Gründen BT-Drs. 19/8581.

[107] *Speiser*, DÖV 2014, 555 (559f.).

[108] „Elitär, angestaubt, uneffektiv" lautet der Dreiklang des Kommentars zum Mängelgutachten des Deutschen Zentrums für Hochschul- und Wissenschaftsforschung („DZHW") zum Jurastudium, vgl. becklink 2008968.

[109] Nach *Spektor/Yuan*, NJW 2020, 1043.

[110] Dazu *Spektor/Yuan*, NJW 2020, 1043 (1043). Ferner *Breidenbach/Glatz*, beck.digitax 2018, 18 (18) m. w. N.

[111] *Spektor/Yuan*, NJW 2020, 1043 (1044).

[112] *Kilian*, CR 2001, 132; *Spektor/Yuan*, NJW 2020, 1043 (1044).

[113] Antrag „Rechtsstandort Deutschland stärken – Juristische Ausbildung an das digitale Zeitalter anpassen", BT-Drs. 19/23121 der Fraktion FDP sowie Antrag „Juristische Ausbildung reformieren, Transparenz und Qualität erhöhen, Chancengleichheit gewährleisten", BT-Drs. 19/24643 der Fraktion Die Linke.

betreffend die Anreicherung der Juristischen Ausbildung um Inhalte der Digitalisierung des Rechts entnehmen.[114] Einen in Relation lediglich „kleinen Wurf“ stellt vor diesem Hintergrund die Einführung des elektronischen Staatsexamens in der Zweiten Juristischen Prüfung dar.[115]

Daneben sind es bereits viel diskutierte Entwicklungslinien, namentlich eine zunehmend internationalisierte Forschung und Rechtspraxis, vielfach zu beobachtender Spezialisierung und damit einhergehend eine Zunahme des zu bewältigenden Rechtsstoffs einschließlich der Integration interdisziplinärer Ansätze, welche die Reform der Juristischen Ausbildung prägend beeinflussen.

c) Modi

Wesentlich schwerfälliger als die reine Identifizierung bedarfsgemäßer Neuerungen und Herausforderungen vollzieht sich die Umsetzung zweckmäßiger Reformen. In dieser Hinsicht seien die Ausführungen auf zweierlei beschränkt: erstens die wissenschaftliche Aufwertung des Studiums und zweitens die Gestaltung von Leistungskontrollen.

Ausbildungsinhalte werden fast ausschließlich nur punkt- und graduell modifiziert. Im Wesentlichen beschränken sich Änderungen lediglich in der Aufnahme zusätzlichen Rechtsstoffs, zumeist Querschnittsmaterien, deren Studium überwiegend auf bereits vorhandenes Grundwissen aufbaut. Der Mehrwert dieser Veranstaltungen darf zu Recht in Zweifel gezogen werden. Sie vermitteln zwar spezielle Kenntnisse in bestimmten Teilrechtsgebieten, können diese aber nicht in einer Tiefe durchdringen, die zum einen zu einer besonderen Qualifikation befähigt und zum anderen Anerkennung im beruflichen Werden findet. Dies gilt zuvorderst für die mit der Ausbildungsreform 2002 eingeführten universitären Schwerpunktbereiche.[116] Neben der Gefahr „subjektive[r] Verzerrungen“[117] in der Notengebung werfen die Schwerpunktbereiche insbesondere das Problem auf, dass sie bestehende Defizite in den Pflichtfächern nicht zu beseitigen vermögen, im Übrigen auch nicht darauf abzielen.[118] Zuzugestehen ist, dass sie eine interessengerechte Wahlmöglichkeit der Studierenden zulassen und so die Begeisterung für das Fach (neu) beleben können. Dies fruchtet allerdings nur, sofern die Wahl des

---

[114] Die Stellungnahmen sind abrufbar unter https://www.bundestag.de/ausschuesse/a06_Recht/anhoerungen#url=L2F1c3NjaHVlc3NlL2EwNl9SZWNodC9hbmhvZXJ1bmdlbl9hcmNoaXYvODA3MDE0LTgwNzAxNA==&mod=mod559522 (abgerufen am 12.12.2020).

[115] Vgl. Art. 4 Nr. 4 des Regierungsentwurfs v. 18.11.2020 zur Änderung von § 5d DRiG.

[116] Dazu *Schöbel*, JuS 2004, 847.

[117] *Kaulbach/Riecke*, NJW 2017, 2805 (2807 f.); *Schöbel*, JA 2008, 94 (96).

[118] Dagegen äußert *Schöbel* die Hoffnung, dass Defizite durch eine „vertiefte, exemplarische Ausbildung in den Schwerpunktbereichen“ zumindest reduziert werden könne, JuS 2004, 847 (849).

Schwerpunktbereichs nicht „examenstaktisch" nach den besten zu erwartenden Noten erfolgt.[119]

Insgesamt sind Entwicklungen zu beobachten, die auf ein Auseinanderlaufen der juristischen Ausbildung schließen lassen. Angezeigt ist daher gerade nicht die Aufnahme immer ausdifferenzierterer Ausbildungsinhalte, sondern eine Rationalisierung des (Ausbildungs-)Rechtsstoffs und die Rückbesinnung auf diejenigen Grundlagen, welche dem Leitbild des Einheitsjuristen zugrunde liegen. Ausbildungs- und Prüfungsordnungen behandeln die Vermittlung dogmatischen und systematischen Grundlagenwissens dagegen regelrecht stiefmütterlich. Das bedeutet nicht, dass sich das universitäre Studium einer frühzeitigen Möglichkeit zur Spezialisierung verschließen sollte. Sie ist aber ein Luxus, den sich nur leisten kann, wer die grundlegenden Fähigkeiten gesichert erworben hat und infolgedessen befähigt ist, fremde Rechtsmaterien auch ohne spezifisches Vorwissen methodisch sauber zu durchdringen.[120] Darin findet man zugleich eine Qualität, die zum einen der Wahrscheinlichkeit des Studienerfolgs eher zuträgt, zum anderen auch den berufspraktischen Anforderungen eher gerecht wird als eine nur oberflächliche Ausbildung in einzelnen Teilmaterien des Rechts.

Daran schließt sich die zweite hier vorgestellte Überlegung an, welche die Form der Leistungskontrollen betrifft. Eine strikt auf die Staatsexamina ausgelegte universitäre Leistungskontrolle in Form von gutachterlichen (Semesterabschluss-)Klausuren schlägt ebenso fehl wie diejenige, die nur das wissenschaftliche Arbeiten ohne Rücksicht auf die juristische Falllösung abverlangt. Gefragt ist vielmehr ein Formenmix, wobei ein Ausgleich zu schaffen ist zwischen Arbeiten, in deren Rahmen Studierende eigene Ideen und Ansätze entfalten können und sollen sowie solchen, welche das für die grundlegende juristische Ausbildung erforderliche gesetzesbezogene Wissen zur Lösung komplexer Fälle abprüfen.

Ein grundsätzliches Problem stellt daher der Reiz der „Examensrelevanz" dar. Zwar begnügt sich der Staatsteil der Ersten Juristischen Prüfung und jenseits kautelarjuristischer Fragestellungen auch die Zweite Staatsprüfung vordergründig gesehen mit der Klausurlösung. Dabei wird aber verkannt, dass die Klausurlösung ohne Methode, Dogmatik oder Argumente nicht auskommt. Im Gegenteil zeichnen sich besonders gelungene Klausuren durch Methodenehrlichkeit und -treue, Systemverständnis und eine überzeugende

---

[119] Vgl. zu Fehlentwicklungen der universitären Schwerpunktbereichsprüfung den Bericht der Justizministerkonferenz zur Koordinierung der Juristenausbildung vom September 2019, https://www.justiz.nrw.de/JM/schwerpunkte/juristenausbildung/bericht_ausschuss/KOA-Bericht_November_2019.pdf (abgerufen am 10.11.2020).

[120] In diese Richtung auch die Hamburger Initiative zur „Stärkung der Grundlagen und Methoden in der Juristenausbildung", vgl. *Croon-Gestefeld u. a.*, ZRP 2016, 205. Vgl. auch *T. Möllers*, ZfPW 2019, 94 (96ff.).

Verknüpfung des Lebenssachverhalts mit dem anzuwendenden Recht und den entsprechenden Rechtsfolgen aus.[121] Die Vorstellung der mangelnden „Examensrelevanz" von Grundlagenwissen ist daher gewissermaßen strafbewehrter Irrtum. Die Lehre ist gut beraten, darauf hinzuweisen.

„Bildung durch Wissenschaft" lautet also nach wie vor das Credo.[122] Der verstärkte Bezug zu Rechtsdogmatik, -theorie und -methodik, insgesamt die Aufwertung der Wissenschaftlichkeit der juristischen Ausbildung mag vielleicht nicht für alle aufgeworfenen Probleme die Lösung sein. Sie bildet aber das Fundament, dem sich Einzelfragen der zukünftigen Juristenausbildung nachordnen müssen.

---

[121] Vgl. *Bäcker*, JuS 2019, 321; *Barczak*, JuS 2015, 969; *Rüthers*, JuS 2011, 865.

[122] Vgl. o. Fn. 71.

Grundlagen des Rechts

Propter dignitatem hominum – wegen der Würde der Menschen

Christoph Becker

I. Recht vor der Rechtsaufzeichnung

Der römische Staatsmann und Schriftsteller Marcus Tullius Cicero erwähnt im nachgestellten oder fiktiven Zwiegespräch, welches er mit seinem Bruder Quintus über die Gesetze pflegte, dass zu ihrer Kindheit schon die jüngsten Römer Texte der Zwölftafeln auswendig lernten.[1] Die Zwölftafelgesetze, eine der Überlieferung nach von einem Zehnmännerrat (*decemviri*) geschaffene und vermutlich um das Jahr 450 vor Christi Geburt auf dem Forum zu Rom aufgestellte Gesetzessammlung, sind von höchster Bedeutung für das historische und politische Selbstverständnis der römischen Gesellschaft zumindest bis zum Ende der Republik. Cicero sagt, dass nach Auffassung der weisesten Männer ein Gesetz nicht von menschlichem Geist (*hominum ingeniis*) erdacht, sondern von den Göttern als den Trägern von Weisheit (*sapientia*) und Vernunft (*ratio*) und damit zum Erteilen von Befehlen und Verboten (*ad iubendum et ad deterrendum*) Berufenen dem Menschengeschlecht eingegeben ist (*lex, quam di humano generi dederunt*). Die Gebote und Verbote der Zwölftafeln stellen hiernach nur die ins Einzelne gehende Niederschrift eines Rechtsgrundsatzes dar, der älter als alle Völker und Staaten ist (*senior est quam aetas populorum et civitatum*), gleiches Alter wie der Himmel und Erde schützende und lenkende Gott hat (*aequalis illius caelum atque terras tuentis et regentis dei*) und in der allgemeinen Funktion (*vis*) besteht, zu rechtem Tun hin- und von Verfehlungen fortzurufen (*ad recte facta vocandi et a peccatis avocandi*).[2]

Ähnlich vorpositiv begegnet im ersten Artikel des Grundgesetzes für die Bundesrepublik Deutschland vom Jahre 1949[3] der Satz von der Unan-

---

[1] *Marcus Tullius Cicero* (geboren 106 v. Chr., ermordet 43 v. Chr.), De legibus, 2.4, 2.23; Ausgabe: Cicero, De Legibus. Paradoxa Stoicorum. Über die Gesetze. Stoische Paradoxien, Lateinisch und deutsch, Herausgegeben, übersetzt und erläutert von Nickel, 3. Aufl. 2004, 6 ff.

[2] *Cicero* (Fn. 1), De legibus, 2.4.

[3] Grundgesetz für die Bundesrepublik Deutschland vom 23. Mai 1949, BGBl. 1949, 1. Über die Entstehung des Grundgesetzes *Krüger*, NJW 1989, 1318 ff.; *Stern*, in: Stern/Sachs,

tastbarkeit der Würde des Menschen (Art. 1 Abs. 1 Satz 1 GG) mitsamt der Verpflichtung aller Staatsgewalt, die Würde des Menschen zu achten und zu schützen (Art. 1 Abs. 1 Satz 2 GG). Die Unantastbarkeit der Menschenwürde sticht bereits im Entwurf des Herrenchiemseer Konvents vom 23. August 1948[4] hervor. Dessen erster Artikel stellt im ersten Absatz fest, dass der Staat um des Menschen willen da sei und nicht der Mensch um des Staates willen; der zweite Absatz erklärt die Würde der menschlichen Persönlichkeit für unantastbar (Satz 1) und verpflichtet die öffentliche Gewalt, die Menschenwürde zu achten und zu schützen (Satz 2). Im Verständnis des Herrenchiemseer Entwurfes und des Grundgesetzes ist es nicht die Verfassung, die dem Menschen Würde zuteilt, sondern der Mensch bringt sie aus sich heraus schon mit, und das staatliche Recht kann (und muss) darauf lediglich reagieren. Einem Gemeinwesen ist es schon vor seiner Verfassung verboten, sie anzugreifen. Es kann sich nicht anders konstituieren als auf der Grundlage der Menschenwürde. Die Menschenwürde ist Ausgangspunkt unveräußerlicher und unverletzlicher Menschenrechte (Art. 1 Abs. 2 GG). Indem die Menschenrechte ebenfalls der Verfassung schon vorgegeben sind, sind die im Grundgesetz ab dem zweiten Artikel bezeichneten und alle Staatsgewalt bindenden Grundrechte (Art. 1 Abs. 3 GG) nur die Positivierung einer schon vorkonstitutionellen Rechtsausstattung der Menschen. Vorkonstitutionell meint hier nicht konkret einen kleinen geschichtlichen Zeitraum weniger Jahrzehnte oder Jahrhunderte vor dem 23. Mai des Jahres 1949, sondern abstrakt jede Zeit vor Verfassung irgendeines Gemeinwesens.

Es erstaunt angesichts der Textdisposition des ersten Artikels, dass grundsätzliche Meinungsverschiedenheiten darüber entstehen konnten, ob das Grundgesetz die Grundrechte erzeugt oder nur wiedergibt.[5] Der Streit kann nicht eigentlich darum gehen, ob das Grundgesetz Menschenwürde und Menschenrechte voraussetzt oder nicht, sondern allenfalls darum, ob die Annahme des Grundgesetzes zutrifft, dass Menschenwürde und Menschen-

---

Das Staatsrecht der Bundesrepublik Deutschland, Bd. III/1. Allgemeine Lehren der Grundrechte. Grundlagen und Geschichte [usw.], 1988, § 60; *Stern*, Das Staatsrecht der Bundesrepublik Deutschland, Bd. V. Die geschichtlichen Grundlagen des deutschen Staatsrechts, 2000, § 133.

[4] Ausgabe: Gassner (Hrsg.), Verfassungstexte der Neuzeit, 2. Aufl. 2012, 134 ff.; Zur Entstehung des Art. 1 in der Schaffung des Grundgesetzes *Stern*, in: Stern/Sachs/Dietlein, Das Staatsrecht der Bundesrepublik Deutschland, Bd. IV/1. Die einzelnen Grundrechte. Der Schutz und die freiheitliche Entfaltung des Individuums, 2006, § 97.I.2 und 3.

[5] Zu Unantastbarkeit der Menschenwürde als höchstes Verfassungsprinzip und Vorstaatlichkeit der Menschenwürde und der Menschenrechte *Stern*, in: Stern/Sachs, Staatsrecht Bd. III/1 (Fn. 3), § 58; *Stern*, in: Stern/Sachs, Das Staatsrecht der Bundesrepublik Deutschland, Bd. III/2. Allgemeine Lehren der Grundrechte. Grundrechtstatbestand [usw.], 1994, § 89.IV.4; *Stern*, in: Stern/Sachs/Dietlein, Staatsrecht Bd. IV/1 (Fn. 4), § 97.I; *Rothhaar*, Die Menschenwürde als Prinzip des Rechts. Eine rechtsphilosophische Rekonstruktion, 2015, 1–100.

rechte einer jeden Verfassung vorgegeben seien. Teilt erst der Staat in seiner Verfassung den Individuen die Grundrechte zu, dann ist er auch vollkommener Herr einer Werteordnung, die sich in der Verfassung dieses Staates ausdrückt. Sind hingegen die Grundrechte mit ihrer Basis Menschenwürde der Staatsverfassung vorgegeben, so sind sie zwar bei der Gestaltung des staatlichen Lebens zu berücksichtigen, bilden aber auch schon für sich genommen eine Werteordnung ab. Sie erschöpfen sich nicht darin, Aspekte in der Konstruktion des Staates und im staatlichen Aufgabenvollzug zu sein und werden nicht erst durch ihre Eingliederung in die Verfassung zu einer aus dem engeren Zusammenhang der Verfassung ausstrahlenden, „drittwirkenden" (nämlich andere Beziehungen als die zwischen Organen des Staates oder zwischen Staat und Individuum prägenden) Werteordnung.[6] Die Verfassung erzeugt die in Menschenwürde und Grundrechten liegenden Werte nicht, sondern stellt sie lediglich dar.

II. Ein Beispiel für die Frage nach der Menschenwürde

Zwei Berichte der „Augsburger Allgemeinen" vom Sommer des Jahres 2017, einer auf der Titelseite abgedruckt, einer im Sportteil, handelten von einem Spieler-Transfergeschäft zwischen dem *Futbol Club Barcelona* und der *Paris Saint-Germain Football Société Anonyme*. Der brasilianische berufsmäßige Fußballspieler Neymar da Silva Santos Júnior habe, so liest man, sich mit 222 Millionen Euro selbst freigekauft.[7] Der Leser vermutet, dass die zu dem Freikauf nötigen Mittel der übernehmende Club *Saint-Germain* dem Wechselwilligen zur Verfügung stellte. Man möchte meinen, dass hier ganz unbefangen ein im professionellen Fußball betriebenes menschenunwürdiges System von Menschenhandel geschildert werde, bei dem im Berichtsfalle die Sache einen glücklichen Ausgang für den Fußballspieler nimmt, da er die früher verlorene Freiheit wiedererlangte – doch wehe denjenigen, welchen das Geschick keinen finanzstarken Club sendet, der ihnen das Lösegeld gewährt! Gottlob wäre das nur eine Fehlinterpretation der Berichterstattung. Entgegen dem ersten Anschein, den die Sportnachrichten über prominente Clubspieler häufig erwecken, führen die Publikumslieblinge kein Sklavendasein, sondern sind freie und in Achtung ihrer Menschenwürde handelnde

[6] Über die Entwicklung eines alle Rechtsverhältnisse durchdringenden objektivrechtlichen Gehalts als eines Ausdrucks staatlicher Schutzpflichten, gewonnen aus den ursprünglich nur den Staat abwehrend aufgefassten Grundrechten, lies *Grimm*, NJW 1989, 1305 (1308 f.), mit Verweis namentlich auf das „Lüth-Urteil" des Bundesverfassungsgerichts, BVerfGE 7, 198. Ferner *Stern*, in: Stern/Sachs, Staatsrecht Bd. III/2 (Fn. 5), § 90.III.6 und IV.3.

[7] *Schwankhardt*, 222 Millionen, Augsburger Allgemeine, 4. August 2017, 1; dazu *o. V.*, Neymar kauft sich selbst frei, Augsburger Allgemeine, 4. August 2017, 20.

Partner von Arbeitsverträgen. Die Ablösesumme vergütet dem abgebenden Club keine Entlassung aus persönlicher Unfreiheit oder gar die Lieferung des Spielers als eines unfrei bleibenden Kaufobjektes, sondern die Bereitschaft des abgebenden Clubs zur Aufhebung eines noch länger verbindlichen Arbeitsvertrages, das heißt zum Verzicht auf weiteren Abruf der ihm vom Spieler versprochenen Arbeitsleistung, weil neben fortbestehendem alten Vertrag ein neuer Vertrag des Spielers mit dem aufnehmenden Club nicht erfüllbar wäre.

Die soeben angestellten Gedanken setzen selbstverständlich voraus, dass Geschäfte von Menschen und Institutionen in einer auf unentziehbarer und unverfügbarer Menschenwürde ruhenden Rechtsordnung stattfinden und dass persönliche Unfreiheit mit der Würde des Menschen unvereinbar ist. Die Frage drängt sich auf, ob eine solche Sichtweise allein einer Läuterung der Menschheit in den Erfahrungen der Unmenschlichkeit des zwanzigsten Jahrhunderts (die auch noch im 21. Jahrhundert an vielen Orten der Welt Nachahmung finden) zu verdanken ist, oder ob Menschenwürde mit persönlicher Freiheit (gewiss nicht in einem immergleichen Verständnis, sondern bei je zeitgenössischer Ausdeutung) schon seit langem als vorausgesetzt gedacht wurde und ihre Absicherung in den Worten der Gesetze und Rechtsbücher genoss. Zur Probe bietet sich ein exemplarisches Zurückschreiten durch die Jahrzehnte und Jahrhunderte an.

III. Individualität von Recht im verfassten Gemeinwesen

Von der Gegenwart des 21. Jahrhunderts ausgehend besteht die (bei weitem nicht allerorten erfüllte) Erwartung an heutige Staatsverfassungen, dass sie gemäß einem Rechtsstaatsprinzip nicht nur die Organisation des Staates mit Beschreibung der Kompetenzen seiner Organe als den Kerngehalt einer „Verfassung" beschreiben, sondern auch die Stellung des Individuums in dem Gemeinwesen.[8] Insbesondere gehört dazu die Bezeichnung der Grundrechte als Individualrechte, welche die Willkür von Herrschaft zügeln. Die Individualausrichtung rechtsstaatlicher Konstruktion einer Staatsverfassung steht im Unterschied zu zunächst bloß objektiven Staatsgrundsätzen wie Demokratie (die freilich mit ihrem Teilhabeversprechen ebenfalls ein grundrechtliches Element hat), Republik, Föderalismus. Und auch die weiteren Komponenten des Rechtsstaatsprinzips wären ohne Respekt gegenüber Grundrechten

---

[8] Zu Freiheitsrechten und Rechtsgleichheit als Merkmalen rechtsstaatlicher Verfassung eines Gemeinwesens *Stern*, Das Staatsrecht der Bundesrepublik Deutschland, Bd. I. Grundbegriffe und Grundlagen des Staatsrechts, Strukturprinzipien der Verfassung, 2. Aufl. 1984, § 20.IV.2.

bloß objektives Recht – zum Beispiel die Existenz einer geschriebenen oder ungeschriebenen Verfassung überhaupt, die Gesetzesbindung allen staatlichen Handelns, die Verhältnismäßigkeit staatlichen Handelns. Dem Einzelnen günstige Auswirkungen etwa aus einer Abwägung von Vorteilen und Nachteilen einer Handlung oder eines Unterlassens des Hoheitsträgers unter einem nicht an Individualrechte, sondern lediglich an tatsächliches Dafürhalten gebundenen Verhältnismäßigkeitsprinzip wären nur zufällige Reflexe.

Nimmt man die Verfassung der Bundesrepublik Deutschland zum Ausgangspunkt, so hat man eine in der Gegenwart geltende, jedoch schon mehr als sieben Jahrzehnte alte Konstitution vor sich. Sie erfuhr seit ihrem Inkrafttreten nicht allein textliche Änderungen, sondern vor allem durch sich wandelnde Lebensverhältnisse immer neue Interpretationen. Das Aufbauprinzip blieb allerdings bestehen. Das Grundgesetz für die Bundesrepublik Deutschland vom 23. Mai 1949 stellt die Menschenwürde an den Anfang des Staates (Art. 1 GG) und lässt dem die Grundrechte folgen (Art. 2 bis 19 GG), bevor es an die Konstruktion des Staates geht (Art. 20 ff. GG). Die systematische Umrahmung der ersten Artikel des Grundgesetzes durch die Überschrift „Die Grundrechte" weist auch der Menschenwürde selbst Grundrechtseigenschaft zu; nicht erst die in Art. 1 Abs. 3 GG herangezogenen „nachfolgenden Grundrechte" sind von der Überschrift gemeint. Gleichwohl ist die doppelte Funktion des ersten, Vorgegebenes positivierenden Artikels als Verfassungsgrundnorm und als Grundrecht nicht leicht zu verstehen. Die Zweigesichtigkeit gibt – trotz ausdrücklicher Verpflichtung des Staates zu Achtung und Schutz in Art. 1 Abs. 1 Satz 2 GG – Anlass für Meinungsverschiedenheit über die Grundrechtseigenschaft der Menschenwürde oder des Satzes von der Unantastbarkeit der Menschenwürde.[9] In besonderen Zusammenhängen rücken in späteren Abschnitten des Grundgesetzes weitere Grundrechte nach, so die Gleichheit im Zugang zu öffentlichen Ämtern (Art. 33 GG), die Gleichheit in der Teilhabe an der Souveränität (Art. 38 GG), die sogenannten Justizgrundrechte (Art. 101 bis 104 GG). Die Würde des Menschen bezeichnet das Grundgesetz als unantastbar (Art. 1 Abs. 1 Satz 1 GG) und legt dem Staat Achtung (Passivität) und Schutz (Aktivität) auf. Da die Grundrechte dem würdetragenden Menschsein an sich entspringen, können Verbände nur im Analogieschluss, soweit es ihrem Wesen entspricht, Grundrechtsträger sein (Art. 19 Abs. 3 GG).

---

[9] *Stern*, in: Stern/Sachs/Dietlein, Staatsrecht Bd. IV/1 (Fn. 4), §§ 97.I.4, 97.II.3.

IV. Zwei deutsche Landesverfassungen

Zeitlich und räumlich dem Grundgesetz eng benachbart entstanden zwei deutsche Landesverfassungen, die bayerische und die nordrhein-westfälische. Die Verfassung des Freistaates Bayern von 1946[10] stellt wie das Grundgesetz der Gewaltherrschaft des Nationalsozialismus eine Herrschaft des Rechts entgegen. Im Unterschied zum Grundgesetz hält die bayerische Verfassung das Unrecht des Nationalsozialismus, seine Zerstörung der materiellen und immateriellen Lebensgrundlagen wörtlich in Erinnerung:[11] In ihrer Präambel weist die Verfassung des Freistaates Bayern auf das physische, soziale und geistige Trümmerfeld, welches der Nationalsozialismus zurückließ. Auf diesem Trümmerfeld errichtete Bayern den Rechtsstaat neu, zweieinhalb Jahre vor Gründung der Bundesrepublik Deutschland, so wie alle deutschen Länder lange vor der Bundesrepublik Deutschland und der Deutschen Demokratischen Republik entstanden. Die bayerische Verfassung von 1946 führt weitgespannt Grundrechte und Grundpflichten an (Art. 98 bis 123). Es fällt nicht schwer, mittels Auslegung die Menschenwürde als Fundament und ihre Wahrung als Hauptaufgabe der bayerischen Verfassung auszumachen. Die bayerische Verfassung legt diese Disposition zwar nicht in ihren Eingangsworten oder mit einer Einleitung in die Grundrechte und Grundpflichten ausdrücklich offen. Doch wird die grundsatzhafte Bedeutung der Menschenwürde für das verfassungsmäßige Wesen des Freistaates darin sichtbar, dass Art. 131 Abs. 2 der bayerischen Verfassung die Achtung vor der Würde des Menschen zu einem obersten Bildungsziel erklärt, welches die Schulen zu verfolgen haben. Und in Art. 151 Abs. 1 der Verfassung des Freistaates Bayern vom Jahre 1946 ist alle wirtschaftliche Tätigkeit dem Gemeinwohl verpflichtet, wozu vor allem Gewährleistung menschenwürdigen Daseins für alle gehört.

Erst nach Gründung der Bundesrepublik Deutschland gab sich das Land Nordrhein-Westfalen im Jahre 1950 eine Verfassung.[12] Bis dahin hatte das von der britischen Militärregierung mit Verordnung Nummer 46 vom 23. August 1946[13] geschaffene Land[14] gemäß Statuten der Besatzungsmacht gehandelt.

---

[10] Verfassung des Freistaates Bayern vom 2. Dezember 1946, Bayerisches Gesetz- und Verordnungsblatt 1946, 333; auch in: Wenzel (Hrsg.), Bayerische Verfassungsurkunden. Dokumentation zur bayerischen Verfassungsgeschichte, 4. Aufl. 2002, 79 ff.

[11] Diese Ausdrücklichkeit der bayerischen Vorrede hebt auch *Bausback*, Politische Studien 477 (69, 2018), 20 (23) hervor.

[12] Verfassung für das Land Nordrhein-Westfalen vom 28. Juni 1950, Gesetz- und Verordnungsblatt für das Land Nordrhein-Westfalen 1950, 127.

[13] Verordnung Nr. 46. Auflösung der Provinzen des ehemaligen Landes Preußen in der Britischen Zone und ihre Neubildung als selbständige Länder vom 23. August 1946, Amtsblatt der Militärregierung Deutschland. Britisches Kontrollgebiet 1946, 305. Nach Gründung der neuen Länder aus bislang preußischen Gebieten löste der Alliierte Kontrollrat das Land

Grundrechte beschreibt die nordrhein-westfälische Verfassung ab Art. 4, beginnend mit einem – in Funktion und argumentativem Einsatz nicht leicht zu interpretierenden[15] – Generalverweis ins Grundgesetz. Die Verweisung besagt, dass alle Grundrechte des Grundgesetzes zugleich Landesrecht sind. Man darf vermuten, dass Art. 4 der Verfassung von Nordrhein-Westfalen auch Art. 1 GG heranzieht, weil die Grundrechte im Verständnis des Grundgesetzes lediglich Ausfluss der Menschenwürde sind und die Unantastbarkeit der Menschenwürde (Art. 1 Abs. 1 Satz 1 GG) mit der Achtungs- und Schutzpflicht des Staates (Art. 1 Abs. 1 Satz 2 GG) schon für sich genommen – auch – ein Grundrecht ausdrückt. Ausdrücklich begegnet die Würde des Menschen bei den Vorschriften der nordrhein-westfälischen Verfassung über das Bildungswesen und über das Arbeitsleben: Art. 7 zählt zu den Erziehungsinhalten, Achtung vor der Würde des Menschen zu entwickeln, und Art. 25 legt den 1. Mai als einen Feiertag fest, der dem Bekenntnis unter anderem zur Menschenwürde dient.

V. Menschenwürde in Chartae Europas und der Vereinten Nationen

1. Eine sehr junge Bekräftigung der Menschenwürde als Quelle von Grundrechten leistete die Europäische Union. Sie proklamierte im Jahre 2000 eine Charta der Grundrechte der Europäischen Union (Europäische Grundrechtecharta), mitgeteilt in ihrem Amtsblatt, und zwar im Teil für Mitteilungen und Bekanntmachungen („C").[16] Im Zusammenhang mit dem Vertrag von Lissabon vom 13. Dezember 2007 gab es eine – leicht veränderte – neuerliche Bekanntgabe der Grundrechtecharta.[17] Angefügte Erläuterungen[18] bezeichnen die Würde des Menschen zugleich als *Grundrecht* wie auch als *Fundament der Grundrechte*.[19] Hierin spiegelt sich dieselbe Ambivalenz wie in Art. 1 GG, wenn dessen dritter Absatz die Grundrechte erst in den nach-

---

Preußen auf: Gesetz Nr. 46. Auflösung des Staates Preußen vom 25. Februar 1947, Amtsblatt des Kontrollrates in Deutschland 1947, 262 = Amtsblatt der Militärregierung Deutschland. Britisches Kontrollgebiet, 1947, 488.

[14] Kurzer Überblick zur Gründung Nordrhein-Westfalens mit verzögerter Verfassungsgebung durch *Stolleis*, in: Isensee/Kirchhof (Hrsg.), Handbuch des Staatsrechts I: Historische Grundlagen, 3. Aufl. 2003, § 7 Rn. 75–78.

[15] Zur Meinungsverschiedenheit *Kamp*, in: Heusch/Schönenbroicher (Hrsg.), Die Landesverfassung Nordrhein-Westfalen, 2010, Art. 4 Rn. 14 ff.

[16] Charta der Grundrechte der Europäischen Union vom 7. Dezember 2000, ABl. EG 2000 C 364, 1.

[17] Charta der Grundrechte der Europäischen Union, ABl. EU 2007 C 303, 1.

[18] Erläuterungen zur Charta der Grundrechte, ABl. EU 2007 C 303, 17.

[19] Erläuterung zu Art. 1 Grundrechtecharta.

folgenden Artikeln anspricht. Im Jahre 2010 folgte eine neuerliche Bekanntmachung der Charta.[20] Und zwölf Jahre nach der ersten Proklamation, als die Zustimmungen der Mitgliedstaaten vorlagen, wurde die Charta nach Berichtigungen nochmals im Amtsblatt publiziert. Freilich geschah auch diese Verkündung mangels Qualität der Grundrechtecharta als Rechtsakt der Europäischen Union im Sinne des Vertrages über die Arbeitsweise der Europäischen Union nicht im legislativen Teil („L"), sondern wiederum unter den Mitteilungen und Bekanntmachungen („C").[21] Doch hatte Art. 6 Abs. 1 Unterabs. 1 des Vertrages über die Europäische Union in seiner Gestalt gemäß dem Vertrag von Lissabon der Grundrechtecharta Rechtsgültigkeit mit dem Rang der europäischen Verträge (nicht rangschwächer, aber auch nicht rangstärker) verliehen.[22]

2. Es wäre freilich verkürzt, die Europäische Grundrechtecharta nur als Nachbildung des Grundgesetzes zu sehen und das Grundgesetz seinerseits als singulär. Vielmehr sind Teil der Genese beider Texte die im November 1950, nur zweieinhalb Jahre nach Anstoß der Arbeiten auf einem Europakongress in Den Haag im Mai 1948, von den Regierungsvertretern im Europarat unterzeichnete Europäische Menschenrechtskonvention[23] und die Allgemeine Erklärung der Menschenrechte der Vereinten Nationen (UN-Charta) vom Ende des Jahres 1948.[24] Die Abschlüsse dieser Texte umrahmten den Abschluss des Grundgesetzes. Die Arbeiten daran fanden zum Teil gleichzeitig statt – und dies nicht etwa voneinander unbemerkt, wenngleich ausdrückliche Bezugnahmen rar bleiben. Das Grundgesetz entstand mit anderen Worten im Kontext einer internationalen Diskussion über die unbedingte und unaufhebbare Existenz von Rechten im Menschsein. Dieser Kontext wirkte neben vielen weiteren legislatorischen Erfahrungen innerhalb und außerhalb Europas bei der Schaffung der Europäischen Grundrechtecharta. Bereits während des Nationalsozialismus hatten seine Gegner die Indisponibilität der Grundlagen des Gemeinwesens und namentlich der

---

[20] Charta der Grundrechte der Europäischen Union, ABl. EU 2010 C 83, 389.

[21] Charta der Grundrechte der Europäischen Union, ABl. EU 2012 C 326, 391.

[22] Die konsolidierte Fassung des EUV ist bekanntgemacht in ABl. EU 2012 C 326, 13.

[23] Konvention zum Schutze der Menschenrechte und Grundfreiheiten (Europäische Menschenrechtekonvention; EMRK) vom 4. November 1950; veröffentlicht mit dem Gesetz über die Konvention zum Schutze der Menschenrechte und Grundfreiheiten vom 7. August 1952, BGBl. 1952 II, 685 (686); berichtigt in BGBl. 1952 II, 953; Bekanntmachung des Inkrafttretens in BGBl. 1954 II, 14.

[24] Allgemeine Erklärung der Menschenrechte vom 10. Dezember 1948, von der Vollversammlung der Vereinten Nationen als Resolution 217 A (III) gefasst; Ausgabe: Allgemeine Erklärung der Menschenrechte, in: Schwartmann (Hrsg.), Völker- und Europarecht, 11. Aufl. 2018, Nr. 30. Zur Entstehung der Allgemeinen Erklärung *Stern*, in: Stern/Sachs, Staatsrecht Bd. III/1 (Fn. 3), § 62.II.4.

Grundrechte eines jeden Einzelnen betont.[25] Die allem Handeln des Staates vorgegebene Bedingung, dass jeder einzelne Mensch Würde aus sich selbst hat und nicht erst durch den Staat empfängt, darf man auch hinter der sogenannten *Radbruchschen Formel* vermuten. Das ist der ein Jahr nach Kriegsende aufgestellte abstrakte Satz Gustav Radbruchs (1878–1949), dass um der Berechenbarkeit (*Rechtssicherheit*) willen im ersten Gedankenschritt jedes *positive Gesetz* als gültiges Recht anzunehmen, im zweiten Gedankenschritt jedoch ein Gesetz als ungültig zurückzuweisen ist, welches der Gerechtigkeit in unerträglichem Maße widerspricht, insbesondere weil es Gerechtigkeit nicht nur nicht enthält, sondern nicht einmal anstrebt.[26]

Die Konvention zum Schutze der Menschenrechte und Grundfreiheiten von 1950 hat zwar einen dem deutschen Grundgesetz sehr ähnlichen Katalog von Individualrechten (einklagbar beim Europäischen Gerichtshof für Menschenrechte in Straßburg), verweist allerdings nicht wie das Grundgesetz explizit auf die Würde des Menschen. Doch knüpft sie in ihrer Präambel ausdrücklich an die Allgemeine Erklärung der Menschenrechte der Generalversammlung der Vereinten Nationen von 1948 an. Und diese Allgemeine Erklärung hebt in ihrer eigenen Präambel, der Präambel zur Charta der Vereinten Nationen vom 26. Juni 1945[27] folgend, und in ihrem Art. 1 die allen Menschen innewohnende und angeborene Würde hervor. Dort, das Fundament für die Dokumentation der verschiedenen Menschenrechte im Einzelnen legend, verweist die Allgemeine Erklärung der Menschenrechte von der Menschenwürde aus auf die gleichen und unveräußerlichen Rechte aller Mitglieder der Gemeinschaft der Menschen. Die Generalversammlung verkündet diese Rechte, wie die Präambel am Ende mitteilt; nicht hingegen gibt die Allgemeine Erklärung der Menschenrechte an, dass sie sie erteile. Würde und aus der Würde abgeleitete Rechte des Menschen haben die Men-

---

[25] Siehe beispielsweise *Faulhaber*, Brief an Reichsminister der Justiz Franz Gürtner vom 6. November 1940, betreffend die sogenannte Euthanasie, in: *Mitscherlich/Mielke*, Medizin ohne Menschlichkeit, 1978, 199; *von Galen*, Predigt am 3. August 1941 in der Lambertikirche zu Münster, in: Klee (Hrsg.), Dokumente zur „Euthanasie", 1985, 193 ff.; *Frings*, Hirtenbrief vom 12. Dezember 1942 über die Grundsätze des Rechts, in: Froitzheim (Hrsg.), Kardinal Frings. Leben und Werk, 2. Aufl. 1980, 225 ff.; *Huber*, Entwurf für das „Schlußwort des Angeklagten" vor dem Volksgerichtshof am 19. April 1943, in: *Inge Scholl*, Die Weisse Rose, 15. Aufl. 2013, 65 ff.; Gemeinsamer Hirtenbrief der deutschen Bischöfe vom 19. August 1943 über die Zehn Gebote als Lebensgesetz der Völker, in: Froitzheim (Hrsg.), Kardinal Frings (wie zuvor), 234 ff.

[26] *Radbruch*, Gesetzliches Unrecht und übergesetzliches Recht, SJZ 1946, 105 (107). Zur Frage nach Richtigkeitsmaßstäben für die Geltung von Recht *Lindner*, JurA 2016, 8 (13 ff.).

[27] Charta der Vereinten Nationen vom 26. Juni 1945. Siehe Gesetz zum Beitritt der Bundesrepublik Deutschland zur Charta der Vereinten Nationen vom 6. Juni 1973, BGBl. 1973 II, 430. Die Präambel beschwört den Glauben an die Grundrechte des Menschen, an Würde und Wert der menschlichen Persönlichkeit, an die Gleichberechtigung von Mann und Frau und an die Gleichberechtigung aller Nationen.

schen schlicht wegen ihres Daseins inne, ohne auf eine gnädige Zuweisung des Staates hoffen zu müssen. Nicht Austeilung von Menschenrechten ist Aufgabe aller Staaten (in der Erklärung als Nationen bezeichnet), sondern, wie die Präambel ebenfalls am Ende feststellt, die Gewährleistung, dass die in der Erklärung dokumentierten Menschenrechte tatsächlich Anerkennung finden. Alle Nationen haben dazu nationale und internationale Maßnahmen zu ergreifen. Diese Aufforderung war umso dringlicher, als die Vereinten Nationen, anders als im Jahre 1950 der Europarat mit dem Straßburger Gerichtshof, keine gerichtliche Institution schufen, vor der Menschrechtsverletzungen angebracht werden könnten (von später errichteten Sondertribunalen für Kriegsverbrechen[28] abgesehen).

3. Weder das Deutsche Reich (vertreten durch die vier Kontrollmächte) noch die bereits wiederhergestellten deutschen Länder waren Mitglieder der Generalversammlung der Vereinten Nationen. Aber das nur wenige Monate nach der Proklamation der Vereinten Nationen verkündete Grundgesetz für die Bundesrepublik Deutschland liest sich wie eine umgehende Umsetzung der Allgemeinen Erklärung der Menschenrechte in nationales Recht, dem allen, nicht nur den an der Generalversammlung beteiligten Nationen ausgesprochenen Auftrag folgend, mit nationalen Maßnahmen auf die Verwirklichung von Würde und Rechten der Menschen hinzuwirken. Diese Wahrnehmung muss Nachgeborenen umso deutlicher erscheinen, als in den Aufzeichnungen des Parlamentarischen Rates die Diskussionen um eine treffende Formulierung zur Menschenwürde als Ausgangspunkt aller Staatlichkeit nur verhältnismäßig geringen Raum einnehmen. So findet man in den Dokumenten und Beratungsniederschriften des Ausschusses für Grundsatzfragen[29] neben rechtshistorischen Darlegungen vor allem Gedankenaustausch zu den einzelnen Grundrechten. Hingegen sind Erörterungen zur Vorgegebenheit, Vorstaatlichkeit, Vorverfassungsmäßigkeit, Ewigkeit von Grundrechten mit einer Gründung im Menschsein, in der Würde des menschlichen Lebens oder schlicht in der Würde des Menschen im Vergleich dazu eher knapp gehalten. Der Gedankenaustausch wirkt in seiner redaktionellen Sachlichkeit geradezu unterkühlt (was nicht nur dem glättenden Effekt routinierten Protokollierens zuzurechnen ist). Den Wortbeiträgen ist eine gewisse Scheu zu entnehmen, sich deutlich für eine im Ganzen naturrechtliche Herkunft der im Verfassungstext niedergelegten Grundrechte mit

[28] Z. B. dem von 1993 bis 2017 bestehenden Internationalen Strafgerichtshof für das ehemalige Jugoslawien (International Criminal Tribunal for the former Yugoslavia) in Den Haag, errichtet mit Punkt 2 der Resolution des Sicherheitsrates der Vereinten Nationen 827 vom 25. Mai 1993.

[29] *Pikart/Werner* (Bearbeiter), Der Parlamentarische Rat 1948–1949. Akten und Protokolle, Bd. 5/I. Ausschuß für Grundsatzfragen, 1993; desgleichen Bd. 5/II. Ausschuß für Grundsatzfragen, 1993.

ihren sämtlichen, nach den Umständen der Zeit je unterschiedlichen, Details und Konsequenzen zu entscheiden. Deshalb tritt die Menschenwürde nur als ein Ansatz für eine textliche Ausformung von Grundrechten auf. Da dieser Ansatz für sich genommen allen im Parlamentarischen Rat Beteiligten unzweifelhaft ist, bedarf es keiner großangelegten Debatte über Ursprung und Gehalt der Menschenwürde und auch keines Abgleichs mit den in Deutschland schon entstandenen Landesverfassungen oder mit Vorbereitungen zu einer Allgemeinen Erklärung der Menschenrechte auf der Ebene der Vereinten Nationen.[30]

4. Auch im Alltag staatlichen Handelns und insbesondere der dieses Handeln kontrollierenden Gerichtsbarkeit, namentlich des Bundesverfassungsgerichts, rückt die Fundierung der Grundrechte in der Menschenwürde in den Hintergrund. Selten wird sie ausdrücklich in Argumentationen eingeflochten. Zuallermeist stehen die Grundrechte je für sich im Mittelpunkt einer Auseinandersetzung.[31] Augenscheinlich sind die textliche Differenzierung des Grundrechtekataloges im Grundgesetz und daraus hervorgehend ein Detailreichtum in der Fülle verfassungsgerichtlicher Entscheidungen und wissenschaftlicher Kritik zu einem stabilen Gebäude erwachsen, das keines ständigen Rekurses zur Quelle bedarf, weil kein Zweifel an der Verbindlichkeit der Grundrechte besteht – jedenfalls solange nicht, wie der Staat sich nicht durch ein allgegenwärtiges Gefahrereignis überfordert und zu differenzierendem Handeln außerstande sieht.[32] Der Befund einer Verselbständigung der Grundrechte von ihrer Wurzel ist ebenso mit der Beobachtung ausgedrückt, dass die Rechtsprechung des Bundesverfassungsgerichts sich im Laufe der Jahrzehnte von der Idee einer dem Grundgesetz vorgegebenen Existenz der Grundrechte abkehrte und lediglich den selbstverständlichen Anwendungsvorrang der Verfassung in der Interpretation des einfachen Rechts übrigließ.[33] Der Befund ist letztlich auch in der Genese des Grundgesetzes mit der gängigen Aussage[34] enthalten, dass die Verfassungsentwicklungen der Jahre 1945 bis 1949 nicht mit einer verfassungshistorischen „Stunde Null“ begannen, sondern aus Kontinuitäten hervorgingen.

---

[30] Siehe die Niederschrift zur 4. Sitzung des Ausschusses für Grundsatzfragen vom 23. September 1948, *Pikart/Werner*, Bd. 5/I (Fn. 29), 66, 70–75. Siehe über den Gang der Beratungen zu Art. 1 GG auch Häberle (Hrsg.), Entstehungsgeschichte der Artikel des Grundgesetzes. Neuausgabe des Jahrbuch des öffentlichen Rechts der Gegenwart, Bd. 1 [bearbeitet von v. Doemming/Füßlein/Matz, 1951], 2010, 42 ff.

[31] *Hufen*, NJW 1999, 1504 (1505).

[32] Wie die im Jahre 2020 ausgebrochene Covid-19-Pandemie erfahren lässt.

[33] *Hufen*, NJW 1999, 1504 (1507).

[34] *Stolleis* (Fn. 14), § 7 Rn. 2 f.; mit spezifischem Blick auf die Grundrechte zustimmend *Hufen*, NJW 1999, 1504 (1505 mit Fn. 8). Siehe auch in einem allgemeineren Sinne über die Entwicklung Deutschlands nach der Kapitulation ohne eine „Stunde Null“ *Bracher*, Wendezeiten der Geschichte, 1992, 232 ff.

Der Eindruck erhärtet sich bei einer Stichprobe in den ersten „Frankfurter Heften", welche nach dem Zweiten Weltkrieg einen erheblichen Anteil an der gesellschaftlichen Diskussion um den institutionellen, sozialen, ökonomischen und ideellen Wiederaufbau Deutschlands hatten. Der Publizist Walter Dirks (1901–1991) sprach während des Jahres 1946 im Nachdenken über „Die neuen Verfassungen" (nämlich der deutschen Länder, aber perspektivisch auch einer deutschen Gesamtrepublik) von Grundrechten, Menschenrechten und Freiheiten, benötigte dafür aber nicht den Ausdruck „Menschenwürde".[35] Auch Beiträge zu den ersten beiden Jahrgängen der von 1946 bis 1950 erscheinenden Süddeutschen Juristenzeitung behandeln die Grundrechte oder die Menschenrechte in ihren zeitgenössischen und historischen Dimensionen zwar nach Quellenlage und Gehalten ausführlich, doch zunächst mit allenfalls marginaler Anknüpfung an die Menschenwürde – selbst dann, wenn sie von den Texten der Vereinten Nationen oder vom Grundgesetz sprechen.[36] Erst mit Positivierungen in den Verfassungen wird die Menschenwürde zum Thema, freilich weit davon entfernt, beherrschend zu sein. Den Anfang macht im Jahre 1947 ein kurzer Aufsatz von Helmut Coing (1912–2000).[37] Der Bonner Rechtsanwalt und langjährige Mitherausgeber der Neuen Juristischen Wochenschrift Konrad Redeker (1923–2013) konstatierte im Jahre 1959 in einer Besprechung zur Abhandlung des Bochumer Staatsrechtslehrers Wilhelm Wertenbruch (1919–1987) über „Grundgesetz und Menschenwürde",[38] dass der am Beginn des Grundgesetzes stehende Satz von der Unantastbarkeit der Menschenwürde in der verfassungsgeschichtlichen Entwicklung kaum Vorbilder hatte.[39]

---

[35] *Dirks*, Frankfurter Hefte 1946/4, 3–5 (291–293).

[36] Siehe *o. V.*, Zur Entstehung der Verfassungen, 1. Material zum Grundrecht der Freien Meinungsäusserung und der Freiheit der Presse, SJZ 1946, 37 ff.; *Jerusalem*, Zum Verfassungsproblem, SJZ 1946, 108 ff.; *Ebbinghaus*, Sozialismus der Wohlfahrt und Sozialismus des Rechtes, SJZ 1947, 137 ff.

[37] *Coing*, Das Grundrecht der Menschenwürde, der strafrechtliche Schutz der Menschlichkeit und das Persönlichkeitsrecht des bürgerlichen Rechts, SJZ 1947, 641 ff. Später BayVerfGH, SJZ 1948, 550 ff.; *Würtenberger*, SJZ 1948, 650 ff.; *R. Lange*, SJZ 1948, 655 ff. Ohne Rekurs auf die Menschenwürde, aber mit Kritik an einer Auffassung, dass der Staat die Grundrechte gewähre und nicht nur bestätige, *Jerusalem*, Die Grundrechte des Bonner Grundgesetzes und ihre Durchsetzung in der Rechtsprechung, SJZ 1950, 1 ff., mit Verweis (7) auf die in Art. 1 des Herrenchiemseer Entwurfes angebrachte Formel, dass der Staat um des Menschen willen da sei, nicht der Mensch um des Staates willen.

[38] *Wertenbruch*, Grundgesetz und Menschenwürde. Ein kritischer Beitrag zur Verfassungswirklichkeit, 1958.

[39] *Redeker*, NJW 1959, 185.

VI. Ältere Verfassungen für Deutschland und für Österreich

Die Verfassung für das Deutsche Reich vom Jahre 1919,[40] sogenannte Weimarer Verfassung, enthält einen Katalog von Grundrechten und Grundpflichten (Art. 109–165). Der Verfassungstext führt die Grundrechte allerdings nicht ausdrücklich auf eine vorgegebene Menschenwürde zurück. Die Grundrechte erscheinen nicht notwendig als dem Verfassungsgeber vorgegeben. Dies heißt nicht, dass die Urheber der Reichsverfassung sie nicht als vorgegeben empfunden hätten. Doch bestand offenbar keine Notwendigkeit, die Präexistenz der Grundrechte vor jeglicher Gesetzgebung, auch vor der Verfassung selbst, hervorzuheben. Die Setzung der Grundrechte an sich mochte deren genügende Achtung garantieren. Zeitgenössisch entwickelte sich – unabhängig von einer Festlegung auf oder einer Ablehnung von Vorstaatlichkeit – der Konsens, die Bezeichnung von Grundrechten in der Verfassung, für den Staat Unantastbarkeit eines Mindestmaßes an individueller Freiheit bedeutend, als Institutsgarantien zu interpretieren.[41]

Keinen besonderen Abschnitt über Grundrechte oder gar deren Fundierung in der Menschenwürde bildete das österreichische Bundes-Verfassungsgesetz vom Jahre 1920.[42] Vielmehr erscheint dort die Rechtsgleichheit aller Bundesbürger (Art. 6 Abs. 3, Art. 7 Bundes-Verfassungsgesetz) eingebettet in die Allgemeinen Bestimmungen zur Konstitution der Republik Österreich (Art. 1 bis 23 Bundes-Verfassungsgesetz), wo auch die Staatsform, das Territorium, die Währungs-, Wirtschafts- und Zolleinheit, Hauptstadt und Bürgerschaft, Amtssprache und Kompetenzen von Bund und Ländern beschrieben sind. Erst die Verfassung des Jahres 1934[43] stellte allgemeine Rechte der Staatsbürger zusammen (Art. 15 bis 33 Verfassung 1934), ohne Verweis auf die Menschenwürde. Wie sehr freilich der Gedanke von Grundrechten – und zwar ohne Anknüpfung an die Staatsbürgerschaft – die Gesellschaft Österreichs nach dem Ersten Weltkrieg durchdrungen hatte, zeigt ein gänzlich

---

[40] Die Verfassung des Deutschen Reichs vom 11. August 1919, RGBl. 1919, 1383; bei Gassner (Fn. 4), 118 ff.; bei Gosewinkel/Masing (Hrsg.), Die Verfassungen in Europa 1789–1949. Wissenschaftliche Textedition unter Einschluß sämtlicher Änderungen und Ergänzungen sowie mit Dokumenten aus der englischen und amerikanischen Verfassungsgeschichte, 2006, 806 ff.

[41] Siehe *Anschütz*, Die Verfassung des Deutschen Reichs vom 11. August 1919, 14. Aufl. 1933, Nachdruck 1968, Vorbemerkung zu Art. 109 ff. WRV, 506, 520. Zur engeren Entstehungsgeschichte der Art. 109 ff. WRV *ders.* (wie zuvor), 508 ff.

[42] Gesetz vom 1. Oktober 1920, womit die Republik Österreich als Bundesstaat eingerichtet wird (Bundes-Verfassungsgesetz), Staatsgesetzblatt für die Republik Österreich 1920, 1791; bei Gosewinkel/Masing (Fn. 40), 1550 ff.

[43] Kundmachung der Bundesregierung vom 1. Mai 1934, womit die Verfassung 1934 verlautbart wird, Bundesgesetzblatt für den Bundesstaat Österreich 1934, 1 ff.; bei Gosewinkel/Masing (Fn. 40), 1594 ff.

abseits des staatsrechtlichen, politischen oder sozialwissenschaftlichen Argumentationsgeschehens liegendes Textbeispiel aus dem Bereich der Musikalien: Im ersten Satz ihres Vorwortes zum zweiten Band ihrer Edition österreichischer Volksmusik[44] erinnerten die Herausgeber Raimund Zoder und Rudolf Preiß im Jahre 1925 daran, dass bei Erscheinen des ersten Bandes[45] in den sorgenvollen Vorfrühlingstagen des Jahres 1919 um die höchsten Güter Menschenrecht und Völkerschicksal gerungen wurde, weswegen es seinerzeit als unerhörtes Wagnis erschienen sei, ein Büchlein herauszugeben, welches Einkehr und innere Sammlung zur Voraussetzung habe.

Der Vorgänger der Weimarer Reichsverfassung, die Verfassung des Deutschen Reichs vom Jahre 1871,[46] stellt Grundrechte überhaupt nicht dar, geschweige denn, dass sie von ihrer Fundierung in der Menschenwürde spräche.[47] Ebenso wenig führt vier Jahre zuvor die Verfassung des Norddeutschen Bundes vom Jahre 1867[48] Menschenwürde und Grundrechte an. Beide Verfassungen stellen sich lediglich die Aufgabe, die Strukturen des Bundesgemeinwesens zu schaffen. Hingegen benennt die Verfassung des Deutschen Reiches von 1849,[49] die sogenannte Paulskirchenverfassung, in ihren §§ 130 bis 187 Grundrechte des deutschen Volkes (neben den Rechten der Individuen auch Rechte der Gemeinden sowie die Notwendigkeit von Volksvertretungen in jedem Gliedstaat anführend).[50] Doch findet man auch hier keine ausdrückliche Bezugnahme auf die Würde des Menschen. Die Grundrechte treten in der Verfassung von 1849 lediglich als positive, im Akt der Gesetzgebung gezogene Grenzen gegen das Handeln des Staates gegenüber seinen Untertanen in Erscheinung.

---

[44] Zoder/Preiß (Hrsg.), Bauernmusi. Österreichische Volksmusik, 2. Teil, bearbeitet für zwei Geigen […] und Gitarre, 1925.

[45] Zoder/Preiß (Hrsg.), Bauernmusi. Oesterreichische Volksmusik. Zwei Bände, Bd. I, Für 1 oder 2 Mandolinen […], 1919.

[46] Verfassung des Deutschen Reichs vom 16. April 1871, Bundes-Gesetzblatt des Deutschen Bundes 1871, 63; bei Gassner (Fn. 4), 110 ff.; bei Gosewinkel/Masing (Fn. 40), 783 ff.

[47] Dazu *Stern*, Staatsrecht Bd. V (Fn. 3), § 128.III.2.

[48] Verfassung des Norddeutschen Bundes (Publikandum vom 26. Juli 1867 nach Beschluss des Reichstags vom 16. April 1867 und Zustimmung der Länder), Bundes-Gesetzblatt des Norddeutschen Bundes 1867, 1; auch in Gassner (Fn. 4), 108 ff.

[49] Verfassung des deutschen Reiches vom 28. März 1849, Reichs-Gesetz-Blatt 1849, 101; bei Gassner (Fn. 4), 99 ff.; bei Gosewinkel/Masing (Fn. 40), 760 ff.

[50] Hierzu *Stern*, Staatsrecht Bd. V (Fn. 3), § 126.V.3.

VII. Bairischer Frühkonstitutionalismus und Preußisches Allgemeines Landrecht

1. Die Verfassungs-Urkunde des Königreichs Baiern vom Jahre 1818[51] wurde nicht von einem Parlament geschaffen, sondern vom Monarchen (König Maximilian Joseph) oktroyiert. Sie ist Element des sogenannten süddeutschen Frühkonstitutionalismus.[52] Ihre Vorrede verweist auf die vorangehende Verfassung von 1808, den ersten deutschen Verfassungstext der Epoche. Die Verfassungs-Urkunde von 1818 enthält jenseits einer Vorrede vor allem Staatsorganisation, und auch diese nur in ihren Hauptzügen; sogenannte Organische Edikte ergänzen die von der Verfassungs-Urkunde lediglich in den Grundlinien getroffenen Dispositionen. Die Vorrede verspricht jedoch, dass das Volk in der Verfassung die kräftigste Gewährleistung der landesväterlichen Gesinnung finden werde und zählt hierauf Freiheiten und Gleichheiten auf. Näher bezeichnet sind einige Freiheiten in Titel IV, der *Von allgemeinen Rechten und Pflichten* handelt, teils an das Indigenat (aus Geburt oder Naturalisierung gewonnen), teils an die Einwohnerschaft gebunden, teils (so die Ungültigkeit von Leibeigenschaft in Titel IV § 6) voraussetzungslos formuliert.

Diese Freiheiten und Gleichheiten leitet die Vorrede zur Verfassungs-Urkunde von 1818 nicht ausdrücklich von einem Ort außerhalb der Urkunde her. Das macht vordergründig den Eindruck, dass die angeführten Grundrechte Teil großherziger Gewährung des Monarchen seien. Doch fällt auf, dass die Vorrede die Freiheiten und Gleichheiten nicht als Gnadenerweise darstellt, so dass sie als zumindest im Sinne einer politischen Klugheit den Anordnungen über die Strukturen des Gemeinwesens vorgegeben erscheinen. Nicht ausgeschlossen ist, dass hinter der Vorrede sogar die Auffassung einer Indisponibilität steht, so dass der Monarch gar nicht anders handeln konnte, als seinen Untertanen, denen er die Verfassung des Königreiches Baiern gab, fürsorgend ein Gewährleisten der Freiheiten und Gleichheiten zu versprechen. Ein sicherer Befund dazu scheint indessen nicht möglich. Das zeitgenössische Verständnis von der normativen Positivierung bayerischer Staatlichkeit mit den Verfassungstexten der Jahre 1808 und 1818 ist diffus; der Diskurs scheint weniger von der Frage der Herkunft von Individualrechten als vielmehr von der Frage beherrscht gewesen zu sein, ob mit

---

[51] Verfassungs-Urkunde des Königreichs Baiern vom 26. Mai 1818, Gesetzblatt für das Königreich Baiern 1818, 101; bei Wenzel (Fn. 10), 23 ff.; bei Gassner (Fn. 4), 73 ff.

[52] Einführung in den süddeutschen Frühkonstitutionalismus: *Gassner*, Zeitschrift für Schwäbische und Bayerische Rechtsgeschichte, 3 (voraussichtlich 2022; im Druck). Über noch zu Zeiten des Alten Reiches entstehende Entwürfe Dippel (Hrsg.), Die Anfänge des Konstitutionalismus in Deutschland. Texte deutscher Verfassungsentwürfe am Ende des 18. Jahrhunderts, 1991.

den Verfassungsgebungen ein Gesellschaftsvertrag im Sinne der Naturrechtslehren zustande gekommen sei.[53] Deshalb ist es nicht unwahrscheinlich, dass die in der Verfassungs-Urkunde von 1818 angeführten Rechte zumindest im Grundsatz als Staatsbürgerrechte und nicht als Menschenrechte gedacht waren.[54] Diesen Befund muss man aber um die Feststellung ergänzen, dass der erwähnte Ausschluss der Leibeigenschaft (Titel IV § 6), die Justizrechte (Titel IV § 8 Abs. 2 und 3) sowie der Ausschluss von Enteignungen jenseits eines Verfahrens- und Entschädigungsreglements (Titel IV § 8 Abs. 4) keine Begrenzung auf eine gewisse Beziehung des Rechtsinhabers zum Staate Baiern nennen.

Die in der Vorrede zur Verfassungs-Urkunde von 1818 zitierte Konstitution für das Königreich Baiern vom Jahre 1808[55] enthält ihrer thematischen Gliederung zufolge ausschließlich die Organisation des Staates und die Beschreibung seiner Tätigkeiten. Grundrechte finden sich nicht in einem Systemabschnitt des Textes vom Jahre 1808 verortet. Jedoch erscheint zum einen die Garantie der Gleichheit, ohne als solche angesprochen zu sein, in die Grundorganisation staatlichen Handelns gemäß der Konstitution des Jahres 1808 eingebunden (Erster Titel §§ V und VI). Und zum anderen ist den Staatsbürgern ausdrücklich Sicherheit der Personen und des Eigentums (Erster Titel § VII), Gewissensfreiheit (Erster Titel § VII) sowie Preßfreiheit (Erster Titel § VII) zugesagt. Die Leibeigenschaft ist ohne Beschränkung auf Staatsbürgerschaft für aufgehoben erklärt (Erster Titel § III). Von Menschenwürde als Quelle von Gleichheit und Freiheit ist freilich auch hier keine Rede.

2. Rechte des Menschen sieht § 82 der Einleitung zum Allgemeinen Landrecht für die Preußischen Staaten vom Jahre 1794[56] bereits mit seiner Geburt entstehen, ansonsten nach Stand, Handlungen und Begebenheiten, welchen die Gesetze Wirkungen zuordnen. Die Rechte sind allgemeine (§ 83) und besondere (§ 84). Die allgemeinen Rechte des Menschen gründen sich auf seine natürliche Freiheit, sein eignes Wohl ohne Kränkung der anderen suchen zu dürfen (§ 83). Hierin ist eine Auffassung erkennbar, welche die Freiheit des Menschen als dem Gesetz vorgegeben, nicht erst durch das Gesetz zugewiesen ansieht. Der Ausdruck Menschenwürde fällt nicht, doch sein Gehalt wird sichtbar. Die geschilderten Bestimmungen begegnen auch bereits in §§ 89 bis 91 der Einleitung zum Allgemeinen Gesetzbuch für die Preußischen Staaten

[53] Siehe *Möckl*, Der moderne bayerische Staat. Eine Verfassungsgeschichte vom aufgeklärten Absolutismus bis zum Ende der Reformepoche, 1979, 93 f.

[54] *Ruf*, Die Bayerische Verfassung vom 14. August 1919, 2015, 57.

[55] Konstitution für das Königreich Baiern vom 1. Mai 1808, Königlich-Baierisches Regierungsblatt 1808, 985; in der Edition Wenzel (Fn. 10), 9 ff.; bei Gassner (Fn. 4), 70 ff.

[56] Ausgabe: Hattenhauer/Bernert, Allgemeines Landrecht für die Preußischen Staaten von 1794, 3. Aufl. 1996.

von 1791.[57] Dieses Gesetzbuch war schon publiziert und sollte zum 1. Juni 1792 in Kraft treten. Indessen wurde es auf Betreiben konservativer Kräfte aus Besorgnis, es möchte in seiner freiheits- und gleichheitszugewandten Grundhaltung revolutionären Umtrieben wie in Frankreich Vorschub leisten, kurz vor dem Inkrafttreten wieder eingezogen. Die rückwärtsgewandte Überarbeitung mit dem Ergebnis des Allgemeinen Landrechts vermochte indessen nicht mehr das Grundbekenntnis zur natürlichen Freiheit aller Menschen zu beseitigen.

VIII. Nordamerikanische und französische Garantien des 18. Jahrhunderts

1. Im exemplarischen Abschreiten von Quellenbefunden zu Menschenrechten auf der Suche nach Fundierung in einer Auffassung vorgegebener Menschenwürde fällt am Ende des 18. Jahrhunderts der Blick auf Normtexte Nordamerikas und Frankreichs. Die Verfassung der Vereinigten Staaten von Amerika vom Jahre 1787[58] hatte die Organisation des Gemeinwesens geregelt, sah jedoch keine Grundrechte vor. Im Jahre 1791 allerdings ergänzte der *Congress* die Verfassung um zehn Nachträge. Diese zehn *Amendments*[59] werden auch als *(United States) Bill of Rights* bezeichnet. Hier finden sich ebensolche individuale Freiheitsgarantien, wie sie in den jüngeren Quellen als Menschenreche oder Grundrechte angesprochen werden. Eine Verwurzelung der dem Staat auferlegten Beschränkungen in angeborener Würde des Menschen nennen die *Amendments* freilich nicht ausdrücklich.[60]

2. Zwei Jahre vor den nordamerikanischen *Amendments* hatte die französische Nationalversammlung (*Assemblée Nationale*) zu Paris ihre Erklärung der Menschen- und Bürgerrechte beschlossen. Die *Déclaration des droits de l'homme et du citoyen* vom 26. August 1789[61] bezeichnet in ihrer Präambel – ohne Begrenzung auf die Bürger (*citoyens*) Frankreichs – die Menschenrechte als natürlich, unveräußerlich und geheiligt: *les droits naturels, inaliénables et sacrés de l'homme*. Artikel 1 der *Déclaration* stellt dementsprechend fest,

---

[57] Erstausgabe: Allgemeines Gesetzbuch für die Preußischen Staaten, Erster Theil, 1791.

[58] Constitution of the United States of America vom 17. September 1787 bei Gassner (Fn. 4), 16 ff.; bei Gosewinkel/Masing (Fn. 40), 146 ff. (in deutscher Übersetzung).

[59] Die zehn Amendments in: Schambeck/Widder/Bergmann (Hrsg.), Dokumente zur Geschichte der Vereinigten Staaten von Amerika, 2. Aufl. 2007, 182 ff. (in deutscher Übersetzung); in der Edition Gassner (Fn. 4), 17 f.; bei Gosewinkel/Masing (Fn. 40), 155 f. (deutsche Übersetzung).

[60] Hervorgehoben auch von *Gisbertz*, Menschenwürde in der angloamerikanischen Rechtsphilosophie, 2018, 184 ff. (188).

[61] Déclaration des droits de l'homme et du citoyen, Strasbourg ohne Jahr (um 1790); bei Gassner (Fn. 4), 24 f.; bei Gosewinkel/Masing (Fn. 40), 165 ff. (deutsche Übersetzung).

dass alle Menschen frei und in ihren Rechten gleich geboren werden und auch bleiben (*Les hommes naissent et demeurent libres et egaux en droits*). Diese Ausgangslage gilt für alle Menschen, nicht nur für die Bürger Frankreichs (im Gegensatz beispielsweise zur Berechtigung gemäß Art. 14, an der Erhebung und Verwendung der öffentlichen Geldmittel mitzuwirken). Zu den Menschenrechten zählt beispielsweise die Bestimmung in Art. 7 und 8, derzufolge niemand jenseits der im Gesetz benannten Fälle angeklagt, verhaftet, gefangengehalten (Art. 7) oder bestraft (Art. 8) werden darf. Die Menschen- und Bürgerrechte kehren integriert in die französischen Verfassungen der folgenden Jahre wieder (Verfassung der Nationalversammlung vom 3. September 1791; Konventsverfassung vom 24. Juni 1793; Direktoriumsverfassung vom 22. August 1795).[62] In der Konsulatsverfassung vom 13. Dezember 1799 fallen die Menschenrechte fort.[63] In die monarchische Verfassung vom 4. Juni 1814 (*Charte constitutionelle*) finden sie in verkürzter Darstellung und nicht mehr als Menschenrechte bezeichnet erneut Eingang.[64]

Ohne dass der Ausdruck Würde des Menschen hier fällt, wird in der französischen Erklärung der Menschenrechte sichtbar, dass ein Mensch nicht zum Demonstrationsobjekt einer neuen staatlichen Unwertzuschreibung herabgewürdigt werden darf, wenn er sich so verhielt, wie es in den Gesetzen bislang nicht als strafwürdig beschrieben ist. Der Satz von der Notwendigkeit einer vorherigen gesetzlichen Definition eines Verhaltens als strafbar, wenn ein Individuum mit Strafe belegt werden soll, ist Respekt vor dem Individuum, dem der Staat vernunftmäßige Selbststeuerung zugestehen muss. Erst wenn der autonom handelnde Mensch in der Lage war, in seine Abwägung von Nutzen und Schaden seines bevorstehenden Verhaltens auch das hoheitliche Unwerturteil mitsamt der Strafbewehrung einzustellen, wenn also die eventuelle Tat schon in zugänglicher Quelle als strafbar umschrieben ist, ist Bestrafung prinzipiell ohne Würdeverlust möglich (bedarf freilich, um nicht doch die angeborene Freiheit und Gleichheit des Menschen zu verletzen, noch der Kontrolle von Art und Maß).

3. Respekt vor der Person eines Straftäters[65] verlangte beispielsweise Paul Johann Anselm Feuerbach (1775–1833) in seiner vielbeachteten Darstellung zu den Grundlagen des Strafrechts vom Jahre 1799. Bestrafung muss vor der

---

[62] Die drei genannten Verfassungen in der Edition Gassner (Fn. 4), 25 ff., 33 ff., 37 ff. (jeweils deutsch); bei Gosewinkel/Masing (Fn. 40), 165 ff., 193 ff., 206 ff. (ebenfalls jeweils deutsch).

[63] Bei Gassner (Fn. 4), 41 ff. (deutsch); bei Gosewinkel/Masing (Fn. 40), 242 ff. (deutsch).

[64] Die Charte constitutionelle bei Gassner (Fn. 4), 43 ff. (deutsch); bei Gosewinkel/Masing (Fn. 40), 281 ff. (deutsch).

[65] Nach der nationalsozialistischen Gewaltherrschaft über die Notwendigkeit, die Menschenwürde des Täters zu achten, der zum Objekt staatlicher Strafgewalt geworden ist, *Würtenberger*, Humanität als Strafrechtswert, SJZ 1948, 650 (653 ff.).

zu bestrafenden Tat schon gesetzlich angedroht gewesen sein, so dass die Strafwürdigkeit im Bewusstsein des Täters gestanden haben konnte.[66] Aber auch dann, wenn diese Voraussetzung eingehalten ist, darf der Staat dem Täter Achtung nicht entziehen. Feuerbach sah den abschreckenden Zweck der Strafe (*Prävention*) allein in der gesetzlichen Strafandrohung angelegt. Den Vollzug der Strafe verstand er lediglich als Bekräftigung der Strafandrohung, welche ohne Vollzug eine leere Drohung wäre.[67] Nicht hingegen konnte in Feuerbachs Augen der Vollzug, so sehr er auch die Umwelt tatsächlich beeindrucken mag, mit der Prävention rechtlich begründet werden. Denn einer solchen Begründung stehe entgegen, dass auch der Verbrecher ein Mensch ist. Und als Mensch hat er eine angeborene Persönlichkeit, die ihn davor schützt, als Mittel zu Absichten anderer, und sei es des mit Strafrecht Abschreckung versuchenden Staates, gehandhabt und damit auf die Eigenschaft einer Sache reduziert zu werden.[68]

Hingegen hatte eine Generation zuvor Cesare Beccaria (1738–1794) in seiner Schrift über die Verbrechen und die Strafen seine Ablehnung der Todesstrafe unter anderem noch damit zu stützen versucht, dass das kurze Schauspiel der Hinrichtung in der Gesellschaft nur einen flüchtigen Eindruck von der Verbindlichkeit des Strafgesetzes erzeuge und eine nachhaltige Abschreckung besser mit dem anschaulichen Beispiel eines zu lebenslanger sichtbarer Zwangsarbeit Verurteilten, der der Umwelt als zum Dienstvieh geworden (*divenuto bestia di servigio*) sichtbar werde, erreichbar sei. Hiermit erklärte Beccaria die Erniedrigung, die Instrumentalisierung des Täters zu einem Prinzip.[69] Diese Gegenüberstellung zeigt, dass Gedankengut der Aufklärung keineswegs in einem einheitlichen Strom auf ein Bewusstsein unentziehbarer Grundrechte zuläuft.

4. Im Jahr der französischen Revolution erscheint in London eine anonyme private Erklärung der Rechte in englischer Sprache (*Declaration of Rights*) mit französischer Übersetzung (*Déclaration des Droits*). Sie steht augenscheinlich unter dem Einfluss nordamerikanischer Rechte-Erklärungen des vorangehenden Jahrzehnts, namentlich derjenigen aus Virginia (*Virginia Bill of Rights* vom 12. Juni 1776)[70] und aus Pennsylvania (*Constitution of the Commonwealth of Pennsylvania* vom 28. September 1776).[71] Diese Texte

[66] *Feuerbach*, Revision der Grundsätze und Grundbegriffe des positiven peinlichen Rechts, Zweiter Theil, 1800, 43f.

[67] *Feuerbach*, Revision der Grundsätze und Grundbegriffe des positiven peinlichen Rechts, Erster Theil, 1799, 56f., 60.

[68] *Feuerbach* (Fn. 67), 46–48.

[69] *Beccaria*, Dei delitti e delle pene, Nuova edizione, 1786, 64f.

[70] Virginia Bill of Rights bei Gassner (Fn. 4), 1f.; bei Gosewinkel/Masing (Fn. 40), 134f. (deutsch).

[71] Constitution of Pennsylvania bei Gassner (Fn. 4), 5ff.

betonen die natürlichen, angeborenen, unverfügbaren Rechte des Menschen: (*Declaration* 1789 zu Beginn: *natural rights of man – droits naturels*; Section 1 *Virginia Bill*: *all men are created equally free & independent & have certain inherent natural Rights*; Chapter 1.1 *Constitution of Pennsylvania*: *all men are born equally free and independent, and have certain natural, inherent and inalienable rights*). Auch die stark komprimierte Erwähnung gleicher Geburt und unveräußerlicher Rechte aller Menschen in der Unabhängigkeitserklärung der dreizehn Vereinigten Staaten von Amerika[72] mag auf die in London publizierte Erklärung eingewirkt haben. Der Gedanke menschlicher Würde begegnet in diesen Quellen, ohne in einem Begriff ausgedrückt zu sein, darin, dass der Mensch die bezeichneten Rechte allein seiner Geburt wegen hat. Die Rechte werden ihm nicht erst zugewiesen.

IX. Samuel Pufendorfs Naturrechtslehre und englische Freiheitszusagen

1. Begibt man sich um ein weiteres Jahrhundert tiefer in die Vergangenheit, begegnen in engem zeitlichen Zusammenhang zwei prominente Quellen der englischen Verfassungsgeschichte und wenige Jahr zuvor die Naturrechtslehre des Samuel Pufendorf (1632–1694). Pufendorf hatte während seines schwedischen Exils in seinen beiden Werken über das Natur- und Völkerrecht sowie über die Pflicht des Menschen und des Bürgers die Lehre von den Rechten und Pflichten des Menschen aus dem Befund der Würde menschlicher Natur (*humanae naturae dignitas*) entwickelt,[73] aus der von Gott dem Menschen gegebenen Ausstattung mit Verstand (*intellectus*) und Entscheidungswille (*decernens voluntas*).[74]

2. Wenige Jahre nach dem ersten Erscheinen der beiden Schriften Pufendorfs stattet England sich nach inneren Auseinandersetzungen mit zwei vom Parlament dem König (im zweiten Fall: dem Königspaar) abverlangten Grundgesetzen aus: Es sind das *Habeas Corpus Act* vom 27. Mai 1679,[75] benannt nach den Eingangsworten des Vorführbefehls, mit dem ein Gericht (schon lange vor dem Gesetz von 1679) das Herbeischaffen eines Inhaftier-

---

[72] Bei Gassner (Fn. 4), 2ff.; bei Gosewinkel/Masing (Fn. 40), 136ff. (deutsch).

[73] *Pufendorf*, De jure naturae et gentium libri octo, 1672, 2.1.5.

[74] *Pufendorf*, De officio hominis et civis juxta legem naturalem libri duo, 1673, 1.1.2; Ausgabe in deutscher Übersetzung: Luig (Hrsg.), Pufendorf, Über die Pflicht des Menschen und des Bürgers nach dem Gesetz der Natur, 1994. Siehe auch *Fiorillo*, „Non canis, sed homo": Menschenwürde und Ehre in der Naturrechtslehre Samuel Pufendorfs, in: Fiorillo/Kahlo (Hrsg.), Wege zur Menschenwürde. Ein deutsch-italienischer Dialog im memoriam Mario A. Catteaneo, 2015, 111ff.

[75] Habeas Corpus Act in deutscher Übersetzung bei Gosewinkel/Masing (Fn. 40), 112ff.

ten anordnet (*writ of habeas corpus*), um über die Rechtmäßigkeit der Verhaftung zu entscheiden, und das *Bill of Rights* vom 23. Oktober des Jahres 1689,[76] genauer: *An Act Declaring the Rights and Liberties of the Subject and Settling the Succession of the Crown*, im Entwurf als *Declaration of Rights* bezeichnet. Das *Habeas Corpus Act* schützt gegen willkürlichen Freiheitsentzug, was auch ein zentrales Element modernen Menschenrechtsverständnisses ist. Das *Bill of Rights* hat einen weiteren Gehalt, unter anderem Strafverfolgung durch irreguläre Gerichtsbarkeit verbietend und Petitionsrecht sowie Redefreiheit verheißend.

Diesen *Acts* fehlt freilich eine Aussage zur standesunabhängigen Allgemeingültigkeit. Sie entstanden aus Erfahrungen von Machtmissbrauch in einem ständisch organisierten Gemeinwesen. Die ursprüngliche Intention ist – entgegen einer Rezeption als allgemeingültig, alle Menschen schützend – Interessenwahrung eher beschränkter Personenkreise in bestimmten Konfliktsituationen und stabile Machtverteilung im Ständegefüge. Man liest in diesen Dokumenten nicht die bei Pufendorf erkennbare abstrakte Entwicklung unentziehbarer Positionen aller Menschen. Zwar mögen auch allgemeine Gedanken in der politischen Formung und Konsentierung der Texte hilfreich gewesen sein. Dazu mag auch Kenntnis von der in vielen posthumen Auflagen weitverbreiteten (obzwar nie gehaltenen) Rede des Humanisten Giovanni Pico della Mirandola (1463–1494) über die Vernunftbegabung des Menschen zählen, die der Autor in einer philosophiegeschichtlichen Lektüre nachweist. Diese Rede wird seit dem sechzehnten Jahrhundert als *Oratio de hominis dignitate*, als Rede über die Würde des Menschen überliefert.[77] Doch weder stammt dieser Titel von Pico della Mirandola, noch verwendet der Autor den Ausdruck *dignitas hominis*. Der Titel ist Ergänzung der Nachwelt.[78] Pico nennt in der Einleitung lediglich den Menschen ein aller Bewunderung würdiges Lebewesen: *dignum omni admiratione animal sit homo*. Kurz darauf hebt er aus den Anlagen des Menschen die Samen seiner Vernunft (*semina rationalia*) hervor, die ihm die Möglichkeit gewähren, sich zu einem himmlischen Lebewesen zu entwickeln (*caeleste evadet animal*), und die Samen des Geistes (*semina intellectualia*), aus denen er zu einem Engel und Sohn Gottes erwachsen kann (*angelus erit et Dei filius*).[79]

---

[76] Bill of Rights deutsch in Gosewinkel/Masing (Fn. 40), 119 ff.

[77] Oratio Ioannis Pici Mirandulae concordiae Comitis. De hominis dignitate, in: Opera Ioannis Pici Mirandulae Comitis Concordie:litterarum principis, 1504, folium 84 verso ff. Moderne Ausgabe: Baumgarten (Übersetzer)/Buck (Hrsg.), Giovanni Pico della Mirandola, Über die Würde des Menschen, Lateinisch-deutsch, 1990.

[78] Dazu und dem damit einhergehenden Mangel an Aussagekraft der Mirandolaischen Oratio für die Entwicklung des Menschenwürdegedankens *Buck*, Einleitung, in: Baumgarten/Buck (Fn. 77), XVI f.; *Rothhaar* (Fn. 5), 138 f.; *von der Pfordten*, Menschenwürde, 2016, 25 ff.; *Gisbertz* (Fn. 60), 35.

[79] In der Ausgabe Baumgarten/Buck (Fn. 77), 6/7.

Die von Pico nur mit einem Fingerzeig angesprochene Würde des Menschen ist Wesensbeschreibung menschlichen Bewusstseins und Selbstbewusstseins. Sie hat keine Funktion als Kategorie richtiger Normsetzung und richtigen Normvollzuges durch den Menschen als Träger von Hoheitsgewalt über seinesgleichen.

Die englischen *Acts* von 1679 und 1689 scheinen mehr in der Tradition der konkreten Teilhabe- und Schutzeinforderungen vorangehender Jahrzehnte der bewegten englischen Verfassungsgeschichte des 17. Jahrhunderts zu stehen, unter anderem der Aufforderung des englischen Parlaments an den König, von gewissen Missständen und Machtmissbräuchen in Justiz und Abgabenwesen abzusehen, vom 7. Juni 1628 (*Petition of Rights*).[80] Und auch schon die große Freiheitsverbriefung des hohen Mittelalters, die *Magna Carta (Charta) Libertatum* des englischen Königs John aus dem Jahre 1215,[81] gegen willkürliche Verhaftung und Konfiskation gerichtet und zahlreiche andere Freiheiten zusagend, war ständisch geprägt, der Machtverteilung zwischen Monarch, Adel und Kirche dienend.

X. Der in Würdigkeit geschaffene Mensch im Schwabenspiegel und im Liber Augustalis

1. In der Durchsicht der alten Rechtsbücher wird man beim Schwabenspiegel[82] erneut fündig. Der oder die Verfasser des Reichsrecht und regionales Gewohnheitsrecht, aber auch römisches Recht und kanonisches Recht zusammenstellenden Werks gehörte oder gehörten vermutlich dem Augsburger Franziskanerkonvent an. Vorlagen des Schwabenspiegels sind der Sachsenspiegel[83] (von dem eine Überarbeitung ebenfalls in dem Augsburger Kloster entstand, welche jedoch nur bruchstückhaft erhalten ist) und der Deutschen-

---

[80] Petition of Rights in deutscher Übersetzung in Gosewinkel/Masing (Fn. 40), 97 ff.

[81] Magna Carta Libertatum in deutscher Übersetzung in Gosewinkel/Masing (Fn. 40), 89 ff.

[82] Ausgaben: Laßberg (Hrsg.), Der Schwabenspiegel oder Schwäbisches Land- und Lehen-Rechtbuch, nach einer Handschrift vom Jahr 1287, 1840; Derschka (Hrsg.), Der Schwabenspiegel. Übertragen in heutiges Deutsch mit Illustrationen aus alten Handschriften, 2002.

[83] Ausgaben: Lübben (Hrsg.), Der Sachsenspiegel, Landrecht und Lehenrecht. Nach dem Oldenburger Codex picturatus von 1336, 1879; Koschorreck (Hrsg.), Die Heidelberger Bilderhandschrift des Sachsenspiegels, 2 Bände (Faksimile, Text und Kommentar), 1970; *Schmidt-Wiegand*, Sachsenspiegel. Die Wolfenbütteler Bilderhandschrift Cod. Guelf. 3.1 Aug. 2°, 3 Bände (Faksimile, Text und Kommentar), 1993; Kaller (Hrsg.), Der Sachsenspiegel. In hochdeutscher Übersetzung, 2002; Schmidt-Wiegand/Milde (Hrsg.), Der Oldenburger Sachsenspiegel Codex picturatus Oldenburgensis CIM I 410 der Landesbibliothek Oldenburg (Faksimile und Kommentar), 2006, mit Peters (Hrsg.), Der Oldenburger Sachsenspiegel. Text und Übersetzung, 2006.

spiegel (auch er in dem Franziskanerkloster geschrieben).[84] Den Abschluss des Schwabenspiegel-Manuskripts nimmt man für das Jahr 1275 an. Die Vorrede des Schwabenspiegels hebt mit der biblischen Schöpfungsgeschichte an. Den Menschen bezeichnet die Vorrede als in dreifacher Würde geschaffen (*Herre got himelischer vater dvrch dine milte gvote. Geschvofe dv den menschenin drivaltiger werdecheit.*): Die drei Würden erlangte der Mensch erstens durch seine Gottebenbildlichkeit, zweitens weil Gott die ganze Welt zu seinem Dienst schuf und drittens da der Mensch die Freuden der Ewigkeit bei Gott genießen soll. Die dreifache Würde scheint eine die Gottebenbildlichkeit des Menschen noch verstärkende Anspielung auf die Dreifaltigkeit Gottes zu sein. Die Würde des Menschen ist aber gemäß der Vorrede auch ein Auftrag, ein würdiges Leben zu führen (*Sit vns got in so hohe werdecheit geschaffen hat. so wil er och daz werdecliches wir leben haben.*). Dazu gehört, dass die Menschen einander Wertschätzung und Ehre, Treue und Ehrlichkeit erweisen, hingegen Hass und Neid meiden (*da wir ein ander wirde vnd ere bieten. triwe vnd och warheit. Vnd niht haz. vnd nit gein ein ander tragen.*). Die Menschen sollen in Frieden und Eintracht miteinander leben (*wir svln mit fride vnd mit svone vnder ein ander leben.*). Ein Leben in Frieden hat Gott lieb (*Vrideliches leben hat vnser herre gar liep.*). Der Mensch verletzte den Gehorsam, doch Gott wies in seinem Opfertod den Menschen den Weg zum Himmelreich. Am jüngsten Tag wird Gott Gericht über das Tun der Menschen halten. Auf Erden indessen sind es das weltliche und das geistliche Gericht, die den Menschen zur Verantwortung ziehen, was die Vorrede in dem Schwabenspiegel zu erläutern ankündigt. In einem Satz zusammengefasst lautet die Botschaft der Schwabenspiegel-Vorrede, dass die Würde des Menschen und ein Leben im friedenstiftenden Recht untrennbar zusammengehören.

Der vor um das Jahr 1225 (vor dem Jahr 1235) entstandene Sachsenspiegel Eikes von Repgow (um 1185–nach 1233) sprach zwar nicht ausdrücklich von der Würde des Menschen. Doch schilderte schon seine Vorrede, wie ein halbes Jahrhundert später die Vorrede des Schwabenspiegels, den Bestand der Rechtsordnung als gottgefällige Konsequenz der Schöpfungsgeschichte. Der von Gott ins Paradies gesetzte Mensch brach den Gehorsam, doch erlöste ihn Gott mit seinem Martyrium. Nun ist es am Menschen, das Gesetz zu achten, welches die Propheten lehrten und gute geistliche wie weltliche Herrscher erlassen. Denn Gott ist selbst Recht und hat das Recht lieb (*God is seluen regt, darumme is eme regt lef;*[85] oder *Got is selber rech dar vmme is ym rech lip.*[86]). Die Liebe Gottes zum Recht im Sachsenspiegel-Prolog muss

[84] Ausgabe des Deutschenspiegels mit Erläuterung auch des Augsburger Sachsenspiegels in der Einleitung: Eckhardt/Hübner, Deutschenspiegel und Augsburger Sachsenspiegel, 2. Aufl. 1933.

[85] Vorrede in der Fassung der Oldenburger Handschrift (Fn. 83).

[86] Vorrede in der Fassung der Wolfenbütteler Handschrift (Fn. 83).

man als deckungsgleich mit der Friedensliebe Gottes im Schwabenspiegel-Prolog auffassen, denn im mittelalterlichen Rechtsdenken ist die Idee des Rechts als einer (zwingend zur Heilsentwicklung gehörigen) Friedensordnung allbeherrschend. Obgleich sich Eikes Sachsenspiegel nicht ausdrücklich mit der Menschenwürde befasst, wird in ihm ein Menschenbild sichtbar, mit dem die mittelalterliche Realität der Unfreiheit vieler als fortdauernder vollkommener Abhängigkeit eines Menschen von einem anderen Menschen (Leibeigenschaft) in einem Gegensatz steht, den Eike mit Schilderung von Regeln zur Beschränkung und zur Beendigung der Leibeigenschaft zu bewältigen sucht.[87]

Den beiden Spiegeln ganz ähnlich lässt Friedrich II. von Hohenstaufen (1194–1250) im Jahre 1231 das Gesetzbuch für sein Königreich Sizilien, die sogenannten Konstitutionen von Melfi, auch als *Liber Augustalis* bezeichnet,[88] einleiten. Die Vorrede zeichnet ebenfalls eine Entwicklungslinie von der Erschaffung der Welt und des Menschen zur Gegenwart des mittelalterlichen Rechts und sucht damit den Geltungsanspruch des Gesetzbuches – Legitimität und Respektabilität – zu untermauern. In dieser Entwicklungslinie nennt die Vorrede den Menschen als das in seiner Gottebenbildlichkeit würdigste Geschöpf und deswegen allen anderen Geschöpfen vorangestellt (*hominem, creaturarum dignissimam ad imaginem propriam effigiemque formatam […] disposuit praeponere ceteris creaturis*).

2. Die drei Rechtsbücher aus Schwaben, Sachsen und Sizilien beziehen sich in einer auf das Äußerste komprimierten Darstellung der Heilsgeschichte auf das erste Buch des Alten Testaments und die Schilderung von Leiden, Sterben und Auferstehung Christi in den Evangelien.[89] Das Buch Genesis, unter Aufgreifen außerbiblischen älteren Erzählgutes in einem langen Redaktionsprozess vom Beginn bis zur Mitte des letzten vorchristlichen Jahrtausends entstanden, vermittelt mit einer tiefen erzählerischen Weisheit, was die Moderne Evolutionsgeschichte nennt. Die im Buch Genesis geschilderte Gottebenbildlichkeit des nach allem anderen erschaffenen Menschen (Genesis 1,26–27) ist zunächst eine noch unvollkommene. Man darf die Ebenbildlichkeit zwar auf Physis und Psyche beziehen, das heißt auf die äußere Gestalt des Menschen, auf seine Empfindungsfähigkeit und auf seine Sprachbegabung. Doch fehlt dem Menschen zunächst die Kraft, sein eigenes Verhalten zu bedenken. Der

---

[87] Siehe *Repgen*, Unfreiheit ist wider die Menschenwürde – eine rechtshistorische Miniatur, in: Thomas/Hattler (Hrsg.), Der Appell des Humanen. Zum Streit um Naturrecht, 2010, 125ff.

[88] Ausgabe: Conrad/von der Lieck-Buyken/Wagner (Hrsg.), Die Konstitutionen Friedrichs II. von Hohenstaufen für sein Königreich Sizilien, 1973.

[89] Verwendete Ausgabe der Heiligen Schrift: Deissler/Vögtle/Nützel (Bearbeiter), Neue Jerusalemer Bibel. Einheitsübersetzung mit dem Kommentar der Jerusalemer Bibel, 18. Aufl. 2007.

Mensch hört zwar das ihm mit der Einsetzung ins Paradies (Gen 2,15) erteilte Verbot, von den Früchten des in die Mitte des Gartens Eden gepflanzten Baumes der Erkenntnis von Gut und Böse (Gen 2,9) zu kosten (Gen 2,16–17). Doch vermögen die beiden ersten Menschen Adam und Eva dieses Verbot nur in Naivität zu beachten. Sein Sinn erschließt sich ihnen nicht. Sie wissen noch nicht, was gut ist und was böse. Als indessen die beiden Menschen das Verbot brechen und von dem Baum kosten (Gen 3,1–6), erkennen sie, was Regelwidrigkeit bedeutet: Ihnen fällt auf, dass sie nackt sind; sie empfinden, dass es für Menschen eine Norm gibt, den Körper oder zumindest seine primären Geschlechtsmerkmale zu verhüllen, und fertigen sich Schurze an (Gen 3,7). Und als sie Gott nahen hören, verstecken sie sich (Gen 3,8), weil sie wegen der Verbotswidrigkeit ihres Tuns ein schlechtes Gewissen plagt (Gen 3,10). Die Frucht vom Baum der Erkenntnis ging also in den Menschen auf. Sie haben fortan ein Rechtsbewusstsein. Nun kann Gott sagen, dass der Mensch wie er selbst geworden sei, indem er Gut und Böse erkenne (Gen 3,22). Dieser Entwicklungsschritt ist kein Missgeschick Gottes, sondern in seinem Heilsplan zugelassene Wendung. Dies wird in der gerafften Nacherzählung der Schöpfungsgeschichte deutlich, die Jesus Sirach (Ecclesiasticus) anfangs des zweiten Jahrhunderts vor Christus verfasst (Sir 17,1–14). Dort heißt es, dass Gott die Menschen mit kluger Einsicht ausstattete und sie lehrte, Gut und Böse zu erkennen (Sir 17,7). Mit dem Geschenk der Weisheit ausgestattet, empfingen die Menschen das göttliche Gesetz (Sir 17,11).[90] Auf Anzeichen für jedem Menschen von Rechts wegen zustehenden Respekt im mosaischen Gesetz wird später noch einzugehen sein.[91]

XI. Dignität der Menschen im römischen Recht

1. In der vom römischen Recht geprägten antiken Lebenswirklichkeit scheint dem modernen Betrachter die Vorstellung schwerlich zu ermitteln, jeder Mensch habe aus sich selbst eine Ausstattung mit Rechten. Die Segmentierung der römischen Gesellschaft in die Schichten der Freien, der Freigelassenen und der Unfreien – Ausgangspunkt für die Erklärung des Personenrechts in dem vom oströmischen Kaiser Justinian im Jahre 533 erlassenen amtlichen Lehrwerk Institutionen[92] – ist nur der gröbste Hinweis auf eine

---

[90] Siehe auch *Becker*, Die Zehn Gebote. Verfassung der Freiheit, 2. Aufl. 2016, Kapitel 4.6.1; *Becker*, Vertrag, Bund und Testament in der Heiligen Schrift. Diktion römischen Rechts aus *Vetus Latina* und *Vulgata*, in: Sedlmeier/Steymans (Hrsg.), Bundestheologie bei Hosea? Auf Spurensuche, Abschnitt 8.5 (erscheint demnächst).

[91] Unten XII.

[92] Siehe Institutiones 1.3 bis 1.5; Ausgabe: Knütel/Kupisch/Lohsse/Rüfner (Hrsg.), Corpus Iuris Civilis, Die Institutionen. Text und Übersetzung, 4. Aufl. 2013.

feinteilige Aufgliederung in Stände höchst unterschiedlicher rechtlicher Teilhabe. Hinzu tritt – zumindest in der rechtlichen Idealkonzeption – eine Fixierung der Familie auf den Hausvater als den Familienvorstand (*pater familias*), in dessen Hausgewalt (*patria potestas*)[93] die Rechte aller Familienzugehörigen bis hin zum Existenzrecht gebündelt sind. Auf der anderen Seite allerdings muss man die prinzipielle Durchlässigkeit der gesellschaftlichen Gliederung bedenken, welche in der Möglichkeit besteht, die Hausgewalt mit Entlassung zu beenden.[94] Der Hausvater ist nur ein Treuhänder für seine Angehörigen und von alters her durch sittliche Pflicht, seit der Kaiserzeit auch mit Rechtsnormen gehalten, lediglich einen angemessenen Gebrauch von seiner Hausgewalt zu machen.[95] Dazu gehört es, für alle Angehörigen der Hausgemeinschaft zu sorgen und ihre Anliegen zu vertreten oder zu verteidigen. Hierin liegt gewissermaßen eine repräsentative Individualität, wahrgenommen vom Familienvorstand für alle Hausgenossen.

2. Der Unfreie (*servus*, *servilis*)[96] hat im römischen Recht die Stellung einer Sache, wenn es um Leibesschäden geht. Der Sklave und die Sklavin sind (in einer agrarisch geprägten Umgebung) Vermögensgegenstände (durch Arbeit materiellen oder ideellen Ertrag erbringend oder als Kapitalanlage dienend) wie das vierfüßige Herdentier. Für die Tötung eines Sklaven wie für die Tötung eines vierfüßigen Herdentieres gilt gleichermaßen zugunsten des Herrn oder der Herrin Schadensersatzpflicht nach dem ersten Kapitel einer mutmaßlich im Jahre 286 vor Christi Geburt entstandenen Haftungsregelung, der *Lex Aquilia*.[97] Die nicht tödlich endende Verletzung des Sklaven steht gleich mit der nicht tödlich endenden Verletzung eines vierfüßigen Herdentieres, mit Tötung oder nichttödlicher Verletzung eines anderen Tieres sowie mit Zerstörung oder Beschädigung einer leblosen beweglichen oder unbeweglichen Sache gemäß dem ebenfalls dem Herrn oder der Herrin Schadensersatz gewährenden dritten Kapitel der *Lex Aquilia*.[98] Bereits das im Jahr 450 vor Christi Geburt von einem Zehnmännerkollegium mit diktatorischer Gewalt geschaffene Zwölftafelgesetz hatte dem Herrn des Sklaven Anspruch auf eine bestimmte Bußsumme gegen den Täter zugestanden, welcher den Sklaven mit Hand oder Stock verletzte.[99]

---

[93] Institutiones 1.9.

[94] Institutiones 1.12.

[95] *Kaser/Knütel/Lohsse*, Römisches Privatrecht, 22. Aufl. 2021, § 71.I.

[96] Über Unfreiheit im Altertum lies *Fischer*, Sklaverei, 2018.

[97] Institutiones 4.3 principium bis § 11.

[98] Siehe Institutiones 4.3.13 bis 15.

[99] Zwölftafeln 8.3 gemäß der Ausgabe Düll (Hrsg.), Das Zwölftafelgesetz. Texte, Übersetzungen und Erläuterungen, 7. Aufl. 1995; Zwölftafeln 1.13 gemäß der Ausgabe Flach/Flach (Hrsg.), Das Zwölftafelgesetz. Leges XII Tabularum, 2004.

3. Über die gesetzliche Regelung zum Schadensersatz für physische Schäden hinaus entwickelte die Rechtspflege der Prätoren eine Klage auf Schadensersatz wegen Kränkung. Diese Injurienklage (*actio iniuriarum*) ist Beleg für die hohe Sensibilität, welche die römische Gesellschaft der Missachtung der Persönlichkeit entgegenbrachte.[100] Wann die Injurienklage in den Kreis der vom Prätor geschaffenen Klagansprüche (*actiones*) einrückte, ist nicht überliefert. In der Literatur der sogenannten juristischen Klassik (ein Zeitraum von den letzten vorchristlichen Jahrzehnten bis zur ersten Hälfte des dritten Jahrhunderts christlicher Zeitrechnung) ist die Injurienklage hochdifferenziert etabliert. Die Institutionen des Gaius, entstanden in der Mitte des zweiten Jahrhunderts, uns in einer mutmaßlich dem Originaltext noch sehr nahestehenden Bearbeitung aus der Mitte des dritten Jahrhunderts nahezu vollständig überliefert, beschreiben die Injurienklage im Überblick, wie es sich für ein Anfängerlehrbuch anbietet.[101] Ausführlicher widmen sich ihr die Institutionen Justinians,[102] die ebenfalls im Jahre 533 verkündeten justinianischen Digesten[103] und der im Jahre 534 in zweiter Ausgabe verkündete *Codex Iustinianus*.[104] Injurie ist jedweder Ausdruck von Herabsetzung oder, umgekehrt gesprochen, Überheblichkeit. Die Institutionen Justinians verwenden hierfür in Übereinstimmung mit dem spätklassischen Autor Domitius Ulpianus (gestorben 223)[105] das Wort *contumelia* (Beleidigung, Missachtung, Schimpf), abgeleitet von *contemnere* (verachten), und verweisen zusätzlich auf das griechische Wort ὕβρις (Hybris, Überheblichkeit, Anmaßung).[106] Die Beleidigung kann durch Tat oder durch Worte (gesprochen oder in einem Schmähbrief – *libellus famosus* – oder in einem Schmähgedicht – *carmen* – niedergeschrieben) geschehen.[107] Eine Attacke vermag die Person des Opfers auf dreierlei Weise zu kränken. Sie kann den Körper tref-

---

[100] Zu ihrer Tragweite in Antike, Mittelalter und früher Neuzeit *Becker*, in: Becker (Hrsg.), Persönlichkeitsrecht und Persönlichkeit des Rechts. Gedächtnisschrift für Heinz Hübner (1914–2006), 2016, 73 ff.

[101] *Gaius*, Institutiones, 3.220 bis 225; Ausgabe: Manthe (Hrsg.), Gaius, Institutiones. Die Institutionen des Gaius, 2. Aufl. 2010.

[102] Institutiones 4.4.

[103] Digesta 47.10; Ausgabe: Corpus Iuris Civilis, Volumen Primum. Institutiones, Recognovit Paulus Krueger, Digesta, Recognovit Theodorus Mommsen, Retractavit Paulus Krueger, 25. Aufl. 1993, Nachdruck 2000, zweite Paginierung. Deutschsprachig Otto/Schilling/Sintenis (Hrsg.), Das Corpus Juris Civilis in's Deutsche übersetzt von einem Vereine Rechtsgelehrter, Bd. 4, 1832.

[104] Codex Iustinianus 9.35 und 9.36; Ausgabe: Corpus Iuris Civilis, Volumen Secundum, Codex Iustinianus, Recognovit et retractavit Paulus Krüger, 11. Aufl. 1954, Nachdruck 1997. Deutsche Übersetzung: Otto/Schilling/Sintenis (Hrsg.), Das Corpus Juris Civilis in's Deutsche übersetzt von einem Vereine Rechtsgelehrter, Bd. 6, 1832.

[105] *Ulpianus* Digesta 47.10.1 principium.

[106] Institutiones 4.4 principium.

[107] Institutiones 4.4.1; *Ulpianus* Digesta 47.10.1.1; Codex Iustinianus 9.36.

fen (so bei einer Handgreiflichkeit), die Würde (*dignitas*) verletzen oder sich als Schädigung des guten Rufes (*infamia*) darstellen.[108]

Beispiele ließen sich endlos bilden.[109] Im Prinzip ist alles justitiabel, was einen anderen in seiner Wirkung auf die Umwelt behindert. Als Beispiel für die Verletzung der Würde führt Ulpian den Fall an, dass man den Begleiter einer ehrbaren Frau (*matrona*), der sie bei ihrem Gang durch Stadt beschützt, ablenkt (*abducitur*) und so die Dame bloßstellt.[110] Auch einer verheirateten Frau oder einem Jüngling oder einer jungen Frau nachzustellen ist *iniuria*[111] (wohl ebenfalls als Würdeverletzung einzuordnen). Beleidigungen erleidet man überdies nicht nur in eigener Person, sondern mittelbar durch Angriff gegen einen Angehörigen des eigenen Hausstandes. Die Beleidigung eines Sklaven eröffnet zwar nicht dem rechtlich unselbständig gedachten Sklaven eine Injurienklage, aber seinem Herrn (dem Haushaltsvorstand *pater familias*) oder seiner Herrin.[112] Die Beleidigung einer verheirateten Frau (*uxor; mater familias*) ist Beleidigung dieser Frau, aber auch ihres Ehemannes und ihres Vaters, in dessen Hausgewalt sie möglicherweise noch steht.[113] Die Injurienklage steht jedem freien Mitglied der Gesellschaft zur Verfügung. Allerdings wird die Schadensersatzleistung einzelfallabhängig mit einer Schätzsumme bestimmt, und dabei kommt es auf alle Umstände an, unter anderem auf den sozialen Rang, was die Institutionen Justinians mit den Worten „gemäß Grad der Würde und Ehrbarkeit der Lebensstellung wächst oder mindert sich die Schätzung der Beleidigung" (*secundum gradum dignitatis vitaeque honestatem crescit aut minuitur aestimatio iniuriae*) ausdrücken.[114] Würde versteht das römische Recht also als relative Kategorie. Doch auch noch die Attacke gegen einen allerniedrigsten Sklaven, der vielleicht sogar in Fesseln geführt wird, wird seinem Herrn die Injurienklage eröffnen. Sie wird einen Schadensersatzbetrag erstreiten, freilich in geringerer Höhe als nach Attacke gegen einen Sklaven, der in einer gehobenen Vertrauensstellung als Vermögensverwalter arbeitet.[115]

4. Einen in seiner Schlichtheit besonders eindrücklichen Beleg für die Verankerung der Menschenwürde im römischen Recht halten die Digesten Justinians bei den Regeln zur Haftung des Verkäufers für Mängel des verkauften Gegenstandes[116] bereit: In der von Justinian mit Gesetzeskraft ausgestatteten

---

108 *Ulpianus* Digesta 47.10.1.2.

109 Institutiones 4.4.1 am Ende.

110 *Ulpianus* Digesta 47.10.1.2.

111 Institutiones 4.4.1.

112 Institutiones 4.4.3; *Ulpianus* Digesta 47.10.1.3.

113 Institutiones 4.4.2.

114 Institutiones 4.4.7.

115 Ebenso Institutiones 4.4.7.

116 Digesta 21.1; zweisprachige Ausgabe: Knütel/Kupisch/Seiler/Behrends (Hrsg.), Corpus Iuris Civilis. Text und Übersetzung. IV. Digesten 21–27, 2005.

Kompilation von Auszügen aus den Juristenschriften der früheren Jahrhunderte, hauptsächlich der klassischen Epoche, ist der erste Titel des 21. Buches dem Edikt des Ädilen und der Klage auf Rückgängigmachen oder auf Minderung (*De aedilicio edicto et de redhibitione et quanti minoris*) gewidmet. Das Edikt des sogenannten kurulischen Ädilen war die Auflistung von Leitlinien, die der für die Marktaufsicht zuständige Magistrat zu Beginn seines Amtsjahres für seine Rechtspflege (unter regelmäßiger Übernahme des Edikts seines Vorgängers) verkündete.[117] Darin ist der Umgang mit Sachmängeln von zentraler Bedeutung. Hierzu hatte sich die Wahl des Käufers zwischen Auflösung des Kaufvertrages (Wandlung) und Herabsetzen des Kaufpreises (Minderung) ergeben, durchzusetzen mit Hilfe des Ädils. Daneben stand der gewöhnliche Klageweg beim Prätor zur Verfügung; der Prätor übernahm die vom Ädil entwickelte alternative Rechtsfolge in das Ziel der Käuferklage.[118] Die römische Literatur entfaltete insbesondere zum ädilizischen Rechtsbehelf eine reichhaltige Kasuistik, welche sich in den justinianischen Digesten niederschlug. Ein Großteil dieser Quellenauszüge beschäftigt sich mit dem Kauf eines Sklaven oder einer Sklavin. Der Sklavenkauf fand, da der Sklave als Handelsobjekt angesehen wurde, im Grundsatz nach denselben Regeln statt, wie sie für den Kauf von Tieren oder von leblosen Sachen galten. Der vom Ädil praktizierte Umgang mit Mängeln entstand zwar (wohl schon vor Christi Geburt) zunächst nur für die Käufe von Sklaven und Zugtieren,[119] dehnte sich aber im Laufe der Antike auf alle Käufe aus.[120]

---

[117] Rekonstruktion des ädilizischen Edikts in: *Lenel*, Das Edictum Perpetuum. Ein Versuch seiner Wiederherstellung, 3. Aufl. 1927, Nachdruck 1956, 554 ff.

[118] Über die zum Prätor zu erhebende Klage aus Kaufvertrag (*actio empti*) siehe Digesta 19.1; zweisprachige Ausgabe: Behrends/Knütel/Kupisch/Seiler (Hrsg.), Corpus Iuris Civilis. Text und Übersetzung. IV. Digesten 11–20, 1999.

[119] In den justinianischen Digesten noch erkennbar an der prominenten Stellung des Sklavenkaufs (*Ulpianus* Digesta 21.1.1) und der Betonung der Zugtiere (*iumenta*) mit einem wörtlichen Zitat aus dem Ädilsedikt (*Ulpianus* Digesta 21.1.38) sowie an der Verwendung des zu Justinians Zeiten eigentlich überholten Sammelbegriffs *mancipium* für Gegenstände, die einem mit besonderer Beweiskraft ausgestatteten förmlichen Übereignungsgeschäft (*mancipatio*) zugänglich sind (Sklaven, Großvieh, Grundstücke) in *Gaius* Digesta 21.1.18 principium und *Ulpianus* Digesta 21.1.23 principium.

[120] Das Fragment *Ulpianus* Digesta 21.1.1 principium mit der Zitation des frühklassischen Juristen *Labeo* als Zeugnis für die Anwendung des ädilizischen Edikts auf alle unbeweglichen, beweglichen und sich selbst bewegenden Sachen (*res*) steht im Verdacht, von der Gesetzesredaktion Justinians überarbeitet (interpoliert) zu sein, so dass die allgemeine Anwendung der ädilizischen Behelfe erst der Spätantike, vielleicht erst einer Entscheidung der justinianischen Redaktoren, zuzurechnen wäre. Zu dem Interpolationenverdacht siehe die Nachweisungen in: *Mitteis/Levy/Rabel*, Index interpolationum quae in Iustiniani digestis inesse dicuntur, Tomus II. Ad libros digestorum XXI–XXXV pertinens, 1931, 1. Ob an dieser Stelle nicht ein Übereifer misstrauischer Textkritik des 19. und des 20. Jahrhunderts vorliegt und in Wahrheit die ausgedehnte Handhabung der ädilizischen Regelung doch bereits zu Labeos Zeiten galt (was bei realistischer Einschätzung der Lebenspraxis sehr naheliegt), mag hier offen bleiben.

Auf diese Weise war der Käufer, entdeckte er an dem Kaufobjekt, was immer es auch sei, einen Mangel, mit zwei Rechtswegen geschützt, nachdem der prätorische Rechtsweg für die Käuferklagen (möglicherweise schon früher als der Ädil) auf eine Unterscheidung nach Art des Kaufgegenstandes verzichtet hatte.[121] Von der Käufererwartung abweichende körperliche Befunde am Sklaven oder an der Sklavin waren in der Haftung nach dem ädilizischen Edikt ebenso als belangreich oder belanglos einzuordnen wie intellektuelle oder charakterliche Eigenschaften oder eine Belastung mit Schadensersatzpflichten aus früherem Fehlverhalten.[122]

Um sich der Sachmangelhaftung zu entziehen, scheinen findige Sklavenhändler auf den Gedanken verfallen zu sein, mit einem Umgehungsgeschäft die in der Individualität der Persönlichkeiten und ihrer Schicksale liegenden Risiken späterer Entdeckung eines Mangels an dem verkauften Menschen auszuschalten. Der spätklassische, um das Jahr 200 wirkende Jurist Iulius Paulus (Zeitgenosse Ulpians) sah Anlass zu der Feststellung, dass es nach sehr zu befürwortender (*iustissime*) Handhabung der Ädilen wirkungslos sei, wenn der Sklavenhändler anstatt des Sklaven sein Zubehör (beispielsweise seine Sandalen) zum Kaufgegenstand machte und den Sklaven lediglich als Zubehör mitlieferte. Eine solche Umkehrung des Verhältnisses sei ebenso lachhaft, wie wenn man eine Tunika verkaufen wolle und ein Grundstück dazu als Zubehör geben.[123] Mit Verweis auf den um die Mitte des zweiten Jahrhunderts anzunehmenden römischen Juristen Pedius gibt Paulus[124] das schlagende Argument mit der Würde der Menschen an: *propter dignitatem hominum*.[125] Selbst wenn ein mitsamt dem Sklaven verkauftes Sondergut (*peculium*), welches der bisherige Herr seinem Sklaven zur eigenständigen Bewirtschaftung eingeräumt hatte,[126] viel wertvoller als der Sklave allein ist, bleibt der Sklave Hauptgegenstand des Verkaufs.[127] Wohlgemerkt geht es hier nicht um einen besonders begabten, bislang mit hoch verantwortungs-

---

[121] Zur Entwicklung der Verkäuferhaftung für Mängel siehe *Kaser/Knütel/Lohsse* (Fn. 95), § 52.VI.

[122] Siehe beispielsweise *Ulpianus* Digesta 21.1.1, 21.1.4, 21.1.10 und 21.1.17.

[123] *Paulus* Digesta 21.1.44 principium.

[124] Das Paulus-Zitat in Digesta 21.1.44 geriet ebenfalls in den Verdacht der Interpolationenforschung; siehe Index interpolationum, Tomus II (Fn. 120), 11. Angesichts der älteren moralphilosophischen Erörterung der menschlichen Würde (siehe sogleich XI.5) erscheint es allerdings als sehr wahrscheinlich, dass, abgesehen von redaktionellen Eingriffen in den Textverlauf mit eventuellen Satzumstellungen, der Ausdruck *propter dignitatem hominum* oder zumindest die Verwendung von *dignitas hominum* in irgendeiner Flexion original ist. Aber auch dann, wenn erst die in christlicher Lebenswelt des 6. Jahrhunderts stattfindende Redaktion der Digesten den Ausdruck *dignitas hominum* in den Paulus-Text eingefügt haben sollte, wäre der Text für die Nachwelt ein authentischer Beleg für die rechtliche Festlegung auf die Menschenwürde.

[125] Ebenso *Paulus* Digesta 21.1.44 principium.

[126] Vergleiche Institutiones 4.7.4.

[127] Auch diese Aussage bei *Paulus* Digesta 21.1.44 principium.

vollen Aufgaben (beispielsweise als Geschäftsführer, Hauslehrer, Gutsverwalter seiner bisherigen Herrschaft) versehenen oder aus einer berühmten Familie stammenden einzelnen Sklaven, dem das Schicksal (vielleicht ein kriegerisches) die Freiheit genommen hatte. Der Plural, in dem Paulus nach Pedius den Menschen anführt, beseitigt Zweifel, ob der Mensch in der Quelle als Einzelperson oder als Gattungsbegriff erscheint. Es ist die ganze Gattung Mensch (*homo*) gemeint. Der Sklave steht nicht außerhalb der Gattung Mensch und hat deswegen an der Würdezuschreibung teil. Seine rechtliche Position als Unfreier und als Handelsobjekt vermag seine prinzipielle, den rechtlichen Verhältnissen vorgegebene Würdeausstattung nicht zu schmälern.

5. Der rechtliche Schutz der Menschenwürde erfüllt eine moralphilosophische Forderung, welche im ersten Jahrhundert christlicher Zeitrechnung Lucius Annaeus Seneca (der jüngere Seneca; geboren etwa 4 vor Christus, gestorben im Jahr 65) erhob. In einem seiner (vielleicht nur fiktiven) Briefe an Lucilius[128] lobt Seneca den Adressaten als einen Herrn, welcher trotz des gewaltigen Standesunterschiedes familiär (*familiariter*) mit seinen Sklaven umgeht. Hingegen bespottet Seneca einen solchen Herrn, der seine Sklaven nur als Staffage zur Demonstration seines Reichtums und seiner Verfügungsgewalt benutzt; er missbilligt die in hochmütiger Gewohnheit (*superbissima consuetudo*) getroffene Anordnung des Herrn, dass die Sklaven, aufgestellt im Speisesaal, sich weder rühren noch am Gastmahl teilhaben dürfen, während der Herr sich den Bauch bis zum Erbrechen füllt, auf diese Weise den Gästen seine wirtschaftliche Potenz vermittelnd, mit der er es sich leisten kann, Arbeitskraft brach liegenzulassen. Ein gedachter Beobachter des familiären Umgangs äußert erstaunt, es seien doch Sklaven (*servi sunt*; der Leser ergänzt im Stillen: mit denen der Herr nach Belieben verfahren dürfe und auch solle). Seneca erwidert, dass sie doch Menschen seien (*immo homines*), Hausgenossen (*immo contubernales*), Freunde, wenngleich niederen Standes (*immo humiles amici*). Seneca geht sogar so weit, die Sklaven als Mitsklaven zu bezeichnen (*immo conservi*), damit alle Freien in den Sklavenstand einfassend. Denn auch die Freien sind, wie alle Menschen, dem Belieben, der Laune des Schicksals (*licere fortunae*) unterworfen.

Einen ebenfalls moralphilosophischen Anspruch hatte Marcus Tullius Cicero (106 v. Chr. – 43 v. Chr.) in seiner Betrachtung über die Pflichten[129] ge-

[128] *Seneca der Jüngere*, Epistulae morales, Brief 47; lateinische Ausgabe: Hense (Hrsg.), Lucius Annaeus Seneca, Opera quae supersunt, Volumen III. Ad Lucilium epistularum moralium quae supersunt, 1938; deutschsprachige Ausgabe: Glaser-Gerhard (Hrsg.), Lucius Annaeus Seneca, Briefe an Lucilius, Gesamtausgabe I (Brief 1–80), 1965.

[129] *Cicero*, De officiis; Ausgabe: Nickel (Hrsg.), Marcus Tullius Cicero, De officiis. Vom pflichtgemässen Handeln. Lateinisch-deutsch, 2008; siehe zu diesen Aussagen Ciceros auch *Canzik*, Menschenwürde, in: Canzik/Schneider (Hrsg.), Der Neue Pauly. Enzyklopädie der Antike, Altertum, Bd. 7. Lef–Men, 1999, 1261 ff. (1261); *Rothhaar* (Fn. 5), 110 ff.

stellt: Der Mensch hat eine Vorrangstellung, welcher Begierde des Leibes und maßloser Genuss nicht genügend würdig sind (I.106: *intelligitur corporis voluptatem non satis esse dignam hominis praestantia*).[130] In der Natur des Menschen liegen Erhabenheit und Würde (*in natura excellentia et dignitas*),[131] denn er hat Vernunft (*ratio*), worin er sich von den Tieren abhebt, wovon alles Moralische und Anständige herrührt und woraus sich das Vorgehen ergibt, wie die Pflicht zu ermitteln ist (*qua antecellimus bestiis, a qua omne honestum decorumque trahitur et ex qua ratio inveniendi officii exquiritur*).[132] In Ciceros Wahrnehmung ist dem Menschen die Würde angeboren und alles weitere muss darauf aufbauen.

XII. Die biblische Schöpfungserzählung und ältere Rechtsquellen als Erklärung des Würdeträgers Mensch

1. Oben war schon auf die biblische Schöpfungserzählung hingewiesen, die mittelalterliche Rechtsbücher in Bezug nahmen.[133] Das Buch Genesis beschreibt mit der Gottebenbildlichkeit eine Grunddimension aller menschlichen Existenz. Auf dieser Grundlage stehen die Sätze des mosaischen Rechts, in einem sich durch die erste Hälfte des letzten Jahrtausends vor Christi Geburt hinziehenden Redaktionsverlauf festgehalten, insbesondere in den Büchern Exodus, Leviticus und Deuteronomium.

Exemplarisch sind hieraus Belege für eine Mindestanerkennung auch der an niederster Stellung in der Gesellschaft Lebenden anzuführen: Der gekaufte Sklave ist nicht auf eine Rolle als Bezugsobjekt einer Verfügungsgewalt seines Herrn reduziert. Vielmehr muss der Herr ihn nach sechs Dienstjahren, im Sabbatjahr, entlassen (Exodus 21,2). Seine bereits vor dem Kauf bestehende eheliche Bindung bleibt während der Unfreiheit erhalten, und beide Eheleute werden gemeinsam entlassen (Ex 21,3). Nur wenn erst der Herr die Ehe mit Zuführung einer Unfreien gestiftet hatte, gilt die Ehefrau und gelten (wegen der Matrilinearität aller Abstammungsfragen) auch die von der Frau geborenen Kinder als weiter dem Herrn zugeordnet (Ex 21,4); hier liegt es in der Willkür des Herrn, den Sklaven mitsamt seiner Familie zu entlassen, oder in der Willkür des Sklaven, im Hausverband des Herrn bei seiner Gattin und den Kindern zu bleiben (Ex 21,5–6), dann freilich ohne Anrecht auf Entlassung zu einem späteren Zeitpunkt (Ex 21,6). Im Jobeljahr, nach siebenmal sieben Jahren, jedoch werden in Israel die Ausgangsverhältnisse der Land-

[130] *Cicero*, De officiis, 1.106.
[131] Ebenfalls *Cicero*, De officiis, 1.106.
[132] *Cicero*, De officiis, 1.107.
[133] Siehe oben X.

nahme nach der vierzigjährigen Nichtsesshaftigkeit wiederhergestellt. Nach allen zwischenzeitlichen Verfügungen tritt wieder die ursprüngliche Bodenverteilung ein, und jeder kehrt zu seinem Geschlecht zurück, das heißt, es erlangen alle Unfreien die Freiheit wieder (Leviticus 25,10). Tödliche Misshandlung des eigenen Sklaven oder der eigenen Sklavin ist sühnepflichtig (Ex 21,20). Verletzt der Herr seinen Sklaven oder seine Sklavin mit bleibendem Verlust (exemplarisch: eines Auges, eines Zahns), muss er ihn oder sie entlassen. Die Verfügungsgewalt des Herrn über sein Eigen (Ex 21,21) ist hier durch die dem Unfreien geschuldete Achtung begrenzt.

Bemerkenswert ist ein weiterer Beleg, der sich auf den noch ungeborenen Menschen bezieht. Verursachen Männer bei einer körperlichen Auseinandersetzung den Tod einer schwangeren Frau, so gilt das Talionsprinzip. Der Grundsatz, dass Zerstörung eines Lebens mit Fortnahme eines Lebens zu vergelten ist (Ex 21,23), wird zum Ausgangspunkt von Verhandlungen zwischen der Familie des Opfers und dem Täter oder seiner Familie um eine Sühneleistung. Überlebt die Frau den bei der Schlägerei der Männer erlittenen Stoß, verliert jedoch die Leibesfrucht, so gilt zwar nicht das Talionsprinzip, aber immerhin schuldet der Täter eine Geldbuße (Ex 21,22).

2. Ähnliche Hinweise auf rechtlichen Ausdruck einer jedem Menschen geltenden Achtung liefern schon weitaus ältere Rechtsdenkmale des semitischen Kulturkreises: Im babylonischen *Codex Hammurapi*[134] aus der ersten Hälfte des 18. Jahrhunderts vor Christi Geburt verheißt der Herrscher den Schwachen, den Witwen, den Waisen und den Unterdrückten, dass sie zu ihrem Recht gelangen werden.[135] Wenn jemand in finanzieller Bedrängnis einen Angehörigen (Ehefrau, Sohn, Tochter) in die Unfreiheit verkaufte oder in die Schuldknechtschaft gab, so erlangt der Angehörige nach einer Regelung im *Codex Hammurapi*, ähnlich wie eintausend Jahre später im Buch Exodus, nach drei Jahren des Dienstes im Haushalt des Käufers oder Pfandgläubigers im vierten Jahr die Freiheit zurück.[136] In den Artikeln des *Codex* finden sich auch Bestimmungen über die Körperverletzung einer Schwangeren, ebenfalls ähnlich dem jüngeren Pentateuch. Wer eine Schwangere tödlich schlägt, löst die Talion oder eine hohe Geldbuße aus.[137] Überlebt die Frau den Schlag, erleidet jedoch eine Fehlgeburt, fällt immerhin eine kleine Geldbuße an.[138] Geminderte Bußsätze gelten für die Tötung einer schwangeren Sklavin[139] und für den Schlag, der den Fötus der Sklavin abgehen

---

[134] Ausgabe des Codex Hammurapi in: Haase (Hrsg.), Die keilschriftlichen Rechtssammlungen in deutscher Fassung, 1979, 29 ff.

[135] Epilog zum Codex Hammurapi.

[136] Art. 117 Codex Hammurapi.

[137] Art. 210, 212 Codex Hammurapi.

[138] Art. 209, 211 Codex Hammurapi.

[139] Art. 214 Codex Hammurapi.

lässt.[140] Wenn ein Herr mit seiner Sklavin Kinder zeugte, so erlangen die Sklavin und die gemeinsamen Kinder mit dem Tod des Herrn die Freiheit. Sie fallen weder in die Erbschaft, welche die aus ebenbürtiger Ehe entstandenen Kinder sich teilen, noch in das Nutzungsrecht, welches die Witwe an der vormals ehelichen Wohnung genießt.[141]

Der hundert Jahre ältere sumerische *Codex Lipit-Ischtar*[142] (vom Anfang des 19. Jahrhunderts vor Christus) gewährt einem Sklaven die Freiheit, der für seinen ersten Herrn in die Schuldknechtschaft zu einem anderen Herrn ging und dort die Schuld abtrug und so seinem ersten Herrn zweifach diente.[143] Wenn ein Mann in kinderloser Ehe lebt, aber mit einer Prostituierten Kinder erzielt, schuldet er der Prostituierten Unterhalt, und die gemeinsam erzeugten Kinder sind seine Erben.[144] Die vor vier Jahrtausenden im Zweistromland angeordnete erbrechtliche Gleichstellung nichtehelich geborener Kinder mit ehelich geborenen erkannte die personale Beziehung zweier Menschen – Vater und Kind – an und für sich als der Rechtsordnung vorgegeben an; allerdings genossen eheliche Kinder Vorrang.

Die schon im *Codex Lipit-Ischtar* angeordnete Erbberechtigung des nichtehelichen Kindes musste in Deutschland in der zweiten Hälfte des zwanzigsten Jahrhunderts neu gefunden werden. Das Bürgerliche Gesetzbuch vom Jahre 1896[145] berief zwar von Anfang an scheinbar unterschiedslos alle Abkömmlinge des Erblassers in die Vermögensnachfolge (§ 1924 Abs. 1 BGB). Jedoch bestimmte § 1589 Abs. 2 BGB ursprünglicher Fassung, ein uneheliches Kind gelte als nicht mit seinem Vater verwandt. Dies war eine Ausnahme von dem in § 1589 Abs. 1 Satz 1 BGB aufgestellten (und auch im Jahre 2021 noch gültigen) Grundsatz, dass zwei Personen in gerader Linie miteinander verwandt sind, deren eine von der anderen abstammt. Damit konnte das nichtehelich geborene Kind nur seine Mutter beerben. Diese Diskriminierung überwand im Jahre 1965 das Familiengesetzbuch der Deutschen Demokratischen Republik.[146] § 79 Satz 1 FGB beschrieb die Verwandtschaft in gerader Linie wie § 1589 Abs. 1 Satz 1 BGB mit der Abstammung, verzichtete jedoch auf die Fiktion der Nichtverwandtschaft des nichtehelichen Kindes mit seinem Vater. Daran änderte sich nichts, als zu Beginn des Jahres 1976 das Zivilgesetzbuch der Deutschen Demokratischen Republik[147] an die

[140] Art. 213 Codex Hammurapi.
[141] Art. 171 Codex Hammurapi.
[142] Ausgabe in: Haase (Fn. 134), 12 ff.
[143] Art. 19(14) Codex Lipit-Ischtar.
[144] Art. 32(27) Codex Lipit-Ischtar.
[145] Bürgerliches Gesetzbuch vom 18. August 1896, RGBl. 1896, 195.
[146] Familiengesetzbuch der Deutschen Demokratischen Republik vom 20. Dezember 1965, Gesetzblatt der Deutschen Demokratischen Republik 1966 I, 1.
[147] Zivilgesetzbuch der Deutschen Demokratischen Republik vom 19. Juni 1975, Gesetzblatt der Deutschen Demokratischen Republik 1975 I, 465.

Stelle des Bürgerlichen Gesetzbuches trat. Dort waren die Kinder des Erblassers als dessen Erben benannt (§ 365 Abs. 1 Satz 1 ZGB), während das Familiengesetzbuch weiterhin die Verwandtschaft eines nichtehelichen Kindes mit seinem Vater nicht ausschloss. In der Bundesrepublik Deutschland hob eine Reform des Jahres 1969[148] mit Streichung von § 1589 Abs. 2 BGB die Fiktion der Nichtverwandtschaft mit Wirkung zur zweiten Jahreshälfte 1970 auf. Doch konnte nicht schon damit das nichteheliche Kind stets die Erbfolge nach seinem Vater antreten. Vielmehr gab die Reform dem nichtehelichen Kind lediglich einen Erbersatzanspruch, wenn eheliche Kinder oder ein Ehegatte des Verstorbenen Erbe wurden (§ 1934a Abs. 1 BGB). Nur im Zusammentreffen mit weiter entfernten Angehörigen konnte das nichteheliche Kind Erbe werden. Der Erbersatzanspruch war analog zum Pflichtteilsrecht (§ 1934b Abs. 2 BGB) ein Geldanspruch im Werte des nur gedachten Erbteils gegen den oder die Erben; er vermittelte keine Teilnahme an der Erbengemeinschaft. Bei der Wiedervereinigung Deutschlands zum 3. Oktober 1990 wurde zwar grundsätzlich das Bürgerliche Gesetzbuch auf seinem damaligen Stand im Beitrittsgebiet eingeführt. Jedoch waren davon die besonderen erbrechtlichen Bestimmungen über nichteheliche Kinder ausgenommen. So blieb es im Beitrittsgebiet bei der erbrechtlichen Gleichstellung nach dem Recht der Deutschen Demokratischen Republik sowohl für Erbfälle vor dem Wirksamwerden des Beitritts (Art. 235 § 1 Abs. 1 EGBGB[149]) als auch für danach sich zutragende Erbfälle (Art. 235 § 1 Abs. 2 EGBGB). Mit einer weiteren Reform des Jahres 1997[150] schließlich verschwand die Sonderregelung zum Erbersatzanspruch aus dem Bürgerlichen Gesetzbuch. Seit April 1998 gilt auch im Westen Deutschlands für nichteheliche Kinder die Erbberechtigung der Abkömmlinge gemäß § 1924 Abs. 1 BGB.

Als letztes Beispiel des Altertums mag eine Keilschrifttafel aus der Stadt Girsu im Zweistromland, entstanden im 23. Jahrhundert vor Christus, dienen.[151] Es handelt sich um eine Urkunde über den Verkauf eines Sklaven. Der Käufer hat den Kaufpreis entrichtet und der Verkäufer hat den Sklaven über das Holz steigen lassen (was wohl einen symbolischen Akt darstellt, der den Übertritt aus der Hausgewalt des Veräußerers in die Hausgewalt des Erwerbers ausdrückt). In dieser Urkunde sind nicht allein die Vertragspartner und die Zeugen namentlich und mit ihrer familiären Abkunft oder Profession

---

[148] Gesetz über die rechtliche Stellung der nichtehelichen Kinder vom 19. August 1969, BGBl. 1969 I, 1243.

[149] Einführungsgesetz zum Bürgerlichen Gesetzbuche vom 18. August 1896, RGBl. 1896, 604.

[150] Gesetz zur erbrechtlichen Gleichstellung nichtehelicher Kinder (Erbrechtsgleichstellungsgesetz – ErbGleichG) vom 16. Dezember 1997, BGBl. 1997 I, 2968.

[151] Keilschrifttafel aus Girsu in: Freydank und andere (Hrsg.), Texte aus der Umwelt des Alten Testaments. Neue Folge, Bd. 1. Texte zum Rechts- und Wirtschaftsleben, 2004, 11 f.

identifiziert. Auch der Sklave wird mit Name und Vatersname bezeichnet. Er ist nicht bloßes Handelsobjekt, das mit einer äußeren Beschreibung und vielleicht einem vom Herrn zugeteilten Namen hinlänglich wiedererkennbar beschrieben wäre. Vielmehr ist die genealogische Einordnung Hinweis auf eine von der Unfreiheit unangetastet gebliebene familiäre Einbettung, das heißt auf eine Persönlichkeitsdimension, die der Gesellschaft so sehr bewusst bleibt, dass sie wie bei den Freien zur beweiskräftigen, damit rechtssicheren Dokumentation herangezogen werden kann. Damit aber belegt die Urkunde über den einzelnen Geschäftsvorfall hinaus eine das Recht bestimmende Lebenswirklichkeit, welche die Individualität eines jeden einzelnen Menschen wenigstens in einem unentziehbaren Minimum achtet.

XIII. Schlussbemerkung

Der exemplarische Gang durch Rechtsquellen in die Tiefe der schriftlichen Überlieferung der Menschheit zeigt, dass ein Bewusstsein um Menschenwürde und ihre Achtung zumindest im Idealbild von Recht und Moralphilosophie in christlicher wie nichtchristlicher Lebensordnung durch mehr als vier Jahrtausende entwickelt und weitergegeben wurde. Diese Tradition, den Menschen um seiner selbst willen zu respektieren, trägt aber nicht in sich allein die Garantie ihrer Beständigkeit. Es ist nicht lediglich der fortwährende Wechsel der Lebensumstände, welcher der Idee der Menschenwürde nach Zeit und Ort unterschiedliche Realisierungsmöglichkeiten bietet. Vielmehr bedarf die Menschenwürde als zwar unantastbares, aber hoch verletzliches und immer wieder missachtetes Gut wachsamer Beschützung. Selten waren und sind es unausweichliche äußere Umstände, welche die Reichweite menschenwürdiger Lebensgestaltung beschneiden. Vielmehr sind es Unfähigkeit oder Trägheit, Rohheit oder Engstirnigkeit, Gedankenlosigkeit oder blinder Eifer, Ignoranz oder Arroganz, Selbstgefälligkeit oder Größenwahn, Verantwortungsscheu oder Feigheit, Gewissenlosigkeit oder Machtbesessenheit, Boshaftigkeit oder Zerstörungswut, Gier oder Blutrünstigkeit, Verblendung oder Wahnsinn von Menschen, die die Würde des Menschen beschädigen. Bekräftigungen der Menschenwürde ebenso wie ihre in Jahrtausenden fortwährenden Verletzungen mahnen gleichermaßen zu unablässiger Pflege ihres Bewusstseins. Wie rasch auch unter einem Grundgesetz für die Bundesrepublik Deutschland Träger staatlichen Handelns die Achtung vor dem einzelnen Menschen verlieren, ihm die Hauptrolle im Gemeinwesen entziehen und ihn stattdessen nur noch als Zählobjekt in staatlicher Dispositionsmasse betrachten, haben die Menschen in Deutschland seit dem März des Jahres 2020 erleben müssen, als mögliche Zahlen an Todesopfern eines Virus namens SARS-CoV-2, Auslöser der Covid-19-Pandemie, in planlosen ebenso totalen wie kleinlichen Verboten und in Selbstbeschneidung der zur Abwägung bestimmten Organe hoheitlichen Handelns in Bund, Ländern und Kommunen über alle Belange der Menschen und ihrer Verbände, über die dauerhafte soziale Leistungsfähigkeit der Gesellschaft und über die Konstitution Deutschlands als föderaler demokratischer Rechtsstaat gestellt wurden.

Eine europäische Versicherungsrechtsgeschichte

Ausgangspunkt, Ergebnisse und Perspektiven eines Augsburger Forschungsprojektes

Phillip Hellwege

I. Rechtsgeschichte in Augsburg

Die Universität Augsburg ist 1970 zunächst mit einer Wirtschafts- und Sozialwissenschaftlichen Fakultät[1] gegründet worden.[2] Noch im gleichen Jahr folgte die Katholisch-Theologische und im Jahr 1971 die Juristische Fakultät. Lehrstuhlinhaber der ersten Stunde war an der Juristischen Fakultät neben Herbert Buchner[3] und Günter Bemmann[4] auch der Rechtshistoriker Hans Schlosser.[5] 1976 erhielt die Fakultät sodann einen zweiten Rechtshistoriker: Wilhelm Simshäuser.[6] Während Hans Schlosser im Kern die deutsche und europäische Rechtsgeschichte vertritt, war Wilhelm Simshäuser Romanist. Damit hatte die Juristische Fakultät seit 1976 zumindest zwei der drei traditionellen rechthistorischen Lehrstühle.[7] Daneben wirkten noch weitere Rechtshistoriker zumindest zeitweise in Augsburg, so etwa von 1980 bis 1985 der Strafrechtshistoriker Hinrich Rüping sowie im Studienjahr 2002/2003 Nils Jansen, und auch die Verfassungsrechtsgeschichte war und ist in Augsburg vertreten, derzeit vor allem in der Person von Ulrich Gassner.

Aber es waren wohl vor allem Hans Schlosser und Wilhelm Simshäuser, die die rechtshistorische Forschung in Augsburg national und international sichtbar gemacht haben. Zusammen richteten sie etwa den 23. Deut-

---

[1] Zunächst hießen die Augsburger Fakultäten noch Fachbereiche.

[2] Zur Geschichte der Universität Augsburg siehe Lengger/Paulus/Weber (Hrsg.), Stätte des Wissens. Die Universität Augsburg 1970–2010, 2010; *Lengger*, in: Zapf (Hrsg.), Wissenschaft – Kreativität – Verantwortung. 50 Jahre Universität Augsburg, 2020, 22 ff.

[3] Zu Herbert Buchner siehe *Bauer/Kort/Möllers/Sandmann*, in: FS für Herbert Buchner, 2009, v f.

[4] Zu den Stationen von Günter Bemmann siehe FS für Günter Bemmann, 1997, 725 f.

[5] Zu Hans Schlosser siehe *Becker*, in: ders./Hermann (Hrsg.), Ökonomie und Recht. Historische Entwicklungen in Bayern, 2009, 153 ff.

[6] Zu Wilhelm Simshäuser siehe *Becker*, NJW 2000, 1924 f.; *ders.*, NJW 2004, 3394.

[7] Zur Sinnhaftigkeit der Unterscheidung der drei traditionellen rechtshistorischen Lehrstühle siehe *Zimmermann*, ZRG KA 105 (2019), 159 (163 f.).

schen Rechtshistorikertag aus.[8] Hans Schlosser hat zudem eine Habilitandin und zwei Habilitanden betreut: Karin Nehlsen-von Stryk, Martin Lipp und Thomas Barnert. Dass die rechtshistorische Forschung in Augsburg mit den Namen Schlosser und Simshäuser und umgekehrt die Rechtshistoriker Schlosser und Simshäuser mit der Universität Augsburg verbunden werden, hängt nicht zuletzt damit zusammen, dass beide der Universität Augsburg bis zu ihrer Emeritierung treu geblieben sind. Wilhelm Simshäuser wurde 1998 emeritiert, Hans Schlosser 2002.

Bereits in den späten 1990er Jahren hatte die Juristische Fakultät indes den Entschluss gefasst, nur einen der beiden Lehrstühle wieder rechtshistorisch zu besetzen.[9] Als Nachfolger von Wilhelm Simshäuser ist Christoph Becker 1999 berufen worden. Damit folgte die Juristische Fakultät einem allgemeinen, aus Sicht der Rechtsgeschichte aber dennoch bedauernswerten Trend. An zahlreichen deutschen Juristischen Fakultäten sind in den 1990er und frühen 2000er Jahren rechtshistorische Lehrstühle umgewidmet worden.[10] Doch bereits im Jahr 2010 wendete sich das Blatt wieder, und diesmal nahm die Juristische Fakultät einen allgemeinen Trend hin zur Stärkung der Grundlagenfächer vorweg.[11] Mit Arnd Koch wurde ein Strafrechtshistoriker nach Augsburg berufen. Zudem wurde im gleichen Jahr ein im Rahmen des sogenannten Ausbauprogramms zur Bewältigung des doppelten Abiturjahrgangs des Jahres 2011 neu geschaffener Lehrstuhl für Bürgerliches Recht, Wirtschaftsrecht und Rechtsgeschichte besetzt.[12] Die Fächerkombination Rechtsgeschichte und Wirtschaftsrecht legt nahe, dass der Fakultät nicht nur eine erneute Stärkung der Rechtsgeschichte am Herzen lag, sondern dass sie zugleich ihr wirtschaftsrechtliches Profil schärfen wollte. Die Stärkung der Rechtsgeschichte führte auch zu neuen Impulsen in der Lehre: seit dem Wintersemester 2014/2015 bietet die Fakultät einen stark rechtshistorisch geprägten Grundlagenschwerpunkt im sogenannten Schwerpunktstudium an.[13]

[8] Siehe die Tagungsberichte von *Hofmeister*, ZRG GA 98 (1981), 483; *Klingenberg*, ZRG RA 99 (1982), 575.

[9] Siehe etwa das Protokoll über die 7. Sitzung des 16. Fachbereichsrats der Juristischen Fakultät der Universität Augsburg v. 25.11.1999; *Universität Augsburg*, Entwicklungsplan 2000–2004, Januar 2000, 18.

[10] Hierzu *Kaube*, F.A.Z. v. 13.6.2001, 53; *Eckert*, in: ders. (Hrsg.), Der praktische Nutzen der Rechtsgeschichte, 2003, 121; *Stolleis*, in: Hof/von Olenhusen (Hrsg.), Rechtsgestaltung – Rechtskritik – Konkurrenz von Rechtsordnungen … Neue Akzente für die Juristenausbildung, 2012, 212. Allgemein zum Bedeutungsverlust der Rechtsgeschichte *Dölemeyer*, in: Willoweit (Hrsg.), Rechtswissenschaft und Rechtsliteratur im 20. Jahrhundert, 2007, 1147 (1161).

[11] Siehe nur *Wissenschaftsrat*, Perspektiven der Rechtswissenschaft in Deutschland. Situation, Analysen, Empfehlungen, 2012.

[12] Zum Ausbauprogramm siehe nur: „Studentenschwemme – Unis rüsten auf“, Süddeutsche Zeitung v. 28.9.2010.

[13] Siehe die 8. Satzung zur Änderung der Studien- und Prüfungsordnung für das Studium der Rechtswissenschaft an der Universität Augsburg v. 19.11.2014.

II. Eine europäische Versicherungsrechtsgeschichte: ein Augsburger Forschungsprojekt

Das Forschungsprojekt zur europäischen Versicherungsrechtsgeschichte, das im vorliegenden Beitrag vorgestellt werden soll, knüpft damit gleich doppelt an Augsburger Traditionen an, greift aber zugleich aktuelle Tendenzen in der Rechtsgeschichte auf. Hans Schlosser wird gerade von Studierenden bis heute vor allem mit seinen Lehrbüchern zur europäischen (Privat-)Rechtsgeschichte in Verbindung gebracht.[14] Das Projekt zur europäischen Versicherungsrechtsgeschichte greift damit die von Hans Schlosser geprägte Augsburger Tradition auf, Rechtsgeschichte nicht nur mit einem lokalen oder nationalen Fokus zu betreiben, sondern eine genuin europäische Perspektive einzunehmen. Zugleich – und das ist die zweite Augsburger Tradition, an die das Projekt anknüpft – handelt es sich bei dem Versicherungsrecht um eine wirtschaftsrechtliche Materie. Das Forschungsprojekt verbindet damit zwei schon in der Vergangenheit in Augsburg stark vertretene Schwerpunkte. Nicht vergessen werden darf in diesem Zusammenhang, dass bereits seit den 1980er Jahren ein Standard- und Referenzwerk zur Versicherungsrechtsgeschichte mit der Augsburger Fakultät in Verbindung gebracht wird: die Habilitationsschrift von Karin Nehlsen-von Stryk.[15]

Zugleich greift das Projekt zwei neuere Tendenzen in der Rechtsgeschichte auf und verknüpft sie miteinander. Da ist zum einen die Wirtschaftsrechtsgeschichte. Zwar gab es schon immer wirtschaftsrechtshistorische Forschungen. Aber als Forschungsschwerpunkt – in Augsburg begleitet von einer eigenständigen Vorlesung – tritt sie erst seit etwas über zehn Jahren in Erscheinung.[16] Zum anderen ist da die historische Rechtsvergleichung. Obzwar die Romanistik schon immer eine internationale Disziplin war, obgleich es schon seit langem die europäische Rechtsgeschichte als eigenständiges Fach gab und obschon die Rezeption des römischen Rechts immer auch aus vergleichender Perspektive erforscht worden ist, war die Rechtsgeschichte dennoch lange Zeit national geprägt und vergleichende Betrachtungen blieben bloße Fußnoten einer zu oft genuin nationalen Geschichtsschreibung. Seit den 1990er Jahren bildete sich sodann die historische Rechtsvergleichung als eigenständige Grundlagendisziplin heraus,[17] und erst 2009 grün-

[14] *Schlosser*, Grundzüge der neueren Privatrechtsgeschichte. Rechtsentwicklung im europäischen Kontext, 10. Aufl. 2005; *ders.*, Europäische Rechtsgeschichte, 4. Aufl. 2021.

[15] *Nehlsen-von Stryk*, Die venezianische Seeversicherung im 15. Jahrhundert, 1986.

[16] Ausdruck dieses neuen Interesses ist das 2008 in erster Auflage erschienene Lehrbuch *Schmoeckel*, Rechtsgeschichte der Wirtschaft, 2008; *ders./Maetschke*, Rechtsgeschichte der Wirtschaft, 2. Aufl. 2016.

[17] Prägend *Zimmermann*, The Law of Obligations. Roman Foundations of the Civilian Tradition, 1990.

dete sich eine eigene Fachgesellschaft: die *European Society for Comparative Legal History*.[18]

III. Ausgangspunkt: der unbefriedigende Forschungsstand

Ausgangspunkt des Projektes war die Beobachtung, dass der Forschungsstand zur Versicherungsrechtsgeschichte gleich in mehrfacher Hinsicht unbefriedigend war, insbesondere wenn man ihn aus europäischer Perspektive bewertet. Ich möchte drei Punkte herausgreifen.[19]

1. Versicherungsgeschichte, nicht Versicherungsrechtsgeschichte

In vielen europäischen Ländern ist die Versicherungsgeschichte Forschungsgegenstand vor allem der Wirtschaftsgeschichte.[20] Von der rechtshistorischen Forschung wird die Versicherungs*rechts*geschichte dagegen oft vernachlässigt. Nun lassen auch Wirtschaftshistoriker die rechtlichen Rahmenbedingungen, in denen sich die Versicherung entwickelt hat, nicht unberücksichtigt. Denn schon für die Vergangenheit gilt, dass die Versicherung im Kern ein Rechtsprodukt ist.[21] Aber dennoch stellen Wirtschaftshistoriker nicht nur andere Forschungsfragen als Rechtshistoriker. So wird ein Wirtschaftshistoriker eine Dogmengeschichte des Versicherungsrechts schlicht nicht verfassen. Und in der Tat gibt es nur wenige dogmengeschichtliche Arbeiten zum Versicherungsrecht.[22] Wirtschaftshistoriker legen ihrer Forschung oftmals auch einen engen Versicherungsbegriff zugrunde. Sie interessieren sich vor allem für die unternehmerisch betriebene Versicherung und lassen damit die vielfältigen genossenschaftlichen Formen der gegenseitigen Ab- und Versicherung unberücksichtigt. Ein Rechtshistoriker, der die Ursprünge des modernen Versicherungsrechts erforschen will, muss über die unternehmerisch betriebene Versicherung hinausgehen. Aber in den nationalen Diskursen, in denen Wirtschaftshistoriker die Erforschung der Versicherungsgeschichte prägen, legen auch Rechtshistoriker ihrer Forschung oftmals einen engen Begriff der Versicherung zugrunde.

---

[18] *Masferrer/Modéer/Moréteau*, in: dies. (Hrsg.), Comparative Legal History, 2019, 1 (15).

[19] Ausführlich *Hellwege*, ZRG GA 131 (2014), 226 (228 ff.); *ders.*, American Journal of Legal History 56 (2016), 66. Siehe auch die Beiträge in ders. (Hrsg.), A Comparative History of Insurance Law in Europe. A Research Agenda, 2018.

[20] So etwa der Befund von *Morales Payán*, in: Hellwege (Fn. 19), 67.

[21] Zum modernen Recht siehe *Dreher*, Die Versicherung als Rechtsprodukt, 1991.

[22] So der Befund von *Hellwege*, in: ders. (Fn. 19), 9 (11). Explizit rechtshistorische Arbeiten wurden vorgelegt etwa von *Van Niekerk*, The Development of the Principles of Insurance Law in the Netherlands from 1500 to 1800, 2. Bd., 1998; *Rossi*, Insurance in Elizabethan England. The London Code, 2016.

2. *Die Seeversicherung als Forschungsschwerpunkt*

Die nationalen Diskurse legen ganz unterschiedliche Forschungsschwerpunkte. So steht in vielen Ländern die Seeversicherungsgeschichte im Zentrum des Interesses,[23] und damit ein Zweig der Versicherung, der seit jeher überwiegend unternehmerisch betrieben wurde. Die Geschichte der Lebensversicherung und die der Feuerversicherung werden dagegen, wenn überhaupt, oftmals nur als Anhängsel zur Seeversicherungsgeschichte behandelt. Anders verhält es sich in Deutschland. Hier war die Geschichte der Feuerversicherung in der Vergangenheit immer wieder Gegenstand wissenschaftlicher Arbeiten, wenn auch mit einer starken Verengung auf die mittelalterlichen und frühneuzeitlichen Feuergilden und die öffentlich-rechtlichen Brandkassen, die seit dem 17. Jahrhundert entstanden sind.[24]

3. *Divergierende nationale Diskurse*

Der Forschungsstand ist in vielen nationalen Diskursen von großen Linienziehungen geprägt, die aber oftmals nicht auf Detailstudien beruhen und damit kritisch hinterfragt werden müssen. So behauptet die englische Literatur oftmals, Feuer- und Lebensversicherung hätten sich schlicht aus der Seeversicherung entwickelt und ebenso sei das Seeversicherungsrecht Wurzel des Feuer- und Lebensversicherungsrechts.[25] Dagegen geht die deutsche Forschung von drei Wurzeln der modernen Versicherung und des modernen Versicherungsrechts aus.[26] Während sich die unternehmerisch betriebene Versicherung aus der Seeversicherung entwickelt habe, wurzele das Feuer- und Lebensversicherungswesen in der genossenschaftlichen Absicherung durch Gilden und Zünfte sowie in den öffentlichen Kassen, die seit dem 17. Jahrhundert gegründet worden seien. Diese drei Wurzeln seien erst zu Beginn des 19. Jahrhunderts miteinander verschmolzen. Solch divergierende Diskurse überraschen: einerseits hat sich eine Seeversicherungspraxis bereits im späten 16. Jahrhundert auch in Deutschland etabliert; andererseits existierten Gilden und Zünfte auch außerhalb Deutschlands. Auf Grundlage des Forschungsstandes ist schlicht nicht ersichtlich, warum die Entwicklungen in Deutschland einen so ganz anderen Weg gegangen sein sollen.

---

[23] So der Befund von *Morales Payán* (Fn. 20), 67 (69); *Fortunati*, in: Hellwege (Fn. 19), 27 (28 f.); *Heirbaut*, ebd., 89; *Hellwege*, ebd., 133 f., *MacLeod*, ebd., 149 (153).

[24] So der Befund von *Bogner*, in: Hellwege (Hrsg.), Essays on a Comparative History of Fire Insurance, 2021, Kapitel 3.

[25] So etwa *Ibbetson*, in: Katz (Hrsg.), Oxford International Encyclopedia of Legal History, Bd. 3, 2009, 252 (253). Siehe außerdem *Fortunati* (Fn. 23), 27 (29); *Morales Payán* (Fn. 20), 67 (69); *Heirbaut* (Fn. 23), 89, (101 ff.); *MacLeod* (Fn. 23), 149, (156 f.); *Hellwege* (Fn. 22), 9, (13).

[26] So etwa *P. Koch*, in: Handwörterbuch zur deutschen Rechtsgeschichte, Bd. 5 (1998), 815. Siehe dazu auch *Hellwege*, in: ders. (Fn. 19), 171 (172 ff.).

4. Zwischenergebnis

Es ließen sich weitere Aspekte ergänzen. In der Gesamtschau weisen die einzelnen nationalen Diskurse Defizite auf, vor allem aber fügen sie sich in einer Zusammenschau nicht zu einem gesamteuropäischen Bild zusammen.

IV. Forschungsprogramm

Das Augsburger Forschungsprojekt zu einer europäischen Versicherungsrechtsgeschichte hat sich vor diesem Hintergrund zum Ziel gesetzt, die europäische Versicherungsrechtsgeschichte neu zu bewerten. Das Projekt war auf fünf Jahre angelegt und erhielt eine Förderung durch den *European Research Council*.[27] Ziel war aber nicht, die Geschichte des Versicherungsrechts in Europa umfassend darzustellen.[28] Das wäre bei den derzeitigen nationalen Forschungsständen in fünf Jahre gar nicht zu leisten gewesen, hätte man dafür doch zuerst einmal für jedes einzelne Land die Geschichte des Versicherungsrechts vollständig neu aufarbeiten müssen. Dem Forschungsprogramm lag ein anderes Konzept zugrunde:[29] auch wenn die nationalen Forschungsstände auseinanderfallen, so tauchen in ihnen doch immer wieder ähnliche oder gar identische Institutionen, Produkte, Risiken, Zwecke oder auch Motive auf. Man könnte von potentiellen Schnittstellen nationaler Entwicklungsstränge sprechen. Diese potentiellen Schnittstellen sollten in den Blick genommen werden und parallel für verschiedene europäische Länder aufgearbeitet werden. Hinter diesem Programm stand folgende Idee: ist es schon nicht möglich, innerhalb der Projektlaufzeit eine umfassende Geschichte des europäischen Versicherungsrechts zu erarbeiten, so erlaubt es die Konzentration auf diese möglichen Schnittstellen, die Gemeinsamkeiten und Unterschiede zwischen den nationalen Entwicklungssträngen zu identifizieren. Das so gesponnene Netz kann sodann den europäischen Rahmen für weitere nationale Forschungsarbeiten bilden.

So taucht in mehreren nationalen Diskursen immer wieder die bisher unbelegte These auf, dass die kontinentaleuropäischen Lebens- und Feuerversicherungsgesellschaften zu Beginn des 19. Jahrhunderts einfach die Allgemeinen Versicherungsbedingungen der englischen Versicherer kopiert hätten.[30]

---

[27] European Research Council/European Union's Horizon 2020 research and innovation programme: A Comparative History of Insurance Law in Europe (CHILE), Grant Agreement: 647019.

[28] Dazu auch unten das Zitat zu Fn. 114.

[29] Zum Forschungsprogramm des Projektes siehe *Hellwege*, ZRG GA 131 (2014), 226 (235 ff.); *ders.*, American Journal of Legal History 56 (2016), 66 (72 ff.); *ders.* (Fn. 22), 9 (17 ff.).

[30] So *P. Koch*, Geschichte der Versicherungswirtschaft in Deutschland, 2012, 49.

Hintergrund dieser These ist, dass englische Versicherer am Ende des 18. und zu Beginn des 19. Jahrhunderts auf dem kontinentaleuropäischen Versicherungsmärkten aktiv waren und heimische Versicherungsgesellschaften oftmals erst als Reaktion hierauf gegründet worden sind. Diese These haben insgesamt vier Doktoranden überprüft:[31] eine Arbeit entstand zur Entwicklung der Feuerversicherungspraxis in Frankreich, eine zur Feuerversicherungspraxis in Deutschland, eine dritte Arbeit behandelt die Entwicklung der Lebensversicherungspraxis in Frankreich und eine vierte die Lebensversicherungspraxis in Deutschland. Die Frage, ob die kontinentaleuropäischen Versicherungsgesellschaften unter einem prägenden Einfluss der englischen Versicherungspraxis standen, ist für eine zweite, in der Literatur oft anzutreffende, aber wiederum bisher unbelegte These von Bedeutung: frühe Gesetzgeber hätten oftmals eine vorgesetzliche Versicherungspraxis in Gesetzesform gegossen.[32] Würden die ersten beiden Thesen stimmen, so hätte die englische Versicherungspraxis einen mittelbaren Einfluss auf die frühe Versicherungsgesetzgebung außerhalb Englands gehabt.[33] Daher haben sich insgesamt drei Arbeiten mit den Ursprüngen der frühen Versicherungsgesetzgebung beschäftigt: jeweils eine zu den Entwicklungen in Deutschland, Frankreich und Italien.[34] Unabhängig von dieser zweiten These liest man aber auch immer wieder, die frühe Lebens- und Feuerversicherungspraxis ebenso wie die frühe Gesetzgebung auf dem Gebiet des Lebens- und Feuerversicherungsrechts hätten sich einfach an der entsprechenden und bereits vorhandenen Seeversicherungspraxis und -gesetzgebung orientiert. Diese These greift mithin die verbreitete Behauptung auf, die Seeversicherung und das Seeversicherungsrecht seien Wurzeln der Versicherung und des Versicherungsrechts als Ganzes.[35] Insgesamt drei Dissertationen sollten diese These

---

[31] *Bachmann*, Die französischen Lebensversicherungsbedingungen zwischen 1788 und 1880. Englischer Einfluss und autonome Entwicklung, 2019; *Siegwart*, Englische und französische Feuerversicherungsbedingungen vor 1900. Gemeinsamkeiten – Einflussnahmen – Unterschiede, 2021; *Heuermann*, Einflüsse der englischen Lebensversicherungspraxis auf die Entwicklung deutscher Lebensversicherungsbedingungen (Arbeitstitel); *Caja*, Der Einfluss der englischen Feuerversicherungspraxis auf die Entwicklung deutscher Feuerversicherungsbedingungen (Arbeitstitel).

[32] So *Neugebauer*, Versicherungsrecht vor dem Versicherungsvertragsgesetz. Zur Entwicklung des modernen Binnenversicherungsrechts im 19. Jahrhundert, 1990, 56.

[33] So *P. Koch* (Fn. 30), 49.

[34] *Bogner*, Das Versicherungsvertragsrecht – ein Spiegel der vorgesetzlichen Praxis? Das Binnenversicherungsrecht und seine Quellen vom Preußischen Allgemeinen Landrecht (1794) bis zum Versicherungsvertragsgesetz (1908), 2021; *Karmann*, Die Ordonnance de la marine und die französische Versicherungspraxis. Die Entwicklung des Versicherungsvertragsrechts in Frankreich vom Guidon de la mer bis zum Code de commerce, 2021; *Di Mieri*, Die Feuerversicherung im italienischen Codice di commercio von 1882. Seeversicherungsrechtliche Tradition, Feuerversicherungspraxis und die Rezeption ausländischen Rechts, 2021.

[35] Siehe oben den Text zu sowie den Nachweis in Fn. 25.

für England, die Niederlande und Italien überprüfen.[36] Schließlich liest man in der deutschen Literatur immer wieder die unbelegte Annahme, dass die ersten Ansätze einer Versicherungsaufsicht in Deutschland von Frankreich inspiriert worden seien.[37] Daher haben zwei Dissertationen die Entwicklung der Versicherungsaufsicht in Frankreich, Deutschland und zudem in Italien aufgearbeitet.[38]

Parallel zu diesen Dissertationsprojekten sind sechs Sammelbände entstanden, an denen 52 Vertreterinnen und Vertreter unterschiedlicher Disziplinen, etwa der Rechts-, Wirtschafts-, Finanz- und Sozialgeschichte, aber auch der Rechtsvergleichung, aus 17 Ländern mitgewirkt haben. Der erste Band bereitet die nationalen Forschungsstände auf und stellt damit das Forschungsprogramm des Projektes aus vergleichender Perspektive auf den Prüfstand.[39] Drei weitere Bände nehmen verschiedene Aspekte der Lebensversicherung in den Blick. Der erste Band behandelt mit Tontinen ein *Produkt*, das in allen europäischen Ländern existiert hat und das in allen nationalen Forschungsständen zur Geschichte der Lebensversicherung Erwähnung findet, bei dem aber bisher unklar geblieben ist, welchen Beitrag es zur Entwicklung des Versicherungsrechts genau geleistet hat.[40] Der zweite Band nimmt mit Zünften und Gilden eine *Institution* in den Blick, die in ganz Europa existiert hat und die eine gegenseitige Absicherung geleistet haben soll.[41] Von dieser gegenseitigen Absicherung wird vor allem in Deutschland immer wieder behauptet, sie habe insbesondere die Geschichte der Lebensversicherung maßgeblich geprägt. Der dritte Band stellt schließlich mit Witwen eine Gruppe von *Begünstigten* und damit einen *Zweck*, nämlich den der Versorgung, in den Mittelpunkt, und so wird die Geschichte der Lebensversicherung in die Entwicklung anderer Strategien, die der Versorgung von Witwen dienten, eingebettet.[42] Zwei dieser drei Bände werden durch monographische Unter-

---

[36] *Ogis*, The Influence of Marine Insurance Law on the Legal Development of Life and Fire Insurance in England, 2019; *Doll*, Die Lebensversicherung in Italien von den Anfängen bis 1800. Entwicklungen, Erklärungsansätze und Alternativen, 2021; *Sirks*, Fire and life insurance in the Dutch Republic. Development and legal aspects, 2021.

[37] So etwa *Ipsen*, HansRGZ 1939, 89; *ders.*, in: Ackermann/Albers/Bettermann (Hrsg.), Aus dem Hamburger Rechtsleben. Walter Reimers zum 65. Geburtstag, 1979, 249 (277).

[38] *Leitenbacher*, Die Entwicklung der Versicherungsaufsicht in Frankreich. Vom Ancien Régime bis zum ersten Versicherungsaufsichtsgesetz 1938, 2020; *Zampano*, Die Ursprünge der Versicherungsaufsicht in Deutschland und Italien aus historisch-vergleichender Perspektive, 2021.

[39] *Hellwege*, Research Agenda (Fn. 19).

[40] Hellwege (Hrsg.), The Past, Present, and Future of Tontines. A Seventeenth Century Financial Product and the Development of Life Insurance, 2018.

[41] Hellwege (Hrsg.), Professional Guilds and the History of Insurance. A Comparative Analysis, 2020.

[42] Hellwege (Hrsg.), Widows and the History of Insurance. A Comparative Analysis, 2021.

suchungen zu den Entwicklungen in Deutschland ergänzt.[43] Dass insgesamt drei der sechs Sammelbände sowie zwei Monographien der Lebensversicherung im weiteren Sinne gewidmet sind, findet seinen Grund in ihrer sehr viel komplexeren, aber bisher sehr viel schlechter erforschten Geschichte. Ein fünfter Band nimmt mit der Seeversicherung eine bestimmte *Versicherungssparte* in den Blick, und bettet ihre Entwicklung in die Geschichte alternativer Risikovorsorgestrategien ein.[44] Der sechste Band behandelt schließlich ein bestimmtes *Risiko*: das des Feuers.[45]

V. Methodische Herausforderungen

Wer die Geschichte des Wirtschaftsrechts und damit auch die des Versicherungsrechts erforschen möchte, sieht sich vielfältigen methodischen Herausforderungen ausgesetzt. Die wichtigsten möchte ich im Folgenden umreißen.

1. Versicherungsgeschichte und Versicherungsrechtsgeschichte

Da ist zunächst einmal das bereits angesprochene Wechselspiel zwischen Wirtschaftsgeschichte und Wirtschafts*rechts*geschichte bzw. zwischen Versicherungsgeschichte und Versicherungs*rechts*geschichte.[46] Der Privatrechtshistoriker kann sich oft darauf beschränken, eine reine Dogmengeschichte zu betreiben. Wer sich etwa mit der gestörten Rückabwicklung gegenseitiger Verträge aus historisch-vergleichender Perspektive auseinandersetzt, wird schnell bemerken, dass zu verschiedenen Zeiten der Untergang unterschiedlicher Kaufobjekte problematisiert wurde: in der Antike waren es Sklaven, in der frühen Neuzeit Pferde und im 20. Jahrhundert Gebrauchtwagen. Die juristischen Probleme waren aber zu jeder Zeit identisch. Daher ist es möglich, die gestörte Rückabwicklung gegenseitiger Verträge rein dogmengeschichtlich aufzubereiten.

Wer Versicherungs*rechts*geschichte betreibt, muss sich dagegen zunächst einmal die Entwicklung der entsprechenden Versicherungsprodukte erarbeiten. Denn wer die historische Entwicklung eines Versicherungsprodukts nicht begriffen hat, kann auch nicht über dessen rechtliche Regulierung

---

[43] *Hellwege*, A History of Tontines in Germany. From a multi-purpose financial product to a single-purpose pension product, 2018; *ders.*, From Guild Welfare to Bismarck Care. Professional guilds and the origins of modern social security law and insurance law in Germany, 2020.

[44] Hellwege/G. Rossi (Hrsg.), Maritime Risk Management. Essays on the History of Marine Insurance, General Average and Sea Loan, 2021.

[45] Hellwege (Hrsg.), Essays on a Comparative History of Fire Insurance, 2021.

[46] Siehe oben III.1.

schreiben. Oder anders ausgedrückt: so wie Wirtschaftshistoriker die Augen nicht davor verschließen können, dass die Versicherung im Kern schon immer ein Rechtsprodukt war, sie also im Rahmen einer Versicherungsgeschichte auch immer den regulatorischen Rahmen mitdenken müssen,[47] so müssen sich Rechtshistoriker bewusst machen, dass die Versicherung schon immer ein Finanzprodukt und versicherungsmathematisches Produkt war.[48]

Doch beginnen damit auch die Probleme. Während See- und Feuerversicherungsprodukte relativ einfach konzipiert waren, waren Lebensversicherungsprodukte schon in der Geschichte immer komplex und vielgestaltig, und es ist oftmals unmöglich, die Details dieser Produkte aus den überlieferten Materialien mit Sicherheit zu rekonstruieren. Der Rechtshistoriker wird vor allem die Statuten der verschiedenen Gesellschaften, Kassen und Vereinigungen in den Blick nehmen, um Lebensversicherungsprodukte auch als Finanzprodukte und versicherungsmathematische Produkte zu verstehen. Diese Quellen lassen aber oft viele Fragen unbeantwortet. Und einem Rechtshistoriker fehlt zumeist die Kompetenz, um die richtigen Rückschlüsse etwa aus historischen Kassenbüchern und Abrechnungen zu ziehen.

2. *Die Notwendigkeit interdisziplinärer Forschung*

Versicherungsrechtsgeschichte ist also ein Forschungsgebiet, bei dem man sich interdisziplinären Ansätzen öffnen muss. Es ist aber nicht ausreichend, die Versicherungsprodukte als Finanzprodukte und versicherungsmathematische Produkte zu verstehen. Versicherungsrechtsgeschichte ist nur begreifbar, wenn man den sozio-ökonomischen Kontext mitdenkt, in dem sich die entsprechenden Produkte entwickelt haben. So wurde die Feuerversicherung von privater Seite entwickelt, damit Eigentümer Gebäude als dingliche Sicherheit nutzen konnten, und nachfolgend wurde ihre weitere Entwicklung in Deutschland von staatlicher Seite unterstützt bzw. die öffentliche Hand initiierte sogar Feuerkassen, um die Steuerfähigkeit der Bürger zu sichern.[49] Die Lebensversicherung diente als Instrument des Familienernährers, um für Angehörige vorzusorgen, und ihre Entwicklung kann man nur begreifen, wenn man entsprechende alternative Vorsorgestrategien mitdenkt. Doch diente die Lebensversicherung auch anderen Zwecken. So konnten Gläubiger das Leben eines Schuldners versichern, um sich so gegen einen todesbedingten Zahlungsausfall abzusichern.[50] Die unterschiedlichen Zwecke, denen

[47] *Pons Pons*, in: Hellwege (Fn. 19), 231.

[48] *Hellwege/G. Rossi*, in: dies. (Fn. 44), 9.

[49] *W. Ebel*, Die Hamburger Feuerkontrakte und die Anfänge des deutschen Feuerversicherungsrechts, 1936, 26 f.; *Bogner* (Fn. 34), § 1 C.III.1.

[50] Siehe z. B. *Clark*, in: Hellwege (Fn. 42), 15 (24 ff.); *Dreyer*, Die „Assecuranz- und Haverey-Ordnung" der Freien und Hansestadt Hamburg von 1731, 1990, 154.

Lebensversicherungsprodukte dienten, spiegelten sich selbstverständlich in ihrer Struktur und damit auch in den Statuten und Vertragsbedingungen der Versicherer wider.

3. Versicherung, Wohltätigkeit, Armenfürsorge und informelle Hilfe

Hinzu kommen zwei weitere Probleme, die die sozio-ökonomische Einbettung der Versicherungsrechtsgeschichte betreffen: die Grenzziehung zwischen Versicherung auf der einen Seite und informeller Hilfe auf der anderen Seite sowie zwischen Wohltätigkeit und Armenfürsorge einerseits und Versicherung andererseits. Bei der Erforschung des Seeversicherungsrechts stellen sich diese Probleme freilich nicht: hier war es seit jeher üblich, dass die Parteien Versicherungsverträge schlossen, sie sich mithin rechtlich binden wollten. Vereinzelt gab es im Kontext der Seeversicherung auch Gegenseitigkeitsversicherungen, zum Teil privat initiiert, zum Teil aber auch staatlich betrieben.[51] Anders die Geschichte der Lebens- und Feuerversicherung: zahlreiche kirchliche, staatliche und private Akteure boten in diesem Kontext Hilfe an, und es ist oftmals unklar, ob diese Hilfestellungen der Armenfürsorge zuzurechnen sind, ob diese Akteure reine Wohltätigkeit leisteten, ob sie bloß informelle Unterstützung anboten, auf die der Empfänger keinen Rechtsanspruch hatte, ob es möglich ist, diese Hilfestellungen als Versicherung oder zumindest als Vorform der Versicherung einzuordnen, oder ob sie nicht vielmehr Wurzeln der modernen Sozialversicherung sind. Ich werde auf diese Abgrenzungsprobleme sogleich noch einmal zu sprechen kommen. Die vorgenannten Probleme leiten zu einer weiteren Beobachtung über: während Privatrechtshistoriker zuweilen selbst dort in einer reinen Dogmengeschichte verhaftet bleiben, wo eine sozio-ökonomische Kontextualisierung angezeigt wäre, kommen versicherungsrechtshistorische Arbeiten oftmals über eine Analyse der Versicherungsgeschichte nicht hinaus.

4. Quellenprobleme

Die Versicherungsrechtsgeschichte muss sich weiterhin Quellenproblemen stellen. Der Privatrechtshistoriker konzentriert sich oftmals auf eine Analyse historischer Gesetze und der historischen wissenschaftlichen Literatur. In Ländern wie Deutschland und Italien, die in der Geschichte von einer Vielzahl einzelner Territorien geprägt waren, ist das bereits komplex genug. Für die Versicherungsrechtsgeschichte kommt hinzu, dass Gesetze und eine

---

[51] Siehe *Morales Payán* (Fn. 20), 67 (77); *Sirks* (Fn. 36), Kapitel 2 C.III.2; *Go*, Marine Insurance in the Netherlands 1600–1870. A comparative institutional approach, 2009, 36 ff.; *Van Niekerk* (Fn. 22), 1. Bd., 637.

reiche Literatur zunächst fehlten oder nur Ausschnitte des Versicherungsrechts abdeckten. Im Zentrum der Erforschung der Versicherungsrechtsgeschichte des Mittelalters und der frühen Neuzeit stehen daher die Policen, Versicherungsbedingungen und Statuten der einzelnen Versicherer, Anbieter von Versicherungsprodukten und solcher Institutionen, die Sicherung und Hilfe anboten. Das wirft vielfältige Folgeprobleme auf. Da ist zunächst das praktische Problem, die entsprechenden Dokumente aufzuspüren. Viele Gesellschaften und Kassen sind niemals über das Planungsstadium hinausgekommen. Andere haben nur kurz existiert und sind schnell gescheitert. Solche Gesellschaften und Kassen haben als Folge nur wenige oder gar keine Spuren hinterlassen. Sie sind für die Versicherungsrechtsgeschichte dennoch von Interesse. Im Kontext der Seeversicherung wurden Policen vielerorts sowohl von Notaren als auch von Maklern entworfen,[52] aber es sind vor allem die Policen der Notare überliefert, so dass unklar ist, ob die Praxis der Makler eventuell von der der Notare abwich. Zudem bewegte sich die Versicherungspraxis stets zwischen zwei Polen, zwischen Harmonisierung und einem Auseinanderfallen. In der Seeversicherungspraxis kommen zudem oftmals regionale und lokale Besonderheiten hinzu.[53] Die Versicherungsrechtsgeschichte steht damit ständig vor dem Problem, ob die verschiedenen Policen, Bedingungen und Statuten nur Einzelbeobachtung erlauben oder ob sie generalisiert werden dürfen, ob sie also eine allgemeine Praxis widerspiegeln. Doch selbst wenn die Policen, Versicherungsbedingungen und Statuten der einzelnen Versicherer und Anbieter von Versicherungsprodukten und anderen Hilfeleistungen eine allgemeine Praxis widerspiegeln, stellt sich die Frage, ob es sich nur um einen Brauch handelte oder ob man bereits von Recht, etwa im Sinne einer *lex mercatoria*, sprechen kann. Schließlich bleibt in vielen Rechtsordnungen das Verhältnis von Versicherungspraxis einerseits und gerichtlicher und außergerichtlicher Streitbelegung sowie Gesetzgebung andererseits unklar.[54]

5. Begriffliche Probleme

Weiterhin sieht sich die Versicherungsrechtsgeschichte mit einem allgemeinen Problem der Rechtsgeschichte, das sich vergleichbar in den gesamten Geschichtswissenschaften, aber auch der Rechtsvergleichung sowie allen vergleichenden Disziplinen stellt, konfrontiert: inwieweit dürfen moderne Rechtsbegriffe verwendet werden, um historische Entwicklungen zu be-

---

[52] Siehe etwa *Karmann* (Fn. 34), 28 ff., 33 f., 42 ff., 79 ff., 84 f.
[53] Siehe etwa *Karmann* (Fn. 34), 37 ff.
[54] Siehe etwa *De ruysscher*, in: Hellwege (Fn. 19), 110 ff.

schreiben? Um dieses Problem zu lösen, stellt der Rechtsvergleicher Funktionen als *tertium comparationis* in den Mittelpunkt.[55]

Für einen Versicherungsrechtshistoriker ist das zum Teil ein gangbarer Weg, zum Teil aber auch nicht. Um dies zu erläutern möchte ich auf die Probleme zurückkommen, Versicherung als formelle Hilfe von informeller Hilfe abzugrenzen und Versicherung von Wohltätigkeit und Armenfürsorge zu unterscheiden. Eine genaue Unterscheidung ist kaum möglich. Sollte man dann auf eine entsprechende Unterscheidung nicht ganz verzichten? Und sollte damit in der Versicherungsrechtsgeschichte auf den Begriff der Versicherung nicht vielleicht ganz verzichtet werden? Sollte man nicht ganz allgemein auf moderne Begriffe verzichten, um Versicherungsrechtsgeschichte zu schreiben? Auch die Unterscheidung von staatlichen und privaten Kassen, der Versuch einer Trennung von Versicherungspraxis und Versicherungsrecht sowie die Suche nach den Wurzeln eines Versicherungsaufsichtsrechts setzt moderne Begriffe und Kategorien voraus. Ich meine, dass es dennoch nicht notwendig ist, auf moderne Begriffe und Kategorien ganz zu verzichten. Dem Problem muss vielmehr mit Methodensensibilität begegnet werden. Der moderne Versicherungsbegriff setzt sich aus verschiedenen Elementen zusammen.[56] Die moderne Versicherung lässt sich mit diesen Elementen von anderen modernen Institutionen der Vor- und Fürsorge abgrenzen. Beschreibt man historische Produkte zur Risikovorsorge unter Hinzuziehung dieser Elemente und in Abgrenzung zu anderen Formen der Risikovorsorge, so kann man erläutern, inwieweit sich ein historisches Phänomen von der modernen Versicherung unterscheidet und inwieweit Gemeinsamkeiten vorhanden sind, ohne dass man auf den Versicherungsbegriff verzichten muss. Wer eine Kasse als private oder staatliche Initiative einordnet, sollte gleichfalls die verschiedenen Kriterien offenlegen, die zu dieser Einordnung geführt haben.

Dieser Weg bietet sich auch deswegen an, weil ein Rechtshistoriker nicht nur für Fachkollegen der Rechtsgeschichte, sondern auch für moderne Juristen schreibt. Der moderne Jurist denkt aber in Begriffen und Kategorien des geltenden Rechts. Möchte der Versicherungsrechtshistoriker dieses Publikum erreichen, muss er sich der Begriffs- und Gedankenwelt moderner Juristen bedienen, aber zugleich darauf verweisen, inwieweit sich ein historisches Phänomen von modernen Rechtsinstituten unterscheidet. Hier die richtige Balance zu finden, ist nicht immer einfach.

---

[55] Zur funktionalen Methode der Rechtsvergleichung siehe *Michaels*, in: Reimann/Zimmermann (Hrsg.), The Oxford Handbook of Comparative Law, 2006, 339ff. Umfassend mit alternativen Methoden *Kischel*, Rechtsvergleichung, 2015, 92ff.

[56] *Hellwege* (Fn. 22), 9, (25f.).

6. *Versicherungsrechtsgeschichte als Begriffsgeschichte?*

Damit komme ich zu einem letzten Problem der Versicherungsgeschichte, das hier am Beispiel des Finanzproduktes der Tontine erläutert werden soll.[57] Eine Tontine ist eine gepoolte Leibrente. Sie kann damit als Rentenprodukt verwendet werden. Tontinen sind im 17. Jahrhundert entwickelt worden und waren in Deutschland bis ins 19. Jahrhundert hinein verbreitet. Ihnen wird von vielen eine besondere Bedeutung für die Geschichte der Lebensversicherung und des Lebensversicherungsrechts zugeschrieben.[58] Dennoch existierte zu ihnen bisher kaum vertiefende Literatur. Bei der Erforschung von Tontinen stellen sich nun zwei Probleme:[59] zum einen wurden nicht alle gepoolten Leibrentenprodukte unter dem Namen Tontine vermarktet. Man könnte sich also auf alle gepoolten Leibrentenprodukte konzentrieren, und zwar unabhängig davon, ob sie unter dem Namen Tontine angeboten wurden oder nicht. Zum anderen wurden aber auch Produkte als Tontinen angeboten, die überhaupt keine gepoolten Leibrenten waren, so etwa Lotterien. Schreibt man eine Begriffsgeschichte der Tontine, so würde man alle Produkte, die unter dem Namen Tontine angeboten wurden, erfassen müssen, unabhängig davon, ob es sich um gepoolte Leibrenten handelte oder nicht. Schließlich gab es zahlreiche Mischprodukte. Klar ist, dass sich eine Versicherungsrechtsgeschichte auf solche Tontinen konzentrieren sollte, die einen Bezug zur Versicherungsrechtsgeschichte aufweisen. Damit müssen im Rahmen versicherungshistorischer Forschungen vergleichbare Produkte, die unter anderen Namen vermarktet wurden, berücksichtigt werden. Doch dürfen reine Lotterien, die ebenfalls als Tontinen bezeichnet wurden, nicht unerwähnt bleiben, auch wenn sie in einer Versicherungsrechtsgeschichte nicht im Zentrum des Interesses stehen. Denn nur bei einer Miterwähnung dieser Tontinen lässt sich der unbefriedigende moderne Forschungsstand ebenso entwirren wie die komplexe Geschichte der Tontinen. Bei all dem die richtige Balance zu finden, ist wiederum nicht einfach.

VI. Ergebnisse

Die größten Forschungslücken bestanden bisher im Bereich der Geschichte der Lebens- und Feuerversicherung, und so hat das Projekt hier Schwerpunkte gesetzt. Mit Blick auf die Ergebnisse des Projekts kann zwischen den

---

57 Siehe hierzu auch *Cordes*, Rechtsgeschichte/Legal History 27 (2019), 375 (376).

58 So etwa von *Oberholzer*, Zur Rechts- und Gründungsgeschichte der Privatversicherung, 1992, 91; *Kürble*, Zeitschrift für die gesamte Versicherungswissenschaft 79 (1990), 581 (598); *Du Pasquier*, Zeitschrift für Schweizerische Statistik 46 (1910), 484.

59 Zum folgenden siehe *Hellwege*, A History of Tontines (Fn. 43), 35 ff.

bereits aufgezeigten Ebenen unterschieden werden: der Versicherungsgeschichte und der Versicherungs*rechts*geschichte.

1. Die Entwicklung der Feuerversicherung

Ich möchte mit der Geschichte der Feuerversicherung beginnen. Der Forschungsstand in Deutschland und England hatte schon bisher die Anfänge der Feuerversicherung exakt beschrieben.[60] In Hamburg schlossen im Jahr 1591 100 Brauer den ersten sogenannten Feuerkontrakt ab: im Falle eines Feuers verpflichteten sie sich zur Zahlung einer bestimmten Summe an das Brandopfer. Unklar bleibt indes, ob die Hamburger Feuerkontrakte an frühere Traditionen anknüpften. Der erste Feuerkontrakt von 1591 enthielt eine ausdrückliche Bezugnahme auf frühere Vorbilder, ohne diese zu spezifizieren.[61] Die Literatur hat in der Vergangenheit drei Hypothesen formuliert, und im Rahmen des Projekts kam eine vierte Arbeitshypothese hinzu.

(a) So wurde vermutet, die Hamburger Feuerkontrakte könnten von den sogenannten Feuergilden in Schleswig-Holstein inspiriert worden sein.[62] Dafür spricht zum einen die räumliche Nähe. Zum anderen wird darauf verwiesen, dass Hamburger Brauer ihr Bier nach Schleswig-Holstein exportierten. Es gab also Berührungspunkte. Indes weisen die Statuten dieser Feuergilden und der erste Hamburger Feuerkontrakt von 1591 zu markante Unterschiede auf. Daher hielt schon die bisherige Literatur einen Rückgriff der Feuerkontrakte auf die Feuergilden für unwahrscheinlich.[63]

(b) Eine zweite Ansicht geht von niederländischen Einflüssen aus.[64] Für das Jahr 1588 ist der erste Seeversicherungsvertrag in Hamburg nachweisbar. Eine der Vertragsparteien war ein Holländer. Und in der Tat kam die Seeversicherung über Holland nach Hamburg. Die zeitliche Nähe zwischen dem ersten nachweisbaren Hamburger Seeversicherungsvertrag und dem ersten Hamburger Feuerkontrakt ist verblüffend. Und dennoch lässt sich auch hier kein Zusammenhang nachweisen.[65]

---

[60] Die Anfänge der englischen Feuerversicherung mit Nachweisen auf die reichhaltige Literatur zusammenfassend *Siegwart* (Fn. 31), 19 ff.; *MacLeod* (Fn. 23), 149, (166 f.); *Caja*, in: Hellwege (Fn. 45), Kapitel 4 B.I–III; *Ogis*, ebd., Kapitel 4 A; *dies.* (Fn. 36), 57 ff. Zu Deutschland *Bogner* (Fn. 24), Kapitel 3; *ders.* (Fn. 34), § 1 C.III.

[61] Siehe den bei *W. Ebel* (Fn. 49), 66, abgedruckten Urkundentext.

[62] So etwa *Helmer*, Die Geschichte der privaten Feuerversicherung in den Herzogtümern Schleswig und Holstein, Bd. 1, 1925, 225 f.

[63] So etwa *W. Ebel* (Fn. 49), 37. Siehe auch *Bogner* (Fn. 24), Kapitel 3 A.I; *ders.* (Fn. 34), § 1 C.III.1.

[64] So etwa *Schaefer*, Urkundliche Beiträge und Forschungen zur Geschichte der Feuerversicherung in Deutschland, Bd. 1, 1911, 163.

[65] *Sirks* (Fn. 36), Kapitel 2 A.III; *dies.*, in: Hellwege (Fn. 45), Kapitel 2 A.IV.

(c) Mit Blick auf niederländische Einflüsse wird immer wieder auf die genossenschaftliche Absicherung durch Gilden in den Niederlanden verwiesen, und es wird vermutet, dass hier der Ursprung der modernen Feuerversicherung zu suchen ist. In der Tat leisteten Gilden nicht nur in Schleswig-Holstein Hilfe im Fall von Bränden, sondern auch in den Niederlanden und in Skandinavien.[66] Ein unmittelbarer Einfluss auf die Genese der modernen Feuerversicherung bleibt indes unwahrscheinlich.[67]

(d) Eine weitere im Rahmen dieses Projektes entwickelte Arbeitshypothese war, dass sich eventuell Verbindungen zu den Feuerkontrakten herstellen lassen, welche die Eigentümer von Ölmühlen in der nordholländischen Region Zaanstreek nachweisbar im 17. Jahrhundert geschlossen haben.[68] Delphine Sirks kam aber auch hier zu dem Ergebnis, dass es unwahrscheinlich ist, dass die Hamburger Feuerkontrakte und die der Zaanstreek auf eine gemeinsame Tradition zurückgehen oder sich gegenseitig beeinflusst haben.[69]

Diese negativen Ergebnisse lassen also die aufgeworfene Frage unbeantwortet, auf welche Vorbilder die Verfasser des ersten Hamburger Feuerkontrakts von 1591 verwiesen haben. Damit ist die Brücke zum oben aufgezeigten Quellenproblem geschlagen. Es ist möglich, dass die Bindeglieder zwischen diesen verschiedenen Traditionen nicht von Dauer waren oder ihre Spuren noch in Archiven verborgen sind.

Die weitere Entwicklung in Deutschland ist gut erforscht:[70] 1676 wurde die Hamburger Feuerkasse als erste öffentlich-rechtliche Brandkasse gegründet. Sie löste das Netz von Feuerkontrakten, das sich seit 1591 entwickelt hatte, ab. Im Verlauf des 18. Jahrhunderts breiteten sich diese öffentlich-rechtlichen Brandkassen über fast ganz Deutschland aus. Es waren reine Immobiliarfeuerversicherungen. Oftmals waren sie mit einem Monopol ausgestattet. Zum Teil bestand eine Versicherungspflicht. Als Folge war kein Raum für die Gründung privater Feuerversicherungsgesellschaften. Erst im späten 18. Jahrhundert fassten private Feuerversicherungsgesellschaften in Deutschland Fuß. Den Anfang machten englische Feuerversicherungsgesellschaften, die auf den deutschen Markt expandierten. Sie waren zunächst auf die Versicherung von Mobilien beschränkt.

In England wurden die ersten privaten Feuerversicherungen in den 1680er Jahren als Folge des großen Brands von London im Jahr 1666 gegründet.[71] Eine zeitgleich initiierte öffentliche Brandkasse in London vermochte sich nicht zu etablieren. Die moderne englische Forschung geht davon aus, dass

---

[66] *Heirbaut* (Fn. 23), 89, (91 ff.); *Sunnqvist*, in: Hellwege (Fn. 19), 199 (207).
[67] *Sirks* (Fn. 36), Kapitel 2 A.III; *dies.* (Fn. 65), Kapitel 2 A.IV.
[68] *Hellwege* (Fn. 23), 133 (139 ff.).
[69] *Sirks* (Fn. 36), Kapitel 2 C.I.1; *dies.* (Fn. 65), Kapitel 2 B.II.
[70] Zusammenfassend *Bogner* (Fn. 24), Kapitel 3; *ders.* (Fn. 34), § 1 C.III.
[71] Die Entwicklungen zusammenfassend *Caja* (Fn. 60), Kapitel 4 B.I–III.

die moderne Feuerversicherung in der Seeversicherung wurzelt. So sei im Rahmen der Seeversicherung üblich gewesen, Schiffe und Waren auch gegen die Feuersgefahr zu versichern. Die Vermutung liegt nahe, dass die Versicherung von Waren die Binnenversicherung inspiriert hat. Sinem Ogis hat freilich aufgezeigt, dass diese These so wohl nicht zutrifft.[72] Zum einen ist auffällig, dass die ersten englischen Feuerversicherer gerade keine Feuerversicherung für Mobilien angeboten, sondern sich auf die Versicherung von Immobilien beschränkt haben. Die Mobiliarfeuerversicherung wurde erst zu Beginn des 18. Jahrhunderts ergänzt. Die Beschränkung auf die Versicherung von Immobilien haben die privaten englischen Feuerversicherungsgesellschaften des späten 17. Jahrhunderts etwa mit der Hamburger Feuerkasse von 1676, aber auch mit englischen Vorschlägen aus den 1630er Jahren, Feuerversicherungen zu gründen, gemein. Zum anderen bestehen auch mit Blick auf die Versicherungsdauer Unterschiede zwischen der Praxis der ersten englischen Feuerversicherungsgesellschaften des späten 17. Jahrhunderts und der Seeversicherungspraxis. Seeversicherungsverträge wurden entweder für eine bestimmte Reise oder für eine genau definierte Dauer abgeschlossen, die aber niemals ein Jahr überstieg. Der erste überlieferte englische Feuerversicherungsvertrag aus den 1680er Jahren war für die Dauer von 30 Jahren abgeschlossen worden, spätere Verträge dann für die Dauer von sieben Jahren. Es ist damit unwahrscheinlich, dass sich die ersten englischen Feuerversicherungsgesellschaften des späten 17. Jahrhunderts einfach von der Seeversicherungspraxis haben inspirieren lassen.

Einen Aspekt übernehmen die englischen Feuerversicherungsgesellschaften indes von Beginn an von der Seeversicherungspraxis.[73] Die deutschen öffentlich-rechtlichen Brandkassen berechneten die Prämie und die Höhe der Umlagen nur auf Grundlage des Wertes der versicherten Immobilie. Das konkrete Risiko der versicherten Immobilie war für die Höhe der Prämie dagegen unerheblich.[74] Ähnlich hielten es die englischen Vorschläge aus den 1630er Jahren.[75] Anders im Rahmen der Seeversicherung: hier war seit jeher üblich, die Prämie auf Grundlage des konkreten Risikos festzulegen. Berücksichtigt wurden dabei etwa das Alter, der Zustand und die Art des Schiffes, die Jahreszeit und das Ziel der Reise. Die englischen Feuerversicherungsgesellschaften des späten 17. Jahrhunderts berechneten die Prämie ebenfalls auf Grundlage des Risikos. Aber anders als in der Seeversicherungspraxis machten die Feuerversicherer keine individuelle Risikoabschätzung. Sie gingen typisierend vor und entwickelten eine begrenzte Zahl von Risikoklassen.

---

[72] *Ogis* (Fn. 60), Kapitel 4 A.VII; *dies.* (Fn. 36), 210 ff.
[73] *Ogis* (Fn. 60), Kapitel 4 A.VII.
[74] *Bogner* (Fn. 24), Kapitel 3 A.IV.2; *ders.* (Fn. 34), § 1 C.III.2.
[75] Zum folgenden *Ogis* (Fn. 60), Kapitel 4 A.V–VII.

Für die Unterscheidungen dieser Risikoklassen griffen sie auf die naheliegenden Differenzierungen zurück, die sich bereits zuvor in den Gesetzen entwickelt hatten, die ein moderner Jurist dem öffentlichen Baurecht zuordnen würde. Beim Hausbau sollte auf die Materialien Holz und Stroh verzichtet und an deren Stelle Stein und Ziegel verwendet werden. Die Prämien für Holzhäuser waren, bei gleichem versichertem Wert, doppelt so hoch wie die für Steinhäuser. In der Gesamtschau ist daher wahrscheinlicher, dass die ersten englischen Feuerversicherungsgesellschaften nicht einfach die Seeversicherungspraxis übernommen, sondern dass sie verschiedene Traditionen miteinander verschmolzen haben.

Die Entwicklung in anderen Ländern setzte erst sehr viel später ein.[76] Zwar gab es auch außerhalb Deutschlands Vorschläge und Pläne, öffentliche Brandkassen zu gründen. Aber dieses Modell vermochte sich, mit Ausnahme von Skandinavien,[77] nicht durchzusetzen. Vielmehr basierte das Feuerversicherungswesen hier oftmals auf privater Initiative. In Frankreich, Italien und Spanien konnte sich die privat betriebene Feuerversicherung erst zu Beginn des 19. Jahrhunderts etablieren. Erklärt wird dieses verzögerte Auftreten der Feuerversicherung nach wie vor mit städtebaulichen Unterschieden: in Südeuropa sind Häuser seit jeher zumeist aus Stein gebaut worden. Damit war die Feuergefahr geringer. Als Folge bestand schlicht kein Bedürfnis, Gebäude gegen Feuer versichern zu lassen. Meines Erachtens lohnt sich, diesen Erklärungsansatz auf den Prüfstand zu stellen. Denn ein Risiko ist erst dann versicherbar, wenn es beherrschbar ist: in London etablierte sich die Feuerversicherung erst zu einem Zeitpunkt, als die Stadt nach dem großen Brand von 1666 in Stein wiederaufgebaut wurde. Man sollte die Frage, warum sich in einigen südeuropäischen Ländern die Feuerversicherung erst später durchzusetzen vermochte, einmal aus dem Blickwinkel der unterschiedlichen Zwecke, die sie erfüllte, beleuchten. In Deutschland wurden öffentliche Feuerkassen aus fiskalischen Gründen initiiert: der Staat wollte die Steuerfähigkeit seiner Bürger sichern. Die private Immobiliarfeuerversicherung diente oftmals dem Zweck, Immobilien als dingliche Sicherheit nutzen zu können. Unter Umständen waren die fiskalischen und kreditsicherungsrechtlichen Rahmenbedingungen in den Ländern, in denen die Feuerversicherung später Fuß fasste, einfach andere.

---

[76] Zu den Entwicklungen in Italien, Frankreich und Spanien siehe die Beiträge von *Fortunati*, *Furfaro*, *Deroussin* und *Pons Pons*, in: Hellwege (Fn. 45).

[77] *Sunnqvist*, in: Hellwege (Fn. 45), Kapitel 5 C.

2. Die Entwicklung der Lebensversicherung

Die deutsche Literatur geht davon aus, dass die Wurzel der „modernen" Lebensversicherung in der Absicherung durch Gilden und Zünfte zu suchen sei, und sie verweist daneben noch auf die Bedeutung von Tontinen, Leibrenten, Witwen- und Waisenkassen sowie der sogenannte Freiheitsversicherung.[78] Dagegen meint die englische Forschung, die „moderne" Lebensversicherung habe sich aus der Seeversicherung entwickelt.[79] Zudem behauptet die englische Literatur, das „moderne" Lebensversicherungswesen habe sich zuerst in England herausgebildet, und zwar im 18. Jahrhundert, als die ersten „rationalen" Lebensversicherungsprodukte entwickelt worden seien. Auf dem Kontinent habe sich die Lebensversicherung schon deshalb nicht entwickeln können, weil sie – unter anderem aus Angst vor missbräuchlichen Wetten auf Leben Dritter – verboten gewesen sei.[80]

Dieser Forschungsstand hält einer kritischen Würdigung nicht stand. Zunächst einmal gab es kein generelles Verbot der Lebensversicherung auf dem Kontinent. In Frankreich und den Niederlanden hat ein solches in der Tat existiert, doch war der genaue Anwendungsbereich des Verbots hier seit jeher umstritten.[81] Einerseits ist klar, dass bloße Wettversicherungen unterbunden werden sollten. Andererseits haben die entsprechenden Verbote die Entwicklung von Rentenprodukten nicht verhindert. Auch in Italien gab es zunächst kein generelles Verbot der Lebensversicherung, sondern es finden sich nur vereinzelt punktuelle Verbote, etwa von Wetten auf das Leben des Papstes.[82] Erst im 19. Jahrhundert scheint die italienische Literatur die Idee eines generellen Verbots der Lebensversicherung aus Frankreich rezipiert zu haben, und zwar zu einer Zeit, als in Frankreich dieses Verbot bereits zurückgedrängt wurde.[83] In Deutschland findet sich ebenfalls kein generelles Verbot der Lebensversicherung.[84]

Die zeitlich verzögerte Entwicklung der Lebensversicherung in einzelnen europäischen Ländern kann also nicht mit entsprechenden Verboten erklärt werden. Wichtiger scheinen alternative Risikovorsorgestrategien gewesen zu sein, die sich in diesen Ländern herausgebildet hatten.[85] Die vielfältigen Aussteuerkassen, die etwa in Italien existierten, legen den Schluss nahe, dass es

---

78 Siehe nur *P. Koch* (Fn. 30), 19 ff.

79 Siehe nur *Ibbetson* (Fn. 25), 252 (253).

80 Siehe nur *Clark*, Betting on lives. The culture of life insurance in England 1695–1775, 1999, 8, 13 ff.

81 *Karmann* (Fn. 34), 143 ff.; *Sirks* (Fn. 36), Kapitel 3 B.

82 *Doll* (Fn. 36), 54 ff., 143 ff.; *dies.*, in: Hellwege (Fn. 42), 119 (120 ff.); *Zampano* (Fn. 38), D.III.1.a. ff und c.aa.

83 *Fortunati* (Fn. 23), 27 (43).

84 *Hellwege*, in: ders. (Fn. 42), 47 (75 ff.).

85 *Hellwege* (Fn. 84), 157 (163 f.).

hier vor allem die Mitgift war, mit der Witwen versorgt werden sollten.[86] Ein Vater, der sein Geld investierte, um für seine Tochter eine Mitgift bereitzustellen, damit diese im Fall des Todes ihres Ehemannes versorgt ist, wird nicht noch einmal in andere Lebensversicherungsprodukte investieren (können).

Betrachtet man nun die einzelnen diskutierten Wurzeln der Lebensversicherung, so stellt man zunächst einmal fest, dass sie in allen europäischen Ländern existierten: Tontinen, Leibrenten, Gilden und Zünfte, Witwen- und Waisenkassen, Freiheitsversicherungen, Sklavenversicherungen, Lebensversicherungen für Seeleute und Aussteuerkassen. Doch bereits die praktische Relevanz dieser Produkte und Institutionen beurteilt sich für die einzelnen europäischen Länder unterschiedlich. Und in einigen europäischen Ländern entwickelten sie sich in versicherungsähnliche Produkte oder in Versicherung fort, in anderen Ländern dagegen nicht. In Italien etwa hat sich bis zum Ende des 18. Jahrhunderts aus all diesen potentiellen Wurzeln kein Lebensversicherungsmarkt entwickelt.[87] Dagegen scheinen sich Tontinen und Leibrenten in Deutschland in wirkliche Rentenprodukte fortentwickelt zu haben.[88] Die Bedeutung der Gilden und Zünfte wird gemeinhin überschätzt. Unmittelbaren Einfluss auf die Entwicklung der Lebensversicherung hatten sie wohl nicht.[89] Sie waren in Deutschland allenfalls mittelbar von Bedeutung, als insbesondere Knappschaften Witwen- und Waisenkassen inspiriert haben. Aussteuerkassen, die Sklavenversicherung und die Freiheitsversicherung haben die Entwicklung der Lebensversicherung, wenn überhaupt, nur sehr entfernt beeinflusst. Dass sich in einigen Ländern aus diesen verschiedenen möglichen Wurzeln zunächst überhaupt kein Lebensversicherungsmarkt entwickelt hat, sollte man, wie gesagt, mit den verschiedenen sozioökonomischen Kontexten erklären. Dass in anderen Ländern unterschiedliche Produkte in den Vordergrund traten, beruht wahrscheinlich schlicht auf lokalen Besonderheiten: die ersten Witwen- und Waisenkassen sind in der zweiten Hälfte des 16. Jahrhunderts und im frühen 17. Jahrhundert zur Versorgung von Pastorenwitwen und -waisen gegründet worden, und zwar in solchen protestantischen Territorien, in denen Bergbau betrieben wurde und in denen die durch Knappschaften geleistete Absicherung von Witwen und Waisen als Vorbild dienen konnte.[90] Vergleichbare Kassen, etwa zur Versorgung der Witwen und Waisen von Staatsbediensteten, existierten auch in den Niederlanden, Skandinavien und Spanien.[91]

---

[86] *Doll* (Fn. 36), 159 ff.; *dies.* (Fn. 82), 119 (135 f.).
[87] *Doll* (Fn. 36), 176 ff.; *dies.* (Fn. 82), 119 (135 f.).
[88] *Hellwege*, A History of Tontines (Fn. 43), 106 ff.
[89] *Hellwege*, From Guild Welfare to Bismarck Care (Fn. 43), 314 f.
[90] *Hellwege*, From Guild Welfare to Bismarck Care (Fn. 43), 241.
[91] Siehe etwa *Sunnqvist* (Fn. 77), 95 (99 ff.); *Hernández Escudero/Nieto Sánchez*, in: Hellwege (Fn. 45), 137 (147 ff.).

Wie verhält sich all das zu dem Befund der englischen Literatur, die ersten „modernen" und „rationalen" Lebensversicherungsprodukte seien in England aus der Seeversicherung entwickelt worden? Die englische Literatur hat hier ein einziges Lebensversicherungsprodukt vor Augen. In der Seeversicherungspraxis war es in ganz Europa möglich, das Leben von Seeleuten zu versichern. Es handelte sich um Policen, die entweder nur für eine einzige Reise oder für eine kurze Versicherungsdauer abgeschlossen werden konnten. Die Prämien richteten sich nicht nur nach der Versicherungssumme, sondern auch nach dem konkreten Risiko der unternommenen Reise. Diese Produkte waren vielfältig einsetzbar: so gab es die Praxis, dass ein Kapitänsamt käuflich erworben werden und ein Kapitän dafür Schulden aufnehmen musste. Damit er diese im Fall eines Unglücks seiner Familie nicht hinterließ, konnte er eine Lebensversicherung in Höhe der Schulden abschließen. Aber bis zum 18. Jahrhundert blieb dieses Produkt ein Nischenprodukt. In England wurde es sodann im 18. Jahrhundert zu dem Standardprodukt auf dem erstarkenden englischen Lebensversicherungsmarkt umgeformt. Dafür waren zwei Innovationen notwendig: zum einen wurde die Lebensversicherung nicht mehr nur für die Dauer einer Reise oder für eine kurze Zeitspanne angeboten. Es war möglich, Lebensversicherungen für mehrere Jahre oder auch das gesamte Leben abzuschließen. Zum anderen wurden zur Berechnung der individuellen Prämie nun Sterblichkeitstafeln angewendet und diese zugleich optimiert.

Das so in England aus der Seeversicherungspraxis entwickelte Lebensversicherungsprodukt trat auch auf dem Kontinent seinen Siegeszug an. In Deutschland fügten es die Lebensversicherer allerdings nur dem Portfolio an traditionellen Renten-, Leibrenten- und Tontinenprodukten hinzu.[92] Die englische Risikolebensversicherung hatte einen entscheidenden Vorteil: sie gab dem Versicherten mehr Flexibilität. Die traditionellen Renten-, Leibrenten- und Tontinenprodukte dienten in der Regel allein dem Zweck, eine Rente für sich selbst oder nahe Angehörige zu sichern.[93]

Wie kommt es aber, dass die englische Literatur immer wieder behauptet, es handele sich um das erste Lebensversicherungsprodukt? Diese Aussage erklärt sich am besten durch eine Verengung der englischen Literatur auf die nationalen Entwicklungen. In England kam die Entwicklung hin zu einem modernen Lebensversicherungsmarkt als Folge des Platzens der Südseeblase im Jahre 1720 zum Erliegen.[94] Erst als die *Equitable Life Assurance Society* 1762 gegründet wurde, die das aufgezeigte Produkt anbot, nahm die Entwicklung wieder an Fahrt auf. In Deutschland kam es zu keiner Zäsur.

---

[92] *Hellwege* (Fn. 84), 47 (74 ff.).
[93] *Hellwege* (Fn. 84), 47 (80 f.).
[94] *Clark* (Fn. 50), 15 (24 f.).

Der Renten-, Leibrenten- und Tontinenmarkt entwickelte sich im gesamten 18. Jahrhundert kontinuierlich fort, und das aus England importierte Lebensversicherungsprodukt ergänzte nur das bestehende Portfolio an angebotenen Produkten.

Aber was meint die englische Literatur, wenn sie vom ersten „rationalen“ Lebensversicherungsprodukt spricht? Sie will damit aussagen, dass es sich um das erste Lebensversicherungsprodukt gehandelt habe, das versicherungsmathematisch fundiert war. Aber auch dieser Befund ist so nicht richtig.[95] Richtig ist, dass die Ausgeber von Leibrenten und Tontinen ebenso wie die Knappschaften und die Witwen- und Waisenkassen im 18. Jahrhundert oftmals fehlerhaft kalkuliert waren. Erst das 18. Jahrhundert sah die entscheidenden versicherungsmathematischen Fortschritte. Aber nicht nur die englischen Lebensversicherer, sondern auch die deutschen Anbieter traditioneller Rentenprodukte zielten auf eine versicherungsmathematisch richtige Kalkulation. Das war ein steiniger Weg, auf dem viele Kassen finanziell scheiterten. Doch lag den deutschen Kassen schlicht ein anderer Grundansatz zugrunde. Die englischen Versicherer folgten, ganz in der Tradition der Seeversicherung, einem individuellen Risikomodell: jeder Versicherte zahlte eine Prämie, die sich auf Grundlage seines persönlichen Risikos berechnete. Dagegen folgten die deutschen Kassen – auch im Feuerversicherungswesen[96] – zumeist einem kollektiven oder solidarischen Risikomodell: die Prämien, Beiträge und Umlagen wurden nicht auf Grundlage des persönlichen Risikos des Versicherten berechnet, sondern orientierten sich nur an der versicherten Summe. Dieses solidarische Risikomodell ist nun aber nicht „irrational“. Es muss ebenfalls versicherungsmathematisch fundiert sein: entspricht die Gesamtsumme der eingenommenen Prämien und Beiträge nicht den ausgezahlten Versicherungssummen, gerät die entsprechende Kasse in Schieflage. Als die englischen Versicherer auf den deutschen Markt drängten, mussten die deutschen Kassen ihr Geschäftsmodell anpassen, wenn sie Bestand haben wollten. Das lag nun aber nicht daran, dass ihr Geschäftsmodell, anders als das der englischen Versicherer, nicht rational war. Es war eben nur eine andere Rationalität. Das Problem war, dass sich die englischen Produkte auf dem deutschen Markt wie „invasive Arten“ verhielten. Auf einem unreguliertem Versicherungsmarkt wären die Versicherungsnehmer mit einem niedrigen Risiko zu den englischen Anbietern abgewandert, weil für sie die Prämien auf Grundlage des individuellen Risikomodells hier niedriger waren, während für die traditionellen deutschen Kassen, die dem kollektiven oder solidarischen Risikomodell folgten, nur noch Versicherte mit einem hohen Risiko übriggeblieben wären. Die regulatorischen Eingriffe in den einzel-

[95] *Hellwege* (Fn. 84), 47 (78, 81 ff.).
[96] *Bogner* (Fn. 24), Kapitel 3 C.II.

nen deutschen Staaten und die Strategien der einzelnen Kassen waren unterschiedlich.[97]

3. Die Entwicklung des Versicherungsvertragsrechts

Betrachtet man die Entwicklung des Versicherungsvertragsrecht in Europa im Überblick, so stellt man fest, dass sich generalisierende Aussagen zu seiner Entwicklung verbieten, insbesondere wenn man sich auf die Entwicklung des Feuer- und Lebensversicherungsrechts konzentriert. Denn die Feuer- und Lebensversicherung entwickelte sich ihrerseits in den einzelnen europäischen Ländern zeitlich verzögert, und damit war auch der rechtliche Ausgangspunkt jeweils ein anderer. Zudem entwickelten sich Feuer- und Lebensversicherung in den einzelnen europäischen Ländern zunächst verschieden, so dass sich auch jeweils unterschiedliche rechtliche Probleme stellten. Es ist indes unmöglich, die vielfältigen Einzelergebnisse des Projekts im Rahmen des vorliegenden Beitrages detailliert vorzustellen: Silvia Karmann hat sich dem Verhältnis zwischen Versicherungsvertragspraxis und -gesetzgebung in Frankreich in der Zeit vom *Guidon de la mer* bis zum *Code de commerce* gewidmet, wobei sie den Fokus auf die *Ordonnance de la marine* von 1681 legt.[98] David Deroussin bettet die *Ordonnance de la marine* sodann europäisch ein.[99] Sinem Ogis weist nach, dass die englische Feuer- und Lebensversicherungspraxis am Ende des 17. und im Verlauf des 18. Jahrhunderts nicht einfach der Seeversicherungspraxis folgte, sondern dass im Detail komplexe Entwicklungen existierten.[100] Ein ähnlich differenziertes Bild zeichnet Delphine Sirks für die Entwicklungen in den Niederlanden während der Zeit der Republik der Vereinigten Niederlande nach.[101] Michael Bachmann zeigt auf, dass die französische Lebensversicherungspraxis zwischen 1788 und 1880 nicht nur ein Abbild der englischen Praxis war, sondern auch autonome Entwicklungen aufwies.[102] Florian Siegwart arbeitet die Gemeinsamkeiten, Einflussnahmen und Unterschiede zwischen der englischen und französischen Feuerversicherungspraxis heraus.[103] Antonio Di Mieri zeigt auf, inwieweit die Bestimmung des italienischen *Codice di commercio* von 1882 zur Feuerversicherung zwischen seeversicherungsrechtlicher Tradition, Feuerversicherungspraxis und der Rezeption ausländischen Rechts standen.[104] Matthias

---

[97] *Bogner* (Fn. 24), Kapitel 3 C.II; *Hellwege* (Fn. 84), 47 (83 f.).
[98] *Karmann* (Fn. 34), passim.
[99] *Deroussin*, in: Hellwege/Rossi (Fn. 44), 139 ff.
[100] *Ogis* (Fn. 36), passim.
[101] *Sirks* (Fn. 36), passim.
[102] *Bachmann* (Fn. 31), passim.
[103] *Siegwart* (Fn. 31), passim.
[104] *Di Mieri* (Fn. 34), passim.

Bogner stellt sich schließlich der Frage, inwieweit die deutsche binnenversicherungsrechtliche Gesetzgebung vom Preußischen Allgemeinen Landrecht bis zum Versicherungsvertragsrecht ein bloßer Spiegel der vorgesetzlichen Praxis war.[105]

Ich möchte eine Einzelbeobachtung herausgreifen, die aufzeigt, wie wenig geeignet es ist, die komplexen Entwicklungen auf einfache Narrative zu verkürzen, wie es die moderne Literatur tut, wenn sie etwa behauptet, die deutschen Lebensversicherer des 19. Jahrhunderts seien schlicht der englischen Vertragspraxis gefolgt. Richtig ist, dass die Feuerkassen in Deutschland ebenso wie die Witwen- und Waisenkassen bis zum Ende des 18. Jahrhunderts, und zum Teil auch darüber hinaus, dem kollektiven oder solidarischen Risikomodell folgten.[106] Die Prämien, Beiträge und Umlagen berechneten sich als Folge nicht auf Grundlage des persönlichen Risikos des Versicherten, sondern orientierten sich allein an der Versicherungssumme. Ziel dieser zumeist öffentlichen Kassen war es, einen Versicherungsschutz für möglichst breite Bevölkerungsschichten anzubieten.[107] Als Folge enthielten die Statuten und Bedingungen dieser Versicherer und Kassen auch keine Bestimmungen zu den Risiken, wie sie für die moderne Privatversicherungspraxis typisch sind: sind risikorelevante Faktoren für die Berechnung der Prämie ohne Bedeutung, so besteht auch kein Bedürfnis, dem Versicherungsnehmer bei Vertragsschluss entsprechende Anzeigeobliegenheit aufzuerlegen. Auch das Problem einer Risikoerhöhung nach Vertragsschluss stellt sich nicht. Die englischen Feuer- und Lebensversicherer, die dem individuellen Risikomodell folgten, mussten diese Probleme in ihren Versicherungsbedingungen dagegen lösen. Nun könnte man meinen, dass die deutschen Feuer- und Lebensversicherer die von den englischen Versicherern entwickelten Problemlösungen einfach übernahmen, als die englischen Versicherer am Ende des 18. und zu Beginn 19. Jahrhunderts auf den deutschen Markt drängten und als die deutschen Versicherer als Folge auch das individuelle Risikomodell übernahmen.

Dabei würde man aber übersehen, dass es bereits seit dem 17. Jahrhundert im deutschsprachigen Raum Rentenprodukte gab, bei denen risikorelevante Faktoren offenbart werden mussten, weil – modern gesprochen – eine Informationsasymmetrie bestand: so etwa bei den Tontinen. Eine Tontine ist eine gepoolte Leibrente. Der Ausgeber verspricht das eingenommene Kapital derart zu verzinsen, dass die Dividende verstorbener Zeichner auf die Überlebenden im Pool umgelegt wird. Je mehr Zeichner versterben, desto höher fällt die individuelle Rente der Überlebenden aus. Der letztüberle-

105 *Bogner* (Fn. 34), passim.
106 Siehe oben den Text zu Fn. 96.
107 So mit Blick auf die Feuerversicherungen *Bogner* (Fn. 24), Kapitel 3 A.IV.

bende Zeichner streicht die jährliche Rente des gesamten Pools ein. Versicherungsmathematisch ist eine Tontine dann fair, wenn nur Zeichner mit einer vergleichbaren Überlebenschance in einem Pool vereint werden. Relevant ist dabei vor allem das Alter. Anders als der Versicherungsnehmer einer Lebensversicherung hat der Zeichner einer Tontine den Anreiz, sich älter zu machen, als er wirklich ist. Denn bei einer Tontine profitiert man davon der jüngste im Pool zu sein, weil man dann die größte Chance hat, der Längstlebende zu sein und so die Rente des gesamten Pools einzustreichen. Gibt man bei Zeichnung einer Tontine also ein höheres als das wirkliche Alter an, so wird man einem Pool mit älteren Mitgliedern zugeordnet. Der Gesundheitszustand war dagegen ohne Bedeutung: wer unerkannt krank ist, stirbt eventuell früher. Das wäre für die anderen Zeichner aber gerade von Vorteil.

Als Folge haben bereits die ersten Tontinen im 17. Jahrhundert Obliegenheiten eingeführt, dass sich der Zeichner zu seinem Alter erklären musste, und auch die Rechtsfolgen einer Obliegenheitsverletzung wurden bereits geregelt.[108] Auch die freiwilligen Witwen- und Waisenkassen, die seit Mitte des 18. Jahrhunderts in Deutschland aufkamen, hatten ein Interesse daran, den Risikopool zu kontrollieren und führten daher entsprechende Erklärungsobliegenheiten ein. Erklärungsobliegenheiten waren also keine Erfindungen englischer Lebensversicherer des 18. Jahrhunderts. Sie existierten in Deutschland vielmehr in der Praxis, die die Rentenprodukte des 17. und 18. Jahrhunderts beherrschte. Dann stellt sich die Frage nach einer Rezeption der englischen Versicherungsvertragspraxis aber nicht.[109]

4. Die Entwicklung des Versicherungsaufsichtsrechts

Kommen wir schließlich zur Geschichte des Versicherungsaufsichtsrechts. In der deutschen Literatur ist immer wieder die Annahme zu lesen, die Entwicklung der Versicherungsaufsicht in Deutschland sei von Frankreich beeinflusst worden.[110] Als erstes versicherungsaufsichtsrechtliches Gesetz wird immer auf ein preußisches „Wiederholtes Verboth aller und jeder Collecten, wozu keine Königl. Approbation ertheilet ist" vom 13. März 1781 verwiesen.[111] Weiter in die Vergangenheit zurück geht die Literatur nicht. Die französische Literatur setzt in der Regel noch später an, so dass sich sofort die Frage stellt, inwieweit das französische Recht dann die Entwicklungen in Deutschland beeinflusst haben kann. Die Forschungen haben ergeben, dass

---

[108] *Hellwege*, A History of Tontines (Fn. 43), 147 ff.
[109] *Hellwege* (Fn. 84), 47 (89 f.).
[110] Siehe oben den Text zu und die Nachweise in Fn. 37.
[111] Novum Corpus Constitutionum Prussico-Brandenburgensium Praecipue Marchicarum, Bd. 7 (1781), Sp. 181–186.

es sowohl in Frankreich als auch in Deutschland bereits zuvor vielfältige Ansätze gab, die zur modernen Versicherungsaufsicht führten.[112]

Beispielhaft möchte ich auch hier auf die Bedeutung der Tontinen eingehen:[113] die öffentliche Hand als Ausgeber von Tontinen legte sich seit Mitte des 17. Jahrhunderts Transparenzpflichten auf. Im Rahmen einer Tontine verspricht der Ausgeber das eingenommene Kapital derart zu verzinsen, dass die Dividende verstorbener Zeichner auf die Überlebenden im Pool umgelegt wird. Je mehr Zeichner versterben, desto höher fällt die Rente der Überlebenden aus. Zeichner hatten also ein Interesse daran zu erfahren, wie viele Mitglieder ihres Pools verstorben sind und wie sich daher die individuelle Rente in jedem Jahr berechnet. Um das Vertrauen in Tontinen zu gewährleisten, versprachen die Ausgeber in jedem Jahr Finanzberichte an jeden Zeichner zu senden und zu veröffentlichen, und Zeichner von Tontinen hatten oftmals das Recht, die Finanzen der Tontinen vor Ort zu überprüfen. Zudem waren Tontinen Finanzprodukte, die auf eine lange Laufzeit angelegt waren. Der Ausgeber der Tontine musste das eingenommene Kapital verzinsen, bis der längstlebende Zeichner verstarb. Um wiederum das Vertrauen in Tontinen zu gewährleisten, stellten öffentliche Ausgeber Sicherheiten, verpfändeten etwa bestimmte Steuereinnahmen. Diese Strategien der Ausgeber, um das Vertrauen des Finanzmarktes in Tontinen zu stärken, die übrigens gleichförmig in ganz Europa zu beobachten waren, können nicht als aufsichtsrechtliche Maßnahmen beschrieben werden. Ausgeber von Tontinen waren seit der Mitte des 17. Jahrhunderts allein die verschiedenen Territorien und Staaten, und die öffentliche Hand erlegt sich selbst diese Strategien auf. Als aber in der zweiten Hälfte des 18. Jahrhunderts Forderungen laut wurden, dass der Tontinenmarkt auch für private Anbieter geöffnet werden sollte, wurde zumindest in Deutschland zugleich die Forderung formuliert, dass solche privaten Ausgeber selbstverständlich auch die aufgezeigten Transparenzpflichten erfüllen und Sicherheit leisten müssen. Die Strategien, die sich der Staat selbst gab, um das Vertrauen in Tontinen zu stärken, wurden so zu aufsichtsrechtlichen Maßnahmen umgeformt.

VII. Ausblick

Johan van Niekerk begann sein zweibändiges und über 1.500 Seiten umfassendes Werk zur Entwicklung des Seeversicherungsrechts in den Niederlanden mit folgender Beobachtung:[114]

---

[112] *Leitenbacher* (Fn. 38), passim; *Zampano* (Fn. 38), C.
[113] Zum Folgenden *Hellwege*, A History of Tontines (Fn. 43), 128 ff.
[114] *Van Niekerk* (Fn. 22), Bd. 1, xxix.

„Researching the history of the insurance contract, its practice and law, is a completist's nightmare. Emerging in its modern form in the thirteenth century in Italy, but having even older roots, the development of the insurance contract, and with it insurance law, spans many centuries and occurred in many different countries in parallel and largely analogous, but by no means identical, fashion. The history of that development, in complete, has yet to be written. I had often wondered why the work of Reatz on the history of the European law of marine insurance,[115] never proceeded beyond volume 1, which treated the early stages in Italy and Spain and Portugal. Likewise I had wondered why of Goudsmit's treatise on the history of maritime law (including insurance law) in the Netherlands[116] only the introductory volume on the history of sources was ever completed. Now I know. The study of the history of the law of insurance indeed demands the dogged perseverance of a long-distance runner."

Das Ziel des hier vorgestellten Projektes war von vornherein bescheidener formuliert. Es wollte potentielle Schnittstellen nationaler Entwicklungsstränge in der Versicherungsgeschichte in den Blick nehmen, und aus ihrer Perspektive die Entwicklung des Versicherungsrechts beleuchten. Das so gesponnene Netz kann sodann den Rahmen für weitere nationale Forschungsarbeiten bilden. Eine umfassende Aufarbeitung der Geschichte des Versicherungsrechts war also nicht Ziel des Projektes. Und so bleibt die europäische Versicherungsrechtsgeschichte auch nach Ende der Projektlaufzeit ein spannendes Forschungsfeld.

115 *Reatz*, Geschichte des europäischen Seeversicherungsrechts, Bd. 1, 1870.
116 *Goudsmit*, Geschiedenis van het Nederlandsche zeerecht, Bd. 1, 1882.

Strafrechtsgeschichte

Institutionalisierung, Entwicklungslinien und Legitimation eines Grundlagenfachs

Arnd Koch

„Ihr [die Geschichte des Rechts, A. K.] Verhältnis zur Dogmatik des Rechts ist so innig, dass diese ohne sie nicht nur nicht begriffen, sondern nicht einmal in vielen ihrer wichtigsten Hauptheile verstanden werden kann".

Paul Johann Anselm Feuerbach, Über Philosophie und Empirie in ihrem Verhältnisse zur positiven Rechtswissenschaft. Eine Antrittsrede, 1804

I. Strafrechtsgeschichte in Augsburg

Die Grundlagen des Rechts zählen zu den Forschungsschwerpunkten der Juristischen Fakultät Augsburg. Während anderenorts die Reduzierung rechtshistorischer Lehrstühle und die Marginalisierung der Grundlagenfächer innerhalb des juristischen Curriculums beklagt wird,[1] verfügt Augsburg über drei Lehrstühle mit einer rechtshistorischen Denomination. Weitere Lehrstuhlbezeichnungen enthalten die Fächer Rechtsphilosophie, Methodenlehre, Rechtsvergleichung, Kriminologie oder Gesetzgebungslehre. Der seit dem Wintersemester 2014/15 angebotene Schwerpunktbereich „Grundlagen des Rechts" offeriert interessierten Studierenden der mittleren und höheren Semester vielfältige Vertiefungsangebote.[2] Die Fakultät liegt damit auf der Linie des Wissenschaftsrates, der im Jahr 2012 eindringlich die Stärkung der Grundlagenfächer empfohlen und ihre Bedeutung innerhalb des univer-

---

[1] Grundlegend zur jüngeren Disziplingeschichte des Fachs Rechtsgeschichte: *S. Lepsius*, ZDRW 2016, 206 ff.; außerdem *Duve*, in: Duve/Ruppert (Hrsg.), Rechtswissenschaft in der Berliner Republik, 2018, 67 ff.; *ders.*, Rechtsgeschichte – Traditionen und Perspektiven, KritV 2014, 96 ff.; *Eckert*, in: ders. (Hrsg.), Der praktische Nutzen der Rechtsgeschichte, FS für Hans Hattenhauer, 2003, 212 ff.; *Ogorek*, in: D. Simon (Hrsg.), Rechtswissenschaft in der Bonner Republik, 1994, 12 ff.

[2] Zur Lage der Grundlagenfächer in den ersten Jahrzehnten der Juristischen Fakultät Augsburg *Sörgel*, Die Implementation der Grundlagenfächer in der Juristenausbildung nach 1945, 2014, 180 ff.

sitären Curriculums hervorgehoben hatte.[3] Eine Augsburger Besonderheit besteht überdies in der Pflege der Strafrechtsgeschichte, deren jüngerer Historie dieser Beitrag gewidmet ist. Während noch Michael Stolleis, der seinerzeitige Direktor des Max-Planck-Instituts für Europäische Rechtsgeschichte, Mitte der 1980er Jahre Leerstellen in der rechtshistorischen Forschung und insbesondere in der Strafrechtsgeschichte beklagte („Hic sunt leones"),[4] legten Augsburger Fakultätsangehörige wie Hans Schlosser und Hinrich Rüping Studien vor, die maßgeblich dazu beitrugen, angemahnte Forschungsdesiderate zu erfüllen. Die strafrechtshistorischen Arbeitsschwerpunkte von Hans Schlosser liegen insbesondere auf der Epoche des frühneuzeitlichen Rechts und der Aufklärung, stets mit rechtsvergleichendem Blick auf andere europäische Rechtsordnungen.[5] Als Mitbeteiligter des DFG-Schwerpunktprogramms (1993–1999) „Die Entstehung des öffentlichen Strafrechts" trug das Gründungsmitglied der Fakultät entscheidend zum Aufschwung der Disziplin bei.[6] Hinrich Rüping veröffentlichte während seiner Augsburger Zeit (1980–1985) den bekannten „Grundriss der Strafrechtsgeschichte".[7] Mit seinen Pionierstudien zum Strafrecht im Dritten Reich und zur Aufarbeitung von NS-Unrecht öffnete er in den 1980er Jahren die zuvor thematisch wie methodisch verengte Disziplin und stellte überhaupt erst die Anschlussfähigkeit des Faches an die moderne Zeitgeschichtsforschung her.[8] An diese Tradition anknüpfend arbeiten Angehörige der Augsburger Juristischen Fakultät bis heute daran, den strafrechtshistorischen Wissensstand zu erweitern.[9]

---

[3] Wissenschaftsrat (Hrsg.), Perspektiven der Rechtswissenschaft in Deutschland. Situationen, Analysen, Empfehlungen, 2012, 58 f.: „An allen juristischen Fakultäten sollen wieder die notwendigen Fundamente in den Grundlagenfächern gelegt und entsprechendes Orientierungswissen vermittelt werden"; https://wissenschaftsrat.de/download/archiv/2558-12.pdf?__blob=publicationFile&v=1 (abgerufen am 10.1.2021).

[4] *Stolleis*, RJ 1985, 251 (259).

[5] Etwa *Schlosser*, Montesquieu: Der aristokratische Geist der Aufklärung, 1990; *ders.*, Die „Leopoldina". Toskanisches Strafgesetzbuch vom 30. November 1786, 2010; mit markanten Anteilen zur Strafrechtsgeschichte auch *Schlosser*, Europäische Rechtsgeschichte, 4. Aufl. 2021.

[6] Hierzu *Schlosser/Willoweit*, in: dies. (Hrsg.), Neue Wege strafrechtsgeschichtlicher Forschung, 1999, 7 ff.

[7] *Rüping*, Grundriß der Strafrechtsgeschichte, 1981; ausführlich hierzu unter III.2.b.

[8] Wichtig für die Erschließung des Forschungsfelds *Rüping*, Bibliographie zum Strafrecht im Nationalsozialismus, 1985; in den Augsburger Jahren erschienen u. a. folgende Pionierstudien: *Rüping*, Nationalsozialistische Rechtsprechung am Beispiel der SS- und Polizei-Gerichte, NStZ 1993, 112 ff.; *ders.*, Strafjustiz und Führerstaat, GA 1984, 207 ff.; *ders.*, Nullum crimen sine poena: Zur Diskussion um das Analogieverbot im Nationalsozialismus, in: FS für Dietrich Oehler, 1985, 27 ff.; rückblickend *ders.*, Justiz und Nationalsozialismus. Ein Forschungsfeld und seine Geschichte, in: Pauli/Vormbaum (Hrsg.), Justiz und Nationalsozialismus. Kontinuität und Diskontinuität, 2003, 3 ff. Eine Zusammenstellung der wichtigsten Publikationen Rüpings findet sich bei *Steinberg*, in: FS für Hinrich Rüping, 2008, 411 ff.

[9] Vgl. nur die jüngeren strafrechtshistorischen Sammelbände, die auf von Augsburger Kollegen (mit-)organisierte Veranstaltungen zurückgehen: Koch/Kubiciel/Löhnig/Pawlik

Der folgende disziplinhistorische Überblick nimmt zunächst die institutionelle Verankerung des Faches an deutschen Universitäten in den Blick (unten, II.). Sodann gilt es, die personellen und thematischen Entwicklungslinien während der letzten Jahrzehnte zu skizzieren, wobei ein besonderes Augenmerk auf der zögernd einsetzenden Erforschung des NS-Unrechts liegt (unten, III.). Das abschließende Kapitel wirft die Grundsatzfrage nach der Legitimation des Faches (Straf-)Rechtsgeschichte innerhalb des juristischen Curriculums auf (unten, IV.).

II. Institutionelle Verankerung

Rechtsgeschichte wird in Deutschland traditionell von Vertretern des Zivilrechts gelehrt. An jeder Juristischen Fakultät vertritt zumindest ein Professor für Bürgerliches Recht zugleich rechtshistorische Fächer.[10] Traditionsuniversitäten leisten sich zwei rechtsgeschichtliche Lehrstühle, einen romanistischen und einen germanistischen. Anders als in zahlreichen europäischen Ländern (etwa England, Frankreich, Österreich, Schweiz, Ungarn) lehren und prüfen Rechtshistoriker, wie sämtliche Vertreter einer Grundlagendisziplin, weitere Fächer des geltenden Rechts.[11] Im akademischen Vorlesungsbetrieb obliegt ihnen überwiegend, wenn nicht ausschließlich, die Vermittlung des geltenden Rechts. Kehrseite der oft beklagten „Zivilrechtslastigkeit der Rechtsgeschichte"[12] ist nolens volens eine „zivilistische Verengung der historischen Perspektive".[13] Verfassungsgeschichte wird zunehmend margina-

(Hrsg.), Feuerbachs Bayerisches Strafgesetzbuch, 2014; Jakobs/Frisch/Kubiciel/Stuckenberg (Hrsg.), Lebendiges und Totes in Welzels Verbrechenslehre, 2015; Koch/Löhnig (Hrsg.), Die Schule Franz v. Liszts, 2016; Koch/Veh (Hrsg.), Stunde Null für die Justiz? Die Augsburger Justiz und das NS-Unrecht, 2017; Kubiciel/Pawlik/Seelmann (Hrsg.), Hegels Erben? Strafrechtliche Hegelianer vom 19.–21. Jahrhundert, 2017; Koch/Kubiciel/Löhnig (Hrsg.), Strafrecht zwischen Novemberrevolution und Weimarer Republik, 2020; Kubiciel/Löhnig/Stuckenberg/Wohlers (Hrsg.), „Eine gewaltige Erscheinung des positiven Rechts". Karl Bindings Normen- und Straftheorie, 2020; Steinberg/Koch/Popp (Hrsg.), Strafrecht der alten Bundesrepublik (1949–1990), 2020; Wohlers/Koch/Stuckenberg (Hrsg.), Carl Joseph Anton Mittermaier und der reformierte Strafprozess (in Vorbereitung).

[10] *S. Lepsius*, ZDRW 2016, 206 (230); nach einer Erhebung von Duve aus dem Jahr 2018 war ein rechtshistorisches Fach in 62 Fällen mit dem Zivilrecht verknüpft, in zehn Fällen mit dem Öffentlichen Recht und in sieben Fällen mit dem Strafrecht, *Duve* (Fn. 1), 67 (88 f.).

[11] Hierzu *S. Lepsius*, ZDRW 2016, 206 (229).

[12] So *Stolleis*, RJ 1985, 251 (255). Die Rede von der „Zivilrechtslastigkeit der Rechtsgeschichte" darf freilich nicht den Blick dafür verstellen, dass wegweisende strafrechtshistorische Beiträge aus der Feder von Zivilrechtshistorikern stammen. Beispielhaft sei verwiesen auf die Arbeiten von Hans Holzhauer, Gerd Kleinheyer, Werner Schubert, Wolfgang Sellert und Winfried Trusen, näher und mit Nachweisen *Koch*, in: Steinberg/Koch/Popp (Fn. 9), 585 (600 f.).

[13] *Rüping/Jerouschek*, ZStW Bd. 106 (1994), 163.

lisiert, Strafrechtsgeschichte erscheint, so Schlosser, als bloßes „Randphänomen der durch das Zivilrecht geprägten traditionellen Rechtsgeschichte".[14]

Vor diesem Hintergrund vermag es nicht zu überraschen, dass die Lehrstuhlbezeichnungen „Strafrechtsgeschichte" oder „Juristische Zeitgeschichte" lange unüblich waren und sich erst ab Ende der 1980er Jahre durchzusetzen begannen.[15] Das klassische, in seiner Dominanz bis zum Ende der alten Bundesrepublik unangefochtene „Nebenfach" eines Strafrechtswissenschaftlers war die Rechtsphilosophie. Noch heute weisen 35 Strafrechtslehrstühle an deutschen Universitäten eine solche Denomination auf (inkl. Rechtstheorie).[16] In den 1990er Jahren setzte eine geradezu inflationäre Ausweitung und Auffächerung der Lehrstuhlbezeichnungen ein. Die Moden wechselten: Auf das heute ubiquitäre „Wirtschaftsstrafrecht" (43 Benennungen) sowie das „Europäische und internationale Strafrecht" (37 Benennungen) folgten mit stark steigender Tendenz das „Medizinrecht bzw. das Medizinstrafrecht" (14 Benennungen) sowie jüngst und mit Vehemenz die „Digitalisierung" bzw. „Künstliche Intelligenz".[17] Eine Sonderstellung kommt der Kriminologie zu (31 Benennungen). Ihre zahlenmäßige Stärke liegt darin begründet, dass die Juristischen Fakultäten weiterhin an dem von Franz v. Liszt (1851–1919) begründeten Konzept der Gesamten Strafrechtswissenschaft festhalten, wonach die Kriminologie als interdisziplinäre, empirische Wissenschaft[18] einen selbstverständlichen Bestandteil der Kriminalwissenschaften ausmacht.[19]

Während Strafrechtshistoriker in der „Bonner Republik" zu einer vom Aussterben bedrohten Spezies zählten, setzte mit Beginn des neuen Jahrtausends eine vorsichtige Erholung des Bestandes ein. Heute weisen immerhin sieben Lehrstühle eine entsprechende oder verwandte Denomina-

---

[14] So *Schlosser* (Fn. 5 – Rechtsgeschichte), 7. Ein Blick auf die Themen und Referate des traditionsreichen deutschen Rechtshistorikertages bestätigt den Befund. Erst Mitte der 1980er Jahre öffnete sich die Tagung strafrechtlichen und zeithistorischen Themen; hierzu näher *Koch* (Fn. 12), 585 (599 f.).

[15] Selbst der Augsburger Lehrstuhl von Hinrich Rüping trug ungeachtet des Forschungsschwerpunkts seines Inhabers die allgemeine Bezeichnung „Strafrecht und Strafprozessrecht".

[16] Die Erhebung wurde im Herbst 2020 durchgeführt.

[17] 13 Benennungen fallen auf die (Straf-)Rechtsvergleichung, immerhin fünf Lehrstühle weisen eine Denomination für Steuerstrafrecht auf. Frühere „Modegebiete" wie das Umweltstrafrecht (drei Benennungen) oder gar die Rechtssoziologie (eine Benennung) sind hingegen marginalisiert.

[18] Eingehend *Kaspar*, in: Hilgendorf/Kudlich/Valerius (Hrsg.), Handbuch des Strafrechts, Bd. 1, 2019, § 19 Rn. 20.

[19] An dieses Verständnis anknüpfend schlossen sich die Augsburger Strafrechtler im Jahre 2013 im „Institut für die gesamte Strafrechtswissenschaft" zusammen. Zu den Aufgaben der Strafrechtswissenschaft: *v. Liszt*, ZStW Bd. 9 (1889), 433; *ders.*, ZStW Bd. 20 (1900), 161 ff. Zu v. Liszt aus Anlass seines 100. Todestages jüngst *Koch*, ZStW Bd. 131 (2019), 451 ff. Grundlegend *Breneselović*, Die wissenschaftskritischen Zuordnungen von Franz von Liszt, 2020.

tion auf,[20] zahlreiche weitere Strafrechtswissenschaftler verfügen über eine einschlägige, jedoch (bedauerlicherweise) nicht in die Lehrstuhlbezeichnung aufgenommene Venia Legendi oder arbeiten grundlagenorientiert.[21] Die institutionelle Etablierung des Faches geht einher mit einem gegenüber den vergangenen Jahrzehnten geradezu rasanten Anstieg an Lehrbüchern,[22] Monographien, Schriftenreihen und Tagungen. Einen wichtigen Beitrag zur Institutionalisierung leistete das Hagener Institut für Juristische Zeitgeschichte, dessen Gründer Thomas Vormbaum zudem als Herausgeber maßgeblicher wissenschaftlicher Reihen und Periodica (u. a. „Journal der Juristischen Zeitgeschichte“) in Erscheinung tritt. Vor dem Hintergrund des skizzierten disziplinären Aufschwungs überrascht es nicht, dass ein jüngerer Überblick über die rechtshistorischen Aktivitäten während der „Berliner Republik“ zu einem positiven Zwischenfazit gelangt und – gewissermaßen in Abkehr von Stolleis' eingangs zitiertem Diktum – von einem „lebendigen Bild“ spricht, das sich gerade in der Forschung zur Strafrechtsgeschichte und der Historischen Kriminalitätsforschung zeige.[23]

III. Entwicklungslinien

1. Personen

Mustert man die Qualifikationsschriften der älteren Strafrechtslehrergeneration, die noch in den Anfangsjahren der Bundesrepublik aktiv war, so finden sich nicht wenige strafrechtshistorische Titel.[24] In der Vorkriegszeit hatten etwa Gotthold Bohne (1890–1957),[25] Eberhard Schmidt (1891–1977),[26] Au-

[20] Strafrechtsgeschichte: Asholt (Passau), Stuckenberg (Bonn), Stübinger (Hagen); Juristische Zeitgeschichte: Jeßberger (Berlin); Koch (Augsburg); Historische Bezüge: Kuhli (Hamburg); Neuere Rechtsgeschichte: Heger (HU Berlin). Hinzukommen als Emeriti Bloy (Freiburg), Ebert (Jena), Hettinger (Mainz), Jerouschek (Jena), Rüping (Hannover), Schild (Bielefeld), Th. Vormbaum (Hagen) und Werle (HU Berlin).

[21] Über eine Venia Legendi für Strafrechtsgeschichte oder Juristische Zeitgeschichte verfügen: Burghardt (Berlin), Bock (Kiel), Gerhold (Bremen), M. Vormbaum (Münster), Steinberg (Potsdam), Zabel (Bonn), Ziemann (Hannover) und Zopfs (Mainz).

[22] Neben den „Klassikern“ von Eb. Schmidt und Rüping/Jerouschek liegen nunmehr vor: *Kuhli*, Geschichte des Strafrechts, 2021; *Pieth*, Strafrechtsgeschichte, 2. Aufl. 2020; *Th. Vormbaum*, Einführung in die moderne Strafrechtsgeschichte, 4. Aufl. 2019.

[23] *Duve* (Fn. 1), 67 (82).

[24] Zur jüngeren Disziplingeschichte eingehend *Koch* (Fn. 12), 585 ff.

[25] *Bohne*, Die Freiheitsstrafe in den italienischen Stadtrechten des 12.–16. Jahrhunderts, Tl. 1, 1922; Tl. 2, 1925.

[26] *Eb. Schmidt*, Die Kriminalpolitik Preußens unter Friedrich Wilhelm I. und unter Friedrich II., 1914.

gust Schoetensack (1880–1957),[27] Erich Schwinge (1903–1994),[28] und Thomas Würtenberger (1907–1989)[29] einschlägige Abhandlungen vorgelegt. Strafrechtshistorische Habilitationsschriften hatten Friedrich Schaffstein (1905–2001),[30] Thomas Würtenberger[31] sowie Eberhard Schmidt angefertigt.[32] In der frühen Bundesrepublik war hingegen das Interesse des akademischen Nachwuchses an strafrechtshistorischen Themen rasch versiegt.[33] Im Zentrum der Disziplin standen in den Anfangsjahrzehnten der Bundesrepublik fundamentale Grundsatzfragen des materiellen Strafrechts, insbesondere die mit besonderer Leidenschaft und Ausdauer geführte Debatte über die sog. finale Handlungslehre.[34] Hassemer deutete die Konzentration auf theoretische Grundlagen bei gleichzeitiger Ausblendung „realer Kriminalpolitik" als Facette zeittypischer „Strategien des Wegsehens".[35] Für aufstrebende Wissenschaftler erschien die Befassung mit Strafrechtsgeschichte als wenig opportun. Das Aufgreifen der jüngeren Vergangenheit war Tabu, die ältere Strafrechtsgeschichte, insbesondere das bereits vielfach traktierte frühneuzeitliche Strafrecht, erschien „auserzählt". Wer in der Zunft reüssieren wollte und nach Aufmerksamkeit und Prestige trachtete, der hatte sich, wie Amelung noch 1980 feststellte, mit zentralen Normen des Strafgesetzbuchs auseinanderzusetzen.[36]

Erst Ende der 1960er Jahre schickte sich eine neue Wissenschaftlergeneration an, das brachliegende Forschungsfeld zu rekultivieren. Am Anfang standen die Dissertationen von Wilfried Küper[37] und Hinrich Rüping,[38] es

---

[27] *Schoetensack*, Der Strafprozeß der Carolina, 1904.

[28] *Schwinge*, Der Kampf um die Schwurgerichte bis zur Frankfurter Nationalversammlung, 1926.

[29] *Würtenberger*, Das System der Rechtsgüterordnung in der deutschen Strafgesetzgebung seit 1532, 1933.

[30] *Schaffstein*, Die allgemeinen Lehren vom Verbrechen in ihrer Entwicklung durch die Wissenschaft des Gemeinen Rechts, 1930.

[31] *Würtenberger*, Das Kunstfälschertum. Entstehung und Bekämpfung eines Verbrechens vom Anfang des 15. Jahrhunderts bis zum Ende des 18. Jahrhunderts, 1940.

[32] *Eb. Schmidt*, Fiskalat und Strafprozeß, 1921.

[33] Die lange Zeit letzte strafrechtsgeschichtliche Habilitationsschrift entstand in der unmittelbaren Nachkriegszeit: *Oehler*, Wurzel, Wandel und Wert der strafrechtlichen Legalordnung, 1950.

[34] Vgl. hierzu die Beiträge in: Jakobs/Frisch/Kubiciel/Stuckenberg (Fn. 9); dogmatischer Rückblick bei *Roxin/Greco*, Strafrecht Allgemeiner Teil, Bd. 1, 5. Aufl. 2020, § 8 Rn. 17 ff.; rechtshistorisch einordnend *Th. Vormbaum* (Fn. 22), 241.

[35] *Hassemer*, in: D. Simon (Fn. 1), 268; zur Abwendung von der Kriminalpolitik zugunsten scheinbar unpolitischer Strafrechtsdogmatik auch *Vogel*, Einflüsse des Nationalsozialismus auf das Strafrecht, 2004, 37.

[36] *Amelung*, ZStW Bd. 92 (1980), 41. Zu den heute zentralen Themen *Hilgendorf*, in: ders./Kudlich/Valerius (Fn. 18), § 18 Rn. 9.

[37] *Küper*, Die Richteridee der Strafprozeßordnung und ihre geschichtlichen Grundlagen, 1967.

[38] *Rüping*, Die Naturrechtslehre des Christian Thomasius und ihre Fortbildung, 1968.

folgten Kurt Seelmann,[39] Klaus Marxen,[40] Jürgen Regge,[41] Michael Hettinger[42] und Günter Jerouschek.[43] Zwei spätere Inhaber von Lehrstühlen mit (auch) strafrechtshistorischer Denomination wurden mit „fachfremden" Arbeiten promoviert. Udo Ebert verfasste eine Abhandlung zum römischen Recht,[44] Thomas Vormbaum widmete sowohl seine juristische als auch seine historische Dissertation Themen der allgemeinen Rechtsgeschichte.[45] Marxens Arbeit (betreut von Wolfgang Naucke) war zugleich die erste Dissertation eines späteren Strafrechtslehrers, die sich eingehend mit NS-Strafrecht befasste. Schon zuvor hatte Herbert Jäger eine Habilitationsschrift zur strafrechtlichen Erfassung nationalsozialistischer Gewaltkriminalität vorgelegt.[46] Ein anderer „Pionier" war Seelmann, der erstmals nach Eb. Schmidt und Th. Würtenberger das Wagnis einging, beide akademischen Qualifikationsschriften strafrechtshistorischen Themen zu widmen.[47] Einschlägige Habilitationsschriften schrieben in den 1980er Jahren Monika Frommel[48] – die Mitte der 1970er Jahre als wissenschaftliche Mitarbeiterin an der Universität Augsburg beschäftigt war – und Gerhard Werle.[49] Das formale Abstellen auf die Venia Legendi bzw. das Thema der Qualifikationsschriften darf freilich nicht den Blick dafür verstellen, dass weitere Strafrechtswissenschaftler wichtige strafrechtshistorische Beiträge publizierten. Ohne Anspruch auf Vollständigkeit seien hier genannt Heribert Ostendorf,[50] Wolfgang Schild,[51] Friedrich-Christian Schroeder,[52] Günter Spendel und Wolfgang Naucke, der zudem zahlreiche innovative Dissertationen anregte. Spendel kommt u. a. das Verdienst zu, als erster Lehrstuhlinhaber das Thema der NS-Unrechtsurteile

---

[39] *Seelmann*, Sozialismus und soziales Recht bei Gustav Radbruch, 1973.

[40] *Marxen*, Der Kampf gegen das liberale Strafrecht. Eine Studie zum Antiliberalismus in der Strafrechtswissenschaft der zwanziger und dreißiger Jahre, 1975.

[41] *Regge*, Kabinettsjustiz in Brandenburg-Preußen, 1976.

[42] *Hettinger*, Das Fragerecht der Verteidigung im reformierten Strafprozeß, 1985.

[43] *Jerouschek*, Lebensschutz und Lebensbeginn. Kulturgeschichte des Abtreibungsverbots, 1988.

[44] *Ebert*, Die Geschichte des Edikts de hominibus armatis coactisve, 1981.

[45] *Th. Vormbaum*, Die Rechtsfähigkeit der Vereine im 19. Jahrhundert, 1976; *ders.*, Politik und Gesinderecht im 19. Jahrhundert, 1981.

[46] *Jäger*, Verbrechen unter totalitärer Herrschaft. Studien zur nationalsozialistischen Gewaltkriminalität, 1967.

[47] *Seelmann*, Die Lehre des Fernando Vazques de Menchace vom Dominium, 1979.

[48] *Frommel*, Präventionsmodelle in der deutschen Strafzweckdiskussion, 1987.

[49] *Werle*, Justiz-Strafrecht und polizeiliche Verbrechensbekämpfung im Dritten Reich, 1989.

[50] Vgl. nur *Ostendorf*, Franz von Liszt als Kriminalpolitiker, Kriminalsoziologische Bibliographie 1984, Heft 42, 1 ff.; *ders./terVeen*, „Das Nürnberger Juristenurteil". Eine kommentierte Dokumentation, 1985.

[51] Vgl. nur *Schild*, Alte Gerichtsbarkeit, 1980.

[52] Vgl. nur Landau/Schroeder (Hrsg.), Strafrecht, Strafprozessrecht und Rezeption. Grundlagen, Entwicklung und Wirkung der Constitutio Criminalis Carolina, 1984.

und Justizmorde aufgegriffen zu haben.[53] Naucke wiederum konfrontierte das traditionelle Narrativ der von „großen Juristen“ angestoßenen, „fortschrittlichen“ Reformen mit der Frage nach den Verlusten und Gefahren eines modernen, effektiven Strafrechts.[54]

2. *Lehrbücher*

a) *„Einführung in die Geschichte der deutschen Strafrechtspflege“*

Die 1947 in erster Auflage erschienene „Einführung in die Geschichte der deutschen Strafrechtspflege“ (zweite Auflage 1951, dritte Auflage 1965) von Eberhard Schmidt[55] gilt zu Recht als das wohl „einflussreichste Buch zur deutschen Strafrechtsgeschichte, das im 20. Jahrhundert geschrieben wurde“.[56] In der alten Bundesrepublik und weit darüber hinaus prägte es die strafrechtshistorischen Vorstellungen mehrerer Juristengenerationen. Das Werk blieb zu Lebzeiten seines Verfassers die einzig greifbare Gesamtdarstellung der deutschen Strafrechtsgeschichte. Zum Erfolg der „Einführung“ trug bei, dass Eb. Schmidt auf eine eindrucksvolle akademische Karriere zurückblickte und über ein Oeuvre verfügte, das mit richtungweisenden Werken zum Allgemeinen Teil, zum Arztrecht und zum Strafprozessrecht geradezu gespickt war.[57] Kurzum, der jüngste Schüler Franz v. Liszts erschien selbst in dem Augen eingefleischter Strafrechtsdogmatiker als unbedingt satisfaktionsfähig. Während des Dritten Reichs wahrte Eb. Schmidt im Vergleich zu anderen prominenten Fachkollegen deutliche Distanz zu den Machthabern.[58] Einige mutige Aufsätze[59] sowie eine Vita ohne Parteimitgliedschaft und

---

[53] Vgl. nur *Spendel*, Rechtsbeugung durch Rechtsprechung. Sechs strafrechtliche Studien, 1984.

[54] *Naucke*, Von Feuerbach zu Mittermaier: ein Fortschritt in der Strafrechtswissenschaft?, in: Küper (Hrsg.), Carl Joseph Anton Mittermaier, 1988, 91 ff.; *ders.*, Modernisierung des Strafrechts durch Beccaria, in: Deimling (Hrsg.), Die Anfänge moderner Strafrechtspflege in Deutschland, 1989, 37 ff.

[55] Umfassend *v. Hardenberg*, Eberhard Schmidt (1891–1977). Ein Beitrag zur Geschichte unseres Rechtsstaats, 2009; knapp auch *Koch*, in: Neue Deutsche Biographie, Bd. 23, 2007, 181 f.

[56] *Ignor*, Geschichte des Strafprozesses in Deutschland 1532–1846, 2002, 23.

[57] Eb. Schmidt habilitierte 1920 in Berlin, es folgten Ordinariate in Breslau (1921), Kiel (1926), Hamburg (1929), Leipzig (1935), Göttingen (1945) und – als Nachfolger Gustav Radbruchs – in Heidelberg (1948). Schmidt führte v. Liszts Lehrbuch fort (1921–1932), vgl. außerdem *dens.*, Der Arzt im Strafrecht, 1939 sowie *dens.* Lehrkommentar zum Strafprozessrecht, 1952–1970.

[58] So auch *Löhnig*, in: Koch/Löhnig (Fn. 9), 200 und *Vogel* (Fn. 35), 31 Fn. 93. Zsf. *v. Hardenberg* (Fn. 55), 338 ff.; skeptischer *Th. Vormbaum* (Fn. 22), 273 Fn. 9.

[59] *Eb. Schmidt*, in: FS für Eduard Kohlrausch, 1944, 263 ff., wo er den nunmehr als „liberalistisch“ denunzierten reformierten Strafprozess vor Angriffen (nicht nur) nationalsozialistischer Reformer verteidigte. Schmidt versuchte dabei, die prozessualen Reformen des 19. Jahrhunderts zu „entpolitisieren“. Die Prozessgrundsätze seien „transpolitischer Natur“ (273), die Reformer hätten die „unpolitischen Grundfragen der Strafprozeßreform“ (278),

sichtbare „braune Flecken“[60] stärkten die Autorität des Verfassers und verschafften dem Leitmotiv seiner strafrechtshistorischen Erzählung, der Schilderung des „Gangs der Rechtsidee durch die Geschichte“,[61] biographische Glaubwürdigkeit. Eb. Schmidt schrieb sein epochales Werk unmittelbar nach dem Zweiten Weltkrieg unter dem Eindruck schwerer familiärer Schicksalsschläge.[62] Ignor bemerkte treffend, dass Eb. Schmidts Buch eine geradezu „unhistorische“[63] Prämisse zugrunde liege. So kreist nach Eb. Schmidt „die ganze Geschichte des Rechts [...] um den Gegensatz von Macht und Recht, von Zweckmäßigkeit und Gerechtigkeit“.[64] Dargestellt wird das „Ringen um die Rechtsidee“,[65] das Reinhalten des Rechts von „rechtsfremden Einflüssen“.[66] Mit der Gegenüberstellung von Macht- und Zweckmäßigkeitsdenken einerseits und dem Streben nach Recht und Gerechtigkeit andererseits bewertete Schmidt historische Prozesse und Persönlichkeiten. Daneben trat die heute fremd und ahistorisch anmutende, gleichwohl jahrzehntelang kritiklos rezipierte Heroisierung „großer Juristen“.

b) „Grundriss der Strafrechtsgeschichte“

Sehr viel nüchterner kam die zweite Gesamtdarstellung zur deutschen Strafrechtsgeschichte daher, die 1981 erschien.[67] Ihr Verfasser, der kurz zuvor an

---

die auf psychologischen Notwendigkeiten„ (308) beruhten, aus rein“sachlichen„ (281 und öfter) Erwägungen gestellt. Hervorzuheben ist schließlich seine Grundsatzkritik an der weiten Auslegung des Begriffs“öffentlich“ in § 5 der berüchtigten Kriegssonderstrafrechtsverordnung. Die extensive Interpretation durch das RG und RKG brachte tausenden Menschen den Tod. Vgl. *Eb. Schmidt*, Zeitschrift für Wehrrecht, Bd. 6, 1941/42, 308 ff.

60 Eingehend *M. Vormbaum*, in: Repgen/Jeßberger/Kotzur (Hrsg.), 100 Jahre Rechtswissenschaft an der Universität Hamburg, 2019, 399 ff.

61 *Mitteis*, Vom Lebenswert der Rechtsgeschichte, 1947, 128.

62 Hierzu *v. Hardenberg* (Fn. 55), 336. Schmidt schildert die Entstehung wie folgt: „Als ich, an Leib und Seele ziemlich zerrüttet, im Oktober 1945 aus amerikanischer Kriegsgefangenschaft nach Göttingen kam, schrieb ich mir in 5 Monaten meine ‚Einführung in die Geschichte der deutschen Strafrechtspflege‘ von der Seele, mit der ich mir selbst den uralten und nie endenden Kampf des Rechts mit der Macht, die immer vom Teufel ist, ins Bewusstsein hob, um damit die Geschichte als die große, von der stumpfen Menschheit leider nie gehörte Lehrmeisterin mir selbst, vor allem aber den Studenten begreiflich zu machen. Dieses Buch, mehr Bekenntnis als Erkenntnis, betrachte ich als die Summe meines rechtshistorischen Lebenswerks“, *Eb. Schmidt*, in: Sitzungsberichte der Heidelberger Akademie der Wissenschaften, Jahreshefte 1943/55, 1959, 94 ff., zit. nach Küper (Hrsg.), Heidelberger Strafrechtslehrer im 19. und 20. Jahrhundert, 1986, 306.

63 *Ignor* (Fn. 56), 24.

64 *Eb. Schmidt*, Einführung in die Geschichte der deutschen Strafrechtspflege, 1947, Vorwort; ähnlich *ders.*, Justitia Fundamentum Regnorum, 1947, 32, 75; *ders.*, Schweizerische Zeitschrift für Strafrecht, 1958, 23.

65 *Eb. Schmidt*, MDR 1948, 377.

66 *Eb. Schmidt* (Fn. 64 – Justitia), 48.

67 *Rüping*, Grundriß der Strafrechtsgeschichte, 1981 (2. Aufl. 1991; 3. Aufl. 1998; 4. Aufl. 2002 [von nun an gemeinsam mit G. Jerouschek]; 5. Aufl. 2007; 6. Aufl. 2011).

die Universität Augsburg berufene „Jungordinarius" Hinrich Rüping, legte in den folgenden Jahren zahlreiche Studien zur Juristischen Zeitgeschichte vor. Schon im „Grundriss der Strafrechtsgeschichte" leistete er Pionierarbeit, indem er unter erschöpfender Auswertung des (historischen) Schrifttums die erste interdisziplinär anschlussfähige Darstellung zum Strafrecht im Dritten Reich vorlegte.[68] Diese Leistung ist umso höher zu bewerten, als einschlägige rechtshistorische oder strafrechtliche Vorarbeiten bis dato kaum zur Verfügung standen. Der zeitliche Bogen des „Grundrisses" erstreckte sich vom römischen Strafrecht bis zur (seinerzeitigen) Gegenwart, den Reformen der 1970er Jahre. Der Verfasser wusste um die Herausforderung, dass der Charakter eines Grundrisses dazu nötigte, „Entwicklungen unter einheitlichen Aspekten zusammenzufassen und zu verallgemeinern, ohne eine bruchlose Kontinuität vorzugeben".[69] Die zeitgenössische Kritik monierte zu knappe Darstellungen, insbesondere zur älteren Strafrechtsgeschichte. Die Pionierleistung des Autors fand neben bisweilen kleinlich anmutenden Einwänden nicht die gebührende Würdigung.

3. Themen und Unthemen

a) Strafrechtsgeschichte

In den beiden Anfangsjahrzehnten der Bundesrepublik konzentrierte sich die an juristischen Fakultäten betriebene Strafrechtsgeschichte auf den frühneuzeitlichen Strafprozess, die Constitutio Criminalis Carolina und die strafrechtliche Aufklärung. Ein weiteres unverdächtiges Genre, das zugleich geeignet war, die Geschichte einer fortschreitenden Humanisierung des Strafrechts zu erzählen, waren biographische Skizzen „großer Juristen". Gerade die Forschungen zum frühneuzeitlichen Strafrecht wiesen eine heute kaum mehr erreichte Intensität und Tiefe auf. Im augenfälligen Kontrast zu den Bemühungen um die ältere Strafrechtsgeschichte stand freilich das Schweigen zur Zeitgeschichte. Kein Angehöriger der älteren Strafrechtslehrergeneration, die bereits im Dritten Reich gelehrt hatte, publizierte nach 1945 zu rechtshistorischen Themen des 20. Jahrhunderts.[70] Bezeichnend ist,

---

[68] *Rüping* (Fn. 67), 94 ff.

[69] *Rüping* (Fn. 67), Vorwort.

[70] Die einzige Ausnahme bildete Kriegsgerichtsrat a. D. Erich Schwinge. Der Verfasser des seinerzeit maßgeblichen Kommentars zum Militärstrafgesetzbuch (*Schwinge*, Militärstrafgesetzbuch nebst Kriegssonderstrafrechtsverordnung, 6. Aufl. 1944) schrieb über Jahrzehnte, cum ira et studio, gegen als verleumderisch empfundene Kritik an der Wehrmachtsjustiz an, vgl. zuletzt *Schwinge*, Die Verfälschung der Wahrheit. Das Bild der Wehrmachtsgerichtsbarkeit, 1988; Zu Schwinge *Garbe*, „In jedem Einzelfall ... bis zur Todesstrafe". Der Militärstrafrechtler Erich Schwinge. Ein deutsches Juristenleben, 1999. Der schwer vorbelastete Friedrich Schaffstein verlor nach 1945 sein Amt und wurde erst neun Jahre später nach

dass die Strafrechtsgeschichte des 20. Jahrhunderts in der führenden Fachzeitschrift, der ZStW, bis 1990 praktisch ausgespart blieb.[71] Stattdessen finden sich dort historische Abhandlungen zum 16.–18. Jahrhundert, häufig mit einem personengeschichtlichen Zugang. Nicht selten erzählten Artikel von historischen Strafprozessen oder befriedigten mit juristischer Spurensuche in Werken großer Dichter oder Gelehrter bildungsbürgerliche Lesebedürfnisse. Kurzum, die hier präsentierte Strafrechtsgeschichte stellte keine kritischen Fragen an die Gegenwart. Selbst die regelmäßigen und umfangreichen „Literaturberichte Rechtsgeschichte“ sparten trotz stupender Belesenheit der jeweiligen Berichterstatter Werke zur jüngeren Vergangenheit aus. Eine echte Zäsur markierte die Übernahme des nunmehr in „Strafrechtsgeschichte“ umgetauften Berichts durch Hinrich Rüping.[72] Unter Heranziehung des historischen Schrifttums legte er einen Schwerpunkt auf Schrifttum zum NS-Unrecht und die Aufarbeitung von NS-Unrecht nach 1945 und machte die Leser mit bislang in juristischen Zeitschriften unberücksichtigt gebliebenen Abhandlungen und Diskursen vertraut.

b) Strafrechtsdogmatik

Mit der Tabuisierung zeitgeschichtlicher Themen standen Strafrechtshistoriker nicht alleine. Auch Strafrechtsdogmatiker befassten sich – von ganz wenigen Ausnahmen abgesehen – weder im universitären Unterricht noch in Fachzeitschriften mit NS-Unrecht und seiner gerichtlichen Aufarbeitung.[73] Claus Roxin sprach rückblickend von einem „Schweigekartell“.[74] So bleibt der irritierende Befund, dass sich eine Fachwissenschaft in Schweigen hüllte, während die Rechtsprechung scheinbar „rein dogmatische“, in Wirklichkeit jedoch interessengeleitete Auslegungen fand, die eine Aufarbeitung

---

Göttingen berufen. In der Zwischenzeit arbeitete er als Rechtsanwalt und verfasste rechtshistorische Werke. Nach seiner Berufung folgten weitere wichtige Aufsätze zum gemeinen Strafprozess, vgl. etwa *Schaffstein*, Die europäische Strafrechtswissenschaft im Zeitalter des Humanismus, 1954; *dens.*, Verräterei und Majestätsdelikt in der gemeinrechtlichen Strafrechtsdoktrin, in: FS für Werner Weber, 1974, 33 ff.; *dens.*, Das Delikt des Stellionatus in der gemeinrechtlichen Strafrechtsdoktrin, in: FS für Franz Wieacker, 1978, 281 ff.; daneben auch *dens.*, Wilhelm von Humboldt. Ein Lebensbild, 1952. Anders im Öffentlichen Recht, wo Ernst Rudolf Huber (1903–1990), der Autor des „Verfassungsrecht[s] des Großdeutschen Reiches“, 2. Aufl. 1939, mit seiner achtbändigen „Deutschen Verfassungsgeschichte seit 1789“ bis in das Jahr 1933 vorstieß.

[71] Näher *Koch* (Fn. 12), 585 (596 ff.).

[72] Erstmals *Rüping*, ZStW Bd. 96 (1984), 1039 ff.

[73] Ausführlich und mit weiteren Nachweisen *Koch*, in: Steinberg/Koch/Popp (Fn. 9), 413 ff.

[74] *Roxin*, in: Horstmann/Litzinger (Hrsg.), An den Grenzen des Rechts. Gespräche mit Juristen über die Verfolgung von NS-Verbrechen, 2006, 203 (210); knapp ders. in einem Gespräch mit *Duve*, https://forhistiur.de/2006-05-duve/?l=de (abgerufen am 31.12.2020). Ähnl. („Schweigespirale“) mit Blick auf kollegiale Rücksichtnahmen *Rüthers*, NJW 2016, 1070.

von NS-Unrecht erschwerten oder gar unmöglich machten.[75] Aufsehen erregende Großverfahren blieben in den 1950er Jahre unkommentiert, selbst der „Ulmer Einsatzgruppenprozess“ von 1958 hatte trotz dogmatisch fragwürdiger Beihilfe-Konstruktionen keinerlei fachwissenschaftliche Reaktion ausgelöst.[76] Erst zu Beginn der 1960er Jahre begann sich eine junge Generation von Strafrechtswissenschaftlern mit der Thematik des NS-Unrechts zu befassen. Den Auslöser bildete der Jerusalemer Prozess gegen Adolf Eichmann (1961), der Claus Roxin zur Entwicklung seiner wegweisenden Lehre von der mittelbaren Täterschaft kraft organisatorischer Machtapparate veranlasste.[77] Wenige Jahre später publizierte Herbert Jäger seine bereits angesprochene Schrift über „Verbrechen unter totalitärer Herrschaft“.[78] Eine neue Form der juristischen Vergangenheitsbewältigung leitete der bekannte Bonner Rechtsanwalt Konrad Redeker (1923–2013) ein, der 1964 für einen NJW-Spitzenaufsatz tief in den „Giftschrank“ gegriffen hatte und erstmals, den Tabubruch wagend, einschlägige Passagen aus vor 1945 verfassten Schriften namhafter bundesrepublikanischer Juristen zitierte.[79] Ab Mitte der 1960er Jahre erweiterte sich der Diskurs über die Aufarbeitung von NS-Unrecht[80] und erreichte schließlich mit einer Sonderveranstaltung auf dem Essener Juristentag (1966) endgültig das juristische Establishment.[81] Beginnend in den 1970er Jahren, verstärkt aber erst seit Mitte der 1980er Jahren, erschienen zahlreiche einschlägige Abhandlungen, wobei sich zunehmend Historiker und Politikwissenschaftler des Themas annahmen.[82] Auffallend ist freilich, dass die maßgeblichen fachwissenschaftlichen Abhandlungen erst deutlich

---

[75] Näher *Koch/Siebenhüter*, Rechtskultur 3 (2014), 58 ff.; *Koch*, in: Koch/Veh (Fn. 9), 131 ff.

[76] LG Ulm, Urt. v. 29.8.1958, in: Rüter (Hrsg.), Justiz und NS-Verbrechen. Sammlung deutscher Strafurteile wegen nationalsozialistischer Tötungsverbrechen, Bd. 15, Lfd. Nr. 456, 11 ff.; hierzu *Jasch/Kaiser*, Der Holocaust vor deutschen Gerichten, 2017, 94 ff.; *Walter*, in: Löhnig/Preisner/Schlemmer (Hrsg.), 2014, 123 ff.

[77] *Roxin*, GA 1963, 193 ff. Vgl. als unmittelbare Reaktionen auf den Eichmann-Prozess: *Peters*, in: Eckart-Jahrbuch 1961/62, 229 ff.; *Jäger*, MschKrim 1962, 72 ff.

[78] *Jäger*, MschKrim 1962, 72 ff. Ähnlich wie Naucke hatte Jäger das Jurastudium in der rasch enttäuschten Erwartung aufgenommen, dass hier das NS-Unrecht und die großen Nachkriegsprozesse thematisiert würden, vgl. Horstmann/Litzinger (Fn. 74), 45 f. (Jäger) sowie Hilgendorf (Hrsg.), Die deutschsprachige Strafrechtswissenschaft in Selbstdarstellungen, 2010, 418 (Naucke).

[79] *Redeker*, NJW 1964, 1097 ff.; zu diesem Beitrag *ders.*, in: Horstmann/Litzinger (Fn. 74), 114.

[80] Vgl. als frühe Studien etwa Henkys (Hrsg.), Die nationalsozialistischen Gewaltverbrechen, 1964; Schneider/Meyer (Hrsg.), Rechtliche und politische Aspekte der NS-Verbrecherprozesse, 1968; außerdem *Hanack*, JZ 1967, 297 ff., 329 ff.

[81] Probleme der Verfolgung und Ahndung von nationalsozialistischen Gewaltverbrechen, Verhandlungen des 46. DJT, Bd. 2, Teil C, 1967. Zu den Hintergründen der nicht unumstrittenen Sonderveranstaltung Horstmann/Litzinger (Fn. 74), 9 ff.

[82] Hierzu im Folgenden, insbesondere unten unter III.4.

nach dem Ende der alten Bundesrepublik erschienen. Die Vereinigung der deutschsprachigen Strafrechtslehrer und Strafrechtslehrerinnen befasste sich erst 2003 mit nationalsozialistischem Strafrecht – mehr als ein halbes Jahrhundert nach Untergang des Dritten Reichs.[83]

c) NS-Strafrecht – Ein Gebiet für „Außenseiter"?

Die drei bahnbrechenden Pionierarbeiten zum nationalsozialistischen Recht wurden nicht von (Straf-)Rechtshistorikern verfasst, sondern von zwei Vertretern des Öffentlichen Rechts und einem Arbeitsrechtler. Den Anfang machte die vielfach aufgelegte Habilitationsschrift von Bernd Rüthers „Die unbegrenzte Auslegung" (1968).[84] Mit ausgiebigen Belegen aus den Frühwerken nunmehriger bundesdeutscher Großordinarien demonstrierte der Autor anhand des Zivilrechts, wie es möglich war, eine Rechtsordnung allein durch willfährige Interpretation umzuwerten.[85] Es folgten aus dem Öffentlichen Recht die Habilitationsschrift von Michael Stolleis[86] sowie die Arbeit von Diemut Majer über die Rechtsanwendung und Rechtspraxis gegenüber sog. „Fremdvölkischen".[87] Dass die Befassung mit NS-Recht für ambitionierte Nachwuchswissenschaftler weiterhin Mut erforderte, belegen die Reaktionen. Stolleis berichtete rückblickend, dass er aufgrund seiner Themenwahl unter Staatsrechtslehrern als „links" und als „Außenseiter" wahrgenommen wurde,[88] während die FU Berlin die Arbeit von Majer als Habilitationsleistung zurückwies.[89] Rüthers wiederum schildert, dass er Ende der 1960er Jahre auf Betreiben belasteter Fakultätsmitglieder wiederholt von Berufungslisten gestrichen wurde.[90]

---

[83] Hieraus hervorgehend *Vogel* (Fn. 35).

[84] *Rüthers*, Die unbegrenzte Auslegung. Zum Wandel der Privatrechtsordnung im Nationalsozialismus, 1968 (8. Aufl. 2017).

[85] Hierzu, auch an ein breiteres Publikum gewandt, *Rüthers*, Entartetes Recht. Rechtslehren und Kronjuristen im Dritten Reich, 1988, 218.

[86] *Stolleis*, Gemeinwohlformeln im nationalsozialistischen Recht, 1974.

[87] *Majer*, „Fremdvölkische" im Dritten Reich. Ein Beitrag zur nationalsozialistischen Rechtssetzung und Rechtspraxis in Verwaltung und Justiz unter besonderer Berücksichtigung der eingegliederten Ostgebiete und des Generalgouvernements, 1981.

[88] *Stolleis*, in: ders. (Hrsg.), Nahes Unrecht, fernes Recht. Zur juristischen Zeitgeschichte im 20. Jahrhundert, 2014, 135 (147).

[89] Die Abhandlung wurde 1974 von der FU Berlin als Habilitationsschrift abgelehnt, juristische Auseinandersetzungen folgten. Die Autorin wurde schließlich an die Universität Bern berufen. Kurz hierzu *R. Schröder*, in: Mohnhaupt (Hrsg.), Rechtsgeschichte in beiden deutschen Staaten, 1991, 604 (621).

[90] *Rüthers* (Fn. 84 – 7. Aufl. 2012), 488. Hier auch die verblüffte Reaktion des Betreuers, als er erstmals mit der Themenwahl seines Habilitanden konfrontiert wurde: „Herr Rüthers, Sie spinnen. Die leben doch alle noch. Von Ihnen nimmt, wenn Sie das schreiben, kein Hund ein Stück Brot. An Rufe, wenn sie damit habilitiert werden, ist nicht zu denken" (477).

Frühe Anstöße zur Juristischen Zeitgeschichte, insbesondere zum NS-Recht, kamen von „Außenseitern", verstanden als Personen, die (noch) außerhalb des westdeutschen Universitätsbetriebes standen. Den Anfang machte eine Dokumentation zur NS-Justiz (1964), verfasst von Ilse Staff,[91] die später als erste Staatsrechtlerin an einer bundesdeutschen Fakultät lehrte. Es folgten Bücher zur politischen Justiz der Weimarer Zeit, gemeinsam geschrieben von dem „linken" Strafverteidiger Heinrich Hannover und seiner Frau[92] sowie die Geschichte des Reichsgerichts, vorgelegt von DDR-Rechtsanwalt Friedrich Karl Kaul.[93] Der erste Band der heute auf über 50 Bände angewachsenen Urteilsdokumentation „Sammlung deutscher Strafurteile wegen nationalsozialistischer Tötungsverbrechen" erschien 1966 in Amsterdam. Hauptherausgeber und treibende Kraft des Mammutprojekts war der niederländische Strafrechtslehrer Christiaan F. Rüter.[94] Das Standardwerk zum Volksgerichtshof verfasste 1974 mit Wolfgang Wagner ein pensionierter stellvertretender Generalbundesanwalt a. D.[95] Der Leiter der Ludwigsburger Zentralen Stelle, Adalbert Rückerl, legte Gesamtübersichten über die Ahndung von NS-Verbrechen und über die Prozesse wegen der Morde in Vernichtungslagern vor.[96] Die genannten Titel verdeutlichen, dass es gerade das Justizunrecht und seine Aufarbeitung waren, die im Zentrum des frühen historischen und öffentlichen Interesses standen.[97] Angesichts der notorischen personellen Kontinuitäten wiesen Arbeiten zum NS-Justizunrecht zugleich erhebliche politische Brisanz auf. In diese Kerbe schlugen die propagandistisch begleiteten „Braunbuchkampagnen" der DDR, welche die Vergangenheit von Angehörigen der westdeutschen (Justiz-)Elite offenlegten.

Seit Mitte der 1980er Jahre kamen Titel zum NS-Unrecht auf den Markt, die sich bewusst an ein breiteres Publikum wandten und zugleich die Lücke schlossen, welche die Abstinenz universitärer (Straf-)Rechtshistoriker gelassen hatte. Das prominenteste Beispiel bildet Ingo Müllers „Bestseller" „Furchtbare Juristen"[98]. Mit ähnlich plakativen Titeln dokumentierten zwei Bände von Jörg Friedrich die Straflosstellung von NS-Tätern und NS-Richtern.[99]

[91] *Staff*, Justiz im Dritten Reich. Eine Dokumentation, 1964.

[92] *Hannover/Hannover-Drück*, Politische Justiz 1918–1933, 1966; *dies.*, Mord an Rosa Luxemburg und Karl Liebknecht. Dokumentation eines politischen Mordes, 1966.

[93] *Kaul*, Geschichte des Reichsgerichts, Bd. IV (1933–1945), 1971.

[94] Rüter (Hrsg.), Justiz und NS-Verbrechen. Sammlung deutscher Strafurteile wegen nationalsozialistischer Tötungsverbrechen, Bd. 1, 1968.

[95] *Wagner*, Der Volksgerichtshof im nationalsozialistischen Staat, 1974 (2. Aufl. 2011).

[96] *Rückerl*, NS-Verbrechen vor Gericht. Versuch einer Vergangenheitsbewältigung, 1984; *ders.*, Nationalsozialistische Vernichtungslager im Spiegel deutscher Strafprozesse, 1977.

[97] Hierzu *R. Schröder* (Fn. 89), 604 (622).

[98] *I. Müller*, Furchtbare Juristen. Die unbewältigte Vergangenheit unserer Justiz, 1987.

[99] *Friedrich*, Die kalte Amnestie: NS-Täter in der Bundesrepublik, 1985; *ders.*, Freispruch für die Nazi-Justiz. Die Urteile gegen NS-Richter seit 1948, 1989.

Auf Breitenwirkung bedacht war auch die Kritik der Staatsanwältin Just-Dahlmann an der berüchtigten „Gehilfenrechtsprechung".[100] Der Publizist Ralf Giordano schließlich prägte mit Blick auf die fehlgeschlagene Aufarbeitung von NS-Unrecht die Rede von der „zweiten Schuld".[101]

4. *Geschichtswissenschaft und Strafrechtsgeschichte*

Heinrich Mitteis konnte 1947 noch feststellen, dass Rechtshistoriker auf dem Gebiet der Strafrechtsgeschichte gewissermaßen ein Monopol besitzen, das „wegen der spezifisch juristischen Natur" dieses Arbeitsgebietes seitens der Geschichtswissenschaft kaum angetastet werde.[102] Heute hat sich die Situation grundlegend gewandelt, ja sie hat sich, wie wir sehen werden, in manchen Bereichen geradezu in ihr Gegenteil verkehrt. Die Wahl rechtshistorischer Themen in geschichtswissenschaftlichen Qualifikationsarbeiten erweist sich kaum als Karrieretreiber, auch scheuen nicht wenige Historiker die vermeintlich voraussetzungsreiche Befassung mit „Recht". Bestes Beispiel hierfür ist die epochemachende, fünfbändige „Deutsche Gesellschaftsgeschichte" von Hans-Ulrich Wehler, in welcher rechtliche Aspekte eine gänzlich untergeordnete Rolle spielen.[103] Dennoch legten Historiker seit den 1980er Jahren richtungweisende Arbeiten gerade (aber nicht nur)[104] zum NS-Strafrecht und seiner Aufarbeitung nach 1945 vor. Am Anfang standen das Standardwerk von Lothar Gruchmann zur Justizgeschichte zwischen 1933 und 1940[105] sowie die Arbeiten von Manfred Messerschmidt zur Wehrmachtsgerichtsbarkeit.[106] Erschienen geschichtswissenschaftliche Monographien zum NS-(Straf-)Recht zunächst vereinzelt,[107] entdeckten Historiker das Themenfeld in den 1990er Jahren für sich und verfassten maßgebliche Monographien.[108] Während sich Juristen in diesem Forschungsgebiet bereits

---

100 *Just-Dahlmann/Just*, Die Gehilfen und die Justiz nach 1945, 1988.

101 *Giordano*, Die zweite Schuld oder von der Last Deutscher zu sein, 1987.

102 *Mitteis* (Fn. 61), 60; entsprechendes gelte für die Privatrechtsgeschichte und die Prozessrechtsgeschichte.

103 Krit. hierzu *Grimm*, in: Nolte (Hrsg.), Perspektiven der Gesellschaftsgeschichte, 2000, 47 ff.

104 Vgl. etwa *Wilhelm*, Das Deutsche Kaiserreich und seine Justiz, 2010.

105 *Gruchmann*, Justiz im Dritten Reich 1933–1940. Anpassung und Unterwerfung in der Ära Gürtner, 1988 (3. Aufl. 2001).

106 *Messerschmidt/Wüllner*, Die Wehrmachtsjustiz im Dienste des Nationalsozialismus. Zerstörung einer Legende, 1987.

107 Einige Titel nennt *R. Schröder* (Fn. 89), 604 (616 ff.).

108 Chronologisch: *Frei*, Vergangenheitspolitik. Die Anfänge der Bundesrepublik und die NS-Vergangenheit, 1996; *Perels*, Das juristische Erbe des „Dritten Reiches", 1999; *Greve*, Der justitielle Umgang mit NS-Gewaltverbrechern in den sechziger Jahren, 2001; *Freudiger*, Die juristische Aufarbeitung von NS-Verbrechen, 2002; *v. Miquel*, Ahnden oder amnestieren? Westdeutsche Justiz und Vergangenheitspolitik in den sechziger Jahren, 2004; *Eichmül-*

in der Minderheit befinden,[109] firmieren sie auf dem Feld der „Hexenforschung“, einer früheren (straf-)rechtshistorischen Domäne, bisweilen gar als „Außenseiter“.[110] Mitte der 1980er Jahre hatten sich erste Ansätze der bald darauf boomenden Historischen Kriminalitätsforschung formiert. Die Arbeiten waren zunächst regional- bzw. mikrogeschichtlich ausgerichtet und konzentrierten sich vorwiegend auf das 19. Jahrhundert.[111] Später verlagerten sich die Forschungs- und Themenschwerpunkte zunehmend auf kulturgeschichtliche Zugänge sowie die frühe Neuzeit[112] – und hier besonders auf die bereits genannte, ebenfalls aufblühende „Hexenforschung“[113], bei welcher der Rechtsgeschichte in der Tat nur noch eine Nebenrolle zukommt.[114]

5. *Zwischenfazit*

Die Disziplin der Strafrechtsgeschichte befand sich in den Anfangsjahrzehnten der Bundesrepublik in einer Krise. Nur ganz wenige Strafrechtswissenschaftler arbeiteten historisch, die institutionelle Verankerung des Faches war lose, eine Fachzeitschrift existierte nicht, das für lange Zeit einzige Lehrbuch war methodisch veraltet, das Format der strafrechtshistorischen Tagung blieb unbekannt. Traditionelle Zeitschriften und Fachkongresse blendeten die Disziplin weitgehend aus und ignorierten Themen des 20. Jahrhunderts gänzlich. Das Feld der Juristischen Zeitgeschichte lag über Jahrzehnte brach. In die Lücke stießen, gerade mit Blick auf das NS-Unrecht und seine

---

ler, Keine Generalamnestie. Die Strafverfolgung von NS-Verbrechen in der Bundesrepublik Deutschland, 2012; *Raim*, Justiz zwischen Diktatur und Demokratie. Wiederaufbau und Ahndung von NS-Verbrechen in Westdeutschland 1945–1949, 2013; *Hoeppel*, NS-Justiz und Rechtsbeugung, 2019.

[109] In neuerer Zeit erschienen etwa *Burkhardt*, Das NS-Euthanasie-Unrecht vor den Schranken der Justiz: eine strafrechtliche Analyse, 2015 sowie die aus Augsburger Dissertationen hervorgegangenen Abhandlungen von *Broichmann*, Der außerordentliche Einspruch im Dritten Reich, 2014 und *Ohlenroth*, Der Oberste Gerichtshof für die Britische Zone und die Aufarbeitung von NS-Unrecht, 2020.

[110] So *Behringer*, Hexenverfolgung in Bayern, 3. Aufl. 1997, 2.

[111] Als Pionierstudie gilt die Habilitationsschrift von *Blasius*, Bürgerliche Gesellschaft und Kriminalität, 1976. Vgl. auch die Habilitationsschrift von *Schulte*, Das Dorf im Verhör. Brandstifter, Kindsmörderinnen und Wilderer vor den Schranken des bürgerlichen Gerichts. Oberbayern 1848–1910, 1989.

[112] Als jüngerer Rückblick *Schwerhoff*, in: Wüst (Hrsg.), Historische Kriminalitätsforschung in landesgeschichtlicher Perspektive, 2017, 3 ff.

[113] Erste Werke der modernen Hexenforschung erschienen noch in der alten Bundesrepublik, etwa *Behringer*, Hexenverfolgung in Bayern. Volksmagie, Glaubenseifer und Staatsräson in der Frühen Neuzeit, 1988. Vgl. zur weiteren Entwicklung die Literaturübersichten von *Jerouschek*, ZNR 1993, 202 ff. und *Voltmer*, ZHF 2007, 167 ff.

[114] Vgl. die Standardwerke von *Jerouschek*, Die Hexen und ihr Prozess, 1992 und *Oestmann*, Hexenprozesse am Reichskammergericht, 1997. Außerdem *Koch*, Wider ein Feindstrafrecht. Juristische Kritik am Hexereiverfahren, 2012 und die Augsburger Dissertation von *Dorn-Haag*, Hexerei und Magie im Strafrecht, 2016.

strafrechtliche Aufarbeitung nach 1945, die Arbeiten von Publizisten und anderen außeruniversitären Autoren. „Sunt hic leones"? – Den Satz Stolleis' variierend benannte Jerouschek vor rund einem Jahrzehnt Fortschritte in der Strafrechtsgeschichte.[115] Tatsächlich besteht Anlass für ein positives Zwischenfazit. Gezeigt wurde, dass seit den 1980er Jahren eine junge Generation von Strafrechtswissenschaftlern neue Themenfelder erschloss und die interdisziplinäre Anschlussfähigkeit des Faches herstellte. Juristische Zeitgeschichte etablierte sich in den vergangenen Jahrzehnten als eigenes Fach, thematische Selbstbeschränkungen gehören der Vergangenheit an.

IV. Legitimation: Wozu (Straf-)Rechtsgeschichte?

1. (Straf-)Rechtsgeschichte als „abseitige Gelehrsamkeit" und „Zierrat"?

Ungeachtet der aufgezeigten positiven Entwicklung bleibt Strafrechtsgeschichte selbst innerhalb des „kleinen Fachs" der Rechtsgeschichte eine überschaubare Subdisziplin mit einer Forschercommunity, deren harter Kern sich in Deutschland buchstäblich an zwei Händen abzählen lässt. Wie jedes Grundlagenfach ohne unmittelbaren Bezug zur Dogmatik steht (Straf-)Rechtsgeschichte unter permanentem Legitimationsdruck.[116] Dieser geht zum einen von der Politik aus, die Rechtswissenschaft unter Nützlichkeitsaspekten im Sinne einer „praktischen Verwertbarkeit" betrachtet. Entsprechend hatte der 58. Deutsche Juristentag 1990 „pragmatisch-anwendungsorientierte" Aspekte eines reformierten Jurastudiums akzentuiert.[117] Juristenausbildung sollte sich hiernach in erster Linie an den Bedürfnissen der Anwaltschaft orientieren, des zahlenmäßig bedeutendsten Arbeitgebers für junge Juristen. Leitbilder wären der oft zitierte „Dr. iur. Ing. (FH)" bzw. der „juristische Betriebswirt".[118] Oder wie es der Kölner Rechtshistoriker Hans-Peter Haferkamp auf den Punkt brachte, „die Bereitstellung möglichst schnell ausgebildeter, frühzeitig spezialisierter Interessenvertreter, die vor allem ökonomischer Hilfskenntnisse bedürften".[119] Zum anderen bezweifeln selbst Fachkollegen den Sinn von Rechtsgeschichte innerhalb des juris-

---

[115] *Jerouschek*, ZNR 2010, 52ff.

[116] Zu der sich zu Beginn des 20. Jahrhunderts entwickelnden „Krisenliteratur" *Ogorek* (Fn. 1), 12 (22ff.) und *Klippel*, Juristische Zeitgeschichte, 1985, 16ff.

[117] Hierzu *S. Lepsius*, ZDRW 2016, 206 (217f.).

[118] Beide Zitate aus *Kaube*, FAZ v. 13.6.2001, 53.

[119] *Haferkamp*, Humboldt Forum Recht, 2/2001, 8 (12); zu den Folgen der Ökonomisierung der Juristenausbildung *Stolleis*, in: Hof/v. Olenhusen (Hrsg.), Rechtsgestaltung – Rechtskritik – Konkurrenz von Rechtsordnungen, 2012, 212 (216): „Erzogen wird ein Juristentypus, der im Durchschnitt [also im Mittelfeld der Examensnote ‚Befriedigend'] von ‚Grundlagen' fast nichts mehr weiß".

tischen Curriculums. Um den emeritierten Freiburger Rechtshistoriker Karl Kroeschell zu zitieren: „Nicht wenige kluge und scharfsinnige Juristen können sich Rechtsgeschichte höchstens noch als abseitige Gelehrsamkeit oder als amüsante Liebhaberei vorstellen [...]".[120] Ganz in diesem Sinne meinte Klaus F. Röhl, immerhin mit erfrischender Deutlichkeit, feststellen zu können: „Die Rechtsgeschichte hat als Regelfach des juristischen Studiums ausgedient",[121] allein „zur Verzierung von Fest- und Feiertagsveranstaltungen mag sie ihren Platz behalten".[122]

Was aber rechtfertigt den Verbleib einer historisch arbeitenden Teildisziplin an Juristischen Fakultäten?[123] Die Frage nach dem „praktischen Nutzen der Rechtsgeschichte" berührt den Lebensnerv der Disziplin.[124] Sie stellt sich für die Subdisziplin der Strafrechtsgeschichte in schärferem Maße als für die allgemeine Rechtsgeschichte, da für diese immerhin die Beharrungskräfte einer reichen Tradition sprechen. Während manche Verfasser rechtshistorischer Lehrbücher einer Antwort ausweichen und sich in Schweigen hüllen,[125] verweisen andere auf die Vermittlung von „allgemeine[r] Bildung für Juristen"[126] bzw. „juristische[r] Bildung",[127] auf die „propädeutische Funktion" der Rechtsgeschichte,[128] auf „das ursprüngliche Erkenntnisinteresse, die Frage nach dem Woher und Wohin",[129] „auf die Geschichtlichkeit des Rechts selbst"[130] oder auf die „Auflockerung des allzu starren dogmatischen Denkens" der Rechtswissenschaft.[131] Werfen wir einen kritischen Blick auf die gängigen Argumentationsmuster, die sich auf die Schlagworte „Problem-

[120] *Kroeschell*, zit. nach Ogorek (Fn. 1), 12 (28); ähnl. *Stolleis* (Fn. 119), 212 (216).

[121] *Röhl*, Jura 1994, 173.

[122] *Röhl*, Jura 1994, 173 (178).

[123] Hierzu bereits *Koch*, in: FS für Wolfgang Frisch, 2013, 1483 ff.

[124] Vgl. hierzu die Beiträge in: FS für Hans Hattenhauer, 2003; krit. hierzu *Kiesow*, RG 2003, 12 ff.

[125] So etwa *Meder*, Rechtsgeschichte, 6. Aufl. 2017.

[126] *Gmür/Roth*, Grundriss der deutschen Rechtsgeschichte, 15. Aufl. 2018, 5.

[127] *Buschmann*, in: FS für Hans Hattenhauer, 2003, 110, ebd.: „Eine juristische Ausbildung ohne Vermittlung juristischer Bildung erzeugt jenen Typ von Juristen, der bereit ist, mit seinem juristischen Wissen jedem politischen System, gleichgültig welcher Art, zu dienen".

[128] *Mitteis* (Fn. 61), 76.

[129] *Kroeschell*, Deutsche Rechtsgeschichte, Bd. 1: Bis 1250, 13. Aufl. 2008, 6.

[130] *Hähnchen*, Rechtsgeschichte, 5. Aufl. 2016, 1.

[131] So *Mitteis* (Fn. 61), 78 f.; auch *Mitteis/Lieberich*, Deutsche Rechtsgeschichte, 19. Aufl. 1992, 1 f.; *Conrad*, Deutsche Rechtsgeschichte, 2. Aufl. 1962, XVII; mit Blick auf die Strafrechtsvergleichung *Eser*, in: FS für Günther Kaiser, 1998, 1499 (1516): Schutz vor „theoretischen Überzüchtungen". Klassisch *Ehrlich*, Grundlegung der Soziologie des Rechts, 3. Aufl. 1967, 2 f.: „Die Rechtsgeschichte hat der Dogmatik unschätzbare Dienste geleistet und als echte Wissenschaft überhaupt erst konstituiert. Wer von der Rechtsgeschichte herkommt wird nie Formalist sein, weil er die lebendige Anschauung der Verhältnisse mitbringt. Es hatte einen guten Sinn, wenn die deutschen Fakultäten den Rechtshistoriker stets auch als für das geltende Recht ausgewiesen behandeln."

lösungsarsenal" (unten, 2.), „Verständnisförderung" (unten, 3.) und „kritische Distanz" (unten, 4.) herunterbrechen lassen.

2. „*Problemlösungsarsenal*"

Wie der Rechtsvergleichung wird auch der Rechtsgeschichte die Bereitstellung eines „Problemlösungsarsenals", eines „Lösungsvorrats", zugeschrieben.[132] Beide Fächer eröffneten den Zugang zu einem „reichen Schatz an Erfahrungen".[133] Entsprechend seien rechtsgeschichtliche Kenntnisse, wie es vornehmlich im älteren Schrifttum optimistisch heißt, unentbehrlich für die Rechtsfortbildung, ja sie seien ein „bewährter Wegweiser in die Zukunft".[134] Emphatisch gewendet: „Geschichtliche Erfahrung ist die Grundlage jeder gesunden Rechtspolitik, aus ihr können Richter und Gesetzgeber Anregungen schöpfen; indem sie die Gegenwart erhellt und für die Zukunft arbeitet, wird die Rechtsgeschichte zur geschichtlichen Rechtswissenschaft".[135]

Derlei Aussagen mögen ihren festen Platz in „akademischen Sonntagsreden" beanspruchen, doch schon für die Rechtsvergleichung treffen sie allenfalls eingeschränkt zu. Dass vergleichenden Aspekten bei der unmittelbaren Rechtsfindung nicht mehr als eine bloße „Alibifunktion" zukommt, ist wiederholt nachgewiesen worden.[136] Nur ganz vereinzelt verweist die Rechtsprechung des Bundesgerichtshofs auf ausländische Rechtsordnungen. Entsprechende Exkurse dienen regelmäßig der Absicherung und Bestätigung eines zuvor auf konventionellem Wege gewonnenen Ergebnisses.[137] Eine vergleichbare „Alibifunktion" war Rechtsvergleichung und Rechtsgeschichte in der unmittelbaren Nachkriegszeit zugekommen. Nach 1945 stellte sich die Frage, ob während des Dritten Reichs erlassene Strafnormen spezifisch nationalsozialistisches Denken verkörperten und damit unanwendbar blieben. Die Alliierten hatten durch das Kontrollratsgesetz Nr. 11 rund vierzig der vor 1945

---

[132] Mit Blick auf die Strafrechtsvergleichung *Ambos*, RW 2017, 251 ff.; *Eser* (Fn. 131), 1499 (1517); *Frisch*, in: FS für Vagn Greve, 2008, 139 ff.

[133] So mit Blick auf die Rechtsgeschichte: Resolution des 32. Deutschen Rechtshistorikertages, ZEuP 1999, 179; auch *Ludyga*, ZDRW 2019, 16 (21).

[134] *Fehr*, Deutsche Rechtsgeschichte, 6. Aufl. 1962, Vorwort, ebd.: „Sie [die Rechtsgeschichte, A. K.] gibt uns ebenso den Schlüssel in die Hand für neu aufzubauendes Recht. Der echte Historiker ist der beste Beurteiler des kommenden Rechts". Auf den Erfahrungsschatz abhebend auch *Gmür/Roth* (Fn. 126), 5; *Mitteis/Lieberich* (Fn. 131), 1 f.; als (Neben-)Aspekt auch *S. Lepsius*, ZDRW 2016, 206 (209).

[135] *Mitteis/Lieberich* (Fn. 131), 1 f.

[136] *Frisch* (Fn. 132), 139 f.; *Sieber*; in: Sieber/Albrecht (Hrsg.), Strafrecht und Kriminologie unter einem Dach, 2006, 78 (96).

[137] Vgl. hierzu *Schramm*, in: Beck/Burchard/Fateh-Moghadam (Hrsg.), Strafrechtsvergleichung als Lösung und Problem, 2011, 155 (169).

erlassenen Strafgesetze ausdrücklich aufgehoben.[138] Neben nationalsozialistischen Terrorgesetzen wie der sog. „Verordnung gegen Volksschädlinge“,[139] der „Verordnung über außerordentliche Rundfunkmaßnahmen“[140] oder dem „Gesetz zum Schutze des deutschen Blutes und der deutschen Ehre“[141] verloren beispielsweise die Normen zur Analogie (§ 2 RStGB),[142] zur Wahlfeststellung (§ 2 b RStGB),[143] zur Kastration (§ 42 k RStGB),[144] das gesamte politische Strafrecht (§§ 80–94 RStGB) oder auch das „Gesetz gegen Straßenraub mittels Autofallen“[145] ihre Gültigkeit. In keinem der nicht explizit aufgehobenen Strafgesetze vermochte die Nachkriegsrechtsprechung spezifisch nationalsozialistisches Denken zu entdecken. In ihren Urteilsgründen verwiesen die Gerichte ergänzend auf historische oder ausländische Vorbilder, um etwa die Fortgeltung der 1933 eingeführten Maßregel der Sicherungsverwahrung (§ 42 e RStGB),[146] die Gültigkeit des 1941 reformierten § 211 RStGB[147] oder die 1935 erfolgte Verschärfung des § 175 RStGB abzusichern.[148] Ähnlich ernüchternd fällt das Ergebnis bei Betrachtung der aktuellen wissenschaftlichen Diskussion über umstrittene dogmatische Rechtsfiguren aus. Als Beispiel sei auf die umfassende Strafbarkeit des untauglichen Versuchs oder auf das im internationalen Vergleich notorisch scharfe Notwehrrecht verwiesen. Gängige Lehrbücher und Kommentare lassen historische oder vergleichende Lösungsmodelle weitgehend unberücksichtigt.[149] Dass Rechtsgeschichte in der tägli-

---

[138] Amtsblatt des Kontrollrats, 55 ff. Eingehend *Etzel*, Die Aufhebung von nationalsozialistischen Gesetzen durch den Alliierten Kontrollrat (1945–1948), 1992, 83 ff., 169 ff.

[139] VO vom 5. September 1939, RGBl. I, 1679.

[140] VO vom 1. September 1939, RGBl. I, 1683.

[141] Gesetz vom 15. September 1935, RGBl. I, 1146.

[142] Gesetz zur Änderung des Strafgesetzbuchs vom 28. Juni 1935, RGBl. I, 839.

[143] Gesetz zur Änderung des Strafgesetzbuchs vom 28. Juni 1935, RGBl. I, 839.

[144] Gesetz gegen gefährliche Gewohnheitsverbrecher und über Maßregeln der Sicherung und Besserung vom 24. November 1933, RGBl. I, 995 (997).

[145] Gesetz vom 22. Juni 1938, RGBl. I, 651.

[146] Gesetz gegen gefährliche Gewohnheitsverbrecher und über Maßregeln der Sicherung und Besserung vom 24. November 1933, RGBl. I, 995 (996).

[147] OGHSt 1, 74 ff., OGHSt 1, 81 ff.; OGHSt 1, 95 ff.; OLG Köln, DRZ 1946, 94; KG, JR 1947, 27. Hierzu *Koch*, Recht und Politik 2005, 230 (234).

[148] OLG Braunschweig, SJZ 1946, 119; OLG Frankfurt, NJW 1949, 432; KG, JR 1950, 119. Nach BGHSt 1, 293 (297) verlangt das strittige Merkmal des „Unzuchtreibens“ aus systematischen und grammatikalischen Gründen eine enge Auslegung. Nach einem kursorischen historischen und rechtsvergleichenden Überblick kann das Gericht absichernd feststellen: „Indem der Senat § 175 StGB n. F. in diesem Sinne auslegt, fügt sich die deutsche Rechtsprechung wieder in den Rahmen der europäischen Entwicklung ein“. Näher *Schäfer*, Die Strafbarkeit „widernatürlicher Unzucht“ (§§ 175, 175a, 175b, 182 StGB a. F.). Reformdiskussion und Gesetzgebung seit 1870, 2006, 54 ff.

[149] Anders *Jescheck/Weigend*, Strafrecht AT, 5. Aufl. 1996, 336 f.; skizzenhaft auch *Roxin/Greco* (Fn. 34), § 14 Rn. 4 ff. Historisch argumentierend *Hirsch/Seminara*, Zur strafrechtlichen Versuchslehre im 19. und 20. Jahrhundert, 2008, 61 ff.; bzgl. der Notwehr *Bülte*, GA 2011, 145 (148 ff.).

chen wissenschaftlichen und praktischen Arbeit als „Problemlösungsarsenal" dient, kann nach alledem nicht festgestellt werden.

3. Besseres Verständnis des geltenden Rechts

Dass Rechtsgeschichte, ja die „Betrachtung der gesamten europäischen Rechtsgeschichte",[150] zu einem besseren Verständnis des geltenden Rechts beitrage, wird ebenso gerne wie pauschal behauptet.[151] Bereits der Blick in die Kommentar- und Lehrbuchliteratur, die heute praktisch ohne historische Bezüge auskommt, lässt an der Richtigkeit dieser Behauptung zweifeln.[152] Die Prüfungsnote und damit der „Marktwert" des jungen Juristen bemisst sich nahezu ausschließlich nach seiner Befähigung zu schematischer „Falllösung"[153] und der damit verbundenen „Gedächtnisakrobatik".[154] So lehrt leidvolle Erfahrung, dass sich trotz eklatanter rechtshistorischer Wissenslücken hervorragende juristische Staatsexamina absolvieren lassen. Durchaus riskant für Examenskandidaten erscheint daher die Aussage einer Autorin, wonach die Durchdringung ihres rechtshistorischen Lehrbuchs nicht allein das Verständnis des geltenden Rechts fördere, sondern sich hierdurch auch das „mühevolle Auswendiglernen des heutigen Prüfungsstoffes [reduziere]".[155]

Die These der verständnisfördernden Funktion von Rechtsgeschichte kommt regelmäßig ohne Begründung aus. Manche der vereinzelt aufgeführten Beispiele entbehren nicht einer gewissen Komik. So etwa, wenn Gmür/Roth jedem Rechtsstudenten schon „aus rein praktischen Gründen" das Studium der Rechtsgeschichte anempfehlen wollen, weil „es nach wie vor viele Fälle gibt, die ohne Kenntnis der Rechtsgeschichte überhaupt nicht gelöst werden können".[156] Zur Illustration müssen sodann die prüfungsrechtlich

---

150 *Ludyga*, ZDRW 2019, 16 (21).

151 Vgl. die Resolution des 32. Deutschen Rechtshistorikertages, ZEuP 1999, 173; zur Tradition dieses Arguments *Klippel* (Fn. 116), 18 ff.; mit Blick auf die Verfassungsgeschichte etwa *Frotscher/Pieroth*, Verfassungsgeschichte, 18. Aufl. 2019, § 1 Rn. 3; für die (Straf-)Rechtsvergleichung *Eser* (Fn. 131), 1499 (1516) und – warnend vor einer Überwertung dieses Aspekts – *Kischel*, Rechtsvergleichung, 2015, § 2 Rn. 20 f.

152 Vgl. etwa *Roxin*, Strafrecht AT, Bd. 1, 4. Aufl. 2006, IX, der in seinem Vorwort den Verzicht auf „ausgreifende historische und rechtsvergleichende Exkurse" mit der „Konzentration auf eine diskutierende und didaktisch einlässliche Darbietung des geltenden Rechts" begründet. Anders noch *v. Liszt*, Lehrbuch des deutschen Strafrechts, 21./22. Aufl. 1919, dessen einleitendes Kapitel „Geschichte des Strafrechts" mehr als fünfzig Seiten umfasst (26–83). Zudem stellt v. Liszt den Einzeldelikten jeweils einen Abschnitt „Geschichte" voran.

153 Hierzu *Chr. Möllers/Heining*, FAZ, 24.3.2011, 8: „Die Studierenden meinen ohne fundierte Kenntnisse der gesellschaftlichen und ideengeschichtlichen Kontexte des Rechts auskommen zu können und werden durch die vorherrschende Art der Lehre darin bestärkt."

154 *Rüthers*, FAZ, 29.9.2011, 8.

155 *Hähnchen* (Fn. 130), 1.

156 *Gmür/Roth*, (Fn. 126), 5.

gänzlich irrelevanten länderrechtlich normierten Bereiche des Jagd-, Fischerei- und Waldgenossenschaftsrechts herhalten. Ungeachtet derlei Kuriosa gilt dennoch, dass sich zahlreiche strafrechtliche Rechtsinstitute oder Entscheidungen ohne ihren historischen Hintergrund nicht begreifen lassen. Weshalb sich gerade Strafrechtsgeschichte „so gut wie gar nicht [lohnt]“,[157] erschließt sich nicht. Wie etwa können die §§ 218 ff. StGB oder § 240 StGB verstanden werden, ohne die jahrzehntelange Diskussion über das Abtreibungsstrafrecht bzw. den Gewaltbegriff zu kennen?[158] Wie soll man die Rechtsfigur des sog. übergesetzlichen entschuldigenden Notstandes würdigen, ohne um seine Entstehung zu wissen?[159] Etabliert wurde die Figur, was heute weitgehend in Vergessenheit geraten ist, um Ärzte straflos zu stellen, die im Rahmen der NS-Euthanasie ihnen anvertraute Patienten zu Tode spritzten.[160] In zunehmend großzügigerem Maße unterstellten Rechtsprechung und Lehre, dass die Täter nur deshalb einzelne Menschen töteten, um eine größere Anzahl vor fanatischen SS-Ärzten zu retten. Eine Rechtfertigung aus § 34 StGB wäre an der Abwägungsresistenz des Rechtsguts „Leben“ gescheitert, eine Entschuldigung über § 35 StGB am fehlenden Näheverhältnis zwischen Retter und Gerettetem.

4. Kritische Distanz

Das soeben genannte Beispiel verweist auf einen weiteren, meines Erachtens den wichtigsten Punkt. (Straf-)Rechtsgeschichte vermittelt – ebenso wie (Straf-)Rechtsvergleichung[161] – kritische Distanz gegenüber dem geltenden Recht.[162] Oder, wie es der Bonner Rechtshistoriker Mathias Schmoeckel tref-

---

[157] *Röhl*, Jura 1994, 173 (178).

[158] *Fabricius*, Die Formulierungsgeschichte des § 240 StGB, 1991; *Chr. Koch*, Schwangerschaftsabbruch (§§ 218 ff. StGB), 2004.

[159] Kritisch gegenüber dieser Rechtsfigur *Jakobs*, in: FS für Volker Krey, 2010, 207 ff.; *Schünemann*, ARSP Beiheft Nr. 100, 2005, 154.

[160] Zur Entwicklung der Nachkriegsrechtsprechung *Freudiger* (Fn. 108), 108 ff., 230 ff., 272 ff., 336 ff. Weitere Nachweise bei *Koch*, GA 2011, 136 ff.

[161] Hierzu *Ambos*, RW 2017, 247 (258).

[162] *Eisenhardt*, Deutsche Rechtsgeschichte, 7. Aufl. 2019, 1; für die Strafrechtsvergleichung *Eser* (Fn. 131), 1499 (1516); auch *Senn*, Rechtsgeschichte – ein kulturhistorischer Grundriss, 4. Aufl. 2007, 3: „Das geschichtliche Denken lehrt also die Einsicht in die Relativität der Gegebenheiten“; vgl. auch *Schlinker/Ludyga/Bergmann*, Privatrechtsgeschichte, 2019, 2: Heutigen Juristen wird die „Geschichtlichkeit des Rechts“ bewusst gemacht, ihnen wird die „Zeitgebundenheit bestimmter juristischer Lösungen [veranschaulicht]“; *Stolleis* (Fn. 119), 212 (217): „Die Orientierung auf ‚Grundlagen‘ soll die Studierenden kritikfähig machen, ihnen die Rechtsordnung als historisch gewachsenes Politik- und Kulturprodukt vorführen“; *Buschmann*, in: FS für Hans Hattenhauer, 2003, 109: „Wer das Bewusstsein der Geschichtlichkeit und damit der geschichtlichen Bedingtheit allen geltenden Rechts hat, wem klar ist, dass jede Rechtsvorschrift, die er anwendet, nur unter bestimmten geschichtlichen Umständen hat entstehen können und von diesen Umständen geprägt ist, wird nicht dem

fend formulierte: „Wer nur eine Ordnung kennt und keinen Vergleich bilden kann, kann auch keine Kritik bilden".[163] Der Wissenschaftsrat verwendete hierfür in seiner bereits zitierten Stellungnahme die Formel des „Reflexionswissens".[164] (Straf-)Rechtsgeschichte verdeutlicht, dass zahlreiche dogmatische Figuren nicht als Frucht „reiner" logischer Deduktion entstanden, sondern aufgrund handfester rechtspolitischer Interessen. Auf das Institut des übergesetzlichen entschuldigenden Notstandes wurde bereits hingewiesen. Weitere Beispiele sind die Kreation der extrem-subjektiven Teilnahmetheorie durch das Reichsgericht[165] sowie deren partielle Übernahme in der Nachkriegsrechtsprechung.[166] Unter Anwendung dieser „Theorie" blieben die Massenverbrechen des Dritten Reiches weitgehend „ohne Täter".[167] Sowohl den unmittelbar Ausführenden als auch den Organisatoren im Hintergrund fehlte hiernach der erforderliche „Täterwille", sie mutierten zu bloßen „Gehilfen".[168] Um diesen Missstand zu beseitigen, kreierte Claus Roxin die bereits angesprochene Figur der mittelbaren Täterschaft kraft Organisationsherrschaft, die er erstmals in einem bahnbrechenden Aufsatz aus dem Jahre 1963 vorstellte.[169] Die Rechtsprechung griff diesen Gedanken erst nach dem Zusammenbruch der DDR auf, um die Befehlsgeber der Todesschüsse an der innerdeutschen Grenze als (mittelbare) Täter zur Rechenschaft ziehen zu können.[170] Während der Bundesgerichtshof mit Blick auf NS-Unrecht sowohl Ausführende als auch Hinterleute als bloße Gehilfen qualifiziert hatte, verurteilte er bezüglich des DDR-Unrechts beide Personengruppen als Täter. Ein vergleichbarer interessengeleiteter Auslegungswandel findet sich in der wechselnden Interpretation des Rechtsbeugungstatbestandes.[171] Die Anhe-

---

naiven Glauben an das Gesetz als Objektivierung des Rechts zum Opfer fallen, sondern bei Anwendung der geltenden Vorschriften eher kritisch sein und sich nicht zum blinden Erfüllungsgehilfen eines wie auch immer beschaffenen Gesetzgebers machen lassen".

163 *Schmoeckel*, JA 2009, I.

164 Wissenschaftsrat (Fn. 3), 56 ff.

165 RGSt 74, 84 ff. („Badewannen-Fall"). Das Reichsgericht kreierte diese Figur, um die Angeklagte nicht zum Tode verurteilen zu müssen. Diese hatte ihrer unverheirateten Schwester bei der heimlichen Geburt geholfen und sodann auf deren Drängen das Neugeborene ertränkt. Hierzu sowie zur weiteren Rechtsprechungsentwicklung *Koch* (Fn. 73), 413 (429 ff.).

166 BGHSt 18, 87 (89 f.) („Staschinskij").

167 Ausführlich *Koch* (Fn. 73), 413 ff. Der westdeutschen Strafrechtswissenschaft gelang es zu keiner Zeit, der Bedeutung der „Gehilfenrechtsprechung" gerecht zu werden. Das Ausmaß und die zeitliche Ausdehnung der „Gehilfenjudikatur", die sich in NS-Sachen bis zur Jahrtausendwende erstreckte, wurden nicht zur Kenntnis genommen.

168 Zur sog. „Gehilfenrechtsprechung" *Freudiger* (Fn. 108), 62 ff.; *I. Müller* (Fn. 98), 250 ff.

169 *Roxin*, GA 1963, 193 ff.; vgl. zu seiner damaligen Motivation *dens.*, in: Horstmann/Litzinger (Fn. 74), 203 ff., 208 f.

170 BGHSt 40, 218 (230 ff.).

171 Näher *Koch*, ZIS 2011, 470 ff.; zur Entwicklung der Rechtsprechung *Quasten*, Die Judikatur des Bundesgerichtshofs zur Rechtsbeugung im NS-Staat und in der DDR, 2003, 16 ff.

bung der Vorsatzanforderungen seitens des Bundesgerichtshofs[172] führte bekanntlich dazu, dass kein Berufsrichter, auch kein Richter oder Staatsanwalt am Volksgerichtshof, für seine während des Dritten Reiches gefällten Unrechtsurteile zur Rechenschaft gezogen werden konnte. Richter mussten nach Auffassung der Nachkriegsrechtsprechung sicher wissen, dass sie mit ihrem Urteil das Recht brachen; abzustellen war auf die Perspektive der damals Handelnden.[173] Erst post festum, erneut im Zuge der Aufarbeitung des DDR-Justizunrechts, distanzierte sich der Bundesgerichtshof in Form eines Aufsehen erregenden „Schuldbekenntnisses“ von seiner früheren Judikatur.[174] Zugleich legte das Gericht den Rechtsbeugungstatbestand auf eine Weise aus, die eine angemessene Verfolgung von NS-Justizunrecht ermöglicht hätte.[175]

Das Wissen um historische Hintergründe schafft somit Problembewusstsein und sensibilisiert beim Umgang mit dogmatischen Figuren. Die Folgen mangelnden historischen Bewusstseins verdeutlicht ein letztes Beispiel aus der Versuchsdogmatik. Bis heute ist die Strafbarkeit des sog. „untauglichen Subjekts“ umstritten. Nach dem Schulfall geht der Täter eines (vermeintlichen) Amtsdelikts irrig von seiner wirksamen Bestellung zum Amtsträger aus. Die herrschende Ansicht sieht hierin einen strafbaren untauglichen Versuch.[176] Nicht selten wird in aller Unschuld auf die Autorität des Reichsgerichts verwiesen.[177] Tatsächlich begründete ein im 72. Band der Amtlichen Sammlung publiziertes Urteil den Rechtsprechungswandel.[178] Allerdings bezog sich die Entscheidung aus dem Jahre 1938 auf das nationalsozialistische „Blutschutzgesetz“. Der Verurteilte nahm irrig an, er sei nach den Nürnberger Rassegesetzen als Jude zu qualifizieren und hatte in diesem Bewusstsein Geschlechtsverkehr mit einer Deutschen. Bei hinreichender historischer Sensibilisierung wäre die unbesehene Bezugnahme auf das genannte Urteil nicht erfolgt.[179]

---

172 BGHSt 10, 296ff., zuvor bereits OLG Bamberg, SJZ 1949, 491.

173 BGHSt 10, 294 (299f.).

174 BGHSt 41, 317 (339).

175 Auf subjektiver Ebene genügt dolus eventualis, während nunmehr im objektiven Tatbestand einschränkend ein „elementarer Verstoß gegen die Rechtspflege“ verlangt wird. Zusammenfassend BGH, NStZ-RR 2010, 310, mit Blick auf DDR-Justizunrecht: BGHSt 40, 30 (43); BGHSt 41, 317 (321).

176 *Eser/Bosch*, in: Schönke/Schröder, Strafgesetzbuch, 30. Aufl. 2019, § 22 Rn. 75; *Kühl*, in: Lackner/Kühl, Strafgesetzbuch, 29. Aufl. 2018, § 22 Rn. 13; *Fischer*, Strafgesetzbuch, 68. Aufl. 2021, § 22 Rn. 55.

177 *Eser/Bosch* (Fn. 176), § 22 Rn. 75; *Kühl* (Fn. 176), § 22 Rn. 13.

178 RGSt 72, 112.

179 Vgl. etwa *Roxin*, Strafrecht AT, Bd. 2, 2003, § 25 Rn. 39, der den Hintergrund des fraglichen Urteils offenlegt.

V. Ausblick

(Straf-)Rechtsgeschichte, auch und gerade in Gestalt Juristischer Zeitgeschichte, bleibt ein wichtiger Bestandteil einer sich als wissenschaftlich verstehenden Juristenausbildung.[180] Strafrechtsgeschichte trägt zum Verständnis des geltenden Rechts bei und ermöglicht kritische Distanz. Neben der Schaffung von Problembewusstsein und der Sensibilisierung für interessengeleitete Auslegungen kommt dem Fach gerade mit Blick auf die deutsche Vergangenheit eine wichtige gesellschaftliche Funktion zu. So ist es in der Tat eine schwer erträgliche Vorstellung, dass heute immer mehr Juristen in führenden Positionen tätig werden, die buchstäblich noch nie etwas von der Justiz und ihrer Rolle im Dritten Reich gehört haben.[181] Provokante Zuspitzung erfuhr dieser Gedanke bei Stolleis, für den „der gutmütig gehorchende, nur auf Wortreize reagierende, aber nicht mehr kritisch reflektierende Jurist, [...] der potentiell furchtbare Jurist [ist]".[182] Ganz in diesem Sinne plante das Bundesministerium der Justiz und für Verbraucherschutz vor wenigen Jahren, das „deutsche Justizunrecht des 20. Jahrhunderts" durch entsprechende Ergänzungen der §§ 5 a, d DRiG in den Pflichtfachstoff des juristischen Studiums aufzunehmen.[183] Die im Kontext zum „Rosenburg-Projekt"[184] stehende Initiative fand, bezogen auf die „Auseinandersetzung mit dem nationalsozialistischem Justizunrecht", Eingang in den Koalitionsvertrag zwischen CDU/CSU und SPD, wurde aber letztlich, auch wegen kontroverser fachwissenschaftlicher Stellungnahmen, (vorerst) nicht weiterverfolgt.[185] Immerhin markiert die Initiative einen Paradigmenwechsel. Während die Politik lange für eine anwendungsorientiere, „praxisnahe" Juristenausbildung plädiert hatte, zeugt der Vorstoß von dem gestiegenen Stellenwert der Fächer Strafrechtsgeschichte und Juristische Zeitgeschichte – und damit zweier Disziplinen, die an der Juristischen Fakultät Augsburg seit ihrer Gründung vor 50 Jahren gepflegt werden.

---

180 Allgemein zur Bedeutung der Grundlagenfächer für die Wissenschaftlichkeit des rechtswissenschaftlichen Studiums *Chr. Möllers*, AnwBl 2016, 713 ff.

181 So *Schmoeckel*, JA 2019, I, der von einem „Skandal" spricht; ähnlich *Haferkamp*, Humboldt Forum Recht, 2/2001, 8 (12).

182 *Stolleis*, FAZ, 23.1.1996, 29.

183 Vgl. hierzu die Beiträge im einschlägigen ZDRW-Themenheft 1/2019.

184 *Görtemaker/Safferling*, Die Akte Rosenburg. Das Bundesministerium der Justiz und die NS Zeit, 2016.

185 Ablehnend etwa *Funke*, NJW 2018, 1930 ff.; *Ludyga*, ZDRW 2019, 16 (19 ff.); befürwortend: *Bleckmann*, ZDRW 2019, 76 ff.; *Safferling*, ZDRW 2019, 62 (74). Im zweiten Anlauf hatte die Initiative jedoch Erfolg. Zum 1.1.2022 tritt folgende Ergänzung des § 5a DRiG in Kraft: „die Vermittlung der Pflichtfächer erfolgt auch in Auseinandersetzung mit dem nationalsozialistischen Unrecht und dem Unrecht der SED-Diktatur"; Ges. v. 25.6.2021, BGBl I, 38.

Strafrechtliche Metatheorien

Michael Kubiciel

I. Das Strafrecht hinter dem Strafrecht

Vor etwas mehr als zehn Jahren ging der Verfassungsrechtstheoretiker *Jestaedt* der Frage nach, was „Gegenstand, Funktion und Methode der Verfassungstheorie sein kann respektive sein sollte und worin der eigentümliche Nutzen einer so konzipierten Disziplin liegt."[1] Dabei begreift er die Verfassungstheorie als eine „Zulieferdisziplin",[2] die jene Informationen bereitstellt, auf die Rechtspraxis und Rechtswissenschaft angewiesen sind, ohne dass sich diese aber mit Hilfe der Dogmatik ermitteln ließen. Die Verfassungstheorie soll *erstens* jene Beschränkungen ausgleichen, die verdichteten dogmatischen Begründungen stets innewohnen.[3] Als Reflexionsdisziplin soll sie *zweitens* substanzielle Legitimationsfragen aufwerfen, die eine auf Anwendung des geltenden Rechts ausgerichtete Dogmatik nicht (stets) mitverhandeln könne; insbesondere soll dem geltenden Verfassungsrecht ein „normativ-ideales" Verfassungsrecht als Prüfstein oder Vergleichsmaßstab gegenübergestellt werden.[4] *Drittens* soll die Verfassungstheorie die Grundrechtsdogmatik für Veränderungen ihrer (rechtlichen, gesellschaftlichen, wissenschaftstheoretischen etc.) Systemumwelt öffnen.[5] So vielschichtig diese Funktionen auch sind: Stets geht es darum, hinter das positiv-geltende Verfassungsrecht zurückzugreifen und dieses zu kontextualisieren und zu situieren, um Rechtspraxis, Gesetzgebung und der dogmatisch arbeitenden Rechtswissenschaft eine Reflexionsgrundlage für das eigene Handeln zur Verfügung zu stellen.

Ebendies ist auch die Aufgabe der Straf- und Strafrechtstheorie sowie der Verbrechenslehre. Während die *Straf*theorie von der Legitimation der Strafe als Institution (genauer: der Strafandrohung, Strafverhängung und Strafvollstreckung) handelt,[6] sucht die *Strafrechts*theorie „als Anatomie des positi-

---

[1] *Jestaedt*, Die Verfassung hinter der Verfassung, 2009, 13.

[2] *Jestaedt* (Fn. 1), 20.

[3] Vgl. dazu *Jestaedt* (Fn. 1), 33 f.

[4] *Jestaedt* (Fn. 1), 51 f.

[5] *Jestaedt* (Fn. 1), 41 ff.

[6] *Jakobs*, Staatliche Strafe: Bedeutung und Zweck, 2004, 24 ff.; *Kubiciel*, ZStW 118 (2006), 44 (60 ff.); *Neumann*, FS Jakobs, 2007, 435 ff.; *Pawlik*, Person, Subjekt, Bürger, 2004, 12, 15, 18.

ven Rechts"[7] nach den inneren Strukturen des materiellen Strafrechts und fragt insbesondere nach dem Begriff des strafrechtlichen Unrechts. Dabei transzendiert die Wissenschaft nicht nur das geltende Recht, sondern setzt idealerweise auch die von ihr ausgemachten Strukturen und modellierten Begriffe ins Verhältnis zur gesellschaftlichen Umwelt des Strafrechts.[8] Auf diese Weise können die grundlegenden Voraussetzungen strafbaren Verhaltens benannt, zu dogmatischen Begriffen verdichtet und in eine systematische Ordnung gebracht werden – ein Unterfangen, das traditionell als Verbrechenslehre bezeichnet wird.[9] Zu den Traditionen der Strafrechtswissenschaft gehört es auch, nicht bei der Analyse der Strukturen des geltenden Rechts stehen zu bleiben, sondern die Frage nach den normativen Grenzen des Kriminalisierbaren bzw. nach der Berechtigung des Einsatzes des Strafrechts durch den Gesetzgeber mitzuverhandeln.[10]

Straftheorie, Strafrechtstheorie und Verbrechenslehre lassen sich unter der Bezeichnung strafrechtliche Metatheorien zusammenfassen, weil sie hinter den einzelnen Strafakt, die geltenden Straftatbestände und ihre auslegungsleitenden Begriffsbestimmungen und Anwendungsdogmatiken zurückgreifen. Dieser Zugriff auf das „Strafrecht hinter dem Strafrecht" dient nicht der theoretischen Selbstbeschäftigung der Strafrechtswissenschaft, sondern verfolgt durchaus praktische und praxisrelevante Ziele. Die Metatheorien wollen strafrechtliche Institutionen analysieren, nach ihren Geltungsvoraussetzungen fragen und damit einen Beitrag zu einer gelingenden Rechtspraxis und Gesetzgebung leisten. Sie operieren zwar auf einer anderen Ebene und mit anderen Mitteln als die Strafrechtsdogmatik, sind aber weder wirklichkeitsenthoben noch praxisfern.

Im Folgenden werden die Aufgaben der Metatheorien beschrieben, bevor dargelegt wird, weshalb die Beantwortung strafrechts- und verbrechenstheoretischer Fragen unausweichlich ist. Sodann wird gezeigt, dass die (noch) herrschenden strafrechts- und verbrechenstheoretischen Grundannahmen überholt sind; dies nicht infolge neuer oder besserer metatheoretischer Erkenntnisse, etwa zur Straftheorie, sondern als Folge gesellschaftlicher Veränderungen, die auch die Ausgestaltung des Strafrechts und dessen Interpretation prägen. Wenn aber die Metatheorien nicht mehr zum geltenden Strafrecht und seiner gesellschaftlichen Grundierung passen, bedürfen sie der

---

[7] *Jestaedt* (Fn. 1), 41.

[8] Prägnant *Pawlik*, Normbestätigung und Identitätsbalance, 2017, 81 f.: „Bestreben, die Leitkategorien des Strafrechts in das bestmögliche, überzeugendste Verhältnis zu weiter ausgreifenden Konzeptionen der Weltdeutung und Lebensorientierung zu setzen."

[9] *Pawlik*, Das Unrecht des Bürgers, 2012, 15.

[10] Siehe nur *Greco*, Lebendiges und Totes in Feuerbachs Straftheorie, 2009, 311 („nähere Konturierung ‚strafttauglicher Gegenstände' als ein würdiges Thema wissenschaftlicher Reflexion").

Revision, um die Theorien (und mit ihnen auch die Dogmatik) auf die Höhe der Zeit zu bringen.

II. Nutzen strafrechtlicher Metatheorien

1. Gegenstand und Aufgabe der Straftheorie

Die Straftheorie fragt nach der Legitimation von Strafe als einer rechtlich wie tatsächlich besonders eingriffsintensiven Zwangsausübung des Staates[11] gegenüber seinen Bürgern.[12] Die einzelnen Straftheorien – seien es Präventions- und damit Strafzwecktheorien oder retributive Legitimationsmodelle – formulieren Antworten auf diese Legitimationsfrage. Dabei weisen sie Bezüge zu drei rechtswissenschaftlichen Teildisziplinen auf. Rechtsphilosophisch betrachtet verbinden Straftheorien die praktische Philosophie mit der rechtsethischen Frage um die Voraussetzungen legitimen Rechtszwangs.[13] Aus verfassungsrechtlicher Perspektive geht es um die Ausübung einer besonderen Form staatlicher Herrschaft und ihre Legitimation,[14] weswegen Straftheorien als „sektorale Staats- und Verfassungstheorie"[15] bezeichnet werden können. In strafrechtlicher Hinsicht bilden sie schließlich Ausgangs- wie Endpunkt jeder rechtlichen und tatsächlichen Anwendung von Strafrecht: Denn nur wenn die Frage „Warum Strafe?" legitimationstheoretisch überzeugend beantwortet werden kann, muss die Ausübung von Strafgewalt nicht mit dem bloßen Verweis auf das dazu ermächtigende Strafurteil mit seinen Sachverhaltsfeststellungen und rechtlichen Würdigungen – kurz: unter Verweis auf eine Dezision – beantwortet werden; vielmehr verleiht erst eine straftheoretische Legitimation solchen Einzelakten ein festes Fundament.[16]

Da die Straftheorie nach heute herrschender Ansicht die Modellierung grundlegender strafrechtlicher Begriffe anleitet und die Zurechnungsregeln vorprägt,[17] weist sie eine deutlich größere Sachnähe und Aussagekraft zu der eingangs genannten Legitimationsfrage auf als Rechtsphilosophie und Verfassungsrecht. Infolgedessen können straftheoretische Fragen nicht unmittelbar oder ausschließlich rechtsphilosophisch oder verfassungsrechtlich

---

[11] Zur Staatlichkeit von Strafe und neueren Erscheinungsformen strafähnlicher, nichtstaatlicher Reaktionen *Kubiciel*, ZIS 2018, 60 ff.

[12] Zur Zwangswirkung der Strafe *Jakobs*, HRRS 2004, 88 f.

[13] *Kubiciel*, Die Wissenschaft vom Besonderen Teil des Strafrechts, 2013, 122.

[14] *Greco* (Fn. 10), 203.

[15] *Gärditz*, in: Kindhäuser/Kreß/Pawlik/Stuckenberg (Hrsg.), Strafrecht und Gesellschaft, 2019, 709.

[16] Umfassend dazu *Zaczyk*, ZStW 123 (2011), 691 ff.

[17] Insoweit übereinstimmend *Frisch*, GA 2019, 185, 191 ff.; *Pawlik*, FS Jakobs, 2007, 469 ff.; *Kubiciel* (Fn. 13), 138 ff.; *Rostalski*, Der Tatbegriff im Strafrecht, 2019, 14 ff.

beantwortet werden; Rechtsphilosophie und Verfassungsrecht bedürfen der Zuführung straftheoretischer Erkenntnisse, wenn sie Aussagekraft für das geltende Strafrecht erhalten wollen.[18] Dennoch hat die Straftheorie keinen Selbststand. Vielmehr müssen sich strafrechtliche Legitimationstheorien in den geltenden verfassungsrechtlichen Rahmen einbetten lassen und sollten – schon um wissenschaftlich satisfaktionsfähig zu sein – Anschluss an rechts- und sozialphilosophische Modelle halten, mit denen das Recht dieser Gesellschaft gedeutet und legitimiert wird.[19] Straftheoretische Debatten stehen daher niemals still, sondern verändern sich mit der Gesellschaft, für deren Recht sie Gültigkeit beanspruchen, fort. Daher sterben Straftheorien keinen (unumkehrbaren) Tod;[20] einzelne Straftheorien verlieren vorübergehend ihre Aussagekraft für das Hier und Jetzt, während andere aufblühen. Die Aufgabe der Straftheorie besteht folglich darin, den auf Grundlage des geltenden Rechts ausgeübten, staatlichen Strafzwang in einer Weise zu rechtfertigen, die den Spezifika der Institution Strafe Rechnung trägt, sich in die verfassungsrechtliche Rahmenordnung einfügt und bestmöglich an dominierende philosophische Deutungs- und Legitimationsmodelle staatlicher Zwangsausübung zurückbinden lässt.[21]

2. *Gegenstand und Aufgabe von Strafrechtstheorie und Verbrechenslehre*

So wie der Nutzen der Verfassungstheorie zumeist aus ihrer Beziehung zur Verfassungsdogmatik abgeleitet wird,[22] so heben diejenigen, die sich heute mit der Strafrechtstheorie bzw. Verbrechenslehre befassen, zumeist deren Basisfunktion für die Dogmatik des Strafrechts (und in vermittelter Form des Strafverfahrensrechts) hervor.[23] Tatsächlich ist es die Verbrechenslehre, die der Dogmatik Halt verleiht, indem sie eine Vernetzung dogmatischer Teilstücke wie der objektiven und subjektiven Zurechnung, Rechtswidrigkeit und Schuld und damit eine stringente und vorhersehbare Rechtsanwendung ermöglicht. Zudem gleicht die Verbrechenslehre eine für die Praxis unerlässliche Perspektivverengung aus: Wenn die Dogmatik die Interpretation des Rechts erleichtern soll, muss sie die Komplexität von Rechtsfragen redu-

---

[18] Siehe etwa die Zusammenführung von Verfassungsrecht und Präventionstheorien bei *Kaspar*, Verhältnismäßigkeit und Grundrechtsschutz im Präventionsstrafrecht, 2014, 699ff., 703ff.; s. auch *Gärditz*, Der Staat 49 (2010), 331 (358).

[19] *Kubiciel* (Fn. 13), 123ff., 138ff.

[20] Insofern ist das Bild „tote Straftheorien", vgl. *Frisch*, GA 2019, 185 (186), schief, trotz der zutreffenden Kritik Frischs an einzelnen Straftheorien.

[21] Vgl. *Jakobs*, in: Engel/Schön (Hrsg.), Das Proprium der Rechtswissenschaft, 2007, 105, 106f., 133. – Für eine stärkere Loslösung der Straftheorie vom geltenden Recht und der Realität der Strafe *Greco* (Fn. 10), 205.

[22] *Jestaedt* (Fn. 1), 17.

[23] Vgl. *Rostalski* (Fn. 17), 97ff., 147ff., 339ff.

zieren, Argumente verdichten, Ableitungsketten kappen und insbesondere „nicht-rechtliche Bedingungen" der Rechtsanwendung ausblenden.[24] Diese in der Alltagspraxis erforderliche Reduktion nimmt die Verbrechenslehre wieder zurück. Zum einen verdeutlicht sie, wie voraussetzungsreich das Verbrechenssystem ist und wie kontingent einzelne Begriffsbestimmungen (etwa des Vorsatzes) sind. Zum anderen bemüht sie sich darum, die Wertungen und Begriffsbestimmungen der Dogmatik an die sich wandelnden gesellschaftlichen Selbstbeschreibungen und Plausibilitätsstandards anzuschließen.[25]

Noch weiter hinter das geltende Recht zurück greift die Strafrechtswissenschaft, wenn sie sich nicht mit „anteilnahmslosen" dogmatischen Beschreibungen begnügen,[26] sondern Rechtsprechung und Gesetzgebung kritisch begleiten will. Wie weit dieser Anspruch reichen *soll* und von der Rechtswissenschaft erfüllt werden *kann*, ist vor allem in Bezug auf die Gesetzgebung umstritten.[27] Manche Wissenschaftler reklamieren das Recht, dem Gesetzgeber „Weisungen" zu erteilen,[28] andere wollen auf eine „Begrenzung und Humanisierung des Strafrechts" hinwirken,[29] Dritte zumindest die „normativen Grenzen" der Strafrechtspolitik bestimmen.[30] Wie auch immer die Strafrechtswissenschaft ihren kriminalpolitischen Anspruch formuliert: Stets setzt dies strafrechtswissenschaftliche Maßstäbe voraus. Neben einem Modell zur Legitimation der Strafe bedarf sie strafrechtstheoretischer Axiome, namentlich materieller Strafwürdigkeitskonzeptionen bzw. Vorgaben für die Konturierung strafwürdigen Verhaltens sowie Regeln einer legitimen Zurechnung. Nur wenn solche strafrechtstheoretischen Vorstellungen vom richtigen Strafrecht hinter dem (positiv-geltenden) Strafrecht existieren, ist eine „aufgeklärte Strafrechtskritik"[31] möglich.

---

[24] *Pawlik* (Fn. 9), 16 f. Zum Ganzen auch *Jestaedt* (Fn. 1), 33 ff. (Zitat auf S. 38).

[25] Zu dieser Aufgabe *Jakobs* (Fn. 21), 105; *ders.*, ZStW 107 (1995), 844; *ders.*, System strafrechtlicher Zurechnung, 2012, 13 ff. Diese Position prägnant kennzeichnend *Zabel*, in: Kindhäuser u. a. (Fn. 15), 99: „Strafrechtswissenschaft ist Dogmatik und Gesellschaftstheorie zugleich." Siehe ferner *Pawlik*, FS v. Heintschel-Heinegg, 2014, 364 (365 f.); *ders.*, GA 2014, 369 (373, 375); *Kubiciel*, ZStW 131 (2019), 1115 (1123 ff.).

[26] Dagegen auch *Pawlik*, GA 2014, 369 (388).

[27] Dazu zuletzt *Kölbel*, NK 2019, 249 ff. (einerseits); *Kubiciel*, JZ 2018, 171 ff.; *ders.*, FS Fischer, 2019, 143 ff. (andererseits).

[28] So die Selbsteinschätzung der aufklärerischen Strafrechtsschule des frühen 19. Jahrhunderts beschreibend *Schmidt*, Einführung in die Geschichte der deutschen Strafrechtspflege, 3. Aufl. 1965, 223; krit. gegenüber diesem Anspruch der Strafrechtswissenschaft *Gärditz*, JZ 2016, 618 ff.

[29] *Kölbel*, NK 2019, 249 (264).

[30] *Hassemer*, in: Hassemer (Hrsg.), Strafrechtspolitik, 1987, 9 (10).

[31] *Roxin*, in: Neumann/Prittwitz (Hrsg.), Kritik und Rechtfertigung des Strafrechts, 2005, 175 f.

3. Überschneidungen und Gemeinsamkeiten

Straftheorie, Strafrechtstheorie und Verbrechenslehre haben zwar unterschiedliche Gegenstandsbereiche und Aufgaben. Sie sind aber miteinander verflochten. So prägt nach einem herrschenden funktional-teleologischen Verständnis die Straftheorie sowohl die verbrechenstheoretische Systembildung als auch die Modellierung strafrechtstheoretischer Begriffe sowie die Ausformung der strafrechtlichen Zurechnungslehre.[32] Damit heben sich diese metadogmatischen Theorien von Grundlagen- und Reflexionsdisziplinen ohne direkte Anwendungsorientierung ab.[33] Der praxisbezogene Funktionswert strafrechtlicher Metatheorien ist zwar weniger sichtbar als jener der Strafrechtsdogmatik. Ohne die oben skizzierten Leistungen der Verbrechenslehre und Straf(rechts)theorie ist aber eine vorhersehbare und konsistente Strafrechtsanwendung, die den sich wandelnden Legitimationsanforderungen genügt, ebenso wenig möglich wie eine wissenschaftliche und verfassungsrechtliche Kritik von Rechtsprechung und Gesetzgebung.

III. Unausweichlichkeit und Unersetzbarkeit von Metatheorien

1. Zurückdrängung von Grundfragen

In den letzten beiden Jahrzehnten sind Straf- und Verbrechenstheorie sowie strafrechtsrechtstheoretische Grundfragen in den Hintergrund von Forschung und wissenschaftlicher Diskussion getreten.[34] War die Strafrechtswissenschaft der alten Bundesrepublik noch geprägt von lebhaften theoretischen Debatten, die vom Finalismus über den Funktionalismus bis hin zur Wiederentdeckung des Idealismus reichten,[35] rückten in den letzten beiden Jahrzehnten vor allem kriminalpolitische Einzelfragen in den Vordergrund. Dies nicht ohne Grund: Die Strafrechtswissenschaft hatte sich mit den Folgen der Europäisierung bzw. Internationalisierung zu befassen, musste auf neue Erscheinungsformen von (Wirtschafts-)Kriminalität reagieren und die Digitalisierung der Lebenswelt reflektieren – kurz: auf vielfältige und gewachsene Informationsbedürfnisse von Rechtspraxis, Rechtspolitik und der Öffentlichkeit eingehen.

---

[32] Siehe die Nachweise in Fn. 17.

[33] Zu denken ist etwa an die Strafrechtsgeschichte oder sog. „Law and"-Forschungsansätze.

[34] Näher *Kubiciel*, in: Duve/Ruppert (Hrsg.), Rechtswissenschaft in der Berliner Republik, 2018, 358 (376 ff.). Siehe auch *Hilgendorf*, in: ders./Kudlich/Valerius (Hrsg.), Handbuch des Strafrechts, Bd. 1, 2019, § 27 Rn. 62.

[35] *Hassemer*, in: Simon (Hrsg.), Rechtswissenschaft in der Bonner Republik, 1994, 259 ff.

2. *Unausweichlichkeit*

So berechtigt diese Hinwendung zum Besonderen auch war;[36] der Auseinandersetzung mit dem Allgemeinen kann die Strafrechtswissenschaft nicht entkommen. Dies gilt nicht nur für die Teile der Strafrechtswissenschaft, die, wie selbstverständlich, an den traditionellen Aufgaben – Systematisierung des Stoffes zur Rationalisierung der Rechtsanwendung und wissenschaftliche Kritik der Gesetzgebung – festhalten wollen.[37] Wahr bleibt der Satz auch für diejenigen, die meinen, dass sich auf dem Gebiet der Verbrechenslehre oder Straftheorie kaum noch Erkenntnisgewinne erzielen lassen,[38] oder gar vor einer „Überfeinerung" der Strafrechtsdogmatik warnen.[39] Dies aus zwei Gründen: Zunächst nimmt auch derjenige, der meint, straf- oder verbrechenstheoretischer Fortschritt sei weder notwendig noch möglich, eine wissenschaftstheoretische Position ein. Diese läuft darauf hinaus, den erreichten (Zwischen-)Stand der Forschung als Endpunkt festschreiben zu wollen oder als Höhepunkt der Entwicklung zu bewerten. Dabei verändern sich die übergreifenden rechtlichen und gesellschaftlichen Rahmenbedingungen strafrechtlicher Grundannahmen mal merklich, mal unmerklich fort. So lässt sich gegenwärtig eine verstärkte Tendenz in der Kriminalpolitik ausmachen, der sozialen und politischen Fragmentierung der Gesellschaft mit Straftatbeständen entgegenzuwirken, die Normen und Institutionen symbolisch schützen,[40] was von expressiv-kommunikativen Straftheorieangeboten in besonderem Maße reflektiert wird.[41] Nähme hingegen das Sicherheitsbedürfnis der Gesellschaft in einem Maße zu, dass auch das Strafrecht fortschreitend zu primär spezialpräventiven Zwecken eingesetzt würde, müssten das straftheoretische Grundmodell und die daran anknüpfende Verbrechenstheorie und Dogmatik diesen Trend verarbeiten. Die Strafrechtswissenschaft kann der-

---

[36] Zur Berechtigung dieser auf Rechtsanwendung und Gesetzgebung ausgerichteten dogmatischen und beratenden Arbeit der Wissenschaft *Jestaedt* (Fn. 1), 28 („Praxistauglichkeit" bzw. „Gesellschaftsnützlichkeit" als Rechtfertigungsnachweis der aus öffentlichen Mitteln finanzierten Rechtswissenschaft). – Kritik an der oft kleinteiligen Arbeit („Eklektizismus", „Zerflattern der Forschungsansätze") bei *Weigend*, in: Sieber/Albrecht (Hrsg.), Strafrecht und Kriminologie unter einem Dach, 2005, 44 (59).

[37] Die Systematisierung als „Stärke der Strafrechtswissenschaft" bezeichnend *Hilgendorf*, in: ders./Kudlich/Valerius (Fn. 34), § 18 Rn. 96 ff.

[38] Zu Zweifeln, dass sich auf dem Gebiet der Straftheorie noch Neues sagen lasse, *Weigend*, FS Frisch, 2013, 17 (19).

[39] In diesem Sinne bereits *Schünemann*, FS Roxin, 2001, 1, 2 ff.; ebenso *Burkhardt*, in: Eser/Hassemer/Burckhardt (Hrsg.), Die deutsche Strafrechtswissenschaft vor der Jahrtausendwende, 2000, 111 ff.; aus neuerer Zeit *Hilgendorf*, in: ders./Kudlich/Valerius (Fn. 34), § 1 Rn. 69, § 18 Rn. 76, 106; *Ambos*, GA 2016, 177 (178).

[40] Dazu und zum Folgenden *Kubiciel*, JZ 2018, 171 (174 f.).

[41] Vgl. dazu *Gärditz*, Der Staat 49 (2010), 331 (357); *Kubiciel*, FS Merkel, Bd. 1, 2020, 529 (541 f.). – Zu den verschiedenartigen expressiven Straftheorien *Hörnle*, Straftheorien, 2. Aufl. 2017, 31 ff.

artige Entwicklungen nicht ignorieren, weil sie sich sowohl auf die Gestalt des Strafrechts auswirken als auch die Bedingungen seiner Interpretation und Anwendung verändern. Schon aus diesem Grund bleibt die Reflexion und eine sich ggfs. anschließende Revision strafrechtlicher Metatheorien eine Daueraufgabe der Strafrechtswissenschaft, für deren Bearbeitung sie immer dann gewappnet sein muss, wenn ein Anlass für eine Neubewertung tradierter straf- oder verbrechenstheoretischer Modelle offenbar wird.

3. *Unersetzbarkeit*

a) Harte Dogmatik anstatt weiche Verbrechenstheorie?

Die Bedeutung dieser Aufgabe lässt sich nicht durch die Überlegung relativieren, dass die Strafrechtswissenschaft auch auf brüchigen straf- und verbrechenstheoretischen Grundlagen in der Lage sei, die Rechtspraxis mit einem für die Lösung von Fällen ausreichenden „Argumentationsdesign"[42] auszustatten. Nach dieser Verdrängungsthese erübrigen sich die „weichen" Metatheorien, insbesondere die allgemeine Verbrechenlehre, in dem Maß, in dem harte dogmatische Aussagen für die Lösung von Rechtsproblemen zur Verfügung stehen.[43] Dieser Gedanke überzeugt jedoch nicht. Denn ein Argumentationsdesign ist nur so stabil wie der Konstruktionsplan, dem das Arrangement von Einzelargumenten folgt. Weil die dogmatische Begründung eines Strafurteils Antworten auf rechtliche Fragen voraussetzt, die zwar auf unterschiedlichen Ebenen angesiedelt, aber dennoch miteinander verknüpft sind, müssen diese Teilantworten in einen systematischen und rational begründeten Zusammenhang gebracht werden.[44] Folglich stehen Rationalität und Vorhersehbarkeit der Rechtsanwendung im Zusammenhang mit ihren straf- und verbrechenstheoretischen Fundamenten.[45]

Die tägliche Rechtspraxis zeigt denn auch, dass nicht nur Einzelfälle umstritten und dogmatische Grenzfragen offen sind, sondern dass auch über den Kern zentraler Begriffe keine Klarheit herrscht. Wenn etwa Gerichte und Strafrechtswissenschaft über den bedingten Tötungsvorsatz diskutieren und dabei psychologische Annahmen einerseits und normative Erwägungen andererseits ins Feld führen, stehen grundlegende Meinungsverschieden-

[42] *Zabel* (Fn. 25), 101.

[43] Vgl. dazu für die Verfassungstheorie *Jestaedt* (Fn. 1), 18.

[44] *Jakobs*, System der strafrechtlichen Zurechnung, 16; *Pawlik* (Fn. 17), 469, 475 ff.; *Zabel* (Fn. 25), 101.

[45] Dabei soll nicht geleugnet werden, dass es situativ möglich ist, ein gerechtes und dogmatisch richtiges Urteil ohne verbrechenstheoretische Verankerung zu fällen. Je stärker sich aber die (höchstrichterliche) Rechtsprechung aus verbrechenstheoretischen Zügeln befreit und dogmatische Fragen isoliert, ja ad-hoc, entscheidet, desto unzusammenhängender werden die Teilantworten und desto schwieriger die Vorhersehbarkeit von Urteilen.

heiten über die Modellierung des Vorsatzbegriffs im Hintergrund.[46] Mehr noch: Der Streit zwischen einem (primär) psychologischen und einem (primär) normativen Vorsatzverständnis hat seine Wurzeln in der grundlegenden strafrechtsmethodischen Frage, nach welchen Kriterien dogmatische Modelle zu bilden sind.[47] Wer beispielsweise strafrechtliche Begriffe in Einklang mit psychologischen Begriffen zu bringen versucht, muss den Vorsatz als einen empirischen Befund und nicht als Ergebnis einer normativen Bewertung begreifen. Wird der Vorsatz hingegen funktional-teleologisch auf die Zwecke strafrechtlicher Reaktionen ausgerichtet, hängt die Begriffsbildung von normativen Festlegungen – namentlich von der Straftheorie – ab:[48] Soll die Strafe ein Instrument zur spezialpräventiven Einwirkung auf Täter oder zur Abschreckung Tatgeneigter sein, ist individuellen Vorstellungen oder typischen täterpsychologischen Gegebenheiten nachzuspüren.[49] Sieht man demgegenüber in der Strafe eine Reaktion auf die Verletzung von rechtlich abgesicherten Verhaltensstandards bzw. Pflichten, rücken normative Erwägungen in den Vordergrund der Betrachtung.[50] Ohne Antworten auf solche Fragen, d.h. ohne diese Form der „Überfeinerung" des Diskurses, lassen sich dogmatische Fragen nicht stringent und vorhersehbar beantworten. Die Einzelfallerörterung wird stattdessen von topischen Erwägungen geprägt, nicht mehr von verallgemeinerbaren Axiomen eines straftheoretisch fundierten Verbrechenssystems.[51]

b) Verfassungsrecht anstatt Straf- und Strafrechtstheorie?

In kriminalpolitischer Hinsicht richtet sich die Hoffnung vieler auf das sog. Strafverfassungsrecht, das als ein besonders zukunftsträchtiges Forschungsgebiet der Rechtswissenschaft gilt,[52] insbesondere mit Blick auf die (kritische) Begleitung der Gesetzgebung.[53] In dieser Hinwendung der Strafrechtswissenschaft zur Domäne einer Nachbardisziplin spiegelt sich

---

[46] Vgl. zu diesem Beispiel *Kubiciel*, JZ 2020, 1114ff.

[47] So schon *Welzel*, ZStW 58 (1938), 491 (492).

[48] Dazu *Pawlik* (Fn. 9), 364f.

[49] Aus spezialpräventiver Sicht *Momsen*, KriPoZ 2018, 76 (89), am Beispiel der sog. Raser-Fälle.

[50] Ausführlich *Pawlik* (Fn. 9), 387ff. Am „Raser"-Beispiel *Kubiciel/Wachter*, HRRS 2018, 332 (334f.).

[51] Zu den Grenzen topischen Argumentierens und zur Notwendigkeit systematisch-straftheoretischer Begründungen für die Verbrechenslehre und den Allgemeinen Teil des Strafrechts *Pawlik* (Fn. 17), 469ff. sowie *ders.* (Fn. 9), passim; für die Legitimation und Interpretation der Straftatbestände *Kubiciel* (Fn. 13), 102ff.

[52] Allgemein: *Burchard*, in: Tiedemann u.a. (Hrsg.), Die Verfassung moderner Strafrechtspflege, 2016, 27 (28); für das sog. Religionsstrafrecht *Fateh-Moghadam*, Die religiös-weltanschauliche Neutralität des Strafrechts, 3f., 110ff.

[53] Dazu anhand von Beispielen *Kubiciel*, GS Schockenhoff, 2021, im Erscheinen.

der allgemeine Trend zur Konstitutionalisierung der Rechtsordnung,[54] der sich wiederum aus der (scheinbaren) Verbindlichkeit verfassungsrechtlicher Aussagen speist. Wer mit der Verfassung argumentiert, sieht sich der Geltungsfrage seiner Prämissen entledigt: Die Vorgaben der Verfassung sind verbindlich,[55] philosophische Strafbegründungstheorien oder strafrechtstheoretische Argumente sind es nicht.[56] Daher versprechen sich gerade jene Teile der Strafrechtswissenschaft, die die Aussagekraft rechtsphilosophischer Legitimationsmodelle relativieren, vom Strafverfassungsrecht eine stärkere „Anschlussfähigkeit" ihrer Argumente[57] durch eine „verfassungsrechtliche Anreicherung und Durchdringung der strafrechtlichen Perspektive"[58].

Indes ist die Verfassung selbst dort in hohem Maße interpretationsbedürftig, wo ihre Aussagen eindeutig sind.[59] Infolgedessen kann jeder Teilnehmer der „Gemeinschaft der Verfassungsinterpreten"[60] in das Grundgesetz hineinlesen, was er für richtig hält, solange sich seine Grundgesetz-Interpretation in den breiten Korridoren jener sog. Maßstäbe bewegt, die das BVerfG in seinen Leitentscheidungen entwickelt hat.[61] Aber auch die autoritative Auslegung der Verfassung durch das BVerfG ist keineswegs statisch und starr, sondern selbst historisch kontingent,[62] da sie letztlich von den „Kräften des politischen Gemeinwesens" geprägt und ihr Inhalt weiterentwickelt wird.[63] Angesichts dessen verwundert es nicht, dass der Strafverfassung verschiedenartige Konzeptionen unterlegt werden. In straftheoretischer Hinsicht befürworten beispielsweise die einen eine generalpräventive Straflegitimation, während andere unter Verweis auf neuere Entscheidungen des BVerfG retributive Modelle befürworten.[64] Auch in der strafrechtstheoretischen Debatte berufen sich unterschiedliche Positionen auf das Grundgesetz: So versuchen die einen, den Rechtsgutsbegriff verfassungsrechtlich zu fundieren, inhalt-

---

[54] Vgl. dazu *Jestaedt*, JZ 2012, 1 (6); *Schuppert/Bumke*, Die Konstitutionalisierung der Rechtsordnung, 2000.

[55] Prägnant *Kaspar* (Fn. 18), 39 f.: „offensichtlicher Gewinn an Legitimation".

[56] Am Beispiel des Rechtsgutsbegriffs *Engländer*, ZStW 127 (2015), 616 ff.

[57] Vgl. *Vogel*, JZ 2012, 25 (29); weiterführend sein Schüler *Burchard* (Fn. 52), 40 f., 50 f.

[58] *Fateh-Moghadam* (Fn. 52), 114.

[59] Am Beispiel des eindeutig formulierten Art. 103 Abs. 3 GG, dessen Gewährleistungsumfang dennoch interpretatorisch beschränkt wird, *Kubiciel*, GA 2021, 380 ff.

[60] *Häberle*, JZ 1975, 297.

[61] Grundlegend zur Bedeutung des „Maßstäbeteils" verfassungsgerichtlicher Entscheidungen *Lepsius*, in: Jestaedt u. a. (Hrsg.), Das entgrenzte Gericht, 2011, 159 ff.

[62] Ausführlich dazu *Lepsius*, in: Meinel (Hrsg.), Verfassungsgerichtsbarkeit in der Bonner Republik, 2019, 119 ff.

[63] *Häberle*, JZ 1975, 297 (298 f.).

[64] Siehe etwa BVerfG, Beschluss des Zweiten Senats vom 10. Februar 2021, 2 BvL 8/19, Rn. 107; ferner BVerfGE 123, 276, 408; 109, 133, 168. Siehe auch *Landau*, NStZ 2011, 537 ff. Mit weiteren Nachweisen aus der Literatur *Kubiciel* (Fn. 13), 129 ff.

lich auszufüllen und als – maßgeblichen[65] – Prüfstein an Strafgesetze und Gesetzesvorhaben anzulegen,[66] während *Hörnle* meint, dass das Strafrecht nur (subjektive) Rechte anderer i. S. des Art. 2 Abs. 1 GG schützen dürfe.[67]

Die Beispiele verdeutlichen das konzeptionelle Problem des Strafverfassungsrechts. Dieses besteht *nicht* darin, dass die Strafrechtswissenschaft keine Vorschläge für eine „Übersetzung" straftheoretischer Modelle „in die Sprache des Grundgesetzes ausgearbeitet hat."[68] Sie hat vielmehr ein Überangebot verschiedener, teils einander widersprechender Übersetzungen entwickelt, die sich alle in die Verfassung hineinlesen lassen. Dies zeigt, dass sich traditionsreiche straf(rechts)theoretische Debatten nicht mit dem Verweis auf „die" Verfassung erledigen, sondern allenfalls auf eine verfassungsrechtliche Ebene verschieben lassen. Dort erhalten diese Debatten eine besondere Einkleidung, einzelne Positionen werden sich auch als (gegenwärtig) verfassungsdogmatisch kaum vertretbar ausflaggen lassen; in ihrer Substanz muss die Auseinandersetzung um strafrechtliche Metatheorien aber weiterhin straf- und nicht verfassungstheoretisch geführt werden.

IV. Veränderungsaversion und Anpassungsdruck

1. Strafrechtliche Metadogmatik zwischen Skepsis, Desinteresse und Veränderungsaversion

Auch diejenigen, die die Grenzen und Widersprüche dogmatischer Einzelaussagen erkennen und die Unersetzbarkeit straf(rechts)theoretischer Modelle für die Kriminalpolitik konstatieren, mögen bezweifeln, dass sich allgemeine straf-, strafrechts- und verbrechenstheoretische Fragen noch mit ausreichender Verbindlichkeit beantworten lassen. Zweifel an der Entscheidbarkeit von derartigen Debatten weckt der Umstand, dass um Vergeltungs- und Präventionstheorien, den Rechtsgutsbegriff oder Sozialschadenslehren schon seit mehr als zwei Jahrhunderten gestritten wird. In verbrechenstheoretischer Perspektive nährt die Zersplitterung des Rechtsstoffs in einzelfallorientierte Straftatbestände sowie die Ausdifferenzierung von Sonderrechts-

---

[65] Dezidiert *Roxin/Greco*, Strafrecht Allgemeiner Teil, Bd. 1, 6. Aufl. 2020, § 2 Rn. 1 ff.; *Schünemann*, ZIS 2016, 654 (659 ff.).

[66] So etwa *Roxin*, Jahrbuch des Öffentlichen Rechts der Gegenwart 59 (2011), 1 (3). Vgl. ferner *Hassemer*, in: Hefendehl u. a. (Hrsg.), Die Rechtsgutstheorie 2003, 57 ff.

[67] *Hörnle*, Grob anstößiges Verhalten, 2005, 41 ff.; ähnlich *Schick*, GA 2020, 14 (28); vgl. auch *Gierhake*, ARSP 28 (2020), 172 (205 f.).

[68] In diese Richtung aber *Fateh-Moghadam* (Fn. 52), 115 f.; *Saliger*, in: Siep u. a. (Hrsg.), Von der religiösen zur säkularen Begründung staatlicher Normen, 2012, 183, 184; *Schünemann*, in: Hefendehl u. a. (Fn. 66), 133 (142 ff., 145).

materien die Skepsis an der Systematisierbarkeit des geltenden Rechts.[69] Ist aber die Aufbereitung einer systematischen Grundlage nicht (mehr) möglich, fehlt der Entwicklung einer Verbrechenslehre, die mehr als nur didaktischen Zwecken dient, ihre positiv-rechtliche Grundlage.[70]

All dies klingt aktuell – und doch begleiten die Zweifel an der Entscheidbarkeit von Grundfragen und der Systematisierbarkeit eines bunten Rechtsstoffs die Strafrechtswissenschaft seit ihren Anfängen, ohne dass diese vor der Herausforderung die Waffen gestreckt hätte.[71] Mehr noch: Gerade in Zeiten, in denen sich das Recht rasch ändert und das Zusammenspiel einzelner Teilrechtsmaterien komplizierter wird, nimmt „die Halbwertzeit" dogmatischer Aussagen ab, während der Bedarf an Orientierung durch strafrechts- und verbrechenstheoretische Erkenntnisse wächst.[72] Dabei dürfen die Erwartungen nicht überspannt werden. Gerade wegen des Bezugs zum geltenden Recht müssen auf straf(rechts-)theoretische Fragen keine Antworten gesucht werden, die Anspruch auf überzeitliche Gültigkeit beanspruchen: Erforderlich und auch ausreichend sind Modelle, die das geltende Strafrecht in seinem (verfassungs-)rechtlichen und gesellschaftlichen Kontext angemessen deuten und es auf eine hier und jetzt anschlussfähige Legitimationsgrundlage stellen. Ebenso wenig muss die Strafrechtstheorie und Verbrechenslehre Aussagekraft für jeden Straftatbestand beanspruchen. Erforderlich und ausreichend sind Theorien, die für den Großteil des Rechts erklärungsmächtig sind.

Den traditionell bestehenden – teils gewachsenen, teils neuartigen – Bedarf an metatheoretischem Orientierungswissen versuchen große Teile der Strafrechtswissenschaft mit einem überkommenen Theorieangebot zu decken. Gewichtige Stimmen vertreten die Auffassung, dass die überkommenen strafrechts- und verbrechenstheoretischen Modelle nach wie vor richtig seien, es jedenfalls keine überlegenen Modelle gebe.[73] Verteidigt wird insbesondere das vor mehr als 50 Jahren entwickelte Modell, im Strafrecht ein Präventionsinstrument zu sehen, das dem Schutz von Rechtsgütern dient, sowie die daraus abgeleitete verbrechenstheoretische Konzeption, die in der auf den Rechtsgüterschutz bezogenen Lehre von der Erfolgszurechnung

[69] Eine fortschreitende Ausdifferenzierung von Teildogmatiken konstatiert etwa *Saliger*, in: Hilgendorf/Schulze-Fielitz (Hrsg.), Selbstreflexion der Rechtswissenschaft, 2015, 117 (127).

[70] Plädoyer für einen offenen Diskurs anhand von Sachproblemen ohne Rücksicht auf überkommene Systemansprüche bei *Ambos*, GA 2016, 177 (189), in Anlehnung an *Vogel*, GA 2002, 517 (523).

[71] Zu Feuerbachs Versuch, das Konglomerat teils neuer, teils tradierter, teils als irrational geltender Strafrechtsnormen mit Hilfe der Rechtsverletzungslehre zu systematisieren und zu begrenzen, *Jakobs* und *Kubiciel*, in: Koch/Kubiciel/Löhnig/Pawlik (Hrsg.), Feuerbachs Bayerisches Strafgesetzbuch, 2014, 209 ff., 393 ff.

[72] So für die Verfassungstheorie *Jestaedt* (Fn. 1), 26.

[73] So explizit *Schünemann*, ZStW 126 (2014), 1 (25 f.). In der Sache ebenso *Hilgendorf*, in: ders./Kudlich/Valerius (Hrsg.), Handbuch des Strafrechts, Bd. 2, 2020, § 27 Rn. 7, 82.

den Kern einer kriminalpolitisch-zweckrationalen Verbrechenslehre sieht.[74] Dabei kann dieser Ansatz zahlreiche Erscheinungsformen des geltenden Rechts – von Einzeltatbeständen bis hin zu ganzen Deliktsgruppen – nicht mehr hinreichend erklären.[75] So kann die präventionstheoretische Grundierung des Modells die (verfassungs- und strafrechtliche) Notwendigkeit einer *schuldhaften* Tat nicht integrieren.[76] Verbrechenstheoretisch geht das um die Erfolgszurechnung kreisende Modell an allen Deliktsarten vorüber, die (wie der Versuch oder abstrakte Gefährdungsdelikte) keinen Erfolg voraussetzen. Während der für das gängige Modell zentrale tatbestandliche Erfolg gerade *kein* gemeinsames Merkmal des Verbrechens ist, drängt die tradierte Verbrechenslehre das verbindende Element aller Deliktstypen in den Hintergrund: die Pflichtwidrigkeit bzw. die Verletzung einer Verhaltensnorm.

Dass das gängige Zurechnungsmodell nicht an der Pflichtwidrigkeit als Gemeinsamkeit aller Delikte ansetzt und diese verbrechenssystematisch zu verarbeiten versucht, sondern an der Rechtsgutsverletzung, die bei nicht wenigen Deliktsgruppen fehlt, hat keine strafrechtsdogmatischen Gründe. Vielmehr wird die Ablehnung einer an der Pflichtwidrigkeit bzw. dem Verhaltensnormverstoß ausgerichteten Verbrechenslehre rechtspolitisch-ideengeschichtlich begründet. So heißt es, damit gerate „die Realität der durch Straftaten verwirkten Verletzungen" aus dem Blick; verbrechenstheoretisch nicht primär auf „reale Güterverletzungen" abzustellen, sei der Bevölkerung nicht zu vermitteln.[77] Ferner wird hervorgehoben, dass die Pflichtverletzungslehre das nationalsozialistische Strafrechtsdenken geprägt habe und mit ihr die Bestrafung von Verletzungen beliebiger Normen gerechtfertigt worden sei.[78] Diese Kritik übersieht, dass auch Verbrechenstheorien, die die Pflichtverletzung in das Zentrum rücken, individuelle Schädigungen als Verletzung subjektiver Rechte integrieren[79] – jedenfalls dort, wo der Tatbestand solche Erfolge vorsieht, was, wie gezeigt, häufig nicht der Fall ist. Auch der ideengeschichtliche Einwand überzeugt nicht, da sich die Gegenüberstellung von „weißer" Rechtsgutslehre und „schwarzer" Pflichtverletzungslehre

---

[74] Für ein Festhalten am geltenden „Standardmodell" *Hilgendorf*, in: ders./Kudlich/Valerius (Fn. 73), § 27 Rn. 7, 82; ebenso *Schünemann*, ZStW 126 (2014), 1 (2 ff.).

[75] Dies wird indes oft nicht als Mangel der theoretischen Konzeption, sondern als Fehler des Gesetzgebers verbucht, vgl. zu diesem Befund bereits *Dahm*, ZStW 57 (1938), 225 f.; *Welzel*, ZStW 58 (1938), 491 (492 f.). Letztgenannter Aufsatz markiert den Umbruch vom strafrechtswissenschaftlichen Naturalismus zum Finalismus.

[76] Näher dazu *Kubiciel* (Fn. 13), 138 ff.

[77] So *Hilgendorf* (Fn. 74), § 27 Rn. 12.

[78] Vgl. statt vieler *Hilgendorf* (Fn. 74), § 27 Rn. 76. – Dass die Pflichtverletzungslehre diskreditiert ist, konstatiert *Jakobs*, Rechtsgüterschutz?, 2012, 22. Gegen „formalistische" Ansätze, deren Pflichten mit „strafrechtsexternen" Inhalten „aufgefüllt" bzw. konkretisiert würden, *Greco*, GA 2019, 684 ff.

[79] Siehe nur *Kubiciel* (Fn. 13), 129 ff. (mit Beispielen).

nicht halten lässt: Zum einen gab es auch Versuche, die Rechtsgutsverletzungslehre in nationalsozialistisch gefärbte Strafrechtskonzeptionen zu integrieren,[80] was Folge der inhaltlichen Ausfüllungsbedürftigkeit des Begriffs ist.[81] Und zum anderen bleibt unberücksichtigt, dass unter der Geltung der Verfassung Normen, auf deren Verletzung Strafe folgt, nicht willkürlich gesetzt werden dürfen, sondern der Erreichung „legitimer Gemeinwohlziele" dienen müssen.[82]

So gesehen, ist das Festhalten am Rechtsgutsdogma weder verbrechenstheoretisch noch kriminalpolitisch überzeugend oder gar geboten. Nachvollziehbar ist die von *Hörnle* kürzlich kritisierte „defensive Haltung" der Strafrechtswissenschaft und ihren Hang zur „Verteidigung tradierter Konzeptionen"[83] aber aus einer wissenschaftssoziologischen Perspektive. Gerade für Nachwuchswissenschaftlerinnen und -wissenschaftler drängt es sich keineswegs auf, einen strafrechts- oder verbrechenstheoretischen Standpunkt einzunehmen, dem eine prekäre ideengeschichtliche Herkunft unterstellt wird und der der immer noch herrschenden Meinung (und oft auch der Position ihrer Lehrerinnen und Lehrer) widerspricht. Infolgedessen belässt man es oftmals bei der Nachzeichnung des Tradierten; gelegentlich werden zwar vorsichtige Modifikationen vorgenommen, diese lassen aber den Kernbestand unverändert.

2. *Anpassungsdruck*

Dabei wird übersehen, dass sich die gesellschaftlichen Bedingungen, die den tradierten Metatheorien in den 1960er und 1970er Jahren zum Durchbruch verhalfen, inzwischen erheblich verändert haben. Kennzeichnend für die Zeit der Entwicklung der Rechtsgüterschutzlehre war, dass die Gesellschaft über soziale Ordnungsvorstellungen hinweggegangen war,[84] die das strafrechtliche Denken der Nachkriegszeit und die Arbeit der Großen Strafrechtskommission prägten. Stattdessen orientierte man sich am Bild eines selbstbestimmten Menschen, dessen Rechtsgüter geschützt werden sollten, während eine übergreifende Sittlichkeit und tradierte Institutionen nicht mehr oder

---

[80] Dazu *Jakobs* (Fn. 77), 22 f.; *Pawlik* (Fn. 9), 130 f.; vgl. auch *J. Vogel*, ZStW 115 (2003), 638 (667, dort Anm. 161). – Dass die Kritik am Rechtsgutsdenken in den 1930er Jahren nicht als „Eigenheit nationalsozialistischer Ideologie" verstanden werden kann, betont auch *B. Vogel*, ZStW 128 (2016), 139 (147). A. A. *Martins*, ZStW 125 (2013), 234 (239).

[81] Seit langem ist daher auch offenbar, dass der strafrechtliche Rechtsgutsbegriff kein gesetzgebungskritisches Potenzial aufweist, das über die vom BVerfG verwendete Formel hinausgeht. Dazu mit weiteren Nachweisen *Kubiciel*, JZ 2018, 171 (172 f.); ideengeschichtlich *ders.*, in: ders./Kudlich/Valerius (Fn. 34), § 24 Rn. 46 ff.

[82] Vgl. nur BVerfGE 153, 182, Rn. 226; s. ferner *Freund/Rostalski*, GA 2020, 617 (624 f.).

[83] *Hörnle*, in: Dreier (Hrsg.) Rechtswissenschaft als Beruf, 2018, 183, 198, 213 ff.

[84] *Nolte*, Die Ordnung der deutschen Gesellschaft, 2000, 386; *Wolfrum*, Die geglückte Demokratie, 2007, 219.

allenfalls als nachrangig schutzwürdig galten.[85] In einer Gesellschaft selbstbestimmter Individuen kommt dem Strafrecht vor allem die Aufgabe zu, Rechtsgüter dieser Einzelnen vor Schäden zu schützen, nicht Werte, Traditionen oder Institutionen. Diese Veränderungen in der Gesellschaft griffen die vor 50 Jahren arbeitenden Verbrechenstheoretiker auf und integrierten sie in ihre Metatheorien. Sie können daher für sich in Anspruch nehmen, strafrechts- und verbrechenstheoretische Modelle vorgelegt zu haben, die auf der Höhe ihrer Zeit waren.

Demgegenüber blenden große Teile der heutigen Strafrechtswissenschaft den Umstand aus, dass sich die Gesellschaft und ihre normative Selbstbeschreibung in den vergangenen fünfzig Jahren fortentwickelt haben. So ist die Gesellschaft sensibler für die Entstehung von (neuartigen) Großrisiken geworden und verlangt vom Staat deren Einhegung (auch mit strafrechtlichen Mitteln).[86] Kennzeichnend für die Gesellschaft ist zudem ein Nebeneinander von Individuen, die eine Vielzahl unterschiedlicher Lebensstile ausgeprägt haben[87] und für diese Respekt und Anerkennung einfordern,[88] und Gruppen, die sich entlang nationaler, religiöser, ideologischer, kultureller und anderer Identitätsmerkmale ausgebildet haben.[89] Diese Vielfalt an Lebensformen, Weltbildern und Interessen erhöht zum einen die Komplexität der sozialen Probleme, deren Lösung von Exekutive und Legislative erwartet wird.[90] Zum anderen muss der Staat auf die gesellschaftliche Fragmentierung und die sich daraus ergebenden Spannungen reagieren. Dies tut er auch mit kriminalpolitischen Mitteln. So zeigt sich eine Tendenz zur strafrechtlichen Garantie von Normen, die (auch) Sittlichkeitsvorstellungen schützen (vgl. etwa § 237 StGB)[91], die an identitätsbestimmenden Merkmalen Einzelner anknüpfen oder die Schutzwürdigkeit und -bedürftigkeit einzelner Gruppen bestätigen.[92] Dabei versteht sich der Staat zwar nicht als „Bewahrer dichter, ethisch aufgeladener Orientierungsmuster“, in denen sich die Gemeinschaft seiner Bürger wiederfinden soll,[93] immerhin reagiert der Gesetzgeber aber auf das Verlangen gesellschaftlicher Gruppen nach (symbolischer) Anerken-

---

[85] *Kubiciel*, in: Löhnig/Preisner/Schlemmer (Hrsg.), Reform und Revolte, 2002, 217, 219 ff.; *Greco*, JZ 2016, 1125 (1126).

[86] *Prittwitz*, Strafrecht und Risiko, 1993, 56 ff., 160 ff.

[87] *Nolte* (Fn. 84), 406. Siehe auch *Vesting*, AöR 122 (1997), 337 (352): „Buntes Patchwork unterschiedlichster Lebensformen“ jenseits von Stand, Klasse und Schicht.

[88] *Reckwitz*, Die Gesellschaft der Singularitäten, 2017, 9, 433.

[89] *Reckwitz* (Fn. 88), 10, 394 f.

[90] *Habermas*, Ach, Europa, 2008, 138, 156.

[91] Eine Tendenz, die durch die gesellschaftliche Fragmentierung gefördert wird; siehe dazu *Kubiciel* (Fn. 41).

[92] Ein aktuelles Beispiel für letztgenanntes Phänomen ist die Diskussion um eine (besondere) Strafe für das sog. Catcalling.

[93] Vgl. *Nettesheim*, Liberaler Verfassungsstaat und gutes Leben, 2017, 20.

nung. Zudem schützt der Staat schon seit geraumer Zeit (wieder) Institutionen, die für das Leben der Einzelnen in der Gesellschaft von funktionaler, aber auch persönlich-emotionaler Bedeutung sind: Beispiele für erstgenannte Institutionen sind das Kredit-, Versicherungs- oder Gesundheitswesen, ein Beispiel für die zweitgenannten ist der organisierte Sport. Schließlich dient das Strafrecht immer öfter „Verwaltungs- und Wohlfahrtszwecken",[94] indem Normen des Arbeits-, Sozial-, Wirtschafts- oder Medizinrechts unter Strafandrohung gestellt werden. Hier verliert die Strafe ihr „Spezifikum, nämlich Reaktion auf besonders unerträgliche, moralisch verwerfliche Verletzungen oder konkrete Gefährdungen" zu sein.[95] Das Strafrecht der Gegenwart ist mithin zu einem Konglomerat von Tatbeständen geworden, die nur zum Teil dem Schutz subjektiver Rechte bzw. Individualrechtsgüter vor schädigenden Erfolgen dienen und im übrigen Normen mit verschiedenartigen Zielen und von unterschiedlicher, nationaler, europäischer und internationaler Provenienz garantieren.

Die skizzierten gesellschaftlichen Veränderungen schlagen sich nicht nur im geltenden Strafrecht nieder. Sie verändern damit auch die positivrechtlichen Grundlagen, auf denen Metatheorien wie die Strafrechtstheorie oder die allgemeine Verbrechenslehre aufsetzen müssen. Daher müssten derartig breitflächige und fundamentale Entwicklungen auch zu paradigmatischen Verschiebungen führen, die nicht nur das Verständnis einzelner Tatbestandsmerkmale oder Begriffe modifizieren, sondern auch den metatheoretischen Bezugsrahmen verändern, in dem Begriffe ausgeformt werden. Nicht so jedoch in jenen Teilen der Strafrechtswissenschaft, die an den tradierten Modellen festhalten. Während die einstigen Entwickler dieser Theorien und Leitbilder den Geist ihrer Zeit straf- und verbrechenstheoretisch verarbeitet haben, blenden ihre Epigonen aus, dass die strafrechtlichen Metatheorien einen Gutteil jener positiv-rechtlichen, gesellschaftlichen und wissenschaftstheoretischen Grundlagen eingebüßt haben, auf der sie entwickelt wurden.[96] Dadurch haben die Metatheorien wesentliche Voraussetzungen ihrer Überzeugungskraft verloren: ihre feste Verbindung zum geltenden Recht sowie zu übergreifenden gesellschaftlichen Plausibilitätsstandards.[97]

---

[94] *Weigend*, in: Sieber/Albrecht (Hrsg.), Strafrecht und Kriminologie unter einem Dach, 2005, 44, 62.

[95] *Weigend* (Fn. 94), 62.

[96] Dazu bereits *Kubiciel*, ZStW 131 (2019), 1115 (1123 ff.); *ders.* (Fn. 41), 550 ff.

[97] Grundlegend dazu *Pawlik*, FS Paeffgen, 2015, 13 ff., insbes. 24 ff.

V. Metarechtlicher Neuansatz

Die skizzierten grundsätzlichen Defizite verstärken die (stets existierenden) Zweifel an der Überzeugungskraft dogmatischer Einzellösungen und kriminalpolitischer Postulate.[98] Wenn also die „Zeichen der Zeit (...) auf eine Neuausrichtung" von Straf(rechts)theorie und Verbrechenslehre hindeuten,[99] hat dies nicht nur jene genuin straftheoretischen Gründe, die *Frisch* und *Rostalski* hervorheben.[100] Mindestens ebenso wichtig sind gesellschaftliche Veränderungen, die den Resonanzboden straf- und verbrechenstheoretischer Modelle verändert und tiefe Spuren im geltenden Recht hinterlassen haben.

Mehrere Arbeiten haben denn auch den Anspruch der Strafrechtswissenschaft erneuert, „das Straftatsystem als sachlogische Ordnung der funktional und legitimationsbezogen notwendigen Voraussetzungen des Einsatzes einer auf Normbefolgung zielenden staatlichen Strafe zu entwickeln."[101] Dies ist nicht nur Ausdruck eines die Strafrechtswissenschaft seit jeher prägenden Systemwillens. Aktualisiert wird auch die traditionsreiche Methode, mittels derer ein klassisches Systemversprechen eingelöst werden soll: Die deduktive Ableitung des Verbrechensbegriffs und seiner Elemente aus einer Straftheorie.[102] Folglich besteht die Aufgabe der Strafrechtswissenschaft zunächst darin, aus dem geltenden Strafrecht eine Straftheorie abzuleiten, die hinreichend komplex ist, um sowohl die Vielgestaltigkeit der geltenden Straftatbestände abzubilden als auch den Gerechtigkeitsanforderungen Genüge zu tun, die an die Verhängung von Strafe zu stellen sind. Zudem muss sie axiologisch zureichend stringent sein, um eine Modellierung einer konsistenten Verbrechenslehre und Dogmatik zu ermöglichen. Nicht nur die Straftheorie muss die Gestalt des geltenden Strafrechts reflektieren. Auch Strafrechtstheorie und Verbrechenslehre müssen angemessen erklärungsmächtig sein und dürfen die Strafrechtswissenschaft nicht (länger) in die Position bringen, einen beträchtlichen Teil von Straftatbeständen oder Deliktsgruppen als Abweichung von ihrem strafrechts- und verbrechenstheoretischen System behandeln zu müssen. Daher hat die Wissenschaft der grundlegenden Bedeu-

---

[98] *Pawlik* (Fn. 97), 24 f.

[99] So *Rostalski* (Fn. 17), 14, unter Verweis auf *Pawlik* (Fn. 16), 156; ähnlich *Frisch*, GA 2019, 185.

[100] Siehe *Frisch*, GA 2019, 185 (186 ff.), der als Grund für die Neuausrichtung „Veränderungen im Bereich der Straftheorie und des Verständnisses des Wesens der Straftat" hervorhebt. Ähnlich *Rostalski* (Fn. 17), 6 ff., die die Verbrechenslehre funktional am Ziel einer gerechten Strafe und der diese gewährleistenden Straftheorie ausrichten will.

[101] So *Frisch*, GA 2019, 537.

[102] Vgl. *Jakobs*, Studien zum fahrlässigen Erfolgsdelikt, 1972, 152; ferner *Rostalski* (Fn. 17), 126.

tung der Normverletzung bzw. Pflichtwidrigkeit als verbrechenstheoretische Gemeinsamkeit und Grundlage aller Deliktstypen und Tatbestände Rechnung zu tragen.[103] Zwar erkennt die herrschende Meinung implizit an, dass die Feststellung strafrechtlichen Unrechts ohne Rückgriff auf dem Straftatbestand vorgelagerte Normen unmöglich ist. Handgreiflich war dies schon immer bei Blankett- und offenkundig akzessorischen Straftatbeständen des Wirtschafts- und Nebenstrafrecht,[104] bei Fahrlässigkeitsdelikten sowie bei der Strafbarkeit des unechten Unterlassens.[105] Die Lehre von der objektiven Zurechnung trägt der Bedeutung der Pflichtwidrigkeit immerhin durch das Erfordernis der „Schaffung einer rechtlich missbilligten Gefahr" Rechnung. Einer strafrechtssystematischen Verarbeitung dieser Erkenntnis hat sich die herrschende Meinung indes widersetzt, da dies mit einer Relativierung des Rechtsguts als dogmatischem Zentralbegriff einherginge. Will man aber die Strafrechts- und Verbrechenstheorie dem geltenden Recht annähern und das „Strafrecht hinter dem Strafrecht" sichtbar machen, führt kein Weg daran vorbei, die Pflichtwidrigkeit nicht mehr schamhaft in den Nebenräumen der Verbrechenslehre zu verstecken, sondern in das Zentrum zu rücken. Auf diesen metarechtlichen Grundlagen lassen sich dann Einzelheiten der objektiven und subjektiven Zurechnung erarbeiten und Antworten auf dogmatische Einzelfragen finden.

Auch in kriminalpolitischer Hinsicht bedarf es eines Neuansatzes, der die bisherige Verengung auf den Rechtsgutsbegriff überwindet.[106] Denn Gesellschaft und Staat haben in der Regel schon über die Schutzwürdigkeit eines subjektiven Rechts oder einer Institution (vulgo: Individual- oder Kollektivrechtsgut) entschieden, wenn der Gesetzgeber über die Sanktionierung einzelner Verletzungen solcher Rechte oder Institutionen nachzudenken beginnt. Zudem hält die Rechtsgutslehre dazu an, die Perspektive des Trägers eines Rechtsgutes einzunehmen und vor allem dessen Schutzinteressen zu fokussieren. Dem Strafrecht geht es aber vor allem um die Garantie von Verhaltensnormen, die für eine Vielzahl von Interaktionen gelten und die eine möglichst konfliktfreie Koordination von Interaktionen in der Gesellschaft gewährleisten sollen. Verhaltensnormen sind daher in der Regel ein Kompromiss gegenläufiger Freiheitsinteressen. Eine kriminalpolitische Prüfung von Gesetzesvorhaben muss deshalb vor allem die strafverfassungsrechtliche Frage nach der Verhältnismäßigkeitsprüfung in den Blick nehmen. Dabei

---

[103] Damit kann sie zugleich Anschluss an moderne (internationale) Konzepte gewinnen, in denen diesen Begriffen „erhebliches Gewicht zukommt"; so *Zabel* (Fn. 25), 105.

[104] Zur Akzessorietät des Wirtschaftsstrafrechts statt vieler *Tiedemann*, Wirtschaftsstrafrecht Allgemeiner Teil, 4. Aufl. 2013, S. 1 ff.

[105] Vgl. statt vieler *Roxin*, Strafrecht Allgemeiner Teil, Bd. 1, 4. Aufl. 2006, § 24 Rn. 14 ff. (Fahrlässigkeit), Bd. 2, 2003, § 32 Rn. 1 (Unterlassen).

[106] Dazu und zum Folgenden schon *Kubiciel/Weigend*, KriPoZ 2019, 35 (36 ff.).

kann die Strafrechtswissenschaft – insbesondere bei der Angemessenheitsprüfung – auf die Geltung strafrechtstheoretischer Grundstrukturen im positiven Recht hinweisen und ggfs. Abweichungen von dieser „Grammatik“ durch Fortschreibungen des Rechts kenntlich machen. Auf diese Weise können strafrechtliche Metatheorien auch ein – zugegebenermaßen schwaches – kriminalpolitisches Kritikpotenzial entwickeln.

All dies hat nicht nur einen gegenständlichen Funktionswert, dient also nicht nur der Analyse und Systematisierung des Strafrechts bzw. der Erfüllung kriminalpolitischer Aufgaben. Es hat auch einen nach innen gerichteten, disziplinären Sinn und Zweck: Die Abgleichung metarechtlicher Modelle mit der rechtlichen und sozialen Wirklichkeit führt dazu, dass die Strafrechtswissenschaft das Fragen nicht verlernt.[107] Sie bleibt nicht nur gegenüber Rechtsprechung und Gesetzgebung kritikfähig, sondern auch *selbst*kritisch. So kann sie – wie es sich für eine rationale Wissenschaft geziemt – ihre eigenen Axiome und Modelle regelmäßig prüfen und gegebenenfalls erneuern. Nur wenn metarechtliche Grundfragen in regelmäßigen Abständen ernsthaft diskutiert werden, verhindert die Strafrechtswissenschaft eine Erstarrung nach innen und den Verlust an Sprechfähigkeit nach außen. Theorien und Reflexionsmodelle zu entwickeln, die das geltende Strafrecht nicht ignorieren, sondern hinter dieses zurückgreifen und es transzendieren – darin besteht die „ewige Aufgabe“ der Strafrechtswissenschaft.

---

[107] Vgl. *Jestaedt* (Fn. 1), 40: Der Dogmatik soll „Theorie“ zugeführt werden, um „ihre Selbstsicherheit durch Komplexität“ zu irritieren.

Recht, Gerechtigkeit und Politik

Ein Beitrag zum Rechtspositivismus

Josef Franz Lindner

I. Einleitung

Recht, Gerechtigkeit und Politik in eine unmittelbare Verbindung zu stellen ist nicht fernliegend. Politik und Recht sind gesellschaftliche, mindestens gesellschaftsbezogene Praktiken, Gerechtigkeit ist ein normativer Maßstab für diese Praktiken. Gerechtigkeit verklammert Politik und Recht. Gerechte Politik soll zu gerechtem Recht führen. Der blinde Fleck dieser Gleichung liegt indes in der Frage: Was ist Gerechtigkeit? Sie ist bis heute nicht beantwortet und auch nicht letztbegründet beantwortbar. Daher ist auch das Verhältnis von Recht und Politik komplizierter – es fehlt eben eine materiell konsentierte Klammer. Das Verhältnis von Politik und Recht gehört daher ebenso zu den Themen der Rechtstheorie und Rechtsphilosophie wie das Verhältnis von Recht und Gerechtigkeit. Es kulminiert institutionell in der Rechtsprechung von Verfassungsgerichten, jedenfalls solchen, die – wie das Bundesverfassungsgericht – über das Instrument der Normenkontrolle verfügen und den zumal grundrechtlichen Sicherungsauftrag offensiv interpretieren. Die nähere Befassung mit der politischen Dimension des Rechts zeigt indes ein Paradoxon: Obwohl das Verhältnis von Politik und Recht ein oft problematisiertes ist, obwohl es den Selbststand des Rechts und das Selbstverständnis der Rechtswissenschaft zentral berührt, wird es in der rechtswissenschaftlichen Literatur – anders als das Verhältnis von Recht und Gerechtigkeit – eher selten ausdrücklich[1] und grundsätzlich[2] behandelt. Dies hat mehrere Gründe: Erstens sind beides Praktiken zur Gestaltung der Lebenswirklich-

---

[1] Beiläufig etwa im Hinblick auf das Verwaltungsrecht bei *Franzius*, JZ 2019, 161 (162).

[2] Eine der wenigen grundsätzlichen Abhandlungen – im Hinblick auf das Verhältnis von Politik und Verwaltungsrecht – stammt von *C. Möllers*, in: von Bogdandy/Cassese/Huber (Hrsg.), Handbuch Ius Publicum Europaeum, Bd. V, 2014, § 93 (dort auch weitere Bibliographie). Vgl. auch *Kahl*, in: von Bogdandy/Cassese/Huber (Hrsg.), Handbuch Ius Publicum Europaeum, Bd. V, 2014, § 74 Rn. 155 ff.; *Lindner*, in: Kahl/Mager (Hrsg.), Verwaltungsrechtswissenschaft und Verwaltungspraxis, 2019, 285 (zum Verhältnis von Verwaltungsrecht und Politik); vgl. jüngst aber auch *F. Reimer*, Gerechtigkeit als Methodenfrage, 2020.

keit – und zwar normative –, so dass sie zunächst auf derselben kategorialen Ebene zu liegen scheinen; andererseits werden Politik und Recht in Deutschland traditionell als „getrennte Funktionen des öffentlichen Lebens“[3] gesehen. Zweitens sind Politik und Recht in unauflöslicher Weise miteinander verknüpft, so dass eine dichotomische Gegenüberstellung zunächst nicht naheliegt: Nicht nur ist Recht „geronnene“ Politik, jenes ist vielmehr in vielfältiger Weise offen für politische Dezisionen und Rezeptionen auch durch den Rechtsanwender selbst, so dass eine wissenschaftliche Reflexion auf der Basis einer Gegenüberstellung beider Phänomene tendenziell unterkomplex erscheint. Und schließlich drittens profitieren die Rechtswissenschaft und ihre Vertreter durchaus selbst davon, dass das Verhältnis von Politik und Recht bislang doch eher im Nebulösen verblieben ist: Rechtswissenschaftler beraten die Politik und vertreten sie vor Gericht. Die sog. „Neue Verwaltungsrechtswissenschaft“[4] etwa ist in mancher Hinsicht, zumal mit dem maßstabsoffenen Steuerungsansatz, eben auch ein politisches Projekt[5], nicht nur ein rechtswissenschaftliches, so dass auch insofern kein sonderliches, mindestens kein ausgeprägtes Interesse an einer grundsätzlichen Befassung mit dem Thema „Recht und Politik“ zu bestehen scheint. Gleichwohl ist es sinnvoll, eine analytische Inbezugsetzung und eine jedenfalls grundsätzliche Differenzierung beider Praktiken mit ihren unterschiedlichen Systemrationalitäten als ein Desiderat der Gewaltenteilung und des Demokratieprinzips anzusehen. Mindestens im Grundsatz dürfte unstreitig sein: Die Politik, genauer der politische Kompromiss über unterschiedliche Gerechtigkeitsverständnisse, manifestiert sich im Recht, zumal im allgemeinen Gesetz[6], das den politischen Streit (zumindest vorübergehend) demokratisch auflöst – vorbehaltlich einer im demokratischen Prozess jederzeit möglichen Revidierung durch den (regelmäßig neu zu wählenden) Gesetzgeber selbst. Die Rechtsprechung und die Verwaltung – sowohl Exekutive als auch Gubernative – sind an das Gesetz gebunden und dürfen die Dezisionen der Legislative (einschließlich der verfassungsändernden Gewalt) nicht durch eigenes politisches Dafürhalten ignorieren und dadurch den politischen Kompromiss als Kern des demokratischen Prozesses unterlaufen. Die Exekutive etwa darf verwaltungsrechtlich notwendige Maßnahmen nicht deswegen unterlassen, weil sie sie politisch für verfehlt oder wahltaktisch für nicht opportun hält. Das Verhältnis von Politik und Recht ist ambivalent: Es impliziert einerseits, dass das Recht selbst ein politisches Phänomen ist, sein kann oder

---

[3] *Kahl* (Fn. 2), § 74 Rn. 155.

[4] *Voßkuhle*, in: Hoffmann-Riem/Schmidt-Aßmann/Voßkuhle, Grundlagen des Verwaltungsrechts, Bd. I, 2. Aufl. 2012, § 2.

[5] So wohl auch *Franzius*, in: Hoffmann-Riem/Schmidt-Aßmann/Voßkuhle, Grundlagen des Verwaltungsrechts, Bd. I, 2. Aufl. 2012, § 4 Rn. 1 (dort in Fn. 14).

[6] Grundsätzlich *G. Kirchhof*, Die Allgemeinheit des Gesetzes, 2009.

sein sollte. Andererseits verweist die Inbezugsetzung von Recht und Politik auf die Frage, welche Rolle der Politik *in* einem (zumal positivistischen) Modell des Rechts zukommt. Politik *durch* Recht einerseits – Politik *im* Recht andererseits. Ziel der nachfolgenden Überlegungen ist es, das ambivalente Verhältnis von Politik und Recht und die Rolle der Gerechtigkeit in diesem Verhältnis näher zu analysieren. Da das Recht in einer komplexen Gesellschaftsordnung weitgehend positives Recht ist oder zumindest aus solchem gewonnen wird, liegt es nahe, die Beziehung von Recht und Politik – auch um diese nicht vor vorneherein materiell zu überfrachten mit einem politisch vorgeformten inhaltlichen Sollensverständnis – auf einer rechtspositivistischen Basis zu betrachten. Es gilt insbesondere, auf materielle, gerechtigkeitstheoretische Begriffsvorverständnisse zu verzichten. Dies gilt nicht nur für den Begriff des Rechts, der hier schlicht im Sinne der Gesamtheit der zu einer Rechtsordnung gehörenden Rechtsnormen unabhängig von ihrem Inhalt und ihrer außerrechtlichen Richtigkeitsbewertung, verstanden wird, sondern auch für den Begriff der Politik. Trotz einer Fülle ganz heterogener Politikbegriffe[7] aus den verschiedenen Bereichen der Wissenschaft soll zum Zwecke einer von Vorverständnissen möglichst befreiten Analyse ein einfacher, entmaterialisierter Politikbegriff zu Grunde gelegt werden: Politik sei verstanden als die *zunächst rechtlich nicht gebundene oder zunächst als rechtlich ungebunden gedachte, auf Gestaltung der Lebenswirklichkeit nach Maßgabe bestimmter inhaltlicher, indes rechtlich indes noch nicht vorgegebener Kriterien oder Anschauungen abzielende organisierte Tätigkeit im Sinne eines wirksamen sozialen Funktionssystems*. Kurz: Politik als rechtlich ungebunden gedachte gesellschaftliche Steuerungs- und Gestaltungsmacht. Es wird dabei ausdrücklich keine Unterscheidung zwischen der Politik und dem Politischen erfolgen. Der theoretische Ausgangspunkt unserer Überlegungen ist also ein (rechts-)positivistischer: So wie jeder beliebige Inhalt Recht sein kann[8], so kann jeder beliebige Inhalt Gegenstand oder Ergebnis von Politik sein. Belastet wird ein solcher Grundansatz allerdings dadurch, dass der Rechtspositivismus in der deutschen Rechtswissenschaft nach wie vor einen schweren Stand hat – mitunter ist gar von Positivismuslegende die Rede (sogleich II.). Nach einigen Überlegungen zu Begriff und Phänomen des Rechtspositivismus, insbesondere zum Verhältnis von Recht und Gerechtigkeit oder von Recht und Moral (III.) und dem Vorschlag einer Typisierung (IV.) wird ein positivistisches Rechtswissenschaftsmodell vorgestellt, das eine Reformulierung der politischen Dimension des Rechts und der Rechtswissenschaft ermöglicht. Dieses maßgeblich von Robert Alexy

[7] Vgl. nur die ausführliche Übersicht bei *Vollrath*, in: Ritter/Gründer (Hrsg.), Historisches Wörterbuch der Philosophie, Bd. 7, 1989, Sp. 1038–1071.
[8] *Kelsen*, Reine Rechtslehre, 2. Aufl. 1960, 201.

entwickelte Diskursmodell des Rechts[9] ist kein eigentlich rechtspositivistisches, sondern eher ein wissenschaftstheoretisches Modell der Metaebene, das es erlaubt, Recht und außerrechtliche Handlungsmaßstäbe (Gerechtigkeit, Moral, Religion, politische Präferenzen) voneinander zu trennen und zu einander in Beziehung zu setzen (V.). Auf der Basis dieses Modells kann es sodann unternommen werden, Recht, Gerechtigkeit und Politik in ihrer wechselseitigen Beziehung zu einander zu analysieren (VI.).

II. Die Positivismuslegende der deutschen Rechtswissenschaft

Insgesamt haben der Rechtspositivismus und ein darauf aufbauendes Verständnis von Recht, Gerechtigkeit und Politik in Deutschland mitunter einen schweren Stand. Der Rechtspositivismus hat aus historischen Gründen einen noch immer schlechten Ruf. Rechtspositivistisches Denken wird auch heute noch als Charakteristikum des Rechtsdenkens in Zeiten der deutschen Diktaturen gesehen. Denn der Rechtspositivist kümmert sich nicht um das Recht, wie es sein *sollte*, er kümmert sich nicht darum, ob das Recht, so wie es ist, gerecht ist, sondern er kümmert sich um das Recht so, wie es gesetzt ist, um das positive Recht also. Eine Aussage des wohl berühmtesten Rechtstheoretikers des 20. Jahrhunderts, Hans Kelsen, bringt dies in deutlicher Weise zum Ausdruck:

> „Daher kann jeder beliebige Inhalt Recht sein. Es gibt kein menschliches Verhalten, das als solches, kraft seines Gehaltes, ausgeschlossen wäre, Inhalt einer Rechtsnorm zu sein“[10].

Sätze wie diese sind es, die den prekären Ruf des Rechtspositivismus und teilweise der Rechtswissenschaft insgesamt begründen; Recht ist Recht, summum ius – summa iniuria, fiat iustitia et pereat mundus. Ein (nicht selten) so verstandener Rechtspositivismus[11] erscheint geradezu als Blaupause für die Durchsetzung jeglicher Politik, wenn man sie einmal in positives Recht gegossen hat. Dass der Rechtspositivismus mitverantwortlich für den Aufstieg des Nationalsozialismus gewesen sei, ist daher eine häufig vertretene

---

[9] *Alexy*, Theorie der juristischen Argumentation, 2. Aufl. 1991; *ders.*, Die Idee einer prozeduralen Theorie der juristischen Argumentation, in: *ders.*, Recht, Vernunft, Diskurs. Studien zur Rechtsphilosophie, 1995, 93 ff.; *ders.*, Theorie der Grundrechte, 1985, 499 f.

[10] *Kelsen* (Fn. 8), 201.

[11] Zum Rechtspositivismus und seinen ganz verschiedenen Erscheinungsformen und Verständnissen s. nur *v. d. Pfordten*, Rechtsethik, 2. Aufl. 2011, 108 ff.; *Ott*, Der Rechtspositivismus, 1992. Auf die unterschiedlichen Varianten an Auffassungen, die dem Rechtspositivismus (nicht selten unkritisch) zugeschrieben werden, weist *Hoerster* in „Was ist Recht? Grundfragen der Rechtsphilosophie“, 2006, 65 ff. hin; vgl. auch *ders.*, Recht und Moral. Texte zur Rechtsphilosophie, 2013, 12.

These. Auch für die Zeit der DDR wird dem Rechtspositivismus keine rühmliche Rolle zugesprochen – Stichwort Schießbefehl an der innerdeutschen Grenze. Das stimmt zumindest teilweise. Gleichwohl: So einfach ist es nicht. Zumal methodische Studien[12] gezeigt haben, dass das nationalsozialistische Recht keineswegs ausschließlich durch eine rechtspositivistische Rechtswissenschaft geprägt oder nachhaltig begünstigt worden wäre. Es war durchaus umgekehrt: Die durch die deutsche Rechtswissenschaft hochrangig unterstützte und vorangetriebene NS-Rechtsideologie hat den Rechtspositivismus, der ja auch und maßgeblich von Juristen jüdischer Herkunft vertreten wurde – man denke gerade an Hans Kelsen[13] – durchaus verabscheut. Das NS-Recht war in weiten Teilen ideologisches, metaphysisches Recht, aufgeladen durch eine außerrechtliche, ganz und gar unpositivistische Ideologie, die sich mithilfe von Begriffen wie Blut, Volk, Rasse, lebensunwert, Führerbefehl als Rechtsquelle etc. ihren menschenverachtenden Weg gebahnt hat. Die Rechtsphilosophin Monika Frommel hat noch einmal zutreffend darauf hingewiesen, dass wir es insofern durchaus mit einer „Positivismuslegende"[14] zu tun haben. Die nationalsozialistische Politik hat zwar durchaus auch auf rechtspositivistisches Denken gesetzt, um ihre ideologisch gefärbten Gesetze um- und durchzusetzen. Viel effektiver war jedoch die Umdeutung der vorhandenen Rechtsbegriffe und Rechtstexte im Sinne der nationalsozialistischen Ideologie.[15] Die Diskussion um das Verhältnis von Politik und Recht im Zusammenhang mit dem Nationalsozialismus zeigt also ein Paradoxon: Einerseits war rechtspositivistisches Denken ein probates Mittel, in Recht geflossene Politik gnadenlos zu exekutieren. Andererseits reichte der Positivismus dazu allein aber gerade nicht aus. Denn rechtspositivistisches Denken hätte der Umdeutung von vorhandenen Rechtsbegriffen im Sinne der nationalsozialistischen Ideologie durchaus entgegengestanden, zumindest methodisch. Denn ideologische Umdeutung oder politische Aufladungen von Rechtsbegriffen sind dem Rechtspositivisten ein Graus. Etwas zugespitzt könnte man formulieren: Im Hinblick auf die politische und ideologische Umdeutung des positiven Rechts, etwa des BGB, hat der Rechtspositivismus geradezu versagt. Es zeigt sich wiederum, dass die politische Dimension des Rechts durchaus ambivalent ist: Das Recht ist einerseits ein

---

[12] Vgl. nur *Frommel*, Rechtsphilosophie in den Trümmern der Nachkriegszeit, JZ 2016, 913 ff.; *Foljanty*, Recht oder Gesetz, 2013.

[13] Vgl. dazu die grandiose Biographie von *Olechowski*, Hans Kelsen. Biographie eines Rechtswissenschaftlers, 2020.

[14] *Frommel*, JZ 2016, 913; vgl. auch *Neumann*, Rechtsphilosophie in Deutschland seit 1945, in: Simon (Hrsg.), Rechtswissenschaft in der Bonner Republik, 1994, 145 ff.

[15] *Rüthers*, Entartetes Recht. Rechtslehren und Kronjuristen im Dritten Reich, 1988; *Stolleis*, Geschichte des öffentlichen Rechts in Deutschland, Dritter Band 1914–1945, 1999, 316 ff.; *I. Müller*, Furchtbare Juristen, 1989.

Mittel, die in positives Normen geronnene Politik in der Rechtswirklichkeit durch Gerichte und Rechtsstäbe sowie durch das Einfordern von Rechtsgehorsam durchzusetzen. Auf der anderen Seite und entgegengesetzt wirkend steht das positive Recht jedenfalls von einem rechtspositivistischen Standpunkt aus einer politisch-ideologischen Umdeutung grundsätzlich entgegen.

III. Was ist Rechtspositivismus?

Was ist aber „Rechtspositivismus"? Die Geschichte der Rechtstheorie und der Rechtsphilosophie lässt sich maßgeblich auch als Geschichte des Ringens um Begriff und Phänomen des Rechtspositivismus[16] lesen.

1. „Naturrecht" und Rechtspositivismus

Eine erste Annäherungsmöglichkeit an den Begriff „Rechtspositivismus" besteht darin, ihn als Komplementärbegriff eines überpositiven Rechts, des Natur- oder Vernunftrechts zu sehen. Die sog. Dichotomie von Rechtspositivismus und Naturrecht[17], die sich bis in die Philosophie der Vorsokratiker zurückverfolgen lässt[18], könnte insofern auch über den Begriff des Rechtspositivismus Aufschluss geben, als er eben alles das umfasst, was nicht dem „Naturrecht"[19] zuzuweisen ist. In einer solchen Vorgehensweise läge freilich ein veritabler Fehl-, wenn nicht Zirkelschluss. Denn auch das positive Recht kann ja *richtige* Rechtsinhalte im Sinne des Naturrechts enthalten oder diese gar umsetzen. Das Recht, so wie es ist, kann durchaus so sein (und ist es auch häufig), wie es aus der Sicht der Natur- oder Vernunftrechtler (oder der Moralphilosophen) sein sollte. Positives Recht ist mitnichten stets und ohne weiteres anti-naturrechtliches Recht. Oder anders formuliert: Das Recht, so wie es ist, wie es also den Rechtspositivisten interessiert, tritt nicht automatisch deswegen, weil es positives Recht ist, in einen Konflikt mit dem Naturrecht. Deswegen dürfte eine Begriffsbestimmung des Rechtspositivismus in Abgrenzung zum Naturrecht nicht wirklich weiterhelfen.

---

[16] Vgl. dazu die Nachweise in Fn. 11.

[17] Maihofer (Hrsg.), Naturrecht oder Rechtspositivismus?, 1966.

[18] *Welzel*, Naturrecht und materiale Gerechtigkeit, 4. Aufl. 1962.

[19] *Ellscheid*, Strukturen naturrechtlichen Denkens, in: Kaufmann/Hassemer/Neumann (Hrsg.), Einführung in Rechtsphilosophie und Rechtstheorie der Gegenwart, 7. Aufl. 2004, 148ff.; *Böckenförde*, Geschichte der Rechts- und Staatsphilosophie, 2002, 33ff.

2. Trennungs- und Verbindungsmodelle

Es bedarf mithin einer genuinen Begriffsfindung. Allgemein könnte man formulieren: *Rechtspositivismus ist ein wissenschaftlicher Ansatz, der das Recht so betrachtet, wie es ist, ohne darauf abzustellen, ob es, so wie es ist, auch so ist, wie es sein sollte.* Allen Rechtspositivismen ist mehr oder weniger gemeinsam, dass sie das Recht unabhängig von außerrechtlichen Richtigkeitsmaßstäben betrachten. Man spricht insoweit auch von einem Trennungsmodell oder einer Trennungsthese[20], wonach Recht und außerrechtliche Maßstäbe, also zumal Religion oder Moral[21], voneinander getrennte Welten sind. Auch diese These ist indes noch unterkomplex. Zwar stimmen die meisten Rechtspositivismen darin überein, *dass* sie ein Trennungsmodell favorisieren und dementsprechend Verbindungsmodelle ablehnen. Sie unterscheiden sich jedoch maßgeblich darin, *worauf* sich die Trennung bezieht. Sie kann sich auf (1) den Begriff, (2) die Geltung oder (3) den Inhalt des Rechts beziehen: (1) Recht ist *begrifflich* auch dann Recht, wenn es nicht so ist, wie es nach außerrechtlichen Richtigkeits- oder Gerechtigkeitsvorstellungen sein sollte. (2) Recht *gilt* auch dann, wenn es diesen Maßstäben nicht entspricht. (3) Für die Ermittlung des *Inhalts* einer positiven Rechtsnorm oder deren Rechtsfertigung schließlich sind außerrechtliche Richtigkeitsmaßstäbe unerheblich. Auch die Trennungsthese dürfte im Hinblick auf die unterschiedlichen Bezugspunkte aber noch zu wenig aussagekräftig sein. Denn es macht einen erheblichen Unterschied ob man (1), (2) oder (3) vertritt. Je nachdem welchen Ansatz man präferiert oder wie gewichtet, gelangt man zu ganz unterschiedlichen Trennungsmodellen und Rechtspositivismen. Dies zeigt bereits: Einen oder gar *den* Rechtspositivismus gibt es nicht – so wie es *die* Gerechtigkeit nicht gibt, und auch nicht *die* richtige oder *die* gerechte Politik oder *das* richtige oder gerechte Recht.

IV. Typisierung

Versucht man, die verschiedenen Trennungs- und Verbindungstheorien zu typisieren, lässt sich eine heterogene Vielfalt an Modellen zeichnen, in denen sich das Verhältnis von Recht und Gerechtigkeit (im Sinne außerrechtlicher Richtigkeitsmaßstäbe) in jeweils unterschiedlicher Modalität und Intensität ausprägt. Es können mindestens sechs Modelle gebildet werden, die allerdings noch weiter ausdifferenziert werden könnten (was nachfolgend aber

[20] Begriff und grundsätzliche Ausführungen bei *Alexy*, Begriff und Geltung des Rechts, 5. Aufl. 2011, 15 ff.

[21] *Lindner*, Recht und Moral, Jura 2016, 8 ff.

der Übersichtlichkeit halber unterbleiben soll).[22] Jede theoretische Konzeption zum Verhältnis von Moral/Gerechtigkeit/Rechtsethik/Politik zum positiven Recht lässt sich einer dieser sechs Grundmodelle zuordnen, was nachfolgend lediglich exemplarisch erfolgen kann.

1. Gerechtigkeitstheoretischer Nihilismus

Die These gerechtigkeitstheoretischer[23] Nihilisten lautet: Es gibt keine außerrechtlichen Richtigkeitsmaßstäbe[24], an denen sich das positive Recht oder die Politik messen lassen könnte oder müsste. Gesetztes Recht gilt also so, wie es ist. Die Frage, ob das Recht, wie es ist, so ist, wie es sein sollte, ist bereits deswegen nicht beantwortbar, weil es dafür erforderliche Gerechtigkeitsmaßstäbe nicht gibt. Die Frage nach dem gerechten Recht ist aus dieser Perspektive sinnlos. Gerechtigkeit kann daher auch kein Maßstab für Politik sein. Als frühen Vertreter dieser Position könnte man den griechischen Sophisten und Vorsokratiker Gorgias von Leontinoi nennen, der im 4./5. Jahrhundert vor Christus gelebt hat und dem Platon einen eigenen Dialog gewidmet hat. In seinem nur bruchstückhaft überlieferten Hauptwerk „Über das Nichtseiende" ist der Satz überliefert: „Nichts ist; selbst wenn etwas wäre, wäre es nicht erkennbar; selbst wenn es erkennbar wäre, wäre es nicht mitteilbar".[25] Gerechtigkeitsmaßstäbe gibt es danach also nicht. Selbst wenn sie es gäbe – etwa im Sinne eines substanzontologischen Naturrechts oder als verborgener Schatz der Vernunft – wären sie nicht erkennbar oder begründbar. Und selbst wenn wir Gerechtigkeitsmaßstäbe erkennen oder begründen könnten, könnten wir diese (und ihre Begründungschritte) nicht so kommunizieren, dass wir andere in der Sache und in den Gründen überzeugen könnten. Als „Gewährsmann" für einen ethischen Nihilismus könnte auch Nietzsche fungieren, in dessen Diktum vom Tod Gottes nicht nur ein antichristlicher Affekt, sondern auch eine Vernichtung (nicht nur Umwertung) substanzontologischer Richtigkeitsvorstellungen gesehen werden kann. Nicht zu den gerech-

---

[22] Zu ähnlichen Einteilungen s. *v. d. Pfordten* (Fn. 11), 120ff., der „vier Relationsmöglichkeiten zwischen Rechtsethik und Recht" unterscheidet.

[23] *V. d. Pfordten* (Fn. 11), 123ff. spricht von „rechtsethischem" Nihilismus.

[24] Richtigkeitsmaßstäbe können solche ethisch-moralphilosophischer, insbesondere gerechtigkeitstheoretischer Natur oder religiöser Provenienz sein. Gemeinsam ist ihnen, dass sie keinen rechtssystemimmanenten Charakter aufweisen. Anderes gilt für solche Gerechtigkeitsmaßstäbe, die ihren Weg in das positive Recht gefunden haben und sich z. B. in den Grundrechtsnormen und Staatszielbestimmungen moderner Verfassungen ausprägen. Diese haben Maßstabsfunktion für das jeweils nachrangige Recht, wobei diese Maßstabsfunktion ihrerseits eine positivistische ist. Anders wiederum ist es dann, wenn die in der Verfassung positivierten Gerechtigkeitsmaßstäbe ihrerseits unter Rückgriff auf außerrechtliche Vorstellungen ausgelegt oder gefüllt werden.

[25] *Diels*, Die Fragmente der Vorsokratiker, 1957, 124ff.

tigkeitstheoretischen Nihilisten darf dagegen Hans Kelsen gezählt werden. Sein Ziel war es zwar, das Recht als solches, „gereinigt" von Moral und Politik zu erfassen[26]. Er hat aber die Möglichkeit und Sinnhaftigkeit gerechtigkeitstheoretischer Diskurse nicht geleugnet und sich daran auch selbst beteiligt.

2. *Gerechtigkeitstheoretischer Indifferenzialismus*

Ein weiteres Modell lässt sich als gerechtigkeitstheoretischer Indifferenzialismus bezeichnen. Dessen These lautet: Es mag außerrechtliche Richtigkeitsmaßstäbe geben, an denen sich das gesetzte Recht messen lassen könnte (*Unterschied zum gerechtigkeitstheoretischen Nihilismus*). Auf diese kommt es aber nicht an, da die gesetzte Rechtsordnung sich dazu „indifferent" verhält. Die Frage, wie Recht sein sollte, kann zwar gestellt und vielleicht auch beantwortet werden. Sie darf allerdings nicht gestellt werden, da die Gerechtigkeit dem Recht gleichgültig ist oder zu sein hat. Dies heißt nicht zwingend, dass das Recht nicht so sein dürfe, wie es sein sollte, sondern „nur", dass es völlig unerheblich ist, ob es so ist, wie es sein sollte. Auf die Frage, ob das Recht über- oder außerrechtlichen Gerechtigkeitsmaßstäben entspricht, kommt es schlicht nicht an. Als Beispiel für diese Haltung kann der skandinavische Rechtsrealismus der sog. Uppsala-Schule genannt werden. Insbesondere A. Hägerström (1868–1939) steht für eine strikte Haltung einer Unmaßgeblichkeit außerrechtlicher Richtigkeitsmaßstäbe. Von ihm ist der Satz überliefert: „praeterea censeo metaphysicam delendam esse." Auch der Dezisionismus eines Carl Schmitt ist hier zu nennen.

3. *Gerechtigkeitstheoretischer Skeptizismus*

Von den soeben skizzierten Erklärungsmodellen zu unterscheiden ist der gerechtigkeitstheoretische Skeptizimus. Dessen These lautet: Außerrechtliche Richtigkeitsmaßstäbe mag es zwar geben (*Unterschied zum gerechtigkeitstheoretischen Nihilismus*), sie wären auch nicht zu ignorieren (*Unterschied zum gerechtigkeitstheoretischen Indifferenzialismus*). Allerdings lassen sie sich nicht begründen, nicht erkennen. Aus *diesem* Grunde ist die Frage nach dem Recht, wie es sein sollte, sinnlos (jedenfalls in wissenschaftlicher Hinsicht). Für diese These könnte man Hans Kelsen anführen, der das Recht zwar von außerrechtlichen Entitäten wissenschaftlich befreien will, deren Existenz nicht leugnet, allerdings ihre Begründbarkeit bezweifelt.[27]

---

[26] Seine „Reine Rechtslehre" wolle „die Rechtswissenschaft von allen ihr fremden Elementen befreien", wozu er auch die Ethik und die Politik bzw. politische Theorie zählt, vgl. *Kelsen* (Fn. 8), 1.

[27] *Kelsen*, Was ist Gerechtigkeit, 1953, 52: „Gerechtigkeit, dieser schöne Traum der Menschheit".

4. Gerechtigkeitstheoretischer Potenzialismus

Des Weiteren ist ein Modell zu nennen, das sich als gerechtigkeitstheoretischer Potenzialismus bezeichnen lässt. Die These lautet: Außerrechtliche Richtigkeitsmaßstäbe mag es zwar geben (*Unterschied zum gerechtigkeitstheoretischen Nihilismus*), sie sind auch erkenn- und begründbar (*Unterschied zum gerechtigkeitstheoretischen Skeptizismus*) und sie sind auch nicht zu ignorieren (*Unterschied zum gerechtigkeitstheoretischen Indifferenzialismus*). Allerdings sind sie nicht als *rechtliche* Geltungsmaßstäbe heranzuziehen, sondern lediglich als *politische*. Recht, wie es ist, ist auch dann Recht, wenn ist nicht so ist, wie es sein sollte. Ob das Recht geändert wird, damit es so ist, wie es sein sollte, ist keine Frage des Rechts, sondern der politischen Durchsetzung, des politischen Willens (der Mehrheit). Über den „Hebel" der Politik erhalten außerrechtliche Gerechtigkeitsmaßstäbe ihre *potenzielle* Bedeutung für das Recht. Man kann insoweit von einem „gemäßigten Rechtspositivismus" sprechen. Als Vertreter dieses Modells können die meisten Vertreter eines schwachen Rechtspositivismus bezeichnet werden, etwa J. Austin, H. L. A. Hart, N. Hoerster.[28] Gemäßigte Rechtspositivisten stehen also – kurz zusammengefasst – auf dem Standpunkt, dass das Recht, so wie es ist, vom Recht, so wie es sein sollte, zu trennen ist, implizieren damit jedoch nicht, dass das Recht nicht so sein sollte, wie es sein sollte. Auch Kelsen kann insofern zu den gemäßigten Rechtspositivisten gezählt werden: Zwar könne jeder beliebige Inhalt Recht sein, es muss aber nicht jeder beliebige Inhalt Recht sein, werden oder bleiben.

5. Gerechtigkeitstheoretischer Begriffsessentialismus

Dieses Modell wendet sich von der Trennungskonzeption in Richtung einer Verbindungskonstruktion, in der Recht und Gerechtigkeit stärker auf einander bezogen werden, allerdings nicht in einem Geltungszusammenhang, sondern einem begrifflichen Konnex stehen. Die These lautet: Außerrechtliche Richtigkeitsmaßstäbe existieren (*Unterschied zum gerechtigkeitstheoretischen Nihilismus*), sind für das Recht auch relevant (*Unterschied zum gerechtigkeitstheoretischen Indifferenzialismus*) und lassen sich auch begründen (*Unterschied zum gerechtigkeitstheoretischen Skeptizismus*). Werden die Richtigkeitsmaßstäbe nicht beachtet, so verliert das Recht seinen Charakter als Recht: Ist das Recht, wie es ist, nicht so, wie es sein sollte, so ist kein Recht. Außerrechtliche Richtigkeitsmaßstäbe haben also bereits auf den Be-

---

[28] *Hoerster* (Fn. 11), Was ist Recht? Grundfragen der Rechtsphilosophie, 65ff.; *H. L. A. Hart*, Der Positivismus und die Trennung von Recht und Moral, in: ders., Recht und Moral (hrsgg. von N. Hoerster), 1971, 14ff.

griff des Rechts Einfluss. Als Beispiel hierfür ist vor allem der zweite Teil der berühmten Formel von Gustav Radbruch heranzuziehen: „Wo Gerechtigkeit nicht einmal erstrebt wird, wo die Gleichheit, die den Kern der Gerechtigkeit ausmacht, bei der Setzung positiven Rechts bewusst verleugnet wurde, da ist das Gesetz nicht etwa nur unrichtiges Recht, vielmehr entbehrt es überhaupt der Rechtsnatur. Denn man kann Recht, auch positives Recht, gar nicht anders definieren denn als eine Ordnung und Satzung, die ihrem Sinne nach bestimmt ist, der Gerechtigkeit zu dienen."[29] In diesem sehr engen Sinn ist die Gerechtigkeit ein konstitutionelles Merkmal des Begriffs und des Phänomens „Recht". Eine begriffsessentialistische Haltung findet man auch bei Lon Fuller (1902–1978). In seinem Hauptwerk[30] stellt er die These auf, dass Menschen Normen nur zu beachten hätten, wenn bestimmten Voraussetzungen erfüllt sind. Er nennt acht solcher Voraussetzungen:

(1) Vorschriften müssen generell gelten.
(2) Rechtsnormen müssen veröffentlicht werden.
(3) Rechtsnormen dürfen grundsätzlich nicht rückwirkend gelten.
(4) Rechtsnormen müssen klar und verständlich formuliert sein.
(5) Rechtsnormen müssen widerspruchsfrei sein.
(6) Rechtsnormen müssen beständig sein.
(7) Rechtsnormen dürfen nichts Unmögliches verlangen („impossibilium nulla est obligatio").
(8) Rechtsnormen müssen so angewendet werden, wie sie erlassen worden sind.

Allerdings zeigt sich, dass diese Forderungen weniger materieller Art sind, immerhin aber zentrale formale Aspekte des Rechtsstaatsprinzips benennen. Versagt ein Rechtssystem in einem der genannten acht Punkte vollständig, so spricht ihm Fuller die Eigenschaft als Rechtssystem ab: „Ein gänzliches Versagen in einer dieser acht Richtungen ergibt nicht bloß ein schlechtes Rechtssystem; es ergibt etwas, was gar nicht als ein Rechtssystem bezeichnet werden kann".[31] Schließlich kann auch Robert Alexy in diesem Kontext erwähnt werden: „Das Recht ist ein Normensystem, das (1) einen Anspruch auf Richtigkeit erhebt, (2) aus der Gesamtheit der Normen besteht, die zu einer im Großen und Ganzen sozial wirksamen Verfassung gehören und nicht extrem ungerecht sind, sowie aus der Gesamtheit der Normen, die gemäß dieser Verfassung gesetzt sind, ein Minimum an sozialer Wirksamkeit oder Wirksamkeitschance aufweisen und nicht extrem ungerecht sind [...]".[32]

[29] *Radbruch*, SJZ 1946, 105 (107).
[30] The morality of law, 1969.
[31] *Fuller* (Fn. 30), 39.
[32] *Alexy* (Fn. 20), 201.

6. Gerechtigkeitstheoretischer Geltungsessentialismus

Ein letztes Modell ist ebenfalls eine Variante eines Verbindungsmodells, stellt die Verbindung zwischen Recht und Gerechtigkeit allerdings – im Unterschied zum soeben genannten gerechtigkeitstheoretischen Begriffsessentialismus – nicht schon auf der Begriffs-, sondern erst auf der nachgeordneten Geltungsebene her. Werden außerrechtliche Richtigkeitsmaßstäbe nicht beachtet, so verliert das Recht zwar nicht seinen Charakter als Recht, wohl aber seine Geltung. Ist das Recht, wie es ist, nicht so, wie es sein sollte, so ist es zwar Recht, es gilt aber nicht. Hauptbeispiel für diese Spielart eines Verbindungsmodells ist der erste Teil der Radbruch'schen Formel: „Der Konflikt zwischen der Gerechtigkeit und der Rechtssicherheit dürfte dahin zu lösen sein, dass das positive, durch Satzung und Macht gesicherte Recht auch dann den Vorrang hat, wenn es inhaltlich ungerecht ist, es sei denn, dass der Widerspruch des positiven Gesetzes zur Gerechtigkeit ein so unerträgliches Maß erreicht, dass das Gesetz als ‚unrichtiges Recht' der Gerechtigkeit zu weichen hat. Es ist unmöglich, eine schärfere Grenze zu ziehen zwischen den Fällen des gesetzlichen Unrechts und den trotz unrichtigen Inhalts dennoch geltenden Gesetzen."[33]

V. Das Diskursmodell als rechtswissenschaftstheoretisches Reflexionsmodell

Eine knappe und aussagekräftige Definition dessen, was mit „Rechtspositivismus" gemeint oder nicht gemeint ist, scheint nach dem Gesagten also kaum zu gelingen und ist bisher auch noch nicht gelungen. In Anlehnung an ein berühmtes Diktum von I. Kant könnte man sagen: „Noch suchen die Rechtspositivisten nach einer Definition zu ihrem Begriff des Rechtspositivismus."[34] Recht, Gerechtigkeit und Politik lassen sich nicht bruchlos in einem der unter III. skizzierten Modelle unterbringen und plausibel zu einander in Beziehung setzen.

1. Das Diskursmodell des Rechts nach Alexy

Deshalb muss man sich wohl mit „weniger" begnügen. Es könnte sich dazu als hilfreich erweisen, die Diskussion um Begriff und Phänomen des Rechtspositivismus und die Beziehung von Recht, Gerechtigkeit und Politik eine Stufe höher, auf die Metaebene der Wissenschaftstheorie zu heben. Es könnte

---

[33] *Radbruch*, SJZ 1946, 105 (107).
[34] *Kant*, Kritik der reinen Vernunft, B 759.

weiterführend sein, Rechtspositivismus im Sinne eines positivistischen Wissenschaftsmodells des Rechts zu reflektieren und dort Recht, Gerechtigkeit und Politik zu verorten. Ein derartiges Modell ist in der rechtstheoretischen Literatur in Deutschland von Robert Alexy etabliert[35] und von Carsten Bäcker weiterentwickelt worden[36]. Alexy hat ein Rationalitätsmodell rechtswissenschaftlichen Argumentierens entwickelt, in das sich rechtswissenschaftliche und rechtsbezogene Äußerungen jeglicher Art systematisch einordnen lassen. Er hat dieses Modell als Diskursmodell des Rechts bezeichnet. Dazu ist anzumerken, dass es sich hierbei nicht um ein Modell im Sinne einer Diskurstheorie etwa der von Jürgen Habermas handelt. Das Diskursmodell von Alexy ist insofern weniger anspruchsvoll, als es nicht um eine diskurs- oder verfahrensbezogene Wahrheitstheorie geht, sondern um eine wissenschaftstheoretische Modellierung rechtswissenschaftlicher Argumentation, in die auch Gerechtigkeit und Politik verankert werden können. Alexy unterscheidet vier Diskursebenen, auf denen Aussagen bezogen auf das Recht sowie über die Rolle von Gerechtigkeit und Politik getroffen werden: (1) den allgemeinen praktischen Diskurs, (2) den politischen Diskurs zumal des Gesetzgebungsverfahrens, (3) den juristisch-dogmatischen Diskurs sowie (4) den forensischen Diskurs des Gerichtsverfahrens.

(1) Der allgemeine praktische Diskurs auf der ersten Ebene ist der Diskurs, in dem allgemeine normative, insbesondere moralische Fragen, also zumal solche der Gerechtigkeit im Sinne normativer Richtigkeit erörtert werden. Es ist dies die Ebene der Ethik, der Moralphilosophie, der Rechtsethik, der Rechtsphilosophie, der Sozialphilosophie oder der politischen Philosophie und Theorie. Die Frage dort lautet: Wie sollte das Recht sein, welche politischen Vorstellungen sollte es umsetzen? Alexy spricht insofern von einem „allgemeinen Gesetzbuch der praktischen Vernunft“[37].

(2) Auf der zweiten Ebene steht der praktisch-politische Diskurs. Da auf der ersten Ebene letztbegründbare[38] normative „Wahrheiten“ nicht erreichbar sind, dort vielmehr immer nur Vorschläge und Plausibilitäten für richtiges, also gerechtes Recht entwickelt werden können, bedarf es des politischen Diskurses, in dem zwischen den auf der ersten Ebene entwickelten Alternativen und Modalitäten politisch auszuwählen ist. Auf Ebene zwei wird positiv-rechtlich festgelegt, mithin politisch *entschieden*, was richtig im Sinne von gerecht sein soll. Die zweite Ebene ist die Ebene der Politik, auf der politische Überzeugungen in positives Recht fließen.

---

[35] Vgl. die Nachweise in Fn. 9.

[36] *C. Bäcker*, Gerechtigkeit im Rechtsstaat, 2015, 289 ff.; dazu *Lindner*, Rechtsstaat und Gerechtigkeit, RphZ 2016, 453 ff.

[37] *Alexy* (Fn. 5), Theorie der Grundrechte, 1985, 500.

[38] Zum Problem der Letztbegründung s. *Lindner*, Theorie der Grundrechtsdogmatik, 2005, 80 ff.; *ders.*, Rechtswissenschaft als Metaphysik, 2017, 26, 34.

(3) Auf der dritten Ebene findet der juristische Diskurs im Sinne der rechtswissenschaftlichen Dogmatik statt, die Rechtswissenschaft im engeren Sinne. Ihr obliegt es, Probleme, die sich im Rahmen der Auslegung und Anwendung des auf Ebene zwei politisch zustande gekommenen positiven Rechts ergeben, einer systematisch-generalisierbaren Lösung zuzuführen. Die Ebene drei ist die Ebene der Rechtsdogmatik.

(4) Verbleibt schließlich die Ebene vier, der gerichtliche Diskurs. Diesem kommt die Aufgabe zu, auf der Basis des politisch verantworteten positiven Rechts und auf der Basis des rechtswissenschaftlich-dogmatischen Diskurses normative Richtigkeitsentscheidungen für den Einzelfall zu treffen und dadurch Streitigkeiten über die Auslegung und Anwendung des Rechts zumeist im konkreten Fall zu entscheiden

2. Leistungsfähigkeit dieses Modells

Das soeben nur schemenhaft skizzierte Modell ermöglicht es, Aussagen über Recht, Gerechtigkeit und Politik abzuschichten und zu systematisieren: Eine Aussage darüber, welchen Inhalt eine Rechtsnorm haben *sollte*, ist dem allgemeinen moralisch-rechtsphilosophischen, gerechtigkeitstheoretischen Diskurs der Ebene eins oder dem politischen Diskurs der Ebene zwei zuzuordnen. Sie ist maßgeblich von der Aussage zu unterscheiden, welchen Inhalt positives Recht *hat* und wie eine positiv-rechtliche Rechtsnorm im Einzelfall anzuwenden ist. Hierfür spielen gerechtigkeitstheoretische und politische Erwägungen keine Rolle mehr. Sie kommen allenfalls im Rahmen der Auslegung der Norm zum Tragen, wenn es darum geht, den Willen des Gesetzgebers zu ermitteln, oder im Rahmen der Ausfüllung vom Gesetzgeber belassener Umsetzungsspielräume (z. B. Ermessensausübung). Das von Alexy begründete Modell ist insofern ein positivistisches wissenschaftstheoretisches Ordnungsmodell, als es Aussagen über das Recht, so wie es ist, klar von Aussagen über das Recht, so wie es aus gerechtigkeitstheoretischer oder politischer Sicht sein sollte, trennt. Deshalb ist dieses Modell auch ein demokratieadäquates Rationalitätsmodell des Rechts.

3. Das Problem der Diskursebenenüberschreitung

Ein großes Potenzial des Alexy'schen Diskursebenenmodells liegt in der Möglichkeit der Analyse von Diskursebenenüberschreitungen[39]. Eine Diskursebenenüberschreitung liegt dann vor, wenn ein Beteiligter am Diskurs auf der juristisch-dogmatischen Ebene so argumentiert, als befände er sich

---

[39] Dazu näher *Lindner*, Rechtswissenschaft als Metaphysik, 50ff.

auf der Ebene eins oder der Ebene zwei, also der Ebene des allgemein-praktischen oder des politischen Diskurses. Ein Rechtsdogmatiker oder Richter beispielsweise begeht eine Diskursebenenüberschreitung, wenn er bei der Systematisierung, Auslegung und Anwendung des positiven Rechts Erkenntnisse oder Thesen einfließen lässt, die dem allgemein-praktischen, also dem philosophischen oder dem politischen Diskurs zuzuordnen sind und im positiven Recht keinen Niederschlag gefunden haben. Der Rechtswissenschaftler oder der Richter bringt bei der Auslegung oder Fortbildung des positiven Rechts, insbesondere bei der Interpretation allgemein gehaltener Rechtsnormen oder bei der Deutung unbestimmter Rechtsbegriffe eigene außerrechtliche metaphysische oder politische Wert- und Gerechtigkeitsvorstellungen ein. Er setzt sich also an die Stelle des Philosophen, der sagt, wie das Recht sein sollte, oder er setzt sich an die Stelle des Gesetzgebers, der politisch entschieden hat, wie das Recht *ist*. Der Rechtsdogmatiker oder Richter agiert im Falle der Diskursebenenüberschreitung also nicht mehr als Rechtswissenschaftler oder Richter, sondern als Philosoph oder Politiker. Eine solche Diskursebenenüberschreitung ist zumindest in einem demokratischen Rechtsstaat nicht zuletzt ein Legitimationsproblem.

4. Das Metaphysikproblem der Rechtswissenschaft

Die Analyse von Diskursebenenüberschreitungen zeigt das Metaphysikproblem der Rechtswissenschaft. Dieses besteht – kurz gesagt[40] – darin, dass der Rechtsdogmatiker oder Richter eigene moralische (also letztlich metaphysische) Richtigkeitsurteile, die eigentlich auf Ebene eins des Diskursmodells anzusiedeln sind, oder eigene politische Richtigkeitsurteile, die zu Ebene zwei des Diskursmodells gehören, auf Ebene drei oder vier anwendet, wo sie gerade nicht hingehören. Freilich wird dem Rechtswissenschaftler die Diskursebenenüberschreitung auch leicht gemacht. Die Einflusspfade für Metaphysik (und Politik) in die Anwendung und Auslegung des positiven Rechts sind von der Rechtswissenschaft selbst breit ausgebaut worden und mittlerweile komfortabel begehbar:[41] Die allgemeine Methodenlehre der Rechtswissenschaft ist bis heute von einem hohen Maße an Beliebigkeit geprägt[42]. Es fehlt nach wie vor an einer Metamethodik, die die gängigen Auslegungsmethoden einigermaßen ordnen und der Infiltration von Moral und Politik

---

[40] Dazu näher *Lindner*, Rechtswissenschaft als Metaphysik, 50.

[41] Zum Ganzen m. w. N. *Lindner*, Rechtswissenschaft als Metaphysik, 71 ff.

[42] Vgl. aus der einschlägigern rechtswissenschaftlichen Literatur nur: *Wolf/Neuner*, Allgemeiner Teil des Bürgerlichen Rechts, 11. Aufl. 2016, 29 ff.; *Koller*, Theorie des Rechts, 2. Aufl. 1997, 185 ff.; *Larenz/Canaris*, Methodenlehre der Rechtswissenschaft, 3. Aufl. 1995; *F. Müller*, Juristische Methodik, 7. Aufl. 1997; *Zippelius*, Juristische Methodenlehre, 11. Aufl. 2012; jüngst *F. Reimer*, Juristische Methodenlehre, 2016.

in das positive Recht entgegenwirken würde. Es fehlt zudem eine anerkannte Theorie rechtswissenschaftlicher Begriffsbildung, was zu einer beachtlichen Begriffsbeliebigkeit in der Rechtswissenschaft geführt hat.[43] Gleiches gilt für die Bildung rechtswissenschaftlicher Theorien auf einer mittleren Abstraktionsebene. Auch insofern ist der Rechtswissenschaftler, sofern er nicht gerade ausdrücklich gegen das positive Recht verstößt, weitgehend frei bei der Erfindung von Theorien und Erklärungsmodellen. Diese Offenheiten in der Methodik, in der Begriffs- und Theoriebildung ermöglichen es dem Rechtswissenschaftler und Richter, eigene politische oder moralische Überzeugungen in die Anwendung und Auslegung des positiven Rechts (tunlichst verdeckt) einfließen zu lassen. Der Rechtsdogmatiker und der Richter konterkariert damit die Funktion der Politik und der politischen Ebene, nämlich Interessenkonflikte oder politische Zielkonflikte im politischen Diskurs zu entscheiden. Er verschiebt das Politische ins Recht. *Dafür* fehlt ihm letztlich die Legitimation. Der Rechtsdogmatiker und Richter kann zwar ohne weiteres – wie jeder Mensch – selbst am moralischen oder politischen Diskurs teilnehmen, hat dies dann aber rollenspezifisch *transparent* zu machen. Es muss deutlich werden, dass der Rechtsdogmatiker oder Richter gerade nicht über das Recht, so wie es ist, spricht, sondern über das Recht, so wie es sein sollte oder so wie es hätte sein können oder wie es vielleicht einmal sein könnte.[44]

5. Folgerungen

Was folgt daraus? Es sollte daraus jedenfalls das Desiderat einer metaphysik- und politiksensiblen Haltung der Rechtswissenschaft folgen.[45] Nicht im Sinne einer Kritik metaphysischer oder politischer *Inhalte*, sondern Sensibilität im Sinne eines kritischen Bewusstseins, dass rechtsdogmatisches, rechtssystematisierendes und rechtsanwendendes Denken und Argumentieren schon hermeneutisch immer der Gefahr unterliegt, eigene weltanschauliche, moralische oder politische Überzeugungen und Vorverständnisse einfließen zu lassen. Es bedürfte einer Schärfung der juristischen Methodenlehre, der Entwicklung einer Theorie rechtswissenschaftlicher Begriffs- und Theoriebildung sowie eines – wenn man so will – Ethos einer moralischen und politischen Selbstbescheidung des Rechtswissenschaftlers. Dazu gehört maßgeblich die Forderung nach Rollentransparenz und nach Rollenehrlichkeit des Rechtswissenschaftlers.

---

[43] Dazu *Lindner/Struzina*, Zur Psychologie der Rechtssprache, RphZ 2021 (i. E.).
[44] Zu solchen Fragen grundsätzlich auch *Lagodny*, Zwei Strafrechtswelten, 2021, 206 ff.
[45] Zu diesem Postulat und entsprechenden Vorschlägen zu dessen Umsetzung s. näher *Lindner*, Rechtswissenschaft als Metaphysik, 145 ff.

VI. Die Rolle von Gerechtigkeit und Politik im Diskursmodell des Rechts

Das vierstufige Rationalitätsmodell für den Diskurs über das Recht ermöglicht nicht nur die Analyse von Diskursebenenüberschreitungen und damit eine Dechiffrierung politischer oder ethisch geleiteter Interpretation des positiven Rechts. Es kann noch ein weiteres leisten, nämlich eine *genauere* Analyse der Rolle und Funktion nicht nur der Gerechtigkeit, sondern auch der Politik oder wenn man so will des Politischen (als Transformationsinstrument) im Verhältnis zum positiven Recht. Es lassen sich diesbezüglich jedenfalls fünf verschiedene Aspekte unterscheiden, die nachfolgend mit den Begriffen

- Reflexivität (1.),
- Ermöglichung (2.),
- Begrenzung (3.),
- Kontrolle (4.) und
- Dynamik (5.)

bezeichnet werden sollen.

1. *Reflexivität*

Zunächst lässt sich ein Reflexivitätsverhältnis zwischen dem vierstufigen Rationalitätsmodell selbst und der Politik denken. Dies ist der Fall, wenn die Politik (mit ihren Vorstellungen von Gerechtigkeit) selbst gewissermaßen reflexiv auf das rechtswissenschaftspositivistische Diskursmodell des Rechts zurück- und einwirkt, um sich selbst möglicherweise mehr Raum im Verhältnis zum Recht zu verschaffen und Diskursebenenüberschreitungen zu ermöglichen. Ein solches Ansinnen der Politik, sich – in eigenem Interesse – über das Rationalitätsmodell des Rechts hinwegzusetzen oder sich dieses für eigene Zwecke zurecht zu konstruieren, hätte freilich etwas Münchhausengleiches an sich. Denn Politik und Gerechtigkeitsdiskurs sind ihrerseits Bestandteile des Modells und werden in diesem Modell auf einen bestimmten Raum verwiesen, nämlich auf die erste und zweite Diskursebene. Würden Politik und Ethik (als Lehre von der Moral und Gerechtigkeit) das Diskursmodell selbst ändern und den Raum für das Politische auf die Ebenen drei und vier erweitern, würde sie sich gewissermaßen selbst aus dem Sumpf der eigenen (wissenschaftstheoretischen) Beschränkung ziehen. Sie würden gewissermaßen die Spielregeln auf der Metaebene verändern. Als konkretes Beispiel für ein solches Vorgehen kann die vor allem in jüngster Zeit härter werdende Kritik an der Rolle des Bundesverfassungsgerichts und dessen Verhältnis zur Politik dienen. Der zunehmend geäußerte grundsätzliche, durchaus berechtigte Vorwurf der Politik an das Bundesverfassungsgericht, dieses betreibe insbesondere durch die Überdehnung des Verhältnismäßigkeitsgrundsatzes selbst Politik und setze sich an die Stelle des Gesetzgebers, ist nun nicht neu, sondern jeder Verfassungsgerichtsbarkeit immanent.[46] Der Politiker, der dem Bundesverfassungsgericht vorwirft, die Grenze zwischen Verfassungsrecht und Politik zu überschreiten, überschreitet diese Grenze allerdings selbst, freilich in umgekehrter Richtung, indem er nämlich vom Bundesverfassungsgericht erwartet, politische Entscheidungen zu *akzeptieren* und nicht vollumfänglich der Kontrolle am Maßstab des Verfassungsrechts zu unterziehen. Dazu ist das Bundesverfassungsgericht aber infolge der vollumfänglichen Bindung der Politik an die Maßstäbe des Grundgesetzes (Art. 1 Abs. 3, Art. 20 Abs. 3 GG) verpflichtet. Im deutschen Verfassungsrecht gibt es keinen verfassungsfreien „Vorrang des Politischen". Was es gibt, sind von der Verfassung belassene Gestaltungsspielräume, die von der Politik allerdings lediglich verfassungskonform genutzt werden dürfen – was das Bundesverfassungsgericht zu überprüfen berufen ist. Der Vorwurf der Politik an das Bundesverfassungsgericht, die Grenze zwischen Verfassungsrecht und Politik zu überschreiten, ist letztlich nichts anderes als der Versuch der Politik, den ihr vom Diskursmodell auf Ebene zwei belassenen Raum insoweit auf die Ebene drei und vor allem vier auszuweiten, als sie politische Entscheidungen von (verfassungsrechtlicher) Überprüfung freihalten möchte.

2. *Ermöglichung*

Ein positivistisches Diskursmodell weist der Politik zweitens einen legitimen Rahmen zu, in dem sie weitgehend frei von rechtlichen Bindungen (mit Ausnahme von verfassungsrechtlichen und völkerrechtlichen Vorgaben) agieren und sich der Realisierung ihrer Gerechtigkeitsvorstellungen widmen kann. Auf der Ebene zwei des Diskursmodells bahnt sich das Politische prozedural und kommunikativ Raum. Die Bindungsfreiheit ist für den Verfassungs*geber* im politischen Prozess der Verfassungsgebung nahezu grenzenlos. Für den *einfachen* Gesetzgeber hingegen ist der Raum des Politischen insofern begrenzt, als er bei der Umsetzung politischer Konzepte und Gerechtigkeitsvorstellungen in positives Recht verfassungsrechtliche und zunehmend auch europarechtliche Vorgaben zu beachten hat.

3. *Begrenzung*

Hier liegt umgekehrt und gewissermaßen als Kehrseite der Medaille drittens auch eine Begrenzungsfunktion des Diskursmodells. Außerhalb des vom Diskursmodell zugewiesenen Raumes dürfen Politik und Ethik auf das Recht

---

[46] Vgl. etwa *Voßkuhle*, Karlsruhe unlimited? FAZ Nr. 49 v. 27.2.2020, 8.

keinen Einfluss haben, also zumal nicht auf der Ebene der Rechtsdogmatik und auch nicht bei der Rechtsanwendung. Ist auf der Ebene zwei des Diskursmodells im politischen Prozess der Verfassungsgebung eine Entscheidung gefallen, kann sich Politik darüber nicht hinwegsetzen, es sei denn durch den actus contrarius der Verfassungsänderung (vgl. Art. 79 GG[47]) oder Verfassungsneuschöpfung (vgl. Art. 146 GG). Ist auf *einfachgesetzlicher* Ebene eine politische Entscheidung getroffen, d. h. in positives Recht umgesetzt worden, darf sich Politik auch darüber nicht ohne weiteres, sondern nur im Wege der gleichrangigen Rechtsänderung hinwegsetzen. Keinen „Zugriff" hat Politik also auf die Ebenen drei und vier des Modells, also auf die Rechtsdogmatik und die gerichtliche Entscheidung rechtlicher Streitigkeiten. Diese Begrenzungsfunktion findet in zwei Richtungen statt: Einmal hat die Politik keinen unmittelbaren Zugriff auf die Ebenen drei und vier des Diskursmodells. Zum anderen dürfen Rechtsdogmatiker und Richter auf den Ebenen drei und vier des Diskursmodells ihrerseits nicht in der Weise auf die Ebene zwei, also auf die politische Stufe zurückgreifen, dass sie *eigene* politische Richtigkeitsüberzeugungen an die Stelle der Entscheidungen setzen, die die dafür berufenen politischen Organe im positiven Recht getroffen haben. Dazu ein *Beispiel*: Ob die Präimplantationsdiagnostik (PID) eine moralisch richtige oder zumindest vertretbare Handlung ist, wird im allgemeinen praktischen Diskurs in der Ethik und Moralphilosophie (streitig) verhandelt (Ebene eins). Hat der Gesetzgeber im praktisch-politischen Diskurs des Gesetzgebungsverfahrens (Ebene zwei) eine Entscheidung über die (partielle) Zulässigkeit der PID getroffen, wie dies mit § 3a ESchG geschehen ist, so darf ein Anwender oder Kommentator dieser Norm, der die PID moralisch grundsätzlich ablehnt, etwa ein Medizinrechtsdogmatiker, eine Ethikkommission bei der Entscheidung über eine Zustimmung nach § 3a Abs. 3 S. 1 Nr. 2 ESchG oder die Aufsichtsbehörde der Ethikkommission[48], diese Norm nicht so eng auslegen, dass die PID im Ergebnis nicht zur Anwendung kommen kann. Denn dadurch würde die auf Ebene zwei des Diskursmodells getroffene Entscheidung durch eine metaphysisch geprägte Haltung oder Entscheidung des Rechtsdogmatikers oder Richters auf Ebene drei oder vier des Diskursmodells konterkariert. Der Rechtsdogmatiker agiert dann in Wirklichkeit als Metaphysiker.

4. Kontrolle

Das Diskursmodell erlaubt zusätzlich eine Kontrolle der Ermöglichungs- und Begrenzungsdimension. Dadurch, dass sich jede rechtsbezogene Aussage einer der Ebenen des Diskursmodells zuordnen lässt, werden Diskurs-

---

[47] Wobei die sog. „Ewigkeitsklausel" des Art. 79 Abs. 3 GG zu beachten ist.

[48] *F. Huber/Lindner*, MedR 2016, 945.

ebenenüberschreitungen analysierbar, benennbar und kritisierbar. Hierdurch wird politische, rechtliche und wissenschaftliche Zurechnung und Kontrolle möglich.

5. *Dynamik*

Man mag einwenden, dass das hier zu Grunde gelegte wissenschaftspositivistische Rationalitätsmodell rechtlichen und politischen Argumentierens zu *statisch* sei. Es sei den dynamischen, von der Verfassung anerkannten und gewünschten Entwicklungsprozessen des Politischen in den verschiedenen Kommunikationsgemeinschaften und -kontexten nicht adäquat. Ein solcher Einwand ist einerseits richtig, andererseits verkürzt. Richtig ist er insofern, als ein Rationalitätsmodell des Rechts in der Tat hinreichend statisch sein muss, um seine Funktionen zu erfüllen. Gerade Begrenzungen, Abschichtungen und Zuordnungen verschiedener Argumente zu unterschiedlichen Argumentationsebenen setzen ein einigermaßen statisches Zuordnungsschema voraus – ansonsten alles in assoziativer Geschwätzigkeit diffundieren würde. Falsch ist der Vorwurf des Statischen hingegen insofern, als das Rationalitätsmodell auf den jeweiligen Stufen sehr wohl dynamische Weiterentwicklungen zulässt und ermöglicht, mithin genug Raum für das Politische und die diesem immanenten Gerechtigkeitsdiskurse gewährt: Auf der Ebene eins, dem philosophischen, dem allgemein-praktischen Diskurs gibt es keine Grenzen für die Entfaltung des Geistes und der Argumente – „anything goes“[49]. Auch auf der Ebene zwei, dem Feld des politischen Diskurses, gibt es mit Ausnahme der rechtlichen Grenzen des Verfassungsrechts und des Europarechts, keine Behinderungen von Dynamik. Weniger dynamischen Entfaltungsfreiraum hat indes die Rechtswissenschaft im Sinne der Rechtsdogmatik. Sie ist an das geltende positive Recht, an die in Recht geflossenen politischen Entscheidungen gebunden und darf sich nicht an die Stelle des politischen Gesetzgebers setzen. Dies gilt natürlich auch für die Ebene der Gerichtsbarkeit. Der Grundsatz der Gewaltenteilung ließe gar nichts anderes zu.

---

[49] *Feyerabend*, Wider den Methodenzwang, 1976, der seine Thesen allerdings im Hinblick auf die Naturwissenschaften entwickelte: „Der einzige allgemeine Grundsatz, der den Fortschritt nicht behindert, lautet: Anything goes“ (a. a. O., 21); vgl. dazu etwa *Poser*, Wissenschaftstheorie. Eine philosophische Einführung, 2. Aufl. 2012, 187 („Methodenanarchismus als Methode“).

VII. Fazit

Recht, Gerechtigkeit und Politik stehen in einem paradoxen Spannungsverhältnis. Der Rechtspositivismus kann der Politik zum einen dienen, ihre Konzepte von Gerechtigkeit durchzusetzen. Auf der anderen Seite nimmt der Rechtspositivismus für sich in Anspruch, Garant für die Ideologie- und Politikfreiheit der Rechtsanwendung zu sein. Der Rechtspositivismus ist also Steigbügelhalter und zugleich Korsett der Politik. Darüber hinaus erweist sich das Verhältnis von Rechtspositivismus und Politischem, von Recht, Gerechtigkeit und Politik als komplex. Diese Komplexität lässt sich reduzieren, indem man versucht, sie in ein positivistisches Rechtswissenschaftsmodell wie es das vierstufige Diskursmodell nach Alexy darstellt, einzuordnen. Dieses Modell ermöglicht es, dem Politischen und dem Rechtlichen, der Gerechtigkeit und dem Recht hinreichend Aktions- und Kommunikationsräume zuzuweisen. Entscheidend für die Rationalität juristischer und politischer Diskurse ist die Bereitschaft aller Akteure, der politischen wie der rechtswissenschaftlichen, im Rahmen des Diskursmodells erstens auf der Ebene zu verbleiben, die einem jeweils zugewiesen ist und zweitens für den Fall, dass man die Stufe verlässt, also eine Diskursebenenüberschreitung vornimmt, diese transparent zu machen.

Entwicklungslinien, aktuelle Fragen
und zukünftige Herausforderungen

"Employees in the Fourth Industrial Revolution"

Martina Benecke

I. Introduction

Since its foundation, the Faculty of Law at the University of Augsburg has always sought to strengthen its relationships with universities outside of Germany. These relationships not only demonstrate the international mindset of the research carried out in Augsburg, but also benefit young academics who are afforded numerous opportunities to spend time abroad and get to know other (legal) cultures both during and after their studies. A tradition of cooperation exists between the Law Faculty of the University of Augsburg and the Law Faculty of the University of Johannesburg. As a part of this relationship of cooperation, over the last few years annual bi-national conferences have been organised alternating between the countries. In 2020, the conference which was to be held in Johannesburg had to be cancelled due to the "Covid 19 crisis". Against this background, this contribution is dedicated to the relationship between the Augsburg Law Faculty and the Johannesburg Law Faculty as well to the many co-operative relationships the Augsburg Law Faculty maintains with other universities outside of Germany. At the same time, the chosen topic highlights another special feature of the Augsburg Faculty of Law: research and teaching in Augsburg has always reflected new developments that take place in the business world and in society at large. The fourth industrial revolution – computerisation and global networking – which has even been accelerated by the "Covid 19 crisis" – not only raises questions of liability, but has also fundamentally influenced the interpretation and application of labour law. This begins with the scope of application of labour law rules, which is itself dependant on the crucial question "who is an employee?" in terms of the various applicable German rules and regulations.

What is an employee? The answer seems straightforward: a person connected to another person or company by an employment contract. This leads to another question: what is an employment contract, and what distinguishes it from a service contract with a freelancer? In German and in European law, the debate about the correct definition of employer is nearly as old as the history of labour law. But it was not until 2017 that the German legislature introduced the first definition of employment contract in the revised § 611a Bürgerliches Gesetzbuch (German Civil Code, hereafter: BGB). It was intended to sum up the definitions of German jurisprudence, especially the jurisprudence of the Bundesarbeitsgericht (Federal Labour Court, hereafter: BAG). Unfortunately, the new law did not take account of the latest developments in management.

There are two other developments that derive from the same cause: the fourth industrial revolution of computerisation and robotisation. Computerisation results in new forms of work, especially crowdworking. It raises the question of whether crowdworkers are bound to their principal by an employment contract, and so enjoy the same rights and protection as employees in the workplace. The second development is the position of robots and artificial intelligence in labour law. Of course, only humans can be employees. But the issue is the question of liability for the actions of robots and/or artificial intelligence – for example, in cases of discrimination by artificial intelligence.

II. Modern types of work and employment – the limits of the terms *employee* and *employer*

1. Introduction: Crowdwork and other contract arrangements

Crowdwork is a general term for the execution of work by a large number of people who each contribute a small amount of labour. It is usually organised on websites that engage people to undertake mainly low-level repetitive tasks, such as data entry, ranking URLs on Google, transcribing recordings, or tagging photographs. Other websites are used to hire workers for very different tasks from housekeeping to legal consulting. A similar form of the execution of work called scrum has its main application area in software engineering. Scrum is an agile process framework for managing complex knowledge work. Usually teams of ten or fewer members break down their work into goals that can be completed within time-boxed iterations of one month or less.

2. Relevance of the position as employee

The protection of employees in German labour law is manifold and effective. One has to distinguish the individual-based labour law providing individual protection, such as protection against dismissal, continued remuneration in the event of sickness, and social security provisions. And collective employment law provides several forms of worker participation, all of which are based on the status as employee. There are three pillars of worker participation in Germany: collective agreements by trade unions, works constitutions, and co-determination in supervisory boards. Only employees can vote for worker representatives, and so only employees can enjoy worker participation.

3. Possible solutions

It is not only in Germany that the position of crowdworkers and similar clickworkers is the object of great concern. Many are dependent on their principal – a position that is comparable to employees. Nevertheless, only employees enjoy a regular income, workplace protection, health coverage, and worker participation. Despite many claims by trade unions, no activities of national or European legislatures are really focusing on the challenges of the new economy.

The main differentiation criteria between freelancers and employees are (a) work in the service of another person integrated in his company, (b) work as a subject of instruction, and (c) personal dependence.[1] To find out whether crowdworkers fulfill these criteria, there must be a differentiation between different forms of crowdwork.[2] The first distinction is between internal and external crowdwork. Some companies open crowdwork sites to their own employees – some exclusively, some in addition to external workers. If an employee of the principal takes part, they remain an employee even if they compete with externals.

The second distinction relates to the contractual relationships between the parties. There are legal relationships between the crowdworker and their principal, and between the crowdworker and the operator of the internet platform. In most cases, there is no employment relationship between clickworkers and the internet platform, because there is no integration in the internet company and usually no dependency on instructions. There are some disputed possible exceptions – the most prominent of which is the Uber platform. In some cases, such as in cases of home keeping, the result may be a contract between the crowdworker and their customer, but usually here again there is neither integration nor dependency on instructions. Therefore, the contract is usually a contract for work or a contract for freelance services.

In summary, the current law does not provide much of a solution. However, German law does recognise some relationships between employees and self-employed persons. One is the *Heimarbeiter* (which you might translate

---

[1] *Maties*, in: BeckOGK, 1.12.2019, § 611a BGB paras. 57 ff.

[2] *Lingemann/Charkrabati* in: Arnold/Günther (eds.), Arbeitsrecht 4.0, 2018, chapter 2, paras. 84 ff.

as homeworker). There is a law from 1951[3] which defines homeworkers as people working alone or with their family members at a self-chosen workplace, which may mean their own home, based on an order from a customer that leaves the exploitation rights of the work to the customer. The relevant law provides protection concerning safety at work, wage protection, and protection against dismissal. Homeworkers also take part in worker participation.[4]

Homeworkers usually performed rather simple work, such as assembling ball-point pens or toys. But according to a judgement of the German Federal Labour Court the law may even apply to qualified white-collar-occupations – the subject of the case was a computer programmer.[5] German lawyers are now discussing whether the status as *Heimarbeiter* may be a solution for the social problems of crowdwork.[6] However, there are no decisions of the Federal Labour Court concerning this question, so considerable legal uncertainty remains.

4. Statement

Frequently, protection without limits offers less protection. Therefore, one has to consider whether the protection balances the interests of the persons concerned and corresponds to the purpose of the relevant laws. The first relevant fact is that many clickworkers do not want to be employees at all. They enjoy their independence and flexibility; and many of them are university students or work in another job. They do not feel any attachment or bond to the company they work for. They have no interest in electing a worker's council, which participates in decisions on the new factory canteen and the meals served.

On the other hand, crowdworking may be a means to evade the protection of labour law. There are clickworkers who are deeply dependent on their principal, and urgently in need of protection. Some of them may fall under the legal definition of the term employee. For others, the position as homeworker may be a solution. The best solutions would be a law providing precise and explicit definitions of the terms employee and homeworker. Unfortunately, this solution is not very likely, but maybe the Federal Labour Court will take the opportunity to clarify the situation.

---

[3] Heimarbeitsgesetz (Homework Act).

[4] § 5(1) sentence 2 Betriebsverfassungsgesetz (Works Constitution Act).

[5] BAGE 155, 264.

[6] See *Deinert*, RdA 2018, 359 with further references.

III. Modern co-workers and their actions: the employer's liability for the actions of robots and/or artificial intelligence

Robots and the application of artificial intelligence facilitate work processes and minimise human mistakes. However, even technology has its weaknesses, and sometimes a robot runs amok or computers make wrong decisions and the result is a violation of the legally protected rights of a worker, an applicant, or a third person. Who is liable – the robot itself, its engineer or producer, or the entrepreneur who profitably applies the technology? To answer this question, I will give a brief overview of the relevant German and European rules.

1. The legal liability of the employer under German law

a) Legal basis

The German Civil Code provides only few specific rules concerning liability between employer and employee;[7] therefore, the general provisions governing liability apply. If the harmful act happens in the course of work duties, the relevant rule is § 280(1) BGB. Tort rules are also applicable, especially § 823 BGB. Both rules require fault and causality of the harmful act. Special rules govern the liability of vehicle drivers, and data protection.

Although there is no specific law in Germany, the liability rules are radically restricted in their application to employees. If an employee commits a harmful act, they will only be liable if they have acted with gross negligence (*grobe Fahrlässigkeit*). If they act with negligence, they may be liable for a certain part of the damage, but they will not be liable at all in cases of simple negligence.[8] This is a specific development of the law by labour judges, which nowadays reflects the general understanding of the matter – a very special case in German law.

b) Special rules governing the liability of employers

aa) Directive concerning the minimum safety and health requirements for the use of work equipment by workers at work

The referenced characteristics only apply to the employee and the liability of the employer is dependent on the general rules of the Civil Code. In particular, the employer is liable even if they have only been slightly negligent.

---

[7] See especially§ 619a BGB, further §§ 615 sentence 3, 618, 628 BGB.

[8] Settled case law since BAG GS 25.9.1957 – GS 4/65 AP RVO §§ 898, 899 Nr. 4; see further *Otto/Schwarze/Krause*, Die Haftung des Arbeitnehmers, 4th edn. 2014; *Reichold*, in: Kiel (ed.), Münchener Handbuch zum Arbeitsrecht, Bd. I, 4th edn. 2018, § 57.

Apart from that, there are some special rules. The first concern accidents at work and work-related illnesses of employees. They are covered by statutory accident insurance, because the employer pays their insurance contributions. Therefore, the employer is only liable for the damages caused by an accident at work if they have acted intentionally or with gross negligence.[9] However, the insurance covers only bodily injury, and it does not cover immaterial damages, such as by discrimination.

Other special rules apply to robots counting as "work equipment" for the purposes of the directive concerning the minimum safety and health requirements for the use of work equipment by workers at work[10] – implemented into German law by the *Betriebssicherheitsverordnung* (Workers' Safety Regulation), henceforth: BetrSichV. It applies to the 'use of work equipment' meaning any activity involving work equipment such as starting or stopping the equipment, its use, transport, repair, modification, maintenance and servicing, including cleaning (Article 2(b) Dir 2009/104/EU). Protected persons are 'exposed workers', who wholly or partially work in a dangerous zone (Article 2(d) Dir 2009/104/EG).

Pursuant to Article 2(a) of Directive 2009/104/EU, work equipment is any machine, apparatus, tool or installation used at work. This broad term applies to robots and computer systems, including autonomously functioning units. The core provision of the Directive is Article 5: the inspection of work equipment.[11] The employer has the duty to ensure the safety of work equipment they install; there has to be an initial inspection and further inspections after assembly at a new site etc. and periodic inspections. Accordingly, the employer must take the measures necessary to ensure that the work equipment may be used by workers without impairment to their safety or health and if there is a residual risk, is has to be minimised (Article 3(2) Dir 2009/104/EU).[12]

---

[9] § 110(1) SGB VII.

[10] Council Directive 89/655/EEC of 30.11.1989 concerning the minimum safety and health requirements for the use of work equipment by workers at work (second individual Directive within the meaning of Article 16(1) of Directive 89/391/EEC), replaced by Directive 2009/104/EC of the European Parliament and of the Council of 16.9.2009 concerning the minimum safety and health requirements for the use of work equipment by workers at work (second individual Directive within the meaning of Article 16(1) of Directive 89/391/EEC), OJ EC 2009 L 260/5.

[11] In Germany: *Gefährdungsbeurteilung*, § 3 BetrSichV.

[12] Concerning Germany and the use of robots, see *Günther/Böglmüller*, BB 2017, 53 (54).

bb) Antidiscrimination law

There has been is a special antidiscrimination law in Germany since 2006.[13] The General Act on Equal Treatment (*Allgemeines Gleichbehandlungsgesetz*, hereafter: AGG) implements four EU Directives.[14] The act prohibits discrimination on the grounds of race or ethnic origin, gender, religion or belief, disability, age, or sexual orientation. As an exception, a difference does not constitute discrimination — for example because of the nature of the particular occupational activities (§ 8 AGG). Where this is not the case, the discriminating person – the employer – is liable for compensation or damages.

The strict liability for damages applies to material damages. These may be significant, if there is a causal relation between discrimination and a recruitment decision or promotion decision.[15] However, an applicant sustains only any material damage if they would be the person otherwise recruited or promoted. In other words, applicants have to prove that, as the best-suited applicant, they would have been given the job if the selection had been non-discriminatory. In practise, this is really hard to prove.[16]

The entitlement to compensation pursuant to § 15(2) AGG closes this legal gap. The provision states that for damages that do not constitute economic loss, an appropriate compensation in money is owed. In the event of non-recruitment because of discrimination, the compensation shall not exceed three monthly salaries. Pursuant to § 15(6) AGG, in principle there is no claim to the establishment of an employment relationship, a vocational training relationship or to promotion. Another rule (§ 22 AGG) contains a statutory easing of the burden of proof in favour of the discriminated person, i. e. the applicant.[17]

---

[13] Information in English: https://www.antidiskriminierungsstelle.de/SharedDocs/Downloads/DE/publikationen/Wegweiser/agg_wegweiser_engl_guide_to_the_general_equal_treatment_act.pdf;jsessionid=2185516E3BF42D27FA0A60A9C70168D9.1_cid340?__blob=publicationFile&v=15 (accessed on 7.2.2021).

[14] Council Directive 2000/43/EC of 29.6.2000 implementing the principle of equal treatment irrespective of race or ethnic origin (Racial Equality Directive), OJ EC 2000 L 180/22; Council Directive 2000/78/EC of 27.11.2000 establishing a general framework for equal treatment in employment and occupation. Through the Framework Directive on Employment, the EU pursues the objective of creating a general framework to combat discrimination on grounds of religion or belief, disability, age, or sexual orientation in employment and occupation, OJ EC 2000 L 303/16; Council Directive 2004/113/EC of 13.12.2004 implementing the principle of equal treatment between men and women in the access to and supply of goods and services (Equal Treatment in Goods and Services Directive, OJ EC 2004 L 373/37; Directive 2006/54/EC of 5.7.2006 of the European Parliament and Council (formerly Council Directive 2002/73/EC amending Council Directive 76/207/EEC) on the implementation of the principle of equal opportunities and equal treatment of men and women in matters of employment and occupation (recast), OJ EC 2006 L 204/23.

[15] See *Benecke*, DB 2011, 934.

[16] See *Dzida/Groh*, NJW 2018, 1917 (1921) with further references.

[17] See also *Weigert*, NZA 2018, 1166.

2. *Liability for systems acting autonomously*

a) Issue

It is not only for technical matters that a distinction must be made on the special questions of the liability for modern technology in the liability for autonomously acting systems and the liability for artificial intelligence. Both are connected by their very nature: the more complicated acts of robots or autonomous vehicles are based on artificial intelligence. The reason for the differentiation is a juridical one based on the cause of the (possible) violating act. Different technical systems carry the risks of different violations of legal interests.

Therefore, it is very unlikely that the pure use of software may cause a physical injury or material damage. This may be different when the software moves robots or vehicles. In 2015, a worker in a German VW-factory was killed because a robot squeezed his body against a metal sheet.[18] In the USA in 2016, a driver died because his car's autopilot recognised a truck as a gate. This was not the case here, but this could easily have been an accident at work.[19] The joint factor that both cases have in common is that it is a machine and not a human being that commits the violating "act", and that the machine acted autonomously so there was no immediate link to the orders or the actions of any human being. However, the general rules of the 120-year-old German Civil Code are based on the actions of humans.

b) Special rules concerning the liability of the employer or manufacturer

Two special rules may apply, but they can only cover special cases. The first is the Product Liability Act (*Produkthaftungsgesetz*) which implements an EU Directive[20] into German law.[21] The law provides claims for damages and compensation, but only in cases when cause of the damage is a defect in the product. Therefore, the act does not cover cases where there is no proof of a defect.

Germany also has the Equipment and Product Safety Act (*Produktsicherheitsgesetz*) – which is also based on EU law, in particular a number of directives concerning consumers‘ and employees' safety. It states prerequisites for making products available on the market and for the exhibition of products and may allow for claims for compensation, but only for personal injuries.[22]

---

[18] Roboter zerquetscht Arbeiter bei Volkswagen, Welt online of 1.7.2015.

[19] https://www.captain-gadget.de/toedlicher-unfall-tesla-autopilot (accessed on 7.2.2021).

[20] Council Directive 85/374/EEC of 25.7.1985 on the approximation of the laws, regulations and administrative provisions of the Member States concerning liability for defective products, OJ EEC 1985 L 210/29.

[21] Concerning the application of the law *Groß/Gressel*, NZA 2016, 990 (995) and BGH, NJW 2006, 2477 – the case refers to the acts of a medical robot.

As mentioned above, the Directive concerning the minimum safety and health requirements for the use of work equipment by workers at work and its implementation into German law provide various duties of the employer to protect employees and improve their working conditions. They include various inspections of work equipment, including robots, vehicles and other machines. If an employer uses machines that act autonomously and misses these safety instructions, there are various consequences under general civil law.

First, the actions of the employer are an infringement of the employment contract with the affected employee. Pursuant to § 280(1) BGB, a breach of duty from an obligation results in damages for the damage caused if the obligor is responsible for the breach of duty. Pursuant to a rule of tort law (§ 823(2) BGB), a person who commits a breach of a statute that is intended to protect another person in case of fault is liable to make compensation to the other party for the damage arising from this. Attention should be paid to the fact that the directive or in particular the national law only applies to inspections within the limit of the current rules concerning work equipment.[23] If the inspection has taken place as prescribed by the regulations, and a technical malfunction still occurs, claims for damages may not be made.

c) Responsibility of the employer for its employees

If an operating error or mistake causes the damage, the person who has operated the computer is liable. In most cases, this is not the employer themselves – especially if the employer is a legal entity and not a natural person. If this is the case, German law provides a benefit for the aggrieved party. Pursuant to this law, an obligor "is responsible for fault on the part [...] of persons whom he uses to perform his obligation, to the same extent as for fault on his own part".[24] Therefore, an employer will be responsible for the faults of its other employees, because they are persons who participate in performing the obligations of the employer, in particular its obligations under the employment contracts. Other possible legal bases may be manufacturer liability or liability for vicarious agents (§ 831 BGB), both of which form part of tort law.[25]

There is debate among German lawyers whether the rule mentioned above – the liability for fault on the part of persons who the employer uses to perform its obligations – also applies in cases where the malfunction of the

22 *Groß/Gressel*, NZA 2016, 990 (996); *Spindler*, in: Hilgendorf (ed.), Robotik im Kontext von Recht und Moral, 63 (77 f.).

23 Concerning the rules for robots *Günther/Böglmüller*, BB 2017, 53 (54).

24 § 278(1) BGB.

25 Further *Groß/Gressel*, NZA 2016, 990 (995 f.).

robot is in no way caused by human behaviour but is entirely autonomous. Is it possible that a robot is a "person who the employer uses to perform its obligations"? Most lawyers reject such an idea. A machine may be "intelligent" in a technical way, but it may never be a "person" within the meaning of the rule.[26] On the other hand, there are lawyers who believe that the rule can be extended by analogy to machines, robots or artificial intelligence.[27]

Apart from the question of whether a robot may be a "person", systematic interpretation of the rule acts in the favour of the first opinion. The rule states a responsibility for fault and only a human is able to act in a culpable way. You cannot be "responsible" for the "fault on the part" of a machine or a robot. Of course, there is a counterargument, because the rule also applies to the actions of people who are no responsible for their actions – in particular because of mental illness. In contrast to robots, they are "persons" and at least they have a natural ability to act in a responsible way – but a robot does not.

d) Strict liability

However, there is a certain similarity between the actions of autonomous robots and vehicles and the situation covered by § 278 BGB, the rule just mentioned. The law states the responsibility of the obligor for fault on the part of persons whom it uses to perform his obligations, because the obligor – in employment cases, the employer – uses them in its own commercial interest.[28] The performance of the robot also serves commercial interests. Another similarity is the position of the employee injured by a robot to the position of an employee injured by a colleague: in both cases, the cause of the damage is the risk by the use of the work power of others.

Apart from the responsibility for persons, German law provides another group of rules concerning legal liability. They make legal provisions concerning cases of strict liability, i. e. liability without proof of fault. Rules of this kind apply to traffic regulations and similar cases of risks caused by the use of technology, such as rail transport and nuclear power.[29] A regulation of this kind may be a sensible way to deal with the risks of systems acting autonomously. Apart from that, the disadvantages for the employer are not particularly onerous, because it is possible and likely that they will have insurance cover for risks.

---

[26] *Günther/Böglmüller*, BB 2017, 53 (55); *Horner/Kaulartz*, CR 2016, 7; *Müller-Hengstenberg/Kirn*, MMR 2014, 307 (310f.); *Riehm*, ITRB 2014, 113; all with further references.

[27] *Günther/Böglmüller*, BB 2017, 53 (55); *Horner/Kaulartz*, CR 2016, 7; *Müller-Hengstenberg/Kirn*, MMR 2014, 307 (310f.); *Riehm*, ITRB 2014, 113; all with further references.

[28] Controversial issue, see *Schaub*, in: BeckOGK, 1.3.2020, § 278 BGB para. 2.

[29] See *Günther/Böglmüller*, BB 2017, 53.

Some lawyers even think that these rules can be extended to other technologies, including autonomously acting robots, by way of general legal analogy.[30] I do not think this a possible solution. The German liability system generally turns on fault-based liability. For this reason, all rules providing strict liability are exceptions, and an analogy with an exemption is generally impossible.

However, a quite recent German law takes a different direction. In 2017, the German legislature adopted a law concerning vehicles with high levels of automation or full automation and extended the strict liability of vehicles' keepers for these cars. Therefore, an employee hurt by an autonomous vehicle enjoys better protection than an employee hurt by a robot's action. That would surely be an unsatisfactory outcome.

e) Summary and uncertainties

In summary, in cases of damages by a robot or another autonomously acting machine, German law allows the following claims:

1) Claims against the producer of the machine

a) Basis of the claim: product liability law; liability of the producer as a part of tort law.

b) Problems: the machine (product) has to have a defect, or the producer is responsible for a production fault (including instruction errors).

2) Claims against the employer

a) Basis of the claim: contractual liability, tort law.

b) Problems: The employer is only liable for its actions or the actions of its employees in cases of fault. Therefore, the injured party has to prove a culpable operating error or a culpable breach of a duty – for example, to inspect the machine.

3) Claims based on strict liability?

De lege lata only in cases of injuries caused by vehicles – also vehicles with high levels of automation or full automation. The driver of the car is not entitled to claims.

3. Liability for the acting of artificial intelligence

In working life, more and more decisions are made or prepared by computers using artificial intelligence. The advantage of the use of artificial intelligence is its apparent objectivity. for example, if an employee claims promotion the computer can say no and there is no challenge to this. However, experience has shown that even intelligent computers may make mistakes.

---

30 *Groß/Gressel*, NZA 2016, 990 (996); *Spindler*, CR 2015, 775 (776); differing *Günther/Böglmüller*, BB 2017, 53 (55); *Horner/Kaulartz*, CR 2016, 7 (13).

Further, mistakes may causes damage – especially if they concern cases of termination or recruiting.

a) Warning and termination

Under German law, the declaration of termination by a computer is a violation of a formal requirement and therefore invalid. Pursuant to the relevant law (§ 623 BGB) termination of employment by notice of termination or separation agreement requires written form to be effective; electronic form is explicitly excluded. Another rule defines the term written form: (§ 126(1) BGB): the issuer must sign the document in his own hand. Therefore, a human being has to sign the document.

However, the rule does not regulate written form concerning each preparatory measure in advance of the decision to dismiss an employee. Because of that, the use of artificial intelligence is possible and unproblematic – for example, to count days of absence from work, days of turning up late, or to facilitate a social selection. On the other hand, the use of artificial intelligence is questionable where it concerns discretionary decisions. This applies above all to warnings – a message from the employer to convey disapproval of a certain conduct and warn of the threat of termination.[31] Another rule of the Civil Code (§ 314(2) BGB) explains the importance of the warning in stating that if the compelling reason for a termination consists in the breach of a duty under the contract, the contract may be terminated only [...] after a warning notice without result.[32]

In these cases, the use of artificial intelligence is possible and useful in order to ensure objectivity and equal treatment. If the employer follows the rule to declare termination after the third warning, the computer works like a tally sheet. However, as mentioned above, the borders of the use of artificial intelligence are discretionary decisions. This is the case concerning dismissal, because German courts require a balance of interests as a condition for terminating an employment contract.[33] Concerning discretionary decisions, the decision of artificial intelligence cannot replace a decision by a human. Therefore, there is a rule concerning decisions to dismiss: artificial intelligence may prepare them, but a human has to think about the final decision. If no human consideration has taken place, the dismissal will be a wrongful one. In Germany, in the case of an evidence trail the employer has to prove the conditions for termination;[34] therefore, in these cases it will lose the legal case.

[31] Concerning the term, see *Niemann*, in: ErfKomm, 20th edn. 2020, § 626 BGB paras. 29 ff.

[32] Compare BAG, NZA-RR 2009, 362 (364 f.).

[33] *Hergenröder*, MünchKommBGB, 7th edn. 2016, § 1 KSchG para. 134.

[34] *Eisemann*, in: Röller (ed.), Küttner Personalbuch, 26th edn. 2019, Kündigung, personenbedingte, para. 45.

As mentioned above, wrongful dismissals are invalid under German law; the employment contract remains unchanged. If the employee is not allowed to work, this will count as a default in accepting the services, so the employee may demand the agreed remuneration for the services. Therefore, additional damages are unlikely. In rare cases, the wrongful dismissal may be a violation of the general personal rights of the employee. That might be the case if the dismissal is manifestly without foundation, and includes a negative value judgement concerning the person of the employee.[35]

b) Instructions given by the employer

Employment contracts comprise the performance of continuing obligations and a long contract term. Therefore, the specific work duties are specified in concrete terms by daily instructions from the employer or by supervisors. For example, the employment contract states that X has to work as mason, and instructions specify the house that he is going to build and the location where his performance has to take place. In this area, the use of artificial intelligence is already best practice – for example, in the place of a carrier or logistic company where computers tell employees which goods to transport and which travel route to take.[36] Of course, the communication with a computer does not result in a violation of personal rights. As previously mentioned with regard to termination, the computer has no authority to issue directions if they are based on discretionary decisions.[37]

Questionable is the liability in cases of unlawful directions – for example, directions concerning work beyond the contractual duties of the employee or even with harmful consequences for their health. Of course, in general employees are not obliged to follow unlawful instructions,[38] but there may be cases when they do it nevertheless because of ignorance or false zeal. If they are injured in these cases, do they have a claim for damages?

In principle, the same rules apply than in cases of physical damage caused by a robot. Therefore, as mentioned above, either the producer of the artificial intelligence software is liable or the person responsible for the operating errors. Otherwise, a law based on strict liability may apply. Basically, one should check whether the employee might have recognized the illegality of the order or could have avoided obeying it. If this is the case, pursuant to § 254 BGB, damages would be reduced because of contributory negligence.

---

[35] See LAG Berlin-Brandenburg, BeckRS 2018, 27504 on discriminatory termination.

[36] See Interview with *Dzida*, Darf mich ein Roboter entlassen?, FAZ online of 12.9.2015; concerning instructions *Günther/Böglmüller*, BB 2017, 53 (56).

[37] *Günther/Böglmüller*, BB 2017, 53 (56).

[38] BAG, NZA 2017, 1452 in contrast to earlier judgments.

c) Selection decisions

aa) Basis/conditions of liability

Beside the instruction of employees, another area where artificial intelligence is used in working life is selection decisions. Artificial intelligence is able to facilitate the pre-selection of candidates for recruitment or promotion by selecting suitable and qualified applicants. The advantages of a decision by artificial intelligence are its objectivity and simplicity; awkward pre-selection processes like assessment centres can be simplified or omitted.[39] However, humans have to conclude the employment contract, because a robot is not able to make a declaration of intent.[40]

Admittedly, the apparent objectivity of artificial intelligence in selection processes may be a source of error and a risk for the employer. In 2014, Amazon started to use artificial intelligence to pre-select applicants. The software worked by comparing the applications to earlier, successful applications. But this led to the rejection of a disproportionate number of women.[41] Similar discrimination is possible concerning race or country of origin. Speech analyses can result in a discrimination of non-native speakers or of disabled people.[42] Even age is not a neutral point if compared with earlier successful applications.[43]

Above, I outlined the legal situation concerning discrimination against applicants and possible claims. The law prohibits similarly direct discrimination and indirect discrimination. Indirect discrimination is defined as a situation where an apparently neutral provision, criterion or practice would put persons at a particular disadvantage compared with other persons[44] – for example, a period of family leave is typical for the CV of women. The law does not require statistical evidence; it is sufficient, for example, to provide a medical certificate stating that disabled people react differently from other persons to specific questions in recruitment tests.[45]

Apart from that, a person is discriminated against when they are "treated less favourably".[46] That leads to the question whether an act of a machine may "treat" somebody. The wording of the relevant law of the General Act

---

[39] See *Tomassone/Richarz*, http://hoganlovells-blog.de/2018/08/16/kuenstliche-intelligenz-und-arbeitsrecht-herausforderungen-und-chancen/ (accessed on 7.2.2021).

[40] *Groß/Gressel*, NZA 2016, 990 (991 f.); *Sester/Nitschke*, CR 2004, 548.

[41] *Förtsch*, Machos und Denunzianten: Maschinen-Gehirne können Vorurteile wie Menschen haben, Focus online of 30.1.2019.

[42] *Dzida/Groh*, NJW 2018, 1917 (1918 f.).

[43] On this point *Hartmann*, EuZA 2019, 421.

[44] § 3(3) AGG.

[45] *Dzida/Groh*, NJW 2018, 1917 (1919 f.).

[46] § 3 AGG.

on Equal Treatment[47] refers to an "act of a human being".[48] To close this protection gap, it is necessary to base the application of the law on the pre-n intelligence, the relevant act is the decision to act in this way.

A difference in treatment is not discrimination when it is permissible – especially pursuant to § 8(1) AGG by reason of the nature of the particular occupational activities or of the context in which they are carried out.[49] Artificial intelligence can easily consider these legal requirements; therefore, they apply without any peculiarities.[50] If the legal rules apply, the employer is liable to (material) damages and (immaterial) compensation.[51]

bb) Legal consequences

Pursuant to § 15 AGG, only the employer is liable for damages and compensation. Thus the provision does not imply any claims against a manufacturer. The liability of the employer follows similar rules to liability for physical acts of robots. If the employer is not responsible for the coding of the artificial intelligence, the liability depends on its responsibility for the person who set the standards of the software. Most lawyers apply the provision of the German Civil Code mentioned above[52] also within the scope of anti-discrimination law.[53] However, an analogous application to the actions of artificial intelligence itself is not possible.[54] The employer is only responsible for acts which can be traced back to human behaviour in some way.

Other problems occur concerning the liability for compensation,[55] which pursuant to anti-discrimination law involves no-fault liability. This leads to the problem that the rules concerning responsibility for others seem not to be applicable because they only cover responsibility for fault. However, the content and pursue of the anti-discrimination law demand analogous application – but only for human behaviour, such as the actions of the programmer.[56] If the software of artificial intelligence does not include legal anti-discrimination rules, culpable misconduct of the person responsible can be assumed.

In both cases, another question is the issue of the causal connection between the unequal treatment and the forbidden ground of discrimination[57].

---

47 § 3(1) AGG.
48 See further *von Lewinski/de Barros Fritz*, NZA 2018, 620 (621).
49 See §§ 8 ff. AGG for cases of permissible different treatment.
50 *Dzida/Groh*, NJW 2018, 1917 (1920) concerning special problems.
51 § 15(1), (2) AGG.
52 § 278 BGB.
53 *Benecke*, in: BeckOGK, 1.9.2019, § 15 AGG paras. 25 ff.
54 Likewise *von Lewinski/de Barros Fritz*, NZA 2018, 620 (623).
55 § 15(2) BGB.
56 *von Lewinski/de Barros Fritz*, NZA 2018, 620 (624).
57 See § 1 AGG.

The anti-discrimination law provides facilitation to give proof, but in these cases the provision is not particularly helpful. This is because one of the reasons for the use of artificial intelligence is its objectivity.[58] Apart from that, it is difficult for a non-professional to determine the algorithm of the software.[59] Therefore, the employer may be liable for continuing to use the software after discovery of its discriminating mechanisms. However, this is not particularly helpful for the first discriminated person or persons.

V. Summary

Modern ways of work, autonomous robots, and artificial intelligence have become commonplace in working life. However, many of the old and traditional legal rules are not a good fit for the new legal problems. Therefore, protection gaps concerning either employers or employees have to be remedied by using some legal creative thinking.

[58] *von Lewinski/de Barros Fritz*, NZA 2018, 620 (621 f.).
[59] *Dzida/Groh*, NJW 2018, 1917 (1922).

Künstliche Intelligenz in der Medizin – *no human in the loop*?

Ulrich M. Gassner

I. Einleitung

Die Digitalisierung der Medizin schreitet unaufhaltsam voran. Sie hat durch die COVID-19-Pandemie einen neuen Schub erfahren. Zwar kehrt auch die Biologie im Zeichen des Virus SARS-CoV-2 zurück und weckt die Welt aus ihrem technologischen Schlummer,[1] doch ist dessen dialektische Volte als Katalysator von Digital Health nicht zu übersehen. Dies gilt etwa für die Nutzung der Telemedizin (Videosprechstunden), die 2020 in kurzer Zeit stark angestiegen ist.[2] Medizin 4.0[3] beeinflusst aber zunehmend nicht nur die Form, sondern auch den Inhalt ärztlichen Handelns, von der Prävention über die Diagnostik bis hin zur Therapie. Hierbei spielt die Künstliche Intelligenz (KI)[4] eine zentrale Rolle. Die Medizin gilt schon gegenwärtig als

---

[1] *Precht*, Künstliche Intelligenz und der Sinn des Lebens, 2020, 7.

[2] Vgl. *IGES*, PraxisBarometer Digitalisierung 2020. Stand und Perspektiven der Digitalisierung in der vertragsärztlichen und -psychotherapeutischen Versorgung, November 2020, 38 f., https://www.kbv.de/media/sp/IGES_KBV_PraxisBarometer_2020.pdf (abgerufen am 31.1.2021).

[3] Mit der Angabe „4.0" verbindet sich ähnlich wie bei dem damit referenzierten Schlagwort „Industrie 4.0" eine Vision völlig neu organisierter Wertschöpfungsstrukturen auf der Basis einer umfassenden Nutzung „intelligenter" Informations- und Kommunikationstechnologien sowie Robotik, sodass auch von einer vierten industriellen Revolution gesprochen wird, vgl. *Hirsch-Kreinsen*, in: Blättel-Mink/Schulz-Schaeffer/Windeler (Hrsg.), Handbuch Innovationsforschung, 2020, 1 (2), https://doi.org/10.1007/978-3-658-17671-6_53-1 (abgerufen am 31.1.2021).

[4] Ein einheitliches Begriffsverständnis hat sich noch nicht durchgesetzt. Der Beitrag folgt der von der Hochrangigen Expertengruppe für künstliche Intelligenz (HEG-KI) im Auftrag der Europäischen Kommission erarbeiteten Definition, vgl. *HEG-KI*, Eine Definition der KI: Wichtigste Fähigkeiten und Wissenschaftsgebiete, 10.4.2019, 6, https://ec.europa.eu/newsroom/dae/document.cfm?doc_id=606648 (abgerufen am 31.1.2021), die relativ breit rezipiert wird, vgl. z. B. *Ebers*, in: Ebers/Heinze/Krügel/Steinrötter (Hrsg.), Künstliche Intelligenz und Robotik. Rechtshandbuch, 2020, § 3 Rn. 4; *Europäische Kommission*, Weißbuch „Zur Künstlichen Intelligenz – ein europäisches Konzept für Exzellenz und Vertrauen", COM(2020) 65 final, 19.

ihr wichtigster und größter Einsatzbereich[5] und ist auch das am häufigsten genannte Feld künftiger Fortschritte durch KI.[6] Dementsprechend sind KI-Anwendungen in der Medizin inzwischen schon recht weit verbreitet.[7] So findet die Auswahl personalisierter Therapien im Rahmen des besonders in der Onkologie realisierten Konzepts der Präzisionsmedizin vielfach mithilfe von KI statt.[8] Therapeutisch bereits eingesetzt werden etwa auch Chatbots in der klinischen Psychologie und Psychotherapie.[9] Der erste per KI generierte Arzneimittelwirkstoff befindet sich in der klinischen Prüfung.[10]

Insgesamt hinkt der KI-Einsatz in der Therapie aber dem Anwendungsfeld Diagnostik hinterher. So kommt etwa roboterassistierte Chirurgie derzeit noch weitgehend ohne KI aus, auch wenn sich dies künftig ändern dürfte.[11] Dagegen hat sich KI in der medizinischen Diagnostik längst als disruptive Schlüsseltechnologie etabliert. Die Entwicklung ist dynamisch. Ein beeindruckendes Beispiel aus jüngerer Zeit bildet die an der Universität Augsburg entwickelte Spracherkennung von COVID-19-Infektionen.[12] Das breiteste diagnostische Anwendungsfeld von KI stellen bildgebende Verfahren dar, also apparative, meist nichtinvasive Methoden, deren gemeinsame Eigenschaft die visuelle Darstellung von Körperstrukturen ist. Die Bilderzeugung erfolgt hierbei durch Röntgenstrahlung (z. B. Computertomographie), Ultraschall (z. B. Sonographie), Kernspinresonanz (z. B. Magnetresonanztomographie), Radionuklide (z. B. Positronen-Emissions-Tomogra-

---

5 *Schulz*, Zukunftsmedizin, 2018, 66.

6 *Precht* (Fn. 1), 7.

7 Vgl. für exemplarische Überblicke nur BT-Drs. 19/23700, 253 ff.; *Gassner/Juknat*, EPLR 2019, 176 (177 f.); *Huss*, Künstliche Intelligenz, Robotik und Big Data in der Medizin, 2019, 29 ff.; *Jorzig/Sarangi*, Digitalisierung im Gesundheitswesen, 2020, 111 ff.; *Kreutzer/Sirrenberg*, Künstliche Intelligenz verstehen, 2019, 186 ff.; *Rammos/Lange/Clausen*, in: Ebers/Heinze/Krügel/Steinrötter (Fn. 4), § 28 Rn. 3 ff.; *Wiring*, in: Madir (Hrsg.), Healthtech. Law and regulation, 2020, 144 (149 ff.).

8 Vgl. dazu zuletzt etwa *Hamamoto/Suvarna/Yamada/Kobayashi/Shinkai* et al., Cancers 12 (2020), 3532, https://doi10.3390/cancers12123532 (abgerufen am 31.1.2021); *Shimizu/Nakayama*, Cancer Science 111 (2020), 1452, https://doi10.1111/cas.14377 (abgerufen am 31.1.2021).

9 *Bendig/Erb/Schulze-Thüsing/Baumeister*, Verhaltenstherapie 29 (2019), 266; *Abd-Alrazaq/RababehAlajlani/Bewick/Househ*, Journal of Medical Internet Research 22 (2020), 16021, https://doi10.2196/16021 (abgerufen am 31.1.2021); *Palancia/Docktor/Lieberman/Fossat*, Digital Biomarkers 4 (2020), 21 (22).

10 *Blasius*, DAZonline, Erster per KI generierter Wirkstoff in klinischer Studie, 20.2.2020; *Burki*, Lancet Digital Health 2 (2020), e226, https://doi.org/10.1016/S2589-7500(20)30088-1 (abgerufen am 31.1.2021); vgl. allgemein dazu z. B. *Tillmanns/Fuderer*, EPLR 2019, 3 (6 ff.).

11 *Andras/Mazzone/van Leeuwen/De Naeyer/van Oosterom* et al., World Journal of Urology 38 (2020), 2359, https://doi.org/10.1007/s00345-019-03037-6 (abgerufen am 31.1.2021); *Urias/Patel/He/Ebrahimi/Kim* et al., International Journal of Retina and Vitreous 5 (2019), 52, https://doi.org/10.1186/s40942-019-0202-y (abgerufen am 31.1.2021).

12 Universität Augsburg, UPD 73, 9.11.2020, https://www.uni-augsburg.de/de/campusleben/neuigkeiten/2020/11/09/3204/ (abgerufen am 31.1.2021).

phie), Infrarotstrahlung (z. B. Thermographie), Impedanz (z. B. Elektrische Impedanz-Tomographie) oder sichtbares Licht (z. B. Endoskopie).

KI-unterstützte Bilddiagnostik basiert ebenso wie andere moderne KI-Anwendungen auf maschinellem Lernen (ML). ML ist der Motor der KI, der zusammen mit anderen wichtigen Technikkomponenten und den benötigten Daten als Brennstoff die Entwicklung KI-basierter Systeme auch in der Medizin vorantreibt.[13] ML organisiert die Generierung von Wissen aus Erfahrung. Aus zahlreichen klassifizierten Beispielen (Daten, ggfs. Muster) wird anhand von Trainingsmethoden (z. B. Deep Learning durch Nutzung neuronaler Netze) ein komplexes Modell entwickelt, das dazu verwendet werden kann, neue, bisher nicht gesehene Daten zu klassifizieren.[14] Bei KI-basierter Bilddiagnostik bedeutet dies konkret, dass das System mit zahlreichen Bildern von nachgewiesen gutartigen und bösartigen körperlichen Veränderungen (Tumoren, Läsionen usw.) sowie den dazugehörigen korrekten Diagnosen gefüttert wird. Mit diesen Beispielen wird das System trainiert, wobei das Hauptziel des Trainings darin besteht, dass das gelernte Entscheidungsmodell möglichst wenige Fehler bei der Klassifizierung der körperlichen Veränderungen macht. Eben dies ist in verschiedenen Anwendungsfeldern so gut gelungen, dass KI-basierte Diagnostik traditionellen Verfahren zumindest ebenbürtig, vielfach sogar überlegen ist.[15] Dabei geht es nicht darum, eine reine Maschinen-Medizin zu etablieren, sondern Ärzten ein effektiveres diagnostisches Werkzeug an die Hand zu geben. Die künftige datengetriebene Hochleistungsmedizin erfordert also die Kombination[16] und Konvergenz[17] von künstlicher und humaner Intelligenz. Dennoch stellt sich jedenfalls für den vom KI-System erfassten Bereich zum einen die Frage nach den rechtlichen Grenzen der Delegation ärztlicher Diagnostik auf eine selbstlernende, autonom operierende Software. Zum anderen erscheint aber vor dem Hintergrund der Überlegenheit KI-basierter Diagnostik auch umgekehrt erörterungsbedürftig, ob sich eine ärztliche Endkontrolle und die daraus folgenden möglichen Korrekturen überhaupt rechtfertigen lassen.

---

[13] *Niederée/Nejdl*, in: Ebers/Heinze/Krügel/Steinrötter (Fn. 4), § 2 Rn. 20.

[14] Näher z. B. *Niederée/Nejdl* (Fn. 13), § 2 Rn. 24 ff.; *Panesar*, Machine Learning and AI for Healthcare. Big Data for Improved Health Outcomes, 2019, 75 ff.

[15] *Brinker/Hekler/Klode/Hauschild/Berking* et al., European Journal of Cancer 113 (2019), 47; *Esteva/Kuprel/Novoa/Ko/Swetter* et al., Nature 542 (2017), 115; *Nagendran/Chen/Lovejoy/Gordon/Komorowski* et al., British Medical Journal 368 (2020), 689; *Tschandl/Codella/Akay/Argenziano/Braun* et al., The Lancet Oncology 20 (2019), 938; skeptischer dagegen *Liu/Faes/Kale/Wagner/Fu* et al., Lancet Digital Health 1 (2019), e271, https://doi.org/10.1016/S2589-7500(19)30123-2 (abgerufen am 31.1.2021).

[16] So ausdrücklich *Hekler/Utikal/Enk/Hauschild/Weichenthal* et al., European Journal of Cancer 120 (2019), 114, am Beispiel der Klassifizierung von Hautkrebs.

[17] *Topol*, Nature Medicine 25 (2019), 44 (52); vgl. auch *ders.*, Deep Medicine, 2020, 109 ff.

Denn falsch positive Ergebnisse führen zu Überdiagnostik und Übertherapie, falsch negative zu Unterdiagnostik und Untertherapie.

Auch jenseits des speziellen Anwendungsbereichs der Diagnostik wird die Autonomie KI-basierter Systeme häufig als „in rechtlicher Hinsicht besonders problematisch" beurteilt.[18] Hierbei ist zu beachten, dass Autonomie ein graduelles Konzept ist,[19] das nur im Extremfall vollständig auf menschliche Interaktion verzichtet. Ein solches No-Human-in-the-Loop-Szenario zeichnet sog. adaptive KI-Software aus. Hierunter versteht man ein dynamisches, „im Feld" lernendes System, das Updates der Software im Wege einer „künstlichen Selbstkontrolle" (*artificial self-control*), also ohne direkte Interaktion durch den Hersteller (Softwareentwickler), Betreiber oder Anwender, zur Beeinflussung physiologischer Parameter des Patienten vornimmt.[20] Solche Continuous-learning-closed-loop-Systeme kennzeichnet mit Blick auf das klinische Anwendungsszenario, dass sie anhand von Trainingsdaten, die etwa auch aus ihren aktuellen Anwendungen bei anderen Patienten generiert werden, kontinuierlich weiterlernen und dann ohne ärztliches Eingreifen autonom auf den Zustand des Patienten einwirken – die KI-basierte Variante einer modernen personalisierten Medizin.[21] Nach einer im Oktober 2020 angestellten Prognose dürften Zulassungsanträge für adaptive KI-Software jedenfalls in den USA nicht mehr lange auf sich warten lassen.[22]

Den damit zusammenhängenden Fragen wird im Folgenden nachgegangen. Hierbei liegt der Fokus auf zwei normativen Vorgaben, die in je unterschiedlicher Weise den zulässigen Grad an Autonomie medizinischer KI-Systeme zu steuern beanspruchen (III.). Hierbei handelt es sich – erstens – um den in unterschiedlichen Bestimmungen umrissenen Grundsatz der persönlichen Leistungserbringung und den hieraus abgeleiteten Grenzen der Delegation ärztlicher Tätigkeit und – zweitens – um das in Art. 22 Abs. 1 DSGVO[23] verankerte Verbot rein automatisierter Einzelentscheidungen. Die hierzu erforderliche Detailanalyse der bestehenden Rechtslage lässt sich nur unter Berücksichtigung der mit dem Einsatz von KI generell assoziierten Problem-

[18] *Ebers* (Fn. 4), § 3 Rn. 22.

[19] Ebd.

[20] *Surette*, How should the FDA regulate adaptive AI, software that designs itself?, STAT+, 2.10.2020, https://www.statnews.com/2020/10/02/how-should-fda-regulate-adaptive-ai/ (abgerufen am 10.3.2021).

[21] Vgl. *acatech*, Machine Learning in der Medizintechnik. Analyse und Handlungsempfehlungen, 2020, 11.

[22] S. *Surette* (Fn. 20).

[23] Verordnung (EU) 2016/679 des Europäischen Parlaments und des Rates vom 27.4.2016 zum Schutz natürlicher Personen bei der Verarbeitung personenbezogener Daten, zum freien Datenverkehr und zur Aufhebung der Richtlinie 95/46/EG (Datenschutz-Grundverordnung) (ABl. EU 2016 L 119/1, berichtigt ABl. EU 2016 L 314/72 und ABl. EU 2018 L 127/2).

dimensionen und möglichen Regelungsoptionen sinnvoll einordnen. Dies gilt namentlich für die Frage der Autonomie, aber auch für die Faktoren, die mit dem KI-typischen Steuerungs- und Kontrollverlust des Menschen in engem Zusammenhang stehen, wie Erklärbarkeit und Transparenz, Diskriminierung und Verzerrung (Bias). Vorab wird daher der hierfür maßgebliche, unter ethischem Vorzeichen stehende Regulierungsdiskurs dargestellt (II.).

II. KI im Regulierungsdiskurs

1. KI-Ethik

Digitale Ethik steht im Gartner-Hype-Zyklus für KI 2020 ganz oben auf der Kurve, die den Gipfel überzogener Erwartungen abbildet.[24] Dass ein übertriebener Enthusiasmus hinsichtlich der heuristischen Leistungsfähigkeit ethischer Diskurse vorherrscht, indiziert in der Tat schon die schiere Vielzahl an Stimmen aus Wissenschaft und Praxis, die sich mit dem Thema auseinandersetzen. Eine im Herbst 2019 veröffentlichte Studie listet 84 Berichte und Richtlinien für den verantwortungsvollen Einsatz von KI auf, die von öffentlichen Gremien und Expertengruppen, Forschungseinrichtungen und privaten Unternehmen global seit 2014 herausgegeben wurden.[25] Die Analyse dieser Dokumente hat gezeigt, dass sich eine globale Konvergenz um fünf ethische Prinzipien (Transparenz, Gerechtigkeit und Fairness, Unparteilichkeit, Verantwortung und Privatsphäre) herausgebildet hat, wobei es nicht unerhebliche inhaltliche Unterschiede in Bezug darauf gibt, wie diese interpretiert werden, warum sie als wichtig erachtet werden, auf welche Themen, Bereiche oder Akteure sie sich beziehen und wie sie umgesetzt werden sollten.[26]

Jenseits von Kontingenz und Kakophonie des ethischen Diskurses lässt sich eines mit einiger Sicherheit festhalten: Für die politische Praxis relevant und damit auch richtungsweisend für einen künftigen Rechtsrahmen dürften diejenigen Ethikleitlinien sein, die politiknah erstellt werden, also z. B. im Auftrag von staatlichen oder internationalen Organen, denen das Initiativrecht für Rechtsetzungsvorhaben zusteht oder durch von den Gesetzgebern eingerichtete Kommissionen. Die für Deutschland und die EU maßgeblichen Strategien

---

[24] S. https://images-cdn.newscred.com/Zz1mOWJhNzlkNDA2ZTMxMWViYjRiOGFiM2IyMjQ1YmMwZQ== (abgerufen am 31.1.2021).

[25] *Jobin/Ienca/Vayena*, Nature Machine Intelligence 1 (2019), 389, https://doi.org/10.1038/s42256-019-0088-2 (abgerufen am 31.1.2021); vgl. auch *Hagendorff*, Minds and Machines 30 (2020), 99, https://doi.org/10.1007/s11023-020-09517-8 (abgerufen am 31.1.2021), der 22 der wichtigsten Leitlinien aus den vergangenen fünf Jahren kritisch analysiert.

[26] *Jobin/Ienca/Vayena*, Nature Machine Intelligence 1 (2019), 389, https://doi.org/10.1038/s42256-019-0088-2 (abgerufen am 31.1.2021).

und ihre ethische Fundierung werden deshalb im Folgenden kurz vorgestellt, wobei die sektorspezifischen Aspekte besonders berücksichtigt werden.

2. *KI-Strategien*

a) Deutschland[27]

In Deutschland befassen sich unterschiedliche Gremien mit ethischen und regulatorischen Fragen der KI.

So hat die Bundesregierung Mitte 2018 eine Datenethikkommission (DEK) eingesetzt, die nicht nur ethische Leitlinien, sondern auch Empfehlungen und Regulierungsoptionen vorschlagen sollte. Das im Oktober 2019 vorgelegte Gutachten gliedert sich im Wesentlichen in zwei Teile, nämlich in „Daten" einerseits und „algorithmische Systeme" andererseits. Je nach der konkreten Aufgabenverteilung zwischen menschlichem Akteur und Maschine unterscheidet die DEK drei unterschiedliche Stufen der Autonomie algorithmischer Systeme, und zwar – erstens – algorithmen*basierte* Entscheidungen (menschliche Entscheidungen, die sich auf algorithmisch berechnete (Teil-)Informationen stützen), – zweitens – algorithmen*getriebene* Entscheidungen (menschliche Entscheidungen, die durch die Ergebnisse algorithmischer Systeme in einer Weise geprägt werden, dass der tatsächliche Entscheidungsspielraum und damit die Selbstbestimmung des Menschen eingeschränkt wird) und – drittens – algorithmen*determinierte* Entscheidungen (vollständig automatisierte Entscheidungen, bei denen Menschen nur noch insofern involviert sind, als sie über ihren Einsatz im Einzelfall entscheiden).[28] Im Übrigen wird KI nur als eine besondere Ausprägung algorithmischer Systeme verstanden.[29] Den beiden Perspektiven „Daten" und „algorithmische Systeme" stellt die DEK allgemeine ethische und rechtliche Grundsätze und Prinzipien voran, an denen sie sich orientiert hat.[30] Danach muss u. a. wegen Art. 1 Abs. 1 GG der Grundsatz der menschlichen Gestaltungshoheit gewahrt bleiben.[31] Gleichwohl ist der von der DEK verfolgte risikoadaptierte Regulierungsansatz[32] darauf angelegt, technologische und soziale Innovationen sowie eine dynamische Marktentwicklung

---

[27] Ausführlich dazu z. B. *Ebers* (Fn. 4), § 3 Rn. 153 ff.

[28] *Datenethikkommission*, Gutachten, 2019, 161 (Hervorhebungen im Original), https://www.bmi.bund.de/SharedDocs/downloads/DE/publikationen/themen/it-digitalpolitik/gutachten-datenethikkommission.pdf?__blob=publicationFile&v=6 (abgerufen am 31.1.2021).

[29] *Datenethikkommission* (Fn. 28), 34; vgl. insofern auch *Schröder*, in: Kaulartz/Braegelmann (Hrsg.), Rechtshandbuch Artificial Intelligence und Machine Learning, 2020, 52 (55), dem zufolge aus Sicht der Informatik ML-Systeme nicht auf Algorithmen, sondern auf Heuristiken basieren.

[30] *Datenethikkommission* (Fn. 28), 39 ff.

[31] *Datenethikkommission* (Fn. 28), 43.

[32] *Datenethikkommission* (Fn. 28), 173 ff.

nicht zu blockieren.[33] In regulatorischer Hinsicht macht sich die DEK für einen europäischen Weg stark[34] und plädiert für eine horizontale „EU-Verordnung für Algorithmische Systeme (EUVAS)“, die sektoral ergänzt werden könne.[35]

Im November 2018 stellte die Bundesregierung ihre (nationale) KI-Strategie vor.[36] Eines ihrer Hauptziele ist es, „AI made in Germany“ als weltweit anerkanntes Gütesiegel zu etablieren.[37] Im Übrigen soll KI „verantwortungsvoll“ und „gemeinwohlorientiert“ entwickelt und genutzt werden.[38] Zur Umsetzung ihrer Strategie hat die Bundesregierung zwölf Handlungsfelder identifiziert.[39] Mit Blick auf ihren positiven Beitrag zur Erreichung der verfolgten Ziele wird hierbei auch die „Unterstützung der Diagnosemethoden in der Medizin“ adressiert.[40]

Nach über zweijähriger Arbeit hat im Oktober 2020 die vom Bundestag eingesetzte Enquete-Kommission „Künstliche Intelligenz – Gesellschaftliche Verantwortung und wirtschaftliche, soziale und ökologische Potenziale“ ihren Schlussbericht vorgestellt.[41] Dort wird Freiheit bzw. Autonomie „auf grundsätzlicher Ebene als moralisches Leitprinzip für KI“ perzipiert.[42] Dies könne konkret etwa durch Human-in-the-Loop-,[43] Human-on-the-Loop-[44] und Human-in-Command-Ansätze[45] erreicht werden.[46]

b) EU[47]

In der EU setzte sich zuerst das Europäische Parlament (EP) mit dem Thema KI auseinander und verabschiedete im Februar 2017 eine Entschließung mit

---

[33] *Datenethikkommission* (Fn. 28), 41.

[34] *Datenethikkommission* (Fn. 28), 32.

[35] *Datenethikkommission* (Fn. 28), 180 f.

[36] BT-Drs. 19/5880.

[37] BT-Drs. 19/5880, 8.

[38] BT-Drs. 19/5880, 7.

[39] BT-Drs. 19/5880, 12 ff.

[40] BT-Drs. 19/5880, 42.

[41] BT-Drs. 19/23700.

[42] BT-Drs. 19/23700, 82.

[43] Bei diesem Ansatz können Menschen die von einem KI-Produkt getroffenen Entscheidungen direkt beeinflussen oder ändern.

[44] Bei diesem Ansatz werden während der Entwicklung bestimmte Parameter als Grundlage für die Entscheidung des KI-Systems festgelegt. In die Entscheidung selbst können die Entwickler nicht eingreifen. Nur ex post kann überprüft werden, ob sich das System an die vom Menschen gegebenen Vorgaben gehalten hat. Falls erforderlich, können die Parameter verändert werden.

[45] Bei diesem Ansatz wird das KI-Produkt lediglich als Werkzeug verwendet. Der Mensch entscheidet zu jeder Zeit, wann und wie er die durch das KI-System dargestellten Ergebnisse nutzt.

[46] BT-Drs. 19/23700, 82 f. mit Fn. 249.

[47] Ausführlich dazu z. B. *Ebers* (Fn. 4), § 3 Rn. 160 ff.; *Heinickel/Döveling*, in: Kaulartz/Braegelmann (Fn. 29), 59 ff.; vgl. auch *Hacker*, NJW 2020, 2142 ff.

Empfehlungen an die Europäische Kommission zu zivilrechtlichen Regelungen im Bereich Robotik.[48] Nur wenige Monate später äußerte sich auch der Europäische Wirtschafts- und Sozialausschuss (EWSA) in einer Stellungnahme zur Regulierung von KI und identifizierte insgesamt elf relevante Bereiche, in denen sich durch KI gesellschaftliche Herausforderungen ergeben, darunter auch Ethik, Sicherheit, Schutz der Privatsphäre und Datenschutz, Transparenz und Nachvollziehbarkeit.[49]

Im April 2018 stellte dann auch die Europäische Kommission in ihrer Mitteilung „Künstliche Intelligenz für Europa“[50] ihre KI-Strategie vor. Um die dort genannten Ziele zu erreichen, setzte die Kommission im Juni 2018 die Hochrangige Expertengruppe für künstliche Intelligenz (HEG-KI) ein, die damit beauftragt wurde, KI-Ethik-Leitlinien sowie KI-Politik- und Investitionsempfehlungen zu erarbeiten. Nach einem Konsultationsverfahren, in dessen Rahmen Rückmeldungen von mehr als 500 Beteiligten eingingen, veröffentlichte die HEG-KI im April 2019 ihre Ethik-Leitlinien für eine vertrauenswürdige KI,[51] die im Juni 2019 durch Politik- und Investitionsempfehlungen ergänzt wurden.[52] Die Leitlinien verfolgen einen Ansatz, der auf den Menschen ausgerichtet ist: Nicht das KI-System als solches, sondern menschliche Werte sollen im Mittelpunkt stehen.[53] Ziel ist eine „vertrauenswürdige KI“, die erstens rechtmäßig ist, also geltendes Recht und gesetzliche Bestimmungen einhält, zweitens auch ethisch vertretbar ist, also die Einhaltung ethischer Grundsätze und Werte gewährleistet und drittens sowohl aus technischer als auch aus sozialer Sicht robust ist.[54] Die Ethik-Leitlinien gliedern sich in drei Kapitel: In Kapitel I werden zunächst anhand eines auf Grundrechten basierenden Ansatzes die ethischen Grundsätze dargelegt, die bei der Entwicklung, Einführung und Verwendung von KI-Systemen gewahrt werden müssen. Darauf aufbauend werden in Kapitel II sieben Anforderungen an KI-Systeme erläutert, wie sich eine vertrauenswürdige KI reali-

---

[48] *Europäisches Parlament*, Bericht mit Empfehlungen an die Kommission zu zivilrechtlichen Regelungen im Bereich Robotik (2015/2103[INL]), P8 TA(2017)0051.

[49] *EWSA*, Stellungnahme zum Thema „Künstliche Intelligenz – die Auswirkungen der künstlichen Intelligenz auf den (digitalen) Binnenmarkt sowie Produktion, Verbrauch, Beschäftigung und Gesellschaft (Initiativstellungnahme)“, Berichterstatterin: Catelijne Muller, ABl. EU 2017 C 288/1.

[50] *Europäische Kommission*, Mitteilung „Künstliche Intelligenz für Europa“, COM(2018) 237 final.

[51] *HEG-KI*, Ethik-Leitlinien für eine vertrauenswürdige KI, 10.4.2019, https://ec.europa.eu/newsroom/dae/document.cfm?doc_id=60425 (abgerufen am 31.1.2021); vgl. dazu etwa *Gassner/Juknat*, EPLR 2019, 176 (180 ff.).

[52] *High Level Expert Group on Artificial Intelligence (AI HLEG)*, Policy and Investment Recommendations for Trustworthy AI, 26.6.2019, https://ec.europa.eu/newsroom/dae/document.cfm?doc_id=60343 (abgerufen am 31.1.2021).

[53] *HEG-KI* (Fn. 51), 5, 48.

[54] *HEG-KI* (Fn. 51), 6, 8 f., 49.

sieren ließe, nämlich Vorrang menschlichen Handelns und menschliche Aufsicht (1.), technische Robustheit und Sicherheit (2.), Schutz der Privatsphäre und Datenqualitätsmanagement (3.), Transparenz (4.), Vielfalt, Nichtdiskriminierung und Fairness (5.), gesellschaftliches und ökologisches Wohlergehen (6.) sowie Rechenschaftspflicht (7.). Kapitel III enthält schließlich eine konkrete und nicht abschließende Bewertungsliste für vertrauenswürdige KI, die dazu dienen soll, die in Kapitel II genannten Anforderungen operativ umzusetzen. Bemerkenswerterweise führen die Ethik-Leitlinien Gesundheit und Wohlergehen als einen von drei Sektoren für die Chancen einer vertrauenswürdigen KI auf, da mit ihrer Hilfe Behandlungen intelligenter und zielgerichteter gestaltet, Analysen präziser und detaillierter durchgeführt und maßgeschneiderte vorbeugende Maßnahmen entwickelt werden können.[55] Die Leitlinien sind in ihrer Bedeutung kaum zu unterschätzen. Sie wurden im Bericht der KI-Enquete-Kommission mehrfach in Bezug genommen[56] und haben auch das von der Kommission im Februar 2020 vorgelegte Weißbuch „Zur Künstlichen Intelligenz – ein europäisches Konzept für Exzellenz und Vertrauen“[57] maßgeblich geprägt. So werden dort die sieben Kernanforderungen der Ethik-Leitlinien ausdrücklich befürwortet.[58]

Im Übrigen erwägt die Kommission in ihrem KI-Weißbuch die Evaluation und ggfs. Anpassung des gegenwärtigen Rechtsrahmens.[59] Dies betrifft z. B. Systeme, die häufige Software-Updates erfordern oder auf ML beruhen. Die hieraus entstehenden Risiken werden nach Auffassung der Kommission in den geltenden Rechtsvorschriften, die sich in erster Linie auf Sicherheitsrisiken konzentrieren, die zum Zeitpunkt des Inverkehrbringens bestehen, nicht angemessen berücksichtigt.[60] Bei KI-basierter Medizinprodukte-Software[61] sieht sie im Unterschied zu eigenständiger Software, die nicht für medizinische Zwecke verwendet wird, allerdings keine Regelungslücke und daher auch keinen Klärungsbedarf.[62] Doch stellt das Weißbuch für „KI-Anwendungen mit hohem Risiko“ neue Rechtsinstrumente zur Dis-

---

55 *HEG-KI* (Fn. 51), 42 f.; hierauf Bezug nehmend BT-Drs. 19/23700, 253.

56 Vgl. BT-Drs. 19/23700, 46, 71, 101, 119, 173 und passim.

57 *Europäische Kommission* (Fn. 4).

58 *Europäische Kommission* (Fn. 4), 3; vgl. auch schon die *Europäische Kommission*, Mitteilung „Schaffung von Vertrauen in eine auf den Menschen ausgerichtete künstliche Intelligenz“, COM(2019) 168 final, 4.

59 *Europäische Kommission* (Fn. 4), 15 ff.

60 *Europäische Kommission* (Fn. 4), 15 ff.

61 Vgl. zu diesem Begriff *Medical Device Coordination Group (MDCG)*, Guidance on Qualification and classification of software – Regulation (EU) 2017/745 and Regulation (EU) 2017/746, October 2019, MDCG 2019-11, 6 f., https://ec.europa.eu/docsroom/documents/37581/attachments/1/translations/en/renditions/native (abgerufen am 31.1.2021); näher dazu *Gassner/Schreiegg*, MPR 2019, 198 (199); *Muresan*, LSR 2021, 17 (24 f.).

62 *Europäische Kommission* (Fn. 4), 16 mit Fn. 45.

kussion,[63] um u. a. auch Anforderungen an die menschliche Aufsicht[64] zu konkretisieren. Unter dem Gesichtspunkt der Verhältnismäßigkeit hält die Kommission einen differenzierten risikobasierten Regulierungsansatz[65] für geboten. Sie ist deshalb der Auffassung, dass „bei der Einstufung einer KI-Anwendung als Anwendung mit hohem Risiko generell berücksichtigt werden sollte, was auf dem Spiel steht, wobei zu prüfen ist, ob *sowohl* der Sektor *als auch* die beabsichtigte Verwendung erhebliche Risiken bergen, insbesondere unter den Gesichtspunkten Sicherheit, Verbraucherrechte und Grundrechte.“[66] Als riskanter Sektor wird auch der Bereich des Gesundheitswesens genannt.[67] Doch scheint die Kommission nicht zu verkennen, dass die basalen Sicherheitsanforderungen KI-unterstützter Medizinprodukte-Software schon durch den bestehenden Rechtsrahmen (MPVO[68] und IVDVO[69]) gewährleistet werden.[70] Im Übrigen betont sie, ihrem risikobasierten Ansatz auch im Gesundheitssektor folgen zu wollen: „So gibt es beispielsweise bei KI-Systemen unterschiedliche Sicherheitserwägungen und rechtliche Auswirkungen je nachdem, ob es sich um Systeme handelt, die fachspezifische medizinische Informationen für Ärzte bereitstellen, Systeme, die medizinische Informationen direkt für Patienten bereitstellen, oder um Systeme, die selbst medizinische Aufgaben direkt am Patienten ausführen.“[71]

3. *Zusammenfassung und Ausblick*

Ob und inwieweit der ethische Diskurs in neue gesetzliche Regelungen mündet, bleibt abzuwarten. Praxisrelevante Normen werden derzeit nur

---

[63] *Europäische Kommission* (Fn. 4), 19 ff.

[64] *Europäische Kommission* (Fn. 4), 18: „Das autonome Verhalten bestimmter KI-Systeme während ihres Lebenszyklus kann zu erheblichen sicherheitsrelevanten Änderungen der Produkte führen, die eine neue Risikobewertung erforderlich machen können.“

[65] Vgl. dazu mit Blick auf das Medizinprodukterecht *Gassner*, MPR 2020, 162 ff.

[66] *Europäische Kommission* (Fn. 4), 20 (Hervorhebungen im Original).

[67] *Europäische Kommission* (Fn. 4), 20.

[68] Verordnung (EU) 2017/745 des Europäischen Parlaments und des Rates vom 5.4.2017 über Medizinprodukte, zur Änderung der Richtlinie 2001/83/EG, der Verordnung (EG) Nr. 178/2002 und der Verordnung (EG) Nr. 1223/2009 und zur Aufhebung der Richtlinien 90/385/EWG und 93/42/EWG des Rates (ABl. EU 2017 L 117/1, berichtigt ABl. EU 2019 L 117/9 und ABl. EU 2019 L 334/165, zuletzt geändert durch Verordnung (EU) 2020/561 des Europäischen Parlaments und des Rates vom 23.4.2020 zur Änderung der Verordnung (EU) 2017/745 über Medizinprodukte hinsichtlich des Geltungsbeginns einiger ihrer Bestimmungen (ABl. EU 2020 L 130/18).

[69] Verordnung (EU) 2017/746 des Europäischen Parlaments und des Rates vom 5.4.2017 über In-vitro-Diagnostika und zur Aufhebung der Richtlinie 98/79/EG und des Beschlusses 2010/227/EU der Kommission (ABl. EU 2017 L 117/176; berichtigt ABl. EU 2019 L 117/11 und ABl. EU 2019 L 334/167).

[70] *Europäische Kommission* (Fn. 4), 20.

[71] *Europäische Kommission* (Fn. 4), 20 Fn. 48.

auf der Ebene der Selbstregulierung durch Industriestandards geschaffen.[72] So hat etwa der Berufsverband Institute of Electrical and Electronics Engineers (IEEE)[73] auf KI bezogene Standardisierungsaktivitäten entfaltet (z. B. P2801 – Recommended Practice for the Quality Management of Datasets for Medical Artificial Intelligence; P2802 – Standard for the Performance and Safety Evaluation of Artificial Intelligence Based Medical Device: Terminology) und entwickelt auf der Grundlage seiner im April 2018 veröffentlichten und als sehr einflussreich geltenden Ethikleitlinien „Ethically Aligned Design“[74] weitere horizontale und bereichsspezifische Normen.

III. Delegation und Autonomie

1. Persönliche Leistungserbringung

a) Ausgangsproblem

Aus Sicht der organisierten Ärzteschaft prägt der Grundsatz der persönlichen Leistungserbringung „wie kein anderes Merkmal“ das ärztliche Berufsbild „und steht dafür, dass der Arzt seine Leistungen auf der Grundlage einer besonderen Vertrauensbeziehung erbringt.“[75] Wenn statt seiner eine KI-basierte Software die vom Patienten erwartete ärztliche Tätigkeit teilweise substituiert, mag die Annahme eines Spannungsverhältnisses zu diesem tradierten beruflichen Selbstverständnis naheliegen. Eine andere Frage ist es, ob und, wenn ja, inwieweit diejenigen Bestimmungen, die den Grundsatz der persönlichen Leistungserbringung durch den (Zahn-)Arzt[76] konstituieren und konturieren, die Verwendung von KI-unterstützter Software in Frage stellen oder gar ausschließen.[77]

---

[72] Vgl. dazu näher jüngst *Gassner*, MPR 2021, 41 (45 ff.).

[73] Das IEEE ist der weltweit führende Berufsverband in der Elektrotechnik und Informatik.

[74] *IEEE Global Initiative on Ethics of Autonomous and Intelligent Systems*, Ethically Aligned Design. A Vision for Prioritizing Human Well-being with Autonomous and Intelligent Systems, Version 2, https://standards.ieee.org/content/dam/ieee-standards/standards/web/documents/other/ead_v2.pdf (abgerufen am 31.1.2021); vgl. dazu auch *Ebers* (Fn. 4), § 3 Rn. 177.

[75] *BÄK/KBV*, Persönliche Leistungserbringung. Möglichkeiten und Grenzen der Delegation ärztlicher Leistungen, 29.8.2008, DÄBl. 2008, A2173 (A2173).

[76] Andere Berufsgruppen, für die es analoge Regelungen gibt, wie etwa § 17 Abs. 1 S. 2 KHEntG für nichtärztliche Psychotherapeuten, bleiben im Folgenden außer Betracht.

[77] Vgl. zu entsprechenden Erwägungen schon *Frost*, MPR 2019, 117 (121), der insofern ein mögliches Spannungsverhältnis erkennen will; vgl. auch *Rammos/Lange/Clausen* (Fn. 7), § 28 Rn. 37 ff.

b) Normativer Befund

Die Pflicht des (Zahn-)Arztes, die medizinische Behandlung grundsätzlich persönlich durchzuführen, ist in zahlreichen Vorschriften verankert. So sieht §613 S.1 BGB vor, dass der zur Dienstleistung Verpflichtete seine Dienste im Zweifel in Person zu leisten hat. Dies gilt auch im Arzt-Patienten-Verhältnis, wie §630b BGB klarstellt. Allerdings sind beim medizinischen Behandlungsvertrag die §§630a ff. BGB als vorrangige Spezialregelungen anzusehen.[78] Namentlich ist nach §630a Abs.1 BGB derjenige, der dem Patienten die medizinische Behandlung zusagt, zur Leistung dieser medizinischen Behandlung verpflichtet. Der Grundsatz der persönlichen Leistungserbringung des (Zahn-)Arztes hat sich auch im Berufsrecht niedergeschlagen. So müssen Ärzte die Praxis nach §19 Abs.1 S.1 MBO-Ä persönlich ausüben. Gleichsinnig bestimmt §2 S.2 MBO-Z, dass der zahnärztliche Beruf persönlich ausgeübt wird. Auch §32 Abs.1 S.1 Ärzte-ZV/Zahnärzte-ZV sieht vor, dass der Vertrags(zahn)arzt die vertrags(zahn)ärztliche Tätigkeit persönlich in freier Praxis auszuüben hat. Auch §17 Abs.1 S.2 KHEntG wird vereinzelt als eine Bestimmung angesehen, die den Grundsatz der persönlichen Leistungserbringung konkretisiert.[79] Doch enthält sie lediglich einen abrechnungstechnischen Arztvorbehalt: Diagnostische und therapeutische Leistungen als Wahlleistungen dürfen nur gesondert berechnet werden, wenn die Leistungen von einem Arzt erbracht werden. Für die anderen genannten Bestimmungen gilt jedoch, dass mit der Entscheidung über die berufliche Qualifikation des verantwortlichen Leistungserbringers noch keine Aussage über die Art und Weise der Erbringung dieser Leistung getroffen ist. Mit anderen Worten, die mit diesen Vorschriften assoziierte Formulierung „Grundsatz der persönlichen Leistungserbringung" vermittelt, zumindest solange sie normtheoretisch nur als Grundsatz und nicht als Regel perzipiert wird, für sich betrachtet keine ausreichende Klarheit darüber, ob sie vom Leistenden nur eine persönlich zu erbringende Leistung oder aber darüber hinaus eine höchstpersönliche Leistung im Sinne eines exklusiven Behandlungsmonopols verlangt.

Näheren Aufschluss hierüber geben indes andere kontextrelevante Vorschriften, allen voran §4 Abs.2 S.1 GOÄ/GOZ. Die Bestimmung ist deshalb von einiger Bedeutung, weil nicht nur §17 Abs.3 S.7 KHEntG ihre entsprechende Anwendung bei Vereinbarungen über wahlärztliche Leistungen vorsieht, sondern sie darüber hinaus die Auslegungsregel des §613 S.1 BGB für den ärztlichen Behandlungsvertrag im Allgemeinen konkretisiert.[80]

[78] BeckOGK/*U. Walter*, 15.3.2020, §630b BGB Rn.10.

[79] Vgl. *BÄK/KBV* (Fn.75), A2173 (A2173).

[80] *Miebach/Patt*, NJW 2000, 3377 (3379); *Spaetgens*, RDG 2014, 12; *Spickhoff/Seibl*, NZS 2008, 57 (59).

§ 4 Abs. 2 S. 1 GOÄ/GOZ erlaubt dem privat liquidierenden (Zahn-)Arzt, Gebühren nur für eigene (zahn-)ärztliche Leistungen zu berechnen. Hierzu zählen nicht nur Leistungen, „die er selbst erbracht hat",[81] sondern auch solche, „die unter seiner Aufsicht nach fachlicher Weisung erbracht wurden."

Vergleichbare Differenzierungen finden sich für Vertragsärzte im SGB V. Zunächst ist hier § 15 Abs. 1 S. 1 Alt. 1 SGB V zu beachten, der zwar nach seinem Wortlaut nur die ärztliche bzw. zahnärztliche Behandlung bei Ärzten bzw. Zahnärzten monopolisiert und insofern einen schlichten (Zahn-)Arztvorbehalt enthält, aber überwiegend so verstanden wird, dass er diese auch zur persönlichen Leistungserbringung verpflichtet.[82] Entsprechendes gilt für § 28 Abs. 1 S. 1 SGB V, der den Inhalt der ärztlichen Leistungen („Verhütung, Früherkennung und Behandlung von Krankheiten nach den Regeln der ärztlichen Kunst") und damit auch den Arztvorbehalt konkretisiert.[83] Zur ärztlichen Behandlung gehört nach § 28 Abs. 1 S. 2 SGB V aber „auch die Hilfeleistung anderer Personen, die von dem Arzt angeordnet und von ihm zu verantworten ist." Die hierauf bezogene Ermächtigung der Partner der Bundesmantelverträge (§ 28 Abs. 1 S. 3 SGB V) wurde in § 15 BMV-Ä („Persönliche Leistungserbringung"), der die Voraussetzungen der Substitution der ärztlichen Leistung durch Assistenten und angestellte Ärzte sowie die Erbringung ärztlich angeordneter Hilfeleistungen durch nichtärztliche Mitarbeiter regelt,[84] sowie in Anlage 24 zum BMV-Ä in Gestalt der „Vereinbarung über die Delegation ärztlicher Leistungen an nichtärztliches Personal in der vertragsärztlichen Versorgung gemäß § 28 Abs. 1 S. 3 SGB V"[85] (Delegationsvereinbarung) umgesetzt. § 2 dieser Vereinbarung trägt den Titel „Nicht delegierbare (höchstpersönliche) Leistungen des Arztes" und erklärt bestimmte Leistungen des Arztes, „die er aufgrund der erforderlichen besonderen Fachkenntnisse nur persönlich erbringen kann", für nicht delegierbar, wie „insbesondere Anamnese, Indikationsstellung, Untersuchung des Pati-

---

[81] Der hierin zum Ausdruck kommende Grundsatz der persönlichen Leistungserbringung ist für Vertragsärzte gleichsinnig in Nummer I.2.2 des Einheitlichen Bewertungsmaßstabs für ärztliche Leistungen (EBM) normiert. Danach ist eine Gebührenordnungsposition nur dann berechnungsfähig, wenn der an der vertragsärztlichen Versorgung teilnehmende Arzt die für die Abrechnung relevanten Inhalte persönlich erbringt.

[82] Vgl. LPK-SGB V/*Hellkötter-Backes*, 2016, § 15 Rn. 1; Becker/Kingreen/*Lang*, SGB V, 2020, § 15 Rn. 8; *Peikert*, MedR 2000, 352 (352); NK-GesundhR/*Prehn*, 2018, § 15 SGB V Rn. 9 ff.

[83] Vgl. nur Becker/Kingreen/*Lang*, SGB V, 2020, § 15 Rn. 10; KassKomm/*Nolte*, 111. EL September 2020, § 28 SGB V Rn. 4; *Spickhoff*/*Seibl*, NZS 2008, 57 (63).

[84] Vgl. auch die Definition des Begriffs „persönliche Leistungserbringung" in § 1a Nr. 24 BMV-Ä: „Die durch gesetzliche und vertragliche Bestimmungen näher geregelte Verpflichtung des Vertragsarztes bzw. angestellten Arztes zur unmittelbaren Erbringung der vorgesehenen medizinischen Leistungen, auch im Rahmen zulässiger Delegationen."

[85] S. https://www.kbv.de/media/sp/24_Delegation.pdf (abgerufen am 31.1.2021).

enten einschließlich invasiver diagnostischer Leistungen, Diagnosestellung, Aufklärung und Beratung des Patienten, Entscheidungen über die Therapie und Durchführung invasiver Therapien und operativer Eingriffe." Auch § 15 Abs. 1 S. 2 SGB V sieht die Delegierbarkeit (zahn-)ärztlicher Leistungen an andere Personen ausdrücklich vor. Der Grundsatz persönlicher Leistungserbringung gilt also nicht ausnahmslos[86] oder, positiv formuliert, er schließt unter bestimmten Voraussetzungen die Einschaltung sonstiger Personen, die keine (zahn-)ärztliche Qualifikation aufweisen, in die (zahn-)ärztliche Behandlung mit ein. Die persönliche Leistungspflicht des Arztes enthält also nach verbreitetem Verständnis „ein grundsätzliches Verbot der Übertragung auf Dritte".[87]

c) Analyse

Schon dem Wortlaut der skizzierten Bestimmungen lässt sich kein Anhaltspunkt dafür entnehmen, dass der Arztvorbehalt bzw. der Grundsatz der persönlichen Leistungserbringung apersonal konnotiert ist, also auch der Anwendung KI-gestützter Software in der (zahn-)ärztlichen Behandlung entgegenstehen könnte. So regelt etwa § 15 Abs. 1 SGB V nach ganz herrschender Meinung eben nur, „*wer* im Rahmen der GKV ärztliche oder zahnärztliche Behandlung erbringen darf."[88] Soweit dagegen aus dem Wortlaut von § 2 der Delegationsvereinbarung (oder dessen Überschrift) abgeleitet wird, die Bestimmung verbiete, dass ärztliche Entscheidungen auf „eine App delegiert werden" dürften,[89] geht dies fehl. Denn „Delegieren" bedeutet „Rechte oder Aufgaben [abtreten und] *auf einen anderen* übertragen",[90] ist also eindeutig personal konnotiert. Diese Bedeutung entspricht auch dem lateinischen Wortstamm *delegare*.[91]

Das am Wortlaut dieser Bestimmungen orientierte rein personale Verständnis des Grundsatzes der persönlichen Leistungserbringung wird unter systematischen Gesichtspunkten durch die §§ 15 Abs. 1 S. 2, 28 Abs. 1 S. 2 SGB V unterstützt. Die dort geregelte Delegationsgrenze erfasst ausdrücklich nur den Einsatz von Hilfspersonen, nicht dagegen die Verwendung technischer Mittel bei der ärztlichen Tätigkeit. Auch § 15 Abs. 1 S. 2–8 BMV-Ä und die §§ 3 und 4 der Delegationsvereinbarung beziehen sich nur auf die

---

86 Becker/Kingreen/*Lang*, SGB V, 2020, § 15 Rn. 8.

87 BeckOK BGB/*Katzenmeier*, 1.11.2020, § 630b BGB Rn. 4 m. w. N.

88 Krauskopf/*Wagner*, 107. EL Juli 2020, § 15 SGB V Rn. 3 (Hervorhebung nicht im Original).

89 *Herbst/Schlotter*, Welt der Krankenversicherung 2018, 76 (79).

90 S. https://www.duden.de/rechtschreibung/delegieren#b2-Bedeutung-2 (Hervorhebung nicht im Original) (abgerufen am 31.1.2021).

91 S. https://de.pons.com/%C3%BCbersetzung?q=delegare&l=dela&in=ac_la&lf=de (abgerufen am 31.1.2021).

ärztlichen und nichtärztlichen Mitarbeiter. Dieselbe Beschränkung auf die Regelung der vertikalen Aufgabenverteilung ist auch aus Vorschriften ersichtlich, die nicht dem Recht der gesetzlichen Krankenversicherung (GKV) zuzuordnen sind. So bestimmt etwa § 19 Abs. 1 S. 2 MBO-Ä, dass, „[d]ie Beschäftigung ärztlicher Mitarbeiterinnen und Mitarbeiter in der Praxis [...] die Leitung der Praxis durch die niedergelassene Ärztin oder den niedergelassenen Arzt" voraussetzt. Darüber hinaus ist auch den Vorarbeiten zum BGB zu entnehmen, dass schon seinerzeit der in § 613 BGB verkörperte Grundsatz der persönlichen Leistungserbringung rein personell verstanden wurde. Denn dort ist u. a. von der Befugnis der „Mitwirkung von Gehülfen"[92], von der „Ueberlassung der Dienste an einen Dritten"[93] und der fehlenden Berechtigung des Leistenden, „die eigenen Dienste [...] durch einen Anderen leisten zu lassen"[94] die Rede, nicht aber von nicht auf Personen bezogenen Durchbrechungen des „im Zweifel" geltenden Gebots der persönlichen Leistungserbringung. Dieses tradierte Verständnis lag auch schon der Einführung von § 122 Abs. 1 RVO, der Vorgängervorschrift des § 15 Abs. 1 SGB V, zugrunde: Nach der amtlichen Begründung sollte die Behandlung durch approbierte Ärzte „eine tunlichst rasche und sichere Heilung für die Versicherten gewährleisten"; zwar sei es nicht ausgeschlossen, dass auch geschickte Naturheilkundige und andere Nichtärzte unter Umständen gelegentlich Heilerfolge erzielten; eine Gewähr hierfür, wie sie das Gesetz verlangen müsse, böten sie in ihrem nachgewiesenen Können jedoch nicht.[95]

Für eine ausdehnende Auslegung des Grundsatzes der persönlichen Leistungserbringung könnte jedoch streiten, dass Entscheidungen, „die zum Schutz der Versicherten aufgrund der möglichen Auswirkungen, nämlich im äußersten Fall Leben oder Tod eines Patienten bedeuten", nicht auf eine Software delegiert werden dürften.[96] Hierfür spricht im Hinblick auf § 15 Abs. 1 S. 1 Hs. 1 SGB V, dass es dem historischen Gesetzgeber daran gelegen war, nicht nur eine schnelle, sondern auch eine „sichere" Heilung für die Versicherten zu gewährleisten.[97] Doch beschränkt sich dessen Ratio legis nach der Rechtsprechung auf den Schutz vor solchen „gesundheitlichen Gefahren [...], die mit einer Behandlung durch ungeeignete Personen verbun-

[92] Motive zu dem Entwurfe eines Bürgerlichen Gesetzbuches für das Deutsche Reich, Bd. 2, 1888, 457.

[93] Ebd.

[94] Protokolle der Kommission für die zweite Lesung des Entwurfs des Bürgerlichen Gesetzbuchs. Im Auftrage des Reichs-Justizamts bearbeitet von *Dr. Achilles*, *Dr. Gebhard*, *Dr. Spahn*, Bd. 2, 1896, 279.

[95] RT-Drs. 12/340, Anlage 1, II. Session 1909/10, 136; vgl. auch BSGE 48, 47 (52 f.) = NJW 1979, 2363 (2364).

[96] So *Herbst/Schlotter*, Welt der Krankenversicherung 2018, 76 (79) mit Blick auf Health Apps.

[97] RT-Drs. 12/340, Anlage 1, II. Session 1909/10, 136.

den sein können“, auf die „Förderung der Gesundheit der Versicherten“ sowie eine „möglichst effektive und sparsame Verwendung der öffentlichen Mittel“.[98] Insofern erscheint es verfehlt, mit Blick auf die Aufzählung der nicht delegierbaren ärztlichen Leistungen in § 2 der Delegationsvereinbarung neben der erforderlichen Qualifikation des Leistenden alternativ auch auf die mit ihnen verbundenen Gefahren abzustellen.[99] Die Beherrschbarkeit des mit der jeweiligen medizinischen Leistung einhergehenden Risikos mag zwar ein Kriterium für die Ausgestaltung der vertikalen Arbeitsteilung zwischen Arzt und nichtärztlichem Personal durch die Vertragspartner darstellen, ist für deren Zulässigkeit als solche aber unerheblich. Dementsprechend hat der Gesetzgeber in der Ermächtigungsnorm des § 28 Abs. 1 S. 3 SGB V nur die Aufgabe übertragen, „klarzustellen, in welchen Fällen Delegation möglich ist und welche Anforderungen an die Beaufsichtigungspflicht des Arztes und an die Qualifikation der Hilfspersonen zu stellen sind.“[100]

Eine apersonale Deutung des Grundsatzes der persönlichen Leistungserbringung unter Risikogesichtspunkten erscheint im Übrigen auch deshalb nicht erforderlich, weil die Rechtsordnung andere Rechtsregimes vorhält, die die Produktsicherheit auch von KI-basierter Software gewährleisten. So fordert das Medizinprodukterecht für medizinische Software die Einhaltung grundlegender Sicherheits- und Leistungsanforderungen (Anhang I Abschnitt 1 der MPVO bzw. der IVDVO). Für den vertragsärztlichen Bereich in der GKV folgt nach gefestigter Rechtsprechung des BSG aus der CE-Kennzeichnung eines als Hilfsmittel zu qualifizierenden Medizinprodukts, dass es die erforderliche Qualität besitzt, die notwendig ist, um die *Sicherheit* seines Benutzers zu gewährleisten.“[101] Der Gesetzgeber hat dies in § 139 Abs. 5 S. 1 SGB V nachvollzogen und dort angeordnet, dass der Nachweis der Sicherheit von Medizinprodukten „durch die CE-Kennzeichnung grundsätzlich als erbracht“ anzusehen ist. Zudem stellt namentlich das Haftungsrecht als Auffangordnung gerade auch für KI-Systeme durchaus leistungsfähige Regelungen bereit.[102] Schließlich ist in Rechnung zu stellen, dass eine nachgeschaltete ärztliche Tätigkeit in Fällen, in denen die KI-basierte Software bessere Ergebnisse als der Arzt liefert, etwa im Bereich der Dia-

---

[98] BSGE 48, 47 (52 f.) = NJW 1979, 2363 (2364); referenziert durch BVerfGE 78, 155 (162) = NJW 1988, 2292 (2293).

[99] So aber *Herbst/Schlotter*, Welt der Krankenversicherung 2018, 76 (79); in diese Richtung auch BeckOK SozR/*Knispel*, 1.12.2020, § 28 SGB V, Rn. 13; KassKomm/*Nolte*, 111. EL September 2020, § 28 SGB V Rn. 5a.

[100] BT-Drs. 17/6906, 54; im Ergebnis ebenso *Vorberg*, Welt der Krankenversicherung 2018, 334 (335 f.).

[101] BSG, NZS 2007, 495 (499 Rn. 17) unter Bezugnahme auf BSGE 93, 183; ebenso BSG, NZS 2013, 62 (65 Rn. 23).

[102] Vgl. in diesem Sinne zuletzt nur *Riehm*, in: Kaulartz/Braegelmann (Fn. 29), 221 (236 ff.).

gnostik mit Blick auf Sensitivität und Spezifizität, sogar die Gesundheitsrisiken erhöht. Umso weniger erscheint es sinnvoll, im Wege einer vom Gesichtspunkt der Patientensicherheit geleiteten erweiternden Auslegung von § 15 Abs. 1 Alt. 1 SGB V und der anderen Bestimmungen, die den Grundsatz der persönlichen Leistungserbringung betreffen, zusätzliche normative Hürden für den Einsatz KI-gestützter Software durch den Arzt zu errichten.

Anders ließe sich allenfalls dann urteilen, wenn das KI-System oder der Roboter als Hilfsperson zu qualifizieren wäre. Die damit verbundene, nicht zuletzt aus der Science-Fiction-Literatur gespeiste Vorstellung einer humanoiden KI als eigenständigem Akteur mag eine menschenähnliche Behandlung im Recht intuitiv nahelegen.[103] Doch bildet derlei Anthropomorphisierung künstlicher Intelligenz keine ausreichende Legitimation dafür, KI-Systemen *de lege lata* Rechtssubjektsqualität zuzuweisen. Denn mit der Annahme einer eigenständigen digitalen Rechtspersönlichkeit („E-Person") würde der herkömmlichen Aufteilung in natürliche und juristische Personen eine weitere Kategorie hinzugefügt.[104] Zu einem derart schwerwiegenden Eingriff in die überkommene Struktur der Rechtsordnung ist daher nur der Gesetzgeber legitimiert.[105] Entsprechendes gilt auch für den Grundsatz der persönlichen Leistungserbringung im hier interessierenden medizinischen Kontext.[106] Abschließend bleibt insofern *de lege ferenda* darauf hinzuweisen, dass sowohl die DEK der Bundesregierung[107] als auch die von der EU-Kommission eingesetzte Expertengruppe,[108] deren Erwägungen Eingang in das KI-Weißbuch gefunden haben,[109] die Schaffung einer E-Person ausdrücklich ablehnen.[110]

---

[103] Klassisch insofern die von *Asimov*, Ich, der Robot, 1952, 1, formulierten Grundregeln der Robotik; vgl. auch *Riehm* (Fn. 102), 221 (222).

[104] *Riehm* (Fn. 102), 221 (222, 226 f.).

[105] Ähnlich *Beck*, AJP/PJA 2017, 183 (184); *Riehm* (Fn. 102), 221 (222, 226 f.); *Wagner*, in: Lohsse/Schulze/Staudenmayer (Hrsg.), Liability for Artificial Intelligence and the Internet of Things, 2019, 27 (55).

[106] Im Ergebnis ebenso *Rammos/Lange/Clausen* (Fn. 7), § 28 Rn. 41.

[107] *Datenethikkommission* (Fn. 28), 219.

[108] *Expertengruppe für Haftung und neue Technologien*, Untergruppe neue Technologien, Liability for Artificial Intelligence and other emerging technologies Report, 2019, 37 ff., https://ec.europa.eu/transparency/regexpert/index.cfm?do=groupDetail.groupMeetingDoc&docid=36608 (abgerufen am 31.1.2021).

[109] *Europäische Kommission* (Fn. 4), 17 ff.

[110] Vgl. dagegen *Europäisches Parlament*, Bericht mit Empfehlungen an die Kommission zu zivilrechtlichen Regelungen im Bereich Robotik (2015/2103[INL]), P8_TA(2017)0051, 21 f. Nr. 59 f., wo die Kommission aufgefordert wird, bei der Durchführung einer Folgenabschätzung ihres künftigen legislativen Rechtsinstruments auch zu untersuchen, zu analysieren und zu bewerten, ob es in Betracht kommt, „langfristig einen speziellen rechtlichen Status für Roboter zu schaffen, damit zumindest für die ausgeklügeltsten autonomen Roboter ein Status als elektronische Person festgelegt werden könnte, die für den Ausgleich sämtlicher von ihr verursachten Schäden verantwortlich wäre."

Die Neutralität des Grundsatzes der persönlichen Leistungserbringung gegenüber dem Einsatz von medizinischer Technik im Allgemeinen und KI-gestützter Software im Besonderen betrifft auch den nicht delegierbaren bzw. substituierbaren Kernbereich (zahn-)ärztlicher Behandlung.[111] Die höchstpersönliche Leistungserbringung des Arztes, wie sie etwa § 2 Delegationsvereinbarung für die „Untersuchung des Patienten einschließlich invasiver diagnostischer Leistungen" und „Entscheidungen über die Therapie und Durchführung invasiver Therapien und operativer Eingriffe" fordert, markiert nur die Grenze zum Aufgabenbereich nichtärztlichen Personals, hindert ihn aber nicht daran, hierbei von den Möglichkeiten moderner Medizintechnik Gebrauch zu machen.[112] Da selbst bei vollautomatisierten algorithmendeterminierten Entscheidungen der Mensch insofern involviert bleibt, als er über ihren Einsatz im Einzelfall entscheidet,[113] besteht nicht die Gefahr, dass der Einsatz von KI-Systemen durch den Arzt seine Therapiehoheit konterkariert, wie zuweilen gemutmaßt wird.[114] Vielmehr würde eine apersonale Deutung des Grundsatzes der persönlichen Leistungserbringung umgekehrt ohne Not die ärztliche Therapiefreiheit beschränken. Denn zu ihr gehört auch die Befugnis des Arztes, die ihm geeignet erscheinende diagnostische oder therapeutische Methode auszuwählen.[115] Deshalb kann auch nicht die Rede davon sein, dass „sich diejenigen, die ärztliche Tätigkeiten durch KI und Robotik *substituieren*, in einen rechtlich noch ungeklärten Bereich" begeben.[116] Denn auch die Substitution, also nach gängigem Verständnis[117] die inhaltlich vollständige Übertragung zur eigenverantwortlichen Wahrnehmung, ist ebenso wie die Delegation personal konnotiert. Ein aus dem Grundsatz der persönlichen Leistungserbringung abgeleitetes Substitutionsverbot markiert daher nur die Grenze zulässiger Arbeitsverlagerung auf nichtärztliches Personal.

---

[111] Ausführlich zum Kernbereich ärztlicher Tätigkeit *Gröschl*, Substitution und erweiterte Delegation ärztlicher Leistungen, 2015, 354 ff.

[112] Die in diesem Zusammenhang beschworene Fallkonstellation, dass KI-basierte Medizintechnik im Kernbereich „ohne einen anwendenden Arzt" eingesetzt wird, s. *Rammos/Lange/Clausen* (Fn. 7), § 28 Rn. 42, unterfällt freilich dem Grundsatz der persönlichen Leistungserbringung.

[113] Vgl. zu diesem Begriffsverständnis oben II.2.a).

[114] *Rammos/Lange/Clausen* (Fn. 7), § 28 Rn. 42.

[115] Vgl. nur *Kern*, in: Laufs/Kern/Rehborn (Hrsg.), Handbuch des Arztrechts, 2019, § 3 Rn. 22.

[116] So aber *Rammos/Lange/Clausen* (Fn. 7), § 28 Rn. 42.

[117] Vgl. nur *Gröschl*, Substitution und erweiterte Delegation ärztlicher Leistungen, 2015, 8; BeckOGK/*U. Walter*, 15.3.2020, § 630b BGB Rn. 14. Ein gesetzlicher Fall zulässiger Substitution ist § 15 Abs. 1 S. 1 Alt. 2 SGB V i. V. m. § 63 Abs. 3c SGB V, vgl. dazu ausführlich *Gröschl*, a. a. O., 89 ff.

d) Zwischenergebnis

Arztvorbehalt und Grundsatz der persönlichen Leistungserbringung konstituieren kein Spannungsverhältnis zur Anwendung KI-basierter Software für medizinische Zwecke. Dies gilt auch für den ärztlichen Kernbereich. Denn die einschlägigen Bestimmungen sind ausschließlich personal konnotiert. Sie determinieren nur die exklusive Zuweisung bestimmter medizinscher Aufgaben an den Arzt und limitieren deren Delegation auf ärztliches und nichtärztliches Hilfspersonal. Diese auf die vertikale Arbeitsteilung begrenzte Funktion des Grundsatzes der persönlichen Leistungserbringung lässt sich auch nicht durch eine anthropomorphe Umformung der KI zur digitalen Hilfsperson *contra legem* durchbrechen. Auch Sicherheits- und Haftungsaspekte gebieten keine andere Betrachtung. Sonstige Rechtsregime, wie namentlich das Medizinprodukterecht und das Haftungsrecht, sind schon aufgrund ihrer granulären und ausdifferenzierten Struktur systemisch besser geeignet als ein extensiv ausgelegter Grundsatz der persönlichen Leistungserbringung mit seiner schlichten binären Delegationslogik, um die mit der Anwendung KI-basierter Software durch den Arzt einhergehende graduelle[118] Autonomieproblematik zu bewältigen.

2. Automatisierte Entscheidungsfindung

a) Ausgangsproblem

Mit adaptiver Software, die ohne menschliche Interaktion therapeutische Entscheidungen trifft, droht die längst überwunden geglaubte ärztliche Selbstherrlichkeit in Gestalt eines smarten Technikpaternalismus in die medizinische Praxis zurückzukehren.[119] Die Schwelle, ab der Algorithmen die wichtigsten Entscheidungen über unsere Körper und unsere Gesundheit treffen, ist nach Auffassung mancher öffentlicher Intellektueller, wie etwa Yuval Noah Harari,[120] schon überschritten. Algorithmendeterminierte medizinische Software dürfte ebenfalls in überschaubarer Zeit marktfähig sein.[121] Gegen die Bevormundung oder gar Entmündigung des Patienten durch adaptive KI-Software scheint das Verbot rein automatisierter Einzelentscheidungen (Art. 22 DSGVO) auf den ersten Blick ein probates Mittel zu sein und wird denn gerade auch im Zusammenhang mit dem Einsatz von KI in der Medizin verbreitet thematisiert.[122]

---

[118] Vgl. oben I.

[119] Vgl. auch *Fateh-Moghadam*, Basler Juristische Mitteilungen 2018, 205 (227f.).

[120] Vgl. z. B. *Harari*, Homo Deus. Eine Geschichte von Morgen, 2017, 445.

[121] Vgl. oben I.

[122] Vgl. nur *Dettling*, PharmR 2019, 633 (641); *Fateh-Moghadam* (Fn. 119), 205 (229); *Hoeren/Niehoff*, EDPL 2018, 308 (311ff.); *Pierce*, EDPL 2018, 333 (336f.).

b) Normativer Befund

Mit dem Verbot rein automatisierter Einzelentscheidungen beansprucht der Unionsgesetzgeber allerdings nicht, speziell KI-Software zu regeln. Hier gilt dasselbe wie für andere disruptive Technologien der jüngeren Zeit, wie etwa Blockchain[123]: Die DSGVO folgt einem technikneutralen Ansatz.[124] Zudem schreibt Art. 22 DSGVO nur eine regulative Idee fort, die sich schon in Art. 15 Abs. 1 Richtlinie 95/46/EG[125] findet. Beiden Bestimmungen ist das Ziel gemein, den Bürger davor zu schützen, zum bloßen Objekt eines automatisierten Entscheidungsprozesses zu werden. Mit diesem Regelungsziel gewinnt Art. 22 DSGVO trotz seiner unspezifischen Stoßrichtung für die Anwendung von KI-basierter Software einen zunehmend zentralen Stellenwert.[126]

Der Wortlaut des Art. 22 Abs. 1 DSGVO („Recht, nicht einer ausschließlich auf einer automatisierten Verarbeitung […] beruhenden Entscheidung unterworfen zu werden") wie auch seine systematische Stellung in Kapitel III („Rechte der betroffenen Person") deuten darauf hin, dass dem Betroffenen nur ein Recht, also ein Anspruch, gewährt wird. Auch sprechen Art. 12 Abs. 3 und 4 DSGVO, die u. a. auf Art. 22 DSGVO verweisen, von einem „Antrag".[127] Gleichwohl wird die Bestimmung überwiegend als grundsätzliches, von individueller Geltendmachung unabhängiges Verbot einer automatisierten Entscheidung im Einzelfall verstanden. Hierfür streiten teleologische Gründe und der Menschenwürdegehalt (Art. 1 Abs. 1 S. 1 GrCH) von Art. 22 DSGVO, aber auch der Wortlaut von Art. 22 Abs. 4 DSGVO („dürfen nicht […] berufen").[128]

Hinsichtlich der Reichweite von Art. 22 DSGVO ist zunächst zu beachten, dass nur Entscheidungen oder Maßnahmen[129] erfasst werden. Der Output einer KI-Software besitzt aber nicht zwingend Entscheidungscharak-

[123] Vgl. zu ihren möglichen Anwendungsgebieten im Gesundheitswesen und dem Spannungsverhältnis zur DSGVO *Gassner*, Compliance Elliance Journal 4 (2) (2018), 3 ff., https://nbn-resolving.org/urn:nbn:de:bsz:15-qucosa2–320431 (abgerufen am 31.1.2021).

[124] Vgl. Egrd. 15 S. 1 DSGVO.

[125] Richtlinie 95/46/EG des Europäischen Parlaments und des Rates vom 24.10.1995 zum Schutz natürlicher Personen bei der Verarbeitung personenbezogener Daten und zum freien Datenverkehr (ABl. EG 1995 L 281/31).

[126] *Krügel/Pfeiffenbring*, in: Ebers/Heinze/Krügel/Steinrötter (Fn. 4), § 11 Rn. 38; *Scholz*, in: Simitis/Hornung/Spiecker gen. Döhmann (Hrsg.), Datenschutzrecht 2019, Art. 22 Rn. 10.

[127] *Martini*, in: Paal/Pauly (Hrsg.), DS-GVO BDSG, 2021, Art. 22 DSGVO Rn. 29a.

[128] *Deuster*, PinG 2016, 75 (77); *Martini* (Fn. 127), Art. 22 DSGVO Rn. 29b; *Scholz* (Fn. 126), Art 22 Rn. 16.

[129] Dass auch Maßnahmen, also Tathandlungen, die lediglich auf einen tatsächlichen, nicht aber auf einen rechtlichen Erfolg gerichtet sind und damit keine regelnde Wirkung haben sollen, erfasst sind, ergibt sich aus Egrd. 71 UAbs. 1 S. 1 DSGVO; *Martini* (Fn. 127), Art. 22 DSGVO Rn. 15a.

ter.[130] Im Übrigen zielt Art. 22 Abs. 1 DSGVO nach seinem klaren Wortlaut nicht darauf ab, die Unterstützung und Vorbereitung von Entscheidungen durch automatisierte Verfahren zu verhindern. Vielmehr muss nur die Entscheidung selbst ausschließlich auf einer automatisierten Verarbeitung beruhen.[131] Demnach wird eine solche Verarbeitung von Patientendaten durch die KI-basierte Software schon wegen ihres vorbereitenden Charakters nicht von Art. 22 Abs. 1 DSGVO erfasst.[132] Entsprechendes gilt für das systembezogene Training von ML-Modellen durch Softwareentwickler.[133] Außerdem muss sich die Entscheidung auf einen oder mehrere Einzelfälle beziehen. Es kommt also darauf an, ob sie sich individuell auswirkt.[134] Dies ist bei ML-basierter Software nicht zwingend der Fall.[135]

Vor allem aber ist der Anwendungsbereich von Art. 22 Abs. 1 DSGVO dadurch beschränkt, dass unter das Verbot nur solche Entscheidungen fallen, die „ausschließlich" automatisiert, also „ohne jegliches menschliches Eingreifen" (Egrd. 71 UAbs. 1 S. 1 DSGVO), erfolgen. Wann die Grenze zu einer ausschließlich automatisierten Entscheidung überschritten ist, lässt sich dem Wortlaut des Art. 22 Abs. 1 DSGVO nicht zweifelsfrei entnehmen. Einerseits wird eine ausschließlich automatisierte Verarbeitung verlangt. Andererseits soll es ausreichen, dass die Entscheidung auf dieser Verarbeitung lediglich beruht.[136] Hiervon ausgehend ist unklar, welche Anforderungen an die menschliche Einflussnahme zu stellen sind, um die Anwendung von Art. 22 DSGVO auszuschließen. Im Kern können drei Auffassungen unterschieden werden, die sich nach dem Maßstab der erforderlichen personalen Ingerenzqualität schlagwortartig als nominelle, kontrollierende und reale Kompetenz kennzeichnen lassen. Nach dem Wortlaut reicht es an sich aus, dass irgendeine Person die Letztentscheidung trifft. Für diese Auffassung streitet auch die Entstehungsgeschichte der Bestimmung.[137] Die Tätigkeit des *human in the loop* erschöpfte sich dann in einem Schlussakt der „rein formalen Bestätigung", da die automatisierte Verarbeitung die (wesentliche)

---

[130] Vgl. nur *Edwards/Veale*, Duke Law & Technology Review 16 (2017–2018), 18 (46).

[131] *Kumkar/Roth-Isigkeit*, JZ 2020, 277 (279); *Martini* (Fn. 127), Art. 22 DSGVO Rn. 20.

[132] Vgl. *Edwards/Veale*, Duke Law & Technology Review 16 (2017–2018), 18 (45); *Krügel/Pfeiffenbring* (Fn. 126), § 11 Rn. 44; *Paal*, in: Kaulartz/Braegelmann (Fn. 29), 427 (431); vgl. auch *Martini*, JZ 2017, 1012 (1020) hinsichtlich der „algorithmen-basierte[n] *Unterstützung* menschlicher Entscheidungen" (Hervorhebung im Original).

[133] So i. E. auch *Krügel/Pfeiffenbring* (Fn. 126), § 11 Rn. 45; BeckOK DatenschutzR/*von Lewinski*, 1.11.2020, Art. 22 DSGVO Rn. 23.2.

[134] BeckOK DatenschutzR/*von Lewinski*, 1.11.2020, Art. 22 DSGVO Rn. 15.

[135] Vgl. nur *Edwards/Veale*, Duke Law & Technology Review 16 (2017–2018), 18 (46 f.).

[136] *Martini* (Fn. 127), Art. 22 DSGVO Rn. 17a.

[137] *Ebers* (Fn. 4), § 3 Rn. 40 mit Fn. 67; *Wachter/Mittelstadt/Floridi*, International Data Privacy Law 2017, 76 (92).

inhaltliche Vorentscheidung bereits gefällt hätte.[138] Hierbei handelte es sich also nur um eine „symbolische Geste“, unabhängig von der persönlichen Qualifikation.[139] Im Extremfall könnte also eine Krankenschwester statt des hierfür zuständigen Arztes die Therapieentscheidung treffen, ohne dass hierin ein Verstoß gegen Art. 22 Abs. 1 DSGVO läge.[140] Gegen diese formale Auffassung wird namentlich der Schutzzweck des Art. 22 DSGVO ins Feld geführt.[141] Auch die Artikel-29-Datenschutzgruppe hält eine nur nominelle Entscheidung für nicht ausreichend, um die Anwendung von Art. 22 Abs. 1 DSGVO auszuschließen, und fordert eine „echte[ ] Aufsicht“ in dem Sinne, dass die Entscheidung von einer Person getroffen wird, die zu ihrer Änderung befugt und befähigt ist.[142] Eine schlichte Bestätigung des diagnostischen Ergebnisses oder der Therapieempfehlung der KI-basierten Software würde danach ausreichen. Nach inzwischen ganz überwiegender Ansicht ist es indes geboten, dass die maschinell getroffene Entscheidung von einer kompetenten Person auch inhaltlich überprüft wird.[143] Dies ergebe sich aus der Ratio legis sowie einschlägigen Grundrechten.[144] Ergänzend bleibt anzumerken, dass menschliche Eingriffe während der Trainingsphase des KI-Systems, namentlich beim überwachten Lernen,[145] einhellig, wenn auch mit unterschiedlicher, teils wenig überzeugender Begründung, pauschal nicht als ausreichende Einflussnahme angesehen werden.[146]

---

[138] *Martini* (Fn. 127), Art. 22 DSGVO Rn. 17.

[139] *Artikel-29-Datenschutzgruppe*, Leitlinien zu automatisierten Entscheidungen im Einzelfall einschließlich Profiling für die Zwecke der Verordnung 2016/679, WP 251rev.01 (2018), 22, https://ec.europa.eu/newsroom/article 29/item-detail (abgerufen am 31.1.2021).

[140] *Hoeren/Niehoff*, EDPL 2018, 308 (312).

[141] Vgl. nur *Krügel/Pfeiffenbring* (Fn. 126), § 11 Rn. 45; *Martini* (Fn. 127), Art. 22 DSGVO Rn. 17b.

[142] *Artikel-29-Datenschutzgruppe* (Fn. 139), 22; ebenso BeckOK DatenschutzR/*von Lewinski*, 1.11.2020, Art. 22 DSGVO Rn. 24 f.; *European Parliamentary Research Service (EPRS)*, The impact of the General Data Protection Regulation (GDPR) on artificial intelligence, Juni 2020, 59 f., https://www.europarl.europa.eu/RegData/etudes/STUD/2020/641530/EPRS_STU(2020)641530_EN.pdf (abgerufen am 31.1.2021).

[143] *Buchner*, in: Kühling/Buchner (Hrsg.), DS-GVO BDSG, 2020, Art. 22 DSGVO Rn. 15; *Bygrave* Computer Law & Security Review 17 (2001), 17; *Hoeren/Niehoff*, EDPL 2018, 308 (312); *Krügel/Pfeiffenbring* (Fn. 126), § 11 Rn. 45; *Kumkar/Roth-Isigkeit*, JZ 2020, 277 (279); *Martini* (Fn. 127), Art. 22 DSGVO Rn. 17b; *Scholz* (Fn. 126), Art. 22 Rn. 26 f.; vgl. auch BeckOK DatenschutzR/*von Lewinski*, 1.11.2020, Art. 22 DSGVO Rn. 25.1, dem zufolge sich die Überprüfung auf das Herausfiltern unplausibler Entscheidungen verengen darf und beschränken kann.

[144] Exemplarisch *Hoeren/Niehoff*, RW 2018, 47 (53); *dies.*, EDPL 2018, 308 (312).

[145] Vgl. dazu nur *Niederée/Nejdl* (Fn. 13), § 2 Rn. 40.

[146] *Hoeren/Niehoff*, RW 2018, 47 (53); *dies.*, EDPL 2018, 308 (312); *Krügel/Pfeiffenbring* (Fn. 126), § 11 Rn. 45; BeckOK DatenschutzR/*von Lewinski*, 1.11.2020, Art. 22 DSGVO Rn. 23.2.

Ferner erstreckt Art. 22 Abs. 1 DSGVO seine Verbotsfolge nicht auf jede automatisierte Einzelentscheidung, sondern nur auf solche, die der betroffenen Person gegenüber rechtliche Wirkung entfalten oder sie in ähnlicher Weise erheblich beeinträchtigen. Bei einer medizinischen Behandlung wird regelmäßig nicht der rechtliche Status der betroffenen Person verändert, sodass es nur darauf ankommen kann, ob ein Patient durch die Entscheidung erheblich beeinträchtigt wird, sie also mit einer negativen Folge für ihn verbunden ist.[147]

Schließlich ist im hier gegebenen Kontext von Bedeutung, dass nach Art. 22 Abs. 2 Buchst. c DSGVO eine automatisierte Einzelentscheidung auch dann zulässig ist, wenn sie mit ausdrücklicher Einwilligung der betroffenen Person erfolgt. Damit achtet der Unionsgesetzgeber die Entscheidungsautonomie des Einzelnen. Er soll nicht gleichsam vor sich selbst geschützt werden.[148] Die Einwilligung ist nur wirksam, wenn sie DSGVO-konform, also auch informiert, abgegeben wird.[149] Diese in Art. 4 Nr. 11 i. V. m. Art. 7 DSGVO normierte Anforderung setzt bei einer automatisierten Einzelentscheidung voraus, dass der Betroffene nach Art. 13 Abs. 2 Buchst. f DSGVO oder – soweit die Daten nicht bei ihm erhoben worden sind – nach dem wortgleichen Art. 14 Abs. 2 Buchst. g DSGVO über „das Bestehen einer automatisierten Entscheidungsfindung einschließlich Profiling gemäß Art. 22 Absätze 1 und 4 und – zumindest in diesen Fällen – aussagekräftige Informationen über die involvierte Logik sowie die Tragweite und die angestrebten Auswirkungen einer derartigen Verarbeitung für die betroffene Person" zu informieren ist. Die Frage, ob aus diesem Informationsanspruch ein Recht auf Erklärbarkeit im Sinne einer vorherigen Erläuterung werden kann, ist gerade mit Blick auf KI-Systeme heftig umstritten.[150] Dagegen ist man sich weitgehend darüber einig, dass Art. 22 Abs. 3 DSGVO hierfür nicht als Sedes materiae herangezogen werden kann, obwohl Egrd. 71 UAbs. 1 S. 4 DSGVO vorsieht, dass die dort vorgesehenen angemessenen Garantien auch die (nachträgliche) „Erläuterung der nach einer entsprechenden Bewertung getroffenen Entscheidung" umfassen.[151] Zudem muss die Einwilligung auch freiwillig sein. Am Vorliegen dieser Wirksamkeitsvoraussetzung ließe sich

---

[147] Näher *Scholz* (Fn. 126), Art. 22 Rn. 35.

[148] *Martini* (Fn. 127), Art. 22 DSGVO Rn. 38.

[149] *Klement*, in: Simitis/Hornung/Spiecker gen. Döhmann (Fn. 126), Art. 7 Rn. 7.

[150] Für ein solches Recht z. B. *Dix*, in: Simitis/Hornung/Spiecker gen. Döhmann (Fn. 126), Art. 15 Rn. 25; dagegen z. B. *Wachter/Mittelstadt/Floridi*, International Data Privacy Law 2017, 76 (86 ff.); vgl. zuletzt dazu *Hacker/Krestel/Grundmann/Naumann*, Artificial Intelligence and Law 28 (2020), 415 (418); *Krügel/Pfeiffenbring* (Fn. 126), § 11 Rn. 45 ff.; *Kumkar/Roth-Isigkeit*, JZ 2020, 277 (281 ff.); jeweils m. w. N.

[151] Vgl. nur *Hacker/Krestel/Grundmann/Naumann*, Artificial Intelligence and Law 28 (2020), 415 (417 f.); *Kumkar/Roth-Isigkeit*, JZ 2020, 277 (280 f.); jeweils m. w. N.

beim Einsatz von KI-Systemen allerdings möglicherweise schon dann zweifeln, wenn ein Vorteil oder eine Begünstigung davon abhängig ist, ob sich die betreffende Person auf das elektive vollautomatische Verfahren einlässt.[152]

c) Analyse

aa) Reichweite

Auch bei hohen Anforderungen an das Kompetenzprofil des eingreifenden Menschen bleibt der Anwendungsbereich von Art. 22 DSGVO recht beschränkt.[153] Entsprechendes gilt für den medizinischen Sektor, in dem bislang noch stets auf den *human in the loop* gebaut wurde und das Leitbild der prästabilierten Harmonie von ärztlicher und maschineller Interaktion vorherrscht.[154] Konsequenterweise ist bei dem von Art. 22 DSGVO nicht erfassten Bereich der Entscheidungsvorbereitung und -unterstützung die geforderte Erklärungstiefe trotz des Einsatzes KI-basierter Software geringer. Der Vorbehalt „zumindest in diesen Fällen" in Art. 13 Abs. 2 Buchst. f DSGVO und Art. 14 Abs. 2 Buchst. g DSGVO weist zwar über den grundsätzlichen Anwendungsbereich des Art. 22 DSGVO hinaus, vermittelt den Betroffenen aber schon wegen seiner unklaren Reichweite nur eine schwache Rechtsposition.[155] Insoweit bieten sich Vertrags- und Haftungsrecht als bewährte Auffangrechtsordnungen an.[156]

Die auf dem Kriterium des menschlichen Eingreifens basierende Limitierung des Anwendungsbereichs ist nach Ansicht der DEK deshalb fragwürdig, weil sich auch unterhalb der Schwelle des Art. 22 DSGVO Konstellationen finden, „in denen menschliche Entscheidungen Gefahr laufen, algorithmische Informationen und Entscheidungsvorschläge (insbesondere in Bereichen, in denen ein menschliches Abwägen erwartet wird) unreflektiert und standardmäßig zu übernehmen, oder sich nur in algorithmisch ermittelten und vorgegebenen Bahnen zu bewegen."[157] In der Tat dürfte ein behandelnder Arzt angesichts zunehmender Leistungsfähigkeit und Bewährung KI-basierter Software nach dem Maßstab evidenzbasierter Medizin immer

---

[152] *European Parliamentary Research Service (EPRS)* (Fn. 142), 61; weitergehend *Martini* (Fn. 127), Art. 22 DSGVO Rn. 38.

[153] Allgemeine Auffassung, vgl. nur *Blinn/Glatzner*, BvD-News 2/2019, 13 (15); *Ebers* (Fn. 4), § 3 Rn. 40; *Edwards/Veale*, Duke Law & Technology Review 16 (2017–2018), 18 (44); *Gausling*, DSRITB 2018, 519 (540); *Glatzner*, DuD 2020, 312 (313); *Hacker*, NJW 2020, 2142 (2144); *Hacker/Krestel/Grundmann/Naumann*, Artificial Intelligence and Law 28 (2020), 415 (418); *Krügel/Pfeiffenbring* (Fn. 126), § 11 Rn. 46; *Wischmeyer*, AöR 43 (2018), 1 (48).

[154] Vgl. dazu schon oben I.

[155] Ähnlich *Hacker*, NJW 2020, 2142 (2144).

[156] Vgl. dazu eingehend *Hacker/Krestel/Grundmann/Naumann*, Artificial Intelligence and Law 28 (2020), 415 (418 ff.).

[157] *Datenethikkommission* (Fn. 28), 185, vgl. auch a. a. O., 192.

weniger geneigt sein, eine inhaltliche Überprüfung der Entscheidung vorzunehmen. Freilich weist die auf das Phänomen der autonomen Reduzierung des Entscheidungsspielraums gestützte Behauptung eines regulatorischen Defizits[158] insofern einen logischen Fehler auf, als die vielfach geforderte reale Kompetenz des eingreifenden Menschen ja dann gerade nicht mehr gegeben ist und damit der Anwendungsbereich des Art. 22 DSGVO eröffnet wird. Hinzu kommt, dass die DEK hieraus auch keineswegs schlussfolgert, wie von einem Mitarbeiter der Verbraucherzentrale Bundesverband (vzbv) im Gewande rechtswissenschaftlichen Diskurses insinuiert wird,[159] das Verbotsprinzip des Art. 22 DSGVO generell auszuweiten und die Ausschließlichkeitsschranke abzuschaffen. Dies hätte dann z. B. zur Folge, dass auch KI-basierte Gesundheitsratgeber unter das Verbot autonomisierter Entscheidungsfindung fielen.[160] Demgegenüber erscheint der DEK eine generelle Verbotslösung „[i]m Lichte des im Einzelnen stark differierenden Schädigungspotentials algorithmenbasierter Systeme nicht angemessen", zumal bei heutigen KI-Systemen auch nicht immer eine „Entscheidung" vorliege.[161] Dagegen sei auch bei einer möglichen Reform des Art. 22 DSGVO eine risikoadaptierte Regulierung der Autonomieproblematik sinnvoll.[162]

De lege lata ist das Verbot autonomisierter Entscheidungsfindung auch durch die in Art. 22 Abs. 2 Buchst. c DSGVO vorgesehene Ausnahme zu einer weitgehenden Quantité négligeable geworden. Dies dürfte gerade auch im medizinischen Bereich mit seiner – freilich zunehmend dysfunktionalen –[163] „Informed-Consent"-Kultur anzunehmen sein.

bb) Restriktion

Auch wenn sich Art. 22 Abs. 1 DSGVO als derzeit ziemlich zahnlose Norm darstellt, könnte er den Einsatz von KI-basierter Software in der medizinischen Praxis schon deshalb hemmen, weil von der weiten Auslegung des Tatbestandsmerkmals „ausschließlich" und der damit verbundenen Rechtsunsicherheit *chilling effects* ausgehen. Soweit es sich um KI-Software handelt, die im Feld weiterlernt und ohne weitere menschliche Interaktion den Zustand des Patienten beeinflusst, würde das Verbot der automatisierten Ein-

---

158 Ebenso erwogen von *Krügel/Pfeiffenbring* (Fn. 126), § 11 Rn. 48 f.

159 *Glatzner*, DuD 2020, 312 (313).

160 Vgl. *Roßnagel/Geminn*, Evaluation der Datenschutz-Grundverordnung aus Verbrauchersicht. Gutachten im Auftrag des vzbv (2019), 46, https://www.vzbv.de/sites/default/files/downloads/2019/12/04/19-11-26_gutachten_evaluation_dsgvo.pdf (abgerufen am 31.1.2021).

161 *Datenethikkommission* (Fn. 28), 192.

162 Ebd.; vgl. allgemein dazu a. a. O., 173 ff.; zustimmend *Ebers* (Fn. 4), § 3 Rn. 181.

163 Vgl. nur *Gassner*, in: Stiftung Datenschutz (Hrsg.), Big Data und E-Health, 2017, 35 ff.; *Dorneck/Gassner/Kersten/Lindner/Linoh* et al., MedR 2019, 431 ff.

zelentscheidung eingreifen. Darüber hinaus kann Art. 22 Abs. 1 DSGVO für Hersteller eine ernst zu nehmende Marktzugangshürde konstituieren. Denn nach Art. 109 Abs. 1 Buchst. a i. V. m. Art. 110 MPVO bzw. Art. 102 Abs. 1 Buchst. a i. V. m. Art. 103 MPVO müssen sie schon auf Herstellungsebene den Schutz personenbezogener Daten gewährleisten.

Der „One-size-fits-all“-Ansatz des Art. 22 Abs. 1 DSGVO führt also im Ausgangspunkt dazu, dass der medizinische Nutzen, der durch autonome diagnostische und therapeutische Maßnahmen einer KI-basierten Software generiert wird, von vornherein nicht verwirklicht werden kann. Denn eine ergänzende ärztliche Überprüfung und Entscheidung birgt das Risiko, dass die Überlegenheit maschineller Intelligenz zu Lasten des Patienten relativiert wird. Die damit verbundenen krankheitsverlängernden und lebensverkürzenden Folgen evozieren die Frage nach einer bereichsspezifischen normativen Beschränkung des generellen Verbots der automatisierten Einzelfallentscheidung.

Für eine solche enge Auslegung streitet schon der Grundgedanke der Vorschrift, dass niemand zum bloßen Objekt einer Entscheidung werden darf, die ausschließlich auf einer automatisierten Bewertung persönlicher Eigenschaften beruht.[164] Dem Unionsgesetzgeber stand hierbei offenbar das dystopische Narrativ der englischen Comedy-Serie Little Britain „Computer says no“ als Kontrastfolie warnend vor Augen.[165] Auch wenn Art. 22 DSGVO eine zentrale Frage der modernen Informationsgesellschaft adressiert,[166] so ist das Arzt-Patienten-Verhältnis realiter doch weit von einer Little-Britain-Dystopie entfernt und längst nicht mehr so ausgestaltet, dass es eine strukturelle informationelle Asymmetrie aufweist.[167]

Dass Art. 22 DSGVO auf andere Konstellationen zielt, wird auch daran deutlich, dass sich das Verbot der automatisierten Einzelfallentscheidung nur auf negative Beeinträchtigungen erstreckt.[168] Insofern ließe sich argumentieren, dass der Verzicht auf menschliche Interaktion bei smarter Software gerade dazu geeignet ist, Patienten optimaler medizinisch zu behandeln. Wollte man Art. 22 Abs. 1 DSGVO gleichwohl anwenden, so liefe dies auf die Akzeptanz eines kollateralen Schadens 2. Ordnung durch Überregulierung hinaus.

---

[164] Vgl. *Martini* (Fn. 127), Art. 22 DSGVO Rn. 1; *Scholz* (Fn. 126), Art. 22 Rn. 3.

[165] *Martini*, JZ 2017, 1012 (1019 f.).

[166] *Scholz* (Fn. 126), Art. 22 Rn. 8.

[167] Vgl. dazu im hier gegebenen Kontext z. B. *Hoeren/Niehoff*, EDPL 2018, 308 (318 f.); *Huss* (Fn. 7), 21; *Molnár-Gábor*, in: Wischmeyer/Rademacher (Hrsg.) Regulating artificial intelligence, 2019, 337 (342 f., 357); vgl. auch *Katzenmeier*, MedR 2019, 259 (270 f.) der mit Recht auf die Bedeutung der Gesundheitskompetenzen im digitalisierten Arzt-Patientenverhältnis hinweist.

[168] Vgl. oben b).

Zudem lässt sich grundsätzlich bezweifeln, ob sich dort, wo aus guten und plausiblen Gründen maschinelle Entscheidungen getroffen werden, etwa um den Heilerfolg zu gewährleisten, zu beschleunigen oder auf sonstige Weise zu optimieren, ein gegenläufiges Recht auf eine menschliche Entscheidung überhaupt überzeugend rechtfertigen lässt.[169] Auch unabhängig von Art. 22 DSGVO sind die Betroffenen jedenfalls gerade auch beim Einsatz von KI-Systemen durch eine Fülle anderer datenschutzrechtlicher Bestimmungen geschützt.[170]

Schließlich ist im hier interessierenden Zusammenhang von besonderer Bedeutung, dass der Aspekt besserer Heilungschancen auch eine Grundrechtsdimension aufweist. Oder, um noch einmal Yuval Noah Harari zu zitieren: Aus Patientensicht ist es „nicht zwangsläufig eine schlechte Nachricht", dass Entscheidungen über Körper und Gesundheit „von Computeralgorithmen [...] getroffen werden."[171] Zwar ist Art. 22 DSGVO ebenfalls grundrechtlich unterfüttert und besitzt einen Menschenwürdegehalt (Art. 1 Abs. 1 GG, Art. 1 GRCh).[172] Doch kommt ein solcher Gehalt allen Grundrechten zu.[173] Schon deshalb erscheint es fragwürdig, die Bedeutung der Menschenwürdegarantie mit allzu emphatischem Gestus zu proklamieren, selbst wenn dies, wie bei der 2019 verabschiedeten „Hambacher Erklärung zur Künstlichen Intelligenz" der Datenschutzkonferenz, der Genius loci auch nahelegen mag.[174] Überdies stellt Egrd. 4 S. 1 DGSVO klar: „Das Recht auf Schutz der personenbezogenen Daten ist kein uneingeschränktes Recht; es muss im Hinblick auf seine gesellschaftliche Funktion gesehen und unter Wahrung des Verhältnismäßigkeitsprinzips gegen andere Grundrechte abgewogen werden." In die Abwägung einzustellen sind in diesem Kontext vor allem die Grundrechte auf Leben und körperliche Unversehrtheit (Art. 2 Abs. 2 S. 1 GG, Art. 2 Abs. 1, Art. 3 Abs. 1 GrCh). Wird eine medizinische Innovation, die ein Leiden geheilt hätte, durch eine EU-Bestimmung verhindert, ist eine Schutzgutbeeinträchtigung in Form des fortgesetzten Leidens jedenfalls faktisch-kausale Folge hoheitlichen Tuns, so dass hier ein

---

[169] Allgemein dazu (auch mit Blick auf Art. 22 DSGVO) *Huq*, Virginia Law Review 106 (2020), 611 (686 und passim).

[170] Vgl. *European Parliamentary Research Service (EPRS)* (Fn. 142).

[171] Vgl. z. B. *Harari* (Fn. 120), 445.

[172] Vgl. nur *Martini*, JZ 2017, 1012 (1019); *ders.*, Blackbox Algorithmus – Grundfragen einer Regulierung Künstlicher Intelligenz, 2019, 170; s. ferner *HEG-KI* (Fn. 51), 14 f., 19 mit Fn. 35; vgl. auch schon oben aa).

[173] Vgl. ausführlich dazu *Hong*, Der Menschenwürdegehalt der Grundrechte, 2019, 598 ff. und passim.

[174] Entschließung der 97. Konferenz der unabhängigen Datenschutzaufsichtsbehörden des Bundes und der Länder, Hambacher Erklärung zur Künstlichen Intelligenz, 3.4.2019, 3, https://www.datenschutzkonferenz-online.de/media/en/20190405_hambacher_erklaerung.pdf (abgerufen am 31.1.2021).

dem Unionsgesetzgeber zurechenbarer Grundrechtseingriff anzunehmen ist.[175] Daneben treten die Grundrechte von Hersteller, Betreibern und Ärzten. Dementsprechend ist es auch grundrechtlich geboten, das Verbot der ausschließlich automatisierten Entscheidung bei der Verwendung von smarter KI-Software eng auszulegen. Relevante Schutzlücken entstehen dadurch nicht, da das Arzthaftungsrecht auch beim Einsatz von KI-Systemen hohe Anforderungen an Sicherheits- und Kontrollvorkehrungen des Arztes stellt.[176]

Eine medizinethische Kontrollüberlegung zwingt zu keiner anderen Betrachtung. Im Gegenteil: Das Ethos des Heilens ist mit der ausnahmslosen Absolutierung eines informationellen Autonomieprinzips nicht in Einklang zu bringen. Auch in den Ethik-Leitlinien der HEG-KI[177] wird der Grundsatz der Achtung der menschlichen Autonomie keineswegs verabsolutiert, sondern vielmehr in einem seiner zentralen Teilelemente, nämlich der hier interessierenden Maßgabe menschlicher Aufsicht, ausdrücklich kontextualisiert. Die Anforderung des Human-in-the-Loop, verstanden als „Fähigkeit des Menschen, in jeden Entscheidungszyklus des Systems einzugreifen", heißt es dort ebenso prägnant wie lapidar, sei „in vielen Fällen weder möglich noch wünschenswert".[178]

4. Zwischenergebnis

Das Verbot der automatisierten Einzelfallentscheidung stellt mit seinem ubiquitären Geltungsanspruch eine typische Ausprägung des allzu regelbasierten Regulierungsansatzes der DSGVO dar. Eine sach- und bereichsadäquate Risikoabstufung wird verhindert.[179] Zwar enthält Art. 22 Abs. 2 Buchst. c DSGVO eine konsensbasierte Ausnahme, doch realisiert sich das DSGVO-Konzept der Sicherung informationeller Selbstbestimmung durch informationelle Fremdbestimmung[180] auch in Gestalt von Wirksamkeitsanforderungen an die Einwilligung. Da auf diese Weise von vornherein Heilungs- und Lebenschancen minimiert werden, ist eine grundrechtskonforme enge Auslegung von Art. 22 Abs. 1 DSGVO geboten.

---

[175] Vgl. näher *St. Meyer*, ZRP 2018, 233 (233 f.) im Kontext von KI-Regulierung.

[176] Vgl. nur *Hacker/Krestel/Grundmann/Naumann*, Artificial Intelligence and Law 28 (2020), 415 (423 f.); *Katzenmeier*, in: Laufs/Katzenmeier/Lipp, Arztrecht, 2021, Kap. XI Rn. 126; BeckOGK/*Spindler*, 1.11.2020, § 823 BGB Rn. 1054.

[177] Vgl. dazu näher oben II.2.a).

[178] *HEG-KI* (Fn. 51).

[179] Vgl. allgemein dazu *Veil*, NVwZ 2018, 686 (696).

[180] Vgl. *v. Lewinski*, Die Matrix des Datenschutzes, Besichtigung und Ordnung eines Datenfeldes, 2014, passim.

IV. Fazit und Ausblick

Die vorstehende Analyse hat gezeigt, dass sich der Anwendungsbereich des Grundsatzes der persönlichen Leistungserbringung und seiner normativen Konkretisierungen nicht auf die Nutzung von Medizintechnik durch den Arzt erstreckt. Zur regulatorischen Bewältigung des mit dem Einsatz von KI-basierter Software in Diagnostik und Therapie verbundenen Autonomieproblems trägt er also nichts bei. Dagegen ist das Verbot ausschließlich automatisierter Einzelentscheidungen (Art. 22 DSGVO) trotz seines limitierten Anwendungsbereichs grundsätzlich geeignet, den Einsatz von adaptiver Software für medizinische Zwecke zu behindern. Die Bestimmung ist daher restriktiv auszulegen.

Um der Gefahr der Bevormundung von Patienten durch autonom agierende KI-Systeme zu wehren, bedarf es gerade im medizinischen Bereich intelligenterer Lösungen, die eine innovationsfeindliche Überregulierung vermeiden. Im derzeitigen Reformdiskurs finden sich hierfür zahlreiche Ansätze.

Wirtschaftsordnung und Wirtschaftsstrafrecht

Peter Kasiske

Wirtschaftliches Handeln vollzieht sich stets innerhalb eines normativen Rahmens. Dieser setzt der wirtschaftlichen Betätigung einerseits Grenzen, andererseits ermöglicht die normative Strukturierung aber auch erst deren freie Entfaltung, indem sie den Wirtschaftssubjekten Orientierung und Sicherheit darüber bietet, welches Verhalten von anderen Akteuren (was insbesondere auch staatliche Institutionen einschließt) erwartet wird und von diesen wiederum erwartet werden kann. Die Normen, die diesen Orientierungsrahmen bilden, können sowohl moralischer wie auch rechtlicher Natur sein. In ihrer Gesamtheit bilden sie die Wirtschaftsordnung. Ein Teil dieser Ordnung ist das Wirtschaftsstrafrecht. Es umfasst diejenigen Normen der Wirtschaftsordnung, die eine Sanktionierung mit staatlicher Kriminalstrafe vorsehen. Die konkrete Gestalt der Wirtschaftsordnung und damit auch des Wirtschaftsstrafrechts ist das Resultat bewusster politischer Gestaltungsentscheidungen, aber auch von historischen, kulturellen und ökonomischen Einflüssen.

I. Protowirtschaftsstrafrecht in der frühneuzeitlichen Wirtschaftsordnung

In einer Festschrift für die Augsburger Juristische Fakultät bietet es sich an, diesen Umstand anhand einer berühmten Augsburger Unternehmerpersönlichkeit zu illustrieren: Auch Jakob Fugger, genannt „der Reiche" bewegte sich bei seiner unternehmerischen Tätigkeit in einem normativen Rahmen, den ihm die Wirtschaftsordnung seiner Zeit setzte. So galt es nach dem kanonischen Recht seit dem Jahr 1215 als dem Raub gleichgestelltes Kapitalverbrechen, wenn ein Gläubiger für einen Kredit Zinsen verlangte. Abgeleitet wurde das Zinsverbot vor allem aus einer Stelle im 5. Buch Mose, wo es heißt: „Du sollst von Deinem Bruder nicht Zinsen nehmen, weder für Geld, noch für Speise, noch für alles wofür man Zinsen nehmen kann."[1] Sein Hintergrund dürfte nicht zuletzt auch darin zu sehen sein, dass es als anstößig angesehen wurde, durch Zinsen ein Einkommen auf Kosten des Schuldners zu

---

[1] Deuteronomium 23 Vers 20.

erzielen, ohne dafür eine eigene Arbeitsleistung zu erbringen.[2] Dieses Zinsverbot schränkte die Möglichkeiten, Kreditgeschäfte zu tätigen, jedenfalls theoretisch weitgehend ein. In der Praxis fanden sich freilich Möglichkeiten, das Zinsverbot zu umgehen. Etwa durch den Rentenkauf, durch den sich ein Gläubiger wiederkehrende Zahlungen als Gegenleistung für die einmalige Zahlung eines größeren Geldbetrages sichern konnte. Derartige Rechtsgeschäfte wurden nicht als verzinsliche Darlehen, sondern als Kauf qualifiziert und unterfielen so nicht dem Zinsverbot.[3] Da das Zinsverbot nur für Gläubiger christlichen Glaubens galt, konnten sich Kreditsuchende auch an jüdische Geldverleiher wenden, denen Papst Alexander III 1179 das Recht verliehen hatte, für ihre Darlehen Zinsen zu verlangen. Verstöße gegen das Zinsverbot wurden allein nach kanonischem Recht geahndet, beispielsweise mit Exkommunikation, Ausschluss aus der Gemeinde oder Verweigerung der Absolution.[4] Weltliche Strafen wurden nicht verhängt, so dass es insofern verfehlt wäre, im mittelalterlichen Zinsverbot eine frühe Form von Wirtschaftsstrafrecht zu sehen. Für einen geschäftstüchtigen frühneuzeitlichen Unternehmer wie Jakob Fugger war das Zinsverbot gleichwohl lästig. Der Kapitalbedarf etwa im Bergbau war so enorm, dass ihn auch ein Jakob Fugger – jedenfalls zu Beginn seines Aufstiegs an der Wende vom 15. zum 16. Jahrhundert – nicht allein aus Eigenmitteln bestreiten konnte und daher auf die Aufnahme von Fremdkapital angewiesen war. Jakob Fugger beschaffte sich daher heimlich Fremdkapital unter anderem beim Fürstbischof von Brixen Melchior von Meckau. Um seine Kreditgeschäfte zu legalisieren beauftragte Fugger Johann Eck, einen der bedeutendsten Theologen seiner Zeit, mit der Erstellung eines Gutachtens zum Nachweis, dass ein Zins von fünf Prozent unbedenklich sei, was aber zunächst erfolglos blieb. Erst 1548 wurde ein Höchstzinssatz von fünf Prozent auch für christliche Kreditgeber für zulässig erklärt.

Weltliche Sanktionen drohten Jakob Fugger indes durch einen Konflikt mit einem anderen Teil der frühneuzeitlichen Wirtschaftsordnung, nämlich den Monopolgesetzen. Diese untersagten Handelsmonopole, wie sie von den Fuggern und anderen mächtigen Handelsgesellschaften etwa im Bereich des Erzbergbaus errichtet worden waren.[5] Verstöße konnten mit der Einziehung des Vermögens geahndet werden. Als daher 1523 der Reichsfiskal Anklage gegen die Fugger und andere Gesellschaften erhob, stellte dies durchaus eine ernstzunehmende Bedrohung für deren Fortbestand dar. Entsprechend mobilisierte Jakob Fugger allen ihm zur Verfügung stehenden Einfluss, um sich

[2] Vgl. dazu *Le Goff*, Wucherzins und Höllenqualen, 2008, 36 ff.

[3] *Becker*, in: Erler/Kaufmann (Hrsg.), Handwörterbuch zur deutschen Rechtsgeschichte, Band 5, 1996, Sp. 1720 f.

[4] *Becker* (Fn. 3), Sp. 1719.

[5] Etwa bei *HöffnerKupfer*, s. Höffner, in: Nothelle-Wildfeuer/Althammer (Hrsg.), Wirtschaftsordnung und Wirtschaftsethik, 2014, 69 f.

gegen die Anklage zur Wehr zu setzen. Den renommierten Juristen Konrad Peutinger ließ er ein Gutachten erstellen, in dem dieser den volkswirtschaftlichen Nutzen der großen Handelsgesellschaften darzulegen versuchte. Ausschlaggebend dafür, dass das Monopolverfahren schließlich nicht weiter betrieben wurde, war dann aber eine Verfügung von keinem geringeren als dem Kaiser des Heiligen Römischen Reiches höchstselbst, der dem Reichsfiskal unter der Androhung, ihn seines Amtes zu entheben, befahl, die Verfolgung der Monopolisten einzustellen.[6] Karl V. wollte seine wichtigsten Finanziers nicht verlieren und schützte sie daher vor dem Zugriff der Reichsjustiz. 1525 erließ er ein Edikt, durch das Produktion und Handel mit Bergwerkserzeugnissen von den Monopolverboten ausgenommen wurden.[7]

Die strafbewehrten Monopolgesetze des 16. Jahrhunderts tragen bereits die Züge eines echten Wirtschaftsstrafrechts. Es geht um die Regulierung für sozialschädlich erachteter Formen wirtschaftlichen Handelns, die von staatlichen Organen verfolgt und mit Strafen bedroht werden. Durchaus modern wirkt der Umstand, dass es bei diesen Gesetzen darum ging, die übergroße Marktmacht einzelner Akteure zu beenden, und damit ein Ziel, das auch unser heutiges Kartellordnungswidrigkeitenrecht verfolgt.[8] Freilich lagen der damaligen Gesetzgebung andere Motive zugrunde als dem modernen Kartellrecht. Die Monopole der großen Handelsgesellschaften, die diesen enorme Gewinne bescherten, wurden vor allem für die damals um sich greifende Teuerung verantwortlich gemacht, die in einer Gesellschaft, die seit Generationen an ein weitgehend stabiles Preisniveau gewohnt war, zu erheblichen sozialen Spannungen führte.[9] Bei dieser Inflation handelte es sich allerdings um ein Phänomen, das nur zu einem geringen Teil auf die Tätigkeit einzelner Monopolisten zurückzuführen war. Die Ursachen der inflationären Entwicklungen lagen vielmehr vor allem in der allgemeinen wirtschaftlichen Dynamik der sich bereits abzeichnenden sogenannten Preisrevolution des 16. Jahrhunderts, bei der eine steigende Nachfrage auf ein nicht im gleichen Maße wachsendes Güterangebot, insbesondere auch bei Grundnahrungsmitteln, traf.[10] In der öffentlichen Wahrnehmung erschienen freilich

---

[6] *Mertens*, Im Kampf gegen die Monopole, 1995, 141.

[7] Dazu *Höffner* (Fn. 5), 91.

[8] *Lettl*, Kartellrecht, 2017, § 7 Rn. 5 f.; *Kling/Thomas*, Kartellrecht, 2016, § 13 Rn. 1; *Schulte/Just*, KartellR, 2016, Einl. Rn. 18; *Haag/Karl*, in: Gloy/Loschelder/Danckwerts (Hrsg.), Handbuch des Wettbewerbsrecht, 2019, § 19 Rn. 1; *Lange*, in: Lange (Hrsg.), Handbuch zum deutschen und europäischen Kartellrecht, 2006, Kap. 1 § 2 Rn. 21 ff.

[9] *Mertens* (Fn. 6), 10 ff.

[10] Die Ursachen hierfür werden vor allem im Bevölkerungswachstum, Münzverschlechterungen und Zuflüssen von Edelmetallen, zunächst aus europäischen Bergwerken, dann immer mehr aus der Neuen Welt, gesehen. Vgl. zu den unterschiedlichen Erklärungsansätzen *Gerhard*, in: Schremmer (Hrsg.), Geld und Währung vom 16. Jahrhundert bis zur Gegenwart, 1993, 70 ff.

die prosperierenden Handelsgesellschaften als die Urheber des Übels, denen man die Festlegung überhöhter Preise vorwarf. Die Monopolgesetzgebung diente also vor allem dem Ziel, der Dynamik der Teuerung entgegenzuwirken und wieder ein stabiles Preisniveau herbeizuführen. Der Gedanke des freien Wettbewerbs, dessen Schutz unser heutiges Kartellrecht verpflichtet ist, war dem frühneuzeitlichen Denken hingegen noch weitestgehend unbekannt. Stattdessen war die Beschränkung des Wettbewerbs durch Aufteilung von Märkten und künstliche Markteintrittsbarrieren, wie sie etwa im Zunftwesen zum Ausdruck kam, gang und gäbe.

Die frühneuzeitliche Wirtschaftsordnung und die Motive der Monopolgesetze mögen uns heute fremd erscheinen. Dennoch zeigen sich hier bereits Phänomene und Mechanismen, die auch für das heutige Wirtschaftsstrafrecht noch von Bedeutung sind: So wird deutlich, dass das Wirtschaftsstrafrecht in vielen Deliktsbereichen eine Kriminalität der (wirtschaftlich) Mächtigen zum Gegenstand hat. Dies allein schon deshalb, weil bestimmte Delikte nur aus einer Machtposition heraus begangen werden können. So kann sich wegen falscher Angaben nach § 399 AktG nur ein Gründer oder Vorstand einer Aktiengesellschaft strafbar machen. Die Gelegenheit zu einer wettbewerbswidrigen Submissionsabsprache nach § 298 StGB ergibt sich nur für diejenigen Täter, die sich auf der Karriereleiter soweit emporgearbeitet haben, dass sie derartige Absprachen überhaupt erst treffen können. Die Bedrohung der sozialen Ordnung geht bei der Wirtschaftskriminalität häufig nicht von mehr oder weniger außerhalb der Gesellschaft stehenden Personen aus, sondern bei den Delinquenten handelt es sich um Individuen, die gesellschaftlich gut integriert sind, ansonsten kaum durch normverletzendes Verhalten auffallen und nicht selten überdurchschnittliches soziales Prestige und Ansehen genießen.[11]

Durchaus aktuell ist auch das Phänomen, dass an das Wirtschaftsstrafrecht von Seiten der Öffentlichkeit die Erwartung herangetragen wird, durch Sanktionierung des Fehlverhaltens individueller Marktakteure Dysfunktionalitäten der Wirtschaftsordnung entgegenwirken oder beseitigen zu können. Darauf wird am Ende dieses Beitrags noch zurückzukommen sein.

II. Wirtschaftsstrafrecht und sozialistische Wirtschaftsordnung

Trifft die Ausgangsthese zu, wonach das Wirtschaftsstrafrecht maßgeblich durch die Wirtschaftsordnung bestimmt wird, so sollten sich die wirtschaftsstrafrechtlichen Normen in einer sozialistischen und planwirtschaftlichen

[11] Zu den kriminologischen Befunden hierzu vgl. etwa *Schwind*, Kriminologie, 2016, § 21 Rn. 19ff.; *Brettel/Schneider*, Wirtschaftsstrafrecht, 2020, Rn. 13; differenzierend *Eisenberg/Kölbel*, Kriminologie, 2017, Rn. 56.

Ordnung deutlich von denen einer Marktwirtschaft unterscheiden. Daher soll im Folgenden ein Blick auf das Wirtschaftsstrafrecht der früheren Deutschen Demokratischen Republik geworfen werden. Das zentrale Wesensmerkmal einer sozialistischen Wirtschaftsordnung ist die Vergemeinschaftlichung des Eigentums an Produktionsmitteln. Wirtschaftliche Betätigung wird somit auf der Produktions- und Angebotsseite von einer privaten zu einer genuin öffentlichen Angelegenheit. Dies schlägt sich auch in der Ausgestaltung des Wirtschaftsstrafrechts der DDR nieder. Bereits in der Präambel wird auf den Zweck des sozialistischen Rechts verwiesen, die „Produktivkräfte und die sozialistischen Produktionsverhältnisse planmäßig zu entfalten und zu lenken". Bezeichnend für den sozialistischen Charakter des DDR-Wirtschaftsstrafrechts ist die Einteilung der Eigentumsdelikte in solche, die sich gegen privates und persönliches, und solche, die sich gegen sozialistisches Eigentum richten. Letzteres „Volkseigentum" definiert § 157 Abs. 1 DDR-StGB als das Vermögen der Deutschen Demokratischen Republik, ihrer Organe, Einrichtungen und Betriebe. Privates und sozialistisches Eigentum wurde im Strafgesetzbuch von 1968 gleichermaßen gegen Diebstahl, Betrug, Untreue und Sachbeschädigung geschützt. Die jeweiligen Tatbestände waren zwar in unterschiedlichen Abschnitten verortet, hatten aber einen identischen Aufbau und sahen seit 1972 dieselben Strafandrohungen für Verletzungen des privaten wie für Verletzungen des sozialistischen Eigentums vor.[12] Das war indes nicht immer so. Im 1952 erlassenen Gesetz zum Schutz des Volkseigentums wurden Verletzungen des Volkseigentums wesentlich härter sanktioniert als solche des privaten Eigentums. So sah das Volkseigentumsschutzgesetz für Diebstahl, Unterschlagung und Betrug eine Mindeststrafe von einem, bei Untreue und Urkundenfälschung von drei Jahren Zuchthaus vor. Bei Vorliegen strafschärfender Umstände wie etwa einschlägiger Vorstrafen oder einer bandenmäßigen Begehung konnten bis zu 15 Jahre Zuchthaus verhängt werden. Zwar erwiesen sich diese drakonischen Strafdrohungen in der Praxis schnell als nicht durchsetzbar, weshalb schon bald eine restriktive Handhabung des Gesetzes angeordnet wurde.[13] Ideologisch betrachtet war der stärkere Schutz des sozialistischen gegenüber dem privaten Eigentum freilich durchaus folgerichtig. Dem Aufbau der staatlich gelenkten wirtschaftlichen Produktivkräfte kam im sozialistischen System eine überragende Bedeutung zu. Güter- und Dienstleistungsproduktion waren anders als im marktwirtschaftlichen System der bürgerlichen Gesellschaftsordnung nicht primär eine Funktion der

---

[12] *Rettler*, Der strafrechtliche Schutz des sozialistischen Eigentums, 2010, 169ff.; *Ziemann*, in: Steinberg (Hrsg.), Sozialistische Strafrechtstheorie und -praxis in Europa, 2018, 236f.

[13] Dazu *Vormbaum*, Das Strafrecht der Deutschen Demokratischen Republik, 2015, 140ff.

Betätigung individueller wirtschaftlicher Handlungsfreiheit, sondern eine Staatsaufgabe, deren erfolgreiche Bewältigung essentiell für den Aufbau des Sozialismus war und als Überlebensfrage im Systemwettbewerb angesehen wurde. Konsequent wurden daher Delikte gegen die Produktivkräfte des Volkseigentums als Verbrechen gegen die staatliche Ordnung selbst angesehen[14] und jedenfalls im Volkseigentumsschutzgesetz auch ebenso streng bestraft wie etwa Hochverrat.

Und auch im Strafgesetzbuch der DDR von 1968 existierten noch Vorschriften, die nur durch die Besonderheiten der sozialistischen Wirtschaftsordnung erklärbar sind. So enthielt das DDR-StGB einen eigenen Abschnitt zu „Straftaten gegen die Volkswirtschaft". Dort fanden sich neben Delikten wie Geldfälschung und Steuerhinterziehung auch Tatbestände, die auf eine Pönalisierung von planwirtschaftswidrigem Verhalten und von Misswirtschaft mit sozialistischem Produktionseigentum abzielten. § 171 DDR-StGB etwa stellte Falschmeldungen von Betriebsleitern an Staats- oder Wirtschaftsorgane unter Strafe, wenn dadurch Mängel im Betrieb verdeckt oder unzulässige wirtschaftliche Vorteile erschlichen werden sollten. Nach § 167 DDR-StGB konnte bestraft werden, wer durch vorsätzliche oder fahrlässige Verletzung seiner Pflichten Produktionsmittel beschädigte, außer Betrieb setzte, verderben oder unbrauchbar werden ließ, wenn dadurch ein großer wirtschaftlicher Schaden verursacht wurde. Eine entsprechende Vorschrift im Hinblick auf Schädigungen des Nutztierbestandes enthielt § 168 DDR-StGB. Und der § 166 DDR-StGB sah eine Bestrafung vor, wenn ein großer wirtschaftlicher Schaden dadurch verursacht wurde, dass Produktionsmittel ihrem bestimmungsgemäßen Gebrauch entzogen wurden. Bestraft wurde also nicht eine Substanzverletzung von staatlichem oder privatem Eigentum, sondern die Verursachung eines „wirtschaftlichen Schadens" im Sinne von volkswirtschaftlich relevanten Produktionsausfällen.[15] In eine ähnliche Richtung zielten auch die Tatbestände der Diversion in § 103 Abs. 1 DDR-StGB und der Sabotage in § 104 Abs. 1 Nr. 1 DDR-StGB, die schädliche Einwirkungen auf die planmäßige Entwicklung der Volkswirtschaft unter Strafe stellten, wenn sie mit der Zielsetzung begangen wurden, die sozialistische Gesellschaftsordnung zu schädigen.[16] Durch diese besondere subjektive Absicht unterschieden sich diese bei den Staatsschutzdelikten angesiedelten Vorschriften von den oben genannten Delikten gegen die Volkswirtschaft.

---

[14] So postulierte die frühere Vizepräsidentin des Obersten Gerichts der DDR in einem Aufsatz, dass „Verbrechen gegen Volkseigentum in ihrer Schwere neben den Verbrechen gegen den Staat stehen"; vgl. *Benjamin*, NJ 1953, 61 (62).

[15] S. Ministerium der Justiz/Deutsche Akademie für Staats- und Rechtswissenschaft (Hrsg.), Strafrecht der DDR, Lehrkommentar, Bd. II, 1970, 170.; vgl. auch *Rettler* (Fn. 12), 129 f.

[16] Vgl. dazu *Vormbaum* (Fn. 13), 364 f.

Letztere waren vor allem dazu konzipiert, Fehlverhalten und Pflichtverletzungen von Betriebsleitern und Funktionären der mittleren Ebene zu sanktionieren.[17] Öffentlich wurden diese Tatbestände seitens der Staatsführung der DDR zwar nicht zuletzt damit gerechtfertigt, dass es erforderlich sei, schädlichen Einflüssen aus dem imperialistischen Ausland entgegenzuwirken, die darauf abzielten, das sozialistische Wirtschaftsmodell durch die Korrumpierung von Entscheidungsträgern zu sabotieren. Außerdem wurde die Notwendigkeit der Bekämpfung von Egoismus und Habgier als Rudimenten bürgerlich-kapitalistischen Denkens ins Feld geführt.[18] Tatsächlich dürften gerade die wirtschaftsstrafrechtlichen Tatbestände des DDR-Rechts aber vor allem darauf ausgerichtet gewesen sein, systemimmanente Mängel der sozialistischen Wirtschaftsordnung zu kompensieren. Denn der allgegenwärtige Mangel sowohl von Konsumgütern als auch insbesondere von Rohstoffen und Produktionsmitteln schuf zum einen Anreize, sich unrechtmäßig an Volkseigentum zu bereichern. Zum anderen förderte er gerade auf der mittleren Funktionärsebene einen „Betriebsegoismus": Um die ehrgeizigen Ziele der staatlichen Planvorgaben erreichen zu können, war es für die Leiter staatlicher Betriebe häufig verlockend, Ressourcen zu horten und Produktionsmittel für inoffizielle Tauschgeschäfte mit anderen Betrieben zweckzuentfremden. Die Wirtschaftskriminalität, die gerade in den Delikten gegen die Volkswirtschaft adressiert wurde, war somit zu einem guten Teil eine Folge von systemischen Schwächen der sozialistischen Wirtschaftsordnung.[19] Da diese aber offiziell aus politischen Gründen nicht thematisiert werden durften, weil dies die Überlegenheit der sozialistischen Wirtschaftsform in Frage gestellt hätte, wurden die nicht zu übersehenden Missstände auf individuelles delinquentes Fehlverhalten zurückgeführt und so ein ökonomisches Strukturproblem in ein Kriminalitätsproblem umgedeutet. Damit wurden die strukturellen Defizite zwar nicht beseitigt, aber immerhin wurde die politische Führungselite, die diese zu verantworten hatte, auf diese Weise aus der Schusslinie genommen. Die DDR-Führung erwies sich auch in dieser Hinsicht als gelehrige Schülerin ihrer sowjetischen Lehrmeister: In der Sowjetunion gehörte die Verfolgung vermeintlicher Saboteure zu den typischen Instrumenten des stalinistischen Terrorregimes, um die Verantwortung für offensichtliche wirtschaftliche Missstände wie die Knappheit an Gütern des täglichen Bedarfs auf kriminelle Elemente im Dienste ausländischer Mächte abzuwälzen und so von den immanenten Mängeln der Zentralplanwirtschaft und Fehlentscheidungen der politischen Führung abzulenken.[20]

---

[17] *Arnold*, Die Normalität des Strafrechts der DDR, Bd. I, 1995, 84 (114).
[18] Dazu *Ziemann* (Fn. 12), 219 f.
[19] Vgl. auch *Arnold* (Fn. 17), 117 f.
[20] Vgl. *Baberowski*, Verbrannte Erde – Stalins Herrschaft der Gewalt, 2014, 203 ff.

Ein Phänomen, das wir bereits in der Monopolgesetzgebung der frühen Neuzeit feststellen konnten, zeigt sich so auch beim sozialistischen Wirtschaftsstrafrecht der DDR: Dem Wirtschaftsstrafrecht wird die Bewältigung systemischer Probleme der Wirtschaftsordnung aufgebürdet, wobei es an dieser Aufgabe eigentlich nur scheitern kann.

III. Wirtschaftsstrafrecht und marktwirtschaftliche Ordnung

Auf den ersten Blick könnte man geneigt sein, dem Wirtschaftsstrafrecht im Rahmen einer marktwirtschaftlichen Wirtschaftsordnung eine geringere Bedeutung zuzumessen als im Zusammenhang mit einer zentral durch den Staat gelenkten Planwirtschaft. Denn schließlich zeichnet sich die marktwirtschaftliche Ordnung dadurch aus, dass sie die Güterverteilung nicht anhand staatlicher Vorgaben und Pläne vornimmt, deren Missachtung dann gegebenenfalls einer strafrechtlichen Sanktionierung bedarf, sondern die Verteilung im Wesentlichen dem Zusammenspiel von Angebot und Nachfrage überlässt, d. h. den freien individuellen Entscheidungen der Akteure auf dem Markt. Das Wirtschaftsstrafrecht könnte sich demnach darauf beschränken, dort einzugreifen, wo die Steuerungsmechanismen des Marktes versagen oder zu sozial unerträglichen Ergebnissen führen, z. B. in Fällen des Wohnraumwuchers oder der strafrechtlichen Produkthaftung. Einer solchen Sichtweise gerät jedoch aus dem Blick, dass das Wirtschaftsstrafrecht der wirtschaftlichen Betätigung nicht nur Grenzen zieht, sondern auch eine wichtige Rolle dabei spielt, diese überhaupt erst zu ermöglichen. Neben einer Steuerungs- hat das Wirtschaftsstrafrecht auch eine Gewährleistungs- und Garantiefunktion für das Marktgeschehen.

1. Märkte als normative Ordnungen

Die Vorstellung, eine Marktwirtschaft funktioniere am besten, wenn der Eigenlogik ökonomischer Prozesse freier Lauf gelassen wird und regulatorische Eingriffe durch das Rechtssystem auf ein Minimum begrenzt werden, geht fehl. Märkte sind zwar mit den Worten F. A. v. Hayeks insofern „spontane Ordnungen“, als sie das Wissen und die Präferenzen der Marktteilnehmer ohne übergeordnete Steuerung durch den Preismechanismus organisieren und so eine ökonomisch effiziente Güterallokation bewirken.[21] Doch auch für Hayek folgt daraus keine regulatorische Abstinenz im Sinne eines wirtschaftspolitischen Laissez-faire. Vielmehr ist es für ihn selbstverständlich,

---

[21] *Hayek*, Recht, Gesetzgebung und Ordnung, Bd. 1, 1981, 36 f.

dass Märkte als spontane Ordnungen nur funktionieren können, wenn das Verhalten der Markteilnehmer durch einen Grundbestand rechtlicher Normen reguliert wird.[22] Märkte sind daher immer nicht nur spontane, sondern vor allem auch normative Ordnungen, die einer rechtlichen Gestaltung unterliegen und bedürfen, um funktionieren zu können. Denn erst die normative Struktur eines Marktes schafft für die Akteure die Erwartungssicherheit und die Vertrauensgrundlage, die notwendig ist, um mit anderen – insbesondere fremden – Marktakteuren in sichere Interaktion treten zu können. Ohne eine solche normative Struktur kämen wirtschaftliche Transaktionen unter Fremden allenfalls in Gestalt primitivster ad-hoc-Tauschgeschäfte zustande. Sobald aber ein Marktakteur einem anderen einen Vertrauensvorschuss gewähren muss, und sei es nur im Hinblick darauf, dass dieser willig und fähig ist die versprochene Leistung auch tatsächlich zu erbringen, wird er dazu typischerweise nur dann bereit sein, wenn ein solches Vertrauen entweder durch eine persönliche Beziehung zum Geschäftspartner gerechtfertigt erscheint, oder aber durch einen normativen Rahmen, der für alle Akteure verbindliche Regeln vorgibt und auf diese Weise klarstellt, welches Verhalten von ihnen erwartet wird und welches Verhalten sie von den anderen Akteuren erwarten können. Erst auf Grundlage dieser stabilisierten Verhaltenserwartungen[23] werden wirtschaftliche Transaktionen unter Fremden, wie sie für die Wirtschaft moderner Gesellschaften typisch sind, möglich.

Diesen normativen Rahmen bilden zunächst vor allem zivilrechtliche Normen und Institutionen. An erster Stelle stehen hier die Garantie des Privateigentums und der Vertrag. Durch das Institut des Privateigentums werden Sachen und die mit ihnen verbundenen Verfügungsbefugnisse einzelnen Personen zugeordnet. Dies schafft für die Eigentümer Sicherheit und erlaubt ihnen eine weitgehend transaktionskostenfreie Nutzung der Sache:[24] Der Eigentümer eines Ackergrundstücks kann grundsätzlich darauf vertrauen, dass niemand außer ihm die Ackerfrüchte erntet oder ein Haus darauf baut. Daher ist er nicht dazu gezwungen, den Acker mit einem teuren Zaun zu umgeben. Das Institut des Vertrages ermöglicht es den Marktakteuren, darauf zu vertrauen, dass versprochene Leistungen auch tatsächlich erbracht werden, ohne dass sie selbst entsprechende Vorkehrungen treffen oder sich aufwendig Informationen über die Vertrauenswürdigkeit des Transaktionspartners beschaffen müssen.

---

[22] *Hayek*, Die Verfassung der Freiheit, 3. Aufl., 1991, 169 ff. (287).
[23] Dazu *Luhmann*, Das Recht der Gesellschaft, 1993, 131 f., 151 f.
[24] Vgl. *Richter/Furubotn*, Neue Institutionenökonomik, 2010, 87 ff.

2. Die Gewährleistungsfunktion des Wirtschaftsstrafrechts

Das durch den normativen Rahmen ermöglichte Vertrauen kann aber gleichwohl im Einzelfall enttäuscht werden. Belastbare Vertrauensbeziehungen können daher nur entstehen, wo der normative Rahmen auch hinreichend effektiv durchgesetzt wird. An dieser Stelle kommt nun das Strafrecht ins Spiel. Ihm kommt in einer marktwirtschaftlichen Wirtschaftsordnung die Funktion zu, die Geltung der zentralen Normen und Institutionen zu stabilisieren, indem ihre Verletzung mit Kriminalstrafe sanktioniert wird. Auf diese Weise stabilisieren etwa die Tatbestände des Diebstahls, der Unterschlagung und der Sachbeschädigung die Institution des Eigentums.[25] Im Hinblick auf die Institution Vertrag kommt dem Betrugstatbestand eine wichtige Rolle zu: Grundlage von Verträgen sind die Willenserklärungen der Vertragspartner, in denen diese ihre Präferenzen zum Ausdruck bringen, z. B. die Bereitschaft, für den individuellen Nutzen, den sie sich von einem Produkt versprechen, einen bestimmten Preis zu bezahlen. Verträge sind folglich nicht nur die Grundlage von Transaktionen, sondern sie fixieren auch die Präferenzen der Akteure. Sie sind damit ein essenzielles Instrument zur Erfüllung der Allokationsfunktion von Märkten, die darin besteht, Güter möglichst präferenzengerecht zu verteilen.[26] Diese Funktion kann nur erfüllt werden, wenn die Präferenzentscheidungen, die sich in den Verträgen niederschlagen, fehlerfrei gebildet wurden und so die wahren Präferenzen der Marktakteure wiedergeben. Dies setzt insbesondere voraus, dass die Willensbildung anhand einer korrekten Informationsgrundlage erfolgt. Typischerweise besteht bei Markttransaktionen aber eine Informationsasymmetrie zwischen den Akteuren. So ist etwa der Verkäufer einer Sache regelmäßig deutlich besser über deren Beschaffenheit und Qualität informiert als der Käufer. Letzterer ist bei seiner Willensbildung daher darauf angewiesen, vom Verkäufer zutreffend informiert zu werden. Zugleich besteht ein Anreiz für den Verkäufer, Informationen zurückzuhalten oder zu verfälschen, um ein besseres Verhandlungsergebnis zu erzielen. Ein Käufer, der sich dieses Risikos bewusst ist, wird im Zweifelsfall lieber auf eine Transaktion verzichten. Ohne einen normativen Rahmen, der diese negative Anreizstruktur kompensiert, würden so auch viele Transaktionen unterbleiben, bei denen keine Täuschung vorliegt und die an sich zu präferenzengerechten Verteilungsergebnissen führen würden oder es würde das Phänomen der adversen Selektion auftreten, bei dem Anbieter hochwertiger Güter aus dem Markt gedrängt werden, weil die Nachfrager aufgrund des Risikos, ein minderwertiges Produkt zu erhalten, nur bereit

[25] Vgl. für eine solche institutionenökonomische Betrachtung der Eigentumsdelikte *Mansdörfer*, Theorie des Wirtschaftsstrafrechts, 2011, Rn. 308 ff.

[26] *Conrad*, Wirtschaftspolitik, 2017, 35.

sind, einen aufgrund dieses Risikos niedrigeren Preis zu bezahlen.[27] Um ein Vertrauen in die Angaben des Geschäftspartners gerade auch unter Bedingungen der Informationsasymmetrie zu ermöglichen, sorgt das Recht nicht nur dafür, dass ein Vertragspartner sich durch Anfechtung aus der vertraglichen Bindung lösen kann, wenn er seine Entscheidung aufgrund fehlerhafter Informationen getroffen hat (§§ 119, 123 BGB), sondern auch dafür, dass ein Akteur, der sein Gegenüber vorsätzlich täuscht und ihm dadurch einen Vermögensnachteil zufügt, nach § 263 StGB wegen Betrugs bestraft werden kann. Der negative Anreiz der drohenden Kriminalsanktion soll dabei dem Anreiz entgegenwirken, sich durch fehlerhafte Information des Geschäftspartners einen unerwünschten Vorteil zu sichern. Daneben kommuniziert die Strafandrohung für täuschendes Verhalten auch eine normstabilisierende und damit das Vertrauen und die Erwartungssicherheit fördernde Botschaft im Hinblick auf die Geltung des Täuschungsverbots im Geschäftsverkehr.

Ein weiteres Beispiel für eine solche Gewährleistungsfunktion des Wirtschaftsstrafrechts bietet der Untreuetatbestand des § 266 StGB. Er adressiert die Probleme, die sich daraus ergeben, dass in modernen Wirtschaftssystemen die Verwaltung von Eigentum und Vermögen weitgehend in fremde Hände gelegt wird, wie dies etwa bei Kapitalgesellschaften der Fall ist.[28] Der mit der Arbeitsteilung verbundene Effizienzgewinn hat nämlich auch eine Kehrseite. Denn sie führt wiederum zu problematischen Anreizkonstellationen, die in der Institutionenökonomik im Rahmen der Prinzipal-Agenten-Theorie thematisiert werden.[29] Auch im Verhältnis zwischen dem Geschäftsherrn (Prinzipal) und dem von ihm Beauftragten (Agent) besteht regelmäßig eine Informationsasymmetrie dergestalt, dass der Prinzipal sich nicht oder nur mit unverhältnismäßigen Kosten Kenntnis darüber verschaffen kann, wie gut oder schlecht der Agent die Interessen des Prinzipals wahrnimmt. Dies wiederum schafft für den Agenten Anreize, den Prinzipal zu übervorteilen. Um diesem Risiko von „Moral Hazard"[30] entgegenzuwirken und zumindest die Anreize für vermögensschädigende Handlungen des Agenten zu kompensieren, sieht der Untreuetatbestand eine Bestrafung für pflichtwidriges Verhalten jedenfalls solcher Agenten vor, die gegenüber ihrem Prinzipal eine qualifizierte Vermögensbetreuungspflicht innehaben.[31]

---

[27] Zur adversen Selektion grundlegend *Akerlof*, Quaterly Journal of Economics 84 (1970), 488 ff.

[28] So auch LK-*Schünemann*, 2012, § 266 Rn. 2; *Rönnau/Hohn*, NStZ 2004, 113.

[29] Vgl. *Richter/Furubotn* (Fn. 24), 225 ff.; umfassend *Laffont/Martimort*, The Theory of Incentives. The Principal-Agent-Model, 2002.

[30] Vgl. etwa *Hart/Holmström*, in: Bewley (Hrsg.), Advances in Econometry and Econometrics, 1987, 71 ff.

[31] Für ein solches institutionenökonomische Verständnis des § 266 StGB auch Saliger, in: Satzger/Schluckebier/Widmaier (Hrsg.), StGB, § 266 Rn. 3; *Mansdörfer* (Fn. 25), Rn. 347 ff.

3. Die Steuerungsfunktion des Wirtschaftsstrafrechts

Der Wirtschaftsordnung, zu der auch das Wirtschaftsstrafrecht gehört, soll wirtschaftliche Betätigung nicht nur durch Gewährleistung eines erwartungs- und vertrauenssichernden normativen Rahmens ermöglichen, sondern an sie wird auch die Erwartung herangetragen, diese Betätigungen so zu steuern, dass sozial unerwünschte Folgewirkungen des Marktgeschehens möglichst vermieden werden.[32] Dass das Wirtschaftsstrafrecht eine solche Steuerungswirkung entfalten kann, wird aber verbreitet angezweifelt. Die Rede ist von einer Steuerungskrise des Strafrechts.[33] Der klassische Ansatz der Rational-Choice-Theory, ökonomische Prozesse als Folge des Verhaltens rationaler Akteure zu begreifen, die für die Lenkungswirkung strafrechtlicher Sanktionsdrohungen empfänglich sind,[34] wird als überholt angesehen. Stattdessen wird darauf verwiesen, dass der Steuerungsgegenstand Wirtschaft durch eine Betrachtung des Verhaltens einzelner menschlicher Akteure von vornherein in seiner Komplexität gar nicht adäquat erfasst werden könne. Denn hier gehe es nicht nur um die Betrachtung individueller menschlicher Akteure, sondern vor allem auch um das Verhalten von Unternehmen, und damit von Organisationen, die sich nicht lediglich als Summe ihrer Einzelteile begreifen lassen, sondern eine ausgeprägte Eigengesetzlichkeit aufweisen. Insbesondere wird unter Berufung auf die soziologische Systemtheorie Niklas Luhmanns häufig der Schluss gezogen, dass gerade im Hinblick auf die Steuerung der Wirtschaft von erheblichen Präventionsdefiziten des Strafrechts auszugehen sei.[35] Nach Luhmann bilden Wirtschaft und Recht ausdifferenzierte gesellschaftliche Subsysteme, deren Kommunikationen jeweils einem spezifischen Code folgen, der für das Recht auf der Unterscheidung von Recht und Unrecht und für die Wirtschaft auf der Differenz von Zahlen und Nichtzahlen basiert.[36] Das Rechtssystem kann daher nur etwas verarbeiten, indem es dieses entweder als Recht oder als Unrecht qualifiziert, und das Wirtschaftssystem kann nur erfassen, was sich als Zahlungs- oder Nichtzahlungsvorgang darstellen lässt. Direkte Steuerung im Sinne einer kausalen Determinierung, wie sie etwa die Rational-Choice-Theorie postuliert, ist unter den Prämissen der Systemtheorie aufgrund der Geschlossenheit der Systeme von vornherein unmöglich.[37]

---

[32] *Tiedemann* in: FS für Stree/Wessels, 1993, 527 (528).

[33] *Achenbach*, ZStW 119 (2007), 789 (814); *Hefendehl*, ZStW 119 (2007), 816 (826 ff.); *Lüderssen*, in: FS Amelung, 2009, 67 ff.; *Eicker*, Die Prozeduralisierung des Strafrechts, 2010, 54 ff.; *Francuski*, Prozeduralisierung im Wirtschaftsstrafrecht, 2014, 83 ff.

[34] Exemplarisch hierfür etwa *G. Becker*, Der ökonomische Ansatz zur Erklärung menschlichen Verhaltens, 1993, 39 ff.; s. a. *Tiedemann*, Wirtschaftsstrafrecht, 2017, Rn. 44.

[35] *Theile*, Wirtschaftskriminalität und Strafverfahren, 2009, 298 ff; ähnlich *Fateh-Moghadam*, in: Steinberg/Valerius/Popp (Hrsg.), Das Wirtschaftsstrafrecht des StGB, 2011, 25 (44).

[36] *Luhmann*, Die Wirtschaft der Gesellschaft, 1994, 52 ff.

[37] *Luhmann*, ZRSoz 1991, 142 (144); *Luhmann* (Fn. 36), 324 ff.

Doch bedeutet dies nicht zwangsläufig das Aus für jede Form (wirtschaftsstraf-)rechtlicher Intervention in die Sphäre des Ökonomischen. Denn aus systemtheoretischer Sicht ist eine Regulierung[38] der Wirtschaft durch das Recht möglich, die auf den Prozess der strukturellen Kopplung zurückgreift. Danach können die Erwartungsstrukturen unterschiedlicher Systeme in gewissem Umfang gekoppelt werden, was dann dazu führt, dass die Systeme bestimmte Eigenschaften ihrer Umwelt voraussetzen und sich darauf verlassen können.[39] Rechtliche Normen können eine Basis für eine solche strukturelle Kopplung darstellen.[40] Hinreichende Bestimmtheit vorausgesetzt können sie dazu dienen, gegenseitige Erwartungen zu stabilisieren, so dass die Systeme ihre Operationen an der gemeinsamen – freilich jeweils nach den Vorgaben des eigenen Codes interpretierten – Basis ausrichten. Es besteht kein Grund zur Annahme, dass das Recht im Bereich der Wirtschaft weniger steuerungseffektiv ist als in anderen Bereichen. Möglicherweise ist sogar das Gegenteil der Fall, weil die strukturellen Kopplungen zwischen Wirtschaft und Recht verhältnismäßig ausgeprägt sind. So sind Kommunikationen des Wirtschaftssystems regelmäßig über Medien wie Vertrag oder Eigentum strukturell an das Rechtssystem gekoppelt.[41] Entsprechend richten sich die Erwartungen des Wirtschaftssystems in erheblichem Maße am Rechtssystem aus, so dass von diesem ein besonders starkes Irritationspotential ausgeht. Dass dies gerade auch für das Wirtschaftsstrafrecht zutrifft, zeigt etwa der mittlerweile weit verbreitete Aufbau von Criminal-Compliance-Systemen in Unternehmen, mit denen diese auf die Irritation durch eine zunehmende Verfolgung von Wirtschaftsdelikten durch die Strafjustiz reagieren. Das Wirtschaftsstrafrecht zielt schließlich auch nicht darauf ab, das Wirtschaftssystem als Ganzes zu beeinflussen. Denn soweit die Normen des Wirtschaftsstrafrechts nicht ohnehin auf Einzelpersonen (z. B. treupflichtwidrig handelnde Manager) abzielen, sind sie allenfalls auf Unternehmen aber nicht auf das soziale Subsystem Wirtschaft gerichtet. Unternehmen sind aus Sicht der Systemtheorie aber als Organisationen selbständige soziale Systeme und als solche vom System Wirtschaft zu unterscheiden. Zwar fallen im Organisationssystem Unternehmen in Form von Entscheidungen[42] typischerweise besonders viele Kommunikationen an, die auch dem Wirtschaftssystem zugehören, weil sie dem Code zahlen/nicht zahlen folgen. Trotzdem ist nicht alles, was im Unternehmen passiert, in diesem Sinne Wirtschaft.

---

[38] Zur Unterscheidung von Steuerung und Regulierung s. *Bora*, in: Maasen/Kaiser/Reinhart (Hrsg.), Handbuch der Wissenschaftssoziologie, 2012, 341 ff.

[39] *Luhmann*, Das Recht der Gesellschaft, 1993, 441 ff.

[40] *Theile* (Fn. 35), 78 f.

[41] *Luhmann* (Fn. 39), 452 ff.

[42] Organisationen reproduzieren sich nach *Luhmann* über die Kommunikation von Entscheidungen, vgl. *Luhmann*, Organisation und Entscheidung, 2006, 39 ff.

Wenn sich damit der Blick vom gesellschaftlichen Funktionssystem Wirtschaft ab- und stattdessen dem Unternehmen als Organisationssystem zuwendet, ist damit ein Perspektivenwechsel hin auf die Akteure verbunden, der sich für die Analyse strafrechtlicher Regulierung als aufschlussreich erweist, weil Strafnormen gerade auf die Beeinflussung einzelner Akteure und nicht kompletter gesellschaftlicher Subsysteme abzielen.[43] Das entspricht dem Standpunkt eines akteurszentrierten Institutionalismus, der zwar ebenso wie die Systemtheorie von einer in funktionale Subsysteme aufgegliederten Gesellschaft ausgeht, aber gleichwohl an den Handlungen individueller und kollektiver Akteure als dem maßgeblichen Bezugspunkt für Steuerungsüberlegungen festhält.[44] Gesellschaftliche Phänomene werden hier als Resultat von Interaktionen individueller oder kollektiver Akteure begriffen, die jeweils ihre eigenen Interessen verfolgen, wobei der institutionelle Rahmen die Regeln definiert „deren Einhaltung man selbst von andern erwarten kann und sich selbst zumuten lassen muss".[45] Ein solcher Ansatz erweist sich für die Erkundung der Möglichkeiten und Grenzen rechtlicher Regulierung von Märkten im Vergleich zu Rational-Choice-Theorie und Systemtheorie als deutlich ergiebiger. Er vermeidet einerseits die naive Vorstellung einer über Anreizwirkungen vermittelten kausalen Determinierung von Marktakteuren durch Normen. Andererseits bewegt er sich nicht auf einem Abstraktionsniveau, auf dem sich die konkreten Wirkungen und Mechanismen von Regulierung kaum noch darstellen lassen. Aus einer solchen Perspektive erscheint eine Regulierung von Wirtschaft auch durch Wirtschaftsstrafrecht als möglich. Allerdings weniger im Sinne einer gezielten Lenkung ökonomischer Prozesse als vielmehr im Sinne einer „Umhegung", die über die Einhaltung von durch das Recht gezogenen Grenzen für die Aktivität der Marktteilnehmer wacht. Winfried Hassemer hat dafür einmal das Bild eines Linienrichters gebraucht, der erst bei der Überschreitung bestimmter Grenzlinien eingreift, aber nicht das Geschehen auf dem Platz bestimmt.[46]

[43] Ähnlich *Schünemann*, wistra 2016, 159 (161 f.); *Francuski* (Fn. 33), 102 ff.

[44] Näher dazu *Mayntz/Scharpf*, in: Mayntz/Scharpf (Hrsg.), Gesellschaftliche Selbstregulierung und politische Steuerung, 1995, 39 ff.; *Scharpf*, Interaktionsformen. Akteurszentrierter Institutionalismus in der Politikforschung, 2000, 73 ff.; *F. Becker*, Kooperative und konsensuale Strukturen in der Normsetzung, 2005, 29 ff.; Sympathien für diesen Ansatz auch bei *Lüderssen*, in: FS für Amelung, 2009, 70 f.

[45] *Mayntz/Scharpf* (Fn. 44), 39.

[46] *Hassemer*, wistra 2009, 169, 171; ähnlich *Klose*, wistra 2020, 41 (42).

IV. Schluss: Grenzen des Wirtschaftsstrafrechts

Von der soeben skizzierten Steuerungsfunktion des Wirtschaftsstrafrechts sollte man sich allerdings nicht zu viel versprechen. Das Wirtschaftsstrafrecht adressiert Abweichungen einzelner Akteure von den normativen Vorgaben der Wirtschaftsordnung und trägt so zu deren Stabilisierung bei. Das Wirtschaftsstrafrecht ist aber nicht geeignet, Missstände zu korrigieren, die sich aus strukturellen Problemen der Wirtschaftsordnung selbst ergeben. Gerade eine solche Erwartung scheint aber mitunter seitens der Öffentlichkeit an das Wirtschaftsstrafrecht herangetragen zu werden, wenn mit der Aussicht auf Bestrafung einzelner Akteure die Hoffnung verbunden wird, dass damit auch Fehlentwicklungen des Wirtschaftssystems als Ganzem abgestellt werden können. Die Konzentration auf die individuellen Verfehlungen „gieriger“ oder „verantwortungsloser“ Manager verdeckt dann womöglich den Blick auf die strukturellen Defizite einer Wirtschaftsordnung, die solches Verhalten durch problematische Anreizstrukturen oder mangelhafte Regulierung fördert oder gar erst ermöglicht.[47] Wo es möglich ist, Risiken zu sozialisieren und die damit einhergehenden Gewinne zu privatisieren, da ist es nicht verwunderlich, wenn solche Risiken dann in einem individuell existenz- und kollektiv systemgefährdenden Ausmaß eingegangen werden (Stichwort Bankenkrise). Wo steuerliche Regelungen so kompliziert geraten sind, dass sie es bei kreativer Gestaltung erlauben, die Staatskasse in dreistester Weise zu schröpfen, ist es vorhersehbar, dass von dieser Möglichkeit Gebrauch gemacht wird (Stichwort Cum-Ex-Geschäfte). Das Wirtschaftsstrafrecht fungiert dann gewissermaßen als „regulator of the last resort“, der dort einspringt, wo die außerstrafrechtliche Wirtschaftsordnung das System Wirtschaft nicht mehr in den Griff bekommt. Man spricht dann oft von „Systemversagen“ oder „Systemkrise“, weil das Subsystem Wirtschaft nicht mehr wie erwünscht funktioniert.[48]

Ein derartiges Systemversagen kann sich gerade auch in der Weise manifestieren, dass eine Vielzahl von Akteuren in großem Umfang die normativen Vorgaben der Wirtschaftsordnung außer Acht lässt. Die Diagnose Systemversagen bedeutet aber nicht, dass individuelle Normverstöße nicht mehr strafrechtlich verfolgt werden können. Daher war es etwa im Kontext der Finanz- und Bankenkrise verfehlt, wenn eine mögliche strafrechtliche Verantwortung von Bankvorständen wegen Untreue durch Eingehung unvertretbarer Risikogeschäfte mit dem Argument abgelehnt wurde, angesichts

---

[47] *Rönnau* in: Schiedeck/Rönnau (Hrsg.), Wirtschaftsstrafrecht: Plage oder Gewinn für den Standort Deutschland, 2013, 9, 16.

[48] Etwa im Kontext der Finanzkrise *Michaelis*, Die Chronik der Finanzkrise 2007–2010, 2012, 1 f.; *Sinn*, Kasino-Kapitalismus, 2012, 128.

der systemischen Natur Krise sei für die Zuschreibung individueller Verantwortung kein Raum.[49] Wo Verstöße gegen strafrechtliche Vorschriften festgestellt werden können, müssen diese auch geahndet und können nicht durch den Verweis auf ein Systemversagen für irrelevant erklärt werden. Anderenfalls würde die Strafjustiz sich unglaubwürdig machen. Man sollte sich aber nicht der Hoffnung hingeben, durch eine strafrechtliche Sanktionierung einzelner Akteure den zugrundeliegenden strukturellen Problemen entgegenwirken zu können.[50] Ansonsten würde man demselben Trugschluss unterliegen, in den schon die Gesetzgeber der frühen Neuzeit oder der DDR verfallen sind, als sie glaubten, der allgemeinen Teuerung oder der mangelnden Effizienz der sozialistischen Wirtschaftsordnung mit den Mitteln des Wirtschaftsstrafrechts Herr werden zu können.

[49] So aber *Lüderssen*, StV 2009, 486 (487); ähnlich *Jahn*, JZ 2011, 340, 345; dagegen zu Recht *Schünemann*, in: Schünemann (Hrsg.), Die sogenannte Finanzkrise – Systemversagen oder organisierte Kriminalität, 2010, 71, 81; *Gehlen*, Die Strafbarkeit von Geschäftsleitern nach § 54a KWG, 2017, 61 f.

[50] Eine solche Hoffnung scheint aber *Nauckes* Konzept eines politischen Wirtschaftsstrafrechts zugrunde zu liegen, s. *Naucke*, Der Begriff der politischen Wirtschaftsstraftat, 2012, 47 ff.

Friedensschutz durch Strafrecht?

Johannes Kaspar

I. Einführung: Das Recht in krisenhaften Zeiten

Wir leben in bewegten, krisenhaften Zeiten. Auf vielen Ebenen scheint die Welt aus den Fugen zu geraten, politisch, wirtschaftlich, sozial, und das nicht nur im Zeichen von „Corona". Gewiss: Im Vergleich zu früheren Zeiten, in denen nicht nur tödliche Pandemien, sondern auch Hungersnöte, Kriege und sonstige Formen von Gewalt zum Alltag der Menschen zählten,[1] geht es uns vergleichsweise gut. Und doch sind wir vom Zustand des letztlich auf die Vernunft gegründeten „ewigen Friedens"[2], wie Kant ihn als Vision formuliert hat, offensichtlich nach wie vor weit entfernt. Noch immer herrschen in vielen Regionen und Staaten der Welt Kriege und sonstige bewaffnete Konflikte, also ganz unmittelbare Bedrohungen des Friedens in einem engen, auf die Abwesenheit von Krieg bezogenen Sinn.[3] Davon sind wir in der westlichen Welt in den letzten Jahrzehnten zwar weitgehend verschont geblieben. Krisenhafte Zustände und Entwicklungen, die den Frieden in einem weiteren, gesellschaftlichen Sinn bedrohen, lassen sich aber auch bei uns feststellen. Wenn der Eindruck nicht täuscht, vollzieht sich in vielen westlichen Gesellschaften eine zunehmende Polarisierung[4] und zugleich eine Verrohung des gesellschaftlichen Diskurses, nicht nur, aber doch in besonders offensichtlicher Weise in den USA.[5] Dort waren im Vorfeld der letzten Präsiden-

---

[1] S. dazu aus dem Bereich der populärwissenschaftlichen Literatur etwa *Harari*, Homo Deus, 2017 und *Pinker*, Gewalt, 2011. Die Thesen Pinkers über die Häufigkeit von Gewalt in früheren Zeiten sind allerdings umstritten, s. dazu nur *Fagan u. a.*, The Cambridge History of Violence, Bd. 1, 2020.

[2] *Kant*, Zum ewigen Frieden, Erstauflage 1795; zur bereits früher entstandenen Vorstellung einer zwar nicht weltweiten, aber zumindest auf das christliche Abendland bezogenen „pax universalis" s. *Janssen*, in: Senghaas (Hrsg.), Den Frieden denken, 1995, 227 (237).

[3] Nach *Müller*, in: Hellmann u. a. (Hrsg.): Die neuen Internationalen Beziehungen. Forschungsstand und Perspektiven in Deutschland, 2003, 209 (220), ist der Gegenbegriff von „Frieden" nicht „Krieg", sondern „Unfrieden", der den Krieg als besonders intensive Form beinhaltet.

[4] Vgl. *Großmann*, GA 2020, 546 (562). Dazu grundlegend *Brandsma*, Polarisation. Understanding the dynamics of us versus them, 2017.

[5] S. nur *Schwalbe u. a.*, PNAS 2020 (Bd. 117, Nr. 35), 21218, https://doi.org/10.1073/pnas.1912301117 (abgerufen am 19.3.2021).

tenwahl sogar bürgerkriegsähnliche Zustände befürchtet worden, was dann in Form der gewaltsamen Erstürmung des Kapitol-Gebäudes in Washington am 6. Januar 2021 kurzzeitig reale Gestalt annahm.[6]

Auch hierzulande sind spätestens seit der Flüchtlingskrise 2015 sowie nunmehr erneut im Zusammenhang mit der Corona-Krise zumindest im Ansatz vergleichbare Entwicklungen zu beobachten. Die öffentlich geführten gesellschaftlichen Debatten scheinen rauer und unversöhnlicher geworden zu sein, das politische Klima aggressiver.[7] Das dürfte viele Ursachen haben, darunter sicher auch eine der „dunklen Seiten" des Internets,[8] namentlich die mit diesem Medium verbundene Möglichkeit der millionenfachen Verbreitung von „Fake News"[9] und Hassbotschaften sowie die Gefahr, entsprechende Ansichten in einer algorithmisch erzeugten Filterblase bzw. „Echokammer"[10] permanent bestätigt zu bekommen. Auch in der Entwurfsbegründung des Gesetzes zur Bekämpfung des Rechtsextremismus und der Hasskriminalität vom Juni 2020 heißt es in diesem Sinne: „Im Internet und insbesondere in den sog. sozialen Medien ist eine zunehmende Verrohung der Kommunikation zu beobachten".[11]

Parallel zu solchen technischen Entwicklungen (und möglicherweise durch sie befeuert) vollziehen sich gesellschaftliche Transformationsprozesse, die das Auseinanderdriften von gesellschaftlichen Subgruppen und Individuen beschleunigen und in letzter Konsequenz ebenfalls den gesellschaftlichen Frieden bedrohen. Oft wird auf die Auflösung des „sozialen Kitts"[12], auf das Schwinden von sinn- und gemeinschaftsstiftenden Institutionen, Normen und Werten hingewiesen. Die Gesellschaft, so scheint es, ist nicht einfach nur pluralistisch, sondern wird als „fragmentiert" beschrieben.[13] Nach der vielbeachteten Analyse von Reckwitz leben wir in einer postmodernen Gesellschaft der „Singularitäten"[14], in welcher sich der Ein-

---

[6] S. dazu nur Spiegel v. 9.1.2021 („Trumps Armee").

[7] Vgl. nur *Herrmann*, Süddeutsche Zeitung v. 20.11.2020, 16 („Die Bösen sind immer die anderen").

[8] Vgl. *Kaspar*, in: Hilgendorf u. a. (Hrsg.), Handbuch des Strafrechts, Bd. 1, 2019, § 20 Rn. 122.

[9] Zu deren Strafbarkeit de lege lata und de lege ferenda s. *Hoven*, ZStW 129 (2017), 718; *Rückert*, in: Albrecht u. a. (Hrsg.), Strafrecht und Politik, 167; *Kusche*, in: Beck u. a. (Hrsg.), Digitalisierung, Automatisierung, KI und Recht, 2020, 421. S. auch die Augsburger Dissertation von *Schreiber*, Strafbarkeit politischer Fake News (im Erscheinen).

[10] Vgl. dazu *Del Vicario u. a.*, Scientific Reports 6 (2016), Nr. 37825, https://doi.org/10.1038/srep37825 (abgerufen am 19.3.2021).

[11] BT-Drs. 19/17741, 1; nach ursprünglicher Verweigerung der Zustimmung des Bundesrates ist das Gesetz am 1.4.2021 in Kraft getreten, s. BGBl. I 2021, 441.

[12] *Brettel/Schneider*, Wirtschaftsstrafrecht, 3. Aufl. 2020, § 1 Rn. 83.

[13] *Kubiciel*, in: FS für Reinhard Merkel, 2020, 529.

[14] *Reckwitz*, Die Gesellschaft der Singularitäten. Zum Strukturwandel der Moderne, 2017.

zelne immer weniger als Teil einer Gruppe oder eines Kollektivs mit entsprechenden sozialen Regeln begreift, sondern als Individuum, welches das Besondere bzw. die „sozialkulturell fabrizierte Einzigartigkeit" anstrebt.[15]

Auch in Bezug auf diese gesellschaftliche Dimension ist zunächst vor Alarmismus zu warnen: Nach wie vor werden in Deutschland vergleichsweise hohe Werte des sozialen Zusammenhalts gemessen. So hieß es in einer 2019, also noch in der Prä-Corona-Ära veröffentlichten Studie der Bertelsmann-Stiftung, dass „der gesellschaftliche Zusammenhalt in Deutschland insgesamt nach wie vor stark" sei. Aber schon damals wurde gemahnt, dass sich das Vertrauen in Institutionen als eine Dimension mit eher niedrigen Werten darstelle: „Angesichts des wachsenden Populismus in Deutschland kommt diesem Befund eine besondere Bedeutung zu."[16] Ein Jahr später spricht die Stiftung in der Neuauflage derselben Befragung von einem nach wie vor „soliden" sozialen Fundament, bei dem aber nach Bevölkerungsgruppe zu differenzieren sei; es habe sich gezeigt, dass „Menschen mit Migrationshintergrund, Alleinlebende und Alleinerziehende sowie diejenigen, die in ihrem Alltag mit Einschränkungen, wie zum Beispiel einer Behinderung, zurechtkommen müssen, den Zusammenhalt als geringer empfinden."[17] Zudem wird in ersten Analysen davon gesprochen, dass „eine konkrete Gefahr besteht, dass die Corona-Pandemie eine Spaltung der Gesellschaft verschärft. Denn die Bevölkerungsgruppen mit niedriger, mittlerer und hoher Lebenslage erleben die Situation in verschiedenen Aspekten höchst unterschiedlich."[18]

Wenn aber die Annahme stimmt, dass der soziale Zusammenhalt und damit verbunden der gesellschaftliche Friede derzeit zumindest gefährdet sind, wäre das aus vielen Gründen bedenklich, nicht zuletzt auch aus einer kriminologischen Perspektive. Denn es ist empirisch gut belegt, dass die Existenz stabiler sozialer Bindungen einer der wichtigsten protektiven Faktoren ist, der die Entstehung von Delinquenz verhindern kann.[19] Umso mehr stellt sich die Frage nach der Rolle des Rechts in diesem Zusammenhang: Gibt es eine sozial nützliche „friedensstiftende" Funktion des Rechts, insbe-

---

[15] *Reckwitz* (Fn. 14), 51.

[16] Bertelsmann Stiftung (Hrsg.), Schwindendes Vertrauen in Politik und Parteien – Eine Gefahr für den gesellschaftlichen Zusammenhalt?, 2019, 6.

[17] Bertelsmann Stiftung (Hrsg.), Gesellschaftlicher Zusammenhalt in Deutschland 2020, 77.

[18] Infas (Hrsg.), Die Auswirkungen der Corona-Pandemie auf die Lebenssituation der Bevölkerung, 2020, 3. Etwas positivere Einschätzung bei *Kühne u. a.*, Gesellschaftlicher Zusammenhalt in Zeiten von Corona: Eine Chance in der Krise?, SOEPpapers on Multidisciplinary Panel Data Research, No. 1091, DIW 2020, 15: „[D]ie Corona-Krise [hat] einerseits das Potenzial, den Zusammenhalt in der Gesellschaft zu schwächen, [...] [a]ndererseits liegt in der Krise auch eine Chance für die Gesellschaft, die nun zusammenrücken und zusammenhalten muss".

[19] S. nur *Kaspar* (Fn. 8), § 19 Rn. 102.

sondere des Strafrechts, auf das hier der Fokus gelegt werden soll? Welche Dimensionen hat der „Friedensschutz" durch Strafrecht? Ist der „Friede" ein taugliches und legitimes Schutzgut von Strafrechtsnormen, das sich hinreichend präzise bestimmen lässt?

Strafrecht und Frieden: Das Thema erscheint gerade für diesen Jubiläumsband besonders geeignet, wenn man bedenkt, dass Augsburg aus den bekannten historischen Gründen als „Friedensstadt" bezeichnet wird und am 8. August den bundesweit einzigartigen Feiertag des „Friedensfests" begeht – ganz abgesehen von der harmonischen (um nicht zu sagen: friedlichen) Atmosphäre, die an unserer Fakultät traditionell herrscht, nicht nur zwischen den Kolleginnen und Kollegen, sondern auch im Verhältnis zu Mitarbeiterinnen und Mitarbeitern sowie zu den Studierenden.

II. Zum Begriff des „Friedens"

Bevor etwas genauer auf die möglichen Dimensionen des Friedensschutzes in einem strafrechtlichen Kontext eingegangen wird, muss zunächst versucht werden, den Begriff des „Friedens" genauer zu bestimmen. Es wurde soeben bereits angedeutet, dass es sich dabei um einen komplexen Begriff handelt, der verschiedene mögliche Bedeutungsinhalte bzw. -ebenen aufweist.[20] Und wie später noch gezeigt wird, ist man auch bei der Verwendung dieses Begriffs im strafrechtlichen Kontext von einer klaren, allseits konsentierten Definition weit entfernt. Insofern erscheint es lohnenswert, in einem kurzen Überblick allgemeine, d. h. außerhalb der Strafrechtswissenschaft verwendete Begriffsbestimmungen zu sichten (ohne dabei den später vertieften Bezug zum Recht aus den Augen zu verlieren).

So beschreibt etwa der Brockhaus „Frieden" als „Zustand eines verträglichen und gesicherten Zusammenlebens von Menschen auf verschiedenen Ebenen. Da Frieden ohne ein Minimum an Ordnung und Einvernehmen nicht lange bestehen kann, ist der Begriff eng mit dem des Rechts verknüpft, der seinerseits Frieden voraussetzt. Strittig ist, ob Frieden nur das äußere, vor willkürlicher Gewalteinwirkung geschützte Verhältnis bezeichnet oder auch eine innere Anteilnahme meint. Frieden ist in keiner historisch bezeugten Gesellschaft von Natur aus gegeben. Stets ist er ein geschaffener Zustand, der mehr oder weniger ausdrücklicher Sicherungen und Macht und Vereinbarung bedarf."[21] Das „Recht" wird hier (ohne weitere Spezifizierung) ausdrücklich als potenzieller Garant des „verträglichen und gesicherten Zusammenlebens von Menschen" beschrieben; zugleich wird auf die ver-

---

[20] *Müller* (Fn. 3), 209 (210).

[21] Der Brockhaus in fünfzehn Bänden, Bd. 5, Fre–Gt, 1. Aufl. 1998, Frieden.

schiedenen „Ebenen“ hingewiesen, auf denen sich dieser Zustand möglichst entfalten soll. Ohne dass dies ausdrücklich gesagt wird, handelt es sich dabei offensichtlich sowohl um das Verhältnis von Staaten untereinander als auch um das Verhältnis von gesellschaftlichen Gruppen und (womöglich) auch von einzelnen Individuen.[22] Auch im Duden klingt diese Dichotomie von Makro- und Mikro-Ebene an, wenn Friede als „Zustand des inner- oder zwischenstaatlichen Zusammenlebens in Ruhe und Sicherheit“ definiert wird.[23] Ob der Zustand, auf den beide Definitionen abstellen, nur durch (noch zu definierende) „Gewalt“ gestört wird oder auch sonstige Beeinträchtigungen von „Ruhe und Sicherheit“ erfasst sind, wäre allerdings noch zu klären.

Es liegt nahe, bei der Frage der Begriffsbestimmung auch die Wissenschaft zu Rate zu ziehen, die sich unmittelbar mit dem Sujet des Friedens beschäftigt, namentlich die Friedensforschung. Auch hier zeigt sich eine große Bandbreite der Vorstellungen. Eine klassische Ansicht geht in der Tat davon aus, dass sich Frieden als „Abwesenheit von verletzender physischer Gewalt“ definieren lässt,[24] was natürlich auch die oben erwähnte Abwesenheit kriegerischer Auseinandersetzungen beinhaltet.

Diesem engen Friedensbegriff stehen unterschiedliche deutlich weitere Konzeptionen gegenüber. So hat etwa Galtung die Reichweite des Friedensbegriffs durch einen extensiven Begriff der „Gewalt“ (der auch strukturelle und kulturelle Gewalt einschließt) ausgedehnt.[25] Die Nachteile eines solchen Gewalt-Begriffs werden offenbar, wenn man sich die von Galtung verwendete Definition vor Augen hält: „Gewalt liegt dann vor, wenn Menschen so beeinflusst werden, dass ihre aktuelle geistige und somatische Verwirklichung geringer ist als ihre potenzielle Verwirklichung.“[26] Das erlaubt Kritik an als unerwünscht empfundenen gesellschaftlichen und politischen Zuständen,[27] ist aber ersichtlich vage und uferlos weit. Vor allem aus einer straf-

[22] Vgl. auch *Müller* (Fn. 3), 209 (214), nach dem die Friedensforschung eine Wissenschaft sei, welche sich vorrangig für die „Beziehungen in Gesellschaft und zwischen Gesellschaften und Staaten“ interessiere. Er selbst will individuelle Beziehungen aber aus dem Friedens- bzw. Gewaltbegriff ausklammern, s. dazu unten im Text.

[23] Duden, Deutsches Universalwörterbuch, 6. Aufl. 2006, Frieden.

[24] *Müller* (Fn. 3), 209 (213). Zu den etymologischen Wurzeln, die sich auf einen „Zustand der Liebe und der Schonung“ beziehen und zur historischen Entwicklung des Begriffs s. nur *Janssen* (Fn. 2), 227 ff.

[25] *Galtung*, Strukturelle Gewalt. Beiträge zur Friedens- und Konfliktforschung, 1975; *ders.*, Frieden mit friedlichen Mitteln, Friede und Konflikt, Entwicklung und Kultur, 1998. Kritisch dazu *Müller* (Fn. 3), 212 f.

[26] *Galtung* (Fn. 25 – Strukturelle Gewalt), 9. Galtung selbst konzediert an dieser Stelle, dass diese Aussage möglicherweise „mehr Probleme aufwerfen als lösen“ werde.

[27] Vgl. die Kritik an der ungleichen Verteilung von Ressourcen bei *Galtung* (Fn. 25 – Strukturelle Gewalt), 12. Nach ihm soll neben der Abwesenheit von Gewalt (als „negativer Friede“) ausdrücklich auch „soziale Gerechtigkeit“ (als Gegenbegriff zur strukturellen Gewalt) Inhalt eines „positiven“ Friedensbegriffs werden, s. a. a. O., 33.

rechtlichen Perspektive, bei der das Bestimmtheitsgebot in Art. 103 II GG Maßstäbe setzt, ist ein solcher Gewaltbegriff (als mögliche Grundlage einer Definition von „Frieden“) problematisch. Zu Recht hat das BVerfG bekanntlich im Zusammenhang mit dem in § 240 StGB enthalten Begriff der „Gewalt“ eine enge Interpretation verlangt, die physische Kraftentfaltung sowie eine körperliche Zwangswirkung beim Opfer voraussetzt.[28] Zu diesem Bestimmtheitsproblem kommt hinzu, dass sich das Strafrecht kraft Natur der Sache auf abgrenzbare Akte von natürlichen Personen konzentriert[29] – allgemeine Zustände „sozialer Ungerechtigkeit“, die bei Galtung als Bedingung struktureller Gewalt erwähnt werden,[30] sind für das Strafrecht daher schwer fassbar. Naheliegend wären aus strafrechtlicher Sicht dagegen gerade individuelle Gewaltakte, wie sie klassischerweise Gegenstand von strafrechtlichen Tatbeständen wie den §§ 223 ff. oder §§ 211 ff. StGB sind. Nach Müller sollen diese aber gerade nicht unter die Definition „Gewalt“ (als Gegenbegriff zum „Frieden“) fallen. Es gehe nicht um die Beziehung zwischen Individuen, sondern nur um diejenige zwischen Kollektiven: „Damit soll der Versuchung vorgebeugt werden, jeden Ausbruch individueller/interpersonaler Gewalt als Störung des Friedens zu klassifizieren. Der Amokläufer, der prügelnde Ehemann, die Mörderin usw. sind jeweils auf ihre Art Ausdruck individueller oder sozialer Pathologien, unterfallen aber im hier vorgeschlagenen Verständnis noch nicht dem Friedensbegriff. Auch der kriminelle Gewaltakt ist genau das – krimineller Akt –, aber eben nicht mehr.“[31] Konsequent definiert Müller Frieden sodann als „Abwesenheit direkter physischer Gewalt zwischen bestimmten sozialen und politischen Kollektiven“.[32]

Das mag aus Sicht der Friedensforschung, die das „große Ganze“ im Blick hat, eine sinnvolle Eingrenzung sein. Eine echte inhaltliche Begründung liefert Müller an dieser Stelle aber nicht. Und tatsächlich spricht manches, jedenfalls aus der Perspektive des Strafrechts, gegen eine solche Beschränkung. Denn aus Sicht des Opfers ist es doch gerade der jeweils individuelle, gegen ihn oder sie selbst gerichtete Gewaltakt, in dem sich die Störung des Friedens manifestiert, unabhängig davon, ob dahinter ein Individuum steht oder ein Kollektiv. Auch kann letzteres stets nur vermittelt durch seine einzelnen Mitglieder agieren, so dass die Unterscheidung von „individueller“ und „kollektiver“ Gewaltausübung eher quantitativer als qualitativer Art sein dürfte, jedenfalls aber fließende Übergänge bestehen. Wenig überzeugend ist

---

[28] S. BVerfGE 92, 1.

[29] Zu der umstrittenen Frage, ob eine strafrechtliche Sanktionierung juristischer Personen in Betracht kommt, soll damit nicht Stellung genommen werden, s. zur aktuellen Entwicklung etwa die Beiträge in Kubiciel (Hrsg.), Unternehmensstrafrecht ante portas?, 2020.

[30] *Galtung* (Fn. 25 – Strukturelle Gewalt), 13.

[31] *Müller* (Fn. 3), 209 (215).

[32] *Müller* (Fn. 3), 209 (216).

es auch, die Straftat als „Ausdruck individueller oder sozialer Pathologien“ zu bezeichnen, um sie auf diese Weise von kollektiven Akten abzugrenzen. Denn keineswegs ist jede Straftat „pathologisch“ im Sinne eines krankhaften, abweichenden Zustands des Handelnden vom „normalen“ Bürger; von diesem aus historischer Sicht sehr wirkmächtigen Verständnis „des Verbrechers“ hat sich die Kriminologie schon seit langem distanziert.[33] Zwar ringt man noch immer mit der Frage, ob der Anlage oder der Umwelt des Täters der größere Einfluss auf die Entstehung von Kriminalität zukommt – unstrittig ist aber, dass nahezu alle Formen von Delinquenz nicht nur isoliert als Werk des einzelnen Täters zu verstehen sind, sondern nur aufgrund der Einbettung in einen bestimmten sozialen Kontext. Der „diabolus ex machina“, das aus dem Nichts auftauchende und schlechthin unerklärliche Böse,[34] existiert nicht. Anders formuliert: Es wäre eine grobe Verkürzung, ein Phänomen wie häusliche Gewalt als schlichten Ausdruck individueller Täterpathologien verstehen zu wollen. Sie vollzieht sich in bestimmten gesellschaftlichen Umständen, die Müller möglicherweise meint, wenn er von „soziale[n] Pathologien“ spricht; dann aber wäre noch zu klären, warum die unterstellte „soziale Pathologie“ nicht genügt, um aus dem individuellen Gewaltphänomen (auch) ein kollektives zu machen. Aus einer strafrechtlich-kriminologischen Perspektive erscheint es daher nicht sinnvoll, zwischen der Mikro- und Makro-Ebene in der Weise zu differenzieren, wie es Müller vorschlägt. Der kriminelle Akt, der Gewalt im Sinne physisch wirkenden Zwangs beinhaltet, wird daher hier als Friedensstörung begriffen.[35]

Eine weitere Dimension des Friedens-Begriffs wird von Weller betont. Nach ihm geht es beim Frieden um „positiv bewertete soziale Verhältnisse, die in der Zukunft liegen“[36]. Man müsse den Frieden prozessorientiert verstehen, als Möglichkeit eines geregelten Umgangs mit Konflikten. Konfliktbearbeitung wird so zu einem „wesentlichen Element“ des Friedens.[37] Wie Senghaas betont, besteht gerade in modernen pluralistischen Gesellschaften das Bedürfnis, „dauerhafte Formen konstruktiver, gewaltfreier Konfliktbearbeitung zu finden und zu institutionalisieren.“[38] Auch dieser Friedens-Begriff erscheint anschlussfähig für die juristische Diskussion. Denn es liegt auf der Hand, dass das Recht in dieser Hinsicht (auch empirisch betrachtet) eine wichtige Rolle spielt. Das Recht soll Standards für menschliches Verhalten

---

[33] Vgl. *Kaspar*, StraFo 2020, 1.

[34] S. dazu nur *Kaspar* (Fn. 8), § 20 Rn. 132; s. auch *Wittig*, NJW 2012, 14.

[35] Davon zu unterscheiden ist die Annahme, dass sich jede (auch nicht mit Gewalt verbundene) Straftat als Störung des „Rechtsfriedens“ verstehen lässt, dazu sogleich im Text. Die Begriffe „Friede“ und „Rechtsfriede“ sollten daher nicht synonym verwendet werden.

[36] *Weller*, W&F 38 (2/2020), 15.

[37] *Weller*, W&F 38 (2/2020), 15 (16).

[38] *Senghaas*, in: ders. (Hrsg.), Den Frieden denken, 1995, 196 (197).

in der Gesellschaft schaffen und damit zum einen Konflikte von vornherein vermeiden, zum anderen die Bearbeitung dennoch entstandener Konflikte in geregelte Bahnen lenken. Es soll durch seine bloße Existenz (unter anderem) Gewaltakte verhindern, aber auch dafür sorgen, dass man möglichst wenig Angst vor solchen Akten hat. Es bietet sich daher an, nicht nur den objektiven Gewaltakt, sondern auch die subjektive Furcht hiervor als Störung des „Friedens" zu betrachten.[39] Eine wichtige Rolle spielen dabei die (auch bei Weller und Senghaas betonten) Institutionen der Konfliktbearbeitung,[40] insbesondere die staatlichen Gerichte. Auch und gerade das Strafrecht lässt sich in seiner historischen Entwicklung als Instrument der Friedenssicherung verstehen. Das beim absolutistischen Souverän konzentrierte Strafmonopol trat mehr und mehr an die Stelle der Privatrache des Geschädigten und seiner Sippe, die stets die Gefahr der Eskalation beinhaltete.[41] Hält man sich diese sehr basale Funktion von Recht im Allgemeinen und Strafrecht im Besonderen vor Augen, ist es auf den ersten Blick überraschend, dass der „Friede" nur sehr selten überhaupt in strafrechtlichen Normen auftaucht und dann nicht näher umschrieben oder definiert wird. Dem wird im Folgenden näher nachgegangen.

III. Straftheoretische Vorbemerkung

Zunächst ist allerdings eine straftheoretische Vorbemerkung erforderlich, die zugleich eine Präzisierung und Eingrenzung des Themas enthält. Die folgende Darstellung ist dem Frieden als unmittelbarem Schutzgut strafrechtlicher Verhaltensnormen gewidmet. Es geht um das strafbewehrte Verbot von Verhaltensweisen, die als Störung des „Friedens" aufgefasst werden können. Dabei ist weiter zu differenzieren. Denn selbst wenn man von einem engen Friedensbegriff der Abwesenheit von tatsächlicher oder antizipierter Gewalt im Sinne von physischem Zwang ausgeht, umfasst das viele Delikte, darunter natürlich Körperverletzungsdelikte (§§ 223 ff. StGB), Tötungsdelikte (§§ 211 ff. StGB), Vergewaltigung (§ 177 VI Nr. 1 StGB) und Raubdelikte (§§ 249 ff. StGB). Auch Delikte, bei denen „nur" eine Drohung ausgesprochen wird, wie bei einer Nötigung gem. § 240 I 2. Var. StGB oder bei der Bedrohung gem. § 241 StGB, sind in diesem Sinne friedensstörend. Selbst die Beleidigungsdelikte ließen sich hier anführen, die zwar das Schutzgut „Ehre"

---

[39] Vgl. *Müller* (Fn. 3), 209 (219). Historisch lässt sich diese Annahme auch schon bei Hobbes zeigen, s. *Janssen* (Fn. 2), 227 (241).

[40] *Weller*, W&F 38 (2/2020), 15 (17); *Senghaas* (Fn. 38), 196 (197 ff.). Zur historischen Entwicklung s. näher *Janssen* (Fn. 2), 227 (235 ff.).

[41] S. etwa *Gropp/Sinn*, Strafrecht Allgemeiner Teil, 5. Aufl. 2020, § 1 Rn. 40 ff.

betreffen, die man aber auch als Störung des kommunikativen Friedens bzw. als „verbale Aggression" auffassen kann. Da es in diesem Beitrag gerade auch um eine Analyse des Friedensbegriffs im strafrechtlichen Kontext gehen soll, wird der Fokus im weiteren Verlauf des Beitrags allerdings nur auf solche Delikte gelegt, bei denen der Friede ausdrücklich (vor allem in Gestalt des „öffentlichen Friedens") als Schutzgut der Strafnorm erwähnt wird, was hier als „expliziter Friedensschutz" durch Strafrecht bezeichnet werden soll.

Wie weit man den Kreis der entsprechenden Strafnormen auch zieht: Strafrecht ist offensichtlich nur dann friedensschützend, wenn die strafbewehrte Verhaltensnorm tatsächlich dazu beiträgt, entsprechende „friedensstörende" Verhaltensweisen zu verhindern, sei es durch Abschreckung im Sinne der negativen Generalprävention, sei es kraft eines positiv-generalpräventiven Lerneffekts, der sich schon durch die Existenz des Strafgesetzes als solches einstellt.[42] Ob solche Wirkungen des Strafrechts tatsächlich existieren, ist bekanntlich umstritten.

Richtigerweise muss dabei differenziert werden: Die Existenz eines Systems staatlicher Sanktionen, die für den Fall einer Zuwiderhandlung als Strafübel verhängt werden, ist nach hier vertretener Ansicht durchaus in der Lage, Verhaltenssteuerung zu bewirken und die im Tatbestand beschriebenen entsprechenden Verhaltensweisen wenn nicht zu unterbinden, so doch zu reduzieren. Der Hinweis auf eine Vielzahl von Straftaten, die trotz Strafandrohung begangen werden, beweist keineswegs, dass das Strafrecht „nicht wirkt".[43] Denn zum Vergleich müsste man sich eine Gesellschaft vorstellen, in der keinerlei System der organisierten Sanktionierung von Fehlverhalten existiert.[44] Es benötigt wenig Fantasie (und setzt auch kein allzu düsteres, Hobbes'sches Menschenbild voraus), um sich auszumalen, dass egoistisches, für andere schädliches Verhalten in einer solchen Gesellschaft überhandnehmen würde. Das würde ungeregelte und damit auch unbegrenzte informelle soziale Kontrollmechanismen bis hin zur Lynchjustiz nach sich ziehen, also gerade das Gegenteil von gesellschaftlichem Frieden. Natürliche Experimente, bei denen kurzzeitig in einem bestimmten Gebiet die formelle Sozialkontrolle durch die Strafverfolgungsbehörden geschwächt oder aufgehoben war, sprechen eine deutliche Sprache. So kam es 1944 in Dänemark nach der Absetzung der lokalen Polizeikräfte durch die deutschen Besatzungstruppen zu einem sprunghaften Anstieg von Straftaten,[45] der in dieser Form nicht al-

---

[42] S. zur Generalprävention in ihren verschiedenen Dimensionen nur *Kaspar*, Grundrechtsschutz und Verhältnismäßigkeit im Präventionsstrafrecht, 2014, 636 ff.; *Roxin/Greco*, Strafrecht AT, 5. Aufl. 2019, § 3 Rn. 21 ff.

[43] S. dazu bereits *Andenaes*, University of Pennsylvania Law Review 114 (1966), 949 (955).

[44] Zutreffend *Andenaes*, University of Pennsylvania Law Review 114 (1966), 949 (972).

[45] *Andenaes*, University of Pennsylvania Law Review 114 (1966), 949 (962).

lein mit den Nöten der Kriegszeit begründbar war. Vor diesem Hintergrund ist auch die Annahme nicht überzeugend, dass gerade bei schweren Straftaten wie dem Totschlag die Strafdrohung irrelevant sei, weil die entsprechenden Normen ohnehin moralisch und kulturell tief verankert seien.[46] Nicht nur historische Erfahrungen (etwa aus der NS-Zeit), sondern auch Versuchsanordnungen wie das Milgram-Experiment[47] haben mehr als deutlich gezeigt, wie dünn der Firnis der Zivilisation ist und wie schnell sich angeblich fest etablierte moralische Werte in Luft auflösen, wenn bestimmte Rahmenbedingungen, etwa antizipierte Sanktionslosigkeit verbunden mit Anerkennung im sozialen Umfeld, die Begehung selbst schwerster Gewalttaten erleichtern.[48]

Von dieser hier als Prämisse zugrunde gelegten generalpräventiven Wirkung der Existenz eines (ernst zu nehmenden) Systems strafrechtlicher Sanktionen als solcher ist die Frage zu unterscheiden, ob sich in dieser Hinsicht zugleich eine abgestufte Wirkung je nach Härte der angedrohten Strafe feststellen lässt. Je härter die Strafe, desto weniger Straftaten, so lautet die simple Rechnung, die sich vermutlich auch deshalb so hartnäckig hält, weil die Politik (zum Teil wohl wider besseres Wissen) in der Begründung ihrer kriminalpolitischen Entscheidungen einen solchen Zusammenhang immer wieder aufs Neue suggeriert. Die Strafverschärfung dient dann, ohne dass der Zusammenhang genauer erläutert oder belegt wird, der besseren „Bekämpfung" von Kriminalität.[49] Genau dies ist aber eben zweifelhaft und lässt sich insbesondere auch den Ergebnissen der empirischen Generalpräventionsforschung so nicht entnehmen.[50] Letztere zeigt (grob zusammengefasst), dass Sanktionsdrohungen sowie die mit einer antizipierten Sanktionierung verbundene erwartete soziale Missbilligung[51] moderate präventive Effekte haben, die aber eben gerade nicht entscheidend mit der Härte der angedrohten Sanktion zusammenhängen. Hier gibt es also Spielräume für das Ausloten präventiv wirksamer und zugleich weniger eingriffsintensiver strafrechtlicher Sanktionen.[52]

---

[46] So etwa *T. Walter*, in: Neubacher/Kubink (Hrsg.), Gedächtnisschrift für Michael Walter, 2014, 846.

[47] S. dazu *Walter/Neubacher*, Sozialpsychologische Experimente in der Kriminologie, 2002. S. auch *Kargl*, Die Funktion des Strafrechts in rechtstheoretischer Sicht: Schlussfolgerungen aus dem Milgram-Experiment, 1995.

[48] S. auch *Andenaes*, University of Pennsylvania Law Review 114 (1966), 949 (956), der auf die mittel- und langfristigen Effekte von Straflosigkeit in diesen Bereichen abstellt („chain reaction").

[49] Beispiele dazu bei *Kaspar*, KriPoZ 2020, 14.

[50] S. dazu zusammenfassend *Kaspar* (Fn. 42), 400 ff.; s. auch die Meta-Analyse von *Spirgath*.

[51] *Andenaes*, University of Pennsylvania Law Review 114 (1966), 949 (961).

[52] Dass diese Spielräume an sich zwingend „nach unten" ausgenutzt werden müssten, folgt aus dem verfassungsrechtlichen Grundsatz der Verhältnismäßigkeit, der aber im materiellen Strafrecht nicht konsequent angewendet wird, s. dazu umfassend *Kaspar* (Fn. 42).

Vom unmittelbaren Friedensschutz durch die strafbewehrte Verhaltensnorm zu unterscheiden ist der Rechtsfriede, auf den die Verhängung der Sanktion abzielt. Dabei wird die Begehung der Straftat als Störung des Rechtsfriedens verstanden, der durch die Strafe (nach der Lesart der h. M. allerdings auf einer eher symbolischen Ebene) wiederhergestellt wird.[53] Es geht dabei also um einen „Strafzweck" im engen Sinn, der erst relevant wird, nachdem eine Straftat begangen wurde, die primäre und unmittelbare friedensschützende Funktion des Strafrechts also, wenn man so will, versagt hat. Auf diese mittelbare „Friedensdimension" des Strafrechts kann im vorliegenden Beitrag nur am Rande eingegangen werden, zumal sie bislang im Gesetzestext nicht ausdrücklich enthalten ist, also nicht zum expliziten Friedensschutz zählt.[54]

IV. Friede als strafrechtliches Schutzgut

Es lassen sich zwei Kategorien von explizitem unmittelbarem Friedensschutz unterscheiden: Strafnormen, die ein Verbot von bestimmten kriegerischen Handlungen bzw. von deren Vorbereitung umfassen und damit einen eng verstandenen Frieden im völkerrechtlichen bzw. militärischen Sinn schützen (unten 1.). Daneben existieren Strafnormen, die auf einen weiter verstandenen Frieden in einem gesellschaftlichen Sinn abzielen (unten 2.). Dabei handelt es sich um Delikte, die auf den „öffentlichen Frieden" als Schutzgut verweisen, der hier näher analysiert werden soll; hinzu kommt eine Reihe von „unspezifischen Friedensdelikten" wie „Hausfriedensbruch" (§ 123 StGB) oder „Landfriedensbruch" (§ 125 StGB), die den Frieden zwar im Namen tragen, bei denen aber eine konkrete Beeinträchtigung dieses Schutzguts nicht gesondert geprüft werden muss, so dass sie im Folgenden auch nicht weiter vertieft werden.[55]

1. Friede im völkerrechtlichen Sinn

Den Frieden in einem engen, völkerrechtlichen bzw. militärischen Sinn schützte der bis 2017 in § 80 StGB platzierte Straftatbestand der Vorbereitung eines Angriffskriegs. Er wurde in Umsetzung der Beschlüsse von Kam-

---

[53] S. dazu näher *Kaspar* (Fn. 42), 648 ff. Zum historischen Hintergrund der Vorstellung vom Rechtsbruch als „Friedensbruch" s. *Janssen* (Fn. 2), 227 (230).

[54] Ein Vorschlag für eine explizite Übernahme als Strafzweck in einer revidierten Fassung von § 46 StGB findet sich bei *Kaspar*, Gutachten C für den 72. Deutschen Juristentag, 2018, C 104 f.

[55] Nicht übersehen wird, dass bei § 125 StGB mit der Gefährdung der „öffentlichen Sicherheit" ein verwandtes Tatbestandsmerkmal enthalten ist, s. zur Parallele *Stein*, SK-StGB, 9. Aufl. 2019, § 126 Rn. 3.

pala[56] in modifizierter und erweiterter Form in § 13 VStGB als „Verbrechen der Aggression" verankert.[57] Es geht hier um die Sicherung des internationalen Friedens[58] und die Durchsetzung des völkerrechtlichen Gewaltverbots.[59] In dieser Hinsicht besteht sogar die Besonderheit eines ausdrücklichen verfassungsrechtlichen Pönalisierungsgebots in Art. 26 I 1 GG.[60] Diese Verfassungsnorm nimmt auf Handlungen Bezug, „die geeignet sind und in der Absicht vorgenommen werden, das ‚friedliche Zusammenleben der Völker'[61] zu stören, insbesondere die Führung eines Angriffskriegs vorzubereiten" und die unter Strafe zu stellen seien. Bis heute im StGB enthalten ist die vorgelagerte Strafbarkeit des „Aufstachelns" zum Verbrechen der Aggression gem. § 80a StGB, die sich in einem Abschnitt befindet, der mit „Friedensverrat" überschrieben ist. Die Norm dient letztlich dem gleichen Rechtsgut wie § 13 VStGB, indem sie die Schaffung eines „geistigen Klimas" verhindern soll, das die Vorbereitung und Durchführung eines Aggressionsverbrechens fördern könnte.[62] Wohlwollend formuliert geht es bei dieser vorgelagerten[63] Strafbarkeit um „größtmögliche Friedenssicherung"[64].

Ob die genannten Strafnormen im Sinne einer generalpräventiven Wirkung tatsächlich in der Lage sind, Angriffskriege oder sonstige Angriffshandlungen zu verhindern und auf diese Weise zum Frieden beizutragen, lässt sich schwer sagen.[65] In einem politisch-militärischen Kontext, wo es um die „Kriminalität der Mächtigen"[66] bzw. um „Makrokriminalität"[67] geht, die nach wie vor vielfach unbestraft bleibt,[68] dürften die normativen Appelle rechtlicher Normen (selbst wenn sie mit vergleichsweise hohen Strafdrohungen versehen sind) oft ungehört bleiben. Dazu dürfte auch das Problem der

---

[56] S. dazu *Ambos*, ZIS 2010, 649; *Kreß/v. Holtzendorff*, GA 2011, 65.

[57] *Greßmann/Staudigl*, ZIS 2016, 798; *Effinowicz*, JuS 2017, 24.

[58] In der Gesetzesbegründung wird auf die abstrakte Gefährdung des „Weltfriedens" Bezug genommen, s. BT-Drs. 18/8621, 17.

[59] *Zöller*, SK-StGB, 9. Aufl. 2019, § 80a Rn. 3, *Greßmann/Staudigl*, ZIS 2016, 798 (799).

[60] S. zu dessen Bedeutung im Kontext der grundrechtlichen Schutzpflichten *Kaspar* (Fn. 42), 60 ff.

[61] S. dazu *Herdegen*, Maunz/Dürig-GG, 91. EL April 2020, Art. 26 Rn. 16 ff.

[62] *Zöller* (Fn. 59), § 80a Rn. 3.

[63] Zur Kritik an der Vorverlagerung des Strafrechtsschutzes s. nur *Puschke*, Legitimation, Grenzen und Dogmatik von Vorbereitungstatbeständen, 2017 sowie *Jakobs*, ZStW 97 (1985), 751 ff.

[64] *Paeffgen*, NK-StGB, 5. Aufl. 2017, § 80a Rn. 2.

[65] S. dazu mit weiteren Nachweisen *Werkmeister*, Straftheorien im Völkerstrafrecht, 2015, 213 ff.

[66] *Scheerer*, Kriminalität der Mächtigen, in: Kaiser u. a. (Hrsg.): Kleines Kriminologisches Wörterbuch, 3. Aufl. 1993.

[67] *H. Jäger*, Makrokriminalität. Studien zur Kriminologie kollektiver Gewalt, 1989.

[68] *Werkmeister*, in: Jeßberger/Geneuss (Hrsg.), Why punish perpetrators of mass atrocities?, 2020, 228 (248).

Unbestimmtheit mancher Tatbestandselemente beitragen, die eine Subsumtion ex ante erschwert und damit zugleich (insofern vergleichbar mit manchen Normen des Wirtschaftsstrafrechts)[69] Verdrängungs- und Neutralisationsprozesse begünstigt.

Auszuschließen ist es aber nicht, dass vor allem die Etablierung eines Internationalen Strafgerichtshofs und die Durchführung exemplarischer Prozesse gegen Kriegsverbrecher Einfluss auf künftige militärische und politische Entscheidungen nehmen; entscheidend dürfte auch in diesem Zusammenhang letztlich wiederum nicht die Höhe der erwarteten Strafe, sondern die von den Betroffenen subjektiv angenommene Entdeckungs- bzw. (hier noch wichtiger) Verfolgungswahrscheinlichkeit sein.[70] In diesem optimistischen Sinn äußert sich von Seiten der Friedensforschung auch Müller: „Die Bändigung der Macht durch ein sich erweiterndes und vertiefendes Völkerrecht ist in diesem Zusammenhang eine altbekannte, nichtsdestoweniger aber fortgesetzt triftige Friedensursache [...]. Schutz vor Gewalt im zwischenstaatlichen Sinne ist nur dann zu optimieren, wenn die militärische Intervention die durch prozedurale Kautelen verlässlich gehemmte, nur im Extremfall erwartbare Ausnahme bleibt“[71]. Daran sollte in Zeiten weltweiter kriegerischer Auseinandersetzungen unbedingt festgehalten werden.

2. *Friede im gesellschaftlichen Sinn*

Den Frieden im gesellschaftlichen Sinn haben Strafnormen im Blick, die strafbegründend ausdrücklich auf eine Gefährdung des „öffentlichen Friedens“ abstellen. Aus Platzgründen werden nur diese hier sogenannten expliziten Friedensschutzdelikte thematisiert; es sei lediglich darauf hingewiesen, dass auch anderen Delikten wie § 111 StGB (Öffentliches Auffordern zu Straftaten) oder dem in einem Gesetzentwurf vom Februar 2020 vorgeschlagenen neuen § 126a StGB-E (Gefährdende Veröffentlichung von personenbezogenen Daten)[72] das Schutzgut des „öffentlichen Friedens“ zugeschrieben wird,[73] ohne dass dieser Begriff als tatbestandliche Voraussetzung der Strafbarkeit vorgesehen ist.

---

[69] S. dazu *Kaspar*, in: Bannenberg/Jehle (Hrsg.), Wirtschaftskriminalität, 2010, 138 ff.

[70] Vgl. zu dieser allgemeinen Erkenntnis aus der Generalpräventionsforschung nur *Kaspar* (Fn. 42), 399.

[71] *Müller* (Fn. 3), 209 (236).

[72] Referenten-Entwurf des BMJV v. 5.2.2020, https://www.bmjv.de/SharedDocs/Gesetzgebungsverfahren/DE/Feindeslisten.html (abgerufen am 19.3.2021).

[73] S. auch die Aufzählung bei *Hefendehl*, Kollektive Rechtsgüter im Strafrecht, 2002, 286.

a) Störung des öffentlichen Friedens durch Androhung von Straftaten, § 126 StGB

Das erste hier zu erörternde explizite Friedensschutzdelikt ist die „Störung des öffentlichen Friedens durch Androhung von Straftaten" gem. § 126 StGB. Anders als bei § 241 StGB hat der Gesetzgeber hier nicht die gegen konkrete Personen gerichtete Bedrohung im Blick, sondern ggf. ungezielte und allgemein gehaltene Ankündigungen schwerer Straftaten. Das Schutzgut der Norm ist umstritten. Während teilweise vertreten wird, dass es um den Schutz der Individualgüter der Betroffenen[74] oder um die Geltung der Rechtsordnung als solcher gehe,[75] sieht die h. M. den öffentlichen Frieden[76] als geschützt an. Dieser wird umschrieben als „Zustand eines von der Rechtsordnung gewährleisteten, frei von Furcht voreinander verlaufenden Zusammenlebens der Bürger und das Vertrauen in der Bevölkerung, mindestens einer nicht unbeträchtlichen Personenzahl, in die Fortdauer dieses Zustandes"[77]. Kurz und bündig formuliert geht es um die Verhinderung von „Angst und Schrecken in der Bevölkerung"[78]. Daher spielt es auch keine Rolle, ob die Androhung ernst gemeint ist oder nicht.[79] Entscheidend ist allein die Frage, ob die Ankündigung in einer Weise erfolgt, die „geeignet ist, den öffentlichen Frieden zu stören". Wann dies der Fall ist, wird in der Norm allerdings nicht näher konkretisiert und bleibt somit der Auslegung des Richters überlassen.

In der Rechtsprechung wird davon ausgegangen, dass der „öffentliche Friede" eine objektive und eine subjektive Seite hat.[80] Es gehe, so bereits das Reichsgericht, um den „Zustand des beruhigenden Bewusstseins der Staatsangehörigen, in ihren durch die Rechtsordnung gewährleisteten berechtigten Interessen geschützt zu sein und zu bleiben".[81] In einer neueren Entscheidung formuliert der BGH, dass der öffentliche Friede gestört sei, „wenn das Vertrauen der Bevölkerung in die öffentliche Rechtssicherheit erschüttert wird oder wenn potentielle Täter durch Schaffung eines ‚psychischen Klimas', in dem Taten wie die angedrohten begangen werden können,

---

[74] *Hefendehl* (Fn. 73), 295 f.; *Hörnle*, Grob anstößiges Verhalten, 2005, 225.

[75] *Fischer*, GA 1989, 445 (450). Ähnlich *Kargl*, Jura 2001, 176 (180); s. auch *Jakobs*, ZStW 97 (1985), 751 (775 f.).

[76] *M. Heinrich*, ZJS 2017, 518 (524).

[77] *Heger*, in: Lackner/Kühl, StGB, 29. Aufl. 2018, § 126 Rn. 1 m. w. N.

[78] *Sternberg-Lieben/Schittenhelm*, in: Schönke/Schröder, StGB, 30. Aufl. 2019, § 126 Rn. 1.

[79] *Kühl*, NJW 1987, 737 (745).

[80] S. nur BGHSt 34, 331 ff.; weitere Differenzierung bei *Stein* (Fn. 55), § 126 Rn. 2. Diese Zweiteilung lässt sich auch schon bei Thomas Hobbes feststellen, s. dazu *Janssen* (Fn. 2), 227 (241). S. auch *Goehrs*, Der Rechtsfrieden als besonderes Rechtsgut im modernen Strafrechtssystem und seine Stellung im geltenden Reichsstrafrecht, 1900, 7 ff.

[81] RGSt 15, 117; ähnlich RGSt 18, 316, 409; s. aus jüngerer Zeit s. etwa OLG Frankfurt, NStZ-RR 2002, 209 (210) sowie *Schramm*, NJW 2002, 420.

aufgehetzt werden". Der Spielraum für die recht freie richterliche Wertung wird noch dadurch erweitert, dass die Norm als Eignungsdelikt ausgestaltet ist.[82] Es muss also (entgegen der insofern zu weit formulierten Überschrift)[83] keine tatsächliche Störung des Friedens festgestellt werden, nach h. M. auch keine konkrete Gefährdung.[84] Es genügt eine konkrete Eignung der Handlung, in dieser Hinsicht störend zu wirken.[85]

Nach dem im April 2021 in Kraft getretenen „Gesetz zur Bekämpfung des Rechtsextremismus und der Hasskriminalität" ist nunmehr auch die Androhung des Vergehens der gefährlichen Körperverletzung gem. § 224 StGB strafbar.[86] In der Entwurfsbegründung heißt es: „Auch die Androhung einer solchen Tat kann – abhängig von der Weise der Androhung – geeignet sein, den Zustand allgemeiner Rechtssicherheit und des friedlichen Zusammenlebens in der Gesellschaft, sowie auch das im Vertrauen der Bevölkerung in die Fortdauer dieses Zustands begründete Sicherheitsgefühl nicht nur unerheblich zu beeinträchtigen".[87] Es bleibt also dabei, dass zwischen einem objektiven Element (hier als „Rechtssicherheit" und „friedliches Zusammenleben" bezeichnet) und einem subjektiven (dem Vertrauen in das Fortbestehen dieses Zustands) unterschieden wird.

b) Volksverhetzung, § 130 StGB

Eine Volksverhetzung begeht u. a., wer gegen nationale, rassische, religiöse oder durch ihre ethnische Herkunft bestimmte Gruppen oder einzelne Personen aus dieser Gruppe „zum Hass aufstachelt" bzw. „zu Gewalt- oder Willkürmaßnahmen auffordert" (§ 130 I Nr. 1 StGB). Erfasst sind auch Angriffe auf die Menschenwürde, indem der Täter den oben genannten Personenkreis „böswillig verächtlich macht oder verleumdet" und dadurch die Menschenwürde anderer verletzt (§ 130 I Nr. 2 StGB). Abs. 3 pönalisiert u. a. die „Auschwitzlüge", generell gesprochen das öffentliche Billigen, Leugnen oder Verharmlosen von NS-Verbrechen; in Abs. 4 wird die Billigung der nationalsozialistischen Gewalt- und Willkürherrschaft unter Strafe gestellt, wenn dies in einer die Würde der Opfer verletzenden friedensstörenden Weise erfolgt.[88]

---

[82] Umfassend dazu *Hoyer*, Die Eignungsdelikte, 1987.

[83] *M. Heinrich*, ZJS 2017, 518 (524).

[84] Nachweise zur Gegenansicht bei *Sternberg-Lieben/Schittenhelm* (Fn. 78), § 126 Rn. 9.

[85] BGHSt 34, 329 (331); OLG Karlsruhe, NStZ-RR 2017, 108.

[86] S. BT-Drs. 19/17741, 7; s. auch *Fahl*, SSW-StGB, 5. Aufl. 2021, § 126 Rn. 1.

[87] BT-Drs. 19/17741, 34.

[88] Ob bei § 130 IV StGB neben das Schutzgut des öffentlichen Friedens zugleich die Menschenwürde tritt (oder letztere sogar alleiniges Schutzgut ist), wird unterschiedlich beurteilt. Das BVerfG (E 124, 300, 331 ff.) geht davon aus, dass allein der öffentliche Friede ein tragfähiges Schutzgut ist und lässt ausdrücklich offen, ob die Norm auch auf den Schutz der Menschenwürde der Opfer gestützt werden könnte.

Abs. 4 setzt eine tatsächlich eingetretene Friedensstörung voraus. Dagegen lassen die Tatvarianten in Abs. 1 und Abs. 3 wiederum eine konkrete Eignung, den öffentlichen Frieden zu stören, genügen. Auch hier gilt, dass weder der Eintritt einer Friedensstörung noch eine konkrete Gefährdung vorausgesetzt wird.[89] Wann dies der Fall ist, darf auch in diesem Zusammenhang als unklar gelten.[90]

Der BGH verlangt vom Tatrichter eine „Prüfung, ob die jeweilige Handlung bei genereller Betrachtung gefahrengeneigt ist". Notwendig sei eine „konkludente Eignung zur Friedensstörung; sie darf nicht nur abstrakt bestehen und muss – wenn auch auf Grund generalisierender Betrachtung – konkret festgestellt sein"[91]. Der „Gegenbeweis der nicht gegebenen Eignung zur Friedensstörung" bleibe „im Einzelfall möglich". Für die Annahme einer Eignung genüge es, wenn „berechtigte – mithin konkrete – Gründe für die Befürchtung vorliegen, der Angriff werde das Vertrauen in die öffentliche Rechtssicherheit erschüttern"[92]. Wann „berechtigte" Gründe zur Annahme der Eignung vorliegen, bleibt dabei allerdings offen.[93] Auch ist dem Tatrichter wenig geholfen, wenn ein unbestimmter Rechtsbegriff (öffentlicher Friede) durch Hinzuziehung eines ähnlich unbestimmten verwandten Rechtsbegriffs (Rechtssicherheit) definiert wird, wie es auch bei § 126 StGB teilweise der Fall ist. Belastbare Aussagen in Bezug auf das vom BGH angesprochene subjektive Element des „Vertrauens in die öffentliche Rechtssicherheit" ließen sich eigentlich nur durch empirische sozialwissenschaftliche Untersuchungen treffen. Das ist in der Rechtspraxis jedenfalls nicht in Bezug auf den Einzelfall möglich, so dass hier die Gefahr besteht, wie Kritiker anmerken, dass die Gerichte sich auf „pseudo-empirische Behauptungen" beschränken.[94] Das trägt weder entscheidend zur Bestimmtheit der Norm noch zu deren Restriktion bei; die vom BGH beabsichtigte Abgrenzung zu reinen abstrakten Gefährdungsdelikten bleibt daher fraglich.[95] Die Bedenken gegen das Tatbestandsmerkmal der Eignung zur Gefährdung des öffentlichen Friedens werden untermauert durch einen Blick in die Gesetzgebungsgeschichte.[96] In der Großen Strafrechtskommission wurde über den Entwurf der Bundesregierung von 1959 beraten. In Bezug auf den Volksverhetzungsparagraphen

[89] *Rackow*, BeckOK-StGB, 48. Aufl. 2020, § 130 Rn. 22.

[90] Zumindest § 130 IV StGB wurde vom BVerfG ausdrücklich als mit Art. 103 II GG vereinbar erklärt, s. BVerfGE 124, 300, dazu noch später im Text.

[91] BGH, NJW 2001, 624 (626).

[92] BGH, NJW 2001, 624 (626); so schon BGHSt 29, 26; BGHSt 46, 36; BGH, NStZ 1981, 258.

[93] Vgl. (in Bezug auf § 126 StGB) auch *M. Heinrich*, ZJS 2017, 518 (524).

[94] *Fischer*, NStZ 1988, 159 (160); *Koch*, JuS 2002, 123 (126). So in Bezug auf § 130 StGB auch *Streng*, in: FS für Karl Lackner, 1987, 501 (516 f.).

[95] *Koch*, JuS 2002, 123 (125 f.).

[96] Zum Folgenden siehe *Streng* (Fn. 94), 501 (503); s. auch *Hörnle* (Fn. 74), 91.

meinte Bockelmann recht offen, dass solche Äußerungen doch im Grunde gar nicht den Frieden gefährdeten, sondern dass sich darin schlicht eine „abscheuliche Gesinnung“ offenbare, „deren Ausdruck wir dieser Abscheulichkeit wegen als unerträglich empfinden“. Etwas vorsichtiger, aber tendenziell ähnlich äußerte sich damals auch Gallas, nach dem „nicht nur die faktische Erschütterung, sondern auch der berechtigte Unwillen, der sich an solche Verhaltensweisen knüpft, [...] erfasst“ sei. Jeweils werden ersichtlich große Spielräume für die strafrichterliche Wertung eröffnet, ohne dass eine klare Formulierung des Schutzzwecks der Norm deren Grenzen (z. B. im Rahmen einer teleologischen Auslegung oder Reduktion) erkennbar machen würde.

c) *Belohnen und Billigen von Straftaten, § 140 StGB*

In § 140 StGB ist nicht nur das „Belohnen“ bestimmter schwerer Gewalt- und Sexualdelikte unter Strafe gestellt, sondern auch deren Billigung, sofern es in einer Weise geschieht, die geeignet ist, den öffentlichen Frieden zu stören. Nur eine Mindermeinung geht davon aus, dass die Norm den Schutz der Rechtsgüter der in Bezug genommenen Straftaten bezweckt;[97] die h. M. sieht dagegen auch hier den Zweck in der Verhinderung eines bestimmten „psychischen Klimas“[98] in der Gesellschaft, das die Begehung erneuter vergleichbarer Taten fördern könnte. Jedenfalls geht es unbestritten um eine Handlung weit im Vorfeld einer späteren realen Verletzung von Rechtsgütern wie Leib oder Leben. Ob die pönalisierte Handlung tatsächlich jemals zu einer der genannten Straftaten führen könnte, ist höchst ungewiss und beruht allenfalls auf empirisch schwer überprüfbaren Plausibilitätserwägungen.[99] Hinzu kommt als Kritikpunkt auch hier die Unbestimmtheit des Tatbestands,[100] der nicht zuletzt auf das Element des „öffentlichen Friedens“ zurückzuführen ist. Der BGH betont auch im vorliegenden Zusammenhang dessen subjektive Komponente: Zweck der Norm sei es, „die öffentliche Sicherheit, insbesondere das Gefühl der Rechtssicherheit zu schützen“.[101] In einer anderen Entscheidung wird neben der Schaffung eines „psychischen Klimas“, das ähnlichen Straftaten den Weg bereiten könnte, auf die „Erschütterung des Vertrauens der Bevölkerung in die öffentliche Rechtssicherheit“ abgestellt; diese Störung müsse nicht eingetreten sein, es genügten „berechtigte Gründe für die Befürchtung“, dass es dazu kommen werde.[102]

---

97 *Hohmann*, MüKo-StGB, 3. Aufl. 2017, § 140 Rn. 2.

98 *Sternberg-Lieben*, in: Schönke/Schröder, StGB, 30. Aufl. 2019, § 140 Rn. 1.

99 *Stein* (Fn. 55), § 140 Rn. 4.

100 Vgl. *Ostendorf*, NK-StGB, 5. Aufl. 2017, § 140 Rn. 5, der daneben auch noch auf die Bedeutungslosigkeit der Norm in der strafjustiziellen Praxis verweist.

101 BGH, NJW 1969, 517 (518). S. auch *Schmidt*, MDR 1981, 89 (92).

102 BGH, NJW 1978, 58 (59).

Trotz der genannten Kritik wurde die Norm nach dem im April 2021 in Kraft getretenen „Gesetz zur Bekämpfung des Rechtsextremismus und der Hasskriminalität" ausgeweitet und erfasst nun auch die Billigung nur versuchter oder noch gar nicht begangener Straftaten. Auch solche billigenden Äußerungen sind nach Ansicht der Entwurfsbegründung „geeignet, den Zustand allgemeiner Rechtssicherheit erheblich zu erschüttern, wenn sie öffentlich, in einer Versammlung oder durch Verbreiten von Schriften erfolgen".[103]

d) Bekenntnisbeschimpfung, § 166 StGB

Schließlich ist als gegen den öffentlichen Frieden gerichtetes Delikt noch auf § 166 StGB zu verweisen. Nach dieser Norm macht sich strafbar, wer „öffentlich oder durch Verbreiten eines Inhalts (§ 11 Abs. 3 StGB) den Inhalt des religiösen oder weltanschaulichen Bekenntnisses anderer in einer Weise beschimpft, die geeignet ist, den öffentlichen Frieden zu stören". Es soll hierbei nach manchen Autoren um „schwerwiegende Verletzungen des Toleranzgebotes in der religiösen und weltanschaulichen Auseinandersetzung" gehen, die die strafwürdige Störung des öffentlichen Friedens begründen.[104] Auch diese Norm wird vielfach kritisiert, ihre Existenzberechtigung in Frage gestellt.[105] Dabei geht es auch hier vor allem um das Problem der mangelnden Bestimmtheit, das dem Merkmal der Störung des öffentlichen Friedens immanent ist und eine „willkürliche Anwendung" der Norm ermöglicht.[106] Im Kontext von § 166 I StGB kommt ein weiteres Problem hinzu: Wenn die Eignung zur Friedensstörung (auch) von den erwarteten Reaktionen der von der Beschimpfung betroffenen Personen abhängen sollte, kommt man zu dem unbefriedigenden Ergebnis, dass es die von der „Bekenntnisbeschimpfung" jeweils betroffene Glaubensgemeinschaft selbst in der Hand hat, die materielle Strafbarkeit quasi selbst herbeizuführen, indem sie sich fanatisch und militant geriert.[107] Darin würde zumindest faktisch eine Art Dispositionsmöglichkeit über das Eintreten der materiellen Strafbarkeit durch die von der Äußerung Betroffenen selbst liegen, die in mehrfacher Hinsicht, nicht zuletzt im Hinblick auf Bestimmtheit und Gleichheit der Anwendung der Strafgesetze, problematisch ist.

---

[103] BT-Drs. 19/17741, 34.

[104] *Rogall*, SK-StGB, 9. Aufl. 2019, § 166 Rn. 1. Zur auch hier umstrittenen Frage der Schutzgüter s. nur *Stumpf*, GA 2004, 104 (105 ff.). Überzeugende Kritik gegen das angebliche Rechtsgut der „Toleranz" bei *Fateh-Moghadam*, Die religiös-weltanschauliche Neutralität des Strafrechts, 2019, 243 ff.

[105] *Valerius*, ZStW 129 (2017), 529 (530); *Hörnle* (Fn. 74), 356; *dies.*, JZ 2015, 293 ff.; s. ausführlich auch *Fateh-Moghadam* (Fn. 104), 206 ff.

[106] Vgl. *Stumpf*, GA 2004, 104 (108).

[107] S. zu diesem Kritikpunkt auch *Steinke*, KJ 2008, 451 (456); *Hörnle*, Gutachten für den 70. Deutschen Juristentag, 2014, C 38 m. w. N.; *dies.*, JZ 2015, 293 (294); *Fateh-Moghadam* (Fn. 104), 241 f.; *Roxin/Greco* (Fn. 42), § 2 Rn. 28.

e) Diskussion

Ausgehend von den generalpräventiven Prämissen, die oben dargelegt wurden, ist eine allgemeine friedensschützende Wirkung des Strafrechts zu bejahen. Durch Verhinderung von bestimmten Verhaltensweisen, die Gewalt enthalten oder zumindest Angst vor zukünftiger Gewalt erzeugen, trägt ein System sanktionsbewehrter Verhaltensnormen, wie es unser Strafrecht darstellt, tagtäglich zum Frieden in der Gesellschaft bei. Dabei wird nicht verkannt, dass andere Aspekte wie informelle gesellschaftliche Formen der Sozialkontrolle und die Einsicht in die Vernünftigkeit und moralische Verbindlichkeit der jeweiligen Normen noch stärkere Wirkung entfalten als das Strafrecht selbst. Schon aus diesem Grund, aber auch aus Gründen der Verhältnismäßigkeit verbietet es sich, das Strafrecht als Allheilmittel und „prima ratio" bei der Lösung von gesellschaftlichen Problemlagen einzusetzen, wie es derzeit allzu oft geschieht. Erst recht ist damit nicht gesagt, dass für die genannten Effekte das strafrechtliche Sanktionensystem in seiner jetzigen Form (mit der recht fantasielosen Dichotomie von Geld- und Freiheitsstrafen als einzigen Hauptstrafen) und das vorherrschende Strafniveau zwingend erforderlich sind. Es liegt auf der Hand, dass vor allem die vollzogene Freiheitsstrafe mit all ihren möglichen Kollateralschäden stets im Verdacht steht, jedenfalls auf der individuellen Ebene mehr Schaden als Nutzen zu stiften – ein Zielkonflikt zwischen (positiver) Generalprävention und Resozialisierung ist nicht zu leugnen. Und auch auf einer gesamtgesellschaftlichen Ebene kann ein massiver Einsatz des Zwangsmittels der Strafe kontraproduktive Effekte nach sich ziehen, die eher einen Zustand der Friedlosigkeit befördern.[108] Die Suche nach konstruktiveren Alternativen zur strafrechtlichen Sanktionierung (z. B. im Bereich von Täter-Opfer-Ausgleich und Schadenswiedergutmachung)[109] bleibt ein wichtiges Anliegen. Das betrifft allerdings die hier nicht näher thematisierte Rechtsfolgenseite. In der eingangs beschriebenen gesellschaftlichen Situation wäre es jedenfalls kein empfehlenswerter Weg, die Gewaltfreiheit des zwischenmenschlichen Umgangs nicht auch weiterhin engmaschig durch strafrechtliche Normen zu sichern. Dafür spricht nicht zuletzt auch die Schutzfunktion der Grundrechte,[110] die jedenfalls bei hochrangigen Gütern wie Leib und Leben (Art. 2 II GG) einer Entkriminalisierung Grenzen zieht.

Eine andere Frage ist, ob es über den eben angesprochenen allgemeinen, konkret-individuellen Friedensschutz hinaus noch eines weiteren „expliziten" gesellschaftlichen bzw. kollektiven Friedensschutzes bedarf. Die Versu-

---

[108] *Hefendehl* (Fn. 73), 286.

[109] S. dazu *Kaspar*, Wiedergutmachung und Mediation im Strafrecht, 2004; *Kaspar/Weiler/Schlickum*, Der Täter-Opfer-Ausgleich, 2014.

[110] *Kaspar* (Fn. 42), 59 ff.

chung ist groß, auch in dieser Hinsicht gerade auf das Strafrecht zu setzen. Wenn sozialer Kitt schwindet, wenn sonstige informelle Kontroll- bzw. Befriedungsmechanismen erodieren und zugleich die Möglichkeiten, Unfrieden zu stiften, durch die Entwicklung des Internets exponentiell steigen, dann liegt der Griff zum Strafrecht aus politischer Sicht nahe; die oben erwähnten Ausweitungen der §§ 126 und 140 StGB sind ein Beleg für diese Tendenz.

Aus rechtlicher Sicht ist davor allerdings zu warnen. Der „öffentliche Friede" hat sich als äußerst unbestimmt erwiesen, was seine Tauglichkeit als Tatbestandsmerkmal fraglich erscheinen lässt. Die Vorschriften, die strafbegründend auf eine „Eignung" zur Störung des öffentlichen Friedens abstellen, abstrahieren scheinbar von den Belangen konkret betroffener Individuen und pönalisieren die (potenzielle) Verursachung einer diffusen, schwer greifbaren kollektiven Bedrohungslage bzw. entsprechender Bedrohungsgefühle,[111] die letztlich von den Gerichten nur kraft einer normativen Wertung und ohne erkennbare empirische Basis bejaht oder verneint werden. Vom oben erwähnten engen Friedensbegriff, der auf einen Kern von Gewaltfreiheit rückführbar ist,[112] ist man damit weit entfernt.

Es fällt auf, dass der Gesetzgeber in keiner der genannten Vorschriften genauer definiert, welchen Zustand er mit dem „öffentlichen Frieden" eigentlich meint und wann von der im Gesetz vorausgesetzten „Eignung" der beschriebenen Handlungen zur „Gefährdung" dieses Friedenszustands ausgegangen werden kann. Wie Fischer zu Recht moniert, weisen die Friedensschutz-Tatbestände eine „geradezu frappierende sprachliche und begriffliche Ungenauigkeit und Vagheit" auf[113]; nach Bock und Harrendorf ist der Begriff des öffentlichen Friedens „ebenso weit wie konturlos"[114], Streng attestiert der Eignungsformel ein „hohes Maß an begrifflicher Unschärfe".[115] Wie gesehen sind auch die Konkretisierungsversuche der Rechtsprechung, die nach dem BVerfG[116] zur Präzisierung unbestimmter Normen aufgerufen ist, wenig hilfreich. Insofern wundert es auch nicht, dass in einschlägigen Gerichtsentscheidungen die Begründung der „Eignung" zur Gefährdung des öffentlichen Friedens regelmäßig sehr knapp und lapidar ausfällt.[117]

Das alles ist im Hinblick auf das Bestimmtheitsgebot in Art. 103 II GG offensichtlich problematisch. Abschließend sollen daher drei Wege diskutiert

---

[111] Allgemein zum Schutz von Gefühlen durch das Strafrecht *Hörnle* (Fn. 74).

[112] S. auch die (auf § 166 StGB bezogenen) Überlegungen von *Fateh-Moghadam* (Fn. 104), 236 im Anschluss an BVerfGE 124, 300 ff. Zu dieser wichtigen Entscheidung s. sogleich im Text.

[113] *Fischer*, NStZ 1988, 159 (162).

[114] *Bock/Harrendorf*, ZStW 126 (2014), 337 (370).

[115] *Streng* (Fn. 94), 501 (514).

[116] BVerfGE 126, 170.

[117] S. die Beispiele bei *Fischer*, NStZ 1988, 159 (160 f.).

werden, wie man vor dem genannten Hintergrund mit dem Merkmal des „öffentlichen Friedens“ bzw. mit den Strafnormen, die es enthalten, umgehen könnte.

aa) Normativierung

Denkbar wäre zunächst eine Interpretation, die den „öffentlichen Frieden“ vollständig normativiert und mit generalpräventiven Aspekten wie dem „Rechtsfrieden“[118] bzw. der Legitimation des Strafrechts selbst[119] gleichsetzt. Dies ist aber aus mehreren Gründen fraglich. Zwar ist nach Ansicht des Verfassers der Strafzweck der positiven Generalprävention, der auf die Wiederherstellung des „Rechtsfriedens“ abzielt, durchaus geeignet, die Verhängung von Strafe zu legitimieren.[120] Allerdings handelt es sich beim „Rechtsfrieden“ um einen weiter präzisierungsbedürftigen Oberbegriff über eine Vielzahl von Aspekten, die durch die Begehung einer Straftat beeinträchtigt werden. Es geht dabei sehr grob zusammengefasst um das Vertrauen in die Geltung der vom Täter in Frage gestellten Norm, um das Vertrauen in die Rechtsordnung insgesamt, aber auch um die Befriedigung von Straf- bzw. Reaktionsbedürfnissen der Bevölkerung, die wiederum nicht isoliert zu betrachten sind, sondern deren rationaler Kern in der Bestärkung der eigenen Rechtstreue liegt.[121] Insofern beeinträchtigt jede Straftat den „öffentlichen Frieden“, wenn man ihn mit dem „Rechtsfrieden“ in diesem Sinne gleichsetzt,[122] aber eben vermittelt über die jeweiligen Schutzgüter der Strafnorm.[123] Daraus folgt, dass der Begriff jedenfalls als Tatbestandsmerkmal problematisch ist. Man könnte ihn schlicht durch einen Hinweis auf „Strafwürdigkeit“ ersetzen,[124] was für ein strafbarkeitsbegründendes (und damit zugleich -begrenzendes) Merkmal aber zu unbestimmt ist. Auch verfehlt der Gesetzgeber seine Aufgabe, für Orientierung und Rechtssicherheit zu sorgen, wenn er es unterlässt, klare Handlungsbeschreibungen zu verfassen, die aus sich selbst die Strafwürdigkeit des Verhaltens begründen. Dabei ist auch zu beachten, dass das Kriterium der „Eignung“ zur Störung des öffentlichen Friedens in seiner prakti-

---

118 *Kargl*, Jura 2001, 176 (181).

119 *Fischer*, NStZ 1988, 159 (162).

120 S. dazu umfassend *Kaspar* (Fn. 42), 648 ff.

121 S. zu diesem kontroversen Thema die Beiträge in: Kaspar/Walter (Hrsg.), Strafen im Namen des Volkes?, 2019; überzogene Kritik, die den vom Verfasser diskutierten Relativierungen und verfassungsrechtlichen Einhegungen nicht annähernd Rechnung trägt, bei *Kölbel/Singelnstein*, NStZ 2020, 333.

122 S. dazu bereits *Goehrs* (Fn. 80), 36.

123 Ähnlich *Roxin/Greco* (Fn. 42), § 2 Rn. 47; s. auch *Streng* (Fn. 94), 501 (510); *Fischer*, NStZ 1988, 159 (163); *Hörnle* (Fn. 74), 93.

124 So in der Tat *Fischer*, NStZ 1988, 159 (164), der auf dieser Grundlage für eine Streichung des Merkmals plädiert; krit. *Stein* (Fn. 55), § 126 Rn. 5.

schen Handhabung keine erkennbare einschränkende Wirkung hat[125] – dass die anderen Tatbestandsmerkmale dadurch tatsächlich „einengend konturiert“[126] würden, ist daher zweifelhaft. Im Wesentlichen erschöpft sich die praktisch bewirkte Begrenzung im erforderlichen Öffentlichkeitsbezug der Tathandlung, der aber auch anders und präziser kodifiziert werden kann, wie es z. B. in § 140 Nr. 2 oder § 130 IV StGB ohnehin bereits geschehen ist.

bb) Subjektivierung und empirische Fundierung

Ein zweiter möglicher Ausweg könnte eine noch deutlichere Subjektivierung des Merkmals sein, die dann zugleich die Grundlage einer etwas stärkeren empirischen Basis sein könnte. Dem steht allerdings die Ansicht mancher Kritiker entgegen, wonach unter Bestimmtheitsgesichtspunkten gerade das subjektive Element der Friedensstörung das entscheidende Problem darstellt. Und in der Tat erscheint es zunächst plausibel, dass durch die Anerkennung der nur „gefühlten“ Unsicherheit eine Ausweitung und Aufweichung des Kriteriums der Friedensstörung verursacht wird. Andererseits muss man sehen, dass das Friedenskriterium, wie es vom Gesetzgeber verwendet wird, ohnehin kaum objektivierbar ist. Um wessen „Unsicherheit“ soll es denn gehen, wenn nicht um diejenige der einzelnen Mitglieder der Gesellschaft? Das gilt für beide Gruppen der oben diskutierten Friedensschutzdelikte. Bei § 126 StGB und § 140 StGB geht es in erster Linie um Furcht in Bezug auf mögliche zukünftige Straftaten. Es ist schwer zu sehen, wie hier eine rein objektive Prüfung der „Friedensstörung“ vorgenommen werden sollte.[127] Wie sollte gemessen werden, ob durch eine einzelne Androhung oder Billigung von Straftaten eine objektiv verstandene „Rechtssicherheit“ bzw. ein „friedliches Zusammenleben“ beeinträchtigt werden kann? Allenfalls denkbar ist eine objektive Kontrolle der gefühlten Unsicherheit dergestalt, dass man sie einer Plausibilitätskontrolle unterwirft, um auf diese Weise (gemessen an der objektiven Faktenlage) überzogene und irrationale Ängste auszusondern – dass aber überhaupt nennenswerte Ängste bestehen, wäre dann wiederum im Wege empirischer Sozialforschung zu ermitteln.

Erst recht gilt all dies für § 130 StGB und § 166 StGB, soweit dabei von allgemeinen Angst- und Bedrohungsgefühlen bzw. vom Schutz eines bestimmten gesellschaftlichen „Klimas“ die Rede ist.[128] Das gesellschaftliche

---

[125] S. etwa *Hörnle* (Fn. 74), 91. In Bezug auf § 166 StGB auch *Fateh-Moghadam* (Fn. 104), 240.

[126] *Stein* (Fn. 55), § 126 Rn. 5. Krit. zur behaupteten einschränkenden Wirkung des Merkmals etwa *Fischer*, NStZ 1988, 159 ff., der von einem „restriktiven Phantom“ spricht.

[127] Vgl. ähnlich *Stein* (Fn. 55), § 126 Rn. 16.

[128] Krit. dazu etwa *Kühl*, NJW 1987, 737 (745); *Hefendehl* (Fn. 73), 299; *Hörnle* (Fn. 74), 95 f. S. neuerdings auch die Distanzierung von der Interpretation als „Klimaschutzdelikt“ durch das BVerfG (E 124, 300 ff.), dazu sogleich im Text.

„Klima“ ist eben nichts, was man objektiv mit einem Fieberthermometer messen könnte; es ist nichts anderes als die Summe subjektiver Einstellungen, Gefühle und sonstiger psychischer Zustände der einzelnen Bürger.[129] Hier liegt gleichsam der Kern des „öffentlichen Friedens“, bei dessen Bestimmung nicht überzeugend von den subjektiven Gefühlen und Ängsten der Bürger abstrahiert werden kann.[130] Durch die Ausgestaltung als Eignungsdelikt werden die Dinge insofern komplizierter, als es nicht um eine Feststellung tatsächlicher Unsicherheitsgefühle (einer ausreichenden Zahl von Personen) geht, sondern um eine Art Prognose des Richters, ob das Geschehen in der Lage ist, entsprechende Gefühle auszulösen. Der Bezugspunkt dieser Prüfung bleibt aber dennoch in erster Linie die Frage nach subjektiven Zuständen. Und insofern hilft die Eignungsklausel beim Bestimmtheitsproblem nicht weiter: Wenn der „Zielzustand“, zu dessen Störung die fragliche Handlung „geeignet“ sein muss, schon nicht hinreichend präzise definiert werden kann, lässt sich auch die Eignungsfrage nicht in ausreichend klarer (und das heißt auch: nicht in ex ante vorhersehbarer) Weise beantworten.[131]

Ein Lösungsweg könnte es sein, sich zu einer dezidiert subjektiven Deutung des öffentlichen Friedens zu bekennen und sich dieser Frage dann durch den Einsatz empirischer Forschungsmethoden anzunähern. Zwar geht das schon aus Kapazitätsgründen offensichtlich nicht in jedem einzelnen Fall[132] – aber denkbar wären möglicherweise empirische Studien zur Frage, wie sehr das Sicherheitsgefühl der Bevölkerung durch bestimmte typisierte Handlungen beeinträchtigt wird. Auf diese Weise könnte zumindest ein evidenzbasierter Referenzrahmen geschaffen werden, anhand dessen die Gerichte dann die konkret zu entscheidende Konstellation und deren „Eignung“ zur Friedensstörung in diesem Sinn besser einordnen könnten. Bislang geschieht das nicht und entsprechende Bemühungen sind auch nicht ersichtlich. Der „öffentliche Friede“ teilt insofern das Schicksal von anderen, verwandten Begriffen wie der „Verteidigung der Rechtsordnung“ in §§ 44, 47, 56 und 59 StGB oder dem „öffentlichen Interesse“ in §§ 153, 153a StPO:[133] Auch diese nehmen (scheinbar) auf reale gesellschaftliche Zustände Bezug, deren empiri-

---

[129] Vgl. etwa *Hörnle* (Fn. 74), 105.

[130] Nach den Kriterien von *Roxin/Greco* (Fn. 42), § 2 Rn. 45d ff., fehlt es an der Nichtdistributivität sowie an der Selbstständigkeit des behaupteten kollektiven Rechtsguts in Bezug auf die jeweils betroffenen individuellen Güter.

[131] *Roxin/Greco* (Fn. 42), § 2 Rn. 48. So auch *Fischer*, NStZ 1988, 159 (163); *Hörnle* (Fn. 74), 103 f.

[132] Vgl. *Koch*, JuS 2002, 123, *Stein* (Fn. 55), § 126 Rn. 5; s. auch krit. *Streng* (Fn. 94), 501 (515); *Hörnle* (Fn. 74), 102 f.

[133] *Eierle*, in: Kaspar/Walter (Fn. 121), 163.

scher Gehalt dann aber in der strafjustiziellen Praxis keinerlei Rolle spielt.[134] Von evidenzbasierter Jurisprudenz[135] ist man hier also weit entfernt.

Ob auf diesem Weg das Bestimmtheitsproblem, das mit dem „öffentlichen Frieden“ verbunden ist, zumindest abgemildert werden könnte, ist eine offene Frage. Immerhin wird mittlerweile vereinzelt (u. a. auch vom Verfasser) vertreten, dass man den positiv-generalpräventiven Strafzweck der Wiederherstellung des „Rechtsfriedens“ in vergleichbarer Weise empirisch untermauern könnte.[136] Letztlich kann das dahinstehen, wenn de lege ferenda ohne nennenswerte präventive Einbußen auf den Begriff als Tatbestandsmerkmal sogar ganz verzichtet werden könnte. Das soll abschließend noch kurz angedeutet werden.

cc) Eliminierung

Der damit angesprochene Lösungsweg der „Eliminierung“ ist in drei Varianten denkbar. Zunächst könnte man die einschlägigen Normen beibehalten, aber den „öffentlichen Frieden“ als tatbestandliche Voraussetzung in seiner Bedeutung einschränken (unten (1)) oder ganz aus dem Gesetz streichen (unten (2)).[137] Schließlich steht aber auch eine Streichung der Verbotsnormen selbst zur Diskussion (unten (3)).

(1) Einschränkung der Bedeutung als Tatbestandsmerkmal

Im Wunsiedel-Beschluss zur Verfassungskonformität von § 130 IV GG geht das BVerfG zumindest einen Schritt in Richtung der hier erörterten Eliminierung des öffentlichen Friedens als Tatbestandsmerkmal, allerdings bei gleichzeitiger Aufrechterhaltung seiner Funktion als Schutzgut.[138] Es sei ein an Art. 5 I GG orientiertes „eingegrenztes Verständnis“ zugrunde zu legen. Der öffentliche Friede sei ein legitimes Schutzgut im Sinne der „Gewährleistung von Friedlichkeit“, das Gericht spricht insofern allerdings ausdrücklich von einem „vorgelagerten Rechtsgüterschutz“, will also offenbar kein ganz eigenständiges kollektives Rechtsgut annehmen, sondern die Legitimation der Normen entscheidend an die mögliche spätere Beeinträchtigung individueller Schutzgüter wie Leib oder Leben anknüpfen – dabei wird, da auch die §§ 126, 140 und 166 StGB in Bezug genommen werden, eine allgemeine Interpretation der Bedeutung des „öffentlichen Friedens“ in seiner Funktion als Schutzgut vorgenommen, die über § 130 StGB hinausweist.

---

[134] Vgl. auch *Christoph*, MSchKrim 2020, 58 (59).

[135] Dazu allgemein (mit Schwerpunkt auf dem Zivilrecht) *Hamann*, Evidenzbasierte Jurisprudenz, 2014.

[136] Vgl. *Kaspar* (Fn. 42), 648 ff.; *ders.*, in: Kaspar/Walter (Fn. 121), 61 ff.

[137] Vgl. die Überlegungen von *Roxin/Greco* (Fn. 42), § 2 Rn. 49.

[138] S. zum Folgenden BVerfGE 124, 300 (340 f.).

Im Hinblick auf Art. 103 II GG werden dann Bedenken gegen die Verfassungsmäßigkeit des „öffentlichen Friedens" formuliert, soweit er ein Tatbestandsmerkmal von Delikten sei, „die nicht schon durch andere Tatbestandsmerkmale grundsätzlich tragfähige und hinreichend begrenzte Konturen erhalten". Nur wenn sich die Strafbarkeit bereits aus der Erfüllung der übrigen Merkmale ergebe und der öffentliche Friede lediglich als „zusätzliches Tatbestandsmerkmal" im Sinne eines „Korrektivs" herangezogen werde, seien diese Bedenken ausgeräumt. Eigenständige Bedeutung komme dem „öffentlichen Frieden" nur in „atypischen Situationen" zu, wenn die Vermutung der Störungseignung aufgrund besonderer Umstände nicht trage. Die beschriebene Interpretation seitens des BVerfG greift zwar die in der Literatur formulierten Bedenken im Hinblick auf das Bestimmtheitsgebot auf, kann sie aber letztlich nicht ausräumen. Das betrifft zum einen die fragliche, jedenfalls von der bisherigen Rechtspraxis nicht gedeckte Annahme, dass das Kriterium der Eignung zur Friedensstörung überhaupt zu einer nennenswerten Restriktion der Strafbarkeit führt. Unabhängig davon ist die Unterscheidung von strafbarkeitsbegründender und (lediglich) strafbarkeitsbegrenzender Funktion zweifelhaft; denn auch der Umfang eines strafbegrenzenden Merkmals entscheidet, sofern man es als Tatbestandsmerkmal ausgestaltet, nolens volens mit über den Umfang der Strafbarkeit und ist in diesem Sinne stets zugleich strafbegründend. Auch insofern besteht im Hinblick auf Art. 103 II GG ein Anspruch des Bürgers, sich ex ante über die Reichweite des potenziell strafbaren Verhaltens informieren zu können. Zu bedenken ist in dem Zusammenhang, dass sich der Vorsatz des Täters auch auf das Tatbestandsmerkmal der Eignung zur Friedensstörung beziehen muss, um ein vorwerfbares Verhalten zu begründen – wie sollte man diesen Vorsatz hinreichend sicher bestimmen (oder jemals zum entlastenden Tatbestandsirrtum gem. § 16 I StGB gelangen), wenn der Inhalt des Merkmals dermaßen unbestimmt ist, wie es das BVerfG zu Recht annimmt?

(2) Streichung als Tatbestandsmerkmal

Gegenüber einer solchen nur halbherzigen Eliminierung wäre es daher vorzugwürdig, das Merkmal vollständig aus den einschlägigen Tatbeständen zu streichen. Im Gegenzug könnte man sich ggf. um eine präzisere und engere Beschreibung der Tathandlungen bemühen, bei denen dann der „friedensstörende Charakter" quasi unwiderleglich vermutet wird, sofern man an ihm als eigenständigem Schutzgut überhaupt festhalten will. So wird etwa in § 130 II StGB der „öffentliche Friede" nicht eigens erwähnt, obwohl die h. M. ihn auch hier als Schutzgut versteht – die Norm wird so interpretiert, dass die beschriebenen Tathandlungen typischerweise geeignet sind, den öffentlichen Frieden zu gefährden, so dass man es mit einem abstrakten Gefährdungsdelikt zu tun habe.[139] Gleiches gilt für die öffentliche Aufforderung zu Straftaten in § 111 StGB, bei welcher der Gesetzgeber stets von einer strafwürdigen Friedensstörung ausgeht, und nach diesem Modell soll auch der geplante neue § 126a StGB-E (Gefährdende Veröffentlichung von personenbezogenen Daten)[140] gestaltet werden, mit dem das Anfertigen von sog. „Feindeslisten" unter Strafe gestellt werden soll.

Denkbar wäre es nun, nach diesem Vorbild beispielsweise in § 126 StGB und § 140 StGB den Kreis der angedrohten bzw. gebilligten Straftaten zu verringern und dann im Gegenzug die Eignung zur Friedensstörung als Voraussetzung zu eliminieren. Bei § 126 StGB müsste dann nur noch die „Öffentlichkeit" der Begehungsweise eingeführt werden, etwa durch Übernahme der entsprechenden Formulierung aus § 140 Nr. 2 StGB („öffentlich, in einer Versammlung oder durch Verbreiten eines Inhalts (§ 11 Abs. 3 StGB)").

Die vollständige Streichung des Merkmals würde zwar zur Bestimmtheit der Normen (und zu einer gleichmäßigeren Anwendung) beitragen, aber nicht die Zweifel im Hinblick auf den sehr weit vorgelagerten Schutz fassbarer individueller Schutzgüter beheben. Soweit für die Legitimation der Normen ernsthaft auf die erst weit in der Zukunft liegenden und nur möglicherweise drohenden Straftaten von Dritten abgestellt werden sollte, wie es das BVerfG im Wunsiedel-Beschluss nahelegt, stellen sich offensichtlich schwierige Zurechnungsfragen.[141] Eine pauschale Strafbarkeit erscheint zum Rechtsgüterschutz kaum geeignet und daher im Hinblick auf den Verhältnismäßigkeitsgrundsatz verfassungsrechtlich problematisch. So wird etwa die Annahme des Gesetzgebers kritisiert, wonach das „Belohnen" der in § 140 StGB genannten Straftaten stets und ausnahmslos zur Störung des öffentlichen Friedens bzw. zur Veranlassung vergleichbarer Straftaten geeignet sei.[142]

(3) Streichung der Straftatbestände

Zu prüfen bliebe daher stets vorrangig, ob manche der genannten Tatbestände nicht sogar ersatzlos gestrichen werden könnten, ohne dass damit ernsthafte Strafbarkeitslücken verbunden wären.[143] Gerade bei teilweiser Überschneidung mit anderen Strafvorschriften, die bis hin zum Vorwurf der Redundanz gehen kann,[144] sollte ernsthaft über Möglichkeiten der Entkriminalisierung nachgedacht werden, auch wenn der kriminalpolitische Trend schon seit längerer Zeit in die entgegengesetzte Richtung weist.

---

[139] Vgl. *Stein* (Fn. 55), § 130 Rn. 7.
[140] Referenten-Entwurf des BMJV v. 5.2.2020 (Fn. 72).
[141] S. auch *Hörnle* (Fn. 74), 108.
[142] *Stein* (Fn. 55), § 140 Rn. 6.
[143] Zweifel an der Berechtigung von §§ 126, 140 Nr. 2 StGB äußert etwa *Fischer*, NStZ 1988, 159 (165).
[144] S. dazu anhand von § 316a StGB *Kaspar*, ZStW 129 (2017), 401.

Was die Angst vor zukünftigen Straftaten angeht, ist daran zu erinnern, dass diese (potenziellen, in der Zukunft liegenden) Straftaten ja ihrerseits mit Strafe bedroht sind. Trotz Androhung zukünftiger oder Billigung bereits begangener Straftaten bleibt dieses staatliche Schutzinstrument bestehen und sollte zu einer gewissen Beruhigung beitragen. Außerdem können Hinweise auf zukünftig drohende Straftaten (sei es durch deren Androhung, sei es durch Billigung bereits begangener Delikte, etwa in Bezug auf islamistischen Terrorismus) ein polizei- oder sogar nachrichtendienstliches Handeln auslösen, also eine staatliche (präventiv orientierte) Kontroll- und Überwachungsaktivität, die unabhängig von einer strafrechtlichen Verfolgung einsetzt. Nach allem ist es zweifelhaft, wenn Jakobs bei diesen Normen eine Art strafrechtliches Hilfsrechtsgut der flankierenden Unterstützung der „Normgeltung" anerkennt.[145]

Individualisierbare Bedrohungen sind bereits de lege lata über § 241 StGB erfasst.[146] Hier könnte eine enger formulierte und an individuellen Gütern orientierte Neufassung von § 126 StGB anknüpfen und auch die unspezifisch ausgesprochene Drohung erfassen, soweit sie öffentlich erfolgt und geeignet ist, eine große Zahl von Menschen in ihrer Lebensführung einzuschränken.[147] Die Billigung von Straftaten kann, soweit sie tatsächlich motivierend auf andere wirkt, unter Umständen als Anstiftung oder psychische Beihilfe bestraft werden, sofern ein entsprechender Vorsatz besteht;[148] auch eine Fahrlässigkeitsstrafbarkeit kommt in Betracht, wenn die verursachten Taten für den Handelnden vorhersehbar waren. Darüber hinaus erscheint eine Strafbarkeit nicht erforderlich.[149]

Was in § 130 StGB und in § 166 StGB als kollektive Friedensstörung pönalisiert wird,[150] lässt sich auf einen strafwürdigen Kern zurückführen, sobald tatsächlich abgrenzbare Personen oder Personengruppen in ihrer Ehre verletzt werden[151] – hier bieten die §§ 185 ff. StGB bereits jetzt die Möglichkeit einer Bestrafung,[152] die man unter Umständen noch stärker im Hinblick auf

---

[145] *Jakobs*, ZStW 97 (1985), 751 (775 ff.). Er spricht vom „Partialunrecht einer Störung des Rechtsfriedens" (a. a. O., 778).

[146] Zum Verhältnis von § 126 StGB und § 241 StGB s. *Hörnle* (Fn. 74), 228 ff.

[147] Vgl. den Vorschlag von *Hörnle* (Fn. 74), 239 f.

[148] So auch *Jakobs*, ZStW 97 (1985), 751 (781), der die Legitimität von § 140 StGB verneint; s. auch *Hefendehl* (Fn. 73), 305.

[149] Für eine Streichung von § 140 StGB auch *Hörnle* (Fn. 74), 251.

[150] Zum Verhältnis der Normen s. näher *Fischer*, GA 1989, 445 ff.

[151] Vgl. *Hörnle* (Fn. 74), 97 sowie näher (auch zum Verhältnis von Ehre und Menschenwürde) 285 ff. Zur „Beleidigungsähnlichkeit" von § 166 StGB s. nur *Roxin/Greco* (Fn. 42), § 2 Rn. 28 m. w. N.; eine am Schutzgut der „Menschenwürde" orientierte Interpretation von § 130 StGB findet sich etwa bei *Streng* (Fn. 94), 501 (506 ff.); krit. *Hefendehl* (Fn. 73), 300 f., der hier allenfalls die Auffangkategorie eines „Verhaltensdelikts" annehmen will.

[152] Vgl. *Rox*, JZ 2013, 30 (31).

die Beleidigung von Gruppen und Kollektiven erweitern könnte.[153] Den Aspekt der „öffentlichen Begehung“ könnte man auch hier aufgreifen, wie es in Form eines qualifizierenden Merkmals von § 185 StGB im Rahmen des „Gesetzes zur Bekämpfung von Rechtsextremismus und Hasskriminalität“ geschehen ist.[154] Die Fälle von Gruppenbeleidigungen könnte man vom Antragserfordernis gem. § 194 StGB ausnehmen,[155] um in solchen Fällen eine Strafverfolgung auch von Amts wegen zu ermöglichen. § 130 StGB erscheint grundsätzlich unter dem Aspekt des Menschenwürdeschutzes legitimierbar, auch wenn dabei sicher noch weiter zu differenzieren wäre.[156] Jedenfalls für § 166 StGB besteht neben den §§ 185, 130 StGB richtigerweise kein Bedürfnis, die Norm sollte daher abgeschafft werden.[157]

V. Fazit

Der Ertrag der vorliegenden Untersuchung lässt sich thesenartig so zusammenfassen:

1. Der Friede ist ein vielschichtiger Begriff mit unterschiedlichen Bedeutungsgehalten. Aus Sicht des Strafrechts bietet sich ein enges Verständnis an, bei dem (im Einklang mit einer klassischen Definition aus dem Bereich der Friedensforschung) auf die Abwesenheit von Gewalt im Sinne physischen Zwangs sowie auf die Abwesenheit von Angst vor Gewalt abgestellt wird. Zugleich ist ein prozessuales Verständnis des Friedens für die rechtliche Diskussion anschlussfähig, bei dem auf die Möglichkeiten einer konstruktiven und gewaltfreien Lösung von Konflikten Bezug genommen wird, wobei letzteres eher die (hier nicht weiter vertiefte) Rechtsfolgenseite der Strafnormen betrifft.

2. Das Strafrecht ist friedensschützend, indem es kraft sanktionsbewehrter Verhaltensnormen tagtäglich dazu beiträgt, dass Verhaltensweisen unterlassen werden, die Gewalt oder die Drohung mit Gewalt enthalten. Entgegen mancher Kritik ist eine solche generalpräventive Funktion des Strafrechts zu

---

[153] Ein aktueller und differenzierter Reformvorschlag zu §§ 185 ff. StGB, in dem das erhöhte Unrecht einer öffentlichen Begehungsweise bzw. einer menschenwürdewidrigen Beleidigung Berücksichtigung findet, wird von *Großmann*, GA 2020, 546 vorgelegt.

[154] BT-Drs. 19/17741, 35.

[155] Vgl. *Streng* (Fn. 94), 501 (526 Fn. 103).

[156] Insbesondere muss offenbleiben, ob auch die Strafbarkeit der „Auschwitzlüge“ gem. § 130 III StGB auf diese Weise legitimiert werden kann, zur Kritik s. nur *Roxin/Greco* (Fn. 42), § 2 Rn. 40; s. auch *Hörnle* (Fn. 74), 315 ff., die insofern eine Strafbarkeit gem. §§ 185 ff. StGB für ausreichend hält.

[157] So auch auf der Basis einer am Schutzgut der Menschenwürde orientierten Interpretation *Stern*, Das Schutzgut der Bekenntnisbeschimpfung, 2011, 124, die diesbezüglich eine Strafbarkeit nach § 130 StGB für ausreichend hält.

bejahen; zum Schutz individueller Güter wie Leib und Leben sollte (und darf aus verfassungsrechtlichen Gründen) darauf auch in Zukunft nicht verzichtet werden. Das gilt jedenfalls für den „inneren Frieden“ im gesellschaftlichen Sinn. Ob das Völkerstrafrecht dazu beiträgt, Kriege bzw. Kriegsverbrechen zu verhindern, und damit den Frieden in einem engen, völkerrechtlichen Sinn zu sichern, ist eine offene Frage; ausgeschlossen scheint eine solche Wirkung aber nicht.

3. Auch wenn man eine generalpräventive Funktion des Strafrechts anerkennt, ist damit nicht gesagt, dass gerade die Härte der angedrohten oder später verhängten Sanktion eine entscheidende Rolle spielt. Und es wird nicht verkannt, dass das stigmatisierende Zwangsmittel der Strafe (vor allem in Form der Vollzugsstrafe) ambivalent ist und beim Sanktionierten selbst, aber auch in der Gesellschaft insgesamt kontraproduktive Wirkungen hervorrufen kann, die einer „Befriedung“ entgegenstehen. Spielräume für weniger eingriffsintensive Sanktionen bzw. konstruktive, auch auf der individuellen Ebene der Beteiligten Frieden stiftende Sanktionsalternativen wie der Täter-Opfer-Ausgleich sollten daher in Zukunft noch stärker genutzt werden als bisher.

4. Ob es über den strafrechtlichen Schutz individueller Güter wie Leib oder Leben hinaus eines kollektiven Schutzes des „öffentlichen Friedens“ bedarf, ist äußerst fraglich. In einer zunehmend pluralistischen und fragmentierten bzw. polarisierten Gesellschaft, in welcher der Ton des gesellschaftlichen Diskurses vom Internet als Durchlauferhitzer zunehmend verschärft wird, erscheint der Griff zum Strafrecht zur Sicherung des bedrohten „gesellschaftlichen Friedens“ zunächst verlockend. Die oben erwähnten Ausweitungen der §§ 126, 140 StGB sind ein Beleg für diese Tendenz.

5. Es fragt sich allerdings, ob der Schutz eines friedlichen gesellschaftlichen „Klimas“, in dem man vor negativen Gefühlen durch Äußerungen von Dritten umfassend bewahrt wird, in einer pluralistischen Gesellschaft überhaupt ein realistisches Ziel ist und ob das Strafrecht dafür das geeignete Mittel darstellt.[158] Dabei ist auch die Meinungsfreiheit gem. Art. 5 I GG in Rechnung zu stellen, wie das BVerfG in seinem Wunsiedel-Beschluss betont: „Eine Beunruhigung, die die geistige Auseinandersetzung im Meinungskampf mit sich bringt und allein aus dem Inhalt der Ideen und deren gedanklichen Konsequenzen folgt, ist notwendige Kehrseite der Meinungsfreiheit und kann für deren Einschränkung kein legitimer Zweck sein. Die mögliche Konfrontation mit beunruhigenden Meinungen [...] gehört zum freiheitlichen Staat.“[159]

6. Entscheidend kommt hinzu, dass eine überzeugende Definition des Tatbestandsmerkmals des „öffentlichen Friedens“, die eine auch nur halbwegs

[158] Vgl. *Hörnle* (Fn. 74), 99.
[159] BVerfGE 124, 300 (333).

intersubjektiv nachvollziehbare Subsumtion ermöglichen würde, bis heute nicht existiert. Die im Hinblick auf Art. 103 II GG erforderliche ex ante prognostizierbare Grenzziehung zwischen erlaubtem und strafbarem Verhalten ist so nicht möglich; die Norm lässt es vielmehr zu, die Eignung zur Friedensstörung mehr oder weniger beliebig im Einzelfall zu bejahen oder zu verneinen.[160]

7. Weder eine vollständige Normativierung des Merkmals (anhand von generalpräventiven Bedürfnissen) noch eine Subjektivierung (im Sinne der Ermittlung tatsächlich vorhandener Angst- und Bedrohungsgefühle mit den Methoden der empirischen Sozialforschung) erscheint als tragfähige Lösung des Problems. Kein Ausweg ist auch die vom BVerfG im Wunsiedel-Beschluss vorgenommene Teil-Eliminierung des Merkmals der Eignung zur Störung des „öffentlichen Friedens", das als rein strafbarkeitsbegrenzendes Korrektiv verstanden werden soll. Auch ein strafbarkeitsbegrenzendes Merkmal trägt zur Grenzziehung von erlaubtem und unerlaubtem Verhalten bei und kann daher vom Bestimmtheitserfordernis nicht ausgenommen werden.

8. Vorzugswürdig ist eine vollständige Streichung des Merkmals in seiner Funktion als Tatbestandsmerkmal und das Bemühen um eine präzisere und ggf. restriktivere Fassung der einschlägigen Normen. Dabei kann die vom BVerfG im Wunsiedel-Beschluss verfolgte Interpretation der Friedensschutzdelikte als „vorgelagerter" Schutz individueller Rechtsgüter weiterverfolgt werden. Umso mehr stellt sich dann aber die Frage, ob nicht eine vollständige oder partielle Abschaffung einzelner Normen angezeigt ist, da die in Rede stehenden Rechtsgüter, v. a. Leib und Leben, aber auch Ehre und Menschenwürde, ohnehin schon umfassenden strafrechtlichen Schutz genießen. Zumindest § 140 StGB und § 166 StGB erscheinen vor diesem Hintergrund als verzichtbar und sollten gestrichen werden.

---

[160] *Hörnle* (Fn. 74), 99.

Systemwechsel im Steuerrecht

Zur notwendigen Renaissance der Sollbesteuerung in einem digitalisierten nationalen und internationalen Steuerrecht

Gregor Kirchhof

I. Steuerstaat und Grundrechtsschutz – ein freiheitsschonendes verlässliches Steuerrecht

Ohne Geld ist kein Staat zu machen. Finanzen bilden eine Lebensader der öffentlichen Hand, sind notwendige Grundlage von Politik und verteilen Macht – pecunia nervus rerum. Dieser Befund fragt, wie sich der moderne Staat finanziert. Die Antwort gibt seit dem 19. Jahrhundert die Idee des *Steuerstaates*. Die nationale und auch die europäische öffentliche Hand finanziert sich vor allem durch Steuern. In diesem Primat der Steuern sind Schulden und eigene wirtschaftliche Betätigungen der öffentlichen Hand bewusst die Ausnahmen. Auch die gängigen nicht-steuerlichen Abgaben wie Gebühren und Beiträge bedürfen einer besonderen Rechtfertigung.[1] Die Europäische Union setzt als Staatenverbund zudem auf Beiträge ihrer steuerfinanzierten Mitgliedstaaten.[2] Lorenz von Stein betonte bereits Mitte des 19. Jahrhunderts, dass sich die moderne öffentliche Gewalt in erster Linie durch Steuern finanziert.[3] Dieses Primat setzte sich in Europa im Begriff des Steuerstaats zu Beginn des 20. Jahrhunderts durch.[4] Erträge aus besonderen Rechten oder Monopolen der öffentlichen Hand, aus Staatsunternehmen, öffentlichem Eigentum oder anderen Formen wirtschaftlicher Betätigung des Staates behindern die freiheitliche Wettbewerbsordnung. Die mächtige öffentliche Hand würde in Konkurrenz zu den gesellschaftlichen Kräften treten, deren Raum

---

[1] Für die Staatsschulden: Art. 109 Abs. 3, Art. 115 Abs. 2 GG; für die nicht-steuerlichen Abgaben: BVerfGE 149, 222 (254 Rn. 65) – Rundfunkbeitrag; E 144, 369 (397 Rn. 62 ff.) – Rückmeldegebühr Brandenburg; jeweils m. w. N.; insgesamt: *G. Kirchhof*, in: ders./Kulosa/Ratschow, EStG, 9. Ed. Januar 2021, § 2 Rn. 134 f. m. w. N.

[2] Art. 311 AEUV.

[3] *V. Stein*, Finanzwissenschaft, 1860, 102.

[4] *Schäffle*, in: v. Stein, Lehrbuch der Finanzwissenschaften, Teil 1, 1895, 74 (107); *Schumpeter*, Die Krise des Steuerstaats, 1918; 8; *K. Vogel*, in: Isensee/P. Kirchhof, HStR II, 3. Aufl. 2004, § 30 Rn. 54 ff.; *Isensee*, in Stödter/Thieme (Hrsg.), FS H. P. Ipsen, 1977, 409.

verkleinern und den Wettbewerb verzerren. Steuern bringen zudem die öffentliche Hand und die Wirtschaft in ein fruchtbares Verhältnis wechselseitiger Vorteile, weil die Steuererträge mit der Wirtschaftskraft steigen, der Staat von einer prosperierenden Wirtschaft profitiert. Der Steuerstaat ist daher durch eine bemerkenswerte grundrechtliche Ambivalenz gekennzeichnet. Steuern greifen in Grundrechte ein. Gleichzeitig ermöglichen sie eine freiheitsgerechte öffentliche Gewalt. Die Grundrechte fordern und mäßigen die Steuer.

Insofern erscheint es folgerichtig, dass der Grundrechtsschutz nach markanten Schritten der Verrechtlichung im 17. und 18. Jahrhundert bis zur Mitte des 20. Jahrhunderts und damit parallel zum Steuerstaat entscheidende normative Kraft gewann.[5] Der moderne demokratische Rechtsstaat erhielt mit den Grundrechten und Steuern sein individualrechtliches und finanzielles Profil. Ein gemeinsames Anliegen des *Steuerstaates* und *Grundrechtsschutzes* wird jedoch seit langem vernachlässigt: Die Steuerpflichtigen finanzieren die öffentliche Gewalt. Sie sind dabei so weit wie möglich grundrechtlich zu schonen. Die Grundrechte erwarten, dass die Verpflichteten eine maßvolle Steuerschuld begleichen, darüber hinaus aber möglichst nicht belastet werden. Nur der zu entrichtende Betrag erfüllt das Ziel der Steuern, die öffentliche Hand zu finanzieren. Die Forderung, Verpflichtete so weit wie möglich zu schonen, betrifft daher zwar auch die Finanzlast, vor allem aber die Mitwirkungspflichten und weiteren Verwaltungslasten, die Steuererklärung, notwendige Dokumentationen sowie weitere bürokratische Pflichten wie Meldungen an den Fiskus. Diese steuerlichen Verwaltungslasten sind für eine effiziente und gleichheitsgerechte Besteuerung unabdingbar. Dem Steuerrecht fällt es auch deshalb schwer, die Steuerbetroffenen insoweit zu schonen. Doch werden große Entlastungspotenziale nicht genutzt. Zudem setzt das nationale und internationale Steuerrecht gegenwärtig aus unterschiedlichen Gründen vermehrt auf Mitteilungs- und Offenlegungspflichten, um steuermindernde Gestaltungen und Steuerhinterziehungen zu unterbinden. Das Ergebnis ist ein aus einer grundrechtlichen Perspektive fast widersprüchlicher Befund: Die Verfahrenslasten steigen, die Steuereinnahmen aber sinken.

Ein steuerlicher Auftrag unserer Zeit liegt daher darin, die Anliegen des Steuerstaates und des Grundrechtsschutzes – dieser beiden Pfeiler moderner Staatlichkeit – besser zu entfalten. Die öffentliche Hand ist verlässlich zu finanzieren, die Steuerbetroffenen sind aber gleichzeitig so weit wie möglich zu schonen. Die Digitalisierung des Steuerrechts, insbesondere die automatische Anwendung des Rechts auf Grundlage von vorausgefüllten Steuererklärungen, bietet hier eine beachtliche Chance. Die Steuerpflichtigen wären na-

[5] *Stern*, Die Idee der Menschen- und Grundrechte, HGR I, 2003, § 1 Rn. 14 ff., 35 ff.

hezu vollständig entlastet. Gleichzeitig würden Steuerstreitigkeiten vermieden, die Steuereinnahmen daher beständiger fließen. Soll ein solcher Wandel für den Regelfall gelingen, ist das materielle Steuerrecht entsprechend zu vereinfachen. Hier weist das deutsche Ertragsteuerrecht des 19. Jahrhunderts einen Weg – obwohl Steuerstaat und Grundrechtsschutz zu dieser Zeit noch nicht umfassend entwickelt waren.

II. Ist- und Sollbesteuerung im Steuerrecht

1. Eine Selbstverständlichkeit – der Ausgangspunkt der Istbesteuerung im geltenden Ertragsteuerrecht

Die Besteuerung des sog. Istertrags ist dem heutigen Einkommensteuerrecht eine Selbstverständlichkeit.[6] Die Bemessungsgrundlage richtet sich nach der tatsächlichen Leistungsfähigkeit, der bestehenden Finanzkraft. Diesen Istertrag sucht das geltende Steuerrecht möglichst genau zu erfassen. Die steuerlich maßgeblichen Einnahmen und Aufwendungen sind möglichst genau aufzuführen und in aller Regel zu belegen. Die Sollbesteuerung legt der Abgabe demgegenüber einen erwarteten, einen typisierten Ertrag zu Grunde.[7] Diesem Modell folgend würde z. B. der Gewinn eines Unternehmers nicht in einem präzisen Blick auf die steuerlichen Einnahmen und Ausgaben, sondern grob nach der Art des Betriebs, den genutzten Maschinen und der Anzahl der Mitarbeiter bemessen. Das Schulbeispiel bildet die Tür- und Fenstersteuer auf Immobilien, die vor allem im 17. und 18. Jahrhundert erhoben wurde. Die Abgabe belastete die Eigentümer von Wohnraum nach der Anzahl der Fenster und Türen des Besteuerungsobjekts. Ein Teil der Steuerpflichtigen mauerte daher Fenster zu, um Steuern zu sparen. Es entstanden die in Städten oft zu betrachtenden sog. Blindfenster. Doch schädigten sich die Betroffenen durch das Zumauern selbst. Ihnen fehlten Ausblick, Luft und Sonne – und dies ging nicht selten zu Lasten der Gesundheit.[8] Ohnehin verletzt ein Steuergesetz, das so leicht umgangen werden kann, nach heutigen Maßstäben den Gleichheitssatz.[9]

Eine Sollsteuer bemisst sich anders die geltende Istbesteuerung nach leicht zu ermittelnden äußeren Merkmalen, nach Anzeichen des Vermögenswertes

---

[6] *Tipke*, Die Steuerrechtsordnung, Bd. I, 2. Aufl. 2000, 497 f.; *ders.*, ebd., Bd. II, 2. Aufl. 2003, 631 ff. jeweils m. w. N.; BFHE 252, 44 (Rn. 38 m. w. H.) – Vorlage Zinsschranke; BVerfGE 93, 121 (156 ff.) – Vermögensteuer; insgesamt auch *G. Kirchhof*, DStJG 40 (2017), 47.

[7] BVerfGE 93, 121 (137) – Vermögensteuer; insgesamt *Knöller*, Die Besteuerung von Sollertrag und Istertrag, 2015.

[8] Insgesamt *Birk*, DStJG 22 (1999), 7 (10 f.); *G. Kirchhof*, Die Erfüllungspflichten des Arbeitgebers im Lohnsteuerverfahren, 2005, 72 ff.

[9] BVerfGE 138, 136 (235 ff. Rn. 253 ff.) – Erbschaftsteuer III.

oder des Ertrags. Aufwändige Bewertungen, Ermittlungen und Dokumentationen der steuerlichen Einnahmen und Aufwendungen erübrigen sich. Eine solche Sollbesteuerung war bis zum Ende des 19. Jahrhunderts der Regelfall in Deutschland. Ihr folgten zahlreiche Ertragsteuergesetze wie die Preußische Klassensteuer von 1820.[10] Die Steuerlast eines landwirtschaftlichen Unternehmens richtete sich nach der Nutzart der Felder, der Größe des Betriebs, seiner Lage, der Anzahl der Mitarbeiter und der sichtbaren Kapitalausstattung.[11] Der tatsächliche Ertrag kann dann über oder unter der steuerlichen Bemessungsgrundlage liegen. Die Besteuerung nach dem Istertrag wird angesichts dieser möglichen Differenzen insbesondere aus einem freiheitlichen Grundanliegen der Verfassung hergeleitet, in dem das Leistungsfähigkeitsprinzip wurzelt. Erwirtschaftet der Steuerpflichtige mehr als die typisierten Einnahmen, zahlt er eine im Vergleich zu seiner Leistungsfähigkeit geringere Steuer. Unterschreitet sein Ertrag die Erwartung, muss er eine Steuerschuld begleichen, die seine nach der tatsächlichen Leistungsfähigkeit bestimmte Last übertrifft. Die Sollertragsteuer greift dann auf den Vermögensstamm des Steuerpflichtigen zu. Einem solchen steuerlichen Substanzzugriff setzt das Grundgesetz enge Grenzen.[12] Insgesamt wird eine Sollbelastung abgelehnt, weil sie nicht an der tatsächlichen Leistungsfähigkeit ausgerichtet ist.

2. Historischer Wechsel – Vorteile der Ertragsteuern gegenüber den Vermögensteuern

Dennoch gewann die Istbesteuerung in Deutschland erst mit der Hochindustrialisierung an Raum. Bis ins 18. Jahrhundert finanzierte sich die öffentliche Hand überwiegend durch eine der ältesten Steuerarten überhaupt, durch Vermögensteuern. Mit der Aufklärung lösten die Ertragsteuern die Vermögensteuern ab und begannen ausgehend vom Vereinigten Königreich ihren Siegeszug. Allmählich setzte sich die Überzeugung durch, dass Ertragsteuern die steuerliche Zahlungsfähigkeit besser erfassen als Vermögensteuern.[13] Im Vermögen ist die Finanzkraft gebunden. Sie steht deshalb für das Entrichten einer Steuer nicht unmittelbar zur Verfügung. Ein Wohnhaus, ein wertvolles

[10] Weitere Beispiele bieten das Abgabengesetz (1819/20) und das Ertragsteuergesetz (1852) im Königreich Württemberg sowie die Steuergesetze von Sachsen (1834 und 1848); insgesamt: *Knöller* (Fn. 7), 232 ff. m. w. H.

[11] Zu diesen Kriterien der Preußischen Steuer: *Knöller* (Fn. 7), 225 ff. m. w. N.

[12] BVerfGE 93, 121 (133 ff.) – Vermögensteuer; *Tipke*, Die Steuerrechtsordnung, Bd. I, 2. Aufl. 2000, 497 f.; *ders.*, ebd., Bd. II, 2. Aufl. 2003, 631 ff.; *Birk*, Das Leistungsfähigkeitsprinzip als Maßstab der Steuernormen, 1983.

[13] *Birk* (Fn. 12), 7 ff.; *ders.*, Leistungsfähigkeit, in: Leitgedanken des Rechts, Band II, 2013, § 147 Rn. 2; *Eisgruber*, Einkommensteuerobjekt und Bemessungsgrundlage, ebd., § 169 Rn. 1 ff.; *J. Lang*, Die Bemessungsgrundlage der Einkommensteuer, 1988, 97 ff.

Kunstwerk oder auch ein Unternehmen sind beträchtliche Werte des Eigentümers. Sie vermitteln ihm aber keine Finanzquelle, aus der er eine Steuer unmittelbar zahlen könnte. Das gebundene Vermögen ist nicht oder nur schwer teilbar. Von einem Ertrag hingegen kann der Steuerpflichtige leichter einen Teil an die öffentliche Hand abzweigen, wenn er ein Wohnhaus vermietet, ein Kunstwerk verkauft oder sein Unternehmen einen Gewinn erwirtschaftet.

3. Steuererhöhung in Zeiten der Hochindustrialisierung – die Istbesteuerung setzt sich durch

Im fortschreitenden Wechsel von den Vermögensteuern auf die Ertragsteuern präferierten die deutschen Staaten zunächst das Sollertragsmodell. Dieses war angesichts der Besteuerung des Vermögens, insbesondere in der Tür- und Fenstersteuer bekannt. Erst in der zweiten Hälfte des 19. Jahrhunderts begann der Siegeszug der Istbesteuerung in Deutschland. In jener Zeit der Hochindustrialisierung sollte aber nicht wie im heutigen System vor allem die steuerliche Leistungsfähigkeit genauer erfasst werden. Vielmehr wurde die Besteuerung umgestellt, damit die öffentliche Hand stärker an den wachsenden Erträgen der Unternehmen partizipiert. Die Pflicht, arbeitsintensive Steuererklärungen abzugeben und zu prüfen, ging mit der Umstellung einher.[14] Die oft kritisierte Komplexität des heutigen Ertragsteuerrechts nahm hier ihren Anfang.

4. Aktuell – historische Gründe für die Sollertragsbesteuerung

Im 18. und 19. Jahrhundert waren die Steuerpflichtigen und die öffentliche Hand eine grobe Sollbemessung der Vermögen- und sodann der Ertragsteuern gewöhnt. Eine möglichst genaue Ermittlung der steuerlichen Bemessungsgrundlagen stand nicht wirklich zur Debatte. Dies mag auch daran gelegen haben, dass die Ertragsteuersätze im Vergleich zur heutigen Zeit deutlich niedriger waren, der Einfluss der Bemessungsgrundlage auf die Steuerlast daher geringer war. Die vier weiteren historischen Gründe aber, auf Basis derer sich die Sollbesteuerung bis weit ins 19. Jahrhundert in Deutschland behauptete, sind heute hoch aktuell. Die Sollsteuer führte – *erstens* – zu einem sehr einfachen und einsichtigen Steuerrecht. Die Steuerpflichtigen mussten keine Steuererklärungen abgeben. Auch der Verwaltungsaufwand des Fiskus war gering. Lange Zeit wurde die Istbesteuerung als zu aufwendig angesehen, um die öffentliche Hand zu finanzieren. Obwohl sich die Grundrechte noch nicht durchgesetzt hatten, entschied man sich für ein schonendes Steuerrecht.

---

[14] Vgl. *Knöller* (Fn. 7), 235 m. w. H.

Viele Menschen erhielten – *zweitens* – ihre Einnahmen nicht in Geld, sondern in Sachbezügen wie Nahrung, Waren oder Dienstleistungen. Daher konnten nur wenige ihren Ertrag hinreichend genau für eine Istbesteuerung beziffern. Aufgrund eines rudimentären Rechnungswesens wurden auch die steuerlichen Bemessungsgrundlagen der Unternehmen im Vergleich zu heute deutlich unschärfer abgebildet. Aktuell drängt die technische Entwicklung zu einer vergleichbaren materiellen Vereinfachung des Steuerrechts. Dann wäre eine umfassende digitale Anwendung des Rechts im Regelfall leicht möglich. Alle Steuerbetroffenen – die Steuerpflichtigen, der Fiskus und die Finanzgerichte – würden entlastet und die öffentliche Hand verlässlicher finanziert.

Die notwendigen Nachprüfungen bei der Bemessung der Iststeuern wurden – *drittens* – als ein zu starker Eingriff in die Privatsphäre angesehen. Sollertragsteuern schonen die Sphäre des Steuerpflichtigen, weil der Fiskus nicht oder kaum nachforschen muss. Dieses Anliegen ist heute im Datenschutz aktuell. Das aufgrund der Sollbesteuerung einfache Steuerrecht vermied – *viertens* – bei richtiger Anwendung Steuerhinterziehungen und steuermindernde Gestaltungen.[15] Dies ist gegenwärtig insbesondere ein Anliegen des internationalen Steuerrechts. Es gilt zu verhindern, dass internationale Unternehmen durch besondere Gestaltungen wenig oder nahezu keine Steuern entrichten.

III. Systemwechsel im Steuerrecht – Istbesteuerung mit konkretisierenden Sollelementen

1. Ist- und Sollbesteuerung – Mischung zum System machen

Die historischen Anliegen der Sollbesteuerung zeichnen eine bemerkenswerte Parallele zu gegenwärtigen Herausforderungen des nationalen und internationalen Steuerrechts.[16] Dabei entfalten sie den Steuerstaat und den Grundrechtsschutz in einem freiheitsschonenden und finanzverlässlichen Steuerrecht. So drängt sich ein Systemwechsel im nationalen und internationalen Steuerrecht auf. Dieser würde sich nicht für eine Sollbesteuerung im ursprünglichen Sinne aussprechen. Das Leistungsfähigkeitsprinzip setzt heute den Ausgangspunkt für die Bemessung der Ertragsteuern in der tatsächlichen Finanzkraft, im Istertrag. Doch konkretisiert das geltende Steuerrecht diesen Ausgangspunkt bereits jetzt in zahlreichen Elementen der Sollbesteuerung. Diese Mischung sollte zum System gemacht, das Steuerrecht so grundlegend vereinfacht und dessen Digitalisierung vollendet werden.

---

[15] Insgesamt zu den historischen Gründen: *Knöller* (Fn. 7), 225 ff. m. w. H.

[16] Unter IV.

2. *Sollertragsteuern im geltenden Recht*

Gegenwärtig werden vor allem Vermögensteuern als Sollertragsteuern begriffen. Das Bundesverfassungsgericht hat die verfassungsrechtliche Grenze des steuerlichen Zugriffs auf das Vermögen bereits vor Jahren konkretisiert. Vermögensteuern sind von vornherein unverhältnismäßig, wenn sie das Vermögen schrittweise abtragen und so die Steuerquelle zum Versiegen bringen. „Hier begegnen sich das fiskalische Interesse an der Erhaltung der Steuerquelle und das Individualinteresse an der Bewahrung des eigenen Vermögens."[17] Vermögen wird in der Regel aus einem versteuerten Ertrag erworben. Der Erwerbsprozess selbst unterliegt insbesondere der Umsatz- oder Grunderwerbsteuer. In anderen Fällen greift die Erbschaft- oder Schenkungsteuer. Für eine ergänzende Abgabe auf dieses insofern vorbelastete Vermögen eröffnet das Grundgesetz – so fährt das Gericht fort – nur einen engen Raum. Die Grundrechte beschränken Vermögensteuern deshalb auf einen möglichen, einen zu erwartenden Ertrag, den sog. Sollertrag, der aus dem Vermögen erzielt werden kann. Dem Steuerpflichtigen ist es möglich, aus dem Vermögen einen Ertrag zu gewinnen, aus dem die Vermögensteuer unmittelbar entrichtet werden kann. Die im Sollertrag begrenzte Vermögensteuer soll dem Steuerpflichtigen nicht allmählich das Vermögen entziehen. Zudem ist die Abgabe dann auch angesichts der steuerlichen Vorbelastung des Vermögens grundsätzlich zumutbar.[18] Das Verfassungsrecht begegnet so einer Schwäche der Vermögensbesteuerung, die dem Siegeszug der Ertragsteuern den Weg ebnete.[19] Die Vermögensteuer darf strukturell nicht auf das gebundene Vermögen zugreifen, sondern nur auf einen möglichen Ertrag. In diesem Sinne wurden in Deutschland bis in die 1990er Jahre Sollertragsteuern in Form der Vermögen- und Gewerbekapitalsteuer erhoben[20] – und die Grundsteuer gilt nach wie vor.

Verallgemeinert man diese Gedanken der gegenwärtigen und die historischen Ansätze der Sollsteuern, gelangt man zu pauschalen Typisierungen, die einerseits besonders begründet werden – im möglichen Ertrag eines Vermögens – und sich andererseits nach äußeren Merkmalen richten – den Tieren und Feldern des Landwirts, den Fenstern und Türen des Wohneigentums. Solche Pauschalierungen, solche Elemente der Sollertragsbesteuerung kennt das

---

[17] BVerfGE 93, 121 (136 ff., Zitat: 139 f.) – Vermögensteuer.

[18] BVerfGE 93, 121 (136 ff.) – Vermögensteuer; für die Diskussion: *Kube*, DStJG 37 (2014), 343; *G. Kirchhof*, Privates Vermögen als Objekt staatlichen Steuerzugriffs – die steuerliche Leistungsfähigkeit des Vermögens, in: Depenheuer (Hrsg.), Staatssanierung durch Enteignung?, 2014, 39; *A. Musil*, DStR 2017, 1903; jeweils m. w. H.

[19] Unter II. 2.

[20] Zur Vermögensteuer: BVerfGE 93, 121 (136 ff); zur Abschaffung der Gewerbekapitalsteuer: Gesetz zur Fortführung der Unternehmensteuerreform vom 29.10.1997, BGBl. I 1997, 2590.

geltende Einkommensteuerrecht in zahlreichen Tatbeständen. Die Einkünfte aus Land- und Forstwirtschaft, die Kapitalerträge sowie die Tonnagebesteuerung bei Handelsschiffen im internationalen Verkehr setzen im Vergleich auf vergröbernde Besteuerungen.[21] Zahlreiche Steuerbefreiungen wollen ebenfalls Sondersituationen gerecht werden.[22] Über die Einkunftsarten und Steuerbefreiungen hinaus weist das gesamte Steuerrecht Elemente einer Sollbesteuerung auf, insbesondere in Abzugsverboten und Abzugsbeschränkungen, in der Absetzung für Abnutzung, in Freibeträgen und Freigrenzen sowie in Pauschalen.[23] Auch die Lohnsteuer setzt als Massenfallrecht mit Hilfe von Pauschalen und den Lohnsteuerklassen auf Elemente der Sollbesteuerung.[24] Werden in der Privatsphäre Abzüge zugelassen, nutzt das Recht ebenfalls Typisierungen.[25] Schließlich mündet das Einkommensteuerrecht in zwei weiteren Vergröberungen: dem Steuertarif und den Progressionsgrenzen.

Dieses System führt zu einem erstaunlichen Befund: Das deutsche Steuerrecht entscheidet sich zu Recht für die Istbesteuerung. Diese Grundentscheidung wird aber durch zahlreiche Elemente der Sollbesteuerung verwirklicht, die ganz unterschiedlich wirken und begründet werden. Das Ergebnis ist keine genaue Istbemessung der Steuern, sondern eine unübersichtliche Mischung von Ist- und Sollbesteuerung. Diese Mischung sollte rationalisiert

---

[21] *Schedulenartige Einkunftsarten*: Land- und Forstwirtschaft (Besteuerung nach Durchschnittssätzen, § 13a EStG); Besteuerung der Kapitalerträge (§ 2 Abs. 5b, § 20 EStG; Verlustverrechnungsbeschränkung, § 20 Abs. 6 S. 1 EStG; Sparer-Pauschbetrag, § 20 Abs. 9 EStG); Tonnagebesteuerung bei Handelsschiffen im internationalen Verkehr (§ 5a Abs. 1 EStG).

[22] § 3 EStG.

[23] *Erwerbssphäre – Elemente der Sollertragsbesteuerung*: u. a. Zinsschranke (§ 4h EStG, § 8a KStG), Abzugsverbote (z. B. § 4 Abs. 5 EStG), private Kfz-Nutzung (§ 4 Abs. 5 Nr. 6 S. 2 ff., § 6 Abs. 1 Nr. 4 S. 2 ff. EStG, § 9 Abs. 1 S. 3 Nr. 4 f. EStG), Investitionsrücklage (§ 6b EStG), Übertragung stiller Reserven (§ 6c EStG), Absetzung für Abnutzung (§ 7 EStG), Investitionsabzugsbetrag (§ 7 g Abs. 1 EStG), Sonderabschreibung für kleinere und mittlere Betriebe (§ 7g Abs. 5, Abs. 6 EStG), Werbungskostenpauschalen (§ 9a EStG), Verlustverrechnungs- (z. B. § 20 Abs. 6, § 23 Abs. 3 S. 7 f. EStG) und Verlustabzugsbeschränkungen (§ 10d EStG), Verluste bei beschränkter Haftung (§ 15a EStG), Freibeträge und Freigrenzen (z. B. § 13 Abs. 3 EStG), private Veräußerungsgewinne (§ 23 EStG), Anrechnung der GewSt (§ 35 EStG).

[24] *Lohnsteuer – Elemente der Sollertragsbesteuerung*: u. a. Werbungskostenpauschalen (§ 9a EStG), Verpflegungspauschalen (§ 9 Abs. 4a EStG), Lohnsteuerpauschalierungen (bei Sachzuwendungen: § 37b EStG, in besonderen Fällen: § 40 EStG, für Teilzeitbeschäftigte und geringfügig Beschäftigte: § 40a EStG, bei bestimmten Zukunftssicherungsleistungen: § 40b EStG), Lohnsteuerklassen einschließlich der Zahl der Kinderfreibeträge (§ 38b EStG), Faktorverfahren anstelle der Steuerklassenkombination III/V (§ 39 f. EStG).

[25] *Privatsphäre – Elemente der Sollertragsbesteuerung*: u. a. Sonderausgaben nach § 10 Abs. 1 EStG (z. B. Betreuungskosten, Nr. 5; Begrenzung Berufsausbildungskosten für Erstausbildung, Nr. 7; Schulgeld für private Schulen, Nr. 9), Unterhaltsleistungen (§ 10 Abs. 1a Nr. 1 EStG), Vermögensübertragung gegen wiederkehrende Versorgungsleistungen (§ 10 Abs. 1a Nr. 2 EStG), Spendenabzug (§ 10b EStG), Sonderausgaben-Pauschbetrag (§ 10c EStG), sonstige Begünstigungen nach §§ 10e, 10f, 10g EStG, zumutbare außergewöhnliche Belastungen (§ 33 Abs. 3 EStG).

und zum System gemacht werden. Der Ausgangspunkt ist und bleibt die Istbesteuerung. Sodann sollten noch mehr Tatbestände als bisher typisieren und pauschalieren. So könnten die historischen Vorzüge der Sollertragsbesteuerung für das geltende Steuerrecht aktiviert sowie nationale und internationale Herausforderungen besser gemeistert werden.

3. Objektives Nettoprinzip und Steuerverfassungsrecht – Typisierung nicht als Ausnahme, sondern als Regelfall

Gegen zahlreiche Elemente der Sollbesteuerung und diesen Systematisierungsvorschlag könnte insbesondere das objektive Nettoprinzip ins Feld geführt werden – im Ergebnis jedoch zu Unrecht. Nach dem objektiven Nettoprinzip sind grundsätzlich alle Erwerbsaufwendungen steuerlich absetzbar.[26] Abzugsverbote, Abzugsbeschränkungen, Pauschalierungen, Freibeträge und Freigrenzen werden vor diesem Prinzip – so der gängige Befund – zu rechtfertigungsbedürftigen Ausnahmen.[27] Demnach wäre das Steuerrecht von Ausnahmen durchzogen. Doch wenn die Ausnahme in zahlreichen Tatbeständen zur Regel wird, ist die Regel zu hinterfragen oder zu präzisieren.

Die Besteuerung fordert, wirtschaftliche Realitäten in Beträgen abzubilden. Typisierungen sind daher notwendig. Alle Geldeinnahmen sind im Steuerrecht nach dem Grundsatz der Istbesteuerung genau zu erfassen. Wird aber ein geldwertes Gut eingenommen, bedarf es einer Bewertung und somit der Typisierung. Solchen Bewertungen auf der Einnahmenseite[28] stehen zahlreiche Typisierungen von Aufwendungen auf der Ausgabenseite etwa in Absetzungen für Abnutzungen[29] gegenüber. Sie sind nicht die Ausnahme, sondern die Regel. Jede Bewertung sowie die steuerlichen Annahmen, ein Kraftfahrzeug werde sechs, ein mobiles Telefon fünf und ein Notebook drei Jahre genutzt,[30] stimmen mit der Realität nicht überein, nähern sich dieser lediglich an. Im Bereich der steuerlichen Privatsphäre wird das Existenzminimum ebenfalls losgelöst von den tatsächlichen Kosten einheitlich gefasst.[31] All diesen Typisierungen versperrt sich das objektive Nettoprinzip nicht. Die Tatbestände machen das Prinzip vielmehr in der Wirklichkeit handhabbar. Typisie-

[26] § 2 Abs. 2 EStG: BVerfGE 127, 224 (248) – Betriebsausgabenabzugsverbot; E 101, 297 (314) – häusliches Arbeitszimmer; BFH, BStBl. II 2016, 739 (Rn. 17 ff.) – Ausgleichs- und Abzugsbeschränkung für Verluste aus betrieblichen Termingeschäften; jeweils m. w. H.; *Tipke*, Die Steuerrechtsordnung, Bd. II, 2. Aufl. 2003, 762 ff.

[27] Deutlich und für viele *Hey*, in: HHR, Einleitung zum EStG, 297. Lfg. April 2020, Anm. 18, 732 m. w. N.

[28] Siehe nur § 6 EStG.

[29] § 7 EStG.

[30] BMF, AfA-Tabelle vom 15.12.2000, 4.2.1, 6.13.2.2 und 6.14.3.2.

[31] *Mellinghoff*, Privataufwendungen, a. a. O., § 174 Rn. 16 ff.; *G. Kirchhof*, DStR 2013, 1867 ff.

rungen bilden nicht die Ausnahme, sondern die Regel. Das Steuerrecht bedarf insgesamt einer Vergröberung, um wirtschaftliche Realitäten in Gesetze fassen und diese sodann vollziehen zu können. Dann aber stellt sich die Frage, wann eine Typisierung zu einer rechtfertigungsbedürftigen Ausnahme wird.

Typisierungen sind nach der ständigen Rechtsprechung des Bundesverfassungsgerichts im Steuerrecht notwendig. „Steuergesetze betreffen in der Regel Massenvorgänge des Wirtschaftslebens. Sie müssen, um praktikabel zu sein, Sachverhalte, an die sie dieselben steuerrechtlichen Folgen knüpfen, typisieren und dabei in weitem Umfang die Besonderheiten des einzelnen Falles vernachlässigen.“[32] Der Gesetzgeber ist – so fährt das Gericht fort – berechtigt, „die Vielzahl der Einzelfälle in dem Gesamtbild zu erfassen, das nach den ihm vorliegenden Erfahrungen die regelungsbedürftigen Sachverhalte zutreffend wiedergibt.“ Besonderheiten können generalisierend vernachlässigt werden.[33] Die gesetzlichen Tatbestände sind aber aus einer möglichst breiten Beobachtung der Realität zu entwickeln, müssen sich am Regelfall orientieren und dürfen nicht einen atypischen Fall zum Maß nehmen. „Die Vorteile der Typisierung müssen im rechten Verhältnis zu der mit ihr notwendig verbundenen Ungleichheit der steuerlichen Belastung stehen.“ „Härten und Ungerechtigkeit“ dürfen auftreten, wenn diese „nur unter Schwierigkeiten vermeidbar wären, lediglich eine verhältnismäßig kleine Zahl von Personen betreffen und das Ausmaß der Ungleichbehandlung gering ist.“[34] Zusammenfassend sind Typisierungen nach dieser Rechtsprechung zulässig, sofern sie sich am Regelfall gleichheitsgerecht und verhältnismäßig orientieren. Um normative Schwierigkeiten zu vermeiden, sind auch Härten und Ungerechtigkeiten in geringem Umfang hinnehmbar.

Das Bundesverfassungsgericht und die Literatur[35] betonen so den Gestaltungsraum des Gesetzgebers. Die gängige Lesart ist aber im Ausgangspunkt zu präzisieren. „Typisierung bedeutet“ – in den Worten des Bundesverfassungsgerichts – „bestimmte in wesentlichen Elementen gleich geartete Lebenssachverhalte normativ zusammenzufassen.“[36] Das aber ist Gesetzge-

---

[32] BVerfGE 138, 136 (234 Rn. 250) – Erbschaftsteuer III; E 137, 1 (21 Rn. 50) – wiederkehrende Straßenausbaubeiträge; jeweils m. w. N.

[33] BVerfGE 152, 274 (314 Rn. 101) – Erstausbildungskosten; E 145, 106 (145 f. Rn. 106 f.) – Verlustverrechnung bei Kapitalgesellschaften; E 133, 377 (412 f. Rn. 86 ff.) – Zusammenveranlagung von Lebenspartnerschaften; jeweils m. w. N.

[34] BVerfGE 152, 274 (314 f. Rn. 102 f.) – Erstausbildungskosten; E 145, 106 (146 Rn. 107 f.) – Verlustverrechnung bei Kapitalgesellschaften; E 133, 377 (412 f. Rn. 87 f.) – Zusammenveranlagung von Lebenspartnerschaften; E 138, 136 (234 Rn. 250) – Erbschaftsteuer III; E 137, 1 (21 Rn. 20) – wiederkehrende Straßenausbaubeiträge; jeweils m. w. N.

[35] Siehe nur *Desens*, StuW 2016, 240 (245); *Ruppe*, DStJG 21 (1998), 29 (37 f.); *Isensee*, StuW 1994, 3 (9 f.); jeweils m. w. N.

[36] BVerfGE 152, 274 (314 Rn. 102) – Erstausbildungskosten; E 145, 106 (146 Rn. 107) – Verlustverrechnung bei Kapitalgesellschaften; E 133, 377 (412 Rn. 87) – Zusammenveranlagung von Lebenspartnerschaften; E 122, 210 (232) – Pendlerpauschale; jeweils m. w. N.

bung. „Jede gesetzliche Regelung muss verallgemeinern."[37] Die Typisierung steht nicht im Gegensatz zur gesetzlichen Regel. Vielmehr ist die Verweigerung der auslegungsleitenden Regel erklärungsbedürftig. Die Typisierung ist deshalb nicht per se zu rechtfertigen, sondern verlässt – ganz im Gegenteil – nur in bestimmten Fällen das Maß der Verfassung.

4. Chancen des Systemwechsels – Entlastung aller Steuerbetroffenen, verlässliche Steuerfinanzierung

Dann aber ist der verfassungsrechtliche Raum für Vergröberungen, für Pauschalierungen und insgesamt für Elemente der Sollbesteuerung weit. Hier liegen insbesondere *vier* Chancen für das geltende Steuersystem.

Erstens könnten streitanfällige Regeln, die den Steuerpflichtigen, der Finanzverwaltung und der Rechtsprechung erheblichen Aufwand bereiten, vereinfacht werden. Grundrechtlich steht dieser Aufwand ohnehin oft außer Verhältnis zu den steuerlichen Einnahmen, die berührt sind. Insgesamt drohen in der anspruchsvollen Anwendung des steuerlichen Binnensystems das grundrechtliche Maß und der steuerstaatliche Finanzauftrag zu sehr in den Hintergrund zu rücken. Werden Steuerstreitigkeiten geführt, kann der Staat mit bestimmten Steuereinnahmen nicht verlässlich rechnen. Die Steuerpflichtigen müssen entsprechende Rückstellungen bilden, gar Nachzahlungen einplanen. Der erste Schlüssel für eine Streitvermeidung liegt in einfachen Steuergesetzen. Ganz in diesem Sinne erwarten die öffentliche Hand, aber insbesondere die Steuerpflichtigen vom Steuerrecht gegenwärtig vor allem eines: Rechtssicherheit.[38] Im nationalen Recht fordert zudem das Steuerstrafrecht klarere Steuernormen, weil es in den letzten zehn Jahren erheblich verschärft wurde.[39] Aktuell sind auf internationaler Ebene deutsche Unternehmen an über 1000 steuerlichen Streitbeilegungsverfahren mit offenem Ausgang beteiligt. Wenn im Schnitt in jedem Verfahren um einen zweistelligen Millionenbetrag gerungen wird, besteht eine Planungsunsicherheit in Höhe eines zweistelligen Milliardenbetrages.[40] Ein einfaches Steuergesetz

---

[37] BVerfGE 127, 224 (257) – Hinzurechnung bei Körperschaften; E 122, 210 (232) – Pendlerpauschale; E 101, 297 (309) – häusliches Arbeitszimmer; *G. Kirchhof*, Die Allgemeinheit des Gesetzes, 2009.

[38] Insoweit bezieht sich die „Steuerliche Kultur der Verlässlichkeit" (*Drüen*, DStR 2010, 2 [5]) vor allem auf die Gesetzgebung.

[39] *Mellinghoff*, DStJG 38 (2015), 1 (2ff.); *Kirchler/Kasper*, ebd., 7 (20ff.); *Kuhlen*, ebd., 117 (118ff.).

[40] Für die schwer zu schätzende wirtschaftliche Bedeutung der Verfahren *Greil/Rasch*, Dispute resolution procedures in international tax matters – Germany, in: International Fiscal Association (Hrsg.), Cahiers de droit fiscal international, volume 101 a, 2016, 263 (274f.); *Rasch/Mank*, in: Kroppen/Rasch (Hrsg.), Handbuch Internationale Verrechnungspreise, 23. Lfg. Nov. 2016, OECD-Kap. IV, Anm. 7; *Flüchter*, IStR 2012, 694 (700), nennt exemplarisch Streitwerte von rund 200 und 700 Mio. Euro.

wäre auf internationaler, aber auch auf nationaler Ebene ein nachhaltiges Konjunkturprogramm.[41]

Typisierungen nehmen – *zweitens* – die Mitwirkungspflichten, Haftungsfolgen und steuerstrafrechtlichen Drohungen strukturell zurück, wahren hier leichter das Maß der Verfassung. Gegenwärtig werden der Steuerstaat und der Grundrechtsschutz zu wenig entfaltet, die Steuereinahmen nicht in einem freiheitsschonenden Steuerrecht gesichert, wenn Mitwirkungspflichten kontinuierlich erhöht werden, wenn über eine gemischt veranlasste Reise, eine außergewöhnliche Büroausstattung, eine Betriebsfeier, ein kostspieliges Unternehmertreffen, eine Tochtergesellschaft im Ausland oder eine Unternehmensfusion aufwendige Steuerstreitigkeiten geführt, gar steuerstrafrechtliche Verfahren eröffnet werden.

Dies führt zur *dritten* Chance von Vergröberungen im Steuerrecht. Typisierungen führen besondere Ausgaben in die Grenzen des typischen Verhaltens, Ausnahmefälle in die Regel zurück. Auch diese Gleichheit im Typus ist dem objektiven Nettoprinzip[42] immanent, vor allem wenn Aufwendungen an der Schnittstelle zwischen Erwerb- und Privatsphäre liegen und eine vollständige steuerliche Berücksichtigung folglich unsicher ist. Wer mit dem Luxusschlitten zur Arbeit fährt[43] oder bei einem Dienstessen ausgiebig schlemmt[44] wird steuerlich nicht im Individualfall, sondern im Regelfall belastet, der nicht widerlegbar ist. Diese Sollbesteuerung schafft Rechtssicherheit und entlastet alle Steuerbetroffenen, weil das Recht einfach anwendbar ist und so Steuerstreitigkeiten auch im Bereich des Steuerstrafrechts von vornherein vermieden werden.

Die geltende unsystematische Mischung von Elementen der Ist- und Sollbesteuerung kann und sollte zum System gemacht werden. Dieses System könnte – *viertens* – zu einem entscheidenden Impuls werden, die Digitalisierung des Steuerrechts[45] zu Ende zu führen und so die gegenwärtigen Herausforderungen des nationalen und internationalen Steuerrechts besser zu meistern.

---

[41] *Seer*, DStJG 39 (2016), 88: „Die beste Wirtschaftsförderung ist nach wie vor ein neutrales Steuerrecht."

[42] Unter III. 3.

[43] § 4 Abs. 5 S. 1 Nr. 6 S. 2 f., § 9 Abs. 1 Satz 3 Nr. 4 EStG.

[44] § 4 Abs. 5 Nr. 2, § 9 Abs. Abs. 5 EStG.

[45] Für diese breite Debatte nur *E. Reimer*, DStJG 42 (2019), 97; *Waldhoff*, DStJG ebd., 59; *Anzinger*, ebd., 15; *Drüen*, ebd., 1; *G. Kirchhof*, DStJG 40 (2017), 47; *ders.*, FR 2015, 773; jeweils m. w. N.

IV. Modernisierung des nationalen und internationalen Steuerrechts

1. Modernisierung des Besteuerungsverfahrens – notwendige Vereinfachung des materiellen Steuerrechts

Die Digitalisierung des Steuerrechts hat in Deutschland mit der Modernisierung des Besteuerungsverfahrens[46] einen entscheidenden Impuls erhalten. Weitere Digitalisierungsschritte werden folgen. Das Steuerrecht eignet sich wie kaum ein anderes Rechtsgebiet für eine digitale Anwendung des Rechts. So greift exemplarisch die Einkommensteuer für eine Vielzahl von Steuerpflichtigen, weist als Massenfallrecht zahlreiche parallele Fälle auf, führt in der Zahllast zu einer berechenbaren Rechtsfolge, nutzt nicht selten bereits durch Rechner aufbereitete Daten und ist schließlich von binären Codierungen geprägt, weil die steuerbaren von nicht steuerbaren Einkünften sowie die absetzbaren von nicht absetzbaren Ausgaben unterschieden werden.

Das Gesetz zur Modernisierung des Besteuerungsverfahrens dient dem insofern fast naheliegenden, aber gleichzeitig anspruchsvollen Ziel, die Steuererhebung in der Regel automatisiert durchzuführen. Anstelle eines Finanzbeamten soll grundsätzlich ein Rechner arbeiten. Der Fiskus prüft nur besondere Fälle, die eine vollständig digitale Risikoüberprüfung oder der Zufall bestimmen.[47] Das Gesetz regelt daher nicht – wie zuweilen erwogen – eine *automatische Anwendung* des Steuerrechts in der Verantwortung des Staats, an dessen Ende ein klassischer Steuerbescheid steht, sondern etwas anderes: eine *rechnergeleitete Selbstveranlagung*. Das Herzstück ist das Risikomanagementsystem. Die Rechner sortieren fehleranfällige – riskante – Steuersachverhalte aus, damit diese von Mitarbeitern der Steuerverwaltung geprüft werden. Zudem werden Sachverhalte zufällig oder bei besonderen, vom Steuerpflichtigen markierten Rechtsfragen für eine Prüfung ausgewählt.[48] Wird ein Fall nicht aussortiert, ergeht ein sog. automatischer Steuerbescheid. Dieser ist durch die steuerlichen Daten geprägt, die der Steuerpflichtige eingegeben hat. Ein Mitarbeiter der Finanzverwaltung ist dann nicht involviert. Aus dem Rechtsgespräch mit der Finanzverwaltung wird ein Selbstgespräch am Rechner. Das Steuerverfahren, an dessen Ende ein vom Fiskus geprüfter und verantworteter Steuerbescheid steht, wandelt sich in eine rechnergeleitete Selbstveranlagung. Diese Modernisierung dient der Digitalisierung – doch nur in einem ersten Schritt. Der nächste Schritt liegt in einer Vereinfachung des materiellen Steuerrechts.

---

[46] Gesetz zur Modernisierung des Besteuerungsverfahrens vom 18.2.2016, BGBl. I 2016, 1679; *Seer*, StuW 2015, 315 ff.

[47] Entwurf eines Gesetzes zur Modernisierung des Besteuerungsverfahrens, 3.2.2016, BT-Drs. 18/7457, 48 f.; zuvor *E. Schmidt*, DStJG 31 (2008), 37 (38 ff.); *Seer*, ebd., 7 (19 ff.).

[48] § 88 Abs. 5, vgl. Abs. 3 u. 4, § 155 Abs. 4 AO.

Die Steuerpflichtigen treffen in der Regel auf ein kompliziertes Steuerrecht, das sie nicht vollständig durchdringen und verstehen. Soll die Besteuerung gesetzmäßig und gleichheitsgerecht in der rechnergeleiteten Selbstveranlagung gelingen, müssen die Steuerpflichtigen die eingegebenen steuerlichen Daten und damit den Subsumtionsvorschlag, der zu einem Steuerbescheid werden kann, umfassend verantworten können. Dann aber erwartet das Grundgesetz vom modernisierten Besteuerungsverfahren, dass die Steuerpflichtigen jedenfalls im Regelfall bei der Eingabe der Daten dem Steuerrecht folgen können und der Rechner sodann die Daten in der geforderten Gesetzmäßigkeit und Gleichheit im Belastungserfolg anzuwenden vermag. Der Rechtsstaat drängt darauf, das materielle Steuerrecht zu vereinfachen, um die in Kraft gesetzte Modernisierung weiter in das Maß der Verfassung zu führen. Zudem könnte so die Automation der Besteuerung vollendet werden.

Das beschlossene Gesetz hat bewusst nur das Verfahren modernisiert, nicht aber das materielle Steuerrecht vereinfacht. So beschreibt die Novelle selbst den *Reformauftrag*, der die Anliegen des Steuerstaats und der Grundrechte verbindet. Die beschlossene Modernisierung des Besteuerungsverfahrens entlastet vor allem die Finanzverwaltung. Der Fiskus prüft nur noch die Fälle, die das Risikomanagementsystem herausfiltert. Aufgrund von rückläufigen Eingangszahlen[49] scheint sich auch der Aufwand der rechtsprechenden Gewalt reduziert zu haben. Demgegenüber sind die Erklärungs- und Beteiligungspflichten der Steuerpflichtigen bislang noch nicht maßgeblich gesunken. Diese einseitige Entlastung der öffentlichen Hand widerspricht der Forderung der Grundrechte, die Steuerpflichtigen so weit wie möglich zu schonen. Würde jedoch das materielle Steuerrecht in zahlreichen Elementen der Sollbesteuerung – in Typisierungen und Pauschalierungen – vereinfacht, würde dieser grundrechtliche Auftrag erfüllt. Auch der Gedanke des Datenschutzes, Abgaben möglichst informationsschonend zu erheben, würde umgesetzt und nicht wie gegenwärtig vernachlässigt. Zudem würden dann dem ersten Schritt der steuerlichen Digitalisierung weitere folgen.

2. *Digitalisierung vollenden – vorausgefüllte Steuererklärungen*

Die technischen Möglichkeiten geben der Finanzverwaltung in den Grenzen der Grundrechte und des Datenschutzes breite Informationen über die Steuerpflichtigen. Die verfügbaren Daten könnten nach einer angemessenen Modifikation des Datenschutzrechts innerhalb der Grenzen der Grundrechte noch gesteigert werden. Alle für das Steuerverfahren maßgeblichen Informationen der öffentlichen Hand würden bei der Steuerverwaltung gebündelt. Darüber hinaus verdeutlichen landesweite Blicke auf parallele Fälle – auf

---

[49] *Statistisches Bundesamt*, Finanzgerichte, Fachserie 10 Reihe 2.5, 2019, 9ff.

Unternehmen bestimmter Branchen, Meisterbetriebe, Ärzte, Rechtsanwälte oder Angestellte – die steuerlichen Regeln und Abweichungen vom Normalfall. Bereits jetzt hat der Fiskus in Teilen ein im Vergleich zum Steuerpflichtigen überlegenes Wissen oder könnte sich dieses jedenfalls beschaffen. Dann aber ist es rechtsstaatlich äußerst zweifelhaft, den Steuerpflichtigen das komplizierte Steuerrecht in nicht selten jedenfalls in Teilen zum Scheitern verurteilten Versuchen anwenden zu lassen, um mit technischer Hilfe die Anwendung anschließend zu prüfen und zu korrigieren – und dies unter der scharfen Drohung des Steuerstrafrechts.

Der Rechtsstaat spielt nach seinem Selbstverständnis mit offenen Karten. Es steht ihm fern, den Steuerpflichtigen strafbewehrte Fehler bei der Steuererklärung begehen zu lassen, sofern der Fiskus die maßgeblichen steuerlichen Daten insbesondere durch Informationen von Dritten bereits hat oder nach dem Abgleich zahlreicher Fälle vermutet. Die Kooperation im Steuerverfahren verlangt in der Regel einen Austausch der steuerlichen Daten. Ausnahmen greifen, wenn das Steuergeheimnis Dritter betroffen oder ein steuerstrafrechtliches Verfahren geführt wird. Auch das Recht auf informationelle Selbstbestimmung, der umfassende Informationsanspruch des rechtlichen Gehörs und der allgemeine Gedanke einer Wissens- und Waffengleichheit fordern, den Steuerpflichtigen umfassend über die ihn betreffende Steuer zu informieren.

Dann aber drängt sich nicht nur die datenschonende Vereinfachung des materiellen Steuerrechts, sondern auch dieser Schritt der Digitalisierung auf: die *vorausgefüllte Steuererklärung*. Steuererklärungen, die *in Teilen* von der Finanzverwaltung ausgefüllt werden, nutzen zahlreiche Länder – unter anderem Deutschland. In einigen Staaten sind die Steuererklärungen aber in den Regelfällen *vollständig* vorausgefüllt.[50] Auf dieses Ziel sollte die Entwicklung ausgerichtet sein. Auch die vorausgefüllten Daten sind vom Steuerpflichtigen zu prüfen.[51] Diese können anschließend, sofern kein Änderungsbedarf besteht, die Erklärung mit einem einfachen Plazet abgeben. In Schweden reicht hierfür eine Kurzmitteilung, in Dänemark gilt das Schweigen nach Ablauf einer gewissen Zeitspanne als Abgabe der Erklärung. Die Erfolgsquote ist in den meisten Ländern bemerkenswert. Zum Teil werden über 70 Prozent der Erklärungen nicht mehr korrigiert.[52]

In diesem System finanzieren die Steuern die öffentliche Hand verlässlich. Gleichzeitig werden die Steuerpflichtigen im Besteuerungsverfahren nahezu vollständig entlastet. Steuerstaat und Grundrechtsschutz finden zusammen. Die Rechner und Programme der Finanzverwaltung würden ihre beträchtli-

---

[50] *Deloitte*, Global comparative study of the personal income tax return process, 2017, 7.

[51] *Eichhorn*, DStR 2013, 2722 (2723); *H. Vinken*, DStR 2012, 1205 (1207).

[52] Insgesamt: *Rothbächer*, Legal Tribune Online, 14.12.2010 (http://www.lto.de/persistent/a_id/2128/, abgerufen am 9.4.2021); *Deloitte*, Global comparative study of the personal income tax return process, 2017.

chen Kapazitäten nicht nur überwiegend für die Entlastung des Fiskus, sondern vermehrt auch für die Steuerpflichtigen einsetzen. Der Fiskus würde zunächst auffällige Punkte in jeder Steuererklärung markieren, die die Steuerlast erhöhen, aber auch senken. Gerade der Hinweis auf eine Steuerermäßigung würde das Miteinander im Besteuerungsverfahren betonen und die Akzeptanz des Steuerverfahrens erhöhen. Der Steuerpflichtige wäre durch das vorausgefüllte Formular umfassend informiert und steuerlich unterstützt. Das elementare Bewusstsein, jeder werde gleichheitsgerecht zur Besteuerung herangezogen, würde wahrscheinlich gestärkt, die Akzeptanz der Steuerlast wohl deutlich verbessert. Fehler würden mitunter auch in möglichen steuerstrafrechtlichen Folgen verhindert. Ausnahmefälle wird es zwar immer geben. Das Ziel aber muss sein, das Steuerrecht so zu vereinfachen, dass es in aller Regel auf Grundlage einer vorausgefüllten Steuererklärung automatisch angewandt werden kann.

3. Steuervermeidung im internationalen Recht – Base Erosion and Profit Shifting und Steuervereinfachung

Die Globalisierung weiter Teile der Wirtschaft ist heute selbstverständlich. Zahlreiche Produkte werden über Ländergrenzen hinweg produziert und weltweit verkauft. Dies gilt unter anderem für Kleider, Nahrungsmittel, Alltagsgegenstände oder komplizierte technische Geräte. Hinzu treten die großen Internetunternehmen mit ihren länderübergreifenden Leistungen. Das internationale Steuerrecht versucht in dieser globalisierten und digitalisierten Welt die steuerliche Teilhabe der Staaten am Wirtschaftsleben zu koordinieren und Doppelbesteuerungen zu vermeiden. Das sind anspruchsvolle Aufträge. Der nach wie vor gültige Ausgangspunkt der Antwort auf diese Fragen ist – das mag erstaunen – rund 100 Jahre alt. Vereinfacht lautete die Alternative *Sitz oder Markt*, die im Jahr 1923 von der zuständigen Steuerrechtskommission des Völkerbundes und fünf Jahre später vom Völkerbund in seinen Musterabkommen beantwortet wurde. Die Besteuerung wurde im Grundsatz dem Staat zugewiesen, in dem ein Vermögen seinen Ursprung hat, ein Unternehmen ansässig ist und ein Steuerpflichtiger seinen Wohnort hat. Die vom Völkerbund gewählte Methode wird als *Klassifizierung und Zuteilung der Quellen* beschrieben, die letztlich in einer grundsätzlichen Besteuerung durch den Ansässigkeitsstaat sowie jeden weiteren Staat, in dem das Unternehmen eine Betriebsstätte hat, mündete.[53] Diese Entscheidung mag in einer

[53] *OECD*, Herausforderungen für die Besteuerung der Digitalen Wirtschaft. Grundprinzipien der Besteuerung, 2015, 40 ff.; *Schön*, Internationales Steuerrecht, in: Leitgedanken des Rechts, Bd. II 2013, § 150 Rn. 4 ff.; *Lehner*, Doppelbesteuerungsabkommen, ebd., § 151 Rn. 15 ff.; jeweils m. w. N.

Zeit, in der nur wenige internationale Unternehmen wie z. B. der Nähmaschinenhersteller *The Singer Company* existierten, nahe gelegen haben. Im Staat der Betriebsstätte befanden sich – so die prägende Vorstellung – die Produktionsstätten und Patente, arbeiten die Unternehmensleitung und Mitarbeiter. Hier nutzt der Betrieb die vom Staat bereitgestellte Infrastruktur, die Straßen, das Strom- und Kommunikationsnetz sowie die darüber hinaus gehende allgemeine Daseinsvorsorge, das Bildungssystem, die Garantien der Sicherheit sowie das Rechtssystem. Doch die Umstände haben sich in einer internationalisierten Produktion und in Zeiten der Internetunternehmen geändert.

Zudem begannen Unternehmen, ihren Sitz aus steuerlichen Gründen zu verschieben. Steueroasen wie Panama mit den berühmten Papieren oder Inselstaaten wie Barbados, Fidschi oder die Seychellen locken mit einer niedrigen Besteuerung.[54] Aber auch in Europa kennen z. B. Luxemburg oder die Niederlande besondere steuerliche Regeln. Internationale Gesellschaften und allen voran Internetriesen wie Amazon, Apple, Google oder Facebook mindern zudem ihre Steuerlast erheblich, indem sie Unterschiede in den nationalen Steuerrechtsordnungen ausnutzen. Das Schlagwort heißt *Base Erosion and Profit Shifting (BEPS)*. Die Folge sind fehlende Steuereinnahmen der Staaten und erhebliche Wettbewerbsverzerrungen zwischen den Unternehmen.

Um gegen diese Niedrigsteuern vorzugehen, wird zuweilen ein Systemwechsel im internationalen Steuerrecht erwogen. An die Stelle des Primats des Sitzstaats solle der Marktstaat treten. Dann würde nicht der Sitzstaat von einer länderübergreifenden Produktion etwa von Automobilen in besonderer Weise steuerlich profitieren, sondern jeder betroffene Staat angemessen teilhaben. Doch ist auch diese Steuerverteilung zweifelhaft, weil Märkte definiert und aufgeteilt werden müssten und Staaten über die Umsatzsteuer an Kundengeschäften teilhaben. Ohnehin fordert ein grundlegender Wechsel im internationalen Steuerrecht einen breiten Konsens zwischen den Staaten, der jedenfalls zeitnah kaum gelingen wird. Der Auftrag, die steuerlichen Einnahmen in einer globalisierten Wirtschaft sachgerecht zu verteilen, ist anspruchsvoll. Eine breite Zustimmung zu einer Lösung liegt fern. Der fehlende Konsens ruht auch darin, dass bestehende Verteilungsschlüssel nur schwer zu ändern sind. Ein Wechsel führt stets zu Gewinnern und Verlierern. Staaten verzichten aber nur ungern auf ihre Steuereinnahmen, vor allem wenn in einem Systemwechsel langfristige Mindereinnahmen drohen.

Gleichwohl hat *BEPS* das internationale Steuerrecht in Bewegung gebracht. Insbesondere die OECD und die G20-Staaten versuchen durch un-

---

[54] Siehe hierzu die vom Rat am 22.2.2021 angenommene Liste der Europäischen Union über nicht kooperative Länder und Gebiete für Steuerzwecke (Council conclusions on the revised EU list of non-cooperative jurisdictions for tax purposes, 2021/C 66/10).

terschiedliche Maßnahmen, steuermindernde Gestaltungen zu verhindern.[55] Parallel wird an einer Mindestbesteuerung gearbeitet, nach der die Steuern in Steueroasen auf ein angemessenes Maß steigen sollen.[56] Ein übergreifendes Instrument ist der Datenaustausch. Steuerpflichtigen wurden und werden neue bürokratische Pflichten auferlegt, wenn sie über Geschäftsdaten und grenzüberschreitende Steuergestaltungen berichten müssen.[57] Auf solche Verpflichtungen Dritter einigen sich die Staaten leichter als auf einen materiellen Umbau des Steuerrechts und die damit einhergehende Veränderung ihrer Steuereinnahmen. Auch bei der Modernisierung des Besteuerungsverfahrens in Deutschland wurde das materielle Recht bewusst ausgeklammert.[58] Selbstredend baut die Steuererhebung auf ein funktionierendes Steuerverfahren und auf Informationen durch die Steuerpflichtigen. Doch stellt sich die grundrechtliche Frage, ob all die geregelten Pflichten die Besteuerung in einem Maß verbessern, das die bewirkten Lasten rechtfertigt. So erinnert das internationale Steuerrecht an die historischen Argumente für die Sollertragsbesteuerung.[59] Mit Hilfe von groben Pauschalen und Typisierungen könnte das internationale Steuerrecht erheblich vereinfacht werden. Steuerverkürzungen würden vermieden. Die Steuererträge würden den Staaten vielleicht in Teilen weniger präzise, aber insgesamt verlässlicher zugewiesen. Die Daten der Steuerpflichtigen wären geschont, Berichtspflichten hinfällig, alle Steuerbetroffenen in einem dann möglichen digitalen Vollzug weiter entlastet und die Steuereinnahmen gesichert. Steuerstaat und Grundrechtsschutz würden im internationalen Steuerrecht besser entfaltet.

4. Nationale und internationale Digitalsteuern – geringe Erträge, hoher Verwaltungsaufwand, pauschale Lösungen

Insgesamt fallen dem internationalen Steuerrecht größere Reformen angesichts der anspruchsvollen Rechtsfragen und dem notwendigen Konsens zwischen den Staaten schwer. Auch deshalb haben zahlreiche Länder über den Globus verteilt eigene Digitalsteuergesetze erlassen.[60] Aktuell arbeitet die OECD mit den G20-Staaten an einem Konzept. Die Digitalsteuergesetze

[55] *OECD/G20*, Projekt Gewinnverkürzung und Gewinnverlagerung. BEPS-Projekt Erläuterung, Abschlussberichte 2015.

[56] *OECD*, Public consultation document. Global Anti-Base Erosion Proposal („GloBE") – Pillar Two, 8.11.2019–2.12.2019.

[57] Siehe hierzu nur §§ 138 ff. AO.

[58] Unter IV. 1.

[59] Unter II. 3.

[60] *KPMG*, Taxation of the digitalized economy, Developments summary, 3.2.2021, 6 ff.; *OECD/G20*, Inclusive Framework on BEPS. Cover Statement by the Inclusive Framework on the Reports on the Blueprints of Pillar One and Pillar Two, As approved by the Inclusive Framework at its meeting on 8–9 October 2020.

wollen einem Defizit des internationalen Steuerrechts begegnen. Insbesondere den großen Internetunternehmen war es gelungen, durch Steuergestaltungen die Steuerlast erheblich zu reduzieren. Diese Unternehmen sind – bis auf die Serverfarmen – fast ortlos, können ihren Sitz jedenfalls leicht ändern. Dann aber erscheint die Besteuerung nach dem Sitzstaat kaum mehr sachgerecht und zufällig, jedenfalls leichter steuerlich gestaltbar. Insgesamt stellt diese Entwicklung zwei Gerechtigkeitsfragen. Die großen Internetunternehmen erzielen *erstens* sehr hohe Gewinne, zahlen aber letztlich aufgrund des bestehenden Systems des internationalen Steuerrechts und durch Steuergestaltungen[61] keine hinreichenden Ertragsteuern. Diese Steuern sollen daher für die Internetriesen erhöht werden. *Zweitens* nutzen die Unternehmen mit dem Internet vor Ort eine anspruchsvolle Infrastruktur. Diese sollen sie durch eine Steuer mitfinanzieren. Letztlich beantworten die Digitalsteuern nur die zweite Frage. Eine angemessene Ertragsteuerlast der Internetunternehmen können die Digitalsteuern allein nicht bewirken. Hierfür bedarf es eines breiteren politischen Gestaltungswillens.[62]

Indien hat 2016 die erste Digitalsteuer erhoben. Österreich war mit Frankreich und dem Vereinigten Königreich Vorreiter in Europa. Eine Studie zählte im Februar 2021 weltweit 26 Digitalsteuergesetze – in dem Bewusstsein, dass bis zur Veröffentlichung ein weiteres Digitalsteuergesetz in Kraft getreten sein könnte. In der Europäischen Union greifen hiernach neun, in Teilen sehr unterschiedliche Digitalsteuermodelle. Weltweit liegen – so fährt die Studie fort – in vier Ländern noch nicht in Kraft getretene Gesetzentwürfe vor. Neun Staaten haben Digitalsteuergesetze angekündigt. Hierzu zählen die Vereinigten Staaten, Russland und China. Acht Länder warten wie Deutschland und die Europäische Union auf eine internationale Lösung unter dem Dach der OECD und der G20-Staaten.[63]

Der Strauß an Modellen, die von verschiedenen Staaten, der OECD mit den G-20 Staaten und zuvor auch von der Europäischen Union vorgeschlagen werden, ist bunt. Besteuert werden insbesondere lukrative personalisierte Werbungen im Rahmen digitaler Suchmaschinen, online vermittelte Dienstleistungen wie z. B. eine Wohnungsmiete sowie Erträge aus vermittelten Nutzerdaten etwa in sozialen Netzwerken. In aller Regel greifen die Steuern erst ab einer bestimmten Umsatzschwelle. Diese hat sich weltweit bei 750 Mio. Euro gefunden, in der Europäischen Union bei 50 Mio. und z. B. in Österreich bei 25 Mio. Euro. So sollen nur die großen Internetunter-

---

[61] Unter IV. 2.

[62] Unter IV. 3.

[63] Insgesamt: *KPMG*, Taxation of the digitalized economy, Developments summary, 3.2.2021, 6 ff.; *OECD/G20 Inclusive Framework on BEPS*, Cover Statement by the Inclusive Framework on the Reports on the Blueprints of Pillar One and Pillar Two, As approved by the Inclusive Framework at its meeting on 8–9 October 2020.

nehmen belastet werden. Der Steuersatz beträgt 3 bis 7,5 Prozent des jeweiligen Entgelts.[64]

Ob die Internetunternehmen so zu einer direkten Ertragsteuer oder einer indirekten Steuer, insbesondere einer Verbrauchsteuer, herangezogen werden, ist noch nicht abschließend geklärt.[65] Eine entgeltliche Einkommensverwendung, der Kauf eines Gutes oder einer Dienstleistung, wird aber nicht belastet. Die Kunden zahlen kein Entgelt, das indirekt besteuert wird – sie geben vor allem ihre Zeit und ihre Daten. Doch liegt auch keine klassische Ertragsteuer vor. Den Ertrag der Unternehmen zwischen den Staaten neu aufzuteilen wäre ohnehin nach den Regeln des geltenden internationalen Steuerrechts ohne eine Reform schwierig. Die Internetunternehmen werden von Dritten monetär entlohnt, wenn diese aufgrund der Onlinedienste eine Werbung schalten oder eine Wohnung vermieten können. Die Digitalsteuern wollen den Ertrag der Internetunternehmen aus diesen Geschäften vor Ort belasten. Sie sollten daher als atypische Ertragsteuern verstanden werden, die an den digitalen Rechtsverkehr anknüpfen.

Diese – im gegenwärtigen System – neuartige Besteuerung ist gerechtfertigt. Die Unternehmen erreichen über das Internet und damit ohne großen Aufwand ihre Kunden weltweit. Dabei sind sie vom Internet und folglich von einer aufwendigen Infrastruktur abhängig. Die notwendigen Verbindungen müssen gewartet und erneuert werden, verlangen Sender und Provider, Leitungen und Empfangsgeräte, sind nicht zuletzt von den Fertigkeiten der Kunden abhängig. Die Internetunternehmen sollen deshalb einen Teil dieser Infrastruktur über eine Digitalsteuer finanzieren. Die Steuer wird auch dadurch gerechtfertigt, dass die Leistungen erst mit den Kunden vor Ort entstehen. Die maßgeblichen Algorithmen sind ohne Daten und damit ohne die Kunden wertlos. Es handelt sich insofern um einen atypischen Markt, weil die Produkte bei fehlenden Kunden nicht einfach unverkauft bleiben, sondern in Teilen nicht entstehen.

Der gegenwärtige Verwaltungsaufwand ist für weltweit agierende Unternehmen bereits aufgrund der unterschiedlichen Regelungen durch die besteuernden Staaten erheblich. Angesichts der niedrigen Erträge der Digitalsteuer ist aber auch die isolierte Belastung durch den jeweiligen Staat grundrechtlich kaum zu rechtfertigen. Die Erträge in Österreich lagen im letzten Jahr mit rund 43 Mio. Euro zwar doppelt so hoch wie erwartet. Sie machen aber insgesamt nur 0,023 Prozent des gesamten Staatshaushaltes aus.[66] In

[64] Insgesamt: *KPMG*, Taxation of the digitalized economy, Developments summary, 3.2.2021, 6 ff.

[65] *Marquardt*, IStR 2020, 292 ff., 332 ff.; *Graßl/R. Koch*, StuW 2020, 293 ff.

[66] *BMF*, Bericht über den vorläufigen Gebarungserfolg 2020, 2021, 89; *IMF*, World Economic Outlook Update, January 2021 (https://www.imf.org/en/Publications/WEO/weo-database/2020/October, abgerufen am 9.4.2021).

Frankreich erreichten die Einnahmen aus der Digitalsteuer im Jahr 2019 vergleichbare 0,027 Prozent des Haushaltes.[67] Die OECD rechnet bei ihren Modellen mit durchschnittlichen Einnahmen von grob einer Mrd. Euro pro Staat.[68] Das wären in Deutschland 0,068 Prozent des Gesamthaushalts.[69] Die Digitalsteuer erfüllt ihren Zweck, die öffentliche Hand zu finanzieren, kaum. Hinzu tritt der Einwand, dass Unternehmen, die unter den Umsatzschwellen liegen, nicht besteuert und daher bevorteilt werden. Manche Internetfirma könnte eine Spaltung erwägen, um einen geringeren Umsatz vorzuweisen und der Besteuerung sowie den Verwaltungslasten zu entgehen. Diese Einwände münden aber nicht in dem Schluss, auf die Digitalsteuern zu verzichten. Doch muss der Verwaltungsaufwand grundrechtlich in einem angemessenen Verhältnis zu den Steuern stehen.

So drängen sich pauschale Lösungen auf, die keine oder nur geringe bürokratische Lasten bewirken, am besten vollständig digital vollzogen werden können und weltweit gelten. Eine personalisierte Werbung oder vermittelte Dienstleistungen sowie Nutzerdaten könnten ab einer gewissen hohen Anzahl an digitalen Geschäften pauschal mit einem sehr geringen Betrag belastet werden. Die Besteuerung würde nur für Unternehmen mit einer Vielzahl von Kunden greifen, um das Internet kostengünstig zu gestalten und Internet-Startups nicht zu behindern. Die Digitalsteuergesetze könnten in der Regel vollständig digital angewandt werden. Der Verwaltungsaufwand wäre gering, die Zahlungsbereitschaft der Internetunternehmer auch deshalb deutlich höher. Vor allem aber wäre der Aufwand – ganz im Sinne des Steuer- und Grundrechtsstaats – angesichts der Steuereinnahmen angemessen und damit grundrechtlich besser begründbar.

V. Der notwendige Systemwechsel – Renaissance der Sollbesteuerung

Das nationale und das internationale Steuerrecht stehen vor einem grundlegenden Wandel. In Deutschland gilt es, die mit der Modernisierung des Besteuerungsverfahrens eingeleitete Digitalisierung zu vollenden. Diese

---

[67] *LesEchos*, La première cuvée de la taxe Gafa a rapporté 350 millions d'euros, 25.5.2020 (https://www.lesechos.fr/economie-france/budget-fiscalite/350-millions-deuros-de-recet tes-pour-la-taxe-gafa-1205423, abgerufen am 9.4.2021); *IMF*, World Economic Outlook Update, January 2021 (https://www.imf.org/en/Publications/WEO/weo-database/2020/Octo ber, abgerufen am 9.4.2021).

[68] *OECD/G20*, Base Erosion and Profit Shifting. Project Tax Challenges Arising from Digitalisation – Economic Impact Assessment, 2020, 10f.

[69] *BMF*, Die Steuereinnahmen des Bundes und der Länder im Haushaltsjahr 2020, Monatsbericht Januar 2021.

Modernisierung hat bisher vor allem den Fiskus, in den rückläufigen Eingangszahlen auch die Finanzgerichte entlastet. Die Grundrechte aber erwarten, die Steuerpflichtigen so weit wie möglich zu schonen. Grundrechtlich drängt sich ein Reformziel auf, das andere Länder bereits erreicht haben. In vom Fiskus vorausgefüllten Steuererklärungen, in einer Vereinfachung des materiellen Steuerrechts und der dann möglichen weitreichenden digitalen Anwendung des Rechts wären die Steuerpflichtigen weitestgehend entlastet. Steuerstreitigkeiten würden vermieden und die Steuereinnahmen bereits deshalb besser gesichert. Die Programme und Rechner der Finanzverwaltung würden nicht wie bisher vor allem für den Fiskus, sondern vermehrt für die Steuerpflichtigen arbeiten. Die öffentliche Hand würde umfassend steuerlich informieren. Die Finanzverwaltung würde die Bemühungen der Steuerpflichtigen, das Steuerrecht anzuwenden, nicht im Nachhinein strafbewehrt korrigieren, sondern Fehler von vornherein vermeiden und rechtsstaatlich mit offenen Karten spielen.

Das internationale Steuerrecht widmet sich gegenwärtig insbesondere dem Kampf gegen Niedrigbesteuerungen und Steuervermeidungen. Internationalen Unternehmen und insbesondere den sog. Internetriesen wie Amazon, Apple, Google und Facebook gelingt es, durch Steuergestaltungen ihre Steuerlast maßgeblich zu mindern. Die Folge sind erhebliche Steuerausfälle und dramatische Wettbewerbsverzerrungen. Daher fragt das internationale Steuerrecht nach grundlegenden Reformen, die jedoch nicht recht gelingen wollen. Die Rechtsfragen sind anspruchsvoll und der notwendige Konsens zwischen den Staaten ist schwer zu erreichen. In der globalisierten Wirtschaft, in der Produktionen über Staaten hinweg verteilt sind, Verkäufe weltweit getätigt werden und Internetunternehmen mit leichter Hand global agieren, ist es schwer, die Steuererträge auf die betroffenen Staaten sachgerecht aufzuteilen. Hinzu tritt ein bekanntes Finanzproblem: Bestehende Verteilungsschlüssel sind nur schwer zu ändern. Ein Wechsel führt immer zu Gewinnern und Verlierern. Staaten aber verzichten nur ungern auf Steuereinnahmen.

Bislang hat sich die Staatengemeinschaft deshalb gleichsam zu Lasten Dritter vor allem auf breitere Informationspflichten der Steuerpflichtigen im Ringen um eine fairere Besteuerung geeinigt. Diese Entwicklung wird durch gesteigerte bürokratische Lasten im nationalen Recht flankiert. Das Ergebnis aber ist für die Grundrechte und den Steuerstaat ernüchternd. Die Lasten der Steuerpflichtigen wurden maßgeblich erhöht, die Steuereinnahmen aber nicht in gleicher Weise gesichert. Die Digitalisierung weist einen gegenteiligen Weg. Würden das nationale und das internationale Steuerrecht, würden zudem auch die bereits in Kraft gesetzten und geplanten Digitalsteuern erheblich vereinfacht, könnten die Regeln nahezu vollständig digital angewandt werden. Nicht nur der Fiskus und die Gerichte wären entlastet, sondern auch die Steuerpflichtigen.

Der nationale und internationale Auftrag, das Steuerrecht zu vereinfachen, erinnert an die historischen Gründe der Sollbesteuerung. Dieses System, das in Deutschland erst am Ende des 19. Jahrhunderts durch die geltende Istbesteuerung abgelöst wurde, verhinderte Steuerhinterziehungen, sicherte die Steuereinnahmen, schonte die Daten der Steuerpflichtigen und entlastete alle Steuerbetroffenen. Die steuerliche Bemessungsgrundlage wurde nicht wie bei der Istbesteuerung möglichst genau, sondern pauschalierend und typisierend ermittelt. So richtete sich die Besteuerung eines Landwirts nach der Nutzart seiner Felder, der Größe und Lage des Betriebs, der Anzahl der Mitarbeiter und der sichtbaren Kapitalausstattung. Der Steuervollzug war ohne großen Aufwand möglich. Diese Besteuerung nach äußeren Merkmalen weist auf aktuelle Erwägungen, die Steuerlast internationaler Unternehmen in vergleichbarer Weise grob zu bemessen, um Steuerverkürzungen zu vermeiden, die Steuererträge rechtssicher auf die betroffenen Staaten zu verteilen und insgesamt eine verlässliche Besteuerung zu bewirken. Das schwer zu vollziehende nationale und internationale Steuerrecht sowie der damit verbundene Kampf gegen steuervermeidende Gestaltungen münden gegenwärtig in einer Gleichheitsfrage, die zu Zeiten der Sollbesteuerung im Vordergrund stand. Der Gleichheitsgedanke sollte nicht die Bemessungsgrundlage millimetergenau erfassen – das ist bei einer Sollertragsteuer nicht möglich. Das Gleichmaß erreichte sein Ziel, wenn alle gesetzeskonform zur Besteuerung herangezogen werden.

Zwar sind die historischen Gründe der Sollbesteuerung hochaktuell. Gleichwohl ist an dem *Ausgangspunkt* der Istbesteuerung festzuhalten. Erwirtschaftet der Steuerpflichtige mehr als die im Sollertrag erwarteten Einnahmen, zahlt er eine im Vergleich zu seiner Leistungsfähigkeit geringere Steuer. Unterschreitet sein Ertrag die Erwartung, muss er eine Steuerschuld begleichen, die seine steuerliche Leistungsfähigkeit übertrifft. Trotz des berechtigten Systemwechsels zur Istbesteuerung setzten die Steuergesetze bereits am Ende des 19. Jahrhunderts mit typisierten Aufwendungen auf Elemente des Sollsystems. Auch das heutige Einkommensteuergesetz ist durch zahlreiche solche Elemente, durch Typisierungen und Pauschalierungen geprägt. Bestimmte Gewinne werden mit Hilfe von Vergröberungen ermittelt. Hinzu treten Abzugsverbote und Abzugsbeschränkungen, Absetzungen für Abnutzung, Freibeträge, Freigrenzen und Pauschalen. Letztlich entspricht jede Bewertung nicht der Realität, sondern nähert sich dieser nur an. Die Besteuerung schließt mit Vergröberungen im Steuertarif und in den Progressionsgrenzen. Das Ergebnis ist eine erstaunliche Ambivalenz. Das deutsche Steuerrecht entscheidet sich für die Istbesteuerung. Diese Grundentscheidung wird aber durch zahlreiche Elemente eines Sollsystems verwirklicht. Das Ergebnis ist eine unübersichtliche Mischung. Diese Mischung sollte rationalisiert und zum System gemacht werden.

Das Steuerrecht fordert insgesamt, wirtschaftliche Realitäten in Beträgen abzubilden. Typisierungen sind daher nicht – wie oft angenommen – die Ausnahme, sondern die Regel. Das Bundesverfassungsgericht hat ganz in diesem Sinne gesetzliche Typisierungen in weiten Grenzen zugelassen. Typisierungen sind zulässig, sofern sie sich am Regelfall gleichheitsgerecht und verhältnismäßig orientieren. Auch Härten und Ungerechtigkeiten sind in geringem Umfang hinnehmbar, um normative Schwierigkeiten zu vermeiden und den Gesetzesvollzug im Massenfallrecht zu erleichtern. Letztlich ist ein Steuergesetz nur so gerecht, wie sein Vollzug. Der weite verfassungsrechtliche Entscheidungsraum sollte für einen Systemwechsel, für eine umfassende Vereinfachung des materiellen Steuerrechts genutzt werden. Würde sich das geltende Recht bewusst für ein Mischsystem entscheiden, das den Ausgangspunkt der Istbesteuerung in zahlreichen Elementen der Sollbesteuerung, in Pauschalen, Typisierungen und weiteren Vergröberungen konkretisiert, könnte die Automation des Steuerrechts vollendet werden. Das nationale und das internationale Steuerrecht würden die Steuerpflichtigen verlässlicher und gleichheitsgerechter belasten. Der Kampf gegen Steuervermeidungen würde leichter gelingen, die bürokratischen Lasten und das Steuerstrafrecht das staatsrechtliche Maß ersichtlich wahren. Das Steuerrecht würde in der Zahllast weiterhin seinen Auftrag erfüllen, die öffentliche Hand zu finanzieren. Im Übrigen aber wären alle Steuerbetroffenen so weit wie möglich entlastet. Der Steuerstaat und die Grundrechte, diese Errungenschaften moderner Staatlichkeit, würden besser zusammenfinden.

Umweltschutz auf der Zeitschiene: Vom grauen Himmel über dem Ruhrgebiet bis Big Data

Martin Kment[1]

I. Das Jahr 1970

1970 – ein Jahr, das aus den verschiedensten Gründen in eine ereignisreiche Zeit fällt. Seit Kurzem war in Deutschland das Farbfernsehen verfügbar (25.8.1967). Auch die Ermordung Martin Luther Kings (4.4.1968), die Mondlandung (20.7.1969) und das Woodstock-Festival (15.–17.8.1969) lagen nicht lang zurück. Die „Beatles" trennten sich (10.4.1970). Borussia Mönchengladbach siegte in der Deutschen Fußball-Bundesliga (3.5.1970). Im Finale der Fußball-Weltmeisterschaft in Mexiko gewann Brasilien gegen Italien, während Deutschland sich noch mit dem dritten Platz begnügen musste (21.6.1970). Vier Jahre später sollte dann die deutsche Nationalelf triumphieren, was zum damaligen Zeitpunkt natürlich niemand wusste. Claudia Schiffer erblickte das Licht der Welt (25.8.1970), Jimi Hendrix verließ sie (18.9.1970). Die ARD sendete den ersten „Tatort" (29.11.1970). In diese Kette reiht sich ein Ereignis ein, das den anderen an Bedeutung und Tragweite in nichts nachsteht: die Gründung der Universität Augsburg. Am 16.10.1970 wurde sie von Ludwig Huber, dem damaligen Bayerischen Staatsminister für Unterricht und Kultus, feierlich eröffnet. Auf diesen Akt blicken wir heute, 50 Jahre später, zurück. Nahezu zeitgleich wurde ein weiterer historischer Meilenstein gesetzt; das Jahr 1970 markiert nämlich auch die Geburtsstunde des Umweltrechts in Deutschland. Vor 50 Jahren begann dessen Entwicklung, die viele Höhen und Tiefen durchlaufen hat und noch längst nicht abgeschlossen, sondern im Gegenteil aktueller denn je ist.

---

[1] Der Autor bedankt sich bei seiner wissenschaftlichen Mitarbeiterin *Sophie Borchert* für die Unterstützung bei der Ausarbeitung dieses Beitrags. Alle Internetfundstellen wurden am 25.1.2021 zuletzt aufgerufen und geprüft.

II. Rückblick: Umweltrecht in den letzten 50 Jahren

1. Ein neues postmaterielles Umweltbewusstsein

„Der Himmel über dem Ruhrgebiet muss wieder blau werden!" – Eine Forderung, die im ersten Moment recht grotesk klingt, bei genauerem Hinsehen aber einen unaufschiebbaren Handlungsbedarf offenbart. Willy Brandt äußerte sie in einer Rede am 28.4.1961 und lenkte damit erstmals den Blick auf die Schattenseiten des deutschen Wirtschaftswunders.[2] Die ungefilterten Industrieabgase als Abfallprodukt des gesellschaftlichen Aufschwungs belasteten zunehmend Gesundheit und Umwelt. Anfang der 1960er Jahre war die Luftverschmutzung durch Tonnen von Staub, Asche und Ruß aus den Hochöfen der Fabriken förmlich sichtbar. Sie verursachte eine massive Zunahme von Atemwegserkrankungen, das Absterben der Bäume und die Versauerung der Böden und Gewässer. Aufgrund dessen setzte langsam, lange bevor der Begriff „Umweltschutz" Einzug in den allgemeinen Sprachgebrauch hielt, ein umweltpolitisches Denken ein.[3]

Es sollte allerdings noch einige Zeit vergehen, bis die Bundesregierung 1971 ein Umweltprogramm verabschiedete und so den ersten wichtigen Impuls für ein Umweltrecht in Deutschland setzte.[4] Bis dato waren umweltrechtliche Regelungen als Reaktion auf erste Smogwetterlagen nur rudimentär in anderen Gesetzen enthalten gewesen, z. B. in der 1959 geänderten Gewerbeordnung.[5] Jetzt begann sich ein eigenständiges Rechtsgebiet zu etablieren. Diese Reformbereitschaft beruhte auf der allmählichen Erholung der zuvor schwächelnden Wirtschaft und dem einsetzenden Wertewandel. Die Gesellschaft orientierte sich mehr an postmateriellen als an materiellen Leitlinien und maß Selbstentfaltung und Lebensqualität größere Bedeutung bei. Der technologische Fortschritt erhielt eine zunehmend negative Konnotation, insbesondere angesichts sich abzeichnender Fehlentwicklungen im Umweltbereich, sodass eine Bewusstseinsveränderung hin zu einem kollektiven Umweltdenken einsetzte. Umweltprobleme wurden als generelle Bedrohung wahrgenommen, unabhängig von der eigenen individuellen Betroffenheit.

Im Jahr 1972 wurde als Reaktion auf diese Entwicklung das Grundgesetz um Art. 74 Abs. 1 Nr. 24 GG erweitert, was dem Bund die Gesetzgebungs-

---

[2] Pressemitteilung des Umweltbundesamts vom 27.4.2011, https://www.umweltbundesamt.de/presse/pressemitteilungen/umweltbundesamt-der-himmel-ueber-der-ruhr-ist.

[3] Eingehend zur historischen Entwicklung des Umweltrechts *Kahl/Gärditz*, Umweltrecht, 11. Aufl. 2019, Einführung Rn. 1 ff.; *Kloepfer*, Zur Geschichte des deutschen Umweltrechts, 1994, 95 ff.; *ders.*, Umweltrecht, 4. Aufl. 2016, § 2 Rn. 111 ff.; *Kluth*, in: ders./Smeddinck (Hrsg.), Umweltrecht, 2013, § 1 Rn. 21 ff.; *Storm*, Umweltrecht, 11. Aufl. 2020, Rn. 66 ff.

[4] Umweltprogramm der Bundesregierung, BT-Drs. VI/2710.

[5] Gesetz zur Änderung der Gewerbeordnung und des Bürgerlichen Gesetzbuches vom 22. Dezember 1959, BGBl. I, 781.

kompetenz für Abfallbeseitigung, Luftreinhaltung und Lärmbekämpfung verlieh.[6] Infolgedessen kam es zu einer regelrechten legislativen Welle an umweltrechtlichen Gesetzen, auf die unter anderem das Abfallbeseitigungsgesetz (AbfG)[7] (1972), das Bundes-Immissionsschutzgesetz (BImSchG)[8] (1974), das Bundeswaldgesetz (BWaldG)[9] (1975), das Bundesnaturschutzgesetz (BNatSchG)[10] (1976) und die Neufassungen des Atomgesetzes (AtG)[11] und des Wasserhaushaltsgesetzes (WHG)[12] (beide 1976) zurückgehen.

2. *Anpassungen und erste Fortentwicklungen*

Auf diese Gesetzesaktivitäten folgte ab 1976 eine Phase der Konsolidierung, in der das bestehende Recht durch Judikative, Verwaltung und Wissenschaft fortgebildet wurde.[13] Mitte der 1980er Jahre schließlich begann die Modernisierung, d. h. die punktuelle Nachbesserung umweltrechtlicher Regelungen. Auslöser hierfür waren das fortschreitende Wirtschaftswachstum im Zusammenhang mit der Globalisierung und die daraus resultierenden Probleme, etwa das Waldsterben und die Ausbreitung des Ozonlochs über der Antarktis, und auch Einzelphänomene wie insbesondere der Reaktorunfall in Tschernobyl (1986). Es zeigte sich, dass das neue Umweltbewusstsein mehr war als eine bloß vorübergehende Laune, nämlich eine wichtige Konstante im Geist der Bevölkerung.

3. *Europäische und internationale Einflüsse*

Die Bedeutung des Umweltrechts nahm nicht nur auf nationaler, sondern auch auf internationaler Ebene zu.[14] Ausgangspunkt war die Einheitliche Europäische Akte (1987), die die Handlungsmöglichkeiten der Europäischen

---

[6] Dreißigstes Gesetz zur Änderung des Grundgesetzes (Art. 74 GG – Umweltschutz) vom 12. April 1972, BGBl. I, 593.

[7] Gesetz über die Beseitigung von Abfällen (Abfallbeseitigungsgesetz – AbfG) vom 7. Juni 1972, BGBl. I, 873.

[8] Gesetz zum Schutz vor schädlichen Umwelteinwirkungen durch Luftverunreinigungen, Geräusche, Erschütterungen und ähnliche Vorgänge (Bundes-Immissionsschutzgesetz – BImSchG) vom 15. März 1974, BGBl. I, 721.

[9] Gesetz zur Erhaltung des Waldes und zur Förderung der Forstwirtschaft (Bundeswaldgesetz) vom 2. Mai 1975, BGBl. I, 1037.

[10] Gesetz über Naturschutz und Landschaftspflege (Bundesnaturschutzgesetz – BNatSchG) vom 20. Dezember 1976, BGBl. I, 3573.

[11] Viertes Gesetz zur Änderung des Atomgesetzes (AtG) vom 30. August 1976, BGBl. I, 2573.

[12] Neufassung des Gesetzes zur Ordnung des Wasserhaushalts (Wasserhaushaltsgesetz – WHG) vom 16. Oktober 1976, BGBl. I, 3017.

[13] *Schlacke*, Umweltrecht, 7. Aufl. 2019, § 2 Rn. 5 ff.

[14] Hierzu und zum Folgenden *Epiney*, Umweltrecht in der Europäischen Union, 3. Aufl. 2013, 42 ff.; *Kahl/Gärditz*, (Fn. 3), § 1 Rn. 1 ff., § 2 Rn. 1 ff.; *Kluth* (Fn. 3), § 1 Rn. 98 ff.

Gemeinschaft im Bereich der Umweltpolitik erweiterte.[15] Mit Gründung der Europäischen Union (1992)[16] wurde diese Zuständigkeit in Art. 11 AEUV (ex-Art. 6 EGV) und Art. 191–193 AEUV (ex-Art. 174 ff. EGV) geregelt.[17] Die europäische Umweltpolitik beruht gem. Art. 191 Abs. 2 AEUV auf den Grundsätzen der Vorsorge, Vorbeugung und Bekämpfung von Umweltbeeinträchtigungen an ihrem Ursprung und auf dem Verursacherprinzip.[18] Darauf aufbauend wurden viele Richtlinien erlassen, die wiederum nationale Transformationsgesetze zur Folge hatten. Zu nennen sind insbesondere die FFH-Richtlinie 92/43/EWG[19] und die daran anknüpfende Normierung der FFH-Prüfung in §§ 31 ff. BNatSchG, die Umweltinformationsrichtlinie 2003/4/EG[20] und das Umweltinformationsgesetz (UIG),[21] die Öffentlichkeitsbeteiligungsrichtlinie 2003/35/EG[22] und das Öffentlichkeitsbeteiligungsgesetz[23] sowie das Umwelt-Rechtsbehelfsgesetz (UmwRG),[24] die Emissionshandelsrichtlinie 2003/87/EG[25] und das Treibhausgas-Emissionshandelsgesetz (TEHG)[26] als Grundlage für den EU-Emissionshandel, die Umwelthaftungsrichtlinie 2004/35/EG[27] und das Umweltschadensge-

---

15 Einheitliche Europäische Akte, ABl. EG 1987 L 169/1.

16 Vertrag über die Europäische Union, ABl. EG 1992 C 191/1.

17 Vertrag von Amsterdam zur Änderung des Vertrags über die Europäische Union, der Verträge zur Gründung der Europäischen Gemeinschaften sowie einiger damit zusammenhängender Rechtsakte, ABl. EG 1997 C 340/1; Vertrag von Lissabon zur Änderung des Vertrags über die Europäische Union und des Vertrags zur Gründung der Europäischen Gemeinschaft, ABl. EG 2007 C 3061/1.

18 *Epiney* (Fn. 14), 141 ff.

19 Richtlinie 92/43/EWG des Rates vom 21. Mai 1992 zur Erhaltung der natürlichen Lebensräume sowie der wildlebenden Tiere und Pflanzen, ABl. EG 1992 L 206/7.

20 Richtlinie 2003/4/EG des Europäischen Parlaments und des Rates vom 28. Januar 2003 über den Zugang der Öffentlichkeit zu Umweltinformationen, ABl. EG 2003 L 41/26.

21 Gesetz zur Neugestaltung des Umweltinformationsgesetzes und zur Änderung der Rechtsgrundlagen zum Emissionshandel vom 22. Dezember 2004, BGBl. I, 3704.

22 Richtlinie 2003/35/EG des Europäischen Parlaments und des Rates vom 26. Mai 2003 über die Beteiligung der Öffentlichkeit bei der Ausarbeitung bestimmter umweltbezogener Pläne und Programme, ABl. EG 2003 L 156/17.

23 Gesetz über die Öffentlichkeitsbeteiligung in Umweltangelegenheiten nach der EG-Richtlinie 2003/35/EG (Öffentlichkeitsbeteiligungsgesetz) vom 9. Dezember 2006, BGBl. I, 2819.

24 Gesetz über ergänzende Vorschriften zu Rechtsbehelfen in Umweltangelegenheiten nach der EG-Richtlinie 2003/35/EG (Umwelt-Rechtsbehelfsgesetz – UmwRG) vom 7. Dezember 2006, BGBl. I, 2816.

25 Richtlinie 2003/87/EG des Europäischen Parlaments und des Rates vom 13. Oktober 2003 über ein System für den Handel mit Treibhausgasemissionszertifikaten in der Gemeinschaft, ABl. EG 2003 L 275/32.

26 Gesetz über den Handel mit Berechtigungen zur Emission von Treibhausgasen (Treibhausgas-Emissionshandelsgesetz – TEHG) vom 21. Juli 2011, BGBl. I, 1475.

27 Richtlinie 2004/35/EG des Europäischen Parlaments und des Rates vom 21. April 2004 über Umwelthaftung zur Vermeidung und Sanierung von Umweltschäden, ABl. EG 2004 L 143/56.

setz (USchadG),[28] die UVP-Richtlinie 2011/92/EU[29] und das neugefasste Gesetz über die Umweltverträglichkeitsprüfung (UVPG)[30] sowie schließlich die Lärmschutzrichtlinie 2002/49/EG,[31] die Luftqualitätsrichtlinie 2008/50/EG[32] und die Industrieemissionsrichtlinie 2010/75/EU,[33] die sich allesamt maßgeblich auf das Bundes-Immissionsschutzgesetz (BImSchG) ausgewirkt, aber auch andere Gesetze wie das Wasserhaushaltsgesetz (WHG) oder das Kreislaufwirtschaftsgesetz (KrWG) beeinflusst haben.[34]

Die nächste wichtige chronologische Stufe bildet die Rio-Deklaration bzw. Klimarahmenkonvention der UNO (1992).[35] Dabei handelt es sich um ein völkerrechtlich nicht bindendes Klimaschutzabkommen, das darauf abzielt, gefährliche anthropogene Störungen des Klimasystems zu verhindern und den globalen Temperaturanstieg auf unter 2 °C gegenüber dem vorindustriellen Niveau zu begrenzen.[36] Im Jahr 1997 folgte das Kyoto-Protokoll der UNO,[37] welches die Klimarahmenkonvention konkretisierte, indem die Weltgemeinschaft erstmals völkerrechtlich verbindliche Zielwerte für den Treibhausgasausstoß einiger Industriestaaten festsetzte.[38] Nach dessen Auslaufen im Jahr 2012 wurde im Doha-Amendment[39] daran angeknüpft. Un-

---

[28] Gesetz über die Vermeidung und Sanierung von Umweltschäden (Umweltschadensgesetz – USchadG) vom 10. Mai 2007, BGBl. I, 666.

[29] Richtlinie 2011/92/EU des Europäischen Parlaments und des Rates vom 13. Dezember 2011 über die Umweltverträglichkeitsprüfung bei bestimmten öffentlichen und privaten Projekten, ABl. EU 2011 L 26/1.

[30] Gesetz über die Umweltverträglichkeitsprüfung (UVPG) in der Fassung der Bekanntmachung vom 24. Februar 2010, BGBl. I, 94.

[31] Richtlinie 2002/49/EG des Europäischen Parlaments und des Rates vom 25. Juni 2002 über die Bewertung und Bekämpfung von Umgebungslärm, ABl. EG 2002 L 189/12.

[32] Richtlinie 2008/50/EG des Europäischen Parlaments und des Rates vom 21. Mai 2008 über Luftqualität und saubere Luft für Europa, ABl. EG 2008 L 152/1.

[33] Richtlinie 2010/75/EU des Europäischen Parlaments und des Rates vom 24. November 2010 über Industrieemissionen (integrierte Vermeidung und Verminderung der Umweltverschmutzung), ABl. EU 2010 L 334/17.

[34] Gesetz zur Umsetzung der EG-Richtlinie über die Bewertung und Bekämpfung von Umgebungslärm vom 24. Juni 2005, BGBl. I, 1794; Neununddreißigste Verordnung zur Durchführung des Bundes-Immissionsschutzgesetzes (Verordnung über Luftqualitätsstandards und Emissionshöchstmengen – 39. BImSchV) vom 2. August 2010, BGBl. I, 1065; Gesetz zur Umsetzung der Richtlinie über Industrieemissionen vom. 8. April 2013, BGBl. I, 734.

[35] United Nations Framework Convention on Climate Change (UNFCCC), 9 May 1992, 1771 U.N.T.S. 107, ratified by 197 States (Status 26 October 2020), entered into force 21 March 1994.

[36] *Hohmann*, NVwZ 1993, 311 (314 f.); *Witzsch*, NJW 1993, 2161 (2161 f.).

[37] Kyoto Protocol to the United Nations Framework Convention on Climate Change, 11 December 1997, 2303 U.N.T.S. 162, ratified by 192 States (Status 26 October 2020), entered into force 16 February 2005.

[38] *Zenke/Vollmer*, in: Theobald/Kühling (Hrsg.), Energierecht, Bd. 1, Umweltrecht/Klimarecht, Emissionshandel, Rn. 24 (Stand: 79. EL Dezember 2013).

[39] Doha Amendment to the Kyoto Protocol, 8 December 2012, C.N. 718.2012.TREATIES-XXVII.7.c, ratified by 146 States (Status 26 October 2020), entered into force 31 December 2020.

mittelbar im Anschluss traf die UNO 1998 mit der Aarhus-Konvention[40] ein weiteres bedeutsames Übereinkommen. Dieses basiert auf drei Säulen, nämlich dem freien Zugang zu Umweltinformationen, der Öffentlichkeitsbeteiligung an Entscheidungsverfahren und dem Zugang zu Gerichten in Umweltangelegenheiten.[41] Resultate davon waren die oben erwähnte Umweltinformationsrichtlinie (und das UIG) und die Öffentlichkeitsbeteiligungsrichtlinie (und das Öffentlichkeitsbeteiligungsgesetz sowie das UmwRG).

Im Folgenden markiert das Jahr 2015 in zweifacher Hinsicht einen Höhepunkt im internationalen Umweltschutz: Erstens wurden im Rahmen des Übereinkommens von Paris,[42] das auf der gleichnamigen Klimakonferenz der UNO beschlossen wurde, verbindliche nationale Klimaschutzziele für alle Staaten festgelegt, allen voran die Begrenzung des globalen Temperaturanstiegs auf 1,5 °C gegenüber dem vorindustriellen Niveau und Treibhausgasneutralität bis 2050.[43] Zudem wurde den ärmeren Ländern Unterstützung per Wissens- und Technologietransfer zugesichert.[44] Das stellte einen historischen Schritt dar, denn nach der bisherigen Regelung im Kyoto-Protokoll waren nur einige Industriestaaten verbindlich zur Emissionssenkung verpflichtet gewesen. Zweitens verabschiedete die UNO ihre Agenda 2030,[45] eine politische Zielsetzung, die den Rahmen für gesellschaftliche Veränderungsprozesse vorgeben soll. Konkret enthält die Vereinbarung 17 Ziele, sog. *Sustainable Development Goals*, für eine sozial, wirtschaftlich und ökologisch nachhaltige Entwicklung. Exemplarisch hervorzuheben sind dabei Ziel 7 (bezahlbare und saubere Energie), Ziel 12 (nachhaltige/-r Konsum und Produktion) und Ziel 13 (Maßnahmen zum Klimaschutz).[46]

4. Einführung des Art. 20a GG

Zwischenzeitlich machte auch Deutschland selbst mit dem Erlass von Art. 20a GG weitere umweltrechtliche Fortschritte. Bereits in der Anfangszeit des modernen Umweltschutzes ab 1970 war über die verfassungsrechtliche Verankerung der Regelung diskutiert worden,[47] 1994 wurde das Vorha-

[40] Convention on Access to Information, Public Participation in Decision-making and Access to Justice in Environmental Matters, 25 June 1998, 2161 U.N.T.S. 447, ratified by 47 States (Status 26 October 2020), entered into force 30 October 2001.

[41] Überblick dazu bei *Epiney*, EurUP 2019, 2.

[42] Paris Agreement, 12 December 2015, C.N. 63.2016.TREATIES-XXVII.7.d, ratified by States 189 (Status 26 October 2020), entered into force 4 November 2016.

[43] *Böhringer*, ZaöRV 2016, 753 (760).

[44] *Böhringer*, ZaöRV 2016, 753 (778).

[45] UN General Assembly, Transforming our world: the 2030 Agenda for Sustainable Development, 70th Sess., Agenda items 15 and 116, UN Doc. A/RES/70/1 (2015).

[46] *Lange*, BKR 2020, 216 (217); zusammenfassend *Falke*, ZUR 2015, 696 (698 ff.).

[47] Bericht der Gemeinsamen Verfassungskommission, BT-Drs. 12/6000, 65; *Epiney*, in: von Mangoldt/Klein/Starck (Hrsg.), GG, Bd. 2, 7. Aufl. 2018, Art. 20a Rn. 13 f.; *Kluth*

ben schließlich umgesetzt.[48] Die Bestimmung verpflichtet den Staat auch in Verantwortung für die künftigen Generationen zum Schutz der natürlichen Lebensgrundlagen, d. h. der Güter, ohne die das Leben nicht über längere Zeiträume fortbestehen könnte, inklusive der menschlich gestalteten Umwelt (sog. Kulturlandschaften nach der anthropozentrischen Konzeption).[49] Qualitativ handelt es sich jedoch nicht um ein subjektives Recht des Einzelnen, sondern um eine Staatszielbestimmung, die die Bedeutung des Schutzguts im Gesamtgefüge der staatlichen Aufgaben hervorhebt und unter anderem ein ökologisches Rückschrittverbot und eine Nachbesserungspflicht bei fortschreitender technischer Entwicklung beinhaltet.[50] Trotz aller Kritik an der konkreten Umsetzung bietet Art. 20a GG durch seine wertungsbezogene, ermessensausrichtende, interpretationsleitende Wirkung Potenzial für die künftige Rechtsentwicklung.[51]

5. Emissionshandel

Die Jahrtausendwende tat der umweltrechtlichen Progression keinen Abbruch. Im Jahr 2005 wurde in Umsetzung der Emissionshandelsrichtlinie[52] ein zentrales europäisches Klimaschutzinstrument, der EU-Emissionshandel (*European Union Emissions Trading System*, kurz EU-ETS) eingeführt.[53] Das System funktioniert nach dem Prinzip *Cap & Trade* („Beschränken und Handeln"): Anlagenbetreiber müssen je Tonne emittiertes CO_2 ein gültiges

(Fn. 3), § 1 Rn. 57 ff.; *Scholz*, in: Maunz/Dürig (Begr.), GG, Art. 20a Rn. 19 ff. (Stand: 40. EL Juni 2002); *Sommermann*, in: von Münch (Begr.)/Kunig (Hrsg.), GG, Bd. 1 (Art. 1–69 GG), 7. Aufl. 2021, Art. 20a Rn. 1; *Storm* (Fn. 3), Rn. 163 ff.

[48] Gesetz zur Änderung des Grundgesetzes (Art. 3, 20a, 28, 29, 72, 74, 75, 76, 77, 80, 87, 93, 118a und 125a) vom 27. Oktober 1994, BGBl. I, 3146.

[49] *Epiney*, in: von Mangoldt/Klein/Starck (Fn. 47) Art. 20a Rn. 13 f.; *Kluth* (Fn. 3), § 1 Rn. 57 ff.; *Scholz*, in: Maunz/Dürig (Fn. 47), Art. 20a Rn. 16 ff., 36 (Stand: 40. EL Juni 2002); *Jarass*, in: ders./Pieroth (Hrsg.), GG, 16. Aufl. 2020, Art. 20a Rn. 3 ff.; *Murswiek*, in: Sachs (Hrsg.), GG, 8. Aufl. 2018, Art. 20a Rn. 27 ff.

[50] *Epiney*, in: von Mangoldt/Klein/Starck (Fn. 47), Art. 20a Rn. 60 ff.; *Jarass*, in: ders./Pieroth (Fn. 49), Art. 20a Rn. 2, 18; *Murswiek*, in: Sachs (Fn. 49), Art. 20a Rn. 41 ff.

[51] Entwurf eines Gesetzes zur Änderung des Grundgesetzes zur Verankerung der Generationengerechtigkeit (Generationengerechtigkeitsgesetz), BT-Drs. 16/3399, 3; *Jarass*, in: ders./Pieroth (Fn. 49), Art. 20a Rn. 21; *Kahl*, Nachhaltigkeitsverfassung, 2018, 9 f.; *ders.*, in: Kahl (Hrsg.), Nachhaltigkeit durch Organisation und Verfahren, Tübingen 2016, 1 (8 ff.); *Kloepfer* (Fn. 3), § 3 Rn. 13 ff.; *Schulze-Fielitz*, in: Dreier (Hrsg.), GG, Bd. 2, 3. Aufl. 2015, Art. 20a Rn. 4 ff., 29 ff., 63 ff.

[52] Richtlinie 2003/87/EG des Europäischen Parlaments und des Rates vom 13. Oktober 2003 über ein System für den Handel mit Treibhausgasemissionszertifikaten in der Gemeinschaft, ABl. EG 2003 L 275/32.

[53] Verordnung (EG) Nr. 2216/2004 der Kommission vom 21. Dezember 2004 über ein standardisiertes und sicheres Registrierungssystem gemäß der Richtlinie 2003/87/EG des Europäischen Parlaments und des Rates sowie der Entscheidung 280/2004/EG des Europäischen Parlaments und des Rates, ABl. EG 2004 L 386/1.

Zertifikat vorweisen, von denen aber jedes Jahr nur eine begrenzte Menge an neuen ausgegeben wird (Cap). Zertifikate werden per kostenloser Zuteilung, Versteigerung oder freiem Handel erworben, sodass überschüssige Zertifikate verkauft und benötigte nachgekauft werden können (Trade).[54] In der dritten Handelsperiode (2013–2020) wurde ein Cap, d. h. eine europaweite Emissionsobergrenze, von insgesamt 15,6 Milliarden Lizenzen festgelegt. Diese wurden auf die acht Jahre betragende Laufzeit verteilt, allerdings nicht gleichmäßig. Die Neuausgabe begann bei 2.084.301.856 Lizenzen und wurde pro Jahr um 1,74 %, sprich ca. 38 Millionen Lizenzen, reduziert. In der vierten Periode (ab 2021) wird die lineare Reduktion des Cap 2,2 % betragen.[55] Auf diesem Wege erhalten Emissionen einen realen Wert und die Anlagenbetreiber einen Anreiz zur Verringerung derselben, um möglichst wenig Kapital in den Erwerb von Zertifikaten investieren zu müssen.

6. *Scheitern eines Umweltgesetzbuchs*

Im Jahr 2009 musste das Umweltrecht in Deutschland einen Rückschlag hinnehmen. Bereits seit 1990 war die Ausarbeitung eines Bundes-Umweltgesetzbuchs (UGB) anvisiert worden. Das zersplitterte Umweltrecht sollte so zusammenfassend-systematisch in einem Regelwerk nach dem integrierten Ansatz, d. h. unter Einbeziehung aller Umweltmedien und Berücksichtigung aller Wechselwirkungen zwischen einzelnen Umweltschutzmaßnahmen, erfasst und die verschiedenen Genehmigungsverfahren im Rahmen einer integrierten Vorhabengenehmigung gebündelt werden.[56] Nach einem mehraktigen Prozess, bestehend aus Professorenentwürfen zu einem Allgemeinen[57] und einem Besonderen[58] Teil des UGB (UGB-ProfE), einer Sachverständigenkommission (UGB-KomE)[59] und einem fünf Bücher umfassenden Re-

[54] *Weinreich/Marr*, NJW 2005, 1078 (1079 ff.); *Zenke/Vollmer*, in: Theobald/Kühling (Fn. 38), Umweltrecht/Klimarecht, Emissionshandel Rn. 92 ff. (Stand: 79. EL Dezember 2013).

[55] Schlussfolgerung des Europäischen Rates vom 24. Oktober 2014, EUCO 169/14, Ziff. 2.3.

[56] Koalitionsvertrag zwischen CDU, CSU und SPD vom 11.11.2005, 56; Gesetzesantrag der Länder Nordrhein-Westfalen, Bayern, Berlin, Bremen. Entwurf eines Gesetzes zur Änderung des Grundgesetzes, BR-Drs. 178/06, 16; *Calliess*, NuR 2006, 601 (605); *Erbguth/Schubert*, NuR 2008, 474 (475 f.); *Guckelberger*, NuR 2008, 369 (371); *Kahl/Gärditz* (Fn. 3), § 4 Rn. 4; *Kloepfer*, Sinn und Gestalt des kommenden Umweltgesetzbuchs, UPR 2007, 161 (161 f.); *Kloepfer/Durner*, Umweltschutzrecht, 3. Aufl. 2020, § 1 Rn. 47; *Sangenstedt*, ZUR 2007, 505 (507); eingehend *Wahl*, NVwZ 2000, 502 (503 f.).

[57] *Kloepfer/Rehbinder/Schmidt-Aßmann* unter Mitwirkung von *Kunig*, Umweltgesetzbuch – Allgemeiner Teil, Berichte des Umweltbundesamtes 7/90, 1990.

[58] *Jarass/Kloepfer et al.*, Umweltgesetzbuch – Besonderer Teil, Berichte des Umweltbundesamtes 4/94, 1994.

[59] *Sendler/Kloepfer/Gaentzsch/Johann/Schweikl/Sellner/Winter*, Umweltgesetzbuch (UGB-KomE). Entwurf der Unabhängigen Sachverständigenkommission zum Umweltgesetzbuch beim Bundesministerium für Umwelt, Naturschutz und Reaktorsicherheit, 1998.

gierungsentwurf (UGB-RefE),[60] scheiterte das Vorhaben aber letztlich insbesondere wegen der integrierten Vorhabengenehmigung am Widerstand des Bundeslands Bayern.[61]

7. Atomausstieg

Ein weiterer Entwicklungsschritt deutscher Umweltpolitik ist der Atomausstieg. Seine Wurzeln reichen bis in das Jahr 1998 zurück, als er in einer Koalitionsvereinbarung von SPD und Grünen beschlossen wurde.[62] Darauf folgten der Atomkonsens I und das Atomausstiegsgesetz[63] im Jahr 2002. Diese Bestrebungen wurden im Jahr 2010 durch den Atomkonsens II, der eine Laufzeitverlängerung von zwölf Jahren vorsah, teilweise revidiert („Ausstieg vom Ausstieg"). Dann ereignete sich 2011 allerdings die Reaktorkatastrophe in Fukushima. Dieses Unglück führte abermals zu einer Kehrtwende und zum Erlass des Gesetzes zum beschleunigten Atomausstieg,[64] durch welches der Atomkonsens II zurückgenommen bzw. der Atomkonsens I bestätigt wurde. Dies leitete die sofortige Abschaltung von acht Atomkraftwerken sowie die gestaffelte Abschaltung der restlichen Kraftwerke ein. Gegen die politische Kehrtwende wurden verfassungsrechtliche Bedenken laut, insbesondere hinsichtlich einer möglichen Grundrechtsverletzung der Kraftwerksbetreiber. Das Bundesverfassungsgericht klärte diese Fragen und sprach den Betreibern RWE und Vattenfall einen Ausgleich für nicht konzernintern nutzbare Reststrommengen zu.[65] Die genaue Bezifferung beschäftigt das Gericht gegenwärtig noch immer.[66]

8. Umweltverbandsklage

Des Weiteren verlieh die Einführung der Umweltverbandsklage gem. § 2 Abs. 1 UmwRG dem Umweltrecht neuen Aufschwung.[67] Hintergrund der legislativen Bestrebungen war die besondere Bedeutung der Klagemöglich-

---

[60] Gesetzentwurf der Bundesregierung. Erstes bis fünftes Buch Umweltgesetzbuch – UGB I–V vom 4.12.2008.

[61] *Schlacke* (Fn. 13), § 2 Rn. 11 ff.; *Storm* (Fn. 3), Rn. 89 ff.

[62] Koalitionsvereinbarung zwischen der SPD und Bündnis 90/Die GRÜNEN vom 20.10.1998, 13.

[63] Gesetz zur geordneten Beendigung der Kernenergienutzung zur gewerblichen Erzeugung von Elektrizität vom 22. April 2002, BGBl. I, 1351.

[64] Dreizehntes Gesetz zur Änderung des Atomgesetzes vom 31. Juli 2011, BGBl. I, 1704.

[65] BVerfGE 143, 246.

[66] BVerfG, Beschl. v. 29.9.2020 – 1 BvR 1550/19, BeckRS 2020, 30179.

[67] *Kment*, in: Hoppe/Beckmann/Kment (Hrsg.), Gesetz über die Umweltverträglichkeitsprüfung (UVPG), Umwelt-Rechtsbehelfsgesetz (UmwRG), 5. Aufl. 2018, § 2 UmwRG Rn. 1 ff.; *Schlacke* (Fn. 13), § 6 Rn. 15; *dies.*, ZUR 2013, 195.

keit von Vereinigungen im Umweltrecht. Dieses enthält in der Regel keine subjektiv-öffentlichen, d. h. einklagbaren, sondern objektive Rechte. Zur effektiven Rechtsverteidigung war daher eine Durchbrechung des subjektiven Rechtsschutzsystems nötig. Die Grundlage hierfür bildeten die Aarhus-Konvention und die Öffentlichkeitsbeteiligungsrichtlinie, die den Weg für den Erlass des Umwelt-Rechtsbehelfsgesetzes (UmwRG)[68] ebneten. Dieses eröffnet anerkannten Vereinigungen i. S. v. § 3 UmwRG grundsätzlich den Zugang zu Gerichten, um Verwaltungsentscheidungen i. S. v. § 1 Abs. 1 S. 1 UmwRG überprüfen zu lassen. Umsetzungsdefizite machten jedoch einige Anpassungen erforderlich: Ursprünglich war die Rügebefugnis auf die Verletzung drittschützender Umweltvorschriften beschränkt. Eine solche schutznormakzessorische Verbandsklage war aber nach Ansicht des Europäischen Gerichtshofs unionsrechtswidrig.[69] Folglich hob der deutsche Gesetzgeber im Jahr 2013 die Schutznormakzessorietät auf, sodass seitdem sämtliche umweltbezogenen Vorschriften auch ohne Geltendmachung einer eigenen Rechtsverletzung der Umweltverbände rüge- und kontrollfähig sind.[70]

9. *Klimaschutz in Deutschland*

Gerade die letzten Jahre haben den Klimaschutz in das Bewusstsein der Bevölkerung gerufen, da nunmehr konkrete Veränderungen im täglichen Leben zu spüren sind. Besondere Bedeutung haben zunächst die Diesel-Urteile des Bundesverwaltungsgerichts[71] im Jahr 2018 erlangt, in denen Verkehrsverbote für grundsätzlich zulässig erklärt wurden, wenn sie die einzige Maßnahme zur schnellstmöglichen Einhaltung der Stickstoffdioxidgrenzwerte darstellen. Ungeklärt blieb jedoch die Frage, von welchen tatsächlichen und rechtlichen Faktoren die Verbote konkret abhängen sollen, z. B. von der Entwicklung der Messergebnisse, von Modellrechnungen und Wirkungsanalysen oder von bestehenden Luftreinhalteplänen und deren Fortschreibungen.[72] Jedenfalls wurden die Judikate in der Praxis in verschiedenen Städten durch (streckenbezogene) Verkehrsverbote umgesetzt: in Hamburg seit dem 31.5.2018 bis Schadstoffklasse Euro-5, in Stuttgart seit dem 1.1.2019 bis Euro-4, in Darmstadt seit dem 1.6.2019, in Berlin seit dem 1.7.2019.[73] Im Jahr 2020 präzisierte

---

[68] Gesetz über ergänzende Vorschriften zu Rechtsbehelfen in Umweltangelegenheiten nach der EG-Richtlinie 2003/35/EG (Umwelt-Rechtsbehelfsgesetz) vom 7. Dezember 2006, BGBl. I, 2816.

[69] EuGH, Rs. C-115/09, Slg. 2011, I-3673 – Trianel.

[70] Gesetz zur Änderung des Umwelt-Rechtsbehelfsgesetzes und anderer umweltrechtlicher Vorschriften vom 21. Januar 2013, BGBl. I, 95.

[71] BVerwGE 161, 201; BVerwG, NJW 2018, 2074.

[72] *Schink/Fellenberg*, NJW 2018, 2016 (2018); *Will*, NZV 2019, 496 (496).

[73] *Will*, NZV 2019, 496 (496).

das Bundesverwaltungsgericht[74] seine Rechtsprechung dahingehend, dass Dieselfahrverbote bei nur noch minimaler Überschreitung des Grenzwerts und einer unmittelbar folgenden Unterschreitung auch ohne Verbot unverhältnismäßig sind. Selbst mit dem jüngsten Urteil des Bundesgerichtshofs vom 25.5.2020[75] zur Schadensersatzpflicht der Volkswagen AG ist die Causa „Dieselgate"[76] noch nicht geschlossen; der Dieselskandal wird die deutsche Automobilbranche und die Gerichte auch in Zukunft weiter beschäftigen.[77]

Als bemerkenswert kann weiter der Erlass des Bundes-Klimaschutzgesetzes (KSG)[78] im Jahr 2019 bezeichnet werden, welches sich als Endpunkt in einen langen Prozess neben Klimarahmenkonvention, Kyoto-Protokoll und Pariser Abkommen einreiht. Es handelt sich dabei um ein Rahmengesetz für bisherige Zielvorgaben, das dem Staat Berücksichtigungspflichten auferlegt und für Private erst mittelbar durch Folgegesetze verbindlich wird.[79] Konkret enthält § 1 KSG die Bestimmung, nationale und europäische Zielvorgaben und das Pariser Abkommen einzuhalten, d. h. die Begrenzung des globalen Temperaturanstiegs auf 1,5 °C gegenüber dem vorindustriellen Niveau und Treibhausgasneutralität bis 2050 zu forcieren. §§ 3–8 KSG regeln die Konsequenzen von Zielverfehlungen. Bei der sich abzeichnenden Verfehlung eines Klimaziels muss das zuständige Ministerium mit einem Sofortprogramm oder Ähnlichem nachsteuern. Außerdem gibt das Klimaschutzgesetz Mittel zur Zielerreichung vor, beispielsweise längerfristig angelegte Klimaschutzprogramme (§ 9 KSG), Emissionsprognosen und -berichte (§ 10 KSG), einen Expertenrat (§§ 11, 12 KSG), die Berücksichtigungspflicht und Vorbildwirkung der öffentlichen Hand (§§ 13, 15 KSG) und die Zusammenarbeit mit den Ländern (§ 14 KSG).[80]

Abgerundet wird das Gesamtbild durch den Prozess des Kohleausstiegs, der ebenfalls im Jahr 2019 von der Kohlekommission der Bundesregierung beschlossen wurde. Er umfasst im Wesentlichen drei Elemente, nämlich das Kohleausstiegsgesetz,[81] das 2020 erlassen wurde und das Ende der Kohleverstromung bis 2038 regelt, das Strukturstärkungsgesetz,[82] das Finanzhilfen in Milliardenhöhe für vom Strukturwandel Betroffene vorsieht, und den Ausbau erneuerbarer Energien.

---

[74] BVerwG, NVwZ 2020, 1191.

[75] BGH, NJW 2020, 1962.

[76] *Klinger*, ZUR 2020, 577 (577).

[77] *Klinger*, ZUR 2020, 577 (578).

[78] Gesetz zur Einführung eines Bundes-Klimaschutzgesetzes vom 12. Dezember 2019, BGBl. I, 2513.

[79] *Kment*, NVwZ 2020, 1537 (1539 f., 1542 ff.).

[80] *Klinski/Scharlau/von Swieykowski-Trzaska/Keimeyer/Sina*, NVwZ 2020, 1.

[81] Gesetz zur Reduzierung und zur Beendigung der Kohleverstromung (Kohleausstiegsgesetz) vom 8. August 2020, BGBl. I, 1818.

[82] Strukturstärkungsgesetz Kohleregionen vom 8. August 2020, BGBl. I, 1795.

III. Ausblick: Umweltrecht in den nächsten 50 Jahren

1. Eine Vision für das Jahr 2070

Die facettenreiche Geschichte des Umweltschutzes und des Umweltrechts führt unweigerlich zu der Frage: Wie wird es weitergehen? Angesichts der Tatsache, dass sich der Umweltschutz innerhalb kürzester Zeit gesellschaftlich etabliert hat und nun einen so bedeutenden Status in unserem Wertesystem einnimmt, ist nicht zu erwarten, dass diese Entwicklung stagnieren, sondern im Gegenteil rasant voranschreiten wird. Wagen wir also einen Blick in die Zukunft: Deutschland im Jahr 2070. Morgens werden wir sanft von unserem persönlichen Assistenten „Alex" geweckt, einem hochentwickelten humanoiden Roboter, der uns im Alltag begleitet und jede nur erdenkliche Aufgabe abnimmt. Die Kleidung ist schon bereitgelegt, das Frühstück angerichtet, lediglich frisch machen müssen wir uns noch selbst. Ein Blick in den Spiegel zeigt uns nicht nur unser Abbild, sondern auch unsere Vitalwerte, das Wetter und die Nachrichten – Smart Mirror, Smart Watch, Smart Home sind aktiv. Wir haben gut geschlafen, Blutdruck und Blutzucker liegen im normalen Bereich. In der Nacht wurde endlich der World Peace Act ratifiziert und somit jeder Krieg endgültig für beendet erklärt. Aber wozu auch kämpfen, wenn wir ohnehin alle einer Weltgemeinschaft angehören, in der Güter anhand computergenerierter Berechnungen automatisch gerecht verteilt werden? Auf dem Weg zur Arbeit fahren wir reibungslos durch den morgendlichen Berufsverkehr; selbstverständlich autonom. Wer setzt sich schon freiwillig selbst ans Steuer, wenn einen das intelligente Verkehrssystem viel schneller, unkomplizierter und sicherer ans Ziel bringt? So bleibt genug Zeit, um die Umgebung zu beobachten. Die Wände, Dächer und Straßen schimmern wegen des überall eingearbeiteten Siliciums. Jede noch so kleine Fläche wird genutzt, um Sonnenlicht in elektrische Energie umzuwandeln. Kohle- und Atomkraftwerke gehören längst der Vergangenheit an. Wir öffnen das Fenster, schließen die Augen und genießen bei einem tiefen Atemzug die saubere, frische Luft, die frei von Abgasen ist. Verbrennungsmotoren sind heutzutage nur noch im Museum zu finden.

So oder so ähnlich könnte es aussehen, wenn ein alter Menschheitstraum Realität wird: intelligente Maschinen und Systeme, die die Arbeit erledigen und den Menschen Zeit lassen, sich den angenehmen Seiten des Lebens zu widmen – in einer *Smart World*, einer vernetzten Welt, in der sich mithilfe selbstlernender Programme unsere Umwelt-, Verkehrs- und Energieprobleme von selbst lösen, wir Hunger, Krankheit und Krieg besiegen und den Klimawandel in den Griff bekommen. Freilich ist das nur ein Gedankenspiel, vieles ist noch völlig ungewiss oder gar utopisch.[83] Einiges lässt sich

---

[83] *Harari*, Homo Deus. Eine Geschichte von Morgen, 13. Aufl. 2020; *Horx*, Zukunft wagen. Über den Umgang mit dem Unvorhersehbaren, 3. Aufl. 2015; *ders.*, Technolution.

aber jetzt schon absehen. So steht beispielsweise fest, dass Algorithmen eine elementare Rolle zukommen wird, sowohl ganz allgemein im Alltag als auch speziell im Umweltschutz. Auf diesen algorithmusbasierten Umweltschutz soll sich im Folgenden das Augenmerk richten.

2. *Informatische Grundlagen*

Algorithmen sind zwar omnipräsent und aus unserem Alltag nicht mehr wegzudenken, allerdings operieren sie meist unbemerkt im Hintergrund, sodass viele Menschen gar nichts mit dem Begriff verbinden oder ihm gar kritisch und misstrauisch gegenüberstehen.[84] Es erscheint deshalb sinnvoll, sich vorab zunächst der Klärung einiger Termini zuzuwenden, um den Betrachtungsgegenstand näher zu fassen.

a) Algorithmus

aa) Definition

Man versteht unter „Algorithmus“ eine automatisierbare Handlungsvorschrift, die bestimmte Eingabeinformationen (Input) zu bestimmten Ausgabeinformationen (Output) verarbeitet. Dabei arbeitet der Algorithmus aufgrund eines Systems endlich vieler (Finitheit), präzise und unzweideutig formulierter (Determiniertheit) Einzelschritte, von denen jeder in endlicher Zeit zu einem Abschluss kommt (Terminiertheit).[85] Vereinfacht ausgedrückt handelt es sich um ein deterministisches Verfahren, dessen Ablauf von Anfang an vollständig vorgegeben ist und einem klaren Wenn-Dann-Schema folgt, sodass durch jede Eingabe eindeutig ein Ergebnis generiert wird.[86]

Innerhalb der Algorithmen kann man zwischen analogen Algorithmen und Computeralgorithmen unterscheiden. Letztere zeichnen sich durch einen besonderen Umsetzungsmodus aus, nämlich die Implementierung in ein Softwareprogramm mittels eines Programmcodes. Dieser ist in einer

---

Wie unsere Zukunft sich entwickelt, 2008; *Lenzen*, Künstliche Intelligenz. Was sie kann & was uns erwartet, 2018; *Mainzer*, Künstliche Intelligenz – Wann übernehmen die Maschinen?, 2016; *Schlieter*, Die Herrschaftsformel. Wie künstliche Intelligenz uns berechnet, steuert und unser Leben verändert, 2015.

[84] *Fischer/Petersen*, Was Deutschland über Algorithmen weiß und denkt, 2018, 12ff., 30.

[85] Brockhaus, Algorithmus (Mathematik), abrufbar unter https://brockhaus.de/ecs/enzy/article/algorithmus-mathematik; Encyclopedia of Mathematics; *Barth*, Algorithmik für Einsteiger, 2. Aufl. 2013, 8; *Herold/Lurz/Wohlrab/Hopf*, Grundlagen der Informatik, 3. Aufl. 2017, 31; *Hoffmann-Riem*, AöR 142 (2017), 1 (1f.); *Ziegenbalg et al.*, Algorithmen von Hammurapi bis Gödel, 4. Aufl. 2016, 24.

[86] *Freyler*, NZA 2020, 284 (284f.); *Martini*, Blackbox Algorithmus – Grundfragen einer Regulierung künstlicher Intelligenz, 2019, 17.

speziellen Programmiersprache verfasst (z. B. PROLOG, LISP)[87] und lässt binäre Prozesse auf dem Computer ablaufen.[88] Ein analoger Algorithmus ist demgegenüber an keine bestimmte Form gebunden, sondern dient als „Schritt-für-Schritt-Anleitung" der Bewältigung wie auch immer gearteter Aufgaben.[89]

bb) Determinismus

Der Algorithmus ist also ein deterministisches Verfahren nach einem Wenn-Dann-Schema. Alle elementaren Anweisungen sind bereits im Vorfeld, gegebenenfalls per Implementierung in ein Computerprogramm, festgelegt und führen je nach Eingabe zu eindeutigen, klar definierten Ergebnissen.[90] Im Alltag kann er dem Einzelnen ganz gewöhnlich als Kochrezept zur Zubereitung eines Gerichts oder als Montageanleitung zur Installation eines Bauteilsatzes begegnen. Auf abstrakterer Ebene zählen sämtliche mathematische Formeln zur Lösung eines arithmetischen Problems dazu, etwa die sog. „Mitternachtsformel".[91] Den Hauptteil machen jedoch nicht-triviale Algorithmen aus, die in unterschiedlichen Ausgestaltungen und Verknüpfungen eingesetzt werden; in der Regel mittels der soeben angesprochenen Computerprogramme zur Bewältigung komplexer Arbeitsprozesse.[92] In dieser Form eignen sich Algorithmen zum Sortieren[93] (z. B. Quicksort, Mergesort), Suchen[94] (z. B. sequenzielle, binäre, exponentielle Suche), Erstellen von „Bäumen"[95] (z. B. balancierte Binärbäume, Treaps, Splay-Bäume), zur Kompression[96] (z. B. Huffman-Kodierung, arithmetische Kodierung) oder Manipulation von Mengen[97] (z. B. Priority Queues, Binomial Queues, Union-Find-Strukturen). So werden durch menschliche Modellierung, bei Compu-

---

[87] *Mainzer* (Fn. 83), 18 ff.

[88] *Barth* (Fn. 85), 16 ff.; *Martini* (Fn. 86), 18 f.; *ders.*, JZ 2017, 1017 (1017).

[89] *Martini* (Fn. 86), 17.

[90] Diese Anweisungen können als einfache Sequenz („Tue …"), Verzweigung („Falls … tue …, sonst tue …") oder Schleife („Wiederhole … bis …" oder „Solange … gilt, wiederhole …") ausgestaltet sein; dazu *Barth* (Fn. 85), 8.

[91] $x = (-b \pm \sqrt{}(b \wedge 2 - 4ac)) / 2a$.

[92] Exemplarisch zu nennen sind der rekursive Algorithmus des Spiels „Türme von Hanoi", der Quicksort-Algorithmus, der nach dem Prinzip „Teile und herrsche" schnell und unkompliziert Listenelemente sortiert, und der Bergsteigeralgorithmus, ein einfaches Optimierungsverfahren, mit dem eine mögliche Problemlösung durch punktuelle Veränderungen kontinuierlich „bis zum Gipfel" verbessert wird; Beispiele bei *Russell/Norvig*, Artificial Intelligence. A Modern Approach, 2. Aufl. 2003, 111 ff.

[93] *Herold/Lurz/Wohlrab/Hopf* (Fn. 85), 409 ff.; *Ottmann/Widmayer*, Algorithmen und Datenstrukturen, 5. Aufl. 2012, 79 ff.

[94] *Herold/Lurz/Wohlrab/Hopf* (Fn. 85), 345 ff.; *Ottmann/Widmayer* (Fn. 93), 167 ff.

[95] *Herold/Lurz/Wohlrab/Hopf* (Fn. 85), 361 ff.; *Ottmann/Widmayer* (Fn. 93), 259 ff.

[96] *Herold/Lurz/Wohlrab/Hopf* (Fn. 85), 767 ff.

[97] *Herold/Lurz/Wohlrab/Hopf* (Fn. 85), 356 ff.; *Ottmann/Widmayer* (Fn. 93), 403 ff.

teralgorithmen in Form von binären oder sonstigen assemblierten Codes als Übersetzung der menschlichen in die maschinelle Sprache, Prozesse ausgestaltet, in denen Eingabedaten strukturiert und klassifiziert und gegebenenfalls als Grundlage für stochastische Rückschlüsse, sprich zur Berechnung der Wahrscheinlichkeit eines bestimmten Ergebnisses, verwendet werden.[98] Plastisch darstellen lässt sich das am Beispiel der Montageanleitung, die aufeinanderfolgende Arbeitsanweisungen ohne Abweichungsmöglichkeit enthält. Nach Erledigung von Schritt a folgt Schritt b, danach Schritt c etc. Aus der Befolgung der Anleitung resultiert immer das gleiche Ergebnis, hier in Form eines montierten Bauteilsatzes.

Kritisch an dem linearen Vorgehen ist jedenfalls, dass Algorithmen nur Korrelationen (Beziehungen zwischen Merkmalen) wiedergeben, nicht jedoch Kausalitäten (Gründe für die Beziehungen). Es bleibt unklar, ob und welche Bedeutung eine ermittelte Eigenschaft für ein anderes Merkmal hat oder ob die Verknüpfung rein zufällig ist.[99] So könnte man aus der algorithmisch ermittelten Feststellung „glückliche Menschen sind gesünder" auf den ersten Blick schließen, dass ausschließlich subjektives Glücksempfinden die Gesundheit fördere. Die bloße Korrelation impliziert aber eben gerade noch keine Kausalität. Es sind auch andere Zusammenhänge denkbar.[100]

b) Künstliche Intelligenz

aa) Definition

Eine weitere wichtige Bezugsgröße, die im vorliegenden Kontext relevant wird, ist die künstliche Intelligenz (KI), engl. *Artificial Intelligence* (AI). Der Terminus beschreibt die Simulation menschlichen Denkens und Handelns, ein System also, das etwas vollbringt, wofür ein Mensch Intelligenz benötigt.[101] Da die Anlehnung an den Menschen jedoch in mancherlei Hinsicht Schwächen aufweist,[102] fallen auch präzise Definitionsversuche für künstli-

---

[98] Vereinfacht gesagt: Ein Algorithmus ist eine Box. Man steckt Input hinein, der ein klar vorgegebenes Verfahren im Inneren durchläuft, und am Ende zu einem eindeutigen Output führt; Überblick bei *Herold/Lurz/Wohlrab/Hopf* (Fn. 85), 331 ff.; *Barth* (Fn. 85), 8, 16 ff.; *Martini*, JZ 2017, 1017 (1018).

[99] Das macht Algorithmen anfällig für sog. Cum-hoc-ergo-propter-hoc-Fehlschlüsse, bei denen eine willkürliche Zuordnung von Ursache und Wirkung erfolgt; dazu *Freyler*, NZA 2020, 284 (286); *Martini*, JZ 2017, 1017 (1018).

[100] In Betracht kommt umgekehrt ein erhöhtes subjektives Glücksempfinden aufgrund eines guten Gesundheitszustands oder weitere gemeinsame Einflussvariablen wie der sozioökonomische Status; ausführlich zu diesem Beispiel *Grimm*, Ergebnisse der Glücksforschung als Leitfaden für politisches Handeln?, 2006, 17 f.

[101] *Minsky*, Semantic information processing, 1968, v.

[102] *Guggenberger*, NVwZ 2019, 844 (845).

che Intelligenz schwer.[103] Annäherungsweise handelt es sich dabei um lernfähige algorithmusbasierte Systeme mit der Fähigkeit zur intrinsischen Problemlösung durch selbstadaptive Schlussfolgerungen aus ihrer Datenbasis ohne detaillierte menschliche Vorgaben.[104] Sie arbeiten nicht nur einen linearen Programmcode aus statischen Handlungsabfolgen ab, sondern folgen dynamischen Lernverfahren, die es ihnen erlauben, sich neuen Problemsituationen eigenständig anzupassen und so menschliche Intelligenz zu imitieren. Dabei handeln sie nach dem Schema „Wahrnehmen – Denken – Handeln",[105] ähnlich wie ein Mensch bei der Lösung unbekannter Probleme.

Innerhalb der künstlichen Intelligenz kann zwischen starker KI (*Strong AI*) und schwacher KI (*Weak AI*) unterschieden werden.[106] Erstere zeichnet sich dadurch aus, dass sie die gesamte menschliche Denkleistung abbildet, inklusive Bewusstsein, Deduktion, Kreativität, Empathie etc. An ihr wird intensiv geforscht, aktuell ist sie aber (noch) reines Wunschdenken. Schwache KI simuliert demgegenüber nur gewisse Elemente des menschlichen Intellekts und kann so selbstlernend bestimmte Problemstellungen lösen. Sie ist das, was allgemein unter KI verstanden wird. Ein Gesichtserkennungsprogramm beispielsweise wird deshalb nie plötzlich Vorschläge für die optimale Routenplanung zur nächsten Tankstelle machen; so hochentwickelt seine Intelligenz auch sein mag, es bleibt eine schwache Intelligenz, deren Lernfähigkeit auf den implementierten Programmrahmen begrenzt ist.[107]

bb) Selbständiges Lernen

KI beruht auf einem indeterministischen System, das zur Informationsverarbeitung auch außerhalb der explizit vorgegebenen Programmierung fähig ist.[108] Der Schlüsselfaktor dabei ist das selbständige Lernen. Im herkömmlichen Sinne versteht man darunter die angeborene Fähigkeit, sich Wissen, Fer-

---

[103] Übersicht zu verschiedenen Definitionsansätzen bei *Kaulartz/Braegelmann*, in: dies. (Hrsg.), Rechtshandbuch Artificial Intelligence und Machine Learning, 2020, Kap. 1 Rn. 2 ff.; *Legg/Hutter*, Universal Intelligence: A Definition of Machine Intelligence, Minds and Machines 2007 (Vol. 17), 391 (401 ff.); *Russell/Norvig* (Fn. 92), 1 ff.

[104] *Groh*, Künstliche Intelligenz, in: Weber (Hrsg.), Creifelds Rechtswörterbuch, 24. Ed. 2020; *Hoffmann-Riem*, AöR 142, 1 (3); *Lenzen* (Fn. 83), 33; *Martini*, JZ 2017, 1017 (1018 f.).

[105] *Steege*, MMR 2019, 715 (716); ähnlich *Burchardt*, So schnell schafft der Mensch sich nicht ab!, Auslandsinformationen der Konrad-Adenauer-Stiftung 1/2018, 10 (13).

[106] Bundesregierung (Hrsg.), Strategie Künstliche Intelligenz der Bundesregierung, Stand: November 2018, 4 f.

[107] *Buxmann/Schmidt*, in: dies. (Hrsg.), Künstliche Intelligenz. Mit Algorithmen zum wirtschaftlichen Erfolg, 2019, 3 (4 f.); *Guggenberger*, NVwZ 2019, 844 (845); *Heuermann/Tomenendal/Jürgens*, in: Heuermann/Tomenendal/Bressem (Hrsg.), Digitalisierung in Bund, Ländern und Gemeinden: IT-Organisation, Management und Empfehlungen, 2018, 215 (226).

[108] In Abgrenzung zur deterministischen Struktur der nichtlernenden Algorithmen, die Entscheidungen und die Umwandlung von Input zu Output nur im Rahmen der vorgegebenen Programmierung treffen; dazu *Wischmeyer*, AöR 143 (2018), 1 (12 ff.).

tigkeiten und andere abstrakte Konzepte durch erstmalige Erkenntnis und laufende Übung anzueignen, sodass man eine entsprechende Aufgabe beim nächsten Mal effizienter bewältigen kann.[109] Der menschliche Lernprozess vollzieht sich im Wesentlichen in drei Schritten: Erinnerung, Adaptation und Generalisierung.[110] Dabei kommen verschiedene Lernstrategien zum Einsatz, z. B. Instruktion, Induktion, Observation, Analogie oder Experimentieren.[111] So wie der Mensch also auf verschiedene Arten aus Erfahrungen lernt, lernt der Algorithmus aus Daten.[112] Seit jeher ist es in diesem Zusammenhang das oberste Ziel der Informationswissenschaft gewesen, die Strukturen des menschlichen Lernens auf die künstliche Ebene zu übertragen.[113]

Aus diesen Bestrebungen ist die Basistechnologie der KI hervorgegangen, das maschinelle Lernen (*Machine Learning*), die artifizielle Generierung von Wissen.[114] Darunter fallen alle Methoden der Imitation von einzelnen Aspekten des menschlichen Lernens, indem Muster in Datensätzen erkannt und auf neue Daten angewendet werden (Inferenz).[115] Auch die Maschine lernt demnach durch Erinnerung, Adaption und Generalisierung, aber eben nicht auf Grundlage von Erfahrungen, sondern von Daten.[116] Sie erkennt sich wiederholende Inputdaten und passt deren Verarbeitung vergangenen Prozessen an, um den gleichen Output zu erhalten, der sich bereits früher als korrekt erwiesen hat. Dieses Vorgehen transferiert sie auf andere Datensätze, die zwar nicht ganz deckungsgleich sind, aber doch Ähnlichkeiten aufweisen.[117] Auf diese Weise kann die Maschine selbst ausgehend von unbekannten Eingangsinformationen, die in der Form nicht im Programmcode berücksichtigt wurden, Entscheidungen treffen und Prognosen abgeben.[118] KI ahmt also Erkenntnis nach, ohne dass sie jedoch ein kausales Verständnis für

---

[109] *Simon*, in: Carbonell/Michalski/Mitchell (Hrsg.), Machine Learning. An Artificial Intelligence Approach, 1983, 25 (28).

[110] Der Mensch ist im Laufe seines Lebens vielen Entscheidungssituationen ausgesetzt. Tritt die Situation später nochmal ein, erinnert er sich an das ursprünglich gewählte Vorgehen und dessen Auswirkung. War sie nach der individuellen Einschätzung gut, wird er sich erneut dementsprechend verhalten, anderenfalls eine alternative Handlungsweise ausprobieren. Und gerät er in eine andere, aber ähnliche Lage, so zieht er in der Regel den Schluss, dass sein erworbenes Wissen auch hier anwendbar sein könnte, und setzt zumindest den Ablauf ein weiteres Mal in Gang; dazu *Marsland*, Machine Learning. An Algorithmic Perspective, 2015, 4.

[111] *Carbonell/Michalski/Mitchell*, in: dies. (Fn. 109), 3 (5 f.).

[112] *Marsland* (Fn. 110), 4.

[113] *Carbonell/Michalski/Mitchell* (Fn. 111), 3 (3).

[114] Überblick bei ADAC (Hrsg.), Fachinformation Künstliche Intelligenz im Straßenverkehr, 2020, 2; *Carbonell/Michalski/Mitchell* (Fn. 111), 3 (3 ff.); *Goodfellow/Bengio/Courville*, Deep Learning, 2016, 96 ff.; *Russell/Norvig* (Fn. 92), 649 ff.

[115] *Burchardt* (Fn. 105), 10 (13); *Carbonell/Michalski/Mitchell* (Fn. 111), 3 (3).

[116] *Marsland* (Fn. 110), 4.

[117] *Guggenberger*, NVwZ 2019, 844 (845); *Marsland* (Fn. 110), 4.

[118] *Buxmann/Schmidt* (Fn. 107), 3 (8); *Murphy*, Machine Learning. A Probabilistic Perspective, 2012, 1.

die Zusammenhänge entwickelt oder diese auf gänzlich unbekannte Situationen ausweiten könnte.

Das Machine Learning kann sich auf unterschiedliche Arten vollziehen.[119] Am populärsten ist das *Supervised Learning*.[120] Bei diesem Verfahren wird ein Algorithmus regulierten Trainingsdaten (korrespondierenden Input-Output-Paaren) ausgesetzt, die dessen Mustererkennung prägen,[121] d.h. dem Algorithmus werden Beispiele mit den zugehörigen richtigen Antworten vorgelegt, die er strukturiert. Anschließend wird der Lernerfolg mit Testdaten evaluiert.[122] Diesem Typus unterfallen vor allem Bild-, Handschriften-, Sprach- oder Spamerkennungsprogramme sowie die Prognose künftiger Entwicklungen, beispielsweise des Aktienpreises.[123] Beim *Unsupervised Learning*[124] dagegen wird dem Algorithmus lediglich ein Input ohne korrespondierenden Output vorgegeben, d.h. es gibt keine richtigen oder falschen Antworten.[125] Stattdessen soll er selbst Ähnlichkeiten herausfiltern und eigenständig Kategorien bilden.[126] Diese Methode spielt insbesondere bei Komprimierverfahren zur Filterung von wichtigen und unwichtigen Daten eine Rolle.[127] Dazwischen ist das *Reinforcement Learning*[128] verortet, das nach dem Prinzip „Trial and Error" abläuft. Im Programmcode werden nur Handlungsrahmen, -bedingungen und -ziel spezifiziert. Der Algorithmus muss selbst verschiedene Aktionen, die sich in dem Rahmen bewegen, ausprobieren, und erhält dabei auf Basis des anvisierten Ziels positives oder negatives Feedback für die gewählte Aktion, allerdings ohne Verbesserungsvorschlag, sodass er sich allmählich vortasten muss, bis er das Ziel erreicht hat.[129] Typische Anwendungsbeispiele sind die Entwicklung von Strategien für Spiele wie Schach, dessen asiatisches Pendant Go oder Tic-Tac-Toe.[130]

Bis dato noch nicht viel mehr als visionäres Experimentieren ist das *Evolutionary Learning*, das einen ganz neuen Aspekt in die KI-Forschung mit-

[119] Überblick bei *Buxmann/Schmidt* (Fn. 107), 3 (9f.); *Marsland* (Fn. 110), 5f.; *Murphy* (Fn. 118), 2ff., 9ff.; *Stiemerling*, in: Kaulartz/Braegelmann (Fn. 103), Kap. 2.1 Rn. 14ff.

[120] Eingehend *Richter*, Statistisches und maschinelles Lernen. Gängige Verfahren im Überblick, 2019, 1ff.

[121] *Kaulartz*, in: ders./Braegelmann (Fn. 103), Kap. 2.2 Rn. 17; *Martini*, JZ 2017, 1017 (1021); *Russell/Norvig* (Fn. 92), 650.

[122] *Buxmann/Schmidt* (Fn. 107), 3 (9).

[123] Beispiele von *Richter* (Fn. 120), 1.

[124] Eingehend *Richter* (Fn. 120), 289ff.

[125] *Russell/Norvig* (Fn. 92), 650.

[126] *Buxmann/Schmidt* (Fn. 107), 3 (9); *Kaulartz* (Fn. 121), Kap. 2.2 Rn. 25; *Russell/Norvig* (Fn. 92), 725ff.

[127] Beispiele von *Richter* (Fn. 120), 289.

[128] Eingehend *Richter* (Fn. 120), 255ff.

[129] *Buxmann/Schmidt* (Fn. 107), 3 (9f.); *Russell/Norvig* (Fn. 92), 650, 763f.

[130] Beispiele von *Richter* (Fn. 120), 255.

einbezieht, nämlich den Gedanken der Evolution.[131] Die spannende Frage ist, ob und wie dieser in Algorithmen implementiert werden kann. Mit anderen Worten: Wie muss ein Programm gestaltet sein, dessen Lernprozess eine Art künstliche Evolution durchläuft und sich daran orientiert, wie gut ein Output für die Überlebens- bzw. Funktionstüchtigkeit des Systems auf lange Sicht ist?[132]

Der wohl größte Vorteil all dieser Lernverfahren ist, dass sie das aufwendige Programmieren redundant machen, das für einen effizienten nichtlernenden Algorithmus erforderlich ist.[133] Die Forschung ist jedoch nicht beim Machine Learning stehen geblieben. State of the Art ist das *Deep Learning*, das Lernen basierend auf künstlichen neuronalen Netzen (*Artificial Neural Networks*).[134] Diese bilden bis zu einem gewissen Grad den Aufbau des biologischen Gehirns aus Neuronen (Units) und Synapsen (Kanten) nach und sind so im Stande, menschliche Denkprozesse äußerst real zu simulieren.[135] Grundsätzlich nehmen dabei Input-Units Informationen aus der Außenwelt auf, Output-Units geben Informationen als Ergebnis des Verarbeitungsvorgangs an die Außenwelt zurück. Den Kern des Ganzen bildet ein vielschichtiges Gefüge aus Hidden-Units, die die internen Transformationsschritte beinhalten. Sie sind untereinander durch die Kanten verbunden, sodass jeder Output einer Unit zum Input der nächsten werden kann. Jede Kante besitzt eine bestimmte Gewichtung, die das erlernte Wissen repräsentiert. Je stärker diese Gewichtung, desto größeren Einfluss kann eine Unit auf eine andere ausüben.[136] Auf Basis der bereits vorgestellten Lernverfahren werden die Gewichtungen kontinuierlich modifiziert, das System „lernt" aus seinen eigenen Erfahrungen und Fehlern.[137] Die Anzahl an Units, Schichten und Verbindungen zwischen verschiedenen Schichten bestimmt die Komplexität, die Tiefe des neuronalen Netzes und dessen Fähigkeit zur Problemlösung. Die große Menge an unterschiedlichen Netzwerkstrukturen kann prinzipiell

---

[131] Zu Evolution, natürlicher Selektion und „survival of the fittest" *Hudson*, Herbert Spencer, 1908, 35 f.

[132] *Marsland* (Fn. 110), 5 f.

[133] Moderne Audiosysteme zum Beispiel lernen den Klang eines Wortes und erkennen es später auch bei anderer Aussprache wieder, ohne dass jede Eventualität im Programmcode Berücksichtigung gefunden hat. Nichtlernende Systeme müssten ohne entsprechende Programmierung den Output verweigern; *Buxmann/Schmidt* (Fn. 107), 3 (8); *Carbonell/Michalski/Mitchell* (Fn. 111), 3 (3 ff.).

[134] Überblick bei *Goodfellow/Bengio/Courville* (Fn. 114), 5 ff., 164 ff.; *Mainzer* (Fn. 83), 104 ff.; *Murphy* (Fn. 118), 999 ff.; *Schlieter* (Fn. 83), 25 ff.; eingehend *Russell/Norvig* (Fn. 92), 736 ff.

[135] *Buxmann/Schmidt* (Fn. 107), 3 (14); *Martini*, JZ 2017, 1017 (1020); *Murphy* (Fn. 118), 999.

[136] *Buxmann/Schmidt* (Fn. 107), 3 (14 f.); *Stiemerling* (Fn. 119), Kap. 2.1 Rn. 22 f.

[137] *Buxmann/Schmidt* (Fn. 107), 3 (15).

in die zwei Typen der Feedforward-Netze und der rekurrenten Netze eingeteilt werden.[138]

c) Big Data

Big Data ist ein Sammelbegriff für gigantische Datenmengen, die zu groß, komplex, variabel oder schwach strukturiert sind, um sie auf herkömmliche Weise manuell auszuwerten.[139] Darüber hinaus schließt Big Data auch die besonderen Verarbeitungsmethoden[140] mit ein.[141] Grundsätzlich zeichnet sich Big Data durch vier „V" aus: *Volume* (Volumen), *Velocity* (Geschwindigkeit), *Variety* (Vielfalt) und *Veracity* (Zuverlässigkeit).[142]

d) Abgrenzung und Symbiose

Die drei Begriffe Big Data, Algorithmus und KI werden häufig nicht ganz trennscharf oder sogar synonym verwendet. Tatsächlich sind es separate, komplementäre Elemente, deren Verbindung erst die technologischen Quantensprünge ermöglicht.[143] Algorithmen sind Verarbeitungsvorschriften zur Abarbeitung genau definierter Aufgaben.[144] Die mit lernfähigen Algorithmen operierende KI schließt die Lücke, die dadurch entsteht, dass nicht alle Situationen modellartig antizipiert werden können. Sie stützt sich dabei im Wesentlichen auf die Mustererkennung und die autonome Fortschreibung ihrer eigenen Datenbasis.[145] Der Prozess erfordert zweierlei: Erstens benötigt die KI gigantische Datenmengen zum Training der Algorithmen, zum anderen kontinuierlichen Input zur Anpassung an variable Umstände. Dieses Bedürfnis befriedigt Big Data. Diese wird also einerseits von Algorithmen produziert, dient ihnen andererseits aber auch als „Nahrung".[146]

---

[138] In Feedforward-Netzen fließen die Informationen ausschließlich vorwärtsgerichtet von einer Schicht in die nächste. Rekurrente Netze besitzen im Gegensatz dazu auch rückwärtsgerichtete Verbindungen, die Rückkopplungen ermöglichen und dem System gewissermaßen ein „Gedächtnis" geben; näher dazu *Russell/Norvig* (Fn. 92), 738 f.

[139] *Knorre/Müller-Peters/Wagner*, Die Big-Data-Debatte. Chancen und Risiken der digital vernetzten Gesellschaft, 2020, 6; *Mergel*, in: Mohabbat Kar et al. (Hrsg.), (Un)Berechenbar? – Algorithmen und Automatisierung in Staat und Gesellschaft, 2018, 76 (79).

[140] Diese lassen sich grob einteilen in die deskriptive, prädikative und präskriptive Analytik; zu den einzelnen Methoden *Culik/Döpke*, ZD 2017, 226 (227); *Groh*, Künstliche Intelligenz, in: Weber (Fn. 104); *Hoffmann-Riem*, AöR 142, 1 (7 f.); *Kolany-Raiser*, in: Hoeren/Sieber/Holznagel (Hrsg.), Handbuch Multimedia-Recht. Rechtsfragen des elektronischen Geschäftsverkehrs, Teil 15.1 Rn. 1 ff. (Stand: 48. EL Februar 2019).

[141] *Mergel* (Fn. 139), 76 (80 ff.).

[142] *Knorre/Müller-Peters/Wagner* (Fn. 139), 6.

[143] *Knorre/Müller-Peters/Wagner* (Fn. 139), 7.

[144] Siehe unter III. 2. a).

[145] Siehe unter III. 2. b).

[146] *Schlieter* (Fn. 83), 38.

Die Vorteile dieser Symbiose liegen auf der Hand. (Selbstlernende) Algorithmen können durch die Zugriffsmöglichkeit auf Big Data die Lebenswelt als sinnvolles Hilfsmittel gewinnbringend verändern, indem sie stupide, repetitive Aufgaben übernehmen, bei Entscheidungsfindungen, Korrekturen, Einschätzungen, Recherchen oder Auswertungen unterstützen und Prozesse beschleunigen.[147] Aber das fordert seinen Preis, nämlich Undurchschaubarkeit und Unkontrollierbarkeit, die bei indeterministischen Systemen durch deren Lernfähigkeit noch intensiviert wird.

Je autonomer der Prozess abläuft, desto mehr entzieht er sich der menschlichen Supervision.[148] Diese Intransparenz führt besonders in persönlichkeitssensiblen Bereichen zu großen verfassungsrechtlichen Schwierigkeiten[149] und einem hohen Diskriminierungspotenzial.[150] Darüber hinaus spielen Datenschutz und -sicherheit[151] bei jeder Verarbeitung von Daten, vor allem in der Verknüpfung mit Big Data, eine wichtige Rolle.[152] So trifft es zu, wenn *Martini* feststellt: „Wie die Algorithmen funktionieren, [...] verstehen wir immer weniger. Wie aber wir funktionieren, verstehen umgekehrt die Algorithmen immer besser."[153] Die dem selbstlernenden Algorithmus anhaftende Intransparenz[154] verwandelt ihn in eine *Black Box*, eine undurchsichtige Schachtel. Ihm wird ein Input zugeführt, Prozesse laufen ab und anschließend wird ein Output ausgeworfen, ohne dass man rekonstruieren kann, wie der Vorgang genau abgelaufen ist und welche Daten und Parameter mit welcher Gewichtung in die Entscheidungsfindung eingeflossen

---

147 *Martini*, DVBl. 2014, 1481 (1482); *Wischmeyer*, AöR 143, 1 (15 ff.).

148 *Wischmeyer*, AöR 143, 1 (5).

149 Vor allem das Demokratieprinzip (Art. 20 Abs. 2 S. 1 GG), das Rechtsstaatsprinzip (Art. 20 Abs. 3 GG), das Recht auf informationelle Selbstbestimmung (Art. 2 Abs. 1 i. V. m. Art. 1 Abs. 1 GG) und der allgemeine Gleichheitssatz (Art. 3 Abs. 1 GG) sind betroffen.

150 Man bezeichnet dieses Phänomen als *Algorithmic Bias*, woraus das Problem der *Digital Unconsciousness* resultiert; dazu *Balkow/Eckardt*, Bias in algorithmischen Systemen, Stand: 16.3.2019; *Friedmann/Nissenbaum*, Bias in Computer Systems, ACM Transactions on Information Systems 1996 (Vol. 14 No. 3), 330; *Tversky/Kahneman*, Judgement under Uncertainty: Heuristic and Biases, Science 1974 (Vol. 185), 1124; zum Vertrauen in automatisierte Prozesse *Bahner*, Übersteigertes Vertrauen in Automation: Der Einfluss von Fehlererfahrungen auf Complacency und Automation Bias, 2008, 25; *Muir*, Trust in automation: Part I. Theoretical issues in the study of trust and human intervention in automated systems, Ergonomics 1994 (Vol. 37 No. 11), 1905.

151 Die den Algorithmen immanente Intransparenz konfrontiert insbesondere die Art. 12 ff., 17, 22, 35 DSGVO mit einigen Herausforderungen; zum Datenschutz *Klass*, ZUM 2020, 265; *Mantz/Spittka*, in: Sassenberg/Faber (Hrsg.), Rechtshandbuch Industrie 4.0 und Internet of Things, 2. Aufl. 2020, § 6; *Martini*, DVBl. 2014, 1481 (1482 ff.); *Paal*, in: Kaulartz/Braegelmann (Fn. 103), Kap. 8.7; zum Personenbezug *Kaulartz* (Fn. 121), Kap. 8.9.

152 Ausführlich zu den Problemkreisen *Buxmann/Schmidt* (Fn. 107), 3 (15 ff.); *Kuss/Sassenberg*, in: Sassenberg/Faber (Fn. 151), § 13 Rn. 27 ff.; *Martini*, JZ 2017, 1017 (1017 ff.); *ders.* (Fn. 86), 27 ff.; *Wischmeyer*, AöR 143, 1 (18 ff.).

153 *Martini*, JZ 2017, 1017 (1025).

154 Zum Transparenzproblem und seinen Konsequenzen *Wischmeyer*, AöR 143, 1 (42 ff.).

sind.[155] Deshalb besteht gegenüber automatisierten Entscheidungen generell ein verbreitetes Unbehagen,[156] und deshalb ist bei der Anwendung von Algorithmen, KI und Big Data der Transparenzmaxime stets größte Bedeutung beizumessen.[157]

3. Anwendungsfelder eines auf Algorithmen basierenden Umweltschutzes

a) Kein Allheilmittel: Verbleibende ökologische Belastungen und Rebound-Effekte

Algorithmen sind massiv in nahezu jeden Lebensbereich vorgedrungen. Davon bildet der Umweltschutz keine Ausnahme. Auch dieses Feld erobern automatisierte Systeme immer mehr für sich und schaffen dabei Herausforderungen ganz eigener Art, bieten aber andererseits vielfältige Chancen für den sozial-ökologischen Umbau der Gesellschaft. Dessen Gelingen hängt maßgeblich von der Gestaltung der Digitalisierung ab: „Politische Gestaltung der Digitalisierung entscheidet darüber, ob sie zum Brandbeschleuniger sozialer und ökologischer Krisen oder zum Werkzeugkasten für eine nachhaltige Zukunft wird.“[158]

Nachfolgend sollen daher Anwendungsfelder aufgezeigt werden, die sich für den Einsatz von Algorithmen zur Förderung des Umweltschutzes anbieten. Die Darstellung ist zunächst selektiv und keinesfalls umfassend; dies würde den Rahmen sprengen. Die Umschau will trotz des Fokus auf positive Facetten aber nicht verschleiern, dass die Digitalisierung selbst auch erhebliche negative Einflüsse auf die Umwelt hat. Sie hinterlässt direkt und indirekt einen großen ökologischen Fußabdruck, der Schätzungen zufolge mehr als 2 % aller Emissionen weltweit entspricht.[159] Digitale Instrumente provozieren stetig wachsende Datenmengen, die bewegt und verwaltet werden müssen. Um diese dem allgemeinen Zugriff zu eröffnen, bedarf es einer Infrastruktur und Endgeräten, die fortlaufend produziert, gewartet, erneuert und entsorgt werden müssen. Folge sind ein erhöhter Energie- und Rohstoffverbrauch entlang globaler Lieferketten, mehr Konsum und ein größeres Verkehrsaufkommen.[160] Allein die Rechenzentren, die zur Steuerung dieser

---

[155] *Martini*, JZ 2017, 1017 (1018); *ders./Nink*, NVwZ 2017, 681 (682); *Mayer-Schönberger/Cukier*, Big Data, 2013, 178f.

[156] *Fischer/Petersen* (Fn. 84), 30.

[157] Eingehend zum gesamten Problemkreis *Martini* (Fn. 86).

[158] Bundesministerium für Umwelt, Naturschutz und nukleare Sicherheit (BMU) (Hrsg.), Umweltpolitische Digitalagenda, Stand: Februar 2020, 15.

[159] Weißbuch zur künstlichen Intelligenz – ein europäisches Konzept für Exzellenz und Vertrauen, COM(2020) 65 final, 2.

[160] Umweltpolitische Digitalagenda (Fn. 158), 6.

Datenmengen nötig sind, machen ca. 20 % der weltweit zur Digitalisierung verbrauchten Energie aus.

Des Weiteren dürfen die dargestellten Anwendungsfelder nicht nur für sich bewertet werden. So veranschaulichen gerade *Rebound-Effekte* die Dynamik und Multikomplexität des Umweltschutzes, auch unter Einsatz von Algorithmen, künstlicher Intelligenz und Big Data. Schon im Jahr 1865 konnte der britische Ökonom William Stanley Jevons feststellen, dass Energieeffizienzverbesserungen in der (Kohle-)Industrie zu steigender Energienachfrage führen.[161] Aus seinen Beobachtungen wurde später das „Jevons' Paradox" abgeleitet und mit der Zeit als Rebound-Effekt auf den gesamten Bereich der Energieökonomie übertragen.[162] In seinem Kern bringt der Terminus zum Ausdruck, dass eine Effizienzverbesserung die Produktionskosten und somit auch den Preis eines Gutes senkt, was wiederum die Nachfrage von Seiten der Konsumenten erhöht.[163] Die hieraus resultierende Differenz zwischen der theoretisch möglichen Einsparung durch eine (digitale) Effizienzsteigerung und der tatsächlich erreichten Einsparung beschreibt der Rebound-Effekt.[164] Konkrete Werteanalysen liegen aktuell nur für den langfristigen direkten Rebound-Effekt vor. So beträgt er etwa im Sektor des motorisierten Individualverkehrs und der Raumwärme 10–20 %, der Raumkühlung bis zu 25 % und der Beleuchtung in Privathaushalten bis zu 10 %.[165] Würde man zusätzlich indirekte Auswirkungen einbeziehen, würden die Werte nochmal etwa 5–15 Prozentpunkte größer ausfallen. Bei der Beurteilung des Einsatzes von Algorithmen und künstlicher Intelligenz ist dies zu beachten.

b) Mobilität von morgen

aa) Intelligente Verkehrssysteme

Die Steigerung der Verkehrseffizienz und -sicherheit, die Vermeidung von Staus, Leer- und Suchfahrten, die Herstellung einer gleichmäßigen Verkehrsauslastung, die Kombination verschiedener Verkehrsmodi und die Verrin-

---

[161] *Jevons*, The Coal Question: An Inquiry concerning the Progress of the Nation, and the Probable Exhaustion of our Coal-mine, 2. Aufl. 1866, 123 ff.

[162] *Tainter*, in: Polimeni/Mayumi/Giampietro/Alcott (Hrsg.), The Jevons Paradox and the Myth of Resource Efficiency Improvements, 2008, xi.

[163] *Becker*, Individuelles Rebound-Verhalten in der Pkw-Mobilität, 2019, 6.

[164] Übersicht zu Definitionsfragen bei *Grepperud/Rasmussen*, A general equilibrium assessment of rebound effects, Energy Economics 2004 (Vol. 26), 261; *Greening/Greene/Difiglio*, Energy efficiency and consumption – the rebound effect – a survey, Energy Policy 2000 (Vol. 28), 389.

[165] *de Haan/Peters/Semmling/Marth/Kahlenborn*, Rebound-Effekte: Ihre Bedeutung für die Umweltpolitik, 2015, 27.

[166] Erwägungsgründe Nr. 1 und 4 der Richtlinie 2010/40/EU, ABl. EU 2010 L 207/1.

gerung der Umweltbelastung sind Ziele des modernen Verkehrsmanagements.[166] An dieser Stelle setzen intelligente Verkehrssysteme[167] (*Intelligent Transportation Systems*, kurz ITS) an. Diese bestehen aus Komponenten, durch die sich mittels moderner KI-Technik verkehrsbezogene Daten zu Verkehrsorganisation und -information erfassen, übermitteln, verarbeiten und nutzen lassen.[168] Basis eines solchen Systems sind Sensoren, die Daten zu verkehrsrelevanten Parametern (z. B. Verkehrsfluss und -dichte, Temperatur, Luftfeuchtigkeit und -qualität, Licht- und Straßenverhältnisse) sammeln und einem Zentralrechner zur Verfügung stellen. Hier übernehmen Algorithmen die Berechnung der entsprechenden verkehrstechnischen Maßnahmen, die in Kombination mit sog. „Expertenwissen" (z. B. Ferien-/Feiertage, Jahreszeiten, Veranstaltungen, Baustellen) angezeigt erscheinen. Sie transferieren ihre Ergebnisse anschließend an kollektive Aktuatoren, damit die aktivierte Strategie in visuelle Symbole umgesetzt wird.[169] Am Ende resultieren aus den algorithmusbasierten Prognosen Informationspakete, die für das individuelle[170] und kollektive[171] Verkehrsmanagement genutzt werden.

ITS sind in verschiedenen Formen der Telemetrie bereits weltweit im Einsatz. In Zukunft sollen Daten aber nicht nur via Fernmessung erhoben, sondern in kooperativen Systemen ausgetauscht werden, die Fahrzeuge also selbst als *Intelligent and Connected Vehicles* miteinander kommunizieren.[172] Auf diese Weise lässt sich der Sprung von der individuellen zur Systemoptimierung erreichen.[173] Die Kombination mit autonomem Fahren ohne menschliche Einflüsse könnte das System perfektionieren.[174]

Da die Technologie insbesondere im Bereich des aktiven Verkehrs- und Störfallmanagements noch längst nicht ausgereift ist, sind ihre praktischen

---

[167] ITS sind gem. § 2 Nr. 1 IVSG Systeme, bei denen Informations- und Kommunikationstechnologien im Straßenverkehr und an Schnittstellen zu anderen Verkehrsträgern eingesetzt werden.

[168] Erwägungsgrund Nr. 3 der Richtlinie 2010/40/EU, ABl. EU 2010 L 207/1; *Djeffal*, in: Mohabbat Kar et al. (Fn. 139), 493 (497); *Guggenberger*, NVwZ 2019, 844 (846); *Jochum*, ZD 2020, 497 (498).

[169] Zur Funktionsweise ADAC (Fn. 114), 3; *Knorre/Müller-Peters/Wagner* (Fn. 139), 105.

[170] Beispielsweise dynamische Routenplanung für Navigationssysteme der Einzelfahrzeuge; ADAC (Fn. 114), 3.

[171] Beispielsweise Geschwindigkeitsbegrenzungen, Überholverbote, Fahrstreifensperren oder -freigaben, Umleitungen, Parkkapazitäts- und Ampelphasenregulation oder Fahrverbotszonenausweisung durch Verkehrsbeeinflussungsanlagen; *Martini* (Fn. 86), Blackbox Algorithmus – Grundfragen einer Regulierung künstlicher Intelligenz, 2019, 16.

[172] Die Kommunikation erfolgt zwischen den Fahrzeugen (*Vehicle to Vehicle*, kurz V2V) und mit der Infrastruktur (*Vehicle to Infrastructure*, kurz V2I); deskriptiv Siemens/Volkswagen Group China/OAV (Hrsg.), China's Urban Future, 2019, 80, https://www.oav.de/filead min/user_upload/1855_SIE_BRO_-_CHINA_v9_Optimized.pdf.

[173] ADAC (Fn. 114), 3.

[174] Audi (Hrsg.), Studie „25th Hour – Flow", 2018, 10; *Knorre/Müller-Peters/Wagner* (Fn. 139), 107 f.

Einsatzmöglichkeiten limitiert.[175] Es wird jedoch intensiv daran geforscht, die koordinierte Verkehrsbeeinflussung durch KI-Anwendungen praxistauglich zu machen. Entsprechende Projekte betreiben beispielsweise Audi[176] und VW.[177] Auch der deutsche Staat lässt sich durch die rasante Entwicklung der modernen Informationstechnologie im Straßenverkehr nicht abhängen und hat in Umsetzung der IVS-Richtlinie 2010/40/EU[178] das IVSG[179] erlassen.[180] Danach haben die Behörden bei der Einführung und Anwendung von ITS europäische Spezifikationen zu beachten (§ 3 IVSG). Voraussetzung für eine konstruktive Mitwirkung an dem europäischen Prozess ist eine klare nationale Strategie. Deshalb ist in interdisziplinärer Zusammenarbeit der IVS-Aktionsplan „Straße" entstanden, der eine abgestimmte Vorgehensweise konkretisiert.[181] Im Ergebnis besteht aber noch viel weiterer Handlungsbedarf zur Umsetzung der erprobten Methoden und gleichzeitigen Fokussierung auf die strukturierte Weiterentwicklung.[182]

Im Rahmen eines ganzheitlichen Konzepts der *Connected Mobility* mit dem Ziel der ökologischen Verkehrswende könnte das moderne Verkehrsmanagement noch weiter gehen. So ist neben der Verbindung der Mobilitätsträger untereinander auch an eine Einbindung der Umwelt und die Inklusion neuer Mobilitätsformen zu denken.[183] Im Bereich der Sharing-Fahrdienste, insbesondere beim *Carsharing*,[184] tun sich insofern vielversprechende An-

---

[175] ADAC (Fn. 114), 3.

[176] In Ingolstadt das Projekt „GLOSA" (*Green Light Optimized Speed Advisory*) zur optimalen Grünphasennutzung, in Wuxi ein Projekt zur Erforschung der universalen Kommunikation *Vehicle to Everything* (V2X); nähere Informationen abrufbar unter https://www.audi.com/de/experience-audi/mobility-and-trends/urban-life/smart-city.html.

[177] In Peking ein Projekt zur Verkehrsflussoptimierung; *Hilbert/Neukart/Ringlstetter/Seidel/Sichler*, in: Buxmann/Schmidt (Fn. 107), 173 (181 f.); *Knorre/Müller-Peters/Wagner* (Fn. 139), 108; nähere Informationen abrufbar unter https://www.volkswagenag.com/de/news/stories/2018/11/intelligent-traffic-control-with-quantum-computers.html.

[178] Richtlinie 2010/40/EU des Europäischen Parlaments und des Rates vom 7. Juli 2010 zum Rahmen für die Einführung intelligenter Verkehrssysteme im Straßenverkehr und für deren Schnittstellen zu anderen Verkehrsträgern, ABl. EU 2010 L 207/1.

[179] Gesetz über intelligente Verkehrssysteme im Straßenverkehr und deren Schnittstellen zu anderen Verkehrsträgern (Intelligente Verkehrssysteme Gesetz – IVSG) vom 11. Juni 2013, BGBl. I, 1553.

[180] Zum europäischen und nationalen Rechtsrahmen *Jochum*, ZD 2020, 497.

[181] Bundesministerium für Verkehr und digitale Infrastruktur (BMVI) (Hrsg.), IVS-Aktionsplan „Straße", Stand: September 2012.

[182] BMVI (Hrsg.), IVS-Aktionsplan „Straße" (Fn. 181), 33.

[183] Eingehend zu Ausgangslage und rechtlichem Handlungsbedarf *Kment*, NVwZ 2020, 366.

[184] Carsharing umfasst gem. § 2 Nr. 1 CsgG das Angebot an sowie die Reservierung und Nutzung eines Kraftfahrzeugs durch eine unbestimmte Anzahl von Fahrern auf der Grundlage einer Rahmenvereinbarung und eines die Energiekosten mit einschließenden Zeit- oder Kilometertarifs.

knüpfungspunkte für smarte Technologien auf.[185] Die Einbindung in den ITS-Datenpool würde eine noch bessere Koordination dieses On-Demand-Service ermöglichen[186] und sich im Ergebnis positiv auf die Umwelt auswirken, da durch den Ausbau des Carsharing-Angebots bei gleichzeitiger Reduzierung der Anzahl an allein genutzten Privatfahrzeugen Potenzial für enorme CO_2-Einsparungen besteht.[187]

bb) Verkehrsüberwachung

Flankierend zu den dargestellten ITS sind entsprechende Verkehrsüberwachungssysteme sinnvoll, um die Einhaltung der aktivierten Strategien durch die Verkehrsteilnehmer sicherzustellen. Für solche bieten sich vielfältige Einsatzmöglichkeiten an, die zum Teil auch schon wahrgenommen werden – man denke bloß an Radarkontrollen und Abstandsmessungen –, im Übrigen aber analog zur Verkehrssteuerung ausgebaut werden müssen. Im Bereich des Möglichen liegen nach dem heutigen Stand der Technik insbesondere videoanalytische Verkehrsscanner mit automatisierter Kennzeichenerfassung zum Auffinden von Verkehrs- und Umweltsündern in Strafverfolgungs- oder Versicherungsfällen.[188] Kombinieren ließe sich das Ganze mit einer intelligenten Videoanalyse, wie sie bereits beim sog. *Predictive Policing*[189] eingesetzt wird, sodass nicht nur Kennzeichen, sondern ganze Verkehrssituationen erkannt und sich regelwidrig verhaltende Fahrer zur Rechenschaft gezogen werden könnten.[190] Schon die derzeitige automatisierte Kennzeichenerfassung konfligiert jedoch mit dem Recht auf informationelle Selbstbestimmung.[191] Deswegen erscheint es momentan ausgeschlossen, dass sie in absehbarer Zeit ausgeweitet wird, erst recht nicht in Kombination mit intelligenter Videoanalyse. Zunächst müsste das Recht an die technischen Notwendigkeiten angepasst werden.

---

185 *Knorre/Müller-Peters/Wagner* (Fn. 139), 107.

186 *Kment*, NVwZ 2020, 366 (368).

187 Zum 1.1.2020 waren 47,7 Millionen Personenkraftwagen in Deutschland zugelassen, etwa 42,5 Millionen (89 %) davon auf private Halter. Die CO_2-Emissionen im Straßenverkehr durch private Haushalte betrugen im Jahr 2017 (aktuelle Werte dürften ähnlich ausfallen) 106 Millionen Tonnen; Zahlen des Kraftfahrt-Bundesamts, Bestandüberblick am 1. Januar 2020, https://www.kba.de/DE/Statistik/Fahrzeuge/Bestand/Jahresbilanz/b_jahresbilanz_inhalt.html?nn=2598042.

188 *Knorre/Müller-Peters/Wagner* (Fn. 139), 106, 108 f.

189 Dieser Begriff der computergestützten Polizeiarbeit umschreibt die prädikative Auswertung von sicherheitsrelevanten Daten mit dem Ziel, Wahrscheinlichkeitsprognosen bzgl. Straftaten, Tätern, Tatorten und Tatumständen abzugeben und Einsätze effizienter zu planen; instruktiv *Hoffmann-Riem*, AöR 142, 1 (15); *Rademacher*, AöR 142 (2017), 366 (373 ff.).

190 Neben fest installierten Kamerasystemen kommt auch der Einsatz von mobilen Drohnen in Betracht; so *Knorre/Müller-Peters/Wagner* (Fn. 139), 109.

191 BVerfGE 150, 244; anders noch BVerfGE 120, 378 sowie BVerwG, NVwZ 2015, 906.

c) Transparenzinitiative

Algorithmen können auch das Verhalten von Konsumenten positiv beeinflussen und dadurch den Umweltschutz unterstützen. Das individuelle Konsumverhalten hat nämlich fundamentale Auswirkungen auf den Klimawandel.[192] Ein elementarer Grundpfeiler des algorithmusbasierten Umweltschutzes sollte deshalb eine Transparenzinitiative sein, also der freie Zugang zu nachvollziehbaren und umfassenden umweltrelevanten Informationen, um dem Einzelnen seinen Verbrauch zu verdeutlichen und ihn zu einem nachhaltigeren Lebensstil zu bewegen.

aa) Digitaler Produktpass

Eine Option in diesem Zusammenhang ist ein digitaler Produktpass über die Umweltdaten im Lebenszyklus von Produkten und Dienstleistungen, der allen Beteiligten in der Wertschöpfungskette jederzeit zur Verfügung steht.[193] Derzeit überschwemmen die verschiedensten Umweltsiegel den Markt.[194] Eigentlich sollen sie eine Unterscheidung von umweltfreundlichen und -schädlichen Produkten ermöglichen, ihre Quantität bewirkt aber oft das Gegenteil. Eine einheitliche, adaptive Klassifizierung könnte da Abhilfe schaffen. Eine gute Vergleichsmöglichkeit bietet die CE-Kennzeichnung, die als eine Art „Reisepass eines Produkts für den europäischen Binnenmarkt"[195] im Bereich des Produktsicherheitsrechts geschaffen wurde,[196] um europäische Sicherheitsstandards zu garantieren.[197] Ein entsprechender Umweltpass in Form von obligatorischen Standarddatensätzen oder zentralen Datenbanken hat sich bisher nicht etabliert. Es existieren jedoch vielversprechende Ansätze wie die von der EU subventionierten Projekte „my-

---

[192] Beispiel Nahrungsmittel: Im Zeitraum 2010–2016 verursachten Nahrungsmittelverlust und -verschwendung (25–30 % der produzierten Nahrungsmittel) weltweit 8–10 % des gesamten anthropogenen Treibhausgasausstoßes; Zahlen bei Intergovernmental Panel on Climate Change (IPCC), Climate Change and Land: An IPCC Special Report on climate change, desertification, land degradation, sustainable land management, food security, and greenhouse gas fluxes in terrestrial ecosystems, 2020, 22.

[193] Nähere Informationen abrufbar unter https://www.bmu.de/faqs/umweltpolitische-digitalagenda-digitaler-produktpass/.

[194] Beispielsweise „Blauer Engel", „EU Bio-Siegel", „FSC-Label", „MSC-Label", „PEFC-Label", „OK-Power-Label", „Grüner Strom-Label", „EU Ecolabel" oder die EU-Energieverbrauchskennzeichnung.

[195] *Krey/Kapoor*, Praxisleitfaden Produktsicherheitsrecht, 3. Aufl. 2017, 173.

[196] Verordnung (EG) Nr. 765/2008 des Europäischen Parlaments und des Rates vom 9. Juli 2008 über die Vorschriften für die Akkreditierung und Marktüberwachung im Zusammenhang mit der Vermarktung von Produkten und zur Aufhebung der Verordnung (EWG) Nr. 339/93 des Rates, ABl. EG 2008 L 218/30.

[197] *Lötzsch/Fifka*, EuZW 2020, 179 (182).

EcoCost"[198] und, auf die europäische Chemikalienverordnung REACH[199] zurückgehend, „AskREACH".[200]

bb) Suchmaschinen mit ökologischer Priorisierung

Digitale Plattformen stellen einen anderen Ansatzpunkt dar, von dem aus sich ein nachhaltiger Konsum und folglich mehr Umweltschutz erreichen ließe, insbesondere in Gestalt der Priorisierung umweltfreundlicher Produkte in Suchmaschinen. Durch ihre algorithmusbasierte Vermittlung von Suchergebnissen sind die Plattformen eine elementare Komponente des digitalen Kommunikationsprozesses. Der Verfahrensablauf ist zumindest in seinen Grundzügen stets derselbe.[201] Nach Eingabe eines Suchbegriffs wird ein Abgleich mit dem hinterlegten Datenbankindex vorgenommen. Diese Datenbank enthält, was sog. *Crawler*[202] im Internet gefunden haben. Im Anschluss wird das Gefundene, ebenfalls mithilfe von Algorithmen, bewertet und indexiert. Dieser Index wird schließlich durch die Ergebnisliste der Suchanfrage repräsentiert.[203] Gerade bei marktbeherrschenden Suchmaschinen erzeugt dieser Ansatz jedoch eine große Missbrauchsgefahr.[204] Es wird deswegen moniert, dass eben jene Priorisierungen von Suchergebnissen und die daraus folgende dauerhafte Reaktualisierung von Inhalten die Meinungsfreiheit und -vielfalt untergrüben. Die Rufe nach einer Regulierung werden immer lauter.[205] Auf

[198] Projekt zur Echtzeitberechnung und Übermittlung von Umweltdaten von Produkten und Dienstleistungen an alle beteiligten Akteure, indem mithilfe des Barcodes die Ökobilanz aufgerufen werden kann und auch der Kassenbon die Ökokosten des Einkaufs ausweist; dazu *von Geibler et al.*, Forming the Nucleus of a Novel Ecological Accounting System: the myEcoCost Approach, Key Engineering Materials 2014 (Vol. 572), 78; nähere Informationen abrufbar unter https://www.myecocost.eu/.

[199] Verordnung (EG) Nr. 1907/2006 des Europäischen Parlaments und des Rates vom 18. Dezember 2006 zur Registrierung, Bewertung, Zulassung und Beschränkung chemischer Stoffe (REACH), ABl. EG 2006 L 396/1.

[200] Projekt zur Sensibilisierung der Öffentlichkeit für sog. *Substances of Very High Concern*; dazu *Schenten/Fonseca/Schönborn*, Awareness and communication on SVHCs in articles: Surveys of consumers and article suppliers: Informing the impact monitoring of the project ‚LIFE AskREACH', 2019; nähere Informationen abrufbar unter https://www.askreach.eu/.

[201] Deskriptiv *Maaß/Gräfe*, in: Hildebrand/Gebauer/Hinrichs/Mielke (Hrsg.), Daten- und Informationsqualität. Auf dem Weg zur Information Excellence, 4. Aufl. 2018, 155 ff.

[202] Programme, die das Internet sondieren, gefundene Inhalte scannen und in der Datenbank ablegen.

[203] *Behrendt*, DVBl. 2020, 1448 (1450).

[204] Infolge von Entscheidungen des Bundesverfassungsgerichts zum „Recht auf Vergessen" ist die Thematik zusätzlich negativ in den öffentlichen Fokus geraten; dazu BVerfG, NJW 2020, 300 (Recht auf Vergessen I); NJW 2020, 314 (Recht auf Vergessen II).

[205] Etwa durch Offenlegung der allgemeinen Selektionsprinzipien oder Content-Pflichten; so *Eifert*, NJW 2017, 1450; *Heilmann*, MMR 2020, 162; *Ingold*, MMR 2020, 82; *Schmid/Braam/Mischke*, MMR 2020, 19; *Schütz*, MMR 2018, 36 (37 f.).

der anderen Seite gerät dabei aus dem Blick, dass die Priorisierungsfunktion auch ihre Vorteile hat und, richtig eingesetzt, zu einer Optimierung im jeweiligen Lebensbereich führen kann. Im Moment zeichnet sich das insbesondere im Gesundheitssektor ab.[206] Die Corona-Pandemie verdeutlicht, dass seriöse Gesundheitsinformationen unverzichtbarer Bestandteil der Prävention und Bekämpfung von Krankheiten sind. Dieser Gedanke lässt sich gut auf den Umweltsektor übertragen. Auch dort sind Aufklärung und Transparenz unerlässlich für einen wirksamen Umweltschutz, der durch die Priorisierung bestimmter Suchergebnisse (z. B. umweltfreundliche Produkte, umweltschonende Verkehrsrouten) gefördert werden könnte.

d) Überwachung von Industrieanlagen

Ein weiteres, bislang rein hypothetisches Anwendungsfeld des auf Algorithmen basierenden Umweltschutzes könnte in der Überwachung der Industrie zum Aufspüren von „Umweltsündern" zu finden sein. Insbesondere die industrielle Landwirtschaft und die Massentierhaltung sind Haupterzeuger von Treibhausgasen in Deutschland, wie die folgenden Werte verdeutlichen.[207] Im Jahr 2018 war die Landwirtschaft verantwortlich für 63,6 Millionen Tonnen Kohlendioxid (CO_2)-Äquivalente, was 7,4 % der jährlichen Treibhausgas-Gesamtemission in Höhe von 858 Millionen Tonnen[208] entspricht. Den Hauptteil der landwirtschaftlichen Treibhausgas-Emissionen macht Methan (CH_4) aus,[209] gefolgt von Lachgas (N_2O).[210] Sie entstehen vor allem infolge von tierischen Verdauungsprozessen (Fermentation), beim Wirtschaftsdüngermanagement (z. B. Ausbringung von Gülle oder Festmist) und durch Lagerungsprozesse von Gärresten. Summa summarum lassen sich 40,4 Millionen Tonnen CO_2-Äquivalente (63,6 % der deutschen Landwirtschaft und knapp 5 % der deutschen Gesamtemissionen) allein auf die direkte Tierhaltung zurückführen.[211] Zur Abrundung des Bildes noch ein Blick

---

[206] Kooperation des Bundesministeriums für Gesundheit (BMG) und Google hinsichtlich der Prominenz des Nationalen Gesundheitsportals bei einer medizinischen Stichwortsuche; Link zum Portal https://gesund.bund.de/.

[207] Zahlen im Folgenden abrufbar unter https://www.umweltbundesamt.de/daten/land-forstwirtschaft/beitrag-der-landwirtschaft-zu-den-treibhausgas#treibhausgas-emissionen-aus-der-landwirtschaft.

[208] Umweltbundesamt (Hrsg.), Berichterstattung unter der Klimarahmenkonvention der Vereinten Nationen und dem Kyoto-Protokoll 2020. Nationaler Inventarbericht zum Deutschen Treibhausgasinventar 1990–2018, Stand: April 2019, 72.

[209] Auf CH_4 entfielen im Jahr 2018 51,2 % der landwirtschaftlichen Treibhausgas-Emissionen.

[210] Auf N_2O entfielen im Jahr 2018 44,2 % der landwirtschaftlichen Treibhausgas-Emissionen.

[211] Dabei sind Emissionen infolge von Ausscheidungen beim Weidegang noch gar nicht berücksichtigt, da sie in der Bilanz in die Kategorie „landwirtschaftliche Böden" fallen.

auf die Viehbestandszahlen: Zum 3.5.2019 gab es in Deutschland 11.763.433 Rinder in 136.091 Haltungen.[212] Die Zahl der gehaltenen Schweine, die zwar nicht Hauptemittent, aber zahlreicher sind, betrug 25.959.000 in 21.600 Betrieben.[213]

Angesichts der bedeutenden Rolle des landwirtschaftlichen Sektors als eine Hauptursachequelle der Treibhausgas-Emission hat der Staat sich im Rahmen seines Klimaschutzkonzepts die Reduktion der landwirtschaftlichen Emissionen bis zum Jahr 2030 auf 58 Millionen Tonnen CO_2-Äquivalente vorgenommen (Anlage 2 zu § 4 KSG).[214] In diesem Sinne liegt der Gedanke nahe, den Bereich verstärkt unter staatliche Aufsicht zu stellen und fortlaufend die CO_2-Bilanzen, den Flächenverbrauch, mögliche Wasserverschmutzungen etc. der Betriebe zu überwachen. Dabei könnte algorithmusbasierten Anwendungen eine wesentliche Funktion zukommen. Es wäre denkbar, ein ähnliches Konzept wie das der ITS[215] auch im Bereich der industriellen Landwirtschaft zu etablieren. Die kleinste Einheit würden Sensoren zur Messung der verschiedenen Emissionswerte und anderen Parameter bilden, die, an festen Messstationen oder auch Drohnen montiert, umweltrelevante Daten erfassen und an einen Zentralrechner übermitteln. An der Stelle kommen Algorithmen zum Einsatz und analysieren die Daten, arbeiten Muster heraus und kombinieren diese mit Big Data-Informationen aus den Zentralbeständen (z. B. Prognosen bzgl. des lokalen und überregionalen Wetters, Erfahrungen aus vergangenen Szenarien).

Auf der einen Seite kann so aktives Wirtschaftsmanagement betrieben werden, indem umweltschutzorientierte, optimal berechnete Handlungsempfehlungen, etwa zur Anpassung der Felderwirtschaft (d. h. der Fruchtfolge), des Bewässerungssystems, des Futtermittels oder des Wirtschaftsdüngermanagements (d. h. des Düngervolumens), an die Anlagenbetreiber zurückgeleitet werden. Auf der anderen Seite kann sichergestellt werden, dass Grenzwerte zulässiger Emissionsmengen von den Betreibern auch tatsächlich eingehalten werden. Kommen sie ihnen nahe, wird ihnen eine systemgenerierte Warnung geschickt, die sie darauf hinweist; überschreiten sie sie (eklatant oder wiederholt), wird dies durch das System der zuständigen Stelle gemeldet oder direkt selbst sanktioniert. Der Rahmen des rechtlich Zulässigen wird hier freilich noch intensiv zu erörtern und abzustecken sein. Es ist allerdings angebracht, die Vorzüge der Informations- und Kommunikations-

[212] Statistisches Bundesamt (Hrsg.), Land und Forstwirtschaft, Fischerei. Viehbestand, Fachserie 3 Reihe 4.1, 2019, 5.

[213] Statistisches Bundesamt (Fn. 212), 6.

[214] Gesetz zur Einführung eines Bundes-Klimaschutzgesetzes vom 12. Dezember 2019, BGBl. I, 2513.

[215] Siehe unter III. 3. b).

technologien nicht nur im Straßenverkehr, sondern auch in der Wirtschaft zu nutzen. Angesichts des sozial-ökologischen Umbaus der Gesellschaft, der mit der Digitalisierung einhergeht, wäre es nicht sachgerecht, sich gerade in diesem elementaren Bereich plötzlich zurückzuhalten und Entwicklungen, die man anderenorts forciert, juristisch auszubremsen. Das Konzept des algorithmusbasierten Umweltschutzes per Überwachung von Industrieanlagen wurde vorliegend anhand der industriellen Landwirtschaft, speziell der Viehhaltung exemplifiziert. Natürlich erschöpft sich die Betrachtung darin nicht, sondern kann modifiziert auch anderen Wirtschaftszweigen wie der Konsumgüterindustrie, der Metallindustrie, der chemischen Industrie oder der Recycling- und Abfallindustrie zugrunde gelegt werden. Der Ansatz bietet reichlich Raum für innovative Gedanken.

e) Optimierung von Planfeststellungsverfahren

Die Infrastruktur ist ein zentraler Bestandteil des modernen Lebens.[216] Die Optimierung bedeutsamer Infrastrukturvorhaben, insbesondere der in der vorbereitenden Phase stattfindenden Planfeststellungsverfahren, bildet deshalb die Basis für eine prosperierende Gesellschaft.[217] Die Diskussion über beschleunigte Planfeststellungsverfahren[218] ist nicht neu.[219] Grundsätzlich ist für bedeutende Infrastrukturvorhaben ein solches nach §§ 72 ff. VwVfG durchzuführen, beispielsweise in den Fällen von § 17 Abs. 1 FStrG, § 14 Abs. 1 WaStrG oder § 43 Abs. 1 EnWG. Dies gestaltet sich sehr komplex, weil staatliche Planung als „Prozess der Gewinnung, Auswahl und Verarbeitung von Informationen, der Zielsetzung und der Auswahl einzusetzender Mittel“[220] angesehen wird, was sich vor allem bei der Öffentlichkeitsbeteiligung zeigt. Um die Entscheidungsprozesse zu verschlanken, wurde deswegen mit dem Planungsbeschleunigungsgesetz[221] die Möglichkeit geschaffen, auf den Erörterungstermin zu verzichten (§ 17a Nr. 1 FStrG, § 14a Nr. 1 WaStrG, § 43a Nr. 3 EnWG). Das missachtet jedoch das Telos der Öffent-

---

216 Siehe unter III. 3. b), dort bereits am Beispiel des Straßenverkehrs dargestellt.

217 *Pfannkuch/Schönfeldt*, NVwZ 2020, 1557 (1557).

218 Zur Entwicklung des Planfeststellungsrechts seit 1990 Überblick bei *Neumann/Külpmann*, in: Stelkens/Bonk/Sachs (Hrsg.), VwVfG, 9. Aufl. 2018, § 72 Rn. 15 ff.

219 Es wurden bereits viele konstruktive Ansätze von verschiedenen Akteuren entwickelt; so etwa vom Bundesministerium für Verkehr und digitale Infrastruktur (BMVI) (Hrsg.), Innovationsforum Planungsbeschleunigung. Abschlussbericht, Stand: März 2017; *Ewer*, Möglichkeiten zur Beschleunigung verwaltungsgerichtlicher Verfahren über Vorhaben zur Errichtung von Infrastruktureinrichtungen und Industrieanlagen. Gutachten für den Nationalen Normenkontrollrat, 2019; Bundesverband der Deutschen Industrie e.V. (BDI) (Hrsg.), Positionspapier: Die Zukunft von Infrastrukturprojekten, Stand: Juni 2011, BDI-Drs. Nr. 454.

220 BVerfGE 95, 1 (16).

221 Gesetz zur Beschleunigung von Planungs- und Genehmigungsverfahren im Verkehrsbereich vom 29. November 2018, BGBl. I, 2237.

lichkeitsbeteiligung[222] als Befriedungsinstrument für frühzeitige Transparenz und im Idealfall Akzeptanz.[223] Akzeptanz meint dabei im Lichte des demokratischen Gedankens keinen umfassenden Konsens, sondern eine frühzeitige, effektive Kommunikation zum schonenden Ausgleich eventuell bestehender Differenzen.[224] Akzeptanzdefizite erweisen sich oft als wesentliches Hindernis für die Realisierung von Infrastrukturvorhaben.[225] Der Erörterungstermin trägt außerdem zu einer sachlich richtigen, schnellen und nachhaltigen Entscheidung bei.[226] Die Demontage der Öffentlichkeitsbeteiligung muss folglich umgekehrt werden.[227] Können Algorithmen in diesem Zusammenhang Hilfe bieten und letztlich konsistente, umweltschutzorientierte Entscheidungen generieren?

Algorithmische Systeme sind in der Lage, die Verfahrensbeteiligten (Vorhabenträger, Anhörungsbehörde) bei einer effektiven Planung zu unterstützen. Durch die Möglichkeit des Rückgriffs auf Big Data bietet sich ihnen eine breite Informationsbasis, die sie viel schneller abrufen und umfassender und fehlerfreier verwerten können als menschliche Sachbearbeiter.[228] Das verweist aber gleichzeitig auf ein zentrales Problem. Ein solches Datennetzwerk, in dem die einzelnen, auf viele verschiedene Stellen verteilten planungsrelevanten Werte umfassend gesammelt und frei zur Verfügung gestellt werden, existiert bislang nicht. Es ist jedoch unabdingbare Voraussetzung für die wirkungsvolle Arbeit von Algorithmen, da es ihnen als „Nahrung“[229] dient, ohne die sie keine Korrelationen herstellen und Wahrscheinlichkeiten berechnen können.[230] Mit einem bundes- oder europaweiten, öffentlich einsehbaren Netzwerk zur gebündelten Merkmalserfassung und Vorhabenregistrierung ließe sich diese Lücke schließen. Ein erster Anlauf in Richtung einer Konzentration wurde mit der integrierten Vorhabengenehmigung unternommen, dem zentralen Instrument des einstmals angestrebten Umweltgesetzbuchs.

---

[222] Zu den Funktionen der Öffentlichkeitsbeteiligung *Appel*, NVwZ 2012, 1361 (1362); Bundesministerium für Verkehr und digitale Infrastruktur (BMVI) (Hrsg.), Handbuch für eine gute Bürgerbeteiligung. Planung von Großvorhaben im Verkehrssektor, Stand: März 2014, 57ff.

[223] *Antweiler*, NVwZ 2019, 29 (30); *Stender-Vorwachs*, NVwZ 2012, 1061 (1063); *Ziekow*, NVwZ 2013, 754 (755).

[224] *Pfannkuch/Schönfeldt*, NVwZ 2020, 1557 (1558); *Zeccola*, DÖV 2019, 100 (101).

[225] *Antweiler*, NVwZ 2019, 29 (30); *Zeccola*, DÖV 2019, 100 (102).

[226] Er soll „durch eine vertiefte Auseinandersetzung mit den gegensätzlichen Positionen [...] die Informations- und Entscheidungsgrundlage der Planfeststellungsbehörde [...] verbreitern“, so BVerwGE 131, 316 (324).

[227] Sachverständigenrat für Umweltfragen (Hrsg.), Umweltgutachten 2002, BT-Drs. 14/9792, 110.

[228] Siehe unter III. 2. c) zu Big Data.

[229] *Schlieter* (Fn. 83), 38.

[230] Sie sind nicht in der Lage, aus eigenem Antrieb heraus zur aktiven Informationssuche unbekannte Felder zu erschließen, sondern an ihre Programmierung und Datenbasis gebunden; siehe dazu unter III. 2. b).

Dieses Ansinnen ist jedoch gescheitert.[231] Folglich ist das deutsche Umweltrecht nach wie vor sektoral und medienbezogen strukturiert, was den Einsatz von Algorithmen zur Unterstützung umweltrechtlicher Genehmigungsverfahren auf einheitlicher Basis schwierig gestaltet. Es ist also ein anderer Weg angezeigt, um algorithmische Systeme ausgehend vom Status quo zur Koordinierung paralleler Genehmigungsverfahren einzusetzen und so Transparenz zu schaffen und fundierte Entscheidungshilfen zu geben. Als Ansatzpunkt kann § 75 Abs. 1 VwVfG dienen. Die Norm sieht eine umfassende[232] Verfahrenskonzentration umweltrechtlicher Genehmigungen im Planfeststellungsverfahren (§§ 72 ff. VwVfG i. V. m. gesetzlicher Anordnung) vor. Verfahrenskonzentration meint, dass nur die formellen Verfahrensvorschriften der inkludierten Genehmigungsverfahren unanwendbar werden, die materiellen Genehmigungsvoraussetzungen dagegen vollumfänglich einzuhalten sind, sodass mehrere Verfahren zu einem einzigen mit einer abschließenden Genehmigung gebündelt werden.[233] Zu diesen Verfahren zählt das der immissionsschutzrechtlichen Genehmigung gem. § 4 Abs. 1 S. 1 BImSchG,[234] die selbst wiederum andere Genehmigungsverfahren bündelt (§ 13 BImSchG).[235] Es sind demzufolge, ob im großen Rahmen der Planfeststellung oder nur dem der immissionsschutzrechtlichen Genehmigung, viele materielle Anforderungen bei der Zulässigkeit eines Vorhabens zu berücksichtigen. Eine immissionsschutzrechtliche Genehmigung setzt unter anderem die Erfüllung der den Anlagenbetreibern obliegenden Pflichten (§ 5 Abs. 1 Nr. 1–4 BImSchG)[236] sowie die Beachtung der aufgrund von § 7 BImSchG erlassenen Rechtsverordnungen[237] voraus. Hinzu treten die Voraussetzungen der eingebundenen Genehmigungsverfahren.[238] Unabhängig davon sind

---

[231] Siehe unter II. 6.

[232] BVerfGE 26, 338 (374).

[233] *Deutsch*, in: Mann/Sennekamp/Uechtritz (Hrsg.), Verwaltungsverfahrensgesetz. Großkommentar, 2. Aufl. 2019, § 75 Rn. 66 ff.; *Neumann/Külpmann*, in: Stelkens/Bonk/Sachs (Fn. 218), § 75 Rn. 10 ff.

[234] *Seibert*, in: Landmann/Rohmer (Begr.), Umweltrecht, § 13 BImSchG Rn. 95 (Stand: 68. EL Februar 2013).

[235] *Jarass*, in: ders. (Hrsg.), Bundes-Immissionsschutzgesetz. Kommentar, 13. Aufl. 2020, § 13 Rn. 1; *Schmidt-Preuß*, NVwZ 2000, 252 (255); *Seibert*, in: Landmann/Rohmer (Fn. 234), § 13 BImSchG Rn. 13 (Stand: 68. EL Februar 2013).

[236] Gewährleistung eines hohen Schutzniveaus für die Umwelt insgesamt, konkret die Vermeidung schädlicher Umwelteinwirkungen und sonstiger Gefahren durch die Anlage (Nr. 1), die Vorsorge diesbezüglich (Nr. 2), Abfallmanagement (Nr. 3) und sparsame und effiziente Energieverwendung (Nr. 4).

[237] Überblick über erlassene Rechtverordnungen bei *Dietlein*, in: Landmann/Rohmer (Fn. 234), § 7 BImSchG Rn. 10 (Stand: 76. EL Mai 2015).

[238] Beispielsweise der Baugenehmigung (Art. 68 Abs. 1 S. 1 BayBO), der naturschutzrechtlichen Genehmigung (§ 15 Abs. 5 BNatSchG) oder der Treibhausgas-Emissionsgenehmigung (§ 4 Abs. 1 TEHG); ausführlich zu eingeschlossenen Entscheidungen *Seibert*, in: Landmann/Rohmer (Fn. 234), § 13 BImSchG Rn. 80 ff. (Stand: 68. EL Februar 2013).

daneben die nicht von § 13 BImSchG erfassten Genehmigungen und deren Anforderungen zu beachten.[239] Zusätzlich kann eine Umweltverträglichkeitsprüfung zur Ermittlung, Beschreibung und Bewertung der erheblichen Umweltauswirkungen nach dem UVPG erforderlich sein, da bedeutende Infrastrukturvorhaben oft dem Anwendungsbereich des § 1 UVPG und der UVP-Pflicht gem. §§ 6 ff. UVPG unterfallen.

In welcher Form auch immer, Genehmigungsverfahren stellen ein äußerst komplexes Unterfangen dar, das große Herausforderungen für die Behörden mit sich bringt. Entweder laufen mehrere Verfahren parallel ab, sodass dem einzelnen Sachbearbeiter der Überblick über das Gesamtkonstrukt schwerfällt. Oder Verfahren werden unter dem Dach einer übergeordneten Entscheidung konzentriert, was wiederum die Gefahr mangelnder Sachkompetenz in sich birgt, wenn ein (sachfremder) Beamter eine ihm nur rudimentär bekannte Materie bearbeiten muss. Im Endeffekt steigt das Risiko rechts- und/oder ermessensfehlerhafter Entscheidungen, da der Mensch trotz moderner Kommunikationstechnik doch nur eine limitierte Auffassungsgabe hat und folglich planungs-, insbesondere umweltrelevante Belange nicht immer angemessen berücksichtigt, Folgen falsch einschätzt oder (unbewusst und unabsichtlich) Widersprüche zu anderen Planungen schafft.[240]

Dieses Risiko kann durch die Einbindung algorithmusbasierter Systeme minimiert werden. Sie sind in der Lage, auch bei noch so umfangreichen Datensätzen und Konnexitäten den Überblick zu behalten und den dahinterstehenden Sachverhalt rational aufzuarbeiten. Ihnen unterlaufen naturgemäß keine Flüchtigkeitsfehler und sie vergessen bei der Situationsanalyse keine planungsrelevanten Kriterien, soweit diese ihrem Zugriff unterliegen. Mithilfe von Algorithmen, die hochkomplexe statistische Berechnungen, auch zu Wechselwirkungen mit anderen Vorhaben und Umweltfaktoren, vornehmen können, wäre es also möglich, ein Vorhaben vollumfänglich zu analysieren und konsistent zu bewerten. Die Kombination mit KI, die aus Erkenntnissen vergangener Planungsverfahren „lernt“ und sich darauf aufbauend noch bessere, umweltfreundlichere und nachhaltigere Lösungen für künftige Situationen „ausdenkt“, rundet die algorithmusbasierte Unterstützung ab. Im Ergebnis kann so dem Umweltschutz im Bereich der Planung von Infrastrukturprojekten zur optimalen Geltung verholfen werden. Freilich sind auch das nur Gedankenexperimente, die unverändert vor der Hürde der Erstellung einer umfassenden Informationsbasis stehen. Ohne Big Data,

---

[239] Beispielsweise atomrechtliche Entscheidungen nach dem AtG oder wasserrechtliche Erlaubnisse und Bewilligungen (§§ 8, 10 WHG); ausführlich zu ausgenommenen Entscheidungen *Seibert*, in: Landmann/Rohmer (Fn. 234), § 13 BImSchG Rn. 92 ff. (Stand: 68. EL Februar 2013).

[240] *Sangenstedt*, ZUR 2007, 505 (512).

die einerseits die Algorithmen speist und andererseits fortlaufend von diesen ergänzt und angepasst wird, ist die Einrichtung algorithmischer Systeme zur Optimierung von Planfeststellungs- und sonstigen Genehmigungsverfahren nicht realisierbar. Ist diese Hürde jedoch genommen, etwa durch Fortbildung der dargestellten, de lege lata bereits existierenden Konzentrationsnormen, wird der Umweltschutz ein ganz neues qualitatives Schutzniveau erreichen. Dabei gilt es, die Europäisierung des Umweltrechts durch Rahmenrichtlinien[241] und Ansätze einer Gesamtkodifikation[242] im Blick zu behalten und in rechtsfortbildende Überlegungen mit einzubeziehen.

IV. Zusammenführung und Ausblick

Die Entwicklung des Umweltrechts schreitet unaufhaltsam voran. Es kann auf große Errungenschaften zurückblicken, musste aber auch Rückschläge hinnehmen. Mit dem Einsatz modernster Technologien deutet sich ein neuer Entwicklungsstrang im Umweltrecht an, dessen Relevanz gesamtgesellschaftlich rasant wächst. Die konkreten Konturen eines algorithmusbasierten Umweltschutzes können nicht sicher prognostiziert, sondern immer nur auf die vergangene Entwicklung und den Status quo hin examiniert werden. Die Zukunft bleibt mithin noch verhüllt. Was jedoch feststeht, ist, dass sich hier ein äußerst entwicklungsoffenes und visionäres Feld abzeichnet, das als Teil eines universalgesellschaftlichen Transformationsprozesses eine umweltrechtliche Revolution von noch nicht absehbaren Ausmaßen erwarten lässt, die es zugunsten der großen Menschheitsprobleme zu nutzen gilt. So schreitet exemplarisch[243] der Klimawandel unaufhaltsam voran. Die Digitalisierung per se wird daran zunächst nichts ändern. Digitale Instrumente könnten jedoch helfen, den klimatischen Zerstörungsprozess zu bremsen, wenn sie in den Dienst des Umweltschutzes gestellt und in einen wohldurchdachten politischen und rechtlichen Rahmen eingebettet werden. Diese Leitplanken sind an zweierlei Kriterien zu messen: Erstens müssen sie den allgemeinen Schwierigkeiten, die aus dem Rückgriff auf die Algorithmik re-

[241] Beispielsweise die Wasserrahmenrichtlinie 2000/60/EG des Europäischen Parlaments und des Rates vom 23. Oktober 2000 zur Schaffung eines Ordnungsrahmens für Maßnahmen der Gemeinschaft im Bereich der Wasserpolitik, ABl. EG 2000 L 327/1 oder die Abfallrahmenrichtlinie 2008/98/EG des Europäischen Parlaments und des Rates vom 19. November 2008 über Abfälle und zur Aufhebung bestimmter Richtlinien, ABl. EG 2008 L 312/3.

[242] REACH-Verordnung (EG) Nr. 1907/2006, die viele vorherige alte Rechtsakte ersetzt.

[243] Der „Verbrauch" der Erde zeigt sich nicht nur an der Verschmutzung des atmosphärischen Luftkörpers. Hinzu kommen der Verbrauch und die Verschmutzung von weiteren elementaren Ressourcen wie Wasser, Sand, Erzen etc., die bei einer fortschreitenden Verknappung letztlich den Weltfrieden gefährden werden. Der Kampf um Wasser ist schon heute etwa im Nahen Osten ein Kriegstreiber.

sultieren, allen voran der Intransparenz, begegnen. Zweitens müssen sie den besonderen Umweltanforderungen gerecht werden, die das moderne, vom Klimawandel geprägte Leben mit sich bringt. Gelingen dieser Spagat und der sozio-ökologische Umbau und schaffen wir es, KI zur Lösung unserer Umweltprobleme einzusetzen, ebnet das den Weg in eine umweltfreundliche und lebenswerte Zukunft.

50 Jahre (Fakultäts-)Geschichte im Spiegel der Zivilprozessordnung

Raphael Koch

I. Von der Tafel zur Zoom-Vorlesung

Das Wintersemester wird hybrid gestaltet. So lautete zunächst die (pandemiebedingte) Marschroute für das Halbjahr 2020/21. Vor 50 Jahren hätte dies wohl kaum mehr bedeuten können als den Einsatz von Tageslichtprojektoren in Ergänzung zu Tafel und Kreide. Im 50. Jahr des Bestehens der Juristischen Fakultät der Universität Augsburg beinhaltet eine hybride Gestaltung dagegen: „So viel digitale Lehre wie möglich – so viel Präsenzlehre wie fachlich unbedingt erforderlich […].“[1] Aufgrund der Pandemieentwicklung kurz vor dem Beginn des Wintersemesters wurde aus dem „hybriden Semester“ sogar ein „digitales Semester“. Mit anderen Worten: In 50 Jahren von Tafel und Kreide über Tageslichtprojektor zu Power Point und schließlich Podcast sowie Zoom, von der exklusiv physischen Teilnahme am Lehrbetrieb zum virtuellen Betreten eines digitalen Vorlesungsraums. Aber nicht nur die Fakultät, sondern auch die hier vermittelten Rechtsgrundlagen sind einem steten Wandel unterworfen. Dabei zeigt sich ein allzeitiges Wechselspiel zwischen Rechtswissenschaft und Gesellschaft. Vor 50 Jahren befasste sich wohl kaum ein Jurist[2] vertieft mit den rechtlichen Problemen einer etwaigen Verhandlungsführung im Wege der Bild- und Tonübertragung. Angesichts des allgemeinen technischen Fortschritts sah sich der Gesetzgeber 2013 letztendlich veranlasst, eine entsprechende Option gesetzlich zu verankern (§ 128a ZPO), und der Rechtswissenschaftler sah sich durch die COVID-19-Pandemie im Jahr 2020 gezwungen, rechtliche Zweifelsfragen dieses Instruments zu klären.[3] Die gesetzlichen Regelungen, ihre praktische

---

[1] Website der Universität Augsburg: „Richtlinien der Universität Augsburg zur Bewältigung der Herausforderungen der Covid-19-Pandemie im Wintersemester 2020/2021 (Stand: 21.10.2020)“; abrufbar unter: https://assets.uni-augsburg.de/media/filer_public/18/19/181948ca-12e9-4d8e-b2cf-0e2276a28845/20201021_rl_unia_ws_2020_21_final.pdf (alle Internetquellen abgerufen am 15.1.2021).

[2] Aus Gründen der Lesbarkeit wird im Folgenden die männliche Form verwendet. Die Ausführungen beziehen sich auf Personen aller Geschlechter (m/w/d).

[3] *Windau*, NJW 2020, 2753; *Greib*, JuS 2020, 521.

Auslegung durch die Gerichte und die Rezeption in der Rechtswissenschaft halten der Gesellschaft einen Spiegel vor. Sie geben den politischen, sozialen und ökonomischen Entwicklungsstand wieder. Diese Zusammenhänge sollen zum 50-jährigen Jubiläum der Juristischen Fakultät der Universität Augsburg zum Anlass genommen werden, ein halbes Jahrhundert (Fakultäts-)Geschichte mit einem Streifzug durch die Entwicklungen ausgewählter Vorschriften der Zivilprozessordnung zu „verbinden".

II. Die Digitalisierung der Gesellschaft und der Zivilprozessordnung

Schwerpunkt der Betrachtung wird die Unpfändbarkeitsvorschrift des § 811 ZPO sein. Denn „wer […] wissen will, was uns ausmacht, muss sich anschauen, was uns keiner nehmen darf."[4]

1. Die Unpfändbarkeit gemäß § 811 ZPO

Der Pfändungsschutz des § 811 ZPO greift ausschließlich bei der Vollstreckung von Geldforderungen. Er beinhaltet in Abs. 1 einen grundsätzlich abschließenden Katalog an Gegenständen, deren Pfändung verboten ist. Die Vorschrift selbst hat sich seit dem Inkrafttreten der Zivilprozessordnung als Teil der Reichsjustizgesetze im Oktober 1879 zwar nur bedingt geändert. Allerdings beinhalten die einzelnen Nummern eine Vielzahl unbestimmter Rechtsbegriffe (z. B. „angemessen", „erforderlich", „bedarf"), die naturgemäß einer dynamischen Auslegung bedürfen.[5]

a) Telos und Auslegung der Pfändungsverbote

Angesichts ihrer prozessrechtlichen und damit öffentlich-rechtlichen Natur stellen die Pfändungsverbote des § 811 ZPO Schranken der staatlichen Vollstreckungsgewalt dar. Die Zwangsvollstreckungstätigkeit des Staates ist unmittelbar an die verfassungsmäßige Ordnung, mithin das Grundgesetz (Art. 1 Abs. 3 GG), gebunden.[6] Als Konkretisierung des Sozialstaatsprinzips (Art. 20, Art. 28 GG) sowie des Art. 1 GG (Würde des Menschen) und des Art. 2 Abs. 1 GG (freie Entfaltung der Persönlichkeit) sichert das Pfändungsverbot des Abs. 1 das Existenzminimum des Schuldners.[7] Das Verbot der

---

[4] *Bernhard*, Hände weg!, Süddeutsche Zeitung Magazin, Heft 23/2012 vom 7.6.2012, 17.

[5] *Münzberg*, in: Stein/Jonas, ZPO, 23. Aufl. 2017, § 811 Rn. 7 ff.

[6] BT-Drucks. 13/341, 23; *Münzberg*, in: Stein/Jonas (Fn. 5), § 811 Rn. 1, 11; *Gruber*, in: MüKoZPO, 6. Aufl. 2020, § 811 Rn. 2.

[7] BT-Drucks. 13/341, 24; BFHE 159, 421 (422) = NJW 1990, 1871; *Gruber*, in: MüKoZPO (Fn. 6), § 811 Rn. 2.

sog. Kahlpfändung verhindert, dass der Schuldner nach der Pfändung der Sozialhilfe unterliegt. Dies würde zu der paradoxen Situation führen, in der der Staat dem Schuldner zugunsten eines Gläubigers etwas wegnimmt, dann allerdings dem Schuldner zur Leistung von Sozialhilfe verpflichtet wäre. Durch Sozialhilfeleistungen würden mittelbar private Schulden getilgt. Telos der Vorschrift ist folglich der Schutz des Schuldners aus sozialen Gründen im öffentlichen Interesse.[8] Angesichts dieses Hintergrundes sind im Rahmen der Interpretation der Vorschrift des § 811 ZPO stets die Grundsätze der verfassungskonformen Auslegung und die Verbindungen zum Sozialrecht zu beachten. Zudem muss die dogmatische Rückkopplung an die Erhaltung des Existenzminimums des Schuldners, die etwa in Nr. 1 („angemessene Lebensführung") erkennbar einfachgesetzlich ausgeprägt ist, ausreichende Berücksichtigung finden. In den Worten des Bundesverfassungsgerichts:

> „Das Grundrecht auf Gewährleistung eines menschenwürdigen Existenzminimums aus Art. 1 Abs. 1 GG in Verbindung mit dem Sozialstaatsprinzip des Art. 20 Abs. 1 GG sichert jedem Hilfebedürftigen diejenigen materiellen Voraussetzungen zu, die für seine physische Existenz und für ein Mindestmaß an Teilhabe am gesellschaftlichen, kulturellen und politischen Leben unerlässlich sind."[9]

Die materiellen Voraussetzungen, die für ein Mindestmaß an Teilhabe am gesellschaftlichen Leben unerlässlich sind, werden *stets* zugesichert. Sie sind insofern abhängig von den *jeweiligen* gesellschaftlichen Standards, mitunter den technischen Entwicklungen. Eine Analyse des Wandels der Unpfändbarkeitsrechtsprechung im Laufe der letzten 50 Jahre ermöglicht daher zugleich einen (Rück-)Blick auf gesellschaftliche Veränderungen durch die juristische Linse. Zu diesem Zweck bietet sich eine Nachzeichnung der Entwicklungslinien im Bereich der Unpfändbarkeit für den Fernseher und den Personalcomputer[10] anhand ausgewählter Urteile an, bevor diese analytisch zusammenzuführen sind. Die gewonnenen Erkenntnisse können genutzt werden, um eine Prognose zukünftiger rechtlicher Entwicklungen zu wagen. Sowohl Fernsehgeräte als auch PC stellen körperliche Sachen i. S. d. § 808 Abs. 1 ZPO dar und sind der Mobiliarvollstreckung (§ 808 ff. ZPO) unterworfen.[11] Für den Gerichtsvollzieher stellt sich regelmäßig die Frage, ob einer Pfändung (§ 803 ZPO) ein Pfändungsverbot nach § 811 ZPO entgegensteht. In Betracht kommen vorliegend Nr. 1 und Nr. 5.

---

[8] BGHZ 137, 193 (197) = NJW 1998, 1058 (1059); BT-Drucks. 13/341, 23 f.

[9] BVerfGE 125, 175 = NJW 2010, 505 (Ls. 1); vgl. auch schon § 12 BSHG.

[10] Im Folgenden umfasst der Begriff „Personalcomputer" sowohl die klassischen Desktop-Varianten als auch Laptops sowie Tablets.

[11] Zu etwaigen Abgrenzungsschwierigkeiten bei PC siehe *Biermann/v. Göler*, DGVZ 2018, 83 (84).

b) Nr. 1: Die dem persönlichen Gebrauch oder dem Haushalt dienenden Sachen

Nach § 811 Abs. 1 Nr. 1 ZPO sind der Pfändung nicht unterworfen

„die dem persönlichen Gebrauch oder dem Haushalt dienenden Sachen, insbesondere Kleidungsstücke, Wäsche, Betten, Haus- und Küchengerät, soweit der Schuldner ihrer zu einer seiner Berufstätigkeit und seiner Verschuldung *angemessenen*, *bescheidenen* Lebens- und Haushaltsführung *bedarf* [...]".

Dabei ist es notwendig (und ebenso ausreichend), dass der Schuldner die zu pfändenden Gegenstände zumindest *auch* im Rahmen seiner privaten Lebensführung verwendet.[12] Der sachliche Anwendungsbereich des § 811 Abs. 1 Nr. 1 ZPO wird für Fernseher und sich in der Wohnung des Schuldners befindliche PC regelmäßig eröffnet sein.

aa) Fernseher und Computer als Bestandteil einer angemessenen und bescheidenen Lebensführung

Die Bewertung der *Angemessenheit* erfordert eine umfassende individuelle Betrachtung beruflicher, sozialer und örtlicher Verhältnisse, darüber hinaus der persönlichen Bedingungen (Alter oder körperliche Leiden) des Schuldners. Der Hinweis auf eine *bescheidene* Lebens- und Haushaltsführung betont, dass der Schuldner keinen Anspruch auf einen standesgemäßen Haushalt hat, aber auch nicht auf einen Stand äußerster Dürftigkeit zu verweisen ist.[13] Trotz der jeweils vorzunehmenden Einzelfallbetrachtung lässt die Entwicklung der Rechtsprechung bei der Beantwortung dieser Rechtsfrage deutliche Tendenzen erkennen.

bb) Fernseher

Im Jahre 1965, sechs Jahre vor der Gründung der Juristischen Fakultät der Universität Augsburg, formulierte das KG:

„Die Möglichkeit, Fernsehsendungen zu empfangen, ist eine Annehmlichkeit, aber keine Notwendigkeit. [...] Ein dem Haushalt des Schuldners dienendes Fernsehgerät ist grundsätzlich der Pfändung unterworfen. [...] Ein Bedürfnis des Schuldners für das Halten eines Fernsehgeräts dagegen wird nur in seltenen Ausnahmefällen anerkannt werden können."[14]

Es wurde maßgeblich darauf abgestellt, inwiefern der Schuldner auf andere Weise ebenso am kulturellen Leben und am Tagesgeschehen teilnehmen

---

[12] *Kindl*, in: Kindl/Meller-Hannich (Hrsg.), § 811 ZPO Rn. 10.

[13] *Münzberg*, in: Stein/Jonas (Fn. 5), § 811 ZPO Rn. 25 f.; *Gruber*, in: MüKoZPO (Fn. 6), § 811 Rn. 26.

[14] KG, DGVZ 1965, 106 (107).

konnte.[15] Dieses Teilhaberecht wurde bereits 1961 – lange vor der Mindestmaßverankerung in Art. 1 Abs. 1 GG – angesichts der Unentbehrlichkeit der modernen Massenkommunikationsmittel für die öffentliche Meinungsbildung durch das 1. Rundfunkurteil als grundrechtlich geschützt eingeordnet (Art. 5 Abs. 1 S. 2 Var. 2 GG).[16] Dabei erachteten die Gerichte es als ausreichend, wenn dem Schuldner noch ein Rundfunkgerät als weiteres tontechnisches Informationsmittel zur Verfügung stand.[17] Lediglich ein gutes Drittel der Haushalte konnte sich zu dieser Zeit ein Fernsehgerät leisten – natürlich ohne Farbe. Gleiches galt im Übrigen für die Waschmaschine.[18] Daher ging das LG Köln 1967 sogar für letzteres, nicht gerade der Unterhaltung dienendes Gerät, von einer generellen Pfändbarkeit aus. Eine siebenköpfige Familie müsse eben, „wie das früher allgemein üblich war, die Wäsche mit der Hand waschen […].“[19] Nachdem bereits zu Beginn der 1970er Jahre die Verbreitung von Fernsehgeräten in privaten Haushalten rasant angestiegen war, wurde 1977, nunmehr sechs Jahre nach der Gründung der Juristischen Fakultät in Augsburg, die juristische Trendwende durch das LG Fürth eingeleitet.

> „Über 90 % aller Haushaltungen in der Bundesrepublik verfügen bereits über Fernsehgeräte. […] Es ist vielmehr zu dem an erster Stelle rangierenden Informationsmittel des größten Teils der bundesdeutschen Bevölkerung geworden. […] [Man muss] unter diesen Umständen das Fernsehgerät als unpfändbar ansehen, ohne Rücksicht darauf, ob eventuell neben dem Fernsehgerät im Haushalt noch ein Rundfunkgerät vorhanden ist.“[20]

Diese Umkehrung der bisherigen Grundsätze führte erwartungsgemäß zu erheblichen Diskussionen.[21] Umstritten blieben dabei insbesondere die Fälle, in denen der Schuldner zusätzlich über ein Radiogerät verfügte. 1990 wurde die Auffassung des LG Fürth schließlich unter ausdrücklicher Erwähnung der Entscheidung durch ein Grundsatzurteil des Bundesfinanzhofs bestätigt.

> „Danach gebieten es die seit Inkrafttreten der ZPO eingetretenen tiefgreifenden Veränderungen und die weitreichende technische Fortentwicklung der Massenkommunikations- und Informationsmedien, ein Fernsehgerät heute zu den ‚Sachen‘ zu zählen,

---

[15] Ähnlich etwa LG Aurich, NJW 1962, 1779; AG Köln, JurBüro 1965, 503.

[16] BVerfGE 12, 205 (259 ff.) = NJW 1961, 547 (552 ff.).

[17] LG Hildesheim DGVZ 1966, 10; *Schneider/Becher*, DGVZ 1980, 177 (183) m. w. N.

[18] STATmagazin: Einkommens- und Verbrauchsstichprobe 10/2013, 1, https://www.statistischebibliothek.de/mir/servlets/MCRFileNodeServlet/DEMonografie_derivate_00001776/EinkommenKonsumLebensbedingungen2013_10.pdf.

[19] LG Köln, DGVZ 1967, 73 (74).

[20] LG Fürth, DGVZ 1977, 171 (172).

[21] *Hartmann*, in: Baumbach/Lauterbach/Albers/Hartmann (Hrsg.), ZPO, 48. Aufl., 1990, § 811 Anm. 3 Bb) m. w. N.; *Pardey*, DGVZ 1978, 102 ff.; *Schneider/Becher*, DGVZ 1980, 177 ff.

deren der Schuldner zu einer einfachen, bescheidenen Lebensführung i. S. von § 811 Nr. 1 ZPO bedarf und die deshalb unpfändbar sind. Dies gilt […] unabhängig davon, ob der Schuldner daneben noch über ein Radiogerät verfügt."[22]

Heute befinden sich in über 90 % der privaten Haushalte in Deutschland Flachbildfernseher, 96 % der Haushalte sind mit mindestens einem Fernsehgerät (Röhren- oder Flachbildgerät) ausgestattet.[23] Der anhaltende technische Fortschritt zementierte das Urteil des Bundesfinanzhofs.

cc) Computer

Für den Computer könnte sich die Unpfändbarkeit gleichfalls aus § 811 Abs. 1 Nr. 1 ZPO (angemessene und bescheidene Lebensführung) oder § 811 Abs. 1 Nr. 5 ZPO (zur Fortsetzung der Erwerbstätigkeit erforderliche Gegenstände) ergeben. Hier ist in Abgrenzung zum Fernseher die *dual-use* Eigenschaft des PC zu betonen, mithin die Möglichkeit zur privaten und beruflichen Nutzung. Für die Eröffnung des sachlichen Anwendungsbereichs der Nr. 1 ist es ausreichend, dass der Schuldner den Gegenstand zumindest *auch* im Rahmen seiner privaten Lebensführung verwendet. Davon ist bei Computern, die sich in der Wohnung des Schuldners und gerade nicht in entsprechenden Geschäftsräumen befinden, auszugehen. Bereits 1998 formulierte das LG Rottweil:

„Ähnlich wie Rundfunk- und Fernsehgeräte den Umweltbeziehungen und der Teilnahme am kulturellen Leben dienen, ist auch ein Personalcomputer unter den heutigen Umständen ein Hilfsmittel, um mit anderen Menschen oder Institutionen in Kontakt zu treten."[24]

Dabei stellte das LG fest, dass das Notebook eines Schuldners zumindest unter bestimmten Umständen nach § 811 Abs. 1 Nr. 1 ZPO unpfändbar sein könnte. Mit Beginn der 90er Jahre fand der Computer zunehmend in private Haushalte Einzug. Obgleich ihn noch zur Jahrtausendwende mehr als 50 % der Deutschen als für den Haushalt verzichtbar erklärten, verfügten bereits mehr als 40 % der privaten Haushalte über einen Computer.[25] Dieser Wert hat sich auf heute über mehr als 90 % verdoppelt.[26] Entsprechend der zu-

---

[22] BFHE 159, 421 (422) = NJW 1990, 1871.

[23] Pressemitteilung des Statistischen Bundesamtes, Zahl der Woche Nr. 47 vom 19. November 2019, https://www.destatis.de/DE/Presse/Pressemitteilungen/Zahl-der-Woche/2019/PD19_47_p002.html.

[24] LG Rottweil, InVo 1999, 27.

[25] Datenreport 1999 des Statistischen Bundesamtes, 456, 131, https://www.statistische-bibliothek.de/mir/servlets/MCRFileNodeServlet/DEHeft_derivate_00018266/Datenreport1999.pdf;jsessionid=CBB8E1BB61B7F6927E7269B4856C1B6E.

[26] Statistisches Bundesamt, Ausstattung privater Haushalte mit Informations- und Kommunikationstechnik – Deutschland (EVS), https://www.destatis.de/DE/Themen/Gesell

nehmenden Verbreitung von Computern wurden diese von der Rechtsprechung zunehmend als unpfändbar angesehen. Diese Entwicklung entspricht der des Fernsehgeräts. Nachdem das Bundesverfassungsgericht schon 2008 aus dem Rahmengrundrecht des allgemeinen Persönlichkeitsrechts (Art. 2 Abs. 1 i. V. m. Art. 1 Abs. 1 GG) das *Grundrecht auf Gewährleistung der Vertraulichkeit und Integrität informationstechnischer Systeme* entwickelt hatte, stellte das OLG München 2010 fest, dass es zumindest „diskutabel" sei, dass die ständige Verfügbarkeit eines solchen Gerätes zum notwendigen Lebensbedarf gehöre.[27] Das VG Gießen postulierte 2011 erstmals:

„[...] Computer und Laptops [sind] nach § 811 I Nr. 1 ZPO grundsätzlich unpfändbar."[28]

dd) Computer und Fernseher heute – Mit dem zweiten sieht man besser?

Die entscheidende Frage für die Unpfändbarkeit lautet(e) stets: Wie gestaltet sich die Teilhabe am gesellschaftlichen und kulturellen Leben? Der hier skizzierte Weg führte vom Radiogerät über das Fernsehgerät zum Computer. Die Rechtsprechung zur Unpfändbarkeit korrelierte stets mit den gesellschaftlichen Veränderungen. Nachdem das urteilende Gericht zwar nicht lebensfremd sein darf, ihm andererseits auch keine Vorreiterrolle zukommt, erklären sich die hierbei mitunter auftretenden zeitlichen Verzögerungen zumindest teilweise.[29] Bei einer genaueren Betrachtung lassen sich dabei Spurenelemente der *modernen technischen (R)Evolution* nachweisen. Zunächst kam dem Fernseher nur eine das Radiogerät ergänzende Funktion zu. Daher blieb es eingangs bei der grundsätzlichen Pfändbarkeit des Fernsehers, insbesondere in den Fällen, in denen dem Schuldner ein Radiogerät verblieb.[30] Schließlich wurde dieses vom nunmehr unpfändbaren Fernseher ersetzt. Das Bedürfnis für den Schutz eines zusätzlichen Radiogeräts entfiel: Es wurde pfändbar.[31] Wiederholt sich die Geschichte nun durch den Computer? Wird der Fernseher – sofern ein Computer vorhanden ist – wieder pfändbar? Stand 2008:

„Ein Fernsehgerät ist auch dann unpfändbar, wenn dem Schuldner daneben ein internetfähiger Computer zur Verfügung steht."[32]

---

schaft-Umwelt/Einkommen-Konsum-Lebensbedingungen/Ausstattung-Gebrauchsgueter/Tabellen/liste-infotechnik-d.html;jsessionid=F2C4432807F599697FACCE96F52EA7D2.internet8721.

[27] BVerfGE 120, 274 = NJW 2008, 822 (Ls. 1); OLG München, MDR 2010, 866 (867).

[28] VG Gießen, NJW 2011, 3179.

[29] Zur Rolle des Gerichts bereits *Schneider/Becher*, DGVZ 1980, 177 (185).

[30] LG Hildesheim, DGVZ 1966, 10; *Schneider/Becher*, DGVZ 1980, 177 (183) m. w. N.

[31] OLG Stuttgart, NJW 1987, 196 (197).

[32] AG Wuppertal, DGVZ 2008, 163.

Nunmehr dreizehn Jahre alt ist das Urteil auch ein Dokument der Zeitgeschichte. Kurz zuvor wurde das erste iPhone vorgestellt, Netflix änderte sein Geschäftsmodell vom Online-DVD-Verleih zum Video-on-Demand System, die Universität schloss die Umstellung der Studiengänge auf die Bachelor-Master-Struktur im Zuge des Bologna-Prozesses ab. Getreu den Maßstäben *bekannt und bewährt* blieb zumindest das Juristische Staatsexamen erhalten. 2008 befand sich in 76 % der deutschen Haushalte ein Computer, 69 % hatten einen Internetzugang. 90 % nutzten das Internet zur Kommunikation, mehr als die Hälfte nahm online Kontakt zu Behörden oder anderen öffentlichen Einrichtungen auf (E-Government).[33] Heute sind 92 % der privaten Haushalte mit einem PC und 94 % mit einem Internetanschluss ausgestattet.[34] Dabei nutzen über 72 % ihren Internetzugang etwa zum Lesen von Online-Nachrichten und -zeitungen.[35] Bezeichnenderweise führt das Statistische Bundesamt die Angaben zur Computer- und Internetnutzung unter dem Stichwort der Nutzung von Informations- und Kommunikationstechnologien. Der Fernseher wird dagegen der Kategorie der Unterhaltungselektronik zugeordnet.

Trotz stets vorzunehmender Einzelfallbetrachtung unter Berücksichtigung der individuellen Berufs- und Vermögensverhältnisse wurde bereits festgestellt, dass ein Computer angesichts der immensen Bedeutung für elementare Lebensbereiche grundsätzlich unpfändbar ist. Insofern muss eine jederzeitige Nutzungsmöglichkeit erhalten bleiben. Lebensfremd wäre es etwa, mit dem Verweis auf einen bestehenden Zugang zur Stadtbücherei (inkl. PC) oder zu einem Internetcafé weiterhin eine Pfändung für möglich zu halten.[36] Wie verhält sich aber heute der Computer zum Fernseher? Dabei kann auf das Argumentationsmuster des BFH-Grundsatzurteils zum Verhältnis zwischen Radiogerät und Fernseher und der Einordnung des letzteren als zu diesem Zeitpunkt primäre Grundinformationsquelle zurückgegriffen werden. Dort heißt es:

---

[33] Statistisches Bundesamt, Fachserie 15 – Wirtschaftsrechnungen, Reihe 4 – Private Haushalte in der Informationsgesellschaft (IKT), 2008, H2.1, 14 sowie P2.1, 31, https://www.statistischebibliothek.de/mir/servlets/MCRFileNodeServlet/DEHeft_derivate_00007381/2150400087004.pdf.

[34] Statistisches Bundesamt, Ausstattung privater Haushalte mit Informations- und Kommunikationstechnik – Deutschland (LWR), https://www.destatis.de/DE/Themen/Gesellschaft-Umwelt/Einkommen-Konsum-Lebensbedingungen/Ausstattung-Gebrauchsgueter/Tabellen/liste-infotechnik-d.html;jsessionid=F2C4432807F599697FACCE96F52EA7D2.internet8721.

[35] Statistisches Bundesamt, Fachserie 15 – Wirtschaftsrechnungen, Reihe 4 – Private Haushalte in der Informationsgesellschaft (IKT), 2019, P1.3, 17, https://www.statistischebibliothek.de/mir/servlets/MCRFileNodeServlet/DEHeft_derivate_00054707/2150400197004.pdf.

[36] So noch VG Münster, DGVZ 2013, 183 (184); ausführlich dazu *Biermann/v. Göler*, DGVZ 2018, 83 (86).

„Rundfunk und Fernsehen dienen zwar grundsätzlich gleichgerichteten – schutzwürdigen – Interessen und Bedürfnissen ihrer Empfänger. Doch sind sie schon aufgrund technischer Verschiedenheiten der Empfangsgeräte nicht gleichwertig. Das Fernsehen als akustisches und visuelles Informationsmittel bietet gegenüber dem Rundfunk zusätzliche und auch bessere Möglichkeiten der Darstellung, Übermittlung und Aufnahme von Informationen im weitesten Sinne und stellt deshalb gleichsam ein ‚aliud' im Verhältnis zum Rundfunk dar."[37]

Fernseher und Computer stellen gleichermaßen ein akustisches wie visuelles Informationsmittel dar. Abgesehen von der Imitation einzelner untergeordneter Aspekte ist indes selbst ein umfassend ausgestatteter Smart-Fernseher kaum mit einem modernen PC vergleichbar. Dies macht insbesondere die Funktion des Computers als Tor zu einer immer stärker vernetzten Welt deutlich. Das Internet und die sozialen Medien bilden ein nicht mehr wegzudenkendes Forum für die öffentliche Meinungsbildung und den öffentlichen Meinungsaustausch. Im Gegensatz zu anderen Informationsquellen beinhalten diese über die Möglichkeit des passiven Konsums hinaus die Option zur aktiven Mitgestaltung. Diese Entwicklung führte parallel zu einer Verlagerung aus dem öffentlich-rechtlichen Bereich (etwa ARD und ZDF) in den privaten (insbesondere Facebook). Das lässt sich juristisch nicht zuletzt aus den verstärkten Bemühungen des Bundesverfassungsgerichts ableiten, über die Grundsätze der mittelbaren Drittwirkung der Grundrechte – insbesondere Art. 3 Abs. 1 GG – im privaten Zivilrecht vergleichbare Zugangsvoraussetzungen zu schaffen. Unter ausdrücklichem Hinweis auf die Stadionverbotsentscheidung hat es 2019 in einem Verfahren des vorläufigen Rechtsschutzes festgehalten, die dort aufgestellten Grundsätze und rechtlichen Forderungen gegebenenfalls für Facebook als Betreiber eines sozialen Netzwerks anwenden zu wollen.[38] Vereinfacht geht es darum, inwiefern Private in Bereichen, in denen ihnen eine staatsähnliche Stellung zukommt, staatsähnlichen Verpflichtungen unterliegen. Wenn sich nun sogar der *grundrechtliche* Schutz des Zugangs zu von *Privaten* bereitgestellten Foren andeutet, zeigt sich die herausragende Stellung internetbasierter Anwendungen in ihrer Funktion als Grundinformationsquelle.

Hat unter anderem vor diesem Hintergrund der Computer als Tor zu dieser virtuellen Welt in den letzten 50 Jahren den Fernseher als primäre Informationsquelle ersetzt?[39] Letztlich kann der Computer alles, was ein Fernsehgerät kann. Der Konsum der öffentlich-rechtlichen Sender ist dem Nutzer per Livestream und durch umfangreiche Mediatheken möglich. Al-

---

[37] BFHE 159, 421 (423 f.) = NJW 1990, 1871.

[38] BVerfG, NJW 2019, 1935 (1936); BVerfGE 148, 267 = NJW 2018, 1667 (Stadionverbot).

[39] Bejahend heute *Biermann/v. Göler*, DGVZ 2018, 83 (87); *Kemper*, in: Hk-ZPO, 8. Aufl. 2019, § 811 Rn. 11; a. A. wohl noch AG Heidelberg, DGVZ 2015, 59 (60).

lein hinsichtlich der Bildschirmgröße werden sich Computer und Fernseher regelmäßig unterscheiden. Mit dem zweiten sieht man besser. Ein kleinerer Bildschirm scheint dem Schuldner im Rahmen einer bescheidenen Lebensführung jedoch durchaus zumutbar.

Dem Computer kommt folglich zwar nur dann eine Ersatzfunktion zu, wenn er zugleich eine (tatsächlich funktionierende) Internetverbindung hat oder dem Schuldner andere Hilfsmittel zum Empfang von Fernsehprogrammen über den Computer zur Verfügung stehen (z. B. DVBT-Stick). Diese Voraussetzung wird aber regelmäßig gegeben sein. Computer sind grundsätzlich internetfähig und 94 % der privaten Haushalte sind mit einem Internetanschluss ausgestattet. Selbst wenn der Schuldner sich in einer besonders prekären finanziellen Lage befindet und gegebenenfalls ALG II („Hartz IV") bezieht, erhält er im Rahmen des Regelbedarfs zur Sicherung des Lebensunterhaltes nach § 20 Abs. 1 S. 2 SGB II Leistungen, die ihm in *vertretbarem Umfang eine Teilhabe am sozialen und kulturellen Leben in der Gemeinschaft* ermöglichen. Der somit wie der § 811 ZPO der Sicherung des menschenwürdigen Existenzminimums des Schuldners dienende Regelbedarf sieht z. B. nach § 5 Abs. 1 RBEG (Abteilung 8) Mittel für Post und Telekommunikation vor. Wie die für die Bedarfsermittlung relevante Einkommens- und Verbrauchsstichprobe 2018 zeigt, fällt hierunter das Internet.[40] Der Anspruch auf diese Leistungen ist nach § 42 IV S. 1 SGB II grundsätzlich unpfändbar, der Internetzugang in dieser Situation zumeist gewahrt. Eine Wahlmöglichkeit des Schuldners hinsichtlich des Pfändungsgegenstandes (Fernseher oder Computer, der eine tatsächlich funktionierende Internetverbindung nutzen kann) besteht nicht.[41]

Nach der hier vertretenen Auffassung ist im Ergebnis festzuhalten, dass der moderne Computer das Fernsehgerät inzwischen als primäre Grundinformationsquelle ersetzt hat. Für den Schutz des neben einem PC mit der Empfangsmöglichkeit von Fernsehprogrammen vorhandenen Fernsehers durch das Pfändungsverbot des § 811 Abs. 1 Nr. 1 ZPO gibt es demnach kein Bedürfnis mehr: Er ist in diesen Fällen pfändbar. Die *moderne technische (R) Evolution* setzt sich fort.

---

[40] Bundesministerium für Arbeit und Soziales, Regelbedarfsermittlungsgesetz 2021, Anlage zum Regelbedarfsermittlungsgesetz mit den Sonderauswertungen zur EVS 2018, 130/08 – Post und Telekommunikation, https://www.bmas.de/SharedDocs/Downloads/DE/PDF-Meldungen/2020/anlage-regelbedarfsermittlungsgesetz-mit-Sonderauswertungen-zur-evs-2018.pdf?__blob=publicationFile&v=1.

[41] Grundsätzlich erfolgt die Auswahl durch den Gerichtsvollzieher, in engen Grenzen sind Angaben des Gläubigers relevant; siehe *Heßler*, in: MüKoZPO (Fn. 6), § 753 Rn. 25, § 754 Rn. 22.

c) Nr. 5: Zur Fortsetzung der Erwerbstätigkeit erforderlichen Gegenstände

Aus universitärer Sicht ergänzt sich diese allgemeingesellschaftliche Betrachtung um nunmehr sehr aktuelle Elemente der grundrechtlich geschützten Forschung und Lehre (Art. 5 Abs. 3 GG), aus studentischer um Aspekte des Zugangs zum Hochschulstudium (Art. 12 Abs. 1 GG). Das Jubiläumsjahr 2021 stellt die Fakultät vor besondere Herausforderungen. Erstmals in ihrer 50-jährigen Geschichte wird der universitäre Betrieb hauptsächlich auf digitaler Ebene stattfinden. Daher stellt sich die Frage, ob Personalcomputer über § 811 Abs. 1 Nr. 1 ZPO hinaus gem. § 811 Abs. 1 Nr. 5 ZPO geschützt sind. Nach § 811 Abs. 1 Nr. 5 ZPO sind der Pfändung nicht unterworfen

> „bei Personen, die aus ihrer körperlichen oder geistigen Arbeit oder sonstigen persönlichen Leistungen ihren Erwerb ziehen, die zur Fortsetzung dieser Erwerbstätigkeit erforderlichen Gegenstände".

2004 befand das AG Kiel, Jura sei „eine Geisteswissenschaft, die die Bearbeitung großer Datenmengen gerade durch EDV [...] nicht verlangt."[42] Für die Anfertigung von Hausarbeiten wurde der betreffende Student an die Schreibmaschine verwiesen. Nachdem die aktuelle Studien- und Prüfungsordnung der Juristischen Fakultät etwa für Seminararbeiten zwingend die zusätzliche Abgabe in digitaler Form vorsieht, käme heute allenfalls ein Ausgleich durch die Nutzung des universitätseigenen PC-Pools in Betracht.[43] Dabei würde man freilich außer Acht lassen, dass wesentliche Bestandteile der Studienverwaltung einen Computer voraussetzen. Bereits die Bewerbung an der Universität erfolgt wie der Abruf von Lehrmaterialien (Digicampus) und der Anmeldung zu Prüfungen (Studis) im Wesentlichen online. Während diese Erwägungen bereits im Normalbetrieb der Universität Geltung erlangen, ist das Vorhandensein eines internetfähigen Computers in Zeiten der COVID-19-Pandemie mit Schließung des universitätseigenen PC-Pools absolut unverzichtbar. Angesichts dieser Umstände sowie der natürlichen Wandlung des Lehrbetriebs ist der Computer als nach § 811 Abs. 1 Nr. 5 ZPO nicht der Pfändung unterworfen anzusehen.

d) Prognose zum Smartphone

„Wenn du kein iPhone hast, hast du kein iPhone." So endeten die Werbeclips von Apples massiver Werbekampagne zum Launch des iPhone 4 (2011). An-

---

[42] AG Kiel, JurBüro 2004, 334 (335).

[43] Studien- und Prüfungsordnung für das Studium der Rechtswissenschaft an der Universität Augsburg vom 10. August 2004 in der Fassung vom 19. November 2014, § 18 V, https://www.zv.uni-augsburg.de/de/sammlung/download/1_Rechtssammlung_neu/Konsolidierungen/Jura/Studiengaenge/Staatsexamen/Studien-und-Pruefungsordnung_Rechtswissenschaft/L-1640-1-008.pdf.

gepriesen wurden dabei integrierte Features wie der App Store, iTunes oder iBooks, die dem Verbraucher ohne den Kauf des Gerätes entgehen würden. Das selbstgesteckte Ziel des ersten iPhones (2007), den Kommunikationsmarkt – als erstes Smartphone – „neu zu erfinden“[44] ist ihm gelungen. Belief sich die Zahl der Smartphone-Nutzer in Deutschland im Jahr 2009 noch auf 6,31 Millionen (ca. 8 %), waren es zehn Jahre später schon 57,7 Millionen (knapp 70 %).[45] Revolutionär war die erstmalige Integration und Kombination verschiedener Elemente wie der Kommunikation (Telefon, E-Mail), Unterhaltung (Musik und Spiele) sowie Information (Internet) in ein touchscreenbasiertes mobiles Umfeld. Angesichts der rasanten technischen Entwicklung nimmt das Smartphone zunehmend eine Rolle als *Computer für die Hosentasche* ein, geht in seinen Funktionen aber sogar darüber hinaus.

Fraglich ist vor diesem Hintergrund zunächst, ob der moderne Schuldner ohne Smartphone nicht mehr den nötigen Zugang für ein Mindestmaß an Teilhabe am gesellschaftlichen, kulturellen und politischen Leben hat. Dies bejahte bereits 2018 das Bundessozialgericht und ging damit zutreffend von einer Unpfändbarkeit nach § 811 Abs. 1 Nr. 1 ZPO aus.[46] Ein kurzer Vergleich zeigt, wie stark sich die Art der Kommunikation und damit der Lebensalltag verändert hat. Im Gründungsjahr 1971 der Juristischen Fakultät gab es in der Bundesrepublik 13,84 Millionen Telefonanschlüsse, ein bloßes Viertel der heute 57,7 Millionen an Smartphone-Nutzern.[47] Mitte der 90er Jahre wurden die neuartigen schnurlosen Telefone, die im Umkreis bis zu maximal 300 Metern vom Basisanschluss aus Telefongespräche ermöglichten, als nicht zu einer angemessenen Lebensführung erforderlich und damit als grundsätzlich pfändbar angesehen.[48] Eine derartige Einschätzung wäre heute nicht zuletzt aufgrund des hohen Ausstattungsgrades deutscher Haushalte mit uneingeschränkt mobilen Telefonen (Handy, Smartphone) lebensfremd. Der zunächst auf die Merkmale mobil/immobil beschränkte Wandel erfuhr mit der Einführung des Smartphones eine neuerliche Wendung. Anders als das klassische Handy lebt das smarte Handy von seinen integrierten oder integrierbaren Features. Dabei sticht insbesondere der Messenger-Dienst

---

[44] *Kiss*, Apple proclaims its revolution: a camera, an iPod … oh, and a phone, The Guardian vom 10.1.2007.

[45] Statista, Anzahl der Smartphone-Nutzer in Deutschland in den Jahren 2009 bis 2019, https://de.statista.com/statistik/daten/studie/198959/umfrage/anzahl-der-smartphonenutzer-in-deutschland-seit-2010/; Statista, Bevölkerung – Zahl der Einwohner in Deutschland von 2009 bis 2019, https://de.statista.com/statistik/daten/studie/1217/umfrage/entwicklung-der-gesamtbevoelkerung-seit-2002/.

[46] BSG, NZS 2019, 475.

[47] Rahlf (Hrsg.), Bundeszentrale für politische Bildung: Deutschland in Zahlen – Zeitreihen zur Historischen Statistik (2015), 234.

[48] *Schmittmann*, DGVZ 1994, 49 (50).

WhatsApp hervor, der als kostenloses und internetbasiertes *Handy im Handy* monatlich etwa zwei Milliarden aktive Nutzer hat.[49] Trotz bekannter Sicherheitslücken ist die Verwendung von WhatsApp auch bei deutschen Behörden derart beliebt, dass sich der Datenschutzbeauftragte des Bundes im Zuge der Corona-Krise veranlasst sah, nochmals explizit auf das für Bundesbehörden geltende Nutzungsverbot hinzuweisen.[50] Ohne Smartphone und damit ohne Applikationen wie WhatsApp würde dem Schuldner ein ganz entscheidender Bereich moderner Kommunikation verwehrt bleiben. Wer kein Smartphone hat, hat daher nicht den nötigen Zugang für ein Mindestmaß an Teilhabe am gesellschaftlichen, kulturellen und politischen Leben. Das Smartphone ist nach § 811 Abs. 1 Nr. 1 ZPO unpfändbar.[51]

Die Unpfändbarkeit des Smartphones könnte nunmehr die Unpfändbarkeit des Computers in Frage stellen. Hierbei lässt sich wieder auf das Argumentationsmuster des BFH-Grundsatzurteils zurückgreifen.[52] Hat das Smartphone den Computer derart *ersetzt*, dass dem Schuldner eine alleinige Nutzung des mobilen Gerätes *zumutbar* ist? Die Vorteile eines Smartphones (insbesondere die Mobilität) können dabei nicht über die mit der stark eingeschränkten Bildschirmgröße (i. d. R. weniger als die Hälfte eines handelsüblichen Laptops) einhergehenden Nachteile hinwegtäuschen. Als Beispiel kann hier der Student dienen, der versucht, eine Seminararbeit mit 50.000 Zeichen auf sein Smartphone zu tippen. Diese Problematik lässt sich auf alle textbasierten Elemente der Gerätenutzung übertragen. Zur Sicherstellung seiner Nutzungsmöglichkeit als Telefon und mobiles Endgerät ist in Zukunft nicht von einer diesbezüglich relevanten Anpassung der Bildschirmgröße auszugehen. Dem Smartphone kommt bereits deshalb nur eine *ergänzende*, nicht hingegen eine *ersetzende* Funktion zu. Die Prognose lautet demzufolge: Es bleibt bei der Unpfändbarkeit des Computers.

2. *Die Austauschpfändung, § 811a ZPO*

Von der Frage nach der grundsätzlichen Pfändbarkeit einer Sache ist die hieran anknüpfende Frage nach der Zulässigkeit einer Austauschpfändung gemäß § 811a ZPO zu unterscheiden. § 811a Abs. 1 ZPO:

---

[49] Statista, Anzahl der monatlich aktiven Nutzer von WhatsApp weltweit in ausgewählten Monaten von April 2013 bis Februar 2020, https://de.statista.com/statistik/daten/studie/285230/umfrage/aktive-nutzer-von-whatsapp-weltweit/.

[50] Bundesbeauftragter für den Datenschutz und die Informationsfreiheit, Rundschreiben zur Nutzung von „WhatsApp“, 14.4.2020, https://www.bfdi.bund.de/DE/Infothek/Transparenz/Stellungnahmen/2020/Rundschreiben-Nutzung-WhatsApp.pdf?__blob=publicationFile&v=1.

[51] Je nach konkretem Einzelfall kann auch § 811 Abs. 1 Nr. 5 ZPO eingreifen.

[52] BFHE 159, 421 = NJW 1990, 1871.

„Die Pfändung einer nach § 811 Abs. 1 Nr. 1, 5 und 6 unpfändbaren Sache kann zugelassen werden, wenn der Gläubiger dem Schuldner vor der Wegnahme der Sache ein Ersatzstück, das dem geschützten Verwendungszweck genügt, [...] überlässt; [...].“

§ 811 ZPO soll dem Schuldner die Verwendung notwendiger Sachen sichern. Daher bedarf es zunächst einer wertunabhängigen Analyse.[53] § 811a ZPO schafft einen Ausgleich mit dem Vollstreckungsinteresse des Gläubigers für die Fälle, in denen unpfändbare Sachen hochwertig sind und der Schutz des Schuldners durch einen Austausch gegen geringerwertige erreicht werden kann. Das Ersatzstück darf in seiner Gebrauchsfunktion nicht ungleichartig sein, seine Gebrauchsvorteile müssen dem geschützten Verwendungszweck im jeweiligen Einzelfall genügen. Aufgrund der bereits dargestellten Unterschiede hinsichtlich der Gebrauchsfunktion kann daher weder ein Computer gegen ein Smartphone noch ein Smartphone gegen ein klassisches Mobiltelefon ausgetauscht werden. Gleiches gilt für das Verhältnis zwischen Computer und Fernseher sowie zwischen Fernseher und Radio. Die *technische (R) Evolution* erlaubt im Rahmen der Austauschpfändung keine Rückschritte außerhalb dieser Gattungen. Eine Betrachtung der Entwicklungstendenzen innerhalb dieser Kategorien rundet schließlich das skizzierte Bild des gesellschaftlichen Wandels ab. Wurde der Farbfernseher erst mit der Fußballweltmeisterschaft 1974 zum Massenartikel, konnte man den Finalsieg 1990 bereits standardmäßig in Farbe genießen – natürlich im 4:3 Format auf einem Röhrenfernseher.[54] 2014 waren 76 % der Haushalte mit einem Flachbildfernseher ausgestattet, heute sind es über 90 %.[55] Dieser Dreischritt innerhalb der Kategorie Fernseher lässt sich anhand der Rechtsprechung und rechtswissenschaftlichen Rezeption zur Austauschpfändung nach § 811a ZPO nachvollziehen. So ging man 1990 noch davon aus, dass es ausreichend sei, wenn der Gläubiger dem Schuldner statt des gepfändeten Farbfernsehgeräts ein Schwarzweißgerät zur Verfügung stellt.[56] Heute müsste dem Schuldner zumindest ein Farbfernseher verbleiben.[57] Diskutabel erscheint allenfalls der

---

[53] *Flockenhaus*, in: Musielak/Voit (Hrsg.), ZPO, 17. Aufl. 2020, § 811a Rn. 1; *Münzberg*, in: Stein/Jonas (Fn. 5), § 811a Rn. 1, 3.

[54] *Soltau*, 40 Jahre Farbfernsehen – Bunte Revolution auf Knopfdruck, Stern vom 25.8.2007; *Visser*, Die Glotzen der Nation, Der Tagesspiegel vom 12.7.2014.

[55] Statista, Anteil der privaten Haushalte mit einem Flachbildfernseher von 2006 bis 2020, https://de.statista.com/statistik/daten/studie/198668/umfrage/anteil-der-haushalte-in-deutschland-mit-einem-flachbildfernseher-seit-2006/; Der Flachbildschirm stellt die umgangssprachliche Bezeichnung der LCD-Fernseher dar (Liquid Cristal Display = Flüssigkristallanzeige). Dagegen ist der Röhrenfernseher ein Fernseher mit Kathodenstrahlröhre (Cathode Ray Tube, CRT).

[56] *Hartmann*, in: Baumbach/Lauterbach/Albers/Hartmann (Fn. 21), § 811a Anm. 2 A); AG München, DGVZ 1981, 94 (95); OLG Stuttgart, NJW 1987, 196 (197).

[57] LG Wuppertal, DGVZ 2009, 41 (42): Austauschpfändung von „LCD-Farbfernseher [...] gegen Gestellung eines beliebigen funktionstüchtigen Farbfernsehers“ möglich; a. A. *Kindl*, in: Kindl/Meller-Hannich (Fn. 12), § 811a ZPO Rn. 3.

Austausch eines Flachbildfernsehers gegen ein Röhrengerät. Das Problem könnte sich in den Fällen ergeben, in denen ein Fernseher ausnahmsweise gemäß § 811 Abs. 1 Nr. 1 ZPO unpfändbar ist, ein Computer mit der Empfangsmöglichkeit von Fernsehprogrammen folglich nicht vorhanden ist. Dabei ist eingangs zu bedenken, dass das Ersatzstück lediglich geeignet sein muss, den durch das Pfändungsverbot des § 811 Abs. 1 Nr. 1 ZPO geschützten Verwendungszweck zu erfüllen, also das Mindestmaß an Integration in das alltägliche Leben zu schützen. Gehört hierzu der Flachbildfernseher? Ein entsprechender Austausch würde aufgrund der Abschaltung des analogen Kabel-TV regelmäßig die gleichzeitige Bereitstellung eines Receivers erfordern.[58] Damit wäre schon die Möglichkeit zum konventionellen Fernsehkonsum sichergestellt. Die Grundsätze der KFZ-Rechtsprechung des BGH ermöglichen hier eine Grenzziehung.

„Der Schutz des Schuldners nach § 811 ZPO wäre unvollkommen, wenn das Ersatzstück nicht die annähernd gleiche Haltbarkeit und Lebensdauer wie der gepfändete Gegenstand aufweisen würde."[59]

Zwar war die Erst-Nutzungsdauer bei Flachbildschirmen, bis das Altgerät aufgrund eines Defekts ersetzt wurde, zunächst deutlich kürzer als bei konventionellen Röhrenfernsehern. Jedoch waren diese Zahlen nicht nur rückläufig, sondern zeigen ebenso, dass die Nutzungsdauer von Röhrenfernsehern bei ca. zwölf Jahren liegt. Ab 2010 wurden Röhrenfernseher gänzlich vom Markt genommen.[60] Das Ersatzstück wäre bestenfalls knapp über zehn Jahre alt. Damit befinden wir uns im Jubiläumsjahr 2021 an einem Zeitpunkt, an dem unser Lebensstandard derart hoch ist, dass zur Sicherstellung der bescheidenen Lebensführung des Schuldners ernsthaft darüber nachgedacht werden muss, ob ihm im jeweiligen Einzelfall nicht doch der Flachbildfernseher belassen werden muss.

Perpetuiert, wenn nicht gar beschleunigt, werden diese Entwicklungen durch die COVID-19-Pandemie. Einem Studierenden wird im Rahmen der Austauschpfändung gemäß § 811a ZPO zwar weiterhin nicht die Verwendung des neuesten Smartphones zu sichern sein (§ 811 Abs. 1 Nr. 1 ZPO). Durch die nahezu vollständige Umstellung der universitären Lehre auf digitale Kanäle muss ihm indes ein Computer verbleiben, der die gesteigerten technischen Voraussetzungen erfüllt (§ 811 Abs. 1 Nr. 5 ZPO). Hierzu zählt

---

[58] Der Kabelanschluss wird digital: Was Sie jetzt wissen müssen, MDR.de vom 21.8.2019, https://www.mdr.de/umschau/kabelanschluss-digital-100.html.

[59] BGH, WM 2011, 1477.

[60] Umweltbundesamt, 11/2016, Einfluss der Nutzungsdauer von Produkten auf ihre Umweltwirkung: Schaffung einer Informationsgrundlage und Entwicklung von Strategien gegen „Obsoleszenz", S. 111, 116 ff., https://www.umweltbundesamt.de/sites/default/files/medien/378/publikationen/texte_11_2016_einfluss_der_nutzungsdauer_von_produkten_obsoleszenz.pdf.

neben einem Mikrofon insbesondere eine funktionierende Kamera, die dem Studierenden die aktive Teilnahme an den digitalen Lehrveranstaltungen ermöglicht. Zudem muss die erhöhte tägliche Nutzungsdauer bedacht werden. Letztlich muss angesichts der zumindest vorläufigen Verlagerung des Lebensalltags auf den digitalen Raum ein gesteigertes Mindestmaß an *digitalem Zugang* erhalten bleiben. Für alle Pfändungen ist neben den beruflichen Veränderungen durch das Home-Office die erhebliche Einschränkung sozialer Kontakte im privaten Bereich zu berücksichtigen. 1980 schrieb das AG München zur Pfändung eines Fernsehers:

> „Auch der Bedarf an Unterhaltung und Entspannung darf heutzutage nicht mehr als bei bescheidener Lebensführung nicht geboten abgetan werden.“[61]

Im Jubiläumsjahr 2021 braucht es dafür wohl tatsächlich einen Flachbildfernseher.

III. Von der Zoom-Vorlesung zu …?

Die Rückschau auf 50 Jahre Unpfändbarkeitsrechtsprechung zeigt, wie dramatisch sich der Lebensalltag seit der Gründung der Juristischen Fakultät verändert hat. Eine Betrachtung des status quo macht das allzeitige Wechselspiel von Rechtswissenschaft und Gesellschaft deutlich. Doch was offenbart ein Blick in die Zukunft? An der Fakultät wurde die Tafel vorerst von der Zoom-Vorlesung abgelöst. Selbst bei einer Rückkehr in den Hörsaal werden digitale Formate weiterhin eine bedeutende Rolle spielen. Vor 50 Jahren hat sich wohl kaum ein Jurist vertieft mit den rechtlichen Problemen einer etwaigen Verhandlungsführung im Wege der Bild- und Tonübertragung beschäftigt. Ein hieran anknüpfender Festschriftbeitrag zum 100-jährigen Jubiläum der Fakultät könnte dagegen einleitend erwähnen, wie gewöhnlich digitale Verhandlungen und Vorlesungen inzwischen sind. Sich derzeit noch in der Entwicklung befindliche Produkte wie die VR-Brille könnten hierbei standardmäßig verwendet werden. Angesichts der privaten sowie beruflichen bzw. universitären Nutzungsmöglichkeiten der VR-Brille könnten die hier skizzierten Argumentationsmuster wiederum durch Fragen nach der Unpfändbarkeit gemäß § 811 Abs. 1 Nr. 1 und Nr. 5 ZPO leiten. Die Fakultät und die hierin vermittelten Rechtsgrundlagen sind einem steten Wandel unterworfen. Werden sogar für die juristischen Staatsexamina Stift und Papier obsolet? Jedenfalls für die Zweite Juristische Staatsprüfung plant die bayerische Justiz eine Digitalisierung.[62]

---

[61] AG München, DGVZ 1981, 94 (95).

[62] Pressemitteilung des Bayerischen Staatsministeriums der Justiz vom 29.10.2020, https://www.justiz.bayern.de/presse-und-medien/pressemitteilungen/archiv/2020/107.php.

Anwendung bürgerlichrechtlicher Normen auf den Unternehmenskauf und deren vertragliche Modifizierung

Michael Kort

I. Die Bedeutung des Unternehmenskaufrechts in der Ausbildungspraxis der Juristischen Fakultät Augsburg

Das Unternehmenskaufrecht spielt als Querschnittsmaterie sowie in der Verbindung von Theorie und Praxis seit jeher eine große Rolle in der Ausbildung der Studierenden der Juristischen Fakultät der Universität Augsburg, und zwar nicht nur in Hinblick auf das „klassische" Jura-Studium, sondern auch und gerade in Hinblick auf die Bachelor- und Masterausbildung im Studiengang „Rechts- und Wirtschaftswissenschaften". Zu nennen ist etwa die vom Verfasser dieses Beitrags seit einer langen Reihe von Jahren gemeinsam mit Honorarprofessor und Rechtsanwalt Dr. *Michael Schmidl* durchgeführte Veranstaltung „Rechtsfragen des Unternehmenskaufs – Projektbezogene Gruppenarbeit", bei der Studierende in die Rolle von Verhandlungspartnern eines Unternehmenskaufs schlüpfen.

II. Das Unternehmen als Kaufobjekt

Sowohl nach deutschem Recht als auch nach den Rechtsordnungen vieler anderer Länder kann das Unternehmen selbst Gegenstand eines Kaufvertrags, also Kaufobjekt sein. Hierfür ist eine wirtschaftliche Gesamtbetrachtung erforderlich.[1]

Ein fest umrissener Begriff des „Unternehmens" existiert im deutschen Zivil- und Wirtschaftsrecht nicht.[2] Unternehmenskaufrechtlich lässt sich das Unternehmen als Kaufobjekt als Inbegriff von Sachen, Rechten und sonstigen Gütern wie etwa Geschäftsbeziehungen, Kundenbeziehungen und Goodwill des Unternehmens zur Verfolgung eines bestimmten Unternehmensziels auffassen.[3] Damit wird der unternehmenskaufrechtliche Unter-

---

[1] *Hopt*, in: Baumbach/Hopt, HGB, 40. Aufl. 2021, Einl. vor § 1 Rn. 44.

[2] *Beisel*, in: Beisel/Klumpp, Der Unternehmenskauf, 7. Aufl. 2016, § 1 Rn. 14.

[3] BGH NJW 2002, 1042, 1043; *Weidenkaff*, in: Palandt, BGB, 80. Aufl. 2021, § 453 Rn. 7; *Rosengarten*, in: Meyer-Sparenberg/Jäckle (Hrsg.), Beck'sches M&A-Handbuch, 2017, § 2 Rn. 17.

nehmensbegriff nicht nur vom eigentlichen Vermögen der Zielgesellschaft geprägt, sondern auch von deren Außen- oder Marktbeziehungen.[4]

III. Auf den Unternehmenskaufvertrag anwendbares Recht

In der deutschen (und internationalen) Unternehmenskaufpraxis ist es, vor allem beim Kauf größerer Unternehmen, durchgängig üblich, dass die Parteien des Unternehmenskaufvertrags eine Wahl des auf den Kaufvertrag anwendbaren Rechts treffen. Die Rom I-VO erlaubt sowohl eine ausdrückliche als auch eine stillschweigende Rechtswahl.[5]

Zwar treffen die Parteien beim Kauf eines deutschen Unternehmens häufig die Wahl ausländischen Rechts, es finden sich jedoch auch zahlreiche Unternehmenskaufverträge, bei denen die Anwendbarkeit deutschen Rechts ausdrücklich vereinbart wird.

Wenn die Parteien aber ausnahmsweise keine Rechtswahl[6] getroffen haben, gilt in der Regel bei dem Kauf eines Unternehmens mit Sitz in Deutschland nach der kollisionsrechtlichen Norm des Artikel 4 Abs. 3 Rom I-Verordnung einheitlich für den gesamten Kaufvertrag deutsches Recht, und zwar unabhängig davon, ob es sich um einen *asset deal* oder um einen *share deal* handelt.[7]

IV. Verkäufer-Position beim Unternehmenskauf

Beim Unternehmenskauf unterscheidet man bekanntlich zwei Formen: So kann ein Kauf aller oder fast aller Wirtschaftsgüter des Unternehmens erfolgen (*asset deal*).[8] In der weitaus größeren Zahl der Fälle erfolgt der Unternehmenskauf in Deutschland aber nicht in dieser Form des Kaufs aller oder fast aller Wirtschaftsgüter des Unternehmens, sondern durch Kauf aller oder fast aller Anteile derjenigen Gesellschaft, die Träger des Unternehmens ist, also z. B. aller oder fast aller Geschäftsanteile einer GmbH oder aller oder fast aller Aktien einer AG (*share deal*).[9]

Bei den beiden Formen des Unternehmenskaufs unterscheidet sich die Verkäuferposition: Unternehmens-Verkäufer ist bei einem *asset deal* der

---

[4] *Beisel*, in: Beisel/Klumpp (Fn. 2), § 1 Rn. 18.

[5] *Beisel*, in: Beisel/Klumpp (Fn. 2), § 7 Rn. 30.

[6] Dazu *Göthel*, in: Göthel (Hrsg.), Grenzüberschreitende M&A-Transaktionen, 5. Aufl. 2020, § 2 Rn. 243 ff.

[7] *Thorn*, in: Palandt (Fn. 3), Art. 4 Rom I-VO Rn. 23; strittig, dazu *Beisel*, in: Beisel/Klumpp (Fn. 2), § 7 Rn. 44 ff.

[8] BGH, NJW 2013, 1083 (1084, Rn. 16); *Berger*, in: Jauernig, 18. Aufl. 2021, § 453 Rn. 12

[9] *Hopt*, in: Baumbach/Hopt (Fn. 1), Einl. vor § 1 Rn. 46; ein Hinzuerwerb zu bereits im Eigentum des Käufers stehenden Anteilen reicht nicht aus, dazu BGH, NJW 2019, 145.

Unternehmensinhaber. Das kann eine natürliche Person sein oder diejenige Gesellschaft, die das Unternehmen betreibt, etwa eine GmbH. Bei dem viel häufigeren *share deal* sind hingegen Unternehmens-Verkäufer die Gesellschafter, die ihre Anteile an der Gesellschaft verkaufen.

V. Für den Unternehmenskaufvertrag maßgebliche bürgerlichrechtliche Normen

1. § 433 BGB: Übergabe der Kaufsache und Verschaffung des Eigentums

In der Rechtsprechung und Literatur besteht Einigkeit, dass sowohl beim *asset deal* als auch beim *share deal* das (gesamte) Unternehmen selbst als Kaufobjekt angesehen werden kann. Konsequenz dieser Gleichstellung von *asset deal* und *share deal* ist u. a., dass die Haftung für Sachmängel und für Rechtsmängel des Unternehmens i. S. von §§ 434 und 435 BGB beim *asset deal* und beim *share deal* gleich ist.[10]

Hingegen hat der BGH deutlich gemacht, dass die Gewährleistungsregeln über den Sachkauf (§§ 437 ff. BGB) nicht für einen Kauf von bloßen Anteilen (dort: Geschäftsanteile einer GmbH) gelten, es sei denn, es erfolgt durch den Kauf von Anteilen ein Unternehmenskauf.

Ein Unternehmenskauf liegt nach Auffassung des BGH[11] allerdings bei einem Kauf von Anteilen (*share deal*) nur vor, wenn der Gegenstand des Kaufvertrags der Erwerb sämtlicher oder nahezu sämtlicher Anteile ist. Hingegen reicht etwa ein Hinzuerwerb von 50 % der Anteile durch einen Käufer, der vor dem Kauf bereits die andern 50 % der Anteile hält, für das Vorliegen eines Unternehmenskaufs und dessen kaufrechtliche Rechtsfolgen nicht aus.[12]

Aus dem objektiven Tatbestand des Erwerbs (fast) aller Anteile folgt, dass nach den Vorstellungen der Vertragsparteien und einer wirtschaftlichen Betrachtungsweise ein Kauf eines Unternehmens und damit ein Sachkauf vorliegt.[13]

Das lässt sich freilich nicht darauf stützen, dass das Unternehmen kaufrechtlich als Sache anzusehen ist, sondern nur darauf, dass das Unternehmen „sonstiger Gegenstand" i. S. von § 453 Abs. 1 BGB ist.[14]

---

[10] *Weidenkaff*, in: Palandt (Fn. 3), § 453 Rn. 7.

[11] BGH, NJW 2019, 145.

[12] Zustimmend *Grunewald*, BB 2019, 20; *Wachter*, GmbHR 2018, 1269 (1270); *F. Schmitt*, WM 2019, 1871 (1872).

[13] *Weidenkaff*, in: Palandt (Fn. 3), § 453 Rn. 7 und 23; *Wilhelmi*, in: BeckOGK, Stand: 1.4.2021, § 453 BGB Rn. 562 ff.; *Martens*, in: BeckOGK, Stand: 1.7.2021, § 313 BGB Rn. 192.1.

[14] Zu letztgenannter Einordnung etwa *Grunewald*, in: Erman, BGB, 16. Aufl. 2020, § 453 Rn. 20; *Hopt*, in: Baumbach/Hopt (Fn. 1), Einl. vor § 1 Rn. 44 und 46; *Canaris*, Handelsrecht, 24. Aufl. 2006, § 8 Rn. 16 und Rn. 47; *Fischer*, DStR, 2004, 276.

Damit ist nach Auffassung des BGH[15] und der herrschenden Auffassung die Grund-Norm über den Kauf einer Sache, nämlich § 433 BGB, anwendbar. § 433 BGB ist, insbesondere in Verbindung mit § 453 BGB, in Hinblick auf den Unternehmenskauf auslegungsbedürftig.

Für den Unternehmenskauf gilt, dass sich der Begriff der „Verschaffung" in § 433 BGB beim *asset deal* auf die Einräumung schuldrechtlicher und sachenrechtlicher Rechte am Unternehmen und dessen Einzelwirtschaftsgütern bezieht und beim *share deal* auf die Übertragung der Geschäftsanteile. Außerdem umfasst die Verschaffung i. S. des § 433 BGB bei beiden Formen des Unternehmenskaufs auch die Einweisung in die Geschäftsführung, die Mitteilung des Kundenstamms[16] und möglicherweise auch Empfehlungen des Verkäufers in Hinblick auf den Käufer.[17]

2. *§ 434 BGB: Sachmangel beim Unternehmenskauf*

a) Fehler (Mangel) des Unternehmens

Ist das Unternehmen selbst Kaufgegenstand, sind also nicht bloß einzelne Vermögensgegenstände des Unternehmens Kaufobjekte oder einzelne Geschäftsanteile einer Gesellschaft Kaufobjekte, sondern das ganze Unternehmen, so kann das Unternehmen als Kaufobjekt möglicherweise einen Mangel aufweisen, der zu Gewährleistungsrechten führt.[18] Mängel einzelner Sachen oder Rechte reichen für einen Fehler des (Gesamt-) Unternehmens nicht aus.[19]

Allerdings besteht (ausnahmsweise) die Möglichkeit, dass Mängel einzelner Gegenstände des Unternehmens auf das (Gesamt-) Unternehmen „durchschlagen".[20] Das gilt etwa für Rechtsmängel von Einzelgegenständen,[21] so z. B., wenn alle Warenautomaten eines Betriebsvermögens sicherungsübereignet sind.[22] Ferner können auch quantitative Defizite zu einem (qualitativen) Fehler des Unternehmens führen, etwa das Fehlen von Inventar[23] oder von mitverkauftem Leergut.[24]

Kommt es nicht zu einem solchen „Durchschlagen" von Mängeln einzelner Unternehmensgegenstände auf das (Gesamt-)Unternehmen, ist aber das (Gesamt-)Unternehmen Kaufgegenstand, so kommt eine Gewährleistungs-

[15] BGH, NJW 2019, 145.
[16] *Weidenkaff*, in: Palandt (Fn. 3), § 433 Rn. 34.
[17] *Berger*, in: Jauernig (Fn. 8), § 453 Rn. 13.
[18] *Meyer-Sparenberg*, in: Meyer-Sparenberg/Jäckle (Fn. 3), § 44 Rn. 103.
[19] OLG Köln, ZIP 2009, 2065.
[20] *Weidenkaff*, in: Palandt (Fn. 3), § 453 Rn. 23.
[21] *Weidenkaff*, in: Palandt (Fn. 3), § 437 Rn. 95a.
[22] BGH, NJW 1969, 184.
[23] BGH, NJW 1979, 33.
[24] BGH, WM 1974, 312.

haftung in Hinblick auf die Einzelgegenstände nicht in Frage, sondern allenfalls Ansprüche aus §§ 241 Abs. 2, 280, 311 Abs. 2 BGB.[25]

Ein solches „Durchschlagen" von Mängeln einzelner Vermögensgegenstände des Unternehmens auf das (Gesamt-) Unternehmen kommt auch beim *share deal* im Falle des Kaufs (nahezu) sämtlicher Anteile in Frage: Der Verkäufer haftet dann ebenso wie beim *asset deal*.[26]

b) Abweichung von der vereinbarten Beschaffenheit

Im Gewährleistungsrecht entscheidet beim Kauf einer Sache oder eines Rechts in erster Linie die privatautonome Vereinbarung zwischen den Parteien des Kaufvertrags, ob ein Mangel der Sache i. S. von § 434 BGB vorliegt, der zu einem kaufrechtlichen Gewährleistungsrecht führen kann. Danach ist als Mangel zunächst eine Abweichung der Kaufsache von der vereinbarten Beschaffenheit der Kaufsache anzusehen (§ 434 Abs. 1 Satz 1 BGB a. F., § 434 Abs. 2 Satz 1 Nr. 1 i. V. m. Abs. 1 BGB n. F.). Es kommt dann darauf an, ob das Unternehmen als Kaufobjekt bei Gefahrübergang die subjektive Sollbeschaffenheit aufweist.[27]

Schwierig, aber im Ergebnis angesichts von § 433 Abs. 1 Satz 2 BGB letztlich unerheblich, kann die Abgrenzung eines Beschaffenheitsmangels von einem Rechtsmangel des Unternehmens i. S. von § 435 BGB sein.[28] Als Rechtsmangel des Unternehmens kommen etwa die Existenz von einem Dritten laut Grundbuch zustehenden Rechten in Betracht, ferner Pfandrechte oder Rechte des Geistigen Eigentums, die einem Dritten zustehen.[29]

Da die Parteien eines häufig detaillierten Unternehmensvertrags meist eine Beschaffenheit des Unternehmens im Sinne von § 434 Abs. 1 Satz 1 BGB a. F., § 434 Abs. 2 Satz 1 Nr. 1 i. V. m. Abs. 1 BGB n. F. vereinbaren, ist vor allem diese Norm von Belang.

So können Angaben des Unternehmensverkäufers zum Umsatz und Reinertrag,[30] zur Ertragsfähigkeit,[31] zur Höhe bestehender Verbindlichkeiten[32] oder zur Gewinn- und Verlustrechnung Gegenstand einer Beschaffenheitsvereinbarung sein, wenn sie Inhalt des Unternehmenskaufvertrags geworden sind,[33] etwa durch Bezugnahme auf die Bilanz, und sie nicht sogar Gegenstand einer Garantieerklärung sind (zu Garantien unten XV.).

---

[25] *Hopt*, in: Baumbach/Hopt (Fn. 1), Einl. vor § 1 Rn. 46.
[26] BGH, NJW 2019, 145 (147 Rn. 23); *Berger*, in: Jauernig (Fn. 8), § 453 Rn. 16.
[27] *Beisel*, in: Beisel/Klumpp (Fn. 2), § 16 Rn. 3.
[28] *Weidenkaff*, in: Palandt (Fn. 3), § 437 Rn. 95a.
[29] *Beisel*, in: Beisel/Klumpp (Fn. 2), § 16 Rn. 9.
[30] BGH, NJW 1977, 1538.
[31] BGH, NJW 1995, 1547.
[32] BGH, WM 1979, 944.
[33] *Berger*, in: Jauernig (Fn. 8), § 453 Rn 15; ähnlich *Beisel*, in: Beisel/Klumpp (Fn. 2), § 16 Rn. 5.

Ferner kommen als Gegenstände einer Beschaffenheitsvereinbarung wesentliche Eigenschaften eines wichtigen Mitarbeiters[34] sowie die Brauchbarkeit und kaufmännische Verwertbarkeit maßgeblicher Verkaufsprodukte des Unternehmens[35] in Frage.

c) Defizite der Verwendungseignung

Ergänzend kann § 434 Abs. 1 Satz 2 BGB a. F., § 434 Abs. 2 Satz 1 Nr. 2 und Abs. 3 Satz 1 Nr. 1, jeweils i. V. m. Abs. 1 BGB n. F. beim Unternehmenskauf eine Rolle spielen. Als Mängel des Unternehmens i. S. von § 434 Abs. 1 Satz 2 BGB kommen u. a. Substratmängel in Frage, etwa beim Fehlen von Betriebsmitteln, beim Fehlen des Eigentums an einem Betriebsgrundstück oder bei einer Sicherungsübereignung des Betriebsvermögens an Dritte.[36] Erforderlich ist allerdings jeweils das oben (V.2.a) beschriebene „Durchschlagen" des Mangels von Einzelgegenständen des Vermögens auf die Funktion oder den Wert des (Gesamt-) Unternehmens.[37] Ferner kommen als Mängel des Unternehmens gemäß § 434 Abs. 1 Satz 2 BGB a. F., § 434 Abs. 2 Satz 1 Nr. 2 und Abs. 3 Satz 1 Nr. 1, jeweils i. V. m. Abs. 1 BGB n. F. das Fehlen vorausgesetzter wertbildender Eigenschaften wie etwa der Ruf eines Unternehmens in Betracht.[38]

d) Öffentliche Äußerungen und Äußerungen Dritter

Bei der Beurteilung der Frage, ob ein Mangel des Unternehmens im Sinne von § 434 BGB vorliegt, können ferner öffentliche Äußerungen des Verkäufers oder Äußerungen Dritter als Gehilfen des Verkäufers gemäß § 434 Abs. 1 Satz 3 BGB a. F., § 434 Abs. 3 Satz 1 Nr. 2b BGB n. F. Bedeutung erlangen. Als öffentliche Äußerungen des Veräußerers des Unternehmens können etwa öffentliche Äußerungen auf Pressekonferenzen oder Unternehmenspräsentationen in Betracht kommen. Auch Äußerungen des Verkäufers oder seines Gehilfen in der Werbung für das Unternehmen kommen hierfür in Frage.[39]

Ferner sind als öffentliche Äußerungen des Verkäufers auch veröffentlichte Berichte im Rahmen der Erfüllung von Rechnungslegungspflichten oder der Erfüllung von kapitalmarktrechtlichen Pflichten anzusehen.[40]

---

[34] BGH, NJW 1991, 1223.
[35] BGH, WM 1978, 59.
[36] *Berger*, in: Jauernig (Fn. 8), § 453 Rn. 14.
[37] BGH, NJW 1995, 1547 (1548 f.).
[38] BGH, NJW 1992, 2564 (2565).
[39] *Beisel*, in: Beisel/Klumpp (Fn. 2), § 16 Rn. 3.
[40] *Wilhelmi*, in: BeckOGK (Fn. 13), § 453 BGB Rn. 602.

Als Äußerungen Dritter, die als „Gehilfen" des Verkäufers des Unternehmens anzusehen sind, kommen vor allem Äußerungen von Unternehmensberatern, Wirtschaftsprüfern und Rechtsanwälten in Betracht.[41] Beim *share deal* kommen ferner Geschäftsleitungsmitglieder derjenigen Gesellschaft, deren Anteile verkauft werden sollen, als Dritte im Sinne von § 434 Abs. 1 Satz 3 BGB a. F. und auch gem. § 434 Abs. 3 Satz 1 Nr. 2b BGB n. F. in Frage.[42]

3. § 437 BGB: Gewährleistungsrechte bei einem Mangel des Unternehmens

a) Anspruch auf Nachbesserung des Unternehmens als Kaufsache

Hat das Unternehmen nach § 434 BGB einen Mangel, so kommen theoretisch sämtliche Gewährleistungsrechte nach § 437 BGB in Betracht: So ist zunächst an den Anspruch auf Nacherfüllung zu denken, der beim Unternehmenskauf nur auf Nachbesserung gerichtet sein kann.[43]

Die Nachbesserung ist auf Herstellung des vertragsgemäßen Zustands der Kaufsache, hier also des Unternehmens, gerichtet.[44] Aus rechtspraktischen Gründen kommt eine solche Nachbesserung bei einem Unternehmenskaufvertrag allerdings meistens nicht in Betracht,[45] so kommt etwa bei einem Mangel der Ertragsfähigkeit des Unternehmens eine Nachbesserung praktisch nicht in Frage.[46] Dennoch hat der Verkäufer eines Unternehmens das Recht zur zweiten Andienung, also das Recht, die Nacherfüllung nach § 439 Abs. 1 BGB auch tatsächlich vornehmen zu können.[47] Dieses Recht zur zweiten Andienung besteht allerdings nicht, wenn der Verkäufer den Mangel des Unternehmens arglistig verschwiegen hat.[48]

b) Rücktritt vom Unternehmenskaufvertrag

Ferner kommt theoretisch bei einem Mangel eines Unternehmens ein Rücktritt vom Unternehmenskaufvertrag als einseitiges Gestaltungsrecht in Betracht. Bei einem solchen Rücktritt muss jede Seite die empfangenen Leistungen zurückgewähren. Gemäß § 323 Abs. 1 BGB verlangt der Rücktritt wegen der nicht vertragsgemäßen Leistung des Verkäufers in der Regel eine erfolglos gebliebene Setzung einer angemessenen Frist zur Nacherfüllung.[49]

---

[41] *Wilhelmi*, in: BeckOGK (Fn. 13), § 453 BGB Rn. 603.
[42] *Wilhelmi*, in: BeckOGK (Fn. 13), § 453 BGB Rn. 603.
[43] *Berger*, in: Jauernig (Fn. 8), § 439 Rn. 1.
[44] *Berger*, in: Jauernig (Fn. 8), § 439 Rn. 8.
[45] *Hopt*, in: Baumbach/Hopt (Fn. 1), Einl. vor § 1 Rn. 46b und 46c.
[46] *Beisel*, in: Beisel/Klumpp (Fn. 2), § 16 Rn. 26.
[47] BGH, NJW 2006, 1195; *Beisel*, in: Beisel/Klumpp (Fn. 2), § 16 Rn. 27.
[48] BGH, NJW 2008, 1371; *Beisel*, in: Beisel/Klumpp (Fn. 2), § 16 Rn. 30.
[49] *Beisel*, in: Beisel/Klumpp (Fn. 2), § 16 Rn. 40.

Zwar mag die Rückgewähr des Kaufpreises für das Unternehmen keine Schwierigkeiten bereiten, die Rückgewähr des lebenden und durchgängig am Wirtschaftsverkehr teilnehmenden Unternehmens bereitet hingegen, zumindest beim *asset deal*, größte Schwierigkeiten.

Überdies wird bei Eingliederungs- und Umstrukturierungsmaßnahmen im Zuge des Unternehmenskaufvertrags häufig ein Rücktrittsrecht nicht in Betracht kommen, weil ein Fall des § 346 Abs. 2 Nr. 2 BGB vorliegt, und der Unternehmenskäufer dann nicht das Unternehmen zurückzugewähren hat, sondern Wertersatz zu leisten hat.[50]

c) Herabsetzung des Kaufpreises

Als drittes Mängelgewährleistungsrecht kommt theoretisch eine Herabsetzung des Kaufpreises, also eine Minderung, in Betracht. Die Berechnung des Herabsetzungsbetrags bereitet beim Unternehmenskauf rechtspraktische Probleme.[51] Häufig wird daher im Unternehmenskaufvertrag die Minderung als Gewährleistungsrecht ausgeschlossen oder modifiziert (dazu näher unten VII.3.).

d) Schadensersatzanspruch

Als viertes Mängelgewährleistungsrecht kommt ein Schadensersatzanspruch des Unternehmenskäufers in Frage.[52] Die gesetzlich vorgesehene Regelung des Schadensersatzes als Gewährleistungsrecht ist beim Unternehmenskauf oft nicht interessengerecht, da der Schadensersatz die Höhe des gezahlten Kaufpreises häufig erheblich übersteigt. Auch erfordert der Schadensersatzanspruch ein Verschulden des Verkäufers, für dessen Nachweis dem Käufer allerdings die Beweislastumkehr des § 280 Abs. 1 Satz 2 BGB zugutekommt.[53]

e) Aufwendungsersatzanspruch

Ferner kommt beim Unternehmenskauf als Gewährleistungsrecht ein Aufwendungsersatz in Betracht. Darunter fallen die Vertragsabschlusskosten und die Erfüllungskosten,[54] nicht aber die Vertragsanbahnungskosten.[55]

Ersetzt wird nicht der gesamte Vertrauensschaden, sondern nur die Summe der Aufwendungen. Daher kann der Käufer nicht den Gewinn ver-

---

50 *Beisel*, in: Beisel/Klumpp (Fn. 2), § 16 Rn. 44.
51 *Beisel*, in: Beisel/Klumpp (Fn. 2), § 16 Rn. 38.
52 *Berger*, in: Jauernig (Fn. 8), § 437 Rn. 14 ff.
53 *Beisel*, in: Beisel/Klumpp (Fn. 2), § 16 Rn. 52.
54 *Berger*, in: Jauernig (Fn. 8), § 437 Rn. 27.
55 *Beisel*, in: Beisel/Klumpp (Fn. 2), § 16 Rn. 56.

langen, den er bei einem anderen, im Vertrauen auf den Erhalt der Leistung ausgeschlagenen Geschäft hätte erzielen können.[56]

Dennoch ist insgesamt betrachtet der Aufwendungsersatzanspruch des Käufers sehr nachteilig für den Unternehmens-Verkäufer.[57] Daher wird der Aufwendungsersatzanspruch im Unternehmenskaufvertrag regelmäßig ausgeschlossen oder eingeschränkt.

4. Verhältnis der Gewährleistungsrechte (§ 437 BGB) zu anderen für den Unternehmenskauf relevanten bürgerlichrechtlichen Normen

a) Kaufrechtliche Gewährleistungsrechte (§ 437 BGB) und Verschulden bei Vertragsverhandlungen (§§ 280, 311 Abs. 2 BGB)

Der Käufer eines Unternehmens kann ggf. neben oder anstatt der Gewährleistungsansprüche auch Ansprüche gegen den Verkäufer aus Verschulden bei Vertragsverhandlungen nach §§ 280, 311 Abs. 2 BGB haben.[58] Anders als die Gewährleistungshaftung bei Minderung oder Rücktritt setzen Ansprüche aus einem Verschulden bei Vertragsverhandlungen freilich ein Verschulden voraus. Auch richten sie sich nur auf einen Ersatz des Vertrauensschadens.[59]

Ansprüche aus einem Verschulden bei Vertragsverhandlungen kommen insbesondere in Betracht, wenn der Verkäufer bei den Vertragsverhandlungen falsche Informationen über das Unternehmen erteilt oder seine Aufklärungspflichten verletzt.

Vor der Schuldrechtsreform von 2001 war das Verhältnis der kaufrechtlichen Gewährleistungsrechte zu den bis 2001 nicht normativ im BGB verankerten Grundsätzen über die Haftung für das Verschulden bei Vertragsverhandlungen (*culpa in contrahendo*) strittig. Allgemein wurde im Kaufrecht bis 2001 eine weitgehende Sperrwirkung der Normen über die kaufrechtliche Gewährleistung angenommen, die eine zusätzliche Anwendung der Grundregeln über das Verschulden bei Vertragsverhandlungen ausschloss.

Da die bis 2001 geltenden Normen über die kaufrechtliche Gewährleistung für den Unternehmenskaufvertrag nicht richtig passten, wandte vor allem die Rechtsprechung auf den Unternehmenskauf sehr weitgehend die Grundregeln über das Verschulden bei Vertragsverhandlungen an, und verneinte damit – großteils unausgesprochen – die Sperrwirkung der früheren kaufrechtlichen Gewährleistungsnormen für den besonderen Bereich des Unternehmenskaufvertrags.

---

[56] *Beisel*, in: Beisel/Klumpp (Fn. 2), § 16 Rn. 55.

[57] *Beisel*, in: Beisel/Klumpp (Fn. 2), § 16 Rn. 58.

[58] BGH, NJW 2009, 2120 (2122 Rn. 19 ff.); *Hopt*, in: Baumbach/Hopt (Fn. 1), Einl. vor § 1 Rn. 47; *Meyer*-Sparenberg, in: Meyer-Sparenberg/Jäckle (Fn. 3), § 44 Rn. 117.

[59] *Hopt*, in: Baumbach/Hopt (Fn. 1), Einl. vor § 1 Rn. 47.

Bekanntlich sind seit dem Schuldrechtsmodernisierungsgesetz 2001 die früher ungeschriebenen Grundregeln über das Verschulden bei Vertragsverhandlungen (*culpa in contrahendo*) in §§ 241 Abs. 2, 280, 311 Abs. 2 BGB geregelt. Nach § 311 Abs. 2 BGB entsteht ein gesetzliches Schuldverhältnis auch im Stadium der Vertragsverhandlungen und der Anbahnung eines Vertrages.

Seit der Schuldrechtsreform von 2001 ist strittig, inwiefern auf das Recht des Unternehmenskaufs nur die reformierten Gewährleistungsrechte des § 437 BGB anzuwenden sind oder stattdessen oder daneben weiterhin auf das Verschulden bei Vertragsverhandlungen, seit 2001 in §§ 241 Abs. 2, 280, 311 Abs. 2 BGB geregelt, abgestellt werden kann.

Die Begründung zum Schuldrechtsmodernisierungsgesetz[60] geht von einer Ausweitung der Sachmängelhaftung unter Zurückdrängung von §§ 280, 311 Abs. 2 und 3 BGB (n. F.) aus, ohne dass das freilich die Rechtsprechung bindet.[61]

Von der herrschenden Auffassung wird weiterhin ein „Nebeneinander" einer nunmehr allerdings ausgedehnten Anwendung von § 437 BGB und eines nach wie vor möglichen ergänzenden Rückgriffs auf das Verschulden bei Vertragsverhandlungen (§§ 280, 311 BGB) angenommen. Zwar haben §§ 437 ff. BGB gegenüber §§ 280, 311 BGB nach Gefahrübergang außer bei arglistigem oder vorsätzlichem Handeln grundsätzlich Vorrang,[62] dennoch ist im Übrigen aber auch nach der Schuldrechtsreform eine (zusätzliche) Anwendung der Grundsätze über das Verschulden bei Vertragsverhandlungen, nunmehr normiert in §§ 280, 311 BGB, möglich.[63] Allerdings bedeutet das für den Unternehmenskauf nicht, dass für diesen Besonderheiten hinsichtlich des Verhältnisses der kaufrechtlichen Gewährleistung zum Verschulden gemäß §§ 280, 311 BGB gelten würden. Es gelten vielmehr die allgemeinen Grundsätze des Verhältnisses von § 437 BGB zu §§ 280, 311 BGB.[64]

Die Ausdehnung der Anwendung der Sachmängelgewährleistung mit der Schuldrechtsmodernisierung führt zu einer Haftungsverschärfung, so etwa deshalb, weil der Verkäufer bei einem unbehebbaren Unternehmensmangel bereits bei fahrlässiger Unkenntnis gemäß § 437 Nr. 3 BGB i. V. mit § 311a Abs. 2 BGB Schadensersatz statt der Leistung schuldet, oder weil eine Minderung gemäß §§ 437 Nr. 2, 444 Abs. 1 Satz 2, 323 Abs. 5 Satz 2 BGB auch bei unerheblichen Mängeln möglich ist.[65]

---

[60] BT-Drucks. 14/6040, 242.

[61] *Hopt*, in: Baumbach/Hopt (Fn. 1), Einl. vor § 1 Rn. 46b.

[62] BGH, NJW 2009, 2120 (2122 Rn. 19); BGH NJW 2010, 858 (859 Rn. 20); BGH NJW 2013, 1671 (1673 Rn. 22).

[63] BGH, NJW 2019, 145 (148 f. Rn. 37); *Beisel*, in: Beisel/Klumpp (Fn. 2), § 16 Rn. 62.

[64] *Weidenkaff*, in: Palandt (Fn. 3), § 437 Rn. 51c.

[65] *Hopt*, in: Baumbach/Hopt (Fn. 1), Einl. vor § 1 Rn. 46b.

Ein Verschulden bei Vertragsverhandlungen kommt etwa bei irrtümlich falsch erstellten Bilanzen sowie bei Bilanzfälschung in Betracht, und zwar angesichts von § 278 BGB auch dann, wenn sie ein Dritter erstellt hat.[66]

Der Schadenersatz bei §§ 280, 311 BGB erstreckt sich bei Rückgängigmachen des Kaufs auch auf die Aufwendungen des Käufers, bei Aufrechterhaltung des Kaufs auch auf den Betrag, um den der Käufer aufgrund der Falschinformation „zu teuer" gekauft hat.[67]

b) Störung der Geschäftsgrundlage (§ 313 BGB)

Ferner kommen bei einem Unternehmenskaufvertrag eine Anpassung des Vertrags oder sogar ein Rücktritt vom Vertrag bei Störung der Geschäftsgrundlage nach § 313 BGB in Frage, falls nicht vorrangig die Normen über die Sachmängelgewährleistung Anwendung finden.[68]

So kann bei einem Unternehmenskauf ein Umstand, der zur Beschaffenheit des Kaufgegenstands „Unternehmen" zu rechnen ist, nicht § 313 BGB unterfallen, sondern allenfalls zu Gewährleistungsrechten i. S. von §§ 437 ff. BGB führen. § 313 BGB ist im Anwendungsbereich der Gewährleistungsrechte (des Sachkaufs) auch dann unanwendbar, wenn die Gewährleistungsrechte vertraglich ausgeschlossen sind. Außerdem sind die Geschäftsgrundlage sowie deren Störung oft schwierig zu beweisen.

§ 313 BGB kann unternehmenskaufvertraglich nicht im eigentlichen Sinn gänzlich ausgeschlossen oder abbedungen werden, da diese Norm als eine gesetzliche Ausprägung des allgemeinen Grundsatzes von Treu und Glauben (§ 242 BGB)[69] zwingend ist.[70]

Allerdings enthalten Unternehmenskaufverträge oft – zulässige – Abreden über die Risikoverteilung und die Rechtsfolgen von Äquivalenzstörungen, die die Anwendbarkeit von § 313 BGB insofern weitgehend ausschließen.[71]

Da auch die Rechtsfolgen der Störung der Geschäftsgrundlage für den Unternehmenskauf häufig nicht „passen", hat die Vertragsgestaltungspraxis andere als die gesetzlichen Voraussetzungen und Rechtsfolgen für eine Störung der Geschäftsgrundlage entwickelt, etwa MAC-Klauseln (dazu unten XIII.).

---

[66] *Hopt*, in: Baumbach/Hopt (Fn. 1), Einl. vor § 1 Rn. 47.

[67] OLG Düsseldorf, NZG 2017, 152.

[68] BGH, NJW 2019, 145; *Kort* in: FS für Grunewald 2021, 569.

[69] *Liebscher/Zeyher/Steinbrück*, ZIP 2020, 852 (859).

[70] *Wilhelmi*, in: BeckOGK (Fn. 13), § 453 BGB Rn. 447, 551, 562; *Zeyher*, in: Wilhelmi/Stürner (Hrsg.), Post-M&A-Schiedsverfahren, 2019, 279 (287); *Hübner*, LMK 2019, 418487.

[71] *Henssler*, in: FS für Ulrich Huber, 2006, 739 (747); *Seibt/Reiche*, DStR 2002, 1181 (1185).

c) *Anfechtung des Unternehmenskaufvertrags (§§ 119, 123 BGB)*

Kaum eine Rolle spielt bei Unternehmenskaufverträgen die zur Vernichtung des gesamten Vertrags führende Anfechtung des Unternehmenskaufvertrags wegen Irrtums nach § 119 BGB, da die Gewährleistungshaftung vorrangig ist.[72] Eher in Betracht kommt eine Anfechtung eines Unternehmenskaufvertrags wegen arglistiger Täuschung durch den Verkäufer gemäß § 123 BGB, bei der kein Vorrang der Gewährleistungshaftung besteht,[73] etwa bei einer Bilanzfälschung oder sonstigen falschen Angaben über die wirtschaftliche Situation der Zielgesellschaft.[74]

Allerdings sind ganz allgemein die Rechtsfolgen einer erfolgreichen Anfechtung in der Unternehmenskaufpraxis problematisch. Die bereicherungsrechtliche Rückabwicklung des Unternehmenskaufvertrags bereitet in der Praxis – ähnlich wie der bereits angesprochene Rücktritt vom Kaufvertrag – größte Probleme.[75]

VI. Gesetzlicher Ausschluss der Gewährleistung

1. *Keine Gewährleistung bei Kenntnis oder grob fahrlässiger Unkenntnis des Käufers vom Mangel des Unternehmens*

Ein gesetzlicher Ausschluss der Gewährleistungsrechte besteht nach § 442 BGB, wenn der Käufer den Fehler des Unternehmens bei Abschluss des Unternehmenskaufvertrags kennt oder der Fehler des Unternehmens dem Käufer wegen grober Fahrlässigkeit unbekannt geblieben ist.

2. *Kenntnis des Käufers von einem Mangel des Unternehmens (§ 442 Abs. 1 Satz 1 BGB)*

Kenntnis des Käufers vom Mangel des Unternehmens als Kaufobjekt schließt nach § 442 Abs. 1 Satz 1 BGB die Gewährleistungsrechte aus. Die Kenntnis i. S. dieser Norm meint positives Wissen des Käufers oder seines Vertreters nach § 166 BGB zum Zeitpunkt des Vertragsabschlusses von denjenigen Tatsachen, die in ihrer Gesamtheit den Mangel des Unternehmens begründen.[76]

---

[72] *Hopt*, in: Baumbach/Hopt (Fn. 1), Einl. vor § 1 Rn. 46c; *Beisel*, in: Beisel/Klumpp (Fn. 2), § 16 Rn. 19.

[73] *Beisel*, in: Beisel/Klumpp (Fn. 2), § 16 Rn. 20.

[74] OLG München, NZG 2021, 423 (dazu *Klesse/Michels*, NZG 2021, 732); *Hopt*, in: Baumbach/Hopt (Fn. 1), Einl. vor § 1 Rn. 46c.

[75] *Weber*, in: Hölters (Hrsg.), Handbuch Unternehmenskauf, 9. Aufl. 2019, Rn. 9.271.

[76] *Weidenkaff*, in: Palandt (Fn. 3), § 442 Rn. 7.

Für §442 Abs. 1 Satz 1 BGB ist die Durchführung einer Due Diligence, also einer genauen Betrachtung des Unternehmens als potentielles Kaufobjekt in rechtlicher, wirtschaftlicher, finanzieller und steuerlicher Hinsicht von Bedeutung, die inzwischen bei fast jedem Unternehmenskauf durchgeführt wird.

Die Due Diligence wird meistens vom potentiellen Käufer durchgeführt (*buyer due diligence*), da vor allem der Käufer ein Interesse daran hat, das Kaufobjekt näher kennenzulernen, um Risiken einschätzen zu können und den wahren Wert des Unternehmens einschätzen zu können. Manchmal führt aber auch der Verkäufer eine Due Diligence durch, etwa, um sein Unternehmen am Markt „attraktiv" erscheinen zu lassen.

Bei der Due Diligence werden Informationen über das Unternehmen als Kaufsache gewonnen. Es fragt sich, ob der Käufer zu einer solchen Informationsgewinnung verpflichtet ist und welche Rechtsfolgen sich für beide Seiten aus der Gewinnung solcher Informationen oder umgekehrt aus der Unterlassung der Gewinnung solcher Informationen ergeben.

Zwar entspricht die Durchführung einer Due Diligence nicht (bereits) der Verkehrssitte,[77] jedoch können Erkenntnisse und Informationen auf der Grundlage einer Due Diligence die Gewährleistungsrechte und sonstigen Käuferrechte beeinflussen.

Die Due Diligence hat etwa Bedeutung für den Ausschluss der Gewährleistung wegen Kenntnis des Mangels des Unternehmens als Kaufobjekt gemäß §442 Abs. 1 Satz 1 BGB: Erhält der Käufer auf der Grundlage der Due Diligence Kenntnis von einem Mangel des Unternehmens, so kann er sich später nicht mehr auf diesen Mangel berufen.

3. Grob fahrlässige Unkenntnis des Käufers von einem Mangel des Unternehmens (§ 442 Abs. 1 Satz 2 BGB)

Nach §442 Abs. 1 Satz 2 BGB kann der Käufer Gewährleistungsrechte nur unter eingeschränkten Voraussetzungen geltend machen, wenn er den Fehler des Kaufobjekts, also des Unternehmens, grob fahrlässig nicht kannte. Grobfahrlässige Unkenntnis des Verkäufers vom Mangel des Unternehmens meint eine Außerachtlassung der verkehrserforderlichen Sorgfalt in besonders schwerem Maße, etwa, weil schon einfache, sehr naheliegende Überlegungen nicht angestellt oder nicht beachtet werden.[78]

---

[77] A. A. zumindest für internationale Unternehmen und für DAX-Unternehmen *Hopt*, in: Baumbach/Hopt (Fn. 1), Einl. vor §1 Rn. 44a.

[78] *Grüneberg*, in: Palandt (Fn. 3), §277 Rn. 5.

[79] *Grunewald*, in: Erman (Fn. 14), §442 Rn. 14.

Fraglich ist, welche Bedeutung hierfür die Due Diligence hat. Nach herrschender Auffassung ist der Käufer nicht verpflichtet, eine Due Diligence durchzuführen. Führt er keine Due Diligence durch, so greift § 442 Abs. 1 Satz 2 BGB nicht ein, der Käufer handelt nämlich durch das Unterlassen einer Due Diligence nicht grob fahrlässig i. S. von § 442 Abs. 1 Satz 2 BGB.[79]

Der gesetzliche Haftungsausschluss bei grob fahrlässiger Unkenntnis des Käufers vom Mangel besteht gemäß § 442 Abs. 1 Satz 2 BGB nicht, wenn der Verkäufer den Fehler des Unternehmens arglistig verschwiegen hat. Arglistiges Verschweigen des Mangels erfordert, dass der Verkäufer den Mangel kennt oder für möglich hält.[80] Außerdem muss den Verkäufer eine Pflicht zur Aufklärung treffen, die der Käufer aufgrund der Verkehrsanschauung nach Treu und Glauben erwarten darf.[81]

Ferner besteht gemäß § 442 Abs. 1 Satz 2 BGB der gesetzliche Gewährleistungsausschluss trotz grob fahrlässiger Unkenntnis des Käufers vom Mangel des Unternehmens nicht, wenn der Verkäufer eine Garantie für die Beschaffenheit der Sache abgegeben hat.

4. Keine aus § 377 HGB resultierende Obliegenheit des Käufers zur Due Diligence

Im Unternehmenskaufrecht besteht weitgehend Einigkeit, dass ein Unterlassen der Durchführung einer Due Diligence durch den Käufer nicht zu den Rechtsfolgen des § 377 Abs. 2 HGB führt. Der Käufer eines Unternehmens hat in aller Regel weder bei einem *share deal* noch bei einem *asset deal* eine Untersuchungsobliegenheit i. S. von § 377 Abs. 1 HGB[82] und verliert daher durch das bloße Unterlassen einer Due Diligence nicht wegen fingierter „Genehmigung" des Kaufobjekts nach § 377 Abs. 2 HGB sämtliche Gewährleistungsrechte.

VII. Einfluss der Due Diligence auf die gewährleistungsrechtliche Stellung des Verkäufers

Die Durchführung einer Due Diligence kann Einfluss auf die gewährleistungsrechtliche Stellung des Verkäufers haben. So können Informationen, die der Verkäufer im Rahmen der Due Diligence erteilt, Grundlage für eine Beschaffenheitsvereinbarung der Parteien des Kaufvertrags gemäß § 434

---

[80] BGH, NJW 2019, 2380 (2382 Rn. 22).

[81] *Weidenkaff*, in: Palandt (Fn. 3), § 442 Rn. 18; zu Aufklärungspflichten OLG München, NZG 2021, 423; dazu *Klesse/Michels*, NZG 2021, 732; ferner *Boll-Kempelmann*, NZG 2021, 541 (542 f.).

[82] *Hopt*, in: Baumbach/Hopt (Fn. 1), § 377 Rn. 2.

Abs. 1 Satz 1 BGB a. F., § 434 Abs. 2 Satz 1 Nr. 1 i. V. m. Abs. 1 BGB n. F. sein oder sogar Grundlage einer Verkäufer-Garantie gemäß § 443 BGB sein, allerdings müssen hierfür jeweils konkrete Anhaltspunkte vorliegen.

Ist die Gewährleistungshaftung des Verkäufers im Unternehmenskaufvertrag eingeschränkt oder ausgeschlossen, so kann es sein, dass sich der Verkäufer nicht auf den Gewährleistungsausschluss berufen kann, wenn er einen Mangel des Unternehmens im Rahmen der Durchführung der Due Diligence verschwiegen hat. Handelt er hierbei arglistig, kommt eine Berufung auf den Gewährleistungsausschluss gemäß § 444 BGB nicht in Frage.

VIII. Modifizierungen der gesetzlichen Gewährleistungsrechte durch Klauseln im Unternehmenskaufvertrag

1. Total-Ausschluss der gesetzlichen Gewährleistungsrechte im Unternehmenskaufvertrag

Es finden sich in der Vertragsgestaltungspraxis im Unternehmenskaufrecht häufig erhebliche Abweichungen von dem gesetzlichen System der Gewährleistung und der sonstigen Haftung für Mängel des Unternehmens. So ist es nach deutschem Kaufrecht möglich, die oben genannten Gewährleistungsansprüche nach § 437 BGB im Unternehmenskaufvertrag gänzlich auszuschließen. Ein solcher Total-Ausschluss der Gewährleistungsrechte nach § 437 BGB erfolgt in der deutschen Unternehmenskaufpraxis häufig.[83]

2. Ausschluss des Rücktrittsrechts

Falls es nicht zu einem Totalausschluss sämtlicher gesetzlicher Gewährleistungsrechte nach § 437 BGB kommt, so wird doch zumindest fast immer das Rücktrittsrecht des Käufers ausgeschlossen, da eine Rückabwicklung des Unternehmenskaufvertrags in der Praxis nahezu unmöglich ist und aus Sicht der Parteien, also des Verkäufers und des Käufers, zu größten Schwierigkeiten führt.[84]

3. Modifizierung oder Ausschluss der Minderung

Auch das Recht des Käufers zur Herabsetzung des Kaufpreises (Minderung) wird häufig im Unternehmenskaufvertrag modifiziert oder ganz aus-

---

[83] *Stamer*, in: Knott (Hrsg.), Unternehmenskauf, 6. Aufl. 2019, Rn. 280; *Meyer-Sparenberg*, in: Meyer-Sparenberg/Jäckle (Fn. 3), § 44 Rn. 125.

[84] *Weber*, in: Hölters (Fn. 75), Rn. 9.221; *Kästle/Oberbracht*, Unternehmenskauf Share Purchase Agreement, 3. Aufl. 2018, 205; *Göthel*, in: Göthel (Fn. 6), § 2 Rn. 200.

geschlossen. In jüngerer Zeit gibt es verschiedene Methoden der flexiblen Kaufpreisbestimmung. Diese beziehen sich u. a. auf eine Kaufpreisbestimmung in Hinblick auf Veränderungen zwischen dem *Signing* (Unternehmenskaufvertragsabschluss) und dem *Closing* (sachenrechtlicher Vollzug des Unternehmenskaufvertrags).

Diese späte Kaufpreisbestimmung oder Kaufpreisanpassung erfolgt teilweise mittels sogenannter *earn out*-Klauseln (dazu unten XIV.). Zwar hat diese flexible Kaufpreisbestimmung unter Berücksichtigung zukünftiger Entwicklungen der Zielgesellschaft auf den ersten Blick nichts mit der Herabsetzung des Kaufpreises wegen Mängeln der Kaufsache zu tun, bei näherer Betrachtung zeigt sich jedoch, dass die Bestimmung der Kaufpreiselemente mittels einer *earn out*-Klausel oder anderer Methoden flexibler Kaufpreisbestimmung – je nach Gestaltung – auf dasselbe hinauslaufen kann wie die gesetzliche Kaufpreisminderung wegen Mängeln.

4. Modifizierung oder Ausschluss von Schadensersatzansprüchen

Häufig findet sich im Unternehmenskaufvertrag ein Ausschluss des auf das Integritätsinteresse gerichteten Schadensersatzanspruchs nach § 437 Nr. 3 BGB. An dessen Stelle treten die bereits genannten Kaufpreisbestimmungsklauseln sowie Garantien und Freistellungen des Verkäufers (dazu näher XV. und XVI.).

5. Kompletter vertraglicher Ausschluss der gesetzlichen Gewährleistungsrechte

Wie oben (VII.1.) ausgeführt, ist ein kompletter Ausschluss der gesetzlichen Gewährleistungsrechte des § 437 BGB im Grundsatz zulässig und findet sich in der Vertragspraxis oft. Ein solcher Komplettausschluss ist, falls der Verkäufer nicht arglistig handelt oder Garantien abgegeben hat, auch in Hinblick auf § 444 BGB unbedenklich.

Probleme bereitet in solchen Fällen eines kompletten Gewährleistungsausschlusses das Verhältnis der Gewährleistung nach § 437 BGB zu den Rechten gemäß §§ 280, 311 Abs. 2 BGB.

IX. Ausschluss der Haftung für Verschulden bei Vertragsverhandlungen nach §§ 241 Abs. 2, 280, 311 Abs. 2 BGB im Unternehmenskaufvertrag

Neben der Haftung des Unternehmens-Verkäufers aus den Gewährleistungsrechten des § 437 BGB können im Grundsatz auch die Ansprüche des

Käufers aus Verschulden bei Vertragsverhandlungen nach §§ 241 Abs. 2, 280, 311 Abs. 2 BGB im Unternehmenskaufvertrag ausgeschlossen werden.[85]

Ist im Unternehmenskaufvertrag nur der Ausschluss der Verkäufer-Haftung für die Gewährleistungsrechte des Käufers genannt, so ist ein solcher Haftungsausschluss nicht so auszulegen, als ob er sich auch auf die Haftung des Unternehmens-Verkäufers für Verschulden bei Vertragsverhandlungen nach §§ 241 Abs. 2, 280, 311 Abs. 2 BGB erstreckt. Vielmehr muss ein Ausschluss der Haftung des Unternehmens-Verkäufers für Verschulden bei Vertragsverhandlungen nach §§ 241 Abs. 2, 280, 311 Abs. 2 BGB zusätzlich erfolgen, also zusätzlich zu dem Ausschluss der Haftung für Gewährleistung.

X. Grenzen des Ausschlusses der Verkäufer-Haftung bei Vorsatz (§ 276 Abs. 3 BGB und § 444 BGB)

Der Ausschluss der Haftung des Verkäufers beim Unternehmenskauf erstreckt sich nicht auf vorsätzliches oder arglistiges Handeln des Verkäufers. Das ergibt sich automatisch aus dem Gesetz. So kann die Haftung des Verkäufers für Vorsatz gemäß § 276 Abs. 3 BGB nicht im Voraus erlassen werden. Ferner sieht § 444 BGB vor, dass ein Gewährleistungsausschluss bei arglistigem Verschweigen eines Mangels oder bei Abgabe einer Beschaffenheitsgarantie nicht möglich ist.

Der Unternehmens-Verkäufer braucht eine Begrenzung des Haftungsausschlusses auf bloße Fahrlässigkeit im Unternehmenskauf nicht ausdrücklich zu erwähnen, diese Begrenzung folgt vielmehr aus dem BGB.

XI. Haftungsausschluss unter dem Gesichtspunkt der Kontrolle Allgemeiner Geschäftsbedingungen (AGB)

Sehr strittig ist, ob und inwiefern auch Klauseln in Unternehmenskaufverträgen einer AGB-Kontrolle unterliegen.[86] Jedenfalls dann, wenn die Bedingungen eines Unternehmenskaufvertrags nicht im Einzelnen individuell ausgehandelt sind, sondern es beim Abschluss des Unternehmenskaufvertrages mehr oder minder zum Einsatz von Unternehmenskaufvertrags-Formularen kommt, besteht durchaus die Möglichkeit, dass Unternehmenskaufvertrags-

---

[85] *Stamer*, in: Knott (Fn. 83), Rn. 280; *Meyer-Sparenberg*, in: Meyer-Sparenberg/Jäckle (Fn. 3), § 44 Rn. 126.

[86] Dazu *Beisel*, in: Beisel/Klumpp (Fn. 2), § 1 Rn. 118 ff.; *Stamer*, in: Knott (Fn. 83), Rn. 249 ff.; *Leuschner*, AcP 207 (2007), 491 (516 f.); *Kästle/Oberbracht* (Fn. 84), 25; *Schiffer/Weichel*, BB 2011, 1283 (1285 f.).

bestimmungen einer Kontrolle Allgemeiner Geschäftsbedingungen (AGB-Kontrolle) unterliegen.

AGB-rechtlich unzulässig dürfte der Versuch sein, im Unternehmenskaufvertrag eine Haftung auch für grobe Fahrlässigkeit und für Vorsatz auszuschließen.[87] Hingegen hält etwa der Haftungsausschluss für leichte Fahrlässigkeit des Verkäufers einer AGB-Kontrolle Stand.[88]

XII. Fallgruppen des Haftungsausschlusses

Auf einen vollständigen Haftungsausschluss im Sinne eines Komplett-Ausschlusses der Gewährleistung für Mängel nach deutschem Recht sowie eines Komplett-Ausschlusses der Haftung für Verschulden bei Vertragsverhandlungen wird sich der Unternehmenskäufer jedenfalls dann nicht einlassen, wenn kein „Ersatz" für diesen Haftungsausschluss durch die Einräumung von Garantien sowie durch Freistellungen geschaffen wird (dazu näher unten XV. und XVI.).

Daher findet sich in Unternehmenskaufverträgen häufig anstatt eines Komplett-Ausschlusses jeglicher Haftung des Unternehmens-Verkäufers ein fallgruppenbezogener, partieller Haftungsausschluss.

1. Fallgruppe der nachträglichen Änderung der auf den Kaufvertrag anwendbaren Rechtsnormen

Vielfach finden sich in Unternehmenskaufverträgen Regelungen, die eine Haftung ausschließen, die bloß aus einer Änderung der maßgeblichen Rechtsnormen nach Abschluss oder Vollzug des Unternehmenskaufvertrags resultiert.[89]

2. Fallgruppe des Haftungsausschlusses für Verbindlichkeiten, die aus der Käufersphäre entstehen

Ein fallgruppenbezogener Haftungsausschluss findet sich ferner häufig für den Fall, dass Verbindlichkeiten aus der Käufersphäre entstehen, etwa bei Verbindlichkeiten infolge von Handlungen oder Unterlassungen des Käufers nach Vollzug des Unternehmenskaufvertrags oder auch bei Verbindlichkeiten infolge von Handlungen oder Unterlassungen des Verkäufers bis zum

---

[87] *Haberstock*, in: Holzapfel/Pöllath (Hrsg.), Unternehmenskauf in Recht und Praxis, 15. Aufl. 2017, Rn. 1338; OLG Köln BB 1993, 2044.

[88] A. A. *Haberstock*, in: Holzapfel/Pöllath (Fn. 87), Rn. 1340; *Louven/Böckmann*, ZIP 2004, 445 (448).

[89] *Engelhardt*, in: Holzapfel/Pöllath (Fn. 87), Rn. 926.

Vollzug, die mit dem Käufer aber abgestimmt waren. Ferner wird oft vereinbart, dass der Verkäufer nicht für Verbindlichkeiten haftet, die auf einen Verstoß des Käufers gegen seine Pflichten aus dem Unternehmenskauf zurückzuführen sind.[90]

3. Fallgruppe der Berücksichtigung von Umständen in den relevanten Jahresabschlüssen des Unternehmens

Ein unternehmenskaufvertraglicher Haftungsausschluss des Verkäufers kann sich auch auf Umstände beziehen, die in dem für den Unternehmenskauf relevanten Jahresabschlüssen des Zielunternehmens bereits berücksichtigt wurden, etwa durch Rückstellungen, die zugleich kaufpreismindernd berücksichtigt werden, um deren doppelte Berücksichtigung zu vermeiden.[91]

4. Fallgruppe des Haftungsausschlusses bei Ansprüchen des Käufers gegen Dritte

Hat der Unternehmens-Käufer wegen eines Schadens einen Anspruch gegen Dritte einschließlich von Ansprüchen gegen Versicherer, so kann im Unternehmenskauf eine Haftung für diese Schäden durch den Verkäufer ausgeschlossen werden.[92]

XIII. Bedeutung von Material Adverse Change (MAC)-Klauseln

Es wurde bereits ausgeführt, dass der Rücktritt vom Unternehmenskaufvertrag bei Mängeln des Unternehmens oder bei einer Störung der Geschäftsgrundlage von den Parteien regelmäßig als Rechtsfolge vertraglich ausgeschlossen wird.

Dennoch findet sich in Form der Material Adverse Change (MAC)-Klauseln[93] in Unternehmenskaufverträgen bisweilen eine Regelung, die von den Voraussetzungen und den Rechtsfolgen her einem gesetzlichen gewährleistungsrechtlichem Rücktritt sowie der Störung der Geschäftsgrundlage gemäß § 313 BGB in gewisser Weise ähnelt.

Vom gesetzlichen gewährleistungsrechtlichen Rücktrittrecht unterscheiden sich MAC-Klauseln insofern, als die Voraussetzungen für ihr Eingreifen

---

[90] *Engelhardt*, in: Holzapfel/Pöllath (Fn. 87), Rn. 927.

[91] *Engelhardt*, in: Holzapfel/Pöllath (Fn. 87), Rn. 929.

[92] *Engelhardt*, in: Holzapfel/Pöllath (Fn. 87), Rn. 930.

[93] Dazu allg. *Göthel*, in: Göthel (Fn. 6), § 2 Rn. 166 ff.; *Wilhelmi*, in: BeckOGK (Fn. 13), § 453 BGB Rn. 549 ff.; ferner *Thiessen*, in: MünchKommHGB, 5. Aufl. 2016, Anh. § 25 Unternehmenskauf, Rn. 37.

normalerweise präziser beschrieben werden als das gesetzliche Rücktrittsrecht.[94]

MAC-Klauseln unterscheiden sich in der Regel von einer Störung der Geschäftsgrundlage dadurch, dass sie nur dem Käufer ein Rücktrittsrecht bzw. ein Recht einräumen, vom Vertrag Abstand zu nehmen,[95] nicht aber dem Verkäufer Rechte einräumen.[96] § 313 BGB schützt hingegen – wenn auch selten – auch den Verkäufer.[97] Auch können sich MAC-Klauseln auf Umstände beziehen, die vorhersehbar sind[98] oder verschuldet sind.[99] Außerdem müssen die Umstände, die Gegenstand von MAC-Klauseln sind nicht zur Geschäftsgrundlage gehören.[100]

Auch sieht § 313 BGB im Grundsatz nur eine Anpassung des Vertrags vor und nur im Ausnahmefall (§ 313 Abs. 3 BGB) einen Rücktritt vom Vertrag, während bei MAC-Klauseln der Rücktritt vom Vertrag als Rechtsfolge gängig ist und nur ausnahmsweise eine Anpassung des Vertrags in Betracht kommt.[101]

XIV. Bedeutung von *earn out*-Klauseln

Für die Kaufpreisbestimmung allgemein und indirekt auch für die Herabsetzung eines zunächst fixierten Kaufpreises im Fall von Mängeln der Kaufsache können *earn out*-Klauseln eine Bedeutung haben, wie bereits oben (VIII.3.) angesprochen wurde.[102] Bei *earn out*-Klauseln geht es um Vereinbarungen zwischen den Parteien des Unternehmenskaufvertrags, nach denen der Verkäufer Kaufpreisteile oder Kaufpreissurrogate in Abhängigkeit vom zukünftigen Erfolg des verkauften Unternehmens zu leisten hat.[103] Es handelt sich bei solchen *earn out*-Klauseln letztlich um prospektive Kaufpreisanpassungen,[104] die auch in Form von Kaufpreisrückzahlungen (*claw back*) erfolgen können.[105]

---

[94] *Wilhelmi*, in: BeckOGK (Fn. 13), § 453 BGB Rn. 549.

[95] *Karampatzos*, in: Wilhelmi/Stürner (Fn. 70), 261 (274); *Göthel*, in: Göthel (Fn. 6), § 2 Rn. 168.

[96] *Karampatzos* (Fn. 95), 261 (268).

[97] *Meyer-Sparenberg*, in: Meyer-Sparenberg/Jäckle (Fn. 3), § 43 Rn. 38.

[98] *Becker/Voß*, in: Knott (Fn. 83), Rn. 1351.

[99] *Louven/Mehrbrey*, NZG 2014, 1321 (1328).

[100] *Bisle*, DStR 2013, 364 (366).

[101] *Picot/Duggal*, DB 2003, 2635 (2640).

[102] *Beisel*, in: Beisel/Klumpp (Fn. 2), § 11 Rn. 6; *Ziegenhain*, in: Meyer-Sparenberg/Jäckle (Fn. 3), § 13 Rn. 50 ff.; *Westermann*, in: MünchKommBGB, 8. Aufl. 2019, § 453 Rn. 44.

[103] *Matzen*, in: Knott (Fn. 83), Rn. 238 ff. und Rn. 1285 ff.; *Kästle/Oberbracht* (Fn. 84), 98.

[104] *Göthel*, in: Göthel (Fn. 6), § 2 Rn. 183.

[105] *Weißhaupt*, BB 2013, 2947 (2950).

XV. Verkäufergarantien

1. Bedeutung von Garantien

Garantien des Verkäufers werden in § 276 Abs. 3 BGB sowie in §§ 442 bis 444 BGB angesprochen. Garantien des Verkäufers spielen in der Vertragsgestaltungspraxis des Unternehmenskaufrechts eine sehr große Rolle. Allerdings ist es im Unternehmenskaufrecht sehr schwierig, die Beschaffenheitsvereinbarung nach § 434 BGB von der eigentlichen, über § 434 BGB hinausgehenden Garantie abzugrenzen.[106]

Daher sollten „Garantien" im Unternehmenskaufvertrag ausdrücklich als selbstständige Garantien bezeichnet werden, damit klargestellt wird, dass es sich um eine Garantie i. S. von § 443 BGB handelt, welche die Haftung des Verkäufers über § 434 BGB und § 437 BGB hinaus erweitert.[107]

Der Garantieinhalt ist als solcher nicht im BGB festgelegt, sondern ergibt sich aus der – ggf. auszulegenden – Garantieerklärung.[108]

Werden Garantien eingeräumt, so läuft die Haftung auf eine Naturalrestitution hinaus,[109] bei Bilanzgarantien (dazu unten XV.4.e)) kann damit eine Bilanzauffüllung in Betracht kommen.[110] Unter Bilanzauffüllung ist ein Schadensersatz zu verstehen, der auf das wertmäßige Auffüllen der Bilanz durch Geldleistung des Verkäufers gerichtet ist.[111]

2. Rechte des Käufers in der anglo-amerikanischen Unternehmenskaufvertragspraxis

Wie bereits oben ausgeführt, ist der vollständige oder nahezu vollständige Ausschluss der Haftung des Unternehmens-Verkäufers nach deutschem Gesetzesrecht, also insbesondere nach §§ 437 ff. BGB und §§ 241 Abs. 2, 280, 311 Abs. 2 BGB, in der deutschen Unternehmenskaufvertragspraxis sehr häufig und bei bestimmten Unternehmenskaufvertragskonstellationen sogar als üblich zu bezeichnen.[112] An die Stelle des Haftungsregimes des Unternehmens-Verkäufers nach deutschem Recht tritt dann allerdings in aller Regel keine weitgehende oder vollkommene Rechtlosstellung des Käufers. Vielmehr ist es, angelehnt an die Unternehmenskaufpraxis im anglo-ameri-

---

[106] Zu Abgrenzungsfragen *Kästle/Oberbracht* (Fn. 84), 144 f.

[107] *Berger*, in: Jauernig (Fn. 8), § 443 Rn. 1; *Thiessen*, in: MünchKommHGB, 5. Aufl. 2021, Anh. § 25 Unternehmenskauf, Rn. 104.

[108] *Hopt*, in: Baumbach/Hopt (Fn. 1), § 349 Rn. 15.

[109] OLG München, BeckRS 2011, 07200.

[110] *Wächter*, NJW 2013, 1270; *Wächter*, BB 2016, 711 (713).

[111] *Weber*, in: Hölters (Fn. 75), Rn. 9.264.

[112] *Stamer*, in: Knott (Fn. 83), Rn. 280.

kanischen Rechtskreis, üblich, dem Käufer im Unternehmenskaufvertrag bestimmte, allerdings in vielfacher Hinsicht begrenzte Rechte einzuräumen.[113]

3. Selbstständige Garantien des Verkäufers

Rechte, die dem Käufer des Unternehmens vertraglich eingeräumt werden, sind insbesondere sogenannte selbstständige Garantien des Verkäufers.[114] Eine Fallgruppe der selbstständigen Garantie ist beim Unternehmenskauf die Bilanzgarantie.[115]

Liegen solche selbstständigen Garantien vor, so haftet der Verkäufer auch dann, wenn er nicht vorsätzlich oder fahrlässig gehandelt hat.[116] Gibt der Unternehmens-Verkäufer selbstständige Garantien ab, so ist ein Ausschluss der Haftung für solche selbstständigen Garantien im Unternehmenskaufvertrag nicht möglich, wie sich aus der zwingenden Norm des § 444 BGB ergibt. Diese Norm beruht auf der Überlegung, dass es widersprüchlich wäre, wenn der Verkäufer einerseits selbstständige Garantien im Unternehmenskaufvertrag abgibt, zugleich aber die Haftung für die garantierte Beschaffenheit des Unternehmens ausschließt.[117]

4. Gegenstände der Verkäufer-Garantien

Garantien des Verkäufers, die häufig an die Stelle der Gewährleistung nach deutschem Gesetzesrecht treten, erstrecken sich etwa auf folgende Felder:

a) Rechtsgarantie

Häufig übernimmt der Verkäufer bei einem Share Deal die Garantie, dass er Inhaber der Anteile an dem zu verkaufenden Unternehmen ist und diese nicht mit Rechten Dritter belastet sind.[118]

b) Garantien in Hinblick auf einzelne Vermögensgegenstände

Unabhängig davon, ob ein *share deal* oder der in Deutschland seltene *asset deal* vorliegt, werden häufig Verkäufer-Garantien in Hinblick auf den Zu-

---

[113] *Merkt*, in: Göthel (Fn. 6), § 4 Rn. 53 ff.

[114] *Henrich*, in: Hölters (Fn. 75), Rn. 10.109 ff.; *Göthel*, in: Göthel (Fn. 6), § 2 Rn. 113 f.

[115] Dazu *Weber*, in: Hölters (Fn. 75), Rn. 9.257 ff.; *Hopt*, in: Baumbach/Hopt (Fn. 1), § 349 Rn. 18.

[116] *Beisel*, in: Beisel/Klumpp (Fn. 2), § 16 Rn. 86; *Meyer-Sparenberg*, in: Meyer-Sparenberg/Jäckle (Fn. 3), § 44 Rn. 12.

[117] *Westermann*, in: MünchKommBGB (Fn. 102), § 444 Rn. 2.

[118] *Henrich*, in: Hölters (Fn. 75), Rn. 10.118; *Meyer-Sparenberg*, in: Meyer-Sparenberg/Jäckle (Fn. 3), § 44 Rn. 72 ff.

stand einzelner wichtiger Vermögensgegenstände des Unternehmens abgegeben.[119] Das kann sich auch auf die Werthaltigkeit von Forderungen gegen Dritte beziehen.[120]

c) Immaterialgüterrechte

Von besonderer Bedeutung sind vielfach beim Unternehmenskauf Immaterialgüterrechte wie etwa Patente, Marken und Urheberrechte bzw. Lizenzen an den entsprechenden Immaterialgüterrechten. Daher werden in Hinblick auf das Bestehen und auf den Umfang solcher Immaterialgüterrechte häufig Verkäufer-Garantien abgegeben.[121]

d) Verkäufer-Garantien in Bezug auf rechtmäßiges Verhalten

Vielfach finden sich heute in Unternehmenskaufverträgen auch Klauseln, die garantieren, dass sich der Verkäufer in Hinblick auf Compliance,[122] Anti-Korruptions-Management und andere wichtige Bereiche wie etwa die Einhaltung von Umweltbestimmungen etc. rechtmäßig verhalten hat.[123]

e) Bilanzgarantien

Ebenfalls häufig finden sich in Unternehmenskaufverträgen Bilanzgarantien, die sich auf den gesamten Jahresabschluss, also alle Teile des Jahresabschlusses, der Bilanz und der Gewinn- und Verlustrechnung, auf alle Aktiva und Passiva, auf die Ertragssituation und auf die Rückstellungsbildung erstrecken.[124]

Bei Bilanzgarantien kann die Frage schwierig zu beantworten sein, ob die Garantieaussage objektiven oder subjektiven Charakter hat, ob also die uneingeschränkte, objektive Richtigkeit des Abschlusses garantiert wird, oder bloß dessen sorgfältige Aufstellung unter Beachtung relevanter Rechnungslegungsvorschriften und der Berücksichtigung von zum Aufstellungszeitpunkt erkennbaren Risiken.[125]

---

[119] *Henrich*, in: Hölters (Fn. 75), Rn. 10.119; *Meyer-Sparenberg*, in: Meyer-Sparenberg/Jäckle (Fn. 3), § 44 Rn. 84 ff.

[120] *Göthel*, in: Göthel (Fn. 6), § 2 Rn. 211 ff.

[121] *Kästle/Oberbracht* (Fn. 84), 171 ff.; *Henrich*, in: Hölters (Fn. 75), Rn. 10.120; *Meyer-Sparenberg*, in: Meyer-Sparenberg/Jäckle (Fn. 3), § 44 Rn. 88.

[122] *Meyer-Sparenberg*, in: Meyer-Sparenberg/Jäckle (Fn. 3), § 44 Rn. 90 f.

[123] *Henrich*, in: Hölters (Fn. 75), Rn. 10.121 ff.; *Göthel*, in: Göthel (Fn. 6), § 2 Rn. 109; *Schniepp/Holfeld*, DB 2016, 1738.

[124] *Henrich*, in: Hölters (Fn. 75), Rn. 10.133; *Weber*, in: Hölters (Fn. 75), Rn. 9.258; *Meyer-Sparenberg*, in: Meyer-Sparenberg/Jäckle (Fn. 3), § 44 Rn. 76.

[125] *Weber*, in: Hölters (Fn. 75), Rn. 9.259; *Kästle/Oberbracht* (Fn. 84), 163 ff.; *Meyer-Sparenberg*, in: Meyer-Sparenberg/Jäckle (Fn. 3), § 44 Rn. 77 ff.

Insbesondere bei einer sogenannten „harten“ Bilanzgarantie versichert der Unternehmens-Verkäufer, dass der Jahresabschluss (oder ein anderer Abschluss) nach den Grundsätzen ordnungsgemäßer Buchführung und Bilanzierung unter Wahrung der Bilanz- und Bewertungskontinuität aufgestellt worden ist, dass also alle handelsrechtlich relevanten Vorschriften und Buchführungsgrundsätze eingehalten worden sind. Der Verkäufer garantiert somit, dass das Verfahren der Bilanzaufstellung ordnungsgemäß war.[126]

Solche – durchaus häufig anzutreffenden – „harten“ Bilanzgarantien[127] treffen den Unternehmens-Verkäufer sehr stark, da er im Ergebnis auch ohne Verschulden für unbekannte Verbindlichkeiten und Eventualverbindlichkeiten und für nicht ausreichend gebildete Rückstellungen haftet.[128]

Daher wird der Unternehmens-Verkäufer oft versuchen, zulässig bei der Abgabe der Bilanzgarantie auf sein „bestes Wissen“ abzustellen[129] oder bestimmte Bilanzpositionen von der Bilanzgarantie auszunehmen. Ferner werden bisweilen Freibeträge für bestimmte Bilanzpositionen vereinbart (allgemein zu Freibeträgen unten XV.6.a)aa)aaa)).[130]

5. Beschränkung der Haftung des Verkäufers bei selbstständigen Garantien

Zwar ist ein kompletter Ausschluss der Haftung für abgegebene selbstständige Garantien, die der Unternehmens-Verkäufer abgegeben hat, nach § 444 BGB nicht möglich. Soweit jedoch § 444 BGB nicht entgegensteht, kann jedoch die Haftung des Unternehmens-Verkäufers beschränkt werden.[131]

6. Fallgruppen der Beschränkung der Haftung des Verkäufers bei selbstständigen Garantien

a) Beschränkungen der Haftungssumme

aa) De-minimis-*Regelung im Unternehmenskaufvertrag*

Vielfach finden sich in der Unternehmenskaufpraxis Vertragsklauseln, die eine Haftung des Verkäufers für einen Schaden erst ab einem Schwellenwert vorsehen. Unterhalb dieses Schwellenwerts haftet der Verkäufer für einen Schaden gar nicht.[132]

---

[126] *Henrich*, in: Hölters (Fn. 75), Rn. 10.131; *Blunk/Rabe*, GmbHR 2011, 408 (409).
[127] *Henrich*, in: Hölters (Fn. 75), Rn. 10.136.
[128] *Henrich*, in: Hölters (Fn. 75), Rn. 10.134.
[129] *Weber*, in: Hölters (Fn. 75), Rn. 9.260.
[130] *Henrich*, in: Hölters (Fn. 75), Rn. 10.136.
[131] *Weidenkaff*, in: Palandt (Fn. 3), § 444 Rn. 3; *Dauner-Lieb/Thiessen*, ZIP 2002, 108.
[132] *Henrich*, in: Hölters (Fn. 75), Rn. 10.159.

aaa) Vereinbarung eines Freibetrags (deductible)

Die erste mögliche Ausprägung einer *De-minimis*-Regelung ist die Vereinbarung eines Freibetrags. Hierbei haftet der Verkäufer nur für den den Freibetrag übersteigenden Schaden.[133] Beträgt etwa der Freibetrag 5.000 Euro und der Schaden 20.000 Euro, so haftet der Verkäufer lediglich für den Differenzbetrag, also 15.000 Euro.

bbb) Vereinbarung einer Freigrenze (threshold)

Eine weitere Ausprägung einer *De-minimis*-Klausel ist die Vereinbarung einer Freigrenze, bis zu deren Erreichen der Unternehmens-Verkäufer nicht haftet, bei Überschreitung der Freigrenze haftet der Verkäufer allerdings auf die volle Summe.[134] Ist etwa eine Freigrenze von 5.000 Euro vereinbart und beläuft sich der Schaden auf 20.000 Euro, so haftet der Verkäufer dann für die vollen 20.000 Euro.

bb) Haftungshöchstgrenzen (caps)

Sehr häufig finden sich in Unternehmenskaufverträgen auch Haftungshöchstgrenzen.[135] Beträgt etwa die Haftungshöchstgrenze 100.000 Euro, der Schaden aber 120.000 Euro, so haftet der Verkäufer nur in Höhe der 100.000 Euro.

b) Inhaltliche Beschränkung von Garantien des Verkäufers

Vielfach kommt es im Unternehmenskaufvertrag zu einer inhaltlichen Beschränkung abgegebener Garantien.

aa) Wesentlichkeitsvorbehalte

Eine inhaltliche Beschränkung von Verkäufer-Garantien erfolgt etwa durch sogenannte Wesentlichkeitsvorbehalte im Unternehmenskaufvertrag. Insbesondere bei „weiten“ Garantien ist es für den Unternehmens-Verkäufer außerordentlich schwierig, festzustellen, ob eine von ihm zu garantierende Beschaffenheit des Unternehmens tatsächlich besteht.[136]

---

133 *Henrich*, in: Hölters (Fn. 75), Rn. 10.160; *Beisel*, in: Beisel/Klumpp (Fn. 2), § 16 Rn. 112; *Kästle/Oberbracht* (Fn. 84), 213; *Meyer-Sparenberg*, in: Meyer-Sparenberg/Jäckle (Fn. 3), § 45 Rn. 96.

134 *Henrich*, in: Hölters (Fn. 75), Rn. 10.160; *Beisel*, in: Beisel/Klumpp (Fn. 2), § 16 Rn. 112; *Kästle/Oberbracht* (Fn. 84), 213; *Meyer-Sparenberg*, in: Meyer-Sparenberg/Jäckle (Fn. 3), § 45 Rn. 96.

135 *Stamer*, in: Knott (Fn. 83), Rn. 1555; *Henrich*, in: Hölters (Fn. 75), Rn. 10.162; *Beisel*, in: Beisel/Klumpp (Fn. 2), § 16 Rn. 113; *Kästle/Oberbracht* (Fn. 84), 237; *Meyer-Sparenberg*, in: Meyer-Sparenberg/Jäckle (Fn. 3), § 44 Rn. 102.

136 *Engelhardt*, in: Holzapfel/Pöllath (Fn. 87), Rn. 883; allg. zu Wesentlichkeitsvorbehalten *Meyer-Sparenberg*, in: Meyer-Sparenberg/Jäckle (Fn. 3), § 44 Rn. 59.

Ein Wesentlichkeitsvorbehalt im Unternehmensvertrag liegt etwa vor, wenn der Verkäufer garantiert, dass die für den Geschäftsbetrieb wesentlichen rechtlichen Vorgaben eingehalten worden sind oder die für den Betrieb erforderlichen wesentlichen öffentlich-rechtlichen Genehmigungen vorliegen.[137]

bb) Fallgruppe der Kenntnisqualifizierung

Da es für den Verkäufer häufig schwierig oder unmöglich ist, Aussagen zu bestimmten Aspekten des Zielunternehmens zu überprüfen, ist es zulässig, dass der Verkäufer Garantien in der Weise einschränkt, dass das Vorliegen oder die Abwesenheit bestimmter Umstände nur soweit garantiert wird, als die Kenntnis von relevanten Personen reicht.[138]

cc) Fallgruppe der Einschränkung der Verkäufer-Haftung durch Offenlegung in Anlagen zum Vertrag (disclosure schedules)

Eine weitere inhaltliche Beschränkung von Verkäufer-Garantien besteht darin, dass in Anlagen zu den einzelnen Garantien konkrete Fallgestaltungen beschrieben werden, die von der betreffenden Garantie ausdrücklich ausgenommen sein sollen.[139]

dd) Fallgruppe des Haftungsausschlusses für Folgeschäden

Eine Beschränkung der Verkäufer-Haftung erfolgt ferner häufig dadurch, dass die Haftung sich auf den direkten Schaden beschränkt, aber die Haftung für Folgeschäden und für entgangenen Gewinn im Unternehmenskaufvertrag ausgeschlossen wird.

c) Beschränkung der Garantieerklärung des Unternehmens-Verkäufers auf seine Kenntnis

Vielfach werden Garantie-Erklärungen des Verkäufers in Unternehmenskaufverträgen dadurch sehr abgeschwächt, dass der Verkäufer nicht für die objektive Richtigkeit des von ihm garantierten Umstands einsteht, sondern nur zusichert, er habe keine Kenntnis, die auf die Unrichtigkeit des von ihm garantierten Umstands schließen lässt. Dann handelt es sich um eine eingeschränkte Garantie, die etwa in englischsprachiger Terminologie lautet:

---

[137] *Engelhardt*, in: Holzapfel/Pöllath (Fn. 87), Rn. 884; allg. auch *Meyer-Sparenberg*, in: Meyer-Sparenberg/Jäckle (Fn. 3), § 44 Rn. 60 f.

[138] *Engelhardt*, in: Holzapfel/Pöllath (Fn. 87), Rn. 886; *Meyer-Sparenberg*, in: Meyer-Sparenberg/Jäckle (Fn. 3), § 44 Rn. 42.

[139] *Engelhardt*, in: Holzapfel/Pöllath (Fn. 87), Rn. 891; *Meyer-Sparenberg*, in: Meyer-Sparenberg/Jäckle (Fn. 3), § 44 Rn. 65.

„To the best of seller's knowledge […]".[140] Solche beschränkten Verkäufergarantien sind naturgemäß für den Käufer von geringem Wert, zumal er im Streitfall nachweisen muss, dass der Verkäufer die Garantie wider besseren Wissens abgegeben hat.[141]

7. Ausschluss zusätzlicher Haftung bei der Abgabe von Verkäufer-Garantien

Gibt der Unternehmens-Verkäufer anstelle der gesetzlich vorgesehenen Gewährleistungsrechte Garantien ab, so will er häufig zugleich erreichen, dass er über diese Garantien hinaus nicht aus weiteren Gründen haftet. Vielfach wird daher im Unternehmenskaufvertrag vereinbart, dass neben den vertraglich übernommenen, garantierten Einstandspflichten des Unternehmens-Verkäufers keine weiteren Haftungsfolgen für ihn bestehen. Ein solcher Haftungsausschluss ist häufig umfassend formuliert und erstreckt sich oft ausdrücklich auch auf einen Ausschluss der Haftung aus §§ 241 Abs. 2, 280, 311 Abs. 2 BGB.[142]

XVI. Freistellungen

1. Fallgruppen von Freistellungen

Neben selbstständigen Garantien räumt der Verkäufer dem Käufer eines Unternehmens häufig Freistellungen (*indemnities*) ein.[143] Hierdurch sollen Risiken des Kaufobjekts bzw. Risiken des Käufers des Unternehmens durch Übernahme dieser Risiken durch den Verkäufer abgefangen werden.[144] Freistellungen betreffen in der Regel Risiken, die im Rahmen der Due Diligence bekannt geworden sind und zukünftige Zahlungsverpflichtungen der Zielgesellschaft betreffen.[145] Freistellungen beziehen sich somit im Allgemeinen zwar auf dem Grunde nach bekannte Risiken, deren Ausmaß aber noch nicht abzuschätzen ist.[146]

---

[140] *Henrich*, in: Hölters (Fn. 75), Rn. 10.112; *Meyer-Sparenberg*, in: Meyer-Sparenberg/Jäckle (Fn. 3), § 45 Rn. 70.

[141] *Henrich*, in: Hölters (Fn. 75), Rn. 10.113.

[142] *Henrich*, in: Hölters (Fn. 75), Rn. 10.165 ff.

[143] *Beisel*, in: Beisel/Klumpp (Fn. 2), § 16 Rn. 112; *Meyer-Sparenberg*, in: Meyer-Sparenberg/Jäckle (Fn. 3), § 45 Rn. 136 ff.

[144] *Engelhardt*, in: Holzapfel/Pöllath (Fn. 87), Rn. 952; *Meyer-Sparenberg*, in: Meyer-Sparenberg/Jäckle (Fn. 3), § 45 Rn. 136.

[145] *Henrich*, in: Hölters (Fn. 75), Rn. 10.174.

[146] *Kästle/Oberbracht* (Fn. 84), 223.

Solche Freistellungen des Verkäufers von einer Inanspruchnahme des Käufers durch die öffentliche Hand, Behörden oder private Dritte können sich etwa auf folgende Gebiete erstrecken: Steuern,[147] schwebende Rechtsstreitigkeiten, Compliance,[148] Sanierungsaufwendungen für ein Betriebsgrundstück und Umweltrisiken,[149] gesetzliche Haftung des Erwerbers eines Handelsgewerbes nach deutschem Recht sowie eine sonstige Inanspruchnahme durch private Dritte aus laufender Geschäftsbeziehung des Zielunternehmens (des Kaufobjekts) mit diesem Dritten.[150]

2. Im Grundsatz keine Möglichkeit des Haftungsausschlusses bei Freistellungen

Vereinbart der Unternehmens-Verkäufer mit dem Käufer die oben genannten Freistellungen, so kann er im Unternehmenskaufvertrag die Haftung bzw. das Einstehenmüssen für solche Freistellungen sogar dann nicht ausschließen, wenn der Käufer Kenntnis von den die Freistellung auslösenden Umständen hatte.[151]

3. Beschränkung der Verkäufer-Haftung für Freistellungen

a) Freibetrag bei umweltrelevanter Freistellung

Die oben beschriebene Haftungsbegrenzung bei der Verletzung von Verkäufer-Garantien, etwa durch *De-minimis*-Regelungen oder durch Haftungshöchstgrenzen (*caps*), erstreckt sich üblicherweise nicht auf Freistellungen des Verkäufers.[152] Das gilt allerdings nicht durchgängig. So finden sich bei Freistellungen, die sich auf umweltrelevante Fragen beziehen, oft Regelungen, die Haftungshöchstgrenzen vorsehen,[153] oder die letztlich den Charakter einer *De-minimis*-Regelung in Form eines Freibetrags tragen.[154]

---

[147] Dazu *Kästle/Oberbracht* (Fn. 84), 225 ff.

[148] *Meyer-Sparenberg*, in: Meyer-Sparenberg/Jäckle (Fn. 3), § 45 Rn. 139.

[149] Dazu *Stamer*, in: Knott (Fn. 83), Rn. 1563 ff.; *Kästle/Oberbracht* (Fn. 84), 228 ff.

[150] *Henrich*, in: Hölters (Fn. 75), Rn. 10.174; *Engelhardt*, in: Holzapfel/Pöllath (Fn. 87), Rn. 953 ff.

[151] *Engelhardt*, in: Holzapfel/Pöllath (Fn. 87), Rn. 967.

[152] *Engelhardt*, in: Holzapfel/Pöllath (Fn. 87), Rn. 968.

[153] *Meyer-Sparenberg*, in: Meyer-Sparenberg/Jäckle (Fn. 3), § 45 Rn. 103.

[154] *Engelhardt*, in: Holzapfel/Pöllath (Fn. 87), Rn. 969.

b) Begrenzung des Risikos der Verkäufer-Haftung für Freistellungen durch Verjährungsfristen

Der Verkäufer kann das Risiko, aus Freistellungsverpflichtungen in Anspruch genommen zu werden, in gewisser Weise dadurch begrenzen, dass er im Unternehmenskaufvertrag eigenständige, relativ kurze Verjährungsfristen für Freistellungsansprüche vorsieht.[155]

XVII. Fazit

Gewährleistung und Haftung beim Unternehmenskauf bestimmen sich in der Rechtspraxis vor allem nach den Vereinbarungen im Unternehmenskaufvertrag. Die gesetzlichen Regeln über die Gewährleistung und Haftung bei Kaufverträgen und Schuldverhältnissen, vor allem §§ 437 ff. BGB sowie §§ 241 Abs. 2, 280, 311 Abs. 2 BGB, sind bei Fehlen vertraglicher Vereinbarungen zwar anwendbar, spielen aber, da solche Vereinbarungen oft getroffen werden, in der Rechtspraxis jedenfalls beim Kauf größerer Unternehmen häufig nur eine untergeordnete Rolle.

---

[155] *Henrich*, in: Hölters (Fn. 75), Rn. 10.176; *Engelhardt*, in: Holzapfel/Pöllath (Fn. 87), Rn. 970.

Arbeitsleistung und -lohn während einer Pandemie?

Martin Maties

I. Einführung

Das aktuelle Arbeitsrecht hat an der Universität einen besonders hohen Stellenwert. So ist es eine Besonderheit der Juristischen Fakultät an der Universität Augsburg, dass drei Arbeitsrechtslehrer dort beheimatet sind (Profes. Benecke, Kort und Maties). Daher soll ein aktuelles arbeitsrechtliches Thema, das alle und damit natürlich auch unsere Augsburger Heimat betrifft, beleuchtet werden.

Ein vorausschauender Jurist nimmt die sich ergebenden rechtlichen Probleme bei der Vertragsgestaltung im Vorfeld aus dem Gefahrenkreis seines Mandanten heraus. So – oder so ähnlich – könnte man es in der Kautelarjurisprudenz formulieren. Das Wort Kautelarjurisprudenz setzt sich aus den folgenden Wörtern zusammen: „Kautel" (lateinisch: „cautela" für „Schutzmittel" oder „Vorsicht" und „cavere" für „sich vorsehen", „sich hüten", „sich in Acht nehmen vor" oder „sichern") und „iurisprudentia" aus den beiden Wörtern „iuris" (lateinisch: Genitiv von ius „Recht") und „prudens" (lateinisch: „klug").

Daher muss sich der umsichtige Jurist bei der Vertragsgestaltung die Frage stellen, ob er wirtschaftliche Risiken im Rahmen des rechtlich Möglichen durch geschickte Vertragsgestaltung verhindern kann. Das größte wirtschaftliche Risiko bei einer Pandemie ist aus Sicht des Arbeitgebers, dass er Lohn zahlen muss, ohne seinerseits die Leistung des Arbeitnehmers zu erhalten.

II. Ausgangs- und Interessenlage

Die wichtigsten Fragen beider Arbeitsvertragsparteien bei der Durchführung sind die Fragen danach, ob der Arbeitnehmer arbeiten muss und für den Fall, dass der Arbeitnehmer nicht arbeitet, ob er trotzdem Lohn erhalten wird. Dies ist für den Arbeitnehmer das vordringlichste Interesse, da er seine Lebenshaltungskosten regelmäßig aus dem laufenden Einkommen bestreitet. Aber auch für den Arbeitgeber ist dies von existenzieller Bedeutung. Sollte er über einen (längeren) Zeitraum Lohn zahlen müssen, ohne eine Gegenleistung zu bekommen und/oder aufgrund der Pandemie keine Möglichkeit haben, seinen Betrieb in der Form aufrechtzuerhalten, dass er seine Kosten decken kann, so droht ihm der wirtschaftliche Ruin.

III. Kurzarbeitergeld oder Lohnzahlung

In Deutschland hat das Institut der Kurzarbeit[1] die Folgen einer Wirtschaftskrise bereits in der Banken- und Wirtschaftskrise (Finanzkrise 2008) abgefedert. Auch bei Pandemien scheint es sich hier um eine Lösung zur Abfederung der wirtschaftlichen Risiken zugunsten der Arbeitsvertragsparteien und zulasten des Staates zu handeln. Jedoch muss berücksichtigt werden, dass es sich hier um ein sozialrechtliches Konstrukt (§§ 95 ff. SGB III) handelt. Aufgrund dessen muss der Arbeitnehmer – wenn eine Vereinbarung über Kurzarbeit getroffen ist und die Voraussetzungen für Kurzarbeitergeld gegeben sind – nur die vereinbarte verringerte Arbeitszeit leisten und bekommt Kurzarbeitergeld. Das Verhältnis von Leistung und Gegenleistung wird im Proporz daher nicht berührt, sondern es wird nur die arbeitsvertragliche Verpflichtung des Arbeitnehmers reduziert und der Entgeltausfall aufgrund der Verringerung der Arbeitsverpflichtung durch staatliche Leistungen aufgefangen. Der Arbeitgeber zahlt das Kurzarbeitergeld an die Arbeitnehmer aus. Anschließend wird dem Arbeitgeber nach dessen Erstattungsantrag bei der Agentur für Arbeit das gezahlte Kurzarbeitergeld erstattet.

Problematisch sind hierbei allerdings zwei Faktoren, die sich auch gegenseitig beeinflussen. Zum einen bedarf es einer rechtlichen Grundlage,[2] um vom Grundsatz des pacta sunt servanda abzuweichen (Arbeitsverpflichtungsumfang und daraus resultierende Gehaltsansprüche) und zum anderen kompensiert das Kurzarbeitergeld nicht die volle Differenz zum sonst verdienten Arbeitsentgelt. Das Kurzarbeitergeld bestimmt sich nach dem Nettoentgeltausfall (Nettoentgeltdifferenz gem. § 106 SGB III). Arbeitnehmer in Kurzarbeit ohne Kind im Haushalt erhalten grundsätzlich 60 % des ausgefallenen pauschalierten Nettoentgelts (§ 105 Nr. 2 SGB III). Lebt mindestens ein Kind mit im Haushalt des Arbeitnehmers beträgt das Kurzarbeitergeld 67 % des ausgefallenen pauschalierten Nettoentgelts (§ 105 Nr. 1 SGB III). Je nach Dauer des Bezugs staffelt sich das Kurzarbeitergeld auf 70 bzw. 77 % (ab dem vierten Monat) und 80 bzw. 87 % (ab dem siebten Monat) des Nettoentgeltausfalls (§ 421c Abs. 2 Nr. 1 und 2 SGB III). Weiter wird das Kurzarbeitergeld grds. nur für max. 12 Monate gezahlt (§ 104 Abs. 1 S. 1

---

[1] Guter Überblick über die Voraussetzung der Kurzarbeit bei *Geulen/Vogt*, ArbRAktuell 2020, 181 ff.

[2] BAG, NZA 2009, 689.

SGB III), jedoch besteht gerade eine Verlängerung auf bis zu 24 Monaten (§ 109 SGB III i. V. m. der Zweiten Verordnung über die Bezugsdauer für das Kurzarbeitergeld, 2. KugBeV, BGBl. 2020 I, 2165).

Sollte ein Arbeitnehmer jedoch der vorübergehenden Verringerung seiner Arbeitszeit nicht zustimmen (z. B. weil ihm wirtschaftlich die Erstattung der Nettoentgeltdifferenz nicht ausreicht, um seinen Lebensunterhalt zu bestreiten), so kann der Arbeitgeber nicht einseitig Kurzarbeit anordnen. Ferner muss, sofern ein Betriebsrat existiert, die zwingende Mitbestimmung gem. § 87 Nr. 3 BetrVG eingehalten werden. Nach wohl h. M. kann jedoch die Zustimmung des Arbeitnehmers zur Vereinbarung von Kurzarbeit durch eine Betriebsvereinbarung ersetzt werden.[3] Diese Auffassung ist äußerst pragmatisch, steht aber im Widerspruch dazu, dass der Betriebsrat die Rechtsposition des Arbeitnehmers nicht verschlechtern darf, sondern nur bestehende Spielräume des Arbeitgebers einschränken soll bzw. bei der Ausübung der Spielräume mitgestalten soll.[4]

Ferner müssen neben dem Vorliegen von Kurzarbeit für den Bezug von Kurzarbeitergeld auch die Voraussetzungen des § 95 S. 1 SGB III gegeben sein (erheblicher Arbeitsausfall mit Entgeltausfall i. S. d. § 96 SGB III,[5] Vorliegen der betrieblichen Voraussetzungen i. S. d. § 97 SGB III [i. d. R. unproblematisch], Vorliegen der persönlichen Voraussetzungen des Arbeitnehmers i. S. d. § 98 SGB III und Anzeige des Arbeitsausfalls gem. § 99 Abs. 2 SGB III).

Es zeigt sich, dass das Kurzarbeitergeld kein Allheilmittel ist, vor allem dann, wenn der Arbeitnehmer der Kurzarbeit nicht zustimmt und auch nicht mittels einer Betriebsvereinbarung (nach h. M. möglich) die Kurzarbeit ermöglicht wird. Allerdings kann in Arbeitsverträgen bereits vorab vorgesehen werden, dass Arbeitnehmer Kurzarbeit akzeptieren müssen. In der Praxis sind diese Klauseln aber wohl bisher selten vorhanden. Ferner müssen diese der Inhaltskontrolle der §§ 310 Abs. 3, 307 BGB standhalten.[6] So können in Arbeitsverträgen vorformulierte Klauseln, die dem Arbeitgeber die einseitige Anordnung von Kurzarbeit ermöglichen, eine Abweichung von § 611a BGB, § 2 KSchG darstellen und unwirksam sein. Sie sind unwirksam, wenn sie nicht ausdrücklich eine Ankündigungsfrist vorsehen. Sie können auch dann gem. § 307 Abs. 1, 2 BGB unwirksam sein, wenn sie Regelungen über Umfang und Ausmaß der Kurzarbeit, Festlegung des betroffenen Personenkreises, Art und Weise der Einbeziehung des Personenkreises u. ä. völlig offen

[3] *Kania*, in: ErfK, 21. Aufl. 2021, § 87 BetrVG Rn. 36.

[4] *Lobinger*, RdA 2011, 76 (84).

[5] Hier ist insbesondere auf § 96 Abs. 1 S. 1 Nr. 3 SGB III hinzuweisen, der die Nichtvermeidbarkeit als Tatbestandsmerkmal beinhaltet. Hier ist insbesondere an Arbeitszeitguthaben und Überstunden sowie an Urlaub zu denken.

[6] *Müller/Deeg*, ArbRAktuell 2010, 209 ff.

lassen. Auch reicht die bloße Bezugnahme auf die Vorschriften der §§ 95 ff. SGB III nicht zur Legitimation der Klausel aus.[7]

Es ist mithin zu untersuchen, ob der Arbeitgeber sich anderweitig gegen das Risiko der Entgeltfortzahlung bei Arbeitsausfall absichern kann. Hier kommen dann insbesondere vertragliche Klauseln in Betracht, die das Entgeltrisiko auf den Arbeitnehmer abwälzen oder zumindest eine Zahlungspflicht des Arbeitgebers beseitigen und eine an sich nachrangige Pflicht des Staates auslösen.

IV. Grundsatz: „Kein Lohn ohne Arbeit"

In § 326 Abs. 1 BGB ist das Äquivalenzprinzip verankert. Es ist eines der tragenden Prinzipien der Risikoverteilung im Privatrecht. Aufgrund des § 326 Abs. 1 BGB schuldet der Arbeitgeber dem Arbeitnehmer grds. keine Entgeltzahlung, wenn nicht ein Ausnahmetatbestand erfüllt ist. Neben dem sehr allgemeinen § 326 Abs. 2 BGB existieren noch diverse Ausnahmen aufgrund des Sozialschutzprinzips[8] im Privatrecht[9], insbesondere für das Arbeitsrecht.[10]

Damit § 326 Abs. 1 BGB einschlägig ist, müsste dem Arbeitnehmer die Leistung i. S. d. § 275 BGB unmöglich sein (Abs. 1) oder er die Leistung nach Abs. 2 oder 3 verweigern dürfen. Bedeutend sind hier im Arbeitsrecht § 275 Abs. 1 und 3 BGB. In Bezug auf eine Pandemie ist es denkbar, dass eine Unmöglichkeit gem. § 275 Abs. 1 BGB vorliegt, da der Arbeitnehmer selbst erkrankt ist oder der Arbeitnehmer aufgrund gesetzlicher/behördlicher Anordnung nicht arbeiten darf (insbes. im Fall der Selbstisolation). Aber auch ein Leistungsverweigerungsrecht aus persönlichen Gründen gem. § 275 Abs. 3 BGB kommt in Betracht.

1. Fixschuldcharakter (§ 326 Abs. 1 BGB)

Kommt der Arbeitnehmer der Leistungspflicht nicht an dem Tag seiner vertraglich geschuldeten Zeit nach, so wird die Leistung des Arbeitnehmers durch Zeitablauf unmöglich. Zwar folgt aus § 323 Abs. 2 Nr. 2 BGB, dass das Verstreichen eines vertraglich festgelegten Termins nicht stets zur Unmög-

---

[7] LAG Berlin-Brandenburg, NZA-RR 2011, 65 ff.

[8] Ausdrücklich mit dem Terminus *Larenz*, Allgemeiner Teil des Bürgerlichen Rechts, 7. Aufl. 1989, § 3 I; in den Folgeauflagen als *Larenz/Wolf* findet sich der Terminus der solidarischen Rücksichtnahme, 9. Aufl. 2004, § 2 Rn. 20; in der aktuellen Bearbeitung *Wolf/Neuner* ist dies so nicht mehr ersichtlich.

[9] Tiefergehend *Neuner*, Privatrecht und Sozialstaat, 1999.

[10] BeckOGK/*Maties*, 1.9.2020, § 611a BGB Rn. 1636.

lichkeit durch Zeitablauf führt,[11] sondern i. d. R. nur eine relative Fixschuld vorliegt; dennoch wird von der h. M. (auch mit Blick auf die Wertung des § 615 S. 1 a. E. BGB) eine absolute Fixschuld aufgrund des Arbeitnehmerschutzes angenommen.[12]

2. *Beschäftigungspflicht*

Jedoch führt die Nichtarbeit des Arbeitnehmers nicht nur zu einer Unmöglichkeit und der Anschlussfrage, ob der Arbeitnehmer trotzdem Lohnzahlung verlangen kann. Der Arbeitnehmer hat nach der st. Rspr. auch einen Anspruch auf Beschäftigung. Dies ist Ausfluss seines allgemeinen Persönlichkeitsrechts, aus dem das BAG einen allgemeinen Beschäftigungsanspruch abgeleitet hat.[13] Sollte der Arbeitgeber dem nicht nachkommen, so begeht er eine Pflichtverletzung. Folge dessen ist auch, dass der Arbeitgeber den Arbeitnehmer nicht ohne Weiteres von der Arbeitsverpflichtung freistellen kann. Die (Weiter-)Beschäftigungspflicht des Arbeitgebers ist nach wohl h. M. eine Nebenpflicht.[14]

3. *Freistellung*

Eine Freistellung ist der Verzicht des Arbeitgebers auf die Arbeitsleistung des Arbeitnehmers.[15] D. h., der Arbeitnehmer muss seiner Arbeitsverpflichtung nicht (mehr) nachgehen und begeht im Fall der Nichtarbeit keine Pflichtverletzung. Die Frage der Vergütung richtet sich aber nach den allgemeinen Regeln, sodass grds. trotz Nichtarbeit Lohn zu zahlen ist, da der Arbeitnehmer durch die Freistellung so gestellt wird, als hätte er geleistet. Die Beschäftigungspflicht des Arbeitgebers und als Kehrseite der Beschäftigungsanspruch des Arbeitnehmers sind dispositiv.[16] Eine Freistellung ist im nachträglichen Einvernehmen möglich,[17] aber auch aufgrund vorherigen Einvernehmens (Regelung im Arbeitsvertrag).[18]

---

[11] BAG, AP § 626 Nr. 99; *Reichold*, in: MHdB ArbR, 4. Aufl. 2018, § 43 Rn. 8 ff.; *Preis*, in: ErfK (Fn. 3), § 611a BGB Rn. 677; *Hellfeier*, Die Leistungszeit im Arbeitsverhältnis, 2003, 31 ff.; krit. *Thüsing*, in: HWK, 9. Aufl. 2020, § 611a Rn. 545.

[12] *Maties* (Fn. 10), § 611a BGB Rn. 1645; *Beuthien*, ZfA 1972, 73 ff.; *Fabricius*, Leistungsstörungen im Arbeitsverhältnis, 1970, 98 f.; *Picker*, in: FS für Ulrich Huber, 2006, 531 f.; *Zöllner/Loritz/Hergenröder*, Arbeitsrecht, 7. Aufl. 2015, § 21 Rn. 3.

[13] BAG, AP BGB § 611 Beschäftigungspflicht Nr. 14; die vereinzelten Minderheitsansichten können wegen der allgemeinen Akzeptanz wohl vernachlässigt werden (z. B. *Weber/Weber*, RdA 2007, 344 [352]).

[14] *Reichold* (Fn. 11), § 92 Rn. 1; *Joussen*, in: BeckOK ArbR, 58. Ed., 1.12.2020, § 611a BGB Rn. 184.

[15] *Spinner*, in: MüKoBGB, 8. Aufl. 2020, § 611a Rn. 893.

[16] *Preis* (Fn. 11) § 611a BGB Rn. 566.

[17] LAG Köln, BeckRS 1998, 41532.

[18] LAG Sachsen, BeckRS 2009, 68149.

a) Einvernehmliche Freistellung

Dem Arbeitnehmer ist der Beschäftigungsanspruch nach h. M. grundsätzlich nicht ohne vertragliche Vereinbarung entziehbar.[19] Nach der Rspr. und h. M. ist der Arbeitsvertrag ein Verbrauchervertrag und somit ist die AGB-Kontrolle gem. § 310 Abs. 3 Nr. 2 BGB eröffnet.[20] Wegen § 307 Abs. 1 S. 1 BGB kann der Arbeitnehmer nicht grundlos freigestellt werden, und aus § 307 Abs. 1 S. 2 BGB folgt, dass die Gründe für den Arbeitnehmer auch transparent sein müssen. In der Lit. wird sogar gefordert, dass die Anforderungen an die sachlichen Gründe hoch zu sein haben,[21] da der formularmäßige Verzicht unangemessen benachteilige.[22]

In der Praxis finden sich daher stets Klauseln, die eine Freistellungsmöglichkeit für den Fall der Kündigung bis zum Abschluss der Kündigungsfrist vorsehen. Soweit ersichtlich sind bisher keine Freistellungsklauseln vereinbart, die die Fälle der Freistellung in Zeiten von Pandemien vorsehen. Ob dies pauschal zulässig wäre, ist m. E. auch zu bezweifeln. Nur für den Fall, dass der Arbeitgeber ein berechtigtes Interesse daran hat, den Arbeitnehmer von der Arbeit fernzuhalten, könnte dies vertraglich vereinbar sein, und der Grund müsste hinreichend transparent sein. So ist es m. E. möglich im Vertrag zu vereinbaren, dass es dem Arbeitgeber erlaubt ist, in Zeiten einer Pandemie einen Arbeitnehmer freizustellen, wenn dies erforderlich ist, um den Arbeitnehmer oder andere Arbeitnehmer vor potenziellen Gefahren zu schützen. Als wichtigstes Beispiel ist zu nennen, dass ein Arbeitnehmer unter dem Verdacht der Infektion mit einer pandemischen oder epidemischen Krankheit steht, aber kein behördliches Beschäftigungsverbot besteht. Es ist für die Praxis mithin zu empfehlen solche Freistellungsklauseln in künftige Vertragswerke aufzunehmen. Zu bedenken ist aber, dass die Leistungspflicht als solche nicht beseitigt wird, sodass die Lohnzahlungspflicht nicht nach § 326 Abs. 1 entfällt, sondern gem. § 615 erhalten bleibt.[23]

b) Einseitige Freistellung (Suspendierung)

Eine einseitige Freistellung von der Arbeitspflicht durch den Arbeitgeber ist nach h. M. grds. nicht möglich. Nur wenn dies vertraglich vereinbart ist oder der Arbeitgeber berechtigt entgegenstehende Belange ins Feld führen kann, kann dies ausnahmsweise zu einer Abwägung zu seinen Gunsten füh-

---

[19] *Maties* (Fn. 10) § 611a BGB Rn. 1369; BAG, AP BildungsurlaubsG NRW § 1 Nr. 6.

[20] BVerfG, NZA 2007, 85; *Jacobs*, in: BeckOK ArbR (Fn. 14), § 310 BGB Rn. 6 ff.

[21] *Preis*, in: Stahlhacke/Preis/Vossen, Kündigung-HdB, 11. Aufl. 2015, § 2 Rn. 26; *Joussen* (Fn. 14), § 611a BGB Rn. 270.

[22] *Preis* (Fn. 11) § 611a BGB Rn. 568.

[23] BAG, NJW 1964, 1918; LAG Hamm, FHArbSozR 21 Nr. 1135; *Kania*, in: Küttner, Personalbuch, 27. Aufl. 2020, Beschäftigungsanspruch, Rn. 8.

ren, sodass er der Beschäftigungspflicht nicht nachkommen muss.[24] Eine solche Ausnahme – die die Möglichkeit einer einseitigen Freistellung durch den Arbeitgeber ermöglicht – könnte gegeben sein, wenn der Arbeitgeber aus Fürsorgepflicht gem. § 241 Abs. 2 BGB für seine Belegschaft wegen der Gesundheitsgefahren, etwa im Fall des begründeten Verdachts einer Infektion mit dem Coronavirus, Arbeitnehmer bittet, der Arbeit fern zu bleiben. Sollte der Arbeitgeber aus Präventionsgründen – ohne behördliche Anordnung nach §§ 29 ff. IfSG – den infektionsverdächtigen Arbeitnehmer freistellen, bleibt er aber dennoch für die Zeit der Freistellung zur Vergütungszahlung verpflichtet.

V. Durchbrechung des Grundsatzes „Kein Lohn ohne Arbeit"

Bei der Frage danach, ob der Arbeitgeber dem Arbeitnehmer Lohn ohne Erhalt der Arbeitsleistung zahlen muss, soll hier nach den unterschiedlichen Konstellationen unterschieden werden, die in der Praxis vorkommen können. Zum einen soll danach unterschieden werden, ob eine Erkrankung des Arbeitnehmers vorliegt, zum anderen ist danach zu unterscheiden, ob der Arbeitnehmer arbeiten kann. Innerhalb der Arbeitsfähigkeit des Arbeitnehmers ist weiter zu differenzieren, warum der Arbeitnehmer nicht leistet (Hindernis in der Sphäre des Arbeitnehmers, Hindernis in der Sphäre des Arbeitgebers oder Hindernis in einer neutralen Sphäre).

1. Arbeitsunfähigkeit infolge von Krankheit (symptomatische Infektion)

Ist ein Arbeitnehmer infolge Krankheit arbeitsunfähig und aufgrund dessen an der Erbringung der Arbeitsleistung gehindert, so hat er gem. § 3 Abs. 1 S. 1 EFZG einen Anspruch auf Entgeltfortzahlung im Krankheitsfall durch den Arbeitgeber. Dies gilt zumindest für den Fall, dass ihn kein Verschulden trifft. Hier stellen sich im Falle einer Pandemie drei Fragen: 1. Wann ist ein Arbeitnehmer aufgrund einer Erkrankung arbeitsunfähig krank (vgl. unter a))? 2. Ist das EFZG überhaupt anwendbar oder besteht ein Vorrang des IfSG (vgl. unter b))? 3. Wann liegt ein Verschulden des Arbeitnehmers bei einer Erkrankung vor (Problem: Zuwiderhandlung gegenüber staatlichen Vorgaben, so etwa Verletzung der Maskenpflicht, Reisen in Risikogebiete oder fehlendes Social Distancing [vgl. unter c)]).

Eine Krankheit i. S. d. EFZG ist (wie auch im medizinischen Sinn) anzunehmen, wenn ein regelwidriger Körper- und Geisteszustand vorliegt.[25] Dies

[24] *Maties* (Fn. 10), § 611a BGB Rn. 1359.
[25] BAG, AP LohnFG § 1 Nr. 86; AP LohnFG § 1 Nr. 94; NZA 2006, 880.

ist bei einer Virusinfektion m. E. unproblematisch zu bejahen. In Bezug auf die Frage, ob ein Arbeitnehmer arbeitsunfähig aufgrund einer Erkrankung ist, ist bei einer (Corona-)Infektion zwischen einem symptomlosen Verlauf und einem symptomatischen Verlauf der Erkrankung zu unterscheiden. Sollte es sich um einen symptomlosen Verlauf handeln, so ist der Arbeitnehmer nicht arbeitsunfähig aufgrund der Krankheit, jedoch kann er aufgrund anderer rechtlicher Umstände gehindert sein, seiner Arbeitspflicht nachzukommen (vergleiche hierzu 2.).

a) Arbeitsunfähigkeit liegt vor, wenn der Arbeitnehmer aufgrund einer Krankheit seine vertraglich geschuldete Tätigkeit objektiv betrachtet nicht ausüben kann oder objektiv betrachtet nicht ausüben sollte, weil die Heilung aus medizinischer Sicht verhindert oder verzögert würde.[26] Dies ist bei einer symptomatischen Erkrankung relativ unproblematisch gegeben. Sollte hingegen der Arbeitnehmer bloß ansteckend sein, so berührt dies zunächst seine Arbeitsfähigkeit nicht. Die Tatsache, dass er andere Arbeitnehmer anstecken könnte, ist für die Beurteilung seiner Arbeitsfähigkeit irrelevant.[27] Dies zeigt sich insbesondere in den Fällen, in denen die Arbeitsleistung ohne Kontakt zu Kollegen erbracht werden kann (z. B. aufgrund eines hinreichend sicheren Hygienekonzeptes oder dadurch, dass der Arbeitnehmer isoliert in seinem Homeoffice arbeitet).

Daran, dass § 3 EFZG im Fall einer symptomatischen Infektion tatbestandlich einschlägig ist, bestehen wohl kaum Zweifel. Jedoch ist vor der Subsumtion unter die Norm stets die Anwendbarkeit zu untersuchen. Sollte der Arbeitnehmer aufgrund der Erkrankung arbeitsunfähig sein, so stellt sich die Frage, ob § 3 EFZG durch eine speziellere Regelung verdrängt wird. Sofern der Arbeitnehmer aufgrund der Infektion in häusliche Quarantäne muss oder gemäß § 31 IfSG einem Berufsverbot unterliegt, könnte er gemäß § 56 IfSG einen Anspruch auf Entschädigung haben, die der Arbeitgeber für den Staat auszahlt und seinerseits vom Staat ersetzt bekommt. Aus Sicht des Arbeitnehmers wird dies keinen großen Unterschied machen, da er in beiden Fällen seinen Lohn weiter erhält (auch die Reduzierung auf 67 % wie beim Krankengeld findet sich in § 56 Abs. 2 IfSG). Aus Sicht des Arbeitgebers macht dies unter Umständen einen großen Unterschied, da er einmal den gezahlten Lohn aufgrund des Umlageverfahrens U1 zurückerhalten kann (von den Krankenkassen, wenn es sich um Arbeitgeber mit in der Regel nicht mehr als 30 anrechenbaren Arbeitnehmern handelt) und einmal über das IfSG von staatlichen Stellen (auf Antrag).

---

[26] BAG, NZA 2008, 595 Rn. 19; *Reinhard*, in: ErfK (Fn. 3), § 3 EFZG Rn. 9.

[27] So zutreffend auch *Preis/Mazurek/Schmid*, NZA 2020, 1137 (1138).

b) Zwar ist das Konkurrenzverhältnis von EFZG und IfSG streitig,[28] da einige Autoren die Monokausalität der Erkrankung in Frage stellen.[29] Beim Vergleich der Personen in § 31 (Kranke, Krankheitsverdächtige, Ansteckungsverdächtige und Ausscheider) und § 56 Abs. 1 S. 1 IfSG (Ausscheider, Ansteckungsverdächtiger, Krankheitsverdächtiger oder als sonstiger Träger von Krankheitserregern im Sinne von § 31 S. 2 IfSG, der Verboten in der Ausübung seiner bisherigen Erwerbstätigkeit unterliegt oder unterworfen wird) fällt auf, dass § 56 Abs. 1 IfSG die Kranken nicht nennt. Der Begriff des Kranken ist auch aufgrund der Legaldefinition des § 2 Nr. 4 IfSG kaum auslegungsbedürftig. Aufgrund dessen kann er nicht unter die Gruppe der Personen in § 56 Abs. 1 IfSG gefasst werden. Es bliebe somit allenfalls eine Rechtsfortbildung. Diese setzt jedoch eine planwidrige Regelungslücke voraus. An einer solchen fehlt es aber, da es sich nach der Gesetzesbegründung um eine bewusste Entscheidung handelt.[30] Die in § 56 Abs. 1 IfSG Genannten sollten in ähnlicher Weise Leistungen erhalten, die erkrankte Arbeitnehmer als Versicherte von der gesetzlichen Krankenversicherung im Krankheitsfalle erhalten.[31] Bei § 56 IfSG handelt es sich um eine Billigkeitsentschädigung der Arbeitnehmer und nicht um eine Entlastungsvorschrift zugunsten der Arbeitgeber.[32] Es gibt daher entgegen der wohl h. M. keinen Vorrang des IfSG gegenüber dem EFZG.

c) Damit der Anspruch nach § 3 EFZG besteht, dürfte jedoch auch kein Verschulden des Arbeitnehmers an der Erkrankung anzunehmen sein. Dass es sich hier nicht um ein Verschulden im Sinne des § 276 BGB handelt, ist mittlerweile unstreitig.[33] Nach dem Verhaltensmaßstab der neueren Rechtsprechung kommt es darauf an, ob der Arbeitnehmer in erheblichem Maße gegen die von einem verständigen Menschen im eigenen Interesse zu erwartende Verhaltensweise verstoßen hat.[34] Z. T. wird vereinfachend auch von

---

[28] Für einen Vorrang des § 56 IfSG *Greiner*, in: MHdB ArbR (Fn. 11), § 80 Rn. 41; *Müller-Glöge*, in: MüKoBGB (Fn. 15), EFZG § 3 Rn. 10; *Linck*, in: Schaub, ArbR-HdB, 18. Aufl. 2019, § 98 Rn. 14; *Bonanni*, ArbRB 2020, 110 (114); *Dehmel/Hartmann*, BB 2020, 885 (891); *Geulen/Sothmann*, ArbRAktuell 2020, 217; *Grimm*, DB 2020, 1177 (1178); *Müller/Becker*, COVuR 2020, 126 (128); *Sagan/Brockfeld*, NJW 2020, 1112 (1113); *Sievers*, jM 2020, 189 (198); *Weller/Lieberknecht/Habrich*, NJW 2020, 1017 (1018).

[29] So etwa *Reinhard* (Fn. 26), § 3 EFZG Rn. 14 ff.

[30] BT-Drucks. 3/1888, 27 zur Vorgängernorm § 48 BSeuchG, entspricht im Wesentlichen § 56 IfSG, s. BT-Drucks. 14/2530, 88; *Bales/Baumann/Schnitzler*, Infektionsschutzgesetz, 2. Aufl. 2003, § 56 IfSG Rn. 6.

[31] Zutreffend auch *Preis/Mazurek/Schmid*, NZA 2020, 1137 (1139).

[32] Instruktiv und mit weiteren Nachweisen *Preis/Mazurek/Schmid*, NZA 2020, 1137 (1139).

[33] BAG, NJW 2015, 2444; *Vogelsang*, EFZ, 2003, § 3 Rn. 126; *Reinhard* (Fn. 26), § 3 EFZG Rn. 23; *Ricken*, in: BeckOK ArbR (Fn. 14), § 3 EFZG Rn. 34.

[34] BAG, NJW 2015, 2444.

einem Verschulden gegen sich selbst gesprochen.[35] Allein ein leichtsinniges Verhalten erfüllt den Tatbestand noch nicht, sondern erst ein besonders leichtfertiges oder gar vorsätzliches Verhalten.[36]

In Anbetracht der aktuellen Lage während der Corona-Pandemie seien drei Einschätzungen gegeben. Sollte der Arbeitnehmer gegen gesetzliche Vorgaben verstoßen, so stellt dies ein Verschulden nicht nur gegenüber der Gesellschaft dar, sondern zugleich auch eines gegenüber sich selbst in besonders hohem Maße. Daher ist zu differenzieren, was der Arbeitnehmer macht. Sollte der Arbeitnehmer sich nicht an gesetzliche Vorgaben halten, die auch seinem Schutz dienen (z. B. Tragen von FFP2-Masken im Öffentlichen Personennahverkehr sowie in Handels- und Dienstleistungsbetrieben, vgl. z. B. §§ 8 und 12 Abs. 1 S. 4 Nr. 3 der 11. BayIfSMV,BayMBl. Nr. 737, zuletzt geändert durch BayMBl. Nr. 149), so handelt er in Bezug auf seine eigene Erkrankung schuldhaft i. S. d. § 3 EFZG. Verletzt er hingegen Pflichten, die nicht unmittelbar seinen Schutz betreffen, sondern allgemein den Schutz Dritter (z. B. Ausgangsbeschränkungen), so verhält er sich zwar rücksichtslos und begeht ggf. sogar eine Ordnungswidrigkeit, jedoch kann man noch nicht von einem Verschulden gegen sich selbst sprechen; es sei denn, er begibt sich an Orte, an denen sich (mehrere) Menschen aufhalten und erhöht so sehenden Auges und gesetzeswidrig sein Infektionsrisiko. Sollten hingegen nur Zuwiderhandlungen gegenüber Empfehlungen (z. B. Reisewarnungen etc.) vorliegen, so ist dies eigentlich noch nicht als Verschulden gegen sich selbst anzusehen, sondern nur als ein risikoerhöhendes Verhalten, da so noch keine konkrete Infektionsgefahr besteht. Aber aufgrund des Wertungswiderspruches zu § 56 Abs. 1 S. 3 u. § 4 IfSG muss man eine Reise in ein Risikogebiet als Verschulden ansehen, wenn die Reise vermeidbar war, d. h., wenn zum Zeitpunkt der Abreise keine zwingenden und unaufschiebbaren Gründe für die Reise vorlagen. Würde man hier kein Verschulden annehmen, so stünde der Erkrankte über § 3 EFZG besser als derjenige, der sich „nur" in Absonderung gem. § 30 IfSG begeben muss.

Dass der direkte – nicht hinreichend geschützte – Kontakt zu infizierten Personen ein Verschulden gegen sich selbst ist, wenn eine Möglichkeit bestand dies zu vermeiden, ist evident.

2. *Symptomlose Infektion*

Sollte der Arbeitnehmer zwar infiziert sein, aber selbst keine Krankheitssymptome aufweisen, so ist er zunächst – isoliert betrachtet – arbeitsfähig. Problematisch kann jedoch sein, dass der Arbeitnehmer aufgrund der In-

---

[35] *Reinhard* (Fn. 26), § 3 EFZG Rn. 23.
[36] BAG, NZA 2017, 240.

fektion nicht im Betrieb arbeiten darf (z. B. wegen einer behördlichen Anordnung einer Selbstisolation oder eines Berufsverbots, §§ 28 ff. IfSG). Sollte der Arbeitnehmer „nur" nicht in den Betrieb kommen können, so ist zu unterscheiden. Kann der Arbeitnehmer daheim oder an einem anderen Ort arbeiten (vgl. a)), so bleibt er zur Arbeit verpflichtet und erhält normal Lohn oder ggf. gem. § 615 BGB Lohnzahlung aufgrund Annahmeverzugs (S. 1)/Betriebsrisikolehre (S. 3). Sollte der Arbeitnehmer nicht arbeiten können (vgl. b)), so könnte er entgegen § 326 Abs. 1 BGB eine Aufrechterhaltung seines Anspruchs auf Lohnzahlung gem. § 616 BGB haben, wenn nicht § 56 IfSG vorrangig ist.

a) Arbeitnehmer kann arbeiten (z. B. im Homeoffice)

Nur weil ein Arbeitnehmer im Homeoffice arbeiten könnte, heißt dies nicht, dass er es muss. Zwar ist in der politischen Diskussion immer wieder die Rede von der Schaffung eines Anspruchs des Arbeitnehmers auf Homeoffice, jedoch ist dieser bisher gesetzlich nicht vorgesehen, und zudem ist das Recht auf Homeoffice als Recht des Arbeitnehmers in der Diskussion. Ein Anspruch des Arbeitnehmers kann sich aus dem Arbeitsvertrag oder aus einer Nebenpflicht des Arbeitgebers gem. § 241 Abs. 2 BGB ergeben, wenn die Rücksichtnahmepflichten sich dergestalt konkretisieren, dass nur eine Zuweisung der Arbeit im Homeoffice billigenswert erscheint. Sollte der Arbeitsvertrag jedoch zum Arbeitsort keine Regelung vorsehen, so ist anhand von § 269 Abs. 1 BGB der Leistungsort aus den Umständen zu entnehmen. Dies ist dann i. d. R. der Betrieb des Arbeitgebers.[37] Aber auch die politische Diskussion verkennt, dass es zwar oftmals darum geht, ob der Arbeitnehmer seinen Wunsch nach Homeoffice realisieren kann. Es muss aber umgekehrt auch danach gefragt werden, ob der Arbeitgeber den Arbeitnehmer ins Homeoffice senden darf, wenn keine entsprechende Vereinbarung im Arbeitsvertrag getroffen ist.

Die Bundes- und Landesregierungen haben an die Arbeitgeber appelliert, Homeoffice zu ermöglichen, wenn betriebliche Gründe nicht entgegenstehen, und an die Arbeitnehmer, ebenfalls davon Gebrauch zu machen.[38] Eine Verpflichtung des Arbeitnehmers, im Homeoffice zu arbeiten, besteht jedoch nicht. Einer Weisung des Arbeitgebers steht neben der Tatsache, dass der Arbeitsvertrag den Rahmen des Direktionsrechts vorgibt, auch die grundrechtlich geschützte Unverletzlichkeit der Wohnung (Art. 13 GG) entgegen.[39]

---

[37] *Maties* (Fn. 10), § 611a BGB Rn. 774.

[38] https://www.bayern.de/bericht-aus-der-kabinettssitzung-vom-20-01-2021/ (abgerufen am 19.2.2021).

[39] *Benkert*, NJW-Spezial 2019, 306; *Richter* ArbRAktuell 2019, 142 (143).

Aufgrund dessen wird eine allgemeine Home-Office Pflicht des Arbeitnehmers auch berechtigt abgelehnt.[40]

Etwas anderes könnte sich allenfalls in Notsituationen aufgrund der wechselseitigen Fürsorge- und Rücksichtspflichten ergeben. Dies ist jedoch als absolute Ausnahme anzusehen, da der Arbeitnehmer i. d. R. daheim nicht dafür ausgestattet ist, dort zu arbeiten. Daran ändert sich auch nichts dadurch, dass der Arbeitgeber dem Arbeitnehmer das erforderliche Equipment stellen müsste.

Kann der Arbeitnehmer im Home- oder Mobiloffice arbeiten und ist ihm dies im Rahmen des Vertrags zuweisbar, so ist der Arbeitnehmer verpflichtet zu arbeiten und erhält gem. § 611a Abs. 2 BGB i. V. m. dem Arbeitsvertrag die vereinbarte Vergütung. Kommt der Arbeitnehmer seiner bestehenden Arbeitspflicht aus § 611a Abs. 1 BGB i. V. m. dem Arbeitsvertrag – trotz Möglichkeit – nicht nach, so tritt aufgrund des Fixschuldcharakters[41] Unmöglichkeit gem. § 275 Abs. 1 BGB ein.[42] Dies führt, wenn keine anderweitige Regelung besteht, zum Fortfall der Lohnzahlungspflicht für diese Zeit gem. § 326 Abs. 1 BGB.

b) Arbeitnehmer kann nicht arbeiten

Wenn ein Arbeitnehmer bei symptomloser Infektion nicht arbeiten kann, so kann dies mehrere Gründe haben. Zum einen ist es möglich, dass er aufgrund behördlicher/gesetzlicher Anordnung nicht arbeiten darf. Zum anderen kann es sein, dass seiner Tätigkeit Hindernisse in der Sphäre des Arbeitgebers entgegenstehen (z. B. ein Lockdown macht eine Tätigkeit im Betrieb unmöglich und eine Heimarbeit ist mit der Tätigkeit nicht kompatibel [etwa bei handwerklichen Berufen wie Maurer, Maler etc.]). Hier soll es „nur“ um die erste Konstellation gehen, in der die Ursache in der Infektion liegt. Die andere Konstellation wird unter 3. behandelt, da in diesem Fall die Infektion des Arbeitnehmers nicht kausal für den Arbeitsausfall ist.

aa) § 3 EFZG

Eine Entgeltfortzahlung nach § 3 EFZG setzt zwingend eine Arbeitsunfähigkeit infolge einer Krankheit voraus. Allein eine Infektion ist zwar eine Krankheit (s. o.), aber es fehlt an der Arbeitsunfähigkeit, die aus der Erkrankung resultieren muss.[43]

---

[40] *Müller*, DB 2019, 1624 (1626).

[41] *Preis* (Fn. 11), § 611a BGB Rn. 675.

[42] *Preis* (Fn. 11), § 611a BGB Rn. 675.

[43] Ebenso *Preis/Mazurek/Schmid*, NZA 2020, 1137 (1139).

bb) Verhältnis von § 616 BGB zu § 56 IfSG

Nach dem Wortlaut des § 56 Abs. 1 S. 1 IfSG ist dieser gegenüber § 616 BGB subsidiär: „Wer auf Grund dieses Gesetzes als Ausscheider, Ansteckungsverdächtiger, Krankheitsverdächtiger oder als sonstiger Träger von Krankheitserregern im Sinne von § 31 Satz 2 Verboten in der Ausübung seiner bisherigen Erwerbstätigkeit unterliegt oder unterworfen wird und dadurch einen Verdienstausfall erleidet". Das Erfordernis des Verdienstausfalls impliziert, dass weder ein originärer Zahlungsanspruch besteht noch ein solcher durch eine anspruchserhaltende Norm weiter fortbesteht oder ein eigenständiger Anspruch auf eine Zahlung des Lohns besteht. Vorrangig ist mithin zu prüfen, ob gem. § 616 S. 1 BGB ein Anspruch entgegen § 326 Abs. 2 BGB erhalten bleibt. Sollte dieser bestehen, so scheidet eine Entschädigung gem. § 56 IfSG aus.[44]

cc) § 616 BGB

Damit § 616 S. 1 BGB anspruchserhaltend wirkt, muss ein persönliches Leistungshindernis bestehen, das dazu führt, dass der Arbeitnehmer für eine verhältnismäßig nicht erhebliche Zeit ohne sein Verschulden an der Dienstleistung verhindert ist.

Wenn der Arbeitnehmer infiziert ist, ist dieser medizinische Befund noch kein Leistungshindernis.

Durch das Erfordernis, dass das Hindernis in der Person des Arbeitnehmers liegen muss, ist klar, dass es um ein subjektives Hindernis gehen muss, das nicht zugleich andere Arbeitnehmer an der Leistung hindert.[45] Dies wird jedoch im Fall einer Infektion z. T. missverstanden.[46] Es ist nicht gemeint, dass nicht auch andere Arbeitnehmer dasselbe Hindernis (eine Infektion) haben können, sondern dass nicht alle Arbeitnehmer gleichermaßen betroffen sind. Es geht aber gerade nicht darum, dass eine Pandemie alle Menschen betrifft, sondern darum, dass die Verhinderung eben durch eine Infektion (die subjektiv und individuell ist) hervorgerufen wird.[47] Die Kontrollüberlegung, dass andere (nicht infizierte) Arbeitnehmer desselben Betriebs arbeiten könnten, zeigt den subjektiven Einschlag auf.

---

[44] BGH, NJW 1979, 422 (424 f.) zur Vorgängerregelung des BSeuchG; *Bales/Baumann/Schnitzler* (Fn. 30), § 56 IfSG Rn. 5.

[45] *Preis* (Fn. 11), BGB § 616 Rn. 3; *Oetker*, in: Staudinger, Neubearb. 2019, § 616 BGB Rn. 54.

[46] Etwa *Weller/Lieberknecht/Habrich*, NJW 2020, 1017 (1019); *Sievers*, jM 2020, 189 (191); so auch Auffassung der *BDA*, Arbeitsrechtliche Folgen einer Pandemie, 1.

[47] Ebenso BGH, NJW 1979, 422 (424); LAG Düsseldorf, RdA 1966, 440 zur alten Regelung im BSeuchG; *Henssler*, in: MüKoBGB (Fn. 15), § 616 Rn. 25; a. A. *Weller/Lieberknecht/Habrich*, NJW 2020, 1017 (1019).

Das persönliche Hindernis ist konkret die Quarantäne (§ 30 Abs. 1 S. 2 IfSG), in die sich der Arbeitnehmer begeben muss oder ein berufliches Tätigkeitsverbot (§ 31 IfSG). Beide Normen erfassen Kranke (§ 2 Nr. 4 IfSG), Krankheitsverdächtige (§ 2 Nr. 5 IfSG), Ausscheider (§ 2 Nr. 6 IfSG) und Ansteckungsverdächtige (§ 2 Nr. 7 IfSG). Für die Folgen der §§ 30, 31 IfSG ist die Unterscheidung irrelevant, da alle vier Personengruppen erfasst werden.

Für unsere Frage nach der Entgeltzahlung ist aber zu differenzieren. Krank i. S. d. IfSG ist eine Person, wenn sie Symptome einer bestimmten übertragbaren Krankheit aufweist und diese Symptome diagnostisch bestätigt sind.[48] Eine infizierte Person mit Symptomen ist mithin krank i. S. d. § 2 Nr. 4 IfSG, jedoch nicht arbeitsunfähig infolge einer Krankheit, wenn sie arbeiten kann. Sofern die infizierte Person Symptome aufweist, die sie arbeitsunfähig machen, liegt ein Fall des § 3 EFZG vor, anderenfalls eine persönliche Verhinderung i. S. d. § 616 S. 1 BGB.

Krankheitsverdächtig ist eine Person, bei der Symptome bestehen, welche das Vorliegen einer bestimmten übertragbaren Krankheit vermuten lassen.[49] Eine Person mit Symptomen, aber ungeklärtem Status, ist mithin krankheitsverdächtig. Jedoch setzt dies Symptome voraus. Diese sind hier bei der symptomlosen Infektion nicht gegeben, können aber an anderer Stelle zu berücksichtigen sein (vgl. IV. 1. a)) und unterfallen § 616 S. 1 BGB.

Ein Ausscheider ist eine Person, die Krankheitserreger ausscheidet und dadurch eine Ansteckungsquelle für die Allgemeinheit sein kann, ohne krank oder krankheitsverdächtig zu sein. Sobald die betroffene Person Symptome aufweist, die einer bestimmten übertragbaren Krankheit zugeordnet werden können, sind die vorrangigen begrifflichen Einordnungen des Kranken (Nr. 4) und Krankheitsverdächtigen (Nr. 5) einschlägig.[50] Ein Ausscheider erfüllt die Voraussetzungen der Kategorie „infiziert ohne Symptome“, sodass er aufgrund der (Über-)Trägereigenschaft auch wegen §§ 30, 31 IfSG persönlich i. S. d. § 616 S. 1 BGB verhindert sein kann.

Ansteckungsverdächtig ist eine Person, von der anzunehmen ist, dass sie Krankheitserreger aufgenommen hat, ohne krank, krankheitsverdächtig oder Ausscheider zu sein. Der Begriff des Ansteckungsverdächtigen ist geregelt im Stufenverhältnis der Nr. 4 ff.[51] Die ansteckungsverdächtige Person ist mithin eine Person, die mit einer infizierten Person Kontakt hatte oder eine Person, die ihrerseits mit einer infizierten Person Kontakt hatte, ohne dass bereits eine Infektion bei ihr nachgewiesen ist (Nr. 7). Problematisch

[48] *Gabriel*, in: BeckOK InfSchR, 3. Ed., 1.1.2021, § 2 IfSG Rn. 25.
[49] *Gabriel* (Fn. 48), § 2 IfSG Rn. 29.
[50] *Gabriel* (Fn. 48), § 2 IfSG Rn. 35.
[51] *Gabriel* (Fn. 48), § 2 IfSG Rn. 36.

ist, dass hier eine hinreichende Wahrscheinlichkeit einer Ansteckungsgefahr vorliegen muss, die je nach Infektionsgefahr unterschiedlich zu beurteilen ist. So ist z. B. bei der derzeitigen Corona-Lage erforderlich, dass der Mindestabstand nicht eingehalten wurde und nicht beide Personen hinreichende Schutzmaßnahmen (etwa FFP2-Masken) getroffen hatten. Auch der Verdacht der Ansteckung liegt in der Person, sodass eine Maßnahme nach §§ 30, 31 IfSG bereits eine persönliche Verhinderung darstellt.

Zudem könnte man sich auch auf den Standpunkt stellen, dass die Maßnahmen der Behörde immer ad personam erfolgen, sodass immer der erforderliche subjektive Einschlag zur Person besteht, um eine persönliche Verhinderung anzunehmen.

Nachdem man eine persönliche Verhinderung angenommen hat, darf die Dauer der Verhinderung gem. § 616 S. 1 BGB nur für eine verhältnismäßig nicht erhebliche Zeit vorliegen. Bei der verhältnismäßig nicht erheblichen Zeit handelt es sich um einen unbestimmten Rechtsbegriff, der noch nicht hinreichend konkretisiert ist. Die Protokolle[52] nennen als Kriterium das Verhältnis der Dauer des Arbeits- oder Dienstverhältnisses im Verhältnis zur Dauer der Verhinderungszeit.[53] Dem kommt auch das BAG nach.[54] Allerdings kann darin nur ein Ausgangspunkt gesehen werden. Die Zumutbarkeit (Verhältnismäßigkeit der Dauer) muss aus den Einzelumständen entwickelt werden. Hierbei sind die Art und Intensität des persönlichen Verhinderungsgrundes und die Zumutbarkeitsaspekte, die auf Seiten des Arbeitgebers eine Rolle spielen, heranzuziehen.[55] Die in der Rspr. ergangene Kasuistik ist mannigfaltig und nicht konsistent sowie normativ nur schwer begründbar.[56] Die Anerkennung einer Verhältnismäßigkeit schwankt von wenigen Tagen (z. B. bei der Erkrankung naher Angehöriger)[57] bis zu dreizehn Wochen.[58] Soweit es um eine 14-tägige Quarantäne geht (wie bei der COVID-19-Pandemie), ist es streitig, ob diese Zeitspanne noch als verhältnismäßig anzusehen ist.[59] Die für die Entschädigungsanträge zuständigen Behörden gehen von einer verhältnismäßig nicht erheblichen Zeit aus,[60] sodass der Arbeitgeber zur Zahlung verpflichtet ist und § 56 IfSG nicht einschlägig ist. Einige Autoren lassen

---

[52] Prot. II 280.

[53] *Baumgärtner*, in: BeckOK BGB, 57. Ed., 1.2.2021, § 616 Rn. 9.

[54] So bereits BAG, NJW 1960, 741 ff.

[55] *Baumgärtner* (Fn. 52), § 616 Rn. 9.

[56] Berechtigt kritisch *Oetker*, in: Staudinger, Neubearbeitung 2019, § 616 BGB Rn. 101; *Bieder*, in: BeckOGK, Stand: 1.2.2020, § 616 BGB Rn. 37.

[57] BAG, AP BGB § 616 Nr. 48.

[58] LAG Hamm, AP 1952 Nr. 146.

[59] Guter Überblick bei *Hohenstatt/Krois*, NZA 2020, 413 (416).

[60] *Preis/Mazurek/Schmid*, NZA 2020, 1137 (1140).

es offen,[61] andere gehen bei Nichterkrankung von nur wenigen Tagen aus,[62] andere lassen (wie die behördliche Praxis) die 14 Tage durchaus als verhältnismäßig gelten.[63]

Diese behördliche Praxis geht wohl auch auf eine Entscheidung des BGH aus dem Jahr 1978 zurück. Bei einem Salmonellen-Ausscheider wurden sechs Wochen als nicht erheblich i. S. d. § 616 BGB angesehen.[64]

Dem ist zu Recht kritisch zu begegnen.[65] Die alte Annahme, dass bis zu sechs Wochen unter § 616 BGB fallen, geht noch darauf zurück, dass das Entgeltfortzahlungsrecht noch nicht so weit war. So hatte man früher bei Krankheiten § 616 S. 1 BGB bei einer Zeitspanne bis zu sechs Wochen angewendet. Seit dem Inkrafttreten des EFZG am 1. Juni 1994 wird dies jedoch berechtigt anders gesehen. Die alte Rspr. des BGH muss somit als überholt angesehen werden.

Schaut man sich das System der Entgeltfortzahlung als Ganzes an, so überzeugt es, wenn man nur wenige Tage Verhinderung als verhältnismäßig ansieht. Der Maßstab des § 3 EFZG kann nicht übertragen werden, da dieser – im Gegensatz zu § 616 S. 1 BGB – bewusst allgemeine Prinzipien des Schuldrechts durchbricht, indem er den Arbeitgeber für Zwecke des Sozialstaats (zur Entlastung der Krankenkassen) heranzieht und daher nach allgemeiner Ansicht eine Eingriffsnorm zur Wahrung des öffentlichen Interesses i. S. d. Art. 9 I Rom I-VO, ist.[66] Andere Freistellungsansprüche, die eine Entgeltfortzahlungspflicht nach § 616 BGB begründen, sind i. d. R. bei 10 Tagen gedeckelt (z. B. § 2 PflegeZG, § 45 SGB V).[67]

Hält man § 616 BGB – wie hier für den Fall der Quarantäne – nicht für einschlägig oder ist § 616 BGB wirksam abbedungen, so kann ein Anspruch gem. § 56 Abs. 1 IfSG gegeben sein (dazu gleich).

Die Entscheidung für oder gegen eine Unverhältnismäßigkeit hat auch nicht nur geringfügige Bedeutung. Denn im Falle des Überschreitens der Zumutbarkeitsgrenze des Arbeitgebers muss dieser nicht bis zu dieser Grenze zahlen, sondern dann entfällt der Anspruch in Gänze. Es gilt das 0-oder-100-Prinzip.[68]

---

[61] *Baumgärtner* (Fn. 52), § 616 Rn. 9.

[62] So *Hohenstatt/Krois*, NZA 2020, 413 (416); wohl auch (aber missverständlich) *Joussen* (Fn. 14), § 616 Rn. 48; differenzierend nach der Dauer der Quarantäne *Preis/Mazurek/Schmid*, NZA 2020, 1137 (1140).

[63] *Sagan/Brockfeld*, NJW 2020, 1112 (1113).

[64] BGH, NJW 1979, 422 (425); zustimmend *Eufinger*, DB 2020, 1121 (1123).

[65] Ebenso *Preis/Mazurek/Schmid*, NZA 2020, 1137 (1140); *Wank*, FS für Franz Josef Düwell, im Erscheinen.

[66] *Hohenstatt/Krois*, NZA 2020, 413 (416).

[67] *Joussen* (Fn. 14), § 616 BGB Rn. 48.

[68] Grdl. BAG, NJW 1960, 741; zuletzt etwa BAG, NZA 1989, 54 (B I 2 a); außerdem BGH, NJW 1979, 422 (425). Die Lit. stimmt berechtig zu: etwa *Krause*, in: HWK (Fn. 11), § 616 BGB Rn. 37; *Oetker* (Fn. 45), § 616 BGB Rn. 96 m. w. N.

Sollte die Verhinderung also nur wenige Tage dauern, m. E. wären 5 bis 7 Tage angemessen, so bliebe der Anspruch des Arbeitnehmers entgegen § 326 Abs. 2 BGB gem. § 616 S. 1 BGB bestehen. Sollte die Zeitspanne überschritten werden, so käme man in den Anwendungsbereich des § 56 Abs. 1 IfSG.

dd) § 56 Abs. 1 IfSG

Grundvoraussetzung für einen Anspruch nach § 56 Abs. 1 IfSG ist eine bestehende Erwerbstätigkeit. Der Berechtigte muss an der Ausübung seiner Erwerbstätigkeit durch ein Ver- oder Gebot i. S. d. § 56 Abs. 1 S. 1 oder S. 2 IfSG gehindert sein, d. h. er muss als nicht-kranke Person von einem Tätigkeitsverbot oder einem Absonderungsgebot betroffen sein. Diese Einschränkung muss kausal für den Verdienstausfall sein. Ferner ist ein Mitverschulden des Berechtigten zu berücksichtigen.[69]

Die Erwerbstätigkeit ist bei einem Arbeitnehmer evident gegeben. Aufgrund der Alternativität zur Entgelt(fort)zahlung besteht der Anspruch auf Zahlung des Arbeitnehmers gegen den Arbeitgeber gem. § 56 Abs. 1 IfSG nur dann, wenn der Arbeitnehmer nicht anderweitig Geld bekommt. Es sei zudem darauf hingewiesen, dass gem. § 56 Abs. 5 S. 1 IfSG zwar der Arbeitgeber zahlt, er sich aber die Zahlung auf seinen Antrag hin von der Behörde erstatten lassen kann (§ 56 Abs. 5 S. 2 IfSG). Als rechtliche Hindernisse kommen hier ein Tätigkeitsverbot (§§ 31, 34, 42 IfSG) oder eine Absonderung (§ 30 IfSG) in Betracht. Bei der Corona-Pandemie sind insbes. §§ 30, 31 IfSG relevant.

Bei infizierten, aber symptomlos erkrankten Arbeitnehmern kommt hier insbes. die Quarantäne gem. § 30 IfSG (das Gesetz spricht von Absonderung) in Betracht oder auch das Berufsverbot gem. § 31 IfSG bei Ansteckungsverdächtigen und Ausscheidern. Sollten diese Voraussetzungen gegeben sein und die gesetzlichen/behördlichen Anordnungen kausal für den Verdienstausfall sein, so bestünde der Anspruch, wenn die Ausschlussvoraussetzungen des § 56 Abs. 1 S. 3, 4 IfSG nicht gegeben sind.

Der Entschädigungsanspruch ist ausgeschlossen, wenn der Arbeitnehmer durch Inanspruchnahme einer Schutzimpfung oder einer anderen Maßnahme der spezifischen Prophylaxe, die gesetzlich vorgeschrieben ist oder im Bereich des gewöhnlichen Aufenthaltsorts des Betroffenen öffentlich empfohlen wurde, eine Hinderung an der Arbeit hätte vermeiden können. Alternativ ist der Anspruch auch ausgeschlossen, wenn der Arbeitnehmer eine vermeidbare Reise in ein bereits zum Zeitpunkt der Abreise eingestuftes Risikogebiet vorgenommen hat und so das Hindernis verursachte. Eine Reise ist im Sinne des § 56 Abs. 1 S. 3 IfSG vermeidbar, wenn zum Zeitpunkt der Abreise keine zwingenden und unaufschiebbaren Gründe für die Reise vorlagen.

---

[69] *Eckart/Kruse*, in: BeckOK InfSchR (Fn. 48), § 56 IfSG Rn. 21.

Für Reisen in Risikogebiete ist die Rechtslage wohl so hinreichend deutlich. Bei der Maßnahme der spezifischen Prophylaxe, die gesetzlich vorgeschrieben ist oder im Bereich des gewöhnlichen Aufenthaltsorts des Betroffenen öffentlich empfohlen wurde, kann es schwieriger sein. So sind etwa bei COVID-19 die Maskenpflicht und die Abstandsgebote m. E. bereits spezifische Prophylaxe, aber es wird in der Praxis schwierig sein, zu beweisen, dass die Schutzmaßnahmen nicht gewahrt wurden. Jedoch ist vom materiellen Recht her m. E. der Anspruch evident ausgeschlossen, wenn eine Person sich so in ein Verdiensthindernis hineinlaviert.

3. Infektionslose Unmöglichkeit der Leistung in der Person des Arbeitnehmers

Für den Fall, dass der Arbeitnehmer sich nicht infiziert hat, aber im Zusammenhang mit der Epidemie nicht arbeiten kann, weil er unter dem Verdacht steht (Konstellation 1), er könne andere anstecken (Krankheitsverdächtiger i. S. d. § 2 Nr. 4 IfSG oder Ansteckungsverdächtiger i. S. d. § 2 Nr. 7 IfSG), ist die Rechtslage z. T. identisch zur Lage des symptomlosen Infizierten, soweit es um ein Hindernis an der Arbeit geht, weil der Arbeitnehmer Ansteckungsverdächtiger ist. Sofern es um ein Hindernis gem. §§ 30, 31 IfSG geht, kann vollständig auf das eben Ausgeführte (vgl. IV. 2.) verwiesen werden.

Daneben sind aber auch noch andere Konstellationen denkbar, in denen der Arbeitnehmer aufgrund eines Hindernisses in seiner Person nicht arbeiten kann. So ist es denkbar, dass der Arbeitnehmer sich um erkrankte Personen kümmern muss (Konstellation 2) oder sich um Kinder kümmern muss, die aufgrund der Epidemie nicht in Kitas, Kindergärten oder Schulen gehen können, weil das Kind in Quarantäne muss (Konstellation 3) oder die Einrichtungen geschlossen sind (Konstellation 4).

Wenn ein Arbeitnehmer sich (in Konstellation 2) um sein seinerseits infiziertes (Kranker i. S. d. § 2 Nr. 4 IfSG oder Ausscheider i. S. d. § 2 Nr. 6 IfSG) Kind oder eines das der Infektion verdächtig ist (Konstellation 3 wegen: Krankheitsverdächtigkeit i. S. d. § 2 Nr. 4 IfSG oder Ansteckungsverdächtigkeit i. S. d. § 2 Nr. 7 IfSG) wird kümmern müssen, so wird dieser Arbeitnehmer regelmäßig zum Ansteckungsverdächtigen (Konstellation 1) werden, da er einen direkten Kontakt zum Erreger hat (was ihn i. d. R. zumindest zum Ansteckungsverdächtigen i. S. d. § 2 Nr. 7 IfSG macht). Aufgrund dessen wird er selbst ebenfalls unter §§ 30, 31 IfSG fallen, sodass auch hier wieder nach oben verwiesen werden kann.

Der Arbeitnehmer muss aber nicht zwangsläufig zum Ansteckungsverdächtigen oder Krankheitsverdächtigen werden. So kann der erziehende Elternteil, wenn er selbst bereits immunisiert oder geimpft ist, verhindert sein, ohne dass er selbst einem Hindernis i. S. d. IfSG unterliegt.

Wenn der Arbeitnehmer also nicht unter §§ 30, 31 IfSG fällt, so muss differenziert werden. Bei einer Infektion des Kindes ist auch hier wieder zwischen einer Erkrankung (Konstellation 2) und der Konstellation 3 zu unterscheiden: Krankheitsverdächtiger, Ansteckungsverdächtiger und Ausscheider. Hinzu kommt die Konstellation 4 mit der Schließung (z. B. in einem Lockdown).

In allen diesen Fällen kommt eine Lohnzahlung gem. § 616 BGB i. V. m. dem Arbeitsvertrag in Betracht.

a) Verhältnis von § 616 BGB zu § 56 IfSG

Das Verhältnis von § 616 BGB zu § 56 IfSG ist hier identisch wie oben. Es besteht Alternativität, da § 56 IfSG einen Verdienstausfall voraussetzt und § 616 BGB den Verdienst erhalten würde.

b) § 616 BGB ggf. i. V. m. § 2 Abs. 1 PflegeZG

Der Fall des ansteckungsverdächtigen Arbeitnehmers (Konstellation 1) ist – was § 616 BGB betrifft – bei Quarantäne mit dem Infizierten identisch (s. o.).

Ist das Kind des Arbeitnehmers krank (Konstellation 2 ohne eigene Absonderungspflicht des Arbeitnehmers), so kann ein Freistellungsanspruch gem. § 2 Abs. 1 PflegeZG für die Dauer bis zu 10 Tagen bestehen, da ein pflegebedürftiger naher Angehöriger in einer akut aufgetretenen Pflegesituation vorliegen dürfte. Die Entgeltzahlung richtet sich über § 2 Abs. 3 PflegeZG nach § 616 BGB. Hier kann nach oben verwiesen und die gleiche Überlegung wie bei der Infektion (oder einem Verdacht) angestellt werden. Sollte der Arbeitnehmer vom Arbeitgeber wegen § 616 BGB keine Lohnzahlung bekommen, so greift die sozialrechtliche Norm des § 45 SGB V ein und gewährt dem Arbeitnehmer Krankengeld bei der Erkrankung des Kindes. Allerdings steht ein Anspruch auf Krankengeld gem. § 45 Abs. 3 SGB V unter der Bedingung, dass „nicht aus dem gleichen Grund Anspruch auf bezahlte Freistellung besteht." Hier ist somit eine formelle Subsidiarität zu u. a. § 616 BGB angeordnet. Das Verhältnis zu § 56 Abs. 1a IfSG wird durch § 45 Abs. 2b SGB V geklärt, der während des Krankengeldes den Anspruch gem. § 56 Abs. 1a IfSG ruhen lässt. In der Konstellation ist also die Rangfolge wie folgt: 1. Anspruch gegen den Arbeitgeber gem. § 616 BGB, wenn dieser nicht besteht, dann 2. Anspruch auf Krankengeld gegen die Krankenkasse gem. § 45 SGB V, erst wenn dieser auch nicht besteht, dann ein Anspruch gem. § 56 Abs. 1a IfSG auf Entschädigung.

c) § 56 Abs. 1 IfSG

§ 56 Abs. 1 IfSG kommt auch hier nur zum Tragen, wenn § 616 BGB nicht zur Anwendung kommt (s. o. IV. 2. b) bb)). In der Konstellation 1 kann hier also ein Anspruch bestehen, wenn § 616 BGB wirksam abbedungen ist (vgl.

unten) oder man berechtigt eine unverhältnismäßig lange Zeit bei einer Quarantäne annimmt.

d) § 56 Abs. 1a IfSG

Ist das Kind nur verdächtig oder symptomlos infiziert (Konstellation 3), so greift § 2 Abs. 1 PflegeZG nicht ein, da das Kind nicht in einer akuten Pflegesituation ist (Konstellation 2). Ist der Arbeitnehmer selbst bereits immunisiert oder geimpft, so unterfällt er wahrscheinlich nicht den §§ 30, 31 IfSG. In diesem Fall kann § 56 Abs. 1a S. 1 IfSG gegeben sein. Durch die Formulierung am Ende von § 56 Abs. 1a S. 1 Nr. 2 IfSG ist klargestellt, dass alle drei Nummern kumulativ vorliegen müssen. Aber in Nr. 1 werden die Konstellationen 3 und 4 alternativ mit einem „oder" erfasst.

In den Konstellationen 3 und 4 kommt also ein Anspruch in Betracht, wenn § 616 BGB wirksam abbedungen ist (vgl. unten) oder man berechtigt eine unverhältnismäßig lange Zeit der Betreuung für das Kind annimmt. Hierbei wird sich bei einer 14-tägigen Quarantäne des Kindes wiederum eine unverhältnismäßig lange Zeit i. S. d. § 616 BGB ergeben. Für den Fall der Schließung der Betreuungseinrichtungen von Kindern, Schulen oder Einrichtungen für Menschen mit Behinderungen (Konstellation 4) muss die Dauer im Einzelfall geprüft werden, wobei i. d. R. längere Schließungen als für 5 bis 7 Tage stattfinden dürften.

Weiter ist für einen Anspruch aus § 56 Abs. 1a IfSG erforderlich, dass das Kind das zwölfte Lebensjahr noch nicht vollendet hat (wie bei § 45 SGB V) oder behindert und auf Hilfe angewiesen ist. Kumulativ ist ferner erforderlich, dass es erforderlich ist, dass der Arbeitnehmer das Kind selbst beaufsichtigen, betreuen oder pflegen muss, weil keine anderweitige zumutbare Betreuungsmöglichkeit sichergestellt werden kann. Auch hier erkennt man die Nachrangigkeit des Entschädigungsanspruchs. Nicht direkt dem § 56 IfSG zu entnehmen ist, dass der Anspruch auf eine Entschädigung ruht, solange ein Anspruch auf Kinder-Krankengeld besteht. Insofern besteht hier ein Vorrang von § 45 Abs. 1 SGB V gem. § 45 Abs. 2b SGB V.

Sollte ein Anspruch gem. § 56 Abs. 1a IfSG bestehen, so zahlt der Arbeitgeber gem. Abs. 5 S. 1 und kann sich die Zahlung gem. Abs. 5 S. 2 auf Antrag von der Behörde erstatten lassen.

4. Möglichkeit der Leistung des Arbeitnehmers und Annahmeverzug des Arbeitgebers

Sollte der Arbeitnehmer leistungsfähig im Sinne des § 297 BGB sein, so kann der Arbeitgeber im Annahmeverzug sein, wenn er die Leistung theoretisch annehmen könnte, aber dies nicht tut. Dabei ist es irrelevant, ob es um eine

Sinnlosigkeit der Arbeitsleistung geht (Wirtschaftsrisiko) oder ob der Arbeitgeber aus sonstigen Gründen die Leistung nicht entgegennehmen kann oder will. Wegen des Fixschuldcharakters der Arbeitsleistung (siehe oben) wird diese gemäß § 275 Abs. 1 BGB unmöglich. Aufgrund dessen müsste die Gegenleistung gemäß § 326 Abs. 1 BGB entfallen. In beiden zuvor genannten Fällen kommt eine Aufrechterhaltung des Anspruchs auf Lohnzahlung gemäß § 615 S. 1 BGB in Betracht.

a) § 615 S. 1 BGB

Damit eine Aufrechterhaltung des Anspruchs gemäß § 615 S. 1 BGB in Betracht kommt, muss die Arbeitsleistung zunächst überhaupt erst einmal möglich sein, da nach h. M.[70] die Unmöglichkeit gem. § 297 BGB den Annahmeverzug ausschließt. Für den Fall, dass es sich nicht um ein gesetzliches oder behördliches Verbot handelt, tritt keine juristische Unmöglichkeit der Arbeitsleistung ein. Sollte die Beschäftigung des Arbeitnehmers jedoch sinnentleert sein, z. B. weil der Arbeitgeber von anderen Unternehmern keine Rohstoffe oder sonstigen Zulieferungen bekommt, Kunden aus Angst vor Infektion fernbleiben, die eigene Produktion aufgrund bereits hoher Lagereserven unsinnig erscheint o. ä., ist die Arbeitsleistung dennoch möglich, da der Arbeitgeber das Verwendungsrisiko der Arbeitskraft trägt. Dies wurde früher auch als Wirtschaftsrisiko bezeichnet.[71] Als Wirtschaftsrisiko kann man es bezeichnen, wenn die Erbringung der Dienste im naturwissenschaftlich-betriebstechnischen Sinne möglich bleibt, die Arbeitsleistung aber wegen eines Auftrags- oder Absatzmangels, Problemen bei der Lagerung der zu produzierenden Waren, Schwierigkeiten bei der Organisation oder Finanzierung des Vertriebs oder vergleichbarer Gründe für den Gläubiger sinnlos ist. Dieses Risiko hat der Arbeitgeber bereits nach allgemeinen Grundsätzen zu tragen. Es handelt sich um eine Facette des Leistungsverwendungsrisikos, das bei jedem Austauschvertrag vom Gläubiger zu tragen ist.[72]

Dies kann insbesondere deshalb interessant sein, da nicht alle Betriebe von einem gesetzlichen Lockdown betroffen sein müssen.

---

[70] *Joussen* (Fn. 14), § 615 BGB Rn. 33; BAG, AP BGB § 615 Nr. 20; *Bieder* (Fn. 55), § 615 BGB Rn. 49; *Riesenhuber*, in: Erman, 16. Aufl. 2020, § 615 BGB Rn. 28 ff.; *Richardi/Fischinger*, in: Staudinger (Fn. 45), § 615 BGB, Rn. 79.

[71] Es weiterhin so bezeichnend *Tillmanns*, in: MHdB ArbR (Fn. 11), § 76 Rn. 85; *Vossen*, in: Ascheid/Preis/Schmidt, 6. Aufl. 2021, § 626 BGB Rn. 65; *Koch*, in: Schaub/Koch, ArbR A–Z, 25. Aufl. 2021, Betriebsrisiko; beide Begriffe verwendend *Preis* (Fn. 11), § 615 BGB Rn. 121; *Henssler* (Fn. 47), § 615 Rn. 98.

[72] *Bieder* (Fn. 55), § 615 BGB Rn. 108; BAG, AP BGB § 615 Betriebsrisiko Nr. 30 und AP BGB § 615 Betriebsrisiko Nr. 13; AP GG Art. 9 Arbeitskampf Nr. 70; *Preis* (Fn. 11), § 616 BGB Rn. 121; *Boewer*, in: MHdB ArbR (Fn. 11), § 69 Rn. 58; *Kraft*, in: Soergel, 12. Aufl. 1997, § 616 BGB Rn. 71, 74; vgl. auch *Baumgärtner* (Fn. 52), § 615 Rn. 48.

Der Arbeitnehmer muss in diesem Fall nur seine Arbeitskraft nach den §§ 293 ff. BGB anbieten, um den Arbeitgeber in Annahmeverzug zu setzen. Sollte er dies tun, so bleibt der Anspruch gemäß § 615 S. 1 BGB bestehen. Die Regelung des § 615 S. 1 BGB ist gegenüber der Störung der Geschäftsgrundlage (§ 313 BGB) vorrangig.[73]

Es könnte jedoch sein, dass § 615 S. 1 BGB wirksam abbedungen wird (vergleiche dazu unten V. 5. und VI. 2.). Sollte dies jedoch nicht der Fall gewesen sein, so bleibt der Anspruch des Arbeitnehmers bestehen.

b) § 326 Abs. 1, 2 BGB

Zum gleichen Ergebnis käme man, wenn man § 326 Abs. 2 BGB anwendet. Auch dort ist der Annahmeverzug des Gläubigers Tatbestandsvoraussetzung. Aufgrund der Spezialität des § 615 S. 1 BGB gegenüber § 326 Abs. 2 BGB ist jedoch dieser vorrangig heranzuziehen.[74]

5. Unmöglichkeit der Leistung des Arbeitnehmers und Betriebsrisiko des Arbeitgebers

Sollte der Arbeitnehmer leistungsfähig im Sinne des § 297 BGB sein, so kann es zudem sein, dass der Arbeitgeber keinen Arbeitsplatz zur Verfügung stellen kann und somit die Leistung unmöglich ist. Dies ist insbesondere dann der Fall, wenn aufgrund gesetzlicher oder behördlicher Anordnung eine Beschäftigung verboten ist (juristische Unmöglichkeit). In diesen Fällen würde § 326 Abs. 1 BGB dazu führen, dass aufgrund der Unmöglichkeit der Arbeitsleistung gemäß § 275 Abs. 1 BGB (Fixschuldcharakter, vergleiche oben) der Lohnanspruch entfallen müsste, es sei denn, es greift eine anspruchserhaltende Norm ein. Als solche kommt hier § 615 S. 3 BGB in Betracht.

Gemäß § 615 S. 3 BGB gilt S. 1 in den Fällen entsprechend, in denen der Arbeitgeber das Risiko des Arbeitsausfalls trägt. D. h., der Anspruch auf Lohnzahlung bliebe gemäß § 615 S. 3 BGB i. V. m. S. 1 BGB bestehen, wenn der Arbeitsausfall in den Risikobereich des Arbeitgebers fällt. Was der Risikobereich des Arbeitgebers ist, wird im Gesetz nicht definiert.

Am sinnvollsten erscheint es, hier in die drei Risikosphären[75] zu unterteilen. So kann das Risiko zum einen der Seite des Arbeitnehmers zugewiesen

---

[73] *Martens*, in: BeckOGK, Stand: 1.1.2021, § 313 BGB Rn. 68, 76; vgl. *Böttcher*, in: Erman (Fn. 69), § 313 BGB Rn. 32.

[74] *Ulber*, in: Erman (Fn. 69), § 326 BGB Rn. 24; *Stadler*, in: Jauernig, 18. Aufl. 2021, § 326 BGB Rn. 2; BAG, NJW 2016, 1530; NJW 2016, 1608; differenzierend *Ernst*, in: MüKoBGB, 8. Aufl. 2019, § 326 BGB Rn. 70.

[75] Hiermit soll nicht die Sphärentheorie des RAG, ARS 10, 523 (524 f.); 7, 305 (307); 3, 116 (120 ff.) vertreten werden, sondern es sollen nur die Beherrschbarkeits- und Einflusssphären unterteilt werden und innerhalb dieser die Risiken verteilt werden. Das BAG rückte

sein, zum anderen in die Risikosphäre des Arbeitgebers fallen und zu guter Letzt kann das Risiko auch in eine neutrale Risikosphäre fallen. Spannend ist hier insbesondere, wie mit den Fällen der neutralen Sphäre umgegangen werden muss.

a) Risikobereich im Einflussbereich des Arbeitnehmers

Einige Lebensbereiche, die zur Unmöglichkeit der Arbeitsleistung führen, unterfallen dem Risikobereich des Arbeitnehmers. So trägt das Wegerisiko zur Betriebsstätte grds. der Arbeitnehmer, da es sich um eine Bringschuld handelt. D. h., kann der Arbeitnehmer nicht zum Betrieb gelangen, so fällt dies nicht in den Risikobereich des Arbeitgebers. Eine Ausnahme ist hiervon zu machen, wenn sich ein Risiko verwirklicht, das nicht nur die Erreichbarkeit des Betriebs unmöglich macht/vereitelt, sondern zugleich zu einem Betriebsverbot führt.[76] Treten im Einzelfall das Wege- und das Betriebsrisiko gemeinsam ein, kann also weder der Beschäftigte zum Betrieb gelangen noch kann dort gearbeitet werden, sprechen die besseren Argumente dafür, dies allein zulasten des Arbeitgebers gehen zu lassen, da man § 615 S. 3 BGB als einen Sonderfall des Annahmeverzugs ansehen kann.[77]

Auch das Risiko des Arbeitskampfes trägt grds. der Arbeitnehmer, wenn es um einen Streik im Betrieb des Arbeitgebers geht, da ihm das Streikergebnis zugutekommen kann und der Staat hier zur Neutralität verpflichtet ist.[78] Sollten betriebsfremde Streiks zur Unmöglichkeit der Arbeitsleistung führen, so trägt der Arbeitgeber das Entgeltrisiko für den Arbeitsausfall.[79] Eine Rückausnahme hiervon ist zu machen, wenn der Tarifvertrag, der verhandelt wird, auch der Belegschaft des Betriebs des Arbeitgebers zugutekommt.[80]

b) Risikobereich im Einflussbereich des Arbeitgebers

In den Einflussbereich des Arbeitgebers fallen u. a. technische Betriebsstörungen aufgrund von Explosionen,[81] Bränden,[82] Kurzschlüssen in einer be-

---

von der Sphärentheorie ab (BAG, AP GG Art. 9 Arbeitskampf Nr. 71 und AP GG Art. 9 Arbeitskampf Nr. 70).

[76] *Preis* (Fn. 11) § 615 BGB Rn. 132; *Henssler* (Fn. 47), § 615 Rn. 108; *Richardi*, NJW 1987, 1231 (1235); *Richardi/Fischinger* (Fn. 69), § 615 BGB Rn. 237 ff.; a. A. *Ehmann*, NJW 1987, 401 (409 f.).

[77] *Bieder* (Fn. 55), § 615 BGB Rn. 109.1.

[78] *Richardi/Fischinger* (Fn. 69), § 615 BGB Rn. 242 f.; *Linsenmaier*, in: ErfK (Fn. 3), Art. 9 GG Rn. 142 ff.; *Henssler* (Fn. 47), § 615 Rn. 109 ff.

[79] BAG, NJW 1981, 937.

[80] BAG, NJW 1981, 937.

[81] *Weidenkaff*, in: Palandt, 80. Aufl. 2021, § 615 BGB Rn. 21a.

[82] Bei völliger Betriebszerstörung (LAG Hamm, DB 1986, 1928) und auch Ablaufstörungen aufgrund von Bränden in anderen Bereichen des Unternehmens (vgl. BAG, AP BGB § 615 Betriebsrisiko Nr. 28).

triebseigenen Trafostation[83] oder sonstiger Unterbrechungen der Strom-, Gas- oder Wasserversorgung,[84] wegen des Fehlens von Betriebs- oder Rohstoffen[85] sowie Maschinenschäden oder -ausfällen,[86] Arbeitsausfall wegen Inventur[87] u. v. m.

c) Neutrale Sphäre und Zuweisung zu einer Seite

Sofern die Störung in einer neutralen Sphäre liegt (d. h., in einer, die weder konkret noch abstrakt im Einflussbereich einer Seite liegt) und diese zur Unmöglichkeit der Arbeitsleistung führt, so wird das Risiko wertend verteilt. Aus der Rspr. und in der Lit. zeigt sich, dass diese Sphäre i. d. R. dem Arbeitgeber als Risikobereich zugewiesen wird. So wird die Einschlägigkeit von § 615 S. 3 BGB etwa angenommen bei hoheitlichen Betriebsverboten[88] oder Auflagen, die den Betriebsablauf beeinträchtigen. Bejaht wurde das Risiko des Arbeitgebers auch neben den Fällen des Smogalarms,[89] etwa wenn aufgrund der Schließung eines Schlachthofs beim Fleischhygieneamt eines Landkreises keine weitere Arbeit anfällt,[90] bei der kurzzeitigen Schließung von Sportplätzen durch die Gemeinde zwischen Weihnachten und Neujahr[91] sowie ein an eine Tanzkapelle adressiertes Auftrittsverbot wegen Landestrauer.[92]

Somit wird § 615 S. 3 BGB im Bereich der neutralen Sphäre faktisch so gehandhabt wie der Annahmeverzug des Arbeitgebers gem. § 615 S. 1 BGB mit Ausnahmen beim Streik mit Fernwirkung.

Überträgt man dies auf die Situation einer Pandemie, so kommen zwei Anknüpfungspunkte als Ursache für die Unmöglichkeit der Arbeitsleistung in Betracht. Zum einen, dass die Verbreitung des Virus die Arbeitsleistung verhindert und zum anderen, dass gesetzliche und/oder behördliche Verbote

---

83 BAG, NZA 1991, 519.

84 BAG, NZA 1991, 519 (521); RAG, ARS 4, 131 (134 f.).

85 RAG, ARS 14, 363 (366); *Weidenkaff* (Fn. 80), § 615 BGB Rn. 21a; *Kraft*, in: Soergel, § 616 BGB Rn. 61; für Kohlenmangel ebenso RAG, ARS 7, 415 (416 f.); 5, 366 (367); *Richardi/Fischinger* (Fn. 69), § 615 BGB Rn. 234.

86 RAG, ARS 8, 407 (408: eingefrorene Heizung); ARS 15, 350 (353 f.); BAG, AP BGB § 615 Betriebsrisiko Nr. 16 (Motorschaden), und zwar selbst dann, wenn ein anderer Arbeitnehmer dies zu vertreten hat. Vgl. zu Letzterem bereits RAG, ARS 8, 260 f.

87 BAG, AP BGB § 615 Betriebsrisiko Nr. 14.

88 *Weidenkaff* (Fn. 80), § 616 BGB Rn. 21a; *Kraft* (Fn. 84), § 616 BGB Rn. 61; nicht aber einem privaten Hausverbot durch einen Kunden des Arbeitgebers BAG, NZA 2017, 124 Rn. 20 ff.

89 *Preis* (Fn. 11), § 615 BGB Rn. 132; *Henssler* (Fn. 47), § 615 Rn. 108; *Richardi*, NJW 1987, 1231 (1235); *Richardi/Fischinger* (Fn. 69), § 615 BGB Rn. 239; a. A. *Ehmann*, NJW 1987, 401 (409 f.).

90 BAG, AP BGB § 615 Betriebsrisiko Nr. 35.

91 LAG Düsseldorf, Urt. v. 5.6.2003 – 11 Sa 1464/02.

92 RAG, ARS 23, 219 (223 ff.); BAG, AP BGB § 615 Betriebsrisiko Nr. 15 sowie zum Ganzen *Richardi/Fischinger* (Fn. 69), § 615 BGB Rn. 240.

eine Arbeitsleistung unmöglich machen. Für den Fall des Lockdowns ist m. E. auf das gesetzliche und/oder behördliche Verbot abzustellen. Die Zuweisung des entsprechenden Verbots ist bereits in anderen Fällen (vgl. oben) dem Arbeitgeber in der neutralen Sphäre zugewiesen worden. Das Risiko der Allgemeinheit, z. B. um eine Verbreitung eines Virus zu verhindern, einen Lockdown anzuordnen wird somit dem Arbeitgeber von der Rspr. auferlegt. Da die Virusverbreitung selbst nicht zur Unmöglichkeit führt, sondern wohl nur dazu, dass es unvernünftig ist, arbeiten zu lassen, ist folglich auf die staatliche Maßnahme abzustellen. Dies zeigt sich insbesondere dadurch, dass einige Branchen von dem Lockdown ausgenommen sind (z. B. die Medienanstalten, selbst solche, die keine/kaum Nachrichten anbieten, sondern nur reines Unterhaltungsfernsehen [z. B. Sky]).

Die Unterteilung in die Sphären erscheint hier insbesondere deshalb angezeigt, da dies für eine evtl. abweichende Vereinbarung relevant sein könnte. Weiter lässt sich überlegen, ob danach zu differenzieren ist, ob kurzfristige Schließung (wie etwa bei einem Smogalarm) oder monatelange Schließung vorliegen.[93]

VI. Dispositivität der Lohnzahlungspflichten

Aus dem zuvor untersuchten Ergebnissen ergibt sich, dass der Arbeitgeber oftmals zur Zahlung des Lohnes verpflichtet ist, wenn er den Arbeitnehmer nicht beschäftigen will oder nicht beschäftigen kann und dies entweder in Gründen der Person des Arbeitnehmers wurzelt und das Beschäftigungshindernis für eine verhältnismäßig kurze Zeit besteht (§ 616 BGB) oder der Arbeitgeber im Annahmeverzug (§ 615 S. 1 BGB) ist oder er das Betriebsrisiko (§ 615 S. 3 BGB) trägt.

Ferner hatten wir eingangs festgestellt, dass die Möglichkeit von Kurzarbeit nur dann besteht, wenn die Arbeitnehmer zustimmen. Ob und inwiefern eine antizipierte Einigung zwischen Arbeitgeber und Arbeitnehmer hierzu im Arbeitsvertrag möglich ist, ist zu untersuchen.

Für alle diese vier Konstellationen ist entscheidend, ob hier zwingendes Recht entgegensteht oder zumindest bei dispositivem Recht eine Unwirksamkeit aufgrund der §§ 307 ff. BGB oder § 138 BGB besteht.

1. Zwingendes Recht oder dispositives Recht

Hierfür ist zunächst zu untersuchen, ob die Regelungen, von denen abgewichen werden soll, zwingende oder dispositive Normen sind. Bei einem

[93] So etwa demnächst *Wank* (Fn. 64).

Verstoß gegen zwingendes Recht ergibt sich bereits eine Unwirksamkeit aus der zwingenden Norm selbst oder aus der Norm i. V. m. § 134 BGB. Die Unterscheidung zwischen zwingendem und dispositivem Recht kann schwierig sein. So kann sich der Charakter als zwingendes Recht aus der Norm selbst ergeben, indem die Norm sich für zwingend erklärt, andererseits kann sich der zwingende Charakter jedoch auch aus der Auslegung der Norm (i. d. R. aufgrund der Schutzzwecke) oder aus der Systematik heraus ergeben.

2. Differenzierung nach der Art der vertraglichen Abweichungsweise

Aufgrund der unterschiedlichen Kontrollmaßstäbe ist zwischen drei Formen der Abweichung von dispositivem Recht zu unterscheiden. Zum einen kann in einer individualvertraglichen Abrede, zum anderen kann in Allgemeinen Geschäftsbedingungen und zu guter Letzt kann durch vorformulierte Vertragsbedingungen, die jedoch nicht wiederholt verwendet werden sollen, vom dispositiven Recht abgewichen werden.

a) AGB (Maßstab §§ 305 ff. BGB)

Wenn der Arbeitgeber, was im Arbeitsrecht üblich sein wird, die Arbeitsbedingungen vorformuliert und für alle (oder zumindest die meisten seiner Arbeitnehmer) verwendet bzw. verwenden will, so kommt der Anwendungsbereich der §§ 305 ff. BGB, insbesondere § 307 Abs. 1 BGB, Betracht. Allerdings sind die Besonderheiten des Arbeitsrechts gemäß § 310 Abs. 4 S. 2 BGB zu berücksichtigen.

b) Vorformuliert ohne wiederholte Verwendungsabsicht (Maßstab § 310 Abs. 3 Nr. 2 i. V. m. §§ 305c Abs. 2 und die §§ 306 und 307 bis 309 BGB)

Die ganz h. M.[94] geht davon aus, dass es sich bei einem Arbeitnehmer um einen Verbraucher i. S. d. § 13 BGB und beim Arbeitgeber um einen Unternehmer i. S. d. § 14 BGB handelt und dass aufgrund dessen der Arbeitsvertrag ein Verbrauchervertrag i. S. d. § 310 Abs. 3 BGB ist. Auch hier kommt wieder § 307 Abs. 1 BGB Betracht, wobei auch hier § 310 Abs. 4 S. 2 BGB zu berücksichtigen ist.

c) Individualabrede (Maßstab § 138 BGB)

Sofern der Arbeitsvertrag von dispositivem Recht abweicht und eine Individualabrede im Sinne des § 305 Abs. 1 S. 3 BGB ist und auch nicht unter § 310 Abs. 3 Nr. 2 BGB fällt, so ist der Kontrollmaßstab der allgemeine Maßstab

---

[94] BVerfG, NZA 2007, 85; BAG, NZA 2005, 1111; *Preis* (Fn. 11), § 611a BGB Rn. 182.

der Sittenwidrigkeit gemäß § 138 Abs. 1 BGB. Im Vergleich zu den anderen beiden Maßstäben (§§ 305 ff. BGB und § 310 Abs. 3 Nr. 2 BGB i. V. m. §§ 305 ff. BGB) ist dies der für den Arbeitgeber mildeste Maßstab. Bei den jeweiligen Normen ist dann zu prüfen, ob in sittenwidriger Weise von dispositivem Recht abgewichen wird.

3. Arbeitsunfähigkeit infolge von Krankheit des Arbeitnehmers

Bei der Abweichung für die Regelung der Entgeltfortzahlungspflicht des Arbeitgebers gemäß § 3 EFZG ist durch § 12 EFZG ausdrücklich klargestellt, dass von diesem Gesetz nicht zu Ungunsten des Arbeitnehmers abgewichen werden kann. D. h., es handelt sich um einseitig zwingendes Recht. Aufgrund dessen wären Abweichungen gemäß § 134 BGB i. V. m. § 12 EFZG unwirksam.

4. Symptomlose Infektion des Arbeitnehmers

Im Fall der symptomlosen Infektion kommt ein Anspruch auf Lohnzahlung gemäß § 616 S. 1 BGB i. V. m. dem Arbeitsvertrag gemäß § 611a Abs. 2 BGB in Betracht, wenn man davon ausgeht, dass eine Quarantäne noch als verhältnismäßig lange Zeit anzusehen ist (streitig, siehe oben unter IV. 2. b) cc)).

Nach ganz h. M. ist § 616 S. 1 BGB dispositives Recht.[95] Dies wird aufgrund der systematischen Auslegung daraus gefolgert, dass § 619 BGB nur die Verpflichtungen nach den §§ 617, 618 BGB für nicht als im Voraus durch Vertrag aufhebbar oder beschränkbar erklärt. Als argumentum e contrario folgern Rechtsprechung[96] und Literatur[97], dass der dort nicht genannte § 616 BGB dispositiv sein müsse.

Dem ist im Ergebnis zuzustimmen. Zum einen ist aber ein Umkehrschluss nicht zwingend,[98] sondern zugleich eine Wertung, zum anderen erfasst § 619 BGB sowohl den Arbeitsvertrag gemäß § 611a BGB als auch den freien Dienstvertrag gemäß § 611 BGB, was die Frage eröffnet, ob der Gesetzgeber nur an den freien Dienstvertrag in Bezug auf den Umkehrschluss gedacht hat oder auch an den Arbeitsvertrag. Dies ist insbesondere fraglich, da der

---

[95] *Preis* (Fn. 11), § 616 BGB Rn. 13; *Bieder* (Fn. 55), § 616 BGB Rn. 47; *Joussen* (Fn. 14), § 616 BGB Rn. 6; *Baumgärtner* (Fn. 52), § 616 Rn. 4; *Mansel*, in: Jauernig (Fn. 73), § 616 BGB Rn. 18; *Henssler* (Fn. 47), § 616 Rn. 74.

[96] BAG, AP BGB § 616 Nr. 23; AP BGB § 611 Abhängigkeit Nr. 118.

[97] *Preis* (Fn. 11), § 616 BGB Rn. 13; *Bieder* (Fn. 55), § 616 BGB Rn. 47; *Joussen* (Fn. 14), § 616 BGB Rn. 6; *Baumgärtner* (Fn. 52), § 616 Rn. 4; *Mansel* (Fn. 94), § 616 BGB Rn. 18; *Henssler* (Fn. 47), § 616 Rn. 74.

[98] *Wank*, Juristische Methodenlehre, 2020, § 15 Rn. 107.

Gesetzgeber bei der Schaffung des BGB nicht an die Regelung des Arbeitsvertrages gedacht hat.[99]

Im Ergebnis muss jedoch eine Dispositivität angenommen werden, da anderenfalls die Subsidiarität der Normen des § 45 SGB V und auch des § 56 Abs. 1 IfSG sinnentleert werden, da diese jeweils voraussetzen, dass ein Verdienstausfall besteht, der normalerweise über § 616 BGB erfasst würde. Es ist nicht davon auszugehen, dass der Gesetzgeber Regelung erlassen will, die keine oder nur einen irrelevanten Anwendungsbereich hätten.

Mithin ist die Norm als dispositiv anzuerkennen.

Sofern man § 616 S. 1 BGB für tatbestandlich nicht einschlägig hält (unverhältnismäßig lange Zeit), so käme § 56 Abs. 1 IfSG zum Zuge. Diese Norm ist, da sie letztlich über die Erstattungsmöglichkeit des § 56 Abs. 5 IfSG den Staat trifft, wohl kaum den Arbeitsvertragsparteien zur Disposition zu stellen. Bei § 56 IfSG handelt es sich mithin um zwingendes Recht.

5. Infektionslose Unmöglichkeit der Leistung aus rechtlichen Gründen, in der Person des Arbeitnehmers

Auch bei der infektionslosen Unmöglichkeit der Leistung aus rechtlichen Gründen in der Person des Arbeitnehmers kommt wiederum nur § 616 S. 1 BGB als anspruchserhaltende Norm Betracht. Insofern kann auf das eben Ausgeführte verwiesen werden.

6. Möglichkeit der Leistung des Arbeitnehmers und Annahmeverzug des Arbeitgebers

Bei § 615 BGB geht die h. M. – ebenso wie bei § 616 BGB – mit der gleichen Argumentation von einer dispositiven Regelung aus.[100] Dies erscheint hier fraglich, da zumindest überlegt werden kann, ob zwischen § 615 S. 1 BGB (Annahmeverzug) und § 615 S. 3 BGB (Betriebsrisikolehre) ein Unterschied besteht, der es rechtfertigt, nur eine von beiden Regelungen als dispositiv anzuerkennen. Hierbei kann berücksichtigt werden, dass im Falle des Annahmeverzugs eine Risikozuweisung zulasten des Arbeitgebers eher anzunehmen sein könnte als im Falle der Betriebsrisikolehre. Denn im Fall des Betriebsrisikos ist die Risikosphäre dem Arbeitgeber zugewiesen, während im Fall des Annahmeverzugs jeder Grund unabhängig von der Sphäre, aus der er stammt, dem Arbeitgeber als Risiko zugewiesen ist. Dies geht darauf zurück, dass der Annahmeverzug kein Verschulden oder eine Zuweisung

---

[99] Vgl. *Maties* (Fn. 10) § 611a BGB Rn. 1921.
[100] *Baumgärtner* (Fn. 52), § 615 Rn. 4.

nach Sphären voraussetzt. Da jedoch nahezu einhellig[101] die Meinung besteht, dass § 615 S. 1 BGB dispositiv ist, soll dies hier zugrunde gelegt werden. Eine Ausnahme besteht für den Bereich der Leiharbeit, denn § 11 Abs. 4 S. 2 AÜG, BGBl. 1995 I, 158, zuletzt geändert durch BGBl. 2017 I, 258, ordnet hier die zwingende Geltung des § 615 BGB an.

7. Unmöglichkeit der Leistung des Arbeitnehmers und Betriebsrisiko des Arbeitgebers

Gleiches gilt nach h. M. auch für § 615 S. 3 BGB. Wenn man bedenkt, dass der Fall des Annahmeverzugs nach § 615 S. 1 BGB nach h. M. dispositiv ist,[102] dann muss dies erst recht für den Fall des Betriebsrisikos gelten.

8. Antizipierte Einigung über die Anordnung von Kurzarbeit durch den Arbeitgeber

Bei einer Vereinbarung darüber, von der vertraglich grundsätzlich geschuldeten Arbeitsleistung einseitig in den Fällen der Voraussetzungen von Kurzarbeit abzuweichen, wird von keiner konkreten Norm des BGB abgewichen, sondern allenfalls von dem Grundsatz des pacta sunt servanda. Als Normen, von den abgewichen wird, können also allenfalls die Verträge (hier § 611a BGB) verstanden werden. Aufgrund dessen liegt jedenfalls kein zwingendes Recht vor.[103]

VII. Inhaltskontrolle bei der Abweichung von dispositivem Recht

1. Krankheitslose vorübergehende Verhinderung der Leistung des Arbeitnehmers aus Gründen in seiner Person (Abweichung von § 616 S. 1 BGB)

Die Inhaltskontrolle von Klauseln, die eine Abbedingung des § 616 S. 1 BGB erreichen sollen, muss zweigeteilt werden. In der Praxis ist es so, dass oftmals Abweichungen von § 616 BGB in Tarifverträgen vereinbart sind. Sollte der Arbeitgeber auf einen solchen Tarifvertrag (in Gänze) Bezug nehmen, so findet keine Inhaltskontrolle statt;[104] dies ermöglicht in Tarifverträgen einen

---

[101] BAG, AP § 615 Nr. 24; *Preis* (Fn. 11), § 615 BGB Rn. 129; *Joussen*, (Fn. 14), § 615 BGB Rn. 9; BAG, NJW 1964, 1243; *Henssler* (Fn. 47), § 615 Rn. 130.

[102] *Linck*, in: Schaub (Fn. 28), Rn. 4.

[103] I. E. auch *Müller/Deeg*, ArbRAktuell 2010, 209 ff.; *Geulen/Vogt*, ArbRAktuell 2020, 181 (182).

[104] *Koch*, in: Schaub/Koch (Fn. 70), II. Inhaltskontrolle des in Bezug genommenen Tarifrechts.

„sehr weiten Gestaltungsspielraum"[105], der selbst die vollständige Abbedingung des § 616 S. 1 BGB ermöglicht.[106] Dies haben jedoch oftmals kleinere Unternehmer nicht bedacht und nicht in ihre Arbeitsverträge einbezogen. Dies führt dazu, dass große, tarifgebundene oder Teile finanzkräftiger Arbeitgeber in den Genuss dessen kommen, dass nicht sie, sondern der Staat (§ 56 IfSG) wird zahlen müssen.[107]

Zielt die Klausel dagegen auf eine Abbedingung des § 616 BGB ab, so findet eine Inhaltskontrolle ganz normal nach § 307 BGB statt.[108] Aufgrund der Verbrauchereigenschaft des Arbeitnehmers ist man faktisch auch immer (notfalls über § 310 Abs. 2 BGB) in der Anwendbarkeit des § 307 BGB.[109] Wegen der AGB-Kontrolle sind die Grenzen in der Arbeitsvertragsgestaltung enger, was allerdings streitig ist.[110] Anders als im Tarifvertrag wird hier eine vollständige Abweichung von § 616 S. 1 BGB in der Literatur z. T. abgelehnt, die Rspr. ist bisher nicht aussagekräftig.[111] In der Literatur gibt es zahlreiche Stimmen, die eine vollständige Abweichung zulassen.[112] Z. T. wird aber angenommen es läge ein Verstoß gegen § 307 Abs. 2 Nr. 1 BGB vor,[113] z. T. wird ein Verstoß gegen § 307 Abs. 1 S. 1 BGB angenommen,[114] wenn nicht besondere Verhältnisse des in Rede stehenden Betriebs oder Wirtschaftszweigs die vollständige Abweichung rechtfertigen.[115] Berechtigt wird eine vollständige Abbedingungsmöglichkeit vertreten, wenn zumindest eine Kompensation in adäquater Form gewährt ist.[116] Wegen der Existenz der Sonderregelungen des EFZG und der Möglichkeit der Kompensation des Wegfalls von § 616 S. 1 BGB durch (im Vergleich zum im § 3 Abs. 1 BUrlG)

---

[105] *Bieder* (Fn. 55), § 616 BGB Rn. 48.

[106] BAG, AP BGB § 616 Nr. 89; AP BGB § 616 Nr. 58; *Baumgärtner* (Fn. 52), § 616 Rn. 4; *Belling/Riesenhuber*, in: Erman (Fn. 69), § 616 BGB Rn. 15; *Kraft* (Fn. 84), § 616 BGB Rn. 7; *Bieder* (Fn. 55), § 616 BGB Rn. 48.

[107] *Eufinger*, DB 2020, 1121 (1123).

[108] *Preis* (Fn. 11), § 616 BGB Rn. 13; *Klocke*, RdA 2020, 331 (336) mit Verweis auf BGH, NJW 2014, 1168 (1170).

[109] Präzise *Bieder* (Fn. 55), § 616 BGB Rn. 50.

[110] Vgl. mit aktueller Übersicht *Schwarz*, NZA-RR 2021, 1 ff.

[111] Offengelassen (aber vor der AGB-Kontrolle nach der Schuldrechtsreform) BAG, NJW 1980, 903.

[112] *Joussen* (Fn. 14), § 616 BGB Rn. 7; *Henssler* (Fn. 47), § 616 Rn. 75; *Oetker*, in: Staudinger, Neubearb. 2019, § 616 BGB Rn. 152; *Linck* (Fn. 101), § 97 Rn. 23.

[113] Vgl. bereits *Gotthardt*, Arbeitsrecht nach der Schuldrechtsreform, 2. Aufl. 2003, Rn. 321.

[114] *Henssler* (Fn. 47), § 616 Rn. 75.

[115] Bereits sehr früh *Nikisch*, Arbeitsrecht, Bd. I: Allgemeine Lehren und Arbeitsvertragsrecht, 3. Aufl. 1961, 622 Rn. 71; ferner *Preis* (Fn. 11), §§ 305–310 BGB Rn. 82; *Belling/Riesenhuber* (Fn. 105), § 616 BGB Rn. 16; zurückhaltender *Krause* (Fn. 67), § 616 BGB Rn. 50: Rechtfertigung durch besondere betriebliche Gründe möglich; zum Ganzen auch *Sibben*, DB 2003, 826 (827).

[116] Zu Recht *Bieder* (Fn. 55), § 616 BGB Rn. 51.

gewährten übergesetzlichen Urlaub sollte, wenn Mehrurlaub gewährt wird, die vollständige Abbedingung m. E. verhältnismäßig sein, da sie auch „nur" den gesetzlichen Grundsatz des „kein Lohn ohne Arbeit" wiederherstellt unter Gewährung von bezahltem Zusatzurlaub.[117]

2. *Möglichkeit der Leistung des Arbeitnehmers und Annahmeverzug des Arbeitgebers (Abweichung von § 615 S. 1 BGB)*

§ 615 S. 1 BGB ist dispositiv, da bei seiner Einführung keine Änderung der Grundsätze der Betriebsrisikolehre beabsichtigt gewesen ist.[118] Nach h. M. sind Abweichungen durch individual- und kollektivrechtliche Vereinbarungen möglich.[119]

Die Abweichung muss aber unmissverständlich formuliert sein.[120] Sie darf nicht unbillig sein bzw. die Wertung des Risikos, die Arbeitsleistung nicht annehmen zu können, aushebeln.[121] Insbesondere darf die Wirkung der Verteilung des Risikos nicht in ihr Gegenteil verkehrt werden.[122] Ferner dürfen Kündigungsschutzvorschriften durch Abbedingung nicht umgangen werden.[123] Die §§ 305 ff. BGB (v. a. § 307 Abs. 2 Nr. 1 BGB) stehen einer grundlosen/pauschalen Abbedingung von § 615 S. 1 BGB entgegen.[124]

Wann ein Ausschluss jedoch einmal wirksam vereinbart sein soll, ist nach Analyse der Rspr. ungewiss. So ist „nur" sicher, dass eine Klausel, dass eine „Vergütung nur für geleistete Arbeit gezahlt wird", nicht als Verzicht auf die Ansprüche gem. § 615 BGB verstanden werden kann (§ 305c Abs. 2 BGB), und, dass ein Anspruchsausschluss nach § 307 Abs. 1 S. 1 BGB unwirksam ist, wenn die Arbeitspflicht fortbesteht und der Arbeitnehmer grundsätz-

---

[117] Überzeugend auch *Bieder* (Fn. 55), § 616 BGB Rn. 51.

[118] BAG, AP BGB § 615 Betriebsrisiko Nr. 5; Nr. 14; Nr. 15; Nr. 16; Nr. 29; AP BGB § 615 Nr. 123; *Preis* (Fn. 11), § 615 BGB Rn. 8, 129; *Weidenkaff* (Fn. 80), § 615 BGB Rn. 6; lediglich tarifdispositives Recht: *Eisemann*, BB 1979, 218 (222); *Kalb*, Rechtsgrundlage und Reichweite der Betriebsrisikolehre, 1977, 148 ff.; *Lieb*, in: FS 25 Jahre BAG, 1979, 324 (327); *Löwisch*, in: FS für Herbert Wiedemann, 2002, 311 (331).

[119] *Henssler* (Fn. 47), § 615 Rn. 10; BAG, AP BGB § 615 Betriebsrisiko Nr. 5; Nr. 16; *Belling/Riesenhuber* (Fn. 105), § 615 BGB Rn. 4; *Preis* (Fn. 11), § 615 BGB Rn. 8.

[120] BAG, AP TVG § 1 Tarifverträge: Bau Nr. 311; *Preis* (Fn. 11), § 615 BGB Rn. 8; *Kraft* (Fn. 84), § 615 BGB Rn. 8; *Richardi/Fischinger* (Fn. 69), 615 BGB Rn. 13; *Henssler* (Fn. 47), § 615 Rn. 10.

[121] *Henssler* (Fn. 47), § 615 Rn. 11; *Preis* (Fn. 11), § 615 BGB Rn. 8; *Joussen* (Fn. 14), § 615 BGB Rn. 10.

[122] AG Nürnberg, NZA-RR 2006, 511 (512); *Matthes*, in: Schliemann (Hrsg.), ArbR-BGB, 2. Aufl. 2002, § 615 BGB Rn. 102; *Preis* (Fn. 11), § 615 BGB Rn. 8; *Krause* (Fn. 67) § 615 BGB Rn. 107; *Richardi/Fischinger* (Fn. 69), § 615 BGB Rn. 11; *Joussen* (Fn. 14), § 615 BGB Rn. 10; *Riesenhuber* (Fn. 69), § 615 BGB Rn. 4.

[123] LAG Nürnberg, NZA-RR 2006, 511 (512); *Henssler* (Fn. 47), § 615 Rn. 11; *Preis* (Fn. 11), § 615 BGB Rn. 8.

[124] *Henssler*, (Fn. 47) § 615 Rn. 10, 11; *Preis* (Fn. 11), BGB § 615 Rn. 8.

lich jederzeit mit einem Abruf rechnen muss.[125] Bei Formularverträgen (und auch über § 310 Abs. 3 BGB bei Verbraucherverträgen) sind die §§ 305 ff. BGB, insbesondere der § 307 Abs. 2 Nr. 1 BGB, zu beachten,[126] diese Erkenntnis hilft dem Arbeitgeber bei der Vertragsgestaltung nicht. Auch die Aussage, dass eine pauschale Abbedingung des § 615 S. 1 BGB nicht möglich ist und es vielmehr einer Interessenabwägung bedarf,[127] ist zwar richtig, aber für die Arbeitgeber wenig hilfreich. Es bleibt zu fragen, was erfasst werden kann. Schaut man sich die Möglichkeiten des Arbeitgebers an, so bleibt auch hier eigentlich nur die Option, auf einen Tarifvertrag zu verweisen, der wirksam eine Anwendung des § 615 BGB ausschließt, da der Tarifvertrag nicht der Inhaltskontrolle unterliegt (§ 310 Abs. 4 S. 1 BGB). Daher ist zu fragen, ob die Norm des § 615 S. 1 BGB nicht in Wirklichkeit nur als tarifdispositiv angesehen werden sollte. Das Argument aus dem Umkehrschluss zu § 619 BGB überzeugt nicht. Es wird verkannt, dass die Norm eingeführt wurde, als noch nicht zwischen Dienst- und Arbeitsvertrag unterschieden wurde. Die Dispositivität ist m. E. auch hier „nur" für den freien Dienstvertrag i. S. d. § 611 BGB passend, nicht hingegen für den Arbeitsvertrag gem. § 611a BGB.[128] Ähnlich kritisch sieht auch Preis[129] dies, der wegen des hohen Gerechtigkeitsgehalts des § 615 BGB Bedenken gegen die Zulässigkeit einer formularmäßigen Abbedingung äußert, aber vergisst, dass Gleiches dann auch immer über § 310 Abs. 3 Nr. 2 BGB für jeden vorformulierten Arbeitsvertrag gilt.[130] Auffällig ist, dass scheinbar keiner der gängigen Arbeitsrechtskommentare eine Formulierung oder ein Beispiel für eine Klausel enthält, die als wirksam angesehen wird.

Dieses Ergebnis deckt sich auch mit der Kontrollüberlegung, dass es nach richtiger Auffassung Wesensmerkmal des Arbeitsvertrags ist, dass der Arbeitgeber das Wirtschaftsrisiko trägt. Zwar hat sich das Kriterium der wirtschaftlichen Abhängigkeit nicht als Tatbestandsmerkmal des Arbeitsvertrags durchgesetzt,[131] aber hier zeigt es sich auf der Kehrseite (den Rechtsfolgen des Arbeitsvertrags).

---

125 BAG, AP BGB § 615 Nr. 123.

126 BAG, AP TzBfG § 12 Nr. 4; LAG Nürnberg, NZA-RR 2006, 511 (512); *Preis* (Fn. 11), § 615 BGB Rn. 8; *Richardi/Fischinger* (Fn. 69), § 615 BGB Rn. 11; *Henssler* (Fn. 47), § 615 Rn. 11.

127 BAG, AP BUrlG § 7 Betriebsferien Nr. 3.

128 Ähnlich krit. auch *Wank* (Fn. 64).

129 *Preis* (Fn. 11), § 615 BGB Rn. 8.

130 So richtig auch *Bieder* (Fn. 55), § 615 BGB Rn. 136.

131 Vgl. dazu *Maties* (Fn. 10), § 611a BGB Rn. 116; umfassend auch monographisch *Wank*, Arbeitnehmer und Selbständige, 1985.

3. Unmöglichkeit der Leistung des Arbeitnehmers und Betriebsrisiko des Arbeitgebers (Abweichung von § 615 S. 3 BGB)

Paradoxerweise wird in der Literatur nicht zwischen den Anforderungen an die Abdingbarkeit von § 615 S. 1 und S. 3 BGB unterschieden. Dies erscheint jedoch zumindest denkbar. Denn anders als beim Annahmeverzug (den der Arbeitgeber ggf. willkürlich herbeiführen kann), ist bei § 615 S. 3 BGB die Arbeitsleistung unmöglich. Dies könnte einen Unterschied im Rahmen der Abwägung des § 307 Abs. 1 BGB ausmachen. Dies kommt m. E. auch in § 11 Abs. 4 S. 2 AÜG zum Ausdruck, der „nur“ § 615 S. 1 BGB zum zwingenden Recht in der Leiharbeit macht. Nichtsdestotrotz geht die h. M. wohl von einem Parallellauf der beiden Sätze in der AGB-Kontrolle aus.

4. Kurzarbeitsklauseln (Abweichung vom pacta sunt servanda)

Zur Einführung von Kurzarbeit bieten sich zwei Klauselgestaltungen an. Zum einen kann für einen konkreten Zeitraum Kurzarbeit in einer Abrede nach Vertragsschluss (z. Zt. des erheblichen Arbeitsausfalls i. S. d. § 95 SGB III) vereinbart werden. Hier ist die Kurzarbeit selbst Gegenstand der Abrede. In der Praxis wohl häufiger anzutreffen ist eine Klausel, die dem Arbeitgeber die Option einräumt, einseitig Kurzarbeit anzuordnen. Diese Kurzarbeitsklausel wird normalerweise bereits in den Arbeitsvertrag aufgenommen.[132] Z. T. wird vertreten, dass eine entsprechende Klausel nicht einfach auf die gesetzlichen Voraussetzungen der §§ 95 ff. SGB III übertragen werden darf, da dies den §§ 307 Abs. 1 BGB und § 308 Nr. 4 BGB[133] nicht gerecht würde.[134] Dem ist jedoch entgegenzuhalten, dass es fraglich ist, an den Arbeitgeber strengere Anforderungen bzgl. des sachlichen Grundes zu stellen als an den Gesetzgeber.[135] Zuzugeben ist allerdings, dass dem Arbeitgeber zwar nicht hinsichtlich des „Ob“, wohl aber hinsichtlich des „Wann“ ggf. Vorgaben gemacht werden könnten. Insofern kann es zum Schutze der Arbeitnehmer unter Transparenzgesichtspunkten zumutbar sein, dass er eine Ankündigungsfrist in der Klausel nennen muss, die dem Arbeitnehmer einen Vorlauf gibt, sich darauf einzustellen.[136] Zwar ist der Maßstab bei Betriebs-

[132] *Klocke*, RdA 2020, 331.

[133] Krit. zur Anwendbarkeit des § 308 Nr. 4 BGB *Klocke*, RdA 2020, 331 (335 ff.).

[134] Vgl. dazu umfassend *Klocke*, RdA 2020, 331 ff.; gegen die alleinige Ankoppelung an die §§ 95 ff. SGB III auch *Bieback*, in: Gagel, 80. EL Dezember 2020, SGB III § 95 Rn. 136, der zumindest eine zusätzliche Ankündigungsfrist fordert.

[135] *Heinze*, RdA 1998, 14 vertrat sogar, dass die Voraussetzungen für Kurzarbeitergeld Indiz für die Zulässigkeit der Einführung von Kurzarbeit ist.

[136] Im Ergebnis zustimmend, dass ggf. eine angemessene Frist zu setzen ist, aber eine AGB-Kontrolle ablehnend *Klocke*, RdA 2020, 331 (339). Nach a. A. ist in den AGB einer Ankündigungsfrist sogar zwingend, *Zieglmeier/Rittweger*, NZA 2020, 685 (686); LAG Berlin-Brandenburg NZA-RR 2011, 65.

vereinbarungen ein anderer als bei der AGB-Kontrolle, aber übertrüge man den Maßstab, so müsste der Arbeitgeber zumindest Beginn und Dauer sowie Lage und Verteilung der Arbeitszeit erkennen lassen.[137] Diese Übertragung verkennt jedoch, dass eine Vertragsgestaltung bei Vertragsschluss noch nicht die konkrete Pandemie vor Augen haben kann, eine reaktive Betriebsvereinbarung hingegen schon. Daher ist zur Länge der Kurzarbeit und zu deren Umfang nichts vorhersehbar und in AGB konkretisierbar. Diese Flexibilität muss dem Arbeitgeber erhalten bleiben. Im Ergebnis wird man annehmen können, dass zumindest Klauseln, die hinreichend konkret angeben, wann Kurzarbeit angeordnet werden kann, und in denen eine konkrete Vorlaufzeit der Ankündigung vorgesehen ist,[138] als wirksam angesehen werden können. Dies gilt jedoch m. E. nur dann, wenn die Anordnungsmöglichkeit davon abhängig gemacht wird, dass die Arbeitnehmer Kurzarbeitergeld nach den §§ 95 SGB III beziehen können.[139] Denn in diesen Fällen ist in die Interessenabwägung einzustellen, dass der Arbeitnehmer nicht schutzlos gestellt ist, sondern staatliche Leistungen beziehen kann.[140]

VIII. Fazit

„Das Glück bevorzugt den, der vorbereitet ist.“[141] Dieser von einem Mikrobiologen stammende Satz ist gerade in einer Pandemie für den Arbeitsrechtler ein Fingerzeig. Das Auftreten einer Pandemie ist etwas, was im Vorfeld nicht vorhersehbar ist. Dass eine Pandemie aber zu rechtlichen und als Folge dessen auch zu wirtschaftlichen Schwierigkeiten führen kann, ist offenkundig. Von den wichtigen vier Normen der Entgeltzahlungspflicht ohne Erhalt einer Arbeitsleistung (§ 3 EFZG, § 615 S. 1 und S. 3 und § 616 S. 1 BGB) kann der Arbeitgeber allerdings nur z. T. abweichen und das auch nur in Grenzen, um sein Risiko zu verringern.

Da § 3 EFZG zwingendes Recht ist, ist eine Abweichung hiervon gar nicht möglich. Allerdings kann sich der Arbeitgeber bereits im Arbeitsvertrag vorbehalten, dass er einseitig Kurzarbeit einführt, die dann gem. §§ 95 ff. SGB III wirtschaftlich vom Staat zugunsten der Arbeitnehmer abgefedert

---

[137] BAG, AP BGB § 615 Nr. 14.

[138] Ebenso *Bieback*, in: Gagel, 80. EL Dezember 2020, § 95 SGB III Rn. 136.

[139] I. E. auch *Klocke*, RdA 2020, 331 (336 f.); als Forderung im Rahmen der Kontrolle des § 307 BGB auch *Klumpp*, in: Clemenz/Kreft/Krause (Hrsg.), AGB-Arbeitsrecht, 2. Aufl. 2019, § 307 BGB Rn. 107.

[140] In diese Richtung gehend auch ein Musterentwurf von *Müller/Deeg*, ArbRAktuell 2010, 209, der jedoch die Ankündigungsfrist nicht enthält.

[141] Dieses Zitat wird u. a. *Louis Pasteur* (französischer Chemiker und Mikrobiologe, geb. 27. Dezember 1822, gestorben 28. September 1895) zugeschrieben.

wird. Hierbei muss er aber nach richtiger Auffassung bei der Formulierung der Klausel vorausschauend und transparent zugleich agieren.

Bei der Abweichung von § 615 BGB steht der Arbeitgeber vor einer fast unlösbaren Aufgabe. Zwar werden beide Normen mit den zwei Fällen (§ 615 S. 1 und S. 3 BGB) für dispositiv gehalten (argumentum e contrario zu § 619 BGB), jedoch sind die Voraussetzungen für eine ordnungsgemäße Klausel mehr als nur schwierig. Es erscheint so, als wolle man durch die unsichere Rechtslage dem Arbeitgeber die Möglichkeit der Abweichung von den Normen eigentlich nicht wirklich gestatten. Natürlich ist zuzugeben, dass die Arbeitnehmer in den Fällen, die durch § 615 S. 1, 3 BGB erfasst werden, kaum eine Möglichkeit haben, sich abzusichern. Das wirtschaftliche Risiko hier würde die Arbeitnehmer wohl erdrücken. Für § 615 S. 1 BGB und wohl auch § 615 S. 3 BGB ist dies m. E. auch interessengerecht, da es sich entgegen der h. M. nicht um vertraglich dispositives Recht handelt.

Anders steht es bei § 616 BGB, der wirklich dispositiv ist und der in einem Gesamtrechtssystem steht, das eine Dispositivität voraussetzt (§ 45 SGB III und § 56 IfSG gehen davon aus, ohne dies zu erklären[142]). Allerdings ist die Sinnhaftigkeit der Nachrangigkeit der beiden Normen gegenüber § 616 BGB m. E. sehr fraglich. Es wäre de lege ferenda zu überlegen, dies zu ändern und Risiken der Allgemeinheit auch bei dieser direkt zu belassen. Es ist also zu überlegen, ob genau wie bei § 45 SGB III eine Auffangvariante durch den Staat in § 56 IfSG besteht. Sollte man dies annehmen, so ließe sich überlegen, ob man dieses Risiko tatsächlich vom Arbeitgeber abwälzen lassen kann. Lässt man dies zu, so würden die Risiken in der Pandemie, die eigentlich in einer neutralen Sphäre liegen, durch den Staat aufgefangen. Ob dies wirtschaftlich und politisch machbar ist, bleibt zu überlegen. Zum anderen lässt sich aber auch überlegen, ob es wirtschaftlich und politisch sinnvoll erscheint, wenn nach einer Pandemie viele Arbeitgeber in Insolvenz gehen und auf diese Weise viele Arbeitnehmer ebenfalls keinen Arbeitsplatz mehr haben werden.

In einer systematischen Gesamtschau lässt sich jedoch sagen, dass, solange die Kurzarbeit und das Kurzarbeitergeld diese Funktion genauso übernehmen, es dabei bleiben kann, dass die Risiken nicht abgewälzt werden. Letztlich ist es dann aber das sozialrechtliche Institut des Kurzarbeitergeldes, das dafür sorgt, dass Arbeitnehmer monatlich Geld bekommen und Arbeitgeber nicht in die Insolvenz geführt werden.

Einem rechtlich gut beratenen Arbeitgeber ist mithin zu empfehlen, dass er Kurzarbeitsklauseln bereits bei Abschluss des Vertrags in den Arbeitsvertrag einbezieht und zugleich versucht, die Geltung von §§ 615 und 616 BGB weitestgehend auszuschließen. Das größte Risiko, das dem Arbeitge-

---

[142] Krit. allerdings *Joussen* (Fn. 14), § 616 BGB Rn. 8.

ber dann anheimfällt, ist, dass eine Klausel (vorsichtshalber beide Aspekte in zwei Klauseln splitten) gemäß § 307 Abs. 1 BGB für unwirksam erklärt wird. Das Unwirksamkeitsrisiko ist bei § 615 BGB allerdings ungleich höher (ich halte es für ausgeschlossen, dass das BAG die Abwälzung dieses Risikos auf den Arbeitnehmer zulässt).

Anders steht es um die Klauselkontrolle des § 616 BGB. Hier wälzt der Arbeitgeber – im Rahmen des Möglichen – die Entgeltfortzahlung bei persönlichen Verhinderungsgründen auf den Arbeitnehmer ab (was wohl aufgrund des Meinungsbildes in der Literatur möglich sein müsste). Dies ist insbesondere bei Erkrankung von Kindern (mit Blick auf § 45 SGB III) wichtig oder auch für die Kinderbetreuung in einem Lockdown.

Die Europäisierung des Patentrechts

Lena Maute

I. Vorbemerkung – Von Worten zu Werken ein weiter Weg[1]

Die Bestrebungen, einen einheitlichen europäischen Patentschutz mit dazugehöriger Gerichtsbarkeit zu schaffen, sind älter als die Juristische Fakultät der Universität Augsburg. Als diese im Jahr 1971 gegründet wurde, stand der Abschluss des Europäischen Patentübereinkommens (EPÜ) kurz bevor, welches einen Meilenstein in der Europäisierung des Patentrechts markierte.

Heute ist das Patentrecht, wie das gesamte Recht des Geistigen Eigentums, fester Bestandteil in Forschung und Lehre der Fakultät. Im Schwerpunktbereich VIII „Geistiges Eigentum und Wettbewerbsrecht" belegen Studierende vielfältige Vorlesungen, u. a. zum Patentrecht, zum Markenrecht, zum Medienrecht, zum Urheber- und Verlagsrecht, zum Lizenzvertragsrecht und zum Wettbewerbsrecht. Ergänzt wird das Vorlesungsangebot durch Kurse im international ausgerichteten „Augsburg Summer Program" der Fakultät, beispielsweise mit Vorlesungen zum „International, US and European Intellectual Property Law". Außerdem ist die Fakultät Gründungspartner des Munich Intellectual Property Law Center (MIPLC), das sie im Jahr 2003 zusammen mit dem Max-Planck-Institut für Geistiges Eigentum, Wettbewerbs- und Steuerrecht, der Technischen Universität München und der George Washington University Law School (Washington, D.C.) ins Leben rief.

Während die Juristische Fakultät der Universität Augsburg in den vergangenen 50 Jahren gewachsen ist, sich weiterentwickelt hat und heute auf eine glanzvolle Geschichte zurückblicken kann, die Anlass zum Feiern gibt, war die Entwicklung der Europäisierung des Patentrechts seit Inkrafttreten des EPÜ die Geschichte eines langen steinigen Wegs.

---

[1] *Simrock*, Die deutschen Sprichwörter, 1846, Nr. 11848.

II. Harmonisierung und Schaffung eines gemeinsamen Patents in Europa

Um die Frage, ob Patentschutz sinnvoll oder gar schädlich ist, herrscht seit langem Streit. Während Zentrum der Antipatentbewegung Mitte des 19. Jahrhunderts noch England und Deutschland waren,[2] sind es heute vor allem Schwellenländer wie etwa Südafrika, die sich gegen die exklusive Zuordnung des geistigen Eigentums an Erfindungen wehren. Fakt ist jedoch, dass der Patentschutz heutzutage auf allen Ebenen fest in unserer Rechts- und Wirtschaftsordnung verankert ist – vom TRIPs-Übereinkommen auf Ebene der WTO, über das Europäische Patentübereinkommen hin zum deutschen Patentgesetz. Dabei verhält sich das Patentrecht in unserer Wirtschaftsordnung durchaus janusköpfig: Einerseits ist das Patentrecht Innovationstreiber. Andererseits beschränkt es den freien Wettbewerb und bewirkt Handelshemmnisse im Binnenmarkt.

Innovation ist einer der wichtigsten Faktoren für wirtschaftliches Wachstum und Wohlstand in unserer Gesellschaft. Technischer Fortschritt im Bereich der Digitalisierung und Vernetzung, bei Arzneimitteln und in der Medizintechnik sowie die Entwicklung ressourcenschonender Produktionsverfahren kommen der Gesellschaft im Ganzen zugute und liegen daher im Allgemeininteresse. Unternehmen wie auch Forschungseinrichtungen, die mit zum Teil hohem Aufwand in Forschung und Entwicklung investieren, müssen die Möglichkeit haben, ihre Investitionen zu amortisieren. Ein angemessener und wirksamer Schutz durch Patente vermag daher Investitionen zu fördern und Impulse für Innovation zu setzen. Gleichzeitig bewegt er Unternehmen dazu, ihre Erfindungen der Öffentlichkeit zugänglich zu machen und so den Stand der Technik zu bereichern, statt sie geheim zu halten.[3] Um dies zu erreichen, wird die zeitweise Einschränkung des Imitationswettbewerbs hingenommen. Das ist dem Patentschutz immanent.

Problematischer ist, dass Patente bislang stets nationale Schutzrechte sind, deren Wirkung sich auf das Hoheitsgebiet des Schutzlandes beschränkt. Der Konflikt zwischen der Ubiquität des Immaterialguts und der Territorialität seines rechtlichen Schutzes ist charakteristisch für alles Geistige Eigentum. Gegenstand des Patents ist die Erfindung, § 1 Abs. 1 PatG, Art. 52 Abs. 1 EPÜ. Diese kann jederzeit überall von jedermann benutzt werden, ohne dass sich die verschiedenen Nutzer gegenseitig behindern oder eine Abnutzung an der Substanz der Erfindung eintritt. Während der Eigentümer einer beweglichen Sache diese zugriffssicher verwahren und der Eigentümer eines

---

[2] *Machlup*, GRUR Ausl 1961, 373 (374 ff.); *Ann*, GRUR Int. 2004, 597 (601).

[3] Zu den sog. Patentrechtstheorien *Kraßer/Ann*, Patentrecht, 7. Aufl. 2016, § 3 Rn. 7 ff.; *Osterrieth*, Patentrecht, 5. Aufl. 2015, Rn. 14 ff.

Grundstücks dieses mit einem Zaun sichern kann, kann der Erfinder keine tatsächlichen Vorkehrungen treffen, die eine unbefugte Nutzung der Erfindung wirksam verhindern könnten. Umso wichtiger ist daher der rechtliche Schutz durch Ausschließlichkeitsrechte. Dieser ist jedoch stets räumlich beschränkt auf das Hoheitsgebiet des Staates, der diesen Schutz verleiht. Das wiederum führt zu einer Fragmentierung des Binnenmarkts, die den grenzüberschreitenden Handel hemmt. Wegen dieses Konflikts zwischen Ubiquität des Schutzgegenstands und Territorialität des Schutzes hat das Patentrecht stets eine internationale Dimension, die eine Harmonisierung der nationalen Rechte im Hinblick auf Schutzvoraussetzungen, Erteilung, Durchsetzung und in letzter Konsequenz die Schaffung eines einheitlichen Schutzrechts auf internationaler Ebene und einer gemeinsamen Patentgerichtsbarkeit erfordert.

In der Vergangenheit wurden vielfältige Bestrebungen zur Harmonisierung und Europäisierung des Patentrechts unternommen. Bislang konnten aber lediglich Vorhaben zur Harmonisierung des nationalen Rechts umgesetzt werden, die zwar Unterschiede abgebaut haben, aber nichts an der Koexistenz verschiedener nationaler Schutzrechte in den einzelnen Mitgliedstaaten zu ändern vermochten. Das langfristige Ziel bleibt bis heute unerreicht: die Schaffung eines gemeinsamen Patents für alle Mitgliedstaaten der Europäischen Union.

III. Europäisches Patent

Ein erster Versuch zur Schaffung eines einheitlichen europäischen Patents für die EWG mitsamt eines gemeinsamen Europäischen Patentgerichts im Jahr 1962 scheiterte.[4] In der Folge wurde das Projekt der Europäisierung des Patentrechts zweigleisig verfolgt: Zunächst sollte nur die Erteilung nationaler Patente zentralisiert werden, während die Vision eines gemeinsamen Patents für den gesamten Gemeinsamen Markt noch nicht aufgegeben wurde. Tatsächlich kam aber nur das Übereinkommen über die Erteilung zustande.

Die Gründung der Juristischen Fakultät fiel in die Phase der Entstehung des Europäischen Patentübereinkommens (EPÜ).[5] 1970 war ein Vorentwurf vorgelegt worden, die endgültige Fassung des Entwurfs wurde 1972 beschlossen. Im Jahr 1973 fand die diplomatische Konferenz in München statt

---

[4] Vorentwurf eines Abkommens über ein europäisches Patentrecht, ausgearbeitet von der Arbeitsgruppe „Patente" der Mitgliedstaaten der Europäischen Wirtschaftsgemeinschaft, veröffentlicht auf Grund von Beschlüssen des von den Mitgliedstaaten und der EWG-Kommission eingesetzten Koordinierungsausschusses auf dem Gebiet des gewerblichen Rechtsschutzes und der zuständigen Staatssekretäre im November 1962, GRUR Ausl 1962, 561.

[5] Übereinkommen über die Erteilung europäischer Patente vom 5.10.1973, BGBl. 1976 II, 826.

und das EPÜ wurde unterzeichnet. Schließlich ist das EPÜ im Jahr 1977 in Kraft getreten.

Das EPÜ ist ein völkerrechtlicher Vertrag und wurde nicht Teil des Gemeinschaftsrechts. Aktuell gibt es insgesamt 38 Vertragsstaaten. Zu diesen gehören alle Mitgliedstaaten der EU sowie elf Drittstaaten.[6] Daneben ist die Erstreckung des Schutzes auf derzeit zwei sog. Erstreckungsstaaten möglich,[7] weitere Staaten sind als Validierungsstaaten angeschlossen.[8]

Mit dem EPÜ wurde die Europäische Patentorganisation (EPO) gegründet. Diese ist eine zwischenstaatliche Einrichtung, deren Organe der Verwaltungsrat und das Europäische Patentamt (EPA) sind. Das EPA ist für die Erteilung Europäischer Patente zuständig. Die Vertragsstaaten haben dazu ihre Hoheitsrechte betreffend die Patenterteilung auf die EPO übertragen. Mithin steht die Erteilung durch das EPA der Erteilung durch eine nationale Behörde gleich. Jedoch erteilt das EPA die Europäischen Patente nur in einem einheitlichen Erteilungsverfahren, an dessen Ende immer noch ein Bündel an Patenten steht, die jeweils wie nationale Patente wirken, nach Erteilung getrennte Wege gehen und ein unterschiedliches Schicksal erfahren können.

Mit dem EP wurde also nur das Erteilungsverfahren zusammengefasst. Immerhin wurden dazu die Schutzvoraussetzungen harmonisiert. Die Vereinheitlichung der Wirkung des Patents und seiner Durchsetzung wurde aber noch nicht erreicht. Damit war das EPÜ nur der erste Schritt auf dem Weg, die Territorialität der Schutzrechte in Europa zu überwinden. Insofern trügt also der Name des Europäischen Patents, denn es verbleibt auch bei Erteilung eines Europäischen Patents ein Flickenteppich nationaler Schutzrechte, die den freien Waren- und Dienstleistungsverkehr behindern. Dies zeigt sich unter anderem daran, dass Patente oftmals zu grenzüberschreitenden Streitigkeiten und parallelen Verletzungsverfahren in verschiedenen Staaten mit mitunter unterschiedlichem Ausgang führen.

IV. Gemeinschaftspatent 1975–1989

Auf das EPÜ sollte im nächsten Schritt ein einheitliches Patent der EWG-Staaten folgen. Dazu wurden Ende 1975 das Gemeinschaftspatentübereinkommen und das dazugehörige Streitregelungsübereinkommen unterzeichnet.[9] Das Gemeinschaftspatent sollte vom EPA erteilt werden, im Unter-

---

[6] Vereinigtes Königreich, Schweiz, Liechtenstein, Monaco, Türkei, Island, Norwegen, Nordmazedonien, San Marino, Albanien und Serbien.

[7] Bosnien und Herzegowina, Montenegro.

[8] Marokko, Moldawien, Tunesien, Kambodscha.

[9] Übereinkommen über das europäische Patent für den Gemeinsamen Markt vom 15.12.1975, GRUR Int. 1976, 231.

schied zum bisherigen europäischen Bündelpatent aber einheitliche Wirkung entfalten, also nur einheitlich für alle Vertragsstaaten erteilt und vernichtet werden können.

Als Schwachstellen des Vorhabens offenbarten sich die kostspielige Übersetzung in alle Sprachen der Mitgliedstaaten sowie die Streitregelung. Als unbefriedigend wurde insbesondere angesehen, dass die Vernichtung des Gemeinschaftspatents mit Wirkung für alle Mitgliedstaaten durch ein einzelstaatliches Gericht der ersten Instanz auf eine Widerklage hin im Verletzungsprozess möglich sein sollte.[10]

Die erforderliche Ratifizierung durch alle Unterzeichnerstaaten kam nie zustande, auch nicht nachdem 1985 und 1989 erneute Anläufe unternommen worden waren, das Gemeinschaftspatent doch noch in Kraft zu setzen. In der Folge scheiterte das Vorhaben endgültig und wird seit 1992 nicht weiterverfolgt.[11]

V. Gemeinschaftspatent ab 1997

Während im Markenrecht mit der Gemeinschaftsmarke im Jahr 1993 und im Designrecht mit dem Gemeinschaftsgeschmacksmuster 2003 einheitliche Schutzrechte auf Unionsrechte geschaffen wurden, dauerten die Bestrebungen im Patentrecht an.

Die Europäische Kommission stieß nach dem Scheitern des Gemeinschaftspatentübereinkommens 1997 mit einem Grünbuch eine erneute Diskussion über die Schaffung eines Gemeinschaftspatents an, diesmal auf Grundlage einer Gemeinschaftspatentverordnung.[12] Im Jahr 2000 legte die Kommission sodann einen Vorschlag einer Verordnung zur Schaffung des Gemeinschaftspatents vor, der in der Folgezeit mehrmals angepasst wurde.[13]

Nach dieser Gemeinschaftspatentverordnung sollte die EG dem Europäischen Patentübereinkommen (EPÜ) beitreten, so dass das EPA neben Europäischen Patenten auch Gemeinschaftspatente hätte erteilen können.[14]

Doch auch diesem Vorhaben war kein Erfolg beschieden: Der erneute Anlauf scheiterte an der Sprachenfrage. Um die aufwendigen und teuren Über-

---

[10] *Adam/Grabinski*, in: Benkard (Begr.), Europäisches Patentübereinkommen, 3. Aufl. 2019, Vor Präambel Rn. 35.

[11] Ausführlich *Kraßer/Ann* (Fn. 3), § 7 Rn. 96 ff.

[12] Förderung der Innovation durch Patente – Grünbuch über das Gemeinschaftspatent und das Patentschutzsystem in Europa, KOM(97) 314 vom 24.6.1997.

[13] Vorschlag für eine Verordnung des Rates über das Gemeinschaftspatent, KOM(2000) 412 endg. vom 1.8.2000, ABl. EG 2000 C 337 E/278; Fassung vom 8.3.2004 (Ratsdokument 7119/04) mit Änderungsvorschlag vom 11.5.2004 (Ratsdokument 9399/04).

[14] Ausf. *Schäfers*, GRUR 1999, 820 (821 ff.); *Ullrich*, European Law Journal 2002, 433 (462 ff.).

setzungen zu reduzieren, sollte das Gemeinschaftspatent dem Sprachenregime des EPA folgen, dessen Amtssprachen nach Art. 14 EPÜ Deutsch, Englisch und Französisch sind. Während das Harmonisierungsamt für den Binnenmarkt (HABM)[15], das für die Registrierung von Gemeinschaftsmarken und Gemeinschaftsgeschmacksmustern zuständig war, nach Art. 119 Abs. 2 GMVO[16] fünf Arbeitssprachen hatte, namentlich Deutsch, Englisch, Französisch, Italienisch und Spanisch, war für das Gemeinschaftspatent der Verzicht auf Spanisch und Italienisch vorgesehen. Die geplante Verordnung scheiterte am Widerstand Spaniens und Italiens.

VI. European Patent Litigation Agreement (EPLA), European and EU Patents Court (EEUPC)

Parallel zu den Bemühungen der EG zur Schaffung eines Gemeinschaftspatents unternahm die Europäische Patentorganisation (EPO) ab 1999 den Versuch, ein Streitregelungssystem für europäische Patente mitsamt eines Europäischen Patentgerichts zu etablieren. Dazu sollten ein Gericht erster Instanz und ein Berufungsgericht geschaffen werden, die sowohl über den Bestand des Patents als auch über die Verletzung entscheiden sollten.

Die Kommission strebte eine Integration von EPLA und Gemeinschaftspatentgerichtsbarkeit an und schlug einen Beitritt der EG zum EPÜ vor.[17] Das EPA sollte dadurch wiederum in die Lage versetzt werden, einheitliche und in der gesamten Gemeinschaft gültige Patente zu erteilen. Zusätzlich sollte ein Gericht für Europäische Patente und Gemeinschaftspatente geschaffen werden.[18] Doch auch dieser Ansatz scheiterte: In einem Gutachten erklärte der EuGH im Jahr 2011 das geplante Übereinkommen zur Schaffung eines einheitlichen Patentgerichtssystems für mit den Bestimmungen des EUV und des AEUV unvereinbar.[19] Tragend war dabei die Erwägung, dass ein außerhalb des institutionellen und gerichtlichen Rahmens der Union stehendes internationales Gericht eine ausschließliche Zuständigkeit für Entscheidungen über Gemeinschaftspatente und die Auslegung und Anwendung des auf diese anwendbaren Unionsrechts gehabt hätte.[20] In der Konsequenz hätte dies dem EuGH die Entscheidungskompetenz entzogen.

---

[15] Heute: Amt der Europäischen Union für geistiges Eigentum, EUIPO.

[16] VO (EG) 207/2009 über die Gemeinschaftsmarke, ABl. 2009 L 78/1; heute Art. 146 Abs. 2 VO (EU) 2017/1001 (UnionsmarkenVO), ABl. 2017 L 154/1.

[17] Ausführlich *Adam/Grabinski* (Fn. 10), Vor Präambel Rn. 42 ff.

[18] Entwurf eines Übereinkommens über das Gericht für europäische Patente und Gemeinschaftspatente, Ratsdokument 7928/09 vom 23.3.2009; dazu *Haedicke/Grosch*, ZGE 2010, 196 ff.

[19] EuGH, GRUR Int. 2011, 309 – Einheitliches europäisches Patentgerichtssystem.

[20] EuGH, GRUR Int. 2011, 309 Rn. 89 – Einheitliches europäisches Patentgerichtssystem.

VII. Europäisches Patent mit einheitlicher Wirkung

1. Entwicklung

Nach dem Gutachten des EuGH war klar, dass das Einheitspatentsystem auf die EU beschränkt bleiben muss und andere Vertragsstaaten der EPO nicht teilnehmen können. Eine unionsweite Lösung schien ebenfalls nicht erreichbar, weil sich in der Sprachenfrage unüberbrückbare Differenzen offenbart hatten. Ende 2010 beantragten daher insgesamt zwölf Mitgliedstaaten eine Verstärkte Zusammenarbeit nach Art. 20 EUV, Art. 326ff. AEUV. Die Ermächtigung des Rats mit Zustimmung des Europäischen Parlaments wurde alsbald erteilt. Eine Klage Spaniens und Italiens vor dem EuGH hiergegen blieb erfolglos.[21]

In der Folge erließ die Kommission zwei Verordnungen, die Einheitspatentverordnung (EPVO)[22] und die Verordnung über die Sprachenregelung (EPSVO)[23], und die teilnehmenden Mitgliedstaaten – alle damaligen EU-Mitgliedstaaten mit Ausnahme Spaniens und Italiens – schlossen ein Übereinkommen über das einheitliche Patentgericht (EPGÜ)[24]. Weitere Klagen Spaniens gegen die Verordnungen hatten ebenfalls keinen Erfolg.[25]

Damit schien die seit Jahrzehnten angestrebte Schaffung eines EU-Patents kurz vor ihrem Abschluss zu stehen. Die rechtlichen Grundlagen sind geschaffen. Die Vorbereitungen am Einheitlichen Patentgericht laufen. Doch noch immer ist das EPGÜ nicht in Kraft getreten.

2. Das „European Patent Package" im Überblick

a) Das EPeW

Das europäische Patent mit einheitlicher Wirkung (EPeW) wird nach Art. 9 EPVO vom EPA erteilt. EPeW haben aber anders als Bündelpatente einheitliche Wirkung in allen teilnehmenden Mitgliedstaaten. Dabei basiert das EPeW auf einem vom EPA nach den Regeln des EPÜ erteilten Patent, dem

[21] EuGH, GRUR Int. 2013, 542 – Königreich Spanien und Italienische Republik/Rat der Europäischen Union.

[22] VO (EU) 1257/2012 über die Umsetzung der Verstärkten Zusammenarbeit im Bereich der Schaffung eines einheitlichen Patentschutzes vom 17.12.2012, ABl. EU 2012 L 361/1.

[23] VO (EU) 1260/2012 über die Umsetzung der verstärkten Zusammenarbeit im Bereich der Schaffung eines einheitlichen Patentschutzes im Hinblick auf die anzuwendenden Übersetzungsregelungen vom 17.12.2012, ABl. EU 2012 L 361/89.

[24] Übereinkommen über ein Einheitliches Patentgericht vom 19.2.2013, ABl. EU 2013 C 175/1.

[25] EuGH, GRUR Int. 2015, 551 – Königreich Spanien/Europäisches Parlament, Rat der Europäischen Union; EuGH, GRUR Int. 2015, 558 – Königreich Spanien/Rat der Europäischen Union.

nach Erteilung auf Antrag einheitliche Wirkung verliehen wird. Die nationale Validierung und Aufrechterhaltung entfallen damit.

Die einheitliche Wirkung bedeutet einheitlichen Schutz in allen teilnehmenden Mitgliedstaaten. Das EPeW kann nur einheitlich für alle Mitgliedstaaten beschränkt, übertragen, für nichtig erklärt werden oder erlöschen.

b) Das Einheitliche Patentgericht

Bislang konzentrierte sich die Harmonisierung des Patentrechts vor allem auf das materielle Recht. In prozessualer Hinsicht macht die Durchsetzungsrichtlinie nur einige Mindestvorgaben. Mit dem Einheitspatentsystem soll nun erstmalig auch eine gemeinsame Gerichtsbarkeit die effiziente Durchsetzung der Rechte aus dem Patent garantieren. Dazu gründen die Vertragsmitgliedstaaten das Einheitliche Patentgericht (EPatG). Dieses ist für alle Streitigkeiten sowohl hinsichtlich des Bestands als auch hinsichtlich der Verletzung des EPeW, ergänzender Schutzzertifikate, sowie (vorbehaltlich eines Opt-outs nach Art. 83 EPGÜ) Europäischer Patente und Europäischer Patentanmeldungen ausschließlich zuständig, Art. 32 EPGÜ.

Das EPatG ist ein gemeinsames Gericht der Vertragsmitgliedstaaten, Art. 1 S. 2 EPGÜ, und folglich Teil ihres (nationalen) Gerichtssystems. Es besteht aus dem Gericht erster Instanz, dem Berufungsgericht und der Kanzlei, Art. 6 Abs. 1 EPGÜ. Das Gericht erster Instanz umfasst eine Zentralkammer mit Sitz in Paris und Abteilungen in London und München sowie Lokalkammern und Regionalkammern in den Vertragsmitgliedstaaten, Art. 7 Abs. 1, 2 EPGÜ. Seine Spruchkörper sind multinational und interdisziplinär mit rechtlich qualifizierten Richtern sowie technisch qualifizierten Richtern besetzt, Art. 8 f. EPGÜ.

3. Die rechtliche Konstruktion

Die rechtliche Konstruktion des EPeW und EPatG besteht – bedingt durch die rechtlichen und politischen Schwierigkeiten bei der Entstehung – aus einem komplexen Geflecht internationaler Übereinkommen, EU-Sekundärrechts und nationalen Rechts.

a) Rechtsquellen

Grundlage des Einheitspatentsystems ist das sog. European Patent Package. Dieses ruht auf drei Säulen, namentlich

- der Verordnung über das Einheitspatent (EPVO),[26]

---

[26] VO (EU) 1257/2012 über die Umsetzung der Verstärkten Zusammenarbeit im Bereich der Schaffung eines einheitlichen Patentschutzes vom 17.12.2012, ABl. 2012 L 361/1.

- der Verordnung über die Übersetzungsregeln zum Einheitspatent (EPSVO)[27] sowie
- dem Übereinkommen über ein einheitliches Patentgericht (EPGÜ)[28] mitsamt der Verfahrensordnung für das Einheitliche Patentgericht[29].

Diese Kombination verschiedener Rechtsakte überrascht auf den ersten Blick. Die Aufspaltung der Regelungen in die Verordnungen einerseits und das EPGÜ als völkerrechtliches Abkommen und damit nationales Recht andererseits wurde jedoch bewusst gewählt, um den Einfluss des EuGH auf Fragen des materiellen Patentrechts so weit wie möglich zurückzudrängen.[30] Abschreckendes Beispiel war hier wohl die nicht immer konsistente und aus Sicht der etablierten Praxis in den nationalen Rechtsordnungen mitunter schwer nachvollziehbare Rechtsprechung zum Markenrecht. Der Hauptvorteil des EPatG im Vergleich zum EuGH liegt darin, dass es sich beim EPatG um ein spezialisiertes Fachgericht handelt und technische Richter an seinen Entscheidungen mitwirken.

Um dieses Ziel zu erreichen, wurde das materielle Patentrecht nicht in den Verordnungen, für deren Auslegung der EuGH zuständig ist, geregelt. Stattdessen beschränkt sich die EPVO darauf, die einheitliche Wirkung zu umreißen und verweist im Übrigen auf das nationale Recht der Mitgliedstaaten, Art. 5 Abs. 3, Art. 7 EPVO. Deren nationales Recht ist im EPGÜ und im EPÜ harmonisiert, so dass nicht harmonisiertes nationales Recht nur in Ausnahmefällen Anwendung findet, Art. 24 Abs. 1 lit. e EPGÜ. Dies führt aber dazu, dass etwa die Rechtsfolgen der Patentverletzung im Übereinkommen über das Gericht geregelt und dort als verfahrensrechtliche „Befugnisse des Gerichts" und nicht als materiell-rechtliche Anspruchsgrundlagen ausgestaltet sind. Dies scheint aus Sicht der deutschen Zivilrechtsdogmatik befremdlich, entspricht jedoch dem englischen Rechtsverständnis.[31]

b) Die Rolle des EuGH

Entscheidungen über das materielle Patentrecht wollten die Mitgliedstaaten dem EuGH nicht anvertrauen. Für alle Streitigkeiten im Zusammenhang mit

---

[27] VO (EU) 1260/2012 über die Umsetzung der verstärkten Zusammenarbeit im Bereich der Schaffung eines einheitlichen Patentschutzes im Hinblick auf die anzuwendenden Übersetzungsregelungen vom 17.12.2012, ABl. EU 2012 L 361/89.

[28] Übereinkommen über ein Einheitliches Patentgericht vom 19.2.2013, ABl. EU 2013 C 175/1.

[29] Art. 41 EPGÜ; 18. Entwurfsfassung des Vorbereitenden Ausschusses in der Fassung vom 15.3.2017, https://www.unified-patent-court.org/sites/default/files/upc_rules_of_procedure_18th_draft_15_march_2017_final_clear.pdf (abgerufen am 21.2.2021).

[30] *Adam/Grabinski* (Fn. 10), Vor Präambel Rn. 64; *Haedicke*, in: Haedicke/Timmann (Hrsg.), Handbuch des Patentrechts, 2. Aufl. 2020, § 1 Rn. 62; *Wadlow*, JIPLP 2013, 207 ff.

[31] *Sonntag*, in: Bopp/Kircher (Hrsg.), Handbuch Europäischer Patentprozess, 2019, § 13 Rn. 245.

EPeW ist ausschließlich das EPatG zuständig. Den EuGH vollständig fernzuhalten, kann aber schon deswegen nicht gelingen, weil etliche Aspekte des Patentrechts bereits durch Richtlinien adressiert wurden. Relevant sind dabei beispielsweise die BiopatentRL (RL 98/44/EG) und die DurchsetzungsRL (RL 2004/48/EG).

Dennoch ist die Rolle des EuGH im Einheitspatentsystem umstritten. Während manche – deutlich zu optimistisch – davon ausgingen, das EPatG müsse dem EuGH keine Fragen zur Auslegung des EPGÜ vorlegen, wird andererseits bestritten, dass das EPatG überhaupt Vorlagefragen an den EuGH richten kann.[32] Träfe letzteres zu, wäre das Einheitspatentsystem nach den Maßstäben des EuGH-Gutachtens 1/09[33] unionsrechtswidrig.

Das EPGÜ sieht in Art. 21 S. 1 Vorabentscheidungsersuchen des EPatG ausdrücklich vor. Freilich vermag das EPGÜ als Übereinkommen zwischen einem Teil der Mitgliedstaaten keine Kompetenz zu begründen, die die Verträge nicht vorsehen. Entscheidend ist daher die Regelung in Art. 267 AEUV, nach deren Wortlaut nur ein „einzelstaatliches Gericht" oder „Gericht eines Mitgliedstaats" vorlagebefugt ist. Mit Verweis auf diesen Wortlaut wird teilweise an der Vorlagebefugnis des EPatG gezweifelt, weil dieses als völkerrechtliches Gericht nicht in die mitgliedstaatliche Judikative integriert ist.[34] Anders als ein etwaiges Patentgericht der EPO ist das EPatG aber kein außerhalb der Mitgliedstaaten stehendes internationales Gericht, an dem auch Drittstaaten beteiligt sind. Es ist auch kein Gericht einer internationalen Organisation. Vielmehr ist das EPatG gerade als gemeinsames Gericht der Vertragsmitgliedstaaten und damit als Teil ihres Gerichtssystems konzipiert. Vergleichbar ist das EPatG insofern mit dem Benelux-Gerichtshof, der zur Vorlage nach Art. 267 AEUV berechtigt und verpflichtet ist.[35] Als gemeinsames Gericht der teilnehmenden Mitgliedstaaten ist das EPatG daher ein mitgliedstaatliches Gericht iSv Art. 267 AEUV.[36] Das EPatG ist daher berechtigt und verpflichtet, Fragen zur Auslegung des Unionsrechts dem EuGH vorzulegen.

Gegenstand einer Vorabentscheidungsfrage ist das Unionsrecht, also insbesondere EPVO und EPSVO.[37] Für die Auslegung von Völkerrecht ist der EuGH dagegen nicht zuständig, so dass Auslegungsfragen betreffend das

---

[32] *Gruber*, GRUR Int. 2015, 323 (325); *ders.*, IWRZ 2017, 266 (268); *Amort*, EuR 2017, 56 (74 f.).

[33] EuGH, GRUR Int. 2011, 309 – Einheitliches europäisches Patentgerichtssystem.

[34] *Gruber*, GRUR Int. 2015, 323 (325); *Amort*, EuR 2017, 56 (74 f.).

[35] EuGH, GRUR Int. 1998, 140 – Dior/Evora.

[36] *Haedicke*, GRUR Int. 2013, 609 (614); *Müller*, EuZW 2010, 851 (855); *Yan*, Das materielle Recht im Einheitlichen Europäischen Patentsystem und dessen Anwendung durch das Einheitliche Patentgericht, 2017, 135; *Lux*, in: Bopp/Kircher (Hrsg.), Handbuch Europäischer Patentprozess, 2019, § 3 Rn. 5 f.

[37] *Haedicke*, GRUR Int. 2013, 609 (615); *Lux* (Fn. 36), § 3 Rn. 14.

EPGÜ grundsätzlich nicht vorlagefähig sind. Soweit das EPGÜ aber Richtlinien der Union umsetzt, sind die betreffenden Vorschriften des EPGÜ sehr wohl vorlagefähig. Dies betrifft vor allem die Vorgaben der DurchsetzungsRL (RL 2004/48/EG), weshalb Auslegungsfragen zu Art. 59, 60, 62, 63, 64 Abs. 2, 67, 68, 69 EPGÜ vorlagefähig sind.[38] Eine Zuständigkeit des EuGH kann sich darüber hinaus ergeben, wenn Normen des EPGÜ auf Unionsrecht verweisen oder diesem nachgebildet sind.[39] Solche Verweise auf das Unionsrecht enthalten insbesondere die Schrankenregelungen in Art. 27 lit. d, i, k, l EPGÜ.[40] Dem Unionsrecht nachgebildet ist bspw. die Regelung zur Erschöpfung in Art. 29 EPGÜ. Die Vorlagebefugnis bzw. -pflicht erstreckt sich somit auch auf Auslegungsfragen zu einer ganzen Reihe an Vorschriften des EPGÜ. Die Aufspaltung in verschiedene Rechtsakte konnte dem EuGH selbstverständlich keine Kompetenzen entziehen. Lediglich die Begründung neuer Kompetenzen in bislang nicht harmonisierten Bereichen, etwa bei der Bestimmung des Schutzbereichs des Patents, wurde dadurch verhindert.

4. Inkrafttreten

a) Inkrafttreten der Verordnungen, Ratifizierung des EPGÜ

EPVO und EPSVO sind bereits Anfang 2013 in Kraft getreten. Anwendbar werden die Verordnungen jedoch erst, wenn auch das EPGÜ in Kraft getreten ist. Dieses tritt gem. Art. 89 Abs. 1 Var. 2 EPGÜ am ersten Tag des vierten Monats nach Ratifizierung durch dreizehn Staaten einschließlich der drei Mitgliedstaaten in Kraft, in denen es im Jahr 2012 die meisten geltenden EP gab.

Bis Anfang 2021 haben zwar sechzehn Staaten das EPGÜ ratifiziert. Probleme bereiten aber der Brexit und die Ratifizierung durch die Bundesrepublik Deutschland.

b) Brexit

Mit dem Brexit hat das Vorhaben einen schweren Rückschlag erlitten. Nach Art. 89 Abs. 1 EPGÜ tritt das Übereinkommen erst in Kraft, wenn die drei Mitgliedstaaten, in denen es im Jahr vor dem Jahr der Unterzeichnung des Übereinkommens die meisten geltenden europäischen Patente gab, das

---

[38] *Lux* (Fn. 36), § 3 Rn. 26 ff.; a. A. *Haedicke*, GRUR Int. 2013, 609 (612) und *Yan* (Fn. 36), 139, die hierin keine Umsetzung, sondern eine Nachbildung sehen.

[39] EuGH, BeckRS 2012, 82373 Rn. 34 – Techniko Epimelitirio Elladas (TEE) u. a./Ypourgos Esoterikon, Dimosias Dioikisis kai Apokentrosis u. a.; EuGH, BeckRS 2012, 80089 Rn. 17 f. – Cicala/Regione Siciliana; *Gaitanides*, in: von der Groeben/Schwarze/Hatje (Hrsg.), Europäisches Unionsrecht, 7. Aufl. 2015, AEUV Art. 267 Rn. 28; *Yan* (Fn. 36), 139.

[40] *Haedicke*, GRUR Int. 2013, 609 (612); *Yan* (Fn. 36), 139; *Lux* (Fn. 36), § 3 Rn. 36.

Übereinkommen ratifiziert haben. Diese entscheidenden drei Mitgliedstaaten waren ursprünglich Deutschland, das Vereinigte Königreich und Frankreich. Während Frankreich das Übereinkommen bereits 2014 ratifizierte und das Vereinigte Königreich 2018 folgte, steht die Ratifizierung der Bundesrepublik bislang aus, so dass das Übereinkommen nicht vor dem Brexit in Kraft treten konnte. Am 31.1.2020 ist das Vereinigte Königreich aus der EU ausgetreten. Damit war das Vereinigte Königreich zwar noch Vertragspartei des Übereinkommens, jedoch nicht mehr Vertragsmitgliedstaat iSv Art. 2 lit. c EPGÜ. Dies befeuerte Spekulationen darüber, ob und unter welchen rechtlichen Voraussetzungen es möglich sei, das Vereinigte Königreich als Nicht-EU-Mitgliedstaat am Einheitspatentsystem zu beteiligen.[41] Inzwischen haben sich entsprechende Überlegungen durch die politischen Realitäten erledigt. Das Vereinigte Königreich strebt keinen Verbleib im Einheitspatentsystem an und hat am 20.7.2020 die Ratifizierung des EPGÜ noch vor dessen Inkrafttreten zurückgezogen.

In wirtschaftlicher Hinsicht ist das Ausscheiden des Vereinigten Königreichs als einem der wichtigsten Patentstandorte in Europa ein herber Verlust. Das Vereinigte Königreich zählt zu den anmeldestärksten Staaten im EPÜ und ist wichtiger Prozessstandort für Patentverletzungsstreitigkeiten. Ohne Beteiligung des Vereinigten Königsreichs büßt das Einheitspatentsystem erheblich an Attraktivität ein.[42] Auch auf die vorgesehenen Jahresgebühren für das EPeW wird sich das Ausscheiden des Vereinigten Königreichs auswirken müssen.[43] Denn diese waren so kalkuliert, dass sie der Belastung bei Anmeldung in den vier wichtigsten Vertragsmitgliedstaaten entsprechen sollten (sog. „True Top 4"). Das waren ursprünglich Deutschland, Frankreich, das Vereinigte Königreich und die Niederlande.

In rechtlicher Hinsicht werfen der Brexit und die Rücknahme der Ratifizierung eine Reihe von Fragen auf. Das EPGÜ ist nicht Teil des Unionsrechts, sondern ein völkerrechtlicher Vertrag zwischen den Mitgliedstaaten. Der Austritt aus der EU betrifft daher nicht unmittelbar die Stellung des Vereinigten Königreichs als Vertragspartei des EPGÜ.[44] Auch sieht das EPGÜ eine Kündigung oder einen Rücktritt nicht vor. Die Antwort auf die Frage nach Voraussetzungen und Wirkung der Rücknahme der Ratifizierung

---

[41] Für die Möglichkeit einer Beteiligung haben sich u. a. ausgesprochen *Tilmann*, GRUR 2016, 753 ff.; *Ohly/Streinz*, GRUR Int. 2017, 1 ff.; *Leistner/Simon*, GRUR Int. 2017, 825 (827 ff.); *Jaeger*, IIC 2017, 254 (269 ff.); *Leistner/Simon*, in: FS für Theo Bodewig, 2018, 79 (86 ff.); a. A. *Ubertazzi*, GRUR Int. 2017, 301 (302 ff.); *ders.*, GRUR Int. 2017, 674 (677); *Broß/Lamping*, GRUR Int. 2018, 907 (908); *Lamping/Ullrich*, MPI Research Papers No 18–20 (2018), 20 ff. (Rn. 10); *Bopp*, in: Bopp/Kircher (Hrsg.), Handbuch Europäischer Patentprozess, 2019, § 9 Rn. 23 ff.

[42] *Leistner/Simon*, in: FS für Theo Bodewig, 2018, 79 (98).

[43] *Möller*, Anm. zu BVerfG, EuZW 2020, 324 (337).

[44] *Ohly/Streinz*, GRUR Int. 2017, 1 (3); a. A. *Ubertazzi*, GRUR Int. 2017, 301 (305 f.).

ist daher im Völkerrecht zu suchen. Zwar ist die Wiener Vertragsrechtskonvention (WVRK) hier nicht anwendbar, weil Frankreich und Rumänien diese nicht ratifiziert haben.[45] Da die WVRK jedoch hinsichtlich des Rücktritts vom Vertrag und der Vertragsbeendigung, sowie insbesondere hinsichtlich der grundlegenden Änderung der Vertragsumstände Völkergewohnheitsrecht kodifiziert,[46] kann sie dennoch als Hinweis auf das anwendbare Völkerrecht herangezogen werden.[47]

Zunächst kommt Art. 61 WVRK als Grundlage für den Rückzug des Vereinigten Königreichs in Betracht. Diese Vorschrift betrifft Fälle der absoluten Unmöglichkeit.[48] Geht man davon aus, dass das Vereinigte Königreich als Drittstaat nicht am Einheitspatentsystem teilnehmen kann, wofür nach dem Gutachten des EuGH[49] vieles spricht,[50] ist der Rücktritt von Art. 61 WVRK gedeckt. In diesem Fall gefährdete der Verbleib des Vereinigten Königreichs das System als Ganzes. Daher wäre das Vereinigte Königreich sogar dem Rechtsgedanken des Art. 18 WVRK entsprechend verpflichtet, sich zurückzuziehen, um das Einheitspatentsystem im Einklang mit dem Unionsrecht zu ermöglichen.

Hält man dagegen, wie Teile des Schrifttums,[51] eine Beteiligung des Vereinigten Königreichs weiterhin für möglich, ist ein Rücktritt aufgrund einer grundlegenden Änderung der Umstände zu prüfen. Nach Art. 62 WVRK berechtigt eine grundlegende Änderung der beim Vertragsabschluss gegebenen Umstände zwar grundsätzlich nicht zum Rücktritt. Ausnahmsweise soll eine Vertragspartei aber doch zurücktreten können.[52] Die Anforderungen dafür sind hoch: Die geänderten Umstände müssen eine wesentliche Grundlage für den Vertragsschluss gewesen sein und außerdem muss die Änderung der Umstände das Ausmaß der vertraglichen Pflichten tiefgreifend umgestalten.

Das EPGÜ setzt voraus, dass jeder Vertragsmitgliedstaat ein Mitgliedstaat der Europäischen Union ist, vgl. Art. 2 lit. b, c, 84 EPGÜ. Das EPatG ist als gemeinsames Gericht der Vertragsmitgliedstaaten konzipiert und unterliegt denselben Verpflichtungen nach dem Unionsrecht wie jedes natio-

---

[45] *Ohly/Streinz*, GRUR Int. 2017, 1 (3).

[46] Zu Art. 62 WVRK: EuGH, EuZW 1998, 694 Rn. 24 – A. Racke GmbH & Co/Hauptzollamt Mainz; IGH, ICJ Reports 1973, 3 Rn. 36 – Fisheries Jurisdiction.

[47] *Tilmann*, GRUR 2016, 1218 (1223); *Ohly/Streinz*, GRUR Int. 2017, 1 (3).

[48] *Voland*, ZaöRV 2019, 1 (24).

[49] EuGH, GRUR Int. 2011, 309 Rn. 89 – Einheitliches europäisches Patentgerichtssystem.

[50] Selbst einige Befürworter einer Beteiligung des Vereinigten Königreichs gehen davon aus, dass diese nicht ohne Änderung des EPGÜ möglich ist, *Leistner/Simon*, GRUR Int. 2017, 825 (832 f.).

[51] S. o. Fn. 41.

[52] Den Ausnahmecharakter der Norm betont auch der Internationale Gerichtshof, IGH, ICJ Reports 1997, 7 Rn. 104 – Gabčíkovo-Nagymaros Project.

nale Gericht der Vertragsmitgliedstaaten, Erwägungsgrund 7 und Art. 1 S. 2 EPGÜ.[53] Grundlage des Vertragsschlusses war, dass das Gericht ausschließlich von Mitgliedstaaten der Union getragen wird. Die Beteiligung eines Drittstaats, der nicht dem Unionsrecht unterliegt, würde dem die Grundlage entziehen, was schon gegen eine Beteiligungsmöglichkeit spricht.[54] Jedenfalls aber war die Mitgliedschaft des Vereinigten Königreichs in der EU ein Umstand, der für die Beteiligung am EPGÜ wesentlich war und sich in der Zwischenzeit geändert hat.[55]

Eine tiefgreifende Umgestaltung der Vertragspflichten liegt vor, wenn die Last der zu erfüllenden Verpflichtungen sich derart vergrößert hat, dass die Pflicht sich wesentlich von der ursprünglich übernommenen unterscheidet.[56] Dies ist auch der Fall, wenn die Vertragspflichten für eine Partei unzumutbar werden.[57] Wollte sich das Vereinigte Königreich dennoch am Einheitspatentsystem beteiligen, müsste es dafür Sorge tragen, dass die Anforderungen, die der EuGH in seinem Gutachten zum Übereinkommen zur Schaffung eines einheitlichen Patentgerichtssystems[58] formuliert hat, trotz seines Ausscheidens aus der Union erfüllt werden. Dazu bedürfte es einer Vorlagemöglichkeit und -verpflichtung des Einheitlichen Patentgerichts und ggfs. auch englischer Gerichte in Rechtsstreitigkeiten mit Unionsrechtsberührung, einer Unterwerfung des Vereinigten Königreichs unter Vertragsverletzungsverfahren und einer Schadensersatzhaftung des Vereinigten Königreichs für Unionsrechtsverletzungen des Einheitlichen Patentgerichts.[59] Zusammengenommen würde dies alles eine erhebliche Einschränkung der mit dem Austritt aus der Union angestrebten Folgen sowie der staatlichen Souveränität des Vereinigten Königreichs bedeuten und mithin das Ausmaß der auf Grund des EPGÜ zu erfüllenden Verpflichtungen tiefgreifend umgestalten.

Weiter muss die grundlegende Änderung der Umstände unvorhersehbar gewesen sein.[60] Im Zeitpunkt des Vertragsschlusses Anfang 2013 waren der Ausgang des Brexit-Referendums Mitte 2016 und der Austritt aus der Europäischen Union am 31.1.2020 noch nicht vorhersehbar.[61]

---

[53] Vgl. auch Art. 71a Brüssel Ia-VO.

[54] *Broß/Lamping*, GRUR Int. 2018, 907 (908).

[55] So auch *Ohly/Streinz*, GRUR Int. 2017, 1 (3); a. A. *Tilmann*, GRUR 2016, 1218 (1224).

[56] IGH, ICJ Reports 1973, 3 Rn. 43 – Fisheries Jurisdiction.

[57] *Heintschel von Heinegg*, Treaties, Fundamental Change of Circumstances, in: Max Planck Encyclopedias of International Law (MPEPIL), 2006, Rn. 40.

[58] EuGH, GRUR Int. 2011, 309 Rn. 89 – Einheitliches europäisches Patentgerichtssystem.

[59] *Tilmann*, GRUR 2016, 1218 (1223 f.); *Leistner/Simon*, GRUR Int. 2017, 825 (828 ff.).

[60] IGH, ICJ Reports 1997, 7 Rn. 104 – Gabčíkovo-Nagymaros Project; *Giegerich*, in: Dörr/Schmalenbach (Hrsg.), Vienna Convention on the Law of Treaties, 2. Aufl. 2018, Art. 62 Rn. 53 ff.

[61] *Ohly/Streinz*, GRUR Int. 2017, 1 (3); *Hüttermann*, Einheitspatent und Einheitliches Patentgericht, 2017, Rn. 61.

Gegen die Möglichkeit einer einseitigen Beendigung durch das Vereinigte Königreich könnte aber sprechen, dass der Austritt aus der Europäischen Union eine bewusste Entscheidung des Vereinigten Königreichs war. Man könnte daher argumentieren, dieses müsse nun die Konsequenzen des Brexit tragen. Denn ein Staat soll sich für einen Rücktritt wegen grundlegend geänderter Umstände nicht auf sein eigenes Verhalten berufen können.[62] Nach Art. 62 Abs. 2 lit. b WVRK kann eine Vertragspartei nicht zurücktreten, wenn sie die grundlegende Änderung der Umstände durch Verletzung einer Vertragsverpflichtung oder einer sonstigen, gegenüber einer anderen Vertragspartei bestehenden internationalen Verpflichtung herbeigeführt hat. Der Brexit ist aber kein Vertragsbruch den übrigen Vertragsmitgliedstaaten gegenüber, weil Art. 50 EUV den Austritt aus der Union ausdrücklich vorsieht. Auch die Ratifizierung im Jahr 2018 im Wissen, aus der EU auszutreten, kann dem Vereinigten Königreich nicht als widersprüchliches Verhalten entgegengehalten werden. Denn die Ratifizierung sollte ein Inkrafttreten vor dem Brexit ermöglichen, wozu das Vereinigte Königreich entsprechend Art. 18 WVRK verpflichtet war. Damit sind jedenfalls die Voraussetzungen des Art. 62 WVRK erfüllt. Das Vereinigte Königreich konnte mithin einseitig aus dem EPGÜ ausscheiden.

Ob das EPGÜ nach dem Ausscheiden des Vereinigten Königreichs noch in Kraft treten kann, hängt von der Interpretation seines Art. 89 Abs. 1 ab: Dieser setzt die Ratifizierung durch die drei Mitgliedstaaten mit den meisten EP voraus. Namentlich werden diese nicht genannt. Stellt man allein auf den Zeitpunkt der Unterzeichnung ab, kommt es auf Deutschland, Frankreich und das Vereinigte Königreich an. Mithin könnte das EPGÜ nicht mehr in Kraft treten. Zwar war zwischenzeitlich argumentiert worden, das Vereinigte Königreich habe doch den Anforderungen des Art. 89 EPGÜ genügt. Entscheidend sei allein, dass es im Zeitpunkt der Ratifizierung Mitgliedstaat i. S. v. Art. 2 lit. b EPGÜ war. Ob es im Zeitpunkt des Inkrafttretens noch Mitgliedstaat ist, sei dagegen irrelevant.[63] Dies widerspricht jedoch Sinn und Zweck der Regelung in Art. 89 Abs. 1 EPGÜ. Indem diese das Inkrafttreten an die Ratifizierung der drei patentstärksten Länder knüpft, will sie deren Beteiligung sicherstellen.[64]

Insgesamt erscheint dieser Ansatz zu formalistisch. Immerhin benennt das EPGÜ die betreffenden Mitgliedstaaten nicht direkt, sondern stellt nur objektive Kriterien auf, anhand derer sich die entscheidenden Mitgliedstaaten bestimmen lassen. Inzwischen hat sich die Auffassung durchgesetzt, dass es statt des Zeitpunkts der Unterzeichnung auf den Zeitpunkt des Inkrafttretens ankommen sollte. Im Zeitpunkt des Inkrafttretens wird das Vereinigte

---

[62] *Giegerich* (Fn. 60), Art. 62 Rn. 81; *Heintschel von Heinegg* (Fn. 57), Rn. 32.
[63] *Bopp* (Fn. 41), § 9 Rn. 16 ff.
[64] Dies erkennt auch *Bopp* (Fn. 41), § 9 Rn. 18.

Königreich kein Mitgliedstaat der Union und damit kein Mitgliedstaat i. S. d. EPGÜ sein und bleibt folglich außer Betracht. Stattdessen soll es dann auf die nach anfänglichem Zögern im Jahr 2017 erfolgte Ratifizierung Italiens ankommen.[65]

c) Ratifizierung durch die BRD

Genügt die Ratifizierung Italiens den Vorgaben des Art. 89 Abs. 1 EPGÜ, hängt das Inkrafttreten nur noch von der Ratifizierung durch die Bundesrepublik Deutschland ab.

Zwar hatten Bundestag und Bundesrat im Jahr 2017 ein Ratifizierungsgesetz verabschiedet.[66] Gegen dieses richteten sich jedoch mehrere Verfassungsbeschwerden, woraufhin der Bundespräsident die Ausfertigung des Gesetzes auf Bitten des Bundesverfassungsgerichts aussetzte.[67] Am 13.2.2020 hat das Bundesverfassungsgericht das Ratifizierungsgesetz für nichtig erklärt.[68] Die Entscheidung stützt sich auf das Nichterreichen der nach Art. 23 Abs. 1 S. 3 GG i. V. m. Art. 79 Abs. 2 GG erforderlichen Zweidrittelmehrheit, so dass einem neuen Ratifizierungsgesetz nichts im Wege zu stehen schien.[69]

Am 26.11.2020 hat der Deutsche Bundestag einem – inhaltlich unveränderten – Gesetzentwurf der Bundesregierung zu dem Übereinkommen über ein Einheitliches Patentgericht[70] mit der erforderlichen Zweidrittelmehrheit zugestimmt. Der Bundesrat hat dem Gesetz am 18.12.2020 einstimmig zugestimmt. Doch die Geschichte wiederholt sich. Noch im Dezember 2020 gingen beim Bundesverfassungsgericht zwei Verfassungsbeschwerden gegen dieses zweite Ratifizierungsgesetz ein.[71] Und abermals wartete der Bundespräsident auf Bitten des Bundesverfassungsgerichts mit der Ausfertigung des Gesetzes bis zu einer Entscheidung des Bundesverfassungsgerichts.

Die Entscheidung im März 2020 stützte sich auf eine Verletzung des grundrechtsgleichen Rechts aus Art. 38 Abs. 1 S. 1, Art. 20 Abs. 1, 2 i. V. m. Art. 79 Abs. 3 GG (sog. „Recht auf Demokratie“) wegen des Fehlens der erforderlichen Mehrheit von zwei Dritteln der Mitglieder des Bundestages.[72]

---

[65] *Hüttermann* (Fn. 61), Rn. 51; *Leistner/Simon*, in: FS für Theo Bodewig, 2018, 79 (81); *Tilmann*, GRUR 2020, 441 (445).

[66] Entwurf eines Gesetzes zu dem Übereinkommen vom 19. Februar 2013 über ein Einheitliches Patentgericht, BT-Drs. 18/11137; Entwurf eines Gesetzes zur Anpassung patentrechtlicher Vorschriften auf Grund der europäischen Patentreform, BT-Drs. 18/8827.

[67] Dazu *Tilmann*, GRUR 2017, 1177; Stellungnahme der GRUR, GRUR 2018, 270.

[68] BVerfG, GRUR 2020, 506 – EPGÜ-ZustG.

[69] *Tilmann*, GRUR 2020, 441 (445); *Möller*, Anm. zu BVerfG, EuZW 2020, 324 (337).

[70] Entwurf eines Gesetzes zu dem Übereinkommen vom 19. Februar 2013 über ein Einheitliches Patentgericht, BT-Drs. 19/22847. Der Wortlaut des Gesetzes ist unverändert, lediglich die Begründung enthält einige Aktualisierungen.

[71] Anhängig unter Az. 2 BvR 2216/20, 2 BvR 2217/20.

[72] BVerfG, GRUR 2020, 506 Rn. 117 ff. – EPGÜ-ZustG.

Das neue Ratifizierungsgesetz würde nun nicht mehr an dieser formalen Hürde der Zweidrittelmehrheit scheitern. Soweit der Beschwerdeführer eine Verletzung des Rechts auf Demokratie darauf stützte, dass das EPGÜ-Ratifizierungsgesetz gegen die Verfassungsidentität verstoße, weil die Rechtsstellung der Richter rechtsstaatlich unzureichend geregelt sei, Grundrechtseingriffe durch das EPatG nicht hinreichend gesetzlich legitimiert seien und das EPGÜ gegen Unionsrecht verstoße, hielt das BVerfG die Verfassungsbeschwerde gegen das erste Ratifizierungsgesetz mangels hinreichend substantiierter Begründung für unzulässig.[73] Dass dem Beschwerdeführer im zweiten Anlauf eine substantiierte Darlegung derartiger Verstöße gelingen würde, schien zweifelhaft, weil das BVerfG zu erkennen gab, dass es insofern keine grundsätzlichen Zweifel an der Verfassungskonformität hegt.[74]

Am 23.6.2021 hat das Bundsverfassungsgericht die Anträge auf Erlass einer einstweiligen Anordnung nach § 32 BVerfGG mit der Begründung zurückgewiesen, dass die Verfassungsbeschwerden in der Hauptsache unzulässig sind.[75] Soweit eine Verletzung des Rechtsstaatsprinzips, des Grundrechts auf effektiven Rechtsschutz und Verstöße gegen das Unionsrecht gerügt wurden,[76] war diese Entscheidung zu erwarten. Fraglich war aber, wie die Bemerkung des BVerfG in der Entscheidung zum ersten Ratifizierungsgesetz zu werten sein würde, dass über „Anhaltspunkte dafür [...], dass die Festschreibung eines unbedingten Vorrangs des Unionsrechts" in Art. 20, 21 EPGÜ gegen Art. 20 Abs. 1, 2 i. V. m. Art. 79 Abs. 3 GG verstößt, nicht abschließend entschieden werden musste.[77] Problematisch wäre insofern, wenn das EPatG nach Art. 20, 21 EPGÜ uneingeschränkt an Unionsrecht und Entscheidungen des EuGH gebunden wäre und dadurch die Identitäts- und Ultra-vires-Kontrolle des BVerfG ausgehebelt würde. Vom Beschwerdeführer waren derartige Argumente nicht vorgebracht worden.[78] Vielmehr hatte das BVerfG diesen Punkt von sich aus angesprochen und ausdrücklich offengelassen. Doch auch insofern hatten die Verfassungsbeschwerden keinen Erfolg: Das BVerfG versteht Art. 20 EPGÜ nun vor dem Hintergrund des Gutachtens 1/09 des EuGH so, dass damit lediglich Zweifel an der Vereinbarkeit des Übereinkommens mit dem Unionsrecht ausgeräumt werden sollten.[79] Das Verhältnis von Unionsrecht und nationalem Recht solle damit nicht verändert werden.[80]

---

[73] BVerfG, GRUR 2020, 506 Rn. 103 ff. – EPGÜ-ZustG II.

[74] *Tilmann*, GRUR 2020, 441 (444 f.); deutlich optimistischer *Heun-Rehn/Klopschinski*, EWiR 2020, 575 (576) und wohl auch *Brambrink*, GRUR-Prax 2020, 184.

[75] BVerfG, GRUR 2021, 1157 Rn. 45 – EPGÜ-ZustG II.

[76] BVerfG, GRUR 2021, 1157 Rn. 52 ff. – EPGÜ-ZustG II.

[77] BVerfG, GRUR 2020, 506 Rn. 141, 166 – EPGÜ-ZustG.

[78] *Tilmann*, GRUR 2020, 441 (446).

[79] BVerfG, GRUR 2021, 1157 Rn. 77 – EPGÜ-ZustG II.

[80] BVerfG, GRUR 2021, 1157 Rn. 78 – EPGÜ-ZustG II.

In der Hauptsache ist zum Zeitpunkt des Drucklegung dieses Beitrags zwar noch nicht entschieden. Allerdings dürfte es sich dabei um reine Formsache handeln,[81] so dass mit einer Ratifizierung durch die Bundesrepublik Deutschland alsbald zu rechnen ist.

VIII. Ausblick

Das Immaterialgüterrecht war oftmals Vorreiter und Motor der Europäisierung des Privatrechts. Doch das Patentrecht blieb das Sorgenkind dieser Entwicklung. Während sich die Juristische Fakultät der Universität Augsburg in den vergangenen 50 Jahren stetig weiterentwickelt hat, wollte die Entwicklung im Patentrecht in den letzten Jahren nicht so recht vorankommen. Das Einheitspatentsystem würde mit dem EPeW eine Entwicklung nachholen, die im Marken- und Designrecht längst vollzogen ist. Das Einheitliche Patentgericht wird jedoch ein großer Schritt nach vorn sein und kann als Vorbild für eine spezialisierte Fachgerichtsbarkeit auf EU-Ebene wichtige Impulse für die Europäisierung des Prozessrechts liefern. Aber von Worten zu Werken ist es ein weiter Weg. Bleibt zu hoffen, dass das Einheitspatent und das Einheitliche Patentgericht Wirklichkeit werden, bis auch das EPGÜ im Jahr 2023 seinen ersten runden Geburtstag feiert!

---

[81] *Tilmann*, GRUR 2021, 1138 (1140); *Augenstein*, in: BeckOK Patentrecht, Stand: 15.7. 2021, EPGÜ Vorb. Rn. 60.

Der Bilanzskandal von Wirecard und das Versagen der Finanzbranche

Thomas M. J. Möllers

I. Wirecard als „Insolvenz mit Ansage" und das Versagen einer ganzen Wirtschaftsklasse

„Wirecard – Schande für Deutschland" formulierte Felix Hufeld als Präsident der Bundesanstalt für Finanzdienstleistungsaufsicht (BaFin).[1] Die erste Insolvenz eines Unternehmens des Deutschen Aktienindex (DAX) hat hohe Wellen geschlagen. Ein Untersuchungsausschuss des Bundestages soll den Skandal aufklären; erste Klagen sind erhoben.[2] Die Aufarbeitung des Skandals wird Gesetzgebung, Rechtsprechung und Wissenschaft für die nächsten Jahre beschäftigen. Der Beitrag will in einem ersten Schritt nachweisen, weshalb ein Versagen der gesamten Finanzbranche vorliegt, wenn kein einziger der Akteure einschreitet, obwohl alle Marktteilnehmer die Vorwürfe unrichtiger Bilanzen kennen. Ursache sind Verhaltensformen der Behavioral Finance, aber auch das immer noch unzureichende deutsche und europäische Kapitalmarktrecht. Es fehlt an einer hinreichenden Konkretisierung der einzelnen Pflichten (I.). Es wird sodann ein System entwickelt, das besser auf die Validität von Informationen reagiert und stärker als bisher klärt, mit welchen Pflichten die Marktteilnehmer auf ungesicherte Informationen zu reagieren haben (II.). Schließlich wird die Rechtsdurchsetzung mit ihren komplexen Fragen zur richtigen Regelungsebene und dem intradisziplinären Zusammenwirken von Straf-, Zivil- und Öffentlichem Recht thematisiert (III.).

---

[1] So wörtlich auf der Tagung Frankfurt Finance Summit, wiedergegeben in: *Mußler/Peitsmeier/Schäfers*, „Schande" für Deutschland, FAZ v. 23.6.2020, 15. Hufeld wurde inzwischen entlassen.

[2] S. hierzu die Informationen auf der Web-Seite des Bundestages, https://www.bundestag.de/ausschuesse/untersuchungsausschuesse/3untersuchungsausschuss (abgerufen am 2.2.2021); *Becker*, Das Polittheater, Wirtschaftswoche v. 24.7.2020, 30ff.

1. Der Wirecard-Sachverhalt von April 2015 bis Juni 2020

a) Die vermeintliche Erfolgsgeschichte von Wirecard

Allein den Sachverhalt des Wirecard-Skandals zusammenzutragen, würde den Rahmen eines wissenschaftlichen Beitrages sprengen. Es bedarf hier einer umfangreichen Sachverhaltshermeneutik,[3] da die einzelnen Marktteilnehmer aus ihrer jeweiligen Binnenperspektive berichten:[4] Insoweit werden nur die wichtigsten Eckdaten genannt.[5] Die Wirecard AG zählte zu den vermeintlich wenigen Erfolgsgeschichten, die es in Deutschland im Bereich der New Economy gibt. 1999 als Zahlungsabwickler gegründet, verbuchte das in Aschheim bei München ansässige Unternehmen seit Jahren Umsatz- und Gewinnsteigerungen von 30 % und mehr, die jeweils mehrmals im Jahr angehoben wurden.[6] Der Konzern bestand aus über 50 Tochtergesellschaften. Für den Erfolg verantwortlich waren hauptsächlich Tochterunternehmen, die in Singapur, Indien und anderen asiatischen Staaten aktiv waren. Zu Wirecards Kunden zählten neben Visa, Mastercard und Paypal auch Handelsketten wie Aldi oder Ikea.[7] Die Wirtschaftsprüfungsgesellschaft EY testierte den Jahresabschluss der Wirecard AG als Einzelunternehmen sowie den des Konzerns jeweils für die Jahre 2009 bis einschließlich 2018 mit einem uneingeschränkten Bestätigungsvermerk.

b) Die jahrzehntelangen Vorwürfe falscher Bilanzzahlen

Allerdings kam schon frühzeitig Gegenwind auf: Eine erste Short-Sell-Attacke mit dem Vorwurf falscher Bilanzen wurde bereits im Jahre 2008 durch ein Vorstandsmitglied der Schutzvereinigung der Kleinanleger (SdK) gestartet. Damals wurden Beteiligte der SdK wegen Marktmanipulation verurteilt, weil diese auf fallende Kurse gesetzt hatten, ohne diesen Interessenkonflikt aufzuklären.[8] Seit April 2015, also über einen Zeitraum von fünf Jahren, ver-

---

[3] Zu dieser Arbeitstechnik s. *Möllers*, Juristische Methodenlehre, 4. Aufl. 2021, § 14 Rn. 11 ff.

[4] Etwa *KMPG*, Sonderbericht über die unabhängige Sonderuntersuchung, Wirecard AG v. 27.4.2020, https://www.wirecard.com/uploads/Bericht_Sonderpruefung_KPMG.pdf (abgerufen am 2.2.2021) oder *Bundesministerium der Finanzen (BMF)*, Aufzeichnung für den Finanzausschuss des Deutschen Bundestags. Sachstandsbericht und Chronologie Wirecard v. 16.7.2020, 1 ff., https://www.bundesfinanzministerium.de/Content/DE/Standardartikel/Themen/Internationales_Finanzmarkt (abgerufen am 2.2.2021).

[5] Ergänzt wurde der Sachverhalt durch weitere Fundstellennachweise der einschlägigen überregionalen Zeitschriften.

[6] Dies kam besonders in den Jahresbilanzen 2016/2018 und mehreren Ad-hoc-Mitteilungen aus den Jahren 2018 und 2019 beeindruckend zum Ausdruck. In einem Fünfjahresplan wollte Wirecard den Börsenwert bis 2023 verfünfachen, s. z. B. Investorenpräsentation Wirecard v. April 2018 und v. 7.8.2018, www.wirecard.de (abgerufen am 2.2.2021).

[7] S. etwa Investorenpräsentation Wirecard v. 6.11.2019, 8.

[8] Ausführlicher Überblick bei *Möllers/Hailer*, in: FS Schneider, 2011, 831 ff.; s. auch *Hesse*, Wette auf den Absturz, Der Spiegel v. 30.4.2016, Heft 18, 65 ff.; https://www.juve.

öffentlichten die Journalisten Dan McCrum und Paul Murphy in der Financial Times (FT) mehr als 16 Berichte, in denen sie mit dem Titel „The House of Wirecard" nicht nachvollziehbare Zahlungsströme und Bilanzbuchungen bei verschiedenen asiatischen Tochtergesellschaften minutiös aufdeckten.[9] Hierbei konnten sie sich auf Informationen von Whistleblowern bei Wirecard stützen.[10] Überregionale deutsche Zeitschriften folgten mit Berichtserstattung.[11] Umgekehrt warnten andere Akteure etwa mit dem 100-seitigen Zatarra-Report[12] vor unrichtigen Bilanzen, jedoch unter Verwendung von nachweislich unrichtigen Tatsachen und handelten auch deshalb rechtswidrig, weil ihre Analysen ohne Impressum den Urheber nicht erkennen ließen.[13] Zahlreiche Leerverkäufer strichen bei Kursstürzen immer wieder hohe Gewinne ein.[14] Weil die Gerüchte über Falschbuchungen nicht verstummten, beauftragte Wirecard 2018 zuerst die Kanzlei Rajah & Tann aus Singapur, die Bilanzen zu prüfen. Diese stellte zwar vereinzelt Mängel fest, welche nach Ansicht von Wirecard aber keine wesentlichen Auswirkungen auf die Jahresabschlüsse hatten.[15] Nachdem die FT weitere Ungereimtheiten aufgedeckt hatte, beauftragte Wirecard auf Druck von Investoren und der Öffentlichkeit Mitte Oktober 2019 die Wirtschaftsprüfungsgesellschaft KPMG mit einer „Sonderuntersuchung"[16]. KPMG stellte am 27.4.2020 fest, dass zahlreiche Buchungen nicht bestätigt werden können, weil Unterlagen nicht oder nicht im Original vorgelegt wurden.[17] Daraufhin musste die geplante Veröffentlichung des Jahresabschlusses 2019 verschoben werden. Am 18.6.2020 verweigerte EY schließlich das Testat mit dem Hinweis, dass 1,9 Mrd. Euro auf Treuhandkonten von zwei Banken in Asien nicht auffindbar seien.[18] Nur eine Woche später, am 25.6.2020, stellte die Wirecard AG einen Antrag auf

---

de/nachrichten/verfahren/2012/01/marktmanipulation-prozess-in-sdk-affare-gestartet-erster-angeklagter-kundigt-gestandnis-an (abgerufen am 2.2.2021).

[9] Detailliert aufgelistet in: *KMPG* (Fn. 4), 11 ff.

[10] *Bartz/Hesse*, FT Reporter on the Downfall of Wirecard Head, Spiegel International v. 5.11.2020.

[11] *Jauernig*, Das steckt hinter dem Börsenstar Wirecard, Der Spiegel v. 5.9.2018, Heft 18, 65.

[12] *Zatarra Research & Investigations* v. Februar 2016, 1, https://www.heibel-unplugged.de/wp-content/uploads/2020/06/Zatarra-research-Wirecard-PDF.pdf (abgerufen am 2.2.2021).

[13] Als Verstoß gegen Art. 2 Abs. 1 der Delegierten VO (EU) 2016/958, *Möllers*, NZG 2018, 649 (652).

[14] Hierzu *Möllers*, NZG 2018, 649 f.; *Mülbert/Sajnovits*, BKR 2019, 313 ff.; *Schockenhoff*, WM 2020, 1341 ff.; *Poelzig*, ZHR 184 (2020), 697 ff.

[15] *Wirecard*, Ad-hoc-Mitteilung v. 26.3.2019.

[16] Die Sonderprüfung ist in den § 258 ff. AktG geregelt und kann ggf. von einem Teil der Aktionäre gerichtlich erzwungen werden. Wirecard beauftragte dagegen KPMG zu einer Sonderuntersuchung, welche die Voraussetzungen der §§ 258 ff. AktG nicht erfüllen muss, s. *KPMG* (Fn. 4), 1.

[17] *KMPG* (Fn. 4), 12 f.

[18] *Wirecard*, Ad-hoc-Mitteilung v. 18.6.2020, www.wirecard.de (abgerufen am 2.2.2021); *Peitsmeier*, Kriminalfall Wirecard, FAZ v. 19.6.2020, 17.

Insolvenz und veröffentlichte dies per Ad-hoc-Mitteilung.[19] Der Aktienkurs erreichte 2018 einen Höchstwert von knapp 200 Euro, konnte sich dann bis zur Ablehnung des Testates am 18.6.2020 bei gut 100 Euro behaupten, bevor er dann innerhalb weniger Tage auf unter 2 Euro abstürzte.[20]

c) Die Reaktionen von Wirecard, BaFin und der Finanzbranche auf den Vorwurf unrichtiger Bilanzen

Wie verhielten sich die Akteure am Markt? Der Vorstandsvorsitzende Dr. Markus Braun kaufte immer wieder eigene Aktien, sodass ihm zum Schluss mehr als 7 % der Aktien gehörten. Die Wirecard AG wies kontinuierlich alle Vorwürfe falscher Bilanzen zurück: Gegen die Journalisten der FT wurde Strafantrag wegen Verleumdung gestellt.[21] In zahlreichen Twitternachrichten betonte der Vorstandsvorsitzende Braun, „dass alles gut wird" und an den Bilanzvorwürfen „nichts dran" sei.[22] Dies wurde durch Ad-hoc-Mitteilungen noch im Mai und Juni 2020 bestätigt.[23] Als EY im Juni 2020 das Testat für den Jahresabschluss 2020 verweigerte, stellte Wirecard eine Strafanzeige wegen Betrugs gegen Unbekannt.[24]

Die Staatsanwaltschaft München ermittelte gegen die Leerverkäufer; es kam zu einzelnen Verurteilungen.[25] Die BaFin erließ einerseits im Frühjahr 2019 für zwei Monate ein Verbot, welches den Leerverkauf von Wirecard-Aktien untersagte.[26] Sie stellte zudem eine Strafanzeige gegen den FT Journalisten McCrum.[27] Andererseits suchte die BaFin die Kooperation mit mehreren ausländischen Behörden und beauftragte im Februar 2019 die Deutsche Prüfstelle für Rechnungswesen (DPR) mit der Prüfung des Abschlusses 2018.[28]

---

[19] *Wirecard*, Ad-hoc-Mitteilung v. 25.6.2020.

[20] https://www.boerse.de/aktien/Wirecard-Aktie/DE0007472060 (abgerufen am 2.2.2021).

[21] *N. N.*, Ermittlungen gegen „Financial Times"-Journalisten eingestellt, Zeit Online v. 4.9.2020.

[22] S. hierzu die Twitternachrichten v. 10.1.2020, 17.1.2020, 31.1.2020, 11.2.2020, 6.3.2020, 22.3.2020, 19.4.2020, 17.5.2020 und 18.6.2020.

[23] Etwa mit der Behauptung, dass die Sonderprüfung der KPMG keine substantiellen Beanstandungen beinhaltet, s. *Wirecard*, Ad-Hoc-Mitteilungen v. 12.3.2020 und v. 22.4.2020.

[24] *Ott/Schmitt/Wischmeyer*, Ein Dax-Konzern vermisst 1,9 Milliarden Euro, SZ v. 19.6. 2020, 15; *N. N*, Wirecard stellt Strafanzeige wegen Betrugsverdacht, Zeit Online v. 18.6.2020.

[25] Verfahren gegen den Börsenbrief-Herausgeber Fraser Perring werden gegen Zahlung einer fünfstelligen Geldauflage eingestellt, s. *Poltz*, Strafverfahren gegen Wirecard-Kritiker wird eingestellt, Reuters v. 11.5.2020.

[26] *BaFin*, Wirecard AG: Allgemeinverfügung zum Verbot der Begründung und Vergrößerung von Netto-Leerverkaufspositionen, https://www.bafin.de/SharedDocs/Veroeffentlichungen/DE/Meldung/2019/meldung_190218_Allg_Vfg_Wirecard_Verbot_Leerverkaufspositionen.html (abgerufen am 2.2.2021). Hierzu *Voß*, in: 25 Jahre FS WpHG, 2019, 715 (750 ff.); *Splinter/Gansmeier*, ZHR 184 (2020), 761 ff.

[27] *Ott/Schreiber/Willmroth*, Der Schlingerkurs der Bafin, SZ v. 13.7.2020.

[28] *BMF* (Fn. 4), 2, 6.

Schließlich existiert gem. § 319a HGB eine Abschlussprüferaufsichtsstelle (APAS) beim Bundesamt für Wirtschaft und Ausfuhrkontrolle. Diese prüft bis heute, ob Fehler der Wirtschaftsprüfer vorlagen.[29] Die überschwänglich euphorische Stimmung der nahezu gesamten Finanzbranche zugunsten Wirecard war beeindruckend: Ende September 2018 nahm die Deutsche Börse Wirecard in den DAX 30 als höchsten Index der Frankfurter Börse auf. Gleichzeitig musste die alteingesessene Commerzbank den DAX verlassen.[30] Mitarbeiter der japanischen Softbank Group beteiligten sich 2019 mit 900 Mio. Euro an Wirecard und schlossen eine strategische Kooperation.[31] Im 5 Mrd. Euro schweren Aktienfonds der Deutschen Bank, DWS, lag der Wirecard-Anteil bei mehr als 10 %.[32] Die Wirecard-Aktie war Liebling der Chat-Rooms. Die Kaufempfehlungen überwogen in den Jahren 2015–2019 deutlich. Aussagen der FT wurden als *fake news* abgetan.[33] Noch bis Mitte 2020 wurde die Wirecard-Aktie von Finanzanalysten mit Kurszielen jenseits der 200 Euro bewertet.[34] Auch die Ratingagentur Moody's hatte die Wirecard AG im Jahr 2019 mit einem Investmentgrade-Rating versehen.[35] Nach dem manipulationsbedingten Kurssturz blieb die Wirecard-Aktie noch bis September 2020 als *Penny-Stock* im DAX.

Gegenwärtig sitzt Markus Braun in Untersuchungshaft, der für das Asiengeschäft verantwortliche Jan Marsalek ist weiterhin auf der Flucht, die Staatsanwaltschaft München ermittelt wegen gewerbsmäßigen Bandenbetrugs, Bilanzfälschung und weiteren Delikten.[36] Am 25.8.2020 hat das AG München das Insolvenzverfahren eröffnet.[37] Gläubiger fordern mehr als 12 Mrd.

---

[29] Die APAS ist nach ihrer Ansicht nicht zur Aufklärung von Bilanzfehlern zuständig, s. § 319a Abs. 1 Satz 1 HGB und https://www.apasbafa.bund.de/SharedDocs/Kurzmeldungen/APAS/DE/20200918_stellungnahme.html (abgerufen am 2.2.2021).

[30] *Wischmeyer*, Solider Nachfolger gesucht, SZ v. 3.8.2020, 15.

[31] S. z. B. *Wirecard*, Ad-Hoc-Mitteilung v. 24.4.2019; *Schnell*, Beteiligung durch die Hintertür: Softbank ist nicht direkt bei Wirecard eingestiegen, Handelsblatt v. 15.1.2019.

[32] *Klemm*, Wetten, dass Wirecard …, FAZ v. 19.1.2002, 26; *Kanning*, Ein Schaden für den Finanzplatz, FAZ v. 20.6.2020, 29; *Oberhuber*, Die DWS und die magischen zehn Prozent, capital v. 10.7.2020.

[33] Die Analystin der Commerzbank Heike Pauls, ähnlich Simon Bentlage von Hauck & Aufhäuser, s. *Bergermann/Buschmann/Finkenzeller/Ter Haseborg/Zdrzalek*, „Fake News", Wirtschaftswoche v. 26.6.2020, 26, 27.

[34] Die Commerzbank-Analystin Pauls gab noch im Mai ein Kursziel von 230 Euro, Baader gab ein Kursziel von 240 Euro (26.4.2020), die Privatbank Hauck & Aufhäuser am 23.4.2020 ein Kursziel von 270 Euro aus, s. https://www.boerse-online.de/analysen/wirecard (abgerufen am 2.2.2021) sowie Kessler, Commerzbank: Wirecard-Verfechterin wird offenbar kaltgestellt, Der Aktionär v. 14.1.2021.

[35] *Seeser*, Wirecard: Das ist die Bewertung durch die Ratingagentur Moody's, Der Aktionär v. 30.8.2019.

[36] *Peitsmeier/Neuscheler*, Drei Haftbefehle im Fall Wirecard, FAZ v. 23.7.2020, 15.

[37] Insolvenzverwalter ist Michael Jaffé, https://www.jaffe-rae.de/index.php/DE/site/listing_aktuelles/insolvenzverfahren-ueber-vermoegen-der-wirecard-ag-eroeffnet (abgerufen am 2.2.2021).

Euro,[38] Ansprüche geschädigter Anleger in Milliardenhöhe sind hierbei noch nicht berücksichtigt. Ein erstes Buch zu Wirecard ist erschienen;[39] die Verfilmung der Causa Wirecard ist geplant.[40] Inzwischen wird bekannt, dass Mitarbeiter der BaFin und der Leiter der Wirtschaftsprüferaufsicht APAS persönlich mit Wirecard Aktien gehandelt haben.[41] Dan McCrum wurde mittlerweile mit einem Journalistenpreis ausgezeichnet.[42]

2. Das Versagen der gesamten Finanzbranche

a) Unzureichende Kontrollstrukturen der Wirecard AG und das Versagen von EY als Wirtschaftsprüfungsgesellschaft

Dass das Unternehmen versagt hat, ist mehr als offensichtlich: Unzureichend war die unternehmensinterne Struktur, die sog. Corporate Governance. Dazu gehören interne Aufsichtsstrukturen wie Aufsichtsrat, Finanzbuchhaltung, Controlling und Compliance. Verständlich ist dies, weil das Unternehmen als Start-up-Unternehmen klein angefangen hat. Der Vorstandsvorsitzende Braun dominierte das Unternehmen als größter Aktionär. Er war der Kopf und hatte es maßgeblich aufgebaut. Jan Marsalek war als Wirecard-Vorstand zuständig für die Expansion in Asien. Unklar ist noch, in welchem Umfang Alexander von Knopp als Finanzvorstand die Zahlen tatsächlich kontrollierte. Die Rechtsabteilung wurde vorrangig mit Berufsanfängern statt mit erfahrenen Rechtsanwälten besetzt. Vorsitzender des Aufsichtsrates war über Jahre hinweg Klaus Rehning, ohne dass eine wirkliche Kontrolle erkennbar wurde.[43] Erst ganz am Ende war die Wirecard AG bereit, unabhängige Personen mit der erforderlichen Expertise in Vorstand und Aufsichtsrat[44] einzubeziehen; allerdings viel zu spät. Wer den Sonderbericht von KPMG liest, ist überrascht, welche Informationen EY bis dato nicht eingeholt hatte: So begnügten sich Mitarbeiter von EY jahrelang mit (gefälschten) Kopien, suchten die asiatischen Töchter von Wirecard nie persönlich auf und ignorierten Hinweise von Whistleblowern über unrichtige Bilanzbuchungen.[45]

---

[38] S. Handelsblatt v. 18.11.2020.

[39] *Bergermann/Ter Haseborg*, Die Wirecard Story, 2021.

[40] *Schaaf*, Dieser Mann verfilmt den Wirecard-Skandal, FAZ.NET v. 8.8.2020.

[41] *Giersberg/Schäfers*, Das hat mich befremdet, FAZ v. 12.12.2020, 20.

[42] *McCrum* wurde mit einem Sonderpreis prämiert, s. *Schreiber*, Der Journalist, die Aufsicht und das Kartenhaus, SZ v. 7.12.2020.

[43] In einem Interview prognostizierte er im Dezember 2018, dass Wirecard übernommen wird, worauf der Kurs prompt um 3 % stieg, s. *Ivanov/Reccius/Wolf*, „Bald wird ein internationaler Konzern Wirecard kaufen“, Handelsblatt online v. 27.12.2018.

[44] Erst im Juni 2019 wurde Thomas Eichelmann als unabhängiges Aufsichtsratsmitglied gewählt, welcher dann das Sondergutachten der KPMG veranlasste, *Mohr/Peitsmeier*, Seine letzte Chance, FAZ v. 13.5.2020.

[45] *Storbeck*, Whistleblower warned EY of Wirecard fraud four years before collapse, FT v. 30.9.2020.

b) Die ineffektive Aufsicht: BaFin, ESMA, DPR etc.

Der Eindruck drängt sich auf, dass die BaFin als deutsche Aufsichtsbehörde einseitig Wirecard gegen Attacken der Leerverkäufer schützte und die Vorwürfe der FT nicht ernst nahm. Schon der Bericht des BMF deutet an, dass das sog. zweistufige Bilanzkontrollverfahren nur bedingt funktioniert, da zuerst die DPR eingeschaltet wird, bevor die BaFin agieren kann.[46] Dort arbeitete aber nur eine Person an der Aufarbeitung des Wirecard-Falles und konnte seit der Anzeige vom 15.2.2019 nichts zur Aufklärung beitragen.[47] Hätte die BaFin sogleich eine Sonderprüfung veranlassen können, wäre der Skandal deutlich früher bekannt geworden.[48] Die European Securities and Markets Authority (ESMA) hat inzwischen das Verhalten der BaFin kritisiert.[49]

c) Die Ignoranz der Experten: Finanzanalysten, Fondsbetreiber, Deutsche Börse AG etc.

Erstaunlich ist schließlich das Versagen einer ganzen Wirtschaftsbranche, der Finanzintermediäre.[50] Dazu gehören die Finanzberater, Vermögensverwalter, Fondsmanager, Finanzanalysten und die Ratingagenturen. Als Finanzexperten stehen sie zwischen dem börsennotierten Unternehmen und Investoren und sollen durch positive und negative Empfehlungen über ein börsennotiertes Unternehmen Anlegern bei ihrer Kauf- bzw. Verkaufsentscheidung helfen. Auch die Deutsche Börse ist als Handelsplattform ein Marktteilnehmer. Nachvollziehbar war die eingangs beschriebene euphorische Stimmung (I.1.c), weil die genannten Finanzintermediäre zwar Experten sind, letztlich aber von den Informationen des Unternehmens abhängen. Dieses produziert die originären Unternehmensnachrichten, es ist Informationsmonopolist.[51] Alle anderen Marktteilnehmer sind von den bereitgestellten Informationen abhängig und können diese als *second best informed* nur verarbeiten. Tim Albrecht als Leiter der DWS-Deutschland räumte ganz offen ein, dass er sich über Wirecard getäuscht und sich insoweit „verzockt" habe.[52] Es überrascht

---

[46] S. *Merkt*, in: Baumbach/Hopt (Hrsg.), HGB, 40. Aufl. 2021, § 342b Rn. 19; *BMF* (Fn. 4), 1, 2, 9 f. Vorher bereits Scholz, s. *Erhard*, Multiples „Organversagen" von Kontrollen und Aufsichten, Deutschlandfunk v. 10.7.2020.

[47] *Giersberg*, Wirecard-Skandal: Die „Bilanzpolizei" sieht sich als Bauernopfer, FAZ v. 28.6.2020.

[48] Hierzu genauer unten II.3.

[49] *ESMA*, Fast Track Peer Review on the Application of the Guidelines on the Enforcement of Financial information (ESMA 2014/1293) by BaFin and Frep in the Content of Wirecard v. 3.11.2020, www.esma.europa.eu (abgerufen am 2.2.2021), s. FAZ v. 4.11.2020, 17.

[50] Ähnlich *Voß*, RDi 2020, 11, 12: „Systemversagen".

[51] Erstmals *Möllers/Leisch*, WM 2001, 1648 (1654).

[52] S. die Nachweise in Fn. 33; er verzichtet freiwillig auf 10 % seines Gehaltes, s. *Kanning*, „Haben die andere Informationen als wir?", FAZ v. 19.6.2020.

allerdings, dass die Finanzintermediäre keinerlei eigene Recherchen angestellt haben, obwohl der BGH bereits 1993 eine Pflicht zur anlagegerechten Beratung (*know your product*) mit entsprechenden Recherchepflichten entwickelt hatte. Darauf wird zurückzukommen sein.[53]

Auch die Deutsche Börse AG interessierte sich nicht für die negativen Gerüchte um Wirecard. Nach dem Regelwerk der Deutschen Börse AG waren bislang für die Aufnahme in den DAX ausschließlich die Marktkapitalisierung und das Handelsvolumen relevant.[54] Damit konnten bisher Unternehmen in den DAX aufgenommen werden, die nachweislich Verlust schreiben.[55] Die Aufnahme in den DAX als wichtigsten Index der Deutschen Börse hat zur Folge, dass Marktteilnehmer, die den DAX nachbilden, diese Aktien zwingend erwerben müssen. Dazu gehören etwa die Anbieter von ETFs, die den DAX widerspiegeln, aber auch diverse Fonds-Anbieter.

3. Gründe für die unkritische Haltung der Finanzbranche – Behavioral Finance: von Blindheit geschlagen

Was bleibt festzuhalten? Zur Verteidigung der BaFin wurde vorgetragen, es handele sich um einen bedauernswerten Einzelfall, da kriminelle Energie immer schwer zu entdecken sei.[56] Der Aufsicht sei überdies kein Vorwurf zu machen, da sie nun einmal ausländische Töchter nicht kontrollieren könne.[57] Beiden Thesen könnte man vielleicht zustimmen, wenn der Vorwurf der Bilanzfälschung überraschend erstmals im Sommer 2020 erhoben worden wäre. Dem ist aber nicht so: Vielmehr haben über einen Zeitraum von fünf Jahren die FT und andere Marktteilnehmer kontinuierlich und präzise den Vorwurf falscher Bilanzbuchungen konkretisiert. Die gerade genannten Akteure der Finanzbranche sind diesen Vorwürfen nicht ernsthaft nachgegangen. Sie haben die Vorwürfe der FT schlicht ignoriert, weil sie wohl den Testaten von EY mehr Vertrauen schenkten als der FT. Diese war stets der *bad guy*.[58]

Verhaltensweisen aus dem Bereich der *Behavioral Finance* können die unkritische Haltung der Marktteilnehmer erklären.[59] Nach dem sog. *herding*

---

[53] S. unten II.4.a).

[54] Zuständig ist die STOXX Ltd., eine Tochter der Deutschen Börse. Nach dem Leitfaden Aktienindizes wurde bisher ein Unternehmen neu in den DAX aufgenommen, wenn es sich nach Umsatz um Marktkapitalisierung mindestens auf Rang 25 im DAX befindet, s. *STOXX*, Guide to Equity Indices of Deutsche Börse AG v. 26.6.2019, Version 9.2.4.

[55] Zum neuen DAX-Mitglied Delivero Hero, s. kritisch etwa *Künnen/Kröner*, Investoren fordern nach dem Wirecard-Skandal einen neuen Dax, Handelsblatt v. 16.9.2020.

[56] In diese Richtung *BMF* (Fn. 4), 1, 3: „Einen hundertprozentigen Schutz gegen kriminelles Verhalten wird es niemals geben, auch nicht auf dem Finanzmarkt."

[57] So *Mock*, BB 2020, 1 (2).

[58] S. oben Fn. 25 ff.

[59] *Simon*, QJE 69 (1955), 99; *Miller*, Psychology Review 63 (1956), 81; *Simon*, Models of Bounded Rationality, 1982; *Oehler*, ZBB 1992, 97; *Shefrin*, Beyond Greed and Fear: Under-

ist es psychologisch einfacher, dem Herdentrieb zu folgen als gegen die herrschende Ansicht einzutreten. Dies gilt gerade auch für Finanzanalysten.[60] Hinzu kam ein *overconfidence bias*, ein Überoptimismus,[61] die Euphorie, neben SAP mit Wirecard ein weiteres Unternehmen der New Economy als FinTech-Unternehmen im DAX aufzunehmen. Weitere Verhaltensweisen der Börsenpsychologie lassen sich feststellen: Die Teilnehmer am Kapitalmarkt haben jahrelang die warnenden Stimmen der FT ignoriert oder sind sogar gerichtlich gegen diese vorgegangen. Man spricht von *selective perception*, selektiver Wahrnehmung,[62] und damit von Ausblenden und Ignorieren unerwünschter Informationen. Erklären lässt sich dies viertens mit dem Wunsch, störende Dissonanzen zu vermeiden (*cognitive dissonance*)[63] und sich fünftens an den Finanzintermediären als Ankern zu orientieren (*anchoring*).[64] Zusammenfassend kann man von „kollektiver Dummheit" sprechen, da Risiken weggelacht wurden.[65]

II. Die unzureichende Haftung der Marktteilnehmer als Versagen des Gesetzgebers

Erstaunlicherweise gestalten sich Haftungsansprüche gegen die Beteiligten als schwierig.

1. Die unzureichende Haftung des insolventen Unternehmens

Gesellschaftsrechtliche Haftungsansprüche sind gegen Vorstand und Aufsichtsrat denkbar. Gem. § 91 Abs. 2 AktG ist der Vorstand zur Einrichtung eines Überwachungssystems verpflichtet; der Aufsichtsrat hat dies zu überwachen. Allerdings stehen Schadensersatzansprüche gegen Vorstand und

---

standing Behavioral Finance and the Psychology of Investing, 2000; *Oehler*, ÖBA 2000, 978; *Hirshleifer*, Journal of Finance 56 (2001), 1533; *Shiller*, Journal of Economic Perspectives 17 (2003), 83; *Kiehling*, Börsenpsychologie und Behavioral Finance, 2001; *Thaler*, Advances in Behavioral Finance, 2005; *Belsky/Gilovich*, Das Lemming Prinzip, 2007, 11.

60 S. bereits *Keynes*, The General Theory of Employment Interest and Money, 1936, 158: „Worldy wisdom teaches that it is better for reputation to fail conventionally than to succeed unconventionally"; *Löffler*, Der Beitrag von Finanzanalysten zur Informationsverbreitung, 1998, 48 ff., 97 ff.; *Kiehling* (Fn. 59), 143 ff.; *Fleischer*, Gutachten zum 64. DJT, 2002, F 129; *ders.*, in: FS Immenga, 2004, 575 (583 f.); *Klöhn*, Kapitalmarkt, Spekulation und Behavioral Finance, 2006, 125 f.

61 S. *Kiehling* (Fn. 59), 141 ff.; *Klöhn* (Fn. 60), 118 ff.

62 *Anderson/Jacobson*, JPSP 2 (1965), 531; *Oehler*, ZBB 1992, 97 (100), *Kiehling* (Fn. 59), 53.

63 *Festinger*, A Theory of Cognitive Dissonance, 1957; *Goldberg/von Nitzsch*, Behavioral Finance, 4. Aufl. 2004, 118 ff.

64 Zum Ankereffekt grundlegend *Tversky/Kahneman*, Science 185 (1974), 1124 (1128).

65 *Kiehling* (Fn. 59), 68.

Aufsichtsrat gem. §§ 116, 93 Abs. 2 AktG immer nur der Gesellschaft zu, nicht aber den geschädigten Anlegern und Gläubigern, sodass entsprechende Schadensersatzansprüche überschaubar sind.[66] Denn es ist wenig attraktiv, das Klagerisiko zu tragen, ohne den eigenen Schaden geltend machen zu können. Soweit der Insolvenzverwalter klagt, fließt das Geld in die Insolvenzmasse. Wirecard hat zudem zahlreiche Bestimmungen des Deutschen Corporate Governance Kodex (DCGK) nicht berücksichtigt; den Markt hat es offensichtlich nicht gestört, wird doch der DCGK von der herrschenden Ansicht nur als unverbindliches *soft law* bezeichnet.[67] Solange das Unternehmen erfolgreich ist, toleriert der Markt ersichtlich die Nichtbeachtung des DCGK.[68]

Der Vorstandsvorsitzende Braun und die Wirecard AG haben mit zahlreichen Falschinformationen den Kapitalmarkt getäuscht. Schadensersatzansprüche nach dem Kapitalmarktrecht wären deshalb nicht nur wegen falscher und unterlassener Ad-hoc-Mitteilungen gem. §§ 97, 98 WpHG, sondern auch wegen Verletzung zahlreicher Schutzgesetze[69] erfolgreich. Allein: Das Unternehmen ist insolvent und deshalb sind Ansprüche gegen das Unternehmen auf die Insolvenzmasse beschränkt. Anleger mussten deshalb ihre Ansprüche beim Insolvenzverwalter anmelden.[70] Wegen vorrangiger Ansprüche Dritter wird sich die Quote der Insolvenzmasse von Wirecard wohl auf weniger als 10 % beschränken.[71] Ansprüche wegen sittenwidriger Schädigung gem. § 826 BGB sind zwar gegen Braun, Marsalek und andere Beteiligte denkbar; aber auch hier ist fraglich, wie hoch die jeweilige Insolvenzmasse der Beteiligten sein wird.

---

66 S. aber BGHZ 219, 356; LG München I, NZG 2014, 345; hierzu etwa Grigoleit/*Grigoleit/Tomasic*, AktG, 2. Aufl. 2020, § 93 Rn. 120 f. m. w. Nachw.

67 S. *Lutter*, ZGR 2000, 1 (18); *von Werder*, DB 2002, 801; *Borges*, ZGR 2003, 508 ff.; *E. Vetter*, DNotZ 2003, 748 (754); *Kort*, AG 2008, 137 (138); *Linnerz*, BB 2008, 581 (582); in diese Richtung auch Grigoleit/*Grigoleit/Zellner*, AktG, 2020, § 161 Rn. 4. *A. A. Möllers* (Fn. 3), § 3 Rn. 63 ff. m. w. Nachw. Eine Anfechtung des Hauptversammlungsbeschlusses wegen unrichtiger Entsprechungserklärung gem. § 161 AktG bleibt aber möglich, BGHZ 182, 272 (Rn. 16).

68 Manche Autoren sprechen anschaulich von „Comply or perform", s. *MacNeil/Li*, Corporate Governance 14 (2006), 486 (492); *Arcot/Bruno/Faure-Grimaud*, International Review of Law & Economics 30 (2010), 193 (199); *Pietrancosta*, in: FS Hopt, 2010, 1109 (1135).

69 Wie etwa § 400 AktG, s. hierzu *Möllers/Leisch*, in: KK-WpHG, 2. Aufl. 2014, §§ 37b, c Rn. 486 ff.

70 So auch die Empfehlung der Kanzlei Tilp, s. https://tilp.de/faelle/der-fall-wirecard-ag/ (abgerufen am 2.2.2021).

71 *de la Motte*, Wirecard Gläubiger fordern 12,5 Milliarden Euro – das müssen Anleger jetzt beachten, Handelsblatt v. 18.11.2020. Zu den Ansprüchen der vorrangigen Gläubiger in der Insolvenz s. oben Fn. 38.

2. *Die Haftungsbeschränkung des Wirtschaftsprüfers*

Wirtschaftsprüfer müssen eine kritische Grundhaltung bei ihrer Arbeit an den Tag legen, um rechtswidriges oder doloses Verhalten von Mitarbeitern des Unternehmens zu erkennen, das sie prüfen, § 43 Abs. 4 WPO. Zu einer solchen kritischen Grundhaltung gehört auch die Befragung von Mitarbeitern.[72] Dass EY seinem Prüfungsauftrag nicht nachgekommen ist, wenn Hinweisen von Whistleblowern nicht nachgegangen wurde, scheint nach dem gegenwärtigen Stand mehr als offensichtlich. Aber auch hier muss man die Hoffnung der geschädigten Anleger dämpfen: Handelt der Wirtschaftsprüfer nur fahrlässig, sind Ansprüche auf vier Millionen Euro beschränkt, § 323 Abs. 2 S. 2 HGB. Ganz offensichtlich ist die Grenze deutlich zu niedrig.[73] Der Anspruch auf Schadensersatz des § 323 Abs. 1 S. 3 HGB steht zunächst dem Vertragspartner zu, also der Kapitalgesellschaft. § 323 Abs. 1 HGB ist zwar kein Schutzgesetz im Sinne von § 823 Abs. 2 BGB,[74] aber immerhin hat die Rechtsprechung die Wirtschaftsprüferhaftung umfangreich zugunsten Dritter ausgeweitet.[75] Ausnahmsweise kommt auch ein Anspruch aus § 826 BGB in Betracht.[76] Folglich wurden gegen EY erste Schadensersatzklagen eingereicht.[77] Die Voraussetzungen für sittenwidriges Handeln durch Unterlassen sind jedoch sehr hoch.[78] Ob Vorsatz nachgewiesen werden kann, der dann die Haftungsbeschränkung entfallen ließe, ist nach jetzigem Stand völlig offen.

3. *Das Tätigwerden der BaFin im öffentlichen Interesse und der Ausschluss einer Staatshaftung*

Während die Deutsche Bundesbank noch beim Herstatt-Konkurs wegen unzureichender Überwachung haften musste,[79] hat der deutsche Gesetzgeber inzwischen einer solchen Staatshaftung einen Riegel vorgeschoben. Nach § 4

---

[72] Der Wortlaut von § 43 Abs. 4 WPO lautet: „Berufsangehörige haben während der gesamten Prüfung eine kritische Grundhaltung zu wahren. Dazu gehört es, Angaben zu hinterfragen, auf Gegebenheiten zu achten, die auf eine falsche Darstellung hindeuten könnten, und die Prüfungsnachweise kritisch zu beurteilen."

[73] *Doralt*, ZGR 2015, 266 (298 ff.); *Merkt* (Fn. 46), § 323 Rn. 9.

[74] H. M., s. etwa *Bormann/Greulich*, in: MünchKomm-HGB, 2013, § 323 Rn. 158 m. w. Nachw.

[75] Zu den rechtsdogmatischen Konstruktionen von Vertrag mit Schutzwirkung für Dritte und Drittschadensliquidation s. die weiteren Nachweise bei *Merkt* (Fn. 46), § 347 Rn. 21 f.; *Möllers*, JZ 2001, 909 ff.

[76] BGH, NJW 2014, 383: Haftung eines Wirtschaftsprüfers wegen vorsätzlicher irreführender Äußerungen.

[77] Z. B. die Kanzlei Tilp sowie die SdK.

[78] Im Rahmen einer unterlassenen Ad-hoc-Mitteilung s. *Möllers*, WM 2003, 2393 ff.

[79] BGHZ 74, 144 (149 ff.); BGHZ 75, 120 (122 ff.).

Abs. 4 Finanzdienstleistungsaufsichtsgesetz (FinDAG) nimmt die BaFin ihre Aufgaben nur im öffentlichen Interesse wahr. Das hat zur Folge, dass ein Staatshaftungsanspruch gem. § 839 Abs. 1 S. 1 BGB i. V. m. Art. 34 S. 1 GG grundsätzlich ausscheidet, weil keine gegenüber einem Dritten bestehende Pflicht verletzt wurde.[80] Ein solcher Haftungsausschluss wurde vom EuGH bestätigt.[81] Allerdings hat es der BGH in dem das Vorabentscheidungsverfahren abschließenden Urteil für denkbar erachtet, dass in Fällen des Amtsmissbrauchs eine Staatshaftung ausnahmsweise doch möglich ist.[82]

Die Kanzlei Tilp behauptet nun einen solchen Amtsmissbrauch der BaFin und trägt vor, die Behörde hätte am 19. Februar 2019 die Öffentlichkeit nicht darüber informiert, dass konkrete Anhaltspunkte für einen Verstoß gegen Rechnungslegungsvorschriften vorliegen, weil dies Voraussetzung sei, um die DPR für eine Prüfung der Wirecard zu beauftragen.[83] Allerdings ist nach dem klaren Wortlaut des § 342b Absatz 2 Satz 3 HGB eine Prüfung bei Vorliegen konkreter Anhaltspunkte für einen Verstoß gegen Rechnungslegungsvorschriften (Nr. 1) *oder* auf Verlangen der BaFin möglich. Die BaFin kann damit eine Prüfung auch ohne solche konkreten Anhaltspunkte initiieren.[84] Zudem waren die bisherigen Fälle des Amtsmissbrauchs deutlich gravierender.[85] Eine zweite Klage der Schutzvereinigung der Kleinanleger gegen die BaFin erachtet § 4 Abs. 4 FinDAG als unvereinbar mit der Haftungsregel der Transparenz-RL 2013/50/EU, die auch dem Schutz der Kleinanleger diene.[86] Auch darauf wird zurückzukommen sein.[87]

4. Die fehlende Haftung der Finanzintermediäre: Finanzberater, Finanzanalysten, Deutsche Börse AG etc.

Die Pflichtenstellung der Finanzintermediäre ist wenig geklärt, weil es oft noch an der erforderlichen Konkretisierung fehlt. Erfreulicherweise hat der BGH vor vielen Jahren in der berühmten Bond-Entscheidung eine Rechts-

[80] BGHZ 162, 49 – keine Staatshaftung wegen fehlerhafter Bankenaufsicht; OLG Frankfurt a. M., BeckRS 2020, 8916 – keine Haftung der BaFin.

[81] EuGH, Urt. v. 12.10.2004 – Rs. C-222/02 – Rn. 41 ff.

[82] BGHZ 162, 49 (66) – keine Staatshaftung wegen fehlerhafter Bankenaufsicht. Vorher bereits BGH, NVwZ-RR 2003, 714 – Amtshaftung wegen Amtsmissbrauchs.

[83] S. Pressemitteilung der Kanzlei Tilp v. 24.7.2020, https://tilp.de/press/wirecard-bafin-skandal-tilp-hat-amtshaftungsklage-gegen-die-bafin-eingereicht-wegen-jahrelangem-amtsmissbrauch-im-fall-wirecard-antrag-auf-einleitung-eines-kapmug-musterverfahrens-vor-dem-o/ (abgerufen am 2.2.2021). Die Kanzlei Tilp hat am 23.7.2020 beim VG Frankfurt Klage gegen die BaFin eingereicht.

[84] So wohl auch *Merkt* (Fn. 46), § 342b Rn. 3.

[85] S. etwa *Papier/Shirvani*, in: MünchKomm-BGB, 8. Aufl. 2020, § 839 Rn. 328.

[86] *N. N.*, FAZ v. 4.11.2020, 25.

[87] S. unten III.2.b).

pflicht für Anlageberater statuiert, die sich hier geradezu aufdrängt: die Pflicht, das Produkt zu kennen (*know your product*), bevor es empfohlen werden darf. Er formulierte wörtlich: „Nimmt sie ausländische Papiere in ihr Programm auf, hat sie sich – auch anhand ausländischer Quellen – über die Güte dieser Papiere zu informieren und sie einer eigenen Prüfung zu unterziehen. Der Anlageinteressent darf davon ausgehen, daß seine ihn beratende Bank, der er sich aufgrund der von dieser in Anspruch genommenen Sachkunde anvertraut, die von ihr in das Anlageprogramm aufgenommenen Papiere selbst als ‚gut' befunden hat."[88] Diese Rechtsprechung hat er auch nach Erlass der MiFID II noch aufrechterhalten.[89] Inzwischen zweifeln allerdings einige Stimmen in der Literatur, ob wegen des aufsichtsrechtlichen Charakters und der bezweckten Vollharmonisierung der MiFID II nationale Gerichte überhaupt noch solche Pflichten statuieren dürfen.[90]

Noch weniger eindeutig sind Haftungsansprüche gegen sonstige Finanzintermediäre wie Finanzanalysten oder Ratingagenturen. Die Pflichtenstellung von Finanzanalysten bleibt weiterhin unscharf, weil die BaFin und die Gerichte es bisher versäumt haben, die Anforderungen zu präzisieren, wann eine Anlageempfehlung fehlerhaft ist. Es fehlen subsumtionsfähige Tatbestände sowie einschlägige Entscheidungen.[91] Für *Finanzanalysten* besteht zwar die Pflicht zur objektiven Darstellung. Hier mangelt es aber an der erforderlichen Konkretisierung, sodass diese Pflicht von der Aufsicht bisher nicht eingefordert wird.[92] Wie zu zeigen sein wird, verstießen Finanzanalysten gegen ihre Pflicht zur objektiven Darstellung, indem sie die negativen Gerüchte ausblendeten.[93] Allerdings haben Finanzanalysten regelmäßig keine vertragliche Beziehung zu den Anlegern.[94] Wenn pflichtwidrig Gerüchte ignoriert werden, liegt ein Unterlassen vor. Dann sind die Voraussetzungen einer sittenwidrigen Schädigung gem. § 826 BGB besonders hoch. Auch existieren fast keine Urteile zu Ratingagenturen.[95]

---

[88] BGHZ 123, 126 (129).

[89] BGHZ 189, 13 (Rn. 20); BGHZ 191, 119 (Rn. 22, 47 a. E.); zu Bond s. oben Fn. 88.

[90] Verneinend etwa *Mülbert*, WM 2007, 1156: „Das Ende von Bond durch die MiFID"; *ders.*; ZHR 172 (2008), 183; *Nikolaus/d'Oleire*, WM 2007, 2129 (2134); *Herresthal*, ZBB 2009, 348 (351 ff.); *Sethe*, in: FS Nobbe, 2009, 769 (786 f.). S. auch unten II.3.a).

[91] Ausführlich hierzu *Möllers*, in: KK-WpHG, 2014, § 34b Rn. 118 ff. m. w. Nachw.

[92] Nachweise bei *Möllers*, NZG 2018, 649 (651).

[93] S. unten II.4.c).

[94] *Möllers*, in: KK-WpHG, 2014, § 34b Rn. 290.

[95] Zu dem australischen Fall *Bathurst Regional Council v. Local Government Financial Services Pty Ltd.* (No 5), 2012, FCA 1200; *Möllers*, in: KK-WpHG, 2014, § 17 Rn. 29 ff., 36 ff.

III. Zur Prüfung von Gerüchten als nicht valide Information

1. *Die Rolle von Informationen für die Märkte*

Die Börse gehört zu den effizientesten Märkten überhaupt, weil sie zu den Börsenzeiten Angebot und Nachfrage zusammenbringt und so den Börsenpreis der Aktie ermöglicht. Gehandelt werden die einschlägigen Informationen über das Unternehmen; es wird die zukünftige Umsatz- und Gewinnerwartung der Unternehmen gehandelt. Nach der *Efficient-Capital-Markets-Hypothese* (ECMH) preisen die Börsen alle relevanten Informationen ein.[96] Im Vordergrund stand deshalb in der Vergangenheit die schnelle und umfassende Information. Die zahlreichen Informationspflichten wollen die verfügbaren Informationen kanalisieren, indem etwa Insider ihren Informationsvorsprung nicht zulasten anderer Marktteilnehmer verwenden dürfen. Zugleich sollen die Informationen mit der Pflicht zur Ad-hoc-Publizität so schnell wie möglich den Markt erreichen, damit der Insider seinen Informationsvorsprung verliert. Das alles dient dazu, effiziente Märkte zu ermöglichen.

a) Die Relevanz der Validität von Informationen

Die ECMH wurde inzwischen durch die *Behavioral Finance* ergänzt.[97] In den letzten Jahren hat der Gesetzgeber bereits reagiert, indem Regeln geschaffen wurden, die einen *information overload*, eine Informationsüberflutung, verhindern sollen. Dazu gehörten eine Fülle von leicht verständlichen Zusammenfassungen, welche in leicht verständlicher Form für den (Klein-) Anleger die umfangreiche Berichterstattung ergänzen.[98] Aktien sind nicht Such- oder Erfahrungs-, sondern Vertrauensgüter.[99] Es werden nicht Güter gehandelt, sondern „Hoffnungen und Versprechen"[100]. Oben wurde am Beispiel von Wirecard gezeigt, wie der Markt irrationalerweise systematisch schlechte Nachrichten ausblendete und an vermeintlich gute glaubte (I.1.c). Im Folgenden soll ein System entwickelt werden, das aufzeigt, wie die Finanzinterme-

---

[96] *Fama*, Journal of Finance 25 (1970), 383 (384 f.); *ders.*, Journal of Finance 46 (1991), 1575 (1576); *Fischel*, Cornell Law Review 74 (1989), 907.

[97] S. oben Fn. 59 ff. und *Klöhn* (Fn. 60), 90 ff.

[98] *Möllers/Kernchen*, ZGR 2009, 1 ff.; *Fleischer/Schmolke/Zimmer*, in: Fleischer/Zimmer (Hrsg.), Beitrag der Verhaltensökonomie (Behavioral Economics) zum Handels- und Wirtschaftsrecht, 2011, 9, 50 ff.; *Stahl*, Information Overload am Kapitalmart, 2013; s. etwa Art. 78 OGAW-RL 2009/65/EG; Art. 7 ProspektVO (EU) 2017/1129 v. 14.6.2017, ABl. EU 2017 L 168/12.

[99] *Kalss*, Anlegerinteressen, 2001, 164; *Fleischer* (Fn. 60), F 23.

[100] *Taylor*, in: Blair (Hrsg.), Blackstone's Guide to the Financial Services and Markets 2000, 2001, 17 (29): „The Essence of a financial contract is that it involves a promise: money is exchanged today for an (often vague) promise of money in the future."

diäre künftig mit Gerüchten und der Validität von Informationen umgehen sollten. Validität bedeutet die Werthaltigkeit und Gültigkeit von Informationen. Es soll verhindert werden, dass die Marktteilnehmer einerseits bestimmte Informationen ausblenden und andererseits bestimmten Informationen blind vertrauen. Aber: wenn an der Börse die Zukunft gehandelt wird[101] – ist es dann nicht Teil des Spiels, dass Prognosen und Gerüchte mit Unsicherheiten behaftet sind, sodass man am Ende, ex-post, immer schlauer ist als vorher? Dürfen Unternehmen und Finanzanalysten nicht irren, wenn sie die künftige finanzielle Entwicklung des Unternehmens vorhersehen (sollen)? Niemand hat die berühmte Glaskugel. Wer gut oder böse war – ob EY oder die FT Recht hatte, ob die Bilanzen richtig oder falsch waren, konnten, so ließe sich behaupten, weder Investoren noch Finanzintermediäre damals absehen. Und sprach nicht sogar mehr für das rechtswidrige Tun der Short-Seller, wenn dieses, ebenso wie die Zatarra-Finanzanalyse rechtswidrig war?[102] Könnten Short-Seller durch gezielte Falschinformation nicht Pflichten unberechtigterweise auslösen – also Kosten verursachen oder mit Stopp-Regeln dem Unternehmen schaden? Das sind alles berechtigte Einwände. Es gilt juristische Strukturen zu finden, um die Verhaltensweisen der *Behavioral Finance* wie Herdenverhalten, Überoptimismus, selektive Wahrnehmung oder Ankernverhalten zu vermeiden (I.3.). Im Kern geht es um die Frage, wie die Marktteilnehmer mit Gerüchten umzugehen haben. Dabei sollen die bisher im Gesetz geregelten Pflichten weiter konkretisiert werden. Es ist zwischen den Marktteilnehmern zu unterscheiden und zwischen aktiven Recherche- und Informationspflichten und Veröffentlichungsverboten zu differenzieren.

b) Das ausreichend präzise Gerücht

Interessanterweise gibt es seit Jahren eine Diskussion, wie ein Unternehmen auf Gerüchte zu reagieren hat.[103] Gerüchte werden als unsichere Informationen über Tatsachen mit einem gewissen Verbreitungsgrad umschrieben.[104] Sie können als „Umstände" im Sinne von Insiderinformationen zu qualifizieren sein, Art. 7 Abs. 2 MAR Nr. 596/2014. Gem. Art. 17 Abs. 4 und 5 MAR darf das börsennotierte Unternehmen die Pflicht zur Veröffentlichung von Insiderinformationen ausnahmsweise aufschieben, wenn dies im öffent-

---

[101] *Fleischer* (Fn. 60), F 48.

[102] S. oben Fn. 12 f.

[103] Für einen Überblick s. *Klöhn* (Fn. 60), 237 ff.; *ders.*, in: KK-WpHG, 2014, § 15 Rn. 238 ff.

[104] *Klöhn*, in: KK-WpHG, 2014, § 13 Rn. 53; *Klöhn*, in: Klöhn (Hrsg.), Marktmissbrauchsverordnung, 2018, Art. 7 Rn. 57; vorher schon *Klitzing*, Ad-hoc-Publizität, 1999, 88: unverbürgte Nachrichten von unsicherer Zuverlässigkeit; *Fleischer/Schmolke*, AG 2007, 841 (842): Ungewissheit über seinen Wahrheitsgehalt. S. auch *Hopt/Kumpan*, in: Schimansky/Bunte/Lwowski (Hrsg.), Bankrechtshandbuch, 5. Aufl. 2017, § 107 Rn. 50. *A. A. Assmann*, in: Assmann/Schneider/Mülbert (Hrsg.), Wertpapierhandelsrecht, 7. Aufl. 2019, Art. 7 MAR Rn. 35.

lichen Interesse liegt und zudem die Geheimhaltung gesichert ist. „Ausreichend präzise Gerüchte" berechtigen dagegen nach dem Wortlaut des Art. 17 Abs. 7 UAbs. 2 MAR nicht dazu, die Ad-hoc-Mitteilung aufzuschieben. Es wird dann unwiderlegbar vermutet, dass die Vertraulichkeit nicht mehr gewährleistet ist. In diesem Rahmen wird intensiv das „ob" diskutiert, also die Frage gestellt, wann eine Ad-hoc-Publizitätspflicht eingreift,weil das Gerücht präzise ist, etwa aufgrund eines Informationslecks im Unternehmen,[105] weil es einen hohen Grad an Genauigkeit und Substanz ausweist[106] oder es einen Tatsachenkern bzw. einen ernst zu nehmenden Kern enthält.[107] Im Folgenden werden die verschiedenen Schritte als Teil von Recherchepflichten des Unternehmens diskutiert, die der Ad-hoc-Publizität im Zweifel zeitlich vorausgehen. Es handelt sich um Pflichten des Vorstandes, die zu Pflichtverletzungen im Sinne von § 93 AktG führen können.

2. Recherche- und Informationspflichten des börsennotierten Unternehmens

a) Die Erweiterung von Informationskanälen um kritische Stimmen wie Short-Seller, investigativer Journalismus und Whistleblower

In einem ersten Schritt sind die Informationsquellen zu erweitern und damit auch der Umfang der Informationen. Auf deutscher und auf europäischer Ebene herrscht bisher noch Unklarheit über den Umgang mit Short-Sellern. Negative Gerüchte können auch extern entstehen, wie dies in den letzten Jahren bei Short-Sell-Attacken, aber auch im investigativen Journalismus der Fall war. Der Wirecard-Fall ist beispielhaft dafür, dass man deren Information ignoriert, ja aufs Stärkste bekämpft hat. In den USA hat die Securities and Exchange Commission (SEC) als Aufsichtsbehörde ausdrücklich die positive Arbeit von Short-Sellern gewürdigt, weil sie helfen, schneller negative Nachrichten in den Markt einzuspeisen und damit Informationsasymmet-

---

[105] *ESMA*, Final Report – Draft technical standards on the MAR v. 28.9.2015, ESMA/2015/1455, 53, Rn. 242: „Would the confidentiality be no longer maintained, including due to rumours that are sufficiently accurate to indicate that a leak of information has occurred, and irrespective from where the breach of confidentiality originates, the issuer must publicly disclose this inside information (Article 17(7))"; *BaFin*, Art. 17 MAR – Veröffentlichung von und Umfang mit Insiderinformationen (FAQs) v. 31.1.2019, 6, Rn. III.3; zustimmend *Assmann* (Fn. 104), Art. 17 MAR Rn. 138. Ähnlich *Seibt/Wollenschläger*, AG 2014, 593 (600) mit der Vermutung, dass sich das Gerücht auf die Insiderinformation stützen muss; *Klöhn*, AG 2016, 423 (431); *Veil/Brüggemeier*, in: Meyer/Veil/Rönnau (Hrsg.), Handbuch zum Marktmissbrauchsrecht, 2018, § 10 Rn. 131; *Pfüller*, in: Fuchs (Hrsg.), WpHG, 2. Aufl. 2016, § 15 Rn. 148.

[106] *Retsch*, NZG 2016, 1201 (1205); ihm folgend *Veil/Brüggemeier* (Fn. 105), § 10 Rn. 131. Kritisch aber „präzise, wenn präzise […]". Polemisch *Assmann* (Fn. 104), Art. 17 MAR Rn. 138 Fn. 1: „Was soll das sein?"

[107] *Hopt/Kumpan* (Fn. 104), § 107 Rn. 50; *Buck-Heeb*, in: Assmann/Schütze/Buck-Heeb (Hrsg.), Handbuch des Kapitalanlagerechts, 5. Aufl. 2020, § 8 Rn. 64.

rien verringern.[108] Vergleichbares gilt für den Whistleblower. Jemand, der strafwürdiges Unrecht aufdeckt, ist kein „Verräter“, dem gekündigt werden darf, weil er die Treuepflichten gegenüber seinem Arbeitgeber verletzt.[109] Er unterstützt vielmehr die Arbeit der Aufsicht und gleicht eher einem Held, der belohnt werden sollte. Das europäische Recht ist hier weitergehend als das bisherige deutsche Recht, weil es den Whistleblower schützt. Regelungen finden sich in der Whistleblowing-RL (EU) 2019/1937[110]. Nach Artt. 7 Abs. 2, 10 der Whistleblowing-RL ist es zulässig, sich auch direkt an öffentliche Stellen zu wenden.[111] Zu Recht wird betont, dass deshalb die Rechtslage des Whistleblowers durch ein eigenes, nationales Gesetz grundlegend auf neue Beine zu stellen ist. Gute *Corporate Governance* des Unternehmens verlangt, fortan interne Whistleblowing-Strukturen einzurichten, um besser Gerüchten nachgehen zu können.[112] Das ist das Ziel wirkungsvoller Compliance-Abteilungen der börsennotierten Unternehmen. Dazu sind entsprechende Whistleblowerstellen einzurichten. Hier hilft ein Blick in das Kartellrecht weiter. Schon die Spieltheorie zeigt, dass man Anreize setzen muss, um etwa beim Kartell das Schweigen zu brechen.[113] Kronzeugenregeln sind üblich; ebenso Anreize für Whistleblower.[114] Inzwischen führt auch Art. 32 MAR die Verpflichtung ein, wirksame Mechanismen für die Meldung von Verstößen gegen die MAR zu schaffen.[115] Allerdings sind zu viele Regeln als Optionsklauseln ausgestattet, die einem *level playing field* wieder entgegen-

[108] SEC Order Halting Short Selling in Financial Stock v. 19.9.2008, 2008-211 sowie SEC, Statement of Securities and Exchange Commission Concerning Short Selling and Issuer Stock Repurchases v. 1.10.2008, 2008-235: „The Commission notes that short selling plays an important role in the market for a variety of reasons, including contributing to efficient price discovery, mitigating market bubbles, increasing market liquidity, promoting capital formation, facilitating hedging and other risk management activities, and importantly, limiting upward market manipulations“; s. auch *Hazen*, The Law of Securities Regulation, 2009, § 6.2. (8); *Palombo*, Brooklyn Law Reviwe 75 (2010), 1447 (1458); *Bonser*, Fordham Journal of Corporate & Financial Law 22 (2017), 328; s. *Möllers*, NZG 2018, 649 (650); *Bayram/Meier*, BKR 2018, 55 (56); *Wentz*, WM 2019, 196 (197); *Commandeur*, AG 2020, 575 Rn. 8.

[109] Zur Verpflichtung, sich an den Arbeitgeber zu wenden, s. § 17 Abs. 2 S. 1 ArbSchG; BAG, NZA 2017, 702 (Rn. 15 ff.).

[110] Whistleblowing-RL (EU) 2019/1937 v. 6.11.2019, ABl. EU 2019 L 305/17.

[111] *Garden/Hiéramente*, BB 2019, 963 (964); *Sonnenberg*, BB 46 (2019), I; *Schmolke*, NZG 2020, 5 (9 ff.).

[112] Art. 8 Abs. 1 Whistleblowing-RL (EU) 2019/1937 v. 6.11.2019, ABl. EU 2019 L 305/17.

[113] *Holler/Illing/Napel*, Einführung in die Spieltheorie, 8. Aufl. 2019; *Möllers* (Fn. 3), § 5 Rn. 152 ff.

[114] Zum Kronzeugen s. Mitteilung der Kommission über den Erlass und die Ermäßigung von Geldbußen in Kartellsachen, Abl. EU 2006 C 298/17; umfangreich jetzt die Kronzeugen-RL (EU) 2019/1 v. 11.12.2018, ABl. EU 2018 L 11/3. Auf natinonaler Ebene s. Bekanntmachung des BKartA Nr. 9/2006 v. 7.3.2006 über den Erlass und die Reduktion von Geldbußen in Kartellsachen – Bonusregelung –, www.bundeskartellamt.de (abgerufen am 2.2.2021), und § 33e Abs. 1 GWB.

[115] Im deutschen Recht wurde zudem § 4d FinDAG erlassen.

stehen.[116] Ob im deutschen Recht die Behörde den Whistleblower mit finanziellen Anreizen locken kann, wie dies etwa Sec. 21F Securities Exchange Act (SEA) vorsieht, steht noch in den Sternen.[117] Im Ergebnis verlangt dies aber eine grundsätzliche Neubewertung von Short-Sellern und Whistleblowern. Dazu sind die Gerüchte beider Personengruppen erst einmal wahrzunehmen.

b) Die Pflicht zur inhaltlichen Auseinandersetzung mit plausiblen Gerüchten

In einem zweiten Schritt wird gefordert, sich mit den auf dem Markt vorhandenen Gerüchten inhaltlich auseinanderzusetzen, also sie zu verifizieren oder zu falsifizieren. Wie lässt sich nun vermeiden, dass Short Seller unberechtigterweise *fake news* in die Welt setzen und das Unternehmen zu Kosten gezwungen wird, die man sich besser sparen könnte? Je glaubwürdiger und fundierter ein Gerücht vorgetragen wird, desto größer müssen die Anstrengungen des Unternehmens sein, dieses zu verifizieren oder zu falsifizieren. Anhaltspunkte hierfür sind das Renommee der Quelle und die Substanz der Vorwürfe, also die Begründungstiefe. Inhaltlich muss das Gerücht nicht nur eine gewisse Plausibilität besitzen, sondern stärker noch auf vernünftigen, d. h. nachvollziehbaren Überlegungen basieren. Dazu ist auch zu fragen, ob auch ein vernünftiger Dritter diesen Gerüchten nachgehen würde. Die Pflicht zur Auseinandersetzung mit negativen Gerüchten kann das börsennotierte Unternehmen verpflichten, eine Recherche durchzuführen, indem etwa eine Zweitmeinung in Form eines Sondergutachtens eingeholt wird. Wirkungsvoll kann ein Sondergutachten sein, in dem Dritte durch eine schnelle Reaktion die Richtigkeit der Daten bestätigen, wie jüngst im Fall Grenke.[118] In concreto verlangen gute Corporate Governance und Compliance, dass die einschlägigen Stellen im Unternehmen den Vorwürfen nachgehen. Ggf. ließe sich die Aufsicht durch den Aufsichtsrat optimieren, indem er selbst Rechte erhält. Sowohl Aufsichtsrat als auch Wirtschaftsprüfer sollten Arbeitnehmer interviewen können und auf die internen Überwachungseinheiten, wie Revision, Compliance und Whistleblower-Systeme, zugreifen können.[119]

---

[116] S. etwa Art. 32 Abs. 4 MAR: „Mitgliedstaat kann einführen."

[117] *Pfeifle*, Finanzielle Anreize für Whistleblower im Kapitalmarktrecht, 2016. *Schmolke*, ZGR 2019, 876 (918) und *Dzida/Granetzny*, NZG 2020, 1201 (1206) regen Prämien an, wenn der Arbeitnehmer zuerst das unternehmensinterne Hinweisgebersystem nutzt.

[118] Zu KPMG, Warth & Klein Grant Thornton und Standard & Poor's s. *Giersberg*, Gutachten stützen Grenzke, FAZ v. 18.12.2020, 23.

[119] S. hierzu die Änderungen in §§ 91, 100, 107 AktG durch das Gesetz zur Stärkung der Finanzmarktintegrität v. 9.6.2021 (Finanzmarktintegritätsstärkungsgesetz – FISG); BGBl. Nr. 30, S. 1534; zustimmend *Arbeitskreis der Bilanzrechtsprofessoren (AKBR)*, Stellungnahme zum FISG, III.1., www.bmf.de (abgerufen am 2.2.2021).

Sowohl die FT als auch deutsche Wirtschaftszeitschriften hatten von den Vorwürfen falscher Bilanzen berichtet. Wenn *McCrum* in der FT in 16 Berichten konkret und substantiiert auf Unrichtigkeiten bei den Bilanzen hinwies,[120] bestanden konkrete Anhaltspunkte für ein hohes Maß an Plausibilität einer Bilanzfälschung. Wirecard durfte diese Informationen nicht ignorieren, sondern musste den Vorwürfen nachgehen. Umgekehrt ist aber zu entscheiden, wenn, wie bei der Studie von Zatarra, Informationen nachweislich falsch sind und die Studie ihren Urheber nicht erkennen lässt.[121] Auf eine solche Studie musste Wirecard nicht reagieren.

c) Zum Umfang der Reaktionspflicht des Unternehmens auf Gerüchte mit hinreichender Plausibilität

Wie gerade ausgeführt, müssen börsennotierte Unternehmen erstens die Gerüchte wahrnehmen, sich zweitens mit ihnen auseinandersetzen und dann drittens ggf. substantiiert auf diese reagieren. Das präzise Gerücht verpflichtet zur Ad-hoc-Publizität. Wann ist ein solches Gerücht aber präzise? ErwGr. 14 MAR nennt als Kriterium beispielshaft die Verlässlichkeit der Informationsquelle. Dies ist für sich genommen noch nicht ausreichend. Über den Urheber der Informationsquelle hinaus ist auf das Gerücht selbst abzustellen. Inhaltlich muss das Gerücht nicht nur eine gewisse Plausibilität besitzen, sondern mehr noch auf vernünftigen, d. h. nachvollziehbaren Überlegungen basieren.[122] Es geht folglich nur um das für alle Beteiligten im Rahmen der Aufklärung zumutbare und naheliegende Verhalten. Mit diesen Kriterien lässt sich beurteilen, ob die Eintrittswahrscheinlichkeit erhöht und umgekehrt die Unsicherheit über den Eintritt der Insiderinformation verringert wird.[123] Rein subjektive, ohne konkrete Vorgänge belegte Gerüchte sind dagegen nicht präzise.[124] Im Ergebnis geht es darum, wie gut begründet und überzeugend das Gerücht ist. Damit gehört es zu den Pflichten des Vorstandes, auf die Gerüchte selbst substantiiert zu reagieren. Dies stimmt auch mit den Regelungszwecken des Kapitalmarktrechts überein. Es ist außerdem ökonomisch effizient, weil Spekulationen reduziert werden. Ausgangspunkt ist wiederum die Überlegung, dass grundsätzlich das Unternehmen selbst als Informationsmonopolist[125] seine eigenen Unternehmensinformationen

---

[120] Hierzu oben Fn. 9.

[121] S. oben Fn. 12f.

[122] S. oben II.2.b) und Fn. 107.

[123] Etwas weniger scharf spricht Grundmann von „einem hinreichenden Grad an objektiver Zuverlässigkeit der Aussage", *Grundmann*, in: GK-HGB, Bankvertragsrecht, 5. Aufl. 2017, 6. Teil Rn. 344.

[124] *Grundmann* (Fn. 123), Rn. 344.

[125] S. oben Fn. 51.

beherrscht.[126] Finanzintermediäre sind davon grundsätzlich abhängig. Damit hat das Unternehmen einen Informationsvorsprung und die Marktteilnehmer ein entsprechendes Defizit. Das betroffene Unternehmen wird gefordert, durch wahre Nachrichten *fake news* entgegenzutreten.

Der Vorstandsvorsitzende Braun konnte über Jahre hinweg mithilfe von Interviews, Pressemitteilungen, Twitter und per Ad-hoc-Mitteilungen die Kurse beeinflussen, ohne dass die BaFin dieses Handeln unterbunden hätte.[127] Twitternachrichten oder Ad-hoc-Mitteilungen im Sinne von „alles wird gut" sind rechtlich unzulässig. Art. 17 Abs. 1 UAbs. 2 S. 2 MAR verbietet es, bestimmte PR-Maßnahmen als Ad-hoc-Mitteilungen zu veröffentlichen. Schon § 15 Abs. 2 S. 1 WpHG a. F. statuierte ein Veröffentlichungsverbot für unwichtige PR-Nachrichten, die keine Insiderinformation enthalten.[128] Nach Art. 17 Abs. 1 UAbs. 2 S. 1 MAR sind die Informationen so aufzubereiten, dass die Öffentlichkeit diese „korrekt und rechtzeitig" bewerten kann. Daraus sollte man ein allgemeines Veröffentlichungsverbot für unwichtige Informationen und somit ein Verbot eines *information overkill* ableiten.[129] Vorliegend kam hinzu, dass die Nachrichten von Braun irreführend und unrichtig waren.

3. Die Pflicht der Aufsichtsbehörde zur Klärung widersprüchlicher Informationen

In Sachen Wirecard muss sich die BaFin vorwerfen lassen, auf einem Auge blind gewesen zu sein, indem sie nur einseitig gegen die Short-Seller vorging, aber die dahinterstehenden Vorwürfe ignorierte. Künftig wird man fordern müssen, dass auch die Aufsichtsbehörde nachvollziehbare Gerüchte verfolgen muss. So kann sie Schaden vom Finanzplatz abwenden. Dazu muss die Aufsicht auch eigene Rechercherechte haben. Besitzt die Behörde nicht den erforderlichen Sachverstand, muss sie diesen einholen. Einen Sondergutachter zu beauftragen, ist dafür der richtige Weg. Das zweistufige Verfahren des Bilanzrechts war hier zu träge. Die Aufsichtsbehörde muss sofort das Recht haben, eine Sonderprüfung zu initiieren oder sie an sich zu ziehen.[130] Weil im

---

[126] Ähnlich *Klöhn* (Fn. 60), 243: Emittent kann zu deutlich geringeren Kosten zuverlässige Aussagen über die Wahrscheinlichkeit eines Gerüchts machen.

[127] S. oben Fn. 22 f. In den USA reagierte die SEC dagegen sehr effektiv, als Elon Musk unrichtigerweise erklärte, er wolle Tesla von der Börse nehmen, Judge Approves Musk SEC Settlement, Automotive News Europe, 1.5.2019, 18:08, https://europe.autonews.com/automakers/judge-approves-musk-sec-settlement (abgerufen am 2.2.2021); *Möllers*, The International Lawyer 53 (2020), 91 (92 f.).

[128] *Pfüller* (Fn. 105), § 15 Rn. 397 f.

[129] So überzeugend *Grundmann* (Fn. 123), Rn. 520.

[130] *Loy/Steuer*, KoR 2020, 413 (421 f.).

Fall Grenke der gesamte Konzern dem KWG unterlag, konnte die BaFin ein Sondergutachten gem. § 44 Abs. 1 S. 2 KWG veranlassen.[131] Das neue Finanzmarktintegritätsstärkungsgesetz (FISG) beabsichtigt, ein solches Sonderprüfungsrecht der Aufsichtsbehörde auf alle börsennotierten Unternehmen auszudehnen.[132] In diesen Fällen besteht eine Pflicht der Aufsichtsbehörde zum Handeln. Ihr kommt damit kein Ermessen zu, die Gerüchte zu ignorieren. Mit anderen Worten: Ein Unterlassen stellt eine Pflichtverletzung dar.

4. Veröffentlichungsverbote der Marktteilnehmer zur Verhinderung von fake news

a) know your product *und Empfehlungsverbote für Wertpapierdienstleistungsunternehmen (§ 63 WpHG)*

Im Unterschied zu den gerade genannten Pflichten bestehen für Finanzintermediäre erst einmal keine eigenen Recherchepflichten, weil sie selbst entscheiden können, welches Unternehmen sie analysieren. Das ändert sich aber dann, wenn der Anlageberater ein Finanzprodukt aktiv empfehlen möchte. Gem. § 63 Abs. 5 WpHG muss das Wertpapierdienstleistungsunternehmen die von ihm angebotenen oder empfohlenen Finanzinstrumente verstehen.[133] Im Gegensatz zur oben vertretenen Ansicht sind die zivilrechtlichen Regeln der Bond-Rechtsprechung trotz MiFID II weiterhin anwendbar, weil das Europarecht bislang die zivilrechtliche Haftung nicht harmonisiert hat.[134] Damit gilt die *know your product* Recherchepflicht weiterhin als zivilrechtliche Pflicht. Überzeugend betont der BGH in der Bond-Entscheidung, dass es bei einem Beratungsvertrag treuwidrig wäre, wenn das Risiko der unzureichenden Aufklärung auf den Kunden abgewälzt würde. Kommt der Berater seiner Recherchepflicht nicht nach, besteht ein Empfehlungsverbot: er

---

[131] S. *Kröner/Holtermann*, Bafin zieht Bilanzprüfung von Leasingfirma Granle an sich, Handelsblatt v. 30.9.2020.

[132] S. jetzt die neu gefassten § 107 Abs. 5, 7, § 108 Abs. 1–3 WpHG, s. RefE FISG, 1 (Fn. 119): „Die BaFin braucht ein Prüfungsrecht gegenüber allen kapitalmarktorientierten Unternehmen einschließlich Auskunftsrechte gegen Dritte, die Möglichkeit forensischer Prüfungen sowie das Recht, die Öffentlichkeit früher als bisher über ihr Vorgehen bei der Bilanzkontrolle zu informieren." Zustimmend *AKBR*, Stellungnahme zum FISG, I.1 (Fn. 119).

[133] *Rothenhöfer*, in: Schwark/Zimmer (Hrsg.), Kapitalmarktrechts-Kommentar, 2020, § 63 WpHG Rn. 17. *Möllers*, in: KK-WpHG 2014, § 31 Rn. 99 ff.; *Möllers/Puhle*, JZ 2012, 592 ff.; *Fuchs*, in: Fuchs (Fn. 105), § 31 Rn. 275; *Edelmann*, in: Assmann/Schütze/Buck-Heeb (Fn. 107), § 3 Rn. 20 f.; Kümpel/Mülbert/Früh/Seyfried/*Kern*, Bank- und Kapitalmarktrecht, 2019, Ziff. 17.52 ff.

[134] OLG Düsseldorf, WM 2011, 399 (400); *Poelzig*, ZGR 2015, 801 (814); *Koller*, in: Assmann/Schneider/Mülbert (Fn. 104), § 63 WpHG, Rn. 11; *Rothenhöfer* (Fn. 133), § 63 WpHG Rn. 13; *Fuchs* (Fn. 133), vor § 31 Rn. 84. *A. A.* die Autoren in Fn. 90.

darf das Finanzprodukt dann nicht empfehlen.[135] Dies entspricht auch dem US-amerikanischen Recht, das eine vergleichbare Rechtsfigur kennt (*know your security*).[136] Insoweit besteht ein Empfehlungsverbot.

b) Die Nachvollziehbarkeit einer Anlageempfehlung

Was gilt für Finanzanalysen, die seit der MAR als Anlageempfehlungen bezeichnet werden?[137]Anlageempfehlungen betreffen die Zukunft, die keiner kennt.[138] Daher sind 90 % aller Finanzanalysen ex-ante nach ihrem Inhalt vertretbar, selbst wenn im Nachhinein die Prognose nicht eintrifft. Die Anlageempfehlungen müssen seit 2019 in einem Register bei der BaFin eingetragen werden; damit kann der Urheber einer Anlageempfehlung festgestellt werden und die BaFin die Öffentlichkeit warnen, wenn diese anonym publiziert wird.[139] Inzwischen hat die BaFin erstmals auch vor einzelnen Anlageempfehlungen gewarnt.[140] Eine solche formale Prüfung kann allerdings nur ein erster Schritt sein, um unzulässige Anlageempfehlungen vom Markt fern zu halten. Darüber hinaus können Anlageempfehlungen auch inhaltlich rechtswidrig sein, wenn sie nachweislich unrichtige Tatsachen verbreiten, auf Zweifel an den Informationen nicht hinweisen oder nicht nachvollziehbar sind.[141] Art. 3 Abs. 1 lit. c) der Delegierten VO 2016/958[142] verlangt, dass die Informationsquellen zuverlässig sind oder auf Zweifel an der Zuverlässigkeit der Quelle hingewiesen wird.[143] Gem. Art. 3 Abs. 3 der Delegierten VO 2016/958 muss die Empfehlung auf Ersuchen der Behörde begründet werden. Zu den objektiv unrichtigen Anlageempfehlungen wird man auch

---

[135] BGHZ 123, 126 (131): „Wenn eine Bank den mit der Informationsbeschaffung im Ausland verbundenen gesteigerten Aufwand und die Gefahren einer lückenhaften Unterrichtung scheut, muß sie auf eine Empfehlung verzichten und entsprechende Fragen des Kunden nach dieser Anleihe mit dem Hinweis auf das Risiko der von ihr nicht einzuschätzenden Bonität des Emittenten beantworten. Sie kann die Folgen ihrer eigenen Versäumnisse nicht auf den Kunden abwälzen, der auf ihre Beratung vertraut."

[136] *SEC v. Dain Rauscher, Inc.*, 254 F.3d 852, 9th Cir. 2001: „A securities professional has an obligation to investigate the securities he or she offers to customers"; *Hazen*, The Law of Securities Regulation, 7th ed. 2017, § 14.25.

[137] Vgl. Art. 20 i. V. m. Art. 3 Abs. 1 Nr. 35 MAR Nr. 596/2014 und § 85 WpHG.

[138] „Prediction is very difficult, especially about the future."

[139] Vgl. § 86 Abs. 1 WpHG.

[140] §§ 86, 6 Abs. 9 WpHG. Interessanterweise handelt es sich um originäres nationales Recht. Zur Frage, ob dies nicht gegen die MAR Nr. 596/2014 verstößt, s. *Veil*, in: FS Bergmann, 2018, 765 (773 ff.); *Fett*, in: Schwark/Zimmer (Fn. 133), § 86 Rn. 1.

[141] Vertiefend *Möllers*, NZG 2018, 649 (652); vorher bereits *Möllers*, in: KK-WpHG, 2014, § 34b Rn. 135, 194.

[142] Delegierte VO (EU) 2016/958 v. 9.3.2016 zur objektiven Darstellung von Anlageempfehlungen, ABl. EU 2016 L 160/15.

[143] *Möllers*, NZG 2018, 649 (651); zutreffend auch *Fett* (Fn. 140), § 85 WpHG, Rn. 46.

solche zählen, die nur einseitig positiv oder negativ empfehlen und widersprechende Überlegungen unterschlagen, weil damit die Zweifel an den Informationen nicht offengelegt werden.

Im Wirecard-Fall hatte die dauerhafte Berichterstattung der FT Zweifel an der Richtigkeit der Aussagen der Wirecard AG bzw. der Testate von EY erhoben. Die Gerüchte wurden von der FT als einer der renommiertesten internationalen Wirtschaftszeitungen zudem durch einschlägige Quellen belegt und in zahlreichen Artikeln und Anlagen über mehrere Monate weiter vertieft und konkretisiert. Das unterschied die Behauptungen von Anlageempfehlungen, deren Urheber nicht bekannt waren. Die Anlageempfehlungen hätten auf diese Zweifel hinweisen müssen. Wäre dies passiert, hätte man kurz vor der Insolvenz nicht noch Kursziele von 230–270 Euro ausrufen können. Dies ging nur, weil die Analysten die bisherigen Gerüchte und die Erstellung des Sondergutachtens in ihren Anlageempfehlungen ausblendeten.[144] Alternativ hätten die Akteure die Möglichkeit gehabt, auf ihre Empfehlung zu verzichten oder aber eine klare Verkaufsempfehlung auszusprechen. Interessanterweise hatten im Fall Wirecard zumindest einige Finanzanalysten nach dem KMPG-Gutachten ihre Anlageempfehlungen deutlich reduziert.[145] Hintergrund ist die Überlegung, dass die Finanzintermediäre aufgrund ihrer Sachkunde besonderes Vertrauen genießen.[146]

III. Zur Rechtsdurchsetzung

1. Law matters – Recht als Mittel zur Sicherstellung von Vertrauen

Europa steht im Wettbewerb zu den USA und der Volksrepublik China. Von den 20 größten Unternehmen der Welt sind inzwischen die meisten aus den USA oder China.[147] In den modernen Technologien wie IT, KI, autonomes Fahren versucht die EU händeringend Anschluss zu finden. Ein Grund für Defizite liegt in dem zu knappen Risikokapital, das die Marktteilnehmer in Europa Start-up-Unternehmen zur Verfügung stellen.[148] Für die Teilnahme

---

144 Zu den Anlageempfehlungen der Commerzbank, Baader und Hauck & Aufhäuser, s. oben Fn. 34.

145 Z. B. am 4.5.2020 HSBC Senkung des Kursziels von 210 auf 105 Euro, NordLB am 28.4.2020 auf 102 Euro: „Wesentliche Fragen blieben ungeklärt."

146 S. oben Fn. 88 und *Möllers*, in: KK-WpHG, 2014, § 34b WpHG, Rn. 1 ff.

147 Es finden sich nur zwei europäische Unternehmen (Nestlé und Roche Holding) darunter, FAZ v. 8.7.2020, 21.

148 *Lamfalussy u. a.*, Lamfalussy Schlussbericht v. 15.2.2001, 15, https://docplayer.org/12130686-Schlussbericht-des-ausschusses-der-weisen-ueber-die-regulierung-der-europaeischen-wertpapiermaerkte.html (abgerufen am 2.2.2021).

an der Börse ist das Vertrauen der Anleger ein gewichtiger Schutzzweck.[149] Marktteilnehmer müssen darauf vertrauen können, dass sie grundsätzlich gleich behandelt werden, also kein Marktteilnehmer aufgrund Insiderwissen oder Marktmanipulationen finanzielle Vorteile zulasten anderer Marktteilnehmer zieht. Fehlt es an einem Regelungsregime oder wird dieses nicht durchgesetzt, herrschen Wildwest-Methoden und Marktteilnehmer ziehen sich von der Börse zurück. Recht spielt eine doppelte Rolle: Als Imperativ gebietet oder verbietet es ein bestimmtes Tun.[150] Recht muss abschreckend sein, damit an den Börsen unzulässige Insidergeschäfte und Marktmanipulationen verhindert werden.[151] Für das Vertrauen ist die Rechtsdurchsetzung deshalb unabdingbar – *law* oder besser *enforcement matters*.[152] Eine inzwischen herrschende These lautet, dass die Rechtsdurchsetzung dieser Regeln und der Erfolg von Börsen korrelieren.[153]

In den USA, aber auch in China ist das Sanktionsregime unzweifelhaft strenger als in Europa. In den USA hat dies damit zu tun, dass eine zivilrechtliche Sanktionierung durch Sammelklagen stattfindet und ein erheblicher Druck seitens der Behörden erzeugt wird, um einen Vergleich zu erzwingen.[154] In der Volksrepublik China hat der Staat auf das wirtschaftliche Geschehen einen starken Einfluss und kann relativ einfach auch auf die Unternehmen zugreifen. Die sichtbare Hand des Staates und die unsichtbare

---

[149] S. etwa Art. 1 MAR 596/2014: „Vertrauen der Anleger zu stärken". Zu den verschiedenenen Schutzzwecken s. *Hopt*, Der Kapitalanlegerschutz im Recht der Banken, 1975, 51 ff.; EuGH, Urt. v. 10.5.1995 – Rs. C-384/93 – Rn. 42; *Fleischer* (Fn. 60), F 20; *Möllers*, AcP 208 (2008), 1 (8); *Kalss/Oppitz/Zollner*, Kapitalmarktrecht, 2. Aufl. 2015, § 1 Rn. 17.

[150] Zur Verhaltenssteuerung des Rechts s. etwa *Austin*, Lectures on Jurisprudence on the Philosophy of Positive Law, Vol. I, 1885, 90, 94; *Möllers* (Fn. 3), § 2 Rn. 7 ff.

[151] Zur abschreckenden Wirkung s. *Mataja*, Das Recht des Schadensersatzes vom Standpunkte der Nationalöknomie, 1888, 19 ff.; *Möllers* (Fn. 3), § 5 Rn. 142 ff.

[152] *BMF* (Fn. 4), 1 (3): „Genauso wichtig ist es, eine wirksame Verfolgung und Bestrafung der Täter und der von der Straftat profitierenden Unternehmen sicherzustellen. Nur so sichern wir das Vertrauen der Anleger, die Reputation unseres Finanzmarkts und die Arbeitsplätze in den Banken, Versicherungen und anderen Finanzdienstleistern."

[153] *La Porta/Lopez-de-Silanes/Shleifer/Vishny*, Journal of Finance 52 (1997), 1131; *dies.*, Journal of Political Economy 106 (1998), 1113 (1140); *dies.*, Journal of Finance 55 (2000), 1 (5 ff.); *Modigliani/Perotti*, International Review of Finance 1–2 (2000), 81 ff.; *Black*, UCLA Law Review 48 (2001), 781 (834 ff.); *La Porta/Lopez-de-Silanes/Shleifer*, Journal of Financial Economics 61 (2006), 1; *Jackson/Roe*, Journal of Financial Economics 93 (2009), 207; *Coffee*, Journal of Corporation Law 25 (1999), 1 (2); *ders.*, University of Pennsylvania Law Review 156 (2007), 229; *Bhattacharya/Daouk*, Review of Finance 13 (2009), 577 (578). Zur Diskussion in Deutschland, s. *Möllers*, AcP 208 (2008), 1 f., *Klöhn*, in: Schulze (Hrsg.), Compensation of Private Losses, 2011, 179 ff.; *Poelzig*, Normdurchsetzung durch Privatrecht, 2012, 361 ff.; *ders.*, ZGR 2015, 801 (817 ff.); *Wagner*, in: FS Köndgen, 2016, 649 (673); *Maume*, ZHR 180 (2016), 358 (361 ff.)

[154] *Möllers/Pregler*, ZHR 176 (2012), 144 (146, 151 ff.). Zu dem Vergleich der USA im Rahmen des VW-Dieselskandals, s. etwa *Schmitz*, in: Gsell/Möllers (Hrsg.), Enforcing Consumer and Capital Markets Law. The Diesel Emissions Scandal, 2020, 339 ff.

Hand des Marktes werden zu einem System sui generis kombiniert, indem das Prinzip der Gewaltenkonzentration durch die Partei gilt.[155] Obwohl die US-amerikanischen Börsen weltweit immer noch führend sind, kann das US-amerikanische Recht nicht einfach übernommen werden. Der in Europa dominierende Verhältnismäßigkeitsgrundsatz und strafrechtliche Prinzipien wie die Unschuldsvermutung stehen einer Übernahme von Rechtsinstituten wie den *punitive damages* oder dem erzwungenen öffentlich-rechtlichen Vergleich entgegen.[156] Europa hat ein anderes Verständnis von Gewaltenteilung und Recht.[157] Weil vergleichbare Werkzeuge in Europa fehlen oder deutlich schwächer ausgeprägt sind, muss der europäische Gesetzgeber andere Lösungswege finden. Ansonsten besteht die Gefahr, dass die Börsen in Europa noch weiter gegenüber den Börsen in New York, Hongkong oder Shanghai zurückfallen. Das für die neuen Entwicklungen im Bereich von Umwelt, IT oder KI erforderliche Risikokapital steht dann ebenso wenig zur Verfügung wie die Aktie als renditestarke Anlageklasse für die private Altersvorsorge.[158] Sinnvoll ist insoweit eine gute Verzahnung verschiedener Rechtswege, um mögliche Nachteile auszugleichen und auf diese Weise effektiv verhaltenssteuernd zu wirken.[159]

2. *Forderungen zur Optimierung der öffentlich-rechtlichen Rechtsdurchsetzung*

a) Überwachung der Überwachung

Bekanntlich hat das Lamfalussy-Verfahren die Rechtssetzung massiv ausgeweitet. Durch eine Vollharmonisierung auf drei Ebenen versucht der europäische Normgeber alle Einzelfragen zu klären.[160] Das Lamfalussy-Verfahren hat insoweit einen richtigen Kern: Grundsätzlich ist die Aufsicht in der Lage,

---

155 *Baron/Yin-Baron*, Die Chinesen. Psychogramm einer Weltmacht, 7. Aufl. 2019, 265. Zum Prinzip der Gewaltenkonzentration, s. *Pißler*, RabelsZ 80 (2016), 373 (392 f.).

156 *Gsell/Möllers*, in: Gsell/Möllers (Fn. 154), 465 (467 f.) und oben Fn. 154.

157 Zur Ablehnung der *punitive damages* in Deutschland s. etwa BGHZ 118, 312. In Europa wurde punitive damages nicht in die Kartell-Schadensersatzklagen-RL 2014/104 v. 26.11.2014, ABl. EU 2014 L 349/1 übernommen, s. Art. 3 Abs. 3 und ErwG 13 S. 3. Vergleichbares gilt für die RL (EU) 2020/1828 über Verbandsklagen zum Schutz der Kollektivinteressen der Verbraucher v. 25.11.2020, ABl. EU 2020 L 409/1, s. ErwG 10 S. 2 und ErwG 42 S. 3.

158 *Greenwood/Smith*, Journal of Economic Dynamics & Control 21 (1997), 145; *Möllers*, AcP 208 (2008), 1 (4, 7); *Grundmann* (Fn. 123), 6. Teil Rn. 8 f.; zum Funktionenschutz s. Kümpel/Mülbert/Früh/Seyfried/*Oulds*, Bank- und Kapitalmarktrecht, 2019, Rn. 11.53 ff.; *Buck-Heeb*, Kapitalmarktrecht, 10. Aufl. 2020, Rn. 2. Instruktiv etwa *Deutsches Aktieninstitut (DAI)*, Lebensstandard im Alter sichern – Rentenlücken mit Aktien schliessen, Dezember 2016.

159 *Poelzig*, ZGR 2015, 801 (821).

160 *Assmann/Schneider*, Wertpapierhandelsgesetz, WpHG, 4. Aufl. 2006, Vorwort; *Mülbert*, ZHR 176 (2012), 369 f.; *Möllers*, ZEuP 2018, 325 (330 ff.); ausführlich *ders.*, in: FS 25 WpHG 2019, 19 (24 ff.), *Veil*, in: FS K. Schmidt, 2019, 571 (574).

schnelle Entscheidungen zu treffen. Aufgrund des Untersuchungsgrundsatzes müssen Behörden ermitteln. Die gerichtliche Klärung hat den Nachteil, dass sie für die Börse letztlich viel zu langsam ist. Wenn Gerichte zehn Jahre und länger benötigen, um über die Rechtmäßigkeit einer Handlung zu entscheiden, kommt dies sicherlich zu spät. Zudem besteht bei Privaten oft das Risiko, dass diese gar nicht klagen wollen. Strafrechtliche Verfahren erfordern den Vollbeweis, weil die Unschuldsvermutung gilt. Damit sprechen gewichtige Argumente für eine Überwachung durch die Aufsicht. Vier Forderungen sind im Folgenden aber aufzustellen, um die Arbeit der Behörden effektiver zu machen: Wenn die Compliance-Strukturen ausgeweitet werden, sollten auch die Kompetenzen der Behörde ausgeweitet werden: Die letzten dreißig Jahre arbeitete man in Deutschland daran, die Strukturen von Corporate Governance und Compliance zu verbessern. Das Gesellschaftsrecht als Unternehmensrecht stößt allerdings strukturell an Grenzen. Im Zweifel müssen Informationsansprüche auf Einsicht in den Bericht der Sonderprüfung oder Haftungsansprüche des Aufsichtsrates gegen den Vorstand dem Unternehmensinteresse weichen.[161] Zudem existiert die Problematik, dass Haftungsansprüche und die Regeln des DCGK nur begrenzt eingefordert werden können.[162] Die neu einzuführenden Überwachungspflichten sollten der BaFin zustehen: Das wäre dann erstens nicht nur eine Sonderprüfung, sondern auch die Überprüfung entsprechender Compliance-Strukturen.[163] Zu vertiefen ist zweitens die Frage, ob für die Verfolgung von Insidergeschäften und Marktmanipulationen die EU zuständig sein sollte. Dies hätte den Vorteil, dass das *level playing field* und eine schlagkräftige Durchsetzung denkbar wären. Eine europäische Eingreiftruppe wäre etwa für die Marktmanipulation durch Short-Seller zuständig.[164] Das europäische Kartellrecht kann hier wieder als Pate dienen.

b) Vermeidung von Interessenkonflikten und Streichung der Haftungsprivilegierung

Als dritte Forderung ist ein wichtiges Steuerungsinstrument des Kapitalmarktrechts zu beachten und auf andere Marktteilnehmer auszudehnen, nämlich die

---

[161] *Grigoleit/Rachlitz*, in: Grigoleit, AktG, 2020, § 142 Rn. 24, 31

[162] Der Aufsichtsrat kann zwar wegen Unterlassen gem. §§ 116, 93 AktG verklagt werden, darf aber das Unternehmensinteresse mitberücksichtigen, etwa wenn er es unterlässt, Ansprüche gegen den Vorstand geltend zu machen, BGHZ 135, 244 (255 ff.).

[163] S. oben Fn. 119.

[164] *Merkt*, Gutachten zum 64. DJT, 2002, G 125; *Hopt*, NZG 2009, 1401 (1404); *Möllers*, NZG 2010, 285 (289); *ders.*, NZG 2018, 649 (654); *ders.*, in: FS 25 Jahre WpHG, 2019, 19 (33 ff.); jetzt auch *AKBR*, NZG 2002, 938 (945); *Kraanken/Langenbucher*, Working Paper: The Wirecard lessons: A reform proposal for the supervision of securities markets in Europe, SAFE Policy Letter No. 88, Juli 2020; *Angeloni*, Wirecard scandal raises need for common EU market rules, SAFE Policy Blog, 2.7.2020; hierzu auch *Loy/Steuer*, KOR 2020, 413 (422).

Vermeidung von Interessenkonflikten.[165] Man findet es etwa bei der Regelung von Finanzintermediären. Wenn aber schon Intermediäre Interessenkonflikte vermeiden sollen, muss dies erst recht für die Aufsicht gelten: Mit Wertpapieren von Unternehmen zu handeln, die man überwachen soll,[166] muss verboten werden. Das ist inzwischen geschehen.[167] Und schließlich ist viertens die Haftungsprivilegierung der Aufsicht nicht überzeugend, weil sie kontraproduktiv wirkt. Wer für sein Tun nicht verantwortlich ist, wird ggf. weniger sorgfältig arbeiten. Für grob fahrlässiges Verhalten hat sie zu haften.[168]

3. Gerichtliche Kontrolle auch durch das Zivilrecht

a) Zur Notwendigkeit der Ex-Post-Kontrolle und zivilrechtliche Haftung

Die Normierungsdichte des Lamfalussy-Verfahrens gerät an seine Grenzen. Es erinnert an den Versuch von Friedrich II., mit dem Allgemeinen Preußischen Landrecht (ALR) und seinen 17.000 Paragraphen alle Lebensverhältnisse abzudecken.[169] Der obige Versuch, Gerüchte kapitalmarktrechtlich korrekt einzuordnen, zeigt deutlich, dass sich auch ESMA und BaFin schwertun, eine passende Konkretisierung vorzunehmen.[170] Ob dagegen die Zeit schon reif für ein europäisches Kapitalmarktgesetzbuch ist,[171] darf bezweifelt werden. Dafür ist die Rechtsetzungstechnik schlichtweg zu aufwändig[172] und die Qualität des Rechts noch zu gering.[173]

Dass der EuGH im Zweifel das Kapitalmarktrecht weiter konkretisiert, ist sinnvoll und erforderlich. Vergleichbares gilt für das Vakuum, gegen rechtswidrige Anlageempfehlungen vorzugehen oder die *know your product*-Pflicht, zu konkretisieren.[174] Prozessual bedarf es eines einheitlichen

---

[165] Vgl. ErwG 71, 74 und Art. 24 Abs. 1 MiFiD, ErwG 10, 16, 22, 27, 30 und Art. 1 S. 2; Art. 6, Anh. 1 RatingVO (EG) NR. 1060/2009, Art. 22 Abs. 1 UAbs. 3 Änderungs-RL 2014/56/EG über Abschlussprüfer. Als allgemeines Rechtsprinzip s. *Möllers*, in: FS Hopt, 2010, 2247 (2250).

[166] Hierzu oben Fn. 41.

[167] https://www.handelsblatt.com/finanzen/maerkte/boerse-inside/finanzaufsicht-bafin-mitarbeiter-duerfen-aktien-aus-der-finanzbranche-nicht-mehr-privat-handeln/26237298.html?ticket=ST-2279461-DRNIbAE9g3SbW4CUxjfM-ap3 (abgerufen am 2.2.2021).

[168] Ebenso *AKBR* (Fn. 119), I.6., www.bmf.de (abgerufen am 2.2.2021). Grob fahrlässig ist damit ein objektiv grober Pflichtenverstoß, verbunden mit einer subjektiv schlechthin unentschuldbaren Pflichtverletzung, welche die einfache Fahrlässigkeit erheblich überschreitet, vgl. *Schaub*, in: Online-GK-BGB, Stand: 1.12.2020, § 276 BGB Rn. 92 m. w. Nachw.

[169] *Möllers*, in: FS 25 Jahre WpHG, 2019, 19 (24).

[170] Ausführlich oben Fn. 106 ff.

[171] Für ein solches Gesetzbuch, welches die europäischen Vorschriften zum Kapitalmarktrecht zusammenfasst, s. *Veil* (Fn. 160), 571 (573); *ders.*, in: FS 25 WpHG, 2019, 87 (98).

[172] *Möllers*, in: FS 25 Jahre WpHG 2019, 19 (24 ff.).

[173] *Simonis*, AG 2016, 651 ff.; *Sethe*, in: FS 25 Jahre WpHG, 2019, 1171 (1183 f.).

[174] S. oben III.4.b) und c).

Instanzenzuges – wie er im Kartellrecht schon besteht. Es ist misslich, wenn in Deutschland die Rechtswege gesplittet sind, weil sowohl der BGH als auch das BVerwG zuständig sein können.[175] Hier ist das europäische Prozessrecht weiter, weil der EuGH immer über Vorabentscheidungsverfahren entscheidet. Zudem kann die Behörde nicht alles wissen, sodass die Rechtsdurchsetzung durch private Parteien (*private enforcement*) effektiver sein kann, weil die Anzahl potentieller Überwacher um ein vielfaches größer ist. *Private enforcement* ist zwingend notwendig, weil die Aufsicht immer personell unterbesetzt ist.[176] Darüber hinaus hat *private enforcement* eine wichtige Ergänzungsfunktion, weil es erlaubt, Lücken des Gesetzgebers und der Verwaltung zu schließen. Eine Vervollständigung übernimmt das Zivilrecht auch dann, wenn wie im Wirecard-Fall die Aufsicht auf einem Auge blind ist und evident rechtswidriges Tun nicht verfolgt. Im deutschen Deliktsrecht ist die Ergänzungsfunktion gegenüber öffentlich-rechtlichen Normen ausdrücklich anerkannt, um so Haftungslücken schließen zu können.[177] Es gilt deshalb, die Rechtsdurchsetzung von Zivilrecht und öffentlichem Recht sinnvoll zu verbinden. Das findet sich so auch im europäischen Unlauterkeitsrecht,[178] aber auch im Kartellrecht. Gerade der EuGH hat auch eine zivilrechtliche Rechtsdurchsetzung angemahnt.[179] In Deutschland beschränken sich im Bereich unzureichender Kapitalmarktinformation die Ansprüche aus §§ 97 f. WpHG und § 826 BGB regelmäßig auf das negative Interesse, weil der Anleger für die Rückabwicklung beweisen muss, dass er ansonsten nicht gekauft hätte.[180] Schließlich wird vom BGH grundsätzlich die Schutzgesetzfähigkeit von kapitalmarktrechtlichen Vorschriften und damit die Möglichkeit, Ansprüche über § 823 Abs. 2 BGB geltend zu machen, mit dem Argument verneint, es sei Aufgabe des Gesetzgebers, entsprechende Ansprüche einzuführen.[181] Gefordert ist mithin der Gesetzgeber, auch deshalb, weil er nicht nur punktuell, sondern umfassend eine Materie regeln kann.

---

[175] Zu dieser Forderung bereits *Möllers*, NZG 2018, 649 (657).

[176] *Jackson/Roe*, Journal of Financial Economics 93 (2009), 207 (208); *Wagner* (Fn. 162), 649 (673).

[177] BGHZ 139, 79 (83). Vorher schon BGH, NJW 1985, 620 (621); BGH, NJW 1984, 801 (802); BGH, NJW 1987, 372 (373) m. w. Nachw.

[178] *Möllers/Heinemann*, The Enforcement of Competition Law in Europe, 2007, 363: Die rein zivilrechtliche Rechtsdurchsetzung des Unlauterkeitsrechts ist in den Mitgliedstaaten der EU die Ausnahme.

[179] EuGH, Urt. v. 20.9.2001 – Rs. C-453/99 – Rn. 29; EuGH, Urt. v. 13.7.2006 – Rs. C-295/04 – Rn. 39 ff.

[180] BGHZ 160, 134 = NJW 2004, 2664 (2667); BGH, NJW 2001, 2450 (2453); ausführlich *Möllers/Leisch* (Fn. 69), §§ 37b, c Rn. 360 ff.

[181] Etwa BGHZ 186, 58 (68 f. Rn. 29) zu § 34a WpHG a. F.; BGHZ 175, 276 (281 Rn. 18) zu § 32 WpHG a. F.; BGHZ 192, 90 (98 f. Rn. 21) zu § 20a WpHG a. F. Hierzu *Möllers/Leisch* (Fn. 69), §§ 37b, c Rn. 493 ff., 501 ff.

b) Vorschläge für ein europäisches Haftungsrecht und die geringe Realisierungswahrscheinlichkeit

Es bedarf künftig weiterer Harmonisierungsbemühungen im europäischen Kapitalmarktrecht, um zivilrechtliche Haftungstatbestände zu schaffen. Zwei eher extreme Ansichten lassen sich ausmachen. Zum einen sind schon seit vielen Jahren Vorschläge unterbreitet worden, wie zivilrechtliche Haftungstatbestände auszuformulieren wären.[182] In diese Richtung denken auch die Autoren, die bereits de lege lata für bestimmte Tatbestände eine Haftung nach § 823 Abs. 2 BGB i. V. m. Art. 15 MAR (EU) 596/2014 bejahen.[183] Allein: passiert ist wenig. Im europäischen Recht sind die Regelungen zur zivilrechtlichen Haftung sehr überschaubar. Es gibt Haftungsvorschriften nur in der TransparenzRL,[184] der JahresabschlussRL,[185] der ProspektVO,[186] der RatingVO[187] sowie der PRIIPVO[188]. Weitgehend wird nur das „ob" einer Haftung harmonisiert, ansonsten aber auf das nationale Recht zurückverwiesen.[189] Begründet wird dies damit, dass die Voraussetzungen für Kausalität, Schaden und Verschulden in den Mitgliedstaaten höchst unterschiedlich sind.[190] Wegen der unterschiedlichen Traditionen sind deshalb ausgefeilte Haftungstatbestände mit detaillierten Voraussetzungen wenig realistisch.[191] Die Gegenansicht möchte daher auf jegliche Harmonisierung verzichten und

---

[182] *Möllers/Leisch* (Fn. 69), §§ 37b, c Rn. 70 ff.; etwa *Hopt/Voigt*, in: Hopt/Voigt (Hrsg.), Prospekt- und Kapitalmarktinformationshaftung, 2005, 1 ff.; *Hellgardt*, Kapitalmarktdeliktsrecht, 2008, 221 ff.; s. *Poelzig* (Fn. 153); *Franck*, Marktordnung durch Haftung, 2016.

[183] S. etwa *Hellgardt*, AG 2012, 154 (163 ff.); *ders.*, in: Assmann/Schneider/Mülbert (Fn. 104), §§ 97, 98 WpHG Rn. 58; *Seibt*, ZHR 177 (2013), 388 (424 f.); *Poelzig*, ZGR 2015, 801 (808 ff.).

[184] Art. 7 TransparenzRL 2004/109/EG v. 15.12.2004, ABl. EU 2004 L 390/38. Zur fehlenden Umsetzung kritisch *Möllers*, AcP 208 (2008), 1 (29 f.); *Mülbert/Steup*, NZG 2007, 761 (766); *Brinckmann*, in: Veil (Hrsg.), Europäisches Kapitalmarktrecht, 2. Aufl. 2014, § 18 Rn. 77; *Hellgardt*, in: FS 25 Jahre WpHG, 2019, 701 (706). A. A. aber *Leenenbach*, Kapitalmarktrecht, 2010, Rn. 11.530.

[185] Art. 50c ÄnderungsRL 2006/46/EG zur JahresabschlussRL 78/660/EG v. 14.6.2006, ABl. EU 2006 L 224/1.

[186] Art. 11 ProspektVO (EU) 2017/1129 (Fn. 98).

[187] Vgl. Art. 35a Änderungs-RatingVO (EU) Nr. 462/2013 v. 21.5.2013, ABl. EU 2013 L 146/l.

[188] Vgl. Art. 11 PRIIPVO (EU) Nr. 1286/2014 v. 26.11.2014. ABl. EU 2014 L 352/1.

[189] S. etwa Art. 7 TransparenzRL (Fn. 184), Art. 50c ÄnderungsRL (Fn. 185), Art. 11 Abs. 1 ProspektVO (Fn. 98): „die Mitgliedstaaten stellen sicher …" Ausdrücklich auch Art. 11 Abs. 2, 3 PRIIPVO (Fn. 188) und Art. 35a Abs. 4 Änderungs-RatingVO (EU) Nr. 462/2013 (Fn. 187).

[190] Art. 35a Abs. 4 S. 1 Änderungs-RatingVO (EU) Nr. 462/2013 (Fn. 187): „Begriffe wie ‚Schaden', ‚Vorsatz', ‚grobe Fahrlässigkeit', ‚in vertretbarer Weise verlassen', ‚gebührende Sorgfalt', ‚Auswirkung', ‚angemessen' und ‚verhältnismäßig', die in diesem Artikel genannt aber nicht definiert werden, werden im Einklang mit dem jeweils geltenden nationalen Recht gemäß den einschlägigen Bestimmungen des internationalen Privatrechts ausgelegt und angewandt."

[191] So bereits *Möllers/Leisch* (Fn. 69), §§ 37b, c Rn. 82; *Veil* (Fn. 160), 571 (576).

es den Mitgliedstaaten selbst überlassen, zivilrechtliche Haftungstatbestände zu schaffen.[192] Das führt zwar zu einem Wettbewerb der Rechtsordnungen. Das Haftungsrecht den Mitgliedstaaten zu überlassen, verhindert aber das gewünschte *level playing field*.[193]

c) Vorschläge für eine vorsichtige weitere Harmonisierung des europäischen Haftungsrechts

Gefordert ist deshalb ein gesunder Mittelweg: Auf europäischer Ebene bedürfte es in einem ersten Schritt der Diskussion, welche Marktteilnehmer potentiell haften könnten. Dazu wäre die Pflichtenstellung zu konkretisieren. Zu fordern sind entsprechende Haftungsnormen bei Falschinformationen von Unternehmen. Bei den anderen Marktteilnehmern steht vor allem das Unterlassen im Raum. Das sind etwa die Wirtschaftsprüfer, aber auch die Aufsicht, wenn sie offensichtlich ihre Pflichten ignorierten. Hier Haftungsbeschränkungen zu fordern,[194] ist kontraproduktiv. Wenn der nationale Gesetzgeber davon absieht, Ansprüche auf Staatshaftung einzuführen, muss ggf. der EuGH rechtsfortbildend tätig werden.[195] Schließlich sollten auch andere Finanzintermediäre haften, wenn sie unzureichend recherchieren oder gegen die oben genannten Veröffentlichungsverbote verstoßen.

In einem zweiten Schritt wären dann die Haftungsgrundlagen zu schaffen. Dabei müssen die Vorgaben aber deutlich über Art. 7 TransparenzRL hinausgehen.[196] Vielleicht lässt sich hierfür die Entwicklung im Kartellrecht nutzbar machen. Nach den Urteilen Courage und Manfredi stellte sich die Frage, ob der Gesetzgeber oder die Gerichte, die nationale oder die europäische Ebene besser zur Regelung der damit verbundenen Einzelfragen wie Kausalität, Umfang des Schadens etc. geeignet seien.[197] Man entschied sich für den europäischen Gesetzgeber als Regelsetzer. Dies lässt sich auf die oben skizzierten offenen Fragen übertragen: Der europäische Gesetzgeber ist demokratisch legitimiert und kann in einem Gesetzgebungsverfahren fachlich

---

[192] So als kurzfristige Perspektive *Wundenberg*, ZGR 2015, 124 (154 ff.); *Veil* (Fn. 160), 571 (576 f.).

[193] Zu den damit verbundenen Fragen des Internationalen Privatrechts, s. *Lehmann*, in: MünchKomm-BGB, Internationales Finanzrecht, 2018, Art. 519 ff., 547 ff.; *Schäfer*, ZGR 2020, 359 (362 ff.).

[194] So aber auf europäischer Ebene die Empfehlung 2008/473/EG v. 5.6.2008, ABl. EU 2008 L 162/39. Anders dagegen jetzt die Haftungserweiterung im neuen § 323 HGB, s. FISG (Fn. 119); zustimmend *AKBR*, Stellungnahme zum FISG, II.2.

[195] Zur Staatshaftung wegen Nichtumsetzung von Richtlinien, s. EuGH, Urt. v. 19.11. 1991 – Rs. C-6/90 u. a. – Rn. 32 ff.; ausführlich *Möllers* (Fn. 3), § 12 Rn. 123 ff.

[196] Zu dieser Forderung bereits *Möllers/Leisch* (Fn. 69), §§ 37b, c Rn. 84; *Möllers*, AcP 208 (2008), 1 (29 f.).

[197] S. *Wollenschläger/Wurmnest/Möllers*, Private Enforcement of European Competition Law and State Aid Law, 2020.

die erforderliche Expertise viel besser hinzuziehen als ein Kollegialgericht. Er kann systematisch gleich eine Fülle von Fragen beantworten, während die Gerichte Einzelfragen nur punktuell in einer Kette von Entscheidungen klären können.[198] Im Ergebnis könnte man auch die materiell-rechtlichen Überlegungen für Haftungsansprüche konkretisieren. Dabei hat man ja durchaus Erfahrungen mit einer präziseren Haftungsnorm im Kapitalmarktrecht, nämlich Art. 35a RatingVO: Hier wird etwa zu Beweislast Stellung genommen.[199] Zudem ließe sich noch eine Auffangklausel einführen, die sich an Art. 17 Kartell-SchadensersatzRL 2014/104 orientiert, wonach die „Mitgliedstaaten gewährleisten, dass weder die Beweislast noch das Beweismaß für die Ermittlung des Schadensumfangs die Ausübung des Rechts auf Schadensersatz praktisch unmöglich machen oder übermäßig erschweren". Darüber hinaus gewährleisten die Mitgliedstaaten, „dass die nationalen Gerichte gemäß den nationalen Verfahren befugt sind, die Höhe des Schadens zu schätzen, wenn erwiesen ist, dass ein Kläger einen Schaden erlitten hat, es jedoch praktisch unmöglich oder übermäßig schwierig ist, die Höhe des erlittenen Schadens aufgrund der vorhandenen Beweismittel genau zu beziffern."[200]

4. Verbindung von öffentlich-rechtlicher und zivilrechtlicher Rechtsdurchsetzung

Wenn sich modernes Wirtschaftsrecht bei der Rechtsdurchsetzung aller drei Rechtsgebiete bedient, muss künftig eine bessere Verzahnung von öffentlich-rechtlicher, zivilrechtlicher und strafrechtlicher Rechtsdurchsetzung gelingen. Dazu gehören nicht nur eine zentrale nationale Zuständigkeit einer Behörde im Strafrecht oder eines einheitlichen Rechtsweges, um widersprüchliche Urteile zu vermeiden, sondern auch die Klärung verschiedener Einzelfragen, die das Wettbewerbsrecht bereits vorlebt: So wird die Verjährung der zivilrechtlichen Klage unterbrochen, nachdem die Behörde tätig geworden ist,[201] und es existieren Informationsansprüche. Erfreulicherweise finden sich die Rechtsinstitute nicht nur in der Kartell-Schadensersatz-RL, sondern auch in der jüngst verabschiedeten RL 2020/1828 über Verbands-

---

[198] Zu den einschlägigen Argumenten s. *Möllers* (Fn. 3), § 13 Rn. 83.

[199] Zu Fragen der Beweislast s. etwa *Wojcik*, NJW 2013, 2385 (2387 ff.); *Möllers/Niedorf*, ECFR 2014, 333 (346); *Kontogeorgou*, DStR 2014, 1397 (1402 ff.); *Veil/Teigelack*, in: Veil (Fn. 184), § 27 Rn. 73; *Kumpan/Grütze*, in: Schwarz/Zimmer (Fn. 133), § 29 WpHG Anh. Rn. 158 ff.

[200] Art. 17 Abs. 1 Kartell-Schadensersatzklagen-RL 2014/104 (Fn. 157); konstruktiv *Veil*, in: Gsell/Möllers (Fn. 156), 405 (419 ff., 422).

[201] Art. 10 Abs. 2 Kartell-Schadensersatzklagen-RL 2014/104 (Fn. 157); Art. 16 Verbandsklagen-RL (EU) 2020/1828 (Fn. 157).

klagen.[202] Es wäre jetzt ein mutiger, aber denkbarer Schritt des europäischen Gesetzgebers, diese Ideen auf das europäische Kapitalmarktrecht zu übertragen.

V. Zusammenfassende Thesen und Ausblick

1. Bei dem Wirecard-Skandal handelt es sich mitnichten um einen unvorhersehbaren Einzelfall. Wegen der Warnungen durch die FT waren die Vorwürfe des Bilanzbetruges vielmehr seit mehreren Jahren bekannt. Unzureichend war die unternehmensinterne Überwachung, bestehend aus Revision, Compliance und der Untätigkeit des Aufsichtsrates als Teil der Corporate Governance, aber auch die Prüfung durch Dritte, wie der Wirtschaftsprüfungsgesellschaft EY und der staatlichen Überwachung durch die BaFin. Wenn Finanzintermediäre wie Fondsverwalter, Finanzanalysten, Berater oder Ratingagenturen bis kurz vor der Insolvenz noch Wirecard-Aktien dem Anlegerpublikum empfahlen, fehlten auch hier wichtige Kontrollmechanismen. Der Wirecard-Skandal verdeutlicht das systematische Versagen nahezu der gesamten Finanzbranche.

Die *Behavioral Finance* beschreibt anschaulich die Irrationalität menschlichen Handelns am Kapitalmarkt, wie Herdenverhalten, Überoptimismus sowie Euphorie, selektive Wahrnehmung und die Finanzintermediäre als Anker zur Orientierung der Anleger.

2. Die Wahrscheinlichkeit, wegen dieser Fehler Ansprüche geltend machen zu können, ist nach geltendem Recht unzureichend: Haftungsansprüche gegenüber der Wirecard AG und seiner Vorstände laufen wegen der Insolvenz voraussichtlich weitgehend leer, Haftungsansprüche gegen den Wirtschaftsprüfer sind auf 4 Mio. Euro begrenzt und die Haftung gegenüber der BaFin scheidet nach dem Wortlaut des Gesetzes vollständig aus. Auch eine Haftung gegenüber Finanzintermediären ist eher unwahrscheinlich, weil die Haftungsvoraussetzungen noch zu vage sind.

3. Die bisherige Reaktion auf den Wirecard-Skandal zielt mit dem FISG vorrangig auf eine stärkere Rechtsdurchsetzung. Weil an der Börse Informationen über Unternehmen bewertet werden, muss der Blick verstärkt auf die Validität, die Richtigkeit von Unternehmensinformationen gelenkt werden. Der Wirecard-Skandal zeichnet sich dadurch aus, dass über Jahre hinweg unklar war, ob die Bilanzen von Wirecard unrichtig waren. Wichtiger erscheint es deshalb zu fragen, wer wie auf welche Informationen hätte reagieren müs-

[202] Artt. 5, 6 Kartell-Schadensersatzklagen-RL 2014/104 (Fn. 157); Art. 18 Verbandsklagen-RL (EU) 2020/1828 (Fn. 157). Hierzu *Möllers/Pregler*, ZHR 176 (2012), 144 (146, 151 ff.); *Gsell/Möllers* (Fn. 156), 465 (485 ff.).

sen. Wie mit Gerüchten als unsicheren Informationen umzugehen ist, ist weiter zu konkretisieren, um den Marktteilnehmern klare Anweisungen an die Hand zu geben. Zu den Recherchepflichten des Unternehmens gehört es, Gerüchte von Short-Sellern und Whistleblowern grundsätzlich wahrzunehmen, wenn diese ein gewisses Maß an Plausibilität besitzen. Das börsennotierte Unternehmen muss sich sodann mit solchen ungesicherten Informationen befassen, mithin den Richtigkeitsgehalt prüfen, ggf. auch durch eine Sonderprüfung, und sodann drittens substantiiert zu dem Gerücht Stellung nehmen. Die Einhaltung dieser Pflichten hat die Aufsicht zu überwachen.

Umgekehrt reichen unsubstantiierte Nachrichten des Unternehmens nicht aus, die als Pressemitteilungen, Twitter-Nachrichten oder über andere Kanäle veröffentlicht werden. Finanzintermediäre unterliegen der *know your product*-Pflicht und dürfen keine unsubstantiierten, auf ungesicherter Grundlage beruhenden, Empfehlungen aussprechen, wenn sie ihrer Recherchepflicht nicht nachkommen.

4. Wollen Deutschland und die EU im weltweiten Wettbewerb nicht weiter zurückfallen, müssen der deutsche und europäische Gesetzgeber die Pflichtenstellung der Marktakteure in einem ersten Schritt konkretisieren. Sodann ist zu fragen, wie die Pflichten besser als bisher durchgesetzt werden können. Die nationalen und europäischen Behörden benötigen stärkere Eingriffsbefugnisse. Sie müssen Corporate Governance strukturiert überprüfen können oder etwa in der Lage sein, eine Sonderprüfung zu beauftragen. Umgekehrt sind Interessenkonflikte zu vermeiden. Zudem sollten die Aufsichtsbehörden auch bei grob fahrlässigem Handeln haften.

Eine zivilrechtliche Haftung auf europäischer Ebene könnte eine wichtige Ergänzungsfunktion übernehmen. Zudem würde ein *level playing field* geschaffen. Orientieren könnte man sich an Art. 35a RatingVO (EU) Nr. 462/2013. Eine sinnvolle Vernetzung von Öffentlichem Recht und Zivilrecht könnte die Verjährungshemmung, Bindungswirkung und Auskunftsrechte regeln. Regelungen hierzu finden sich in der kartellrechtlichen SchadensersatzRL und in der VerbandsklagenRL 2020/1828. Der Wirecard-Fall zeigt sehr deutlich, dass die weitere Entwicklung des Rechts börsennotierter Unternehmen eine Daueraufgabe bleibt.

Die Immunität ausländischer Amtsträger, der Bundesgerichtshof und das Vermächtnis von Nürnberg

Thilo Rensmann

I. Das Vermächtnis von Nürnberg und die Immunität ausländischer Amtsträger in Deutschland

Als die deutschen Hauptkriegsverbrecher am 20. November 1945 im Schwurgerichtssaal des Nürnberger Justizpalastes erstmals auf der Anklagebank Platz nahmen, wurde für die Weltöffentlichkeit sichtbar, dass die Völkerrechtsordnung auf ein völlig neues Fundament gestellt worden war. Zwar prangte in der einen Monat zuvor in Kraft getretenen Charta der Vereinten Nationen die souveräne Gleichheit der Staaten noch an der Spitze der Grundprinzipien der neu verfassten Völkerrechtsgemeinschaft.[1] Durch das Bekenntnis zur „Würde [...] der menschlichen Persönlichkeit" und den aus ihr fließenden Menschenrechten kam aber zugleich zum Ausdruck, dass die staatliche Souveränität ihren Absolutheitsanspruch verloren hatte.[2]

Der Nürnberger Hauptkriegsverbrecherprozess verlieh dem Menschenrechtsbekenntnis der UN-Charta erstmals normativen Biss und brach damit den staatlichen „Souveränitätspanzer"[3] in doppelter Hinsicht auf: Einerseits war nun unmissverständlich klargestellt, dass schwerwiegende und systematische Menschenrechtsverletzungen nicht mehr zu den von der Staatengemeinschaft abgeschirmten „inneren Angelegenheiten"[4] gehörten.[5] „Verbrechen gegen die Menschlichkeit"[6] sind seit Nürnberg auch Verbrechen gegen die Menschheit und berühren daher die „internationale Gemeinschaft als Ganzes."[7]

---

1 Art. 2 Nr. 1 Charta der Vereinten Nationen v. 26.6.1945, BGBl. 1973 II, 431 (im Folgenden: UN-Charta).

2 Präambel der UN-Charta. Siehe auch Art. 1 Nr. 3 und 55 *lit.* c) UN-Charta.

3 Begriffsprägend *Bleckmann*, Grundgesetz und Völkerrecht, 1975, 183 und passim.

4 Vgl. Art. 2 Nr. / UN-Charta.

5 Siehe *Lauterpacht*, International Law and Human Rights, 1950, 35 ff., 166 ff.

6 Art. 6 *lit.* a) Charter of the International Military Tribunal (Statut für den Internationalen Militärgerichtshof) v. 8.8.1945, 82 UNTS 284 (im Folgenden: IMT-Statut); Art. 5 Abs. 1 S. 2 *lit.* b) Römisches Statut des Internationalen Strafgerichtshofs v. 17.7.1998, BGBl 2000 II, 1394 (im Folgenden: Römisches Statut).

7 Art. 5 Abs. 1 S. 1 Römisches Statut.

Andererseits sollten sich fortan die Täter schwerster Menschenrechtsverletzungen nicht mehr hinter dem Schleier der Souveränität ihres Heimatstaates verstecken können.[8] Schwere Kriegsverbrechen sowie Verbrechen gegen den Frieden und die Menschlichkeit lösten nunmehr neben der Staatenverantwortlichkeit auch die individuelle strafrechtliche Verantwortlichkeit der staatlichen Funktionsträger aus.[9] Mit dem Nürnberger Militärtribunal war zugleich die Blaupause für ein internationales Strafgericht geschaffen, das den Strafanspruch der internationalen Gemeinschaft unmittelbar auf völkerrechtlicher Ebene durchsetzen konnte.

Im Bewusstsein seiner besonderen historischen Verantwortung hat sich Deutschland seit seiner Wiedervereinigung mit Nachdruck dafür eingesetzt, „das Vermächtnis von Nürnberg [...] weiterzutragen und zu verteidigen".[10] So leistete Deutschland mit seinen beharrlichen diplomatischen Bemühungen einen entscheidenden Beitrag dazu, dass das Statut des Internationalen Strafgerichtshofs – allen Skeptikern zum Trotz – nach langjährigen Verhandlungen im Jahre 1998 auf der Staatenkonferenz von Rom mit großer Mehrheit angenommen wurde.[11] Damit hatte sich das Völkerstrafrecht – ein halbes Jahrhundert nach den Nürnberger Prozessen – endgültig in der Völkerrechtsordnung etabliert.

Das Römische Statut ist allerdings noch weit von einem universellen Ratifikationsstand entfernt. Wichtige Staaten – mit China, Russland und den USA auch drei ständige Mitglieder des UN-Sicherheitsrates – sind dem Statut bislang ferngeblieben und zwei der ursprünglichen Vertragsstaaten (Burundi und die Philippinen) haben sich zwischenzeitlich sogar wieder von ihm abgewendet.[12] Angesichts der damit gerissenen Zuständigkeitslücken kann die Straflosigkeit der Täter schwerster Menschenrechtsverletzungen nur verhindert werden, wenn einzelne Staaten die Strafverfolgung treuhänderisch für die internationale Gemeinschaft übernehmen. Aber auch in den Fällen, in denen die Zuständigkeit des Internationalen Strafgerichtshofs grundsätzlich eröffnet ist, trägt die nationale Strafgerichtsbarkeit aufgrund des Prinzips der Komplementarität die Hauptlast des „Vermächtnisses von Nürnberg".[13]

[8] Vgl. Art. 7 IMT-Statut.

[9] Art. 6 IMT-Statut.

[10] Bundespräsident *Frank-Walter Steinmeier*, Rede beim Festakt zum 75. Jahrestag des Beginns der Nürnberger Prozesse v. 20.11.2020, https://www.bundespraesident.de/SharedDocs/Reden/DE/Frank-Walter-Steinmeier/Reden/2020/11/201120-Festakt-Nuernberg.html (abgerufen am 10.4.2021).

[11] Vgl. *Kaul*, Vereinte Nationen 46 (1998), 125 ff.

[12] Siehe zum aktuellen Ratifikationsstand *UN Treaty Collection*, Chapter XVIII, No. 10, https://treaties.un.org/Pages/ViewDetails.aspx?src=TREATY&mtdsg_no=XVIII-10&chapter=18&clang=_en (abgerufen am 10.4.2021).

[13] Präambel, Abs. 10; Art. 1 S. 2; Art. 17 Römisches Statut.

Deutschland hat sich dieser Verantwortung mit großem Engagement gestellt und damit auch international Zeichen gesetzt. Im Ausführungsgesetz zum Römischen Statut[14] und im Völkerstrafgesetzbuch[15] sind in mustergültiger Weise die innerstaatlichen Voraussetzungen für die Zusammenarbeit mit dem Internationalen Strafgerichtshof und die nationale Verfolgung der völkerrechtlichen (Kern-)Verbrechen[16] geschaffen worden. Mit der gleichzeitigen Verankerung des (genuinen) Weltrechtsprinzips ist Deutschland sogar deutlich über den durch das Römische Statut vorgezeichneten Rahmen hinausgegangen: Im Dienste der Durchsetzung des Strafanspruchs der internationalen Gemeinschaft können deutsche Staatsanwaltschaften und Gerichte völkerrechtliche Verbrechen auch ohne nationalen Anknüpfungspunkt verfolgen.[17]

Auf dieser Grundlage begann im April 2020 vor dem Oberlandesgericht (OLG) Koblenz die Hauptverhandlung gegen zwei ehemalige Mitarbeiter des syrischen Geheimdienstes wegen des Vorwurfs der Verbrechen gegen die Menschlichkeit.[18] Den Angeklagten wird zur Last gelegt, im berüchtigten Gefängnis Al-Khatib an der Folterung und Ermordung syrischer Regimegegner beteiligt gewesen zu sein. Es handelt sich um den weltweit ersten Strafprozess, in dem Gräueltaten des Assad-Regimes systematisch aufgearbeitet werden.[19] Das Verfahren wird daher auch international mit großer Aufmerksamkeit verfolgt.[20] 75 Jahre nach Beginn der Nürnberger Prozesse sind daher die Augen der Welt wieder auf Deutschland gerichtet.

Aufgrund einer unerwarteten Wendung schien der erfolgreiche Abschluss des Koblenzer Verfahrens aber plötzlich in hohem Maße gefährdet. In einem vergleichbaren Fall hatte das OLG München im Jahre 2019 einen ehemaligen afghanischen Offizier (u. a.) wegen eines Kriegsverbrechens nach § 8 VStGB zu einer Freiheitsstrafe verurteilt.[21] Im Revisionsverfahren setzte der Bundesgerichtshof (BGH) nach der ersten mündlichen Verhandlung „für alle Beteiligten überraschend" einen weiteren Termin an, um die bislang weder

---

[14] Gesetz zur Ausführung des Römischen Statuts des Internationalen Strafgerichtshofs v. 21.6.2002, BGBl 2002 I, 2144.

[15] Völkerstrafgesetzbuch (VStGB) v. 26.2.2002, BGBl. I, 2254.

[16] Im Folgenden werden die Begriffe „völkerrechtliche Verbrechen" oder „Völkerrechtsverbrechen" als Bezeichnung der „Kernverbrechen" i. S. v. Art. 5 Römisches Statut verwendet.

[17] § 1 VStGB; § 153f StPO.

[18] Siehe zum Sachverhalt das mittlerweile gegen einen der Angeklagten ergangene Urteil des OLG Koblenz v. 24.2.2021 – 1 StE 9/19.

[19] Siehe allerdings bereits zuvor den schwedischen Fall *Åklagaren/Abdullah*, Södertörns tingsrätt, Fall B 11191-17, Urt. v. 25.9.2017; hierzu *van Schaack*, Imagining Justice for Syria, 2020, 300.

[20] Siehe etwa *van Schaack* (Fn. 19), 288. Vgl. auch zum größeren Kontext der Flüchtlingskrise *Safferling*, JA 2019 401 ff.

[21] OLG München, Urt. v. 26.7.2019 – 8 St 5/19.

von der Vorinstanz noch von den Verfahrensbeteiligten aufgeworfene Frage zu erörtern, ob die Strafverfolgung des Angeklagten aufgrund seiner Immunität als ausländischer Amtsträger kraft Völkerrechts ausgeschlossen war.[22]

Plötzlich stand – wie es im Vorfeld der Entscheidung mahnend hieß – die Zukunft des Völkerstrafrechts auf dem Spiel.[23] Sollte der BGH Funktionsträgern ausländischer Staaten bei der Verfolgung von völkerrechtlichen Kernverbrechen Immunität zubilligen, so würde das Völkerstrafrecht in eine gefährliche Schieflage geraten. Nationale Behörden und Gerichte könnten dann nämlich nur noch die Völkerrechtsverbrechen von ausländischen Regierungsgegnern und anderen nicht-staatlichen Akteuren verfolgen. Angesichts der begrenzten Zuständigkeit des Internationalen Strafgerichtshofs würde dies folglich zu einer weitgehenden Straflosigkeit staatlicher Täter führen.[24] Damit wäre die Glaubwürdigkeit des Völkerstrafrechts untergraben, es drohe „das Ende des Völkerstrafrechts insgesamt".[25]

Im Januar 2021 konnte – jedenfalls vorläufig – Entwarnung gegeben werden: Der 3. Strafsenat des BGH kam in seinem ausführlich begründeten Urteil schließlich zu dem Ergebnis, dass nach den allgemeinen Regeln des Völkerrechts die funktionelle Immunität ausländischer Amtsträger einer Strafverfolgung von völkerrechtlichen Verbrechen in Deutschland nicht entgegensteht.[26] Die große Bürde, der sich der Senat mit seiner Entscheidung entledigt hat, wird im Schlusssatz der mündlichen Urteilsbegründung deutlich spürbar: „[Deutschland] war, ist und bleibt […] bis auf Weiteres kein sicheres Zufluchtsland für Personen, die schwere Straftaten gegen die Völkergemeinschaft begangen haben."[27]

Die Karlsruher Bundesrichter haben damit das „Vermächtnis von Nürnberg" einstweilen gerettet. Es nimmt daher nicht wunder, dass das Urteil, das auch im Ausland mit Spannung erwartet worden ist, in ersten Reaktionen als bahnbrechende Rettungstat gefeiert wird.[28] Dennoch kommen bei einem genaueren Blick auf die Entscheidungsbegründung Zweifel auf, ob der BGH wirklich „[d]as richtige Signal an die Welt" gesendet hat.[29]

---

[22] Siehe *Safferling*, Das richtige Signal an die Welt, Legal Tribune Online v. 29.1.2021.
[23] *Safferling*, Das Völkerstrafrecht auf der Kippe?, FAZ Einspruch Exklusiv v. 21.1.2021.
[24] *Safferling* (Fn. 23); vgl. auch bereits *Kreicker*, JR 2015, 298 (299 ff.).
[25] *Safferling* (Fn. 23).
[26] BGH, Urt. v. 28.1.2021 – 3 StR 564/19.
[27] Aufzeichnung der mündlichen Urteilsverkündung v. 28.1.2021, Phoenix, https://www.youtube.com/watch?v=XHg0-c7daKc, bei 43:48 (abgerufen am 10.4.2021).
[28] *Safferling* (Fn. 22).
[29] Vgl. *Safferling* (Fn. 22).

II. Die Intervention des Bundesgerichtshofs zur Rettung des Völkerstrafrechts

1. Immunität ausländischer Amtsträger bei völkerrechtlichen Verbrechen

Im Grundsatz ist heute anerkannt, dass staatliche Funktionsträger im Hinblick auf Handlungen, die sie in Ausübung ihrer dienstlichen Tätigkeit vornehmen, während und nach ihrer Dienstzeit kraft Völkergewohnheitsrechts von ausländischer Strafgerichtsbarkeit befreit sind.[30] Diese funktionelle Immunität (Immunität *ratione materiae*) ist Ausfluss der Staatenimmunität,[31] also des in der souveränen Gleichheit der Staaten (Art. 2 Nr. 1 UN-Charta) wurzelnden Prinzips *par in parem non habet imperium*.[32] Staatsoberhäupter, Regierungschefs und Außenminister genießen wegen ihrer herausgehobenen Repräsentationsfunktion darüber hinaus während ihrer Amtszeit persönliche Immunität (Immunität *ratione personae*), die sich auch auf private Handlungen erstreckt und in diesem Sinne absolut ist.[33]

Während es heute weitgehend unbestritten ist, dass diese persönliche Immunität auch bei der Strafverfolgung wegen völkerrechtlicher Verbrechen eingreift,[34] besteht große Unsicherheit darüber, ob und gegebenenfalls unter welchen Bedingungen in solchen Fällen die funktionelle Immunität von ausländischen Amtsträgern verdrängt wird. Diese Frage gilt als „eines der umstrittensten Probleme des modernen Völkerrechts".[35] Dies spiegelt sich besonders deutlich in den scharfen Kontroversen wider, die sich in der Völkerrechtskommission und im Rechtsausschuss der UN-Generalversammlung seit gut zehn Jahren um dieses Problem ranken.[36]

---

[30] Vgl. *International Law Commission*, Art. 5 und 6 Draft Articles on Immunity of State Officials from Foreign Criminal Jurisdiction, vorläufig angenommen, Report of the International Law Commission on the Work of its 69th Session (2017), UN Doc. A/72/10, 176 (im Folgenden: ILC Draft Articles). Siehe aus jüngerer Zeit *„Enrica Lexie" Incident (Italy v. India)*, PCA Case No. 2015-28, Schiedsspruch v. 21.5.2020, Rn. 843 ff.

[31] *Fox/Webb*, The Law of State Immunity, 3. Aufl. 2013, 571; siehe auch Art. 2 Abs. 1 *lit.* b) iv) des Übereinkommens der Vereinten Nationen über die Immunität der Staaten und ihres Vermögens vom 2.12.2004, UN GA Res. 59/38.

[32] Vgl. *Bartolus*, Tractatus repressalium, 1354, Qu. I/3, § 10.

[33] Art. 3 und 4 ILC Draft Articles (Fn. 30); Internationaler Gerichtshof (IGH), *Arrest Warrant of 11 April 2000 (Democratic Republic of the Congo v. Belgium)*, Urt. v. 14.2.2002, ICJ Reports 2002, 3 (21 ff.), Rn. 51 ff.

[34] IGH, *Arrest Warrant* (Fn. 33), ICJ Reports 2002, 3 (24 ff.), Rn. 58 ff.

[35] *van Alebeek*, AJIL Unbound 112 (2018), 27 (27): „[...] one of the most contentious issues in contemporary international law".

[36] Siehe hierzu unten bei Fn. 56 ff.

2. *Die Resilienz der funktionellen Immunität und das lange Schweigen des Bundesgerichtshofs*

Das Bestehen und die völkerrechtlichen Grenzen der deutschen Gerichtsbarkeit (§ 20 Abs. 2 GVG; Art. 25 GG) sind in jeder Lage des Verfahrens von Amts wegen zu prüfen und zu berücksichtigen.[37] Vor diesem Hintergrund ist es erstaunlich, dass sowohl der BGH als auch die vorinstanzlichen Gerichte in vergleichbaren Fällen zur Frage der funktionellen Immunität und möglicher Beschränkungen oder Ausnahmen[38] bislang geschwiegen haben.[39]

Bereits im Jahre 2001, als der 3. Strafsenat erstmals mit dieser Problematik konfrontiert war,[40] bestanden nämlich erhebliche Zweifel, ob man – wie es der Senat bislang offenbar stillschweigend vorausgesetzt hat – die funktionelle Immunität von Amtsträgern bei der Verfolgung von völkerrechtlichen Verbrechen einfach außen vor lassen kann.[41] Zwar hatte die Berufungskammer des Internationalen Strafgerichtshofs für das ehemalige Jugoslawien 1997 in einem *obiter dictum* die vom israelischen Obersten Gerichtshof im *Eichmann*-Fall[42] vertretene Auffassung bestätigt, dass sich ausländische Amtsträger gegenüber dem Vorwurf eines Völkerrechtsverbrechens vor nationalen Gerichten nicht auf ihre funktionelle Immunität berufen können;[43] die völkergewohnheitsrechtliche Geltung dieses Diktums ist in der Folgezeit jedoch wiederholt in Frage gestellt worden.

Im Verfahren um die Auslieferung des ehemaligen chilenischen Staatsoberhaupts Augusto Pinochet vor dem britischen *House of Lords* äußerten eine Reihe von *Law Lords* Zweifel, ob sich eine hinreichende Staatenpraxis für eine völkergewohnheitsrechtliche Immunitätsausnahme bei Völkerrechtsverbrechen nachweisen lasse.[44] Zwar versagte das *House of Lords* Pinochet schließlich dennoch die Berufung auf seine funktionelle Immunität, begründete dies aber zunächst mit dem allgemeinen Grundsatz der Verwir-

---

37 BGH, Urt. v. 28.1.2021 – 3 StR 564/19, Rn. 12 m. w. N.

38 Zu den unterschiedlichen dogmatischen Ausgangspunkten, die sich mit den Begriffen der „Beschränkung" und „Ausnahme" verbinden *Escobar Hernández*, Fifth Report on Immunity of State Officials from Foreign Criminal Jurisdiction, UN Doc. A/CN.4/701 (2016), Rn. 170 ff. Im Folgenden wird einfachheitshalber durchweg von „Immunitätsausnahme" gesprochen, ohne damit dogmatische Ansätze der Immunitätsbeschränkung ausschließen zu wollen.

39 Siehe die Nachweise in BGH, Urt. v. 28.1.2021 – 3 StR 564/19, Rn. 21, 34.

40 BGH, Beschl. v. 21.2.2001 – 3 StR 244/00.

41 Vgl. BGH, Urt. v. 28.1.2021 – 3 StR 564/19, Rn. 34.

42 Supreme Court of Israel, *Attorney General v. Adolf Eichmann*, Urt. v. 9.5.1962, International Law Reports 36, 266 (312).

43 International Criminal Tribunal for the former Yugoslavia, Appeals Chamber, *Blaškić*, Urt. v. 29.10.1997 – IT-95-14-AR 108, Rn. 41 i. V. m. Rn. 38.

44 *R v. Bow Street Metropolitan Stipendiary Magistrate, ex parte Pinochet Ugarte* (No. 1), [1998] 3 WRL 1456, 1471 ff. (*per* Lord Slynn); *R v. Bow Street Metropolitan Stipendiary Magistrate, ex parte Pinochet Ugarte* (No. 3), [1999] 2 WRL 827, 849 f. (*per* Lord Goff), 881 (*per* Lord Hope). Vgl. hierzu auch *Rensmann*, IPRax 1999, 268 (273).

kung[45] und später mit einem stillschweigenden Immunitätsverzicht Chiles durch die Ratifizierung der UN-Folterkonvention.[46]

Weitere Zweifel am Bestehen einer gewohnheitsrechtlichen Immunitätsausnahme für völkerrechtliche Verbrechen säte der Internationale Gerichtshof 2002 im *Arrest Warrant*-Fall.[47] Gegenstand dieses Rechtsstreits war ein belgischer Haftbefehl gegen den damals amtierenden Außenminister der Demokratischen Republik Kongo wegen Kriegsverbrechen und Verbrechen gegen die Menschlichkeit. Der Internationale Gerichtshof kam zu dem Ergebnis, dass Belgien mit dem Erlass des Haftbefehls die persönliche Immunität des Außenministers verletzt hatte, da diese – auch im Hinblick auf völkerrechtliche Verbrechen – ausnahmslos gelte. In einem *obiter dictum* setzte sich der Internationale Gerichtshof aber auch mit dem Umfang der funktionellen Immunität nach Ende der Dienstzeit auseinander:

„[…] [A]fter a person ceases to hold the office of Minister for Foreign Affairs, he or she will no longer enjoy all of the immunities accorded by international law in other States. Provided that it has jurisdiction under international law, a court of one State may try a former Minister for Foreign Affairs of another State in respect of acts committed prior or subsequent to his or her period of office, as well as in respect of acts committed during that period of office *in a private capacity*."[48]

Mit dieser Formulierung war zunächst zum Ausdruck gebracht, dass auch bei der funktionellen Immunität keine gewohnheitsrechtliche Ausnahme für die Strafverfolgung von Völkerrechtsverbrechen existiert, sondern die allgemeine Regel[49] zur Anwendung gelangt, dass sich die funktionelle Immunität ausschließlich auf dienstliche Tätigkeit – und damit nicht auf privates Handeln – bezieht. Die Verfolgung von völkerrechtlichen Verbrechen wäre nach dem Diktum des Internationalen Gerichtshofs somit nur möglich, wenn die in Rede stehenden Kriegsverbrechen und Verbrechen gegen die Menschlichkeit „in privater Eigenschaft" (*in a private capacity*) begangen worden wären. Der Internationale Gerichtshof ließ diese Frage augenscheinlich bewusst offen, da sie unter den Richterinnen und Richtern umstritten und schließlich nicht entscheidungserheblich war.[50] Während Christine van den Wyngaert in ihrem abweichenden Votum insistierte, dass völkerrechtliche Verbrechen „niemals" als private Handlungen qualifiziert werden kön-

---

[45] *R v. Bow Street Metropolitan Stipendiary Magistrate, ex parte Pinochet Ugarte* (No. 1), [1998] 3 WRL 1500 (*per* Lord Nicholls), 1506 (*per* Lord Steyn).

[46] *R v. Bow Street Metropolitan Stipendiary Magistrate, ex parte Pinochet Ugarte* (No. 3), [1999] 2 WRL 827, 859 (*per* Lord Goff), 881 (*per* Lord Hope); 902 (*per* Lord Saville); 906 (*per* Lord Millett), 924 (*per* Lord Phillips); vgl. auch BGH, Urt. v. 28.1.2021 – 3 StR 564/19, Rn. 60.

[47] IGH, *Arrest Warrant* (Fn. 33), ICJ Reports 2002, 3.

[48] IGH, *Arrest Warrant* (Fn. 33), ICJ Reports 2002, 3 (25), Rn. 61, Hervorhebung vom Verf.

[49] Siehe oben Fn. 30.

[50] IGH, *Arrest Warrant* (Fn. 33), ICJ Reports 2002, 3 (161), Rn. 36 (*diss. op.* van den Wyngaert).

nen,[51] ließen Rosalyn Higgins, Pieter Kooijmans und Thomas Buergenthal in ihrem Sondervotum Sympathie für die Auffassung erkennen, dass völkerrechtliche Verbrechen im Rahmen der funktionellen Immunität nicht zum Kreis der (legitimen) „dienstlichen Tätigkeiten" (*official acts*) zu zählen sind.[52] Dabei konnten sie jedoch nicht auf eine gefestigte Staatenpraxis, sondern nur auf einen sich allmählich abzeichnenden Trend verweisen.[53]

Unter Bezugnahme auf das *Arrest Warrant*-Urteil hat der Generalbundesanwalt 2005 im Rahmen der Prüfung einer Strafanzeige gegen den ehemaligen chinesischen Staatspräsidenten Jiang Zemin wegen der Verfolgung der Falun Gong-Anhänger entschieden, dass Jiang Zemin ungeachtet der ihm zur Last gelegten völkerrechtlichen Verbrechen funktionelle Immunität zuzubilligen war.[54] Im diesem Sinne hatte die Bundesanwaltschaft bereits zuvor im Falle des damaligen Vize-Präsidenten der russischen Teilrepublik Tschetschenien entschieden, dass sich dessen funktionelle Immunität gegenüber dem Vorwurf eines Völkerrechtsverbrechens durchsetze.[55]

Im Jahre 2010 gelangte Roman Kolodkin, der erste Sonderberichterstatter der Völkerrechtskommission zur „Immunität staatlicher Amtsträger von ausländischer Strafgerichtsbarkeit", nach einer umfassenden Analyse der Staatenpraxis zu der Schlussfolgerung, dass sich bislang keine völkergewohnheitsrechtliche Immunitätsausnahme für völkerrechtliche Verbrechen nachweisen lasse.[56] Noch bevor die Beratungen über diesen Gegenstand abgeschlossen werden konnten, wurde Concepción Escobar Hernández als Nachfolgerin des aus der Kommission ausgeschiedenen ersten Berichterstatters eingesetzt. In ihrem 2016 vorgelegten fünften Bericht nahm sie sich der

---

[51] IGH, *Arrest Warrant* (Fn. 33), ICJ Reports 2002, 3 (161), Rn. 36 (*diss. op.* van den Wyngaert).

[52] IGH, *Arrest Warrant* (Fn. 33), ICJ Reports 2002, 3 (88), Rn. 85 (*sep. op.* Higgins, Kooijmans, Buergenthal).

[53] IGH, *Arrest Warrant* (Fn. 33), ICJ Reports 2002, 3 (88), Rn. 85 (*sep. op.* Higgins, Kooijmans, Buergenthal).

[54] Generalbundesanwalt, Verfügung v. 24.6.2005 – 3 ARP 654/03-2.

[55] Verfügung des Generalbundesanwalts v. 28.4.2005 – 3 ARP 35/05-2. In späteren Verfahren gegen (ehemalige) ausländische Hoheitsträger wegen des Vorwurfs völkerrechtlicher Verbrechen hat der Generalbundesanwalt seine Rechtsauffassung geändert und nimmt seitdem (unter Berufung auf *Kreicker*, Völkerrechtliche Exemtionen, Bd. 1, 2007, 255 ff.) an, dass die funktionelle Immunität bei der Verfolgung von Völkerrechtsverbrechen kein Verfahrenshindernis bildet, siehe etwa Generalbundesanwalt, Verfügung v. 30.9.2014 – 3 ARP 77/10-4 (Strafanzeigen wegen des israelischen Vorgehens gegen den Schiffskonvoi für den Gaza-Streifen). Siehe zum Ermittlungsverfahren gegen Jamil Hassan, den ehemaligen Chef des syrischen Luftwaffengeheimdiensts, *Wittum/Talmon*, „We want to get this man" – Germany requests Lebanon to extradite high-ranking Syrian official accused of crimes against humanity, 10.11.2020, https://gpil.jura.uni-bonn.de/2020/11/ (abgerufen am 10.4.2021).

[56] *Kolodkin*, Second Report on Immunity of State Officials from Foreign Criminal Jurisdiction, UN Doc. A/CN.4/631 (2010), Rn. 90. Siehe bereits zuvor *UN-Sekretariat*, Memorandum, UN Doc. A/CN.4/596 (2008), Rn. 189 („[U]ncertainty […] still appears to surround this question").

Problematik erneut an und identifizierte einen „klaren Trend", der eine „in Entstehung begriffene" völkergewohnheitsrechtliche Immunitätsausnahme[57] für die Strafverfolgung von völkerrechtlichen Verbrechen widerspiegele.[58] Zugleich räumte sie aber ein, dass nach wie vor „Zweifel bestehen", ob die Staatenpraxis hinreichend „konsistent und verbreitet" ist, um eine entsprechende Norm des Völkergewohnheitsrechts hervorzubringen.[59] Ungeachtet dieser Bedenken kam sie schließlich dennoch zu dem Ergebnis, dass bei der Verfolgung von „völkerrechtlichen Verbrechen"[60] die funktionelle Immunität „kraft Gewohnheitsrechts" ausgeschlossen sei.[61]

Angesichts der verbleibenden Unsicherheit verwies die Sonderberichterstatterin aber zugleich auf das doppelte Mandat der Völkerrechtskommission, das nicht nur auf die Kodifikation von Gewohnheitsrecht, sondern auch auf die Förderung der Rechtsfortbildung gerichtet ist.[62] Bei einer „systemischen" Betrachtung des Verhältnisses des Völkerstrafrechts zum allgemeinen Völkerrecht und unter Zugrundelegung einer „deduktiven Methode"[63] bestünden jedenfalls *de lege ferenda* ausreichende „Argumente" und „Gründe" für die Aufnahme einer entsprechenden Immunitätsdurchbrechung selbst dann, wenn sie sich noch nicht gewohnheitsrechtlich verfestigt haben sollte.[64]

Der auf dieser Grundlage von Escobar Hernández vorgeschlagene Entwurf für einen entsprechenden Ausnahmetatbestand[65] löste in der Völker-

---

[57] Siehe zur Begrifflichkeit oben Fn. 38.

[58] *Escobar Hernández*, Fifth Report (Fn. 38), Rn. 188 („a clear trend that [...] reflect[s] an emerging custom").

[59] *Escobar Hernández*, Fifth Report (Fn. 38), Rn. 181 („[T]here are doubts as to whether such practice is sufficiently consistent and uniform to constitute a material element of an international custom.").

[60] Beachte, dass Escobar Hernández einen weiten Begriff der „völkerrechtlichen Verbrechen" zugrunde legt, der neben den Kernverbrechen auch Straftaten erfasst, die nicht unmittelbar kraft Völkerrechts mit Strafe bedroht sind, siehe Fifth Report (Fn. 38), Rn. 178 ff. Vgl. auch unten bei Fn. 65.

[61] *Escobar Hernández*, Fifth Report (Fn. 38), Rn. 189 („Consequently, [...] the commission of international crimes may indeed be considered a limitation or exception to State immunity from foreign criminal jurisdiction based on a norm of international customary law.").

[62] *Escobar Hernández*, Fifth Report (Fn. 38), Rn. 142. Insofern nimmt die Völkerrechtskommission als Unterorgan der Generalversammlung nach Art. 13 Abs. 1. *lit.* a) UN-Charta das Mandat wahr, „die fortschreibende Entwicklung des Völkerrechts sowie seine Kodifikation zu begünstigen".

[63] *Escobar Hernández*, Fifth Report (Fn. 38), Rn. 175. Vgl. zu Methodenfrage auch unten II.4.d).

[64] *Escobar Hernández*, Fifth Report (Fn. 38), Rn. 190 ff., 217.

[65] *Escobar Hernández*, Fifth Report (Fn. 38), Rn. 248, Draft Article 7 (Crimes in respect of which immunity does not apply):

„1. Immunity shall not apply in relation to the following crimes:

(i) Genocide, crimes against humanity, war crimes, torture and enforced disappearances;

(ii) Corruption related crimes [...];

2. Paragraph 1 shall not apply to persons who enjoy immunity *ratione personae* during their term of office [...]."

rechtskommission eine heftige Kontroverse aus.[66] Die überwiegende Mehrheit der Kommissionsmitglieder hielt es angesichts des auch von der Sonderberichterstatterin konstatierten Fehlens einer gefestigten Staatenpraxis nicht für vertretbar, die vorgeschlagene Immunitätsdurchbrechung als geltendes Völkergewohnheitsrecht zu qualifizieren.[67] Auch wenn der Artikelentwurf schließlich im ansonsten ungebräuchlichen Verfahren einer namentlichen Abstimmung (mit 21 zu acht Stimmen bei einer Enthaltung) vorläufig angenommen wurde,[68] muss demnach beachtet werden, dass die Mehrheit den Artikel als bloßen Vorschlag *de lege ferenda* im Sinne des Rechtsfortbildungsmandats der Kommission[69] verstand.[70] Im Kommentar der Völkerrechtskommission zu diesem Artikel wird daher, anders als noch im Bericht der Sonderberichterstatterin, auch nicht mehr explizit von einer völkergewohnheitsrechtlichen Geltung gesprochen.[71]

Im Rechtsausschuss (Sechsten Ausschuss) der UN-Generalversammlung stieß die These der Sonderberichterstatterin, dass eine Immunitätsausnahme für völkerrechtliche Verbrechen bereits gewohnheitsrechtlich anerkannt sei, ebenfalls überwiegend auf Ablehnung und Skepsis.[72] Neben den fünf ständi-

---

[66] Siehe die Zusammenfassung der Debatten in *International Law Commission*, Report on the work of the sixty-eighth session, UN Doc. A/71/10 (2016), 345ff., Rn. 209ff.; Report on the work of the sixty-ninth session, UN Doc. A/72/10 (2017), 169ff., Rn. 90ff. Vgl. auch die systematische Auswertung bei *van Alebeek*, AJIL Unbound 112 (2018), 27 (29f.).

[67] Vgl. auch die detaillierte Auswertung der Diskussionen bei *van Alebeek*, AJIL Unbound 112 (2018), 27 (29f.).

[68] *International Law Commission*, Report 2017 (Fn. 66), 164, Rn. 74. Draft Article 7 (Crimes under international law in respect of which immunity *ratione materiae* shall not apply) lautet in der von der Kommission vorläufig angenommenen Fassung: „1. Immunity *ratione materiae* from the exercise of foreign criminal jurisdiction shall not apply in respect of the following crimes under international law: (a) crime of genocide; (b) crimes against humanity; (c) war crimes; (d) crime of apartheid; (e) torture; (f) enforced disappearance. [...]“.

[69] Siehe oben Fn. 62.

[70] So auch *van Alebeek*, AJIL Unbound 112 (2018), 27 (29f.) m. w. N.

[71] *International Law Commission*, Report 2017 (Fn. 66), 178f., Rn. 5 („[T]here has been a discernible trend towards limiting the applicability of immunity from jurisdiction *ratione materiae* in respect of certain types of behaviour that constitute crimes under international law“). Vgl. auch ebenda, 188ff., Rn. 8, zu der Sorge, dass der Artikel dennoch den fälschlichen Eindruck erwecken könnte, dass er Völkergewohnheitsrecht widerspiegelt.

[72] Vgl. *UN-Sekretariat*, Topical summary of the discussion held in the Sixth Committee of the General Assembly during its seventy-second session, UN Doc. A/CN.4/713 (2018). Siehe auch die detaillierte Analyse in *Barkholdt/Kulaga*, Analytical Presentation of the Comments and Observations by States on Draft Article 7, paragraph 1, of the ILC Draft Articles on Immunity of State officials from foreign criminal jurisdiction, United Nations General Assembly, Sixth Committee, 2017, KFG Working Paper Series, Nr. 14, April 2018. Vgl. auch die Einschätzung von *Nolte*, dem damaligen Vorsitzenden der Völkerrechtskommission, International Law Commission, Provisional Summary Record of the 3483rd meeting, UN Doc. A/CN.4/SR.3483 (2019): „In the debates in the Sixth Committee [...] [a] clear majority of States had opposed the suggestion that the draft article reflected *lex lata*.“

gen Mitgliedern des Sicherheitsrates[73] gehörte auch Deutschland zur Gruppe derjenigen Staaten, die die gewohnheitsrechtliche Geltung mit Vehemenz abstritten. Die deutsche Delegation insistierte in ihren Stellungnahmen vor dem Ausschuss wiederholt, dass die gewohnheitsrechtliche Anerkennung einer Immunitätsausnahme eine konsolidierte Staatenpraxis und entsprechende *opinio juris* voraussetze;[74] bloße „Trends"[75] oder wertorientierte „systemische" Erwägungen[76] seien keinesfalls ausreichend. Entgegen der Annahme der Sonderberichterstatterin lasse sich indes keine hinreichende Staatenpraxis nachweisen und auch der behauptete „Trend" beruhe auf einer „selektiven" und „willkürlichen" Auswahl der Praxis.[77]

Nach Auffassung des Auswärtigen Amtes spiegelt das *Arrest Warrant*-Urteil des Internationalen Gerichtshofs nach wie vor die völkergewohnheitsrechtliche *lex lata* wider:

„In its […] *Arrest Warrant* [judgment] the Court had limited such [immunity] exemptions to clear-cut cases that lent themselves to universal acceptance. Those findings were consistent with current State practice. It would not be advisable to expand the exceptions beyond what was clearly supported by State practice and *opinio juris*."[78]

Damit hob die deutsche Delegation auf die zentrale Passage der *Arrest Warrant*-Entscheidung ab, in der der Internationale Gerichtshof aufzeigt, dass

[73] China: „In light of the above, China does not believe that the provisions of draft article 7 qualify as codification or progressive development of customary international law."; Frankreich: „In the view of my delegation, the exceptions to the immunity *ratione materiae* retained by the Commission in its draft article 7 do not constitute rules of customary international law, in the absence of State practice and a sufficient *opinio juris*."; Russland: „We believe that the artificial creation of an international legal norm that does not reflect the reality and confronts continuous objections of states cannot be either codification or progressive development of international law and is inconsistent with the goals of the Commission's work."; Vereinigtes Königreich: „In light of these circumstances surrounding its provisional adoption, the United Kingdom considers that draft article 7 cannot be considered as reflecting existing international law (*lex lata*), or even the Commission's settled view of existing international law on this topic."; USA: „In the view of the United States, there is insufficient state practice to illustrate a ‚clear trend,' let alone the widespread and consistent state practice taken out of a sense of legal obligation required to create, or to demonstrate the existence of, sufficiently specific rules of customary international law to support the ILC's proposal."; jeweils zitiert nach *Barkholdt/Kulaga* (Fn. 72), 15 f.

[74] Siehe UN Doc. A/C.6/67/SR.21 (2012), Rn. 3; A/C.6/71/SR.29 (2016), Rn. 14; A/C.6/72/SR.24 (2017), Rn. 88, 90 f.; A/C.6/73/SR.30 (2018), Rn. 28.

[75] UN Doc. A/C.6/71/SR.29, § 14; A/C.6/72/SR.24 (2017), Rn. 88, 90 f.

[76] UN Doc. A/C.6/67/SR.21 (2012), Rn. 3.

[77] UN Doc. A/C.6/72/SR.24 (2017), Rn. 88.

[78] UN Doc. A/C.6/71/SR.29 (2016), Rn. 13. Vgl. auch bereits UN Doc. A/C.6/70/SR.24 (2015), Rn. 65. Siehe auch den Verweis auf diese beiden „Statements" in der Originalfassung der deutschen Stellungnahme von 2017, https://www.un.org/en/ga/sixth/72/pdfs/statements/ilc/germany_2.pdf (abgerufen am 10.4.2021). Dieser Verweis ist in den „Summary Records", UN Doc. A/C.6/72/SR.24 (2017), Rn. 91, nicht wiedergegeben, obwohl er von der deutschen Vertreterin so im Sechsten Ausschuss vorgetragen wurde.

auch ohne spezifische Ausnahmen von der persönlichen und funktionellen Immunität die strafrechtliche Verfolgung von Amtsträgern wegen völkerrechtlicher Verbrechen möglich bleibt:

„The Court emphasizes, however, that the *immunity* from jurisdiction enjoyed by incumbent Ministers for Foreign Affairs does not mean that they enjoy *impunity* in respect of any crimes they might have committed, irrespective of their gravity. [...] Accordingly, the immunities enjoyed under international law by an incumbent or former Minister for Foreign Affairs do not represent a bar to criminal prosecution in certain circumstances.

First, such persons enjoy no criminal immunity under international law in their own countries, and may thus be tried by those countries' courts in accordance with the relevant rules of domestic law.

Secondly, they will cease to enjoy immunity from foreign jurisdiction if the State which they represent or have represented decides to waive that immunity.

Thirdly, after a person ceases to hold the office of Minister for Foreign Affairs, he or she will no longer enjoy all of the immunities accorded by international law in other States. Provided that it has jurisdiction under international law, a court of one State may try a former Minister for Foreign Affairs of another State in respect of acts committed prior or subsequent to his or her period of office, as well as in respect of acts committed during that period of office in a private capacity.

Fourthly, an incumbent or former Minister for Foreign Affairs may be subject to criminal proceedings before certain international criminal courts, where they have jurisdiction."[79]

Die deutsche Delegation hob hervor, dass die aus dieser Passage folgende Fortgeltung der funktionellen Immunität bei völkerrechtlichen Verbrechen nicht nur der *lex lata* entspreche, sondern wegen des hohen Missbrauchspotentials bei der Strafverfolgung durch nationale Behörden und Gerichte auch rechtspolitisch geboten sei:

„One reflection seemed particularly pertinent in that context: in relations between sovereign States concerning *acta jure imperii*, national courts, which were by nature State organs, would probably not be well placed to deliver a neutral decision, unlike international courts, which did not have an allegiance to one specific State. [The German] [...] delegation would strongly advise against any attempt to develop the law on the issue without due consideration of State practice and *opinio juris*. Questions of immunity were politically sensitive, and it was necessary to strike an appropriate balance with regard to the sovereign rights of the States concerned. The rules of *lex lata* had shown themselves useful in that regard."[80]

---

[79] IGH, *Arrest Warrant* (Fn. 33), ICJ Reports 2002, 3 (25 f.), Rn. 60 f. Siehe hierzu auch bereits oben bei Fn. 47 f.

[80] UN Doc. A/C.6/70/SR.24 (2015), Rn. 65. Vgl. auch UN Doc. A/C.6/71/SR.29 (2016), Rn. 13; und den Verweis auf diese beiden „Statements" in der deutschen Stellungnahme von 2017, siehe Fn. 78.

Auch *de lege ferenda* sei die von der Völkerrechtskommission vorgeschlagene Immunitätsausnahme in ihrer aktuellen Form nicht akzeptabel.[81] Um Missbrauch vorzubeugen, sei es unabdingbar, dass der materielle Ausnahmetatbeststand von entsprechenden prozeduralen Garantien flankiert werde.[82] Eine solche „neue Regelung“[83] sei wegen ihrer materiellen Tragweite nur auf völkervertraglicher Basis denkbar.[84]

Im Rahmen dieser Überlegungen *de lege ferenda*[85] merkte die deutsche Delegation kritisch an, dass die Liste der nach dem aktuellen Artikelentwurf erfassten „völkerrechtlichen Verbrechen“ überdacht werden müsse.[86] Einerseits fehle bei den „Kernverbrechen“ das Verbrechen der Aggression, andererseits sei nicht nachvollziehbar, nach welchen Kriterien die darüber hinaus aufgenommenen „völkerrechtlichen Verbrechen“ (im weiteren Sinne) ausgewählt worden sind.[87]

Die Beratungen der Völkerrechtskommission und des Rechtsausschusses der UN-Generalversammlung dauern nach wie vor an,[88] ohne dass bislang Perspektiven für die Überbrückung des tiefen Dissenses über die rechtliche Geltung und rechtspolitische Opportunität einer Immunitätsausnahme bei völkerrechtlichen Verbrechen erkennbar wären.

Zusammenfassend bleibt festzuhalten, dass der Internationale Gerichtshof als „Hauptrechtsprechungsorgan der Vereinten Nationen“,[89] die Völkerrechtskommission als gleichsam institutionalisierte Vertretung „der fähigsten Völkerrechtler der verschiedenen Nationen“,[90] eine signifikante Anzahl von Staaten, einschließlich der fünf ständigen Mitglieder des Sicherheitsrates, sowie das Auswärtige Amt übereinstimmend der Auffassung sind, dass die funktionelle Immunität von ausländischen Amtsträgern nach geltendem Völkergewohnheitsrecht auch bei der strafrechtlichen Verfolgung von internationalen Verbrechen weiterhin zu beachten ist.

---

[81] UN Doc. A/C.6/72/SR.24 (2017), Rn. 94 ff.; A/C.6/74/SR.30 (2019), Rn. 47.

[82] UN Doc. A/C.6/72/SR.24 (2017), Rn. 94, 97; A/C.6/74/SR.30 (2019), Rn. 43 ff.

[83] UN Doc. A/C.6/72/SR.24 (2017), Rn. 91, hier zitiert nach der Originalfassung (Fn. 78).

[84] UN Doc. A/C.6/72/SR.24 (2017), Rn. 91, 93; A/C.6/74/SR.30 (2019), Rn. 43.

[85] Vgl. UN Doc. A/C.6/72/SR.24 (2017), Rn. 94 ff.; in der Originalfassung wird diese Passage folgendermaßen eingeleitet: „This leads to the question whether draft article 7 in its present form would be a desirable development in international law.“

[86] UN Doc. A/C.6/72/SR.24 (2017), Rn. 95 f.

[87] UN Doc. A/C.6/72/SR.24 (2017), Rn. 96.

[88] Siehe zum gegenwärtigen Stand der Arbeiten *Escobar Hernández*, Eighth Report on Immunity of State Officials from Foreign Criminal Jurisdiction, UN Doc. A/CN.4/739 (2020), Rn. 1 ff., 62.

[89] Vgl. Art. 92 S. 1 UN-Charta.

[90] Vgl. Art. 38 Abs. 1 *lit.* d) Statut des Internationalen Gerichtshofs v. 26.6.1945, BGBl. 1973 II, 505 (im Folgenden IGH-Statut).

3. *Die plötzliche Intervention des Bundesgerichtshofs*

Angesichts dieses Befundes drängen sich zwei Fragen auf, die für das Verständnis und die Bewertung der Entscheidung des BGH von zentraler Bedeutung sind: Erstens, warum hat der Senat bislang „keinen Anlass gesehen, diese Frage ausdrücklich aufzugreifen",[91] obwohl sich dafür seit 2001, wie er explizit hervorhebt,[92] mehrfach die Gelegenheit geboten hätte? Zweitens, warum hat sich der BGH nun plötzlich zu einer Grundsatzentscheidung veranlasst gesehen?

Der 3. Strafsenat hat in einer Reihe von Verfahren gegen (ehemalige) Amtsträger ausländischer Staaten[93] die Ausübung der deutschen Strafgerichtsbarkeit bislang – wie er selbst formuliert – „ohne weiteres unbeanstandet gelassen".[94] Daher kann man über die Motivation für sein langes Schweigen nur spekulieren. Dem Senat ist es aber offenbar ein wichtiges Anliegen, die Gründe für sein bisheriges Schweigen nun nachzureichen.

a) *Gründe für das lange Schweigen und die plötzliche Intervention*

Noch im Jahre 2019, als der Senat erstmals mit der nunmehr im Revisionsverfahren entschiedenen Sache befasst war, hat er keine Notwendigkeit gesehen, zur Problematik der Immunität explizit Stellung zu nehmen.[95] Wie ist es dann aber zu erklären, dass diese Frage den Senat im selben Verfahren plötzlich zu einem Grundsatzurteil gedrängt hat?

Bei der mündlichen Urteilsbegründung gab der Senatsvorsitzende zu Protokoll, dass es vor allem die jüngeren Diskussionen in der Völkerrechtskommission und im Sechsten Ausschuss der UN-Generalversammlung[96] gewesen seien, die nun „Anlass zu vertiefter Betrachtung und ausdrücklicher Entscheidung [gegeben hätten]".[97] Allerdings hat sich seit 2019 das Meinungsbild zur gewohnheitsrechtlichen Geltung einer Immunitätsausnahme für völkerrechtliche Verbrechen – soweit ersichtlich – weder in der Völkerrechtskommission noch im Sechsten Ausschuss signifikant verändert.

---

[91] BGH, Urt. v. 28.1.2021 – 3 StR 564/19, Rn. 34.

[92] BGH, Urt. v. 28.1.2021 – 3 StR 564/19, Rn. 34.

[93] Siehe u. a. Beschl. v. 21.2.2001 – 3 StR 244/00, NJW 2001, 2732 (Völkermord/Leiter einer Polizeistation in Bosnien-Herzegowina); BGH, Urt. v. 21.5.2015 – 3 StR 575/14, JZ 2016, 103 (Völkermord/ruandischer Bürgermeister); sowie die Beschlüsse im Ermittlungsverfahren zum *Al-Khatib*-Fall (Fn. 18) und in vorliegender Sache, Beschl. v. 6.6.2019 – StB 14/19, BGHSt 64, 89; Beschl. v. 16.5.2019 – AK 23/19, juris.

[94] BGH, Urt. v. 28.1.2021 – 3 StR 564/19, Rn. 34.

[95] BGH, Beschl. v. 16.5.2019 – AK 23/19, juris.

[96] Vgl. oben Fn. 56 ff.

[97] Siehe Aufzeichnung der mündlichen Urteilsverkündung (Fn. 27), bei 11:46. Zusätzlich verweist der Senatsvorsitzende auch auf die jüngeren Diskussionen, die „im deutschsprachigen Schrifttum" geführt worden sind.

Die Beratungen in der Völkerrechtskommission haben sich vielmehr auf die „prozessualen“ Aspekte verlagert.[98] In diesem Kontext hat die Sonderberichterstatterin insbesondere die von ihrem Vorgänger[99] auf der Grundlage der Rechtsprechung des Internationalen Gerichtshofs[100] vertretene Auffassung bekräftigt, dass die funktionelle Immunität nur dann vom Forumsstaat zu beachten ist, wenn sich der Heimatstaat auf sie beruft.[101]

Wäre der Senat dieser Linie gefolgt, hätte er sein Schweigen nicht brechen müssen. Mit der Rückendeckung des Internationalen Gerichtshofs und der beiden Berichterstatter der Völkerrechtskommission hätte er weiterhin davon ausgehen können, dass kein Anlass besteht, die Frage der Immunität „ausdrücklich aufzugreifen“.[102] Da die Immunität im Ausgangsfall weder vom Heimatstaat noch vom Angeklagten selbst geltend gemacht worden ist, hätte es aus völkerrechtlicher Sicht auch kein Immunitätsproblem gegeben.

Zwar ist es richtig, dass nach deutschem Recht das Bestehen der deutschen Gerichtsbarkeit „als Rechtsfrage [...] in jeder Lage des Verfahrens von Amts wegen zu prüfen und zu berücksichtigen [ist]“;[103] § 20 Abs. 2 GVG und Art. 25 GG verweisen aber für die Immunität als Grenze der Gerichtsbarkeit auf die „allgemeinen Regeln des Völkerrechts“, nach denen – wenn man die Auffassung des Internationalen Gerichtshofs und der beiden Berichterstatter der Völkerrechtskommission zugrunde legt – die funktionelle Immunität nur dann ein Verfahrenshindernis bildet, wenn sich der Heimatstaat des Amtsträgers auf sie beruft.

Mit dieser eleganten Lösung hätte auch der ungestörte Fortgang des Koblenzer Parallelverfahrens[104] gewährleistet werden können, das aufgrund sei-

---

[98] Vgl. *International Law Commission*, Report on the work of the seventy-first session, UN Doc. A/74/10 (2019), 311 ff., Rn. 122 ff.

[99] *Kolodkin*, Third Report on Immunity of State Officials from Foreign Criminal Jurisdiction, UN Doc. A/CN.4/646 (2011), Rn. 14 ff. Vgl. auch *UN-Sekretariat*, Memorandum (Fn. 56), Rn. 216 ff.

[100] IGH, *Certain Questions of Mutual Assistance in Criminal Matters (Djibouti v. France)*, Urt. v. 4.6.2008, ICJ Reports 2008, 177 (244), Rn. 196.

[101] *Escobar Hernández*, Seventh Report on Immunity of State Officials from Foreign Criminal Jurisdiction, UN Doc. A/CN.4/729 (2019), Rn. 52 f., sowie Annex II, Draft Article 10 Abs. 6. In der Völkerrechtskommission und im Sechsten Ausschuss ist der Vorschlag der Sonderberichterstatterin auf gemischte Resonanz gestoßen, vgl. *International Law Commission*, Report 2019 (Fn. 99), Rn. 163 ff.; *UN-Sekretariat*, Topical summary of the discussion held in the Sixth Committee of the General Assembly during its seventy-fourth session, UN Doc. A/CN.4/734 (2020), Rn. 20 f. Auch in der Literatur ist umstritten, wie sich nach der völkerrechtlichen *lex lata* die funktionelle Immunität zur Geltendmachung verhält, vgl. etwa *Wuerth*, American Journal of International Law (AJIL) 106 (2012), 731 (745 ff.); *Kreß*, in: Ambos (Hrsg.), Rome Statute of the International Criminal Court, 4. Aufl. 2021, Art. 98 Rn. 36.

[102] Vgl. oben Fn. 91.

[103] BGH, Urt. v. 28.1.2021 – 3 StR 564/19, Rn. 12, mit Verweis auf BVerfGE 46, 342 (359).

[104] Vgl. oben bei Fn. 18 ff.

ner internationalen Ausstrahlungskraft einen zentralen Referenzpunkt für die Überlegungen des Senats gebildet haben dürfte.[105] Da sich die dort angeklagten syrischen Geheimdienstagenten nach Ende ihrer Dienstzeit dem Widerstand gegen das Assad-Regime angeschlossen haben, steht es nicht zu erwarten, dass Syrien nun plötzlich zu ihren Gunsten in das Verfahren intervenieren wird.

Offenbar war aber der Preis für diesen *judicial self-restraint* in den Augen des Senats zu hoch: Hätte der BGH erneut geschwiegen, wäre wiederum im Dunkeln geblieben, ob er die funktionelle Immunität ausländischer Amtsträger bei völkerrechtlichen Verbrechen aufgrund einer entsprechenden materiellen Ausnahme oder lediglich wegen der fehlenden Geltendmachung durch den Heimatstaat außer Acht gelassen hat.[106] Seine Rechtsprechungspraxis, die – wie der Senat nun behauptet – schon seit zwanzig Jahren von der unerschütterlichen *opinio juris* getragen war, dass „ein Verfahrenshindernis der funktionellen Immunität aufgrund Völkergewohnheitsrechts zweifelsfrei nicht besteht",[107] wäre weiterhin von der Völkerrechtskommission ignoriert worden.

Vor diesem Hintergrund ist es kaum von der Hand zu weisen, dass das Urteil des BGH „vor allem auf die internationale Debatte abzielt."[108] Der Entscheidungszeitpunkt war insofern denkbar günstig gewählt: Wegen der großen internationalen Aufmerksamkeit, die gegenwärtig dem Koblenzer *Al-Khatib*-Verfahren zuteil wird,[109] konnte sich der BGH gewiss sein, dass seine Entscheidung weltweit Beachtung finden würde. Zugleich sind, wie der Senat ausdrücklich hervorhebt, die Arbeiten der Völkerrechtskommission zur strafrechtlichen Immunität bislang nicht abgeschlossen,[110] sodass sein Grundsatzurteil noch in den dortigen Willensbildungsprozess einfließen kann.

b) Zweifelsfreiheit einer Immunitätsausnahme als verfassungsrechtliche Voraussetzung

Die vom BGH offenbar verfolgte Intention, mit einem Grundsatzurteil in den internationalen Diskurs über die völkergewohnheitsrechtliche Geltung einer Immunitätsausnahme für völkerrechtliche Verbrechen einzugreifen,

---

[105] Der BGH verweist mehrfach indirekt auf dieses Verfahren, siehe etwa BGH, Urt. v. 28.1.2021 – 3 StR 564/19, Rn. 34, 37, 58.

[106] Vgl. *Skander Galand*, What Counts as State Practice? The Koblenz Trial and Functional Immunity, 27.5.2020, https://www.justsecurity.org/70394/ (abgerufen am 10.4.2021).

[107] BGH, Urt. v. 28.1.2021 – 3 StR 564/19, Rn. 60.

[108] *Rath*, Weiterhin keine Immunität, TAZ, 28.1.2021, https://taz.de/Verfolgung-von-Kriegsverbrechern/!5743585/ (abgerufen am 10.4.2021).

[109] Vgl. oben bei Fn. 18 ff.

[110] BGH, Urt. v. 28.1.2021 – 3 StR 564/19, Rn. 35.

stieß allerdings auf ein schier unüberwindlich erscheinendes Hindernis: Bei „objektiv ernstzunehmenden Zweifeln" an der Existenz oder Tragweite einer allgemeinen Regel des Völkerrechts muss ein Fachgericht nämlich – mag es auch selbst keine Zweifel haben – nach Art. 100 Abs. 2 GG das Verfahren aussetzen und die völkerrechtliche Frage dem Bundesverfassungsgericht (BVerfG) vorlegen.[111] Im Lichte der Tatsache, dass der BGH mit „einem der umstrittensten Probleme des modernen Völkerrechts"[112] konfrontiert war, führte *prima facie* kein verfassungskonformer Weg an einer Vorlage der Immunitätsfrage vorbei.

Dies hätte allerdings ein unglückliches „Signal an die Welt"[113] gesendet: Aufgrund der in einem höchstrichterlichen Vorlagebeschluss aktenkundig gemachten Zweifel hätten auch alle anderen Verfahren, die momentan gegen (ehemalige) ausländische Amtsträger auf der Grundlage des Völkerstrafgesetzbuchs anhängig sind, unverzüglich ausgesetzt werden müssen. Dadurch wäre zudem offengelegt worden, dass die deutsche Justiz, die noch gerade für ihre entschlossene strafrechtliche Aufarbeitung der Gräueltaten ausländischer Unrechtsregime gelobt worden ist, ein grundlegendes völkerrechtliches Verfahrenshindernis unter völliger Ausblendung des internationalen Diskurses jahrelang nicht als „ernstzunehmendes" Problem erkannt hat.

Im Vorlagebeschluss hätte der BGH zudem die objektiven Zweifel an seiner subjektiven Gewissheit über das Bestehen einer völkergewohnheitsrechtlichen Immunitätsausnahme auch gegenüber dem internationalen Fachpublikum schonungslos offenlegen müssen. Auch wären, selbst wenn sich das BVerfG schließlich die Auffassung des BGH zu eigen gemacht hätte, die Beratungen in der Völkerrechtskommission voraussichtlich zu weit vorangeschritten, um sie durch neu generierte Staatenpraxis noch nachhaltig beeinflussen zu können.

Wollte der BGH also an seiner Mission festhalten, sich mit einem Grundsatzurteil in den völkerrechtlichen Rechtsbildungsprozess einzubringen, musste er es im Alleingang wagen. In der Entscheidungsbegründung galt es daher, das Risiko einer Verfassungsbeschwerde nach Art. 101 Abs. 1 S. 2 i. V. m. Art. 100 Abs. 2 GG[114] stets aufmerksam im Blick zu behalten. Der argumentative Duktus des Urteils ist spürbar von dem Bestreben geprägt, jeden Zweifel an der Zweifelsfreiheit der vom BGH als völkerrechtliche *lex lata* postulierten Immunitätsausnahme zu zerstreuen.

---

[111] BVerfG, Beschl. v. 3.7.2019 – 2 BvR 824/15, Rn. 28 m. w. N.; BGH, Urt. v. 28.1.2021 – 3 StR 564/19, Rn. 54.

[112] Siehe oben Fn. 35.

[113] Vgl. *Safferling* (Fn. 22).

[114] Zur Verletzung des Rechts auf den gesetzlichen Richter durch eine unterlassene Vorlage nach Art. 100 Abs. 2 GG BVerfG, Beschl. v. 3.7.2019 – 2 BvR 824/15, Rn. 28 m. w. N.

4. Strategien zur Zerstreuung von Zweifeln am Bestehen einer Immunitätsausnahme

Nach ständiger Rechtsprechung des BVerfG ist die Schwelle der Zweifel, die nach Art. 100 Abs. 2 GG die Vorlagepflicht auslösen, sehr niedrig anzusetzen.[115] Objektiv „ernstzunehmende Zweifel" liegen bereits vor, „wenn nicht eindeutig ist, ob oder mit welcher Tragweite eine allgemeine Regel des Völkerrechts gilt".[116] Dies ist insbesondere dann anzunehmen, wenn das Fachgericht „von der Meinung eines Verfassungsorgans oder von den Entscheidungen hoher deutscher, ausländischer oder internationaler Gerichte oder von den Lehren anerkannter Autoren der Völkerrechtswissenschaft abweichen würde."[117]

Wie oben dargelegt,[118] stellt sich der BGH mit seiner These des völkergewohnheitsrechtlichen Bestehens einer Immunitätsausnahme für völkerrechtliche Verbrechen gegen die Auffassung des Auswärtigen Amtes, des Internationalen Gerichtshofs und der überwiegenden Zahl der in der Völkerrechtskommission versammelten Expertinnen und Experten. Hinzu kommen die fünf ständigen Mitglieder des UN-Sicherheitsrates, die im Sechsten Ausschuss der UN-Generalversammlung gemeinsam mit Deutschland und anderen Staaten zu Protokoll gegeben haben, dass die Voraussetzungen für die gewohnheitsrechtliche Anerkennung einer solchen Immunitätsdurchbrechung nicht vorliegen.

Angesichts dieser eindrucksvollen Phalanx der Zweifler musste der BGH alle Register der juristischen Argumentationskunst ziehen, um darzulegen, dass die geäußerten Zweifel im verfassungsrechtlichen Sinne nicht „ernst zu nehmen" sind. Diese herkulische Aufgabe versucht er, mit vier argumentativen Strategien zu bewältigen: Erstens reduziert der BGH den subjektiven Anwendungsbereich der postulierten Immunitätsausnahme auf „nachrangige" Amtsträger (a); zweitens deutet er das überkommene Narrativ der völkergewohnheitsrechtlichen Entwicklung um (b); drittens wertet er „stille" Staatenpraxis auf (c); und viertens blendet er die methodische Dimension der Problematik weitgehend aus (d).

a) Reduzierung des subjektiven Anwendungsbereichs

Der BGH beschränkt den subjektiven Anwendungsbereich der von ihm postulierten Immunitätsausnahme explizit auf „nachrangige" ausländische Hoheitsträger.[119] Während ein solches Vorgehen als *judicial self-restraint*

---

[115] Vgl. *Dederer*, in: Maunz/Dürig, Grundgesetz-Kommentar, Art. 100 Rn. 307 m. w. N.
[116] BVerfGE 64, 1 (15).
[117] BVerfG, Beschl. v. 3.7.2019 – 2 BvR 824/15, Rn. 29 m. w. N.
[118] Siehe oben II.2.
[119] BGH, Urt. v. 28.1.2021 – 3 StR 564/19, Rn. 13; 16, 39.

durchaus legitim sein mag, verfolgt der BGH mit der Beschränkung der gewohnheitsrechtlichen Analyse auf diesen spezifischen Kreis der Hoheitsträger aber offenkundig ein anderes Ziel. Im Wege des *distinguishing* scheidet er nämlich auf diese Weise sämtliche Praxis aus dem Untersuchungsspektrum aus, die „hochrangige Staatsämter wie Staatsoberhäupter, Regierungschefs oder Außenminister" betreffen. Damit wird insbesondere die *Arrest Warrant*-Entscheidung des Internationalen Gerichtshofs[120] und die auf sie bezugnehmende frühere Praxis des Generalbundesanwalts[121] als *a limine* unbeachtlich angesehen.

Der BGH stützt sich dabei auf die These, dass sich die funktionelle Immunität, die Staatsoberhäupter, Regierungschefs und Außenminister nach dem Ausscheiden aus ihrem Amt genießen, qualitativ von derjenigen „nachrangiger" Hoheitsträger unterscheide.[122] Eine solche Differenzierung wird jedoch von der Staatenpraxis einhellig abgelehnt. Neben den insofern unstrittigen Arbeiten der Völkerrechtskommission[123] sei aus jüngerer Zeit auf den Schiedsspruch im *Enrica Lexie*-Fall verwiesen, der unmissverständlich feststellt: „Immunity *ratione materiae* is enjoyed by State officials in general, irrespective of their position in the hierarchy of the State."[124]

b) Umdeutung der völkergewohnheitsrechtlichen Entwicklung

Sekundiert von einer jüngeren Strömung in der Literatur[125] entwickelt der BGH ein neues Narrativ der völkergewohnheitsrechtlichen Entwicklung der funktionellen Immunität bei Völkerrechtsverbrechen. Nach überkommener Wahrnehmung bildet das *Pinochet*-Verfahren vor dem britischen *House of Lords*[126] den entscheidenden Referenzpunkt für den modernen Diskurs über mögliche Immunitätsausnahmen bei völkerrechtlichen Verbrechen. Aus dieser Perspektive hat es – mit Ausnahme des *Eichmann*-Falles[127] – bis zum *Pinochet*-Urteil praktisch keine nationalen Strafverfahren wegen völkerrechtlicher Verbrechen gegeben, in denen die Immunität ausländischer Amtsträger virulent geworden ist.[128]

---

[120] Vgl. Fn. 47 bis 53.

[121] Vgl. Fn. 54 f.

[122] BGH, Urt. v. 28.1.2021 – 3 StR 564/19, Rn. 40.

[123] Siehe Art. 5 und 6 der ILC Draft Articles (Fn. 30).

[124] *„Enrica Lexie" Incident* (Fn. 30), Rn. 848.

[125] *Ascensio/Bonafe*, RGDIP 122 (2018), 821 (828); *Kreicker* (Fn. 55), 182 ff.; *ders.*, JR 2015, 298 (300); *Kreß* (Fn. 101), Art. 98 Rn. 53 ff.; *Pedretti*, Immunity of Heads of State and State Officials for International Crimes, 2015, 101 ff.

[126] Siehe Fn. 44 ff.

[127] Siehe Fn. 42.

[128] Vgl. etwa *van Alebeek* in: Ruys/Angelet/Ferro (Hrsg), The Cambridge Handbook of Immunities and International Law, 2019, 496 (509 f.).

Die Entscheidung des *House of Lords* ist seinerzeit vielfach als Signal des Aufbruchs zu einem neuen menschenrechtsfreundlichen Immunitätsregime aufgefasst worden.[129] Trotz einzelner nationaler Judikate, die in der Folgezeit – mit unterschiedlichen Begründungen – eine Immunitätsdurchbrechung bei Völkerrechtsverbrechen angenommen haben,[130] sind die Hoffnungen, die das *Pinochet*-Verfahren geweckt hat, heute überwiegend der nüchternen Erkenntnis gewichen, dass sich noch keine ausreichende Staatenpraxis und Rechtsüberzeugung für eine entsprechende gewohnheitsrechtliche Norm herausgebildet hat.[131]

Der BGH setzt dieser traditionellen Sichtweise eine ganz andere Erzählung entgegen: Nach seiner Auffassung sind es die Nürnberger Prozesse selbst, die den entscheidenden Referenzpunkt für die völkergewohnheitsrechtliche Entwicklung der funktionellen Immunität bei Völkerrechtsverbrechen bilden. Schon in den in der zweiten Hälfte der 1940er Jahre vor ausländischen Gerichten gegen Hoheitsträger des nationalsozialistischen Regimes durchgeführten Verfahren sei deutlich geworden, dass in der völkerrechtlichen Nachkriegsordnung die funktionelle Immunität für die Verfolgung von Völkerrechtsverbrechen kein Verfahrenshindernis mehr bilde.[132] Dies sei dann zunächst durch den Obersten Gerichtshof von Israel im *Eichmann*-Verfahren[133] und seit den 1990er Jahren in der Spruchpraxis anderer nationaler Gerichte bestätigt worden.[134]

Als die Völkerrechtskommission ihre Beratungen über die Immunität staatlicher Amtsträger aufgenommen hat, habe daher längst eine völkergewohnheitsrechtliche Ausnahme von der funktionellen Immunität für Völkerstraftaten bestanden.[135] Diese „schon zur allgemeinen Gewissheit gewordene Ausnahme" sei erst durch die Arbeiten der Völkerrechtskommission wieder „in Frage gestellt [worden]".[136] Nur deshalb bestehe nun für den BGH „Anlass zu vertiefter Betrachtung und ausdrücklicher Entscheidung".[137]

Diese Deutung der völkergewohnheitsrechtlichen Entwicklung führt bei der Bewertung der jüngeren Staatenpraxis zu einer signifikanten Verschie-

---

[129] Vgl. *Rensmann*, in: Kamminga/Scheinin (Hrsg.), The Impact of Human Rights Law on General International Law, 2009, 151 ff.

[130] Vgl. BGH, Urt. v. 28.1.2021 – 3 StR 564/19, Rn. 28–33 m. w. N.

[131] Siehe oben II.1. In diesem Sinne auch Cour de Cassation, Urt. v. 13.1.2021, RGDIP 125 (2021), 177 (179 f.); Rechtbank Den Haag, Urt. v. 29.1.2020, ECLI:NL:RBDHA:2020:667, Rn. 4.43

[132] BGH, Urt. v. 28.1.2021 – 3 StR 564/19, Rn. 20.

[133] Siehe Fn. 42.

[134] BGH, Urt. v. 28.1.2021 – 3 StR 564/19, Rn. 21 f.

[135] BGH, Urt. v. 28.1.2021 – 3 StR 564/19, Rn. 35.

[136] So die Formulierung von *Kreicker*, JR 2015, 298 (300), auf den BGH, Urt. v. 28.1.2021 – 3 StR 564/19, Rn. 35 verweist.

[137] Vgl. oben Fn. 97.

bung der Darlegungslast: Da bereits lange anerkannt sei, dass die funktionelle Immunität kein Hindernis für die nationale Strafverfolgung von Völkerrechtsverbrechen bilde, zielten diejenigen, die nun plötzlich dennoch Immunität gewähren wollten, auf die „Änderung" einer etablierten „Regel" des Völkergewohnheitsrechts ab.[138] An den Nachweis der Staatenpraxis und *opinio juris* für eine solche neue Norm seien mithin hohe Anforderungen zu stellen.[139]

Nach diesem Maßstab lasse sich aus den Arbeiten der Völkerrechtskommission und den sie begleitenden Diskussionen im Sechsten Ausschuss der UN-Generalversammlung keine hinreichende Übung und Überzeugung für eine solche (Wieder-)Einführung der funktionellen Immunität bei der Verfolgung von völkerrechtlichen Verbrechen ableiten.[140] Nach Auffassung des BGH fällt es dabei nicht ins Gewicht, dass in den Beratungen des Sechsten Ausschusses die meisten Staatenvertreter die gewohnheitsrechtliche Geltung der von der Völkerrechtskommission vorgeschlagenen Immunitätsausnahme in Frage gestellt haben.[141]

Dies könne nämlich nur „vordergründig" so aufgefasst werden, dass sich in den Vereinten Nationen bereits eine Mehrheit formiert habe, die „eine funktionelle Immunität selbst bei Kriegsverbrechen für gegeben erachtet."[142] Um nachzuweisen, dass dies „bei näherer Betrachtung [...] nicht allgemein der Fall [sei]", verweist der Senat „beispielhaft" auf die Äußerung der deutschen Delegation im Sechsten Ausschuss.[143] Der BGH deutet die deutsche Position nun in dem Sinne um, dass nur die Liste der vom Artikelentwurf der Völkerrechtskommission erfassten Verbrechen kritisiert worden sei und daraus keinesfalls die allgemeine Leugnung der völkergewohnheitsrechtlichen Geltung einer Immunitätsausnahme für völkerrechtliche Kernverbrechen abgeleitet werden könne.[144]

Wie oben dokumentiert, verkehrt der BGH damit die von Deutschland in den Vereinten Nationen vertretene Position in ihr Gegenteil.[145] Deutschland hat sich im Sechsten Ausschuss wiederholt mit Nachdruck gegen die These einer gewohnheitsrechtlichen Durchbrechung der funktionellen Immunität verwahrt, gerade auch im Hinblick auf völkerrechtliche Kernverbrechen. Eine solche Immunitätsausnahme kann nach deutscher Auffassung allenfalls *de lege ferenda* erwogen werden, müsse dann aber von prozessualen Garantien zur Verhinderung ihres Missbrauchs flankiert werden. Dies könne

---

138 BGH, Urt. v. 28.1.2021 – 3 StR 564/19, Rn. 35. Ebenso *Kreß* (Fn. 101), Art. 98 Rn. 67.
139 BGH, Urt. v. 28.1.2021 – 3 StR 564/19, Rn. 14.
140 BGH, Urt. v. 28.1.2021 – 3 StR 564/19, Rn. 35, 37, vgl. auch Rn. 19.
141 Vgl. oben Fn. 72 ff.
142 BGH, Urt. v. 28.1.2021 – 3 StR 564/19, Rn. 37.
143 BGH, Urt. v. 28.1.2021 – 3 StR 564/19, Rn. 37.
144 BGH, Urt. v. 28.1.2021 – 3 StR 564/19, Rn. 37. Ebenso *Wittum/Talmon* (Fn. 55).
145 Siehe oben Fn. 74 bis 86.

nur auf völkervertraglicher Grundlage geschehen. Ausschließlich im Kontext einer solchen völkervertragsrechtlichen Lösung hat sich die deutsche Vertreterin dann kritisch zu der von der Völkerrechtskommission vorgeschlagenen Liste der „völkerrechtlichen Verbrechen“ geäußert.[146]

Die Überzeugungskraft der Argumentation des BGH hängt aber letztlich vor allem davon ab, ob tatsächlich der Nachweis gelingen kann, dass sich im Völkergewohnheitsrecht schon seit einiger Zeit eine Beschränkung der funktionellen Immunität für Völkerrechtsverbrechen herausgebildet hat. Diese These steht und fällt wiederum mit der Frage, ob die zahlreichen Strafverfahren gegen nationalsozialistische Hoheitsträger, die in den ersten Nachkriegsjahren vor ausländischen Gerichten durchgeführt worden sind, als eine die postulierte Immunitätsausnahme stützende Übung gewertet werden können. Denn nur so ließe sich die kritische Masse an Staatenpraxis generieren, die für die Annahme einer frühen gewohnheitsrechtlichen Verfestigung erforderlich wäre.

Die auf unterschiedlicher Rechtsgrundlage in der zweiten Hälfte der 1940er Jahre durchgeführten Strafverfahren sind allerdings nicht geeignet, einen gewohnheitsrechtlichen Ausschluss der funktionellen Immunität zu begründen. Zum einen ist die Frage der Immunität als Verfahrenshindernis dort nur sehr selten thematisiert worden.[147] Insofern lässt sich keine korrespondierende *opinio juris* nachweisen. Es ist bezeichnend, dass der BGH für diesen Zeitraum die erforderliche Rechtsüberzeugung lediglich auf Art. 7 des Statuts des Nürnberger Militärgerichtshofs stützt und im Übrigen – abgesehen vom *Eichmann*-Prozess[148] – auf Judikatur zurückgreift, die seit den 1990er Jahren ergangen ist.[149]

Zum anderen stellte sich bei den frühen Strafverfahren der Jahre 1945–48, auf die der BGH im Zusammenhang mit der Verfolgung nationalsozialistischer Verbrechen verweist,[150] das Problem der Immunität überhaupt nicht. Nach der bedingungslosen Kapitulation der Wehrmacht, der Auflösung der Reichsregierung und der Übernahme der „obersten Regierungsgewalt“ durch die Hauptalliierten war das Deutsche Reich handlungsunfähig geworden; die Ausübung der Strafrechtspflege und anderer souveräner Rechte lag damit in den Händen des Alliierten Kontrollrats.[151] Schon aus diesem Grunde konnte sich Deutschland gegenüber der strafrechtlichen Aufarbeitung der Verbrechen des nationalsozialistischen Regimes nicht auf die souveräne Gleichheit (Art. 2 Nr. 1 UN-Charta) und die aus ihr fließende Immunität seiner Funk-

[146] Siehe Fn. 86.
[147] Vgl. hierzu im Einzelnen *Pedretti* (Fn. 125), 185 ff.
[148] Siehe Fn. 42.
[149] BGH, Urt. v. 28.1.2021 – 3 StR 564/19, Rn. 23 f.; 26 ff.
[150] BGH, Urt. v. 28.1.2021 – 3 StR 564/19, Rn. 20.
[151] Vgl. hierzu BVerfGE 1, 351 (367); 77, 137 (154).

tionsträger berufen.[152] Es ist daher folgerichtig, dass weder das Statut des Nürnberger Militärtribunals[153] noch das Kontrollratsgesetz Nr. 10[154] Regelungen zur Immunität enthielten, sondern lediglich klarstellten, dass die amtliche Stellung nicht von der materiellen strafrechtlichen Verantwortlichkeit befreit.[155] Auch in den Verfahren gegen NS-Verbrecher vor polnischen Gerichten, auf die sich der BGH primär stützt,[156] wurde die Frage der Immunität im Sinne der Befreiung von ausländischer Gerichtsbarkeit nicht virulent, da die Angeklagten von den Hauptalliierten jeweils im Einklang mit Art. IV des Kontrollratsgesetzes Nr. 10 an Polen überstellt worden waren.[157]

c) Aufwertung „stiller" Staatenpraxis

Die zweite Rechtsprechungslinie, auf die der Senat sein Narrativ von der frühen gewohnheitsrechtlichen Verfestigung einer Immunitätsausnahme für

---

[152] *Fox/Webb* (Fn. 31), 562; *Wuerth*, AJIL 106 (2012), 731 (763). In diesem Sinne auch *In re Altstoetter et al. (Justice Trial)*, United States Military Tribunal, Urt. v. 4.12.1947, UNWCC, Law Reports of Trials of War Criminals, Bd. VI, 1 (38): „[...] [I]t appears that the power to punish violators of international law in Germany is not solely dependent on the enactment of rules of substantive penal law applicable only in Germany. Nor is the apparent immunity from prosecution of criminals in other States based on the absence there of the rules of international law which we enforce here. Only by giving consideration to the extraordinary and temporary situation in Germany can the procedure here be harmonised with established principles of national sovereignty. In Germany an international body (the Control Council) has assumed and exercised the power to establish judicial machinery for the punishment of those who have violated the rules of the common international law, a power which no international authority without consent could assume or exercise within a State having a national government presently in the exercise of its sovereign powers."

[153] Vgl. Art. 7 IMT-Statut: „Die amtliche Stellung eines Angeklagten, sei es als Oberhaupt eines Staates oder als verantwortlicher Beamter in einer Regierungsabteilung, soll weder als Strafausschließungsgrund noch als Strafmilderungsgrund gelten." Im Römischen Statut folgt hingegen in dem dieser Vorschrift entsprechenden Art. 27 Abs. 1 ein weiterer Absatz, der die Immunität betrifft.

[154] Art. II Abs. 4 *lit.* a) Kontrollratsgesetz Nr. 10, Amtsblatt des Kontrollrates in Deutschland, 1945, 50: „Die Tatsache, da[ss] jemand eine amtliche Stellung eingenommen hat, sei es die eines Staatsoberhauptes oder eines verantwortlichen Regierungsbeamten, befreit ihn nicht von der Verantwortlichkeit für ein Verbrechen und ist kein Strafmilderungsgrund." Bei Art. II Abs. 5 geht es nicht um völkerrechtliche Immunitäten, sondern um durch deutsches Recht verliehene Privilegien.

[155] *Wuerth*, AJIL 106 (2012), 731 (762). Siehe auch IGH, *Arrest Warrant* (Fn. 33), ICJ Reports 2002, 3 (24), Rn. 58.

[156] Vgl. die Nachweise in BGH, Urt. v. 28.1.2021 – 3 StR 564/19, Rn. 20.

[157] Vgl. *Pedretti* (Fn. 125), 188: „[T]he question of immunity was not explicitly addressed in these proceedings." Lediglich im Verfahren gegen Josef Bühler ging das Oberste Nationale Tribunal Polens auf die von der Verteidigung vorgetragene Rechtsansicht ein, dass es sich bei den dem Angeklagten vorgeworfenen Straftaten um „acts of State" handelte, für die er nicht persönlich zur Verantwortung gezogen werden könnte. Das Gericht fasste dieses Argument aber im Sinne eines materiellen Strafausschließungsgrundes auf und verwarf es insofern folgerichtig mit Verweis auf Art. 7 IMT-Statut, siehe *Trial of Joseph Buhler*, Urt. v. 10.7.1948, UNWCC, Law Reports of Trials of War Criminals, Bd. XIV, 23 (39).

völkerrechtliche Verbrechen stützt, sind jüngere deutsche, schwedische und finnische Strafverfahren wegen völkerrechtlicher Verbrechen im ehemaligen Jugoslawien, in Ruanda und im Irak.[158] In diesen Verfahren ist die Immunität – soweit ersichtlich – weder von den angeklagten Amtsträgern oder ihren Heimatstaaten geltend gemacht noch von den jeweiligen Gerichten angesprochen worden.

Am Beispiel seiner eigenen Judikatur versucht der Senat aufzuzeigen, dass diese Verfahren dennoch jeweils von der Rechtsüberzeugung einer entsprechenden Immunitätsausnahme getragen waren. Alternative Begründungsmöglichkeiten für die stillschweigende Annahme der Gerichtsbarkeit, wie insbesondere die (völkerrechtliche) Notwendigkeit der Geltendmachung der Immunität durch den Heimatstaat,[159] werden dabei nicht in Erwägung gezogen.

Der Senat gibt nun schlicht zu Protokoll, dass seine Judikatur der vergangenen zwanzig Jahre stets von dem Bewusstsein getragen war, dass „ein Verfahrenshindernis der funktionellen Immunität aufgrund Völkergewohnheitsrechts zweifelsfrei nicht besteht".[160] Diese selbstreferentielle „Nachlieferung" der *opinio juris* kann schon für sich genommen nicht restlos überzeugen; als Game-Changer im internationalen Diskurs über die Deutung der Staatenpraxis zur Immunität ausländischer Amtsträger eignet sie sich aber sicherlich nicht.

d) Partielle Ausblendung der methodischen Dimension

Die letzte Verteidigungslinie des BGH bildet das Schrifttum: „Der ganz überwiegende Teil der wissenschaftlichen Literatur lehn[e] funktionelle Immunität bei Völkerrechtsverbrechen [...] – wenn auch mit teils unterschiedlichen Begründungsansätzen und Differenzierungen – ab."[161]

Die Überzeugungskraft der vom BGH durchgeführten Literatur-Meinungsumfrage leidet weniger am Fehlen plausibler Nachweise für die behaupteten Mehrheitsverhältnisse, als vielmehr an der Bagatellisierung der „unterschiedlichen Begründungsansätze", die den wissenschaftlichen Diskurs zu den Grenzen der funktionellen Immunität wesentlich prägen.

Wie die gegenwärtige Debatte in der Völkerrechtskommission eindrücklich illustriert, hat sich gerade an der Frage der Immunitätsausnahme für

---

[158] Vgl. die Nachweise in Fn. 94 und BGH, Urt. v. 28.1.2021 – 3 StR 564/19, Rn. 21 f. und 34. Die finnische und schwedische Rechtsprechung wird in Rn. 22 nur indirekt über den Verweis auf eine Buchbesprechung (*Barthe*, Journal of International Criminal Justice 16 [2018], 663, 665 ff.) nachgewiesen.

[159] Vgl. oben bei Fn. 99 ff.

[160] BGH, Urt. v. 28.1.2021 – 3 StR 564/19, Rn. 34, 60.

[161] BGH, Urt. v. 28.1.2021 – 3 StR 564/19, Rn. 38.

Völkerrechtsverbrechen ein veritabler „Richtungs- und Methodenstreit" entzündet.[162] Während die „Positivisten" ausziehen, um den Willen der souveränen Staaten mit der Wünschelrute des Art. 38 Abs. 1 IGH-Statut aufzuspüren, relativieren die „Anti-Positivisten" die Bedeutung des Staatenkonsenses, um den humanitären Grundwerten der internationalen Gemeinschaft zu effektiver Geltung zu verhelfen. Normerkenntnis bleibt also nicht beim aktuellen Willen der Staaten stehen; vielmehr müssen nach diesen wertorientierten Methodenschulen stets die fundamentalen Menschenrechtsbelange eingeblendet werden, die das Erfordernis des Staatenkonsenses somit zumindest partiell verdrängen können.

Der BGH ordnet sich mit seiner Entscheidung selbst in das Lager der „Positivisten" ein. Beim Aufspüren des Völkergewohnheitsrechts hält er sich – jedenfalls im Ausgangspunkt – strikt an die Vorgaben der klassischen Rechtsquellenlehre.[163] Die unterschiedlichen wertorientierten Ansätze zur Einschränkung der funktionellen Immunität, die von der menschenrechtskonformen „Interpretation" des Völkergewohnheitsrechts bis zur Berufung auf den zwingenden Charakter grundlegender Menschenrechte reichen,[164] nimmt der BGH offenbar bewusst nicht auf. Angesichts der zum Teil schroffen Ablehnung, auf die der wertorientierte, „systemische" Ansatz der Sonderberichterstatterin[165] in der Völkerrechtskommission[166] und im Sechsten Ausschuss[167] gestoßen ist, konnte der BGH nämlich nur bei Zugrundelegung eines orthodoxen, streng am Staatenkonsens orientierten Ansatzes auf die angestrebte Akzeptanz im internationalen Diskurs hoffen.

Auch wenn es in der Literatur eine starke Strömung gibt, die für eine Einschränkung der funktionellen Immunität bei völkerrechtlichen Verbrechen eintritt, so liegt dieser Auffassung zumeist ein wertorientierter Ansatz zugrunde.[168] Bei genauerer Betrachtung sind es daher nur relativ wenige Stimmen aus dem Schrifttum, die auf der Basis traditioneller Methoden die Einschätzung des BGH teilen, dass sich eine Immunitätsausnahme für Völkerrechtsverbrechen bereits gewohnheitsrechtlich verfestigt hat.[169]

---

[162] Siehe hierzu ausführlich *Rensmann* (Fn. 129), 160 ff.; *ders.*, in: Hugo/Möllers (Hrsg.), Legal Certainty and Fundamental Rights: A Cross-Disciplinary Approach to Constitutional Principles in German and South African Law, 2020, 85 (88 ff.).

[163] BGH, Urt. v. 28.1.2021 – 3 StR 564/19, Rn. 14 f.

[164] Hierzu etwa der Überblick bei *van Alebeek* (Fn. 128), 508 ff., 518 ff.

[165] Siehe oben bei Fn. 63.

[166] Vgl. die Nachweise in Fn. 67.

[167] Vgl. Fn. 72. Siehe zur Kritik der deutschen Delegation oben bei Fn. 74 ff. sowie den Hinweis darauf in BGH, Urt. v. 28.1.2021 – 3 StR 564/19, Rn. 37.

[168] Vgl. *van Alebeek* (Fn. 128), 508 ff. m. w. N.

[169] Siehe insbesondere die in Fn. 125 genannten Stimmen.

III. Fazit: Das Vermächtnis von Nürnberg und die Stärkung des Rechts in den internationalen Beziehungen

„Nicht das Konzert der Mächtigen allein, sondern die Stärkung des Rechts in den internationalen Beziehungen schafft das Fundament einer überstaatlichen Ordnung, die die Welt braucht – und dringend weiter braucht. Das ist das Vermächtnis von Nürnberg. Wir Deutsche sind in besonderer Weise dazu aufgerufen, dieses Vermächtnis weiterzutragen und zu verteidigen."[170]

Mit diesen mahnenden Worten schloss Bundespräsident Frank-Walter Steinmeier am 20. November 2020 seine Rede zum 75. Jahrestag des Beginns der Nürnberger Prozesse. Nur sechs Tage später verhandelte der BGH in Karlsruhe über die Frage, ob deutsche Staatsanwälte und Richter die funktionelle Immunität ausländischer Amtsträger bei der Verfolgung von Völkerrechtsverbrechen beachten müssen.

Es kann daher nicht verwundern, dass der 3. Strafsenat beim Ringen mit dieser Grundsatzfrage noch ganz unter dem Eindruck des Nürnberger Festaktes stand. Dennoch mag man bezweifeln, ob der Senat den Worten des Bundespräsidenten gerecht wird, wenn er sie als Plädoyer für eine Immunitätsausnahme bei völkerrechtlichen Verbrechen deutet. In seiner Rede sei der Bundespräsident – so der BGH – „ersichtlich nicht davon aus[gegangen], [dass] einer nationalen Strafverfolgung [...] eine funktionelle Immunität entgegen[steht]."[171]

Der Bundespräsident hat jedoch – wohl mit Bedacht – in diesem Kontext gerade nicht die Immunität, sondern lediglich die Gerichtsbarkeit nach dem Weltrechtsprinzip angesprochen:

„Ohne Nürnberg gäbe es kein Weltrechtsprinzip und könnten nationale Gerichte nicht gegen Völkerrechtsverbrechen vorgehen. Sie hätten kaum Handhabe gegen zwei nach Deutschland geflohene ehemalige Angehörige des syrischen Geheimdienstes, die sich wegen Verbrechen gegen die Menschlichkeit in ihrem Heimatland heute vor einem Koblenzer Gericht verantworten müssen."[172]

Wäre der 3. Strafsenat dem Beispiel des Bundespräsidenten gefolgt und hätte weiterhin zur Frage der funktionellen Immunität geschwiegen, hätte er dem „Vermächtnis von Nürnberg" einen besseren Dienst erwiesen als mit seinem unter vielen Gesichtspunkten problematischen Grundsatzurteil. Denn auch ohne die Intervention des BGH hätte das *Al-Khatib*-Verfahren vor dem OLG Koblenz[173] seinen ungestörten Fortgang nehmen können, da Syrien die Immunität seiner abtrünnigen Geheimdienstmitarbeiter nicht geltend ge-

---

170 Rede beim Festakt zum 75. Jahrestag des Beginns der Nürnberger Prozesse (Fn. 10).
171 BGH, Urt. v. 28.1.2021 – 3 StR 564/19, Rn. 37.
172 Rede beim Festakt zum 75. Jahrestag des Beginns der Nürnberger Prozesse (Fn. 10).
173 Siehe oben bei Fn. 18 ff.

macht hat und sich damit nach der Rechtsprechung des Internationalen Gerichtshofs[174] die Immunitätsproblematik überhaupt nicht stellt.

Mit seiner überraschenden Wortmeldung ging es dem 3. Strafsenat ganz offenkundig um viel mehr als die Rettung des Koblenzer Verfahrens: Der Senat wollte das „Vermächtnis von Nürnberg“ gegen eine in seinen Augen auf Abwege geratene Diskussion in der Völkerrechtskommission verteidigen und der Welt zeigen, wie man „eines der umstrittensten Probleme des modernen Völkerrechts“[175] auf einfache Weise lösen kann.

Der BGH ist jedoch mit seiner Mission gescheitert, die völkergewohnheitsrechtliche Geltung einer Immunitätsausnahme bei völkerrechtlichen Verbrechen „zweifelsfrei“ darzulegen. Auch bei einer Beschränkung auf „nachrangige“ Amtsträger findet eine solche Immunitätsdurchbrechung keinen Rückhalt in der Staatenpraxis. Im Gegenteil beharrt die Mehrheit der Staaten im Rechtsausschuss der UN-Generalversammlung darauf, dass nach der völkerrechtlichen *lex lata* die funktionelle Immunität ausländischer Hoheitsträger unberührt bleibt. Sollten deutsche Behörden und Gerichte bei der Verfolgung von Straftaten nach dem Völkerstrafgesetzbuch die Immunität eines ausländischen Amtsträgers nun auch im Falle der Geltendmachung durch seinen Heimatstaat außer Acht lassen, ginge dies zumindest mit dem erheblichen Risiko einer Völkerrechtsverletzung einher.

Schon unter diesem Aspekt hätte der BGH die Immunitätsfrage dem BVerfG nach Art. 100 Abs. 2 GG vorlegen müssen. Dies hätte dann auch dem Auswärtigen Amt die Gelegenheit eröffnet, seine Position zu dieser Frage noch einmal zu erläutern.[176] So hätte die missliche Situation verhindert werden können, dass Deutschland im Rechtsausschuss der UN-Generalversammlung künftig seine eigene höchstrichterliche Rechtsprechung entgegengehalten werden wird.

Auch *de lege ferenda* sendet der BGH mit seiner Entscheidung das falsche Signal. Ohne Flankierung durch prozedurale Absicherungen, die wiederum nur auf völkervertraglicher Basis vereinbart werden könnten, würde die vom BGH postulierte Immunitätsdurchbrechung wegen des mit ihr verbundenen Missbrauchspotentials zu einer nachhaltigen Destabilisierung der internationalen Beziehungen führen. Wie der Bundespräsident in seiner Nürnberger Rede zu Recht hervorgehoben hat, kann bei der Bekämpfung der Straflosigkeit von Völkerrechtsverbrechen die „Strafgerichtsbarkeit […] am Ende immer nur ein Teil der Antwort sein.“[177] Aufgrund der damit angesprochenen Komplementarität rechtlicher und politischer Mechanismen muss bei

---

[174] Siehe oben Fn. 100.
[175] Siehe oben Fn. 35.
[176] Vgl. § 83 Abs. 2 S. 1 BVerfGG.
[177] Rede beim Festakt zum 75. Jahrestag des Beginns der Nürnberger Prozesse (Fn. 10).

der Immunitätsproblematik stets bedacht werden, dass nicht nur die Effektuierung nationaler und internationaler Strafgerichtsbarkeit, sondern auch das Funktionieren der zwischenstaatlichen Beziehungen eine unabdingbare Voraussetzung für die Verhinderung und Verfolgung von völkerrechtlichen Verbrechen bildet.

Die Völkerrechtskommission ringt seit gut zehn Jahren mit der Auflösung dieses schwierigen Spannungsverhältnisses. Der BGH macht es sich wohl zu leicht, wenn er meint, dass man dabei nun plötzlich zu einem „zweifelsfreien" Ergebnis kommen könnte.

Korrektur von Gesetzen durch Korrekturgesetze

Matthias Rossi

I. Einleitung

In einem zunehmend komplexen Rechtssystem wird eine kohärente und fehlerfreie Gesetzgebung immer schwieriger. Die Einbindung vielfältiger Akteure in die Gesetzgebung ist zwar unter verschiedenen Gesichtspunkten durchaus zu begrüßen – aus rechtsstaatlicher Perspektive verhindert sie eine Machtkonzentration und ihren Missbrauch, aus demokratischer Perspektive steigert sie die Akzeptanz der beschlossenen Regeln, aus legistischer Perspektive stellt sie die Berücksichtigung der notwendigen Sachinformationen sicher. Doch die Fehleranfälligkeit wird mit zunehmender Komplexität des Rechtsetzungsverfahrens eher größer als kleiner.[1] Das gilt allemal für inhaltliche politische Fehler, die auch durch beste Gesetzesfolgenabschätzungen[2] nicht zu vermeiden und im Übrigen meist eine Frage subjektiver Bewertung sind, das gilt aber auch für formale rechtliche Fehler. Zwar gibt es eine Reihe institutioneller Sicherungen zur Vermeidung von Fehlern, allen voran die Rechtsförmlichkeitsprüfung durch das BMJ, die für Gesetzentwürfe der Bundesregierung durch § 46 der Gemeinsamen Geschäftsordnung der Bundesregierung (GGO) zwingend vorgeschrieben ist.[3] Das insoweit maßgebliche Handbuch der Rechtsförmlichkeit[4] gibt umfassende Empfehlungen zur Gestaltung von Gesetzen und Rechtsverordnungen, die freilich schon wegen ihrer Anzahl und Detailliertheit kaum lesbar sind, immerhin aber auf mögliche Fehlerquellen hinweisen und erkennen lassen, dass Gesetzgebung nicht nur eine Kunst ist, sondern auch einer Technik bedarf.[5]

Dass diese Technik kompliziert ist und nicht immer beherrscht wird, zeigt ein pathologischer Blick auf die zahlreichen Entscheidungen der Verfassungs-

---

[1] Ähnlich die Einschätzung von *Funk*, in: Festschrift für Rill, 1995, 77 (94); *Hamann* AöR 139 (2014), 447 (449).

[2] Zur Gesetzesfolgenabschätzung bei Regierungsentwürfen siehe § 44 GGO, näher *Böhret/Konzendorf*, Handbuch Gesetzesfolgenabschätzung, 2001.

[3] Zu formalen Vorgaben an Regierungsentwürfe vgl. auch § 42 Abs. 2 GGO mit Anlage 4.

[4] BMJ (Hrsg.), Handbuch der Rechtsförmlichkeit, 3. Aufl. 2008.

[5] Vgl. z. B. *G. Müller/Uhlmann*, Elemente einer Rechtssetzungslehre, 3. Aufl. 2013, § 9, 124 ff.

gerichte in Bund und Ländern wie auch des Europäischen Gerichtshofs. Zwar ist zuzugeben, dass die Unvereinbarkeit mit Verfassungs- bzw. mit Unionsrecht mitunter aus einer gerichtlichen Konkretisierung dieser Maßstäbe folgt, die für die Gesetzgeber ex ante nicht immer erkennbar ist. Insofern lässt sich – zumal aus der Perspektive des politischen Gesetzgebers – durchaus von „überraschenden Entscheidungen“[6] der Verfassungsgerichte sprechen, die aber in einer konstitutionellen Demokratie nur typischer Ausdruck des Ausbalancierens der eher auf Entwicklung gerichteten Macht des Gesetzgebers und der primär auf Bewahrung zielenden Macht der Verfassungsgerichte sind. Doch noch komplizierter scheinen die Anforderungen an den Gesetzgeber zu sein, wenn er von ihm auf den Weg gebrachte Gesetze selbst korrigieren will bzw. muss, wie zwei Beispiele aus jüngerer Zeit demonstrieren.

1. Praxisbeispiele

a) Verfehlte Verweisung: Strafbarkeitslücke im Kapitalmarktstrafrecht

Erinnert sei zunächst an die fehlerhafte Umsetzung kapitalmarktrechtlicher EU-Vorschriften durch das 1. FiMaNoG:[7] Der Gesetzgeber hatte bei der Umsetzung der Marktmissbrauchsverordnung einen „technischen“ Fehler begangen, weil er alte Bezugsnormen strafrechtlicher Blankettvorschriften zum 2. Juli 2016 hat außer Kraft treten lassen, während die neuen Bezugsnormen erst zum 3. Juli 2016 in Kraft traten. Dies bewirkte eine eintägige Ahndungslücke, die wegen des auch europarechtlich fundierten lex-mitior-Grundsatzes zu einer umfassenden Amnestie hätte führen müssen.[8]

Dieser Fall war und ist nicht nur von immens praktischer Bedeutung, sondern verdeutlicht zugleich, welche Unsicherheiten hinsichtlich der Frage bestehen, wie Fehler bei der Gesetzgebung behoben werden können und wer für die Korrektur zuständig und verantwortlich ist. Denn im Falle des 1. FiMaNoG haben sich die Versuche, den Fehler zu bereinigen, überschnitten: Der Bundesgerichtshof wollte dem Gesetzgeber wohl beistehen und hat versucht,

---

[6] Freilich nicht im Sinne des allgemeinen, aus dem Recht auf ein faires Verfahren folgenden Prozessgrundsatzes, nach dem Urteile, „die sich ohne vorherigen richterlichen Hinweis auf einen Gesichtspunkt stützen, mit dem auch ein gewissenhafter und kundiger Prozessbeteiligter nicht zu rechnen braucht“, verboten sind – vgl. BVerfGE 84, 188 (190); 86, 133 (144); 98, 218 (263); jüngst etwa BVerfG, Beschl. v. 13.2.2019 – 2 BvR 633/16, juris, Rn. 23.

[7] Erstes Gesetz zur Novellierung von Finanzmarktvorschriften auf Grund europäischer Rechtsakte, BGBl. 2016 I, 1514.

[8] Vgl. u. a. *Rothenfußer/Jäger*, NJW 2016, 2689; *Lorenz/Zierden*, HRRS 2016, 443; *Klöhn/Büttner*, ZIP 2016, 1801; *Bergmann/Vogt*, wistra 2016, 347; *Rossi*, ZIP 2016, 2437; *T. Möllers/Herz*, JZ 2017, 445; *Jahn/Brodowski*, in: Festschrift für Neumann, 2017, 883; *Sajnovits/Wagner*, WM 2017, 1189; *Brand/Hotz*, ZIP 2017, 1453; *Saliger*, WM 2017, 2329 u. 2365; zum Meinungsstand in der Literatur vgl. *Rönnau/Wegner*, in: Meyer/Rönnau/Veil (Hrsg.), Handbuch zum Marktmissbrauchsrecht, 2018, § 28 Rn. 20 m. Fn. 62.

den Fehler durch Leugnen zu bekämpfen: Es habe schlicht keine Regelungslücke gegeben, die nun zu einer Art ungewollter Amnestie führen könne.[9]

Der Gesetzgeber selbst hat dies freilich anders gesehen und wollte seinen Fehler durch ein Korrekturgesetz selbst bereinigen. Er hat sich deshalb im 2. FiMaNoG, dessen Entwurf schon vor dem Beschluss des Bundesgerichtshofs zur Beratung im Bundesrat war, eines Tricks[10] bedient, der in der Vergangenheit – bezogen auf Ordnungswidrigkeiten allerdings nur – erfolgreich war und sogar vor dem Bundesverfassungsgericht Bestand hatte:[11] Er hat nicht die Strafbarkeitslücke geschlossen, sondern stattdessen die Berufung auf den lex-mitior-Grundsatz rückwirkend ausgeschlossen: Die neu geschaffene Übergangsvorschrift des § 137 WpHG[12] ordnet an, dass Straftaten nach der bis zum Ablauf des 1. Juli 2016 geltenden Fassung abweichend von § 2 Abs. 3 StGB nicht nach dem Entscheidungszeitrecht, sondern nach dem Tatzeitrecht geahndet werden müssen und entsprechende Ordnungswidrigkeiten abweichend von § 4 Abs. 3 OWiG nach dem Tatzeitrecht geahndet werden können.

Die Strafbarkeitslücke bleibt nach der Vorstellung des Gesetzgebers somit auf einen einzigen Tag beschränkt und ist damit praktisch irrelevant; Altfälle hingegen bleiben weiterhin verfolgbar. In der Literatur werden solche Übergangsvorschriften zuweilen als „Interklusionsnorm" bezeichnet.[13] Dies ist aus der Perspektive des Gesetzgebers verständlich, weil die Vorschrift spätestens mit Ablauf der Verjährungsfristen der unter Strafe gestellten Tatbestände ihre Bedeutung verliert, gleichwohl unglücklich, weil in dem Begriff etwas Vorübergehendes und Verharmlosendes mitschwingt und in euphemistischer Weise kaschiert wird, dass die Betroffenen dauerhaft vom Recht – in diesem Fall auf Anwendung des lex-mitior-Grundsatzes – ausgeschlossen werden,[14] dass also die „Interklusionsnorm" für sie als „Exklusionsnorm" wirkt. Un-

---

[9] BGH, NJW 2017, 966. Kritisch hierzu *Rossi*, NJW 2017, 969; *Rothenfußer*, AG 2017, 149; *Pananis*, NStZ 2017, 236; *Szesny*, BB 2017, 515; *T. Möllers/Herz*, JZ 2017, 445; *dies.*, WuB 2017, 311; *Bülte/N. Müller*, NZG 2017, 205; skeptisch auch *Wessing/Janssen*, EWiR 2017, 165; zustimmend *Kudlich*, ZBB 2017, 72; *Brand/Hotz*, NZG 2017, 238 (239).

[10] *Schützendübel*, Die Bezugnahme auf EU-Verordnungen in Blankettstrafgesetzen, 2012, 89, spricht von einem „geschickten Schachzug".

[11] BVerfGE 81, 132, 135; BVerfG, NJW 2008, 3769 (3770).

[12] Die durch Art. 1 Nr. 12 des 2. FiMaNoG vom 23. Juni 2017, BGBl. 2017 I, 1693, eingefügte Übergangsvorschrift des § 52 WpHG findet sich wegen der in Art. 3 des 2. FiMaNoG zugleich angeordneten neuen Nummerierung des WpHG nun in § 137 WpHG.

[13] *Schützendübel* (Fn. 10), 93 ff.; *Cornelius*, Verweisungsbedingte Akzessorietät bei Straftatbeständen, 2016, 435; *Saliger*, WM 2017, 2365 (2366).

[14] Zuvor wurde der Begriff – soweit ersichtlich – nur in Bezug auf § 44a VwGO mit der Bedeutung verwendet, dass der Rechtsschutz gegen behördliche Verfahrensbehelfe zurückgestellt sei – vgl. *W. Schmidt*, Einführung in die Probleme des Verwaltungsrechts, 1982, 120; *Eichberger*, Die Einschränkung des Rechtsschutzes gegen behördliche Verfahrenshandlungen, 1986, 75. Diesbezüglich leuchtet der Begriff ein, weil nicht dauerhaft der materielle Anspruch genommen, sondern nur vorübergehend seine Durchsetzbarkeit gehemmt wird.

abhängig von der Bezeichnung ordnet der Gesetzgeber der Sache nach jedenfalls eine rückwirkende Ausnahme von einer im Übrigen allgemein geltenden Regel an, die deshalb sowohl in zeitlicher wie auch in sachlicher Hinsicht[15] nicht nur verfassungsrechtlich, sondern auch europarechtlich gerechtfertigt werden muss, ist der lex-mitior-Grundsatz doch in Art. 49 Abs. 1 S. 3 GRCh als Grundrecht verankert.

Dass der Versuch des Gesetzgebers, den beim Erlass des 1. FiMaNoG unterlaufenen Fehler durch den rückwirkenden Ausschluss des lex-mitior-Grundsatzes im 2. FiMaNoG zu korrigieren, mit Verfassungs- und Europarecht vereinbar ist, muss indes bezweifelt werden. Allerdings hat das Bundesverfassungsgericht eine implizit gegen die Regelung gerichtete Verfassungsbeschwerde nicht zur Entscheidung angenommen und einen Verfassungsverstoß somit nicht festgestellt.[16] Im Jahr 2021 hätte das Bundesverfassungsgericht den Fall womöglich auch direkt an Art. 49 Abs. 1 S. 3 GRCh geprüft. Aber im Jahr 2018 haben sowohl der 1. Senat[17] als auch der 2. Senat[18] noch strikt an der Parallelität von Zuständigkeitsbereich und Prüfungsmaßstab festgehalten und dementsprechend nationale Sachverhalte nicht am Maßstab der Grundrechtecharta überprüft. Doch auch unabhängig von der Frage, ob die Korrektur des 1. FiMaNoG durch das 2. FiMaNoG verfassungs- und unionsrechtskonform ist oder nicht, zeigt das Beispiel jedenfalls, dass dem Gesetzgeber bei der Korrektur von Gesetzen durch Korrekturgesetze Grenzen gezogen sind.

b) Veränderter Verfassungsmaßstab: Bekämpfung von Hasskriminalität

Ein anderes Beispiel betrifft eine andere Fehlerquelle. Während im Falle des 1. FiMaNoG der Gesetzgeber einen formalen (Flüchtigkeits-) Fehler begangen hat, liegt die Ursache für die materielle Fehlerhaftigkeit dieses zweiten Beispiels in einem veränderten Verfassungsmaßstab: Noch während ein vom Bundestag bereits beschlossener Gesetzentwurf seinen weiteren Gang durch das verfassungsrechtlich vorgezeichnete Verfahren nimmt, veröffentlicht das Bundesverfassungsgericht eine Entscheidung zu anderen Gesetzen, aus der sich die Verfassungswidrigkeit einiger Bestimmungen des auf den Weg gebrachten Gesetzes ergibt.

---

[15] Zu diesem doppelten Erfordernis siehe *Rossi*, ZIP 2016, 2437 (2445).

[16] Das Bundesverfassungsgericht hat eine implizit gegen das 2. FiMaNoG gerichtete Verfassungsbeschwerde nicht zur Entscheidung angenommen, in der Begründung gleichwohl deutlich gemacht, dass es keinen Verstoß gegen Verfassungsrecht erkennen kann: BVerfG, ZWH 2018, 248 m. Anm. *Schäuble*. Zugleich hat es explizit offengelassen, ob der Ausschluss des lex-mitior-Grundsatzes mit Verfassungs- und Unionsrecht vereinbar ist, weil die konkreten angegriffenen Entscheidungen nicht auf diesem Gesetz beruhten (Rn. 31). Kritisch hierzu *Rothenfußer*, AG 2018, 667; *Hammen*, WM 2019, 341 (347); *Gehrmann*, wistra 2018, 366; *Hippeli*, WuB 2018, 388.

[17] Rechtsprechungsänderung durch BVerfG, NJW 2020, 314 (Recht auf Vergessen II).

[18] Rechtsprechungsänderung durch BVerfG, NVwZ 2021, 239 (Ls. 3).

Konkret geht es um das am 19. Dezember 2019 vom Bundestag beschlossene „Gesetz zur Neustrukturierung des Zollfahndungsdienstgesetzes“[19] sowie um das am 18. Juni 2020 beschlossene „Gesetz zur Bekämpfung des Rechtsextremismus und der Hasskriminalität“.[20] Beide Gesetze zielen auf Änderungen bzw. Neuerungen in datenschutzrechtlicher Hinsicht, insbesondere der Datenverarbeitung. Das erstgenannte Gesetz soll eine Richtlinie der EU[21] sowie ein Urteil des BVerfG[22] zu Ermittlungsbefugnissen der Behörden umsetzen.[23] Das letztgenannte Gesetz will eine effektivere Strafverfolgung insbesondere von Hasskriminalität mit rechtsextremistischem Hintergrund ermöglichen.[24] Es ist ein Artikelgesetz, das insgesamt sieben Gesetze betrifft. Unter anderem soll es die Strafprozessordnung, das Bundeskriminalamtsgesetz, das Telemediengesetz und das Netzwerkdurchsetzungsgesetz ändern. Doch bevor der Bundespräsident das Gesetzgebungsverfahren mit der Ausfertigung und Verkündung abschließen konnte, veröffentlichte das Bundesverfassungsgericht am 17. Juli 2020 einen Beschluss, der die Regelungen über die Übermittlung und den Abruf von sog. Bestandsdaten in § 113 TKG und anderen Gesetzen für verfassungswidrig erklärte.[25] Dieser Beschluss betrifft auch Regelungen in dem intendierten Gesetz zur Bekämpfung des Rechtsextremismus und der Hasskriminalität. Denn § 100j der neu zu fassenden StPO, § 10 des neu zu fassenden BKAG sowie § 15a des neu zu fassenden TMG entsprechen inhaltlich exakt denjenigen Regelungen, die vom Bundesverfassungsgericht für verfassungswidrig erklärt wurden.

Unabhängig von der genauen Reichweite des Beschlusses des Bundesverfassungsgerichts stand damit außer Frage, dass die intendierten neuen Regelungen der StPO, des BKAG sowie des TMG über die Übermittlung und den Abruf von Bestandsdaten in materieller Hinsicht nicht mit dem Grundgesetz vereinbar sein würden. Sie wären zwar nicht ipso iure verfassungswidrig,[26] gleichwohl wäre die Feststellung ihrer Unvereinbarkeit durch das Bundesverfassungsgericht nur eine Frage der Zeit.

---

[19] BT-Drs. 19/16116.

[20] BT-Drs. 19/20163.

[21] Richtlinie (EU) 2016/680 vom 27. April 2016 zum Schutz natürlicher Personen bei der Verarbeitung personenbezogener Daten durch die zuständigen Behörden zum Zwecke der Verhütung, Ermittlung, Aufdeckung oder Verfolgung von Straftaten oder der Strafvollstreckung sowie zum freien Datenverkehr und zur Aufhebung des Rahmenbeschlusses 2008/977/JI des Rates, ABl. EU L 119/89.

[22] BVerfGE 141, 220.

[23] Vgl. BR-Drs. 228/19, 1.

[24] BT-Drs. 19/17741, 1.

[25] BVerfG, NJW 2020, 2699.

[26] Die Reichweite der Urteilskraft bei Verfassungsbeschwerden ist auf das streitgegenständliche Gesetz oder einzelner darin enthaltener Normen beschränkt, vgl. *Hörmig*, in: Maunz/Schmidt-Bleibtreu/Klein/Bethge (Hrsg.), BVerfGG, Kommentar, Bd. 2, § 95 Rn. 42, 55 (Stand: 50. EL Januar 2017).

Vor allem aber kam der Bundespräsident in die Bredouille: Sollte er sehenden Auges ein Gesetz ausfertigen, das in materieller Hinsicht offenkundig verfassungswidrige Regelungen enthielt? Und war es zu rechtfertigen, mit der unterlassenen Ausfertigung des gesamten Artikelgesetzes auch diejenigen Normen am Inkrafttreten zu hindern, die verfassungsrechtlich nicht zu beanstanden waren und die – wie etwa auch die Änderungen des Netzwerkdurchsetzungsgesetzes – rechtspolitisch so ersehnt wurden? Der Bundespräsident entschied sich dafür, das Ausfertigungsverfahren auszusetzen[27] und die Bundesregierung in einem internen Schreiben aufzufordern, ein entsprechendes Änderungsgesetz auf den Weg zu bringen.[28] Die Bundesregierung entwarf daraufhin ein „Anpassungsgesetz",[29] das am 28. Januar 2021 vom Bundestag beschlossen wurde.[30] Dieses erneut als Artikelgesetz konzipierte Gesetz ersetzt aber nicht etwa die beiden zur Ausfertigung anstehenden Artikelgesetze, sondern setzt sie umgekehrt voraus: Art. 15 des Anpassungsgesetzes hebt zahlreiche Bestimmungen des Gesetzes zur Bekämpfung des Rechtsextremismus und der Hasskriminalität auf. Geplant war, dass der Bundespräsident beide Artikelgesetze zusammen ausfertigt und sie im selben Bundesgesetzblatt veröffentlicht werden. Zwar verweigerte der Bundesrat zunächst die notwendige Zustimmung zu dem Gesetz, woraufhin der Vermittlungsausschuss angerufen wurde.[31] Dessen Beschlussempfehlung[32] wurde aber sowohl von Bundestag[33] als auch Bundesrat[34] angenommen, sodass die Gesetze wie geplant gemeinsam verkündet wurden.[35] Der Bundespräsident hat so zwar bewusst ein in Teilen materiell verfassungswidriges Gesetz ausgefertigt, gleichzeitig aber auch dessen Korrektur in Kraft gesetzt. Auch dieses Beispiel zeigt, dass die Korrektur von Gesetzen durch den Gesetzgeber schon verfahrenstechnisch ausgesprochen voraussetzungsvoll und damit zugleich fehleranfällig ist.

---

[27] In der Staatspraxis der Bundesrepublik Deutschland setzte Bundespräsident Heuss 1951 die Ausfertigung des sog. „Blitz-Gesetzes", das die Neugliederung im heutigen Baden-Württemberg betraf, aus, bis ein entsprechendes ergänzendes Gesetz beschlossen wurde.

[28] *Janisch*, Steinmeier legt Bundesregierung offenbar Nachbesserung nahe, SZ 8.10.2020, https://www.sueddeutsche.de/politik/gesetz-hasskriminalitaet-steinmeier-bundesregierung-1.5058806 (abgerufen am 29.1.2021).

[29] Entwurf eines Gesetzes zur Anpassung der Regelungen über die Bestandsdatenauskunft an die Vorgaben aus der Entscheidung des Bundesverfassungsgerichts vom 2. Mai 2020, BT-Drs. 19/25294.

[30] BT-PlPr. 19/206.

[31] BR-PlPr. 1000, BR-Drs. 184/21.

[32] BT-Drs. 19/27900.

[33] BT-PlPr. 19/219.

[34] BR-PlPr. 1002.

[35] Gesetz zur Neustrukturierung des Zollfahndungsdienstgesetzes, BGBl. 2021 I 402; Gesetz zur Bekämpfung des Rechtsextremismus und der Hasskriminalität, BGBl. 2021 I 441; Gesetz zur Anpassung der Regelungen über die Bestandsdatenauskunft an die Vorgaben aus der Entscheidung des Bundesverfassungsgerichts vom 27. Mai 2020, BGBl. 2021 I 448, 1380.

2. Fehlende Fehlerlehre, keine Korrekturverfahren

Während das erste Beispiel vor allem materielle Grenzen der Korrektur von Gesetzen betrifft, wirft das zweite Beispiel verfahrensrechtliche Fragen der Korrekturgesetzgebung auf. Beide Themen sind in einem Graubereich angesiedelt, der weder rechtlich noch dogmatisch hinreichend durchdrungen ist.

Dies gilt schon für den Auslöser des Korrekturbedarfs, den „Fehler“. Einigkeit herrscht insoweit allenfalls darüber, dass nicht jeder Fehler bei der Gesetzgebung rechtlich relevant ist, schon gar nicht verfassungsrechtlich. Doch von diesem pauschalen Befund abgesehen, gibt es nach wie vor keine allgemeinen und verlässlichen Regeln für den Umgang mit Fehlern bei der Gesetzgebung.[36] Unklar ist deshalb etwa, wie Verstöße gegen die Geschäftsordnung eines Bundesorgans sanktioniert sind. Wenn es insofern auch h. M. entspricht, dass sie grundsätzlich unbeachtlich sind, wenn nicht die maßgebliche Norm zugleich von verfassungsrelevantem Inhalt ist, also Verfassungsrecht wiederholt oder konkretisiert,[37] bleibt doch die Frage offen, wann eine Norm als eine solche zu qualifizieren ist. Nicht eindeutig zu beantworten ist zudem die Frage, welche Folgen Verstöße gegen (verfassungsrechtliche) Verfahrensregeln nach sich ziehen. Das Bundesverfassungsgericht entzieht einem Gesetz die Gültigkeit nur bei einem Verstoß gegen „zwingendes Verfassungsrecht“ und verlangt zusätzlich, dass der Gesetzesbeschluss auf diesem Verstoß beruhen muss.[38] Verfahrensfehler müssten zudem „evident“ sein, um mit Rücksicht auf die im Übrigen gebotene Rechtssicherheit die Nichtigkeit einer Norm zu begründen.[39]

So gibt es unzählige Beispiele für Gesetzgebungsfehler, darunter auch durchaus gravierende,[40] die ohne Folgen geblieben sind – meist, weil das Bundesverfassungsgericht nicht angerufen wurde[41] und das Gesetz von der grundsätzlichen Vermutung seiner (auch formellen) Verfassungskonformität

---

[36] Für Rechtsverordnungen s. instruktiv *Schnelle*, Eine Fehlerfolgenlehre für Rechtsverordnungen, 2007, passim.

[37] Vgl. statt vieler *Kersten*, in: Maunz/Dürig (Hrsg.), GG, Art. 77 Rn. 119 (Stand: 65. EL April 2012); *Pieper*, in: Morlok/Schliesky/Wiefelspütz (Hrsg.), Parlamentsrecht, 2015, § 40 Rn. 203; aus der Rechtsprechung vgl. etwa BVerfGE 44, 308 (315); BVerfG, Beschl. v. 11.10.1994 – 1 BvR 337/92; E 91, 148 (175).

[38] BVerfGE 44, 308 (313).

[39] BVerfGE 91, 148 (175).

[40] Das Vergaberechtsänderungsgesetz etwa sollte in Umsetzung eines EuGH-Urteils eine kartellrechtliche Lösung in das GWB einfügen und dadurch die gerügte haushaltsrechtliche Methode ablösen. Allerdings trat es zeitgleich mit dem Sechsten Gesetz zur Änderung des GWB am 1.1.1999 in Kraft, das seinerseits das (alte) GWB und mit ihm die neuen Regelungen aufhob. Vgl. hierzu einerseits *Paus*, NJW 1998, 3474; und andererseits *Byok*, NJW 1998, 3475.

[41] Insb. zu Zeiten „Großer Koalitionen“ erreichen einzelne Oppositionsfraktionen häufig nicht das von Art. 93 Abs. 1 Nr. 2 GG verlangte Quorum von einem Viertel der Mitglieder des Bundestages, so dass eine abstrakte Normenkontrolle nur initiiert werden kann, wenn Abgeordnete mehrerer Oppositionsfraktionen sich zusammenschließen.

profitiert,[42] zuweilen, weil das Gericht politisch-pragmatisch statt rechtlich-dogmatisch entscheidet und „unbegreifliche Milde“[43] walten lässt. Dadurch wachsen die Unsicherheiten hinsichtlich der Bedeutung der formalen Vorgaben des Verfassungsrechts, sie drohen an Verbindlichkeit zu verlieren. Dies wirkt umso gravierender, je stärker dem Verfahren eine besondere Legitimierungswirkung oder auch eine besondere Bedeutung für den Grundrechtsschutz[44] zugesprochen wird. Immer wieder wird deshalb der Ruf nach einem Gesetzgebungsverfahrensrecht oder jedenfalls nach einer gesetzlichen Normierung der Folgen von Gesetzgebungsfehlern laut,[45] auch wenn umgekehrt bezweifelt wird, dass die gesetzliche Normierung die Ursachen der Probleme verhindern oder diese besser lösen würde.[46] Doch es hat sich noch nicht einmal eine konsentierte Legislativfehlerlehre herausentwickelt,[47] von deren Kodifizierung ganz zu schweigen. Selbst das umfassend angelegte wissenschaftliche Werk „Gesetzgebung“[48] enthält – von wenigen Absätzen zum Berichtigungsverfahren nach § 61 GGO abgesehen[49] – keine Aussagen zur Korrektur von Gesetzen. Punktuell gibt es freilich sehr frühe Befassungen mit legislativen Fehlern, gerade bezogen auf das Strafrecht, in dem Fehler von weitreichender Bedeutung für die Betroffenen sind.[50]

Diese Außenwirkung gegenüber den Normunterworfenen ist aus rechtlicher Perspektive der entscheidende Maßstab. Sind die fehlerhaft erlassenen Gesetze verfassungskonform und also anwendbar oder sind sie es nicht – das ist regelmäßig die essentielle Frage. Hingegen ist die Fehlerquelle aus (verfassungs-)rechtlicher Perspektive weder in institutioneller Hinsicht („wer ist verantwortlich“) noch in ursächlicher Hinsicht („warum wurde der Fehler begangen“) von Bedeutung. Denn „der Gesetzgeber“ wird regelmäßig anthropomorphisierend als das System verstanden, in dem innerhalb des verfassungsrechtlich vorgesehenen Verfahrens von den unterschiedlichen Beteiligten ein verbindliches Gesetz erlassen wird.[51]

---

[42] Vgl. hierzu früh BVerfGE 2, 266 (282).

[43] So *Schneider*, Gesetzgebung, 3. Aufl. 2002, Rn. 494 zu BVerfGE 48, 1 (18); in diese Kategorie fällt auch der Nicht-Annahmebeschluss des BVerfG zur Beurteilung des 2. FiMaNoG, ZWH 2018, 248.

[44] Vgl. jüngst *Wieckhorst*, Grundrechtsschutz durch Legislativverfahren, 2016, passim.

[45] Auch das BVerfG hält eine gesetzliche Regelung insoweit für hilfreich, vgl. BVerfGE 48, 1 (18).

[46] Skeptisch insofern auch *Schneider* (Fn. 43), Rn. 497.

[47] Vgl. zu diesem alten Befund jüngst *Hamann*, AöR 139 (2014), 447, 465 ff. Eine neue „Fehlertypenlehre“ unternimmt etwa *Wieckhorst* (Fn. 44), 475.

[48] Kluth/Krings (Hrsg.), Gesetzgebung, 2014.

[49] *Maaßen* in: Kluth/Krings (Fn. 48), § 8 Rn. 113 und *Höfling/Engels*, ebd., § 34 Rn. 8.

[50] Vgl. *Sontag*, Die Redaktionsversehen des Gesetzgebers insbesondere auf strafrechtlichem Gebiet, 1874; später *Lindemann*, AöR 14 (1899), 145; *Laband*, Berichtigung von Reichsgesetzen, DJZ 8 (1903), 301; *Lukas*, Das Recht 11 (1907), 669.

[51] *Hamann*, AöR 139 (2014), 447 (449); Zum „Willen des Gesetzgebers“ *Wischmeyer*, JZ 2015, 957.

Gleichwohl sind mögliche Fehlerquellen nicht nur umfassend zu analysieren, um sie künftig vermeiden zu können,[52] sondern auch, weil sie Aufschluss über die Korrekturverantwortung geben. So können bestimmte Fehler durch die Bundesregierung berichtigt (II.) und andere bei der Anwendung der Gesetze durch Auslegung behoben werden (III.). Wo diese Möglichkeiten nicht bestehen, muss der Gesetzgeber mit Korrekturgesetzen selbst tätig werden, um Fehler rückgängig zu machen (IV.).

II. Berichtigung von Fehlern durch die Bundesregierung

Nach § 61 Abs. 1 GGO darf das federführende Bundesministerium „Druckfehler und andere offenbare Unrichtigkeiten" weitgehend formlos berichtigen – die Norm sieht allein vor, dass das Bundeskanzleramt über die Berichtigungen zu unterrichten ist und dieses seinerseits „gegebenenfalls die beteiligten Verfassungsorgane" informiert. Dieses Berichtigungsrecht erstreckt § 61 Abs. 2 GGO auch auf die Zeit nach Verabschiedung eines Gesetzes, bindet es dann immerhin aber an die Einwilligung der Präsidenten von Bundestag und Bundesrat.[53] Ein ähnliches Recht räumt § 122 Abs. 3 GOBT dem Präsidenten des Bundestages im Einvernehmen mit dem federführenden Ausschuss ein.

1. Verfahrensökonomie vor verfassungsrechtlichem Verfahren

Das Bundesverfassungsgericht hat das regierungsinterne Berichtigungsverfahren, das überwiegend als kodifiziertes Verfassungsgewohnheitsrecht verstanden wird,[54] bereits in einem Beschluss aus dem Jahre 1978[55] und erneut in seinem Urteil zum Lebenspartnerschaftsgesetz aus dem Jahre 2002 für verfassungskonform gehalten[56] und sich dabei erkennbar von dem Gedanken der Verfahrensökonomie leiten lassen: Es sei mit Blick „auf die Erfordernisse einer funktionsfähigen Gesetzgebung, insbesondere die Arbeitsbelastung der gesetzgebenden Körperschaften, unangemessen und unverhältnismäßig", „zur Berichtigung eines jeden Fehlers, gleich welcher Art, der sich während des Gesetzgebungsverfahrens eingeschlichen hat, abermals das Ver-

---

[52] Zu Fehlerquellen bei der Neubekanntmachung siehe *Klein*, Die Neubekanntmachung von Gesetzen vor dem Hintergrund der staatlichen Konsolidierungspflicht, 2010, 103 ff.

[53] Zur Frage, ob dabei die Stamm- oder die Änderungsgesetze zu berichtigen sind, siehe *Klein* (Fn. 52), 147 ff.

[54] Vgl. z. B. *Schneider* (Fn. 43), Rn. 497 („seit jeher üblich"); *Staats*, ZRP 1974, 183 (185); *Kiefer*, LKRZ 2012, 355 (357); a. A. *Schorn*, Die Berichtigung offenbarer Unrichtigkeiten in Hoheitsakten der Gesetzgebung, 1984, 91.

[55] BVerfGE 48, 1 (18).

[56] BVerfGE 105, 313 (335).

fahren nach den Art. 76ff. GG zu durchlaufen."[57] Zugleich hat das Gericht aber nicht nur angemahnt, dass „eine gesetzliche Regelung dem Problem besser gerecht würde",[58] sondern vor allem den Ausnahmecharakter eines solchen Berichtigungsverfahrens betont: Nur bei einer „offensichtlichen Unrichtigkeit", die sich nicht allein aus dem Normtext, sondern insbesondere auch unter Berücksichtigung des Sinnzusammenhangs und der Materialien des Gesetzes ergebe, dürfe ein Gesetz durch die Bundesregierung berichtigt werden.[59]

2. Fehlanreize für Fehlervermeidung

Diese Voraussetzung ist zwar nachvollziehbar, führt aber (ungeachtet ihrer Unbestimmtheit) zu der Merkwürdigkeit, dass Fehlerintensität – gemessen an ihrer Erkennbarkeit – und Fehlerfolge – gemessen an den Rechtswirkungen des Gesetzes – in einem merkwürdigen Verhältnis zueinander stehen: Während unter Umständen erst in einem Verfassungsgerichtsverfahren aufgedeckte Verfahrensfehler regelmäßig zur Verfassungswidrigkeit, ja zur Nichtigkeit des Gesetzes führen,[60] sollen offenkundige Fehler nur die Befugnis zur Berichtigung auslösen. Das wirft nicht nur die Frage auf, wann ein Fehler offenkundig ist, sondern vorgelagert schon die Frage, wann überhaupt ein Fehler vorliegt.

Zum Teil wird eine Typisierung der möglichen gesetzgeberischen Fehler anhand der Lehre von der Willensbildung vorgenommen und dementsprechend zwischen Fehlern bei der Willensbildung (Motivirrtümer, Abstimmungsversehen etc.) und solchen bei der Willensäußerung (Inhalts- oder Erklärungsirrtümer) unterschieden, wobei bei letzteren in zeitlicher Hinsicht zwischen Redaktionsversehen, Ausfertigungsversehen und Publikationsversehen differenziert wird und bei den praktisch relevantesten Redaktionsversehen noch einmal einfache von qualifizierten Versehen unterschieden werden.[61] Diese Unterscheidung ist ebenso folgenreich wie unmöglich: Folgenreich ist sie, weil sie die Grenze zwischen der Berichtigung in einem vereinfachten Verfahren und der Korrektur durch ein förmliches Änderungsgesetz markieren soll, und unmöglich ist sie, weil allgemeingültige Aussagen zur Differenzierung von einfachen und qualifizierten Redaktionsfehlern

[57] BVerfGE 48, 1 (18).

[58] BVerfGE 48, 1 (18). In der Schweiz etwa sind die Redaktionskommission und deren Befugnisse gesetzlich normiert (Art. 56ff. ParlG).

[59] BVerfGE 105, 313 (335).

[60] Erinnert sei etwa an die Missachtung des Zitiergebots des Art. 80 Abs. 1 S. 3 GG, die stets – auch im Falle der nur unvollständigen Angabe mehrerer Ermächtigungsgrundlagen – zur Nichtigkeit der entsprechenden Rechtsverordnung führt – BVerfGE 101, 1, Ls. 1 a) u. b).

[61] Übersichtlich *Hamann*, AöR 139 (2014), 447 (450f.).

nicht gemacht werden können, jedenfalls in der Wissenschaft insofern keine Einigkeit herrscht[62] geschweige denn normativ oder auch nur auf der Ebene einer Geschäftsordnung eine klärende Regelung existiert. Eine Abgrenzung zwischen einfachen und qualifizierten Redaktionsversehen ist praktisch nicht durchführbar,[63] sondern allenfalls ex-post vom Bundesverfassungsgericht feststellbar, bewirkt jedenfalls aber ex-ante keine Rechtssicherheit. Insgesamt führt die zivilrechtliche Irrtumstypologie bezüglich der Behandlung von Fehlern im Gesetzgebungsverfahren nicht weiter.[64]

Das Beispiel des 1. FiMaNoG mag dies verdeutlichen: Hätte die Bundesregierung den Zeitpunkt des Inkrafttretens berichtigen können, indem sie in Art. 17 Abs. 1 FiMaNoG den 2. durch den 3. Juli ersetzte? Hätte sie so das förmlich beschlossene Gesetze verändern können? War die Regelung über das frühzeitige Inkrafttreten ein Redaktionsversehen, ein einfaches, ein qualifiziertes? Oder entsprach die Regelung nicht vielmehr der Intention „des Gesetzgebers", wie die BaFin rasch nach Bekanntwerden des Problems reklamierte?[65] Die Frage ist hypothetisch, denn die Bundesregierung hat den Fehler nicht berichtigt, sie hat ihn zunächst nicht einmal bemerkt und war sodann wegen der öffentlichen Leugnung eines Fehlers durch die BaFin auch gar nicht mehr in der Lage, berichtigend einzugreifen.

3. Gubernative Berichtigungsverantwortung ohne konstitutionelle Begründung

Nicht zuletzt vor diesem Hintergrund darf die Rechtsprechung des Bundesverfassungsgerichts nicht als Freibrief für eine Korrektur von Gesetzen nach Maßgabe der GGO verstanden werden: Nach wie vor begründet die GGO keine Befugnis zur Berichtigung von Gesetzen, sondern setzt eine solche voraus.[66] Wie eine solche Befugnis verfassungsrechtlich mit der Folge begründet werden kann, dass das gubernativ berichtigte Gesetz am legislativ begründeten Geltungsanspruch partizipiert, ist indes umstritten.[67] In der Literatur wird neben einer Eigenständigkeitsthese und einer Inkorporationsthese[68] neuerdings vor allem eine sog. „Interpretationsthese" vertreten, die dem Einwand der fehlenden Verbindlichkeit einer auf die GGO gestützten

---

[62] *Schorn* (Fn. 54), 44.

[63] So deutlich *Hamann*, AöR 139 (2014), 447 (462).

[64] Explizit *Hamann*, AöR 139 (2014), 447 (466 u. 474).

[65] Pressemitteilung der BaFin v. 8. Juli 2016; näher zur Genese des 1. FiMaNoG *Rossi*, ZIP 2016, 2437 (2438 f.).

[66] *Funke*, ZRP 2005, 358 (359); *Kiefer*, LKRZ 2012, 355; *Hamann*, AöR 139 (2014), 447 (471).

[67] Zuweilen wird das Problem überhaupt nicht thematisiert, vgl. etwa *Maaßen* (Fn. 49), § 8 Rn. 113 und *Höfling/Engels* (Fn. 49), § 34 Rn. 8.

[68] Zu beiden instruktiv *Funke*, ZRP 2005, 358 (363 ff.).

Berichtung das Argument entgegenhält, die Berichtigung sei nur als Hinweis auf den Fehler und zugleich als (verbindlicher) Auslegungsvorschlag für die richtige Anwendung des Gesetzes zu begreifen.[69] Dies kann freilich schon deshalb nicht überzeugen, weil die Berichtigung ja zu einer Änderung des Gesetzestextes führt und dem Anwender deshalb nicht klar ist und auch nicht bewusst sein kann, dass er statt eines verbindlichen Anwendungsbefehls nur einen Auslegungsvorschlag liest.

Ihrer Berichtigungsverantwortung kann die Bundesregierung deshalb nicht gerecht werden, wenn sie die Berichtigung im „administrativen Dunkel“[70] vornimmt. Vielmehr muss sie den Fehler explizit benennen und damit vor allem zugleich den eigentlich intendierten Regelungsgehalt offenlegen.[71]

III. Behebung von Fehlern durch Auslegung

Die Benennung des Fehlers ist auch Voraussetzung für die zweite Möglichkeit seiner Behebung, für die sog. „berichtigende Auslegung.“[72] Denn charakteristisch für eine solche Auslegung ist, dass der Wortlaut des Gesetzes unter Berufung auf den „wirklichen Willen des Gesetzgebers“ ignoriert wird.[73] Grundlage und Grenze für eine Behebung von Fehlern durch Auslegung ist also der „wirkliche“ Wille des Gesetzgebers[74] bzw. der Zweck des Gesetzes.[75] Freilich kaschiert die Bezeichnung „berichtigende Auslegung“, dass streng genommen nicht das Gesetz, sondern dessen Auslegung korrigiert wird, dass es sich der Sache nach also um eine Berichtigung der Auslegung handelt.[76] Unabhängig von der Terminologie wird methodisch je nach Konstellation auf eine teleologische Extension, eine teleologische Reduktion oder eine Rechtsfolgenmodifikation zurückgegriffen,[77] wenn sich die Gerichte denn überhaupt die Mühe machen, ihre Auslegungsmethoden näher zu begründen. Hier sind die großen Fragen nach der Zulässigkeit und den

[69] *Funke*, ZRP 2005, 358 (366); unter Verweis auf *Lindemann*, AöR 14 (1899), 145 (163); *Keller*, Die Kritik, Korrektur und Interpretation des Gesetzeswortlauts, 1960, 299 ff.

[70] *Hamann*, AöR 139 (2014), 447 (473); unter Verweis auf *Schneider* (Fn. 43), Rn. 494; *Staats*, ZRP 1974, 183 (186).

[71] *Hallier*, AöR 85 (1960), 391 (413), fordert darüber hinaus, dass sie umgehend eine erneute Beschlussfassung der gesetzgebenden Körperschaften herbeiführt.

[72] Vgl. zu dieser Figur u. a. BVerfGE 11, 139 (149); unter Verweis auf BGHZ 3, 82 (84 ff.); BVerfGE 2, 266 (282); E 8, 210 (221); E 9, 194 (200).

[73] Deutlich *Kramer*, Juristische Methodenlehre, 5. Aufl. 2016, 154: „contra verbis legis“.

[74] *Krüper*, Grundlagen des Rechts, 2011, § 9 Rn. 37.

[75] So zur teleologisch begründeten Gesetzeskorrektur durch Gerichte *Larenz*, Methodenlehre der Rechtswissenschaft, 6. Aufl. 1991, 400.

[76] *Krüper* (Fn. 74), § 9 Rn. 36.

[77] Vgl. *Vogenauer*, Die Auslegung von Gesetzen in England und auf dem Kontinent, 2001, Bd. I, 86; *Krüper* (Fn. 74), § 9 Rn. 36.

Grenzen von Auslegung, Analogien und richterlicher Rechtsfortbildung berührt, die in diesem Kontext aber nicht vertieft werden sollen. Nur drei Aspekte seien hervorgehoben:

1. Befugnis zur korrigierenden Auslegung

Festzuhalten ist zunächst, dass die gesetzesanwendenden Gewalten grundsätzlich zur Auslegung der Gesetze befugt sind und insofern Druckfehler und andere offensichtliche Unstimmigkeiten beheben können. Sie dürfen über solche Fehler aber nicht stillschweigend hinwegsehen, sondern müssen sie vielmehr offenlegen und zugleich begründen, weshalb dem Gesetz entgegen seinem Wortlaut ein anderer Inhalt zu Grunde gelegt wird. Denn auch die berichtigende Auslegung ist eine Auslegung und als solche an die Grenzen des „Wortsinns" gebunden.[78] Die Auslegungsbefugnis endet deshalb dort, wo das Gesetz einen neuen, in sich schlüssigen Sinn erhält.[79]

Im konkreten Einzelfall ist mit dieser abstrakt akzeptierten Grenze freilich nicht viel gewonnen. Die Unschärfe und mit ihr zugleich die Grenzen einer Korrektur von Gesetzen durch Auslegung offenbaren sich auch am skizzierten Beispiel des Fehlers des 1. FiMaNoG. Bezüglich der durch diesen Fehler begründeten Strafbarkeitslücke berufen sich die Apologeten des BGH-Beschlusses vom 10.1.2017 auf die Möglichkeit, ja auf die Gebotenheit einer solchen berichtigenden Auslegung.[80] In geradezu naiver Weise wird dabei auf den mutmaßlichen inneren Willen des Gesetzgebers rekurriert und dessen äußere Bekundung ignoriert. Dabei lässt sich der „Wille des Gesetzgebers" oder auch nur der „Wille des Gesetzes" aus dem komplexen Gesetzgebungsverfahren nicht ableiten, er kann deshalb auch keine maßgebliche Bezugsgröße zur Feststellung eines Irrtums sein. Wenn die „berichtigende Auslegung" überhaupt zulässig ist, dann nur unter der Voraussetzung, dass der „wahre Wille des Gesetzgebers" klar erwiesen ist.[81] Dies wird in den meisten Fällen wohl schlicht auf eine Leugnung des Fehlers hinauslaufen.

Im Übrigen ist in Erinnerung zu rufen, dass eine „berichtigende Auslegung" vielleicht einen konkreten Rechtsfall zu lösen vermag, regelmäßig aber keine dauerhafte Rechtssicherheit bewirken kann, wie der Streit um die „kleine" oder „große berichtigende Auslegung" zum alten § 246 StGB verdeutlichen mag, der erst durch eine Gesetzesänderung beigelegt werden konnte.[82]

---

78 Vgl. *Engisch*, Einführung in das juristische Denken, 10. Aufl. 2005, 134.

79 Zu einer solchen Grenzüberschreitung vgl. BVerfGE 128, 193 (211 ff.), allgemein schon *Hallier*, AöR 85 (1960), 391 (413).

80 *Brand/Hotz*, ZIP 2017, 1450 (1453); *Kunkel/Kunkel*, jurisPR-Compl 3/2017 Anm. 4.

81 Vgl. *Kramer* (Fn. 68), 154.

82 Vgl. statt vieler *Hohmann*, in: MüKo StGB, 3. Aufl. 2017, § 246 Rn. 4 ff.

2. Fehlerberichtigung zwischen Lückenschließung und Rechtsfortbildung?

Einigkeit besteht sodann auch darüber, dass – bei aller terminologischer Unsicherheit[83] – zwischen Gesetzeslücken und rechtspolitischen Fehlern unterschieden werden kann: Gesetzeslücken, die bei „planwidriger Unvollständigkeit“ des Gesetzes vorliegen, können und sollen durch die Rechtsprechung geschlossen werden, soweit dies innerhalb ihrer Grenzen möglich ist; rechtpolitische Fehler hingegen dürfen nicht durch eine Lückenfüllung, sondern können allenfalls durch eine gesetzesübersteigende Rechtsfortbildung behoben werden, die eigenen Voraussetzungen und Grenzen unterliegt.[84] Die Differenzierung fußt letztlich auf unterschiedlicher Motivation der Rechtsprechung und mündet konsequenterweise in verschiedene Maßstäbe für die Korrektur: Während die Gerichte bei einer Rechtsfortbildung eine „Korrektur“ von Gesetzen „um der transzendenten Rechtsidee willen“[85] vornehmen, wollen sie sich bei einer Berichtigung von Fehlern in der Gesetzgebung nicht über ihre Gesetzesbindung hinwegsetzen, sondern diese umgekehrt über den geschriebenen Text hinaus auf seinen mutmaßlichen Willen erstrecken. So einleuchtend diese Differenzierung in der Theorie auch ist, so ist sie doch zirkelschlussgefährdet und für die Praxis deshalb unscharf.

3. Ausschluss des Gesetzgebers von der Auslegung der Gesetze?

Umstritten ist hingegen, ob der Gesetzgeber selbst sich an der Auslegung von Gesetzen beteiligen darf oder nicht. Das Bundesverfassungsgericht hat sich in einer Entscheidung mit großer Mehrheit gegen eine Befugnis des Gesetzgebers zur Auslegung (früherer) Gesetze ausgesprochen. Danach sei zur verbindlichen Normauslegung in aller Regel die rechtsprechende Gewalt berufen; und zwar auch bezüglich der Frage, ob eine Norm konstitutiven oder deklaratorischen Charakter hat. Der Gesetzgeber habe demgegenüber keine Befugnis zur authentischen Interpretation gesetzlicher Vorschriften. Er sei zwar befugt, den Inhalt einer von ihm gesetzten Norm zu ändern oder klarstellend zu präzisieren und dabei gegebenenfalls eine Rechtsprechung zu korrigieren, mit der er nicht einverstanden ist. Dabei habe er sich jedoch im Rahmen der verfassungsmäßigen Ordnung zu halten. Der Gesetzgeber könne diese Bindung und die Prüfungskompetenz der Gerichte nicht durch die Behauptung unterlaufen, seine Norm habe klarstellenden Charakter. Es bestehe vielmehr keine Befugnis des Gesetzgebers zur authentischen Interpretation gesetzlicher Vorschriften.[86]

---

[83] Zu einem Systematisierungsversuch vgl. *Krämer*, Juristische Methodenlehren, 5. Aufl. 2016, 201 ff.

[84] *Larenz/Canaris*, Methodenlehre der Rechtswissenschaft, 3. Aufl. 1995, 195, 245.

[85] *Engisch* (Fn. 78), 235.

[86] BVerfGE 135, 1 (15).

Das Bundesverfassungsgericht folgt in diesem Urteil offenkundig dem groben Zeitschema, das zuweilen der Gewaltenteilung entnommen wird: Danach sei die Gesetzgebung zukunftsgerichtet, die Verwaltung mit der Gegenwart befasst, während die Rechtsprechung die Vergangenheit aufbereite.[87] So betont das Gericht, dass auch aus dem Demokratieprinzip kein „legislatives Zugriffsrecht auf die Vergangenheit" folge, sondern zu diesem in einem Spannungsverhältnis stehe.[88] Zugleich betont es, dass die „demokratische Verantwortung des Parlaments [...] auf die Gegenwart und auf die Zukunft bezogen [ist]" und „früher getroffene Entscheidungen [...] über eine eigenständige demokratische Legitimation" verfügten.[89]

Diese Rechtsprechung sieht sich zwar gewichtiger grundsätzlicher Kritik ausgesetzt.[90] Insbesondere wird ihr entgegengehalten, sie wandle die Funktion und Stoßrichtung des Rückwirkungsverbots von einem Schutz subjektiver Freiheit zu einem Instrument der Durchsetzung objektiver Gewaltenteilungsvorstellungen und zur Sicherung eines Reservats der Rechtsprechung gegenüber dem Gesetzgeber.[91] Doch ungeachtet der Feinheiten der Rückwirkungsdogmatik ist der Senatsmehrheit darin zuzustimmen, dass der Gesetzgeber auch dann, wenn er den Inhalt bereits in Kraft befindlicher Normen durch ein neues Gesetz nur „klarstellen" will, stets den verfassungsrechtlichen Bindungen unterworfen ist und also insbesondere das rechtsstaatlich begründete Rückwirkungsverbot beachten muss. Im Übrigen betraf das Urteil einen seltenen Sonderfall und sollte in seiner Bedeutung nicht überhöht werden, schon weil sein formal-zeitliches Verständnis der Gewaltenteilung unzutreffend ist: Mag es auf den ersten Blick auch ein stimmiges, weil anschauliches Bild zeigen, entbehrt es auf den zweiten Blick nicht nur jeder normativen Grundlage, sondern entspricht vor allem auch nicht der Praxis. Denn natürlich entfalten Gerichte mit ihren vergangenheitsbezogenen Entscheidungen auch Rechtswirkungen für die Zukunft, und selbstverständlich kann der Gesetzgeber auch vergangene Sachverhalte erfassen und – gegebenenfalls neu – regeln, nur eben in den Grenzen des Rückwirkungsverbots. Der Entscheidung sollte deshalb nicht die pauschale Aussage entnommen werden, der Gesetzgeber sei von der Auslegung von Gesetzen ausgenommen.

---

[87] *Husserl*, Recht und Zeit. Fünf rechtsphilosophische Essays, 1955, 10f.; vgl. auch *P. Kirchhof*, in: Isensee/P. Kirchhof (Hrsg.), HStR II, 3. Aufl. 2013, § 21 Rn. 76.

[88] BVerfGE 135, 1 (17).

[89] BVerfGE 135, 1 (17).

[90] Vgl. die abweichende Meinung des Richters *Masing*, BVerfGE 135, 1 (29ff.); im Ergebnis auch *Wißmann*, ZJS 2013, 333.

[91] Abweichende Meinung des Richters *Masing*, BVerfGE 135, 1 (31).

IV. Korrektur von Fehlern durch den Gesetzgeber

Gerade zur Klarstellung, also zur (Wieder-)Herstellung von Rechtssicherheit, muss es dem Gesetzgeber möglich sein, Fehler in der Gesetzgebung zu korrigieren, Korrekturgesetze zu erlassen. Er muss es in der Hand haben, seinen „wirklichen" Willen explizit klarzustellen, wenn sich dieser zuvor unklar oder gar falsch manifestiert hat. Das folgt letztlich aus dem Demokratieprinzip, das dem Gesetzgeber die (Gestaltungs-)Freiheit einräumt, geltendes Recht zu ändern und also auch fehlerhaftes Recht zu berichtigen. Darüber hinaus spricht für die Möglichkeit der Korrektur von Gesetzen durch Gesetze auch die Figur des actus contrarius, nach der eine Rechtshandlung in derselben Form aufgehoben oder geändert werden muss, in der sie vorgenommen wurde. Letztlich dient diese formale Vorgabe aber vor allem inhaltlichen Aspekten: Sie sichert die staatliche Kompetenzverteilung und mit ihr die Legitimations- und Verantwortungszuweisung. Insofern ist es nur konsequent, wenn die Verantwortung für die Korrektur von Fehlern beim Gesetzeserlass auch dem Gesetzgeber zugewiesen wird.

Kein Beispiel verdeutlicht dies besser als die Diskussion um das 1. FiMaNoG: Die BaFin und Teile der Literatur konnten schon keinen Fehler und also auch keinen Berichtigungsbedarf erkennen. Der Bundesgerichtshof ließ offen, ob ein Fehler des Gesetzgebers vorliegt, meinte aber, eine etwaige Regelungslücke durch Auslegung schließen zu können. In der Literatur war man mehrheitlich der Auffassung, ein Fehler in der Gesetzgebung habe zu einer Regelungslücke geführt, die nicht durch Auslegung geschlossen werden dürfe. Vor diesem Hintergrund war es nicht nur hilfreich, sondern geradezu geboten, dass der Gesetzgeber seinen Fehler im 2. FiMaNoG korrigieren wollte. Gelungen ist ihm dies freilich nicht: Er artikulierte den Fehler nicht explizit, sondern schloss die Regelungslücke durch ein Korrekturgesetz – und schoss dabei über die notwendigen Änderungen derart hinaus, dass das Korrekturgesetz seinerseits verfassungswidrig ist und dabei auch das zu korrigierende Gesetz mit in die Nichtigkeit zieht.

Dies gibt Anlass, die Voraussetzungen und Grenzen von Korrekturgesetzen näher zu betrachten.

1. Terminologie

Zunächst muss jedoch ein Wort zur Terminologie verloren werden, denn es gibt insofern keinen einheitlichen Sprachgebrauch für Gesetze, die Fehler früherer Gesetze ausräumen wollen.[92]

[92] Vgl. den Befund bei *Hamann*, AöR 139 (2014), 447 (450) m. w. N.

Brandner ordnet Korrekturgesetze insgesamt der reagierenden Gesetzgebung zu, grenzt sie insofern von der gestaltenden Gesetzgebung ab und definiert sie als solche, mit denen „erkannte Fehler und Mängel in bereits bestehenden Gesetzen" beseitigt werden sollen.[93] Durch die weitere Abgrenzung von einer „Rechtsprechungskorrektur" wird deutlich, dass der Gesetzgeber mit Korrekturgesetzen „nachbessert, was er (selbst) zuvor mangelhaft geregelt hat."[94] Schulze-Fielitz versteht den Begriff dagegen in einem weiteren Sinne als Oberbegriff und versteht unter Korrekturgesetzgebung solche Gesetze, mit denen unbefristete Gesetze aufgehoben werden (Aufhebungsgesetze), Fehler anderer Gesetze behoben (Schnellkorrekturgesetze) oder auch nur Inhalte anderer Gesetze klargestellt werden (Klarstellungsgesetze).[95] Mit Blick auf die eingangs skizzierten Beispiele handelt es sich nach dieser Terminologie sowohl beim 2. FiMaNoG als auch beim „Gesetz zur Anpassung der Regelungen über die Bestandsdatenauskunft an die Vorgaben aus der Entscheidung des Bundesverfassungsgerichts" um Schnellkorrekturgesetze, weil der Gesetzgeber „möglichst schnell einen als akut erkannten singulären Gesetzgebungsfehler zu korrigieren" versucht.[96] Wieder andere verwenden den Begriff der Korrekturgesetzgebung im Zusammenhang mit der retrospektiven Folgenabschätzung, beziehen ihn also auf den Lernprozess nach Abschluss einer Gesetzesevaluation.[97] Gemeinsam ist allen Beschreibungen, dass begrifflich eine Unterscheidung zwischen der Berichtigung durch die Ministerialverwaltung[98] bzw. der Auslegung durch die Gerichte und der Korrektur durch den Gesetzgeber zum Ausdruck gebracht werden soll.

Von diesen wissenschaftlichen Systematisierungsversuchen abgesehen, bleibt die Begrifflichkeit vage, zumal in der Praxis gerne euphemistische Gesetzesbezeichnungen gewählt werden, um weniger den Fehler als vielmehr seine Behebung zu betonen. So wird der Begriff des Korrekturgesetzes zuweilen auch verwendet, um gegenüber der Öffentlichkeit ein bewusstes Lernen, einen bewussten Paradigmenwechsel möglicherweise gar zum Ausdruck zu bringen. Besonders bekannt ist das Gesetz zu Korrekturen in der Sozialversicherung und zur Sicherung der Arbeitnehmerrechte,[99] mit dem der Gesetzgeber auf zu hohe Lohnnebenkosten, auf eine zu hohe (Jugend-) Arbeitslosigkeit und auf das Phänomen der Scheinselbständigkeit zu reagie-

---

[93] *Brandner*, Gesetzesänderung, 2004, 230. Er erkennt freilich weitreichende Überschneidungen zur „Gesetzgebung aufgrund äußerer Ereignisse", 201.

[94] *Brandner* (Fn. 93), 305.

[95] *Schulze-Fielitz*, Theorie und Praxis parlamentarischer Gesetzgebung, 1988, 128.

[96] *Schulze-Fielitz* (Fn. 95), 129.

[97] So etwa (für die Schweiz) *G. Müller/Uhlmann* (Fn. 5), Rn. 176 ff., 559 ff.

[98] *Schneider* (Fn. 43), Rn. 494 ff.; *Maaßen* (Fn. 49), § 8 Rn. 113; *Höfling/Engels* (Fn. 49), § 34 Rn. 8 ff.

[99] Gesetz v. 19.12.1998, BGBl. 1998 I, 3843.

ren versuchte. Ihm lag die Erkenntnis zu Grunde, dass die vom alten Regelungsregime intendierten Ziele nicht erreicht wurden.[100] Wenn hingegen zuweilen vom Reparaturgesetz gesprochen wird, schwingt in dieser Bezeichnung immerhin das Reparaturbedürfnis, der Fehler, deutlich mit,[101] wobei offen bleibt, ob der Fehler endogen oder exogen verursacht wurde. Auch der Begriff des „Anpassungsgesetzes" lässt nicht immer erkennen, ob der Änderungsbedarf durch einen Fehler des Gesetzgebers oder durch veränderte äußere Umstände hervorgerufen wird.

Angesichts dieser Begriffsvielfalt erscheint es müßig, andere oder weitere Bezeichnungen einzuführen. Gleichwohl sei angemerkt, dass die Differenzierung zwischen endogenen und exogenen Ursachen der zu korrigierenden Fehler nicht zielführend erscheint. Naheliegender wäre es, begrifflich zwischen solchen Korrekturen zu unterscheiden, mit denen die Verfassungsmäßigkeit eines Gesetzes her- bzw. sichergestellt werden soll, und solchen, die „nur" einem (veränderten) politischen Willen zur Wirkung verhelfen sollen. Doch auch eine solche Unterscheidung bliebe unscharf und hätte jenseits eines systematisierenden Selbstzwecks sicher keine (verfassungs-)rechtlichen Konsequenzen.

2. Korrekturgesetze = Änderungsgesetze = Gesetze

Aus verfassungsrechtlicher Perspektive können die wissenschaftliche Systematisierung und die politische Praxis der Bezeichnung dahinstehen. Entscheidend ist, dass Korrekturgesetze regelmäßig Änderungsgesetze, zuweilen[102] möglicherweise Ablösungsgesetze,[103] in jedem Fall aber Gesetze sind. Sie sind verfassungsrechtlich nicht anders zu behandeln als andere Gesetze, denn das Grundgesetz differenziert hinsichtlich der Anforderungen an die Gesetzgebung nicht nach Motiven des Gesetzgebers.

3. Konditionen von Korrekturgesetzen

Aus der geradezu banalen Charakterisierung von Korrekturgesetzen als Gesetze folgt schlicht, dass sie sowohl in formeller als auch in materieller Hinsicht die verfassungsrechtlichen Vorgaben zu beachten haben.

---

[100] Vgl. die Begründung im Gesetzentwurf, BT-Drs. 14/45.

[101] Vgl. mit Blick auf das Gesetz gegen Hasskriminalität „BMI legt Reparaturgesetz vor.", in: Legal Tribune Online, 26.11.2020, https://www.lto.de/recht/hintergruende/h/gesetz-hasskriminalitaet-verfassungswidrig-reparatur-bestandsdatenauskunft-ausfertigung-bundespraesident/ (abgerufen am 14.3.2021).

[102] Vgl. die Beispiele bei *Brandner* (Fn. 93), 241.

[103] Zur Terminologie vgl. BMJ (Fn. 4), 492 ff.

a) Formelle Voraussetzungen

Im Rechtsstaat müssen Fehler in der Gesetzgebung rechtsförmlich berichtigt werden. Die rechtstaatlichen Errungenschaften der Anforderungen an die Rechtsform dürfen nicht in den Bereich der bloßen Förmlichkeit verwiesen werden, kommt ihnen doch eine fundamentale Bedeutung für die Sicherung von Freiheit und Gleichheit zu. Freilich mag sich manche Formvorgabe als Stolperstein, gar als mögliche weitere Fehlerquelle erweisen, wie beide eingangs skizzierten Beispiele zeigen. Die Korrektur eines zwar beschlossenen, aber noch nicht ausgefertigten Gesetzes stellt sich schon technisch-legistisch als besondere Herausforderung dar – es muss genau beachtet werden, welche Bestimmungen welchen Artikelgesetzes wann in Kraft treten und durch welche Normen des Korrekturgesetzes so verändert werden, dass das Stammgesetz am Ende die intendierte Fassung erhält.

b) Legistische Verantwortung der Regierung

Dies wirft sofort die Frage auf, welches Organ eigentlich die legistische Verantwortung für den Entwurf eines Korrekturgesetzes trägt. Von der Verfassung wird diese Frage nicht eindeutig beantwortet. Sie normiert Initiativrechte, nicht aber Initiativpflichten, auch nicht in Fällen von Gesetzgebungspflichten.[104] Unter Berücksichtigung der organinternen Strukturen und Kapazitäten liegt es nahe, primär die Bundesregierung in den Blick zu nehmen. Und so überrascht es auch nicht, dass Bundespräsident Steinmeier im zweiten Beispiel laut Medienberichten das Gespräch mit der Bundesregierung suchte und ein möglichst zeitnahes Änderungsgesetz anregte.[105]

Dieses Vorgehen entspricht einerseits den üblichen Gepflogenheiten des Ausfertigungsverfahrens und ist im Übrigen Ausdruck der Verfassungsorgantreue:[106] Bei Zweifeln an der Verfassungskonformität des auszufertigenden Gesetzes findet zunächst ein internes „Hausgespräch"[107] statt, anschließend aber nimmt der Bundespräsident Kontakt mit der Bundesregierung auf, die ihrerseits das federführende Ministerium und die Verfassungsressorts mit der Frage befasst und ggf. auch Gutachten einholt.[108] Verfassungsrechtlich gerechtfertigt ist dieser primäre Kontakt mit der Bundesregierung vor allem durch die Gegenzeichnungspflicht der Regierung – sie muss für die präsidentielle Ausfertigung die parlamentarische Verantwortung übernehmen. Aller-

---

[104] Vgl. *Rossi*, ad legendum 2/2012, 80.

[105] *Rudl*, Steinmeier lässt Große Koalition nacharbeiten, NETZPOLITIK v. 8.10.2020, abrufbar unter https://netzpolitik.org/2020/gesetz-gegen-rechte-hetze-steinmeier-laesst-grosse-koalition-nacharbeiten.

[106] *Pieper*, in: Kluth/Krings (Fn. 48), § 20 Rn. 53.

[107] Zur Terminologie siehe *Pieper* (Fn. 106), § 20 Rn. 50.

[108] *Hederich*, ZG 1999, 123 (141).

dings betrifft die Ausfertigung von Gesetzen zugleich und vielleicht sogar vorrangig den Bundestag und den Bundesrat, so dass der Grundsatz der Organtreue auch ihre Unterrichtung verlangt. Faktisch werden sie sicherlich über die Bundesregierung informiert, informell zudem über die politischen Parteien. Doch diese Kommunikationskanäle garantieren keine Öffentlichkeit, für die der Bundestag wie kein zweites Verfassungsorgan steht. Insofern sollte, insofern muss der Bundespräsident auch Bundestag und Bundesrat informieren, wenn er die Ausfertigung eines Gesetzes verweigern und eine Änderung anregen will.[109]

Faktisch werden im Anschluss der Bundesregierung und die sie tragende parteipolitische Mehrheit im Bundestag entscheiden, ob ein Fehler in einem Gesetz behoben wird. Wie dieser Fehler allerdings bereinigt wird, wird sicherlich vorrangig in der Bundesregierung entschieden, um auf deren legistische Verantwortung zurückzukommen. Diese Verantwortung wird faktisch freilich auf den Bundestag übertragen, wenn der von der Regierung ausgearbeitete Entwurf eines Korrekturgesetzes schlussendlich von den regierungstragenden Fraktionen im Bundestag eingebracht wird. Auch die Korrektur des Gesetzes zur Neustrukturierung des Zollfahndungsdienstgesetzes und des Gesetzes zur Bekämpfung des Rechtsextremismus und der Hasskriminalität durch das entsprechende „Anpassungsgesetz", um das 2. Beispiel noch einmal aufzunehmen, ist durch die Fraktionen von CDU/CSU und SPD eingebracht worden. Solche unechten Bundestagsinitiativen werden zwar verfassungsrechtlich für zulässig gehalten,[110] sind jedoch ein Etikettenschwindel, eine kollusive Farce.[111] Das Vertrauen der Abgeordneten in die legistischen Fähigkeiten der Regierung – genauer: einiger Regierungsmitarbeiter – scheint ungebrochen groß, obwohl doch der Fehler im 1. Beispiel wohl im ministeriellen Bereich seine Ursache hatte. Gerade dieses 1. Beispiel zeigt, dass die legistischen Anforderungen an Korrekturgesetze nicht zu unterschätzen sind. Der Gesetzgeber muss den Fehler punktgenau korrigieren, weil er sonst in die Gefahr gerät, dass durch Folgefehler auch die Korrektur des ursprünglichen Fehlers misslingt.[112]

---

[109] *Pieper* (Fn. 106), § 20 Rn. 75.

[110] Vgl. statt vieler *Kersten*, in: Maunz/Dürig (Fn. 37), Art. 76 Rn. 113 (Stand: 86. EL Januar 2019).

[111] Vgl. *Rossi*, NJW aktuell 2020, 15.

[112] Im Fall der als Korrektur gedachten Übergangsvorschrift des § 137 WpHG hat der Gesetzgeber einen solchen Folgefehler begangen: Er hat schlicht angeordnet, dass alle Straftaten nach § 38 WpHG a. F. bzw. dass alle Ordnungswidrigkeiten nach § 39 WpHG ungeachtet des lex-mitior-Grundsatzes geahndet werden. Damit erfasst er auch solche Tatbestände, die nur nach altem Recht, nicht hingegen nach neuem Recht mit Strafe bedroht sind, wie dies insb. für unterlassene Ad-hoc-Veröffentlichungen der Fall ist (vgl. *Satzger*, WM 2017, 2329).

c) Materielle Konditionen im Überblick

Ebenso anspruchsvoll sind die materiellen Konditionen für Korrekturgesetze. Sie ergeben sich aus der von Art. 1 Abs. 3 GG besonders hervorgehobenen Grundrechtsbindung und der in Art. 20 Abs. 3 GG normierten allgemeinen Verfassungsbindung des Gesetzgebers. Besondere Bedeutung kommt insoweit den verfassungsrechtlichen Grundsätzen zu, die die Rechtfertigungsfähigkeit von Eingriffen in Grundrechte begrenzen, den Schranken-Schranken. Zu nennen sind das – namentlich für das Strafrecht besonders strenge – Bestimmtheitsgebot, die aus dem Grundsatz des Vertrauensschutzes abzuleitenden Rückwirkungsvorgaben sowie das Verhältnismäßigkeitsprinzip. Ihre Missachtung kann zur Verfassungswidrigkeit oder gar zur Nichtigkeit der entsprechenden Norm führen. Anders als bei Verstößen gegen formelles Verfassungsrecht bleibt der Verstoß dabei aber meist auf die konkrete Bestimmung beschränkt und reißt nicht das gesamte Gesetz mit sich.[113]

Weitere Grenzen ergeben sich aus dem Recht der Europäischen Union. Hier können nicht nur die Grundfreiheiten, sondern auch die Grundrechtecharta den Gestaltungsspielraum des nationalen Korrekturgesetzgebers weiter beschränken. Als Beispiel sei erneut auf den lex-mitior-Grundsatz verwiesen, dessen Rang im nationalen Recht umstritten ist, der europarechtlich aber von Art. 49 Abs. 1 S. 3 GRCh als Grundrecht ausgestaltet ist. Auch aus der Verletzung solcher europarechtlicher Vorgaben folgt jedenfalls die Unanwendbarkeit des Korrekturgesetzes im jeweiligen Einzelfall, unter Umständen aber auch die allgemeine Nichtigkeit des Gesetzes.

d) Relevanz der Rückwirkungsverbote

Diese skizzierten verfassungs- und europarechtlichen Begrenzungen des Gestaltungsspielraums des Gesetzgebers sind keine auf Korrekturgesetze zugeschnittenen Besonderheiten. Solche Besonderheiten gibt es nicht und kann es – jedenfalls aus normativer Perspektive – auch nicht geben, weil Korrekturgesetze eben auch „nur" Gesetze sind und insofern den allgemeinen Rahmen zu beachten haben. Allerdings gewinnt eine Begrenzung für Korrekturgesetze eine besondere Bedeutung: Da Korrekturgesetze typischerweise rückwärtsgewandt sind, geraten sie zwangsläufig in Konflikt mit den rechtsstaatlich und grundrechtlich begründeten Rückwirkungsverboten.

Insofern ist zunächst zu beachten, dass nach Art. 103 Abs. 2 GG für die materielle Strafbegründung ein absolutes Rückwirkungsverbot gilt, das keiner Abwägung zugänglich ist.[114] Neben diesem besonderen Rückwirkungs-

---

[113] Im Einzelnen ist freilich auch bei Verstößen von Zuständigkeits- und Verfahrensvorschriften genauer zu differenzieren.

[114] Vgl. BVerfGE 109, 133 (171 f.).

verbot wird der Maßstab des allgemeinen Rückwirkungsverbot durch die Differenzierung zwischen echter und unechter Rückwirkung konkretisiert – eine Unterscheidung, die das Bundesverfassungsgericht jüngst selbst noch einmal lehrbuchartig verdeutlicht hat:[115]

„Eine Rechtsnorm entfaltet ‚echte' Rückwirkung, wenn sie nachträglich in einen abgeschlossenen Sachverhalt ändernd eingreift. Dies ist insbesondere der Fall, wenn ihre Rechtsfolge mit belastender Wirkung schon vor dem Zeitpunkt ihrer Verkündung für bereits abgeschlossene Tatbestände gelten soll (‚Rückbewirkung von Rechtsfolgen') (BVerfGE 148, 217 <255 Rn. 135>). Normen mit echter Rückwirkung sind verfassungsrechtlich grundsätzlich unzulässig (vgl. BVerfGE 148, 217 <255 Rn. 135>; stRspr). Eine unechte Rückwirkung liegt vor, wenn eine Norm auf gegenwärtige, noch nicht abgeschlossene Sachverhalte und Rechtsbeziehungen für die Zukunft einwirkt und damit zugleich die betroffene Rechtsposition entwertet, etwa wenn belastende Rechtsfolgen einer Norm erst nach ihrer Verkündung eintreten, tatbestandlich aber von einem bereits ins Werk gesetzten Sachverhalt ausgelöst werden (‚tatbestandliche Rückanknüpfung') (BVerfGE 148, 217 <255 Rn. 136>). Im Einzelnen verlangt dies also einen ins Werk gesetzten, noch nicht abgeschlossenen Sachverhalt, auf den die Norm für die Zukunft so einwirkt, dass eine nach altem Recht erreichte Position entwertet wird und gerade die Rechtsänderung Ursache dieser Entwertung ist."

Und zu den Konsequenzen dieser Differenzierung hat das Bundesverfassungsgericht – erneut lehrbuchartig – schon 2013 klargestellt: „Die im Rechtsstaatsprinzip und den Grundrechten verankerten Prinzipien der Rechtssicherheit und des Vertrauensschutzes stehen Gesetzen mit echter Rückwirkung grundsätzlich entgegen. [...] Von diesem [...] Verbot [...] bestehen jedoch Ausnahmen: Das Rückwirkungsverbot [...] gilt nicht, soweit sich kein Vertrauen auf den Bestand des geltenden Rechts bilden konnte oder ein Vertrauen auf eine bestimmte Rechtslage sachlich nicht gerechtfertigt und daher nicht schutzwürdig war. Bei den in der Rechtsprechung des Bundesverfassungsgerichts anerkannten, nicht abschließend definierten Fallgruppen handelt es sich um Typisierungen ausnahmsweise fehlenden Vertrauens in eine bestehende Gesetzeslage."[116]

Für die Korrektur von Gesetzen durch Korrekturgesetze bedeutet diese verfassungsgerichtliche Rechtsprechung jenseits der Umstände des konkreten Einzelfalls vor allem, dass sie schnell zu erfolgen hat: Der Gesetzgeber sollte jede Bildung schutzwürdigen Vertrauens in das Recht, das er zu korrigieren gedenkt, vermeiden. Denn das Vertrauen auf die vom Gesetzgeber möglicherweise nicht gewünschte, formal aber doch geltende Rechtslage wird

---

[115] BVerfG, Beschl. v. 30.6.2020 – 1 BvR 1679/17, juris, Rn. 129f.

[116] BVerfGE 135, 1 (20ff.).

um so größer, je mehr Zeit der Gesetzgeber verstreichen lässt, um das Gesetz zu korrigieren. In Anlehnung an die insofern recht strikte Rechtsprechung des Bundesverfassungsgerichts an den Willen des Bundesgesetzgebers, durch eine bundesrechtliche Regelung oder auch Nichtregelung dauerhaft die Legislative der Länder von einer Normsetzung auszuschließen,[117] genügt dabei nicht schon die Erklärung eines politischen Willens. Erforderlich ist vielmehr eine konkrete Gesetzesinitiative, die schon den Bereich des inneren und dementsprechend noch unverbindlichen Gesetzesverfahrens verlassen hat.[118]

Soweit es freilich um die Korrektur von Strafgesetzen geht, sind dem Gesetzgeber die Hände gebunden. An dem absoluten Rückwirkungsverbot des Art. 103 Abs. 2 GG führt kein Weg vorbei. Dies hat im 1. Beispiel auch der Gesetzgeber gesehen und einen Winkelzug gewählt, um das für materielle Straftatbestände geltende absolute Rückwirkungsverbot zu umgehen: Er hat mit der durch das 2. FiMaNoG eingeführten Norm des § 137 WpHG den lex-mitior-Grundsatz ausgehebelt. Das Problem an dem vom Gesetzgeber gewählten Trick, den Fehler in der Gesetzgebung durch eine Aussetzung des lex-mitior-Grundsatzes zu heilen, besteht freilich darin, dass das alte und das neue Regelungsregime des (strafrechtlich bewehrten) Marktmissbrauchsrechts nicht eins zu eins identisch sind. Der Gesetzgeber ist mit § 137 WpHG undifferenziert vorgegangen und dabei über das Ziel hinausgeschossen.[119]

Unabhängig von den genauen Umständen des Einzelfalls ist verfassungs- und vor allem auch europarechtlich weniger die Frage problematisch, ob (schon) ein Vertrauen darauf begründet wurde, nicht nach altem Strafrecht verurteilt werden zu können, maßgeblich ist vielmehr das abstrakte Vertrauen in die Verbindlichkeit der gesetzlichen Vorschriften sowie konkret das Vertrauen in die einzelfallunabhängige Geltung und Anwendung des lex-mitior-Grundsatzes.[120] Verfassungsrechtlich relevant für die Beurteilung des Korrekturgesetzes ist deshalb nicht allein, dass als Folge der Durchbrechung des lex-mitior-Grundsatzes rückwirkend wenn auch nicht die Strafbarkeit, so doch die „Bestrafbarkeit" angeordnet wird. Von größerer Bedeutung ist, dass der lex-mitior-Grundsatz durch solche punktuellen Durchbrechungen seine Allgemeinverbindlichkeit verliert. Die bisherige Regelungstechnik hat den lex-mitior-Grundsatz nämlich nicht als solchen verändert oder zusätzlich zur Ausnahme für Zeitgesetze weitere abstrakte Ausnahmen festgelegt, sondern ihn nur punktuell für bestimmte Straftatbestände aus den Angeln gehoben, um Pannen in der Gesetzgebung zu reparieren.[121]

---

117 BVerfGE 98, 265 (307).
118 Weniger restriktiv *Kloepfer*, Vorwirkung von Gesetzen, 1974, 213 ff.
119 *Saliger*, WM 2017, 2365 (2366); *Rothenfußer*, AG 2018, 667 (669).
120 Ebenso C. *Schröder*, in: Festschrift für Mehle, 2009, 597 (605).
121 Vgl. schon *Rossi*, ZIP 2016, 2437 (2445).

V. Fazit

Die Korrektur von Gesetzen durch Korrekturgesetze ist eine so gewöhnliche wie zugleich doch außergewöhnliche Aufgabe. Gewöhnlich ist sie, weil Korrekturgesetze bei formal-juristischer Betrachtung nichts anderes sind als Änderungsgesetze, die ihrerseits rechtlich schlicht als Gesetze behandelt werden: Sie unterliegen denselben verfassungsrechtlichen Vorgaben und werden auch von den Geschäftsordnungen der an der Gesetzgebung beteiligten Organe keinen besonderen Vorschriften unterworfen. Dieser nüchterne normative Befund enthebt die Praxis wie die Theorie gleichermaßen von der Notwendigkeit, Korrekturgesetze begrifflich zu konturieren. Und doch gibt es ein Bedürfnis, Korrekturgesetze wenn schon nicht normativ, so doch jedenfalls deskriptiv als ein gesondertes Phänomen zu betrachten, das sich besonderen praktischen wie rechtlichen Herausforderungen gegenübersieht.

Das gilt zunächst für das Verhältnis der staatlichen Gewalten: Insofern ist zum einen die Korrektur von Gesetzen durch den Gesetzgeber von Korrekturen der anderen Gewalten abzugrenzen, zum anderen ist auch bei der Korrektur durch Gesetze die Binnenverantwortung im „System" Gesetzgeber – die Rollenverteilung also insbesondere zwischen Regierung und Parlamentsmehrheit und -minderheit, darüber hinaus aber auch das Verhältnis zum Bundesrat sowie zum Bundespräsidenten – näher zu betrachten. Gerade das Beispiel des Gesetzes gegen Rechtsextremismus und Hasskriminalität hat insofern gezeigt, dass den einzelnen Organen eine gemeinsame Korrekturverantwortung zukommt.

Das gilt darüber hinaus vor allem für die materiellen Grenzen der Korrekturtätigkeit. Hier erlangen die Rückwirkungsverbote eine besondere Bedeutung, die trotz zunehmender Konsistenz und Kohärenz der bundesverfassungsgerichtlichen Rechtsprechung bei der Anwendung im Einzelfall immer noch für Probleme sorgen, zumal die europarechtlichen Implikationen noch nicht hinreichend klar sind. Insofern hat das Beispiel des 2. FiMaNoG gezeigt, dass die Bedeutung und Reichweite des europarechtlich als Grundrecht ausgestalteten lex-mitior-Grundsatzes noch nicht hinreichend geklärt sind.

Bei allem Verständnis für die Notwendigkeit, Gesetze nur in einem rechtsförmlichen Verfahren durch Gesetze korrigieren zu können, erweist sich manche Regelungstechnik dabei doch als Fallstrick, jedenfalls aber als Hürde. Im zweiten Beispiel des Korrekturbedarfs des Gesetzes gegen Rechtsextremismus und Hasskriminalität sind sich wohl alle beteiligten Verfassungsorgane darüber einig, dass einerseits das intendierte Gesetz so rasch wie möglich in Kraft treten sollte, andererseits aber die Normen über die Bestandsdatenauskunft an die jüngste Rechtsprechung des Bundesverfassungsgerichts angepasst werden müssen. Und doch war es den Verfassungsorganen nicht möglich, die Korrektur auf die Fehlerbehebung zu konzentrieren.

„Mitgefangen, mitgehangen“, gilt insofern für die Form des Artikelgesetzes, auch wenn nicht nur viele Normen innerhalb der einzelnen Gesetze, sondern vor allem einige Gesetze, einige Artikel des Artikelgesetzes also, von der Rechtsprechung des Bundesverfassungsgerichts gar nicht berührt wurden und deshalb verfassungsrechtlich unbedenklich waren und sofort hätten in Kraft treten können.

Insofern stellt sich durchaus die Frage, ob bei der Korrektur von Gesetzen nicht eine Konzentration auf den Fehler möglich sein sollte. Dies setzte nach allgemeinen Grundsätzen der Fehlerbewältigung und Fehlerfolgen eine Trennbarkeit der entsprechenden Normen voraus. Freilich sind gesetzliche Bestimmungen nicht nur durch eine gemeinsame Form, sondern mitunter auch durch einen inhaltlichen Bezug miteinander verbunden. Wer sollte darüber entscheiden, ob der Rest eines Gesetzes auch ohne die separat zu korrigierende Norm in Kraft treten kann? Ganz ungewöhnlich ist diese Frage nicht, wie etwa die Praxis zeigt, zustimmungspflichtige Normen eines Regelungszusammenhangs mitunter in einem gesonderten Gesetz zu verabschieden, um den Einfluss des Bundesrates auf die nichtzustimmungspflichtigen Normen zu minimieren. Auch insofern kommt den Gesetzgebungsorganen ein Gestaltungsspielraum zu. Und was die gemeinsame Form betrifft, erweist sich die Praxis der umfangreichen Artikelgesetze insoweit eben doch als ein Nachteil – dem freilich viele Vorteile gegenüberstehen, so dass der Gesetzgeber abwägen muss, ob er der leichteren Korrektur etwaiger Fehler wegen lieber mehrere Einzelgesetze beschließt oder ob er des schnelleren Verfahrens (und im besten Falle gemeinsamer Zwecke) wegen ein umfassendes Artikelgesetz verabschiedet.

Ganz sicher vermeidet der Gesetzgeber die Notwendigkeit von Korrekturgesetzen, wenn er bei der Gesetzgebung keine Fehler macht. Auch dann, das zeigt das zweite Beispiel, kann er zur Korrektur bereits auf den Weg gebrachter oder gar schon in Kraft befindlicher Gesetze verpflichtet sein. Insoweit wird es das Phänomen der Korrekturgesetze sicher noch lange geben.

Anti-Doping-Recht – global

Christoph Vedder[1]

I. Einführung: Sport und Recht

Nach einer mündlichen Verhandlung, die mit Spektakel, Tränen und Medienauftritten des chinesischen Schwimmers Sun Yang, der eine Doping-Probe mit einem Hammer zerstört hatte, und seiner Unterstützer am 15. November 2019 in einem edlen Hotel in Montreux stattfand, hat der Court of Arbitration for Sport („CAS") in Lausanne in einem Verfahren der World Anti-Doping Agency („WADA") gegen den Schwimmer in seinem Schiedsspruch vom 28. Februar 2020 den Athleten als Wiederholungstäter zu einer Wettkampfsperre von acht Jahren verurteilt.[2]

In einer ebenso aufsehenerregenden Entscheidung hat das Schweizer Bundesgericht („SBG") am 22. Dezember 2020 den Spruch des CAS aufgehoben.[3] Der Vorsitzende des Schieds-Panels des CAS, ein ehemaliger italienischer Außenminister, hatte im Rahmen seiner früheren politischen Aktivitäten in sozialen Medien gegen den Verzehr von Hunden in China polemisiert und damit – so das Gericht – habe er das chinesische Volk beleidigt und sei somit befangen. Auch die Tatsache, dass das dreiköpfige CAS-Panel einstimmig entschieden hat, ändert für das SBG nichts im Blick auf die Aufhebung des Schiedsspruchs. Der CAS hat in anderer Besatzung neu zu entscheiden.

Im Januar 2021 wurde der wegen Blutdopings („Operation Aderlass") angeklagte Arzt Dr. Mark Schmidt vom LG München im ersten großen Strafprozess nach dem Anti-Doping-Gesetz von 2015 wegen Doping-Vergehens und gefährlicher Köperverletzung zu 4 Jahren und 10 Monaten Haft sowie 3 Jahren Berufsverbot verurteilt.[4] Dieses Verfahren hatte seinen Ausgangs-

---

[1] Diesen Beitrag widme ich meinem akademischen Lehrer Prof. em. Bruno Simma, ehem. Richter am IGH, der am Anfang des hier Dargestellten beteiligt war, zum 80. Geburtstag.

[2] CAS, 2019/A/6148, WADA v. Sun Yang, Schiedsspruch v. 28.2.2020, https://www.tas-cas.org/fileadmin/user_upload/CAS_Award_6148_website.pdf (abgerufen am 17.3.2021); die erste öffentliche mündliche Verhandlung des CAS als Folge eines Urteils des EGMR von 2018 in der Sache Mutu und Pechstein wurde sogar per Livestream übertragen.

[3] SBG, 4A_318/2020, Sun Yang, Urt. v. 22.12.2020, https://www.bger.ch/ext/eurospider/live/fr/php/aza/http/index.php?highlight_docid=aza%3A%2F%2Faza://22-12-2020-4A_318-2020&lang=de&zoom=&type=show_document (abgerufen am 17.3.2021).

[4] LG München II, 2 Kls 380 Js 1083/19, Urt. v. 15.1.2021, rechtskräftig seit 24.2.2021, noch nicht veröffentlicht.

punkt in einer Razzia der österreichischen Behörden bei der Nordischen Ski-Weltmeisterschaft in Seefeld in Tirol im Februar 2019. Deren Ergebnisse führten zu einer Reihe von Verfahren vor dem Landesgericht Innsbruck.[5]

Das war in den „guten alten Zeiten“ des Sports anders. Der österreichische Skirennläufer Karl Schranz war der große Favorit für die Goldmedaille im Abfahrtslauf bei den Olympischen Winterspielen 1972 in Sapporo. Wenige Tage vor dem Wettkampf wurde er vom IOC-Präsidenten Brundage par ordre du président von den Spielen ausgeschlossen, weil er durch für nach den Spielen geplante Werbung mit seinem Namen gegen die Amateur-Regel der Olympischen Charta verstoßen habe. Gegen den Ausschluss von den Spielen gab es keinerlei rechtliche Mittel. Nach seiner Rückkehr wurde Karl Schranz in Wien durch Bundeskanzler Kreisky vor einer großen Menschenmenge auf dem Balkon des Bundeskanzleramts empfangen.

Es ging um den „reinen“ Amateursport Coubertin'scher Prägung. Doping war noch kein Thema – außer im Radsport. Die Zulassungsregel 26 der OCh, der „Amateur-Paragraf“, der dafür herhielt, wurde durch den Olympischen Kongress 1981 in Baden-Baden[6] – vor 40 Jahren – durch eine neue Zulassungsregel 26 abgelöst, die die Abwesenheit von Doping als Zulassungskriterium festlegte. Seit 1981 und bis heute geht es darum, dass die Athleten nicht länger Marionetten der Sportfunktionäre und des Sportbetriebs, sondern in der Welt des Sports diejenigen sind, auf deren Leistungen alles aufbaut. Der Sport, der neben den Wettkämpfen mit ihren Fernseh- und anderen Medien- und Merchandising-Einkünften ein weites Feld an sekundären wirtschaftlichen Aktivitäten kreiert – von Sportwetten über den Transfermarkt der Profi-Ligen bis zum Markt für Sport-Ausrüstung im Profi- und vielmehr noch im Freizeitbereich – und auch den Handel mit Doping-Substanzen und Wettbetrug hervorbringt, hält weltweit einen der größten Wirtschaftszweige am Laufen. Mit allein in Deutschland 27 Mio. Mitgliedern ist der Sport eine der größten gesellschaftlichen Bewegungen.

---

[5] Z. B. Landesgericht Innsbruck, 200 Jv 47/21 t, Urt. v. 12.1.2021, noch nicht veröffentlicht; Stefan Denifl wurde wegen Doping-Vergehens nach dem österreichischen Anti-Doping-Gesetz und Sportbetrugs zu 2 Jahren Haft und 349.000 € Geldstrafe verurteil; s. unten III. 3. b).

[6] Der Autor dieses Beitrags hat den Kongress als Liaison Officer des veranstaltenden NOK für Deutschland zum IOC, als Abteilungsleiter für Visuelle Gestaltung und wissenschaftlicher Berater der NOK-Präsidenten Willi Daume mitgestaltet und eines der ersten sportrechtlichen Symposien in Deutschland veranstaltet; damals standen (völker)rechtliche Fragen des Verhältnisses von Sport und Staaten im Mittelpunkt, die sich seit den Olympischen Spielen 1976 in Montreal stellten, *Vedder*, Justitía und Athletes, in: Bundesinstitut für Sportwissenschaft (Hrsg.), Olympische Leistung. Ideal, Bedingungen, Grenzen: Begegnungen zwischen Sport und Wissenschaft. Eine Dokumentation, 1981, 49 ff., die Beiträge finden sich auf S. 309 ff.

Mein Beitrag zum 50-jährigen Jubiläum der Juristischen Fakultät der Universität Augsburg, an der ich fast 20 Jahre auf einem Lehrstuhl, der aufgrund persönlicher Hintergründe auch dem Sportrecht gewidmet war, gewirkt habe, soll das globale Anti-Doping-Recht, das das juristische Zentrum des weltweiten Sportrechts ist, im Überblick darstellen – im Spannungsfeld zwischen autonom gesetztem Verbandsrecht privater internationaler und nationaler Sportverbände und Organisationen einerseits und völkerrechtlich geprägtem nationalem Recht der Staaten andererseits. Eine Reise in ein Land der Spezialisten – unter generellen Aspekten.

Es wird gezeigt werden, dass das Anti-Doping-Recht, das inhaltlich vom „Sport" in Form des WADA Code initiiert und über die Zeit weiter ausformuliert wurde, ein materiell- und verfahrensrechtlich höchst detailliertes Regelwerk ist, das die Doping-Tatbestände beschreibt, Verfahren vorsieht und ausgefeilten Rechtsschutz bietet: von der Doping-Kontrolle bis zur letztinstanzlichen Entscheidung des CAS unter der Kontrolle des SBG, des EGMR und in Deutschland nach Durchlaufen des Instanzenzuges bis zum BGH sogar als Gegenstand einer Verfassungsbeschwerde vor dem BVerfG. Die einschlägigen Rechtsgrundlagen sollen in einem Stück rechtswissenschaftlicher Grundlagenforschung zusammengeführt und analysiert werden. Ein Netz von Beziehungen und Verweisungen zwischen dem Recht der Sportverbände, dem Völkerrecht, staatlichen Anti-Doping-Gesetzen und einer etablierten internationalen und nationalen Schiedsgerichtsbarkeit wird sich offenbaren. Das Zusammenwirken in der Sportwelt vertikal vom WADA-Code über das IOC, die internationalen und die nationalen Sportverbände und deren Untergliederungen bis letztlich zu den Sportlern und horizontal zwischen dem Sport und den Staaten ist nicht immer bruchlos und kohärent.

II. Die WADA und der WADA-Code

Ausgangspunkt und Gravitationszentrum des weltweiten Anti-Doping-Rechts ist der World Anti-Doping Code („WADA Code"), der am 5. März 2003 durch die vom IOC initiierte World Conference on Doping in Sport in Kopenhagen angenommen und zu den Olympischen Winterspielen 2006 in Turin wirksam wurde. An der Konferenz waren, wie schon an den vorbereitenden Konferenzen und Arbeiten, neben den Organisationen des Sports auch internationale Organisationen wie der Europarat und die UNESCO, NGOs und Staaten beteiligt. Nach revidierten Fassungen von 2009 und 2015 gilt der WADA Code in der zum 1. Januar 2021 in Kraft getreten Fassung.[7]

---

[7] WADA Code 2021, https://www.wada-ama.org/sites/default/files/resources/files/2021_wada_code.pdf (abgerufen am 17.3.2021).

Die World Anti-Doping Agency („WADA") war, ebenfalls auf Initiative der IOC, 1999 als Ergebnis der ersten World Conference on Doping in Sport als Stiftung Schweizer Rechts mit Sitz in Lausanne und Hauptquartier in Montreal gegründet worden. Nach Zusammensetzung und privatrechtlicher Natur ist die WADA als NGO zu qualifizieren. Ihre erste Aufgabe war es, Anti-Doping-Regeln zu schaffen, die alle Sportarten übergreifend und weltweit in allen Staaten einheitlich gelten sollten, um Doping als Hauptgefahr für fairen Wettbewerb im Sport zu bekämpfen. Diese Zielsetzungen spielen z. B. für den BGH eine wesentliche argumentative Rolle bei der Interessenabwägung zwischen den Rechten der Athleten einerseits und der Funktionsfähigkeit des Anti-Doping-Rechts andererseits.[8]

1. Rechtsnatur und Bindungswirkung

Der WADA Code ist gemäß Art. 23.1.1 für die „Signatories" verbindlich. Das sind verschiedene Kategorien der Sportorganisationen: das IOC, die Internationalen Sportverbände (International Federations, „IFS"), die Nationalen Olympischen Kommitees („NOKs"), die Organisatoren großer Sportveranstaltungen (Major Event Organizers, „MEO"), die Nationalen Anti-Doping-Organisationen („NADOs") und andere.

a) Umsetzung durch die Sportverbände

Die Signatories haben gemäß Art. 23.2.1 i. V. m. Art. 20.1.1, Art. 20.2.1, Art. 20.3.1, Art. 20.4.1 und Art. 20.5.1 den WADA Code einschließlich der zugehörigen „International Standards" für ihre Bereiche durch Anti-Doping-Regelwerke umzusetzen. Diese Anti-Doping Regulations enthalten ein materiell-rechtlich und weitgehend auch verfahrensrechtlich uniformes, globales Anti-Doping-Recht. Sie geben im Kern die Vorschriften des WADA Code wörtlich wieder; Art. 23.2.2 WADA Code listet die zentralen Normen des WADA Code auf, die ohne Änderung übernommen werden müssen. So wird in einem zweistufigen Rechtsetzungsprozess uniformes Anti-Doping-Recht geschaffen – noch stringenter als in der EU mit der Umsetzung von Richtlinien. Die Vereinbarkeit der Anti-Doping Regelwerke mit dem WADA Code wird in einem Monitoring-Verfahren kontrolliert und führt ggf. zu Sanktionen.[9]

---

[8] BGH, NJW 2016, 2266 – „Pechstein", siehe unten III. 8.

[9] Siehe unten I. 2. h) und I. 3. c).

b) Rechte und Pflichten der Athleten, der Athletes' Anti-Doping Rights Act

Der WADA Code ist zwar verbindlich für die Sportorganisationen. Er ist jedoch nicht unmittelbar anwendbar mit der Folge, dass er als solcher Pflichten und Rechte für die Athleten begründen würde. Erst und allein die Regelwerke der Signatories sind für die Athleten und andere betroffene Personenkreise verbindlich. Zusätzlich werden mit Spitzenathleten Athletenvereinbarungen geschlossen, durch die diese die Satzungen des jeweiligen Sportverbandes und damit dessen Anti-Doping-Regelwerk und die ausschließliche Schiedsgerichtsbarkeit des CAS akzeptieren. Dennoch stipuliert der WADA Code selbst in Art. 21 „Verantwortlichkeiten" der Athleten und anderer betroffener Personen. Die Athleten sind gemäß Art. 21.1 dafür verantwortlich, die in Vollzug des WADA Code erlassenen Anti-Doping-Regeln zu kennen und zu beachten. Weiter sind sie u. a. dafür verantwortlich, jederzeit für Dopingkontrollen erreichbar zu sein; dafür, was sie einnehmen und benutzen; dafür zu sorgen, dass medizinische Behandlung in Einklang mit dem WADA Code erfolgt. Diese Verantwortlichkeiten sind konstitutiv für den beim Ausmaß der Sanktion anzuwendenden Fahrlässigkeitsmaßstab.

Vor dem Hintergrund, dass das Anti-Doping-Recht den Athleten naturgemäß teils einschneidende Pflichten auferlegt, geraten die Rechte der Athleten leicht aus dem Blick. Diese hat die WADA mit ihrem im Juni 2020 veröffentlichten Athletes' Anti-Doping Rights Act demonstrativ formuliert, um damit sicherzustellen, dass die Rechte der Athleten im Anti-Doping-Recht „verdeutlicht werden und weltweit zur Geltung kommen".[10] Der WADA Code soll das Grundrecht der Athleten auf Teilnahme an einem Doping-freien Sport und auf Gesundheit, Fairness und Chancengleichheit schützen. Der Act ist nicht rechtlich verbindlich, er fasst lediglich die im WADA Code und in den International Standards enthaltenen Rechte zusammen. In dieser Destillation der Athleten-Rechte liegt die zumindest rechtspolitische Bedeutung des Acts.

Unter den 14 nicht abschließend genannten Rechten sind besonders bedeutsam: Chancengleichheit ohne Teilnahme gedopter Athleten; WADA-konforme Testprogramme in allen Ländern; Verantwortlichkeit der Anti-Doping-Organisationen für deren Handeln und Unterlassen; Schutz von Whistleblowern; das Recht, von dopenden Athleten Schadenersatz zu erlangen; besonderer Schutz minderjähriger Athleten; vielfältige Rechte während der Dopingkontrolle; das Recht auf Analyse der B-Probe.

Unter Verfahrensaspekten ragt der im Act formulierte Justizgewährungsanspruch hervor: rechtliches Gehör, faires Verfahren binnen angemessener

---

[10] Athletes' Anti-Doping Rights Act v. 18.6.2020, https://www.wada-ama.org/en/resources/anti-doping-community/athletes-anti-doping-rights-act (abgerufen am 17.3.2021).

Zeit, Recht auf eine unparteiliche und „operationell" unabhängige[11] Spruchkammer mit zeitnaher und begründeter Entscheidung. Für Berufungsverfahren gilt: das Recht auf eine faire, unparteiische und „operationell und institutionell" unabhängige Spruchkammer mit einer zeitnahen und begründeten Entscheidung; das Recht, anwaltlich vertreten zu sein.

2. *Das Anti-Doping-Recht des WADA Code*

In seinem Teil 1 enthält der WADA Code in Art. 1–17 das global geltende materiell- und verfahrensrechtliche Anti-Doping-Recht.

a) Doping-Vergehen

Gemäß Art. 1 wird Doping definiert als „das Vorliegen eines oder mehrerer der nachfolgend in Art. 2.1 bis 2.10 festgelegten Verstöße gegen Anti-Doping-Bestimmungen".[12] Die in Art. 2 aufgeführten Doping-Verstöße sind:[13]

- Art. 2.1: das „Vorhandensein einer verbotenen Substanz, ihrer Metaboliten oder Marker in der Probe eines Athleten"
- Art. 2.2: der „Gebrauch oder der Versuch des Gebrauchs einer verbotenen Substanz oder einer verbotenen Methode durch einen Athleten"
- Art. 2.3: die „Umgehung der Probenahme oder die Weigerung oder das Unterlassen, sich einer Probenahme zu unterziehen"
- Art. 2.4: Verstöße gegen die Meldepflicht; die Kombination von drei versäumten Kontrollen und/oder Meldepflichtversäumnissen innerhalb von 12 Monaten
- Art. 2.5: die „unzulässige Einflussnahme oder der Versuch der unzulässigen Einflussnahme auf irgendeinen Teil des Dopingkontrollverfahrens"
- Art. 2.6: der „Besitz einer verbotenen Substanz oder einer verbotenen Methode"
- Art. 2.7: das „Inverkehrbringen oder der Versuch des Inverkehrbringens einer verbotenen Substanz oder einer verbotenen Methode"
- Art. 2.8: die „Verabreichung oder der Versuch der Verabreichung an Athleten von verbotenen Substanzen oder verbotenen Methoden"; dieser Doping-Tatbestand zielt vor allem auf die Betreuer der Athleten
- Art. 2.9: jede Form von „Unterstützung, Aufforderung, Beihilfe, Anstiftung, Beteiligung, Verschleierung oder jede sonstige vorsätzliche Beteiligung im Zusammenhang mit einem Verstoß gegen Anti-Doping-Bestimmungen oder einem Versuch eines Verstoßes gegen Anti-Doping-Bestimmungen […] durch eine andere Person"; dieser Tatbestand betrifft die Beteiligung an Doping-Verstößen anderer durch Athleten oder Betreuer

[11] Siehe unten I. 3. b) bb).

[12] Die in Anführungszeichen wiedergegebenen deutschen Terminologien sind dem deutschsprachigen NADA Code 2021 entnommen; siehe unten II. 3. a).

[13] Die im folgenden genannten Tatbestandsmerkmale werden in den Normen des Art. 2 und den zugehörigen „Kommentaren" oder den im Anhang des WADA Code enthaltenen Definitionen teils näher beschrieben.

- Art. 2.10: der „Umgang“ mit einen Athletenbetreuer, der wegen eines Doping-Verstoßes gesperrt oder in anderer Weise disziplinarrechtlich oder strafrechtlich sanktioniert worden ist
- Art. 2.11: Bedrohung, Einschüchterung gegenüber einer anderen Person, um diese davon abzuhalten, Informationen über einen möglichen Doping-Verstoß oder „Non-Compliance“ mit dem WADA Code an die WADA oder andere ADOs weiterzugeben oder Vergeltung gegenüber einer Person, die solche Informationen weitergegeben hat; durch diesen durch den WADA Code 2021 neu geschaffenen Tatbestand sollen Whistleblower geschützt werden.

Konstitutiv für die Dopingtatbestände mit Ausnahme der Art. 2.4, 2.5 und 2.10 ist das Vorhandensein einer verbotenen Substanz oder verbotenen Methode. Beides wird durch die alljährlich als International Standard gemäß Art. 4 WADA Code veröffentlichte WADA-Verbotsliste im Detail definiert und aufgelistet.[14] Art. 4 WADA Code regelt die inhaltlichen und prozeduralen Voraussetzungen für eine medizinische Ausnahmegenehmigung (Therapeutic Use Exemption, „TUE“), aufgrund derer verbotene Substanzen oder Methoden benutzt werden dürfen. Von größter Bedeutung in der Realität sind die Tatbestände der Art. 2.1, 2.2, 2.4, und 2.6 WADA Code. Diese sind durch die umfangreiche Spruchpraxis des CAS präzisiert worden.

b) Beweislast, Beweismaßstab, Beweismittel

Art. 3 WADA Code regelt Beweislast und Beweismaßstäbe. Als Grundregel tragen die Anti-Doping-Organisationen des Sports („ADO“) die Beweislast für das Vorliegen eines Doping-Verstoßes. Der Beweismaßstab besteht gemäß Art. 3.1 darin, dass die ADO „überzeugend darlegen kann“, dass ein Verstoß vorliegt, „wobei die Schwere des Verstoßes zu berücksichtigen ist“. Die Anforderungen an das Beweismaß sind „in jedem Fall höher als die gleich hohe Wahrscheinlichkeit, jedoch geringer als ein Beweis, der jeden vernünftigen Zweifel ausschließt.“

Laut dem Kommentar zu dieser Vorschrift ist dieses Beweismaß den Anforderungen „vergleichbar, die in den meisten Ländern auf Fälle beruflichen Fehlverhaltens angewendet (werden)“. Damit wird klargestellt, dass es sich im Anti-Doping-Recht nicht um strafrechtliche, sondern um disziplinarrechtliche Sanktionen handelt. Es gibt keine mathematische Quantifizierung im gegebenen Spielraum zwischen > 50 % und < 100 %. In der Spruchpraxis des CAS haben sich dazu Fallkonstellationen und Leitlinien herausgebildet.

An verschiedenen Stellen räumt der WADA Code den Athleten oder anderen betroffenen Personen die Möglichkeit ein, normative Vermutungen zu widerlegen oder entlastende Tatsachen oder Umstände zu beweisen. In die-

---

[14] WADA 2021 Prohibited List, https://www.wada-ama.org/sites/default/files/resources/files/2021list_en.pdf (abgerufen am 17.3.2021).

sen Fällen „liegen die Anforderungen an das Beweismaß in der gleich hohen Wahrscheinlichkeit", also deutlich geringer als bei der ADO.

Gemäß Art. 3.2 WADA Code können Tatsachen grundsätzlich „durch jegliche verlässliche Mittel, einschließlich Geständnis" bewiesen werden. Hinsichtlich des Vorhandenseins verbotener Substanzen gemäß Art. 2.1 und des Gebrauchs verbotener Substanzen oder Methoden gemäß Art. 2.2 kann der Beweis durch eine positive Doping-Probe bzw. durch andere „verlässliche Mittel nachgewiesen werden, z. B. durch Geständnis ... Zeugenaussagen, Belege oder sonstige Dokumente" und insbesondere auch durch Daten im „biologischen Athletenpass [...] oder andere analytischen Daten" geführt werden.

Ein Doping-Verstoß in Form des Vorhandenseins einer verbotenen Substanz im Körper eines Athleten ist durch eine durch Labor-Analyse festgestellte positive Doping-Probe nachzuweisen. Hier gilt die, allerdings widerlegbare, Vermutung, dass die WADA-akkreditierten Labore die Analyse gemäß dem International Standard for Laboratories („ISL")[15] durchgeführt haben und der Analyse-Befund daher zuverlässig ist. Diese Vermutung kann der Athlet dadurch widerlegen, dass er unter dem geringeren Beweismaßstab nachweist, dass eine Abweichung vom ISL vorlag, die „nach vernünftigem Ermessen das von der Norm abweichende Analyseergebnis verursacht haben könnte". Dann fällt die Beweislast an die verfolgenden ADO zurück, die dann unter dem hohen Beweismaß nachzuweisen hat, dass die Abweichung vom ISL das abweichende Analyseergebnis nicht verursacht hat. Es gibt somit keine strict liability in dem Sinn, dass eine positive Doping-Probe einen Doping-Verstoß nach sich zieht, sondern eine abgewogene Verteilung der Darlegungs- und Beweislast.

c) Dopingkontrolle, Laboranalyse

Art. 5 WADA Code regelt die Planung und Durchführung von Doping-Kontrollen: Wettkampf-Kontrollen; Trainings-Kontrollen; die Meldepflichten, die die Erreichbarkeit der Athleten für Kontrollen sicherstellen; der biologische Athletenpass; die konkrete Durchführung von Kontrollen. Art. 6 enthält Grundsätze für die Analyse von Doping-Proben durch die WADA-akkreditierten Labore.

d) Ergebnismanagement

Nur positive Analyseergebnisse werden den verfolgenden ADOs von den Laboren gemeldet. Dann oder sobald diese von möglichen anderen Doping-Verstößen erfahren, findet das in Art. 7 geregelte Ergebnismanagement-Verfahren vor der verfolgenden ADO statt. Dieses Verfahren ist durch den

---

[15] IS Laboratories, siehe unten I. 3. a).

WADA Code 2021 unter rechtsstaatlichen Aspekten neu und intensiver geregelt worden. Art. 7 WADA Code beschränkt sich nunmehr auf Grundsätze, und die Einzelheiten werden detailliert im International Standard for Results Management („ISRM“) geregelt.[16] Das Ergebnismanagement schließt jetzt auch das im Rahmen der ADO stattfindende und in Art. 8 WADA Code geregelte erstinstanzliche Disziplinarverfahren ein.

Das Ergebnismanagement beginnt mit der „Erstüberprüfung“, die eine erste Prüfung der vorliegenden Fakten ist. Wenn diese nicht zur Einstellung des Verfahrens führt, wird dem betroffenen Athleten – erstmalig – notifiziert, dass ein möglicher Doping-Verstoß vorliegt, und dieser über die möglichen Konsequenzen und seine Rechte im Verfahren informiert. Damit ist normalerweise die vorläufige Suspendierung vom Wettkampfgeschehen verbunden. Bei möglichen Doping-Verstößen in Form des Vorhandenseins einer verbotenen Substanz im Körper des Athleten wird i. d. R. die B-Probe des Athleten analysiert. In diesem Stadium erfolgt dann die förmliche Entscheidung der ADO, dass – oder dass nicht – ein Doping-Verstoß gegeben ist.

Gegen diese Entscheidung kann im Wege des Disziplinarverfahrens vor einem unabhängigen Spruchkörper im Rahmen der ADO vorgegangen werden. Diese Verfahren sind durch den WADA Code 2021 erheblich verbessert worden. Seit 2019 steht dazu auch die Anti-Doping Division das CAS als institutionell von der verfolgenden ADO unabhängiges Schiedsgericht zur Verfügung.[17]

e) Doping-Sanktionen

Die ursprünglich starren Sanktionen für Doping-Verstöße haben sich unter Berücksichtigung des Verhältnismäßigkeitsprinzips und im Eindruck der Spruchpraxis des CAS zu einem in Art. 10 WADA Code geregelten, differenzierten Sanktionssystem weiterentwickelt, das den Umständen des Einzelfalls gerecht werden kann und von der bloßen Verwarnung bis zu einer lebenslangen Wettkampfsperre reicht.

Das Sanktionen-System sieht in seinen Grundzügen in Art. 10.3 WADA Code die Regel-Sanktionen für die einzelnen Doping-Verstöße vor und regelt in Art. 10.4 bis 10.9 WADA Code unter Berücksichtigung von Umständen im Einzelfall – bei verteilter Beweislast – die Voraussetzungen für Herabsetzung oder Verschärfung der Wettkampfsperre. Die Doping-Sanktionen sind in ihrer Rechtsnatur nicht Kriminalstrafen, sondern mit der Ausübung des Sports verbundene Disziplinarsanktionen, wie sie für verschiedene Berufe bekannt sind.

---

[16] Siehe unten I. 3. b).

[17] Siehe unten IV. 1. d).

aa) Regel-Sperre

Für die Doping-Verstöße des Vorhandenseins verbotener Substanzen im Körper, des Gebrauchs oder versuchten Gebrauchs und des Besitzes verbotener Substanzen oder Methoden greift gemäß Art. 10.2 WADA Code für einen Erstverstoß als Regel-Sanktion eine Wettkampfsperre von 4 Jahren, differenziert nach einem subjektiven Element. Bei nicht-spezifischen Substanzen[18] – bei allen nach der WADA-Verbotsliste nicht als spezifisch ausgewiesenen Substanzen, d. h. vor allem anabolen Steroiden, Hormonen und anderen wirkungsvollen Substanzen – und nicht-spezifischen Methoden beträgt die Regel-Sperre 4 Jahre, es sei denn der Athlet weist nach, dass der Verstoß „nicht absichtlich begangen wurde". Umgekehrt greift bei spezifischen Substanzen und Methoden die Regelsperre von 4 Jahren, sofern die ADO nachweist, dass der Verstoß „absichtlich begangen" wurde. Greift die Regelsperre nicht ein, beträgt die Sperre gemäß Art. 10.2.2 WADA Code 2 Jahre. Wenn normale Suchtmittel involviert sind, sieht Art. 10.2.4 WADA Code deutlich geringere Sperren vor.

Die Sanktionen für die übrigen Doping-Verstöße werden in Art. 10.3 WADA Code geregelt. Für die Umgehung oder Verweigerung der Probenahme gemäß Art. 2.3 und für die verbotene Einflussnahme auf das Dopingkontrollverfahren gemäß Art. 2.5 WADA Code sieht Art. 10.3.1 WADA Code ebenso eine Regel-Sperre von 4 Jahren vor.

Bei Meldepflicht-Verstößen gemäß Art. 2.4 WADA Code beträgt die Sperre 2 Jahre mit der Möglichkeit der Reduzierung auf ein Jahr je nach Grad des Verschuldens. In Fällen des Inverkehrbringens oder der Verabreichung verbotener Substanzen oder Methoden gemäß Art. 2.7 und 2.8 WADA Code beträgt die Sperre zwischen 4 Jahren und lebenslang. Bei Tatbeteiligung oder versuchter Tatbeteiligung an einem Doping-Verstoß gemäß Art. 2.9 WADA Code ist eine Sperre zwischen 2 Jahren und lebenslang zu verhängen. Ebenso bei einem Doping-Verstoß in Form der Bedrohung einer Person, um die Weitergabe von Informationen über einen Doping-Verstoß zu verhindern. Im Fall des verbotenen Umgangs mit des Dopings überführten Personen gemäß Art. 2.10 WADA Code beträgt die Sperre zwei Jahre mit der Möglichkeit der Verringerung auf ein je nach dem Grad des Verschuldens.

[18] Gemäß Art. 4.2.2 WADA Code sind alle verbotenen Substanzen, die in der WADA-Verbotsliste nicht als nicht-spezifische Substanzen aufgeführt werden, „spezifische Substanzen"; in der Verbotsliste werden die verschiedenen Klassen von Substanzen ausdrücklich als spezifisch oder nicht-spezifisch ausgewiesen; verbotene Methoden sind dagegen gemäß Art. 4.2.2 WADA Code ausdrücklich in der Verbotsliste als nicht-spezifisch auszuweisen.

bb) Berücksichtigung besonderer Umstände

Über das, was bei den genannten Regelsperren berücksichtigt werden kann, hinaus und kumulativ dazu können generell weitere Umstände oder Elemente die Länge der Sperre beeinflussen. Bei allen Doping-Verstößen, die nicht schon im Normalfall eine lebenslange Sperre nach sich ziehen können, können gemäß Art. 10.4 WADA Code „erschwerende Umstände" eine Ausweitung der Sperre um bis zu zwei Jahren rechtfertigen. Art. 10.5 WADA Code erlaubt es, von einer Sperre abzusehen, wenn der Athlet nachweist, dass ihn kein Verschulden trifft. Der Kommentar zu Art. 10.5 nennt eine Reihe von Situationen für fehlendes Verschulden, die sich jedoch eher selten nachweisen lassen werden. Trotz des Absehens von einer Sperre bleibt es allerdings bei der Feststellung, dass ein Doping-Verstoß begangen wurde, mit Konsequenzen im Fall weiterer Doping-Verstöße.

Von viel größerer praktischer Bedeutung ist die Möglichkeit, die Sperre wegen fehlenden „signifikanten Verschuldens" herabzusetzen. Bei Doping-Verstößen des Vorhandenseins verbotener Substanzen im Körper, des Gebrauchs und des Besitzes verbotener Substanzen und Methoden nach Art. 2.1, 2.2 und 2.6 WADA Code kann in bestimmten Konstellationen die Sanktion von einer Verwarnung bis zu zwei Jahren Sperre betragen. Bei anderen Doping-Verstößen kann die Sperre, wenn der Athlet unter dem geringeren Beweismaßstab fehlendes signifikantes Verschulden nachweist, bis auf die Hälfte herabgesetzt werden.

Weiter kann die Sperre aus zwei verschuldensunabhängigen Gründen herabgesetzt, ausgesetzt oder von ihr abgesehen werden. Art. 10.7.1 WADA Code ermöglicht es, bei „substanzieller Hilfe" zur Aufdeckung oder Nachweis eines Doping-Verstoßes gegenüber einer ADO, einer Strafverfolgungsbehörde oder einem Berufs-Disziplinargerichts einen Teil der Sanktion auszusetzen. Wenn ein Athlet vor der Aufforderung zur Probenabgabe oder sonst vor der Notifikation eines Doping-Verstoßes im Ergebnismanagement-Verfahren, also bevor er von einem Verdacht erfährt, ein Geständnis ablegt, kann gemäß Art. 10.7.2 WADA Code die zu verhängende Sperre bis auf die Hälfte oder bei späterem Geständnis gemäß Art. 10.8 WADA Code geringer herabgesetzt werden.

cc) Mehrfachverstöße

Für einen zweiten Doping-Verstoß sieht Art. 10.9 WADA Code eine detaillierte Berechnungsweise für die Sperre vor, während ein dritter Verstoß zu einer lebenslangen Sperre führt.

dd) Annullierung von Wettkampfergebnissen

Neben der zu verhängenden Wettkampfsperre gehört die Annullierung von erzielten Wettkampfergebnissen mit den daraus resultierenden Folgen wie der Aberkennung von Medaillen, Punkten und Preisen zu den Konsequenzen eines Doping-Verstoßes. Ein Doping-Verstoß im Zusammenhang mit einer Wettkampfkontrolle führt gemäß Art. 9 WADA Code automatisch zur Disqualifikation der Ergebnisse dieses Wettkampfs. Weitergehend führt ein Doping-Verstoß, der während oder im Zusammenhang mit einer „Wettkampfveranstaltung" – d. h. wenn eine Reihe einzelner Wettkämpfe gemeinsam von einem Veranstalter durchgeführt werden, also z. B. Olympische Spiele, Welt- oder Kontinental-Meisterschaften, Weltcup-Veranstaltungen – gemäß Art. 10.1 WADA Code i. V. m. den Regeln des Veranstalters in der Regel zur Annullierung aller in diesem Rahmen erzielten Ergebnisse.

Zusätzlich zu diesen Disqualifikationen werden gemäß Art. 10.10 WADA Code alle im Zeitraum zwischen der Probenahme oder der Begehung eines anderen Doping-Verstoßes und der vorläufigen Suspendierung oder dem Beginn einer Sperre erzielten Ergebnisse annulliert. Auf diese Weise wird sichergestellt, dass alle ab dem Moment des Doping-Verstoßes, gerade vor der Suspendierung als erste Konsequenz – oft ein Zeitraum von mehreren Wochen – erzielten Ergebnisse annulliert werden. Das hat erhebliche zusätzliche finanzielle und ideelle Sanktionswirkung, wenn der Athlet in dieser Zeit etwa Olympiasieger oder Weltmeister wurde. Das führt dann zur Neuverteilung von Medaillen und Titeln.

ee) Beginn der Sperre

Im Blick auf die Nicht-Teilnahme an künftigen Sportereignissen ist die Bestimmung des Zeitpunkts, an dem die Sperre zu laufen beginnt, von erheblicher Bedeutung für die Zukunft der gesperrten Athleten. Das ist gemäß Art. 10.13 WADA Code der Tag, an dem die Entscheidung eines erstinstanzlichen Anhörungsgremiums auf nationaler oder internationaler Ebene verkündet wird. Eine Berufung zum CAS hat keine aufschiebende Wirkung.

Gemäß Art. 10.14.2 WADA Code wird die Dauer einer vorläufigen Suspendierung auf die Dauer der zu verhängenden Sperre angerechnet, so dass die verhängte Rest-Sperre zusammen mit dem Zeitraum der Suspendierung der Dauer der für den Doping-Verstoß zu verhängenden Sperre entspricht, aber oft nur als geringere Sperre wahrgenommen wird.

Die Bestimmung des Beginns der Sperre und des Zeitraums der Annullierung der Wettkampfergebnisse sind von erheblicher realer Bedeutung, wenn innerhalb der zehnjährigen Verjährungsfrist des Art. 17 WADA Code durch Nachtests Doping-Verstöße bei manchmal acht Jahre zurückliegenden Olympischen Spielen festgestellt werden.

ff) Status während der Sperre

Während der Sperre – wie auch schon während der vorläufigen Suspendierung – darf ein gesperrter Athlet gemäß Art. 10.14.1 WADA Code weder als Wettkämpfer noch in irgendeiner Funktion als Trainer, Betreuer oder Funktionär an organisierten Wettkämpfen oder an staatlichen Förderungsmaßnahmen teilnehmen. Das gilt auch für Aktivitäten in anderen Sportarten als der vom Athleten beim Doping-Verstoß ausgeübten. Gesperrte Athleten dürfen auch außerhalb von Wettbewerben nicht als Trainer oder Betreuen wirken. Das ist ein vollständiges Berufsverbot im Bereich des Sports. Von Sportorganisationen oder staatlichen Stellen geleistete finanzielle Unterstützung ist nach Art. 10.14.4 WADA Code einzubehalten.

Auch während der Sperre unterliegen gesperrte Athleten weiterhin der Doping-Kontrolle – d. h. den außerhalb von Wettbewerben stattfindenden Kontrollen – und unterliegen der Meldepflicht.

f) Rechtsschutz

Für den Rechtsschutz in Doping-Streitigkeiten greift der WADA Code in Art. 13 auf den Court of Arbitration for Sport („CAS") zurück, der seit 1994 auch und gerade für „appeals" gegen Entscheidungen von Sportverbänden zur Verfügung steht und so seither zur letztinstanzlichen Entscheidung in Doping-Sachen zuständig ist. Der WADA Code wie der Code of Sports-related Arbitration des CAS („CAS Code") sprechen von „appeal". Der NADA Code 2021 benutzt in seinem Art. 13 durchgängig den Terminus „Rechtsbehelf", spricht im „Kommentar" zu Art. 13 aber von „letztinstanzlicher Berufung". In der Sache ist das durch Art. 13 WADA Code und den CAS Code eröffnete Verfahren ein Berufungsverfahren, gegen das es jedoch nicht eine Revison gibt.[19]

Nach dem in Art. 13.1 WADA Code formulierten Grundsatz können alle auf der Grundlage des WADA Code oder von Regelwerken, die gemäß dem WADA Code erlassen wurden, getroffenen Entscheidungen gemäß Art. 13.2–13.4 sowie anderen Vorschriften des WADA Code oder der International-Standards angefochten werden. Die anfechtbaren Entscheidungen werden in Art. 13.2 WADA Code in 14 Kategorien aufgelistet und umfassen jegliche Entscheidungen, die auf dem WADA Code und dessen Durchführungsrecht beruhen und sich auf Doping, auf das Dopingkontroll- und Ergebnismanagement-Verfahren oder Doping-bezogene organisatorische Aspekte der Zusammenarbeit involvierter Sportorganisationen beziehen.

Dafür gibt es zwei Wege der Anfechtung. Wenn es um internationale Spitzenathleten oder die Teilnahme an einem internationalen Wettbewerb geht,

---

[19] Dazu unten IV. 1. b).

ist ausschließlich der CAS zuständig. Für alle anderen, d. h. nicht-internationalen, Fälle sind die von den Nados in ihren Regelwerken bestimmten Rechtsmittel-Instanzen zuständig. In Deutschland können sich Athleten gemäß Art. 13.2.2 NADA Code 2021 entsprechend den von ihnen im Rahmen der Athletenvereinbarungen geschlossenen Schiedsvereinbarungen an ein Schiedsgericht i. S.d §§ 1025 ff. ZPO wenden. Die meisten deutschen Sportverbände haben dafür die Deutsche Institution für Schiedsgerichtsbarkeit, die nach ihrer Sport-Schiedsordnung handelt, eingesetzt.[20]

War bereits der erstinstanzliche Spruchkörper ein Schiedsgericht, ist der CAS für eine Berufung ausschließlich zuständig. Die von den Nados eingesetzten Spruchkörper haben die in Art. 13.2.2 WADA Code vorgegebenen und im ISRM[21] näher ausgeführten Grundsätze eines unparteiischen und fairen Verfahrens zu beachten. Sind solche Spruchkörper auf nationaler Ebene nicht vorhanden, greift die ausschließliche Zuständigkeit des CAS.

Anfechtungsberechtigt sind nach Art. 13.2.3 WADA Code in den internationalen Fällen neben den Parteien des Verfahrens die für den Sport zuständige IF, die Nado des Heimatlandes des Athleten, das IOC und das IPC, wenn die Entscheidung Auswirkungen auf Olympische Spiele haben kann, und die WADA. Damit, vor allem dem Anfechtungsrecht des WADA, werden Doping-Streitigkeiten dem Dunst einzelner Sportorganisationen oder nationaler Rücksichten entzogen. Das Berufungsrecht des WADA hängt nicht, wie für andere Berufungsberechtigte, von der Erschöpfung der internen Rechtsmittel der Beteiligten ab.

In nicht-internationalen Fällen sind dieselben Personen und Organisationen anfechtungsberechtigt. Gemäß Art. 13.2.3.2 gibt es jedoch ein weiteres Rechtsmittel: der einschlägige IF, das IOC und IPC sowie die WADA können gegen die Entscheidung der – nationalen – Rechtsmittel-Instanz den CAS anrufen. Damit wird nationaler Rücksichtnahme vorgebeugt. Art. 13.3 WADA Code eröffnet die Untätigkeitsklage: in Fällen, in denen die verfolgende ADO binnen einer von der WADA gesetzten Frist über einen Doping-Verstoß nicht entscheidet, kann die WADA den CAS anrufen.

g) Auslegung

Nach Art. 26 WADA Code ist dieser autonom, unabhängig und ohne Bezug auf das Recht und die Regelwerke der Signatories auszulegen. Die den Vorschriften beigegebenen „Kommentare“ sind zur Auslegung heranzuziehen. Die in Anhang I des WADA Code enthaltenen Definitionen sowie die dem Code vorangestellten „Zielsetzung, Anwendungsbereich und Organisation“ sind integraler Teile des Code.

---

[20] Siehe unten IV.
[21] Siehe unten I. 3. b).

h) Code-Compliance

Für das Funktionieren des WADA Code als eigenständiges Rechtsinstrument ist die „Code-Compliance" von entscheidender Bedeutung. Art. 24 WADA Code 2021 und der dazugehörige International Standard for Code-Compliance of Signatories („ISCCS")[22] haben im Vergleich zu Art. 23 der früheren Versionen des WADA Code das Instrument der Code-Compliance als Kontrollmechanismus verfahrensrechtlich erheblich ausgebaut und ein ebenso differenziertes wie einschneidendes Sanktionensystem geschaffen. Das ermöglicht es, gegen Doping-Praktiken durch Sportorganisationen und insbesondere ADOs vorzugehen. Die in Art. 2 WADA Code normierten Doping-Tatbestände betreffen allein die individuellen Sportler und Betreuer. Durch Code-Compliance-Verfahren dagegen kann systematisch orchestriertes Doping im Hintergrund aufgedeckt und sanktioniert werden, wie der CAS-Schiedsspruch vom 17. Dezember 2020 im Verfahren WADA gegen die Russische Anti-Doping-Agentur zukunftweisend zeigt.[23] Der neugefasste Art. 24 WADA Code regelt, ergänzt durch den ISCCS, detailliert und umfassend Monitoring und Durchsetzung der Befolgung des WADA Code („Code-Compliance") durch die Signatories.

aa) Verfahren vor der WADA

Grundlage ist das Monitoring durch die WADA auf der Grundlage von Berichten der Signatories. Gelangt die WADA dabei zu der Auffassung, dass ein Verstoß vorliegt, folgt das im ISCCS vorgesehene Verfahren, um den Verstoß abzustellen. Wird dieser nicht abgestellt, notifiziert die WADA dem Signatory förmlich die Nichteinhaltung des WADA Code sowie die möglichen Sanktionen. Die Notifikation und weitere Schritte der WADA werden – anders als in individuellen Doping-Verfahren – öffentlich gemacht.

Erhebt der Signatory keinen Widerspruch, erstarkt die Notifizierung gemäß Art. 24.1.5 automatisch zu einer endgültigen und bindenden Entscheidung, die nach Art. 13.6 WADA Code vor dem CAS angefochten werden kann. Sie wird sofort wirksam.

bb) Verfahren vor dem CAS

Bestreitet der Signatory die Auffassung der WADA, hat diese gemäß Art. 24.1.6 die Sache vor den CAS zu bringen. Dessen Ordinary Arbitration Division („OAD") entscheidet auf der Grundlage des ISCCS. Dabei hat die WADA die Non-Compliance mit überwiegender Wahrscheinlichkeit zu

---

[22] Siehe unten I. 3. c).

[23] CAS, 2020/O/6689, WADA v. Rusada, Schiedsspruch v. 17.12.2020, https://www.tas-cas.org/fileadmin/user_upload/CAS_Award_6689.pdf (abgerufen am 17.3.2021).

beweisen – ein geringerer Beweisstandard als in individuellen Doping-Verfahren. Das CAS-Panel entscheidet über Verstoß, Sanktionen und die Bedingungen für die Wiederaufnahme des Beklagten auf die Liste der code-compliant Signatories. IOC, NOKs und IFs können dem Verfahren beitreten.

Die Entscheidung des CAS, die öffentlich gemacht wird, ist gemäß Art. 24.1.8 WADA Code endgültig und bindend, unbeschadet des Rechts, das Schweizer Bundesgericht anzurufen. Die Entscheidung gilt gemäß Art. 24.1.9 nicht nur inter partes, sondern weltweit und ist von den anderen Signatories anzuerkennen und in ihren Zuständigkeitsbereichen umzusetzen. Streitigkeiten, ob die Bedingungen für die Wiederaufnahme erfüllt sind, sind von der WADA gemäß Art. 24.1.10 ebenfalls dem CAS zu unterbreiten, dessen OAD im gleichen Verfahren wie um die Code-Compliance endgültig und bindend entscheidet.

cc) Sanktionen

Art. 24.1.12 WADA Code stellt einen hochdifferenzierten Katalog möglicher Sanktionen – der Begriff wird vermieden, der Code spricht von „consequences" – zur Verfügung, die unter Berücksichtigung der Schwere der Verstöße gemäß Art. 10 des ISCCS vom CAS zu verhängen sind.

Die Sanktionen reichen von Suspendierung oder Ausschluss von Funktionären von Positionen in der WADA und anderen Sportorganisationen über finanzielle Sanktionen, den Ausschluss von Bewerbungen um und den Entzug bereits vergebener internationaler Wettkampfveranstaltungen, den Ausschluss aus der Olympischen Bewegung, verschärftes Monitoring, der ersatzweisen Wahrnehmung der Anti-Doping-Aktivitäten des sanktionierten Signatory durch einen Dritten – ggf. unter Anwendung von dessen Anti-Doping-Regelwerk – bis zum Ausschluss von der Teilnahme von Funktionären[24] und vor allem Athleten und Betreuern an internationalen Veranstaltungen. Der Ausschluss von Athleten – die ja nicht wegen individueller Doping-Verstöße gesperrt werden – wird, so Art. 24.1.12.4 lit. b WADA Code gerechtfertigt, „um saubere Athleten zu schützen und das Vertrauen der Öffentlichkeit in die Integrität der Wettkämpfe zu bewahren".

Art. 21.1.13 WADA Code schließt nicht aus, dass durch Staaten oder Signatories zusätzliche Sanktionen verhängt werden. Für das Verhältnis von sportverbandsrechtlichem und staatlichem Anti-Doping-Recht ist bezeich-

[24] Aktuelles Beispiel: zur Durchführung der CAS-Entscheidung CAS, 2020/O/668, WADA v. Rusada, Schiedsspruch v. 17.12.2020, hat die IBU durch Beschl. v. 27.1.2021 die durch die CAS-Entscheidung gesperrten russischen Funktionäre von Veranstaltungen und Gremien der IBU und das Zeigen der russischen Flagge und Embleme auch an Athleten zeitweilig ausgeschlossen, IBU Biathlon World Nr. 58/2021, 9.

nend, dass gemäß Art. 24.2 WADA Code die Vertragsstaatenkonferenz der UNESCO-Konvention gegen Doping im Sport[25] die Einhaltung der „commitments reflected in" der UNESCO-Konvention – das sind die Verpflichtungen des WADA Code, die die Konvention den Staaten auferlegt – prüft und nach Konsultation mit der WADA ggf. Verstöße feststellt. Die WADA gibt den Staaten dann Empfehlungen zur Korrektur und Umsetzung des WADA Code durch die Signatories des betroffenen Staates.

3. International Standards

Für die verschiedenen Bereiche des WADA-Codes hat die WADA International Standards („IS") verabschiedet. Sie dienen der Harmonisierung der Anwendung des WADA Code durch die ADOs. Gemäß der „Introduction" zum WADA Code ist „die Befolgung der International Standards [...] zwingende Voraussetzung für die Einhaltung" des WADA Code. Die IS sind somit auf dem Weg über die Code-Compliance rechtlich verbindlich.

a) Ausführung und Ergänzung des WADA Code

Die IS ergänzen die Regeln des WADA Code durch detaillierte Regelungen. Sie werden durch das WADA-Exekutiv-Komitee außerhalb des Verfahrens zur Änderung des WADA Code angenommen und geändert. Sie stellen ausführendes und ergänzendes sekundäres WADA-Recht dar. Die Regelungen des WADA Code, zu denen sie ergangen sind, verweisen jeweils auf die IS.

Auf den Stand des WADA Code 2021 aktualisiert, existieren IS zu allen wesentlichen Bereichen des WADA Code. Zwei von ihnen, ISRM und ISCCS, werden wegen ihrer Bedeutung für den Rechtsschutz in Doping-Sachen unten näher betrachtet werden.

Die WADA-Verbotsliste, die Prohibited List,[26] wird gemäß Art. 4.1 WADA Code alljährlich als IS erlassen und publiziert. Sie identifiziert die verbotenen Substanzen und verbotenen Methoden in verschiedenen Kategorien und bildet so den Kern des globalen Anti-Doping-Rechts. Verbotene Substanzen und Methoden begründen gemäß Art. 4.4.1 WADA Code nicht einen Doping-Verstoß, wenn eine medizinische Ausnahmegenehmigung („Therapeutic-Use Exemption, TUE") vorliegt. Dazu regelt der IS for TUE („ISTUE")[27] die materiellen und verfahrensmäßigen Einzelheiten.

---

[25] Siehe unten III. 2. c) dd).

[26] Prohibited List 2021 (Fn. 14).

[27] ISTUE, Stand 1.1.2021, https://www.wada-ama.org/en/resources/therapeutic-use-exemption-tue/international-standard-for-therapeutic-use-exemptions-istue (abgerufen am 17.3.2021).

Art. 5 WADA Code regelt die Dopingkontrollen. Der IS for Testing and Investigation („ISTI“)[28] sieht die Einzelheiten von der Planung über die Durchführung der Kontrollen bis zum sicheren Transport der Doping-Proben ins Labor vor. Für den Nachweis von Doping-Verstößen in Form des Vorhandenseins verbotener Substanzen im Körper gemäß Art. 2.1 WADA Code ist die Analyse durch WADA-akkreditierte Labors entscheidend. In Ausführung von Art. 6.4, 6.6 und 6.7 WADA Code regelt der IS for Laboratories („ISL“)[29] die Akkreditierung – und deren Entzug – der Labore und – in allen technischen Einzelheiten ergänzt durch Technical Documents – die Durchführung der Analyse der A- und der B-Proben, die Sicherheit und Integrität der Analyse, die Notifikation der Ergebnisse. Dieser IS enthält einen eigenen Code of Ethics für die Labore. Die Einhaltung des IS for Laboratories ist das zentrale Element für Beweisstandards und Beweislastverteilung.[30]

Das Anti-Doping-Recht greift tief in die Persönlichkeitsrechte der Athleten ein: von der Verpflichtung, im Voraus über den Aufenthalt zu informieren und für unangemeldete Kontrollen zur Verfügung zu stehen – Meldepflicht – über die Preisgabe des körperlichen Zustands durch die zu analysierenden Doping-Proben und den biologischen Athletenpass bis zum Umgang mit angenommenen Doping-Verstößen, deren Bekanntwerden rufschädigend ist. Art. 14 WADA Code sieht daher Regeln zum Umgang mit persönlichen Daten vor und wird gemäß Art. 14.6 ergänzt durch den IS for the Protection of Privacy and Personal Information („ISPPI“)[31]. Der ISPPI wurde für die Version 2021 tiefgreifend revidiert, um den Anforderungen der EU-Datenschutz-Grundverordnung zu entsprechen.

In Ergänzung zu Art. 18 WADA Code legt der IS for Education („ISE“)[32] Grundsätze fest, nach denen die Athleten und andere betroffene Personen durch die ADOs Anti-Doping-Information und -Schulung im jeweiligen kulturellen Kontext erhalten sollen. Das ist die Grundlage für die disziplinarrechtliche Verantwortung der Athleten.

---

[28] ISTI, Stand 1.1.2021, https://www.wada-ama.org/en/resources/world-anti-doping-program/international-standard-for-testing-and-investigations-isti (abgerufen am 17.3.2021).

[29] ISL, Stand 1.1.2021, https://www.wada-ama.org/en/resources/laboratories/international-standard-for-laboratories-isl (abgerufen am 17.3.2021).

[30] Siehe oben I. 2. b).

[31] ISPPPI, Stand 1.1.2021, https://www.wada-ama.org/en/resources/data-protection/international-standard-for-the-protection-of-privacy-and-personal (abgerufen am 17.3.2021).

[32] ISE, Stand 1.1.2021, https://www.wada-ama.org/en/resources/the-code/international-standard-for-education-ise (abgerufen am 17.3.2021).

b) International-Standard-for-Results-Management

Die Gesamtheit der Normen des WADA Code über Doping-Kontrolle und -Verfahren wird durch IS ergänzt: die Verbotsliste, ISTUE, ISTI, ISL, ISRM und übergreifend der ISPPI. Der International Standard for Results Management („ISRM“)[33] ist dabei verfahrensrechtlich der wichtigste der IS.

Doping-Verstöße führen im Regelfall zu einem Ausschluss vom Sportbetrieb für vier Jahre. Das bedeutet für Leistungssportler den Verlust von Einnahmen aus Wettkämpfen und Werbe- und Sponsorenverträgen sowie an ideeller Reputation und kommt einem befristeten Berufsverbot gleich. Das Sanktionensystem muss daher höchsten, auch verfahrensrechtlichen, rechtsstaatlichen Maßstäben genügen.

Auf der Ebene der Sportverbände als ADOs ist das Ergebnismanagement-Verfahren der entscheidende Schauplatz für die rechtliche Qualität des Verfahrens – gefolgt vom Berufungsverfahren vor dem CAS. Die bedeutsamste Neuerung im WADA Code 2021 ist die Verbesserung des Ergebnismanagement-Verfahrens. Nach der Definition des Art. 3.1 ISRM umfasst das Ergebnismanagement-Verfahren nunmehr den Zeitraum von der Notifikation eines positiven Analyseergebnisses oder eines anderen Doping-Verstoßes über die Entscheidung der ADO, dass ein Doping-Verstoß vorliegt, bis zur endgültigen Entscheidung, d. h. bis zum Ende des erstinstanzlichen Anhörungsverfahrens oder des Berufungsverfahrens. Das Verfahren ist vertraulich und soll binnen 6 Monaten abgeschlossen sein.

Mit dem WADA Code 2021 wurde das Ergebnismanagement-Verfahren neu organisiert. Es wurde zu einem kontradiktorischen Verfahren ausgebaut und stärker formalisiert, die Beteiligung der Athleten verstärkt, rechtsstaatliche Prinzipien inkorporiert, die Entscheidung der verfolgenden Sportorganisation formalisiert und die erste Anhörung als erstinstanzliches Verfahren vor „operationell“ unabhängigen Gremien ausgestaltet und in das Ergebnismanagement einbezogen. In Ausführung von Art. 7, Art. 8 und Art. 13 WADA Code wird im ISRM neben dem verwaltungsmäßigen Ergebnismanagement auch die erste Doping-Anhörung und das Recht zur Berufung mit einbezogen und rechtsstaatlich durchnormiert.

Der ISRM und seine Anhänge sind zwar verbindlich, Abweichungen vom ISRM machen vorbehaltlich Art. 3.2.3 WADA Code Analyseergebnisse oder andere Beweismittel für einen Doping-Verstoß jedoch nicht unwirksam und begründen nicht eine Einwendung gegen einen Doping-Verstoß. Abweichungen können allerdings Konsequenzen hinsichtlich der Code-Compliance haben.[34] Die „Kommentare“ zu Vorschriften des ISRM dienen deren

[33] ISRM, Stand 1.1.2021, https://www.wada-ama.org/en/resources/the-code/international-standard-for-results-management-isrm (abgerufen am 17.3.2021).

[34] Siehe unten I. 3. c).

Auslegung. Generell ist der ISRM gemäß seines Art. 3.7.2 im Licht des Verhältnismäßigkeitsprinzips, der Menschenrechte und anderer Rechtsprinzipien auszulegen und anzuwenden.

Nach dem ISRM gliedert sich das Ergebnismanagement-Verfahren in zwei Abschnitte: die pre-adjudication-Phase und die adjudication-Phase, was sich mit Vorverfahren und Spruch- oder Anhörungs-Verfahren übersetzen ließe.

aa) Vorverfahren

Art. 5.1 ISRM regelt im Detail die Erstüberprüfung bei einer positiven Laboranalyse: ob eine medizinische Ausnahmegenehmigung vorliegt, ob eine Abweichung vom IS for Laboratories stattgefunden hat, die das positive Ergebnis verursacht haben könnte oder ob die gefundene Substanz auf erlaubte Weise in der Körper gelangt ist. Weiter wird der Inhalt der Notifikation an den Athleten festgelegt, insbesondere das Recht, die B-Probe analysieren zu lassen, und Einzelheiten dazu sowie das Recht, eine Erklärung abzugeben.

Art. 5.2 ISRM regelt die Erstüberprüfung im Fall „atypischer" Laborergebnisse, die weitere Untersuchungen erforderlich machen, und bei anderen Doping-Verstößen wie Verstößen gegen die Meldepflicht oder Auffälligkeiten im biologischen Athleten-Pass. Wenn die ADO nach der ersten Prüfung überzeugt ist, dass ein Doping-Verstoß vorliegt, notifiziert sie das dem Athleten („letter of charge"), dessen Einzelheiten Art. 7.1 ISRM vorschreibt.

bb) Anhörungsverfahren

Damit tritt das Verfahren in die adjudication-Phase ein, die zunächst aus der Anhörung und der daraus folgenden Entscheidung besteht. Art. 8 WADA-Code 2021 und Art. 8 ISRM regeln dieses erstinstanzliche Verfahren im Einzelnen und sehen deutlich verbesserte rechtliche Standards für die Entscheidung von Doping-Streitigkeiten vor.

Zwei wesentliche Aspekte: Die ADOs müssen ihre Zuständigkeit, über Doping-Verstöße zu verhandeln und zu entscheiden, Spruchkörpern übertragen, die zwar institutionell Teil der IF, des IOC oder anderer ADOs sind, jedoch „operationell unabhängig" agieren. Daraus folgt notwendigerweise, dass die ADO in diesem Verfahren Partei ist. Es findet ein kontradiktorisches Verfahren zwischen ADO und Athlet statt.

Die Spruchkörper können – und das wird die Regel sein – im institutionellen Rahmen der IFs, des IOC oder anderer ADOs angesiedelt sein, müssen aber gemäß Art. 8.6 und 8.7 ISRM „operationell unabhängig" sein und die ADOs müssen ihnen angemessene Ressourcen zur Verfügung stellen, damit sie ihre Aufgabe effektiv und unabhängig erfüllen können. Schon vor 2021 gab es mit dem Anti-Doping Hearing Panel der IBU von 2009 bis 2019 und gibt es seit 2019 mit dem Disciplinary Tribunal der WA bereits solche operationell unabhängigen Spruchkörper.[35]

Die Spruchkörper müssen aus einem größeren Pool von Mitgliedern bestehen, die rechtliche, sportliche, medizinische oder wissenschaftliche Erfahrung in der Bekämpfung von Doping haben. Eine unabhängige Person oder Einrichtung bestimmt Größe und Zusammensetzung der Spruchkörper („Panel"), die die einzelnen Fälle entscheiden. Die unabhängige Person kann – und wird in aller Regel – der Vorsitzende des Pools sein. Die ernannten Panel-Mitglieder müssen eine Erklärung über ihre Unabhängigkeit abgeben, ihre Ernennung kann angefochten werden. Auch Anhörungsverfahren auf nationaler Ebene werden von Art. 8 und Art. 9.1 ISRM erfasst und müssen institutionell unabhängig von den ADOs sein.

Art. 8.8 ISRM schreibt für das Anhörungs-Verfahren Minimal-Standards vor: ein faires, unparteiliches und unabhängiges Verfahren; es muss zugänglich und bezahlbar sein und innerhalb angemessener Zeit durchgeführt werden; das Recht, über den Doping-Vorwurf unterrichtet zu werden, anwaltlich vertreten zu sein und Zugang zu den Beweisen zu haben und Beweise vorzulegen; das Recht, schriftlich und mündlich vorzutragen, Zeugen zu benennen und zu befragen; das Recht auf einen Dolmetscher sowie das Recht, eine mündliche Verhandlung zu verlangen. Sogar ein Ablaufplan für das Verfahren wird vorgeschlagen. Art. 9 ISRM legt fest, welche Aspekte die Entscheidungen der Spruchkörper ansprechen müssen: seine Zuständigkeit, das anwendbare Recht, der Sachverhalt, der Doping-Verstoß, der begangen wurde oder nicht, die Sanktionen und Wege und Frist für die Berufung.

Art. 13 WADA Code regelt den Weg zu letztinstanzlichen Berufungsverfahren in Doping-Sachen – vor allem vor dem CAS. Art. 10 ISRM legt dafür Grundsätze fest. Art. 10.3 ISRM enthält Regeln für die Verweisung von Verfahren an den CAS und sogar Anforderungen an dessen Entscheidungen.

c) International Standard for Code-Compliance by Signatories

In Ausführung von Art. 24 WADA Code regelt der International Standard for Code-Compliance by Signatories („ISCCS")[36] im Detail die Zuständigkeiten der beteiligten Organe, die verschiedenen Verfahren, die Verhängung von Sanktionen und die Bedingungen für die Wiedereinsetzung sanktionierter Sportorganisationen. Dabei wird wie schon in Art. 24 WADA Code deutlich: das Code-Compliance-Verfahren zielt in erster Linie darauf, die

[35] Anti-Doping Hearing Panel, Art. 8; IBU Anti-Doping Rules 2014, IBU (Hrsg.), IBU Rules 2016, seit 2019 an CAS ADD delegiert; zum Disciplinary Tribunal der WA siehe unten II. 2. a).

[36] ISCCS, Stand 1.1.2021, https://www.wada-ama.org/en/resources/code-compliance/international-standard-for-code-compliance-by-signatories-isccs (abgerufen am 17.3.2021).

Signatories zu unterstützen, sich code-compliant zu verhalten, ggf. Verstöße abzustellen, so Art. 6 ISCCS, und den Sanktionsmechanismus nur als letztes Mittel einzusetzen („principle of last resort", Art. 5, Art. 9.4.3 ISCCS). Die Signatories sind gemäß Art. 20 und 12 WADA Code für die Code-Compliance ihrer Untergliederungen verantwortlich.

Die Aufgaben der WADA und des CAS werden deutlich getrennt. Die WADA überwacht und untersucht die Compliance und teilt ggf. ihre Auffassung mit, dass ein Compliance-Verstoß vorliege. Allein der CAS entscheidet dann in einem kontradiktorischen Verfahren, ob ein Verstoß vorliegt, und verhängt ggf. Sanktionen. Anders als in individuellen Doping-Verfahren, in dem der Schutz persönlicher Daten eine große Rolle spielt, werden die wesentlichen Schritte öffentlich gemacht.

Das fortlaufende Monitoring erfolgt durch die WADA, vor allem durch deren Compliance Taskforce. Art. 7 ISCCS regelt Verfahren und die zur Verfügung stehenden Mittel: Fragebögen, Prüfung vor Ort, unabhängige Beobachter bei Veranstaltungen, Zusammenarbeit mit UNESCO, Europarat und anderen internationalen Organisationen. Art. 8 ISCCS gibt in diesem Stadium Gelegenheit, Verstöße abzustellen und so Konsequenzen zur vermeiden und den Fall abzuschließen.

Ist das nicht der Fall, untersucht gemäß Art. 9 ISCCS das Compliance Review Committee („CRC") der WADA unabhängig. Gelangt dieses zur Auffassung, dass ein Verstoß vorliegt, richtet es eine Empfehlung an das WADA Executive Committee. Diese Empfehlung kann das Executive Committee verwerfen oder annehmen. In diesem Fall beschließt es die formelle Notifikation des Verstoßes an den betroffenen Signatory. Das ist die letzte Gelegenheit, den Verstoß ohne Konsequenzen zu korrigieren.

Geschieht das binnen 21 Tagen nicht, unterbreitet die WADA den Streit dem CAS zur Entscheidung durch die Ordinary Arbitration Division. Art. 9.4 ISCCS sieht für dieses Verfahren neben dem CAS Code besondere Regelungen vor, u. a. zur Zusammensetzung des Panels und zur Beweislast. Art. 10 ISCCS gibt Kriterien für die Verhängung von Sanktionen durch den CAS vor: Art und Schwere des Verstoßes und dessen Auswirkungen auf den Sport und dessen öffentliche Wahrnehmung sowie erschwerende oder besondere Umstände und in Art. 10.2.6 ISCCS besonders im Blick auf sog. „neutrale" Athleten, die bei Wettkämpfen nicht mit den Emblemen einer gesperrten Sportorganisation antreten dürfen.

4. International Testing Agency und CAS Anti-Doping Division

Art. 20 WADA Code erlaubt es den ADOs, Teile des Dopingkontrollverfahrens vertraglich an Dritte zu delegieren. Die delegierende Organisation bleibt jedoch in vollem Umfang für die Einhaltung des WADA Code verantwortlich. Davon machen die Sportorganisationen zunehmend Gebrauch.

Die Errichtung der International Testing Agency („ITA")[37] und der CAS ADD haben zum Ziel, die Verfolgung von Doping-Verstößen von der Kontrolle bis zur endgültigen Entscheidung durch des CAS den Sportorganisationen – unter Wahrung deren rechtlicher Verantwortung und Zurechnung – zu entziehen und Institutionen zu übertragen, die unabhängig von Interessen der Sportorganisationen agieren können. Damit soll Kritik entkräftet und Vertrauen in die Bekämpfung des Dopings zurückgewonnen werden.

Auf vertraglicher Grundlage nimmt die ITA die Doping-Kontrolle und das Ergebnismanagement z. B. für und im Namen des IOC wahr. Wenn am Ende des Ergebnismanagement-Verfahrens ein Doping-Verstoß festgestellt wird, wird die ITA den Fall im Namen des IOC vor die Anti-Doping Division des CAS („CAS ADD") bringen, die wie die ITA am Ort der Spiele präsent ist. Neben dem IOC haben eine Reihe internationaler und nationaler Sportorganisationen die ITA beauftragt und sich teils auch dem CAS ADD angeschlossen.

III. Das Anti-Doping-Recht der Sportverbände

Die Sportorganisation haben gemäß Art. 23.2.1 WADA Code diesen in ihren Statuten und Regelwerken für ihre jeweiligen Zuständigkeitsbereiche umzusetzen. Art. 23.2–23.4 nennen nähere Anforderungen. Erst in Form der Regelwerke der Signatories werden die Regeln des WADA Code unmittelbar für die Athleten und andere Personenkreise verbindlich und anwendbar. Die Übereinstimmung („compliance") dieser Regelwerke mit dem WADA Code wird von der WADA gemäß Art. 23.5 WADA Code überprüft. Beispielhaft werden Anti-Doping-Regelwerke der wichtigsten Kategorien der Signatories, des IOC für die Olympischen Spiele und zweier IFs für ihre Sportarten skizziert.

1. Anti-Doping Rules des IOC

Die Olympic Charter („OCh") des IOC ist ein Gravitationszentrum des Sportrechts. Regel 1 OCh definiert den Geltungsbereich der OCh unter Zuhilfenahme des Begriffs „Olympische Bewegung". Diese umfasst alle Organisationen, Athleten und andere Personen, „die bereit sind, sich von der

---

[37] Die ITA wurde im Januar 2019 als Stiftung Schweizer Rechts mit Sitz in Lausanne gegründet. Sie bietet den für die Doping-Kontrolle zuständigen Organisationen an, im Wege vertraglicher Delegation deren Zuständigkeiten wahrzunehmen.

Olympischen Charta leiten zu lassen“[38] („agree to be guided“). Die „Säulen“ der Olympischen Bewegung sind das IOC, die IFs und die NOKs, und weiter gehören die den IFs und den NOKs zugehörigen Verbände, Klubs sowie die Athleten, Schiedsrichter, Betreuer, Funktionäre etc. der Olympischen Bewegung an.

Die Zugehörigkeit zur Olympischen Bewegung wird durch Vereinbarung, ggf. in vielen Stufen von unten nach oben, begründet und im Ergebnis, so Regel 1.4 OCh, sind alle Personen und Organisationen, die zur Olympischen Bewegung gehören, dann an die OCh und die auf deren Grundlage vom IOC erlassenen Regelwerke und Entscheidungen gebunden.[39]

Die 1981 beschlossene Streichung des Amateur-Paragrafen zugunsten einer Neuregelung, die die dopingfreie Sportausübung zur Zulassungsvoraussetzung machte, steht am Beginn des Anti-Doping-Rechts. Die heutige Zulassungsregel der Regel 40 OCh sieht vor, dass die Einhaltung der OCh und des WADA Code Voraussetzung für die Teilnahme an Olympischen Spielen ist. Regel 43 OCh schreibt darüber hinaus generell vor, dass die Einhaltung des WADA Code für die gesamte Olympische Bewegung verbindlich ist. Damit wird den Signatories des WADA Code für den olympischen Bereich eine zusätzliche, eine olympische, Verpflichtung auferlegt, den WADA Code umzusetzen.

Seit dem Inkrafttreten des WADA Code zu den Olympischen Winterspielen 2006 in Turin hat das IOC für jede Auflage der Olympischen Spiele und Olympischen Winterspiele Anti-Doping Rules („ADR“) erlassen. Die neueste Fassung der IOC-ADR gilt für die auf 2021 verschobenen Olympischen Sommerspiele 2020 in Tokio[40]. Dieses Regelwerk beruht auf den WADA Model Rules for Major Events Organizations,[41] enthält aber, in Übereinstimmung mit Art. 20 WADA Code sowie ISTI und ISRM, Besonderheiten, die in die Zukunft des Anti-Doping-Rechts weisen. Das IOC ist und bleibt die unter dem WADA Code verantwortliche Anti-Doping-Organisation („ADO“) für die Olympischen Spiele, delegiert aber, wie schon erstmalig bei den Olympischen Winterspielen 2018 in Pyeongchang, seine Zuständigkeit für Doping-Kontrolle und Ergebnismanagement an die International Testing Agency.[42]

---

[38] Übersetzung: *Vedder/Lämmer*, in: Fritzweiler/Pfister/Summerer (Hrsg.), Praxishandbuch Sportrecht, 2014, 947.

[39] *Vedder*, in: Voynikow (Hrsg.), Liber Amicorum Dietrich Rausching, 2022.

[40] IOC Anti-Doping Rules applicable to the Games of the XXXII Olympiad Tokyo 2020 vom 11.7.2019, https://stillmedab.olympic.org/media/Document%20Library/OlympicOrg/Games/Summer-Games/Games-Tokyo-2020-Olympic-Games/Anti-Doping-and-Medical-Rules/IOC-Anti-Doping-Rules-Tokyo-2020.pdf (abgerufen am 17.3.2021).

[41] WADA Model Rules, https://www.wada-ama.org/en/resources/world-anti-doping-program/2021-model-rules-for-major-events-organizations (abgerufen am 17.3.2021).

[42] Siehe oben I. 4.

2. Anti-Doping Regulations der IFs

Art. 20.3 und Art. 23 WADA Code bestimmen die Aufgaben der IFs unter dem WADA Code und deren Verpflichtung zur Umsetzung des WADA Code für ihre Zuständigkeitsbereiche. Die von den IFs erlassenen Anti-Doping-Regelwerke („ADR“) gelten für deren außerolympischen Aktivitäten. Die ADR der IFs müssen nach deren Statuten von den Nationalen Verbänden („NF“) der jeweiligen Sportart in deren Regelwerke inkorporiert werden und gelten dann auf nationaler Ebene für die den NFs unterliegenden Sportler. Sie sind im Lichte des WADA Code auszulegen.

Das sei am Beispiel zweier großer IFs – der IAAF/WA für die Sommersportart Leichtathletik und der IBU für die Wintersportart Biathlon – skizziert. Beide Verbände haben sich 2019 gründlich erneuerte Statuten und Regelwerke gegeben, die für andere IFs beispielgebend sein können.

a) Die Anti-Doping Rules der World Athletics

Der Internationale Leichtathletik-Verband IAAF war Vorreiter im globalen Anti-Doping-Recht. Seit Beginn der 80er Jahre hatte die IAAF ein Anti-Doping-Regelwerk und seit 1984 ein eigenes, de facto unabhängiges Arbitration Panel,[43] das bestand, bis die IAAF sich 2002 der Schiedsgerichtsbarkeit des CAS anschloss.

Als Reaktion auf einen Komplex von Skandalen, die auch die Vertuschung von Doping-Verstößen betrafen und den Präsidenten einbezogen, hat sich die IAAF unter einem neuen Präsidenten 2019 ein neues Regelwerk[44] und den neuen Namen World Athletics („WA“) gegeben. Als erste IF hat die WA das Anti-Doping-Recht mit den erst vor etwa 15 Jahren im Sport entstandenen Verhaltensregeln der „Ethik“-Kodizes, durch die regelwidriges Verhalten außerhalb von Doping sanktioniert wird, verfahrensrechtlich verbunden und deren Verfolgung einer Integrity Unit anvertraut, die innerhalb der WA „operationell“ unabhängig agiert.

Materiell-rechtlich gibt es aber weiterhin separat den Integrity Code of Conduct, der Verstöße gegen die „ethischen“ Verhaltensregeln durch Mitglieder, Funktionäre und Bedienstete der WA sanktioniert, und die Anti-Doping Rules der WA, die Fehlverhalten von Athleten und Betreuern ahnden. Die WA-ADR geben in ihren Anhängen die WADA-Verbotsliste und die anderen IS als solche wieder.

---

[43] *Tarasti*, Personal Experiences on the history of Sports Law, Swedish Sports Law Association, Artikelsamling 2020, 35; *Vedder*, in: Blackshaw/Siekman/Soek (Hrsg.), The Court of Arbitration for Sport 1984–1994, 2006, 266.

[44] World Athletics Book of Rules 2021, https://www.worldathletics.org/about-iaaf/documents/book-of-rules (abgerufen am 17.3.2021); hier finden sich die im Folgenden herangezogenen Regelwerke.

Gemäß Regel 70ff. der WA Constitution wurde eine Athletics Integrity Unit („AIU“) geschaffen, deren Aufgabe es ist, Doping-Kontrollen durchzuführen und Doping-Verstöße sowie Verstöße gegen den Integrity Code of Conduct der WA unabhängig zu untersuchen und zu verfolgen. Die Zusammensetzung der AIU folgt einem aufwendigen Verfahren, das deren Unabhängigkeit sichern soll. Die AIU besteht aus 7 Mitgliedern: 5 von ihnen sind von der WA unabhängige Personen und 2 Mitglieder sind mit der WA verbunden, haben aber kein Stimmrecht. Die AIU ist zwar Teil der WA, arbeitet jedoch „operationell“ völlig unabhängig von den der WA im Übrigen: eigener Sitz, getrennte Kommunikationswege, eigener Staff unter der Leitung eines eigenen Managers, im Detail geregelt in den Athletics Integrity Unit Rules.

Gemäß Regel 76 der WA Constitution wurde ein ebenfalls „operationell“ unabhängiges Disciplinary Tribunal errichtet, das erstinstanzlich über Verstöße gegen die Anti-Doping-Regeln und gegen die Verhaltensregeln schiedsgerichtlich entscheidet.[45] Das Disciplinary Tribunal besteht aus 25 von der WA unabhängigen Personen. Die WA behält das Disciplinary Tribunal bei und hat die erstinstanzliche Zuständigkeit in Doping-Verfahren nicht dem CAS ADD übertragen. Als die größte IF außerhalb des Fußballs hat die WA viele Doping-Verfahren zu bewältigen und dabei ist Expertise in der Leichtathletik bei den Mitgliedern des Disciplinary Tribunal von Vorteil.

Der Anti-Doping Code des Deutschen Leichtathletik-Verbandes[46] inkorporiert den NADA Code und die ADR der WA in ihren jeweils geltenden Fassungen, ergänzt diese um eigene Verfahren und Organe und setzt das Deutsche Sportschiedsgericht zur Streitschlichtung ein.

b) Anti-Doping Regulations der IBU

Im Rahmen der Revision ihres Regelwerks hat sich die International-Biathlon-Union („IBU“) 2019 nach dem Vorbild der IAAF/WA einen Integrity Code[47] gegeben und ihre ADR in diesen integriert und dessen Anwendung damit auch der neu geschaffenen Biathlon Integrity Unit („BIU“) übertragen.

Die BIU ist eine von den anderen Organen der IBU operationell unabhängige Institution zur Verfolgung von Ethik- und Doping-Verstößen.[48] Gemäß Art. 30 IBU Constitution und Kapitel E des Integrity Code ist die BIU für

---

[45] Disciplinary Tribunal Rules of Procedure (Fn. 44).

[46] Anti-Doping Code i. d. F. v. 18.4.2019, https://www.leichtathletik.de/fileadmin/user_upload/12_Service/Wettkampforganisation/01_Bestimmungen_Satzung_Vordrucke/DLV-Satzungen_Ordn/ADC_2019.pdf (abgerufen am 17.3.2021).

[47] IBU (Hrsg), IBU Rules, 2019, Nr. 02.

[48] Art. 28, 29 IBU Constitution, IBU Rules 2019, Nr. 01.

die Untersuchung und Verfolgung von Doping-Verstößen zuständig und bringt, wenn Athleten gegen die Entscheidung der BIU Widerspruch einlegen, den Streit vor die CAS ADD. Zuvor hatte die IBU 2009 als eine der ersten IFs ein de facto unabhängiges Anti-Doping Hearing Panel eingesetzt, das bis zur Schaffung der BIU 2019 erstinstanzlich doping-bezogene Verfahren der IBU gegen Athleten schiedsgerichtlich entschied.[49]

Mit der neuen Struktur folgt die IBU dem Trend, die Untersuchung und Verfolgung von Doping-Verstößen den Organen der Sportorganisationen zu entziehen und durch operationell unabhängige Institutionen innerhalb der Organisation wahrnehmen zu lassen und zugleich Doping-Verstöße und Verstöße gegen die Ethik-Kodizes verfahrensrechtlich zusammenzufassen.

Die Anti-Doping-Ordnung 2021 des in Deutschland auch für Biathlon zuständigen Deutschen Skiverbandes[50] inkorporiert wörtlich den NADA Code 2021.

3. Nationale Anti-Doping-Organisationen

Die Nationalen Anti-Doping-Organisationen („Nado“) gehören gemäß Art. 23.1.1 WADA Code zu den Signatories, die den WADA Code gemäß Art. 32.2.1 für ihre jeweiligen Zuständigkeitsbereiche durch ihre Regelwerke umzusetzen haben. Art. 23.5 WADA Code verlangt, dass die Nados unabhängig operieren und definiert die Aufgaben der Nados unter dem Code. Auch die UNESCO-Konvention verpflichtet die Staaten, die Unabhängigkeit der Nados zu respektieren. In diesem Rahmen können die Aufgaben der Nados allerdings durchaus verschieden ausgestaltet werden, wie die deutschen und österreichischen Nationalen Anti-Doping-Agenturen („NADA“) zeigen.

a) NADA Code

In Deutschland wurde die Nationale Anti-Doping Agentur Deutschland („NADA“) 1999 als Stiftung gegründet. Ihre wesentliche Aufgabe ist es, den WADA Code in Form des Nationalen Anti-Doping Code („NADA Code“) für Deutschland umzusetzen.[51] Art. 1–17 des WADA Code werden teils wörtlich – in deutscher Übersetzung – übernommen und den deutschen Verhältnissen im Sport angepasst. Der NADA Code ist, wie alle nationalen Umsetzungen, von der WADA geprüft und als „code-compliant“ anerkannt worden.

---

49 Anti-Doping Hearing Panel (Fn. 35).

50 DSV Anti-Doping-Ordnung, 2021, https://www.deutscherskiverband.de/ueber_uns_anti-doping_regelwerke_de,488.html (abgerufen am 17.3.2021).

51 NADA (Hrsg.), Nationaler Anti-Doping Code 2021, 2020.

Die NADA nimmt für die deutschen nationalen Sportverbände die Aufgaben einer ADO unter dem WADA Code von der Dopingkontrolle bis zum Ergebnismanagement wahr und tritt als Kläger vor dem Deutschen Sportschiedsgericht[52] auf. Der durch die privatrechtliche NADA erlassene NADA Code ist Ausdruck der in Deutschland dem Sport überlassenen Autonomie. Daher ist es, anders als in Österreich, nicht erforderlich, den WADA Code gesetzlich umzusetzen.

b) NADA Austria

Im Gegensatz zur Situation in Deutschland gibt es keinen von der NADA Austria erlassenen nationalen Anti-Doping Code. Vielmehr wird der WADA Code durch das österreichische Anti-Doping-Bundesgesetz („ADGB") umgesetzt.[53] NADA Austria veröffentlicht auf ihrer Website den WADA Code 2021 als „geltend".[54] Gemäß § 5 Abs. 4 ADGB nimmt die NADA Austria als unabhängige Dopingkontrolleinrichtung u. a. die Dopingkontrolle und Verfolgung von Doping-Verstößen wahr.

4. Athletenvereinbarungen

Die vertikale Bindungswirkung der Anti-Doping-Regelwerke vom WADA Code über die ADR der IFs oder des IOC und der NFs für die individuellen Athleten wird üblicherweise, so auch in Deutschland, durch zwischen den NFs und den Athleten geschlossene Athletenvereinbarungen vertraglich abgesichert. Diese jährlich zu verlängernden Athleten- oder Lizenzvereinbarungen sehen detailliert vor,[55] dass der Athlet die Statuten und insbesondere die Anti-Doping-Regelwerke der einschlägigen IF und NF sowie den WADA Code und den NADA Code in ihren jeweils gültigen Fassungen anerkennt und den Sport entsprechend diesen Regelwerken ausüben wird. Ausdrücklich und im Detail erklärt sich der Athlet mit der Durchführung der Dopingkontrollen, dem Umgang mit den Proben und persönlichen Daten einverstanden.

Weiter erklärt der Athlet, sich „den Strafen zu unterziehen, die mir gegenüber ausgesprochen werden, und Berufungen und Rechtsstreitigkeiten ausschließlich" vor das Deutsche Sportschiedsgericht und den CAS „als ein-

---

[52] DIS-Sport-Schiedsgerichtsordnung i. d. F. v. 1.4.2016, https://www.dis-sportschiedsgericht.de/werkzeuge-und-ressourcen/sportschiedsordnung (abgerufen am 17.3.2021).

[53] Siehe unten III. 3. b).

[54] NADA Austria Website: https://www.nada.at/de/recht/welt-anti-doping-code (abgerufen am 17.3.2021).

[55] So z. B. in der Lizenzvereinbarung, der „Verpflichtungserklärung" und der „Schiedsvereinbarung" des Bundes Deutscher Radfahrer.

zige kompetente Berufungsinstanz – und als letzte Instanz unter Ausschluss des ordentlichen Rechtswegs vor den Zivilgerichten" zu bringen. Diese Verpflichtung wird in vielen deutschen Sportverbänden durch eine jährlich zu schließende separate „Schiedsvereinbarung" wiederholt. Diese Schiedsvereinbarungen sind zwischen Athleten und ihren Verbänden umstritten.[56]

IV. Anti-Doping-Recht der Staaten

Das von den Sportorganisationen auf privatrechtlicher Basis mit weltweitem Geltungsanspruch geschaffene Anti-Doping-Recht, einschließlich Rechtsschutz durch Schiedsgerichtsbarkeit, ist auf die Mitwirkung der Staaten angewiesen. Staatliches Recht muss sich für das verbandliche Anti-Doping-Recht öffnen, es absichern und ergänzend verstärken. Als eine der größten gesellschaftlichen Aktivitäten können die Staaten den Sport – bei aller Anerkennung von dessen Autonomie – nicht einfach sich selbst überlassen. Wohl bisher einmalig und vielleicht auch modellhaft ist die gegenseitige Durchdringung der privatrechtlichen und staatlichen Ebenen, die im Zusammenspiel von WADA Code und der UNESCO-Konvention gegen Doping im Sport stattfindet.

1. Anti-Doping-Konvention des Europarats

Bereits 10 Jahre vor der Gründung der WADA hat der Europarat im November 1989 das Europäische Übereinkommen gegen Doping und 2002, parallel zur Ausarbeitung des WADA Code, das Zusatzprotokoll angenommen[57] und damit den Weg zur UNESCO-Konvention bereitet. Die Europarats-Konvention ist die erste völkerrechtliche Vereinbarung gegen Doping, tritt aber hinter der späteren weltweiten UNESCO-Konvention, deren Regelungsgehalt sie bereits teilweise vorwegnimmt, zurück.

Die Konvention dient der Gesundheit, der geistigen und körperlichen Entwicklung und insbesondere den ethischen Werten, wie sie in der OCh und der UNESCO-Charta für Leibeserziehung und Sport von 1978 zum Ausdruck kommen, sowie den von den internationalen Sportorganisationen angenommenen Vorschriften gegen Doping und sieht Staat und Sportorganisationen in „einander ergänzender Verantwortung im Kampf gegen Doping".

---

[56] Siehe unten IV. 7. und IV. 8.

[57] Europäisches Übereinkommen gegen Doping v. 16.11.1989, BGBl. 1994 II 334; in Kraft seit 1.3.1990, für die Bundesrepublik seit 1.6.1994; Zusatzprotokoll v. 12.9.2002, BGBl. 2007 II, 705; in Kraft seit 1.4.2004, für die Bundesrepublik seit 1.5.2008.

Die Konvention enthält in Art. 2 bereits eine Definition des Dopings mit einer Liste der von den Sportorganisationen verbotenen Substanzen und Methoden. Die Staaten verpflichten sich in Art. 4 und 5 recht konkret, rechtliche Maßnahmen gegen die Verfügbarkeit und Anwendung verbotener Substanzen und Methoden zu ergreifen, Tests zu erleichtern und Dopingkontroll-Labore einzurichten. Art. 7 und 8 sehen auf nationaler und internationaler Ebene Zusammenarbeit mit den Sportorganisationen vor, insbesondere bei der Ausarbeitung von Anti-Doping-Regelwerken der Sportorganisationen, für die Art. 7 Abs. 2 konkrete inhaltliche und verfahrensrechtliche Leitlinien vorgibt, u. a. für Rechtsschutz und Strafen gegen Betreuer, einschließlich Ärzten. Das Anti-Doping-Gesetz von 2015 realisiert auch die Verpflichtungen dieser Konvention.

Das Zusatzprotokoll von 2002 beschränkt sich darauf, in Art. 3 die Staaten zu verpflichten, die Zuständigkeit der Sportorganisationen und ADOs sowie der WADA, auf ihrem Hoheitsgebiet Dopingkontrollen durchzuführen, anzuerkennen und diese zu erleichtern.

2. UNESCO-Konvention gegen Doping im Sport

Das Anti-Doping-Recht der Sportverbände und staatliches Recht sind über das im Rahmen der UNESCO verabschiedete Internationale Übereinkommen gegen Doping im Sport von 2005[58] intensiv miteinander verknüpft.

a) Die Kopenhagener Erklärung

Die Initiative zur Gründung der WADA ging vom IOC aus, Staaten und internationale Organisationen waren jedoch von Anfang an eng eingebunden. Am Ende der zweiten World Conference on Doping in Sport, die den WADA Code 2003 beschlossen hatte, wurde von den Teilnehmern der Konferenz – neben den Sportverbänden Staaten, internationale Organisationen, NGOs – am 5. März 2003 die Kopenhagener Erklärung angenommen.[59] Die Staaten werden die Aufgabe der WADA anerkennen und fördern, den WADA Code unterstützen („support“), die internationale Zusammenarbeit zur Harmonisierung ihrer Anti-Doping-Politiken fortführen und eine internationale Konvention schaffen. Dabei spricht die Erklärung von einer Verpflichtung („commitment“) der Staaten, die Inhalte („contents“) des WADA Code umzusetzen („implement“).

---

[58] International Convention against Doping in Sport, v. 19.10.2005, Gesetz v. 26.3.2007, BGBl. 2007 III, 354, in Kraft seit 1.2.2007, für die Bundesrepublik seit 27.2.2007; dazu *Vedder*, in: Lorz/Spengler/Regenfus (Hrsg.), Recht, Sport, Technik und Wirtschaft, FS Klaus Vieweg, 2021, (699 ff.).

[59] Kopenhagener Erklärung v. 5.3.2003, https://www.wada-ama.org/en/resources/world-anti-doping-program/copenhagen-declaration (abgerufen am 17.3.2021).

b) Der WADA Code und die Staaten

Der WADA Code ist gemäß seinem Art. 23 direkt nur für die dort genannten Sportorganisationen als Signatories verbindlich. Dennoch wird die Rolle der Staaten im Anti-Doping-Recht in Art. 22 des WADA Code beschrieben.

aa) Vorgaben des WADA Code

Art. 22 WADA Code stellt eine direkte Verklammerung mit der UNESCO-Konvention her:

„Each government's commitment to the Code will be evidenced by its signing the Copenhagen Declaration on Anti-Doping in Sport of 3 March 2003 and by ratifying, accepting, approving or acceding to the UNESCO Convention."

Obwohl die Staaten nicht als Signatories an den WADA Code gebunden sind, bringen die Signatories in Art. 22.2 bis 22.9 WADA Code eine Reihe von teils sehr konkreten inhaltlichen Erwartungen („expectations") an die Staaten zum Ausdruck. Die Staaten sollen („should") alle Maßnahmen ergreifen, um die UNESCO-Konvention zu befolgen („to comply with the UNESCO Convention").

Die Staaten sollen – für das reale Funktionieren des Dopingkontrollsystems essentiell – die rechtlichen Grundlagen schaffen für den im WADA Code vorgesehenen Austausch von Informationen und Daten, für den ungehinderten und deren Sicherheit und Integrität wahrenden Transport von Dopingproben und für die ungehinderte Ein- und Ausreise von Doping-Kontrolleuren und deren ungehinderten Zugang zu Wohn- und Trainingsorten der Athleten zur Durchführung unangemeldeten Kontrollen – vorbehaltlich Grenzkontroll- und Einwanderungsregelungen.

Beamte und Angestellte, die in die Dopingkontrolle oder die sportliche oder medizinische Betreuung involviert sind, sollen für Doping-Verstöße disziplinarisch zur Verantwortung gezogen werden. Die Staaten sollen verhindern, dass Personen, die wegen Doping-Verstößen gesperrt oder strafrechtlich, disziplinarisch oder berufsrechtlich verurteilt sind, in Doping-Kontrollen oder sportlicher oder medizinischer Betreuung tätig werden können. Die Staaten sollen die Zusammenarbeit zwischen staatlichen Stellen und ADOs zum Informationsaustausch fördern, in ihrem Land Nados einrichten und deren Autonomie ebenso wie die der in ihrem Land befindlichen WADA-akkreditierten Labore respcktieren und den Zugang der WADA zu in ihrem Land befindlichen Dopingproben und Anti-Doping-Unterlagen nicht einschränken.

Als Verbindungsglied zwischen Anti-Doping-Recht in Form des WADA Codes und dem Rechtsschutz in Doping-Sachen sieht Art. 22.6 WADA Code vor, dass die Staaten, vorbehaltlich von Menschen- und Grundrechten sowie des geltenden staatlichen Rechts, Schiedsgerichtsbarkeit als bevorzugtes Instrument zur Lösung Doping-bezogener Streitigkeiten achten sollen:[60]

„Each government should respect arbitration as the preferred means of resolving doping-related disputes [...]."

Art. 22.10 WADA-Code 2021 sieht neu eine einschneidende sportrechtliche Sanktion vor. Staaten, die nicht Vertragspartei der UNESCO-Konvention sind, können von Bewerbungen um internationale Sportveranstaltungen ausgeschlossen oder ihnen deren Durchführung entzogen werden. Vertragsparteien der Konvention, die diese nicht einhalten, können durch die UNESCO und die WADA Sanktionen auferlegt werden.[61]

bb) Entstehung der UNESCO-Konvention

Diesen für ein privates Regelwerk erstaunlichen „Erwartungen", die tief in die Regelungsgewalt der Staaten hineinwirken, aber auf dem Einverständnis von Sport und Staaten bei der Kopenhagener Konferenz von 2003 beruhen, hat die UNESCO-Konvention entsprochen.

Die UNESCO ist seit 1976 das mit dem olympischen und dem Hochleistungssport befasste globale zwischenstaatliche Forum.[62] Unmittelbar nach der Gründung der WADA am 10. November 1999 hat die dritte MINEPS-Konferenz im Dezember 1999 die in der von der ersten World Conference on Doping in Sport angenommenen Lausanner Erklärung vom Februar 1999 enthaltene Forderung nach einer internationalen Konvention aufgegriffen. Nachdem am 1. Januar 2004 der WADA Code 2003 in Kraft getreten war, wurde auf der MINEPS IV-Konferenz im Dezember 2004 beschlossen, eine Konvention der UNESCO auszuarbeiten. Am 19. Oktober 2005 hat die General Conference der UNESCO die Konvention einstimmig angenommen. Mit 191 Vertragsparteien hat die Konvention de facto universelle Geltung.

Die durch die Konvention geschaffene Vertragsstaatenkonferenz tritt seit 2007 alle zwei Jahre zusammen, um die weltweite Anti-Doping-Politik weiterzuentwickeln und die Staatenberichte zu prüfen. Die WADA ist Beobachter. Umgekehrt nimmt die UNESCO an den World Conferences on Doping in Sport der WADA teil. Diese enge Verflechtung zeigt sich darin, dass die 7. Vertragsstaatenkonferenz am 29. bis 31. Oktober 2019 in Paris stattfand, unmittelbar gefolgt von der 5. Welt-Anti-Doping-Konferenz der WADA am 5. bis 7. November 2019 in Kattowitz, die den WADA Code 2021 verabschiedet hat.

---

[60] Siehe unten IV. 8.

[61] Siehe oben I. 2. h).

[62] World Conference of Ministers and Senior Officials Responsible for Physical Education and Sports (MINEPS) 1976 in Paris; näheres *Vedder*, The IOC: An Advanced Non-Governmental Organisation and the International Law, GYIL, 1984, 232, 250.

c) Die Konvention und ihre Verpflichtungen

In der Präambel wird weit ausgreifend der völkerrechtliche Kontext aufgerufen, in den die Konvention gestellt ist. Aufgabe der UNESCO ist es, „durch Bildung, Wissenschaft und Kultur zu Frieden und Sicherheit beizutragen". Hingewiesen wird auf die internationalen Menschenrechtsübereinkünfte, die Resolution 58/5 der UN-Generalversammlung von 2003, nach der Sport ein Mittel zur Förderung von Bildung, Gesundheit, Entwicklung und Frieden ist, und auf die Bedeutung des Sports für Völkerverständigung und Frieden. Doping gefährde „die ethischen Grundsätze und erzieherischen Werte", die in der UNESCO-Charta für Leibeserziehung und Sport von 1978[63] und in der Olympischen Charta zum Ausdruck kommen. Weiter wird auf die Anti-Doping-Konvention des Europarates und deren Zusatzprotokoll und – nach diesem völkerrechtlichen Hintergrund – auf den durch die Kopenhagener Konferenz beschlossenen WADA Code und die Kopenhagener Declaration on Anti-Doping in Sport[64] hingewiesen.

aa) Verpflichtung auf den WADA Code

Die Vertragsstaaten verpflichten sich in Art. 3 lit. a der Konvention, angemessene Maßnahmen auf nationaler und internationaler Ebene zu ergreifen, „die mit den Grundsätzen des Codes vereinbar sind".[65] In Konkretisierung der Verpflichtung auf die Grundsätze des WADA Code regelt Art. 4 das Verhältnis von Konvention und WADA Code und damit den zentralen Aspekt der Konvention. Art. 4 Abs. 1 lautet:

„Um die Durchführung der Bekämpfung des Dopings im Sport auf der nationalen und internationalen Ebene zu koordinieren, verpflichten sich die Vertragsstaaten den Grundsätzen des Codes als Grundlage für die in Art. 5 dieses Übereinkommens vorgesehenen Maßnahmen. Diese Übereinkommen hindert die Vertragsstaaten nicht daran, zusätzliche Maßnahmen in Ergänzung des Codes zu ergreifen."

Art. 5 beschreibt die von den Vertragsstaaten zu ergreifenden Maßnahmen:

„Zur Erfüllung der in diesem Übereinkommen enthaltenen Verpflichtungen verpflichtet sich jeder Vertragsstaat, geeignete Maßnahmen zu ergreifen. Die Maßnahmen können

---

[63] Charter for Physical Education and Sport, www.unesco.de/infothek/dokumente/unesco-erklaerungen/charta-leibeserziehung-sport.html (abgerufen 23.3.2021); Neufassung 2015, https://unesdoc.unesco.org/ark:/48223/pf0000235409_ger (abgerufen am 17.3.2021).

[64] Siehe oben II. 2. a).

[65] Die deutschsprachige Fassung des Konventionstexts, wie sie im BGBl. veröffentlicht ist, ist eine zwischen Deutschland, Österreich und der Schweiz abgestimmte Übersetzung; sie ist im Licht der authentischen Sprachfassungen zu verstehen; daher werden in der folgenden Analyse der Konvention teils Formulierungen verwandt, die den Inhalt der Konvention m. E. besser wiedergeben; nur wörtliche Zitate der offiziellen deutschen oder der authentischen englischen Fassung werden durch Anführungsstriche kenntlich gemacht.

Gesetze, sonstige Vorschriften, politische Maßnahmen und Verwaltungspraktiken beinhalten."

Art. 3 bis Art. 5 sind der Kern der Konvention und verpflichten die Vertragsstaaten, auf der Grundlage der „Grundsätze" des WADA Code „geeignete Maßnahmen" auf nationaler und internationaler Ebene zu ergreifen in Form von Gesetzen, anderen Vorschriften oder Programmen und administrativen Maßnahmen. Dadurch wird eine indirekte Bindung der Vertragsstaaten an den WADA Code geschaffen, allerdings nur auf deren „Grundsätze".

Als salvatorische Klausel stellt Art. 4 Abs. 2 S. 2 allerdings fest, dass „aus den Anhängen als solchen für die Vertragsstaaten keine völkerrechtlichen Verpflichtungen [erwachsen]". Der WADA Code ist ein „Anhang" zur Konvention. Damit wird allerdings nur die Selbstverständlichkeit zum Ausdruck gebracht, dass der WADA Code als solcher keine völkerrechtlichen Verpflichtungen erzeugt. Es ist die Konvention, die Verpflichtungen zur Durchführung des WADA Code schafft.

Art. 4 Abs. 2 und Abs. 3 regeln das Verhältnis von Konvention und WADA Code. Gemäß Abs. 2 werden der in „Anhang 1" wiedergegebene WADA Code 2003 und „die jeweils geltenden Fassungen" der „Anhänge" 2 und 3 – das sind der International Standard for Laboratories und der International Standard for Testing, die bei Annahme der Konvention bereits als Durchführungsregularien zum Code erlassen worden waren – „zu Informationszwecken aufgeführt und sind nicht Bestandteil" der Konvention. Demgegenüber erklärt Art. 4 Abs. 3 die „Anlagen" zu „Bestandteilen" der Konvention. „Anlagen" sind die WADA Prohibited List und der Standard for Granting Therapeutic Use Exemptions. Beide WADA-Durchführungsregelwerke sind für die Definition von Doping, wie sie in Art. 2 Nr. 3 der Konvention in Übereinstimmung mit dem WADA Code wiedergegeben wird, konstitutiv.

Art. 2 der Konvention enthält 25 Begriffsbestimmungen, die „im Kontext" des WADA Code zu verstehen sind. Deren Mehrheit stimmt mit den Definitionen im Anhang zum WADA Code überein und die in Art. 2 Nr. 3 der Konvention wiedergegebene Definition der „Anti-doping-rule-violation" ist mit den in Art. 2.1 bis 2.8 des WADA Code 2003 geregelten Doping-Tatbeständen identisch. Damit wird der Kern des sportrechtlichen Anti-Doping-Rechts in die Konvention überführt. Doping i. S. d. Konvention ist identisch mit Doping i. S. d. WADA Code.[66]

bb) Innerstaatliche Durchführung der Konvention

Der zweite Teil der Konvention befasst sich in Art. 7 bis Art. 12 mit der Durchführung der Konvention auf nationaler Ebene.

---

[66] Zu den späteren Änderungen des WADA-Codes siehe unten III. 2. c) dd).

(1) Inpflichtnahme der nationalen Sportorganisationen

Art. 7 artikuliert die Grundstruktur der aus der Konvention erwachsenden Verpflichtungen. Die Staaten haben sich zur Erfüllung ihrer Verpflichtungen der Sportorganisationen zu bedienen, sie also in die Pflicht zu nehmen, oder es selbst zu machen.

(2) Anti-Doping-Gesetze, Anti-Doping-Regelwerke des Sports

Art. 8 der Konvention dagegen verpflichtet die Vertragsstaaten, unmittelbar selbst tätig zu werden und Maßnahmen gegen Doping zu ergreifen. „Maßnahmen" schließt gemäß Art. 5 S. 2 der Konvention Gesetze und andere staatliche Regelungen ein. Das ist in Deutschland, wie in vielen anderen Staaten, in Anti-Doping-Gesetzen normiert.[67] Gemäß Art. 8 Abs. 1 ergreifen die Vertragsstaaten

> „Maßnahmen, um die Verfügbarkeit verbotener Substanzen und Methoden und damit die Anwendung durch Athleten im Sport einzuschränken. Dazu gehören Maßnahmen, die sich gegen das Inverkehrbringen verbotener Wirkstoffe in Bezug auf Athleten richten, und damit auch Maßnahmen, die der Eindämmung der Produktion, der Verbringung, der Einfuhr, des Vertriebs und des Verkaufs dienen."

Damit verpflichten sich die Vertragsstaaten, schon im Vorfeld des eigentlichen Dopings zu verhindern, dass verbotene Substanzen auf den Markt kommen oder anderweitig verfügbar sind. Das geht über den auf die Innenwelt des Sports bezogenen Anwendungsbereich des WADA Code hinaus und wirkt z. B. auch in das WTO-Recht hinein.[68]

Gegen das eigentliche Doping haben die Vertragsstaaten nach Art. 8 Abs. 2 entweder selbst Maßnahmen zu ergreifen oder – das dürfte meist einschlägig sein – sie haben

> „die einschlägigen Stellen innerhalb ihres jeweiligen Hoheitsgebiets zur Ergreifung entsprechender Maßnahmen (zu ermutigen), um die Anwendung und den Besitz verbotener Wirkstoffe und Methoden durch Athleten im Sport zur verhüten und einzuschränken [...]."

Damit werden allein die Athleten und der Sportbetrieb ins Visier genommen und der Bereich des selbstverwalteten Sports betroffen. Diese Verpflichtung wird daher in den meisten Staaten in Form der zweiten Alternative greifen und in den Bereich der Kooperation von Staat und Sport fallen. Art. 8 Abs. 3 nimmt die Verfügbarkeit von verbotenen Substanzen und Methoden

---

[67] Gesetz gegen Doping im Sport v. 10.12.2015, BGBl. 2015 I 2210, in Kraft seit 1.1.2016, i. d. F. v. 3.7.2020, BGBl. 2020 I, 1547; s. unter IV. 3. a).

[68] Dazu das z. B. das Memorandum of Understanding der WADA mit der World Customs Organization v. 27.6.2011, http://www.wcoomd.org/-/media/wco/public/global/pdf/about-us/partners/mou/146_mou.pdf?la=en (abgerufen am 17.3.2021).

für „rechtmäßige Zwecke“ generell aus. Art 8 Abs. 1 und Abs. 2 sehen Ausnahmen für den Fall von TUEs vor. Art. 9 der Konvention dehnt den Anwendungsbereich der Verpflichtungen aus Art. 8 auf das „athlete support personnel“ – nach der Begriffsbestimmung des Art. 2 Nr. 5 der Konvention, die ihrerseits mit der des WADA Codes übereinstimmt, ein sehr weiter Bereich – aus. Das im Anti-Doping-Recht relevante Problem der Nahrungsergänzungsmittel erfährt – wie in Art. 10.6.1.2 WADA Code 2021 – in Art. 10 der Konvention eine ausdrückliche, wenn auch sehr zurückhaltende Regelung.

Ein wesentliches Instrument im Kampf gegen Doping ist nach der Konvention Gewährung und, als Sanktion, Entzug finanzieller Mittel. Art. 11 verpflichtet die Vertragsstaaten, nationale Doping-Testprogramme finanziell zu fördern und die finanzielle Unterstützung einzelner Sportler und Betreuer, die wegen eines Doping-Verstoßes gesperrt wurden, einzustellen – eine staatliche Sanktion, die die sportrechtliche ergänzt. Weiter haben die Vertragsstaaten die finanzielle oder andere sportbezogene Unterstützung von Sportorganisationen oder ADOs, die den WADA Code oder zu dessen Durchführung erlassene Anti-Doping-Regeln nicht einhalten, ganz oder teilweise zu einzustellen.

Von großer Tragweite für die praktische Durchführung von Doping-Kontrollen und Labor-Analysen sind die in Art. 12 der Konvention formulierten Verpflichtungen. Die Vertragsstaaten haben die Durchführung von Doping-Kontrollen durch Sportorganisationen oder ADOs auf ihrem Hoheitsgebiet in Übereinstimmung mit dem WADA Code, einschließlich unangekündigter Kontrollen, Trainingskontrollen und Wettkampfkontrollen, zu fördern und zu erleichtern.

Die Vertragsparteien haben die Sportorganisationen auf ihrem Hoheitsgebiet anzuhalten und es ihnen zu erleichtern, durch Vereinbarungen die Kontrolle ihrer Mitglieder durch Doping-Kontroll-Teams aus anderen Ländern zu erlauben und für die Doping-Analyse Zugang zu einem akkreditierten Doping-Kontroll-Labor zu gewähren. Zusammen mit Art. 16 der Konvention ergibt sich daraus die Verpflichtung, dafür zu sorgen, dass Doping-Kontroll-Teams ein- und ausreisen und Doping-Proben außer Landes gebracht werden können.

(3) Internationale Zusammenarbeit bei der Doping-Kontrolle

Art. 13–18 der Konvention befassen sich mit der internationalen Zusammenarbeit. Die Vertragsstaaten haben die Zusammenarbeit einerseits zwischen Sportorganisationen und staatlichen Stellen auf ihrem Hoheitsgebiet und andererseits mit denen im Hoheitsgebiet anderer Vertragsstaaten zu fördern und die WADA bei der Wahrnehmung ihre Aufgaben zu unterstützen.

Im Chapeau des Art. 16 wird festgestellt, dass die Bekämpfung des Dopings im Sport nur wirksam sein kann, wenn die Sportler unangekündigt getestet werden und die Proben rechtzeitig zur Analyse in Labore gebracht werden können. Dementsprechend haben die Vertragsparteien es „in Einklang mit den innerstaatlichen Rechtsvorschriften" der WADA und den ADOs zu ermöglichen, Wettkampf- und Trainings-Kontrollen in ihrem Hoheitsgebiet oder außerhalb dessen nach Maßgabe der Rechtsvorschriften der betreffenden Gastländer durchzuführen. Sie haben den grenzüberschreitenden Verkehr von Doping-Kontroll-Teams zu erleichtern und zusammenzuarbeiten, um den grenzüberschreitenden Transport von Dopingproben so zu beschleunigen, dass deren Sicherheit und Unversehrtheit gewahrt wird.

Für die internationalen Sportbeziehungen von größer Bedeutung ist die Verpflichtung, Dopingkontrollverfahren und Ergebnismanagement-Verfahren einschließlich der daraus resultierenden Sportsanktionen gegenseitig anzuerkennen.[69]

dd) Monitoring, Änderung der Konvention

Durch Art. 28 wird eine Vertragsstaatenkonferenz als oberstes Vertragsorgan eingesetzt. Die WADA nimmt als „advisory organization", das IOC, das IPC, der Europarat und das CIGEPS[70] nehmen als Beobachter an der Konferenz teil. Zu den Aufgaben der Vertragsstaatenkonferenz gehört es, die Einhaltung der Konvention auf der Basis der gemäß Art. 31 alle zwei Jahre von den Vertragsstaaten vorzulegenden Staatenberichte über die Maßnahmen, die sie ergriffen haben, um die Vorschriften der Konvention einzuhalten, zu überwachen. Die Nichteinhaltung der UNESCO-Konvention kann, wenn eine solche von der Vertragsstaatenkonferenz festgestellt wird, zu Konsequenzen nach dem WADA-Code führen.[71]

Im Blick auf die seit 2005 erfolgte Weiterentwicklung des WADA Code selbst und der International Standards und anderer Instrumente sind die Änderungsklauseln der Konvention bedeutsam. Für die „Anlagen" zur Konvention – das sind die WADA Prohibited List und der IS for Granting Therapeutic Use Exemptions – gilt das vereinfachtes Änderungsverfahren des Art. 34, das de facto zu einer automatischen Annahme der Neufassungen dieser beiden IS führt.

Für die drei „Anhänge" – WADA Code 2003, IS-for-Laboratories, IS for Testing and Investigation – ist kein besonderes Änderungsverfahren vorgesehen. Sie sind – anders als die beiden Anlagen – gemäß Art. 4 Abs. 2 jedoch

---

[69] Das schließt die in Anfechtung von Entscheidungen der ADOs ergangenen CAS-Urteile ein, siehe unten IV. 8.

[70] Intergovernmental Committee for Physical Education and Sport der UNESCO.

[71] Siehe oben I. 2. h).

nicht Bestandteil der Konvention, und es bedarf daher auch nicht einer Änderung der Konvention, wenn der WADA Code oder die genannten International Standards geändert und neu geschaffen werden. Daraus ist in einer an Sinn und Zweck der Konvention orientierten Auslegung gemäß Art. 31 WVRK der Schluss zu ziehen, dass die Konvention der Durchführung des WADA Code und der International Standards in den jeweils geltenden Fassungen dient.

c) Die Staaten als Garanten des WADA Code

Das Vorstehende zeigt: der WADA Code und die UNESCO-Konvention sind untrennbar miteinander verzahnt und, im Sinn eines ganzheitlichen, das Handeln der Organisationen des Sports – unter grundsätzlicher Anerkennung deren Autonomie – und die Verantwortung der Staaten für bestimmte grundlegende Aspekte des Sports umfassenden Regelungsansatzes, aufeinander angewiesen. Sportrecht und Konvention mit dem ausführenden staatlichen Recht der Vertragsstaaten ergänzen sich komplementär.

Durch die mit der UNESCO-Konvention übernommenen Verpflichtungen begleitet und garantiert die Staatenwelt den WADA Code. Ob der WADA Code durch die Konvention „in den Rang völkerrechtlichen Vertragsrechts“ erhoben wird,[72] mag dahinstehen. Art. 4 Abs. 2 S. 2 der Konvention verneint das als salvatorische Klausel ausdrücklich. Das ändert jedoch nichts daran, dass sich die Staaten in Art. 3–5 der Konvention auf die „Grundsätze“ des WADA Code und in den weiteren Vorschriften dazu verpflichtet haben, die Aufgaben der WADA und der internationalen wie nationalen Sport- und Anti-Doping-Organisationen durch nationale Maßnahmen und internationale Zusammenarbeit zu unterstützen. Die Bundesrepublik ist durch die Konvention zur Umsetzung des WADA-Codes völkerrechtlich verpflichtet.[73]

Die Staaten sind völkerrechtlich und innerstaatlich Garanten des WADA-Rechts[74] und tragen eine rechtliche „Gewährleistungsverantwortung“[75] für die Einhaltung des WADA Code durch die Organisationen des Sports auf ihrem Hoheitsgebiet. Soweit Staaten den Sport regeln oder mit staatlichen Normen in sportliche Belange eingreifen, sind die in der UNESCO-Konvention verankerten Verpflichtungen auf den WADA Code zur Geltung zu bringen. Das schließt die über Art. 13 WADA Code, den ISRM und insbesondere die in Art. 22.6 WADA Code formulierte Erwartung als „Grund-

---

[72] *Uhl*, Das Anti-Doping-Recht der Sportverbände und das staatliche Anti-Doping-Recht, 2021, Teil I C. 4. b.
[73] Siehe unten III. 3. a) und IV. 8.
[74] *Vedder*, in: Lorz/Spengler/Regenfus (Fn. 58), 699 (717).
[75] *Uhl* (Fn. 72), Teil I C. IV.

sätze“ des WADA Code in der UNESCO-Konvention aufgenommene Schiedsgerichtsbarkeit in Doping-Sachen ein.[76]

Für Deutschland bedeutet das, dass die rechtlichen Rahmenbedingungen für den Sport und die Sportausübung durch die einzelnen Sportler und für die Sportpolitik an der UNESCO-Konvention und damit grundsätzlich auch am WADA-Recht auszurichten sind. Die UNESCO-Konvention zeigt darüber hinaus beispielhaft, wie die Staaten – bei Anerkennung eines genuinen autonomen Regelungsbereichs des Sports – im Sport grundlegende rechtliche Standards wie Grund- und Menschenrechte[77] im Sport durchsetzen können und müssen.

3. Anti-Doping-Gesetze

Aufgrund Art. 3–5 und insbesondere Art. 8 der UNESCO-Konvention sind die Staaten verpflichtet, Gesetze gegen Doping zu erlassen. Dabei sind der deutsche und der österreichische Gesetzgeber sehr unterschiedliche Wege gegangen. In der Hierarchie des globalen Anti-Doping-Rechts steht staatliches Gesetzesrecht zur Durchführung der UNESCO-Konvention, die ihrerseits die „Grundsätze“ des WADA Code inkorporiert, im Dienst des von den Organisationen des Sports geschaffenen Sportsrechts.

Die staatliche Begleitung des sportrechtlichen Anti-Doping-Rechts im Spannungsfeld von staatlicher Regelung und Autonomie des Sports durch Gesetze einerseits, und von den Nados erlassenen nationalen Anti-Doping Codes andererseits, wird in den Staaten sehr unterschiedlich realisiert, wie ein Blick auf die Situation in den USA, Australien, Frankreich oder Italien zeigen würde.

a) Das Anti-Doping-Gesetz

Das deutsche Anti-Doping-Gesetz („ADG“) vom 10. Dezember 2015,[78] nimmt, anders als das österreichische Anti-Doping-Bundesgesetz von 2007, in seinem § 1, der – für ein Gesetz ungewöhnlich – den „Zweck des Gesetzes“ beschreibt, nicht ausdrücklich Bezug auf die UNESCO-Konvention. In den in §§ 2 und 3 ADG normierten Straftatbeständen verweist das Gesetz für die Definition von „Dopingmittel“ und „Dopingmethode“ dann allerdings auf die Anlage I der Konvention, und damit auf die WADA-Verbotsliste in ihrer jeweiligen Fassung. Dadurch und im gesamten Kontext wird deutlich, dass das ADG der Realisierung der Verpflichtungen aus der Konven-

[76] Siehe unten IV. 8.

[77] Ausgelöst durch den Fall Caster Semenya: Intersection of race and gender discrimination in sport, Report of the UNHCR v. 15.6.2020, A/HRC/44/26.

[78] Gesetz gegen Doping im Sport v. 10.12.2015 (Fn. 67).

tion dient[79] und eine weitere – strafrechtliche – Sanktionierung des WADA Codes bewirkt.[80]

In der Begründung zum Gesetzentwurf stellt der Bundesregierung mehrfach fest, dass die Bundesrepublik durch die UNESCO-Konvention und das Europarats-Übereinkommen gegen Doping „völkerrechtlich verpflichtet [ist], Maßnahmen zur Dopingbekämpfung zu ergreifen", dass die Bundesrepublik „sich zur Umsetzung des WADC durch die Ratifikation [der UNESCO-Konvention] verpflichtet" hat.[81] Das ist nicht auf „Grundsätze" des WADA Code beschränkt.

Das deutsche ADG beschränkt sich darauf, Doping-Verstöße zusätzlich zu den sportrechtlichen Sanktionen nach dem WADA Code und teilweise auch darüberhinausgehend strafrechtlich zu sanktionieren.[82] Die im WADA Code vorgesehenen Doping-Tatbestände und Verfahren für Deutschland umzusetzen, ist dagegen Aufgabe der NADA als Signatory in Form des NADA Code 2021.

aa) Fremddoping

§ 2 Abs. 1 ADG verbietet, verbotene Substanzen – über die UNESCO-Konvention wird implizit auf die WADA-Verbotsliste verwiesen –

> „zum Zwecke des Dopings beim Menschen im Sport herzustellen, mit ihnen Handel zu treiben, [sie], ohne mit [ihnen] Handel zu treiben, zu veräußern, abzugeben oder sonst in den Verkehr zu bringen oder zu verschreiben."

Nach § 2 Abs. 2 ADG ist es verboten, verbotene Substanzen und Methoden

> „zum Zwecke des Dopings im Sport bei einer anderen Person anzuwenden".

§ 2 Abs. 3 ADG. verbietet es, in der Anlage zum ADG unabhängig von der WADA-Verbotsliste aufgeführte verbotene Substanzen „in nicht geringer Menge zum Zweck des Dopings beim Menschen im Sport zu erwerben, zu besitzen oder in oder durch den Geltungsbereich dieses Gesetzes zu verbringen". Damit wird Erwerb und Besitz durch andere als den dopenden Sportler unter Strafe gestellt. Die Voraussetzung einer nicht geringen Menge

---

[79] *Uhl* (Fn. 72), Teil I C. II. 2, Teil I C. III. 4. b, Teil I C. IV.

[80] *Mortsiefer*, in: Lehner/Nolte/Putzke (Hrsg.), Anti-Doping-Gesetz, 2017, § 1 Rn. 70.

[81] Begründung zum Entwurf eines Gesetzes zur Bekämpfung von Doping im Sport v. 13.5.2015, BT-Drs. 18/4898, 2, 18, 24, 38; nach Auffassung der NADA erlangte der WADA Code durch die Ratifizierung der UNESCO-Konvention Verbindlichkeit in Deutschland, Vorwort zum NADA-Code 2021.

[82] Dazu: *Lehner*, in: Lehner/Nolte/Putzke (Fn. 80); Pfister (Hrsg.), Das Anti-Doping-Gesetz, Recht und Sport, Bd. 46, 2017; *Uhl* (Fn. 72); *Hoven/Kubiciel*, Das Gesetz gegen Doping im Sport in der Praxis, 2021; *Orth*, in: Cherkeh/Mommsen/Orth (Hrsg.), Handbuch Sportstrafrecht, 2021, 4. Kap. Rn. 1 ff.: „Sportstrafrecht" i. S. dieses Werks umfasst sowohl das staatliche Strafrecht als auch die sportrechtlichen Sanktionen.

wird aus dem Betäubungsmittelrecht übernommen. Gemeinsam ist diesen Straftatbeständen, dass sie Absichts-Delikte („zum Zwecke des Dopings beim Menschen im Sport") sind. § 2 ADG stellt in seinen verschiedenen Tatbeständen Fremddoping unter Strafe.

bb) Selbstdoping

Selbstdoping der Sportler wird in § 3 ADG unter Strafe gestellt. Strafrechtsdogmatisch sind Bedenken dagegen erhoben worden, Selbstschädigung unter Strafe zu stellen. Dem wirkt der in § 1 ADG normierte Zweck des Gesetzes entgegen. Das ADG dient danach nicht nur dem Schutz der Gesundheit der Sportler – das greift beim Fremddoping – sondern auch der „Fairness und Chancengleichheit bei Sportwettbewerben" und der „Erhaltung der Integrität des Sports". Mit diesen überpersonalen Schutzzwecken wird dem Sport ein inhärenter, schützenswerter Eigenwert zugemessen – Schutzgüter, die durch Selbstdoping verletzt werden.

§ 3 Abs. 1 ADG verbietet, nach der WADA-Verbotsliste verbotene Substanzen und Methoden ohne medizinische Indikation

> „bei sich in der Absicht, sich in einem Wettbewerb des organisierten Sports[83] einen Vorteil zu verschaffen, anzuwenden oder anwenden zu lassen".

Während Abs. 1 außerhalb von Wettbewerben die Anwendung verbotener Substanzen und Methoden durch einen Sportler selbst oder das Anwendenlassen verbietet, stellt Abs. 2 die Teilnahme an einem Wettbewerb „unter Anwendung einer verbotenen Substanz oder Methode" unter Strafe, wenn

> „diese Anwendung … in der Absicht erfolgt, sich in einem Wettbewerb des organisierten Sports einen Vorteil zu verschaffen".

Für beide Begehungsarten ist also Vorteilsabsicht konstitutiv.

Das gilt auch für § 3 Abs. 4, der den bloßen Besitz und Erwerb verbotener Substanzen durch Sportler unter dem doppelten Vorbehalt der Absicht, diese

> „… bei sich anzuwenden oder anwenden zu lassen und um sich dadurch eine einem Wettbewerb des organisierten Sports einen Vorteil zu verschaffen."

unter Strafe stellt.

Die Tatbestände des Selbstdoping greifen nicht, wenn eine TUE vorliegt und treffen gemäß Art. 4 Abs. 7 allein „Spitzensportler", d. h. solche Sportler, die im Rahmen eines Testpools Trainingskontrollen unterliegen, oder aus ihrer sportlichen Betätigung „erhebliche" Einnahmen erzielen.

---

[83] Wettbewerbe des organisierten Sports sind gemäß Art. 3 Abs. 4 ADG Wettbewerbe, die von einer nationalen oder internationalen Sportorganisation oder in deren Auftrag oder unter deren Anerkennung durchgeführt werden, und die unter der Geltung verbindlicher „Regeln" einer nationalen oder internationalen Sportorganisation stattfinden; d. h. alle außer Freizeitsport-Aktivitäten.

cc) Strafrahmen

Gemäß § 4 ADG beträgt die Regelstrafe bis zu drei Jahre Freiheitsstrafe oder Geldstrafe. Versuch und fahrlässige Begehung sind strafbar. In schweren Fällen beträgt die Freiheitsstrafe ein bis zehn Jahre.

dd) Nebeneinander von ADG und Sport-Sanktionen

Obwohl das ADG seit 5 Jahren in Kraft ist, hat es erst 2020 mit dem Verfahren Schmidt vor dem LG München einen ersten großen Anwendungsfall erlebt. Das ADG dient zwar der Absicherung des sportrechtlichen Anti-Doping-Rechts, die strukturellen Unterschiede der Rechtsmaterien Strafrecht und Disziplinarrecht erschweren das jedoch.[84]

Für die im ADG normierten Straftaten gilt der strafrechtliche Beweisstandard „zur Überzeugung des Gerichts". Nach Art. 3 WADA Code reicht dagegen der Beweis unter einem geringeren Standard als „beyond reasonable doubt" aus. Eine positive Dopingprobe ist dabei ein sehr starkes Beweismittel. Andererseits stehen unter dem ADG der Polizei und der Staatsanwaltschaft mit Schwerpunkt-Staatsanwaltschaften alle staatlichen Ermittlungsmethoden einschließlich Durchsuchung oder Kommunikationsüberwachung zur Verfügung.

Die in § 3 ADG normierten Tatbestände des Selbstdoping setzen die Absicht, sich einen Vorteil im Wettbewerb zu verschaffen, voraus. Eine Vorteilsabsicht ist im sportrechtlichen Anti-Doping-Recht nicht erforderlich. Die in § 2 normierten Tatbestände des Fremddoping gehen dagegen, der UNESCO-Konvention folgend, über die Doping-Verstöße unter dem WADA Code hinaus.

Das ADG und das sportrechtliche Anti-Doping-Recht haben in der Realität unterschiedliche Auslöser, die den ersten Zugriff ermöglichen. Die ADOs werden primär aufgrund einer positiven Dopingprobe oder anderer Praktiken innerhalb des Sportbetriebs tätig. Strafrechtliche Ermittlungen werden dagegen oft durch bei den Zollbehörden auffallende Lieferungen verbotener Substanzen ausgelöst oder durch bei einem Anfangsverdacht vorgenommene Razzien und Hausdurchsuchungen befördert. Der Schwerpunkt unter dem ADG liegt so bei Verschaffen, Besitz von und Handel mit Dopingmitteln, während die ADOs sich vor allem mit den klassischen Doping-Verstößen unter dem WADA Code befassen.

Das Nebeneinander kann und soll durch nach § 7 ADG möglichen und erforderlichen gegenseitigen Informationsaustausch zwischen Gerichten und Staatsanwaltschaft einerseits und der NADA andererseits überbrückt werden.

---

[84] Dazu *Hoven/Kubiciel* (Fn. 82); *Orth*, in: Cherkeh/Mommsen/Orth (Fn. 82), 5. Kap. Rn. 1 ff.

In der Praxis kommt es eher zu einem Nacheinander als zu einem Nebeneinander beider Verfahren. Nach überzeugender Auffassung ist ein Aussageverweigerungsrecht in sportrechtlichen Verfahren nicht gegeben. Wohl aufgrund des höheren strafrechtlichen Beweismaßstabs kommt es unter dem ADG häufig zur Einstellung des Verfahrens nach § 153a StPO. Das verfassungsrechtliche Verbot der Doppelbestrafung greift nicht. Wenn strafrechtliches und sportrechtliches Verfahren im Einzelfall zu unterschiedlichen Ergebnissen führen – i. d. R. Einstellung des Verfahrens bzw. Freispruch und danach sportrechtliche Sanktion – ist das für die Öffentlichkeit erklärungsbedürftig.

Eine ganz andere strafrechtliche Facette des Dopings hat das LG Köln 2020 eröffnet, als es einen Boxer wegen Verstößen gegen das ADG in Form der Anwendung von Dopingmitteln und der Teilnahme am Wettkampf unter Anwendung von Dopingmitteln in Tateinheit mit vorsätzlicher Köperverletzung zu einer Freiheitsstrafe verurteilte.[85] Die Einwilligung des Gegners beziehe sich allein auf einen Kampf mit einem doping-freien Gegner. Das könnte auf alle Sportarten mit Körperkontakt ausstrahlen.

b) Das österreichische Anti-Doping-Bundesgesetz

Das bereits 2007 erlassene österreichische Anti-Doping-Bundesgesetz („ADBG“)[86] überführt für nationale Anti-Doping-Verfahren das materielle Anti-Doping-Recht des WADA Code in staatliches Recht, während die Ergebnisse der von internationalen Sportorganisationen durchgeführten Doping-Verfahren anerkannt werden. Damit ist es nicht notwendig, den WADA Code für nationale Zwecke durch die österreichische NADA in einen NADA Code zu überführen. Andererseits war es deswegen erforderlich, das ADBG zum 1. Januar 2021 zum Inkrafttreten des WADA Code 2021 zu novellieren.

In §§ 1 und 2 übernimmt das ADBG die Doping-Tatbestände des WADA Code und dessen Begriffsbestimmungen. In detaillierten Vorschriften werden im Folgenden die Errichtung, Zusammensetzung und Aufgaben der Unabhängigen Dopingkontrolleinrichtung – d. h. NADA Austria: Dopingkontrollen –, der Unabhängigen Österreichischen Anti-Doping Rechtskommission und der Unabhängigen Schiedskommission – erstinstanzliche Entscheidung in Doping-Sachen – geregelt. Der zweite Abschnitt des Gesetzes enthält für diese Organe detaillierte Verfahrensvorschriften. Das dient der Umsetzung der entsprechenden Regelungen des WADA Code und des ISRM.

---

[85] LG Köln, SpuRt 2020, 306 mit Anm. *Kubiciel.*

[86] Das Anti-Doping-Bundesgesetz 2007, i. d. F. v. 23.12.2020, BGBl. I Nr. 152/2020, stellt in § 1 Abs. 1 unter „Zielsetzungen“ fest: die UNESCO-Konvention „verpflichtet Österreich die in diesem Übereinkommen vorgesehenen Maßnahmen im Kampf gegen Doping zu unterstützen“; das österreichische ADBG ist im Wesentlichen ein gesetzlicher Nachvollzug des WADA Code für Österreich mit einer zusätzlichen strafrechtlichen Komponente; daher gibt es nicht einen österreichischen NADA Code.

§§ 24 und 25 ADBG legen umfangreiche Pflichten der Sportorganisationen und der Sportler fest. Die Sportorganisationen sind verpflichtet, die Sportler in ihren Zuständigkeitsbereichen den Anti-Doping-Regelungen zu unterwerfen. § 25 ADBG verpflichtet in einem umfangreichen und detaillierten Katalog die Sportler direkt auf die nationalen und internationalen Anti-Doping-Regelungen. Verstöße führen dann zu sportrechtlichen Sanktionen durch die durch das ADBG eingesetzten Gremien.

§ 28 definiert Doping-bezogene Straftatbestände: in Abs. 1 das Inverkehrbringen verbotener Substanzen und deren Anwendung bei Sportlern oder anderen sowie die Anwendung verbotener Methoden an Sportlern oder anderen und in Abs. 2 der Besitz bestimmter verbotener Substanzen „mit dem Vorsatz", diese in Verkehr zu bringen oder sie bei Sportlern oder anderen anzuwenden. Für beide Varianten gilt, dass sie zu Zwecken des Dopings im Zusammenhang mit jeglicher sportlichen Aktivität" begangen werden. Für diese Tatbestände des Fremddopings sieht § 28 unter bestimmten Umständen Freiheitsentzug bis zu 5 Jahren vor. § 31 knüpft daran auch einschneidende berufsrechtliche Sanktionen, während § 4 des Gesetzes finanzielle Sanktionen im Rahmen der Sportförderung vorsieht.

Ergänzend tritt zum ADBG § 147 Abs. 1a StGB hinzu. Danach wird wegen schweren Betruges verurteilt, wer über die Anwendung einer nach der WADA-Verbotsliste verbotenen Substanz oder Methode zum Zweck des Dopings im Sport täuscht.[87] Damit wird auch das Selbstdoping unter Strafe gestellt, allerdings als typischer Betrugstatbestand bei Vorliegen einer Täuschungsabsicht und eines Vermögensschadens.

V. Rechtsschutz durch Sportschiedsgerichtsbarkeit

Die dritte Säule des globalen Anti-Doping-Rechts ist die Entscheidung doping-bezogener Streitigkeiten durch Schiedsgerichte: letztinstanzlich durch den CAS und in jüngerer Zeit auch erstinstanzlich durch Schiedsgerichte der IFs oder auf nationaler Ebene. Der WADA Code setzt in Art. 13 den CAS als Berufungsinstanz ein und sieht in Art. 8 erstinstanzliche Hearing Panels vor. Der WADA Code 2021 stärkt zusammen mit dem ISRM die Verfahren der Streitbeilegung.

Die weltweit einheitliche Geltung und Anwendung des Anti-Doping-Rechts in Form des WADA Code ist zugleich Legitimation und legislatorisches Ziel des WADA Code und setzt voraus, dass diese Rechtsmaterie nicht durch staatliche Gerichte unterschiedlich ausgelegt und angewandt und

[87] Das Urteil des LG Innsbruck v. 12.1.2021 in der Sache Denifl (Fn. 5), beruht, wie andere Urteile österreichischer Gerichte, neben Doping-Vergehen zentral auf § 147 StGB.

daher der nationalen Gerichtsbarkeit zugunsten einer alternativen Methode der Streitbeilegung entzogen wird. Dazu bietet sich die Schiedsgerichtsbarkeit als eine seit Jahrhunderten im privatrechtlichen wie im zwischenstaatlichen Verkehr bewährtes Instrument der Streitbeilegung an – zumal im Sport mit dem CAS eine funktionierende und anerkannte Schiedsgerichtsbarkeit zur Verfügung steht.

1. Court of Arbitration for Sport

Nach den Vorgängen um die Olympischen Spiele 1976 in Montreal wurde auf Initiative des damaligen IOC-Vizepräsidenten Beitz ein Gutachten erstellt, das die Errichtung eines Schiedsgerichts vorschlug.[88] Das IOC hat diesen Vorschlag unter Federführung des IOC-Mitglieds und Richters am IGH Kéba Mbaye aufgenommen und 1984 den CAS mit Sitz in Lausanne errichtet. Dieser war zunächst erst- und eininstanzlich für sportbezogene Streitigkeiten zuständig, die aufgrund von Schiedsklauseln oder Schiedsverträgen unterbreitet wurden: klassische Schiedsgerichtsbarkeit.

1993 hat das Schweizer Bundesgericht („SBG") in einem obiter dictum Zweifel geäußert, ob der CAS in Verfahren, in denen das IOC Partei ist, ein unabhängiges „echtes" Schiedsgericht ist.[89] Daraufhin hat das IOC 1994 den CAS unter der Trägerschaft des International Council of Arbitration for Sport („ICAS")[90] in die Unabhängigkeit entlassen. Seither ist anerkannt, dass der CAS ein „echtes" Schiedsgericht i. S. d. New Yorker Konvention über die Anerkennung und Vollstreckung ausländischer Schiedsurteile ist.[91]

Im Zuge der Neuaufstellung des CAS wurde 1994 die Berufungsschiedsgerichtsbarkeit für Klagen gegen Entscheidungen von Sportverbänden eingeführt. Seither ist der CAS aufgrund von Schiedsklauseln in den Regelwerken der Sportverbände gerade auch für Doping-Sachen zuständig. Das im Code of Sports-related Arbitration[92] („CAS Code") geregelte Verfahren vor den verschiedenen Kammern des CAS entspricht dem in der internationalen Schiedsgerichtsbarkeit Üblichen und kann hier nicht näher dargestellt werden.

---

[88] *Rudolf/Seidl-Hohenveldern/Simma*, Pilot Study on the Improvement of the Juridical Status of the IOC, 1977, unveröffentlicht.

[89] SBG, Urt. v. 15.3.1993, – „Gundel", BGE 119 II 271.

[90] ICAS, Art. S1–S10 Code of Sports-related Arbitration, Stand 1.7.2020, https://www.tas-cas.org/fileadmin/user_upload/CAS_Code_2021__EN_.pdf (abgerufen am 17.3.2021); dazu: *Mavromati/Reeb*, The Code of the Court of Arbitration for Sport, 2015; *Mortsiefer*, in: Cherkeh/Mommsen/Orth (Fn. 82), 198ff.

[91] Siehe unten IV. 3. b); EGMR, aff. 40575/10 und 67474/10, – „Mutu und Pechstein", Urt. v. 2.10.2018, http://hudoc.echr.coe.int/eng?i=001-186434, (abgerufen am 17.3.2021); rechtskräftig geworden durch Nichtannahme der Revision durch die Großen Kammer am. 2.4.2019.

[92] Art. R27–R70 CAS Code (Fn. 90).

a) Ordinary Arbitration Division

Der CAS ist mit seiner Ordinary Arbitration Division („OAD“) gemäß Art. R27 CAS Code zuständig für sportbezogene Streitigkeiten, die die Parteien aufgrund einer in einem Vertrag oder einem Regelwerk enthaltenen Schiedsklausel oder eines Schiedsvertrages unterbreiten. Dieses in Art. R38–46 CAS Code geregelte Verfahren ist für Doping-Streitigkeiten zwischen Athleten und Verbänden nicht einschlägig, wohl aber für Code-Compliance-Verfahren gemäß Art. 24 WADA Code zwischen WADA und WADA-Code-Signatories.

b) Appeals Arbitration Division

Für Berufungen gegen Entscheidungen von Sportorganisation, deren Regelwerke das vorsehen, oder aufgrund einer besonderen Vereinbarung ist der CAS in Form der Appeals Arbitration Division („AAD“) gemäß Art. R27 zuständig. Das Verfahren von der Klageerhebung über die Einsetzung des Panels bis zum Schiedsspruch ist in Art. R47–R59 CAS Code geregelt. Vorbehaltlich der besonderen Zuständigkeit des CAS ADD werden Doping-bezogene Verfahren vor der AAD geführt.

In Übereinstimmung mit Art. 13.1.1 WADA Code hat der CAS gemäß Art. R57 sec. 1 CAS Code „full power to review the facts and the law“, überprüft also in vollem Umfang Sachverhalt und Recht *„de novo“*, ist nicht auf die Überprüfung der angefochtenen Entscheidung beschränkt und kann – das ist die Regel – anstelle der angefochtenen Entscheidung neu entscheiden. Im Regelfall findet eine mündliche Verhandlung statt, die in der Folge der Pechstein-Entscheidung des EGMR von 2018 seit 2019 auf Antrag des Athleten gemäß Art. R57 sec. 2 CAS Code öffentlich ist.

c) Ad hoc Divisions

Seit den Olympischen Spiele 1996 in Atlanta wird für jede Auflage Olympischer Spiele eine Ad hoc Division des CAS eingesetzt, die am Ort der Spiele ggf. binnen 24 Stunden Streitigkeiten, die sich während oder im Zusammenhang mit den Spielen ergeben, einschließlich Doping-Streitigkeiten, entscheiden. Gegen deren Entscheidungen ist Berufung vor der AAD des CAS gegeben.

Diese Kammern verfahren auf der Grundlage einer besonderen Verfahrensordnung[93] mit einer für die jeweiligen Spiele aufgestellten besonderen Liste von Schiedsrichtern, die am Ort anwesend sind, und eigener Geschäftsstelle. Auch für andere sportliche Großereignisse wie Weltmeisterschaften,

---

[93] Arbitration Rules for the Olympic Games, Stand 2021, https://www.tas-cas.org/en/arbitration/ad-hoc-division.html (abgerufen am 17.3.2021).

Commonwealth Games, Pan-Amerikanische Spiele u. a. werden Ad hoc Divisions des CAS eingesetzt.

d) Anti-Doping Division

Eine wesentliche Neuerung und strukturelle Ausweitung der Zuständigkeit des CAS in Doping-Sachen ist die Schaffung der Anti-Doping Division des CAS („CAS ADD") im Jahre 2019. Vorausgegangen waren für die Olympischen Spiele 2016 in Rio de Janeiro und die Winterspiele 2018 in Pyeongchang jeweils neben den allgemeinen Ad-hoc Divisions errichtete Ad-hoc Anti-Doping Divisions.

Die permanente CAS ADD ist ein Schritt auf dem Weg, die Anti-Doping-Verfahren von der Kontrolle bis zur erstinstanzlichen Entscheidung den Sportorganisationen zu entziehen und sportartenunabhängigen Institutionen zu übertragen. Mit der ADD bietet der CAS den Sportorganisationen an, die nach Art. 8 WADA-Code von den ADOs durchzuführenden erstinstanzlichen Disziplinarverfahren für diese in deren Namen und nach deren ADR schiedsgerichtlich durchzuführen. Dafür müssen diese ihre Zuständigkeit an die CAS ADD delegieren. Das IOC und eine Reihe von IFs, darunter die IBU, und anderen Sportorganisationen haben die CAS ADD als Doping Hearing Panel eingesetzt.

Die Verfahrensordnung der ADD[94] bietet zwei Möglichkeiten. Als Regelfall führt das Verfahren ein Einzelschiedsrichter; in diesem Fall steht die Berufung zur CAS AAD offen. Wenn die Parteien sich auf ein Panel aus drei Schiedsrichtern verständigen, verzichten sie damit auf das Recht zur Berufung: die CAS ADD entscheidet erst- und letztinstanzlich.

ADD ist innerhalb der Struktur das CAS unabhängig organisiert: separater Sitz, eigene Geschäftsstelle unter einem Managing Counsel, eigene Schiedsrichterliste, die inkompatibel mit der allgemeinen Schiedsrichterliste ist, eigener Präsident.

e) Schiedssprüche des CAS

Die Schiedssprüche der CAS AAD sind gemäß Art. R59 sec. 4 CAS Code endgültig und verbindlich („final and binding") für die Parteien. Das sportrechtliche Verfahren ist damit rechtskräftig abgeschlossen. Die Schiedssprüche enthalten obligatorisch Feststellungen zur Zuständigkeit des Panels, zur Zulässigkeit der Berufung, zum anwendbaren Recht, zum Vorliegen oder Nicht-Vorliegen eines Doping-Verstoßes, zu ggf. ausgesprochenen Sanktionen sowie zu den Kosten des Verfahrens.

---

[94] Arbitration Rules CAS Anti-Doping Division i. d. F. v. 1.1.2021, https://www.tas-cas.org/en/arbitration/cas-anti-doping-division.html (abgerufen am 17.3.2021).

2. *Beschwerde zum Schweizer Bundesgericht*

Als außerordentlichen Rechtsbehelf steht gegen CAS-Schiedssprüche nach Kapitel 12 des Schweizerischen IPR-Gesetzes („IPRG“)[95] die Beschwerde zum Schweizer Bundesgericht offen. Kapitel 12 regelt die rechtlichen Grundsätze für Schiedsgerichte mit Sitz in der Schweiz, wenn mindestens eine Partei weder Wohnsitz noch gewöhnlichen Aufenthalt in der Schweiz hat. Diese Internationalität des Schiedsverfahrens ist bei den allermeisten Verfahren vor dem CAS gegeben.

Gemäß Art. 190 Abs. 2 IPRG können Schiedssprüche aus 5 Gründen angefochten werden: wenn das Schiedsgericht vorschriftswidrig zusammengesetzt ist (lit. a); wenn es eine unzutreffende Entscheidung über seine Zuständigkeit getroffen hat (lit. b); wenn es über Streitpunkte, die ihm nicht unterbreitet wurden, entschieden oder über Streitpunkte, die ihm unterbreitet wurden, nicht entschieden hat – *ultra petita* und *infra petita* (lit. c); wenn der Grundsatz der Gleichbehandlung der Parteien oder das rechtliche Gehör verletzt wurde (lit. d); wenn der Entscheid mit dem Schweizer ordre public unvereinbar ist. Dieser auf verfahrensrechtliche Fragen reduzierte Prüfungsmaßstab entspricht in lit. a, c und e dem der New Yorker Konvention.

Einzige Beschwerdeinstanz ist gemäß Art. 191 IPRG das Schweizerische Bundesgericht („SBG“), das im Verfahren gemäß Art. 77 und Art. 119a des Bundesgerichtsgesetzes[96] entscheidet. Gegen diese Entscheidung kann Beschwerde zum SBG eingelegt werden, wie im Fall Pechstein geschehen.

3. *Durchsetzung der Schiedssprüche der CAS*

Die Durchsetzung von Schiedssprüchen des CAS bereitet in der Praxis kaum Probleme.

a) *Durchsetzung durch die Sportorganisationen*

Da die in CAS-Urteilen verhängten Sanktionen im Wesentlichen in Wettkampfsperre und Aberkennung von Titeln und Medaillen bestehen, können und werden diese durch die Sportorganisation, die Partei des Verfahrens war, mit ihren eigenen verbandsrechtlichen Mitteln national oder internatio-

---

[95] Art. 176–194 des Bundesgesetzes über das Internationale Privatrecht v. 1.4.2017, https://fedlex.data.admin.ch/filestore/fedlex.data.admin.ch/eli/cc/1988/1776_1776_1776/20170401/de/pdf-a/fedlex-data-admin-ch-eli-cc-1988-1776_1776_1776-20170401-de-pdf-a.pdf; (abgerufen am 17.3.2021); dazu näher *Courvoisier/Knechtli*, in: Cherkeh/Mommsen/Orth (Fn. 82), 220ff.

[96] Bundesgesetz über das Bundesgericht i. d. F. v. 1.1.2021, https://www.fedlex.admin.ch/eli/cc/2006/218/de (abgerufen am 17.3.2021).

nal durchgesetzt.[97] Sollte das nicht geschehen, verletzt dieser Verband den WADA Code und setzt sich einem Code-Compliance-Verfahren aus.[98]

Darüber hinaus werden die ggf. durch einen Spruch des CAS bestätigten Entscheidungen einer Sportorganisation nach Art. 15 WADA Code für andere Sportorganisationen, wie z. B. Major Event Organizers, automatisch verbindlich und sind durchzusetzen. Art. 16(g) der UNESCO-Konvention verpflichtet die Staaten, solche Entscheidungen anzuerkennen.

b) New Yorker Konvention

Die Anerkennung und Vollstreckung ausländischer Schiedssprüche wird generell durch die New Yorker Konvention („NYC") von 1958[99] für 166 Staaten, darunter Deutschland, geregelt. Die Konvention gilt auch für Schiedssprüche von im Hoheitsgebiet eines anderen Staates ansässigen internationalen Schiedsgerichten wie des CAS.

Gemäß Art. III NYC haben die Vertragsparteien solche Schiedssprüche anzuerkennen und zu vollstrecken, sofern nicht ein Ausschlussgrund vorliegt. Art. V NYC nennt als Gründe neben Fehlern bei der Schiedsvereinbarung und der Einsetzung des Schiedsgerichts und der fehlenden Rechtskraft des Schiedsspruchs in inhaltlicher Hinsicht: Entscheidung *ultra petita* oder *infra petita*, fehlende Schiedsfähigkeit des Streitgegenstandes und Verstoß gegen den ordre public des Vollstreckungsstaates.[100]

c) Nationale Umsetzung der NYC

In Deutschland richtet sich die Anerkennung und Vollstreckung ausländischer Schiedssprüche und somit der Entscheidungen des CAS gemäß § 1061 ZPO unmittelbar nach der NYC.[101]

4. Deutsches Sportschiedsgericht

Für Doping-Verfahren in der Zuständigkeit deutscher Sportverbände – Dopingkontrolle und Ergebnismanagement durch die NADA – ist für die erstinstanzliche Entscheidung aufgrund vertraglicher Delegation durch die meisten deutschen Verbände das 2008 durch die Deutsche Institution für

---

[97] Aktueller Fall siehe Fn. 24.

[98] Siehe oben I. 2. h).

[99] Übereinkommen über die Anerkennung und Vollstreckung ausländischer Schiedssprüche v. 10.6.1958, in Kraft seit 7.6.1959, BGBl. 1961 II, 121.

[100] Dazu die Kommentierung zu Art. V in: Wolff (Hrsg.), New York Convention, 2. Aufl. 2019.

[101] *Saenger*, in: Saenger/Eberl/Eberl (Hrsg.), Schiedsverfahren, 2019, Kommentierung der §§ 1025–1066 ZPO.

Schiedsgerichtsbarkeit gegründete Deutsche Sportschiedsgericht zuständig.[102] Dieses ist ein Schiedsgericht i. S. v. §§ 1025 ff. ZPO. Gegen dessen Entscheidungen ist eine Berufung zum CAS möglich. In Ausführung des WADA Code haben auch in anderen Staaten die Sportorganisationen nationale Sportschiedsgerichte eingesetzt.

5. Europäischer Gerichtshof für Menschenrechte

Die Frage einer rechtlichen Bindung „des Sports" an die Menschenrechte ist ein großes Thema in die Zukunft. Die Entscheidung des EGMR vom 2. Oktober 2018 in der Sache Mutu und Pechstein ist eine erste Leitentscheidung.[103]

Die EMRK ist zwar eine regionale Menschenrechtskonvention, hat jedoch im Sport einen geographisch weiten Anwendungsbereich, da der CAS und viele IFs in der Schweiz oder anderen europäischen Ländern ihren Sitz haben. Allein die Staaten werden durch die EMRK verpflichtet und die Individualbeschwerde gemäß Art. 34 EMRK richtet sich gegen Staaten. Eine Bindung „des Sports" an die EMRK setzt voraus, dass das Handeln von Sportorganisationen einem EMRK-Staat zugerechnet werden kann. Die Schweiz ist, so der EGMR in Pechstein, über das IPRG, demzufolge die Sprüche des CAS endgültig und bindend sind, und für Entscheidungen des SBG wie im Fall Pechstein verantwortlich.

Aufgrund der für die Athleten unausweichlichen Unterwerfung unter die ausschließliche Schiedsgerichtsbarkeit des CAS und des damit verbundenen Verzichts auf die ordentliche Gerichtsbarkeit durch die Athletenvereinbarung, die als solche mit Art. 6 EMRK vereinbar ist, übt der CAS eine obligatorische Schiedsgerichtsbarkeit („compulsory arbitration") aus, die den Garantien des Art. 6 Abs. 1 EMRK in vollem Umfang genügen muss. Dazu stellt der EGMR in Übereinstimmung mit dem SBG fest,[104] dass der CAS als echtes Schiedsgericht ein Gericht i. S. d. Art. 6 Abs. 1 EMRK und unabhängig und unparteilich ist. Insoweit liegt ein Verstoß gegen Art. 6 EMRK nicht vor. Allein die fehlende Öffentlichkeit der mündlichen Verhandlungen vor dem CAS genügt nicht den Anforderungen des Art. 6 Abs. 1 EMRK, was jedoch nicht die Aufhebung der Entscheidung des SBG zur Folge hat. Letzteres hat dazu geführt, dass Art. R57 sec. 2 CAS Code neugefasst wurde und seit 2019 auf Antrag der Athleten mündliche Verhandlungen öffentlich stattfinden.

---

[102] DIS-Sport-Schiedsgerichtsordnung (Fn. 52); dazu *Lehner*, in: Lehner/Nolte/Putzke (Fn. 80), § 11 Rn. 78 ff.; *Mortsiefer*, in: Cherkeh/Mommsen/Orth (Fn. 82), 186 ff.

[103] EGMR, Urteil v. 2.10.2018 (Fn. 91).

[104] EGMR (Fn. 91), Rn. 138 ff., 150 ff.

Am 19. Februar 2021 hat die Leichtathletin Caster Semenya nach Entscheidungen des CAS und des SBG ebenfalls Individualbeschwerde gegen die Schweiz eingelegt, um eine Regelung der World Athletics, die sie verpflichtet, den Testosterongehalt in ihrem Körper abzusenken, auf die Vereinbarkeit mit materiellen EMRK-Garantien zu überprüfen.

6. *Europäischer Gerichtshof*

Soweit im Einzelfall die Zuständigkeit des EuGH gegeben ist, können Anti-Doping-Regelwerke, auch nachdem sie vom CAS und dem SBG bestätigt wurden, auf ihre Vereinbarkeit mit dem Unionsrecht – insbesondere der Freizügigkeit, der Dienstleistungsfreiheit und vor allem dem Wettbewerbsrecht – überprüft werden. In der Leitentscheidung *Meca-Medina* hat der EuGH festgestellt, dass Anti-Doping-Regelwerke und darauf gestützte Entscheidungen von Sportverbänden allein in „sportlichem Interesse" – Chancengleichheit und Gesundheit der Sportler, Ehrlichkeit des Wettkampfs und die ethischen Werte des Sports – liegen und, falls sie Unionsrecht beeinträchtigen sollten, durch einen legitimen Zweck – „ordnungsgemäßer Ablauf des Wettkampfs", „fairer Wettstreit zwischen den Sportlern" – gerechtfertigt sind, sofern sie nicht über das Notwendige hinausgehen.[105] Die Fairness der Wettkämpfe hat Art. 165 Abs. 2 AEUV als ein Ziel der europäischen Sportpolitik anerkannt.

7. *Bundesgerichtshof, Bundesverfassungsgericht*

Das globale Anti-Doping-Recht steht vor dem BVerfG auf dem Prüfstand. Die Eisschnellläuferin Claudia Pechstein hatte vor dem LG München auf Schadenersatz wegen einer ihrer Auffassung nach rechtswidrigen Doping-Sperre durch die Internationale-Eislauf-Union („ISU") geklagt. Die Unterwerfung unter die ausschließliche Schiedsgerichtsbarkeit des CAS sei unwirksam, weil zwangsweise erfolgt. Als Vorfrage war zu klären, ob die von Pechstein als Voraussetzung für die Teilnahme an Wettbewerben unterzeichnete Athleten-Vereinbarung, die eine Schiedsvereinbarung zugunsten des CAS enthält, unwirksam ist. Das LG München hat das 2014 verneint, das OLG München hat das 2015 bejaht und der BGH hat das in seiner Entscheidung vom 7. Juni 2016 wieder verneint.[106] Am 12. Juli 2016 legte Pechstein Verfassungsbeschwerde wegen Verletzung der Garantie des gesetzlichen Richters und des Justizgewährungsanspruchs sowie des rechtlichen Gehörs beim BVerfG ein.

---

105 EuGH, C-519/04 P, Meca-Medina, Urt. v. 18.7.2006, ECLI:EU:C:2006-492, Rn. 43 ff.

106 BGH, KZR 6/16, Urteil v. 7.6.2016; prozessuale Vorgeschichte: *Lehner*, in: Lehner/Nolte/Putzke (Fn. 80) Rn. 9 ff.

Vorausgegangen war, dass Pechstein die Sperre vor dem CAS vergeblich angefochten,[107] dagegen vor dem SBG Beschwerde nach dem IPRG und gegen diesen Entscheid eine weitere Beschwerde nach dem Bundesgerichtsgesetz vergeblich eingelegt[108] und damit den sportrechtlichen Rechtsweg voll ausgeschöpft hatte. Danach hatte Pechstein am 11. November 2010 mit Individualbeschwerde gegen die Schweiz den EGMR angerufen, der diese im Oktober 2018 im Wesentlichen abwies.[109]

Der BGH stellt nach eingehender Prüfung der Rechtsgrundlagen und des Verfahrensablaufs vor dem CAS fest, dass der CAS institutionell und in Form des konkreten Panels ein unabhängiges und unparteiisches „echtes" Schiedsgericht ist und die Schiedsvereinbarung daher wirksam geschlossen wurde. Sie verstößt auch nicht gegen das kartellrechtliche Missbrauchsverbot des § 19 GWB. In der Interessenabwägung berücksichtigt das Gericht das übergreifende Interesse der Athleten, vor allem auch der nicht gedopten Athleten, an doping-freiem Wettkampf und die verfassungsrechtlich geschützte Verbandsautonomie der ISU. Vor allem berücksichtigt der BGH, dass die „einheitlichen Anwendung des […] WADA Code zwingend erforderlich ist", was durch einzelstaatliche Gerichte gefährdet würde, und daher eine einheitliche Schiedsgerichtsbarkeit notwendig. Diese biete besondere Fachkunde, schnelle Entscheidungsfindung und internationale Anerkennung. Die ISU, so das Gericht, ist durch Art. 13.2.1 und Art. 23.2.2 WADA Code faktisch gezwungen, Schiedsvereinbarungen zu treffen. Wenn der BGH fortfährt: „Die Grundsätze des WADC sind infolge der Ratifizierung [der UNESCO-Konvention] völkerrechtliches Vertragsrecht", geht er davon aus, dass die Schiedsgerichtsbarkeit zu diesen Grundsätzen gehört.

Das Gericht sieht sich in der Auffassung, dass die Schiedsvereinbarung mit deutschem Recht vereinbar ist, durch den gesetzgeberischen Willen bestätigt, der in der Neufassung des § 1025 ZPO und in § 11 ADG zum Ausdruck kommt. § 11 ADG, so das Gericht, „[sieht] für Fälle der vorliegenden Art die Möglichkeit des Abschlusses einer Schiedsvereinbarung vor". Damit werde klargestellt, dass die von den Sportverbänden vorgegebenen Schiedsvereinbarungen „nicht wegen unfreiwilliger Unterzeichnung unwirksam sind". Die UNESCO-Konvention nehme in ihrem Art. 4 Abs. 1 auf die Regelun-

---

[107] CAS, 2009/A/1912, Schiedsspruch v. 25.11.2009, – „Pechstein v. ISU", https://jurisprudence.tas-cas.org/Shared%20Documents/1912,%201913.pdf (abgerufen am 17.3.2021).

[108] SBG, 4A-612/2009, Pechstein, Urt. v. 10.2.2010, https://www.bger.ch/ext/eurospider/live/de/php/aza/http/index.php?highlight_docid=aza%3A%2F%2F10-02-2010-4A_612-2009&lang=de&type=show_document&zoom=YES& (abgerufen am 17.3.2021); SBG, 4A-144/2010, Pechstein. Urt. v. 28.9.2010, https://www.bger.ch/ext/eurospider/live/de/php/aza/http/index.php?highlight_docid=aza%3A%2F%2F28-09-2010-4A_144-2010&lang=de&type=show_document&zoom=YES&- (abgerufen am 17.3.2021).

[109] EGMR (Fn. 91).

gen des WADA Code Bezug, der in Art. 13.2.1 i. V. m. Art. 23.2.2 Schiedsvereinbarungen vorsieht, die gerade den CAS als Schiedsgericht bestimmen. Abschließend sieht der BGH weder – unter Bezug auf den EGMR – einen Verstoß gegen Art. 6 Abs. 1 EMRK noch das unionsrechtliche Missbrauchsverbot des Art. 102 AEUV, noch gegen schweizerisches Recht.

Der Fall Pechstein spaltet von Anfang an die Medien, die Sportpolitik und die Sportrechts-Szene. So ist auch die Entscheidung des BGH heftig kritisiert worden.[110] Dennoch stellt sie auf einer Linie mit dem SBG und dem EGMR derzeit den Stand des Rechts in Deutschland dar. Die am 28. August 2018 in der Sache RFC Seraing u. a. gegen FIFA u. a. ergangene Zuständigkeits-Entscheidung der Cour d'Appel Brüssel, die eine in einer Verbandssatzung enthaltene Schiedsklausel zugunsten der ausschließlichen Schiedsgerichtsbarkeit des CAS für unwirksam erklärte, steht dem nicht entgegen. Diese Schiedsklausel verstößt, so das Gericht, gegen belgisches Recht, weil sie hinsichtlich der von ihr erfassten Streitigkeiten aus dem weiten Bereich des Fußballs zu unspezifisch war.[111] Die Schiedsvereinbarungen in Athletenvereinbarungen wie im Fall Pechstein beziehen sich dagegen konkret auf Streitigkeiten zwischen Athlet und Verband und zielen insbesondere auf Doping-Streitigkeiten.

8. Verankerung der Sport-Schiedsgerichtsbarkeit im nationalen Recht

Die Sport-Schiedsgerichtsbarkeit in Doping-Sachen ist in Art. 13 WADA Code als ein essentieller Bestandteil in das Anti-Doping-Recht eingebunden, der dafür sorgt, dass das Anti-Doping-Recht im Streitfall weltweit einheitlich judiziert wird. Weitere Normen des WADA Code und insbesondere der ISRM und der ISCCS beziehen den CAS als letztinstanzliches oder gar einziges Entscheidungsorgan in die Beilegung von Doping-Streitigkeiten und Code-Compliance-Verfahren ein.

Art. 13 WADA Code regelt die Möglichkeiten von Sportlern und anderen betroffenen Individuen auf der einen und Sportorganisationen, insbesondere der WADA, auf der anderen Seite, die am Ende des Ergebnismanagement-Verfahrens oder durch erstinstanzliche Anhörungsgremien oder Schiedsgerichte auf internationaler oder auf nationaler Ebene, wie das Deutsche Sportschiedsgericht, getroffene Entscheidungen vor dem CAS anzufechten. Gemäß Art. 13.2 WADA Code ist die Schiedsgerichtsbarkeit eine ausschließliche.

---

[110] Z. B. *Orth*, Schlagwort-Archiv: Pechstein, https://www.janforth.de/tag/pechstein (abgerufen am 17.3.2021); *Summerer*, in Fritzweiler/Pfister/Summerer, Praxishandbuch Sportrecht, 2020, 3. Kap. Rn. 515 ff.: a. A. *Mortsiefer*, in: Cherkeh/Mommsen/Orth (Fn. 82), 3. Kap. Rn. 503.

[111] Die Cour d' Appel Brüssel hat später durch Urt. v. 12.12.2019 in der Sache entschieden, die Regelung der streitgegenständlichen Third Party Ownership in der Verbandssatzung nicht für rechtswidrig erachtet und die Klage abgewiesen.

Von besonderer Bedeutung ist dabei das durch Art. 13 WADA Code der WADA als Hüterin des globalen Anti-Doping-Rechts eingeräumte Berufungsrecht zum CAS. Dadurch wird sichergestellt, dass Doping-Entscheidungen, die nicht mit dem WADA Code in Einklang stehen, vom CAS überprüft werden, auch wenn die Parteien des Ausgangverfahrens daran kein Interesse haben. Davon macht die WADA notgedrungen regen Gebrauch. Vor nationalen Gerichten dürfte es der WADA dazu an der Klageberechtigung fehlen. Allein die WADA – andere Sportorganisationen können den Verfahren nur beitreten – kann und muss nicht code-compliant Verhalten von Code-Signatories vor den CAS bringen.[112] Für solche Verfahren dürfte es in den Staaten kaum einen Gerichtsstand geben. Diese Klagerechte der WADA, die vor nationalen Gerichten auf der Strecke bleiben würden, sind für die Durchsetzung des global einheitlichen Anti-Doping-Rechts essenziell und Eckpfeiler des WADA Code.

Die Verankerung der durch den CAS administrierte Sportschiedsgerichtsbarkeit in Doping-Sachen im WADA-Code gehört zu dessen „Grundsätzen",[113] auf die die Staaten sich durch Art. 4 Abs. 1 der UNESCO-Konvention verpflichtet haben. Art. 16(g) der Konvention verpflichtet die Staaten, Doping-Entscheidungen anzuerkennen, zu denen auch die durch den CAS geprüften und bestätigten Entscheidungen gehören.

Rechtschutzverfahren sind das notwendige Korrelat zu Sanktionsvorschriften. Das wird durch die in Art. 22.6 WADA Code formulierte Erwartung an die Staaten zum Ausdruck gebracht:

> „Each government will respect arbitration as the preferred means of resolving doping-related disputes, subject to human and fundamental rights and applicable national law."

Trotz des selbstverständlichen Vorbehalts von Menschenrechten, Grundrechten und geltenden nationalen Rechts resultiert aus Art. 3–5 der UNESCO-Konvention i. V. m. Art. 13 WADA Code die völkerrechtliche Verpflichtung, die Sportschiedsgerichtsbarkeit in Doping-Sachen grundsätzlich anzuerkennen und im Kollisionsfall im Wege völkerrechtskonformer Auslegung so weit als möglich zu berücksichtigen. Möglicherweise entgegenstehendes Recht ist im Lichte der völkerrechtlichen Verpflichtung aus der UNESCO-Konvention auszulegen, um eine Normenkollision zu verhindern.

Das bringt § 11 ADG zum Ausdruck, der – deklaratorisch und sogar über Doping-Streitigkeiten hinaus – feststellt, dass Sportverbände und Sportler

---

[112] Siehe oben unter I. 2. h) und I. 3. c).

[113] BGH (Fn. 106) Rn. 60; enger, aber nicht abschließend *Mortsiefer*, in: Lehner/Nolte/Putzke (Fn. 80), § 1 Rn. 18; *Lehner*, ebd., § 11 Rn. 44, betont, dass der CAS für die notwendige Einheitlichkeit im Anti-Doping-Recht sorgt.

„als Voraussetzung der Teilnahme an der organisierten Sportausübung Schiedsvereinbarungen über die Beilegung von Rechtsstreitigkeiten mit Bezug auf diese Teilnahme schließen [können], wenn die Schiedsvereinbarung die Sportverbände und die Sportlerinnen und Sportler in die nationalen oder internationalen Sportorganisationen einbinden und die organisierte Sportausübung insgesamt ermöglichen, fördern oder sichern. Das ist insbesondere der Fall, wenn mit den Schiedsvereinbarungen die Vorgaben des Welt-Anti-Doping-Codes umgesetzt werden sollen."

Die Gesetzesbegründung der Bundesregierung dazu betont (1) die Bedeutung der internationalen Sportschiedsgerichtsbarkeit – in der organisierten Sportausübung bewährt, weltweite Einheitlichkeit und Vermeidung divergierender Entscheidungen, schnelle Entscheidung, Spezialwissen –, erachtet (2) den so gewährten Rechtsschutz als mit dem vor staatlichen Gerichten „im Wesentlichen gleichwertig", hält (3) mögliche Beeinträchtigungen von Rechten der Sportler für „gerechtfertigt" und kommt (4) zu dem Schluss, dass der Abschluss solcher Vereinbarungen „in der Regel" einer Prüfung am Maßstab des § 138 BGB auch unter Berücksichtigung der Grundrechte und der EMRK standhält und – bei ausländischen Schiedsvereinbarungen – mit dem deutschen ordre public vereinbar ist. Eine umfassende Inhaltskontrolle im Blick auf ein gesetzliches Verbot gemäß § 134 BGB bleibe vorbehalten.[114]

Entscheidend für die Zulässigkeit von Schiedsvereinbarungen ist nach § 11 ADG die in S. 2 Hs. 2 niedergelegte Bedingung, dass die Schiedsvereinbarungen die Sportverbände und die Sportler „in die Sportorganisationen einbinden und die organisierte Sportausübung insgesamt ermöglichen, fördern und sichern".[115] Damit bezieht sich der Gesetzgeber auf die Realität des nationalen und internationalen Leistungssports. Sportler und Verbände sind wechselseitig aufeinander angewiesen und solche Schiedsvereinbarungen sind die faktische Voraussetzung für die Ausübung ihres Sports durch die Sportler.

Sportverbände und Sportler sitzen im gleichen Boot. Sie stehen nicht im Wettbewerb, wie der kartellrechtliche Ansatz der Rechtsprechung in Deutschland wie selbstverständlich voraussetzt. Die „Unternehmen" Sportverbände bauen auf der Leistung der Sportler als Geschäftsgrundlage auf, während die „Unternehmen" der einzelnen Sportler nicht existent wären, wenn diese nicht von Jugend an durch den organisierten Sport – Vereine mit Trainingsstätten und Trainern, Reisekosten etc. – und staatliche Förderung und Absicherung – Beamtenstellung bei Polizei, Zoll und Bundeswehr – überhaupt erst in die Lage gebracht würden, „ihre" Leistungen zu erbringen. Die Sportler sind auch nicht Verbraucher, die Leistungen monopolistischer Anbieter entgegennehmen und gegen missbräuchliche Bedingungen zu schützen wären. Nicht nur die Bekämpfung von Doping, wie der

---

[114] Gesetzesbegründung (Fn. 81), S. 38 f.
[115] Dazu näher *Lehner*, in: Lehner/Nolte/Putzke (Fn. 80), Rn. 24 ff.

BGH festgestellt hat, ist ein gemeinsames Interesse von Sportverband und Sportler.

Die Bundesregierung hielt es – offenkundig angesichts des Falles Pechstein[116] – für angebracht, im ADG, das der Umsetzung der UNESCO-Konvention dient, eine gesetzliche Klarstellung vorzunehmen: diese „dient insgesamt lediglich dazu, die Zweifel an der Wirksamkeit des Abschlusses von Schiedsvereinbarungen auszuräumen".[117] Auch wenn der Gesetzgeber die von § 11 ADG erfassten, zur Teilnahme am organisierten Sportbetrieb notwendigen Schiedsvereinbarungen gegenüber Grundrechten nicht einfach als zulässig legaldefinieren kann, ist § 11 ADG als Ausformulierung der durch die UNESCO-Konvention übernommenen Verpflichtung in Fällen von Normenkollisionen völkerrechtskonform zu beachten. Gegenüber einfachgesetzlichen Normen wie §§ 134, 138 BGB oder § 19 GWB ist § 11 ADG eine spezialgesetzliche Regelung, die die von dieser Norm erfassten Schiedsvereinbarungen, einer völkerrechtlichen Verpflichtung nachkommend, als wirksam legaldefiniert. § 11 ADG ist eine gesetzliche Erlaubnis.

Ein Ausscheiden Deutschlands aus der obligatorischen ausschließlichen Schiedsgerichtsbarkeit in Doping-Sachen würde dazu führen, dass die deutschen Sportorganisationen nicht mehr code-compliant wären und Deutschland die Verpflichtung der UNESCO-Konvention auf einen der Grundsätze des WADA Code nicht mehr einhalten würde.[118] Schwerwiegende Konsequenzen für Bewerbungen um internationale Sportveranstaltungen und für die Teilnahme deutscher Athleten an Wettbewerben im Ausland könnten die Folge sein.

Mit dem WADA Code 2021 sind die Rechtsschutzverfahren vom Ergebnismanagement bis zum CAS durch Art. 13 WADA Code und den ISRM für individuelle Doping-Verstöße und in Art. 24 WADA Code und den ISCCS für orchestriertes Doping rechtstaatlichen Anforderungen entsprechend erheblich ausgebaut und verfeinert worden. Die Rechte der Athleten in den einzelnen Verfahrensschritten werden definiert und die Anforderungen an operationell unabhängige Spruchgremien bestimmt. Es geht also weniger um die rechtliche Qualität der Sportschiedsgerichtsbarkeit durch den CAS unter der Kontrolle des SBG als um die Frage, ob Doping-Streitigkeiten gerade von deutschen Gerichten zu entscheiden sind. Damit sind wir wieder am Beginn der Reise, der Notwendigkeit eines global einheitlichen und auch einheitlich angewandten Anti-Doping-Rechts.

---

[116] Näher *Lehner*, in: Lehner/Nolte/Putzke (Fn. 80), § 11 Rn. 13 ff.

[117] Gesetzesbegründung (Fn. 81), S. 39; *Mortsiefer*, in: Cherkeh/Mommsen/Orth (Fn. 82), 3. Kap. Rn. 503.

[118] Siehe oben unter I. 3. c).

Festtagstorten, der US-amerikanische Kulturkampf und das Recht

Daniel Wolff

I. Einführung: Festtagstorten als Gegenstände rechtswissenschaftlichen Nachdenkens

Zu jedem Festtag gehört eine Festtagstorte. Wenn freilich die Jubilarin eine juristische Fakultät ist und die Ehrung im Medium einer Festschrift stattfindet, ist eine Torte normalerweise fehl am Platze, sind Torten doch nur äußerst selten Thema juristischer Erörterungen und Entscheidungen. Wie es der Zufall aber will, beschäftigten Festtags- bzw. konkret Hochzeitstorten in jüngster Zeit sowohl den Supreme Court der Vereinigten Staaten von Amerika als auch den des Vereinigten Königreichs. Da diese Fälle komplexe Fragestellungen aus der Perspektive des US-amerikanischen und britischen öffentlichen Rechts aufwerfen, Anschauungsmaterial für die vergleichende Grundrechtstheorie bieten und schließlich Symptome einer zunehmenden Polarisierung in westlichen Gesellschaften sind, nutze ich die Gelegenheit, um die juristische Dimension von Hochzeitstorten an konkreten Fällen zu illustrieren und damit meinen Beitrag zu diesem Jubiläum zu leisten.

Im Juni 2018 urteilten die US-amerikanischen Richter in der Rechtssache *Masterpiece Cakeshop v. Colorado Civil Rights Commission* mit sieben zu zwei Stimmen zugunsten eines Bäckers aus Colorado, der sich aus religiösen Gründen weigerte, eine Hochzeitstorte für die Hochzeitsfeier eines homosexuellen Paares anzufertigen. Nur fünf Monate später erging auf der anderen Seite des Atlantiks durch den britischen Supreme Court eine Entscheidung in dem frappierend ähnlichen Fall *Lee v. Ashers*, in dem ebenfalls zugunsten des Bäckers entschieden wurde.

Vereinfacht stellte sich in beiden Fällen die Frage, ob Unternehmern, die ihre Waren und Dienstleistungen der Öffentlichkeit anbieten, eine verfassungsrechtlich radizierte Rechtsposition zukommt, den Vertragsabschluss in bestimmten Situationen aus religiösen oder weltanschaulichen Gründen verweigern zu dürfen, obwohl sie dazu an sich durch Antidiskriminierungsgesetzgebung verpflichtet sind. Während seit vielen Jahren das Spannungsverhältnis von unternehmerischer und religiöser bzw. weltanschaulicher Freiheit auf der einen und Diskriminierungsschutz auf der anderen Seite vor allem im Verhältnis zwischen Arbeitgeber und Arbeitnehmer diskutiert wurde, musste hier geklärt werden, welche Rechtspositionen einem religiösen Wirtschaftstreibenden zukommen, wenn dessen religiöse Überzeugungen mit anderweitigen Rechtspositionen in Konflikt geraten.[1]

Konkret lehnten die jeweiligen Bäcker aus religiösen Gründen gleichgeschlechtliche Eheschließungen ab und wollten deshalb eine solche Eheschließung nicht unterstützen, sei es, wie im US-amerikanischen Fall, durch das Anfertigen einer Hochzeitstorte oder, wie im britischen Fall, durch das Aufbringen einer gleichgeschlechtliche Eheschließungen begrüßenden Aufschrift auf dem Kuchen. Hinter diesen vergleichsweise außergewöhnlichen Fallgestaltungen verbirgt sich die grundlegende Herausforderung, den Schutz der LGBTQ-Community mit den Belangen bestimmter religiöser Glaubensgemeinschaften und Bevölkerungsgruppen rechtlich in Einklang zu bringen.[2] Dieses Spannungsverhältnis beschäftigt gerade US-amerikanische Gerichte und dies insbesondere seit der epochalen Entscheidung des US-Supreme Court in der Rechtssache *Obergefell v. Hodges*.[3] In dieser entwickelte die Richtermehrheit in der von Justice Kennedy verfassten „majority opinion“ aus der *Due Process Clause* und der *Equal Protection Clause* des vierzehnten Verfassungszusatzes ein Grundrecht auf Eheschließung für gleichgeschlechtliche Paare. In der Folge sind insbesondere auch die Bundesstaaten dazu verpflichtet, gleichgeschlechtlichen Paaren die Möglichkeit zur Eheschließung zu verschaffen und in einem anderen Bundesstaat wirksam geschlossene gleichgeschlechtliche Ehen anzuerkennen. In *Obergefell v. Hodges* warnte Justice Thomas in seiner abweichenden Meinung („dissenting opinion“) bereits davor, dass das Recht auf gleichgeschlechtliche Ehe unweigerlich in Konflikt mit der Religionsfreiheit geraten würde, „as individuals [...] are confronted with demands to participate in and endorse civil marri-

---

[1] Siehe dazu etwa aus deutscher Perspektive *Di Fabio*, in: Maunz/Dürig (Hrsg.), GG, 92. EL. August 2020, Art. 4 Rn. 238. Allerdings gibt es auch deutsche Fälle in diesem Zusammenhang: siehe etwa LG Köln, NZM 2016, 165 (Vermietung einer Villa für Feierlichkeiten einer gleichgeschlechtlichen Ehe); AG Neuss, NJW 2003, 3785 (Anmietung von Räumen einer katholischen Kirchengemeinde zur Feier einer gleichgeschlechtlichen Lebenspartnerschaft).

[2] Vgl. *Eskridge, Jr./Fretwell Wilson*, in: Eskridge, Jr./Fretwell Wilson (Hrsg.), Religious Freedom, LGBT Rights, and the Prospects for Common Ground, 2018, 1 ff.; siehe auch *Tebbe*, Religious Freedom in an Egalitarian Age, 2017, 1 f.

[3] Das Thema religiös fundierter Ausnahmen für unternehmerisch Tätige spielte außerhalb der Thematik homosexueller Eheschließungen bereits im Jahr 2014 in der Entscheidung Burwell v. Hobby Lobby Stores, Inc., 134 S. Ct. 2751, 2751 (2014) eine zentrale Rolle, als sowohl das Minderheitsvotum von Justice Ginsburg als auch diverse Beobachter vor Spillover-Effekten auf die LGBTQ-Community warnten; siehe dazu *Keeley*, Colum. J. Gender & L. 39 (2019), 169 (203 f.); siehe zur Hobby Lobby-Entscheidung aus der deutschen Literatur insbesondere *Kingreen/Möslein*, JZ 2016, 57 ff.

ages between same-sex couples."[4] Ganz wie Justice Thomas formulierte der ebenfalls dissentierende Chief Justice Roberts: „Hard questions arise when people of faith exercise religion in ways that may be seen to conflict with the new right to same-sex marriage".[5] Diese Warnung aufgreifend stellte Justice Thomas dann in *Masterpiece Cakeshop* fest, dass ebendieser Konflikt nunmehr eingetreten sei.[6]

Im Folgenden möchte ich in einem ersten Schritt aufzeigen, welche soziologischen Entwicklungen hinter diesen immer härter ausgefochtenen Konflikten stehen und dass diese zukünftig vermehrt Konflikte und damit auch Rechtsstreitigkeiten wie *Masterpiece Cakeshop* und *Lee v. Ashers* erwarten lassen (II.). Sodann gilt es, die Sachverhaltsspezifika beider Fälle ebenso darzustellen wie die Begründung, mit der die Höchstgerichte der USA und des Vereinigten Königreichs zugunsten der jeweiligen Bäcker entschieden haben (III.). Anschließend erfolgt eine Detailanalyse der Fälle aus der Perspektive des US-amerikanischen Verfassungsrechts, die zeigen wird, dass und warum die Argumente für religiös begründete Ausnahmen von Antidiskriminierungsgesetzen letztlich nicht überzeugen können (IV.).[7] Abschließend wird gezeigt, inwiefern gerade *Masterpiece Cakeshop* die Unzulänglichkeiten des kategorialen US-amerikanischen Grundrechtsverständnisses illustriert, führt es doch dazu, dass die Verfahrensbeteiligten Fragen diskutieren, die nicht den eigentlichen Kern der Streitigkeit ausmachen und letztlich zu einer weiteren Polarisierung der ohnehin hochgradig polarisierten US-amerikanischen Gesellschaft beitragen (V.).[8] Der Beitrag schließt mit einem kurzen Fazit (VI.).

II. Religionssoziologische Hintergründe

Fälle wie *Masterpiece Cakeshop* und *Lee v. Ashers* spiegeln weitgreifende politische und kulturelle Entwicklungslinien in westlichen Gesellschaften wider, die entsprechende Konflikte sowohl bedingen als auch ihre Bewäl-

---

[4] Obergefell v. Hodges (Thomas, J. dissenting), 135 S. Ct. 2584, 2639 (2015).

[5] Obergefell v. Hodges (Roberts, C.J. dissenting), 135 S. Ct. 2584, 2625–26 (2015).

[6] Masterpiece Cakeshop, Ltd. v. Colorado Civil Rights Com'n (Thomas, J. concurring), 138 S. Ct. 1740, 1748 (2018); siehe auch *Sager/Tebbe*, Const. Comment. 34 (2019), 171 (191); *Keeley*, Colum. J. Gender & L. 39 (2019), 169 (204).

[7] Siehe für eine Prüfung des Falls Masterpiece Cakeshop am Maßstab des deutschen AGG *Becker*, VR 2019, 37 (42); siehe dazu auch *Giegerich*, in: FS für Christian Kohler, 2018, 119 (130). Zur Kritik am Antidiskriminierungsrecht, bei dem es sich um einen abzulehnenden „Rechtsanglizismus" im Sinne eines Rechtsimports aus den USA ohne Rücksicht auf seine „Anschlussfähigkeit im gewachsenen [deutschen] Recht" handele, *Jestaedt*, VVDStRL 64 (2005), 298 (350).

[8] Siehe auch *Fretwell Wilson*, in: Eskridge, Jr./Fretwell Wilson (Fn. 2), 402 (409).

tigung beeinflussen.[9] Am deutlichsten sind diese Trends in den USA ausgeprägt, auf die sich deshalb die folgende Darstellung konzentriert.[10]

Ein erster Trend, der Fallgestaltungen wie in *Masterpiece Cakeshop* hervorbringt, ist die immer tiefer werdende religiöse Spaltung der US-amerikanischen Bevölkerung, die einen gesellschaftlichen Konsens über die Auflösung entsprechender Spannungsfelder sehr unwahrscheinlich erscheinen lässt. Gerade in den letzten beiden Jahrzehnten war eine zunehmende Polarisierung in religiöser Hinsicht zu beobachten, die zur Herausbildung zweier sich geradezu feindlich gegenüberstehenden Gruppen geführt hat, namentlich den sog. Nones, die sich keiner Religion zugehörig fühlen und überdies institutionalisierte Religionsgemeinschaften insbesondere aufgrund ihrer Lehren zur Sexualmoral als autoritär und heuchlerisch ablehnen, und den sog. Traditionally Religious, die auch und gerade in Bezug auf das Thema der Sexualität weiterhin an traditionellen religiösen Lehren festhalten. Etwa 23 % der erwachsenen US-Amerikaner lassen sich heute den Nones zuordnen. Damit hat sich ihr Anteil zwischen 2007 und 2014 um sieben Prozentpunkte gesteigert und befindet sich aktuell auf einem historischen Hoch. So gaben in den 1950er Jahren nur drei Prozent der US-Amerikaner an, sich keiner Religion zugehörig zu fühlen. Unter den Millennials liegt der Prozentsatz der Nones sogar bei 35 %, ein Anstieg um neun Prozentpunkte gegenüber 2007. Angesichts dieser Zahlen ist mittelfristig mit einer weiteren Zunahme der Prozentzahl der Nones zu rechnen.[11] Für den gleichen Zeitraum ist mit Blick auf die Traditionally Religious zu konstatieren, dass sich ihr Anteil keineswegs verringert hat. Insoweit erleben die Vereinigten Staaten keine systematische Abwendung von Religion, sondern eine sich immer weiter intensivierende religiöse Polarisierung. Der wachsende Prozentsatz der Nones ergibt sich nämlich nicht aus einem generellen Rückgang religiöser Praxis, sondern aus einem dramatischen Schwund der Gruppe der Moderately Religious. Dieses Ausmaß an religiöser Polarisierung wird Konflikte wie den in *Masterpiece Cakeshop* nicht nur verstärkt auftreten lassen, sondern auch ihre gesellschaftliche Bewältigung verkomplizieren. Denn die in einer pluralen Gesellschaft immer wieder notwendigen Kompromisse erfordern von den Beteiligten zumindest prinzipiell die Bereitschaft, Empathie und Verständnis für die andere Seite aufzubringen. Eine solche Geisteshaltung wird angesichts zunehmender religiöser Polarisierung immer seltener anzutreffen sein.[12]

---

[9] Vgl. *NeJaime/Siegel*, Yale L.J.F. 128 (2018–2019), 201 (203); *Movsesian*, Harv. J.L. & Pub. Pol'y 42 (2019), 711 (730, 750).

[10] Siehe eingehend zum Folgenden *Movsesian*, Harv. J.L. & Pub. Pol'y 42 (2019), 711 (722 ff.).

[11] Vgl. *Movsesian*, Harv. J.L. & Pub. Pol'y 42 (2019), 711 (713, 722 f.).

[12] Vgl. *Movsesian*, Harv. J.L. & Pub. Pol'y 42 (2019), 711 (729); siehe auch *Sager/Tebbe*, Const. Comment. 34 (2019), 171 (172).

Ein zweiter Grund für das vermehrte Auftreten von Konflikten à la *Masterpiece Cakeshop* ist das stete Wachstum einer aktivistischen, der Herstellung staatsbürgerlicher Gleichheit und dem Abbau von Diskriminierungen verpflichteten US-amerikanischen Bürokratie. Sowohl auf Bundesebene als auch auf derjenigen der Bundesstaaten wurden weitgehend unabhängige Antidiskriminierungsbehörden eingerichtet, deren Aufgabe unter anderem darin besteht, die Gleichstellung Homosexueller zu verwirklichen. Die Tätigkeit dieser Behörden hat zunehmend Auswirkungen auf die Traditionally Religious, die mit einer wachsenden Zahl von sanktionsbewehrten rechtlichen Vorgaben konfrontiert sind.[13]

III. Die Hochzeitstorten-Entscheidungen des US-amerikanischen und des britischen Supreme Court

1. Masterpiece Cakeshop, Ltd. v. Colorado Civil Rights Commission

Masterpiece Cakeshop war der erste vom US-Supreme Court entschiedene Fall, der die religiös motivierte Verweigerung eines Vertragsschlusses wegen Vorbehalten gegenüber gleichgeschlechtlichen Eheschließungen zum Gegenstand hatte, nachdem vergleichbare Fälle die Instanzgerichte schon seit Jahren beschäftigten. Neben Bäckern und Konditoren[14] hatten auch Fotografen,[15] Floristen,[16] Grafikdesigner,[17] Kalligraphen[18] und Hochzeitsplaner bzw. -veranstalter[19] Gewissenskonflikte angeführt, um mit ihren Dienstleistungen gleichgeschlechtlichen Paaren nicht dienlich sein zu müssen.[20] Bis zur Entscheidung in *Masterpiece Cakeshop* waren die einschlägigen Antidiskriminierungsgesetze der Bundesstaaten nahezu durchweg dahingehend interpretiert worden, dass die Erbringung von der Öffentlichkeit angebotenen Dienstleistungen Kunden trotz religiöser Vorbehalte grundsätzlich nicht verweigert werden kann.[21]

---

[13] Vgl. *Movsesian*, Harv. J.L. & Pub. Pol'y 42 (2019), 711 (714, 738, 742).

[14] Klein, 34 BOLI 102, 105 (Or. Bureau of Labor. & Indus. 2015).

[15] Elane Photography, LLC v. Willock, 309 P.3d 53, 60 (N.M. 2013).

[16] State v. Arlene's Flowers, Inc., 389 P.3d 543, 550 (Wash. 2017).

[17] 303 Creative LLC v. Elenis, No. 16-CV-02372, slip op. 3–5 (D. Colo. Sept. 1, 2017).

[18] Brush & Nib Studio, LC v. City of Phoenix, 418 P.3d 426, 432–33 (Ariz. Ct. App. 2018).

[19] Country Mill Farms, LLC v. City of East Lansing, 280 F. Supp. 3d 1029, 1038 (W.D. Mich. 2017); Gifford v. McCarthy, 137 A.D.3d 30, 33–34 (N.Y. App. Div. 2016); Wathen v. Walder Vacuflo, Inc., No. 11-0703C, 10–11 (Ill. Human Rights Comm'n Mar. 22, 2016); Bernstein v. Ocean Grove Camp Meeting Ass'n, No. PN34XB-03008, 5 (N.J. Dep't of Law & Pub. Safety Dec. 29, 2008).

[20] Siehe für weitere Einzelheiten dieser Fälle *Kendrick/Schwartzman*, Harv. L. Rev. 132 (2018), 133 (133); *Russo*, U. Dayton L. Rev. 44 (2019), 399 (421 ff.); siehe ferner *Grosso*, J. Transnat'l L. & Pol'y 27 (2017–2018), 173 (181).

[21] Siehe *Laycock*, B.Y.U.L. Rev. 2019 (2019), 167 (180).

Der Entscheidung des US-amerikanischen Supreme Court liegt folgender Sachverhalt zugrunde: Die Masterpiece Cakeshop, Ltd. ist die Konditorei des Konditors Jack Phillips in Colorado, der seine Aufgabe als frommer Christ darin sieht, durch seine Arbeit Gott zu ehren. Im Jahr 2012 verweigerte er Charlie Craig und David Mullins, einem homosexuellen Paar, die Anfertigung einer Hochzeitstorte für ihre Hochzeitsfeier aufgrund seiner religiös begründeten Ablehnung gleichgeschlechtlicher Eheschließungen. Er argumentierte, dass für ihn das Herstellen einer Hochzeitstorte der Teilnahme an der Hochzeitsfeierlichkeit selbst gleichkomme, die wiederum mit einer persönlichen Billigung der Eheschließung einherginge. Alternativ bot Phillips Craig und Mullins an, ihnen andere, nicht kundenspezifisch hergestellte Backwaren zu verkaufen. Craig und Mullins beriefen sich demgegenüber auf den Colorado Anti-Discrimination Act (CADA), der – wie ähnliche Antidiskriminierungsgesetze in über zwanzig anderen Bundesstaaten der USA[22] und tatbestandlich durchaus vergleichbar mit § 19 Abs. 1 Nr. 1 des deutschen AGG – unter anderem Diskriminierungen aufgrund der sexuellen Orientierung verbietet, wenn Waren und Dienstleistungen der Öffentlichkeit zum Kauf angeboten werden. Die maßgebliche Bestimmung lautet:

> „It is a discriminatory practice and unlawful for a person, directly or indirectly, to refuse, withhold from, or deny to an individual or a group, because of disability, race, creed, color, sex, sexual orientation, marital status, national origin, or ancestry, the full and equal enjoyment of the goods, services, facilities, privileges, advantages, or accommodations of a place of public accommodation."

Das Paar reichte schließlich bei der dafür zuständigen Colorado Civil Rights Commission (CCRC) Beschwerde ein. Die CCRC entschied ebenso wie später die Gerichte des Bundesstaats Colorado, dass die Verweigerung des Vertragsschlusses durch Phillips nicht mit den Vorgaben des CADA in Einklang stand. Zur selben Zeit hatte die CCRC in drei ähnlichen, aber keinesfalls identischen Fallgestaltungen gegensätzlich entschieden. Gegenstand dieser Verfahren war die von der CCRC bejahte Frage, ob Bäckereien die Herstellung von Torten in Bibelform mit gegen gleichgeschlechtliche Eheschließungen gerichteten Bibelzitaten für den christlichen Aktivisten William Jack verweigern durften, der eine Diskriminierung aus religiösen Gründen geltend gemacht hatte (im Folgenden „*Jack-Fälle*").[23]

Vor der CCRC und im gerichtlichen Instanzenzug hatten Phillips' Anwälte argumentiert, dass Phillips das Paar nicht aufgrund dessen sexueller

---

[22] Siehe dazu sowie zu den Unterschieden zwischen den Bundesstaaten *Sepper*, Ala. C.R. & C.L.L. Rev. 7 (2015), 129 (153 ff.).

[23] Siehe Jack v. Gateaux, Ltd., Charge No. P20140071X (Mar. 24, 2015); Jack v. Le Bakery Sensual, Inc., Charge No. P20140070X (Mar. 24, 2015); Jack v. Azucar Bakery, Charge No. P20140069X (Mar. 24, 2015).

Orientierung diskriminiert, sondern sich lediglich geweigert habe, homosexuelle Hochzeiten zu unterstützen. Die Weigerung sei zunächst durch die im ersten Verfassungszusatz verbürgte Religionsfreiheit geschützt. Die Verpflichtung, eine Torte für gleichgeschlechtliche Hochzeiten herzustellen, verletze diese verfassungsrechtliche Rechtsposition, da er dadurch gezwungen werde, sich an der Feier einer Beziehung zu beteiligen, die er aus Gewissensgründen prinzipiell ablehne.[24] Außerdem verletze die auf Grundlage des CADA durch die CCRC angeordnete Pflicht zur Anfertigung der von Craig und Mullins gewünschten Torte sein ebenfalls im ersten Verfassungszusatz garantiertes Recht auf freie Meinungsäußerung, werde er doch dazu gezwungen, seine künstlerischen Fähigkeiten der Tortengestaltung dazu einzusetzen, eine ihm widerstrebende Meinung kundzutun.[25]

Angesichts der Grundsätzlichkeit der aufgeworfenen Fragestellungen und der Vielzahl ähnlicher instanzgerichtlicher Rechtsstreitigkeiten erwartete die US-amerikanische (Fach-)Öffentlichkeit vom Supreme Court eine richtungsweisende Grundsatzentscheidung. Diese lieferte er aber letztlich nicht.[26] Anstatt sich mit den diffizilen antidiskriminierungs- und verfassungsrechtlichen Problemen des Falles zu befassen, konzentrierte sich die siebenköpfige Richtermehrheit fast ausschließlich auf Spezifika des konkreten Sachverhalts und dabei zuvorderst auf die aus ihrer Sicht verfassungsrechtlich zu beanstandende Behandlung des Konditors durch die CCRC.[27] Die von Justice Kennedy verfasste Entscheidungsbegründung entwickelte dafür die bisherige Rechtsprechung in der Rechtssache *Lukumi*[28] weiter und erklärte, dass die Religionsfreiheit einer religionsaversen bzw. -feindlichen Implementierung von Antidiskriminierungsgesetzen entgegenstehe. Eine

---

[24] Siehe Masterpiece Cakeshop, Ltd. v. Colorado Civil Rights Com'n, 138 S. Ct. 1719, 1720–25 (2018).

[25] Auch wenn unmittelbarer Adressat dieses Rechts nur die Staatsgewalt der Bundesebene und nicht diejenige der Bundesstaaten ist, bindet der erste Verfassungszusatz im Wege der sog. Inkorporation mithilfe der Due Process Clause des vierzehnten Verfassungszusatzes auch letztere; siehe zur Inkorporationsthematik statt aller *Amar*, America's Constitution – A Biography, 2006, 386 ff.

[26] Siehe *Berg*, Cato Sup. Ct. Rev. 2017–2018, 139 (139).

[27] Siehe *Movsesian*, Harv. J.L. & Pub. Pol'y 42 (2019), 711 (750); siehe auch *Epstein*, The Worst Form of Judicial Minimalism–Masterpiece Cakeshop Deserved a Full Vindication for Its Claims of Religious Liberty and Free Speech, SCOTUSBLOG v. 4.6.2018, https://www.scotusblog.com/2018/06/symposium-the-worst-form-of-judicial-minimalism-masterpiece-cakeshop-deserved-a-full-vindication-for-its-claims-of-religious-liberty-and-free-speech/ (abgerufen am 1.5.2021); *Liptak*, In Narrow Decision, Supreme Court Sides with Baker Who Turned Away Gay Couple, N.Y. TIMES v. 4.6.2018, https://www.nytimes.com/2018/06/04/us/politics/supreme-court-sides-with-baker-who-turned-away-gay-couple.html (abgerufen am 1.5.2021).

[28] Church of Lukumi Babalu Aye, Inc. v. Hialeah, 508 U.S. 520, 113 S. Ct. 2217, 124 L.Ed.2d 472.

solche Feindseligkeit bejahte die Richtermehrheit mit Blick auf die CCRC, deren Akten zeigten, dass während der Sitzungen einer ihrer Kommissare folgende Aussage getätigt hatte:

„Freedom of religion and religion has been used to justify all kinds of discrimination throughout history, whether it be slavery, whether it be the holocaust […]. And to me is one of the most despicable pieces of rhetoric that people can use to – to use their religion to hurt others.“[29]

Dieser Kommentar, der von den anderen Kommissaren unwidersprochen geblieben war, zeige – so die Richter – die Feindseligkeit der CCRC gegenüber den religiösen Beweggründen von Phillips.[30] Diese Interpretation des Verhaltens der CCRC werde schließlich auch dadurch bestätigt, dass die CCRC in *Masterpiece Cakeshop* zu einer anderen rechtlichen Beurteilung gelangt sei als in den *Jack-Fällen*:

„The treatment of the conscience-based objections at issue in these three cases contrasts with the Commission's treatment of Phillips' objection. The Commission ruled against Phillips in part on the theory that any message the requested wedding cake would carry would be attributed to the customer, not to the baker. Yet the Division did not address this point in any of the other cases with respect to the cakes depicting anti-gay marriage symbolism. […] In short, the Commission's consideration of Phillips' religious objection did not accord with its treatment of these other objections.“[31]

Trotz des engen Zuschnitts der Entscheidungsgründe der Richtermehrheit enthalten sie gleichwohl einige Hinweise für die Instanzgerichte zur Beurteilung vergleichbarer Fallgestaltungen.[32] Der kurz nach der Veröffentlichung des Urteils aus Altersgründen zurückgetretene Justice Kennedy unterstreicht mit besonderem Nachdruck die durch die Diskriminierung Homosexueller hervorgerufene Herabwürdigung der Betroffenen:[33]

„Our society has come to the recognition that gay persons and gay couples cannot be treated as social outcasts or as inferior in dignity and worth. For that reason, the laws and the Constitution can, and in some instances must protect them in the exercise of their civil rights. The exercise of their freedom on terms equal to others must be given great weight and respect by the courts.“[34]

Bei der Abwägung mit gegenläufigen Verfassungspositionen wie der Religionsfreiheit müsse im Einzelfall berücksichtigt werden – so die Richter –,

---

[29] Siehe Masterpiece Cakeshop, Ltd. v. Colorado Civil Rights Com'n, 138 S. Ct. 1719, 1729 (2018).

[30] Siehe *Saperstein*, in: Eskridge, Jr./Fretwell Wilson (Fn. 2), 479 (481 f.).

[31] Masterpiece Cakeshop, Ltd. v. Colorado Civil Rights Com'n, 138 S. Ct. 1719, 1730–31 (2018).

[32] Siehe *Strasser*, Wash. & Lee L. Rev. 76 (2019), 963 (996).

[33] Siehe auch *NeJaime/Siegel*, Yale L.J.F. 128 (2018–2019), 201 (213 f.).

[34] Masterpiece Cakeshop, Ltd. v. Colorado Civil Rights Com'n, 138 S. Ct. 1719, 1727 (2018).

ob eine solche Herabwürdigung drohe. So könne sich die Religionsfreiheit insbesondere dann durchsetzen, wenn sich die Ablehnung Homosexueller im Einzelfall nicht als Herabwürdigung darstelle. Dies sei etwa dann der Fall, wenn sich ein Geistlicher aus religiösen Gründen weigere, eine Hochzeitszeremonie für ein homosexuelles Paar durchzuführen:

„This refusal would be well understood in our constitutional order as an exercise of religion, an exercise that gay persons could recognize and accept without serious diminishment to their own dignity and worth."[35]

Entsprechende religionsfreiheitlich abgestützte Ausnahmen dürften allerdings nicht zur Regel werden:

„Yet if that exception were not confined, then a long list of persons who provide goods and services for marriages and weddings might refuse to do so for gay persons, thus resulting in a community-wide stigma inconsistent with the history and dynamics of civil rights laws that ensure equal access to goods, services, and public accommodations."[36]

Konkret mit Blick auf den Hochzeitstortensachverhalt erklärte die Richtermehrheit, dass

„[a]ny decision in favor of the baker would have to be sufficiently constrained, lest all purveyors of goods and services who object to gay marriages for moral and religious reasons in effect be allowed to put up signs saying ‚no goods or services will be sold if they will be used for gay marriages,' something that would impose a serious stigma on gay persons."[37]

Insgesamt bemüht sich Justice Kennedy erkennbar um einen möglichst ausgewogenen Ansatz, in dem sowohl die staatlichen Schutzinteressen zugunsten Homosexueller als auch die Religionsfreiheit hinreichend Berücksichtigung finden.[38] Letztlich schafft er es aber kaum, konkrete Vorgaben für die Auflösung dieser Fallkonstellationen bereit zu stellen.

Die beiden Dissenterinnen, Justice Ginsburg und Justice Sotomayor, argumentierten, dass es einen signifikanten Unterschied zwischen *Masterpiece Cakeshop* und den *Jack-Fällen* gäbe. Dieser rechtfertige die unterschiedliche rechtliche Einschätzung der CCRC, die demnach durch Sachgründe und nicht durch die religionsaverse Haltung ihrer Mitarbeiter begründet sei. Während die Bäcker in den *Jack-Fällen* Vorbehalte gegenüber der auf den Torten aufzubringenden Botschaft bzw. ihrem Aussagegehalt geltend ge-

---

[35] Masterpiece Cakeshop, Ltd. v. Colorado Civil Rights Com'n, 138 S. Ct. 1719, 1727 (2018).

[36] Masterpiece Cakeshop, Ltd. v. Colorado Civil Rights Com'n, 138 S. Ct. 1719, 1727 (2018).

[37] Masterpiece Cakeshop, Ltd. v. Colorado Civil Rights Com'n, 138 S. Ct. 1719, 1728–29 (2018).

[38] Siehe insbesondere Masterpiece Cakeshop, Ltd. v. Colorado Civil Rights Com'n, 138 S. Ct. 1719, 1732 (2018).

macht hätten, richte sich Phillips' Ablehnung gegen die hinter der Tortenbestellung stehenden Personen aufgrund deren sexueller Orientierung und verstoße infolgedessen gegen das Antidiskriminierungsgesetz.[39]

Justice Kagan und Justice Breyer argumentierten in ihrer „concurring opinion“, dass die CCRC die unterschiedliche Beurteilung in *Masterpiece Cakeshop* und in den *Jack-Fällen* durchaus auf die von Ginsburg und Sotomayor skizzierte Differenzierung hätte stützen können. Während sich die Bäcker in den *Jack-Fällen* jedem gegenüber, sei er religiös oder nicht, geweigert hätten, die Torten mit den abwertenden Aufschriften herzustellen, versagte Phillips dem Paar die Torte allein aufgrund dessen sexueller Orientierung. Heterosexuellen Kunden hätte er die gewünschte Torte nämlich anstandslos gebacken.[40]

Während Justice Gorsuch in seiner „concurring opinion“[41] die Unterscheidung zwischen einer Torte mit und einer Torte ohne Aufschrift gänzlich zurückwies und in beiden Fällen keine Diskriminierung erkennen wollte,[42] kamen Justice Thomas und Justice Alito in ihrer zu dem Ergebnis, dass sich Phillips für seine Verweigerung auf die Meinungsfreiheit berufen könne, da der Herstellung einer Hochzeitstorte eine unterstützende Meinungskundgabe zugunsten der gleichgeschlechtlichen Eheschließung zu entnehmen sei, zu der Phillips nicht gezwungen werden könne.[43]

Selbst wenn die Entscheidung in *Masterpiece Cakeshop* somit die zentralen rechtlichen Probleme dieser Fallkonstellation keiner Lösung zugeführt und damit die existierende Rechtsunsicherheit nicht beseitigt hat,[44] identifizieren die verschiedenen richterlichen Stellungnahmen durchaus die zentralen (verfassungs-)rechtlichen Streitpunkte sowie die ihnen zugrundeliegenden Argumente.[45]

---

[39] Masterpiece Cakeshop, Ltd. v. Colorado Civil Rights Com'n (Ginsburg, J. dissenting), 138 S. Ct. 1740.

[40] Masterpiece Cakeshop, Ltd. v. Colorado Civil Rights Com'n (Kagan, J. concurring), 138 S. Ct. 1732 (2018).

[41] Richter des Supreme Court können eine der Mehrheitsmeinung im Ergebnis zustimmende, eigenständige bzw. ergänzende Entscheidungsbegründung verfassen, die als „concurring opinion“ bezeichnet wird; siehe zur Zusammenarbeit innerhalb von Kollegialgerichten im angloamerikanischen Rechtskreis etwa *Kaiser*, Das Mehrheitsprinzip in der Judikative, 2020, 254ff.

[42] Masterpiece Cakeshop, Ltd. v. Colorado Civil Rights Com'n (Gorsuch, J. concurring), 138 S. Ct. 1734 (2018).

[43] Masterpiece Cakeshop, Ltd. v. Colorado Civil Rights Com'n (Thomas, J. concurring), 138 S. Ct. 1740 (2018).

[44] Siehe *Russo*, U. Dayton L. Rev. 44 (2019), 399 (429); siehe auch *Kendrick/Schwartzman*, Harv. L. Rev. 132 (2018), 133 (164); *Saperstein*, in: Eskridge, Jr./Fretwell Wilson (Fn. 2), 479 (485).

[45] Vgl. *Movsesian*, Harv. J.L. & Pub. Pol'y 42 (2019), 711 (721f.).

2. *Lee v. Ashers Baking Company Ltd. and others*

Der Fall, der den Supreme Court des Vereinigten Königreichs in Sachen Hochzeitstorten beschäftigte, trägt den Namen *Lee v. Ashers* und war nach *Bull v. Hall* bereits der zweite vom Supreme Court beurteilte Fall einer religiös bedingten Zurückweisung eines Vertragsschlusses im Zusammenhang mit homosexuellen Beziehungen innerhalb von fünf Jahren.[46] Konkret galt es im Fall *Bull v. Hall* zu beurteilen, ob das Ehepaar Bull als Betreiber eines kleinen Hotels in Cornwall die Vermietung eines Doppelzimmers an ein seinerzeit in einer „civil partnership" lebendes homosexuelles Paar unter Verweis darauf verweigern durfte, aus religiösen Gründen keine Zimmer an unverheiratete Paare zu vermieten. Mr. Hall und Mr. Preddy, das homosexuelle Paar, berief sich auf das einschlägige Antidiskriminierungsgesetz, konkret auf Regulation 3(1) der Equality Act (Sexual Orientation) Regulations 2007 und machten eine Diskriminierung aufgrund ihrer Homosexualität geltend. Der Supreme Court gab ebenso wie zuvor die Instanzgerichte Mr. Hall und Mr. Preddy Recht.[47] Die Richter bejahten mehrheitlich eine mittelbare Diskriminierung aufgrund der sexuellen Orientierung des Paares. Zwar sei die christlich geprägte Hotelführung der Hoteliers als Teil ihrer Religionsausübungsfreiheit nach Art. 9 Abs. 1 EMRK zu werten, diese könne aber nach Art. 9 Abs. 2 EMRK Einschränkungen unterworfen werden. Diese Einschränkungen müssten ihrerseits gesetzlich geregelt und darüber hinaus notwendig sein, um die Rechte und Freiheiten anderer zu schützen. Der Equality Act stelle eine solche gesetzliche Einschränkung der Religionsausübungsfreiheit dar, mittels derer der britische Staat seiner sich vorliegend aus Art. 8 EMRK i. V. m. Art. 14 EMRK ergebenden Schutzpflicht nachkomme, die Verbürgungen der EMRK auch im Verhältnis zwischen Privaten nicht leerlaufen zu lassen. Die Einschränkung sei erforderlich, um den Schutz der sexuellen Orientierung sicherzustellen.[48]

Anders als in *Bull v. Hall* urteilte der Supreme Court in dem Ende 2018 entschiedenen Hochzeitstortenfall *Lee v. Ashers* nicht zugunsten des Diskriminierungsschutzes. Diesem Fall lag folgender Sachverhalt zugrunde: Lee ist ein homosexueller politischer Aktivist und engagiert sich bei „Queer-Space", einer ehrenamtlichen Organisation für die LGTBQ-Community in

---

[46] Hinzu kommen diverse weitere ähnlich gelagerte Fallgestaltungen im Spannungsfeld von Religionsfreiheit und dem Diskriminierungsschutz Homosexueller; siehe insbesondere den letztlich vom EGMR am 15.1.2013 entschiedenen Fall Eweida and others v. The United Kingdom, 48420/10, 59842/10, 51671/10 & 36516/10; siehe dazu *Goos*, BRJ 2013, 36ff.; HK-EMRK/*Meyer-Ladewig*/*Schuster*, 4. Aufl. 2017, EMRK Art. 9 Rn. 4.

[47] Siehe dazu *Cousins*, King's Law Journal 28 (2017), 425 (426f.).

[48] Siehe Bull & Bull v. Hall & Preddy [2013] UKSC 73 §§ 13, 44, 51; siehe dazu *Weller*/*Grethe*, ZEuP 2015, 606ff.

Nordirland. Als in Nordirland die Einführung der Ehe für gleichgeschlechtliche Paare politisch heftig diskutiert wurde, bestellte Lee bei der Bäckerei Ashers eine Torte mit dem QueerSpace-Logo und der Aufschrift „Support Gay Marriage".[49] Die Bäckerei teilte Lee daraufhin mit, dass sie den Auftrag als „christliches Unternehmen" nicht erfüllen könne. Daraufhin reichte Lee Klage gegen Ashers ein und argumentierte, dass die Bäckerei ihn aufgrund seiner sexuellen Orientierung und seiner politischen Ansichten diskriminiert habe. Die Klage hatte sowohl vor dem County Court als auch vor dem Northern Ireland Court of Appeal Erfolg.[50] Die Frage, die der britische Supreme Court zu beantworten hatte, war, ob Lee tatsächlich, wie behauptet, im Sinne des einschlägigen Antidiskriminierungsgesetzes diskriminiert worden war und, wenn dies der Fall sein sollte, ob die über den Human Rights Act[51] in das britische Recht inkorporierte konventionsrechtliche Religions- und/oder Meinungsfreiheit (Art. 9 und Art. 10 EMRK) dem damit einhergehenden Gesetzesverstoß entgegengehalten werden können.[52]

Im Ergebnis verneinte der britische Supreme Court bereits das Vorliegen einer Diskriminierung zulasten von Lee aufgrund seiner sexuellen Orientierung. Die Richter argumentierten unter anderem unter Rekurs auf die Entscheidung des US-Supreme Court in *Masterpiece Cakeshop*, dass die Bäckerei Lee eine Torte ohne die Botschaft „support gay marriage" geliefert hätte und sie einem heterosexuellen Kunden eine Torte mit der gewünschten Aufschrift ebenso verweigert hätte. Ashers Ablehnung sei gegen die Botschaft und nicht gegen den Urheber der Botschaft gerichtet gewesen, d. h. nicht gegen eine bestimmte Person oder Personengruppe bzw. deren Status.[53]

Außerdem wären die Eigentümer der Bäckerei durch die Verpflichtung zur Herstellung der gewünschten Torte gezwungen gewesen, eine von ihnen fundamental abgelehnte Meinung kundzutun. Unter Rekurs auf die US-amerikanische „compelled speech"-Doktrin argumentierten die Richter, dass eine solche Form der Beeinträchtigung der (negativen) Meinungsfreiheit aufgrund Verstoßes gegen Art. 9 und Art. 10 EMRK konventionswidrig sei und damit gegen den Human Rights Act verstoße.[54]

---

[49] Siehe zu den politischen Hintergründen *Burton*, The Bakery as battleground, VerfBlog v. 20.10.2018, https://verfassungsblog.de/the-bakery-as-battleground/ (abgerufen am 1.5.2021).

[50] Lee v. Ashers Baking Co., Ltd., [2018] UKSC 49 § 9–19.

[51] Dazu *Kaiser*, Jura 2018, 20 (25 f. m. w. N.).

[52] Vgl. Lee v. Ashers Baking Co., Ltd., [2018] UKSC 49 § 1.

[53] Lee v. Ashers Baking Co., Ltd., [2018] UKSC 49 § 22–23.

[54] Lee v. Ashers Baking Co., Ltd., [2018] UKSC 49 § 54; zustimmend *Hambler*, Law & Just. – Christian L. Rev. 181 (2018), 156 (163).

IV. Kritische Detailanalyse der Hochzeitstortenfälle aus der Perspektive des US-amerikanischen (Verfassungs-)Rechts

Die skizzierten Hochzeitstortenfälle bergen komplexe juristische Probleme, denen der Beitrag im Folgenden aus der Perspektive des US-amerikanischen Rechts auf den Grund gehen wird. Da die zentralen Fragestellungen – wie auch die Bezugnahmen des britischen Supreme Court auf die Entscheidung des US-amerikanischen Supreme Court illustrieren – in der britischen Rechtsordnung einen ähnlichen rechtlichen Rahmen vorfinden, sind die Überlegungen vielfach auf das britische Recht übertragbar. An einzelnen Stellen werden schließlich Gemeinsamkeiten und Unterschiede zur deutschen Rechtslage aufgezeigt.

1. Die Verfassungskonformität des US-amerikanischen Antidiskriminierungsrechts zugunsten von Homosexuellen

Den verfassungsrechtlichen Ausgangspunkt der Analyse der Hochzeitstortenfälle bildet die Unterscheidung zwischen staatlichen und privaten Akteuren, ist es doch grundsätzlich nur dem Staat verfassungsrechtlich untersagt, seine Bürger willkürlich ungleich zu behandeln, während Private, wie die Bäcker in den behandelten Fällen, Vertragsfreiheit genießen. Besagte Vertragsfreiheit umfasst neben der Freiheit zum Abschluss von Verträgen auch die Freiheit der Vertragspartnerwahl, von der legitimerweise nach persönlichen Präferenzen und Überzeugungen Gebrauch gemacht werden kann.[55] Wirtschaftstreibende können dementsprechend potenzielle Kunden grundsätzlich auch aus willkürlichen Gründen ablehnen.[56]

Die Privatautonomie und damit die Vertragspartnerwahlfreiheit kann allerdings durch Erlass entsprechender Gesetze eingeschränkt werden. Von dieser Möglichkeit haben die Gesetzgeber in den USA, Großbritannien sowie in vielen weiteren Staaten in den vergangenen Jahrzehnten vielfach Gebrauch gemacht, um besonders schutzbedürftige Bevölkerungsgruppen vor Diskriminierung zu schützen. Der rechtsvergleichend einheitliche Mechanismus dieser Gesetze besteht darin, dass Wirtschaftstreibende, die ihre Waren und Dienstleistungen der Öffentlichkeit anbieten, den Vertragsschluss wegen bestimmter Eigenschaften potenzieller Kunden wie Ethnie, Herkunft oder sexueller Orientierung nicht verweigern dürfen.[57] In den USA sehen

---

[55] Siehe *Collins*, Law & Contemp. Probs. 76 (2013), 71 (77).

[56] Siehe *Tebbe* (Fn. 2), 119; *Becker*, VR 2019, 37 (37 f.); siehe aus Sicht des deutschen Verfassungsrechts *Jestaedt*, VVDStRL 64 (2005), 298 (333).

[57] Siehe *Tebbe* (Fn. 2), 115. Siehe dazu aus deutscher Perspektive *Lehner*, Zivilrechtlicher Diskriminierungsschutz und Grundrechte, 2013, 380.

diese Gesetze in aller Regel keine Ausnahmeregelungen für den Fall religiös motivierter Ablehnungen von Vertragsabschlüssen vor.[58]

Jegliche Antidiskriminierungsgesetzgebung muss sich allerdings auch nach US-amerikanischem Recht an den Maßstäben des Verfassungsrechts messen lassen. In Abwesenheit eines allgemeinen, mit Art. 12 Abs. 1 GG vergleichbaren Berufsfreiheitsrechts sowie einer grundrechtlich gewährleisteten allgemeinen Handlungsfreiheit kommen im US-amerikanischen Verfassungsrecht als Schranken des Antidiskriminierungsrechts die im ersten Verfassungszusatz enthaltenen Grundrechte der Religions- und Meinungsfreiheit in Betracht.

a) Ist die religiös motivierte Ablehnung von Vertragsschlüssen in den Hochzeitstortenfällen durch die Religionsfreiheit geschützt?

Nach der Rechtsprechung des US-Supreme Court sind religiöse Vorbehalte gegenüber gleichgeschlechtlichen Partnerschaften und Ehen durchaus durch die im ersten Verfassungszusatz enthaltene *Free Exercise Clause* geschützt, und damit ebenso die religiös motivierte Verweigerung eines Vertragsschlusses mit homosexuellen Kunden.[59]

Dieser Rechtsprechung ließe sich bereits prinzipiell kritisch entgegnen, dass das Recht auf freie Religionsausübung klassischerweise nicht das Recht beinhaltet, zum Nachteil Dritter zu handeln,[60] wie es im hiesigen Kontext mit Blick auf die abgewiesenen homosexuellen Kunden der Fall ist. Dem damit angesprochenen Schädigungsverbot („no-harm principle“) liegt die Überlegung zugrunde, dass die durch religionsfreiheitlich begründete Ausnahmen von gesetzlichen Vorgaben entstehenden Belastungen vom Staat zu tragen sind, ist doch er und sind nicht andere Private auf die Religionsfreiheit verpflichtet.[61]

Im Kontext der Hochzeitstortenfälle wird dem Vorwurf an die Bäcker, ihre Religionsfreiheit zulasten der Kunden auszuüben, entgegnet, dass in diesen Konstellationen nicht nur eine Belastung der Kunden, sondern auch die der Bäcker berücksichtigt werden müsse. Durch die gesetzliche Verpflichtung, die gewünschte Torte herzustellen und damit – aus ihrer Perspektive – an der von ihnen abgelehnten Hochzeitsfeierlichkeit zu partizipieren, fühlen

---

58 Siehe *Tebbe* (Fn. 2), 127 f. Im deutschen AGG findet sich hingegen in § 20 Abs. 1 S. 1 eine Bestimmung, die entsprechende Ausnahmen, und damit einen Ausgleich zwischen dem Schutz vor Diskriminierungen und Art. 4 Abs. 1, Abs. 2 GG, im Einzelfall ermöglichen will; siehe dazu bereits *Thüsing*, JZ 2004, 172 (173 f., 179).

59 Siehe dazu statt vieler *Ettore Perriello*, Italian L.J. 4 (2018), 639 (656).

60 Siehe dazu m. w. N. aus der Rechtsprechung des US-Supreme Court *NeJaime/Siegel*, Yale L.J.F. 128 (2018–2019), 201 (216).

61 In der Folge hat etwa selbstverständlich die Staatskasse und haben nicht etwa andere Häftlinge die Kosten für die Bereitstellung von Halal-Mahlzeiten für islamische Gefängnisinsassen zu tragen, vgl. *Tebbe* (Fn. 2), 15.

sie sich dazu gezwungen, sich dem Willen Gottes zu widersetzen und damit schwerstes Unrecht auf sich zu laden.[62] Die damit angesprochene Belastung der Gläubigen soll nach Auffassungen einiger Stimmen in der Literatur sogar gravierender sein als diejenige, die mit der einmaligen Abweisung der homosexuellen Kunden verbunden ist.[63]

Überzeugen kann diese Entgegnung bei näherer Analyse jedoch nicht. Obgleich einzuräumen ist, dass religiöse Dienstleister durch den staatlich veranlassten Kontrahierungszwang Gewissenskonflikten ausgesetzt werden können, ist der auf beiden Seiten erlittene „Schaden" keinesfalls gleich gelagert. Im Gegensatz zu staatlich auferlegten Belastungen wäre die Verpflichtung eines homosexuellen Privaten, die Nachteile des religiösen Freiheitsgebrauchs eines anderen Bürgers zu tragen, keinesfalls alltäglich, sondern stellt seine staatsbürgerliche Gleichheit in Frage. Dies gilt gerade vor dem Hintergrund, dass Mitglieder der LGBTQ-Community seit langer Zeit Opfer von struktureller Diskriminierung sind.[64] Hingegen erfahren religiöse Wirtschaftstreibende keine strukturelle staatliche Benachteiligung aufgrund ihrer Religion oder eine Infragestellung ihrer staatsbürgerlichen Gleichheit, wenn sie zur Einhaltung allgemeiner Antidiskriminierungsgesetze angehalten werden.[65]

Unabhängig von der fehlenden Thematisierung des Schädigungsverbots ist mit Blick auf die Entscheidungsbegründungen in den Hochzeitstortenfällen zu kritisieren, dass weder der US-amerikanische, noch der britische Supreme Court problematisiert, dass sich hier nicht Phillips bzw. die Familie Ashers selbst, sondern die von ihnen jeweils geführten, und mit eigener Rechtspersönlichkeit ausgestatteten gewinnorientierten Unternehmen auf die Religionsfreiheit berufen, treten doch nur Letztere im Wirtschaftsverkehr auf. Angesichts dessen hätten sich die Gerichte mit der gerade im US-amerikanischen Recht heftig umstrittenen und nicht abschließend geklärten Frage befassen müssen, ob sich gewinnorientierte Unternehmen überhaupt auf die Religionsfreiheit berufen können.[66]

---

[62] Vgl. *Laycock*, in: Eskridge, Jr./Fretwell Wilson (Fn. 2), 24 (29f.).

[63] So etwa *Laycock*, in: Eskridge, Jr./Fretwell Wilson (Fn. 2), 24 (30f.); siehe auch *Berg*, Cato Sup. Ct. Rev. 2017–2018, 139 (159),

[64] Siehe *Pizer*, in: Eskridge, Jr./Fretwell Wilson (Fn. 2), 385 (387f.); siehe ferner *Sager/Tebbe*, Const. Comment. 34 (2019), 171 (187ff.).

[65] Siehe *Pizer*, in: Eskridge, Jr./Fretwell Wilson (Fn. 2), 385 (396f.): „[b]eing held to laws that protect everyone equally is not persecution. Preventing one person from discriminating against others is not discrimination against that person. These are merely essential qualities of peaceful coexistence in a pluralistic society". Ähnlich auch *Tebbe* (Fn. 2), 16, 18f., 118, sowie *Sepper*, Ala. C.R. & C.L.L. Rev. 7 (2015), 129 (160ff.).

[66] Kritisch demgegenüber *Ettore Perriello*, Italian L.J. 4 (2018), 639 (656); siehe auch *Burton*, The Bakery as battleground, VerfBlog v. 20.10.2018, https://verfassungsblog.de/the-bakery-as-battleground/ (abgerufen am 1.5.2021).

b) Schränken Antidiskriminierungsgesetze die Religionsfreiheit der Wirtschaftstreibenden in verfassungskonformer Weise ein?

Wenn man entgegen der hier vertretenen Position davon ausgeht, dass die religiös motivierte Ablehnung bestimmter Kundengruppen durch die *Free Exercice Clause* des ersten Verfassungszusatzes gedeckt ist, stellt sich die Anschlussfrage, ob der Staat diese verfassungsrechtlichen Rechtspositionen zulässigerweise durch Erlass von Antidiskriminierungsgesetzen überspielen kann. Auch wenn prinzipiell unstreitig ist, dass die Religionsfreiheit unter gewissen Ausnahmen durch Gesetz einschränkbar ist, war in der Rechtsprechung des US-Supreme Court nicht abschließend geklärt, welche Anforderungen daran zu stellen sind, und auch in der „majority opinion" in *Masterpiece Cakeshop* wird nicht klar, welchen Standard das Gericht letztlich als maßgeblich erachtet. Vielmehr scheint der US-Supreme Court bei der Überprüfung der Vereinbarkeit des Antidiskriminierungsgesetzes des Bundesstaats Colorado mit den Vorgaben der *Free Exercice Clause* zwei unterschiedliche Maßstäbe parallel anzuwenden.[67]

Klassischerweise hatte der Supreme Court gesetzliche Einschränkungen der Religionsfreiheit nur dann für zulässig erachtet, wenn diese den Anforderungen des „strict scrutiny"-Tests entsprachen. Dafür mussten mit dem Gesetz zwingende staatliche Interessen („compelling government interests") verfolgt werden und das Gesetz überdies „narrowly tailored", also eng auf die Verwirklichung dieses zwingenden Interesses zugeschnitten, sein.[68]

Diese Anforderungen erfüllen die klassischen Antidiskriminierungsgesetze und auch das in *Masterpiece Cakeshop* maßgebliche Gesetz des Bundesstaats Colorado. Insbesondere dienen sie der Verwirklichung eines „compelling interest". Dies hatten Phillips Anwälte im Verfahren vor dem Supreme Court noch angezweifelt. Um diese Kontroverse zu verstehen, muss man sich die drei Zwecke des US-amerikanischen Antidiskriminierungsrechts in Erinnerung rufen:[69] Das erste Ziel ist materieller bzw. ökonomischer Natur und besteht darin, den geschützten Bevölkerungsgruppen einen Marktzugang zu verschaffen.[70] So hat die Geschichte der sog. Rassendiskriminierung in den USA nachdrücklich gezeigt, dass die systematische Verweigerung, mit bestimmten Personengruppen zu kontrahieren, wirtschaftliche Chancenungleichheit bewirkt und letztlich volkswirtschaftliche Schäden hervorruft. So wurde in den 1960er Jahren vom US-Supreme Court höchstselbst festgestellt, dass sich seinerzeit eine Reise durch bestimmte, im Süden der

---

67 Siehe dazu auch *Crowley*, B.U.L. Rev. 100 (2020), 301 (316).

68 Siehe Sherbert v. Verner, 374 U.S. 398, 407, 83 S. Ct. 1790, 10 L.Ed.2d 965 (1963).

69 Siehe dazu *Koppelman*, S. Cal. L. Rev. 88 (2014–2015), 619 (627f.); *Sepper*, Ala. C.R. & C.L.L. Rev. 7 (2015), 129 (153) m. w. N.

70 Siehe dazu *Sepper*, Ala. C.R. & C.L.L. Rev. 7 (2015), 129 (149ff.).

USA gelegene Regionen für viele Afroamerikaner als schwierig gestaltete, weil sich viele Geschäfte, Hotels und Restaurants weigerten, ihre Waren und Dienstleistungen an Afroamerikaner zu verkaufen. Auch wenn die Weigerung einiger Hochzeitsdienstleister, mit gleichgeschlechtlichen Paaren zu kontrahieren, bei Letzteren zu erhöhtem Aufwand bei der Vertragspartnersuche und damit zu gesteigerten monetären Ausgaben führen könnte,[71] sind diese Kosten indes gering. Das Ziel der Verschaffung von Marktzugang allein reicht demnach kaum aus, um das die Einschränkung der Religionsfreiheit potentiell rechtfertigende „compelling interest" des Staates zu begründen.[72]

Der effektive Zugang zu Waren und Dienstleistungen ist allerdings nicht das einzige legitime Interesse des Staates, das er mit Antidiskriminierungsgesetzgebung verfolgt. Vielmehr sind zu diesem ökonomischen schon lange zwei weitere gesetzgeberische Ziele hinzugetreten.[73] Zum einen wird durch den Erlass von Antidiskriminierungsgesetzen versucht, kulturelle Praktiken und überkommene gesellschaftliche Ansichten aufzubrechen und umzugestalten, die mit der verfassungsrechtlichen Konzeption gleicher Würde in einem Spannungsverhältnis stehen.[74] Es wird versucht, die bislang diskriminierten Bevölkerungsgruppen gesellschaftlich zu integrieren, indem die restliche Gesellschaft darauf verpflichtet wird, diese Bevölkerungsgruppen als Mitbürger anzuerkennen und zu respektieren.[75] Schließlich schützen Antidiskriminierungsgesetze auch vor sozialer und politischer Marginalisierung, Subordination und Stigmatisierung der Betroffenen. Ausgrenzendes und exkludierendes Geschäftsverhalten verwehrt gesellschaftlichen Minderheiten demnach nicht nur den Zugang zu Waren und Dienstleistungen, sondern kommuniziert den Betroffenen die von ihnen ohnehin tagtäglich erfahrene soziale Ungleichheit und trägt auf diese Weise zu deren Perpetuierung bei.[76] Diesen „dignitary harm" verhindern zu wollen, ist ganz unabhängig von zusätzlich erlittenem „economic harm" ausreichend, um das notwendige „compelling interest" zu begründen.[77]

---

[71] Darauf hinweisend *Tebbe* (Fn. 2), 132 f.

[72] Vgl. *Sager/Tebbe*, Const. Comment. 34 (2019), 171 (175).

[73] In den Worten des Senate Commerce Committee (S. Rep. No. 88-872, 16 [1964]): „Discrimination is not simply dollars and cents, hamburgers and movies; it is the humiliation, frustration, and embarrassment that a person must surely feel when he is told that he is unacceptable as a member of the public." Siehe dazu *Sepper*, Ala. C.R. & C.L.L. Rev. 7 (2015), 129 (153 f.) m. w. N.

[74] Siehe auch *Tebbe* (Fn. 2), 119 f.; *Ettore Perriello*, Italian L.J. 4 (2018), 639 (644 ff.); *NeJaime/Siegel*, Yale L.J.F. 128 (2018–2019), 201 (210).

[75] Vgl. *Sepper*, Ala. C.R. & C.L.L. Rev. 7 (2015), 129 (154 ff.); kritisch demgegenüber aus deutscher Perspektive, da insoweit eine bestimmte Sicht der Moral verrechtlicht und so die Unterscheidung zwischen Recht und Moral aufgehoben werde, *Isensee*, in: ders. (Hrsg.), Vertragsfreiheit und Diskriminierung, 2007, 240 (243).

[76] Kritisch demgegenüber etwa *Laycock*, Yale L.J.F. 125 (2015–2016), 369 (377).

[77] Siehe etwa *NeJaime/Siegel*, Yale L.J.F. 128 (2018–2019), 201 (214); *Kendrick/Schwartzman*, Harv. L. Rev. 132 (2018), 133 (160).

Demgegenüber hatte Phillips argumentiert, dass die Verpflichtung zur Vermeidung des besagten „dignitary harm" nichts anderes sei als ein Schutz vor der mit einer Abweisung verbundenen Kränkung, der in Widerspruch zu der Tradition des ersten Verfassungszusatzes stehe, die sich durch ein besonders extensives Verständnis der Meinungsfreiheit und einen lediglich marginalen Ehrschutz auszeichne.[78] Die Überzeugungskraft dieses seit Jahren von religiöser Seite vorgetragenen Arguments leidet jedoch daran, dass es in offensichtlichem Konflikt mit der jahrzehntelangen Rechtsprechungslinie des US-Supreme Court zum Antidiskriminierungsrecht steht,[79] in der der Gerichtshof den Schutz vor Stigmatisierungen immer wieder als „compelling interest" eingeordnet[80] und religiös motivierten Ausnahmen eine verfassungsrechtliche Grundlage abgesprochen hatte.[81] Insoweit war es nur konsequent, dass die Mehrheitsmeinung in *Masterpiece Cakeshop* erneut klarstellte, dass die systematische Ausgrenzung bestimmter Bevölkerungsgruppen ein alarmierendes gesellschaftliches Problem darstellt und sich nicht auf eine hinzunehmende Verletzung der Gefühle der betroffenen Personen beschränkt.[82]

Ebenso überzeugend stellt sich die richterliche Zurückweisung des zweiten Arguments dar, mit dessen Hilfe Phillips versucht hatte, das Vorliegen eines „compelling interest" in Zweifel zu ziehen. So hatten religiös-konservative Autoren schon lange argumentiert, dass die im Kontext des Antidiskriminierungsrechts zugunsten von Afroamerikanern ergangene Rechtsprechung des US-Supreme Court nicht auf den Schutz Homosexueller übertragen werden könne. Vielmehr müsse zwischen „race" und „sexual orientation" insoweit differenziert werden, als religiös begründete Ausnahmen von Antidiskriminierungsgesetzen nur dann zu versagen seien, wenn der Schutz von Afroamerikanern in Rede stehe.[83] Demgegenüber erklärte der US-Supreme Court in *Masterpiece Cakeshop*, dass ein entsprechend ab-

---

[78] So etwa auch *Laycock*, Yale L.J.F. 125 (2015–2016), 369 (376ff.). Siehe zum Hintergrund und der Geschichte dieses Arguments *Sager/Tebbe*, Const. Comment. 34 (2019), 171 (176).

[79] Siehe *Post*, Yale L.J.F. 125 (2015–2016), 387 (396); siehe auch *Lim/Melling*, J.L. & Pol'y 22 (2013–2014), 705 (715).

[80] Siehe etwa Heart of Atlanta Motel, Inc. v. United States, 379 U.S. 241, 250 (1964); siehe dazu *NeJaime/Siegel*, Yale L.J.F. 128 (2018–2019), 201 (214).

[81] Bob Jones Univ. v. United States, 461 U.S. 574, 604 (1983); Newman v. Piggie Park Enters., Inc., 390 U.S. 400, 402 n.5 (1968) (per curiam); siehe dazu *Kendrick/Schwartzman*, Harv. L. Rev. 132 (2018), 133 (158f.).

[82] Siehe *Sager/Tebbe*, Const. Comment. 34 (2019), 171 (176).

[83] Siehe etwa *Laycock*, in: Schwartzman/Flanders/Robinson (Hrsg.), The Rise of Corporate Religious Liberty, 2016, 231 (252); siehe auch *Fretwell Wilson*, in: Laycock/Picarello, Jr./Fretwell Wilson (Hrsg.), Same-Sex Marriage and Religious Liberty: Emerging Conflicts, 2008, 77 (101); *Greenawalt*, J.L. & Pol. 28 (2012–2013), 91 (113f.).

gestuftes Antidiskriminierungsrecht, wie es etwa aus den unionalen Antidiskriminierungsrichtlinien bekannt ist und in der Folge auch Niederschlag im deutschen AGG gefunden hat,[84] von der Verfassung nicht vorgezeichnet sei. Vielmehr sei es

> „unexceptional that Colorado law can protect gay persons, just as it can protect other classes of individuals, in acquiring whatever products and services they choose on the same terms and conditions as are offered to other members of the public."[85]

Justice Kennedy zitiert in diesem Zusammenhang die berühmte Entscheidung *Piggie Park* als maßgeblichen Präzedenzfall dafür, dass auch ein religiös motiviertes Bekenntnis zu „segregation" verfassungsrechtlich nicht dazu ermächtigt, die Vorgaben entsprechender Antidiskriminierungsgesetze außer Acht zu lassen.[86] Dieses Zitat war deutlich gegen das soeben referierte Argument gerichtet, dass die strukturellen Diskriminierungen gegenüber Mitgliedern der LGBTQ-Community weniger bedeutsam oder besorgniserregend seien als die rassistische Ausgrenzung der Afroamerikaner und Homosexuelle deshalb nicht den gleichen rechtlichen Schutz verdienten.[87]

Auch wenn die von Justice Kennedy verfasste Mehrheitsmeinung des Gerichts bereits das Vorliegen dieser strengen Voraussetzungen bejahte, ging sie zusätzlich noch auf den zweiten, an sich aktuelleren Prüfungsstandard ein, den der US-Supreme Court in seiner bekannten Entscheidung in der Rechtssache *Employment Division v. Smith* im Jahr 1990 entwickelt und seitdem in ständiger Rechtsprechung angewendet hatte.[88] Danach kann die Religionsfreiheit auch unabhängig von einem „compelling interest" des Staates durch Gesetz eingeschränkt werden, solange dieses Gesetz irgendein legitimes Interesse verfolgt und außerdem „neutral", also nicht spezifisch gegen religiöse

---

[84] Dort wird das Benachteiligungsverbot wegen Rasse und ethnischer Herkunft strenger ausgestaltet als dasjenige wegen anderer persönlicher Merkmale; siehe dazu *Thüsing*, in: MüKo, Bd. 1, 8. Aufl. 2018, § 20 AGG Rn. 2; *Bauer/Krieger/Günther*, 5. Aufl. 2018, AGG § 19 Rn. 13.

[85] Masterpiece Cakeshop, Ltd. v. Colorado Civil Rights Com'n, 138 S. Ct. 1719, 1728 (2018); siehe dazu *Kendrick/Schwartzman*, Harv. L. Rev. 132 (2018), 133 (160f.); *NeJaime/Siegel*, Yale L.J.F. 128 (2018–2019), 201 (204f., 208).

[86] In *Piggie Park* hatte Maurice Bissinger, der Eigentümer von Piggie Park BBQ 1964 argumentiert, dass sein christlicher Glaube ihm verbiete, Afroamerikaner in seinem Restaurant zu bedienen; siehe dazu *Sepper*, Ala. C.R. & C.L.L. Rev. 7 (2015), 129 (129f.).

[87] Siehe *Sager/Tebbe*, Const. Comment. 34 (2019), 171 (175); *NeJaime/Siegel*, Yale L.J.F. 128 (2018–2019), 201 (208); siehe auch *Pizer*, in: Eskridge, Jr./Fretwell Wilson (Fn. 2), 385 (391), der darauf hinweist, dass damit nicht ausgesagt wird, dass alle Formen der Diskriminierung gleich sind. Vielmehr sei die Behandlung von Afroamerikanern „uniquely horrifying". Dies ändere aber nichts daran, dass auch mit dem Schutz von Homosexuellen höchstwertige staatliche Ziele verfolgt werden.

[88] Siehe Emp't Div., Dep't of Human Res. of Oregon v. Smith, 494 U.S. 872, 110 S. Ct. 1595, 108 L.Ed.2d 876 (1990); Church of the Lukumi Babalu Aye, Inc. v. City of Hialeah, 508 U.S. 520, 113 S. Ct. 2217, 124 L.Ed.2d 472 (1993).

Praktiken gerichtet, und schließlich „generally applicable“ ist,[89] was mit Blick auf die Antidiskriminierungsgesetze in Colorado unstreitig der Fall war.[90]

2. Die Anwendung des Antidiskriminierungsrechts in den Hochzeitstortenfällen

Auf der Anwendungsebene stellen sich in den Hochzeitstorten-Fällen zwei zentrale Fragen: Erstens, stellt die Verweigerung, die gewünschten Torten herzustellen, eine Diskriminierung aufgrund der sexuellen Orientierung der jeweiligen Besteller dar, wie es für den Tatbestand des Antidiskriminierungsgesetzes erforderlich wäre? Und für den Fall, dass die erste Frage zu bejahen ist: Ist dieses diskriminierende Verhalten grundrechtlich geschützt und daher zulässig?

a) Liegt eine Diskriminierung der Kunden aufgrund ihrer sexuellen Orientierung vor?

Einigkeit besteht dahingehend, dass eine Bäckerei den Auftrag zur Herstellung einer Torte nicht wegen der tatsächlichen oder mutmaßlichen sexuellen Orientierung eines Kunden ablehnen darf. Umstritten ist hingegen, ob in der Zurückweisung des Auftrags auch dann eine Diskriminierung liegt, wenn der Bäcker, wie in *Masterpiece Cakeshop*, religiöse Vorbehalte gegenüber der mit dem Backen der Torte (vermeintlich) einhergehenden, die gleichgeschlechtliche Ehe befürwortenden Botschaft hegt oder, wie in *Lee v. Ashers* und in den *Jack-Fällen*, gegenüber der vom Kunden erbetenen Aufschrift auf der Torte.

Der Supreme Court des Vereinigten Königreichs[91] und diverse Stimmen in der Literatur[92] argumentieren, dass zur Klärung dieser Fragen zwischen persönlichen Eigenschaften der betroffenen Person(en) (status) und davon unabhängigem Verhalten (conduct) zu differenzieren sei. Die Familie Ashers hätte – so die Richter in *Lee v. Ashers* – jedem Kunden, der die fragliche Tortenaufschrift in Auftrag gegeben hätte, unabhängig von seinen (religiösen) Überzeugungen und seiner sexuellen Orientierung den Vertragsschluss

---

[89] Siehe Newman v. Piggie Park Enterprises, Inc., 390 U.S. 400, 402, n. 5, 88 S. Ct. 964, 19 L.Ed.2d 1263 (1968) (per curiam); Hurley v. Irish–American Gay, Lesbian and Bisexual Group of Boston, Inc., 515 U.S. 557, 572, 115 S. Ct. 2338, 132 L.Ed.2d 487 (1995).

[90] Siehe dazu *NeJaime/Siegel*, Yale L.J.F. 128 (2018–2019), 201 (211); siehe auch *Kendrick/Schwartzman*, Harv. L. Rev. 132 (2018), 133 (162). Allerdings wies Justice Gorsuch vielsagend darauf hin, dass die in *Smith* zugrunde gelegte Rechtsprechungslinie bis heute kontrovers diskutiert wird; siehe Masterpiece Cakeshop, Ltd. v. Colorado Civil Rights Com'n (Gorsuch, J. concurring), 138 S. Ct. 1734, 1734 (2018); siehe auch *Berg*, Cato Sup. Ct. Rev. 2017–2018, 139 (168 ff.), der sich explizit für eine Rechtsprechungsänderung stark macht.

[91] Siehe Lee v. Ashers Baking Co., Ltd., [2018] UKSC 49 § 62.

[92] Siehe bspw. *Russo*, U. Dayton L. Rev. 44 (2019), 399 (442).

verweigert. Insoweit bestehe keine Identität zwischen der durch die Tortenaufschrift ausgedrückten Botschaft als maßgeblichem Grund für die Zurückweisung des Auftrags (Unterstützung der gleichgeschlechtlichen Ehe) und der sexuellen Orientierung des Kunden: „In a nutshell, the objection was to the message and not to any particular person or persons."[93]

Die Richter räumten zwar ein, dass eine Diskriminierung aufgrund der homosexuellen Orientierung auch dann vorliege, wenn der Anknüpfungspunkt für die Zurückweisung des Vertragsschlusses nicht unmittelbar „status", sondern „conduct" sei. Dies komme dann in Betracht, wenn dieses Verhalten so eng mit einem durch das Antidiskriminierungsgesetz geschützten persönlichen Merkmal verbunden sei, dass es stellvertretend für dieses Merkmal stehe. Ein solcher Fall der Untrennbarkeit (indissociability) liege in *Lee v. Ashers* jedoch nicht vor. Die durch die gewünschte Tortenaufschrift zum Ausdruck kommende Unterstützung gleichgeschlechtlicher Ehen lasse nicht auf eine bestimmte sexuelle Orientierung des Bestellers schließen, weil keinesfalls nur homosexuelle, sondern Menschen jeglicher sexueller Orientierung gleichgeschlechtliche Ehen unterstützten.[94]

In gleicher Weise – so Justice Kagan[95] und Justice Ginsburg[96] – seien die Fallgestaltungen in den *Jack-Fällen* zu beurteilen, während Phillips den Auftrag nicht aufgrund einer bestimmten Botschaft und damit eines bestimmten Verhaltens, sondern aufgrund eines persönlichen Merkmals, nämlich der sexuellen Orientierung seiner Kunden, verweigert habe. Entsprechend sei in *Masterpiece Cakeshop* anders als in den *Jack-Fällen* eine Diskriminierung aufgrund der sexuellen Orientierung zu bejahen.

Dieser Argumentation setzte Justice Gorsuch seine Interpretation des Verhaltens der Konditoren entgegen. Seiner Auffassung nach hatten nicht nur die Bäcker in den *Jack-Fällen*, sondern auch Phillips in *Masterpiece Cakeshop* die Kunden einzig und allein aufgrund der von den gewünschten Torten ausgedrückten Botschaft (conduct) abgelehnt. Eine Hochzeitstorte bringe nämlich ganz unabhängig von ihrem Design und den darauf angebrachten expliziten Botschaften die Feier und damit die Zustimmung zu der jeweiligen Eheschließung zum Ausdruck.[97]

---

[93] Lee v. Ashers Baking Co., Ltd., [2018] UKSC 49 § 34; siehe *Knights*, UKSC blog: Case Comment: Lee v. Ashers Baking Company Ltd. & Ors v. 12.11.2018, ukscblog.com/case-comment-lee-v-ashers-baking-company-ltd-ors-2018-uksc-49-2/ (abgerufen am 1.5.2021).

[94] Siehe Lee v. Ashers Baking Co., Ltd., [2018] UKSC 49 § 25; siehe auch *Hambler*, Law & Just. – Christian L. Rev. 181 (2018), 156 (161).

[95] Masterpiece Cakeshop, Ltd. v. Colorado Civil Rights Com'n (Kagan, J. concurring), 138 S. Ct. 1732, 1733 (2018).

[96] Masterpiece Cakeshop, Ltd. v. Colorado Civil Rights Com'n (Ginsburg, J. dissenting), 138 S. Ct. 1740, 1749–50 (2018); siehe auch *Strasser*, Wash. & Lee L. Rev. 76 (2019), 963 (971).

[97] Siehe Masterpiece Cakeshop, Ltd. v. Colorado Civil Rights Com'n (Gorsuch, J. concurring), 138 S. Ct. 1734, 1735–38 (2018).

Gorsuchs Interpretation kann letztlich nicht überzeugen. So ist bereits die Grundannahme seiner Argumentation unzutreffend, nach der die CCRC in den *Jack-Fällen* und in *Masterpiece Cakeshop* zwei gleichartige Verhaltensweisen, nämlich die Zurückweisung von Aufträgen zum Backen von Hochzeitstorten, ungleich behandelt habe.[98] Die Erbringung von Dienstleistungen zu verweigern ist antidiskriminierungsrechtlich nämlich nicht prinzipiell verboten, sondern nur dann, wenn die Verweigerung wegen spezifischer persönlicher Merkmale des Kunden wie Abstammung, Religionszugehörigkeit oder sexueller Orientierung erfolgt. Demnach steht es Konditoren weiterhin frei, die Herstellung einer Torte etwa wegen politischer, ästhetischer oder emotionaler Vorbehalte zu verweigern. In diesem Sinne bemerkte Justice Kagan in *Masterpiece Cakeshop*:

> „The three bakers in the Jack cases did not violate that law. Jack requested them to make a cake (one denigrating gay people and same-sex marriage) that they would not have made for any customer. In refusing that request, the bakers did not single out Jack because of his religion but instead treated him in the same way they would have treated anyone else […]. By contrast, the same-sex couple, in this case, requested a wedding cake that Phillips would have made for an opposite-sex couple."[99]

Diesem Argument hielt Justice Gorsuch wiederum entgegen, dass es auf eine Aufhebung der „status-conduct distinction" mit Blick auf Diskriminierungen im Zusammenhang mit sexueller Orientierung hinauslaufe. Diese Entdifferenzierung müsse dann auch im Kontext von Diskriminierungen aufgrund der Religionszugehörigkeit gelten. In der Folge hätte die CCRC auch in den *Jack-Fällen* eine Diskriminierung bejahen müssen.[100]

Diese Argumentation verkennt indes, dass die rechtlichen Rahmenbedingungen in den *Jack-Fällen* grundlegend andere sind als in *Masterpiece Cakeshop*. Um die Fälle rechtlich gleichbehandeln zu können, benötigten religiöse Bäcker ein Recht auf Diskriminierung gleichgeschlechtlicher Paare, und homosexuellen Bäckern müsste es gestattet sein, religiöse Kunden zu diskriminieren. Dem ist jedoch nicht so. Vielmehr verbieten die entsprechenden Antidiskriminierungsgesetze sowohl homosexuellen als auch allen sonstigen Bäckern, Kunden aufgrund ihrer religiösen Zugehörigkeit abzuweisen. Justice Gorsuchs Argumentation läuft im Ergebnis also darauf hinaus, Ausnahmen von den geltenden Antidiskriminierungsgesetzen einzig und allein

---

[98] Siehe aber *McConnell*, in: Eskridge, Jr./Fretwell Wilson (Fn. 2), 378 (382), und *Laycock*, B.Y.U.L. Rev. 2019 (2019), 167 (184 ff.), die die gleichen Argumente wie Justice Gorsuch bemühen.

[99] Masterpiece Cakeshop, Ltd. v. Colorado Civil Rights Com'n (Kagan, J. concurring), 138 S. Ct. 1732, 1733 (2018) sowie (Ginsburg, J. dissenting), 138 S. Ct. 1740, 1750 (2018).

[100] Vgl. Masterpiece Cakeshop, Ltd. v. Colorado Civil Rights Com'n (Gorsuch, J. concurring), 138 S. Ct. 1734, 1736 (2018); siehe dazu *Kendrick/Schwartzman*, Harv. L. Rev. 132 (2018), 133 (156).

für Wirtschaftstreibende mit bestimmten religiösen Anschauungen zu schaffen.[101]

Ferner ist auch Gorsuchs Behauptung unzutreffend, nach der die Bäcker in den *Jack-Fällen* einen religiösen Kunden (Jack) aufgrund seiner Religion diskriminiert hätten, beruht sie doch auf der falschen Prämisse, dass Bestellungen homophober Tortenaufschriften einzig und allein von religiösen Kunden aufgegeben werden. Vielmehr zeigt sich (leider) tagtäglich, dass längst nicht „nur" religiöse Personen ihre homosexuellen Mitbürger diskriminieren können.[102]

Zusammenfassend lässt sich somit festhalten, dass bei Beibehaltung der status-conduct-Unterscheidung in *Masterpiece Cakeshop* eine Diskriminierung aufgrund der sexuellen Orientierung der Kunden vorlag, in *Lee v. Ashers* hingegen nicht. Allerdings lässt sich die status-conduct-Differenzierung bereits prinzipiell in Zweifel ziehen. Wird sie zu strikt angewendet und damit jedwede an das Verhalten anknüpfende Diskriminierung für zulässig erklärt, können die ambitionierten Ziele des Antidiskriminierungsrechts kaum erreicht werden. Geschützt würde nämlich allein das Innehaben einer von der vermeintlichen Norm abweichenden sexuellen Orientierung, nicht hingegen, diese Orientierung tatsächlich zu entfalten und auszudrücken.[103] Diese Überlegungen hat etwa der kanadische Supreme Court aufgenommen und entschieden, dass dann, wenn für Diskriminierungen an „conduct" angeknüpft wird und dieses Verhalten fundamentaler Ausdruck der Identität der diskriminierungsrechtlich geschützten Gruppe ist, die Ungleichbehandlung aufgrund einer Verhaltensweise einer Diskriminierung der Gruppe selbst gleichsteht.[104]

b) Ist die in Masterpiece Cakeshop durch Phillips' Verhalten gegebene Diskriminierung grundrechtlich geschützt und damit zulässig?

Geht man im Sinne der bisherigen Rechtsprechung des US-Supreme Court davon aus, dass Phillips durch die Verweigerung, die Torte herzustellen, Craig und Mullins aufgrund ihrer sexuellen Orientierung diskriminiert hat, stellt sich die Frage, ob er dazu aus verfassungsrechtlichen Gründen berechtigt war. Die Maßstäbe der Religionsfreiheit werden im hiesigen Kontext – wie gezeigt – allein an das Gesetz insgesamt angelegt und spielen deshalb auf der Anwendungsebene keine Rolle mehr. Denkbar wäre hingegen, dass sich Phillips dafür auf die im ersten Zusatzartikel verbürgte Gewährleistung der Meinungsfreiheit berufen kann.

Justice Thomas bejahte dies in seiner „concurring opinion" in *Masterpiece Cakeshop* ebenso wie später der britische Supreme Court in *Lee v. Ashers.*

---

101 Siehe *Kendrick/Schwartzman*, Harv. L. Rev. 132 (2018), 133 (156).
102 Siehe *Kendrick/Schwartzman*, Harv. L. Rev. 132 (2018), 133 (156f.).
103 In diesem Sinne *Ettore Perriello*, Italian L.J. 4 (2018), 639 (660).
104 Siehe Saskatchewan (Human Rights Commission) v. Whatcott 2013 SCC 11.

Dabei berief man sich jeweils auf die in der Rechtsprechung des US-amerikanischen Supreme Court entwickelte „compelled speech"-Doktrin, womit, deutlich weitgehender als unter dem Grundgesetz, die negative Dimension der Meinungsfreiheit angesprochen ist.[105] Danach schützt die in der Bill of Rights garantierte Meinungsfreiheit davor, staatlicherseits dazu verpflichtet zu werden, Meinungen eines bestimmten Inhalts, sei es explizit in Worten oder durch andere Ausdrucksformen („expressive conduct") konkludent, verbreiten zu müssen.[106] Den Grundgedanken und die herausgehobene Bedeutung dieser Doktrin im US-amerikanischen Verfassungsrecht bringen die berühmten Worte von Justice Robert H. Jackson in der Entscheidung *West Virginia State Board of Education v. Barnett* zum Ausdruck:

> „If there is any fixed star in our constitutional constellation, it is that no official, high or petty, can prescribe what shall be orthodox in politics, nationalism, religion, or other matters of opinion or force citizens to confess by word or act their faith therein."[107]

In *Masterpiece Cakeshop* ist allerdings, und dies im Unterschied zu *Lee v. Ashers*, bereits äußerst fraglich, ob sich das Anfertigen einer Hochzeitstorte als Meinungsäußerung einstufen lässt.[108] Da in diesem Fall unstreitig keine tatsächliche Meinungsäußerung in Rede steht, müsste es sich dabei um „expressive conduct" handeln.[109] Dies lässt sich im Sinne der „compelled speech"-Doktrin jedoch nur dann annehmen, wenn das Verhalten objektiv „auf Kommunikation ausgerichtet war" und „von einem objektiven Betrachter vernünftigerweise als kommunikativ angesehen werden würde."[110]

Justice Thomas bejahte das Vorliegen dieser Voraussetzungen und klassifizierte die Herstellung von Hochzeitstorten als nonverbale Meinungsäußerung. Für Thomas kommuniziert der Einsatz von Phillips' „artistic talents" zugunsten der Herstellung eines „well-recognized symbol that celebrates the beginning of a marriage" in objektiver Hinsicht eine Meinung.[111] Gegen diese Interpretation spricht jedoch, dass „expressive conduct" in den Hoch-

---

[105] Aus der Rspr. des Bundesverfassungsgerichts ist in diesem Kontext insbesondere die Entscheidung zu Warnhinweisen auf Tabakerzeugnissen zu nennen, in der das Gericht die Einschlägigkeit von Art. 5 Abs. 1 GG verneinte und die Verpflichtung, Warnhinweise anzubringen, allein am Maßstab des Art. 12 Abs. 1 GG prüfte, siehe BVerfGE 95, 173 (181 ff.).

[106] Siehe dazu etwa *Post*, W. Va. L. Rev. 117 (2005), 867 ff.; *Volokh*, Tex. L. Rev. 97 (2018), 355 ff.

[107] West Virginia State Board of Education v. Barnette, 319 U.S. 624, 642 (1943).

[108] Siehe auch *Kendrick/Schwartzman*, Harv. L. Rev. 132 (2018), 133 (163).

[109] Siehe Masterpiece Cakeshop, Ltd. v. Colorado Civil Rights Com'n (Thomas, J. concurring), 138 S. Ct. 1740, 1741 (2018).

[110] Siehe Masterpiece Cakeshop, Ltd. v. Colorado Civil Rights Com'n (Thomas, J. concurring), 138 S. Ct. 1740, 1742 (2018).

[111] Masterpiece Cakeshop, Ltd. v. Colorado Civil Rights Com'n (Thomas, J. concurring), 138 S. Ct. 1740, 1740–43 (2018); siehe auch *Berg*, Cato Sup. Ct. Rev. 2017–2018, 139 (153); *McConnell*, in: Eskridge, Jr./Fretwell Wilson (Fn. 2), 378 (380).

zeitstortenfällen nach Maßgabe der bisherigen Rechtsprechung nur dann anzunehmen ist, wenn die vom Urheber des konditorischen Erzeugnisses vermittelte Botschaft der Torte immanent wäre bzw. mehr oder weniger auf Anhieb von einem objektiven Dritten verstanden werden würde.[112] Davon kann aber nicht ernsthaft ausgegangen werden. Es erscheint vielmehr fernliegend, dass ein objektiver Beobachter Anfertigung und Verkauf einer Hochzeitstorte durch einen Konditor als Akt der Zustimmung zu der mit der Torte zu feiernden Eheschließung interpretieren würde.[113] Justice Kennedy ist insoweit vollständig zuzustimmen, wenn er in *Masterpiece Cakeshop feststellt, dass*

„few persons who have seen a beautiful wedding cake might have thought of its creation as an exercise of protected speech."[114]

Schließlich lässt sich auch in Frage stellen, ob das Ergebnis tatsächlich, wie vom US-amerikanischen und britischen Supreme Court angenommen,[115] anders ausfallen muss, wenn, wie in *Lee v. Ashers* oder in den *Jack-Fällen*, die Verweigerung, eine bestimmte, vom Kunden gewünschte Botschaft auf die Torte aufzubringen, in Rede steht. So würde ein objektiver Dritter beim Kauf einer Geburtstagskarte in einem Ladengeschäft oder bei der Erstellung einer solchen Karte über eine Website wohl kaum davon ausgehen, dass sich das die Geburtstagskarten herstellende Unternehmen die Geburtstagswünsche zu eigen macht und dies mit dem Verkauf der Karten zum Ausdruck bringt.[116]

V. Masterpiece Cakeshop als Beispiel für Schwächen der US-amerikanischen Grundrechtskonzeption

Abgesehen von den bereits erörterten antidiskriminierungs- und verfassungsdogmatischen Feinheiten verdienen die Hochzeitstortenfälle auch aus der Perspektive der vergleichenden Verfassungstheorie besondere Aufmerksamkeit, illustrieren sie doch, warum das US-amerikanische Grundrechtsverständnis schlecht dafür geeignet ist, die in einem modernen, pluralistischen Gemeinwesen vermehrt auftretenden Konflikte zwischen individualrechtlich

---

112 Vgl. *Pizer*, in: Eskridge, Jr./Fretwell Wilson (Fn. 2), 385 (397).

113 Vgl. *Pizer*, in: Eskridge, Jr./Fretwell Wilson (Fn. 2), 385 (397); siehe auch *Ettore Perriello*, Italian L.J. 4 (2018), 639 (661 f).

114 Masterpiece Cakeshop, Ltd. v. Colorado Civil Rights Com'n, 138 S. Ct. 1719, 1723 (2018).

115 Siehe insbesondere Lee v. Ashers Baking Co., Ltd., [2018] UKSC 49 § 54.

116 So zu Recht *Burton*, The Bakery as battleground, VerfBlog v. 20.10.2018, https://verfassungsblog.de/the-bakery-as-battleground/ (abgerufen am 1.5.2021).

fundierten Geltungsansprüchen verschiedener Bevölkerungsgruppen schonend und akzeptanzsichernd aufzulösen. Das kategoriale US-amerikanische Rechtsverständnis versteht Grundrechtsgewährleistungen als prinzipiell absolute subjektive Rechte, die abgesehen von bestimmten Ausnahmetatbeständen nicht beschränkt werden dürfen, sodass die Beschränkung bzw. der Eingriff in ein Grundrecht anders als nach kontinentaleuropäischer Vorstellung prinzipiell mit seiner Verletzung gleichzusetzen ist (Rechte als Trümpfe).[117]

Diese Konzeption von Grundrechten als „Trümpfen" hat zunächst das Problem, existente Grundrechtskonflikte nicht als solche anerkennen zu können. Vielmehr bedarf es zu deren Auflösung der gänzlichen Negierung der Rechte einer der streitenden Parteien, die ihrerseits nur zum Preis der Simplifizierung, Entkontextualisierung und rhetorischen Zuspitzung zu haben ist.[118] Die mündliche Verhandlung in *Masterpiece Cakeshop* steht beispielhaft für dieses Problem: In dieser fragte etwa Justice Gorsuch, ob das Antidiskriminierungsgesetz Colorados von Bäckern auch verlange, Mitgliedern des Ku-Klux-Klans mit Kreuzen verzierte Torten zu verkaufen, während die progressiveren Richter Phillips' Konditorei mit Ollie's Barbecue verglichen, dem „Whites only"-Restaurant in Alabama, das sich seinerzeit gegen die antidiskriminierungsrechtlichen Bestimmungen des Civil Rights Acts wandte. Die Heranziehung dieser pathologischen Fälle sollte der Gegenseite illustrieren, welch extreme und untragbare Rechtsposition sie durch ihre Argumentation einnimmt. Insoweit werden zwei sich unversöhnlich gegenüberstehende Bilder gezeichnet, auf denen auf je einer Seite legitime Rechtspositionen und auf der jeweils anderen nichts als „bad faith" zu sehen ist. Diese Frontstellung erlaubt letztlich nur eine Alles-oder-nichts-Lösung ohne Rücksicht auf den jeweiligen Verlierer.[119]

Im Kontrast dazu zeigen sich die Vorzüge des kontinentaleuropäischen Grundrechtsmodells, das die Streitparteien unter Zuhilfenahme von Abwägungs- und Verhältnismäßigkeitsdogmatiken zur Anerkennung der Legitimität gegenläufiger und ihrerseits grundrechtlich geschützter Interessen der Gegenseite zwingt. Das Gebrauchmachen von entsprechenden dogmatischen Instrumenten hätte es dem US-Supreme Court in *Masterpiece Cakeshop* ermöglicht, verfassungsrechtlich zu berücksichtigen, dass es sich vorliegend um einen dreipoligen Interessenskonflikt handelte, an dem der Staat, das homosexuelle Paar und der Bäcker Phillips beteiligt waren, sich also nicht nur die Grundrechte von Phillips und das staatliche Schutzinteresse gegenüberstanden.[120]

---

[117] Die folgenden Überlegungen basieren auf *Greene*, Harv. L. Rev. 132 (2018), 28 (30ff.).
[118] So zu Recht *Greene*, Harv. L. Rev. 132 (2018), 28 (34).
[119] Vgl. *Greene*, Harv. L. Rev. 132 (2018), 28 (31f.).
[120] Vgl. *Greene*, Harv. L. Rev. 132 (2018), 28 (82, 121f.).

Zweitens verleitet das kategoriale Individualrechtsverständnis des US-amerikanischen Verfassungsrechts die Streitparteien dazu, sich Argumentationsmustern zu bedienen, die das eigentliche Problem des Falles gar nicht erfassen, wie sich erneut an *Masterpiece Cakeshop* exemplifizieren lässt. Da die Meinungsfreiheit nach US-amerikanischem Verfassungsdenken als prinzipiell absolute Rechtsposition angesehen wird, fokussierten die Schriftsätze und die mündliche Verhandlung ganz vornehmlich auf die damit verbundenen Fragestellungen. Liest man allerdings unbefangen den Sachverhalt des Falles, gerade ohne Vorkenntnisse der US-amerikanischen Verfassungsrechtsprechung, würde man wohl kaum darauf kommen, dass *Masterpiece Cakeshop* im Kern Probleme des verfassungsrechtlichen Äußerungsrechts aufwirft. Vielmehr würde sich einem solchen Leser aufdrängen, dass sich die verfassungsrechtliche Problematik des Falles nicht daraus ergibt, dass Phillips besonders „expressive" Torten backt, sondern daraus, dass seine Weigerung, den Auftrag des homosexuellen Paares auszuführen, religiös motiviert war. Mit anderen Worten: Phillips verweigerte das Backen der Torte nicht, weil er ein expressiver Künstler, sondern weil er ein Christ ist. Demnach hätte anstelle eines äußerungsrechtlichen ein religionsfreiheitliches framing des Falles deutlich nähergelegen und die von den Prozessparteien erlebte Realität besser reflektiert. Die der *Free Exercise Clause* entnommene Religionsfreiheit brachte Phillips jedoch aufgrund der oben dargestellten engen Auslegung dieses Grundrechts in eine signifikant schwächere verfassungsrechtliche Rechtsposition und bedeutete damit deutlich geringere Erfolgsaussichten für seinen Rechtsstreit.[121]

VI. Fazit

Der Beitrag hat versucht deutlich zu machen, dass so unverdächtige Phänomene wie Festtagstorten Anlass für heftig umkämpfte Konflikte in zunehmend religiös polarisierten westlichen Gesellschaften sein können, die aufgrund religionssoziologischer Trends in Zukunft vermehrt zu erwarten sind und ihrerseits eine Fülle komplexer Rechtsfragen aufwerfen. Die Detailanalyse der Hochzeitstortenfälle hat gezeigt, dass im Spannungsfeld von Antidiskriminierungsgesetzgebung und Religions- sowie Meinungsfreiheit letztere insbesondere vom US-Supreme Court über Gebühr betont wurde, obwohl sich die individualrechtliche Rechtsposition der religiösen Konditoren bei näherer Betrachtung als äußerst schwach darstellt. Schließlich wurde herausgearbeitet, dass ein strukturelles Kernproblem der Hochzeitstortenfälle darin besteht, dass das, was eine der streitenden Parteien als fundamen-

[121] Vgl. *Greene*, Harv. L. Rev. 132 (2018), 28 (36).

tales Grundrecht für sich beansprucht, von der anderen als gravierendes Unrecht empfunden wird, und dass die US-amerikanische Grundrechtstheorie zur Auflösung dieses Spannungsverhältnisses kaum in der Lage ist. Abschließend bleibt nur die Hoffnung zum Ausdruck zu bringen, dass letztlich rechtliche, politische und gesellschaftliche Mittel und Wege gefunden werden, diese Konflikte zu entschärfen, müssen beide Seiten doch in den pluralen Gesellschaften des Westens zwangsläufig miteinander auskommen.[122]

---

122 Siehe *Laycock*, in: Eskridge, Jr./Fretwell Wilson (Fn. 2), 24 (36).

Die COVID-19-Pandemie als Stunde der Exekutive und die parlamentarische Demokratie des Grundgesetzes[1]

Möglichkeiten und Grenzen exekutiver Rechtsetzungsbefugnisse als Instrument der Pandemiebekämpfung

Ferdinand Wollenschläger

I. Die COVID-19-Pandemie als Stunde der Exekutive und die parlamentarische Demokratie des Grundgesetzes

1. 50 Jahre Juristische Fakultät Augsburg, ein Jubiläum im Schatten der Pandemie

Das 50-jährige Jubiläum der Augsburger Juristischen Fakultät, der freudige Anlass für diese Festschrift, sieht sich von der COVID-19-Pandemie überschattet. Eine Pandemie, die nicht nur unzählige Menschenleben gekostet hat und die mit empfindlichen Folgen für die Gesundheit vieler Menschen einhergegangen ist, sondern zu deren Bekämpfung der Staat gravierende Einschränkungen in allen Lebensbereichen mit ihrerseits beträchtlichen individuellen, sozialen und ökonomischen Folgen ergriffen hat bis hin zu einem mehrmonatigem Lockdown mit Maßnahmen wie Kontakt- und Ausgangsbeschränkungen, Schließung von Betrieben, Schulen und kulturellen Einrichtungen oder Beschränkungen für Gottesdienste und Versammlungen. Und auch das akademische Leben (nicht nur) an der Augsburger Jurafakultät findet unter anderen Vorzeichen statt: das Sommersemester 2021 ist das dritte Online-Semester

---

[1] Der Beitrag knüpft an Stellungnahmen des Autors als Experte im Rahmen mehrerer Anhörungen des Gesundheitsausschusses des Deutschen Bundestages zu Fragen der COVID-19-Pandemie an, so zum Zweiten (Fn. 32; 11.5.2020), Dritten (Fn. 28; 12.11.2020) und Vierten (Fn. 147, 16.4.2021) Bevölkerungsschutzgesetz, zum Covid-19 Rechtsverordnungsweitergeltungsgesetz (Fn. 23; 9.9.2020) und zum Gesetz zur Fortgeltung der die epidemische Lage von nationaler Tragweite betreffenden Regelungen (Fn. 29; 22.2.2021), sowie an die Stellungnahme des Autors im Rahmen der Anhörung des Ausschusses für Verfassung, Recht, Parlamentsfragen und Integration des Bayerischen Landtages zum Thema „Die Entscheidungsfindung bei der Bekämpfung der COVID-19-Pandemie transparenter und demokratischer gestalten" (Fn. 176; 22.4.2021). Siehe zu Teilaspekten bereits *F. Wollenschläger*, Pandemiebekämpfung und Gewaltenteilung, in: S. Schmid (Hrsg.), Freiheitsgrundrechte in Zeiten von Corona, 2021 (Aktuelle Analysen der Hanns Seidel Stiftung, Nr. 86), S. 14; *ders.*, Beteiligung der Landtage im Kontext der Corona-Pandemie, in: BayVBl. 2021, 541.

unter nahezu vollständigem Verzicht auf Präsenzveranstaltungen, Prüfungen erfolgen digital oder unter weit reichenden Hygienevorgaben wie einer Abstands- und Maskenpflicht, der Jubiläums-Festakt musste verschoben werden und auch der wissenschaftliche Austausch kam auf persönlicher Basis weitgehend zum Erliegen und sah sich in digitale Formate verlagert, so etwa die Sondertagung der Staatsrechtslehrervereinigung zur COVID-19-Pandemie.

2. *Die Pandemiebekämpfung als Herausforderung für das Verfassungsrecht*

Die Pandemie und ihre Bekämpfung markieren auch eine Herausforderung für das Verfassungsrecht. Es liegt auf der Hand, dass die „nach ihrer Reichweite, ihrer Intensität und ihrer zeitlichen Dauer" (nicht nur) vom Bayerischen Verwaltungsgerichtshof für „ohne Beispiel" erachteten Grundrechtseingriffe[2] die kontrovers diskutierte Frage ihrer Rechtfertigungsfähigkeit aufwerfen. Anfragen richten sich aber auch an das Staatsorganisationsrecht, was im Mittelpunkt dieses Beitrags stehen soll. Das Diktum, Krisen seien Stunden der Exekutive,[3] scheint sich in der COVID-19-Pandemie zu bewahrheiten.[4] Die weit reichenden Einschränkungen des privaten und öffentlichen Lebens haben – abgesehen von der jüngsten bundesparlamentsgesetzlich mit dem Vierten Gesetz zum Schutz der Bevölkerung bei einer epidemischen Lage von nationaler Tragweite vom 22.4.2021[5] angeordneten und zwischenzeitlich zum 30.6.2021 außer Kraft getretenen Notbremse (§ 28b IfSG) – nämlich nicht die Parlamente angeordnet, sondern die Exekutive, namentlich die Landesregierungen. Des Weiteren hat der Bundestag dem Bundesministerium für Gesundheit (BMG) bereits zu Beginn der Pandemie im (Ersten) Gesetz zum Schutz der Bevölkerung bei einer epidemischen Lage von nationaler Tragweite vom 27.3.2020[6] weit, teils äußerst weit reichende Verordnungsermächtigungen für den Fall der Feststellung einer derartigen

[2] BayVGH, BeckRS 2020, 28521, Rn. 30.

[3] Siehe etwa der frühere Bundesinnenminister *G. Schröder* im Kontext der Debatte um die Notstandsgesetzgebung, Plen. Prot. 3. WP, 124. Sitzung am 28.9.1960, 7177 (C): „Die Ausnahmesituation ist die Stunde der Exekutive, weil in diesem Augenblick gehandelt werden muß und in diesem Augenblick nicht mehr die Möglichkeit besteht, etwa – wie dieser Wunsch vorgetragen worden ist – das ganze Verordnungswerk, das unter Umständen binnen weniger Stunden erlassen werden muß, erst komplizierten Beratungen in wenn auch noch so verkleinerten Ausschüssen zu unterbreiten." Umfassende Nachweise bei *A.-B. Kaiser*, Ausnahmeverfassungsrecht, 2020, 30.

[4] Ebenso *Klafki*, NVwZ 2020, 1718 (1718). Kritisch *Boehme-Neßler*, DÖV 2021, 243 (243 f.); *Hase*, JZ 2020, 1107 (1108 Fn. 11), da Zusammenwirken von Staat und Gesellschaft bei der Pandemiebekämpfung erforderlich, was indes an der hier angelegten staatsorganisatorischen Perspektive nichts ändert; ferner Deutscher Ethikrat, Ad-hoc-Empfehlung „Solidarität und Verantwortung in der Corona-Krise" vom 27.3.2020, 7.

[5] BGBl. 2021 I, 802.

[6] BGBl. 2020 I, 587.

Lage eingeräumt (§ 5 Abs. 2 IfSG), die überdies Abweichungsbefugnisse von Parlamentsgesetzen umfassen. Dies hat teils heftige Reaktionen auch unter Verfassungsrechtler(inne)n hervorgerufen: Von einer „Hindenburg-Klausel" war die Rede,[7] von einem „(kleinen) Ermächtigungsgesetz",[8] von „problematischen Verschiebungen der Achsen des politischen Systems",[9] andere sahen die „Gesetzesbindung von Regierung und Verwaltung weitgehend zur Disposition [ge]stellt" und einen „von parlamentarischen Mehrheiten entkoppelten Verwaltungsstaat" am Horizont[10], identifizierten eine „Beförderung des Gesundheitsministers zum Verteidigungsminister im Pandemiefall" und erachteten dies als den „wohl gravierendste[n] Verfassungsbruch in der Pandemie"[11] oder titelten: „Parlamentarische Selbstentmächtigung im Zeichen des Virus"[12]. Der Begriff „Ermächtigungsgesetz" fiel auch in der politischen Diskussion um die Novelle des Infektionsschutzgesetzes im Zuge des Dritten Gesetzes zum Schutz der Bevölkerung bei einer epidemischen Lage von nationaler Tragweite vom 18.11.2020[13],[14] das überdies, so eine weitere Stimme, „weniger eine Einhegung der Regierung durch das Parlament als vielmehr eine Einladung zu Rechtseingriffen" darstelle[15].

Diese Reminiszenzen an das Ende der Weimarer Republik stehen für negative historische Erfahrungen mit zu weit reichenden bzw. in zu weitem Umfang aktualisierten exekutiven Rechtsetzungsbefugnissen. Auf diese hat das Grundgesetz mit einer engen Anbindung der exekutiven Rechtsetzung an das hierzu ermächtigende Parlamentsgesetz reagiert (Art. 80 GG) und so zugleich – ebenfalls in der zitierten Kritik[16] anklingende – Anforderungen der Gewaltenteilung, der Demokratie und des Rechtsstaates formuliert. Und das aus guten Gründen: Entscheidungen durch Parlamentsgesetz sichern,

---

[7] *Kingreen*, Süddeutsche Zeitung vom 26.3.2020, Bayern S. 6, mit Qualifikation im Folgenden. Sehr kritisch zu dieser und anderen Stellungnahmen *Hase*, JZ 2020, 697 (700 ff.); ferner *ders.*, JZ 2020, 1107 (1108).

[8] *D. Richter*, Das Corona-Ermächtigungsgesetz – ein schlechtes Beispiel für Europa? Machtfülle des Bundesgesundheitsministers und Entmachtung des Gesetzgebers durch das neue deutsche Infektionsschutzgesetz, https://jean-monnet-saar.eu/?page_id=2498 (abgerufen am 21.5.2021).

[9] *Kingreen*, Jura 2020, 1019 (1030).

[10] *Gärditz/Meinel*, FAZ Nr. 73 v. 26.3.2020, 6. Siehe auch *Barczak*, RuP 2020, 458 (458 f.).

[11] *Kingreen*, Jura 2020, 1019 (1033).

[12] *C. Möllers*, Parlamentarische Selbstentmächtigung im Zeichen des Virus, VerfBlog 2020/3/26, https://verfassungsblog.de/parlamentarische-selbstentmaechtigung-im-zeichen-des-virus/ (abgerufen am 14.6.2021). Siehe auch *Katzenmeier*, MedR 2020, 461 (462).

[13] BGBl. 2020 I, 2397.

[14] Siehe etwa https://www.bundestag.de/dokumente/textarchiv/2020/kw47-de-bevoel kerungsschutz-804202 (abgerufen am 21.5.2021). Aus historischer Perspektive *Barczak*, Der nervöse Staat, 2020, 311 ff.

[15] *Lindner*, Justiz auf Linie, Zeit Nr. 5 v. 28.1.2021, 5.

[16] Kritisch ferner *Klafki*, NVwZ 2020, 1718 (1719), unter zusätzlichem Verweis auf eine Freiheitsgefährdung wegen monoperspektivischer Entscheidungen der Exekutive.

wie vom Bundesverfassungsgericht für den Parlamentsvorbehalt qua Wesentlichkeit herausgearbeitet, eine Entscheidungsfindung in einem Verfahren, das „der Öffentlichkeit Gelegenheit bietet, ihre Auffassungen auszubilden und zu vertreten", „die Volksvertretung dazu anhält, Notwendigkeit und Ausmaß von Grundrechtseingriffen in öffentlicher Debatte zu klären", „sich durch Transparenz auszeichnet" und „die Beteiligung der parlamentarischen Opposition gewährleistet".[17] Das Verfahren der Verordnungsgebung vermag diese Ziele nicht zu erreichen.[18] Nichtsdestoweniger stellt die Delegation von Rechtsetzungsbefugnissen auf die Exekutive eine Form der grundgesetzlich vorgesehenen Gesetzgebung dar, die sich angesichts ihrer Flexibilität gerade in vielgestaltigen, komplexen und dynamischen Lebenssachverhalten wie der Pandemiebekämpfung als von besonderer Bedeutung erweist. Kann daher von einem den skizzierten verfassungsrechtlichen Vorgaben widersprechenden Übergewicht der Exekutive die Rede sein? Oder steuert der Deutsche Bundestag nicht vielmehr die Pandemiebekämpfung in (verfassungsrechtlich) hinreichender Weise?[19]

Zur Beantwortung dieser Frage skizziert der Beitrag zunächst die zentralen Rechtsetzungsermächtigungen zugunsten der Exekutive (II.), sodann die verfassungsrechtlichen Vorgaben für die Pandemiebekämpfung durch exekutive Rechtsetzung (III.) und bewertet auf dieser Basis die Ermächtigungsgrundlagen (IV.). Angesichts zweifelsohne verbleibender weiter Spielräume der Exekutive richtet sich der Blick abschließend auf flankierende Mechanismen der Legitimationssicherung (V.).

II. Exekutive Rechtsetzungsbefugnisse zur Pandemiebekämpfung

Zur Bekämpfung der COVID-19-Pandemie hat der Deutsche Bundestag der Exekutive weit reichende Rechtsetzungsbefugnisse eingeräumt. Drei Komplexe verdienen besondere Erwähnung. Bereits das Erste Bevölkerungsschutzgesetz vom 27.3.2020 hat das BMG in § 5 Abs. 2 IfSG ermächtigt, Regelungen zur Sicherstellung von Gesundheitsversorgung und Ausbildung für verschiedenste Bereiche im Verordnungswege zu erlassen, und hierbei Abweichungsbefugnisse von bestehenden (auch parlamentsgesetzlichen) Regelungen eingeräumt; diese zunächst im Mittelpunkt kontroverser Diskus-

---

[17] BVerfGE 150, 1 (96 f.). Siehe ferner E 85, 386 (403 f.); E 95, 267 (307 f.); E 120, 378 (408); E 139, 19 (46); jüngst Beschl. v. 24.3.2021, 1 BvR 2656/18, Rn. 240, 260; VerfGH des Saarlandes, NVwZ 2020, 1513 (1518); *Volkmann*, NJW 2020, 3153 (3158 f.).

[18] *Gärditz/Abdulsalam*, GSZ 2020, 108 (108, 114); *Heinig/Kingreen/Lepsius/C. Möllers/Volkmann/Wißmann*, JZ 2020, 861 (869 f.).

[19] Ausgewogen *H. Dreier*, DÖV 2021, 229; *Heinig*, FAZ Nr. 168 v. 16.8.2021; *Kersten/Rixen*, Der Verfassungsstaat in der Corona-Krise, 2. Aufl. 2021, 77 ff., 246 ff.; *Ludwigs*, DVBl. 2021, 353.

sionen stehenden Rechtsetzungsermächtigungen haben die beiden weiteren Bevölkerungsschutzgesetze und das Gesetz zur Fortgeltung der die epidemische Lage von nationaler Tragweite betreffenden Regelungen vom 29.3.2021[20] modifiziert (1.). Einen zweiten wichtigen Bereich stellen die Pandemiebekämpfungsmaßnahmen dar, für die das IfSG eine namentlich im Kontext des Dritten Bevölkerungsschutzgesetzes kontrovers diskutierte und novellierte Verordnungsermächtigung enthält (2.). Schließlich sieht § 20i Abs. 3 SGB V i. V. m. § 20 Abs. 2a IfSG eine – im Wesentlichen durch das Fortgeltungsgesetz konturierte – Verordnungsermächtigung für die Impfpriorisierung vor (3.).

1. Verordnungsbefugnisse des BMG bei Feststellung einer epidemischen Lage von nationaler Tragweite gemäß § 5 IfSG

Der im Zuge des (Ersten) Gesetzes zum Schutz der Bevölkerung bei einer epidemischen Lage von nationaler Tragweite vom 27.3.2020 novellierte § 5 IfSG ermöglicht dem Deutschen Bundestag die Feststellung einer solchen Lage und knüpft hieran weit reichende Rechtsetzungsermächtigungen zugunsten des BMG. Der Deutsche Bundestag hat das Vorliegen einer epidemischen Lage erstmals am 25.3.2020 mit Wirkung vom 28.3.2020 festgestellt.[21] Vorstöße zur Aufhebung derselben[22] hat der Bundestag am 17.9.2020 mangels Entfalls der Voraussetzungen zu Recht[23] abgelehnt[24]. Der Bundestag hat am 18.11.2020 den Fortbestand der epidemischen Lage von nationaler Tragweite festgestellt[25] und diese Feststellung am 4.3.2021[26], am 11.6.2021 und am 25.8.2021[27]

---

[20] BGBl. 2021 I, 370.

[21] BT-PlPr 19/154, 19169C; siehe auch BT-Drs. 19/23944, 1.

[22] Siehe etwa Antrag der Abgeordneten Christine Aschenberg-Dugnus u. a. und der Fraktion der FDP: Epidemische Lage von nationaler Tragweite beenden – Bevölkerung weiter schützen, Parlamentsrechte wahren vom 16.6.2020, BT-Drs. 19/20046; ferner *Kingreen*, Die Feststellung der epidemischen Lage von nationaler Tragweite durch den Deutschen Bundestag. Rechtsgutachten für die Fraktion der Freien Demokraten im Deutschen Bundestag, 2020.

[23] Dazu *F. Wollenschläger*, Stellungnahme Covid-19 Rechtsverordnungsweitergeltungsgesetz v. 9.9.2020, Ausschussdrs. 19(14)197(13), https://www.bundestag.de/resource/blob/790906/a68e51c169564f8302c72ed352d7769d/19_14_0197-13-_ESV_Wollenschlaeger_Covid19-data.pdf (abgerufen am 21.5.2021), 17 ff.

[24] BT-PlPr 19/176, 22180A.

[25] BT-PlPr 19/191, 24109C: Zustimmung zum Antrag der Fraktionen der CDU/CSU und SPD: Feststellung des Fortbestandes der epidemischen Lage von nationaler Tragweite vom 17.11.2020, BT-Drs. 19/24387.

[26] BT-PlPr 19/215, 27052C: Zustimmung zum Antrag der Fraktionen der CDU/CSU und SPD: Feststellung des Fortbestandes der epidemischen Lage von nationaler Tragweite vom 2.3.2021, BT-Drs. 19/27196.

[27] Verlängerung vom 11.6.2021: BT-PlPr 19/234, 30328A: Zustimmung zum Antrag der Fraktionen der CDU/CSU und SPD: Feststellung des Fortbestehens der epidemischen Lage von nationaler Tragweite vom 8.6.2021, BT-Drs. 19/30398. Siehe zum Zeitpunkt auch die Übergangsvorschrift des § 77 Abs. 4 IfSG. Verlängerung vom 25.8.2021: BT-PlPr. 19/238, 31076C: Zustimmung zum Antrag der Fraktionen der CDU/CSU und SPD: Feststellung des Fortbestehens der epidemischen Lage von nationaler Tragweite vom 25.8.2021, BT-Drs. 19/32091.

erneuert. Seit Inkrafttreten des Dritten Gesetzes zum Schutz der Bevölkerung bei einer epidemischen Lage von nationaler Tragweite sieht § 5 Abs. 1 Satz 6 IfSG eine explizite Definition dieser Situation vor.[28] Sie ist gegeben,

> wenn eine ernsthafte Gefahr für die öffentliche Gesundheit in der gesamten Bundesrepublik Deutschland besteht, weil
> 1. die Weltgesundheitsorganisation eine gesundheitliche Notlage von internationaler Tragweite ausgerufen hat und die Einschleppung einer bedrohlichen übertragbaren Krankheit in die Bundesrepublik Deutschland droht oder
> 2. eine dynamische Ausbreitung einer bedrohlichen übertragbaren Krankheit über mehrere Länder in der Bundesrepublik Deutschland droht oder stattfindet.

Die zeitliche Begrenzung der epidemischen Lage von nationaler Tragweite sichert der mit dem Fortgeltungsgesetz neu eingeführte § 5 Abs. 1 Satz 3f. IfSG mittels eines periodischen Verlängerungserfordernisses prozedural ab; demnach gilt die Lage als aufgehoben, wird der Feststellungsbeschluss nicht innerhalb von maximal drei Monaten erneuert. Angesichts der weit reichenden exekutiven Handlungsbefugnisse ist dieser Mechanismus, der eine periodische Debatte im Bundestag ermöglicht, von besonderer, auch verfassungsrechtlicher Bedeutung.[29]

Eine besonders weit reichende und stark kritisierte[30] Verordnungsermächtigung enthielt § 5 Abs. 2 Nr. 3 IfSG, ermächtigte er doch das BMG, „durch Rechtsverordnung ohne Zustimmung des Bundesrates Ausnahmen von den

---

[28] Siehe die entsprechende Forderung des Autors in seiner Stellungnahme zum Dritten Bevölkerungsschutzgesetz v. 12.11.2020, Ausschussdrs. 19(14)246(20), https://www.bundestag.de/resource/blob/805844/09aa6cdba9932ca18a4a560e817817b1/19_14_0246-20-_ESV-Prof-Dr-Ferdinand-Wollenschlaeger-3-BevSchG-data.pdf (abgerufen am 21.5.2021), 38f. Eine Definition fand sich bereits in § 5 Abs. 1 IfSG i. d. F. der Formulierungshilfe der Bundesregierung für die Koalitionsfraktionen für einen aus der Mitte des Deutschen Bundestages einzubringenden Entwurf eines Gesetzes zum Schutz der Bevölkerung bei einer epidemischen Lage von nationaler Tragweite (https://www.bundesgesundheitsministerium.de/fileadmin/Dateien/3_Downloads/Gesetze_und_Verordnungen/GuV/S/Entwurf_Gesetz_zum_Schutz_der_Bevoelkerung_bei_einer_epidemischen_Lage_von_nationaler_Tragweite.pdf, abgerufen am 21.5.2021), fand aber keinen Eingang in das (Erste) Gesetz zum Schutz der Bevölkerung bei einer epidemischen Lage von nationaler Tragweite, das sich auf formelle Voraussetzungen beschränkte. Dies darf, anders als teils vertreten – siehe etwa *Gärditz/Abdulsalam*, GSZ 2020, 108 (114), indes unter Bejahung eines Willkürvorbehalts „mit Blick auf die mittelbar betroffenen Grundrechte"; Wissenschaftliche Dienste des Deutschen Bundestags, Epidemische Lage von nationaler Tragweite. Verfassungsrechtliche Fragestellungen, Ausarbeitung WD 3-3000-141/20 v. 10.6.2020, 5f. –, nicht dahin missverstanden werden, dass keine materiellen Voraussetzungen bestanden hätten, näher dazu *F. Wollenschläger* (Fn. 23), 8ff. Kritisch zur Konstruktion *Boehme-Neßler*, DÖV 2021, 243 (246f.).

[29] Siehe dazu auch *F. Wollenschläger*, Stellungnahme zum Fortgeltungsgesetz v. 22.2.2021, Ausschussdrs. 19(14)288(18), https://www.bundestag.de/resource/blob/823388/f0a845b5a7ef90131aff16482e068c01/19_14_0288-18-_ESV-Prof-Dr-Ferdinand-Wollenschlaeger_EpiLage-Fortgeltungsgesetz-data.pdf (abgerufen am 21.5.2021), 12ff.

[30] Vgl. Wissenschaftliche Dienste des Deutschen Bundestags, Staatsorganisation und § 5 Infektionsschutzgesetz, Ausarbeitung WD 3-3000-080/20 v. 2.4.2020, 4ff.

Vorschriften [des IfSG] sowie der auf seiner Grundlage erlassenen Rechtsverordnungen in Bezug auf die Verhütung und Bekämpfung übertragbarer Krankheiten, den Infektionsschutz bei bestimmten Einrichtungen, Unternehmen und Personen und gesundheitliche Anforderungen an das Personal beim Umgang mit Lebensmitteln zuzulassen, um die Abläufe im Gesundheitswesen und die Versorgung der Bevölkerung aufrecht zu erhalten". Das Dritte Bevölkerungsschutzgesetz hat diese Verordnungsermächtigung zwischenzeitlich aufgehoben, diese „im rechtswissenschaftlichen Schrifttum umstrittene Ermächtigung" könne, so die Gesetzesbegründung, „entfallen, weil von ihr vom BMG auch kein Gebrauch gemacht wurde."[31]

§ 5 Abs. 2 Nr. 4 IfSG räumt Verordnungsbefugnisse für „Maßnahmen zur Sicherstellung der Versorgung mit Arzneimitteln einschließlich Impfstoffen und Betäubungsmitteln, mit Medizinprodukten, Labordiagnostik, Hilfsmitteln, Gegenständen der persönlichen Schutzausrüstung und Produkten zur Desinfektion sowie zur Sicherstellung der Versorgung mit Wirk-, Ausgangs- und Hilfsstoffen, Materialien, Behältnissen und Verpackungsmaterialien, die zur Herstellung und zum Transport der zuvor genannten Produkte erforderlich sind", ein, die auch Abweichungsbefugnisse von zahlreichen gesundheitsrechtlichen Normen umfassen und durch sieben Regelbeispiele (lit. a bis g) weiter konkretisiert werden. Die Verordnungsbefugnis der Nr. 7, wie Nr. 4 durch das Zweite Bevölkerungsschutzgesetz[32] und Nr. 4, 8 und 10 durch das Fortgeltungsgesetz modifiziert, ermächtigt das BMG, „Maßnahmen zur Aufrechterhaltung der Gesundheitsversorgung in ambulanten Praxen, Apotheken, Krankenhäusern, Laboren, Vorsorge- und Rehabilitationseinrichtungen und in sonstigen Gesundheitseinrichtungen in Abweichung von bestehenden gesetzlichen Vorgaben vorzusehen", was wiederum durch vier Regelbeispiele konkretisiert wird. Eine vergleichbare Ermächtigung enthält Nr. 8 für die pflegerische Versorgung in ambulanten und stationären Pflegeeinrichtungen. Die mit dem Zweiten Bevölkerungsschutzgesetz neu eingeführte Nr. 10 ermächtigt das BMG des Weiteren, im Verordnungswege „unbeschadet des jeweiligen Ausbildungsziels und der Patientensicherheit abweichende Regelungen von den Berufsgesetzen der Gesundheitsfachberufe und den auf deren Grundlage erlassenen Rechtsverordnungen zu treffen", wobei eine Konkretisierung hinsichtlich möglicher Regelungsgegenstände und eine Benennung der 21 erfassten Ausbildungsgänge erfolgt. Das Fort-

[31] BT-Drs. 19/23944, 25.

[32] Dazu *F. Wollenschläger*, Stellungnahme zum Zweiten Bevölkerungsschutzgesetz v. 11.5.2020, Ausschussdrs. 19(14)160(31), https://www.bundestag.de/resource/blob/695488/05bdee056d1184319c993e30e313a2f9/19_14_0160-31-_ESV-Prof-Dr-Wollenschlaeger_2-Bevoelk-schutzg--data.pdf (abgerufen am 21.5.2021), 8 ff.

geltungsgesetz hat die Ermächtigungen der Nr. 4, 7, 8 und 10 durch die Abschaffung des Regelbeispielcharakters der Tatbestände weiter konturiert.[33]

Schließlich hat das Dritte Bevölkerungsschutzgesetz die für teils mit der grundgesetzlichen Verwaltungskompetenzordnung (Art. 83 GG) nicht in Einklang erachteten[34] Anordnungsbefugnisse hinsichtlich einreisender Personen (§ 5 Abs. 2 Nr. 1 IfSG a. F.) und Reiseunternehmen (§ 5 Abs. 2 Nr. 2 IfSG a. F.) in Verordnungsermächtigungen umgewandelt (siehe nunmehr § 36 Abs. 8 ff. IfSG).

Auf diesen Grundlagen hat das BMG zahlreiche Rechtsverordnungen erlassen.[35]

§ 5 Abs. 4 Satz 1 IfSG formuliert schließlich eine relative Grenze für die zeitliche Geltungsdauer der aufgrund von Absatz 2 erlassenen Verordnungen, indem er sie an den Fortbestand der epidemischen Lage von nationaler Tragweite knüpft.[36] Die frühere in dieser Norm enthaltene absolute Grenze mit dem 31.3.2021 als Enddatum hat das Fortgeltungsgesetz abgeschafft.

2. Maßnahmen zur Pandemiebekämpfung, § 28a i. V. m. § 32 IfSG

Als die Exekutive im März 2020 mit der Notwendigkeit konfrontiert war, Maßnahmen zur Bekämpfung der COVID-19-Pandemie zu ergreifen, standen hierfür lediglich die überkommenen Rechtsgrundlagen der §§ 28, 32 IfSG zur Verfügung (a). Als Reaktion auf die in Rechtsprechung und Schrifttum zunehmend aufgeworfene Frage, ob diese relativ weit gefassten, nicht spezifisch auf derartige Situationen zugeschnittenen Normen angesichts der zwischenzeitlichen Verfestigung der pandemischen Lage nach wie vor die weit reichenden Grundrechtseingriffe tragen (b), hat der Gesetzgeber im Dritten Bevölkerungsschutzgesetz vom 18.11.2020 eine spezifische Befugnis (§ 28a IfSG) geschaffen (c). Deren Tragweite hat die mit dem Vierten Bevölkerungsschutzgesetz eingeführte „Notbremse" (§ 28b IfSG) relativiert, das gleichzeitig weitere Verordnungsbefugnisse auf Bundesebene (§ 28b Abs. 6,

---

[33] Siehe Beschlussempfehlung und Bericht des Ausschusses für Gesundheit (14. Ausschuss) vom 3.3.2021, BT-Drs. 19/27291, 59 f.

[34] Siehe etwa Wissenschaftliche Dienste des Deutschen Bundestags (Fn. 30), 9 f.; *H. Dreier*, DÖV 2021, 229 (238 ff.). Anders unter Verweis auf Art. 87 Abs. 3 GG (Minus) *Sangs*, NVwZ 2020, 1780 (1781). In der Kommentarliteratur ist umstritten, ob Art. 87 Abs. 3 Satz 1 GG – über seinen Wortlaut hinaus – eine Aufgabenübertragung auf andere als dort genannte Bundesbehörden wie das BMG gestattet, bejahend *Hermes*, in: H. Dreier (Hrsg.), GG, Bd. 3, 3. Aufl. 2018, Art. 87 Rn. 76 f., verneinend *Sachs*, in: ders. (Hrsg.), GG, 8. Aufl. 2018, Art. 87 Rn. 69; ferner *H. Dreier*, DÖV 2021, 229 (239).

[35] Einsehbar unter https://www.bundesgesundheitsministerium.de/service/gesetze-und-verordnungen.html (abgerufen am 21.5.2021).

[36] Siehe zu modifizierenden Sonderregeln § 5 Abs. 4 Satz 2 (Möglichkeit von Übergangsregelungen im Fall der Nr. 7 lit. b, c und d) und Satz 3 (für Nr. 10 ein Jahr ab Aufhebung mit 31.3.2022 als spätestem Enddatum).

§ 28c IfSG) geschaffen hat (d). Im Zuge des im September 2021 verabschiedeten Aufbauhilfegesetzes 2021 ist eine Anpassung des § 28a Abs. 3 IfSG erfolgt, die hier nicht mehr gewürdigt werden kann, ebenso wenig wie die Ende Oktober 2021 von der Ampel-Koalition vorgeschlagene sachliche und zeitliche Beschränkung der Ermächtigungsgrundlage.

a) Ausgangslage: Die überkommenen Rechtsgrundlagen des IfSG

Die Grundlage für die weit reichenden Einschränkungen des privaten und öffentlichen Lebens einschließlich des Lockdowns, die namentlich die Landesverordnungsgeber[37] zur Bekämpfung der COVID-19-Pandemie ergriffen haben, stellte ursprünglich die – nicht spezifisch auf Epidemien des aktuellen Ausmaßes zugeschnittene[38] – Ermächtigung der § 28 i. V. m. § 32 IfSG dar, die relativ weit gefasst ist. Namentlich ließen sich zahlreiche der ergriffenen Maßnahmen nur unter die „notwendige Schutzmaßnahmen" deckende Generalklausel des § 28 Abs. 1 Satz 1 1. HS IfSG, nicht aber auf spezifische Ermächtigungen stützen. Solche existieren lediglich für die in §§ 29 ff. IfSG geregelten Fälle der Beobachtung (§ 29 IfSG), Absonderung (§ 30 IfSG) und der beruflichen Tätigkeitsverbote (§ 31 IfSG) sowie für die in § 28 Abs. 1 IfSG geregelten Maßnahmen, nämlich „Personen [zu] verpflichten, den Ort, an dem sie sich befinden, nicht oder nur unter bestimmten Bedingungen zu verlassen oder von [der Behörde] bestimmte Orte oder öffentliche Orte nicht oder nur unter bestimmten Bedingungen zu betreten" (§ 28 Abs. 1 Satz 1 2. HS IfSG) und „Veranstaltungen oder sonstige Ansammlungen von Menschen [zu] beschränken oder [zu] verbieten und Badeanstalten oder in § 33 genannte Gemeinschaftseinrichtungen oder Teile davon [zu] schließen" (§ 28 Abs. 1 Satz 2 IfSG). Auch als Eingriffsschwelle setzt § 28 Abs. 1 Satz 1 IfSG lediglich und nicht weiter differenzierend voraus, dass „Kranke, Krankheitsverdächtige, Ansteckungsverdächtige oder Ausscheider festgestellt [werden] oder [sich] ergibt [...], dass ein Verstorbener krank, krankheitsverdächtig oder Ausscheider war"; Maßnahmen sind zulässig, „soweit und solange es zur Verhinderung der Verbreitung übertragbarer Krankheiten erforderlich ist". Der Adressatenkreis ist schließlich in den Fällen der §§ 29–31 IfSG auf Kranke, Krankheitsver-

---

[37] Daneben ermächtigt § 28 (i. V. m. § 28a) IfSG zum Erlass von Maßnahmen für den Einzelfall.

[38] Siehe dazu nur *H. Dreier*, DÖV 2021, 229 (230 f.). Das (Erste) Gesetz zum Schutz der Bevölkerung bei einer epidemischen Lage von nationaler Tragweite vom 27.3.2020 hat § 28 Abs. 1 IfSG – „aus Gründen der Normenklarheit" (so die Gesetzesbegründung, BT-Drs. 19/18111, 24) – punktuell modifiziert [Erweiterung des Zitiergebots um Art. 11 GG; Modifikation des Spezialtatbestands für Aufenthaltsgebote und Betretensverbote, die entgegen der zitierten Gesetzesbegründung nicht bloß klarstellend, so auch *Rixen*, NJW 2020, 1097 (1099)]; dazu *H. Dreier*, DÖV 2021, 229 (231 f.); *Guckelberger*, NVwZ-Extra 9a/2020, 9; *Rixen*, a. a. O., 1098 f.; *Siegel*, NVwZ 2020, 577 (578).

dächtige, Ansteckungsverdächtige und Ausscheider beschränkt, wohingegen in § 28 Abs. 1 Satz 1 IfSG weiter von einer Feststellung von Kranken, Krankheitsverdächtigen, Ansteckungsverdächtigen und Ausscheidern die Rede ist, was schon dem Wortlaut nach Maßnahmen gegenüber Dritten (Nichtstörern) ermöglicht; überdies bezieht sich die Konkretisierung der Generalklausel in § 28 Abs. 1 Satz 1 2. HS IfSG allgemein auf „Personen".[39]

b) Anfragen an die Bestimmtheit des Rechtsrahmens

Im Polizei- und Sicherheitsrecht ist anerkannt, dass Abwehrmaßnahmen bei neuartigen Gefahren vorübergehend auf weit gefasste Generalklauseln gestützt werden können, um eine effektive Gefahrenabwehr zu ermöglichen.[40] So verweist das OVG Münster in seinem Beschluss vom 6.4.2020 auf die in der Rechtsprechung anerkannte Ansicht, „dass es im Rahmen unvorhergesehener Entwicklungen aus übergeordneten Gründen des Gemeinwohls geboten sein kann, nicht hinnehmbare gravierende Regelungslücken für einen Übergangszeitraum insbesondere auf der Grundlage von Generalklauseln zu schließen und auf diese Weise selbst sehr eingriffsintensive Maßnahmen, die an sich einer besonderen Regelung bedürfen, vorübergehend zu ermöglichen."[41] Dementsprechend hat das OVG Münster in jenem Beschluss bejaht, dass die „Voraussetzungen für die Anwendung der infektionsschutzrechtlichen Generalklausel zur Vermeidung nicht mehr vertretbarer Schutzlücken [...] aktuell" gegeben seien.[42] Die Anerkennung weit reichender Handlungsbefugnisse bei neuartigen Gefahren unter Lockerung von Bestimmtheitsanforderungen impliziert freilich, dass nach Ablauf einer Übergangsfrist eine gesetzgeberische Typisierung und Konkretisierung erforderlich ist.[43] So er-

---

[39] VerfGH des Saarlandes, NVwZ 2020, 1513 (1514 f.); BayVGH, Beschl. v. 25.2.2021, 20 NE 21.475, juris, Rn. 21. Zur Debatte um die Adressatenproblematik *Guckelberger*, NVwZ-Extra 9a/2020, 5 ff.; *Siegel*, NVwZ 2020, 577 (578); *Volkmann*, NJW 2020, 3153 (3155 f.).

[40] BVerfG (K), ZD 2013, 126 (127); *Brocker*, NVwZ 2020, 1485 (1486); *Siegel*, NVwZ 2020, 577 (581); *F. Wollenschläger*, Polizei- und Sicherheitsrecht, in: P. M. Huber/F. Wollenschläger (Hrsg.), Landesrecht Bayern, 2. Aufl. 2021, § 4 Rn. 212.

[41] OVG Münster, COVuR 2020, 423 (427); ferner Beschl. v. 6.11.2020, 13 B 1657/20.NE, BeckRS 2020, 29787, Rn. 13; VerfGH des Saarlandes, NVwZ 2020, 1513 (1518); *F. Wollenschläger* (Fn. 40), § 4 Rn. 212. Zweifel bei schwerwiegenden Grundrechtseingriffen artikulierend *Klafki*, NVwZ 2020, 1718 (1722); restriktiv auch *Gärditz/Abdulsalam*, GSZ 2020, 108 (112 f.); bereits zuvor *Mers*, Infektionsschutz im liberalen Rechtsstaat, 2019, 197 ff.

[42] OVG Münster, COVuR 2020, 423 (427). Siehe allgemein mit Blick auf das IfSG auch *Greve*, NVwZ 2020, 1786 (1786 f.); *Klafki*, Risiko und Recht, 2017, 350 ff.; *K.-A. Schwarz*, JA 2020, 321 (324). Anders *C. Möllers*, Parlamentarische Selbstentmächtigung im Zeichen des Virus, VerfBlog, 2020/3/26, https://verfassungsblog.de/parlamentarische-selbstentmaechtigung-im-zeichen-des-virus/ (abgerufen am 14.6.2021); ferner *Pautsch/Haug*, NJ 2020, 281 (282 f.).

[43] BVerfG (K), ZD 2013, 126 (127); *Brocker*, NVwZ 2020, 1485 (1486 f.). Siehe freilich auch BVerwGE 129, 142 (149 f.).

kennt der Verfassungsgerichtshof des Saarlandes in seinem Beschluss vom 28.8.2020 zwar an, dass „in einer Notsituation, in de[r] kurzfristiges Handeln einer Regierung zwingend erscheint, die Verordnung auf der Grundlage einer hinreichend bestimmten Ermächtigung ein notwendiges und wichtiges Instrument der Staatsleitung sein [mag]." Indes gelte auch: „Je länger grundrechtliche Belastungen von Bürgerinnen und Bürgern indessen andauern, desto wichtiger wird es […], die Regelung ihrer Grundlagen und Grenzen dem ohnehin originär verantwortlichen parlamentarischen Gesetzgeber zu überlassen."[44] Vor diesem Hintergrund hat der Verfassungsgerichtshof des Saarlandes die für zu unbestimmt erachtete Verordnungsermächtigung für die Kontaktnachverfolgung nur noch für einen Übergangszeitraum hingenommen.[45] Dieser Ansatz spiegelt sich auch in weiteren Einschätzungen im Schrifttum[46] und der seinerzeitigen (wenn auch nicht einheitlichen[47]) Rechtsprechung zur COVID-19-Pandemie wider.

Judikate zum am 2.11.2020 in Kraft getretenen Lockdown „light" meldeten sodann verstärkt, wenn auch nicht durchgängig Zweifel am Vorliegen einer hinreichend bestimmten, den Anforderungen des Art. 80 Abs. 1 Satz 2 GG und dem Wesentlichkeitsvorbehalt genügenden Rechtsgrundlage an, etwa der Beschluss des Bayerischen Verwaltungsgerichtshofs vom 29.10.2020:

„Mittlerweile erfolgen […] erhebliche Grundrechtseingriffe über einen längeren Zeitraum allein durch die Exekutive, wobei mit der Dauer der Maßnahmen und der Intensität der mit ihnen verbundenen Grundrechtseingriffe die Frage an Gewicht gewinnt, ob die Verordnungsermächtigung zugunsten der Lände[r] in den §§ 28, 32 IfSG noch den verfassungsrechtlichen Anforderungen aus Art. 80 Abs. 1 Satz 1 und 2 GG genügt […]. Vorliegend geht es um Grundrechtseingriffe, die nach ihrer Reichweite, ihrer Intensität und ihrer zeitlichen Dauer mittlerweile ohne Beispiel sein dürften. Mit der den streitgegenständlichen Normen zu Grunde liegenden Verordnungsermächtigung der §§ 32,

---

44 VerfGH des Saarlandes, NVwZ 2020, 1513 (1518).

45 VerfGH des Saarlandes, NVwZ 2020, 1513 (1519).

46 *Klafki*, NVwZ 2020, 1718 (1722); *Kluckert*, DVBl. 2021, 96 (99); bereits zuvor *Katzenmeier*, MedR 2020, 461 (462); *Lepsius*, RuP 2020, 258 (265 ff.). Anders, die Schwelle zur Typisierungspflicht noch nicht für überschritten erachtend *Greve*, NVwZ 2020, 1786 (1788); *Kersten/Rixen* (Fn. 19), 80 ff.; ferner *Lindner*, in: H. Schmidt (Hrsg.), Rechtsfragen zur Corona-Krise, 2. Aufl. 2020, § 17 Rn. 46 („mühsam bejahen"); *Martini/Thiessen/Ganter*, NJOZ 2020, 929 (930 f.).

47 Die Rechtsprechung hat die Bestimmtheit teils ausdrücklich bejaht, so für weit reichende Beschränkungen der Religionsfreiheit VGH Kassel, Beschl. v. 7.4.2020, 8 B 892/20.N, juris, Rn. 34 ff.; ferner BayVGH (Beschl. v. 30.3.2020), NVwZ 2020, 632 (634); OVG Weimar, Beschl. v. 3.7.2020, 3 EN 391/20, juris, Rn. 39. In seinem Beschluss vom 14.7.2020 hat der BayVGH die Frage offen gelassen und einer Entscheidung in der Hauptsache überantwortet BeckRS 2020, 16146, Rn. 17. Siehe ferner OVG Lüneburg, Beschl. v. 29.10.2020, 13 MN 393/20, juris, Rn. 24; OVG Münster, Beschl. v. 18.8.2020, 13 B 847/20.NE, juris, Rn. 81 ff.; Beschl. v. 26.10.2020, 13 B 1581/20.NE, juris, Rn. 32 ff.; VGH Baden-Württemberg, Beschl. v. 6.10.2020, 1 S 2871/20, juris, Rn. 30.

28 IfSG wollte der Gesetzgeber hingegen nur die allgemeinverbindliche Regelung einer lokal begrenzten Gefahrenlage ermöglichen; bezeichnend ist insofern das in der Gesetzesbegründung allein beispielhaft genannte Badeverbot für ein bestimmtes Gewässer (vgl. BT-Drs. 8/2468 S. 21). Eine gesetzgeberische Abwägung der zur Bekämpfung einer Pandemie von bundesweiter Bedeutung erforderlichen Maßnahmen und den betroffenen Schutzgütern liegt der Verordnungsermächtigung nicht zugrunde. Bis zu welchem Ausmaß und für welchen Zeitraum die §§ 32, 28 IfSG möglicherweise noch ausreichend waren, um die mit dem Eintritt einer bislang nicht dagewesenen Pandemie einer zumindest potenziell lebensbedrohlichen Krankheit entstandene Gefahrenlage zu bewältigen, bedarf an dieser Stelle keiner abschließenden Entscheidung und muss den noch anhängigen Normenkontrollverfahren der Hauptsache vorbehalten bleiben [...]. Vor diesem Hintergrund hält es der Senat – sowohl im Hinblick auf die hier angegriffenen Bestimmungen als auch (und erst recht) im Hinblick auf künftige Verordnungen – für fraglich, ob die bestehende bundesweit gegebene infektionsrechtliche Gefährdungslage weiterhin allein auf der Grundlage landesrechtlicher Verordnungen ohne vorheriges Tätigwerden des hierzu nach Art. 80 Abs. 1 Satz 1 und 2 GG berufenen Bundesgesetzgebers behandelt werden kann, zumal sich die verfassungsrechtlichen Implikationen – jedenfalls mittlerweile – geradezu aufdrängen."[48]

Gleichwohl ist der Bayerische Verwaltungsgerichtshof von offenen Erfolgsaussichten in der Hauptsache ausgegangen, da die Schaffung einer hinreichenden Ermächtigungsgrundlage zu erwarten sei.[49] Strenger urteilte das VG Hamburg in einem – indes in der Folgeinstanz aufgehobenen[50] – Beschluss vom 10.11.2020, erachtete es doch § 28 Abs. 1 Satz 1 IfSG nicht als ausreichende Ermächtigungsgrundlage für Betriebsschließungen und hat auch eine übergangsweise Anwendbarkeit der Generalklausel verneint.[51] Auch Stimmen im Schrifttum sahen Handlungsbedarf.[52] Teile der Oberverwaltungsgerichtsbarkeit sind dieser Einschätzung mit Blick auf den Lockdown „light" indes nicht gefolgt und gingen nach wie vor von einer hinreichenden Ermächtigungsgrundlage aus.[53]

---

48 BayVGH, BeckRS 2020, 28521, Rn. 28, 30, 35. Siehe ferner Beschl. v. 5.11.2020, 20 NE 20.2468, Rn. 11; VG Mainz, BeckRS 2020, 28713, Rn. 11. Siehe nunmehr auch die Divergenzvorlage gemäß Art. 100 Abs. 3 GG des ThürVerfGH an das BVerfG, Beschl. v. 19.5.2021, VerfGH 110/20.

49 BayVGH, BeckRS 2020, 28521, Rn. 37. Siehe ferner Beschl. v. 5.11.2020, 20 NE 20.2468, Rn. 13.

50 OVG Hamburg, Beschl. v. 18.11.2020, 5 Bs 209/20, juris.

51 VG Hamburg, Beschl. v. 10.11.2020, 13 E 4550/20, Umdruck, 4, 7 ff.

52 *Brocker*, NVwZ 2020, 1485 (1486 f.); *Guckelberger*, NVwZ-Extra 9a/2020, 9; *Papier*, DRiZ 2020, 180 (183); *F. Schmitt*, NJW 2020, 1626 (1629); *Siegel*, NVwZ 2020, 577 (581 f.); *Volkmann*, NJW 2020, 3153 (3154 ff.). Anders wohl *Greve*, NVwZ 2020, 1786 (1787 f.): § 28a IfSG als „klarstellende gesetzliche Präzisierung"; weit auch *Rixen*, NJW 2020, 1097 (1099).

53 OVG Bautzen, BeckRS 2020, 30493, Rn. 15 ff.; OVG Berlin-Brandenburg, Beschl. v. 4.11.2020, OVG 11 S 101/20, juris, Rn. 36 ff.; Beschl. v. 4.11.2020, OVG 11 S 94/20, juris, Rn. 29 ff.; OVG Hamburg, Beschl. v. 18.11.2020, 5 Bs 209/20, juris, Rn. 10 ff. Zurückhaltend auch OVG Lüneburg, Beschl. v. 6.11.2020, 13 MN 411/20, juris, Rn. 14 ff. (jedenfalls nicht

c) Präzisierung der exekutiven Handlungsermächtigung durch § 28a IfSG

Vor diesem Hintergrund hat der parlamentarische Gesetzgeber mit dem Dritten Bevölkerungsschutzgesetz eine spezifische exekutive Handlungsermächtigung zur Bekämpfung des Coronavirus SARS-CoV-2 geschaffen (§ 28a IfSG), die Handlungsvoraussetzungen und Rechtsfolgen präzisiert und so die Rolle des Deutschen Bundestages stärkt.[54] Die Gesetzesbegründung bekräftigt ausdrücklich das Anliegen, „den verfassungsrechtlichen Anforderungen des Parlamentsvorbehalts [...] angesichts der länger andauernden Pandemielage und fortgesetzt erforderlichen eingriffsintensiven Maßnahmen zu entsprechen", und erachtet hierfür „eine gesetzliche Präzisierung im Hinblick auf Dauer, Reichweite und Intensität möglicher Maßnahmen angezeigt." Daher habe das Parlament „die Abwägung der zur Bekämpfung einer epidemischen Lage von nationaler Tragweite erforderlichen Maßnahmen und den betroffenen grundrechtlichen Schutzgütern vor[genommen] und [...] somit die wesentlichen Entscheidungen" getroffen.[55] Im Gesetzgebungsverfahren ist, auch infolge der Expertenanhörung, eine weitere Schärfung der Ermächtigungsgrundlage erfolgt.

Die Neuregelung durch das Dritte Bevölkerungsschutzgesetz bricht zunächst die gemäß §§ 28, 32 IfSG möglichen notwendigen Schutzmaßnahmen in 17 (auch kumulativ anwendbare[56]) Regelbeispiele herunter (§ 28a Abs. 1 IfSG), legt die Maßnahmen auf das Ziel, Leben, Gesundheit und die Funktionsfähigkeit des Gesundheitssystems zu schützen, fest (§ 28a Abs. 3 Satz 1 IfSG) und erklärt das Infektionsgeschehen, namentlich die Sieben-Tage-Inzidenz, zum maßgeblichen Entscheidungsparameter (§ 28a Abs. 3 Satz 2 ff. IfSG). Die mit dem Fortgeltungsgesetz erfolgte Änderung des § 28a IfSG hält überdies zu einer Berücksichtigung der Folgen von Virusmutationen an (siehe § 28a IfSG Satz 1 2. HS und Satz 8 a. E.) und benennt mit der Anzahl der geimpften Personen sowie der zeitabhängigen Reproduktionszahl weitere Entscheidungsparameter (dem Wortlaut nach indes nur) für die Aufhebung oder Einschränkung der Schutzmaßnahmen. Es erfolgt eine inzidenzabhängige Hierarchisierung der Schutzmaßnahmen in drei Stufen (§ 28a Abs. 3 Satz 5 ff. IfSG). Hinsichtlich des örtlichen Anwendungsbereichs gilt der Grundsatz der regionalen Differenzierung (§ 28a Abs. 3 Satz 2 IfSG),

---

offensichtlich); OVG Magdeburg, BeckRS 2020, 29264, Rn. 18 ff.: „allenfalls offene Erfolgsaussichten in der Hauptsache"; offen gelassen ferner in OVG Münster, Beschl. v. 6.11.2020, 13 B 1657/20.NE, BeckRS 2020, 29787, Rn. 10 ff.

[54] Siehe aus vergleichender Perspektive die relativ detaillierte Regelung des Österreichischen COVID-19-Maßnahmengesetzes vom 15.3.2020 (BGBl. I Nr. 12/2020; zuletzt geändert BGBl. I Nr. 23/2021) und die rudimentäre Regelung in Art. 40 des Schweizerischen Epidemiengesetzes vom 28.9.2012 (AS 2015, 1435; SR 818.101).

[55] BT-Drs. 19/23944, 21.

[56] Siehe § 28a Abs. 6 Satz 1 IfSG.

wobei bei hoher bundes- bzw. landesweiter Inzidenz Bundes- bzw. Landeseinheitlichkeit anzustreben ist (§ 28a Abs. 3 Satz 9 und 10 IfSG). Bei besonderer Grundrechtsbetroffenheit, etwa im Bereich von Versammlungen, greifen weitere Kautelen (§ 28a Abs. 2, Abs. 4 IfSG). Generell hält § 28a Abs. 6 Satz 2 IfSG die Exekutive an, „soziale, gesellschaftliche und wirtschaftliche Auswirkungen auf den Einzelnen und die Allgemeinheit einzubeziehen und zu berücksichtigen, soweit dies mit dem Ziel einer wirksamen Verhinderung der Verbreitung der Coronavirus-Krankheit-2019 (COVID-19) vereinbar ist." Bei entsprechender Rechtfertigung auch mit Blick auf das Infektionsgeschehen können überdies Ausnahmen für „[e]inzelne soziale, gesellschaftliche oder wirtschaftliche Bereiche, die für die Allgemeinheit von besonderer Bedeutung sind", vorgesehen werden (§ 28a Abs. 6 Satz 3 IfSG). Mit dem Begründungs- und Befristungserfordernis (§ 28a Abs. 5 IfSG) setzt die Novelle des Weiteren auf Grundrechtsschutz durch Verfahren.

Schließlich hat der Deutsche Bundestag ausweislich der Gesetzesbegründung die politische Gesamtverantwortung für den Erlass der „erforderlichen Schutzmaßnahmen im Rahmen der Verhältnismäßigkeit bis hin zu einem vollständigen Herunterfahren des öffentlichen Lebens und zu weitreichenden Einschränkungen des Privatlebens" übernommen.[57]

Angesichts der notwendigen Orientierung der Schutzmaßnahmen am Infektionsgeschehen hat der Gesetzgeber mit dem im September 2021 verabschiedeten Aufbauhilfegesetz das Ziel der Schutzmaßnahmen und die Entscheidungsparameter angepasst, um dem Impffortschritt Rechnung zu tragen. Im Mittelpunkt der Änderungen in § 28a Abs. 3 IfSG stehen eine Abkehr von der Sieben-Tage-Inzidenz als primärem Entscheidungskriterium, die Differenzierung zwischen vorsorglichen und weiteren Schutzmaßnahmen und, für letztere, eine Akzentuierung der Zielvorgabe, eine drohende Überlastung der stationären Versorgung zu vermeiden. Dies kann hier nicht mehr gewürdigt werden.

d) Das Vierte Bevölkerungsschutzgesetz: Parlamentarisierung und weitere Verordnungsbefugnisse

Mit Inkrafttreten des Vierten Bevölkerungsschutzgesetzes zum 23.4.2021 ordnete der Bundestag angesichts und für den Fall eines hochgradigen Infektionsgeschehens erstmals selbst Maßnahmen der Pandemiebekämpfung durch Parlamentsgesetz an („Notbremse", § 28b IfSG). Hierin liegt eine (partielle) Abkehr vom zuvor skizzierten Modell einer Grobsteuerung durch Parlamentsgesetz bei Konkretisierungsbefugnis der Landesregierungen. Die – bis zum 30.6.2021 befristeten und daher zwischenzeitlich außer Kraft getrete-

[57] BT-Drs. 19/23944, 35.

nen – Maßnahmen greifen bundeseinheitlich mit Erreichen des (kreisbezogenen) Schwellenwerts einer Sieben-Tage-Inzidenz von 100 (bzw. 165 für die Untersagung des Präsenzunterrichts in Schulen) und gelten unmittelbar, d. h. ohne die Notwendigkeit eines Verordnungserlasses auf Landesebene wie bei §§ 28, 28a, 32 IfSG. Hintergrund der Parlamentarisierung und der Zentralisierung ist nach der Gesetzesbegründung „eine bundesuneinheitliche Auslegung der gemeinsam von den Ländern in der regelmäßig stattfindenden Ministerpräsidentenkonferenz beschlossenen Maßnahmen" und die Notwendigkeit, „dass der Bundesgesetzgeber sicherstellt, dass hinreichende Maßnahmen in Kraft treten, um die Senkung des Infektionsgeschehens in der jeweiligen Region wirksam zu erreichen", sobald mit 100 der doppelte Inzidenzwert von dem Wert (50) erreicht ist, ab dem auf regionaler Maßnahme „besondere Maßnahmen" gemäß § 28a IfSG zu ergreifen sind. „Dies ist auch deshalb geboten, weil dadurch ein noch höheres, sich überregional ausbreitendes Infektionsgeschehen vermieden wird, zu dessen Eindämmung ein landesweites oder länderübergreifendes Handeln erforderlich werden könnte, wie dies in den vergangenen Monaten der SARS-CoV2-Pandemie wiederholt der Fall war."[58]

Trotz Parlamentarisierung besteht zum einen das bisherige Verordnungsregime (partiell) fort: Raum für Landesregelungen gemäß §§ 28, 28a, 32 IfSG verbleibt generell unterhalb des Schwellenwerts und oberhalb desselben im Rahmen der durch § 28b Abs. 5 IfSG zugelassenen weitergehenden Regelungen. Zum anderen hat das Vierte Bevölkerungsschutzgesetz selbst neue Verordnungsbefugnisse zugunsten der Bundesregierung geschaffen, nämlich für ergänzende Regelungen bei Überschreitung des auch für die Notbremse maßgeblichen Schwellenwerts von 100 (§ 28b Abs. 6 IfSG) und für Erleichterungen oder Ausnahmen für Geimpfte, Getestete und vergleichbare Personen (§ 28c IfSG)[59].

3. *Impfpriorisierung, § 20i Abs. 3 SGB V i. V. m. § 20 Abs. 2a IfSG*

Eine bedeutsame Verordnungsermächtigung stellt schließlich die Befugnis des BMG dar, die Verteilung der (zunächst) knappen Impfstoffe näher zu regeln. Parlamentsgesetzlich vorgegeben sind Priorisierungskriterien (§ 20i Abs. 3 Satz 5 SGB V) und deren Festlegung steuernde Impfziele (§ 20a Abs. 2a Satz 1 und 2 IfSG; § 20i Abs. 3 Satz 4 2. HS SGB V).[60]

---

[58] Begründung des Entwurfs eines Vierten Gesetzes zum Schutz der Bevölkerung bei einer epidemischen Lage von nationaler Tragweite, BT-Drs. 19/28444, 9.

[59] Aktualisiert durch die Verordnung der Bundesregierung zur Regelung von Erleichterungen und Ausnahmen von Schutzmaßnahmen zur Verhinderung der Verbreitung von COVID-19(COVID-19-Schutzmaßnahmen-Ausnahmenverordnung – SchAusnahmV) vom 8.5.2021, BAnz AT 8.5.2021 V1.

[60] Näher unten, IV.3.

III. Verfassungsrechtlicher Rahmen für exekutive Rechtsetzungsbefugnisse zur Pandemiebekämpfung

Das Grundgesetz sieht keine Sonderverordnungsbefugnisse für den Fall eines Gesundheitsnotstands vor (1.). Die auch dann einschlägige generelle Regelung des Art. 80 GG gestattet dem Parlament zwar, Rechtsetzungsbefugnisse an die Exekutive zu delegieren, begrenzt dies allerdings zugleich (2.). In diesem Rahmen ist es auch möglich, eine Befugnis zur Abweichung von (parlaments-)gesetzlichen Regelungen einzuräumen (3.).

1. Keine grundgesetzlichen Sonderverordnungsbefugnisse im Falle eines Gesundheitsnotstands

Das Grundgesetz kennt keine allgemeinen oder spezifischen Notstandsklauseln, die im Fall eines Gesundheitsnotstands, etwa bei Pandemien, besondere Verordnungsbefugnisse für die Exekutive vorsehen oder Abweichungen von den Vorgaben für das Gesetzgebungsverfahren einschließlich der Delegation von Gesetzgebungsbefugnissen an die Exekutive gestatten. Derartige Krisen sind vielmehr im Rahmen der allgemeinen Verfassungsordnung zu bewältigen.[61] Das sei gerade auch mit Blick auf die mitunter hergestellten Parallelen der vorliegenden Verordnungsermächtigungen zu dem Notverordnungsrecht des Reichspräsidenten gemäß Art. 48 Abs. 2 WRV betont, das zum einen – anders als Art. 80 Abs. 1 GG – eine originäre Rechtsetzungskompetenz begründete und zum anderen angesichts seines Bezugs auf „die zur Wiederherstellung der öffentlichen Sicherheit und Ordnung nötigen Maßnahmen" ungleich weiter gefasst war.[62]

2. Delegation von Gesetzgebungsbefugnissen an die Exekutive unter dem Grundgesetz

Art. 80 GG sieht die – auch für die Bekämpfung der COVID-19-Pandemie relevante – Möglichkeit vor, Gesetzgebungsbefugnisse auf die Exekutive zu delegieren, formuliert aber zugleich Grenzen (a), namentlich das Bestimmtheitserfordernis des Art. 80 Abs. 1 Satz 2 GG (b); dessen Anforderungen decken sich mit denen des Parlamentsvorbehalts qua Wesentlichkeit (c).

---

[61] Dies betonend *H. Dreier*, DÖV 2021, 229 (229 f.); *J. Ipsen*, DVBl. 2020, 1037 (1037); *Kersten*, ZRP 2020, 65: „Covid-19 – Kein Ausnahmezustand!"; *Kersten/Rixen* (Fn. 19), 39 ff.; *Mayen*, NVwZ 2020, 828 (833 f.). Andere Akzentsetzung aus politikwissenschaftlicher Perspektive bei *Hildebrand*, ZParl 2020, 474. Grundlegend zum Ausnahmeverfassungsrecht jüngst *Barczak* (Fn. 14); *Kaiser* (Fn. 3); ferner im Pandemie-Kontext *Klafki* (Fn. 41).

[62] Siehe hierzu nur *Barczak* (Fn. 14), 300 ff.; ferner *Kersten/Rixen* (Fn. 19), 45 f., 51 ff.

a) Grund und Grenzen der Delegationsbefugnis

Art. 80 Abs. 1 Satz 1 GG erlaubt dem Bundestag, die Bundesregierung, einen Bundesminister oder die Landesregierungen durch Gesetz zu ermächtigen, Rechtsverordnungen zu erlassen. Diese Delegationsbefugnis verfolgt mit *Hartmut Bauer* eine „Entlastungs- und Flexibilitätswahrungsfunktion", mithin das Ziel, „den parlamentarischen Gesetzgeber von Detailarbeit [zu] entlasten, ihm dadurch die Möglichkeit [zu] eröffnen, sich auf die wirklich wichtigen grundlegenden Vorhaben zu konzentrieren, und ohne zeitraubendes Gesetzgebungsverfahren eine beschleunigte, kurzfristige Anpassung des Rechts an sich ändernde Verhältnisse [zu] ermöglichen."[63]

Gleichzeitig begrenzt das Grundgesetz diese Möglichkeit einer Delegation von Gesetzgebungsbefugnissen und sichert namentlich eine enge Bindung des Verordnungs- an den parlamentarischen Gesetzgeber, indem es nach Satz 2 dieser Bestimmung verlangt, dass „Inhalt, Zweck und Ausmaß der erteilten Ermächtigung im Gesetze bestimmt werden". In den Worten des Urteils des Bundesverfassungsgerichts zum Zensus vom 19.9.2018

> „verwehrt das Grundgesetz dem Parlament – in bewusster Abkehr von der Weimarer Staatspraxis –, sich seiner Verantwortung als gesetzgebende Körperschaft zu entäußern [...]. Wenn das Parlament die Exekutive zum Verordnungserlass ermächtigt, soll es die Grenzen der übertragenen Kompetenzen bedenken und diese nach Tendenz und Programm so genau umreißen, dass schon aus der Ermächtigung selbst erkennbar und vorhersehbar ist, was dem Bürger gegenüber zulässig sein soll [...]. Das Parlament darf sich nicht durch eine Blankoermächtigung an die Exekutive seiner Verantwortung für die Gesetzgebung entledigen und damit selbst entmachten. Es muss – entsprechend dem Grundsatz der Gewaltenteilung – stets Herr der Gesetzgebung bleiben [...]. Indem Art. 80 GG die Rückbindung exekutiver Rechtsetzung an die Legislative sichert, stellt er sich als bereichsspezifische Konkretisierung des Rechtsstaats-, Gewaltenteilungs- [...] und Demokratieprinzips dar."[64]

b) Bestimmtheitsanforderungen des Art. 80 Abs. 1 Satz 2 GG

Das Bundesverfassungsgericht hat die Bestimmtheitsanforderungen des Art. 80 Abs. 1 Satz 2 GG in seiner Rechtsprechung konkretisiert und in seinem Urteil zum Zensus vom 19.9.2018 zusammenfassend ausgeführt, dass sich die Begriffe einer nach Inhalt, Zweck und Ausmaß hinreichend bestimmten Ermächtigung „nicht strikt voneinander abgrenzen [lassen]; ihre Gehalte überschneiden sich und sind insgesamt durch eine gewisse Wertungsoffenheit geprägt. Inhalt, Zweck und Ausmaß einer konkreten Ermächtigungsnorm ergänzen, durchdringen und erläutern einander und ergeben

---

[63] *H. Bauer*, in: H. Dreier (Hrsg.), GG, Bd. 2, 3. Aufl. 2015, Art. 80 Rn. 12. Siehe näher zur Frage der Beschleunigung im Vergleich zum parlamentarischen Gesetzgebungsverfahren unten, V.1.

[64] BVerfGE 150, 1 (99 f.). Siehe zu den Anliegen auch *Volkmann*, NJW 2020, 3153 (3157 ff.).

erst auf diese Weise den vollen Sinngehalt der Norm [...]. Sie sind daher nicht als isoliert nachprüfbare Anforderungen zu verstehen, sondern in ihrer Gesamtheit als Gebot hinreichender Bestimmtheit".[65] Dieses hat das Bundesverfassungsgericht in drei Aspekte aufgespalten, um zu „gewährleisten, dass der parlamentarische Gesetzgeber durch die Ermächtigung selbst entscheidet, welche Fragen durch Rechtsverordnung geregelt werden können oder sollen", nämlich den Selbstentscheidungsvorbehalt, die Programmfestsetzungspflicht und das Vorhersehbarkeitsgebot. Erstens verlangt der Selbstentscheidungsvorbehalt, „dass der parlamentarische Gesetzgeber durch die Ermächtigung selbst entscheidet, welche Fragen durch Rechtsverordnung geregelt werden können oder sollen. Dazu muss er die Grenzen einer solchen Regelung festlegen und angeben, welchem Ziel sie dienen soll".[66] Zweitens trifft den Gesetzgeber eine Programmfestsetzungspflicht: Er „muss der ermächtigten Stelle darüber hinaus ein ‚Programm' an die Hand geben, das mit der Ermächtigung verwirklicht werden soll".[67] Drittens soll nach dem Vorhersehbarkeitsgebot „bereits aufgrund der Ermächtigung vorhersehbar sein, in welchen Fällen und mit welcher Tendenz von ihr Gebrauch gemacht werden wird und welchen Inhalt die aufgrund der Ermächtigung erlassenen Verordnungen haben können, so dass sich die Normunterworfenen mit ihrem Verhalten darauf einstellen können".[68] Mit anderen Worten „darf" die „Ermächtigung [...] nicht so unbestimmt sein, dass nicht mehr vorausgesehen werden kann, in welchen Fällen und mit welcher Tendenz von ihr Gebrauch gemacht werden wird und welchen Inhalt die auf Grund der Ermächtigung erlassenen Verordnungen haben können".[69]

Diese Anforderungen sind freilich nicht im Sinne einer maximalen Bestimmtheit der Ermächtigungsnorm misszuverstehen:

„Art. 80 Abs. 1 Satz 2 GG verlangt [...] nicht, dass die Ermächtigung in ihrem Wortlaut so genau wie nur irgend möglich gefasst ist. Inhalt, Zweck und Ausmaß der Ermächtigung müssen auch nicht ausdrücklich im Gesetzestext bestimmt sein; sie müssen jedoch durch Auslegung des ermächtigenden Gesetzes zu ermitteln sein [...]. Das Erfordernis der hinreichenden Bestimmtheit gesetzlicher Ermächtigungen verwehrt es dem Gesetzgeber daher nicht, in der Ermächtigungsnorm Generalklauseln und unbestimmte Rechtsbegriffe zu verwenden [...]. Vielmehr genügt es, dass sich die gesetzlichen Vorgaben mit Hilfe allgemeiner Auslegungsregeln erschließen lassen, insbesondere aus dem Zweck, dem Sinnzusammenhang und der Vorgeschichte des (gesamten) Gesetzes [...]. Art. 80 Abs. 1 Satz 2 GG verbietet es daher nicht, dass zur näheren Bestimmung einer Verordnungsermächtigung auch Rechtsakte außerhalb der Ermächtigung herangezogen werden, einschließlich der Bestimmungen anderer Normgeber. Inhalt, Zweck und

[65] BVerfGE 150, 1 (100).
[66] BVerfGE 150, 1 (101).
[67] BVerfGE 150, 1 (101).
[68] BVerfGE 150, 1 (101).
[69] BVerfGE 139, 19 (47).

Ausmaß einer gesetzlichen Ermächtigung können daher auch anhand von Rechtsakten außerhalb der eigentlichen Verordnungsermächtigung, insbesondere mit Hilfe von Verweisungen oder Bezugnahmen bestimmt werden".[70]

Des Weiteren lassen sich die Anforderungen an den Grad der Bestimmtheit nicht abstrakt, sondern nur einzelfallbezogen bestimmen.[71] So hängt mit dem Bundesverfassungsgericht

„[d]as im konkreten Fall erforderliche Maß an Bestimmtheit [...] von der Eigenart des zu regelnden Sachverhalts ab, insbesondere davon, in welchem Umfang dieser einer genaueren begrifflichen Umschreibung überhaupt zugänglich ist [...]. Ist dies nicht der Fall, so kann es geboten sein, die nähere Ausgestaltung des zu regelnden Sachbereichs dem Verordnungsgeber zu überlassen, der die Regelungen rascher und einfacher auf dem neuesten Stand zu halten vermag als der Gesetzgeber [...]. Bei vielgestaltigen, komplexen Lebenssachverhalten oder absehbaren Änderungen der tatsächlichen Verhältnisse sind etwa geringere Anforderungen an die Bestimmtheit zu stellen als bei einfach gelagerten und klar vorhersehbaren Lebenssachverhalten. Dies ermöglicht sachgerechte, situationsbezogene Lösungen bei der Abgrenzung von Befugnissen des Gesetzgebers und der Exekutive."[72]

Die Bestimmtheitsanforderungen richten sich schließlich und nicht zuletzt nach der Grundrechtsrelevanz der Regelung: „Je erheblicher diese in die Rechtsstellung des Betroffenen eingreift, desto höhere Anforderungen müssen an den Bestimmtheitsgrad der Ermächtigung gestellt werden."[73] Freilich hat das Bundesverfassungsgericht auch herausgearbeitet, dass die Bewältigung dynamischer Sachverhalte auch einen dynamischen Grundrechtsschutz durch die Einräumung exekutiver Spielräume fordern bzw. legitimieren kann.[74]

c) Parlamentsvorbehalt qua Wesentlichkeit

Unabhängig von der Delegation von Gesetzgebungsbefugnissen gilt ein Parlamentsvorbehalt qua Wesentlichkeit, der den parlamentarischen Gesetzgeber verpflichtet, „in allen grundlegenden normativen Bereichen die wesentlichen Entscheidungen selbst zu treffen", was insbesondere, aber nicht nur bei „für die Verwirklichung der Grundrechte" wesentlichen Fragen gilt.[75] Hinter dem Parlamentsvorbehalt stehen wichtige demokratische und rechtsstaatliche Anliegen: Entscheidungen von besonderer Tragweite sollen nämlich in einem bestimmten Verfahren, dem Verfahren der parlamentarischen Gesetzgebung, zustande kommen, das „der Öffentlichkeit Gelegenheit bietet, ihre

[70] BVerfGE 150, 1 (101 f.).
[71] *H. Bauer* (Fn. 63), Art. 80 Rn. 35.
[72] BVerfGE 150, 1 (102). Siehe auch Beschl. v. 24.3.2021, 1 BvR 2656/18, Rn. 260.
[73] BVerfGE 139, 19 (47). Siehe auch Beschl. v. 24.3.2021, 1 BvR 2656/18, Rn. 260.
[74] BVerfGE 49, 89 (137); E 101, 1 (35); Beschl. v. 24.3.2021, 1 BvR 2656/18, Rn. 262. Siehe dazu auch *Leisner-Egensperger*, NJW 2021, 202 (204).
[75] BVerfGE 150, 1 (96 ff.).

Auffassungen auszubilden und zu vertreten", „die Volksvertretung dazu anhält, Notwendigkeit und Ausmaß von Grundrechtseingriffen in öffentlicher Debatte zu klären", „sich durch Transparenz auszeichnet" und „die Beteiligung der parlamentarischen Opposition gewährleistet".[76] Nach dem bereits zitierten Urteil des Bundesverfassungsgerichts zum Zensus vom 19.9.2018 decken sich die Anforderungen des Parlamentsvorbehalts qua Wesentlichkeit mit den Vorgaben des (wesentlichkeitsunabhängig anwendbaren) Art. 80 Abs. 1 Satz 2 GG für den Verordnungserlass.[77] Mit Blick auf den Wesentlichkeitsvorbehalt hat das Bundesverfassungsgericht schließlich – ähnlich wie für Art. 80 Abs. 1 Satz 2 GG – herausgearbeitet, dass die Verfassung

„keinen Gewaltenmonismus in Form eines umfassenden Parlamentsvorbehalts [kennt]. Die in Art. 20 Abs. 2 Satz 2 GG normierte organisatorische und funktionelle Trennung und Gliederung der Gewalten zielt auch darauf ab, dass staatliche Entscheidungen möglichst richtig, das heißt von den Organen getroffen werden, die dafür nach ihrer Organisation, Zusammensetzung, Funktion und Verfahrensweise über die besten Voraussetzungen verfügen. Vor diesem Hintergrund kann auch die Komplexität der zu regelnden Sachverhalte den Umfang der Regelungspflicht des Gesetzgebers begrenzen."[78]

3. Abweichungsbefugnisse von (parlaments-)gesetzlichen Regelungen

a) Grundsätzliche Zulässigkeit

Das Bundesverfassungsgericht hat die grundsätzliche Zulässigkeit von Verordnungsermächtigungen, die Abweichungen von (parlaments-)gesetzlichen Regelungen ermöglichen, bejaht, in seinem Beschluss vom 10.6.1953 zunächst noch pauschal,[79] bevor es dann im dies bestätigenden Beschluss vom 6.5.1958 insbesondere herausgearbeitet hat, dass hierin kein Verstoß gegen den fundamentalen rechtsstaatlichen Grundsatz des Vorrangs des Gesetzes (Art. 20 Abs. 3 GG) zu sehen ist:

„Der Gesetzgeber bestimmt den Anwendungsbereich jeder gesetzlichen Vorschrift ebenso wie er ihren Inhalt bestimmt. Es steht ihm auch frei, die Anwendbarkeit einer Vorschrift dadurch zu beschränken, daß er ihr eine Subsidiarität gegenüber bestimmten staatlichen Willensäußerungen niedrigeren Ranges beilegt.

Durch den Vorrang des Gesetzes wird diese Befugnis nicht berührt. Der Gesetzgeber kann den Vorrang des Gesetzes als Prinzip nicht beseitigen. Aber er kann einer einzelnen Vorschrift oder auch einer Gruppe von Vorschriften einen subsidiären Charakter geben.

Von dieser gesetzgebungstechnischen Möglichkeit ist stets in großem Umfang Gebrauch gemacht worden. Gesetzliche Verbote mit dem Vorbehalt der Erlaubniserteilung

---

[76] BVerfGE 150, 1 (96 f.). Siehe ferner E 85, 386 (403 f.); E 95, 267 (307 f.); E 120, 378 (408); E 139, 19 (46); jüngst Beschl. v. 24.3.2021, 1 BvR 2656/18, Rn. 240, 260; VerfGH des Saarlandes, NVwZ 2020, 1513 (1518); *Volkmann*, NJW 2020, 3153 (3158 f.).

[77] BVerfGE 150, 1 (100).

[78] BVerfGE 150, 1 (99); ferner E 139, 19 (46); *Greve*, NVwZ 2020, 1786 (1788).

[79] BVerfGE 2, 307 (313).

durch Verwaltungsakt und Gebote mit entsprechendem Befreiungsvorbehalt sind Beispiele dafür. Gesetzliche Vorschriften, deren zeitweilige oder regionale Ersetzbarkeit durch eine abweichende Rechtsverordnung oder Gemeindesatzung im Gesetz vorgesehen ist, können ebenfalls in diesem Zusammenhang genannt werden.

Generelle Bedenken gegen die Verwendung dieser gesetzgebungstechnischen Formen der Anwendungsbeschränkung von Gesetzen bestehen nicht. Das Grundgesetz hat ihre Existenz und ihre Zulässigkeit vorausgesetzt."[80]

Vor diesem Hintergrund betont (nicht nur) *Hartmut Bauer*, dass die Rede von gesetzesändernden Verordnungen missverständlich sei, da „die Änderung der Rechtslage bereits im Gesetz angelegt und damit bei genauerer Betrachtung gesetzesausführend" sei.[81] Ein Kammerbeschluss vom 4.5.1997 hat die grundsätzliche Möglichkeit, exekutive Abweichungsbefugnisse einzuräumen, nochmals bekräftigt,[82] eine Auffassung, die auch das Schrifttum weithin teilt[83].

b) Grenzen der Zulässigkeit

Das Bundesverfassungsgericht hat in seinem Beschluss vom 6.5.1958 herausgearbeitet, dass gesetzlichen Regelungen nicht in unbegrenztem Umfang Subsidiarität beigemessen werden kann: „Die Grenze liegt dort, wo der Gesetzgeber Vorschriften von solcher Bedeutung und in solchem Umfang für subsidiär erklärt, daß sich dadurch innerhalb des Staatsgefüges eine Gewichtsverschiebung zwischen gesetzgebender Gewalt und Verwaltung ergibt."[84] In casu war das nicht der Fall, wobei es sich um eine Regelung von sehr begrenzter Tragweite handelte, nämlich die Befugnis zur Regelung ver-

[80] BVerfGE 8, 155 (170f.).

[81] *H. Bauer* (Fn. 63), Art. 80 Rn. 20; ebenso *Guckelberger*, DVBl. 2020, 1441 (1444); *T. Mann*, in: Sachs (Hrsg.), GG, 9. Aufl. 2021, Art. 80 Rn. 11; *Nierhaus*, in: Bonner Kommentar, GG, Art. 80 Rn. 233f. (Stand: 86. EL November 1998); *Remmert*, in: Maunz/Dürig, GG, Art. 80 Rn. 91, 99 (Stand: 70. EL Dezember 2013); *Wallrabenstein*, in: von Münch/Kunig, GG, 7. Aufl. 2021, Art. 80 Rn. 10. Siehe auch *Sinn*, Die Änderung gesetzlicher Regelungen durch einfache Rechtsverordnung, 1971, 30ff. Anders die auf einen materiell verstandenen Vorrang des Gesetzes abhebende Betrachtung bei *H. Dreier*, DÖV 2021, 229 (235f.); entgegen *H. Dreier*, ebd., ist eine Abweichung überdies auch dann im Gesetz angelegt, wenn der Gesetzgeber nachträglich Abweichungsbefugnisse schafft, da er diese auch dann in seinen Willen aufgenommen hat.

[82] BVerfG, NStZ-RR 1997, 342 (342f.).

[83] *H. Bauer* (Fn. 63), Art. 80 Rn. 20; *Lepa*, AöR 105 (1980), 337 (353ff.); *T. Mann* (Fn. 81), Art. 80 Rn. 10f.; *Nierhaus* (Fn. 81), Art. 80 Rn. 235f. (Stand: 86. EL November 1998); *F. Reimer*, Das Parlamentsgesetz als Steuerungsmittel und Kontrollmaßstab, in: Hoffmann-Riem/Schmidt-Aßmann/Voßkuhle (Hrsg.), Grundlagen des Verwaltungsrechts, Bd. 1, 2. Aufl. 2012, § 9 Rn. 80; *Remmert* (Fn. 81), Art. 80 Rn. 91, 99 (Stand: 70. EL Dezember 2013); *Sinn* (Fn. 81), 27ff.; *Wallrabenstein* (Fn. 81), Art. 80 Rn. 10. Siehe für das Landesverfassungsrecht (Art. 55 Nr. 2 Satz 3 BV) *Brechmann*, in: Meder/Brechmann (Hrsg.), Die Verfassung des Freistaates Bayern, 6. Aufl. 2020, Art. 55 Rn. 22. Zurückhaltend demgegenüber *Uhle*, in: BeckOK Grundgesetz (42. Edition, Stand: 1.12.2019), Art. 80 Rn. 7, 49.

[84] BVerfGE 8, 155 (171); ferner *Guckelberger*, DVBl. 2020, 1441 (1448).

waltungsbehördlicher Verfahrens- und Zuständigkeitsfragen.[85] Jedenfalls handelt es sich um einen schwierig operationalisierbaren und in der Entscheidung auch nicht weiter konkretisierten Vorbehalt. Versteht man ihn als neben Art. 80 Abs. 1 Satz 2 GG tretende, eigenständige und letzte Grenze,[86] erlangen die zeitlichen und sachlichen Beschränkungen der Rechtsetzungsermächtigung Relevanz.[87] Betont hat das Bundesverfassungsgericht des Weiteren die – in casu ebenfalls gewahrte – Grenze der Rechtsklarheit, wonach der Umfang der Abweichungsmöglichkeit erkennbar sein muss.[88] Diese Anforderung dürfte sich mit den Anforderungen des Bestimmtheitsgebots des Art. 80 Abs. 1 Satz 2 GG decken und hat daher keine eigenständige Bedeutung.[89] Zu strikt erscheint es, ein konkret normbezogenes Abweichungsrecht zu fordern, da Bestimmtheit auch über ziel- und gegenstandsbezogene Vorgaben hergestellt werden kann. Anders als die vorstehenden Entscheidungen postuliert der Kammerbeschluss vom 4.5.1997[90] das Erfordernis eines sachlichen Grundes[91] und verweist im Übrigen auf die Anforderungen des Art. 80 Abs. 1 Satz 2 GG. Indes bleibt dieses Erfordernis in seiner Herleitung und Bedeutung unklar, dürfte aber im vorliegenden Pandemiefall jedenfalls keine unüberwindbare Hürde aufstellen[92].

IV. Die Verordnungsbefugnisse zur Pandemiebekämpfung – eine verfassungswidrige Selbstentmächtigung des Parlaments?

Im Lichte des soeben skizzierten verfassungsrechtlichen Rahmens sei in diesem Abschnitt ein Blick auf die zentralen Rechtsetzungsermächtigungen geworfen, so auf die Befugnisse des § 5 Abs. 2 IfSG (1.), die neue Befugnis

---

85 BVerfGE 8, 155 (171).

86 Indes für eine starke Annäherung an Art. 80 Abs. 1 Satz 2 GG *Kersten/Rixen* (Fn. 19), 247.

87 Eng indes *H. Dreier*, DÖV 2021, 229 (235 f.); *Kingreen*, Jura 2020, 1019 (1033 f.): „Beschränkung auf konkret bezeichnete Einzelbestimmungen".

88 BVerfGE 8, 155 (171).

89 Zurückhaltend auch *Guckelberger*, DVBl. 2020, 1441 (1444).

90 BVerfG, NStZ-RR 1997, 342 (343).

91 Ebenso *H. Bauer* (Fn. 63), Art. 80 Rn. 20; *Mayen*, NVwZ 2020, 828 (831); *Nierhaus* (Fn. 81), Art. 80 Rn. 235 (Stand: 86. EL November 1998) – dort, Rn. 236, findet sich ferner die Grenze, dass der „Gesetzgeber nicht den Kernbereich der gesetzlichen Regelung zur Disposition des Verordnungsgebers stellen" dürfe. Siehe ferner zur Grenze des Kernbereichs der gesetzgebenden Gewalt *Sinn* (Fn. 81), 68 ff. Keine spezifischen Grenzen aufzeigend: *T. Mann* (Fn. 81), Art. 80 Rn. 11; *Wallrabenstein* (Fn. 81), Art. 80 Rn. 10. Auf die Zentralität des Art. 80 Abs. 1 Satz 2 GG verweisend: *Remmert* (Fn. 81), Art. 80 Rn. 99 (Stand: 70. EL Dezember 2013).

92 Vgl. auch *Dingemann/Gausing*, in: BeckOK-InfSchR, § 5 Rn. 14. A. A. und strikt *Mayen*, NVwZ 2020, 828 (831): dringender Handlungsbedarf erforderlich, dem anders als durch Abweichungsrecht nicht nachgekommen werden könne.

zum Erlass von Schutzmaßnahmen des § 28a IfSG (2.) sowie die Verordnungsermächtigung zur Impfpriorisierung des § 20i Abs. 3 SGB V i. V. m. § 20 Abs. 2a IfSG (3.).

1. Die Verordnungsbefugnisse des § 5 Abs. 2 IfSG

Als zentral für eine verfassungsrechtliche Bewertung der Verordnungsermächtigungen des § 5 Abs. 2 IfSG erweist sich – auch mit Blick auf Abweichungsbefugnisse von (parlaments-)gesetzlichen Regelungen – das Bestimmtheitsgebot des Art. 80 Abs. 1 Satz 2 GG.[93] Eine Prüfung kann nur mit Blick auf die einzelnen Verordnungsermächtigungen des § 5 Abs. 2 IfSG erfolgen.[94] Schon dies steht einer pauschalen Erklärung jener Norm als verfassungswidrig entgegen,[95] ein Befund, den auch eine exemplarische Prüfung des § 5 Abs. 2 Nr. 10 IfSG erhärtet.

Diese Ermächtigung bezieht sich auf einen Teilbereich des Berufsrechts der Gesundheitsfachberufe, nämlich das Ausbildungs- und Prüfungswesen, und gestattet abweichende Regelungen. Sie betrifft eine große Zahl an Gesundheitsberufen (21). § 5 Abs. 2 Nr. 10 IfSG benennt in seiner durch das Fortgeltungsgesetz geschärften Fassung zunächst sechs mögliche Gegenstände der Abweichung, nämlich die Dauer der Ausbildungen, den theoretischen und praktischen Unterricht, einschließlich der Nutzung von digitalen Unterrichtsformen, die praktische Ausbildung, die Besetzung der Prüfungsausschüsse, die staatlichen Prüfungen und die Durchführung der Eignungs- und Kenntnisprüfungen. Überdies zählt sie die betroffenen Gesundheitsberufe unter Bezugnahme auf konkrete Regelwerke abschließend auf. Nicht im Normtext, aber in der bei der Auslegung zu berücksichtigenden Gesetzesbegründung ist das Ziel der Abweichungsbefugnis festgelegt, nämlich „in der epidemischen Lage von nationaler Tragweite die Ausbildung

---

[93] Dies betonend: *Remmert* (Fn. 81), Art. 80 Rn. 99 (Stand: 70. EL Dezember 2013); ferner *Kersten/Rixen* (Fn. 19), 78 ff.

[94] Ebenso *Leisner-Egensperger*, Stellungnahme zum Entwurf eines Gesetzes zur Fortgeltung der epidemischen Lage von nationaler Tragweite v. 18.2.2021, Ausschussdrs. 19(14) 288(9), https://www.bundestag.de/resource/blob/823104/6bea0e81b5b411f21c3c45bfd7c7caea/19_14_0288-9-_ESV-Prof-Dr-Anna-Leisner-Egensprenger_EpiLage-Fortgeltungsgesetz-data.pdf (abgerufen am 21.5.2021), 10 f., 13 f. Siehe auch *Dingemann/Gausing* (Fn. 92), § 5 Rn. 14; *Hollo*, in: Kießling (Hrsg.), Infektionsschutzgesetz, 2. Aufl. 2021, § 5 Rn. 24; allgemein nur BVerfGE 150, 1 (102); *H. Bauer* (Fn. 63), Art. 80 Rn. 35.

[95] § 5 Abs. 2 IfSG pauschal für verfassungswidrig erklärend *H. Dreier*, DÖV 2021, 229 (237); *Gärditz/Abdulsalam*, GSZ 2020, 108 (114 f.); *Heinig/Kingreen/Lepsius/C. Möllers/Volkmann/Wißmann*, JZ 2020, 861 (867 f.); *Hollo*, Corona-Recht wird Dauerrecht: … und das Recht-Stricken mit heißer Nadel geht weiter, VerfBlog, 2021/3/29, https://verfassungsblog.de/corona-dauerrecht (abgerufen am 14.6.2021); *Kingreen*, Jura 2020, 1019 (1034). Zwischen den einzelnen Nummern differenzierend Wissenschaftliche Dienste des Deutschen Bundestags (Fn. 30), 7; *Dingemann/Gausing* (Fn. 92), § 5 Rn. 14.

und die Prüfungen in den Gesundheitsfachberufen weiterhin zu ermöglichen und soweit notwendig, durch an die Lage angepasste Format[e] zu unterstützen."[96] Es hätte sich empfohlen, diesen (kompetenzlimitierenden) Zweck in den Gesetzestext aufzunehmen. Eine weitere inhaltliche Begrenzung liegt in der (verdeutlichungsfähigen) Wendung „unbeschadet des jeweiligen Ausbildungsziels und der Patientensicherheit", wonach ausweislich der Gesetzesbegründung „[d]as Erreichen des jeweiligen Ausbildungsziels, das die Ausbildungsqualität sichert und der Patientensicherheit dient, [...] bei Anwendung der Abweichungen stets gewährleistet werden [muss]."[97] Dort finden sich auch weitere Konkretisierungen (besonders betroffene Unterrichts- und Prüfungsformate) und Grenzen (etwa keine generelle Verkürzung der Ausbildungsdauer).[98]

Bei einer Gesamtbetrachtung erscheint die Verordnungsermächtigung mit Art. 80 Abs. 1 Satz 2 GG vereinbar, da sich ihr trotz Unschärfen Inhalt und Grenzen, Ziel und Programm hinreichend deutlich und vorhersehbar entnehmen lassen.[99] Hinsichtlich des erforderlichen Grads der Bestimmtheit ist zwar zu berücksichtigen, dass es sich bei dem Ausbildungs- und Prüfungswesen vor dem Hintergrund der Ausbildungsfreiheit (Art. 12 Abs. 1 GG) und der Chancengleichheit im Prüfungswesen (Art. 12 Abs. 1 GG i. V. m. Art. 3 Abs. 1 GG) um grundrechtssensible Bereiche handelt; allerdings zieht dies keinen Totalvorbehalt nach sich, sondern das Erfordernis einer parlamentsgesetzlichen Regelung (nur) grundrechtswesentlicher Fragen. So kennt das Ausbildungs- und Prüfungswesen vielfach Regelungen im Verordnungswege.[100] Bei den in § 5 Abs. 2 Nr. 10 IfSG genannten Regelungsbefugnissen ist nicht ersichtlich, dass diese abschließend nur durch den Parlamentsgesetzgeber erfolgen dürften. Überdies ist mit Blick auf die Bestimmtheitsanforderungen allgemein festzuhalten, dass die Reichweite der Regelungsbefugnisse und damit auch die der Bestimmtheitsanforderungen die Beschränkung auf eine epidemische Lage von nationaler Tragweite (§ 5 Abs. 1 IfSG), deren Feststellung (und Aufhebung) überdies in der Hand des Bundestags liegt, mindert. Des Weiteren ist zu berücksichtigen, dass sich Ausnahme- und Abweichungsbefugnisse auf ein (parlaments-)gesetzliches Normprogramm

---

[96] BT-Drs. 19/18967, 53.

[97] BT-Drs. 19/18967, 53.

[98] BT-Drs. 19/18967, 53; ferner zur späteren Modifikation durch das Fortgeltungsgesetz Beschlussempfehlung und Bericht des Ausschusses für Gesundheit (14. Ausschuss) vom 3.3.2021, BT-Drs. 19/27291, 60.

[99] Ebenso *Dingemann/Gausing* (Fn. 92), § 5 Rn. 14, 49. Siehe aber auch *Hollo* (Fn. 94), § 5 Rn. 28: „jedenfalls fraglich".

[100] Siehe im hiesigen Kontext etwa die Verordnungsermächtigung zum Erlass einer Ausbildungs- und Prüfungsverordnung in § 56 Pflegeberufegesetz oder zum Erlass einer Studien- und Prüfungsverordnung in § 71 Hebammengesetz.

beziehen, was – zumal bei restriktiver Auslegung – Spielräume reduziert. Schließlich liegt ein vielgestaltiger, komplexer Lebenssachverhalt vor, bei dem angesichts der Dynamik namentlich des Infektionsgeschehens rasche Änderungen der tatsächlichen Verhältnisse absehbar sind, was die Bestimmtheitsanforderungen reduziert.

Mit Blick auf die übrigen Nummern ist zu konstatieren, dass der besonders weit reichende und problematische, vielfach kritisierte § 5 Abs. 2 Nr. 3 IfSG[101] im Zuge des Dritten Bevölkerungsschutzgesetzes aufgehoben wurde und das Fortgeltungsgesetz überdies den Regelbeispielcharakter der weiteren Tatbestände abgeschafft hat[102]. Im Übrigen[103] ist hinsichtlich der Bestimmtheitsanforderungen herauszustreichen, dass sich die in den Normen enthaltenen gegenständlichen Begrenzungen, Zweckbindungen und Beschränkungen auf eine Ausnahme- bzw. abweichende Regelung als entscheidend für die Bestimmtheit der Verordnungsermächtigungen erweisen und daher einer engen Auslegung bedürfen.[104] Bei zunehmender Stabilisierung der Lage und Generierung von Anwendungserfahrungen reduziert sich ferner Raum für eine ursprünglich Dynamik und Komplexität des Infektionsgeschehens geschuldete Absenkung von Bestimmtheitsanforderungen. Schließlich bleibt festzuhalten, dass die bisherige Verordnungspraxis als moderat zu bewerten ist.[105]

---

[101] Für dessen Verfassungswidrigkeit *Guckelberger*, DVBl. 2020, 1441 (1445 f.); *Hollo* (Fn. 94), § 5 Rn. 24, 29 ff.; *Katzenmeier*, MedR 2020, 461 (462); *Lindner* (Fn. 46), § 17 Rn. 46 („dürften"); *Mayen*, NVwZ 2020, 828 (832); *C. Möllers*, Parlamentarische Selbstentmächtigung im Zeichen des Virus, VerfBlog, 2020/3/26, https://verfassungsblog.de/parlamentarische-selbstentmaechtigung-im-zeichen-des-virus/ (abgerufen am 14.6.2021); *Richter* (Fn. 8). Es existieren freilich auch andere Stimmen: vorsichtiger *Rixen*, NJW 2020, 1097 (1102 f.); *ders.*, in: Kluckert (Hrsg.), Das neue Infektionsschutzrecht, 2020, § 4 Rn. 20 (verfassungskonform bei restriktiver Auslegung) – ebenso *Kersten/Rixen* (Fn. 19), 247 f.; gewichtige Bedenken (an allen Ermächtigungen des Ersten Bevölkerungsgesetzes) artikuliert Wissenschaftliche Dienste des Deutschen Bundestags (Fn. 30), 9.

[102] Siehe oben, II.1.

[103] Für eine Verfassungskonformität der Nr. 4, 7 und 8 („wohl", teils mit Bedenken) *Dingemann/Gausing* (Fn. 92), § 5 Rn. 14, 25, 36, 44; *Kersten/Rixen* (Fn. 19), 247 f.; *Rixen* (Fn. 101), § 4 Rn. 18 ff. (bei restriktiver Auslegung); für Nr. 7 lit. c auch VG Stuttgart, BeckRS 2020, 6557, Rn. 13; allgemein für die Nr. 4, 7, 8 und 10 (unter Betonung der Notwendigkeit einer differenzierten Prüfung und mit Anregung, „insbesondere" zu streichen) *Leisner-Egensperger* (Fn. 94), 5 ff. Anders für Nr. 4 („dürften") *Lindner* (Fn. 46), § 17 Rn. 46; ferner für Nr. 4, 7 und 8 *Hollo* (Fn. 94), § 5 Rn. 25 ff., 29 ff., und generell *H. Dreier*, DÖV 2021, 229 (236 f.); *Poscher*, Das Infektionsschutzgesetz als Gefahrenabwehrrecht, in: Huster/Kingreen (Hrsg.), Handbuch Infektionsschutzrecht, 2021, 4. Kap. Rn. 28 f.

[104] Siehe auch *Dingemann/Gausing* (Fn. 92), § 5 Rn. 25, 36, 44; *Rixen*, NJW 2020, 1097 (1103); *ders.* (Fn. 101), § 4 Rn. 18 f.; *Kersten/Rixen* (Fn. 19), 247 f. Abl. zum Korrektiv einer engen Auslegung *H. Dreier*, DÖV 2021, 229 (236).

[105] Siehe auch *Leisner-Egensperger* (Fn. 94), 8; *Lutz*, Infektionsschutzgesetz, 2. Aufl. 2020, § 5 Rn. 1.

2. *Ermächtigung zum Erlass von Schutzmaßnahmen, § 28a i. V. m. §§ 28, 32 IfSG*

Die zentrale, mit dem Dritten Bevölkerungsschutzgesetz geschaffene Befugnis zum Erlass von Maßnahmen zur Pandemiebekämpfung sei, nach einer Entfaltung des verfassungsrechtlichen Rahmens (a), namentlich mit Blick auf die Direktiven des Parlamentsgesetzgebers analysiert sowie gewürdigt (b). Abschließend wird, auch angesichts verbleibender Spielräume, Optimierungspotential aufgezeigt (c).

a) Rahmen der verfassungsrechtlichen Bewertung

Die mit der Einfügung des § 28a IfSG erfolgte Präzisierung der exekutiven Handlungsermächtigung stellt einen wesentlichen Fortschritt im Vergleich zur früheren Rechtslage dar, gerade auch gemessen am Parlamentsvorbehalt qua Wesentlichkeit und an den verfassungsrechtlichen Anforderungen an die Delegation von Rechtsetzungsbefugnissen an die Exekutive.

Mit Blick auf die Intensität der Grundrechtsbetroffenheit, ein zentraler Aspekt für das erforderliche Maß an Bestimmtheit der Ermächtigung,[106] ist festzuhalten, dass § 28a Abs. 1 Satz 1 IfSG auch zu Grundrechtseingriffen von erheblicher Tiefe (etwa Kontaktbeschränkungen oder Schul- und Betriebsschließungen; Kumulationsmöglichkeit bis hin zum Lockdown gemäß § 28a Abs. 6 Satz 1 IfSG) und Breite ermächtigt, können sie doch die ganze Bevölkerung erfassen. Auch die Gesetzesbegründung betont, dass die „erforderlichen Schutzmaßnahmen im Rahmen der Verhältnismäßigkeit bis hin zu einem vollständigen Herunterfahren des öffentlichen Lebens und zu weitreichenden Einschränkungen des Privatlebens angeordnet werden können."[107]

Gegenläufig ist indes wiederum zu berücksichtigen, dass die Reichweite der Regelungsbefugnisse und damit auch die Intensität der Betroffenheit zwei Umstände mindern. Erstens gelten die Verordnungsbefugnisse nur für eine spezifische, sachlich und zeitlich in zweifacher Hinsicht begrenzte Situation: zum einen setzt § 28a Abs. 1 IfSG die Feststellung einer nunmehr parlamentsgesetzlich explizit definierten epidemischen Lage von nationaler Tragweite voraus; zum anderen handelt es sich nicht um eine generelle Regelung für derartige Lagen, sondern um eine auf die Bekämpfung der Coronavirus-Krankheit-2019 (COVID-19) beschränkte.[108] Zweitens liegt die Feststellung (und Aufhebung) der epidemischen Lage von nationaler Tragweite in den Händen des Bundestags. Hinzu kommt, dass ein vielgestalti-

---

[106] Zur Bedeutung dieses Aspekts *Volkmann*, NJW 2020, 3153 (3158).

[107] BT-Drs. 19/23944, 35. Siehe auch BayVGH, Beschl. v. 25.2.2021, 20 NE 21.475, juris, Rn. 27.

[108] Siehe auch BayVGH, Beschl. v. 25.2.2021, 20 NE 21.475, juris, Rn. 27.

ger, komplexer Lebenssachverhalt zu bewältigen ist, bei dem angesichts der Dynamik namentlich des Infektionsgeschehens rasche Änderungen der tatsächlichen Verhältnisse absehbar sind, was die Bestimmtheitsanforderungen reduziert.[109] Spielraum erfordert auch die Erstellung eines grundrechtskonformen Schutzkonzepts[110], da eine kohärente Gesamtentscheidung zu treffen ist.[111]

b) Analyse des § 28a IfSG

Eine Analyse des § 28a IfSG im Lichte der verfassungsrechtlichen Anforderungen, namentlich des Selbstentscheidungsvorbehalts, der Programmfestsetzungspflicht und des Vorhersehbarkeitsgebots, ergibt zunächst, dass mit dem Anliegen, eine „Verbreitung der Coronavirus-Krankheit-2019 (COVID-19)“ zu verhindern (§ 28a Abs. 1 IfSG), ein spezifisches Ziel vorgegeben ist. Ansatzpunkt ist, wie sich aus den Maßnahmen und der Gesetzesbegründung ergibt, eine Eindämmung der Pandemie durch eine Unterbindung der dynamischen Verbreitung des Virus: „Die Maßnahmen nach Absatz 1 finden ihre Rechtfertigung in dem sehr dynamischen Infektionsgeschehen dieser Pandemie mit einem äußerst infektiösen Virus, das insbesondere über Aerosole verbreitet wird.“[112] § 28a Abs. 3 Satz 1 IfSG verdeutlicht überdies, dass Maßnahmen nicht nur dem Schutz der Funktionsfähigkeit des Gesundheitssystems dienen, sondern dem Ziel, Leben und Gesundheit zu schützen; Eingriffsmöglichkeiten bestehen damit nicht erst, wenn eine Destabilisierung des Gesundheitssystems eingetreten ist oder droht, mag dieser

---

[109] Siehe auch OVG Berlin-Brandenburg, Beschl. v. 4.11.2020, OVG 11 S 101/20, juris, Rn. 31: „Gerade die Verhältnismäßigkeit der zur Eindämmung der gegenwärtigen Pandemie getroffenen Maßnahmen hängt vom jeweiligen, sich teilweise schnell ändernden Stand des Infektionsgeschehens ab und erfordert Instrumentarien, die eine schnelle und zielgenaue Intervention ermöglichen. Diesbezüglich könnte sich eine Regelung im Verordnungswege gegenüber einem vergleichsweise schwerfälligen, längere Zeit in Anspruch nehmenden Gesetzgebungsverfahren als effektiveres Instrumentarium anbieten“; OVG Münster , Beschl. v. 18.8.2020, 13 B 847/20.NE, juris, Rn. 83: „Angesichts der Dynamik des Infektionsgeschehens, das sich zudem je nach Örtlichkeit wesentlich unterscheiden kann, sind dem Bundesgesetzgeber vorausschauend alle Konstellationen erfassende gesetzliche Regelungen aber kaum möglich“; BeckRS 2020, 36417, Rn. 24; ferner OVG Weimar, Beschl. v. 3.7.2020, 3 EN 391/20, juris, Rn. 39 f.; *Brocker*, NVwZ 2020, 1485 (1486); *Greve*, NVwZ 2020, 1786 (1788); *Martini/Thiessen/Ganter*, NJOZ 2020, 929 (930). Kritisch unter Verweis auf eine rasche Reaktionsmöglichkeit auch des Parlaments *Boehme-Neßler*, DÖV 2021, 243 (244). Differenziert *Guckelberger*, DVBl. 2020, 1441 (1443).

[110] Zu diesem Beschlussempfehlung und Bericht des Ausschusses für Gesundheit (14. Ausschuss) vom 16.11.2020, BT-Drs. 19/24334, 81 f.

[111] Zum Kohärenzgebot BVerfGE 145, 20 (71, Rn. 132; vgl. auch 67 f., Rn. 122; 75 ff., Rn. 141 ff.); ferner E 107, 186 (197); E 115, 276 (309 ff.); (K), NVwZ-RR 2008, 1 (3); E 123, 317 (362 f.); (K), NVwZ 2011, 355 (357); E 141, 82 (115, Rn. 85).

[112] BT-Drs. 19/23944, 34.

Aspekt auch für die Beurteilung des Infektionsgeschehens im Rahmen der Instrumentenauswahl eine Rolle spielen.[113]

Hinsichtlich der Rechtsfolgen bricht die Regelung die abstrakte Ermächtigung der Generalklausel zu „notwendigen Schutzmaßnahmen" (§ 28 Abs. 1 Satz 1 IfSG) in 17 Regelbeispiele herunter (§ 28a Abs. 1 IfSG), wobei die Gesetzesbegründung deren Beitrag zur Zielerreichung einschließlich daraus folgender Entscheidungskriterien und inhaltlicher Konturierung näher erläutert.[114] Dies gilt etwa für Beschränkungen und Auflagen für Betriebe, Gewerbe, Einzel- und Großhandel gemäß § 28a Abs. 1 Nr. 14 IfSG, für die Entscheidungsparameter (Kunden- oder Besucherverkehr; enger körperlicher Kontakt; Dauer des Kontakts) und der Inhalt möglicher Maßnahmen (Mindestabstände, Beschränkung der Kundenzahl abhängig von Verkaufsfläche, Verbot) konkretisiert werden[115]; Selbiges gilt für die alkoholbezogenen Verbote,[116] die Beschränkungen und Verbote in der Gastronomie[117] oder die Hygienekonzepte[118].

Vor dem Hintergrund des – überdies in gegenständlicher („soweit") und zeitlicher („solange") Hinsicht konkretisierten – Verhältnismäßigkeitsgrundsatzes (§ 28 Abs. 1 Satz 1 1. HS, § 28a Abs. 6 Satz 1 IfSG) ergibt sich in Konkretisierung der angesprochenen Dynamik eine allgemeine Eingriffsschwelle, nämlich dass eine effektive Bekämpfung des Virus nicht durch Maßnahmen der Gefahrenabwehr, mithin durch Maßnahmen in Bezug auf Kranke, Krankheitsverdächtige, Ansteckungsverdächtige oder Ausscheider möglich sein darf, etwa durch eine Absonderung der Betroffenen (§ 30 Abs. 1 Satz 2 IfSG); dies setzt u. a. eine funktionsfähige Kontaktverfolgung (§ 25 IfSG) voraus.[119]

---

[113] Eine klare Zielvorgabe fordernd *Volkmann*, NJW 2020, 3153 (3160).

[114] BT-Drs. 19/23944, 31 ff.

[115] BT-Drs. 19/23944, 33.

[116] BT-Drs. 19/23944, 34.

[117] BT-Drs. 19/23944, 34.

[118] Beschlussempfehlung und Bericht des Ausschusses für Gesundheit (14. Ausschuss) vom 16.11.2020, BT-Drs. 19/24334, 79.

[119] Vgl. auch den von *Kießling* erarbeiteten Gesetzentwurf zur Änderung des Infektionsschutzgesetzes vom 4.11.2020, https://www.oer.ruhr-uni-bochum.de/oer/mam/content/gesetzentwurf_zur_%C3%84nderung_des_ifsg_kie%C3%9Fling.pdf (abgerufen am 21.5.2021; im Folgenden: Kießling-E), hier § 31a Abs. 1 Satz 2 Kießling-E, dazu Begründung, 9: „Abs. 1 bestimmt zunächst die qualifizierte Gefahrenlage (Feststellung der epidemischen Lage nationaler Tragweite durch den Bundestag) und legt das Ziel dieser Maßnahmen fest. Da der Ansatz, der dem Gefahrenabwehrrecht im engeren Sinne folgt – d. h. Nachverfolgung der Infektionsketten gem. § 25 und Isolierung der Infizierten, Kranken, Krankheits- und Ansteckungsverdächtigen nach § 30 –, grundsätzlich Vorrang haben muss vor der Inanspruchnahme der Bevölkerung, muss Ziel der Maßnahmen nach den §§ 31a ff. sein, den zuständigen Behörden die Kontaktnachverfolgung und die Isolierung konkreter Infektionsherde zu ermöglichen. Auf diese Weise koppelt man den Einsatz des flächendeckenden Ansatzes an die Wirkung des punktuellen Ansatzes in der Praxis: Solange die Gesundheitsämter in der Lage sind, die Infektionsketten nachzuvollziehen und einzelne Infizierte zu isolieren, ist ein flächendeckendes Vorgehen nicht erforderlich."

Solange dies der Fall ist, scheiden einschneidende Maßnahmen gegenüber der Allgemeinheit mangels Erforderlichkeit aus, wobei es nicht primär auf die Funktionsfähigkeit der Kontaktverfolgung und die Möglichkeit, Absonderungsmaßnahmen einzuleiten, ankommt, sondern auf die dadurch ermöglichte effektive Eindämmung der Pandemie. Vergleichbares gilt mit Blick auf eine durch zunehmenden Impffortschritt erreichte Immunisierung.[120] Indem zahlreiche Ziffern Untersagungs- und Beschränkungsbefugnisse alternativ nebeneinanderstellen (Nr. 5–8, 10–16), gibt der Gesetzgeber im Zusammenspiel mit dem Erforderlichkeitsgebot als Aspekt des Verhältnismäßigkeitsgrundsatzes ein Stufenverhältnis vor; demnach darf der Verordnungsgeber etwa Übernachtungsangebote nicht untersagen, wenn auch eine Beschränkung zur Zielerreichung genügt. Dies gilt auch für die Alternativität von Ausgangs- und Kontaktbeschränkungen (Nr. 3) oder für das Alkoholverbot (Nr. 9). Darüber hinaus enthält die Regelung in § 28a Abs. 2 IfSG eingriffslimitierende Kautelen für besonders grundrechtssensible Maßnahmen wie die Untersagung von Versammlungen und religiösen Zusammenkünften oder Betretungs- und Besuchsverbote in Einrichtungen des Gesundheits- und Sozialwesens,[121] ebenso in § 28a Abs. 4 IfSG für die Kontaktdatenerhebung; weitere limitierende und entscheidungsleitende Aspekte liefert die Gesetzesbegründung[122]. Generell hält § 28a Abs. 6 Satz 2 IfSG die Exekutive an, „soziale, gesellschaftliche und wirtschaftliche Auswirkungen auf den Einzelnen und die Allgemeinheit einzubeziehen und zu berücksichtigen, soweit dies mit dem Ziel einer wirksamen Verhinderung der Verbreitung der Coronavirus-Krankheit-2019 (COVID-19) vereinbar ist.“ Bei entsprechender Rechtfertigung auch mit Blick auf das Infektionsgeschehen können überdies Ausnahmen für „[e]inzelne soziale, gesellschaftliche oder wirtschaftliche Bereiche, die für die Allgemeinheit von besonderer Bedeutung sind“, vorgesehen werden (§ 28a Abs. 6 Satz 3 IfSG).[123]

§ 28a Abs. 3 Satz 2 und 4 IfSG erklären das Infektionsgeschehen, namentlich die Sieben-Tage-Inzidenz, zum maßgeblichen Entscheidungsparameter.[124] Hieran knüpft eine Hierarchie der Schutzmaßnahmen mit den drei Katego-

---

[120] Vgl. auch Kießling-E (Fn. 119), Begründung, 8.

[121] Siehe für eine Konkretisierung Beschlussempfehlung und Bericht des Ausschusses für Gesundheit (14. Ausschuss) vom 16.11.2020, BT-Drs. 19/24334, 80; ferner BT-Drs. 19/23944, 33; *Greve*, NVwZ 2020, 1786 (1789 f.). Siehe zu Grenzen von pandemiebedingten Versammlungsbeschränkungen BVerfG (K), NJW 2020, 1426 (1427); NVwZ 2020, 711 (712 f.).

[122] Siehe BT-Drs. 19/23944, 32 f.; ferner – für die Kunstfreiheit – Beschlussempfehlung und Bericht des Ausschusses für Gesundheit (14. Ausschuss) vom 16.11.2020, BT-Drs. 19/24334, 80.

[123] Siehe zu einem insoweit bestehenden Gesetzesvorbehalt VGH Mannheim, BeckRS 2020, 29929, Rn. 25.

[124] Zur Notwendigkeit einer umfassenden Abbildung des Infektionsgeschehens anstatt des isolierten Abstellens auf die Sieben-Tage-Inzidenz OVG Lüneburg, Beschl. v. 6.11.2020, 13 MN 411/20, juris, Rn. 51; BeckRS 2021, 1863, Rn. 25. Vgl. auch OVG des Saarlandes, Beschl. v. 9.3.2021, 2 B 58/21, juris, Rn. 29.

rien umfassende (Satz 5), breit angelegte (Satz 6) und einfache (Satz 7) Schutzmaßnahmen an, für die jeweils ein Ziel festgelegt wird[125]. Diese Stufen sind an rechtssicher feststellbare Schwellen, nämlich die Zahl der Neuinfektionen je 100.000 Einwohner (ab 50, ab 35, unter 35) innerhalb von sieben Tagen geknüpft, wobei Flexibilität unter Wahrung des Verhältnismäßigkeitsvorbehalts (Satz 11) besteht[126]. Die mit dem Fortgeltungsgesetz erfolgte Änderung des § 28a IfSG hält überdies zu einer Berücksichtigung der Folgen von Virusmutationen an (siehe § 28a IfSG Satz 1 2. HS und Satz 8 a. E.) und benennt mit der Anzahl der geimpften Personen sowie der zeitabhängigen Reproduktionszahl weitere[127] Entscheidungsparameter für die Aufhebung oder Einschränkung der Schutzmaßnahmen. Hinsichtlich des örtlichen Anwendungsbereichs normiert § 28a Abs. 2 Satz 2 IfSG den Grundsatz der regionalen Differenzierung,[128] wobei bei hoher bundes- bzw. landesweiter Inzidenz Bundes- bzw. Landeseinheitlichkeit anzustreben ist (§ 28a Abs. 2 Satz 9 und 10 IfSG).

---

[125] Umfassende Schutzmaßnahmen lassen „eine effektive Eindämmung des Infektionsgeschehens erwarten“, breit angelegte „eine schnelle Abschwächung des Infektionsgeschehens“ und einfache unterstützen „die Kontrolle des Infektionsgeschehens“. Weiter konkretisierend ist in der Gesetzesbegründung (BT-Drs. 19/23944, 34) die Rede von „schwerwiegende[n] Einschränkungen des öffentlichen Lebens“, „starke[n] Einschränkungen“ bei Möglichkeit eines Offenhaltens „bestimmte[r] Bereiche des öffentlichen Lebens [...], insbesondere bei Vorliegen von Schutz- und Hygienekonzepten“ und des Wegfalls „weitere[r] Einschränkungen [...], so dass eine größere ökonomische und soziale Entfaltung und Normalisierung des öffentlichen Lebens möglich wird“. Siehe zum Begriff der Schutzmaßnahmen, „die die Kontrolle des Infektionsgeschehens unterstützen“ (§ 28a Abs. 3 Satz 7 IfSG bei einer Sieben-Tage-Inzidenz von unter 35), OVG Lüneburg, BeckRS 2021, 1863, Rn. 15: „Einschränkungen [...], die deutlich unter der Eingriffstiefe flächendeckender Betriebsverbote und -beschränkungen liegen.“

[126] Restriktiv hierzu OVG Lüneburg, BeckRS 2021, 1863, Rn. 15: „[Aufrechterhaltung] flächendeckender Betriebsverbote und -beschränkungen [...] auch nicht durch § 28a Abs. 3 Satz 11 IfSG gerechtfertigt, solange die Nachverfolgbarkeit gewährleistet und damit eine unkontrollierte Verbreitung von COVID-19 nicht zu befürchten ist.“

[127] Beschlussempfehlung und Bericht des Ausschusses für Gesundheit (14. Ausschuss) vom 3.3.2021, BT-Drs. 19/27291, 63, verweist überdies auf die – im Änderungswortlaut nicht ersichtliche – Belastung des Gesundheitssystems.

[128] Siehe auch BT-Drs. 19/23944, 34 f. Eine regionale Differenzierung anmahnend OVG Lüneburg, BeckRS 2021, 1863, Rn. 10: Hohe Inzidenz „rechtfertigt es aber nicht ohne Weiteres, für alle Personen in einem solchen Gebiet eine einheitliche Gefahrenlage anzunehmen und diesen gegenüber unterschiedslos generalisierende infektionsschutzrechtliche Maßnahmen zu treffen. Vielmehr können vorhandene oder zumutbar zu ermittelnde tatsächliche Erkenntnisse zum Infektionsgeschehen in dem betroffenen Gebiet zu einer differenzierten Betrachtung und zu unterschiedlichen infektionsschutzrechtlichen Maßnahmen zwingen, etwa bei zu lokalisierenden und klar eingrenzbaren Infektionsvorkommen“ (siehe auch Rn. 25). Siehe freilich auch BayVGH, Beschl. v. 25.2.2021, 20 NE 21.475, juris, Rn. 25: Mit Abstimmungs- und Einheitlichkeitsgebot „will der Gesetzgeber bei einem Infektionsgeschehen von bundes- bzw. landesweit über 50 Neuinfektionen je 100.000 Einwohner innerhalb von sieben Tagen eine Infektionsbekämpfung nach einer bundes- bzw. landesweit möglichst einheitlichen Strategie erreichen, um mögliche infektiologische Wechselwirkungen und Verstärkungen zwischen einzelnen Regionen auszuschließen und die Akzeptanz der erforderlichen schwerwiegenden Maßnahmen in der Bevölkerung zu erhöhen (vgl. BT-Drs. 19/23944 S. 35).“

Schließlich bekräftigt der Gesetzgeber, dass infolge der Kumulationsmöglichkeit (§ 28a Abs. 6 Satz 1 IfSG) umfassende Beschränkungen des öffentlichen und privaten Lebens möglich sind, und übernimmt hierfür, wie vom Bayerischen Verwaltungsgerichtshof in seinem Beschluss vom 5.11.2020 gefordert,[129] die politische Verantwortung: „Absatz 6 Satz 1 verdeutlicht, dass alle nach dem Infektionsschutzgesetz und anderen einschlägigen Gesetzen zur Bekämpfung einer Krankheit, hier der SARS-CoV-2-Pandemie, erforderlichen Schutzmaßnahmen im Rahmen der Verhältnismäßigkeit bis hin zu einem vollständigen Herunterfahren des öffentlichen Lebens und zu weitreichenden Einschränkungen des Privatlebens angeordnet werden können. Damit wird klargestellt, dass nicht nur einzelne, begrenzte Maßnahmen, sondern auch weitreichende und langandauernde Maßnahmen zur Bekämpfung übertragbarer Krankheiten vom Willen des Gesetzgebers getragen sind."[130]

Mit dem – im Zuge des Gesetzgebungsverfahrens eingeführten – Begründungs- und Befristungserfordernis (§ 28a Abs. 5 IfSG) setzt die Novelle schließlich auf Grundrechtsschutz durch Verfahren.[131]

Vor diesem Hintergrund hat auch die Landesverfassungs- und Oberverwaltungsgerichtsbarkeit zumindest in Eilverfahren die Verfassungskonformität des § 28a IfSG bestätigt,[132] eine Einschätzung, die sich auch in weiten Teilen des Schrifttums findet[133].

---

[129] BayVGH, Beschl. v. 5.11.2020, 20 NE 20.2468, Rn. 13; ferner BeckRS 2020, 28521, Rn. 34; Beschl. v. 25.2.2021, 20 NE 21.475, juris, Rn. 27.

[130] Beschlussempfehlung und Bericht des Ausschusses für Gesundheit (14. Ausschuss) vom 16.11.2020, BT-Drs. 19/24334, 82. Ebenso bereits BT-Drs. 19/23944, 35.

[131] Näher Beschlussempfehlung und Bericht des Ausschusses für Gesundheit (14. Ausschuss) vom 16.11.2020, BT-Drs. 19/24334, 81.

[132] Siehe etwa BayVerfGH, BeckRS 2020, 35808, Rn. 13; BeckRS 2020, Entscheidung v. 29.1.2021, Vf. 96-VII-20, Rn. 27 ff.; Entscheidung v. 22.3.2021, Vf. 23-VII-21, Rn. 18 (bei reduziertem Prüfungsmaßstab auf Offensichtlichkeit); LVerfG Sachsen-Anhalt, Beschl. v. 26.3.2021, LVG 4/21, BeckRS 2021, 1360, Rn. 69; BayVGH, NJW 2021, 178 (179); COVuR 2021, 46 (47 ff.); Beschl. v. 25.2.2021, 20 NE 21.475, juris, Rn. 19 f.; HessVGH, BeckRS 2020, 37107, Rn. 18 ff.; OVG Bautzen, BeckRS 2020, 32146, Rn. 14; OVG Berlin-Brandenburg, Beschl. v. 8.1.2021, OVG 1 S 156/20 – Pressemitteilung; OVG Bremen, BeckRS 2020, 37740, Rn. 30; OVG Lüneburg, BeckRS 2020, 36338, Rn. 6; BeckRS 2020, 35567, Rn. 15 ff.; BeckRS 2021, 1863, Rn. 6; OVG Magdeburg, BeckRS 2020, 37571, Rn. 12 ff.; OVG Münster, BeckRS 2020, 36417, Rn. 11 ff.; OVG Weimar, BeckRS 2020, 34542, Rn. 22; VGH Mannheim, BeckRS 2020, 36336, Rn. 21 ff.; BeckRS 2020, 36334, Rn. 23 ff. Etwas zurückhaltender VGH Mannheim, BeckRS 2020, 36332, Rn. 24: „Die Vorschrift des § 28a IfSG mag daher im Grundsatz geeignet sein, eine tragfähige Rechtsgrundlage für eine Schließung von Betrieben darzustellen […]. Ob die Norm in jeder Hinsicht den verfassungsrechtlichen Anforderungen genügt, wird jedoch in einem Hauptsacheverfahren zu klären sein." Reserviert auch OVG des Saarlandes, Beschl. v. 9.3.2021, 2 B 58/21, juris, Rn. 16. Offen gelassen für Datenschutzfragen OVG Berlin-Brandenburg, BeckRS 2021, 2, Rn. 18. Zweifelnd VG Hamburg, BeckRS 2020, 34044, Rn. 10.

[133] *Greve*, NVwZ 2020, 1786 (1792); *Kersten/Rixen* (Fn. 19), 91; *Klafki*, NVwZ 2020, 1718 (1719, 1722); *Leisner-Egensperger* (Fn. 94), 32 ff. (mit geringfügigen Modifikationsemp-

c) Spielräume, Optimierungspotential und Nachschärfungsauftrag

Trotz der mit § 28a IfSG erfolgten Schärfung der Ermächtigungsgrundlage für Schutzmaßnahmen zur Bekämpfung der COVID-19-Pandemie – schon durch den ursprünglichen Entwurf des Dritten Bevölkerungsschutzgesetzes, sodann auch im Zuge der Beratungen[134] sowie, in begrenztem Umfang, durch das Fortgeltungsgesetz – verbleiben relativ weite Spielräume. Diese betreffen vor allem die Instrumentenwahl, mithin die Entscheidung, welche Maßnahmen aus dem (nicht abschließenden) Katalog mit welchem spezifischen Inhalt in welcher Kombination im Rahmen des flexibilisierten und nur grob steuernden stufenbezogenen Schutzkonzepts zu ergreifen sind.

Gleichwohl ist kein strikt einzelmaßnahmenbezogener Ansatz geboten, da sich die Pandemiebekämpfung von der Abwehr punktueller Gefahren im Polizei- und Sicherheitsrecht durch Standardmaßnahmen unterscheidet.[135] Es sind nämlich einzelne Maßnahmen im Rahmen eines übergreifenden Schutzkonzepts zu kombinieren, sind diese doch im Zusammenhang zu sehen, was einer Einzelsteuerung entgegensteht. Priorisiert man etwa einzelne Bereiche – wie Schulen oder Einrichtungen der Kindertagesbetreuung –, kann dies strengere Standards in anderen Bereichen verlangen, was nur im Rahmen einer relativen Gesamtbetrachtung erfolgen kann; Selbiges gilt für Experimentierklauseln. So betont auch die Gesetzesbegründung, dass mit den Ausnahmeregelungen „dem Erfordernis einer notwendigen Differenzierung in einem Gesamtkonzept von Schutzmaßnahmen Rechnung getragen [wird]. Die sachliche Rechtfertigung und Differenzierung einzelner Schutzmaßnahmen ist daher nicht allein anhand des infektionsschutzrechtlichen Gefahrengrades der betroffenen Tätigkeit zu beurteilen. Vielmehr sind auch alle sonstigen relevanten Belange zu berücksichtigen, etwa die Auswirkungen der Ge- und Verbote für die betroffenen Unternehmen und Dritte

fehlungen); *Ludwigs*, DVBl. 2021, 353 (359 f.); ferner *H. Dreier*, DÖV 2021, 229 (234, 241 f.). Kritisch zur Steuerungskraft ohne verfassungsrechtliche Bewertung *Sangs*, NVwZ 2020, 1780 (1783 ff.). A. A. *Boehme-Neßler*, DÖV 2021, 243 (245 ff.); *Eibenstein*, COVuR 2020, 856 (856 ff.); *Kluckert*, DVBl. 2021, 96 (101 f.).

[134] In Stichworten seien erwähnt [Nachweise jeweils auf die Beschlussempfehlung und den Bericht des Ausschusses für Gesundheit (14. Ausschuss) vom 16.11.2020, BT-Drs. 19/24334]: Nachschärfung des Maßnahmenkatalogs (§ 28a Abs. 1 IfSG; S. 79 f.), explizite Zieldefinition (§ 28a Abs. 3 Satz 1 IfSG; S. 81), Einführung eines Begründungs- und Befristungserfordernisses (§ 28a Abs. 5 IfSG; S. 81 f.), Nachschärfung der Kautelen für besonders eingriffsintensive Maßnahmen (§ 28a Abs. 2 und 4 IfSG; S. 80 f.), Konkretisierung des Verhältnismäßigkeitsgrundsatzes (§ 28a Abs. 6 IfSG; S. 82), Bekräftigung der Notwendigkeit eines Gesamtkonzepts (S. 81 und 82).

[135] So aber *Volkmann*, NJW 2020, 3153 (3157). Ablehnend auch *Greve*, NVwZ 2020, 1786 (1788 f.), unter Verweis vor allem auf Flexibilitätserfordernisse und eine für eine Typisierung noch nicht hinreichend gefestigte Lage.

und auch öffentliche Interessen an der uneingeschränkten Aufrechterhaltung bestimmter unternehmerischer Tätigkeiten."[136]

Freilich verbleibt Optimierungspotential, um die Ermächtigungsgrundlage zu schärfen und damit die parlamentarische Steuerung der Pandemiebekämpfung zu stärken. Überdies hat der Bundestag die Entwicklung zu beobachten und (nach-)steuernd einzugreifen, womit auch nach Verabschiedung des § 28a IfSG ein kontinuierlich zu erfüllender Auftrag an den Gesetzgeber formuliert ist. Dies gilt namentlich mit Blick auf sich verfestigende und zu festigende Entwicklungen, etwa neue Inzidenzmarken (100/200), Kriterien für die Bestimmung des Infektionsgeschehens und Steuerungsimpulse für die weitere Pandemiebekämpfung, etwa hinsichtlich Öffnungsschritten oder der Relevanz von (Schnell-)Testmöglichkeiten.

Nachdem § 28a Abs. 3 Satz 2 und 4 IfSG allgemein auf das Infektionsgeschehen Bezug nimmt und als spezifisches Kriterium lediglich die Sieben-Tage-Inzidenz benennt, empfiehlt sich, die weiteren Parameter zu benennen und auch zur Hierarchisierung der Schutzmaßnahmen in Bezug zu setzen[137]. Erste Konkretisierungen sind mit dem Fortgeltungsgesetz erfolgt. Damit lässt sich auch die Zielbestimmung weiter schärfen. Die Grenzen des Normierbaren sind im Blick zu behalten. Bei der Kriterienauswahl handelt es sich um keine primär juristische Frage, als mögliche Kriterien erwähnt seien die Diffusität oder Lokalisierbarkeit des Infektionsgeschehens, die Rückverfolgbarkeit, der Anstieg der Neuinfektionen (exponentiell?), die Belastung der Ressourcen des Gesundheitssystems, insbesondere auch stationäre und intensivmedizinische Kapazitäten sowie Testkapazitäten und die Anzahl stationär/intensivmedizinisch behandlungsbedürftiger Personen bzw. Todesfälle.[138] Im Übrigen enthält auch § 1 Abs. 7 des österreichischen Bundesgesetzes betreffend vorläufige Maßnahmen zur Verhinderung der Verbreitung von COVID-19 (COVID-19-Maßnahmengesetz – COVID-19-MG)[139] einen entsprechend weiten Kriterienkatalog.[140]

---

[136] Beschlussempfehlung und Bericht des Ausschusses für Gesundheit (14. Ausschuss) vom 16.11.2020, BT-Drs. 19/24334, 82.

[137] Siehe auch *Sangs*, NVwZ 2020, 1780 (1785). Siehe insoweit § 1 Abs. 8 des österreichischen Bundesgesetzes betreffend vorläufige Maßnahmen zur Verhinderung der Verbreitung von COVID-19 (COVID-19-Maßnahmengesetz – COVID-19-MG): „In einer auf Grundlage dieses Bundesgesetzes erlassenen Verordnung können typisierende Abstufungen hinsichtlich der epidemiologischen Situation vorgenommen werden und an unterschiedliche Risikoeinstufungen unterschiedliche Maßnahmen geknüpft werden (‚Ampelsystem').“

[138] Siehe auch § 31a Abs. 1 Satz 3 Kießling-E (Fn. 119).

[139] Abrufbar unter: https://www.ris.bka.gv.at/GeltendeFassung.wxe?Abfrage-Bundesnormen&Gesetzesnummer-20011073 (abgerufen am 21.5.2021).

[140] Diese Bestimmung lautet: „Die Bewertung der epidemiologischen Situation hat insbesondere anhand folgender Kriterien zu erfolgen: 1. Übertragbarkeit, gemessen an neu aufgetretenen COVID-19-Fällen und Clustern, 2. Clusteranalyse, gemessen an der Anzahl der Fälle mit geklärter Quelle, 3. Ressourcen und Kapazitäten im Gesundheitswesen unter Be-

In Betracht zu ziehen ist auch eine Nachschärfung des Stufenmodells, allgemeiner Grundsätze und einzelner Maßnahmen[141]. Hier kann der Deutsche Bundestag – auch jenseits der Frage verfassungsrechtlicher Grenzen – Vorgaben hinsichtlich der Zulässigkeit bzw. Unzulässigkeit einzelner Maßnahmen bzw. bestimmter Ausprägungen derselben aufstellen und damit die Pandemiebekämpfung gestalten. Es ist zu prüfen, ob die einzelnen Stufen etwa mit Blick auf die (grundsätzliche) Zulässigkeit bzw. Unzulässigkeit einzelner Maßnahmen bzw. bestimmter Ausprägungen derselben weiter konkretisiert werden können. Denkbar erscheint, Ausgangsbeschränkungen nur auf höchster Schutzstufe zuzulassen, ebenso Kontaktbeschränkungen, die eine hohe Intensität erreichen (gemessen an Personenzahl und Haushalte). Dabei darf freilich nicht die für die Konkretisierung des Schutzkonzepts notwendige Flexibilität für die Exekutive verloren gehen. In diesem Rahmen könnte auch ein Lockdown („light") typisiert werden. Zur Konturierung der Verordnungsbefugnisse empfiehlt sich auch eine ausdrückliche Normierung bereits jetzt implizit im § 28a IfSG angelegter allgemeiner Grundsätze, wie des Stufenverhältnisses von Untersagung und Einschränkung/Auflagen oder des Vorrangs von Maßnahmen der Gefahrenabwehr.

Auch kommt eine Normierung weiterer entscheidungsleitender, sich teils bereits in der Gesetzesbegründung findender Entscheidungsdirektiven in Betracht, so die Priorisierung von Schule und Kinderbetreuung bzw. die besondere Berücksichtigung des Bildungsauftrags[142] und – darüber hinaus – des Kindeswohls (Art. 6 Abs. 2 GG) oder, vorbehaltlich ihrer infektionsschutzrechtlichen Vertretbarkeit, auch eine Priorisierung einzelner Sektoren, etwa im Bereich Soziales, Kunst oder Kultur, oder von solchen Sektoren, die bislang besonders betroffen waren von den Einschränkungen und ihren Wirkungen. Geregelt werden könnte auch die Frage der Entschädigung bei Betriebsschließungen/-beschränkungen.[143]

3. *Impfpriorisierung, § 20i Abs. 3 SGB V i. V. m. § 20 Abs. 2a IfSG*

Wiederum sei nach einer Skizze des Rahmens der verfassungsrechtlichen Bewertung (a) die Verfassungskonformität der Verordnungsermächtigung des § 20i Abs. 3 SGB V i. V. m. § 20 Abs. 2a IfSG analysiert (b).

---

rücksichtigung der aktuellen Auslastung der vorhandenen Spitalskapazitäten sowie der aktuellen Belegung auf Normal- und Intensivstationen, 4. durchgeführte SARS-CoV-2-Tests samt Positivrate und regionale Besonderheiten wie ein besonderer Zustrom ortsfremder Personen, insbesondere Tourismus- und Pendlerströme."

[141] Siehe hierzu die Vorschläge bei *F. Wollenschläger* (Fn. 28), 36 f., die im Zuge der Gesetzesberatungen teils aufgegriffen wurden.

[142] Siehe insoweit BT-Drs. 19/23944, 32. Ablehnend (hinsichtlich einer Aufnahme in den Katalog des § 28a Abs. 2 IfSG) *Greve*, NVwZ 2020, 1786 (1790).

[143] Für eine Regelungspflicht *Papier*, DRiZ 2020, 180 (183).

a) Rahmen der verfassungsrechtlichen Bewertung

Maßgeblich für den parlamentsgesetzlichen Regelungsbedarf ist nach den skizzierten Anforderungen namentlich die Intensität der Grundrechtsbetroffenheit.[144] Diese ist hoch anzusetzen.[145] So handelt es sich angesichts der allgemeinen Betroffenheit durch das Coronavirus SARS-CoV-2 und der zu erwartenden Nachfrage nach einer Schutzimpfung um eine Regelung, die einen Großteil der Bevölkerung betrifft, und damit um eine Grundrechtsbetroffenheit von erheblicher Breite. Überdies handelt es sich auch um eine Grundrechtsbetroffenheit von erheblicher Tiefe, ist der Impfschutz doch sowohl für Leben und Gesundheit und damit für Schutzgüter von höchstem Verfassungsrang (Art. 2 Abs. 2 Satz 1 GG)[146] relevant als auch – vor dem Hintergrund der Debatte um die Behandlung Geimpfter, die hier nicht vertieft werden soll (siehe nunmehr § 28c IfSG)[147] – für die Ausübung individueller, durch die Maßnahmen der Pandemiebekämpfung empfindlich beschnittener Freiheiten. Hinzu kommt die staatliche Monopolstellung bei der Impfstoffverteilung aufgrund der aktuellen Organisation der Beschaffung.[148] Infrage steht damit nicht nur eine am allgemeinen Gleichheitssatz (Art. 3 Abs. 1 GG) zu messende Verteilungsentscheidung, sondern ein (auch) freiheitsrechtlich fundiertes Teilhaberecht an verfügbaren Impfstoffen (Art. 3 Abs. 1 i. V. m. Art. 2 Abs. 2 Satz 1 GG).[149]

Demgegenüber ist freilich auch zu berücksichtigen, dass zwei Umstände die Bestimmtheitsanforderungen reduzieren. Erstens sind die Verordnungsbefugnisse mit dem Erfordernis einer epidemischen Lage von nationaler Tragweite (§ 5 Abs. 1 IfSG), der Beschränkung auf die Bekämpfung des Coronavirus SARS-CoV-2 (§ 20 Abs. 2a IfSG, § 20i Abs. 3 SGB V) und der zu erwartenden steigenden Impfstoffverfügbarkeit sachlich und zeitlich be-

---

[144] Allgemein für Verteilungskonstellationen *F. Wollenschläger*, Verteilungsverfahren, 2010, 97 f.; ferner *Volkmann*, NJW 2020, 3153 (3158).

[145] Siehe auch *Leisner-Egensperger*, NJW 2021, 202 (203 f.); *Rixen*, Impfschutzrecht, in: Huster/Kingreen (Fn. 103), 5. Kap. Rn. 16.

[146] BVerfGE 39, 1 (42): „Das menschliche Leben stellt, wie nicht näher begründet werden muß, innerhalb der grundgesetzlichen Ordnung einen Höchstwert dar; es ist die vitale Basis der Menschenwürde und die Voraussetzung aller anderen Grundrechte"; ferner E 115, 25 (45); E 153, 182 (270).

[147] Siehe bündig dazu *F. Wollenschläger*, Stellungnahme zum Entwurf eines Vierten Bevölkerungsschutzgesetzes v. 16.4.2021, Ausschussdrs. 19(14)323(21), https://www.bundestag.de/resource/blob/835164/c7062527e14f960fefc4c71a0aa4a164/19_14_0323-21-_ESV-Prof-Dr-Ferdinand-Wollenschlaeger_-viertes-BevSchG-data.pdf (abgerufen am 21.5.2021), 26 f.

[148] Zur Relevanz dieses Aspekts *F. Wollenschläger* (Fn. 144), 97 f.

[149] Grundlegend zum (derivativen) Teilhaberecht *F. Wollenschläger* (Fn. 144), 69 ff.; *ders.*, in: von Mangoldt/F. Klein/Starck/P. M. Huber/Voßkuhle (Hrsg.), Grundgesetz. Kommentar, Bd. 1, 7. Aufl. 2018, Art. 3 Rn. 178 ff. Für dessen Einschlägigkeit in der vorliegenden Konstellation nur *D. Wolff*, DVBl. 2020, 1379 (1382).

grenzt, was die Regelungsintensität mindert.[150] Zweitens und vor allem liegt ein vielgestaltiger und komplexer Lebenssachverhalt vor, bei dem rasche Änderungen der tatsächlichen Verhältnisse absehbar (und eingetreten) sind.[151] Dynamik resultiert zunächst aus Unsicherheiten hinsichtlich der verfügbaren Impfstoffmenge, was für das Ausmaß der Knappheitsproblematik und die Bildung von Untergruppen (Priorisierungsstufen) relevant ist; Selbiges gilt für die Nachfrage, die etwa eine individuelle Risikoeinschätzung aufgrund von Nebenwirkungen beeinflussen kann, wie die Erfahrung zeigt. Dynamik resultiert ferner aus Unsicherheiten hinsichtlich der verfügbaren konkreten Impfstoffe, deren Eigenschaften und Nebenwirkungen wiederum die Eignung zur Verwendung bei bestimmten Personengruppen determinieren; überdies hat das impfstoffabhängige Erfordernis einer Folgeimpfung und ihre – Unsicherheiten unterliegende – Terminierung Auswirkungen auf die verfügbare Impfstoffmenge. Des Weiteren können neue Erkenntnisse hinsichtlich des Risikos eines schweren oder tödlichen Krankheitsverlaufs nach einer Coronavirus SARS-CoV-2-Infektion eine Modifikation der Priorisierung fordern. Auch dynamische Entwicklungen im Infektionsgeschehen, auch aufgrund von Mutationen, können eine rasche Nachjustierung fordern, so bei besonderer sektorieller Betroffenheit, etwa im Gesundheitswesen, oder regionalen Hotspots (was sich überdies in Sonderkontingenten niedergeschlagen hat). Auch die von der Exekutive zu verabschiedenden Pandemiebekämpfungsmaßnahmen können Nachjustierungen im Bereich der Impfpriorisierung nach sich ziehen, etwa die Öffnung von Schulen und Kindertagesbetreuungseinrichtungen eine Priorisierung des dort tätigen Personals.

---

150 Siehe auch *Leisner-Egensperger*, NJW 2021, 202 (205).

151 Siehe dazu und zum Folgenden im hiesigen Kontext *Kießling*, Stellungnahme zum Entwurf eines Coronavirus-Impfgesetzes v. 7.1.2021, Ausschussdrs. 19(14)263(5), https://www.bundestag.de/resource/blob/816300/284afb8aec1a0af82510ce260e1cf47b/19_14_0263-5-_ESV-Dr-Andrea-Kiessling-_Impfstrategie-data.pdf (abgerufen am 21.5.2021), 3; *Klafki*, Verteilungsfragen im regulativen Umgang mit Risiken und Katastrophen am Beispiel der Impfmittelvergabe in Pandemien, in: Pünder (Hrsg.), Risiko und Katastrophe als Herausforderung für die Verwaltung, 2016, 105 (118 f.); *Leisner-Egensperger*, Stellungnahme zum Entwurf eines Coronavirus-Impfgesetzes v. 6.1.2021, Ausschussdrs. 19(14)263(1), https://www.bundestag.de/resource/blob/815956/34df43897a9cee75891804dfc747b039/19_14_0263-1-_ESV-Prof-Dr-Anna-Leisner-Egensperger_Impfstrategie-data.pdf (abgerufen am 21.5.2021), 11 ff.; *dies.*, NJW 2021, 202 (204). Vgl. mit Blick auf Maßnahmen der Pandemiebekämpfung OVG Berlin-Brandenburg, Beschl. v. 4.11.2020, OVG 11 S 101/20, juris, Rn. 31; OVG Münster, Beschl. v. 18.8.2020, 13 B 847/20.NE, juris, Rn. 83; OVG Weimar, Beschl. v. 3.7.2020, 3 EN 391/20, juris, Rn. 39; *Brocker*, NVwZ 2020, 1485 (1486). Aspekte „der Flexibilität und Normierungsfähigkeit […] dagegen eher [für] von untergeordneter Bedeutung" erachtend *Taupitz*, MedR 2020, 440 (442).

b) Verfassungsrechtliche Bewertung der Neuregelung

Der Gesetzentwurf regelt für die aufgrund der aktuellen Impfstoffknappheit erforderliche Priorisierung der Coronavirus SARS-CoV-2-Schutzimpfung wesentliche Aspekte.[152] So sieht § 20i Abs. 3 SGB Satz 4 SGB V zunächst eine explizite Befugnis zu einer Priorisierungsregelung vor, sollten Impfstoffe nur beschränkt zur Verfügung stehen. Des Weiteren definiert § 20i Abs. 3 Satz 5 SGB V Priorisierungskriterien – Alter, Gesundheitszustand, behinderungs-, tätigkeits- oder aufenthaltsbedingtes Expositionsrisiko sowie Systemrelevanz in zentralen staatlichen Funktionen, Kritischen Infrastrukturen oder zentralen Bereichen der Daseinsvorsorge. Schließlich legt § 20a Abs. 2a Satz 1 IfSG Impfziele[153] fest, deren Maßgeblichkeit für die Priorisierungsentscheidung § 20a Abs. 2a Satz 2 IfSG und § 20i Abs. 3 Satz 4 2. HS SGB V anordnen. Diese zu berücksichtigenden Ziele sind (1.) die Reduk-

---

[152] Bezweifelt wird, ob dies auch für die die mit dem Dritten Bevölkerungsschutzgesetz eingeführte Regelung des § 20i Abs. 3 Satz 2 Nr. 1 lit. a und Nr. 2 SGB V a. F. galt, auf deren Grundlage das Bundesministerium für Gesundheit die Verordnung zum Anspruch auf Schutzimpfung gegen das Coronavirus SARS-CoV-2 (Coronavirus-Impfverordnung – CoronaImpfV) erlassen hat (aktuelle Fassung vom 1.6.2021, BAnz AT 2.6.2021 V2, zuletzt geändert durch Art. 1 der Verordnung vom 13.7.2021, BAnz AT 14.7.2021 V1), die auch die Frage der Priorisierung regelt (§§ 1 ff.). § 20i Abs. 3 Satz 2 Nr. 1 lit. a SGB V a. F. normierte als parlamentsgesetzliche Vorgabe lediglich, dass ein Anspruch Versicherter auf „Schutzimpfung gegen das Coronavirus SARS-CoV-2 insbesondere dann [besteht], wenn sie aufgrund ihres Alters oder Gesundheitszustandes ein signifikant erhöhtes Risiko für einen schweren oder tödlichen Krankheitsverlauf haben, wenn sie solche Personen behandeln, betreuen oder pflegen oder wenn sie in zentralen Bereichen der Daseinsvorsorge und für die Aufrechterhaltung zentraler staatlicher Funktionen eine Schlüsselstellung besitzen". Diese Ermächtigungsgrundlage nicht für ausreichend erachtend die Stellungnahmen zum Entwurf eines Coronavirus-Impfgesetzes im Rahmen der Anhörung des Ausschusses für Gesundheit des Deutschen Bundestages am 13.1.2021 von *Kießling* (Fn. 151), 3 ff., *Kingreen*, Ausschussdrs. 19(14)263(2), https://www.bundestag.de/resource/blob/816166/b8b83384c79aa15f3ea4142bc628dc21/19_14_0263-2-_ESV-Prof-Dr-Thorsten-Kingreen_Impfstrategie-data.pdf (abgerufen am 21.5.2021), 2 ff., und *Leisner-Egensperger* (Fn. 151), 3 ff. Siehe des Weiteren *dies.*, NJW 2021, 202 (205 f.). Die Verwaltungsgerichtsbarkeit hat die Frage der hinreichend bestimmten Ermächtigungsgrundlage bislang im Eilrechtsschutz offen gelassen – siehe VG Berlin, Beschl. v. 29.1.2021, VG 14 L 33/21, BeckRS 2021, 877, Rn. 31; VG Dresden, Beschl. v. 29.1.2021, 6 L 42/21, BeckRS 2021, 859, Rn. 21; VG Frankfurt a. M., Beschl. v. 29.1.2021, 5 L 182/21.F, juris, Rn. 13; VG Gelsenkirchen, Beschl. v. 11.1.2021, 20 L 1812/20, BeckRS 2021, 58, Rn. 39; VG Hannover, Beschl. v. 25.1.2021, 15 B 269/21, BeckRS 2021, 627, Rn. 19; LSG Niedersachsen-Bremen, Beschl. v. 2.2.2021, L 5 SV 1/21 B ER, BeckRS 2021, 888, Rn. 15 –, wobei das VG Dresden (a. a. O.) Zweifel angemeldet hat, wohingegen das VG Berlin (a. a. O., Rn. 32 ff.) einen Verstoß gegen den Wesentlichkeitsgrundsatz bei summarischer Prüfung verneint hat. Ebenfalls für die Verfassungskonformität *Ludwigs*, DVBl. 2021, 353 (360).

[153] Impfziele sind mit *D. Wolff*, DVBl. 2020, 1379 (1381), „die Erwägungen, an denen sich die Verteilungskriterien ausrichten". Sie geben – so *Klafki* (Fn. 151), 105 (120) – „die wertungsbezogene Grundentscheidung" vor, „wie etwa primär die Reduktion der Gesamtmortalität und sekundär die Reduktion der individuellen Krankheitslast". Siehe ferner *Kießling* (Fn. 151), 3 f.

tion schwerer oder tödlicher Krankheitsverläufe, (2.) die Unterbindung einer Transmission des Coronavirus SARS-CoV-2, (3.) der Schutz von Personen mit besonders hohem Risiko für einen schweren oder tödlichen Krankheitsverlauf, (4.) der Schutz von Personen mit besonders hohem behinderungs-, tätigkeits- oder aufenthaltsbedingtem Infektionsrisiko und (5.) die Aufrechterhaltung zentraler staatlicher Funktionen, von Kritischen Infrastrukturen, von zentralen Bereichen der Daseinsvorsorge und des öffentlichen Lebens.

Priorisierungskriterien und Impfziele geben dem Verordnungsgeber zunächst vor, aufgrund welcher Merkmale Personen prioritär zu impfen sind, etwa wenn ein bestimmtes Alter oder ein bestimmter Gesundheitszustand (Priorisierungskriterien) ein Risiko für schwere oder tödliche Krankheitsverläufe (Impfziel) nach sich ziehen. Überdies ermöglichen sie eine Binnendifferenzierung: So implizieren die Kriterien Alter und Gesundheitszustand, bezogen auf das Ziel einer Reduktion schwerer oder tödlicher Krankheitsverläufe, eine (kriteriumsimmanente) gestufte Priorisierung nach alters- und gesundheitszustandsbedingtem Risiko; auch entsprechende Annexpriorisierungen wären hiervon gedeckt, namentlich von Personen, die entsprechend gefährdete Personen betreuen, behandeln oder pflegen. Ebenso impliziert das Kriterium tätigkeitsbedingtes SARS-CoV-2-Expositionsrisiko, bezogen auf das Ziel, Personen mit besonders hohem tätigkeitsbedingtem Infektionsrisiko zu schützen, Abstufungen nach dessen Ausmaß. Auch das Kriterium der Systemrelevanz ist Abstufungen zugänglich.

Damit ist der vom Bundesverfassungsgericht in seinem Beschluss vom 19.12.2017 erhobenen Forderung, dass „die Auswahlkriterien ihrer Art nach durch den demokratisch legitimierten Gesetzgeber selbst bestimmt werden" müssen,[154] Rechnung getragen, ebenso wie der im Schrifttum für geboten, aber auch ausreichend erachteten Festlegung der Verteilungskriterien und Verteilungsziele.[155] Gleichzeitig berücksichtigt der Gesetzentwurf durch den Verzicht auf eine Vollregelung und die Delegation der Konkretisierung an den Verordnungsgeber die skizzierte Dynamik des Lebenssachverhalts.

Fraglich erscheint, ob darüber hinaus die Festlegung eines Rangverhältnisses zwischen den unterschiedlichen Kriterien notwendig ist, wie es das Bundesverfassungsgericht noch in seiner älteren Entscheidung zur Studienplatz-

---

[154] BVerfGE 147, 253 (310; ferner 321 f.).

[155] *Kießling* (Fn. 151), 3 f., 7; *Klafki*, Stellungnahme zum Entwurf eines Dritten Gesetzes zum Schutz der Bevölkerung bei einer epidemischen Lage von nationaler Tragweite v. 10.11.2020, Ausschussdrs. 19(14)246(9), https://www.bundestag.de/resource/blob/805568/07051b199add717e04d7cca843c3de48/19_14_0246-9-_ESV-prof-Dr-Klafki-3-BevSchG-data.pdf (abgerufen am 21.5.2021), 10; *D. Wolff*, DVBl. 2020, 1379 (1381). Offener („zumindest die wesentlichen Kriterien für die Verteilung") Wissenschaftliche Dienste des Deutschen Bundestags, Notwendigkeit einer gesetzlichen Regelung für die Priorisierung bestimmter Bevölkerungsgruppen bei der Verteilung eines Impfstoffs gegen COVID-19, Ausarbeitung WD 3-3000-271/20 v. 4.12.2020, 12.

vergabe vom 18.7.1972 – nicht mehr aber in seiner jüngsten Entscheidung vom 19.12.2017[156] – gefordert hat[157] und wie es auch einzelne Stimmen im Schrifttum für die Impfpriorisierung anmahnen[158], und bejahendenfalls in welcher Schärfe. Richtig ist, dass der Gesetzgeber die Priorisierung, anders als §§ 1 ff. der Corona-Impfverordnung, nicht durch eine Gruppenbildung geregelt hat; die Steuerung erfolgt lediglich grob, nämlich über die Vorgabe von nicht hierarchisierten (und damit allesamt zu berücksichtigen) Impfzielen. Dies impliziert ein differenziertes Schutzkonzept. Die verbleibenden Spielräume können indes namentlich aufgrund der Dynamik des vielgestaltigen und komplexen Sachverhalts gerechtfertigt werden; hierin liegt auch ein entscheidender Unterschied zur Vergabe von Studienplätzen, die überdies ein seit Jahrzehnten diskutiertes und in der Rechtspraxis entfaltetes Verteilungsregime darstellt[159].

Der Gesetzentwurf verzichtet, wie der Wortlaut „insbesondere" (§ 20 Abs. 2a Satz 5 SGB V) erhellt, auf eine abschließende Festlegung der Verteilungskriterien. Damit ist dem Verordnungsgeber kein den Bestimmtheitsanforderungen des Art. 80 Abs. 1 Satz 2 GG und der Wesentlichkeitslehre widersprechendes freies „Kriterienerfindungsrecht"[160] eingeräumt, vielmehr erfordert der dynamische Lebenssachverhalt eine gewisse Offenheit, wobei die vorgegebenen Impfziele (und auch das Gebot einer restriktiven Auslegung) den Regelungsspielraum einhegen. Hierauf lassen sich etwa (flankierend) die Priorisierung von engen Kontaktpersonen oder Sonderkontingente für Hotspots stützen.

Mit Blick auf das Verfahren der Impfstoffverteilung sei schließlich auf das aus der prozeduralen Dimension des Teilhabeanspruchs folgende Gebot einer Verfahrensgestaltung verwiesen, die eine teilhaberechtskonforme Verteilung sichert; der Gesetzesvorbehalt erstreckt sich auch auf diese Verfahrensdimension der Grundrechte.[161] Daraufhin ist die Impfstoffverteilung zu analysieren.[162] Ab einer gewissen Erheblichkeitsschwelle ist etwa durch Mechanismen wie Telefon- oder Wartelisten auf eine der Priorisierung widersprechende Verwertung von Impfstoffresten zu reagieren, wobei das

---

156 Siehe BVerfGE 147, 253 (LS 3; 310; 321 f.).

157 BVerfGE 33, 303 (345 f.).

158 *Kingreen* (Fn. 152), 8, 12. Vgl. auch *Witte*, Recht und Gerechtigkeit im Pandemiefall, 2013, 182 ff. (allgemein auch 147 ff.): Gesetzliche Regelung der fixen Parameter wie unbedingter Vorrang des Gesundheitspersonals, Delegation nur hinsichtlich variabler Faktoren wie Risikogruppen. Nicht erwähnt demgegenüber bei *Klafki*, Stellungnahme zum Entwurf eines Dritten Bevölkerungsschutzgesetzes (Fn. 155), 10.

159 Siehe hierzu *F. Wollenschläger* (Fn. 144), 354 ff.

160 BVerfGE 147, 253 (310).

161 BVerfGE 73, 280 (296); E 82, 209 (227); E 86, 28 (41); E 147, 253 (309); BVerwGE 51, 235 (238 ff.); *F. Wollenschläger* (Fn. 144), 38 ff., 71, 82 ff. (Verfahrensdimension), 98 (Gesetzesvorbehalt).

162 Solche indes dem Verordnungsgeber überantwortend *Kießling* (Fn. 151), 4.

Ausmaß der Problematik auch über den Regelungsstandort entscheidet;[163] Selbiges gilt mit Blick auf etwaige Zugangsprobleme etwa aus Gründen der Transparenz oder die Priorisierung von Personen, die einen bestimmten Impfstoff verweigern.

V. Ergänzende Mechanismen der Legitimationserhöhung

Angesichts der weit reichenden, teils verfassungsrechtlich brisanten Einräumung exekutiver Rechtsetzungsbefugnisse seien in einem weiteren Abschnitt flankierende Mechanismen der Legitimationserhöhung reflektiert. Zunächst seien verfassungspolitische Erwägungen angestellt, die die Delegationsfrage determinieren (1.), und sodann die Beteiligung des Bundestages an der exekutiven Rechtsetzung qua Informations- und Mitwirkungsrechten erörtert (2.), ebenso wie prozedurale Sicherungen (3.) und eine Einbeziehung der Landesparlamente (4.).

1. Verfassungspolitisch zu verantwortende Delegationsentscheidung

Das Grundgesetz kennt – auch in Krisenzeiten – kein originäres Rechtsetzungsrecht der Exekutive. Vielmehr beruht die Möglichkeit exekutiver Rechtsetzung auf einer Delegation durch den Gesetzgeber. Dieser hat auch jenseits letzter verfassungsrechtlicher Grenzen verfassungspolitisch zu entscheiden, ob und inwieweit eine Delegation von Gesetzgebungsbefugnissen erfolgen soll. Hierbei erscheint – neben der grundsätzlichen Positionierung hinsichtlich der Verteilung von Rechtsetzungskompetenzen zwischen Parlament und Exekutive allgemein und auch in Krisensituationen – eine Bewertung des Bedürfnisses nach Flexibilisierung von Bedeutung (Flexibilitätswahrungsfunktion des Verordnungserlasses), mithin nach der durch die Delegation ermöglichten „beschleunigte[n], kurzfristige[n] Anpassung des Rechts an sich ändernde Verhältnisse".[164] Wenn mit Blick auf diese Beschleunigungsfunktion betont wird, dass auch im parlamentarischen Gesetzgebungsverfahren rasch entschieden werden könne,[165] ist dies im Grundsatz

---

[163] Siehe für eine derartige Forderung etwa die Vorsitzende des Deutschen Ethikrates, *A. Buyx*, abrufbar unter: https://www.deutschlandfunk.de/coronavirus-ethikratsvorsitzende-fordert-regelung-fuer.2932.de.html?drn:news_id=1229644 (abgerufen am 21.5.2021); *Kingreen*, Stellungnahme zum Entwurf eines Fortgeltungsgesetzes v. 15.4.2021, Ausschussdrs. 19(14)323(19), https://www.bundestag.de/resource/blob/835086/141e8c66a95c14a9d9def23da8d9a06a/19_14_0323-19-_ESV-Prof-Dr-Thorsten-Kingreen_-viertes-BevSchG-data.pdf (abgerufen am 21.5.2021), 9 f.

[164] *H. Bauer* (Fn. 63), Art. 80 Rn. 12.

[165] *Gärditz/Abdulsalam*, GSZ 2020, 108 (110).

richtig, was im hiesigen Kontext etwa das Erste und Vierte Bevölkerungsschutzgesetz belegen; wendet man dies gegen ein Delegationsbedürfnis,[166] ist freilich auch zu berücksichtigen, dass beschleunigte Gesetzgebungsverfahren mit dem Ziel einer umfassenden Erörterung konfligieren können, was ebenfalls bei der Kompetenzabgrenzung zu berücksichtigen ist[167]. Hinzu kommt die Entlastungsfunktion einer Delegation, mithin das Anliegen, „den parlamentarischen Gesetzgeber von Detailarbeit [zu] entlasten [und] ihm dadurch die Möglichkeit [zu] eröffnen, sich auf die wirklich wichtigen grundlegenden Vorhaben zu konzentrieren".[168]

Vor dem Hintergrund einer kontroversen und mitunter schwierigen verfassungsrechtlichen Bewertung ist ferner das Prozessrisiko, nämlich die Angreifbarkeit des Verordnungsrechts schon aus formellen Gründen, in Betracht zu ziehen. Hinzu kommt ein damit zusammenhängender Aspekt der Rechtssicherheit, nämlich dass für Verordnungsrecht, anders als für Parlamentsgesetze, das Verwerfungsmonopol des Bundesverfassungsgerichts (Art. 100 Abs. 1 GG) nicht greift, die Verwaltungsgerichtsbarkeit für (verfassungs-)rechtswidrig erachtete untergesetzliche Normen mithin im Einzelfall verwerfen darf. Im Pandemiekontext relativiert ist dieser Aspekt freilich dadurch, dass sich Rechtsschutz (zunächst) im Eilverfahren abspielt, in dem aus Gründen des effektiven Rechtsschutzes von einer Vorlage abgesehen werden kann.[169] Umgekehrt ist freilich auch zu berücksichtigen, dass mit einer Parlamentarisierung eine weitgehende[170] Rechtsschutzkonzentration beim Bundesverfassungsgericht einhergeht, woran sich im Kontext des Vierten Bevölkerungsschutzgesetzes mit seiner Anordnung von Pandemiebekämpfungsmaßnahmen bei hochgradigem Infektionsgeschehen unmittelbar durch Parlamentsgesetz (§ 28b IfSG) der – im Ergebnis indes nicht überzeugende – Einwand einer Verletzung des Gebots effektiven Rechtsschutzes entzündet hat[171]. Ferner ist die Ausnahmeregelungen innewohnende Gefahr einer Ver-

---

166 Zweifelnd an einem solchen Bedürfnis im Vergleich zum regulären Gesetzgebungsverfahren *Gärditz/Abdulsalam*, GSZ 2020, 108 (110); *Gärditz/C. Möllers*, FAZ Nr. 73 v. 26.3.2020, 6; *Meinel/C. Möllers*, FAZ Nr. 68 v. 20.3.2020, 9.

167 Siehe zur „deliberative[n] Qualität" der Parlamente in Abgrenzung zur „Arbeitsweise der Regierung" *Marschall*, APuZ 38/2020, 11 (12).

168 *H. Bauer* (Fn. 63), Art. 80 Rn. 12.

169 Hierzu und zu den umstrittenen Details *F. Wollenschläger*, in: Gärditz, VwGO, § 123 Rn. 31 ff.

170 Vgl. zur Möglichkeit einer (verwaltungsgerichtlichen) Feststellungsklage BVerwGE 136, 54; NVwZ 2017, 791 (791); OVG Münster, NVwZ-RR 2018, 43 (44); *Greve/Lassahn*, NVwZ 2021, 665 (669 f.).

171 Siehe dazu und gegen eine Verletzung der Rechtsschutzgarantie *F. Wollenschläger* (Fn. 147), 11 ff. Kritisch dagegen *C. Möllers*, Stellungnahme zum Entwurf eines Vierten Bevölkerungsschutzgesetzes v. 16.4.2021, Ausschussdrs. 19(14)323(2), https://www.bundestag.de/resource/blob/834614/9ace24a12b228c12a677f4b05aec4865/19_14_0323-2-_Prof-Dr-Moellers_-viertes-BevSchG-data.pdf (abgerufen am 21.5.2021), 1 f., 3 ff.

stetigung im Blick zu behalten. Bei der Einräumung von Ausnahme- und Abweichungsbefugnissen ist schließlich die Gefahr einer der Rechtssicherheit abträglichen Gemengelage von Parlamentsgesetzen und Verordnungsrecht zu berücksichtigen; dem kann durch die Herstellung von Transparenz entgegengewirkt werden, etwa durch ein Verzeichnis der erlassenen abweichenden Regelungen[172].

2. Beteiligung des Bundestages an der exekutiven Rechtsetzung qua Informations- und Mitwirkungsrechten

Selbst bei weiterer Schärfung der exekutiven Handlungsermächtigung ist der Deutsche Bundestag nicht in den Verordnungserlass und damit etwa die Verabschiedung des konkreten Schutzkonzepts eingebunden. Dies kann bei weit reichenden Einschränkungen bzw. bei bundesweit als einheitlich angestrebten Maßnahmen wünschenswert erscheinen.[173]

Eine Delegation von Rechtsetzungskompetenzen an die Exekutive schließt nicht aus, dass sich der Deutsche Bundestag eine Beteiligung an der exekutiven Rechtsetzung sichert. Diese kann von bloßen Unterrichtungspflichten bis hin zu Zustimmungs-, Aufhebungs- und Änderungsvorbehalten reichen.[174] Im Grundgesetz ist diese Möglichkeit nicht explizit vorgesehen; sie hat indes sowohl in der Staatspraxis als auch in der verfassungsgerichtlichen Rechtsprechung als auch in weiten Teil des Schrifttums[175] Anerkennung gefunden.

Der Vorteil[176] einer Parlamentsbeteiligung im Kontext des Verordnungserlasses besteht darin, dass sie dessen demokratische Legitimation erhöht

---

172 Siehe für eine entsprechende Forderung *Leisner-Egensperger* (Fn. 94), 13f.; siehe ferner die Auflistung auf der Homepage des Bundesministeriums für Gesundheit (Fn. 35).

173 Siehe dazu etwa den Gesetzentwurf der Fraktion der FDP – Entwurf eines Gesetzes zur Stärkung des Parlaments in epidemischen Lagen von nationaler Tragweite vom 26.1.2021, BT-Drs. 19/26179; Änderungsantrag der Fraktion BÜNDNIS 90/DIE GRÜNEN im 6. und im 14. Ausschuss, Ausschussdrs. 19(14)162.1 (Art. 1 Nr. 3 lit. c); *H. Dreier*, DÖV 2021, 229 (242f.); *Martini/Thiessen/Ganter*, NJOZ 2020, 929 (931). Vgl. allgemein auch *A. Schwerdtfeger*, Krisengesetzgebung, 2018, 303ff., 343ff.

174 Siehe im Überblick *H. Bauer* (Fn. 63), Art. 80 Rn. 28; *Schwanengel*, Einwirkungen der Landesparlamente auf die Normsetzung der Exekutive, 2002, 38ff.; *Uhle* (Fn. 83), Art. 80 Rn. 54.

175 Zu deren (umstrittener) verfassungsrechtlicher Zulässigkeit im Überblick nur *H. Bauer* (Fn. 63), Art. 80 Rn. 30f.; *Schwanengel* (Fn. 174), 60ff.; *Schwerdtfeger* (Fn. 173), 309ff.; *Uhle* (Fn. 83), Art. 80 Rn. 55ff. Siehe zur grundsätzlichen Zulässigkeit von Zustimmungsvorbehalten BVerfGE 8, 274 (321), mit Anforderung eines legitimen Interesses; ferner BayVerfGH, Entscheidung v. 17.7.2018, Vf. 28-IX-18, juris, Rn. 100.

176 Siehe hierzu und zum Folgenden bereits *F. Wollenschläger*, BayVBl. 2021, 541 (546f.); *ders.*, Stellungnahme im Kontext der Anhörung des Ausschusses für Verfassung, Recht, Parlamentsfragen und Integration des Bayerischen Landtags am 22.4.2021 zum Thema „Die Ent-

und dem Parlament Einfluss- und Kontrollmöglichkeiten eröffnet. Überdies ermöglicht sie eine öffentliche, unterschiedliche Positionen und Lösungsmöglichkeiten sichtbar machende Debatte unter Beteiligung der Opposition, womit zugleich eine Integrationsleistung erbracht und die Akzeptanz der Entscheidung erhöht wird[177]. Ferner lassen sich auch (weite) exekutive Regelungsspielräume einhegen. Dies ist gerade bei den im Kontext der Pandemiebekämpfung infrage stehenden Grundrechtseingriffen von erheblicher Breite, Dauer und Tiefe von besonderer Bedeutung.

Das Ausmaß des Einflusses hängt vom gewählten Modell ab, naturgemäß implizieren Zustimmungs-, Aufhebungs- und Änderungsvorbehalte größere unmittelbare Einflussmöglichkeiten als Unterrichtungs- und Erörterungspflichten. Über Änderungs- und (Teil-)Aufhebungsvorbehalte vermag das Parlament überdies unmittelbar den Inhalt feinzusteuern, wohingegen ein Zustimmungs- und (Voll-)Aufhebungsvorbehalt unmittelbar lediglich eine Grobsteuerung ermöglicht. Hiervon zu unterscheiden sind mit allen Mechanismen einhergehende mittelbare Einflussmöglichkeiten im Schatten der Interventionsbefugnisse, birgt bereits die Möglichkeit ihrer Realisierung doch Einflussmöglichkeiten auf das Handeln der Regierung. Hierbei ist freilich auch zu berücksichtigen, dass die Parlamentsmehrheit die Regierung trägt, was die Ausübung von Änderungs-, vor allem aber Aufhebungs- und Zustimmungsvorbehalten beeinflussen kann, gerade auf zentralen Politikfeldern wie der Pandemiebekämpfung. Schließlich können Vetopositionen eine Sachregelung verhindern, ohne Alternativen unterbreiten zu müssen, was auch mit den bundesgesetzlich vorgesehenen Handlungspflichten konfligieren kann.[178]

Trotz der mit einer Parlamentsbeteiligung einhergehenden Stärkung von Legitimation, Einfluss und Kontrolle sowie Transparenz und Öffentlichkeit ist zu betonen, dass bei Vorliegen einer verfassungskonformen Ermächtigungsgrundlage das verfassungsrechtlich geforderte Legitimationsniveau gesichert ist; Einfluss und Kontrolle übt das Parlament im Kontext der Schaffung der Verordnungsermächtigung aus, wobei auch Öffentlichkeit hergestellt wird. Hinzu kommt, dass die Verfassungsgerichtsbarkeit die Legitimationswirkung zurückhaltend beurteilt und namentlich eine Absenkung von Bestimmtheitsanforderungen selbst bei Zustimmungsvorbehalt verneint, womit Steuerungsdefizite hinsichtlich der Ermächtigungsgrundlage nicht

---

scheidungsfindung bei der Bekämpfung der COVID-19-Pandemie transparenter und demokratischer gestalten", unveröffentlicht, Teil des Protokolls des Ausschusses für Verfassung, Recht, Parlamentsfragen und Integration des Bayerischen Landtags, 53. Sitzung am 22.4.2021.

[177] Siehe hierzu *Heinig*, Parlamentarismus in der Pandemie: Beobachtungen und Thesen, VerfBlog, 2020/11/25, https://verfassungsblog.de/parlamentarismus-in-der-pandemie/ (abgerufen am 14.6.2021), 5.

[178] Siehe auch *Klafki*, NVwZ 2020, 1718 (1721).

durch eine Parlamentsbeteiligung am Verordnungserlass kompensiert werden können.[179] Des Weiteren und vor allem ist im Blick zu behalten, dass eine Parlamentsbeteiligung mit dem Flexibilisierungs-, Entlastungs- und Beschleunigungsziel einer Delegation konkurrieren kann, was jedenfalls für eine Eilkompetenz der Regierung spricht (anders als im Entwurf vorgesehen[180] nicht enthalten in § 28b Abs. 6 und § 28c IfSG). Ferner ist die Frage der Klarheit der Verantwortungsverteilung bei Zusammenwirken mehrerer Gewalten zu bedenken.[181]

Eine Beteiligungsregelung kannte im Übrigen die Regelung des Art. 48 Abs. 3 WRV im Kontext des Notverordnungsrechts des Reichspräsidenten (Art. 48 Abs. 2 WRV): „Von allen gemäß Abs. 1 oder Abs. 2 dieses Artikels getroffenen Maßnahmen hat der Reichspräsident unverzüglich dem Reichstag Kenntnis zu geben. Die Maßnahmen sind auf Verlangen des Reichstags außer Kraft zu setzen."

Die mit dem Vierten Bevölkerungsschutzgesetz eingeführten Verordnungsbefugnisse zugunsten der Bundesregierung für ergänzende Regelungen bei Überschreitung des auch für die Notbremse maßgeblichen Schwellenwerts von 100 (§ 28b Abs. 6 IfSG) und für Erleichterungen oder Ausnahmen für Geimpfte, (negativ) Getestete und vergleichbare Personen (§ 28c IfSG) sehen einen Zustimmungsvorbehalt zugunsten des Bundestages vor (siehe § 28b Abs. 6 Satz 2 bzw. § 28c Satz 2 IfSG). Eine Beteiligung des Bundestages kann auch unterhalb der Schwelle förmlicher Zustimmungsrechte erfolgen. So sieht etwa § 5 Abs. 1 Satz 5 IfSG eine Pflicht der Bundesregierung vor, „den Deutschen Bundestag regelmäßig mündlich über die Entwicklung der epidemischen Lage von nationaler Tragweite" zu unterrichten.

---

[179] BVerfGE 8, 274 (322 f.); Beschl. v. 24.3.2021, 1 BvR 2656/18, Rn. 265; BayVerfGHE 7, 113 (121 f.); E 37, 59 (69); Entscheidung v. 17.7.2018, Vf. 28-IX-18, juris, Rn. 101 f. Ebenso *Brechmann* (Fn. 83), Art. 55 Rn. 18; *H. Dreier*, DÖV 2021, 229 (243); *Schwanengel* (Fn. 174), 98 ff. m. w. N. auch zur Gegenauffassung; ferner *Brocker*, NVwZ 2020, 1485 (1487 f.); *Ludwigs*, DVBl. 2021, 353 (359 m. Fn. 100) – demgegenüber eine Handlungspflicht der (Landes-)Parlamente bejahend – unter pauschalem Verweis auf die Grundrechtsrelevanz und ohne Diskussion der vorstehend zitierten Rechtsprechung – *Kluckert*, DVBl. 2021, 96 (99 f.); *Pautsch/Haug*, NJ 2020, 281 (285 f.).

[180] Siehe die Zustimmungsfiktion in § 28b Abs. 6 Satz 4 i. d. F. des Entwurfs eines Vierten Gesetzes zum Schutz der Bevölkerung bei einer epidemischen Lage von nationaler Tragweite, BT-Drs. 19/28444, 5; eine solche befürwortend *F. Wollenschläger* (Fn. 147), 32. Zur Streichung Beschlussempfehlung des Ausschusses für Gesundheit (14. Ausschuss) vom 19.4.2021, BT-Drs. 19/28692, 11 [b)ee)bbb)], und Bericht des Ausschusses für Gesundheit (14. Ausschuss) vom 20.4.2021, BT-Drs. 19/28732, 20: „Die bisher vorgesehene Zustimmungsfiktion kann im Hinblick auf die jetzt vorgesehene Befristung der Norm (§ 28b Absatz 10 – neu –) entfallen."

[181] Siehe *Heinig*, Parlamentarismus in der Pandemie: Beobachtungen und Thesen, VerfBlog, 2020/11/25, https://verfassungsblog.de/parlamentarismus-in-der-pandemie/ (abgerufen am 14.6.2021), 4.

3. Prozedurale Sicherungen

Zur Gewährleistung eines Grundrechtsschutzes (auch) durch Verfahren können, wie im Rahmen der Expertenanhörung zu § 28a IfSG u. a. vom Autor gefordert[182] und sodann im Zuge der Gesetzesberatungen aufgegriffen, prozedurale Sicherungen normiert werden, namentlich eine Begründungs- und Konzeptpflicht (a) sowie ein Befristungserfordernis nebst Evaluierungs- und Korrekturpflicht (b). Derartige prozedurale Kautelen wirken überdies spielraumreduzierend und entschärfen damit weite materielle Spielräume der Exekutive. Schließlich pluralisierte eine Delegation an die Bundesregierung als Kollegialorgan statt an einen einzelnen Bundesminister, was Art. 80 Abs. 1 Satz 1 GG in das Ermessen des Gesetzgebers stellt, die fachlichen Perspektiven auf den Regelungsgegenstand,[183] womit eine entsprechende Zuständigkeitszuweisung Grundrechtsschutz durch Organisation gewährt.

a) Begründungs- und Konzeptpflicht

Eine Begründung staatlicher Entscheidungen erläutert, wie andernorts herausgearbeitet,[184] deren Inhalt sowie die für sie maßgeblichen Gründe und vermag so nicht nur deren Akzeptanz sowie Legitimation zu befördern, sondern gleichzeitig eine Basis für deren (gerichtliche) Kontrolle zu schaffen. Indem das Begründungserfordernis die Exekutive zudem zu einer reflektierten und damit rationalen Entscheidungsfindung anhält sowie eine Selbstkontrolle verlangt, dient es zugleich der Herstellung einer den materiell-rechtlichen Vorgaben entsprechenden Entscheidung und damit dem Grundrechtsschutz durch Verfahren; zugleich hegt dies Entscheidungsspielräume der Verwaltung ein. Daher kann sich die Statuierung eines Begründungserfordernisses für Rechtsverordnungen, das für diese Handlungsform, anders als für Verwaltungsakte (siehe §/Art. 39 VwVfG) nicht generell vorgesehen ist (vgl. Art. 80 GG),[185] empfehlen. Bei der Bestimmung der Anforderungen ist der Notwendigkeit einer raschen Entscheidungsfindung Rechnung zu tragen.

---

[182] *F. Wollenschläger* (Fn. 28), 31 f.

[183] *Gärditz/Abdulsalam*, GSZ 2020, 108 (110); *Heinig/Kingreen/Lepsius/C. Möllers/Volkmann/Wißmann*, JZ 2020, 861 (870); *Lepsius*, RuP 2020, 258 (269 ff.) – insgesamt indes restriktiv zum Grundrechtsschutz bei exekutiven Entscheidungen; *F. Schmitt*, NJW 2020, 1626 (1629).

[184] Hierzu und zum Folgenden *F. Wollenschläger* (Fn. 144), 584 f.; siehe zu den Funktionen der Begründung ferner *Kischel*, Die Begründung, 2003, 39 ff., und im Kontext der Novelle Beschlussempfehlung und Bericht des Ausschusses für Gesundheit (14. Ausschuss) vom 16.11.2020, BT-Drs. 19/24334, 81; *Greve*, NVwZ 2020, 1786 (1790 f.); *Heinig/Kingreen/Lepsius/C. Möllers/Volkmann/Wißmann*, JZ 2020, 861 (871); ferner *Pautsch/ Haug*, NJ 2020, 281 (285).

[185] Siehe allgemein dazu und zum Verfahren des Verordnungserlasses *Ossenbühl*, in: Isensee/P. Kirchhof (Hrsg.), HStR III, 3. Aufl. 2007, § 103 Rn. 29 ff.

Der im Zuge des Gesetzgebungsverfahrens eingefügte § 28a Abs. 5 Satz 1 IfSG verlangt dementsprechend (lediglich) eine allgemeine Begründung.[186]

Im Kontext der Pandemiebekämpfung liegt es überdies nahe, das Begründungserfordernis zu einer Konzeptpflicht auszubauen.[187] So umfasst § 28a Abs. 1 IfSG einen Katalog unterschiedlicher Maßnahmen zur Pandemiebekämpfung, die gemäß § 28a Abs. 6 Satz 1 IfSG „auch kumulativ angeordnet werden [können], soweit und solange es für eine wirksame Verhinderung der Verbreitung der Coronavirus-Krankheit-2019 (COVID-19) erforderlich ist"; überdies geben die Sätze 2 und 3 dieser Vorschrift die Berücksichtigung einer Vielzahl von Aspekten vor. Dementsprechend bedarf es gerade bei einem hochgradigen Infektionsgeschehen, wie auch die Entwicklung zeigt und wie dies auch in der Gesetzesbegründung zum Ausdruck kommt,[188] eines Maßnahmenbündels. Zur Rationalisierung des Entscheidungs- und Auswahlprozesses empfiehlt sich die Erstellung eines Schutzkonzepts durch den Verordnungsgeber (bzw. die zuständige Verwaltungsbehörde), das auf der Basis der gesetzlich vorgezeichneten Ziele und Entscheidungskriterien[188] die hierzu notwendigen Maßnahmen entwickelt. Eine Konzeptpflicht betont auch die Gesetzesbegründung: „Innerhalb der Begründung ist zu erläutern, in welcher Weise die Schutzmaßnahmen im Rahmen eines Gesamtkonzepts der Infektionsbekämpfung dienen."[190]

---

[186] Erläuternd Beschlussempfehlung und Bericht des Ausschusses für Gesundheit (14. Ausschuss) vom 16.11.2020, BT-Drs. 19/24334, 81: „Innerhalb der Begründung ist zu erläutern, in welcher Weise die Schutzmaßnahmen im Rahmen eines Gesamtkonzepts der Infektionsbekämpfung dienen. Eine empirische und umfassende Erläuterung ist nicht geschuldet. Die Begründung ist möglichst zeitnah nach Erlass der Rechtsverordnung zu veröffentlichen"; ferner *Greve*, NVwZ 2020, 1786 (1791); *Kersten/Rixen* (Fn. 19), 92. Strikter *Leisner-Egensperger* (Fn. 94), 35 f.

[187] Allgemein zu Konzeptpflichten *B. Wollenschläger*, Wissensgenerierung im Verfahren, 2009, 202 ff.; *F. Wollenschläger* (Fn. 144), 536 ff. Siehe für eine Konzeptpflicht auch § 31a Abs. 1 Kießling-E (Fn. 119).

[188] BT-Drs. 19/23944, 34.

[189] Siehe zum Erfordernis eines parlamentsgesetzlichen Rahmenkonzepts auch VG Hamburg, Beschl. v. 10.11.2020, 13 E 4550/20, Umdruck, 6: „Die wesentlichen Eingriffsmodalitäten sind aufgrund der Intensität der Maßnahmen für die betroffenen Grundrechtsträger durch den Gesetzgeber zu regeln. Er muss die vielseitigen Wechselwirkungen der infektionsschutzrechtlichen Eingriffsmaßnahmen in einem gesetzlichen Rahmenkonzept abbilden, an dem der Verordnungsgeber sich in der Folge bei dem Erlass von Einzelmaßnahmen zu orientieren hat. Es ist dem Gesetzgeber auch ohne Weiteres möglich, besondere infektionsschutzrechtliche Maßnahmen vergleichbar den Standardmaßnahmen im allgemeinen Polizeirecht gesondert zu regeln."

[190] Beschlussempfehlung und Bericht des Ausschusses für Gesundheit (14. Ausschuss) vom 16.11.2020, BT-Drs. 19/24334, 81; ferner 82 (mit Blick auf Abstimmung verschiedener Maßnahmen).

b) Befristung, Evaluierung, Korrektur

Grundrechtsschutz durch Verfahren vermag überdies ein Befristungserfordernis zu gewährleisten, wirkt es doch einer überlangen Geltung der Maßnahmen entgegen, hält zu deren kontinuierlicher Überprüfung an und sichert deren Gleichlauf mit dem aktuellen Infektionsgeschehen.[191] Im Interesse eines effektiven Infektionsschutzes muss eine (wiederum zu befristende) Verlängerung möglich bleiben. Dem trägt der im Zuge des Gesetzgebungsverfahrens eingefügte § 28a Abs. 5 Sätze 1 und 2 IfSG Rechnung (siehe im Übrigen für die bundesparlamentsgesetzliche Notbremse § 28b Abs. 10 IfSG). Das Befristungs- kann mit einem Evaluierungs-[192] und Korrekturerfordernis verbunden werden. Mit Inkrafttreten des Fortgeltungsgesetzes sieht § 5 Abs. 9 IfSG ein Evaluierungserfordernis vor, was zu begrüßen ist.[193]

4. Parlamentarische Beteiligung und Legitimationserhöhung auf Landesebene

Die Befugnis zum Erlass von Schutzmaßnahmen zur Bekämpfung der COVID-19-Pandemie delegiert § 32 IfSG an die Landesebene. Für die soeben entfalteten Mechanismen einer Parlamentsbeteiligung hat dies zur Folge, dass sie nicht in der Ermächtigungsgrundlage verankert werden können. Denn dem Bundesgesetzgeber erscheint es mit Blick auf die getrennten Verfassungsräume von Bund und Ländern verwehrt, Anforderungen an das Verfahren der (exekutiven) Gesetzgebung auf Landesebene zu formulieren, zumal das Grundgesetz diese dem Gesetzgebungsverfahren (Art. 80 GG) und nicht den Verwaltungskompetenzen (Art. 83 ff. GG) zuordnet.[194] Anders lässt sich wegen des engen Zusammenhangs mit der materiellen Regelung und der beschränkten Tragweite für das Begründungs- und Befristungserfordernis argumentieren.

Eine Parlamentsbeteiligung ist mithin auf Landesebene zu regeln.[195] Seit der Verfassungsreform des Jahres 1994 können die Landtage gemäß Art. 80

---

[191] Für eine solches Erfordernis im IfSG-Kontext BayVGH, BeckRS 2020, 28521, Rn. 36; ferner Beschlussempfehlung und Bericht des Ausschusses für Gesundheit (14. Ausschuss) vom 16.11.2020, BT-Drs. 19/24334, 82; BT-Drs. 19/23944, 32 (Beherbergungsverbot); *Greve*, NVwZ 2020, 1786 (1791).

[192] Hierfür *Volkmann*, NJW 2020, 3153 (3160).

[193] Siehe dazu auch *F. Wollenschläger* (Fn. 29), 14 f.

[194] Siehe auch *Birkner*, ZRP 2020, 157 (158). Vgl. ferner Nds StGH, Urt. v. 9.3.2021, StGH 3/20, juris, Rn. 45, der in einer (abgelehnten, siehe noch Fn. 196) Ableitung von Informationspflichten der Landesregierung aus Art. 80 Abs. 4 GG eine „in den Bereich der Binnenorganisation der Länder übergreifende Auslegung" sieht; ferner *Rauber*, VerwArch 112 (2021), 205 (216), zum in Art. 80 Abs. 4 GG zum Ausdruck kommenden „Respekt vor dem verfassungsrechtlichen Selbstorganisationsrecht der Länder".

[195] Eine entsprechende Notwendigkeit deutet SaarlOVG, BeckRS 2020, 35029, Rn. 10, an. Insgesamt positiv *Heinig*, Parlamentarismus in der Pandemie: Beobachtungen und The-

Abs. 4 GG im Rahmen von (Bundes-)Verordnungsermächtigungen zugunsten der Landesregierungen auch (Parlaments-)Gesetze verabschieden.[196] Diese auf eine Stärkung der Landesparlamente zielende,[197] bislang in ihrer Bedeutung indes zurückhaltend bewertete[198] Befugnis umfasst als Minus zur Vollregelung, analog zur Bundesebene (siehe V.2.), auch Mitwirkungsvorbehalte.[199] Entsprechende Vorstöße auf Landesebene sind zu verzeichnen.[200] So hat der baden-württembergische Gesetzgeber im Juli 2020 ein Gesetz über den Erlass infektionsschützender Maßnahmen verabschiedet (BWIfSMG),[201] das ausweislich seines § 1 Abs. 1 zum einen darauf zielt, „die Weiterverbreitung übertragbarer Krankheiten durch zielgerichtete Maßnahmen zu verhindern und deren Folgen zu bekämpfen", und zum anderen bezweckt, „die Einbeziehung des Parlaments in wesentliche Fragen der Grundrechtsausübung sicherzustellen". Zur Realisierung des zuerst genannten Zwecks enthält es eine (Weiter-)Delegation der Bundesverordnungsermächtigung an die Landesregierung mit materiellen (Verhältnismäßigkeit, § 2 Abs. 2, 4 BWIfSMG) und prozeduralen (Befristung, § 2 Abs. 5 Satz 1 und 2) Maßgaben, und zur Realisierung des zweiten Anliegens bezieht es den Landtag durch das Erfordernis einer Zuleitung beschlossener Verordnungen grundsätzlich vor deren Verkündung (§ 3 BWIfSMG) und einen Zustimmungsvorbehalt für Verlängerungen (§ 2 Abs. 5 BWIfSMG) ein. Eine im Wesentlichen vergleichbare Regelung enthält das Hessische Gesetz über den Erlass infektionsschützender Maßnahmen vom 11.12.2020 (HessIfSErlG).[202] Die Parlamentsbeteiligung sichert neben dem Erfordernis einer unverzüglichen Zuleitung beschlossener Verordnungen grundsätzlich vor deren Verkündung (§ 3 Abs. 1 und 2 HessIfSErlG) der Prüf- und Ersetzungsvorbehalt des § 3 Abs. 3 HessIfSErlG:

---

sen, VerfBlog, 2020/11/25, https://verfassungsblog.de/parlamentarismus-in-der-pandemie/ (abgerufen am 14.6.2021), 4. Siehe zu den damit zusammenhängenden und hier erörterten Fragen bereits *F. Wollenschläger*, BayVBl. 2021, 541 (545 f.); *ders.*, Stellungnahme (Fn. 176).

[196] Gegen eine in Art. 80 Abs. 4 GG enthaltene (konkludente) Informationspflicht Nds StGH, Urt. v. 9.3.2021, StGH 3/20, juris, Rn. 45; *Remmert* (Fn. 81), Art. 80 Rn. 200 (Stand: 70. EL Dezember 2013). A. A. *T. Mann* (Fn. 81), Art. 80 Rn. 53.

[197] Siehe Bericht der Gemeinsamen Verfassungskommission, BT-Drs. 12/6000, 38. Angesichts des Korsetts des Art. 80 Abs. 1 Satz 2 GG bleibt die Befugnis freilich in ihrer Tragweite hinter originären Landesgesetzgebungskompetenzen zurück, siehe auch *Brenner*, in: von Mangoldt/Klein/Starck/Huber/Voßkuhle (Fn. 149), Art. 80 Rn. 117, 119.

[198] *Brenner* (Fn. 197), Art. 80 Rn. 119; *Rauber*, VerwArch 112 (2021), 205 (206).

[199] *Birkner*, ZRP 2020, 157 (158 f.); *Heinig*, Parlamentarismus in der Pandemie: Beobachtungen und Thesen, VerfBlog, 2020/11/25, https://verfassungsblog.de/parlamentarismus-in-der-pandemie/ (abgerufen am 14.6.2021), 4; *Klafki*, NVwZ 2020, 1718 (1720). Umfassend *Rauber*, VerwArch 112 (2021), 205 (206 ff.).

[200] Hierzu *Klafki*, NVwZ 2020, 1718 (1719 ff.).

[201] Gesetz vom 23.7.2020, GBl.BW 2020, 649, zul. geändert durch Gesetz vom 17.12.2020, GBl.BW 2020, 1271.

[202] HessGVBl. 2020, 922.

„[1]Der Landtag wird regelmäßig durch die Landesregierung über die aktuelle pandemische Lage sowie über die von ihr ergriffenen Maßnahmen unterrichtet. [2]Zu den Plenarsitzungen legt die Landesregierung die ergriffenen Regelungen nach Abs. 1 und Abs. 2 dem Landtag zur Beratung vor. [3]Der Landtag entscheidet, ob er diese zur Kenntnis nimmt oder von seiner Befugnis nach Art. 80 Abs. 4 des Grundgesetzes Gebrauch macht."

Vergleichbare Regelungen existieren auch in Brandenburg,[203] Bremen,[204] Hamburg[205] und im Saarland[206]. Im Saarland erfolgen auch Sachregelungen, so zur Konkretisierung der Bewertung der epidemiologischen Situation (§ 2), zur Kontaktnachverfolgung (§ 6 f.) und zur Bewehrung (§ 8). Weiter reicht das Berliner COVID-19-Parlamentsbeteiligungsgesetz, das – abgesehen von Unterrichtungspflichten (§ 3) – für die besonders eingriffsintensiven Maßnahmen des § 28a Abs. 2 IfSG einen Zustimmungs- (§ 4) und im Übrigen einen Einspruchsvorbehalt (§ 5) normiert; ferner besteht eine Evaluations- und Anpassungspflicht hinsichtlich der Verhältnismäßigkeit von Grundrechtsbeschränkungen (§ 6 Abs. 4 Satz 2).[207] Im Frühjahr 2021 hat auch Nordrhein-Westfalen mit dem Gesetz zur parlamentarischen Absicherung der Rechtsetzung in der COVID-19 Pandemie vom 25.3.2021[208] eine Parlamentsbeteiligung normiert; es sieht u. a. Unterrichtungspflichten (§ 3 Abs. 1, 3 und 4), ein Einspruchsrecht mit dem Ziel einer Aufhebung bzw. – zu konkretisierenden – Änderung der Rechtsverordnungen (§ 2 Abs. 6) sowie den Erlass pandemischer Leitlinien (§ 3 Abs. 2) vor. In wiederum anderen Ländern greifen allgemeine Regeln zur Parlamentsbeteiligung, so in Schleswig-Holstein.[209] Der Freistaat Bayern hat demgegenüber den Weg einer parlamentsgesetzlichen Beteiligungsregelung nicht beschritten, wie etwa auch der Freistaat Thüringen.[210] Gleichwohl hat sich in der bayerischen Parlamentspraxis eine relativ weitgehende Parlamentsbeteiligung ohne spezifische rechtsförmliche Grundlage etabliert: So erfolgt – neben einer Unterrichtung über die geplanten Infektionsschutzmaßnahmenverordnungen – auf der Basis einer Regierungserklärung des Ministerpräsidenten oder des Staatsmi-

[203] Gesetz zur Beteiligung des Landtages bei Maßnahmen nach dem Infektionsschutzgesetz (Infektionsschutzbeteiligungsgesetz – IfSBG) vom 15.12.2020, GVBl. I/20, Nr. 33.

[204] Bremisches Gesetz zur Stärkung der Beteiligung der Bürgerschaft (Landtag) bei dem Erlass von Verordnungen zum Schutz vor Neuinfektionen mit dem Coronavirus SARS-CoV-2 auf Grundlage von § 32 des Infektionsschutzgesetzes (Coronaverordnung-Beteiligungsgesetz) vom 30.12.2020, Brem.GBl. 2020, 1720.

[205] Gesetz über die Parlamentsbeteiligung beim Erlass infektionsschützender Maßnahmen vom 18.12.2020, HmbGVBl. 2020, 701.

[206] Saarländisches COVID-19-Maßnahmengesetz vom 22.1.2021, ABl. des Saarlandes 2021 Teil I, 220.

[207] Berliner COVID-19-Parlamentsbeteiligungsgesetz v. 1.2.2021, BerlGVBl. 2021, 102.

[208] GV.NRW 2021, 312.

[209] Siehe Art. 28 Abs. 1 VerfSH und § 6 i. V. m. § 2 Parlamentsinformationsgesetz SH.

[210] Siehe zum Verfahren den Beschluss des Thüringer Landtags „Beteiligung des Parlaments während der Corona-Pandemie sicherstellen" vom 18.12.2020, LT-Drs. 7/2459.

nisters für Gesundheit und Pflege zu den angestrebten Pandemiebekämpfungsmaßnahmen eine Plenardebatte einschließlich der Abstimmung über Dringlichkeitsanträge, die sich zu den Maßnahmen verhalten.[211]

Ob und inwiefern der Landesgesetzgeber von derartigen Regelungs- und Mitwirkungsmöglichkeiten Gebrauch macht, steht in seinem politischen Ermessen.[212] Das grundsätzliche Für und Wider wurde bereits mit Blick auf eine Beteiligung des Bundestags erörtert (V.2.).[213] Auf Landesebene ist gerade bei Zustimmungsvorbehalten zu berücksichtigen, dass § 28a Abs. 3 Sätze 4 und 5 IfSG indikativ formuliert sind, das Land mithin – unbeschadet bestehender Gestaltungsspielräume – verpflichtet ist, umfassende bzw. breit angelegte Schutzmaßnahmen zu ergreifen; dies ist angesichts der Maßgeblichkeit der Verordnungsermächtigung auch für den Landesgesetzgeber im Rahmen des Art. 80 Abs. 4 GG relevant. Überdies ist der mitunter rasche und aufgrund des Befristungserfordernisses des § 28a Abs. 5 Satz 1 und 2 IfSG kontinuierliche Handlungsbedarf zu berücksichtigen, so dass jedenfalls eine Eilkompetenz zugunsten des Verordnungsgebers vorgesehen werden sollte (siehe etwa § 3 Abs. 1 Satz 3 f. BWIfSMG).[214] Vor diesem Hintergrund eines raschen und kontinuierlichen Handlungsbedarfs erscheint auch eine (überdies rechtswegmodifizierende) Sachregelung durch die Landtage problematisch.[215]

Die begrenzten Steuerungsmöglichkeiten durch den Bundesgesetzgeber verschärfen schließlich die allgemeine rechtspolitische Frage, ob und in welchen Bereichen bundeseinheitliche Regelungen und damit Verordnungsbefugnisse zugunsten der Bundesregierung oder eines Bundesministers angezeigt sind. Kompetentielle Schranken stünden einer Zentralisierung nicht entgegen: Art. 74 Abs. 1 Nr. 19 GG enthält eine umfassende Gesetzgebungsbefugnis des Bundes für „Maßnahmen gegen gemeingefährliche oder übertragbare Krankheiten bei Menschen", die nicht der Erforderlichkeitsklau-

---

[211] Näher *F. Wollenschläger*, BayVBl. 2021, 541 (546).

[212] Siehe für Art. 80 Abs. 4 GG *Brenner* (Fn. 197), Art. 80 Rn. 119. Für eine Aktualisierungspflicht im Kontext der COVID-19-Pandemie *Pautsch/Haug*, NJ 2020, 281 (285 f.).

[213] Insgesamt positiv *Barczak*, RuP 2020, 458 (463); *Birkner*, ZRP 2020, 157; *Heinig*, Parlamentarismus in der Pandemie: Beobachtungen und Thesen, VerfBlog, 2020/11/25, https://verfassungsblog.de/parlamentarismus-in-der-pandemie/ (abgerufen am 14.6.2021), 4; *F. Schmitt*, NJW 2020, 1626 (1629); zurückhaltend zum Legitimationspotential indes *Brocker*, NVwZ 2020, 1485 (1487 f.); *Klafki*, NVwZ 2020, 1718 (1722). Differenziert *F. Wollenschläger*, BayVBl. 2021, 541 (546 f.).

[214] Siehe auch *Klafki*, NVwZ 2020, 1718 (1721).

[215] (Auch) daher die Option Mitwirkungsrechte bevorzugend *Klafki*, NVwZ 2020, 1718 (1720 ff.). Siehe auch *Brocker*, NVwZ 2020, 1485 (1487); *Heinig*, Parlamentarismus in der Pandemie: Beobachtungen und Thesen, VerfBlog, 2020/11/25, https://verfassungsblog.de/parlamentarismus-in-der-pandemie/ (abgerufen am 14.6.2021), 4; *Schwanengel* (Fn. 174), 33 f., 101 ff.

sel des Art. 72 Abs. 2 GG unterliegt[216]. Auf den Infektionsschutz zielende Regelungen sind dabei auch für Bereiche möglich, die in die ausschließliche Landeskompetenz fallen, wie das Schulwesen. Gerade bei gravierenden Konsequenzen ist eine kompetentielle Spannungslage mit der Kulturhoheit der Länder nicht in Abrede zu stellen, was verfassungspolitisch eine zurückhaltende Aktualisierung nahelegen mag. Auch vor diesem Hintergrund mag man den höheren Schwellenwert, ab dem im Rahmen der Notbremse eine Untersagung von Präsenzunterricht möglich ist (§ 28b Abs. 3 Satz 3 ff. IfSG), sehen, was den Ländern Spielräume eröffnet. Jedenfalls muss sich die Regelung auf das für den Infektionsschutz Erforderliche beschränken und darf keine darüber hinausgehenden Vorgaben (inhaltlicher Art) aufstellen, etwa hinsichtlich der statt des Präsenzunterrichts zulässigen Unterrichtsformen.

Verfassungspolitisch können für eine bundeseinheitliche Regelung ein bundeseinheitlicher Regelungsbedarf – gerade zur Bekämpfung eines hochgradigen Infektionsgeschehens – sowie die durch eine einheitliche Regelung beförderte Rechtssicherheit streiten. Gerade bei regional divergierendem Infektionsgeschehen können Landeslösungen indes passgenauer wirken.[217] Insoweit ist freilich zu berücksichtigen, dass auch bei einer bundeseinheitlichen Regelung landes- und regionalspezifische Differenzierungen möglich sind, wenn etwa an das (regionale) Infektionsgeschehen angeknüpft wird; solche sind auch verfassungsrechtlich geboten, da die Pandemiebekämpfungsmaßnahmen ihre Rechtfertigung im Infektionsgeschehen finden und damit (etwaigen) Unterschieden insoweit Rechnung tragen müssen (vgl. etwa der kreisbezogene Schwellenwert in § 28b Abs. 1 IfSG; ferner § 28a Abs. 3 Satz 2 IfSG). Auch kann eine Bundesregelung Spielräume für die Länder eröffnen (vgl. etwa § 28b Abs. 5 IfSG). Nicht übersehen werden darf aber auch, dass sich die Einbindung der Länder in die Gesetz- und Verordnungsgebung als Aspekt der vertikalen Gewaltenteilung erweist und die (auch zu einer Verbesserung der Pandemiebekämpfung und des Grundrechtsschutzes beitragende[218]) Erprobung unterschiedlicher Lösungen ermöglicht, Aspekte, hinsichtlich derer sich der Föderalismus in der Pandemie bewährt hat.[219]

Eine informelle Abstimmung schließt dies nicht aus: neben der in § 5 Abs. 6 IfSG verankerten Befugnis des Bundesministeriums für Gesundheit, „unter Heranziehung der Empfehlungen des Robert Koch-Instituts Empfehlungen ab[zu]geben, um ein koordiniertes Vorgehen innerhalb der Bun-

---

216 Zu dieser *F. Wollenschläger*, in: Bonner Kommentar, GG, Art. 72 Rn. 155 ff. (Stand: 191. Aktualisierung August 2018).

217 Für regionalspezifische Lösungen *Gärditz/Abdulsalam*, GSZ 2020, 108 (110); *Greve*, NVwZ 2020, 1786 (1786).

218 Siehe nur *Lepsius*, RuP 2020, 258 (264, 278 f.).

219 Siehe auch *H. Dreier*, DÖV 2021, 229 (237 f.); *Gärditz/Abdulsalam*, GSZ 2020, 108 (110 f.).

desrepublik Deutschland zu ermöglichen", ist namentlich auf die Koordinierungsrunden der Ministerpräsidentinnen und Ministerpräsidenten mit der Bundeskanzlerin zu verweisen, die Eckpunkte der Pandemiebekämpfung festgelegt haben.[220] Eine derartige Koordinierung ist in § 28a Abs. 3 Satz 8 IfSG angelegt, nach dem „bei einer bundesweiten Überschreitung eines Schwellenwertes von über 50 Neuinfektionen je 100 000 Einwohner innerhalb von sieben Tagen [...] bundesweit abgestimmte umfassende, auf eine effektive Eindämmung des Infektionsgeschehens abzielende Schutzmaßnahmen anzustreben" sind.

VI. Fazit

Das eine enge Anbindung der exekutiven Rechtsetzung an eine parlamentarische Ermächtigung sichernde Bestimmtheitsgebot (Art. 80 Abs. 1 Satz 1 GG) verarbeitet nicht nur negative historische Erfahrungen mit dem verfassungsunmittelbaren Notverordnungsrecht des Reichspräsidenten, sondern dient, genauso wie der Parlamentsvorbehalt qua Wesentlichkeit, Anliegen der Demokratie, der Gewaltenteilung und des Rechtsstaats. Es gewährleistet, dass die Weichen für die Pandemiebekämpfung im Parlament gestellt werden, mithin die Leitplanken für den notwendigen Ausgleich zwischen Gesundheitsschutz und individueller Freiheit durch das von den Bürgerinnen und Bürgern unmittelbar demokratisch legitimierte Organ und in öffentlicher Debatte unter Beteiligung der Opposition festgelegt werden. Hieraus resultiert die – in der Debatte vor allem um § 5 Abs. 2 IfSG zu Recht herausgestrichene – verfassungsrechtliche Brisanz weit reichender Verordnungsermächtigungen zugunsten der Exekutive, zumal bei hoher Grundrechtsrelevanz und Einräumung von Abweichungsbefugnissen von Parlamentsgesetzen, und um solche handelt es sich bei den Ermächtigungen zu den Pandemiebekämpfungsmaßnahmen (§ 5 Abs. 2 und § 28a IfSG) sowie zur Impfpriorisierung (§ 20i Abs. 3 SGB V i. V. m. § 20 Abs. 2a IfSG) zweifelsohne. Gleichwohl erscheint die mitunter formulierte scharfe Kritik, zumal in ihrer Pauschalität, überzogen,[221] nicht nur weil die perhorreszierten Szenarien Weimarer Verhältnisse oder von Verschiebungen der Koordinaten des politischen Systems nicht eingetreten sind, das politische System sich vielmehr als resilient erwie-

---

[220] Kritisch (Entparlamentarisierung, Entrechtlichung, Entnormativierung) *Barczak*, RuP 2020, 458 (461). Zur Verfassungskonformität einer informellen Koordinierung BayVerfGH, Entscheidung v. 22.3.2021, Vf. 23-VII-21, Rn. 19. Vgl. ferner *J. Ipsen*, DVBl. 2020, 1037 (1038 f.).

[221] Zur Notwendigkeit überspitzer Kritik, um berechtigten verfassungsrechtlichen Anliegen in der politischen Arena Gehör zu verschaffen, *Volkmann*, Herbeireden einer Verfassungskrise oder „Es läuft doch alles prima"?, VerfBlog 2021/4/03, https://verfassungsblog.de/herbeireden-einer-verfassungskrise-oder-es-lauft-doch-alles-prima/ (abgerufen am 14.6.2021), 2.

sen hat,[222] sondern weil die hier unternommene verfassungsrechtliche Analyse – unbeschadet Optimierungspotential – ein anderes Bild ergibt (siehe zur Verfassungskonformität der Verordnungsermächtigungen ausführlich und im Einzelnen oben, IV.). Obgleich der Deutsche Bundestag – unbeschadet seiner insgesamt vielfältigen Regelungsaktivitäten im Kontext der Pandemie[223] – in den hier betrachteten Bereichen auch teils proaktiver hätte handeln und teils schärfer hätte steuern können,[224] so erfolgt die Pandemiebekämpfung doch in einem komplexen und dynamischen Kontext und erfordert Detailsteuerung, was für einen Rekurs auf die Handlungsform exekutive Rechtsetzung spricht.[225]

Jedenfalls bleiben die Anliegen des Parlamentsvorbehalts aktuell und Bundestag sowie Landtage zur kontinuierlichen Beobachtung der Delegationsentscheidung und ihrer Konsequenzen sowie ggf. zu einer Nachjustierung aufgerufen. Aus verfassungsrechtlicher Warte reduziert sich bei zunehmender Stabilisierung der Lage und Generierung von Anwendungserfahrungen Raum für eine ursprünglich Dynamik und Komplexität des Infektionsgeschehens geschuldete Absenkung von Bestimmtheitsanforderungen. Unabhängig von verfassungsrechtlichen Grenzen beruhen Rechtsetzungsbefugnisse der Exekutive auf einer im Ermessen des Parlaments stehenden und damit auch (verfassungs-)politisch zu verantwortenden Delegationsentscheidung, da das Grundgesetz – auch im Falle eines Gesundheitsnotstands – keine verfassungsunmittelbare Befugnis zur exekutiven Rechtsetzung kennt. Neben der grundsätzlichen Positionierung hinsichtlich der Verteilung von Rechtsetzungskompetenzen zwischen Parlament und Exekutive allgemein und auch in Krisensituationen erscheint namentlich eine Bewertung des Entlastungs- und Flexibilisierungsbedürfnisses von Bedeutung – freilich in beide Richtungen, mithin auch zugunsten einer im hiesigen Kontext erforderlichen Delegation von Rechtsetzungsbefugnissen an die Exekutive. Bei Abweichungsbefugnissen sind auch die Ausnahmeregelungen innewohnende Gefahr einer Verstetigung und die Gefahr einer der Rechtssicherheit abträglichen Gemengelage von Parlamentsgesetzen und Verordnungsrecht im Blick zu behalten. Ferner können ergänzende Mechanismen der Legitimationserhöhung erwogen werden, wie Informationspflichten und Mitwirkungsrechte (Zustimmungs- bzw. Aufhebungsbefugnisse) zugunsten des parlamentari-

---

222 So auch *A.-B. Kaiser/Jestaedt*, Kritik ja, Verfassungskrise nein, VerfBlog 2021/3/31, https://verfassungsblog.de/kritik-ja-verfassungskrise-nein/ (abgerufen am 14.6.2021), I.

223 *Klafki*, NVwZ 2020, 1718 (1718 m. Fn. 6).

224 Kritisch namentlich zur Frühphase bis zur Verabschiedung des Dritten Bevölkerungsschutzgesetzes m. w. N. *H. Dreier*, DÖV 2021, 229 (240 ff.); *Klafki*, NVwZ 2020, 1718 (1718 f.). Nach wie vor kritisch *Boehme-Neßler*, DÖV 2021, 243 (244, 250 f.).

225 Für ein ausgewogenes Gesamtfazit auch *Kersten/Rixen* (Fn. 19), 77 ff., 246 ff.; *Ludwigs*, DVBl. 2021, 353 (359 f.): zwar teils späte Reaktion, aber Lernfähigkeit.

schen Gesetzgebers, die Kontroll- und Einflussmöglichkeiten eröffnen; diese sind freilich wiederum gegen das Flexibilisierungs- und Beschleunigungsziel einer Delegation abzuwägen. Mit zunehmendem Zeitablauf ist überdies zu reflektieren, wo nach wie vor Flexibilitätsbedarf besteht und wo bewährtes Verordnungsrecht in Parlamentsgesetze zu überführen ist. Gerade auch deshalb ist die mit dem Fortgeltungsgesetz eingeführte Evaluationspflicht (§ 5 Abs. 9 IfSG) nachdrücklich zu begrüßen. Das ist, wie ausgeführt, freilich nicht mit einem Plädoyer für eine Vollparlamentarisierung i. S. e. parlamentsgesetzlichen Detailsteuerung gleichzusetzen, da es aus den geschilderten Gründen auf den richtigen Ebenenmix (im Übrigen auch in föderaler Hinsicht) ankommt.

Von Interesse mit Blick auf die Diskussion um das Verhältnis von Parlament und Regierung im Kontext der Pandemiebekämpfung ist schließlich, dass die Debatte mit der Verabschiedung der am 23.4.2021 in Kraft getretenen und bis zum 30.6.2021 befristeten „Notbremse" (§ 28b IfSG; näher II.2.d), mithin der unmittelbar parlamentsgesetzlichen Anordnung von Schutzmaßnahmen bei einem hochgradigen Infektionsgeschehen, eine Kehrtwende vollzogen hat. Stand zuvor ein Zuwenig an parlamentarischer Steuerung im Zentrum der Kritik, wird nunmehr, teils von denselben Stimmen, ein Zuviel gebrandmarkt: So handele das Parlament mit der Notbremse „als Polizeibehörde" und vollziehe damit einen „Formwechsel", der „für den Einzelnen und auch für die Demokratie bedrohlicher [ist], als es zunächst scheinen mag."[226] Aus verfassungsrechtlicher Warte vermag diese Kritik freilich nicht überzeugen, liegt mangels Einzelfallgesetzes doch weder ein Verstoß gegen das Allgemeinheitsgebot (Art. 19 Abs. 1 Satz 1 GG) vor[227] noch eine den Grundsatz der Gewaltenteilung (Art. 20 Abs. 2 Satz 2 GG)[228] oder die Garantie effektiven Rechtsschutzes (Art. 19 Abs. 4 GG) verletzende „Verwaltung durch Gesetz"[229].[230] Die Detailanalyse dieser Fragen muss freilich weiteren Untersuchungen vorbehalten bleiben.

[226] *Volkmann*, Das Parlament als Polizeibehörde, F.A.Z. Einspruch vom 20.4.2021, abrufbar unter: https://www.faz.net/einspruch/corona-notbremse-das-parlament-als-polizeibehoerde-17303021.html (abgerufen am 21.5.2021). Kritisch ferner *C. Möllers* (Fn. 171).

[227] Zu dessen Anforderungen BVerfGE 139, 321 (365, Rn. 132).

[228] Hierzu BVerfGE 139, 321 (363 f., Rn. 127; 365, Rn. 131).

[229] Siehe hierzu BVerfGE 24, 367 (401 f.); E 45, 297 (333 ff.); E 75, 108 (165); E 95, 1 (22); E 139, 321 (364, Rn. 130).

[230] Siehe auch *Kluckert*, Infektionsschutzmaßnahmen in der Schnittmenge von Verwaltungsanordnung und Gesetzesbefehl, VerfBlog 2021/4/27, https://verfassungsblog.de/infektionsschutzmasnahmen-in-der-schnittmenge-von-verwaltungsanordnung-und-gesetzesbefehl/ (abgerufen am 14.6.2021); *F. Wollenschläger* (Fn. 147), 11 ff.

Genealogie der Lehrstühle und Professuren 1971–2021

Die Genealogie verfolgt zwei Ziele. Sie will zum einen in Erinnerung rufen, welche Professorinnen und Professoren in den vergangenen fünf Jahrzehnten an der Juristischen Fakultät Augsburg lehrten. Die Darstellung folgt – unterteilt nach Instituten – der Errichtung der Lehrstühle und Professuren in ihrer zeitlichen Abfolge. Auf die Nennung der Denominationen wurde verzichtet. Es bleibt einer noch zu schreibenden Fakultätsgeschichte vorbehalten, die mit Neubesetzungen vielfach einhergehenden wissenschaftlichen Schwerpunktverschiebungen en détail nachzuzeichnen. Zum anderen bildet die Genealogie die Wachstumsphasen der Fakultät ab. Sie verdeutlicht, dass nach dem Jahrzehnt des Aufbaus ab 2009 ein zweiter Wachstumsschub eintrat. Mit ihm wurden, durchaus untypisch für die seinerzeitige Universitätslandschaft, binnen weniger Jahre drei neue Lehrstühle und drei Juniorprofessuren geschaffen. Mit der für 2022 zu erwartenden Besetzung zweier weiterer Lehrstühle im Rahmen der Hightech Agenda Bayern steht nach dem Jubiläumsjahr der nächste Erweiterungsschritt bevor.

Institut für Zivilrecht

Prof. Dr. Herbert Buchner	1971	2008
Prof. Dr. Kerstin Tillmanns	2008	2010
Prof. Dr. Martina Benecke	2012	heute
Prof. Dr. Hans Schlosser	1971	2002
Prof. Dr. Michael Kort	2002	heute
Prof. Dr. Peter Schlosser	1972	1978
Prof. Dr. Rainer Frank	1980	1985
Prof. Dr. Jürgen Basedow	1987	1994
Prof. Dr. Thomas M. J. Möllers	1996	heute
Prof. Dr. Hans Jürgen Sonnenberger	1972	1986
Prof. Dr. Volker Behr	1988	2006
Prof. Dr. Peter Kindler	2007	2011
Prof. Dr. Wolfgang Wurmnest	2013	heute

Prof. Dr. Wilhelm Dütz	1973	2001
Prof. Dr. Jörg Neuner	2001	heute
Prof. Dr. Hugo Seiter	1975	1977
Prof. Dr. Gerrick von Hoyningen-Huene	1978	1981
Prof. Dr. Ursula Köbl	1982	1989
Prof. Dr. Heinz-Dietrich Steinmeyer	1989	1991
Prof. Dr. Christoph Paulus	1992	1994
Prof. Dr. Christian Huber	1995	1998
Prof. Dr. Jörg Neuner	1998	2001
Prof. Dr. Thomas Raab	2001	2002
Prof. Dr. Nils Jansen	2002	2003
Prof. Dr. Martina Benecke	2006	2012
Prof. Dr. Martin Maties	2013	heute
Prof. Dr. Rolf Birk	1976	1983
Prof. Dr. Helmut Köhler	1985	1996
Prof. Dr. Stephan Lorenz	1997	2002
Prof. Dr. Beate Gsell	2003	2011
Prof. Dr. Raphael Koch	2012	heute
Prof. Dr. Wilhelm Simshäuser	1976	1998
Prof. Dr. Christoph Becker	1999	heute
Prof. Dr. Paul Schrader	2009	2017
Prof. Dr. Lena Maute	2018	heute
Prof. Dr. Phillip Hellwege	2010	heute
Prof. Dr. Christian Gomille	2012	2020
N. N.	2021	heute

Institut für Öffentliches Recht

Prof. Dr. Dieter Blumenwitz	1972	1976
Prof. Dr. Karl M. Meessen	1976	1996
Prof. Dr. Christoph Vedder	1996	2015
Prof. Dr. Thilo Rensmann	2016	heute
Prof. Dr. Franz Knöpfle	1972	1996
Prof. Dr. Johannes Masing	1998	2007
Prof. Dr. Matthias Rossi	2008	heute
Prof. Dr. Reiner Schmidt	1972	2005
Prof. Dr. Marion Albers	2005	2009
Prof. Dr. Ferdinand Wollenschläger	2011	heute
Akad. Dir. Dr. Gerd Sturm	1973	2004
Prof. Dr. Wolfgang Jakob	1974	2007
Prof. Dr. Joachim Englisch	2008	2010
Prof. Dr. Gregor Kirchhof	2012	heute
Prof. Dr. Dieter Suhr	1976	1990
Prof. Dr. Peter Michael Huber	1991	1992
Prof. Dr. Juliane Kokott	1993	1994
Prof. Dr. Max-Emanuel Geis	1994	1995
Prof. Dr. Ulrich M. Gassner	1997	heute
Prof. Dr. Peter Häberle	1976	1981
Prof. Dr. Gunnar Folke Schuppert	1984	1993
Prof. Dr. Thomas Vesting	1996	2002
Prof. Dr. Ivo Appel	2003	2011
Prof. Dr. Martin Kment	2013	heute
Prof. Dr. Thomas Würtenberger	1979	1981
Prof. Dr. Friedhelm Hufen	1982	1986
Prof. Dr. Michael Sachs	1987	1991
Prof. Dr. Martin Morlok	1991	1993
Prof. Dr. Wolff Heintschel von Heinegg	1995	2000
Prof. Dr. Josef Franz Lindner	2012	heute
Prof. Dr. Monika Polzin	2010	2020
Prof. Dr. Daniel Wolff	2021	heute

Institut für die gesamte Strafrechtswissenschaft

Prof. Dr. Günter Bemmann	1971	1978
Prof. Dr. Hinrich Rüping	1980	1985
Prof. Dr. Wilfried Bottke	1986	2010
Prof. Dr. Johannes Kaspar	2012	heute
Prof. Dr. Joachim Herrmann	1972	2001
Prof. Dr. Helmut Satzger	2002	2004
Prof. Dr. Henning Rosenau	2006	2015
Prof. Dr. Michael Kubiciel	2017	heute
Prof. Dr. Jörg Tenckhoff	1978	2006
Prof. Dr. Thomas Rotsch	2006	2011
Prof. Dr. Michael Lindemann	2012	2014
Prof. Dr. Luis Greco	2015	2017
Prof. Dr. Peter Kasiske	2019	heute
Prof. Dr. Arnd Koch	2010	heute

Verzeichnis der Autorinnen und Autoren

Prof. Dr. Christoph Becker, Lehrstuhl für Bürgerliches Recht und Zivilverfahrensrecht, Römisches Recht und Europäische Rechtsgeschichte

Prof. i.R. Dr. Volker Behr, Lehrstuhl für Bürgerliches Recht, Zivilprozessrecht, Ausländisches und Internationales Privatrecht von 1988–2006

Prof. Dr. Martina Benecke, Lehrstuhl für Bürgerliches Recht, Handels-, Arbeits- und Wirtschaftsrecht

Prof. em. Dr. Herbert Buchner, Lehrstuhl für Bürgerliches Recht, Handels-, Arbeits- und Wirtschaftsrecht von 1971–2008

Prof. Dr. Ulrich M. Gassner, Mag. rer. publ., M. Jur. (Oxon.), Professur für Öffentliches Recht

Prof. Dr. Phillip Hellwege, M.Jur. (Oxford), Lehrstuhl für Bürgerliches Recht, Wirtschaftsrecht und Rechtsgeschichte

Prof. Dr. Peter Kasiske, Professur für Strafrecht, Strafprozessrecht und Wirtschaftsstrafrecht

Prof. Dr. Johannes Kaspar, Lehrstuhl für Strafrecht, Strafprozessrecht, Kriminologie und Sanktionenrecht

Prof. Dr. Gregor Kirchhof, LL.M., Lehrstuhl für Öffentliches Recht, Finanzrecht und Steuerrecht

Prof. Dr. Martin Kment, LL.M. (Cambridge), Lehrstuhl für Öffentliches Recht und Europarecht, Umweltrecht und Planungsrecht

Prof. Dr. Arnd Koch, Lehrstuhl für Strafrecht, Strafprozessrecht, Risiko- und Präventionsstrafrecht sowie Juristische Zeitgeschichte

Prof. Dr. Raphael Koch, LL.M. (Cambridge), EMBA, Lehrstuhl für Bürgerliches Recht, Zivilverfahrensrecht, Unternehmensrecht, Europäisches Privat- und Internationales Verfahrensrecht

Prof. Dr. Michael Kort, Lehrstuhl für Bürgerliches Recht, Wirtschaftsrecht, Gewerblichen Rechtsschutz und Arbeitsrecht

Prof. Dr. Dr. h.c. Michael Kubiciel, Lehrstuhl für Deutsches, Europäisches und Internationales Straf- und Strafprozessrecht, Medizin- und Wirtschaftsstrafrecht

Prof. Dr. Josef Franz Lindner, Lehrstuhl für Öffentliches Recht, Medizinrecht und Rechtsphilosophie

Prof. Dr. Martin Maties, Professur für Bürgerliches Recht, Arbeits- und Sozialrecht sowie Methodenlehre

Prof. Dr. Lena Maute, Juniorprofessur für Bürgerliches Recht

Prof. Dr. Thomas M.J. Möllers, Lehrstuhl für Bürgerliches Recht, Wirtschaftsrecht, Europarecht, Internationales Privatrecht und Rechtsvergleichung

Prof. Dr. Jörg Neuner, Lehrstuhl für Bürgerliches Recht, Arbeits- und Handelsrecht sowie Rechtsphilosophie

Prof. Dr. Thilo Rensmann, LL.M. (Virginia), Lehrstuhl für Öffentliches Recht, Völkerrecht und Europarecht

Prof. Dr. Matthias Rossi, Lehrstuhl für Staats- und Verwaltungsrecht, Europarecht sowie Gesetzgebungslehre

Prof. em. Dr. Dr. h.c. Reiner Schmidt, Lehrstuhl für Öffentliches Recht, Wirtschaftsverwaltungsrecht und Umweltrecht von 1972–2005

Prof. i.R. Dr. Christoph Vedder, Lehrstuhl für Öffentliches Recht, Europarecht und Völkerrecht sowie Sportrecht von 1996–2015

Prof. Dr. Daniel Wolff, LL.M. (Yale), Juniorprofessur für Öffentliches Recht

Prof. Dr. Ferdinand Wollenschläger, Lehrstuhl für Öffentliches Recht, Europarecht und Öffentliches Wirtschaftsrecht

Prof. Dr. Wolfgang Wurmnest, LL.M. (Berkeley), Lehrstuhl für Bürgerliches Recht, Wirtschaftsrecht, Internationales Privat- und Verfahrensrecht sowie Rechtsvergleichung